Kammermusikführer

Kammermusikführer

Herausgegeben
von
Ingeborg Allihn

J. B. Metzler

Bärenreiter

Gemeinschaftsausgabe der Verlage
J. B. Metzler, Stuttgart und Weimar,
und Bärenreiter, Kassel

Die Deutsche Bibliothek – CIP-Einheitsaufnahme

Allihn, Ingeborg (Hrsg.):
Kammermusikführer / Ingeborg Allihn. – Stuttgart : Metzler ; Kassel : Bärenreiter, 1998
ISBN 978-3-476-00980-7 (Metzler)

ISBN 978-3-476-00980-7 (Metzler)
ISBN 978-3-476-03514-1 (eBook)
DOI 10.1007/978-3-476-03514-1

Vorwort

Der Kammermusikführer ist ein Nachschlagewerk. Er wendet sich in erster Linie an Besucher von Kammermusikveranstaltungen, aber auch an Interpreten, Konzertdramaturgen, Rundfunkredakteure, Journalisten, an Musikwissenschaftler, Musikstudenten und musikalisch Interessierte. Im Mittelpunkt steht das kammermusikalische Œuvre einzelner Komponisten von der musikalischen Klassik bis zur Moderne, nicht die Gattungsgeschichte. Aus der Gesamtheit der Artikel ergibt sich dennoch ein historischer Abriß, werden doch sowohl der Wandel von kompositionsstheoretischen und ästhetischen Positionen als auch die Funktion von instrumentaler Kammermusik (abgesehen von reinen Klavierwerken) in den vergangenen etwa 200 Jahren dargestellt.

Seit der Herausbildung von instrumentaler Kammermusik im 16. Jahrhundert hat sich das Verständnis von dieser Gattung erheblich gewandelt, haben sich die Normen für ihre Definition grundlegend verändert. Im ausgehenden 18. und im gesamten 19. Jahrhundert wurden unter dem Begriff Werke zusammengefaßt, die von einem bis zu neun Interpreten und in der Regel ohne Dirigenten ausgeführt werden konnten. Seit Beginn des 20. Jahrhunderts, seit Arnold Schönbergs Kammersymphonie in E-Dur op. 9 (1906) für 15 Soloinstrumente, bezieht sich der Terminus weniger auf formale und strukturelle Parameter als auf Ausdruck und Gestus der Musik. In dem hier vorliegenden Kammermusikführer wird diesem Prozeß Rechnung getragen. Oberstes Kriterium für die Werkauswahl ist daher nicht die Anzahl der verlangten Instrumente, sondern die solistische Besetzung einzelner Stimmen, ihre Beziehungen zueinander und die Art des gemeinsamen Musizierens, die Faktur der Werke sowie die Dichte, in der die musikalischen Ereignisse aufeinander folgen. Daß sich hierbei Grenzfälle ergeben, liegt in der Natur des Gegenstands.

Es gibt kaum einen Komponisten, der nicht im Laufe seines Lebens irgendwann Kammermusik geschrieben hätte. Eine lückenlose Erwähnung aller Komponisten und ihres kammermusikalischen Œuvres ist nicht Anliegen dieses Kompendiums. Vollständigkeit konnte und sollte nicht angestrebt werden: Wichtigstes Kriterium für die Auswahl der hier vorgestellten Werke war die Präsenz der Komponisten und ihrer Kammermusik im heutigen Musikleben. Daneben wurden aber auch solche Komponisten aufgenommen, deren Schaffen für die Geschichte der Gattung Kammermusik von Bedeutung ist, die jedoch im Laufe der Zeit – oft zu Unrecht – in Vergessenheit geraten sind. Außerdem galt es, die zeitgenössische Musik in angemessener internationaler Breite durch ihre wesentlichen Repräsentanten und entscheidenden kammermusikalischen Werke vorzustellen.

Dieses Buch hätte nicht geschrieben werden können ohne die intensive Zusammenarbeit mit allen Autorinnen und Autoren, denen ich an dieser Stelle ganz herzlich für ihre Beiträge danke. Dank sage ich ebenso Uwe Schweikert vom Metzler-Verlag, der die Entstehung des Konzertbuchs Kammermusik gefördert und betreut hat. Handelt es sich doch bei dieser Publikation um ein Projekt, das 1987 im ehemaligen VEB Deutscher Verlag für Musik Leipzig begonnen wurde (Band 1: A–G) und erst – in veränderter Form – in Zusammenarbeit mit dem Verlag J. B. Metzler fortgesetzt werden konnte. Vera Funk und Ingrid Sonntag waren eine große Hilfe bei der Korrektur und der Herstellung der Register. Nicht zuletzt jedoch sei an dieser Stelle allen Kolleginnen und Kollegen sowie allen Freundinnen und Freunden für ihre wertvollen kritischen Hinweise und zahlreichen Anregungen, aber auch für die nicht nachlassende Anteilnahme und Ermutigung gedankt.

Berlin, im Sommer 1997
Ingeborg Allihn

Hinweise zur Benutzung

Die einzelnen Artikel enthalten eine Kurzbiographie des jeweiligen Komponisten, ein vollständiges Werkeverzeichnis seines kammermusikalischen Schaffens mit entsprechenden Hinweisen auf den Hauptverlag bzw. die Verlage und einen Essay. In ihm werden musikhistorische und gattungsgeschichtliche Zusammenhänge dargestellt sowie die Bedeutung des Komponisten für die Gattung Kammermusik und die Position seiner kammermusikalischen Werke innerhalb seines Œuvres charakterisiert. Die nachfolgenden Werkbesprechungen schließen in gebotener Kürze Mitteilungen über kultur- und werkgeschichtliche Fakten sowie Erörterungen formaler, struktureller und ästhetischer Kriterien ein. Notenbeispiele illustrieren wichtige kompositionstechnische Details. Die den jeweiligen Werkbesprechungen vorangestellten Angaben enthalten Hinweise auf die Satzbezeichnungen, auf die Aufführungsdauer sowie auf den Verlag bzw. den Erstdruck und dessen Erscheinungsjahr. Da unterschiedliche Interpretationen divergierende Aufführungszeiten aufweisen, kann es sich bei den Informationen zur Spieldauer nur um annähernde zeitliche Werte handeln.

Die Werkverzeichnisse sind systematisch nach Besetzungen angelegt - vom Soloinstrument mit und ohne Basso continuo bzw. mit und ohne Cembalo- oder Klavierbegleitung bis zum Kammerensemble. Reine elektronische Kompositionen wurden nicht aufgenommen, wohl aber solche, in denen instrumentale und elektronische Klangerzeugung kombiniert sind. Die einzelnen Werk-Rubriken sind chronologisch geordnet. Den Abschluß bilden Bearbeitungen durch den Komponisten, aber auch durch andere Autoren. Jedes Werk ist mit dem genauen Titel, der Besetzungsangabe, mit Tonart, Opuszahl (sofern vorhanden) und gegebenenfalls der Nummer innerhalb eines Zyklus dokumentiert. Die Jahreszahl bezieht sich, so nichts anderes vermerkt ist, auf den Entstehungszeitraum. Erstreckt sich der Schaffensprozeß auf mehrere Jahre, wird dies durch Bindestrich (z. B. 1904–1912) oder Schrägstrich (z. B. 1904/05) angezeigt. Werkgruppen wurden zusammengefaßt. Eine in Klammern vor die jeweilige Gruppe gesetzte arabische Ziffer verweist auf die Anzahl der Werke, die zu diesem Typ gehören, z. B. (25) Triosonaten. Dur-Tonarten sind mit Großbuchstaben, Moll-Tonarten mit Kleinbuchstaben angegeben. Folgende Zeichen wurden in den Werkverzeichnissen verwendet: Die Angaben zu den einzelnen Kompositionen werden durch ein Semikolon voneinander getrennt, die jeweiligen Besetzungsgruppen, vom Soloinstrument bis zum Kammerensemble, durch einen Gedankenstrich.

Der einzelne Beitrag ist mit dem Namen des jeweiligen Komponisten überschrieben, wobei der erste Vorname grundsätzlich der Rufnamen ist. Im fortlaufenden Text des Artikels wird der Name des Komponisten dann als Kürzel wiedergegeben. Alle anderen Namen werden bei ihrer ersten Erwähnung mit Vor- und Nachnamen angeführt, in der Folge dann nur noch mit dem Zunamen.

Werknamen einschließlich ihrer literarischen Untertitel sowie anderweitige Titel erscheinen im Text kursiv. Zitate sind durch Anführungsstriche kenntlich gemacht und mit einem Autorenhinweis versehen. Auf bibliographische Nachweise genauso wie auf Literaturhinweise wurde verzichtet, finden sich doch weiterführende Angaben in den entsprechenden großen Enzyklopädien, insbesondere in der neuen MGG (Kassel und Stuttgart 1995ff) und in The New Grove Dictionary of Music and Musicians (London 1980).

Inhaltsverzeichnis

Verzeichnis der Autorinnen und Autoren

Albrecht, Norbert (Berlin): Jolivet, Milhaud, Poulenc
Allihn, Ingeborg (Berlin): Bruckner, Hartmann, Janáček, Mozart, Louis Ferdinand Prinz von Preußen, Schulhoff
Amzoll, Stefan (Berlin): Bredemeyer, Dittrich, Eisler, Goldmann, Katzer, Schmidt
Anghel, Irinel (Bukarest): Stroe

Bartels, Karsten (Lübeck): Fauré, Strauss
Barth, Constanze (Berlin): Ustwolskaja
Bartsch, Cornelia (Berlin): Farrence, Hensel, Le Beau
Borchard, Beatrix (Berlin): Boulanger, Hensel, Höltzky

Cadenbach, Rainer (Berlin): Reger

Delaere, Mark (Leuven): Goeyvaerts
Dittrich, Marie-Agnes (Wien): Schubert
Döge, Klaus (München): Dvořák

Erdmann, Martin (Bonn): Cage
Ericson, Kristina (Schaffhausen): Holliger
Ertelt, Thomas (Berlin): Berg

Flothuis, Marius (Amsterdam): Mozart, Ravel
Franke, Stefan (Kassel): Globokar, Kelemen, Turina
Frumkis, Tatjana (Berlin): Borodin, Glinka, Gubaidulina, Pärt
Fürst-Heidtmann, Monika (Hannover): Nancarrow

Georgi, Steffen (Berlin): Denissow, Enescu
Gerlich, Thomas (Berlin): Crumb, Lidholm, Roldán
Giebisch, Thomas (Solingen): Ives
Grosch, Nils (Freiburg i. Br.): Antheil
Gruhn, Wilfried (Freiburg i. Br.): K. Huber
Gugisch, Barbara (Berlin): Danzi, Reicha, Rheinberger

Hansen, Mathias (Berlin): Brahms, Schönberg, Schumann, Webern, Zemlinsky
Heinemann, Michael (Berlin): Gade, Honneger, Martin, Onslow
Henzel, Christoph (Berlin): Martinů
Hilberg, Frank (Berlin): Hespos, Heyn, Lachenmann, Spahlinger, Wolpe
Hiller, Dietmar (Berlin): Franck
Hinton, Stephen (New Haven, CT): Luytens
Homma, Martina (Köln): Bacewicz, Baird, Meyer, Lutosławski

Jäker, Benedikt (Detmold): Schoeck

Kardos-Morin, Maria (Roßdorf): Bartók, Nono, Rihm, Xenakis, Yun
Klingberg, Lars (Berlin): Ibert
Konold, Wulf (Nürnberg): B. A. Zimmermann
Krautscheid, Christiane (Berlin): Berwald, Villa-Lobos
Kranefeld, Ulrike (Bochum): Beethoven

Lenort, Bernhard (Cottbus): Cowell, Francaix, Saint-Saëns
Lück, Hartmut (Bremen): Crawford-Seeger, Kurtág, Ligeti, Szymanowski, Zarebski

Mäkelä, Tomi (Essen): Rosenberg, Sibelius, Takemitsu
Manolache, Laura (Bukarest): Vieru
Marggraf, Wolfgang (Eisenach): Haydn, Verdi
Mertens, Paul (Berlin): Tschaikowsky
Mörchen, Raoul (Köln): Feldman

Nauck, Gisela (Berlin): Schnebel
Nörenberg, Hayo (Hamburg): Christensen, Nielsen, Nørgård

Oehlschlägel, Reinhard (Köln): Berio, N. A. Huber
Oswald, Peter (Wien): C. Halffter

Pínter, Evá (Bremen): Kodály, Strawinsky, Wolf
Prüser, Sabina (Berlin): Elgar, Grieg, Tipett, Vaughan-Williams

Rapp, Regula (Basel): Ditters von Dittersdorf
Rathert, Wolfgang (Berlin): Hindemith, Weill
Reich, Wieland (Glückstadt): Bloch, Kagel
Riemer, Franz (Wolffenbüttel): Blacher
Rittig, Heinz (Berlin): Roussel
Rolf, Ares (Bochum): Beethoven
Rosenmüller, Annegret (Leipzig): Smetana, Novák

Samama, Leo (Hilversum): Keuris
Seiffert,Wolf-Dieter (München): Mozart
Sengstock, Ralf (Gundelfingen): Stockhausen
Schneider, Frank (Berlin): Debussy, Varèse
Schröder, Ulrike (Görlitz): Krenek
Schulz, Reinhard (Zorneding): Britten, Birtwistle, Maxwell Davies
Schweikert, Uwe (Stuttgart): Fauré, Mozart, Rossini
Struck-Schloen, Michael (Köln): Boulez, Dutilleux, Messiaen, Scelsi, Schostakowitsch

Tadday, Ulrich (Bochum): Beethoven
Traber, Habakuk (Berlin): Cowell

Ueling, Peter (Berlin): Prokofjew

Veit, Joachim (Detmold): Weber

Wagner, Hans-Joachim (Köln): Henze, Schnittke
Weber, Horst (Essen): Maderna
Wehner, Ralph (Leipzig): Mendelssohn Bartholdy
Wollny, Peter (Leipzig): Hoffmann, Spohr

Zimmermann, Reiner (Dresden): Janáček

Abkürzungsverzeichnis

A.	Alt
AFl.	Alt-Flöte
AKlar.	Alt-Klarinette
ASax.	Alt-Saxophon
AfMw.	Archiv für Musikwissenschaft
ad lib.	ad libitum
Akk.	Akkordeon
Ausf.	Ausführende
Autogr., autogr.	Autograph, autograph
B.	Baß
BFl.	Baß-Flöte
BKlar.	Baß-Klarinette
BTb.	Baß-Tuba
Bar.	Bariton
BC	BachCompendium
B.c.	Basso continuo
Bck.	Becken
Bd., Bd.e, Bdn.	Band, Bände, Bänden
Bearb.	Bearbeitung
bearb.	bearbeitet
Begl.	Begleitung
Bes.	Besetzng
Blfl.	Blockflöte
Br.	Bratsche
BWV	Bach-Werke-Verzeichnis
BzMw	Beiträge zur Musikwissenschaft
ca.	circa
Cel.	Celesta
Cemb.	Cembalo
Cymb.	Cymbalon
D	Deutsch-Verzeichnis
DAAD	Deutscher Akademischer Auslandsdienst
d. h.	das heißt
EA	Erstaufführung
ED	Erstdruck
EHr.	Englischhorn
ersch.	erschienen
f.	für
Fg.	Fagott
Fl.	Flöte
Fs.	Festschrift

GA	Gesamtausgabe
Gb.	Generalbaß
geb.	geboren
gedr.	gedruckt
gen.	genannt
gest.	gestorben
Git.	Gitarre
Gl.	Glocken
Glsp.	Glockenspiel
Gr. Tr.	große Trommel
Ha.	Hammerklavier
Harm.	Harmonium
Hf.	Harfe
Hob.	Hoboken-Verzeichnis
Hr.	Horn
Hs.	Handschrift
Hrsg., hrsg.	HerausgeberIn, herausgeben
HWV	Händel-Werverzeichnis
IGNM	Internationale Gesellschaft für neue Musik
Instr., instr.	Instrument, instrumental
Jh.	Jahrhundert
Kb.	Kontrabaß
KgB.	Kongreßbericht
KFg.	Kontrafagott
Kl.	Klavier
Kl. Tr.	kleine Trommel
KV	Köchel-Verzeichnis
Lt.	Laute
m.	mit
Mand.	Mandoline
Mar.	Marimbaphon
Ms.	Manuskript
Mezz.	Mezzosopran
NA	Neuausgabe
NB	Notenbeispiel
Neudr.	Neudruck
NMA	Neue Mozart-Ausgabe
NzfM	Neue Zeitschrift für Musik
Nr.	Nummer
Ob.	Oboe
obl.	obligat
o. J.	ohne Jahr

o. Op.	ohne Opuszahl
Org.	Orgel
Pfte.	Pianoforte
Pikk.	Pikkolo
Pizz.	Pizzicato
PK.	Pauke
Pos.	Posaune
rev.	revidiert
S.	Sopran
Sax.	Saxophon
Schlzg.	Schlagzeug
Slg.	Sammlung
StrQu.	Streichquartett
Synth.	Synthesizer
SZ	Bartók-Werkverzeichnis
T.	Tenor
T.	Takt
Tamt.	Tamtam
Tb.	Tuba
Tomt.	Tomton
Tr.	Trommel
Trp.	Trompete
UA	Uraufführung
u. a.	und andere
UE	Universal Edition Wien
Umarb.	Umarbeitung
unvoll.	unvollendet
V.	Violine
Va.	Viola
Va. d. g.	Viola da gamba
Vc.	Violoncello
vervoll.	vervollständigt
Vers.	Version
vermutl.	vermutlich
vgl.	vergleiche
Vibr.	Vibraphon
vollst.	vollständig
WV	Werkverzeichnis
WoO	Werk ohne Opuszahl
Xyl.	Xylaphon
z. B.	zum Beispiel

George (Georg Carl Johann) Antheil

geb. 8. 7. 1900 Trenton/New Jersey, gest. 12. 2. 1959 New York. Ab 1916 Unterricht in Musiktheorie und Komposition bei Constantin von Sternberg in Philadelphia, ab 1919 in Komposition bei Ernest Bloch in New York. 1922 als Konzertpianist nach Europa, zunächst nach Berlin, hier Bekanntschaft mit Igor Strawinsky und Hans Heinz Stuckenschmidt. Ab 1923 in Paris, enge Kontakte zur künstlerischen Avantgarde, u.a. zu Eric Satie, Jean Cocteau, James Joyce, Ezra Pound. Zahlreiche Konzertreisen durch ganz Europa mit Werken u.a. von Arnold Schönberg, Strawinsky sowie eigenen Kompositionen. 1925 europaweite Anerkennung mit *Ballet mécanique*. 1928 nach Wien, Oper *Transatlantic*. Ab 1933 lebt A. in USA, zunächst New York. Ab 1936 als Filmkomponist, Schriftsteller, Journalist in Hollywood. 1945 erschien seine Autobiographie *Bad Boy of Music*.

Werke f. 2 Instr.: (4) Sonaten f. V. u. Kl. (Nr. 1, 1923; Nr. 2 f. V., Kl., Schlgz., 1923; Nr. 3, 1924; Nr. 4, 1947/48); Sonatina f. V., Vc./Kl. (1932); Sonatina f. V., Kl. (1945); Sonate f. Fl., Kl. (1951); Sonate f. Trp., Kl. (1951) – Werke f. 3 Instr.: Concertino f. Fl., Fg., Kl. (1930) – Werke f. 4 Instr.: (3) StrQu. (Nr. 1, 1925; Nr. 2, 1927/1943; Nr. 3, 1948); 6 little pieces f. StrQu. (1931) – Werke f. 5 Instr.: Sinfonie f. 5 Instr. f. Fl., Fg., Trp., Va. (1922/23); *Bohemian Grove at Night* f. Fl. Ob./ EHr., Klar. in B, BKlar., Fg.

Verlag: Antheil Press, El Cerrito, CA; G. Schirmer, New York.

»For the immediate future there will only be two kinds of music, the Banal, and the Mechanistic.« (G. A.) Banale Musik, die Musik der Massen, des neu aufstrebenden Volkes, auf der einen, und die abstrakte, mechanistische Musik, voller rhythmischer Kraft auf der anderen Seite waren die zwei Leitlinien, aus denen 1922 der erst 21jährige A. ein musikästhetisches Modell für die unmittelbare Zukunft aufspannte. Mit der radikalen kompositorischen Umsetzung beider Aspekte innerhalb der musikalischen Avantgarde des 20. Jahrhunderts erwarb sich A. bald den Ruf eines radikalen Erneuerers, eines ›Bad boy of music‹, wie er sich selbst später nannte.

A. hat in zwei Phasen seines Lebens Kammermusik komponiert. Die erste war seine vielleicht wichtigste, mechanistische Schaffensperiode der frühen 20er Jahre. Damals lebte A. in Berlin und Paris, und das Schaffen dieser Zeit verdeutlicht, wie fest er im ästhetischen Denken der mitteleuropäischen Avantgarde jener Zeit stand. Freilich waren es vor allem die ›Maschinenästhetik‹ und die mechanistische Seite des Komponierens, die für die Jahre bis 1925 in seinem Schaffen den Ausschlag gaben. Die zahlreichen, programmatisch formulierten und oft schon im Werktitel fixierten Assoziationen an ein durch technische Entwicklungen geprägtes Zeitalter kennzeichnen sein pianistisches Schaffen um 1922.

Die dort entwickelten klanglichen Ideale von Schärfe, Kühle und stählerner Glätte, die Präsenz mechanisch-hämmernder Rhythmen und die Arbeit mit schroffen Ostinati, polyrhythmischer Organisation und polymetrischen Überlagerungen penetrant repetierter Patterns trägt A. dann auch in die drei 1923 und 1924 komponierten V.-Sonaten hinein. (Nr. 1: Allegro moderato – Andante moderato – ohne Tempoangabe – Presto, Dauer: ca. 20'; Nr. 2 für V., Kl. und Schlzg.: in einem Satz, Dauer: ca. 8'; *Nr. 3*; Nr. 4 : Scherzo – Passacaglia – Toccata, Dauer: ca. 22'). Allerdings tritt hier die schon früher angedeutete, aber bei weitem nicht so radikal umgesetzte Disposition musikalischer Blöcke in den Vordergrund der formalen Gestaltung. Ein unvermitteltes Neben- bzw. Nacheinander meist kurzer musikalischer Einheiten, die allerdings in sich sowohl dynamisch als auch metrisch einheitlich gestaltet sind, bestimmt vor allem den 1. und 4. Satz der Sonate Nr. 1. Das sich darin spiegelne Nebeneinander unterschiedlichster musikalischer Stile in einem durch stilistische Vielfalt charakterisierten musikalischen Kosmos der Realität verdeutlicht die spezifische Ausprägung einer musikalischen Moderne in A.s Sonaten. Die Gattungszuordnung zur Sonate kennzeichnet hingegen nur die Provokation und letztliche Negation traditioneller Entwicklungs- und Organismusvorstellungen. Ein solch provokativer Gestus zeigt sich auch in dem Verlust sämtlicher melodischer und harmonischer Gegebenheiten zugunsten des rein Perkussiven. Die sich schon in den früheren Werken zeigende Neigung zu schwierigen rhythmischen, homophon gestalteten Passagen bestimmt A., am Schluß der Sonate Nr. 1 auf konkrete Tonhöhen ganz zu verzichten: Tonlose Klänge der V. und chromatische Clusters im Kl. lassen das Werk sich selbst und sein musikalisches Material verlieren:

Ähnlich klingt auch die Sonate Nr. 2 aus, an deren Schluß das Kl. – nur konsequent – durch zwei Trommeln ersetzt wird.

Mit großem Witz und letztlich radikaler als in der *V.-Sonate Nr. 1* führt A. in der einsätzigen Sonate Nr. 2 das Komponieren mit Blöcken weiter. Die Arbeit mit Zitaten oder Scheinzitaten, zumeist aus dem Bereich der amerikanischen Popularmusik, charakterisiert eine künstlerische Dekontextualisierung von Fragmenten des öffentlichen musikalischen Diskurses, die ihnen nichts von ihrer – nicht selten kitschigen – Klangschönheit nimmt, wohl aber das ihr urspünglich zugewiesene formale Konzept zerstört. Die darin aufgehobene Stereotypisierung des Materials findet auch in anderen Werken A.s ihre Ausprägung, zumal in dem als neoklassizistisch bezeichneten 2. StrQu. (1927/1943; Larghetto – Lento. Fuga – Rondino Scherzino – Cadenza Finale. Presto, Dauer: ca 15'), das viel mehr den Geist Ludwig van Beethovens atmet (dessen späte StrQu.e, vor allem op. 133, A. genau studiert hatte), als den des klassizistischen Strawinsky, dessen Einfluß auf A.s Musik häufig überschätzt wird.

Wie schon in der zweiten und ähnlich in der V.-Sonate Nr. 3 zeigt auch das einsätzige Str.Qu. Nr. 1 (Dauer: ca. 15') A.s allmähliches Abrücken von den mechanistischen Klangidealen, die dann 1925 noch einmal in einem großen Werk einen letzten Kulminationspunkt finden sollten: Die Komposition des *Ballet mécanique* für ursprünglich 16 Pianolas, einen großen Schlagzeugapparat sowie technische Klangerzeuger wie Flugzeugpropeller und elektrische

Klingeln brachte A. an die Grenze seiner mechanistischen Kompositionsweise. Die grundlegende Beurteilung seines gesamten Schaffens nach dem Ballet als »Reaktion« (L. Whitesitt, nach der ersten Periode »Revolution« bis 1925) läßt sich jedoch nur aus einer Perspektive der mitteleuropäischen Avantgarde rechtfertigen, deren wirkungsmäßige Enge und begrenzte künstlerische Aussagemöglichkeit A. gerade hatte hinter sich lassen wollen. Die formale Vergleichbarkeit etwa der *Jazz-Symphony* (1925), des (neoklassischen) StrQu.s Nr. 2 (1927) und des ausgelassenen, jazzigen Concertino für Fl., Fg. und Kl. (1930) machen deutlich, wie A. auf seine eigene Art den Rekurs auf vorhandene und sozial verfügbare musikalische Sprachmittel suchte und sich somit der musikalischen ›Neuen Sachlichkeit‹ anschloß.

Hier ist nicht der Ort, die Weiterführung dieser Bestrebungen in den 30er und 40er Jahren zu beurteilen, denn sie führte A. vorübergehend von der Kammermusik fort, hin zu einem vor allem durch Orchestermusik, darunter Sinfonien und Filmmusiken, geprägten Komponieren. Erst nach Ende des 2. Weltkrieges kommt es zu einer erneuten Hinwendung zur Kammermusik. Im Gegensatz zu den frühen StrQu.en und V.-Sonaten wendet sich A. einem auf thematisch geschlossene Werkkonzeptionen und teilweise sogar auf Intimität des Klangs ausgerichteten, klassischen Kammermusikideal zu. Stücke wie die V.-Sonate Nr. 4 und das StrQu. Nr. 3 (1948, Dauer: ca. 20') stehen beispielhaft für A.s Umgang mit klassischen formalen Modellen, eine geradezu impressionistische Intensität des Klangs und eine rhythmische Verve – in einem Spätwerk, in dem es auch galt, den national geprägten Bombast der während der Kriegszeit entstandenen Symphonik (u. a. der *4. Sinfonie 1942*) hinter sich zu lassen.

Nils Grosch

Grażyna Bacewicz, verh. Biernacka

geb. 5.11.1909 (nicht 5.5.1913) Łódź, gest. 17.1.1969 Warschau, aufgewachsen in einer musikliebenden polnisch-litauischen Familie mit einer Schwester Wanda und den Brüdern Kiejstut und Witold (als Vytautas Bacevičius zur Musikgeschichte Litauens gerechnet). Seit dem 10. Lebensjahr in Łódź am Konservatorium von Helena Kijeńska-Dobkiewicz Unterricht in Kl., V., Musiktheorie, 1928–1932 V.-, Kompositions-, Kl-Studium in Warschau (bei Józef Jarzębski, Józef Turczyński, Kazimierz Sikorski), außerdem seit 1928 drei Semester Philosophie an der Warschauer Universität. Studien in Paris 1932, 1933, 1934 u.a. bei Nadia Boulanger (Komposition) und Carl Flesch (V.). Erfolge als Geigerin (Auszeichnung beim 1. Internationalen Henryk-Wieniawski-Violinwettbewerb 1935), Rückzug aus der Konzerttätigkeit 1955. Ihre früheste gedruckte Komposition schrieb sie als 21jährige Studentin. Ihre Werke wurden mehrfach ausgezeichnet (u.a. das 4. und 5. StrQu in Liège 1951, 1956; die *Musik für Streicher, Trompeten und Schlagzeug* beim UNESCO Rostrum of Composers Paris 1960). Ihr Œuvre umfaßt über 200 Kompositionen, darunter 25 Orchesterwerke, 12

Solokonzerte, Lieder, Ballette, Rundfunk-, Bühnen- und Filmmusiken (zu Trickfilmen, 1957, 1959, 1960). Mitwirkung in Jurys von Kompositions- und V-Wettbewerben (u.a. 3. Wieniawski-Wettbewerb 1957, 1. Tschaikowsky-Wettbewerb 1958). Seit 1962 (bis zu ihrem Tod) Vizevorsitzende des Polnischen Komponistenverbands ZKP. Pädagogische Tätigkeit: Leitung einer V.-Klasse (1934/35, 1945/46 Łódź), Leitung einer Kompositionsklasse (1966–1969 Warschau). Aus ihrer schriftstellerischen Arbeit (darunter mehrere Romane) erlebten ihre Erzählungen *Szczególny znak (Besonderes Kennzeichen)*, gedruckt 1970 in Warschau, 1974 eine Neuauflage. Der Sketch *Jerzyki albo nie jestem ptakiem [Mauersegler oder ich bin kein Vogel*] wurde 1968 im polnischen Fernsehen verfilmt.

Werke f. 1 Instr.: Sonate f. V. (1929; Ms.); Sonate f. V. (1941); *Kaprys polski* [*polnische Caprice*] f. V. (1949); *II kaprys* [*2. Caprice*], *Kaprysy polskie* [polnische Capricen] f. Klar. (1952); 2. Sonate f. V. (1958); *4 Capricci* f. V. (1968) – Werke f. 2 Instr.: Son. f. Ob., Kl. (1936, Ms.); Suite f. 2 V. (1943); Leichte Duette f. 2 V. (1945); Leichte Stücke f. Klar., Kl. (1948, Ms.); *Oberek* f. Klar., Kl. (1949, Ms.); *Polnische Caprice* f. Klar., Kl. (1949); Sonatine f. Ob., Kl. (1955, Ms.) – Werke für V., Kl. (Auswahl): Sonate (1929, Ms.); *Partita* (1930, Ms.); *Caprice I* (1932); *Caprice II* (1934); *Witraż [Kirchenfenster]* (1932); 5 Sonaten (*Sonata da camera* 1945; 1946, 1947, 1949, 1951); *Concertino* (1945); *Partita* (1955); verschiedene Einzelstücke, Tänze, Charakterstücke – Werke f. 3 Instr.: Trio f. Ob., V., Vc., (1935); Trio f. Ob., Klar. Fg. (1948); Trio f. Ob., Hf., Schlzg. (1965) – Werke f. 4 Instr.: Doppelfuge f. StrQu. (1928, Ms.); 9 StrQue. (1930 Ms., 1931 Ms., 1938, 1942, 1947, 1950, 1955, 1960, 1965); Quartett f. 4 V. (1949); Quartett f. 4 Vc. (1964) – Werke f. 5 Instr.: Bläserquintett (1932); 2 Kl.-Quintette (1952, 1965) – Werke f. Kammerensemble: *Inkrustacje [Inkrustierungen]* f. Hr. u. Kammerensemble (1965).

Verlage: PWM, Polskie Wydawnictwo Muzyczne, ul. Fredry 8, PL 00-097 Warszawa und al. Krasińskiego 11A, PL 31-111 Kraków; einige Werke in Co-Edition mit dem Moeck-Musikverlag Celle.

Ihrer Ästhetik rein musikalischer, von jeglicher Metaphysik und subjektiver Programmatik unbelasteter Strukturen blieb diese vielseitig interessierte und begabte Komponistin in ihrem überaus umfangreichen Œuvre ebenso treu wie den klaren Grundzügen eines französisch-neoklassizistischen Stils, den sie bereits als 19jährige Studentin in ihrem Bläserquintett (1932) und in ihrer *Kindersuite* f. Kl. (1934) beherrschte. In diesen frühen 30er Jahren, als sich im polnischen Musikleben der weltoffen-fortschrittliche Szymanowski in »splendid isolation« (seine eigene Bezeichnung) von einem national-romantischen Akademismus umgeben sah, hatte die Studentin B. (wie die meisten jungen Polen der Zeit) eine Horizonterweiterung in Paris gesucht. Ihre vom dortigen Neoklassizismus bestärkte ästhetisch-stilistische Konstanz blieb auch in jenen Jahren erhalten, in denen eine der fruchtbarsten Komponistinnen der Musikgeschichte sich (auf eine eigenwillig traditionsverbundene Weise) den Techniken der damaligen Avantgarde näherte – mit Zäsuren 1955 (inmitten des politischen Tauwetters in Polen) und 1960, als sich die Komponisten der jungen Generation Krzysztof Penderecki (mit *Tren*) und Henryk M. Górecki mit *Scontri* einer impulsiven Klangfarbenkomposition zuwandten.

Aus dem (Ende des 2. Weltkriegs abgeschlossenen) Frühwerk B., in dem (etwa in *Witraż* f. V. und Kl.) noch der Einfluß Szymanowskis nachwirkt und das nur zu ca. einem Fünftel publiziert wurde, ragen das genannte Bläserquintett mit Bitonalität, metrischen Verschiebungen und Folklore-Elementen in den Mittelsätzen sowie das Trio f. Ob., V., Vc. (1935) mit seiner stärkeren Einbeziehung polyphoner Mittel heraus.

Gegen Kriegsende und in der ersten Nachkriegszeit, die generell geprägt ist von der Suche nach individuellen Lösungen der Harmonik, Rhythmik und Instrumentierung, werden in einigen Werken folkloristische Elemente eingesetzt – etwa im Kl.-Konzert (1949) und (auf sehr einfache Weise) im 3. V.-Konzert (1948), das harmonische und melodische Beziehungen zu den beiden Szymanowski-Konzerten zeigt. Daneben stehen stilisierende Werke wie die *Sonata da camera* f. V. und Kl. (1945), die effektvolle, tonal zentrierte, aber stark dissonante, von motorischer Figuration und unaufhörlichem Vorwärtsdrang geprägte Ouvertüre (1943), deren Uraufführung 1945 beim 1. Festival Polnischer Musik in Krakau aufhorchen ließ, die stilistisch uneinheitliche 4. V.-Sonate (1949) oder das in seinem gehaltvollen, hochexpressiven langsamen Satz bewegende Konzert für Streichorchester (1948), B.s erster größerer internationaler Erfolg.

Von der Volksmusik ihres Landes nutzte sie besonders gern den charakteristischen Tanzrythmus des Oberek, vor allem in den Scherzi sinfonischer Werke, in Finalsätzen der Kammermusik (1. Kl.-Quintett, 1952) oder etwa des Kl.-Konzerts (1949). Zu den motorisch pulsierenden Rhythmen treten zunehmend weitgesponnene Kantilenen, denen jedoch romantischer Gefühlsüberschwang fremd ist.

Die meisten bedeutenden aus den zahlreichen Kompositionen der konzertierenden Geigerin liegen im Bereich der (Streicher-) Kammermusik, im ausdrucksstarken 2. Kl.-Quintett (1965) mit seiner ausgeprägten motivisch-thematischen Arbeit, in den V.-Sonaten und den StrQu.en: dem ausgeprägt melodischen 1. StrQu. (1938) und dem extrem motorischen 2. StrQu. (1942) mit seiner fast unaufhörlichen Sechzehntelbewegung aller Instrumente. Die letzten fünf StrQue. gehören zu B.s Hauptwerken, und nicht zufällig markieren das 7. (1955) und das 8. StrQu. (1960) eine Erweiterung ihrer stilistischen Entwicklung.

Dem kammermusikalischen Schwerpunkt ihres Œuvres entspricht es, daß ihre Orchestermusik sich stilisch weniger weit vorwagt als die Kammermusik. Die Stärken ihres Orchestersatzes liegen nicht in der dichten Monumentalität eines oft pathetisch wirkenden Tuttis, sondern in der konzertanten, kammermusikalischen Behandlung des Orchesters, das (sukzessiv oder simultan) gern einheitliche Klanggruppen exponiert oder sich in (mittels Faktur, Figuration, Harmonik) voneinander abgesetzte Klangschichten gliedert – beispielhaft in der raschen Bilderfolge der Sinfonischen Variationen (1957). Dieser Zugang zum Orchesterklang läßt auch ihre in den 60er Jahren von der Grundlage thematischer Entwicklung abrückende »sonoristische« Formbildung, in der (wie in *Pensieri notturni*) die Gliederung durch klangfarbliche Fakturwechseln erreicht wird, als Ergebnis einer bruchlosen Entwicklung erscheinen. Blechbläser spielen außer in der 3. Sinfonie kaum einmal eine bedeutende Rolle. Der Schwerpunkt liegt durchweg bei den Streichern, die auf der Suche nach raffinierten Klangfarben in allen bekannten Artikulationsweisen eingesetzt werden.

Mit der Verwurzelung in der Gegenwart, mit der Abwendung von der Funktionsharmonik, einer antiromantischen Neigung zur Groteske und einem modernen Interesse an klangfarblichen Wirkungen verbindet diese Komponistin dessenungeachtet in den meisten ihrer Werke den heiklen Versuch, die klassischen Muster der drei- bis viersätzigen Sonate, Themendualismus und motivisch-thematische Arbeit der klassisch-romantischen Tradition, Mittel der barocken Musik wie motorische Monorhythmik, Polyphonie und reiche Sequenzbildung zusammen mit Mitteln moderner Musiksprache in einen klaren Formverlauf zu integrieren, dem große romantische Spannungsbögen nicht fremd sein müssen.

Das auf B.s Musik oft angewandte Etikett des Neoklassizismus bleibt hinter Erscheinungsweise und Anspruch ihres Œuvres zurück.

Drittes Streichquartett (1947)

Allegro ma non troppo - Andante - Vivo
Dauer: ca 17'
Verlag: PWM

Das dritte StrQu. gehört (neben dem Konzert für Streichorchester und neben den vier Sonaten für V. und Kl.) zu B.s Hauptwerken im ersten Nachkriegsjahrzehnt.

Im temperamentvollen **1. Satz** des dritten StrQus., der geprägt ist von einer an Beethovens ›Schicksalsmotiv‹ erinnernden rhythmischen Figur, von raschen dynamischen Kontrasten und einer zwischen verschiedenen Zentren schweifenden (oder auch eindeutige Zentren umgehenden) wechselhaften Harmonik, sind die Themen der Sonatenhauptsatzform harmonisch sehr schlicht und ihre Durchführung nur kurz. Es sind vielmehr die ein- und überleitenden Phrasen, die die Musik vorwärtstreiben – in zahlreichen Crescendi und ausgiebigen Sequenzen.

Die Hinführung zur Reprise ist in ihrem Einsatz der Chromatik charakteristisch für die stellenweise ›gegen den Strich gebürstete‹ Behandlung traditioneller Mittel. Chromatik, seit Jahrhunderten treibende Kraft in der Entwicklung der Harmonik, wirkt auch im einzelnen Werk im allgemeinen als Spannungselement – zumal in einem nicht-chromatischen Umfeld. In diesem StrQu.-Satz jedoch, dessen Harmonik von Terzen (wenn auch kaum aus traditionellen Dreiklängen) und Quart-Ganztonklängen (in Annäherung an die in Quintenzirkel benachbarten Töne) geprägt ist, kann Chromatik sich hingegen auf geradezu ›flächige‹ Wirkungen eines ›Auf-der-Stelle-Tretens‹ wiederholter Floskeln konzentrieren. Daß auch solche Passagen den Eindruck eines permanenten Vorwärtsdrängens hinterlassen, verdankt sich der oft auf kurzem Raum anschwellenden Dynamik.

In der (verkürzten) Reprise wechseln die nacheinander thementragenden Instrumente V. und Va. ihre Rollen. Der Satz endet mit einem zweideutigen Verweis auf die Einleitung – was dort den Bereich der B-Vorzeichen festigte, wird am Schluß überraschend in den Kreuzbereich gehoben (jedoch dafür auf einen engen Klangbereich gestaucht) und bleibt am Schluß mit einem leicht getrübten Quintsextakkord in der Schwebe.

Der **2. Satz** verdankt seinen natürlich wirkenden Fluß der musikalischen Gedanken einer unschematischen Form, die diesen scheinbar so schlichten Satz, dessen sparsame Polyphonie anfangs geradezu an ein Barock-Pastiche gemahnt, weit über eine bloße Nachahmung traditioneller Muster hinaushebt. Durch den Grundriß einer dreiteiligen Anlage mit Ansätzen zur Bogenform scheinen stets Reminiszenzen des Eingangsmotivs durch, was diesem ruhigen Satz zusätzlich den Charakter von Variationen verleiht.

Das unbeschwerte **Finale** gehört mit seinen klar tonartgebundenen Figurationen zu den Sätzen, auf die das Etikett des ›Neobarock‹ noch am ehesten zutrifft. Zu den Momenten der klaren Rondoform, die am deutlichsten aus der durchlaufenden Bewegung herausragen, gehört die volksliedhafte Melodik unter Einbeziehung der für die Volksmusik der Gebirgsregion so charakteristischen erhöhten Quarte. Mit temperamentvollen Synkopen und Glissando-Farbeffekten schließt der tonal einfachste Satz des Werkes effektvoll.

Fünftes Streichquartett (1955)

Moderato - Scherzo (Fuga), Giocoso - Corale, Largo - Variazioni, Allegro
Dauer: ca 17'
Verlag: PWM

Mit dem fünften StrQu. vollzog die Komponistin eine stilistische Neuorientierung. Während der acht Jahre seit dem dritten StrQu. hatte es in Polen einschneidende Veränderungen gegeben: die Abschottung des Landes gegenüber dem Westen, die Verpflichtung der Künstler auf den Sozialistischen Realismus (1949), auf (vorwiegend vokal-instrumentale) ›massenverständliche‹ Formen und auf die Verwendung polnischer Volksmusik. Verteufelt wurden die künstlerische Avantgarde, wurde die Atonalität ebenso wie neoklassizistische Tendenzen.

B.s neoklassizistisches viertes StrQu. (1951) brachte in seiner Behandlung der Volksmusik (die diese Komponistin seit langem unabhängig von der politischen Tageslosung eingesetzt hatte) einen ästhetischen Konflikt zwischen der Statik schlicht-symmetrischer Volksmelodien und der Dynamik einer Sonatenform auf den Punkt. Das etwa drei Jahre später spürbare politische Tauwetter ermöglichte die Planung eines internationalen Musikfestivals unter Einbeziehung der westlichen Avantgarde, deren Partituren zunehmend bekannt wurden.

B.s Kompositionen reagierten darauf, ohne von ihren wesentlichen ästhetischen Positionen abzurücken, mit einer gemäßigten ›Modernisierung‹. Deren Züge treten 1955 in der Partita für V. und Kl. und im fünften StrQu. ganz klar zutage: eine Abkehr von periodischer Melodik und tonaler Akkordik, ohne jedoch auf Zentraltöne, ohne auf klar diatonische oder selbst dreiklangshafte Linien zu verzichten; eine Differenzierung der Faktur und der Rhythmik, die ihr motorisches Temperament zügelt, ohne an vorwärtsstrebendem Temperament zu verlieren. Die Satztechnik neigt zu dichter motivischer Verarbeitung, zur konstruktiven Rolle ausgewählter Intervalle, zur Exponierung klangfarblicher und streicherspezifischer Effekte. Im fünften StrQu. sind dies vor allem ausgedehnte Glissandi, Pizzicati und Flageoletts – so klingt das (in seinem Duktus volksliedhaft wirkende) Seitenthema des **1. Satzes** in künstlichen Flageoletts zu ostinatoartigen Motiven arco und pizzicato.

Der Werkbeginn

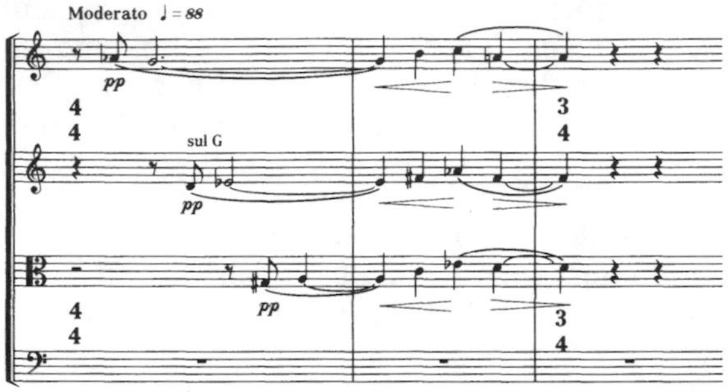

weist in seinen Intervallzellen (Halbton in T. 1, Halbton plus Terz in T. 2) auf ein Grundprinzip der Tonordnung hin: auf die Unterscheidung von Klangfeldern, in denen jeweils eins dieser Intervalle oder ein Intervallpaar vorherrscht. Der Halbton-Bereich prägt neben Satzbeginn und - schluß den Höhepunkt der Durchführung, während zahlreiche kleine Terzen zum zweiten Thema hinführen, das seinerseits von stufenweiser Bewegung geprägt ist. Die Halbton-Kleinterz-Gruppe nimmt im Verlauf nicht nur dieses Satzes vielfältige Gestalten an und bildet zahlreiche klare ›Intervallfelder‹. Wie im vorangegangenen (vierten) StrQu. werden auch bei dieser Sonatenhauptsatzform in der Reprise weite Passagen fast wörtlich wiederaufgegriffen.

Der kapriziöse **2. Satz** geht spielerisch mit der strengen kontrapunktischen Form der Doppelfuge um. Das erste Fugenthema, zu dessen tänzerischem 3/8-Rhythmus sich die Synkopierungen quer stellen, setzt überdies in den folgenden Fugeneinsätzen jeweils auf einer anderen Zählzeit ein – ein Tanzrhythmus, der irgendwie immer ›auf den falschen Fuß‹ trifft. Das ändert sich auch dann nicht, als das Thema nach den Regeln der Fugenkunst in der Umkehrung durchgeführt wird. Anschließend verselbständigt sich für einen Moment das klangfarbliche Element mit ausgedehnten Glissandi, Tremoli- und Trillerketten, bevor das von Vorschlägen gefärbte 2. Thema mit seiner die Taktschwerpunkte ostentativ respektierenden Geradtaktigkeit einsetzt. Bei der simultanen Durchführung beider Themen, die das geradtaktige zweite in die verschobene Dreihebigkeit des ersten zwängt, betrifft die Akzenverschiebung nun beide Themen, auch im Verhältnis zueinander.

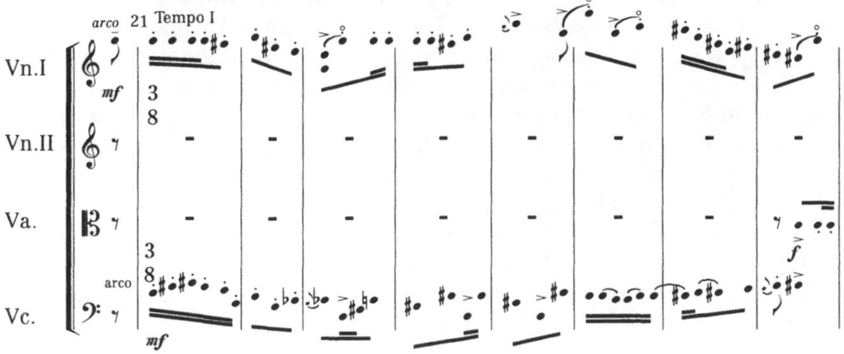

(Thema 1 im Vc., Thema 2 in der 1. V. einsetzend).

Der **3. Satz** ist demgegenüber betont schlicht - schlicht in seiner volksliedhaften Thematik, in seiner dreiteiligen Form mit choralartig-schlichten Außenteilen um einen fugatohaften Mittelteil, schlicht in seiner lockeren Faktur und ruhigen Monorhythmik.

Das **Finale** ist ein von einer brillanten Coda gekrönter Variationssatz, dessen im pizzicato aller Instrumente dahinhuschendes Thema mit seinen kurzen Motiven und seinem ständig wechselnden Metrum selbst wie eine Variationsfolge im Kleinen wirkt. Bereits die erste Variation verrät das kompositorische Interesse an klangfarblichen Effekten: ein quasi-glissando paralleler Quinten in der 2. V. (sul tasto, vgl. ähnliche Effekte im Finalsatz der 2. Sonate für V. solo und im Finale des 2. Cellokonzerts), konterkariert von unregelmäßigen Pizzicato-Impulsen im Vc., färbt das in Sekundparallelen künstlicher Flageoletts geführte Variationsthema. Jede Variation der abwechslungsreichen Folge, die sich weit von der Vorlage entfernt, hat ihren eigenen, stark ausgeprägten Charakter und hält klangliche Überraschungen bereit. Integrierend wirkt auch hier die Halbton-Kleinterz-Intervallik, die alle Sätze dieses StrQu. durchzieht.

Martina Homma

Tadeusz Baird

geb. 26.7.1928 Grodzisk Mazowiecki, gest. 2.9. 1981 Warschau. Seit 1934 Kl-Unterricht, 1940–44 Kompositionsstudien während der NS-Besatzung im Untergrund bei Bolesław Woytowicz und Kazimierz Sikorski, Kl.-Studium bei Tadeusz Wituski 1940–1944. Nach dem Warschauer Aufstand Abtransport in Richtung Emsdetten/Westfalen und nach erfolgloser Flucht Haft in deutschen Lagern. 1945 Behandlung im britischen Militärkrankenhaus, Rückkehr nach Polen im Herbst 1946. 1947–1951 Fortsetzung der Kompositionsstudien an der Warschauer Musikhochschule bei Piotr Rytel und Piotr Perkowski; Studium der Musikwissenschaft an der Warschauer Universität 1948–1951. 1949 Gründung (mit Kazimierz Serocki und Jan Krenz) der *Gruppe 49*, die in Reaktion auf die Polnische Deklaration zum Sozialistischen Realismus programmatisch erklärte, emotionale, leicht verständliche Musik zu schreiben, »ohne auf die technischen Errungenschaften der Musik des 20. Jahrhunderts zu verzichten.« B. war Anfang der 50er Jahre Mitorganisator zweier Festivals polnischer Musik (1954, 1955) und initiierte gemeinsam mit K. Serocki das im Ostblock einzigartige, seit 1956 stattfindende Internationale Festival Zeitgenössischer Musik ›Warschauer-Herbst‹. Mitwirkung in dessen Programmkommission bis 1969. Zusammenarbeit mit bedeutenden Regisseuren wie Andrzej Wajda, Musik zu 27 Filmen und über 60 Bühnenwerken. Seit 1974 Lehrtätigkeit an der Warschauer Musikhochschule. Neben nationalen und internationalen Auszeichnungen erhielt B. Nominierungen der Komponistentribüne der UNESCO (1959, 1963, 1966).

Werke f. 2 Instr.: Zwei Capricen f. Klar., Kl. (1953); Vier Präludien f. Fg., Kl. (1954) – Werke f. 4 Instr.: Divertimento f. Fl., Ob., Klar., Fg. (1956); StrQu. (1957); *Play* f. StrQu. (1971); *Wariacje w formie ronda* [*Variationen in Rondoform*] f. StrQu. (1978).

Verlag: PMW Warschau.

B. versteht seine Musik als »Kapitel meiner ganz privaten Autobiographie«, die »eigentlich nur von mir selbst vollständig lesbar« sei. Das Autobiographische liege im Bedürfnis, subjektives Erleben zu gestalten und sich dadurch von dessen Schwere zu befreien. Kunst gilt als »Drang (..) uns selbst, unsere Erlebnisse, Gedanken und Träume zu verewigen.« Die größte Kraft der Musik liege in der Vermittlung von Gefühlen, aber der Wunsch nach konkreten Aussagen wuchs und ließ den Komponisten zu Texten greifen, die resignativ Grundthemen der Existenz ansprechen (*Goethe-Briefe*, *Vier Liebes-Sonette*, Orchesterlieder wie *Erotyki* (1960/61, Text: Małgorzata Hilar), *Vier Gesänge* (1966, Text: Vesna Parun), *Fünf Gesänge* (1968, Text: Halina Poswiatowska).

Dies subjektiv-romantische Pathos, des Künstlers »eigene Wahrheit über die Welt, das Leben und den Menschen« (M. Gąsiorowska) in expressiver Klangschönheit auszudrücken, neigt bei B. zu großen Klangkörpern und zu romantisch empfundener Melodik in Geige (*Ekspresje [Espressionen]* f. V. und Orchester) und Ob. (*Vier Dialoge* und Konzert f. Ob. und Orchester). Es neigt zu programmatisch zu hörenden Instrumentalkonzerten, in denen die Solisten eine psychische Einstellung vertreten (*Concerto lugubre*, *Szenen* f. Vc., Hf. und Orchester). Es neigt zu literarisch und psychologisch inspirierten vokal-instrumentalen und sinfonischen Werken (wie in der von James Joyce's *Epiphanien* inspirierten *Epiphanischen Musik*, 1963), für deren existentiell-düsteren Charakter Werktitel wie *Elegeia* oder *Psychodrama* stehen. Das *Psychodrama* gehört zu B.s ›romantischsten‹ Werken mit seinen extremen Klangkontrasten und rasch wechselnden Stimmungen.

Den für diesen Komponisten so typischen romantisch weitausgreifenden Melodietyp exponiert schon die unprätenziöse, durchsichtig gesetzte und an der Klangsprache Ravels und Prokofjews orientierte Sinfonietta (1949), Debutwerk des 21jährigen. Zwei Sinfonien (1950, 1952) und ein virtuoses Orchesterkonzert (1953), die gleichfalls noch in neoklassizistischer Tradition stehen und die Vorbilder Schostakowitsch und Bartók erkennen lassen, zeigen bereits B.s immer wieder wellenartig auf einen Binnenhöhepunkt zustrebenden Formsinn sowie seine Vorliebe für den dunklen Klangbereich und für theatralisch-effektvolle Wirkungen. Den frühen sinfonischen Kompositionen treten Stilisierungen alter Musik zur Seite, darunter ziselierte Meisterwerke wie die Suite von Renaissance-Tänzen *Colas Breugnon* für Streichorchester mit Fl. (1951), die *Lyrische Suite* auf Texte von Julian Tuwim (1953) und die *Liebes-Sonette* nach Shakespeare (1956), die eine frühbarocke Klangwelt mit hochromatischer Melodik verbinden.

Kammermusik ist in diesem von großer Emphase, von programmatischen Aussagen und von klangfarblicher Raffinesse eines kontrastreichen, konzertant behandelten Orchestersatzes geprägten Œuvre nicht zahlreich. B.s drei StrQu.e jedoch dokumentieren wesentliche Momente seiner kompositorischen Entwicklung. Das erste und zweite StrQu. stehen jeweils zu Beginn einer neuen Schaffensphase, und das dritte StrQu. gehört als Spätwerk zu B.s bedeutendsten Kompositionen.

Streichquartett (1957)

Andante - Allegro, ma non tanto - Adagio molto tranquillo, Allegro molto ed appassionato
Dauer: ca. 18'30'
Verlag: PWM 1959

Das 1957 beendete 1. StrQu. gehört neben Cassazione f. Orchester (1955/56) und Divertimento f. Fl. Ob., Kl., Fg. zu B.s frühesten Versuchen, die zwölftönige Reihentechnik zu nutzen. Auch wenn diese (eigenwillig genutzte) Technik von B. bald beiseite gelegt wurde, ist das StrQu. doch charakteristisch für B.s Verständnis von Form, Faktur und musikalischer Aussage.

Die Reihe, deren strukturierende Rolle streckenweise aufgehoben wird, hat im **1. Satz** thematische Bedeutung – ihre 12 Töne bilden das walzerhaft schwingende erste Thema

und die polyphonen Gegenstimmen. Das wuchtig-entschlossene zweite Thema mit seinen punktierten Rhythmen und hartnäckigen Tonwiederholungen nutzt den Krebs der Reihe:

Die Tonfolgen, in klar erkennbare Gruppen (besonders der Töne 1–4 und 9–12) gegliedert, sorgen auch unabhängig von der markanten Rhythmik für prägnante Gestalten. Die aus ihnen gebildeten Begleitklänge sind verbindendes Element beider Themen.

So leise wie möglich (ppp con sordino) beginnt der Satz ›sempre poco rubato‹. In Tempo und Lautstärke rasch zunehmend, steigert sich ein Kanon des ersten Themas bis zur verstärkten Wiederkehr des Themas zu wuchtig repetierten Begleitakkorden. Bis zum Einsatz des martialischen zweiten Themas reduziert sich der Klang wieder bis zum statischen Ton eines Soloinstruments.

Solche auf kurzem Raum zur größten Intensität anschwellenden und in ruhige Überleitungsmomente mündenden Steigerungen sind charakteristisch für den klar dreiteiligen Formverlauf. Der Wechsel von Klangfarbe und Faktur unterstreicht die Gliederung, und die einzelnen Formteile werden von Überleitungen vorbereitet. Die den Satz beschließende Reprise bestätigt das Thema (einen Ganzton aufwärts transponiert) und greift dabei auch auf die vom Werkbeginn her vertrauten Gegenstimmen zurück.

Der **2. Satz** basiert auf Halbtönen, Quart- und Quint-Intervallen. Abgesehen von einer wuchtigen Steigerung im Mittelteil und von »delicatissimo« zu spielenden Melodien huscht dieser Satz, kurze Motive imitierend, im leichten Pizzicato dahin und verklingt mit einem Unisono im vierfachen Pianissimo.

Der energisch-motorische **Finalsatz** ist der ausgedehnteste und gewichtigste. Nach einer sehr kurzen langsamen Einleitung, in der die Zwölftonreihe durch die Instrumente wandert, verabschiedet sich die Reihe, um dann vor allem in kurzen imitativen Fakturen wieder aufzutauchen. Das im wuchtigen Unisono aller Instrumente eingeführte Thema klingt in verschiedenartigen Fakturen stets anders: lautstark Unisono oder imitierend, zu im dreifachen Fortissimo feurig gehämmerten dissonanten Vielklängen, oder als Kantilene der V. über im leichten Pizzicato durch die Instrumente huschenden Imitationen. Rein klangliches Interesse zeigt sich in Effekten wie einem allmählichen Übergang von ›sul ponticello‹ zu ›ordinario‹ innerhalb rasanter Sechzehntelfelder.

Der Finalsatz schlägt den Bogen zum 1. Satz und integriert gegen Schluß (in umgekehrter Reihenfolge) dessen zwei Themen. Das zweite wird dabei erweitert und zu maximaler Kraft gesteigert, dem ersten gehen Reminiszenzen an den Satzbeginn voraus, bevor das Werk in resignativer Ruhe mit ins Schmerzhafte gefärbten Anklängen an das anfangs so energische Finalthema verklingt.

Play für Streichquartett (1971)

einsätzig
Dauer: ca. 10'30''
Verlag: PWM 1972 / Henry Litolff's

»Die Komposition ist einsätzig (Phrasen ohne Pause), aber von ziemlich kompliziertem Formbau; sehr schwer!« – so der Komponist selbst über sein kürzestes StrQu.

Schon der Titel weist darauf hin, daß hier eine bei B. seltene Stimmung anklingt. Ein Feuerwerk kapriziöser Klangeffekte, unterschiedlichster Spielweisen und gesuchter Kombinationen, mächtiger Doppelgriffe, polymetrischer Schichtungen, ›aleatorisch‹ rotierender Klangfelder, dynamischer Überraschungen und komplexer Rhythmen fügt sich zu einem eigenwillig pulsierenden Verlauf, bei dem die Rolle traditioneller Thematik von der Faktur übernommen wird.

Wariacje w formie ronda [*Variationen in Rondoform*] für Streichquartett (1978)

einsätzig
Dauer: ca 18'30''
Verlag: PWM 1979 / Henry Litolff's / Peters

Die Klangfarbe (hier unter Bevorzugung mittlerer und tieferer Lagen) hat im drei Jahre vor B.s frühzeitigem Tod vollendeten 3. StrQu. nicht jene herausragende Bedeutung wie im einige Jahre zuvor komponierten *Play*, obwohl auch das spätere Werk einen Reichtum differenzierter Klangwirkungen in der Kombination vielfältiger Spiel- und Artikulationsweisen entfaltet. Nichts Heiteres jedoch zeigt die Wechselhaftigkeit zwischen dem kaum Hörbaren und einem Spiel mit aller Kraft, zwischen extremen Ausdruckscharakteren, zwischen dichter und dünner Faktur bei häufigen Takt- und Tempowechseln. Das schwankende Ausloten von Extremen ist eher als vieldeutiges »Selbstportrait« (so der ursprünglich geplante Werktitel) des Komponisten zu verstehen.

Vieldeutig ist auch die Form im ehrgeizigen Versuch, das Reihungsprinzip und die Wiederkehr des Gleichartigen dem Entwicklungsprinzip zu verschwistern, das Stabilisierende der Rondoform dem stets Veränderlichen der Variationstechnik. Obwohl der Werktitel gleich zwei traditionelle Formbegriffe nennt, verdankt sich die Gestalt dieses Quartetts doch eher einer individuellen Dramaturgie, deren innere Logik an die eines Gesprächs erinnern kann. Ausgedehnte Monologe als emphatische Kantilenen werden bevorzugt dem Vc. und der Va. anvertraut, und oft gehen alle Stimmen im gleichen Rhythmus zusammen. Der kompakte erste Teil zeigt mit seinen thematischen Zellen den Kern des im weiteren Verlauf permanent variierten Materials. Die sechs Formteile, meist durch clusterartige Akkorde oder Unisoni klar begrenzt, sind untereinander vielfältig gegliedert und miteinander verzahnt.

In Melodik und Harmonik überwiegen dissonante Sekund- (Sept-, Nonen-) -intervalle. Streckenweise (z.B. gleich zu Werkbeginn) deutet sich eine Reihenordnung an, nach der die neu hinzutretenden Töne einsetzen, um anschließend frei verfügbar zu sein. Im vollchromatischen Klangbild setzen sich dennoch die Zentraltöne c und es durch.

Martina Homma

Béla Bartók

geb. 25. 3. 1881 Nagyszentmiklós (ehemals Ungarn, heute Sînnicolaul Mare / Rumänien); gest. 26. 9. 1945 New York (USA). Musikalisches Elternhaus. Musikunterricht bei László Erkel. Ab 1899 Musikstudium an der Königlichen Ungarischen Musikakademie Budapest bei dem Franz-Liszt-Schüler István Thomán (Kl.) und bei János Koeßler (Komposition), einem Anhänger der deutschen Musik (insbes. von J. Brahms, R. Wagner, R. Strauss). Ab 1907 Professor für Kl. an der Musikakademie. Beginnt, angeregt von dem Freund Zoltán Kodály, ab 1905 (mit Unterbrechungen bis 1940) die alte ungarische Volksmusik zu sammeln und wissenschaftlich zu erschließen, später auch die Volksmusik benachbarter Länder und von Nordafrika. Nachhaltiger Einfluß der Volksmusikforschungen auf B.s kompositorisches Schaffen. Entdeckt zur gleichen Zeit Werke von Claude Debussy. Erste bedeutungsvolle Kompositionen vor dem 1. Weltkrieg: u.a. die Oper *A kékszakállú Herceg vára* (*Herzog Blaubarts Burg*, 1911). Wird im Zuge des von der Regierung Tisza (1875–1890) eingeleiteten Magyarisierungsprozesses und später in der ›Ära Horthy‹ (1920–1944) in Ungarn häufig diskriminiert. Nach dem 1. Weltkrieg Einfluß von Arnold Schönberg und der Wiener Schule auf sein Schaffen. Auf zahlreichen Konzertreisen als Pianist und Interpret eigener Werke zunehmend internationale Erfolge. Ab 1926 Auseinandersetzung mit Igor Strawinskys Œuvre und mit der Barock-Musik; es entstehen die Meisterwerke der ›klassischen‹ Periode. Zieht sich 1934 vom Unterricht an der Musikakademie zurück und widmet sich zunehmend seinen ethnomusikologischen Forschungen und Publikationen.

Nach dem Anschluß Österreichs an Hitler-Deutschland und nach dem Ausbruch des 2. Weltkriegs emigriert B. im Oktober 1940 in die USA. Hier gesundheitliche und existentielle Probleme, letztere verringern sich ab 1943, u. a. durch orchestrale Auftragswerke und durch Unterstützung vom Bund amerikanischer Komponisten (ASCAP): »Der Komponist B. ist plötzlich von neuem ›entdeckt‹ worden« (Bence Szabolcsi). 1944 entsteht B.s letzte vollendete Komposition, die *Sonate* für V. solo. 1988, 43 Jahre nach seinem Tod, wird B.s Asche nach Ungarn repatriiert.

WERKE F. 1 INSTR.: Sonate f. V. solo SZ 117 (1944) – WERKE F. 2 INSTR.: Sonate f. Kl., V. DI 72 (1903); (2) Sonaten f. V., Kl (Nr. 1 SZ 75, 1921; Nr. 2 SZ 76, 1922); (2) Rhapsodien f. V., Kl (Nr. 1 SZ 86, 1928; Nr. 2 SZ 89; 1928, umgearb. 1945); 44 Duos f. 2 V. SZ 98 (1931) – WERKE F. 3 INSTR.: Sonate f. 2 Kl., Schlzg. SZ 110 (1937); Kontraste f. V., Klar., Kl. SZ 111 (1937) – WERKE F. 4 INSTR: (6) StrQu. (Nr. 1 op.7 SZ 40, 1908; Nr. 2 op.17 SZ 67, 1917; Nr. 3 SZ 85, 1927; Nr. 4 SZ 91, 1928; Nr. 5 SZ 102, 1934; Nr. 6 SZ 114, 1939) – WERKE F. 5 INSTR: Quintett f. Kl., 2 V., Va., Vc. DI 77 (1904, unveröff.) – Bearb.: Duo Nr.32 f. Kl.; Duetti Nr 28, 38, 43, 16, 36 bearb. f. Kl. unter dem Titel Kleine Suite SZ 105 (1936).

SZ= A. Szöllösy, Verzeichnis der Werke B. B.s (ab November 1904); veröffentlicht in: B. B., Weg und Werk, Schriften und Briefe, hrsg. v. Bence Szabolcsi, Corvina Verlag Budapest, ²/1972.
DI= Denijs Dille, Verzeichnis der Jugendkompositionen, in: József Ujfalussy, B. B., Corvina Verlag, Budapest 1973.
Verlage: UE Wien; Boosey & Hawkes London; Editio Musica Budapest.

In der Musikgeschichte des 20. Jahrhunderts nimmt das Œuvre von B. einen herausragenden Platz ein. Deutlicher als in anderen Gattungen innerhalb seines Gesamtschaffens läßt sich in B.s Kammermusik durch ihre konzentrierte Aussage die Entwickung seiner Musiksprache nachvollziehen. Diese stellt eine Synthese zwischen der ungarischen Volksmusik und der abendländischen Kunstmusik dar: durch die Verschmelzung von Sprach- und Formelementen aus diesen beiden so unterschiedlichen musikalischen Traditionen, sowohl aus den vergangenen Jahrhunderten als auch aus den innovativen Strömungen seiner Zeit. B.s Tonkunst schlägt gleichsam eine Brücke zwischen Morgen- und Abendland.

Wie andere osteuropäische Länder suchte auch Ungarn um 1900 seine nationale Identität. Während die ungarische Kunstmusik von der deutschen Musik dominiert wurde, entdeckte B. in der ungarischen Bauernmusik eine damals noch völlig unerforschte, unvermutet reiche musikalische Tradition. Sie unterschied sich grundsätzlich von den ›ungarischen‹ Werken eines Brahms oder Liszt, die damals allgemein für die ungarische Nationalmusik gehalten wurden. Die Erforschung der ältesten Schicht der ungarischen Bauernmusik veranlaßte B., seine Sammeltätigkeit auch auf die benachbarten Gebiete (Slowakei, Ukraine, Rumänien sowie Anatolien und sogar Nordafrika) auszudehen. In den hier gesammelten Volksliedern stellte er ähnliche Inhalte und identische ›urmusikalische‹ Züge fest, eine Tatsache, aus der B. seine Konzeption zur Völkerverbrüderung entwickelte. Gleichzeitig wurde die Volksmusik für ihn zu einer Inspirationsquelle für das eigene kompositorische Schaffen – und beeinflußte seine ethisch-sozialen Ansichten: Er fühlte sich mit den Bauern, der damals ärmsten und vernachlässigsten sozialen Schicht eng verbunden.

Aus den heterogenen Elementen der Volks- und Kunstmusik entwickelte B. ein sehr komplexes, durchstrukturiertes, zwischen Diatonik und Chromatik schwankendes harmonisches System. Es ist auf dem Prinzip einer erweiterten multi-polarisierenden Tonalität aufgebaut. Indem B. die Volksmusik und ihre ›unverbrauchten‹ Intervalle wie u.a. Quarte, Septime und kleine sowie große Terz innerhalb eines Liedes entdeckte, konnte er sich einerseits vom Einfluß der deutschen Musik und andererseits von der harmonischen Herrschaft der Dur-Moll-Tonalität befreien. Zudem ›bewahrte‹ ihn die Volksmusik vor der Atonalität, »weil Volksmusik immer tonal und eine atonale Volksmusik völlig unvorstellbar ist« (B. B., *Vom Einfluß der Bauernmusik auf die Musik unserer Zeit*). Innerhalb der alten und von B. wiederentdeckten Modi bevorzugte er das für viele slowakische Melodien charakteristische Lydische, dessen unterer Tetrachord aus drei ganzen Tönen besteht. Hierdurch wird jegliche tonale Hierarchie aufgelöst. Ein Ergebnis, das auch die von B. häufig verwendete Ganztonskala aufweist. Aus dem gleichzeitigen oder/ und sukzessiven Einsatz der Modi, ein besonders für die rumänische Volksmusik charakteristisches Verfahren, entwickelte B. eine chromatische Polymodalität sowie die für sein Schaffen bedeutsame ›Akustische Skala‹, die nach Ernö Lendvai zu B.s Diatonik gehört:

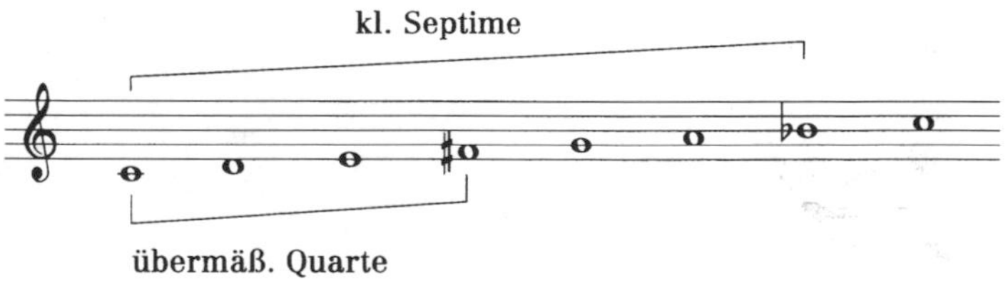

Sie wird aus den lydischen und myxolydischen Modi gebildet. Auch die pentatonische Skala hat B. der Volksmusik entlehnt.

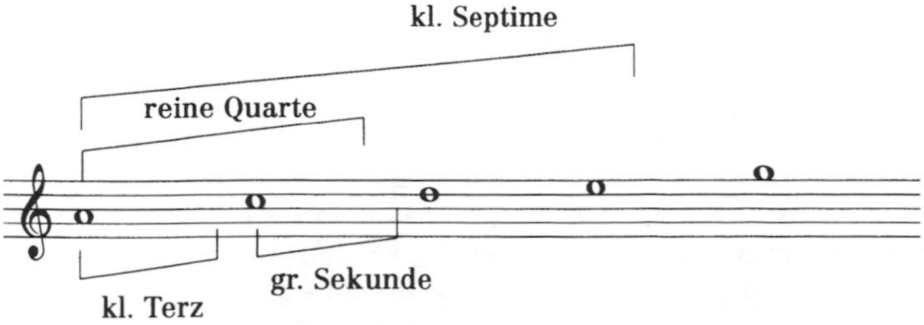

Aus ihren Intervallen entwickelt er nichtklassifizierte Akkorde, sogenannte ›Quartakkorde‹ sowie ›Dur-Moll-Akkorde‹ (Schichtung von kleiner Terz, Quarte, kleiner Terz) und – nach Einfügung einer kleinen Septime – die von E. Lendvai so bezeichneten ›Alpha-Akkorde‹:

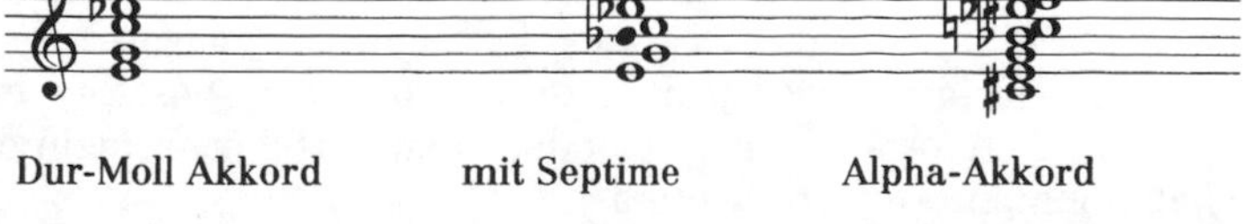

Alle diese aus der Pentatonik abgeleiteten Bildungen gehören zu B.s Chromatik. Zwischen ihnen und den im tonalen System verwurzelten Harmonien stellt B. eine für seine Tonsprache charakteristische Verbindung her: das Achsensystem. Die 12 chromatischen Töne aus dem pythagoreischen Quintenzirkel stehen in Beziehung zu Tonika, Subdominante und Dominante:

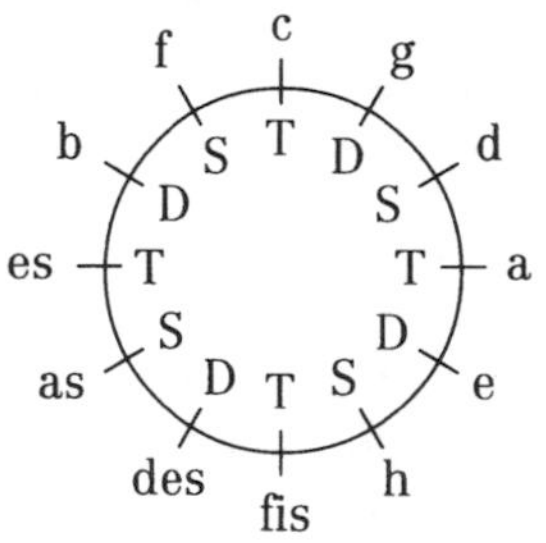

T = Tonika
D = Dominante
S = Subdominante

(in den Beispielen setzt man c als Tonika voraus)

Das Achsensystem

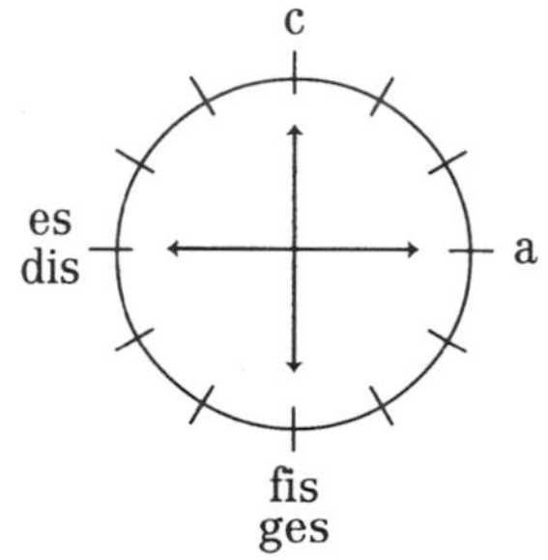

Tonika-Achse

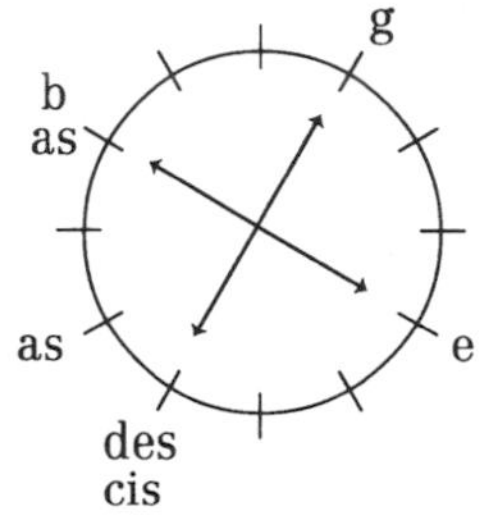

Dominanten-Achse

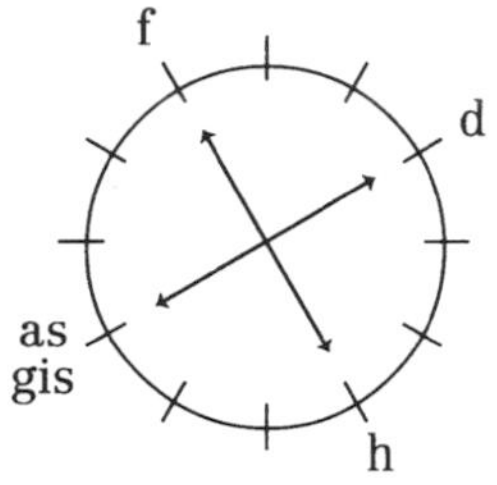

Subdominanten-Achse

Jeder der vier gleichwertigen Achsentöne kann innerhalb einer Achse durch die drei anderen Tönen ersetzt werden. B. bevorzugt Tritonusbeziehungen (z. B. c–fis, a–es). Dieses Prinzip setzt die historische Entwicklung des harmonischen Denkens innerhalb der Kunstmusik logisch fort.

B.s Tonkunst wird weiterhin durch den ›Goldenen Schnitt‹, das bereits in der Antike bekannte Proportionsprinzip, geprägt. »Bei dieser als ›sectio aurea‹ überlieferten Teilung eines Ganzen verhält sich dessen kleinerer Teil zum größeren Teil so, wie der größere Teil zum Ganzen« (Zsolt Gárdonyi). Ob von B. beabsichtigt oder nicht – die Meinungen darüber gehen in der musikwissenschaftlichen Literatur auseinander – in zahlreichen seiner Werke wird der ›Goldene Schnitt‹ zum strukturellen Prinzip erhoben. Darüber hinaus bestimmt er auch häufig die Melodiegestaltung sowie die harmonischen Bildungen aus der Pentatonik, da die Anzahl der Halbtöne von den Intervallen dieser Skala der Fibonaccischen Zahlenreihe entspricht (wonach die folgende Zahl das Ergebnis der zwei vorangegangenen ist, z. B. 2, 3, 5, 8, 13 usw...). Zwei weitere, aus der Volksmusik abgeleitete Strukturmodelle sind für B.s Musik wesensbestimmend: das u. a. aus der ungarischen Volksmusik stammende Variationsprinzip, das auch Liszts kompositorisches Denken beeinflußt hat, und das Kontrastprinzip, das dem dialektischen Prinzip der Beethovenschen Sonatenform verpflichtet ist.

Unter dem Einfluß der ungarischen Bauernmusik schuf B. jedoch vor allem seine so charakteristischen rhythmischen Rubato-Parlando-Melodien. Bei ihnen liegt die Betonung auf dem ersten Taktteil (vergleichbar der ungarischen Sprache, wo auch die erste Silbe akzentuiert wird).

Die Bedeutung, die B. der Kammermusik innerhalb seines Gesamtschaffens einräumt, geht auf seine Jugendzeit zurück: Bereits als Knabe hatte er sich mit Kammermusikwerken der Wiener Klassiker auseinandergesetzt, insbesondere mit Beethovens StrQu.en. Das Ergebnis sind 15 zumeist unveröffentlichte oder nicht mehr erhaltene Kammermusikwerke (V.-Sonate; StrQu; Kl.-Quintett), komponiert zwischen 1890 und 1904. Später wirkten unterschiedliche Faktoren positiv auf B. Interesse an der Komposition von kammermusikalischen Stücken. Einerseits waren das die anregenden Begegnungen mit großen Interpreten (dem Waldbauer-Kerpely-Quartett, den Geigern Jelly d'Arányi, Joszef Szigeti, Yehudi Menuhin, dem Klarinettisten Benny Goodman u. a.), andererseits entstanden durch B.s wiederholten Rückzug aus dem offiziellen Musikleben Ungarns, verursacht durch die intollerante politische Situation in seinem Land, ›Freiräume‹ für kompositorische Arbeiten.

Die meisten seiner Kammermusikwerke hat B. für Streichinstrumente (6. StrQu.) und vor allem für V. geschrieben (V.-Sonaten, Rhapsodien, Duos). Wie andere Komponisten des 20. Jahrhunderts war er ständig auf der Suche nach neuen Klangkombinationen, erweiterte, verfremdete oder verfärbte die Klänge durch neue Spieltechniken. Besonders stark angezogen fühlte er sich von den vielfältigen, damals noch wenig erforschten Klangfarben der Schlzg.-Instrumente (Sonate für 2 Kl. und Schlzg. u.a.).

Unter den kammermusikalischen Formen hat B. vor allem die Sonate und das StrQu. bevorzugt. So setzt er in den zwei *Sonaten* für V. und Kl. die Tradition der virtuosen Solo-Sonaten des Barock und der Klassik fort. Die StrQu.-Gattung, die im 19. Jahrhundert durch Beethoven einen Gipfelpunkt erreicht hatte und im 20. Jahrhundert durch zahlreiche zeitgenössische Komponisten substantiell bereichert wurde (z. B. von Luciano Berio, György Ligeti, John Cage, Hans-Werner Henze, Witold Lutosławski), nimmt in B.s Œuvre eine Sonderstellung ein: B.s sechs StrQu.e spiegeln die ununterbrochene Entwicklung seines kompositorischen Denkens wider und bilden, jedes für sich, einen Höhepunkt in seinen verschiedenen schöpferischen Phasen.

Als B. sein StrQu. Nr. 1 (1907–1911) komponierte, hatte er sich gerade von dem Einfluß eines Brahms' und Strauss' gelöst. Noch wirkte der gewaltige Eindruck von Beethovens letzten StrQu.en, von der Chromatik Richard Wagners und der komplexen kontrapunktischen Schreibweise Max Regers nach. Die Werke aus dieser Periode haben einen romantischen ›Atem‹ und stehen im Bann der Geigerin Stefi Geyer, zu der B. eine tiefe Zuneigung hegte. Ab dem StrQu. Nr. 2 (1917) neigt B., vergleichbar zahlreichen anderen europäischen Komponisten, zur Auflösung der traditionellen Tonordnung. Die Befreiung von der tonalen Hierarchie wird durch einheitliche, symmetrische Formen ›ausgeglichen‹. In der nächsten Schaffensperiode, in der u.a. die zwei V.-Sonaten (1921/22) und das StrQu. Nr. 3 (1927) entstehen, erreicht B.s Sprache eine extreme Kühnheit, begibt sich in die Nähe der Dodekaphonie und entwickelt unter dem Einfluß der Wiener Schule spannungsvolle komplexe Rhythmen. Ab 1926 regulieren ›klassische‹ Tendenzen B.s impulsives schöpferisches Naturell. Seine Tonkunst erreicht eine neue Klarheit der Gedanken und der Form. Dies ist die Zeit der Meisterwerke, der StrQu.e Nr. 4 (1928), Nr. 5 (1934) und Nr. 6 (1939), der Sonate für 2 Kl. und Schlzg. (1937) sowie der *Kontraste* (1938) und der pädagogisch orientierten 44 Duos (1932). Nach der Emigration, in der letzten Schaffensperiode (1940–1945), wird sein Stil einfacher, weniger experimentell, dafür fließender, farbiger und kommunikativer. Es entsteht ein einziges Kammermusikwerk: die Sonate für V. solo (1944). Sie nimmt durch ihre Formstrenge und ihre Konzentrierheit eine Sonderstellung ein.

Streichquartett Nr. 4 SZ 91 (1928)

Allegro – Prestissimo con sordino – Non troppo lento – Allegro pizzicato – Allegro molto
Dauer: ca. 24'
Verlag: UE Wien, ED 1929

Zwischen der *Tanz-Suite* SZ 77 (1923) und dem am 20. März 1929 in Budapest durch das Waldbauer-Kerpely Quartett uraufgeführte und dem Pro-Arte Quartett zugeeigneten StrQu. Nr. 4 (1928), – ein Jahr nach dem StrQu. Nr. 3 SZ 85 komponiert – gibt es in B.s Schaffen eine ›Dürreperiode‹. B. befindet sich gleichsam in einem künstlerischen ›Gärungsprozeß‹, dessen Ergebnis ein neuer, unter dem Einfluß der Barockmusik entstandener klarer und ausgewogener Stil ist.

Der hedonistische Nihilismus, der nach dem 1. Weltkrieg vom Bürgertum der siegreichen Länder vertreten wurde, fand in der Forderung nach einer gefühlsfreien, ›objektiven‹ Kunst seinen künstlerisch-ästhetischen Ausdruck. Auch wenn B. der Verführung durch die ›objektive‹ Kunst nicht erlag, so fand er doch in der kontrapunktischen barocken Schreibweise mit ihrer imitatorischen und kanonischen Stimmführung und den kunstvollen Fugentechniken eine Bereicherung des Variationsprinzips. Der handwerkliche Aspekt der Barockmusik zwang ihn, seine Gedanken diszipliniert und sparsam auszudrükken: Die musikalische Textur wird durchsichtiger und die aus wenigen kleinen Intervallen bestehenden Motive werden einfacher und übersichtlicher. Vor allem aber gelingt es B., eine ausgewogene symmetrische Struktur zu entwickeln – die ›Brückenform‹ (ABCB'A') – und dennoch das vitale Prinzip seiner Musik zu bewahren.

Zur Form seines StrQu. Nr. 4, dessen mittlerer langsamer Satz von zwei Scherzi eingerahmt wird, die wiederum von zwei Allegro-Sätzen eingegrenzt sind, sagt B.: »Der langsame Satz bildet den Kern des Werkes, die übrigen Sätze schichten sich um diesen. Und zwar ist der IV. Satz eine freie Variation des II., die Sätze I und V wiederum haben gleiches Material, das heißt: um den Kern (III. Satz) bilden die Sätze I und V die äußere, II und IV die innere Schicht«. In keinem der davor komponierten Werke war bisher eine derartige Interferenz zwischen der musikalischen Sprache und der Form entstanden, hatte B. solche Monothematik angestrebt. Ein Aufbaumodell, das er acht Jahre später in der Musik für Saiteninstrumente, Schlagzeug und Celesta SZ 106 (1936) in höchster Vollkommenheit verwirklichen sollte.

Der zentrale Gedanke des StrQu.s Nr. 4 besteht in einer einfachen Keimzelle von auf- und absteigenden Halbtonschritten, die immer neue Gestalt annimmt.

Sie ist das konstruktive Element des **1. Satzes** und prägt das Kopfmotiv seines Hauptthemas. Ausführlich wird sie im 5. Satz verarbeitet. Die zwei Themen des 2. Satzes entstehen durch Variationen des zentralen Gedankens, durch chromatische Skalen und indem eine verminderte Terz hinzugefügt wird. Und das Hauptthema des 4. Satzes resultiert aus einer erweiterten Gestalt der Keimzelle.

Aber nicht nur die Keimzelle, sondern auch die Gestaltung des gesamten Tonmaterials führt zur Bildung von Satzpaaren. Wieder legt B. das Variationsprinzip zugrunde. Zwischen dem 1. und 5. Satz, zwei Allegri, die in freier Sonatenform harmonisch um den Pol ›c‹ aufgebaut sind, sowie zwischen dem 2. und 4. Satz werden thematische Korrespondenzen hergestellt. Außerdem wird aus dem Nebenmotiv des Hauptthemas im 1. Satz die Thematik des ersten Themas im 5. Satz entwickelt

1. Satz - Hauptthema

Die Spannung, die über dem frei dodekaphonen **1. Satz** (4/4) liegt, wird im diatonischen schwungvollen Finale (2/4) durch den lebensfrohen Tanz aufgehoben. Auch die zwei tänzerischen Scherzi in freier ABA-Form (2. und 4. Satz) sind thematisch miteinander verwandt: Während im 2. Satz die Tonleiter des ersten Themas aus Halbtonschritten besteht, liegt dem ersten Thema im 4. Satz eine Tonleiter aus überwiegenden Ganztonschritten zugrunde. Die Chromatik, die das erste Scherzo kennzeichnet, hat sich in die Diatronik (akustische Skala) des zweiten verwandelt.

Sowohl die harmonische Entwicklung als auch klangliche Aspekte tragen zur formalen Gestaltung bei. Der **2. Satz** (6/8) ist um den Pol ›e‹ (aufsteigende Terz von ›c‹) komponiert, den die Streicher (mit Dämpfer) mit geminderter Intensität wie ein gespenstischer Wirbelwind umspielen. Dagegen drückt der um den Pol ›a‹ (absteigende Terz von ›c‹) komponierte 4. Satz (3/4), in welchem die verschiedendsten Arten von Pizzicati verwendet werden, eine erdgebundene nüchterne Gemütslage aus.

Im ›Kern‹ des StrQu.s Nr. 4, im **3. Satz**, findet – ähnlich wie in der *Cantata Profana* SZ 94 (1930) – eine Umwandlung statt. Das konzise dreiteilige Non troppo lento, aufgebaut auf dem Variationsprinzip, beginnt mit einem warmen ›ungarisierenden‹ Vc.-Monolog. Im Satzmittelteil, der an die Naturatmosphäre des 4. Satzes: *Klänge der Nacht* aus *Im Freien* für Kl. SZ 81 (1926) erinnert, wird die nächtliche Naturwelt durch abwechslungsreiche Spieltechniken nach und nach belebt: durch gebrochene gezupfte Akkorde, ein abgerissenes tremoloartiges Pizzicato, glatte Töne, Glissandi, durch gespenstisches Spiel auf dem Steg und klopfende Col-legno-Effekte. Dann erscheint der nach einer ›reinen‹ Quelle suchende Mensch (2. V.) und nähert sich der Natur (Va.). Beide bekennen sich zueinander und verschmelzen miteinander. Die ›Brücke‹ ist überschritten: Die wiederaufgenommene polymodale Vc.-Melodie und ihre imitatorische Spiegelung (1.V.) stehen für die vollzogene innere Verwandlung des Menschen. Dieser Prozeß: von der Chromatik zur Diatonik, von der Spannung zur erdgebundenen spontanen Lebensfreude, von der ›zivilisierten‹ Kunstmusik zur naturgebundenen ›reinen‹ Volksmusik prägt das gesamt Werk. Die ›Brückenform‹ erstarrt nicht zu einer steifen Symmetrie, sondern hat sich zu einer lebendigen, ausdrucksfähigen Architektur entwickelt.

Sonate SZ 110 (1937)
für zwei Klaviere und Schlagzeug (Pk., große Tr., Bck., Tamt., 2 kleine Tr. mit und ohne Schnarrsaiten, ein Xyl.)

Assai lento. Allegro molto – Lento ma non troppo – Allegro non troppo
Dauer: ca. 26'
Verlag: Boosey & Hawkes, ED 1942

Während B. in Ungarn künstlerisch zunehmend isoliert wurde – die letzte Uraufführung eines Hauptwerkes in Ungarn, des StrQu.s Nr. 4, hatte bereits 1929 stattgefunden –, erhielt er in West-Europa immer wieder neue Anerkennung. 1937, knapp 4 Monate nach der außerordentlich erfolgreichen Schweizer Uraufführung seiner Musik für Saiteninstrumente, Schlagzeug und Celesta SZ 106, erhielt B. aus Basel von der Internationalen Gesellschaft für Neue Musik einen neuen Auftrag. B. sagte zu und verwirklichte einen alten Plan: »Ich hatte schon seit Jahren die Absicht, ein Werk für Klavier und Schlagzeug zu schreiben. Allmählich verstärkte sich indessen in mir die Überzeugung, daß ein Klavier gegen Schlaginstrumente keine befriedigende Balance ergibt. Infolgedessen änderte sich der Plan insofern, als zwei Klaviere statt einem dem Schlagzeug gegenüberstehen.« Die am 16. Januar 1938 in Basel durch B. und seine Frau, die Pianistin Ditta Pásztory, sowie durch Fritz Schiesser und Philipp Rühlig (Schlzg.) uraufgeführte Sonate verweist auf eine neue Etappe in B.s Schaffen. Durch die Bedeutung des Klanges für die Werkgestaltung nähert sich die Sonate manchen Kompositionen von Francis Poulenc oder Edgar Varèse.

Die Gegenüberstellung von Kl.-Klängen mit solchen der Schlaginstrumente beschäftigte B. bereits seit langem: 1926 hatte er im Andante seines Kl.-Konzerts Nr. 1 SZ 83 mit diesen Konfrontationen gearbeitet; im Kl.-Konzert Nr. 2 SZ 95 (1931) treten im Stil des Concerto grosso verschiedene instrumentale Gruppen auf, während B. in der Sonate (1937) ein noch breiteres klangliches Kontrastfeld entwickelt.

In der Sonate handelt es sich jedoch nicht nur um eine Gegenüberstellung, sondern das noch vielfältiger gewordene Schlzg.-Instrumentarium bildet ein organisches Ganzes: »Die 7 Schlaginstrumente sollen ... bloß von 2 Spielern gespielt werden. Die beiden Schlagzeugstimmen nehmen eine den beiden Klavierstimmen ebenbürtige Stellung ein. Die Rolle des Schlagzeugs ist verschiedenartig. In vielen Fällen ist es nur eine Farbnuance zum Klavierklang, in anderen verstärkt es wichtige Akzente, gelegentlich bringt das Schlagzeug kontrapunktische Motive gegen die Klavierstimmen, und häufig spielen namentlich die Pauken und das Xylophon sogar Themen als Hauptstimme.« (B. B.) In keinem vorhergehenden Werk war es B. bisher gelungen, die Klangfarbe so nuancenreich zu differenzieren: durch verschiedenartige Metall- und Holzschlegel unterschiedlicher Größe und Länge, indem er die trokkenen Klänge und die Schlaginstrumente mit großem Klangvolumen äußerst feinfühlig und sparsam einsetzt und ein außergewöhnliches Gespür für den adäquaten Umgang mit den Instrumentalklängen entwickelt. In der langsamen Einleitung z.B., in der sich ungeheure Energien ballen, löst der leise Pk.-Triller – am Rand des Schweigens – eine enorme Spannung aus. Sie bereitet den Eintritt des wichtigen Einleitungsthemas vor; der folgende Bck.-Schlag wirkt danach wie ein Lavaeffekt, wobei der eindringliche Charakter des zweiteiligen Hauptthemas im ersten Abschnitt durch den Pk.-Einsatz unterstrichen wird.

Im Lento-Mittelteil, einer der prächtigsten ›Nachtmusiken‹ von B., wirkt der Kl.-Monolog über einem Orgelpunkt, umrahmt vom rauschenden ›naturhaften‹ Schlzg. ›in der Stille der Nacht‹ wie eine Ausweitung des menschlichen Daseins bis an die äußersten Grenzen. Im **3. Satz** unterstreicht der kristalline Klang des Xyl. den fröhlichen diatonischen Charakter des Hauptthemas:

Auch die zwei Kl.-Partien, in denen B. die tiefen und die silbrigen Register bevorzugt, bilden ein Ganzes: In zahlreichen Spiegelkanons werden die verschiedenen Aspekte eines einzigen Gedankens beleuchtet. Jeder Kl.-Part wiederum bildet für sich eine Einheit: B. verzichtet auf die traditionelle melodisch-harmonische Verteilung des Materials auf die zwei Hände, ähnlich wie Claude Debussy in *En blanc et noir*, oder er setzt unisono parallele Akkorde sowie Ostinato-Figuren, häufig auch in der Umkehrung, ein.

3. Satz - 2. Thema

Wie zahlreiche vor 1937 entstandene Werke ist die *Sonate* harmonisch nach dem Prinzip des Achsensystems aufgebaut und hat eine klassische, klare, dreiteilige Form. Dem 1. Satz, einem Allegro in Sonatenform, geht eine langsame Einleitung voraus. Sie erhält ihre Prägung durch ein Thema Lisztschen Charakters, das nach den Regeln der B.schen Chromatik aufgebaut ist. Im nachfolgenden Allegro arbeitet B. mit drei gegensätzlichen Themen – zentriert um die Tonika-Achse c-fis –, mit einem zweiteiligen Hauptthema, dem melodischen Seitenthema von einem charakteristischen asymmetrischen bulgarischen Rhythmus (9/8, in Achtel unterteilt zu: 4+2+3; 2+3+4; 2+2+2+3),

und dem Schlußthema. Der schlichte langsame **2. Satz** (ABA-Form) ist harmonisch auf der Subdominante-Achse f-h aufgebaut. Er entwickelt sich aus der ›Unisono‹-Melodie des Hauptteils und aus einem klopfenden Motiv in Terzbewegung. Dieses durchdringt den Mittelteil und schließt die Choralmelodie mit ein, die die nächtliche Vision krönt, ehe wellenartige rauschende Kl.-Motive zur Reprise führen. Das strahlend-vitale **Finale** in C mit dem Hauptthema im akustischen Modus (siehe Notenbeispiel) besitzt eine außerordentlich kräftige Diatonik. Wie in vielen Werken dieser Zeit findet man auch hier den charakteristischen Prozeß von der Diatonik zur Chromatik. Obwohl äußerlich einfach, weist dieses Werk (nach E. Lendvai) dichte innere thematische, harmonische und rhythmische Beziehungen auf. Auch hier ist – ob von B. beabsichtigt oder nicht – das Prinzip des ›Goldenen Schnittes‹ zugrundegelegt, das die harmonischen und melodischen Bildungen genauso wie Klein- und Großform des Werkes bestimmt.

1939, nach dem Anschluß Österreichs an Hitler-Deutschland, hatte B. den Wiener Verlag Universal Edition verlassen. B. emigrierte nach Amerika und in Zentraleuropa wurde in den nächsten sieben Jahren – während des zweiten Weltkriegs – kein einziges Werk von B. aufgeführt. Für sein neues Verlagshaus in London, Boosey & Hawkes, fertigte er 1940 eine Orchesterfassung der Sonate an, das Konzert für 2 Kl., Schlzg. und Orchester SZ 115.

Maria Kardos-Morin

Ludwig van Beethoven

getauft 17. 12. 1770 Bonn; gest. 26. 3. 1827 Wien. Ab 1774 Musikunterricht beim Vater Johann van Beethoven, ab 1781 bei Christian Gottlob Neefe; 1783 Veröffentlichung erster Kompositionen, besoldetes Mitglied der Bonner Hofkapelle. 1787 erste Reise nach Wien. 1792 Übersiedlung nach Wien; 1793 Unterricht bei Joseph Haydn u. Johann Schenk, 1794 bei Johann Georg Albrechtsberger u. Antonio Salieri. 1795 Debut in Wien, Veröffentlichung der Kl.-Trios op. 1. 1798 Anzeichen der Gehörschwäche. 1800 Komposition der StrQu.e op. 18. Erste eigene Akademie mit 1. Sinfonie op. 21, Septett op. 20 und 1. Kl.-Konzert op. 19. 1802 werden Carl Czerny u. Ferdinand Ries B.s Schüler; *Heiligenstädter Testament*. 1803 Kompositionsbeginn der *Eroica* op. 55; 1805 ihre erste öffentliche Aufführung; 1806 Vollendung der *Rasumowsky-Quartette* op. 59; 1808 Angebot, als Kapellmeister König Jérômes nach Kassel zu gehen; UA der 5. (op. 62) und 6. Sinfonie op. 68. 1809 Lebensrente von den Fürsten Lobkowitz und Kinsky sowie von Erzherzog Rudolph, Komposition des StrQu.s op. 74; 1810 Heiratsabsichten gegenüber Therese Malfatti; 1812 Brief an die »Unsterbliche Geliebte«; 1815 Vormundschaft für den Neffen Karl; 1819 völlige Ertaubung; 1821 Komposition der Kl.-Sonate op. 110; 1824 UA der *Missa solemnis* op. 123 u. der 9. Sinfonie; Komposition des StrQu.s op. 127; 1826 Aufführung des StrQu.s op. 130. Schwere Erkrankung; Tod infolge eines chronischen Leberleidens.

WERKE F. 2 INSTR.: Duo f. 2 Fl. G WoO 26 (1792); *Duett mit zwei obligaten Augengläsern* f. Va., Vc. Es WoO 32 (1795/1798); 3 Duos f. Klar., Fg.: C, F, B WoO 27 (vor 1792?) – WERKE F. 1 INSTR. M. KL.: Sonaten f. Kl., V. (3): D, A, Es op. 12 (1797/1798); a op. 23 (1800/1801); F op. 24 (1800/1801); (3) A, c, G op. 30 (1802); A op. 47 (1802/1803); G op. 96 (1812); Sonaten f. Kl., Vc. (2): F, g op. 5 (1796); A op. 69 (1807/1808); (2): C, D op. 102 (1815); Sonate f. Kl., Hr. F op. 17 (1800); 12 Variationen f. Kl., V. über *Se vuol ballare* F WoO 40 (1792/93); 12 Variationen f. Kl., Vc. über *Ein Mädchen oder Weibchen* F op. 66 (1796?); 12 Variationen f. Kl., Vc. über ein Thema aus G. F. Händels *Judas Maccabäus* G WoO 45 (1796?); 7 Variationen f. Kl., V. über *Bei Männern, welche Liebe fühlen* Es WoO 46 (1801?); 6 variierte Themen f. Kl. m. Fl. od. V. op. 105 (1816/1818); 10 variierte Themen f. Kl. m. Fl. od. V. op. 107 (1817/1818); Rondo f. Kl., V.: G WoO 41 (1792 od.1793/1794); 6 deutsche Tänze f. Kl., V. WoO 42 (1795/1796); 2 Stücke f. Mand., Cemb.: c, Es WoO 43 (1796?); Sonatine u. Thema m. Variationen f. Mand., Cemb.: C, D WoO 44 (1796) – WERKE F. 3 INSTR.: Trio f. V., Va., Vc.: Es op. 3 (1792?); Sechs Menuette f. 2 V., Kb. Hess 26/WoO 9 (1795?); Präludium und Fuge f. 2 V., Vc.: e Hess 29 (1795?); Serenade f. V., Va., Vc.: D op. 8 (1796/1797?); (3) Trios f. V., Va., Vc. G, D, c op. 9 (1796/1798); weiteres Trio f. das Scherzo op. 9 Nr. 1 G Hess 28 (1797/1798); Serenade f. Fl., V., Va. D op. 25 (1795/1796 od. 1801); Trio f. 2 Ob., EHr. C op. 87 (1794/1795); Variationen f. 2 Ob., EHr. über *Là ci darem la mano* C WoO 28 (1796/1797) – WERKE F. 2 INSTR. M. KL.: Trio f. Kl., V., Vc.: Es WoO 38 (1790/1791); Allegretto: Es Hess 48 (1790/1792?); (3): Es, G, c op. 1 (1793/1794); (2): D, Es op. 70 (1808); B op. 97 (1810/1811); Trio in einem Satz: B WoO 39 (1812); Trio f. Kl., Klar. od. V., Vc. nach dem Septett op. 20: Es op. 38 (1802/1803?); Trio f. Kl., Fl., Fag.: G WoO 37 (1786/1790?); Trio f. Kl., Klar., Vc.: B op. 11 (1798); 14 Variationen f. Kl., V., Vc.: Es op. 44 (1800?/vor 1803); Variationen f. Kl., V., Vc. über *Ich bin der Schneider Kakadu* G op. 121a (1816?) – WERKE F. 4 INSTR.: Präludium und Fuge f. 2 V., Va., Vc.: F Hess 30 (1795?); Präludium und Fuge f. 2 V., Va., Vc.: C Hess 31 (1795?); Quartette f. 2 V., Va., Vc.: (6): F, G, D, c, A, B op. 18 (1798–1800); (3): F, e, C op. 59 (1806); Es op. 74 (1809); f op. 95 (1810/1811); Es op. 127 (1822/1825); B op. 130 (1825/26); cis op. 131 (1825/1826); a op. 132 (1824/1825); F op. 135

(1826); Große Fuge: B op. 133 (1825); Quartett: F nach der Kl.-Sonate op. 14 Nr. 1 Hess 34 (1801/1802); »Drei Equali« f. 4 Pos.: d, D, B WoO 30 (1812) – WERKE F. 3 INSTR. M. KL.: (3) Quartette f. Kl., V., Va., Vc.: Es, D, C WoO 36 (1785) – WERKE F. 5 INSTR.: Quintette f. 2 V., 2 Va., Vc.: Es op. 4 nach dem Oktett op. 103 (1795); C op. 29 (1800/1801); c op. 104 nach dem Trio op. 1 Nr. 3 (1817); Fuge: D op. 137 (1817); Bearbeitung der b-Moll-Fuge aus dem *Wohltemperiertem Klavier* (I) v. J. S. Bach f. 2 V., Va., 2 Vc. Hess 38 (1801/1802); Streichquintettsatz: d Hess 40 (1817?) – WERK F. 4 INSTR. M. KL.: Quintett f. Kl., Ob., Klar., Fg., Hr. Es op. 16 (1796/1797) – WERKE F. 6 INSTR.: Sextett f. 2 Klar., 2 Hr., 2 Fg.: Es op. 71 (1796); Sextett f. 2 V., Va., Vc., 2 Hr.: Es op. 81b (1794 od. Anfang 1795); Marsch f. 2 Klar., 2 Hr., 2 Fg.: B WoO 29 (1797/1798?) – WERK F. 7 INSTR.: Septett f. V., Va., Vc., Kb., Klar., Hr., Fg.: Es op. 20 (1799/1800) – WERKE F. 8 INSTR.: Oktett f. 2 Ob., 2 Klar., 2 Hr., 2 Fg.: Es op. 103 (1792); Rondino f. 2 Ob., 2 Klar., 2 Hr., 2 Fg.: Es WoO 25 (1792?); Elf Wiener Tänze f. 7–8 Blasinstr. Hess 20/WoO 17 (1819).

Jahreszahlen beziehen sich auf das Entstehungsjahr.
Zählung nach G. Kinsky/A. Halm, Das Werk B., München, Duisburg 1955; Hess = W. Hess, Verzeichnis der nicht in der Gesamtausgabe veröffentlichten Werke L. v. B.s, Wiesbaden 1957.

Ausgabe: L. v. B., Werke. Neue Ausgabe sämtlicher Werke. Hrsg. v. B.-Archiv Bonn. München, Duisburg 1960ff. (=NA)

Als B. 1792 nach Wien reiste, um Haydns Schüler zu werden, befanden sich bereits etliche Kompositionen aus eigener Feder in seinem Gepäck: neben Liedern, Arien und Kantaten, Werken für Kl., Org. und V. u.a. auch solche, die im engeren Sinn der Kammermusik zuzuordnen sind. Insgesamt wird B. mindestens dreizehn teilweise unvollendete Kompositionen für Bläser- oder Streicherbesetzung mit oder ohne Kl.-Begleitung mit sich geführt haben. Zwar war diese Musik überwiegend zum Gebrauch am Hofe des Kölner Kurfürsten Maximilian Franz in Bonn bestimmt, doch erschöpft sich ihre Bedeutung nicht in bloßer Funktionalität, denn sie dokumentiert bereits B.s frühen Anspruch, unterschiedliche kammermusikalische Gattungen in möglichst origineller Weise zu erproben. Erwähnung verdienen in diesem Zusammenhang die 3 *Kl.-Quartette* WoO 36 von 1785. Einerseits folgen sie u.a. noch dem Modell der drei 1781 veröffentlichten *V.-Sonaten* Mozarts (KV 379, 380, 296), andererseits beginnen sie schon eine eigene Sprache zu sprechen, so daß B. ihnen motivisch-thematisches Material für die *Kl.-Sonaten* op. 2 Nr. 1 und Nr. 3 entnehmen konnte. Ähnliches ließe sich vielleicht auch von den beiden Klaviertrios WoO 37 und WoO 38 sowie von dem *Streichtrio* op. 3 sagen, vorausgesetzt B. komponierte letzteres schon um 1792 in Bonn, um es vor der Veröffentlichung 1796 in Wien gründlich zu überarbeiten. Außer dem letztgenannten Werk gibt es eine weitere, größere kammermusikalische Komposition aus den späten Bonner Jahren, die B. unmittelbar nach seiner Übersiedlung zur Veröffentlichung brachte: das dem Muster von Mozarts *Divertimento* KV 563 folgende, doch in seiner Art durchaus originelle *Bläseroktett* op. 103 von 1792, welches 1795 in einer Neufassung für *Streichquintett* als op. 4 erschien. Die im virtuosen Stil gehaltenen 12 Variationen für Kl. und V. über *Se vuol ballare* WoO 40 aus der *Hochzeit des Figaro* von Mozart hingegen hatte B. zwar 1792 in Bonn begonnen, doch erst ein Jahr später in Wien vollendet.

Der überwiegende Teil der kammermusikalischen Produktion B.s, also über 30 Werke, entstand in den ersten zehn Jahren seiner Wiener Zeit bis

1802. Hierfür lassen sich mehrere Gründe nennen: Zunächst lag es in B.s Absicht, alle gängigen kammermusikalischen Gattungen seiner Zeit zu beherrschen, den anerkannt mustergültigen Werken Mozarts und Haydns in kompositionstechnischer und stilistischer Hinsicht nicht nur zu genügen, sondern sie zu übertreffen. Ferner mußte es in B.s eigenem Interesse liegen, Werke für seine aristokratischen Freunde und Gönner zu schreiben, die ihm gleichzeitig die Möglichkeit boten, sich als Kl.-Virtuose zu produzieren.

Daß B. ausgerechnet mit den *3 Kl.-Trios* op. 1 von 1793/1794 die Zählung seiner Werke begann, scheint vor diesem Hintergrund sehr einleuchtend: Mit der Komposition bediente er eine vergleichsweise anspruchsvolle Gattung, und wenn man die Bonner Triokompositionen als ›Vorarbeiten‹ apostrophieren will, brachte er die besten Voraussetzungen mit, dem hohen Anspruch der Werke Mozarts und Haydns mehr als gerecht werden zu können. Das unerhört Neue dieser Komposition wurde von Haydn, der der EA im Rahmen einer Abendgesellschaft im Hause des Fürsten Karl Lichnowsky beiwohnte, teilweise kritisch kommentiert. Schenkt man den ›biographischen Notizen‹ von B.s Schüler Ferdinand Ries Glauben, soll er die beiden ersten Trios in Es- und G-Dur gelobt, von der Veröffentlichung des letzten in c-Moll aber abgeraten haben. Lichnowsky hingegen, während der ersten Wiener Jahre B.s wichtigster Mäzen und Widmungsträger des Werks, protegierte den Komponisten und Virtuosen B. gleichermaßen, indem er sowohl die Aufführung als auch die Veröffentlichung der Komposition ermöglichte.

Als weiterer Markstein auf kammermusikalischem Gebiet dürfen die sechs StrQu.e op. 18 betrachtet werden. Im Vergleich zum bisher Erreichten, zu den 3 *Streichtrios* op. 9 und den 3 *V.-Sonaten* op. 12, erscheinen sie 1801 als ambitionierteste Komposition B.s. Bis dato hatte er die Gattung des StrQu.s bewußt gemieden. Nun trat er, vom Widmungsträger des Werks Fürst Franz Joseph Maximilian von Lobkowitz beauftragt, das ›klassische‹ Erbe Mozarts und Haydns an, nicht um es zu verwalten, sondern um es zu vermehren. Er tat dies selbstbewußt und selbstkritisch zugleich, wie der Brief vom 1. Juni 1801 an seinen Freund Karl Amenda, dem er 1799 das Quartett op. 18 Nr. 2 zum privaten Gebrauch geschenkt hatte, deutlich macht: »Dein Quartett gib ja nicht weiter, weil ich es sehr umgeändert habe, indem ich erst jetzt recht Quartetten zu schreiben weiß, was Du schon sehen wirst, wenn Du sie erhalten wirst.«

Außer den erwähnten und weiteren Werken mit Streicherbesetzung hat B. in jener Zeit Kammermusik mit Bläserbesetzung geschrieben. Dazu zählen *zwei Trios* (op. 87 u. 11), jeweils ein *Quintett* (op. 16), Sextett (op. 71) und *Septett* (op. 20), eine *Sonate* (op. 17), eine Serenade (op. 25), ein Marsch (WoO 29) und eine Variation über *Là ci darem la mano* aus Mozarts *Don Giovanni* (WoO 28). So nahe die Vermutung liegt, B. habe das Feld der Kammermusik für Blasinstrumente quasi systematisch bestellt, so fern steht der pauschale Verdacht, er habe mit diesen Werken lediglich der höfischen Tradition des 18. Jahrhunderts verpflichtete Unterhaltungs- und Gebrauchsmusik geschrieben. Das soziologisch motivierte Verdikt des ästhetisch Trivialen trifft in dieser Form weder die beiden Trios noch die Hr.-Sonate, selbst nicht das Bläserseptett, auch wenn es von B. in späteren Jahren abgewertet worden ist.

Wenn B. gegenüber Wenzel Krumpholz im Jahr 1802 eingesteht, daß er mit seinen bisherigen Arbeiten wenig zufrieden sei und einen »neuen Weg«

(C. Czerny) einschlagen will, dann stellt sich die Frage, wohin dieser »andere Weg« (A. W. Thayer) auf kammermusikalischem Terrain führt. Auffällig ist, daß B. die Gattung Kammermusik für Blasinstrumente – bis auf wenige Ausnahmen, gemeint sind vor allem die Variationswerke op. 105 und op. 107, – nach 1802 nicht mehr bedient, sondern in den nächsten zehn Jahren nur noch Duosonaten für V. oder Vc. und Kl., Kl.-Trios und StrQue. komponiert. Etwaige Gründe für diese einseitige Einengung des kammermusikalischen Instrumentariums scheinen auf B.s »neuem Weg« zu liegen: Geht man davon aus, daß B. die Konzeption seiner Ideenmusik auch kammermusikalisch verwirklichen wollte, mußte er, um verstanden zu werden, die Erwartungshaltung der Rezipienten und Interpreten kompositorisch berücksichtigen. Eine prätentiöse, mit idealistischem Ethos überfrachtete Kammermusik mit Bläsern konnte weder mit dem Verständnis des Publikums noch mit dem Einverständnis der ausführenden Instrumentalisten rechnen, weil sie der Tradition und dem Genre gefälliger Divertimentomusik diametral entgegengesetzt gewesen wäre. Die funktionalen und satztechnischen Grenzen dieser Gattung hatte B. bereits in früheren Kompositionen ausgelotet. Der »neue Weg« mußte in autonome Gebiete führen, die B. eine größere kompositorische Freiheit gewährten: in das Reich der Sinfonie, der Kl.-Sonate und – in letzter Konsequenz – des StrQu.s.

Mit der Entscheidung gegen eine Kammermusik mit Bläsern und für eine Kammermusik mit Streichern schuf B. die notwendigen Voraussetzungen zur Verwirklichung seines musikalischen Ideals, indem er eine Gattung wählte, deren ästhetische Grenzen offen und sozial abgesichert waren. Auftraggeber B.s wie der russische Graf Andreas Kyrillowitsch Rasumowsky brachten dem ›Experiment‹ Kammermusik nicht nur das nötige Verständnis entgegen, sie verfügten auch über das nötige Geld, um die Komposition durch das Schuppanzigh-Quartett in einem gesellschaftlich angemessenen Rahmen aufführen zu lassen. Carl Dahlhaus hat im Anschluß an Ludwig Finscher das C-Dur-Quartett op. 59 Nr. 3 als »kompositorischen Reflex der sozialgeschichtlichen Lage des StrQu.s nach 1800« gedeutet und exemplarisch gezeigt, wie radikal B. die gattungsgeschichtlichen Grenzen sinfonisch-orchestral erweitert hat.

Günstige Bedingungen solcherart ermöglichten B. die Um- und Fortsetzung seiner Pläne, sie schützten ihn aber nicht vor öffentlicher, negativer Kritik, die selbst das aus heutiger Sicht vermeintlich unkomplizierte Hf.-Quartett op, 74 »mehr ernst als heiter, mehr tief und kunstreich als gefällig und ansprechend« (AMZ 13/1811) beurteilte. Möglicherweise liegt hierin auch ein Grund, warum B. in einem Brief an Sir George Smart 1816 über das *Quartetto serioso* op. 95 bestimmte: »The Quartet is written for a small circle of connoisseurs and is never to be performed in public.« Es wäre allerdings ein Trugschluß zu glauben, der weniger radikale Ton späterer Werke, die lyrische Kantabilität des *Erzherzogtrios* op. 97 und der V.-Sonate op. 96, sei eine Konzession B.s an den Zeitgeschmack.

In der Zeit nach der Vollendung der 8. Sinfonie op. 93 (1812) bis zur Entstehung der *Hammerklaviersonate* op. 106 (1817/1818) hat B. relativ wenige Werke geschaffen. Daß diese Phase des allgemeinen Produktionsrückganges trotzdem nicht ›unproduktiv‹ gewesen ist, beweisen u.a. die beiden Vc.-Sonaten op. 102. Schon die zeitgenössische Kritik rechnete sie zu dem »Ungewöhnlichsten und Sonderbarsten, was seit langer Zeit, nicht nur in dieser Form, sondern überhaupt für das Pianoforte geschrieben worden ist« (AMZ 20/1818). Ob sie nun an der Schwelle zum sogenannten ›Spätwerk‹ B.s stehen oder diese bereits überschritten haben, mag dahingestellt bleiben. Denn der Begriff des ›Spätwerks‹ ist problematisch, weil er sich an den letzten drei Kl.-Sonaten (op. 109, 110 und 111), den fünf letzten StrQu.en (op. 127, 132, 130, 131, 135) und der Großen Fuge (op. 133) orientiert, gleichzeitig aber so unterschiedliche Werke wie die *Missa solemnis* op. 123, die *Diabelli-Variationen* op. 120 und die 9. Sinfonie op. 125 subsummiert. Es scheint deshalb sinnvoll, zwischen dem ›Spätwerk‹ allgemein und dem ›Spätstil‹ der Kl.-Sonaten und den StrQu.e insbesondere zu differenzieren. Letztere werden seit Anbeginn von einer Aura des Enigmatischen umgeben, von einem Schleier des Rätselhaften verhüllt, hinter dem sich – philosophisch gesprochen – das Subjekt-Objekt Verhältnis der Werke unversöhnlich verbirgt. Die überkommene Musikgeschichtsschreibung verstand die späten StrQu.e als exzentrischen Ausdruck einer auf die Spitze gestellten ›romantischen‹ Subjektivität, die bei gleichzeitigem Rückgriff auf historische Modelle die Auflösung der konventionellen Formsprache bedingte: B. schien der kontrapunktischen Welt der Fuge die durchbrochene Welt der Sonate in den späten StrQu.en unvermittelt gegenüberzustellen. Dieser Auffassung widersprach Theodor W. Adorno mit der These von der negativen Subjektivität, welche die Objektseite der Werke dialektisch vermittelt: »Die Sprache der Musik oder das Material der Musik redet in diesen Spätwerken selber, und nur durch die Lücken dieser Sprache hindurch redet eigentlich das kompositorische Subjekt...« Die »Synthesis des Disparaten« – um eine Formulierung Friedhelm Krummachers aufzugreifen – wäre insofern als Dialektik des Fortschritts zu begreifen, als B. die ›Vergangenheit‹ der Fuge der ›Gegenwart‹ der Sonate gegenüberstellte, um über sie in die ›Zukunft‹ hinauszuweisen.

Ulrich Tadday

SONATEN FÜR KLAVIER UND VIOLONCELLO

Neben den Zwölf Variationen über ein Thema aus dem Oratorium *Judas Maccabäus* von G. F. Händel WoO 45, den Zwölf Variationen über das Thema *Ein Mädchen oder Weibchen* aus der Oper *Die Zauberflöte* von W. A. Mozart op. 66 und den Sieben Variationen über das Duett *Bei Männern, welche Liebe fühlen* aus der Oper Die *Zauberflöte* von W. A. Mozart WoO 46, hat B. fünf Sonaten für Kl. und Vc. komponiert, die in ihrer Art eine neue Gattung begründen. Bereits in den frühen, dem König Friedrich Wilhelm II. von Preußen gewidmeten, zweisätzigen Vc.-Sonaten op. 5 (F-Dur und g-Moll) von 1796 hat B. die überkommene Tradition der begleiteten Kl.- bzw. Solosonate verlassen, indem er beide Instrumente obligat, d.h. gleichberechtigt den musikalischen Prozeß gestalten läßt. Zeitigt die Faktur der in zeitlicher Nähe zur 5. Sinfonie op. 67 entstandenen, weder ›heroisch‹ noch ›klassizistisch‹ anmutenden Sonate A-Dur op. 69 bereits Risse, so tritt der auf den Stil des Spätwerks vorausweisende ›romantische‹ Bruch in den Vc.-Sonaten op. 102 offen zu Tage.

Sonate A-Dur op. 69 (1807/1808)

Allegro ma non tanto – Allegro molto – Adagio cantabile – Allegro vivace
Dauer: ca. 26'
Widmung: Freiherrn Ignaz von Gleichenstein
Verlag: Breitkopf & Härtel Leipzig, ED 1809

Der Eindruck »sinniger beschaulicher Ruhe«, welche das Hauptthema (T. 1–12) in der Exposition des **Allegro ma non tanto** nach Adolf Bernhard Marx vermittelt, mag sich nicht einstellen, wenn man hört, wie die im Vordersatz vorgestellte »Innerlichkeit des Violoncells« bereits im Nachsatz durch das Kl. veräußerlicht wird:

Nachdem die unvermittelt in der Varianttonart a-Moll eintretende Veränderung des Hauptthemas (T. 25 ff.) den nötigen Kontrast zum kantablen Seitenthema in E-Dur (T. 37 ff.) geschaffen hat, folgt ein synkopiertes, den punktierten Rhythmus des Hauptthemas entschlossen aufnehmendes Thema (T. 65 ff.), das die innerliche Befangenheit der vorausgegangenen Themen überwunden hat. Die Durchführung verarbeitet weniger das Material der Exposition, als daß sie einen eigenen ausdrucksstarken Gedanken vorträgt, der Peter Schleuning zufolge »stark an das Molto Adagio *Es ist vollbracht* (h-Moll) aus Bachs Johannespassion« erinnert (T. 108 ff.):

Das anschließende **Allegro molto**, ein erweitertes fünfteiliges Scherzo mit Triowiederholung, wird durch ein charakteristisches Synkopenthema in a-Moll eröffnet, dem im Trio ein in Sexten bzw. Terzen schwingendes Thema in A-Dur gegenübersteht. Ob das folgende nur 18 Takte lange **Adagio cantabile** in E-Dur als eigenständiger 3. Satz oder als langsame Einleitung zum 202 Takte zählenden **Allegro vivace** in A-Dur anzusehen ist, mag offenbleiben. Obwohl die Proportion, das Tonartenverhältnis und die Themenverwandtschaft der beiden Sätze für letzteres spricht, ließe sich das Adagio auch als bewußte Fragmentarisierung von ›Form‹ verstehen, wodurch der konventionelle Sonatensatz des ›Allegro vivace‹ einen ironischen Sinn erhielte, und der von Friedrich Brand erhobene Vorwurf fehlender »dialektischer Spannung« entkräftet würde.

Sonaten op. 102 (1815)

Widmung: Gräfin Marie von Erdödy
Verlag:: N. Simrock Bonn und Köln, ED 1817

Sonate C-Dur op. 102 Nr. 1

Andante. Allegro vivace – Adagio – Tempo d' Andante. Allegro vivace
Dauer: ca. 15'

Indem B. die Sonate Nr. 1 C-Dur handschriftlich als »Freye Sonate« bezeichnete, gab er einen Hinweis auf den Phantasiecharakter des Werks, das sowohl in der formalen Anlage als auch in der thematisch-motivischen Arbeit mit der Konvention der ›klassischen‹ dreisätzigen Sonate bricht. Zwar steht das **Adagio** als langsamer Mittelsatz noch im Zentrum der Komposition, doch scheint sein Gewicht durch die beiden einleitenden **Andante** weithin aufgehoben. Diese verklammern die beiden Ecksätze durch ein gemeinsames Thema, das ebenso kantabel wie polyphon ausgebreitet wird:

Die beiden **Allegro vivace** scheinen in ihrer formalen Anlage – Sonatenhauptsatz und Rondo – relativ unproblematisch, zeigen in ihrer Faktur aber eine »Brüchigkeit der musikalischen Prozessualität« (H. Danuser), die das Werk im modernen Sinn ›romantisch‹ erscheinen läßt. Der ›Bruch‹ offenbart sich beispielsweise im eröffnenden ›Allegro vivace‹ in der Exposition durch die scharfe Zäsur zwischen dem Hauptthema (T. 28–39) und der modulierenden Überleitung (T. 40–45) zum Seitenthema (T. 46 ff.) oder in der Durchführung, wo der motivisch-thematische Prozeß angehalten (T. 90) und in eine subdominantische Scheinreprise umgeleitet wird, die der anschließenden Tonikareprise die Kraft nimmt. An dem dreiteiligen **Finalsatz** der Sonate läßt sich mit Johannes Forner ein formaler und thematischer Auflösungsprozeß beobachten, »indem die Eigenkraft des Hauptmotivs immer stärker das Geschehen bestimmt« und vor allem im ausgedehnten Mittelteil das Thema zu absorbieren scheint.

Sonate D-Dur op. 102 Nr. 2

Allegro con brio – Adagio con molto sentimento d' affetto – Allegro fugato
Dauer: ca. 19'

Für die Sonate Nr. 2 D-Dur lassen sich ähnliche diskontinuierliche Formabläufe feststellen. Der eröffnende Sonatensatz **Allegro con brio** beginnt mit einem rhythmisch aggressiven Thema im Kl.-Part,

das vom Vc. zunächst nicht aufgegriffen, sondern von einer »nicht prozeßhaft relevanten Kantilene« (H. Danuser) kontrastiert wird. Wie in der Durchführung der Sonate Nr. 1 C-Dur verebbt auch hier die thematisch-motivische Arbeit vor dem Einsatz der Scheinreprise (T. 82 ff.). Im **Adagio con molto sentimento d' affetto**, dem einzigen ausgewachsenen langsamen Mittelsatz der Vc.-Sonaten B.s, verdichtet sich der musikalische Ausdruck zu einer lyrisch-balladesken Kantabilität, der in der artifiziell ausgearbeiteten Schlußfuge radikal entsinnlicht wird. Das Thema des **Allegro fugato** setzt zunächst vierstimmig ein, wird dann aber frei verarbeitet und – von einem zweiten Kontrasubjekt (T. 143 ff.) begleitet – über einem lang ausgehaltenen Orgelpunkt in »spielerischer Entflechtung« (J. Forner) dem Ende zugeführt. Der von B. aufgebotenen Mittel kontrapunktischer Satzkunst zollte die zeitgenössische Kritik zwar ihren Respekt, doch scheint vor allem die freie Dissonanzbehandlung, d.h. »der fehlende schöne natürliche Gesang« Anstoß erregt und zumindest den Rezensenten der *Berliner Allgemeinen Musikalischen Zeitung* 1824 veranlaßt zu haben, »diese Fuge nach dem fleißigsten Durchspielen nicht schön [zu] nennen, trotz dem, daß sie künstlich gearbeitet und höchst originell« sei (St. Kunze).

Ulrich Tadday

SONATEN FÜR KLAVIER UND VIOLINE

Ergebnis der Auseinandersetzung B.s mit der Gattung der V.-Sonate sind zehn Werke, die alle zwischen 1797 und 1812, also in einem Zeitraum von nur 15 Jahren, entstanden. Schon die drei frühen Sonaten op. 12 (D-Dur, A-Dur und Es-Dur), wahrscheinlich in den Jahren 1797/1798 in Wien komponiert und seinem dortigen Kompositionslehrer Antonio Salieri gewidmet, zeigen, daß B. an das Sonatenschaffen Mozarts anknüpft, der gerade in seinen letzten Sonaten die Duopartnerschaft der beiden Instrumente immer mehr ausbildete. Daß die Sonaten op. 12 jeweils durch einen Allegrosatz eröffnet und durch ein Schlußrondo beendet werden, verweist auf ein äußerlich noch traditionelles Formmodell. Den Raum für individuelle, zukunftsweisende Gestaltung nutzt er besonders in den 2. Sätzen. Die frühen Sonaten op. 12 zeigen die Basis, von der aus B. die Gattung der V.-Sonate in seinen folgenden Werken erweitern wird. Das dialogische Moment im Zusammenspiel der beiden Instrumente, schon in diesen frühen Sonaten prägend, wird auch zum bestimmenden Merkmal der zwischen 1800 und 1802 komponierten Sonaten op. 23, op. 24 und der drei Sonaten op. 30. Hier wie in seinen folgenden V.-Sonaten findet B. in jeder Komposition jeweils neue Modelle der Gestaltung, sei es das virtuos-konzertante Prinzip in der Sonate op. 47 (1802/3) oder die gelöste, kontemplative Grundhaltung der G-Dur Sonate op. 96 von 1812.

Das formale Sonatensatzprinzip bleibt zwar besonders in den jeweils 1. Sätzen als Folie vorhanden, wird aber in jeder Sonate neu gestaltet und variiert. Hierbei scheint B. die Gerichtetheit des thematischen Prozesses besonders in den letzten beiden Sonaten zugunsten des Prinzips eines lockereren Gefüges zurückzunehmen.

Sonaten a-Moll op. 23 und F-Dur op. 24

Die V.-Sonaten a-Moll op. 23 und F-Dur op. 24, die sogenannte *Frühlingssonate*, beide um 1800 entstanden, zeigen exemplarisch B.s Prinzip, für jedes Werk auch der gleichen Gattung immer neue Modelle und kompositorische Lösungen zu finden. Beide Sonaten stehen sich in Charakter und Schreibweise geradezu paradigmatisch gegenüber. Interessanterweise erscheinen sie im Oktober 1801 als gemeinsames op. 23, was ihren Charakter als Werkpaar zu betonen scheint, aber bereits 1802 werden sie dann als op. 23 und 24 getrennt veröffentlicht.

Sonate a-Moll op. 23 (1800/1801)

Presto – Andante scherzoso, più Allegretto – Allegro molto
Dauer: 20'
Widmung: dem Grafen Moritz v. Fries
Verlag: T. Mollo & Co. Wien, ED 1801

Der herbe, fast karge Ton des **1. Satzes** der V.-Sonate op. 23 prägt die melancholische Grundhaltung des Werkes. In diesem Presto zeigt sich schon zu Beginn die die gesamte Sonate beherrschende Tendenz zur Dreistimmigkeit: Durch das häufig gleichberechtigte Zuspielen von Themen und Motiven zwischen der V.-Stimme und der rechten und linken Hand des Pianisten entsteht eine Linearität der Stimmführung, welche virtuose Instrumentaleffekte gänzlich in den Hintergrund treten läßt. Das folgende, in Sonatensatzform klar gegliederte **Andante scherzoso, più Allegretto**, schwebt in seinem Charakter in eigenartiger Weise zwischen Scherzo und Andante, so, als könne sich der Satz nicht ganz aus der melancholisch-gespannten Grundstimmung der Sonate befreien. Das abschließende **Allegro molto**, ein Rondosatz, zeigt wiederum ausgeprägte Dreistimmigkeit, die aber besonders in den Couplets zunehmend durch akkordisches Spiel durchbrochen wird. Immer wieder scheinen sich die Couplets von dem einen engen Melodieraum umfassenden Refrain entfernen zu wollen, sei es durch eine Öffnung in Fermaten oder kurze Adagioabschnitte, um dann oftmals abrupt und auf kürzestem Wege ohne überleitende Momente wieder ins Rondothema zurückzukehren. Der Schluß des Rondos präsentiert dann noch einmal Motive und Themen des Satzes und endet im Piano, was den vorüberhuschenden Charakter und die merkwürdige Unverbindlichkeit der ganzen Sonate unterstreicht.

Sonate F-Dur op. 24 *Frühlingssonate* (1800/1801)

Allegro – Adagio molto espressivo – Scherzo. Allegro molto – Rondo. Allegro ma non troppo
Dauer: 25'
Widmung: dem Grafen Moritz von Fries
Verlag: T. Mollo & Co. Wien, ED 1802

Im Gegensatz zu der eher schroffen Sonate op. 23 wirkt der Ton der Sonate op. 24, der später der Beiname *Frühlingssonate* zugefügt wurde, gelöster. Ihr formaler Rahmen ist zur Viersätzigkeit geweitet. Schon der Beginn des ersten **Allegros** mit den herabfließenden Linien der V. wirkt in ihrer ornamentalen Ausschmückung und großen Geste, im Gegensatz zur Kargheit der Sonate op. 23, wie eine Befreiung:

op. 24, 1. Satz

Was noch in op. 23 in der eigenartigen Dopplung von Andante und Scherzo in einem Satz zusammengezogen war, findet in der F-Dur-Sonate op. 24 nun Raum in zwei Mittelsätzen, dem ruhig fließenden, lyrischen **Adagio molto espressivo** mit deutlichem thematischen Anklang an das Kopfthema des ersten Satzes und dem 3. Satz **Scherzo. Allegro molto**, in dem B. als »musikalischer Karikaturist« (J. Riedlbauer) die V.-Stimme jeweils zu spät einsetzen läßt und so das rhythmisch-metrische Gerüst ins Wanken bringt. Wie in allen seinen bis dahin komponierten V.-Sonaten beschließt B. auch die F-Dur- Sonate mit einem spielfreudigen Rondosatz.

Sonaten op. 30 Nr. 1–3 (1802)

Widmung: dem Zaren Alexander I. von Rußland
Verlag: Bureau des Arts et d' Industrie, Wien, ED 1803

Die V.-Sonaten op. 30 bilden eine Werkgruppe von drei Sonaten. In unmittelbarer zeitlicher Nähe zu den nur kurze Zeit später entstandenen zukunftsweisenden Kl.-Sonaten op. 31 lassen auch sie einen neuen Impuls im kompositorischen Schaffen B.s erahnen. Ebenso wie in den Sonaten op. 31 steht auch bei den V.-Sonaten eine große Moll-Sonate, eingerahmt von zwei Dur-Sonaten, im Zentrum der Werkgruppe.

Sonate A-Dur op. 30 Nr. 1

Allegro – Adagio molto espressivo – Allegretto con Variazioni
Dauer: 22'

Bereits der Beginn des ersten **Allegros** der A-Dur-Sonate op. 30 Nr. 1 wirkt wie die Proklamation eines neuen Verhältnisses von V. und Kl.:

Das Kopfthema ist untrennbar auf beide Instrumente verteilt. Indem V.- und Kl.-Stimme so polyphon ineinander verschränkt sind, daß eine Unterscheidung von Haupt- und Begleitstimme unmöglich wird, grenzt sich B. deutlich gegen die auch noch in seinen eigenen frühen V.-Sonaten in Anklängen spürbare Tradition der violinbegleiteten Kl.-Sonate des 18. Jahrhunderts ab, in der die V. oftmals nur die Funktion hatte, die Oberstimme des Kl. zu verdoppeln. Im Gegensatz zur eigentlichen formalen Funktion der thematischen Verdichtung wirkt die Durchführung dieses Satzes eher assoziativ und locker gefügt. Der Satz endet im Pianissimo. Auf das einen großen, sanglichen Bogen formulierende **Adagio molto espressivo** folgt dann zum ersten Mal in B.s V.-Sonaten statt eines Schlußrondos ein ausgedehnter Variationssatz. Den ursprünglich für die A-Dur-Sonate geschriebenen Schlußsatz nutzt B. später zum Finale der *Kreutzersonate* op. 47.

Sonate c-Moll op. 30 Nr. 2

Allegro con brio – Adagio cantabile – Scherzo. Allegro – Finale. Allegro. Presto
Dauer: 25'

Mit ihrem passionierten Ton und ihren konzertanten Effekten steht die viersätzige, großangelegte V.-Sonate op. 30 Nr. 2 c-Moll im Zentrum von op. 30. Das einleitende **Allegro con brio** beginnt mit einem klar gegliederten achttaktigen Thema, vom Kl. im Piano vorgetragen:

Das unvermittelt einsetzende Seitenthema in Es-Dur mit marschartigem Charakter in der V. wird – ungewöhnlich für einen Marsch – zunächst allein von einer kontrapunktischen Stimme in der rechten Hand des Kl. begleitet (T. 29 ff.). In dem sich dann entwickelnden Satz nimmt die Coda fast so viel Raum ein wie die Durchführung. Der 2. Satz **Adagio cantabile** in As-Dur entfaltet einen breiten Gesang, der aber gegen Ende harsch durch Fortissimo-Einbrüche des Kl. gestört wird (T. 87/96). Das folgende **Scherzo** mit Trio ist ein humorvolles Spiel mit der Verschiebung metrischer Impulse. Im abschließenden Finale **Allegro** folgt B. wie in der gesamten Sonate dem Prinzip, den Beginn des Satzes zunächst vom Kl. allein vortragen zu lassen, in diesem Falle ein merkwürdiges siebentaktiges Gebilde, das nach vier crescendierenden Takten in eine im Piano gehaltene Kadenzfolge mündet.

Sonate G-Dur op. 30 Nr. 3

Allegro assai – Tempo di Minuetto, ma molto moderato e grazioso – Allegro vivace
Dauer: 18'

Die Sonate op. 30 Nr. 3 G-Dur korrespondiert in ihrer spielerischen Leichtigkeit mit der Sonate op. 30 Nr. 1 und rundet so die dreiteilige Werkgruppe ab. Im Gegensatz zur A-Dur-Sonate wählt B. im 1. Satz **Allegro assai** wiederum ein anderes Modell des Zusammenspiels. Aufgeladen durch den Bewegungsimpuls des ersten Taktes durchschreiten V. und Kl. den Raum von zwei Oktaven im Unisono:

Im 2. Satz **Tempo di Minuetto, ma molto moderato e grazioso** setzt ein ausgedehntes, ausführliches Sprechen ein: Immer wieder wird die Melodie wiederholt und dabei jedesmal in anderer Färbung durch die Instrumente präsentiert. Hierbei gewinnt das Prinzip der Wiederholung des bereits Gesagten eine eigene ästhetische Qualität, an die später vor allem Schubert anknüpft. Beschlossen wird die Sonate von einem spielerisch jagenden Rondosatz **Allegro vivace**. Fast scheint es, als seien hier Scherzo und Rondo zusammen in einen Satz geführt und als mache sich der Komponist in reflexiver Distanz zum Rondoprinzip über die ständige Wiederkehr des Rondothemas lustig.

Sonate A-Dur op. 47 *Kreutzer-Sonate* (1802/1803)

Adagio sostenuto. Presto – Andante con Variazioni – Presto
Dauer: 35'
Widmung: Rodolphe Kreutzer
Verlag: N. Simrock Bonn, ED 1805

Die Sonate op. 47 A-Dur, nach ihrem Widmungsträger, dem Pariser Violinisten Rodolphe Kreutzer, auch *Kreutzersonate* genannt, hat B. ursprünglich für den mulattischen Geiger George Augustus Polgreen Bridgetower (1779–1860) geschrieben und mit diesem auch 1803 gemeinsam in Wien uraufgeführt. Als Finale benutzte B. den zunächst für die Sonate op. 30 Nr. 1 geschriebenen Schlußsatz und fügte diesem die vorausgehenden zwei Sätze hinzu. So entsteht ein eher lockeres Gefüge: Der Kopfsatz mit einer A-Dur Einleitung steht in a-Moll, der 2. Satz in F-Dur, der 3. schließlich in A-Dur. Schon der Beginn des 1. Satzes **Adagio sostenuto**. **Presto** ist bemerkenswert:

Ohne die Begleitung des Kl.s setzt die V.-Stimme mit emphatischem Akkordspiel ein. Der kadenzierende Charakter des Beginns bestimmt die Funktion dieser langsamen Einleitung: sie leitet, Motive des eigentlichen Hauptsatzes vorwegnehmend, den Presto-Satz ein und verweist gleichzeitig in ihrer sofortigen Weitung des harmonischen Raumes auf eine neue Dimension der Gattung der V.-Sonate. Dieser Intention entspricht auch B.s Titelzusatz in der Originalausgabe »scritta in un stilo molto concertante quasi come d'un Concerto«, in dem er bereits auf die Anlage der Sonate als ein für den Konzertsaal geschriebenes Werk mit großem konzertant-virtuosem Effekt verweist. Das auf die Einleitung folgende Presto mit dem Kopfthema

präsentiert statt eines dichten motivisch-thematischen Prozesses eher eine Reihung verschiedener Gedanken – es folgt ein Seitenthema in E-Dur und auch ein drittes Thema in e-Moll –, die aber verbunden durch die große virtuose Geste des Satzes zu einer energetischen Einheit verschmelzen. Selbst das wiederholte Innehalten in Fermatentakten und Adagioeinschüben läßt das folgende virtuose Spiel nur um so deutlicher hervortreten. Der 2. Satz **Andante con variazioni** wirkt ebenso locker gefügt: Variationen, die das liedhafte Thema eher konventionell in durchgängige Bewegung auflösen, stehen neben verdichteten, kantablen oder reich verzierten. Wie schon im Kopfsatz und übrigens auch im Finale finden sich auch in diesem Satz Orte des Innehaltens, die jeweils für kurze Zeit den musikalischen Ablauf zu durchbrechen scheinen: In diesem Falle leitet ein rezitativähnliches molto adagio den Schlußteil des Satzes ein. Das **Finale Presto** wird dann mit seinem motorischen Bewegungsimpuls noch einmal zur Steigerung des schon im 1. Satz postulierten konzertanten Anspruchs der Sonate. Das energievoll sich aufladende Kopfthema im 6/8 Takt dieses in der Sonatensatzform gehaltenen Satzes wird zur bestimmenden rhythmischen Qualität des Finales:

Interessanterweise ändert B. für ein später einsetzendes drittes Thema immer wieder für einige Takte das Metrum vom 6/8 Takt zum 2/4 Takt, was zu einem überraschenden metrischen Effekt führt.

Sonate G-Dur op. 96 (1812)

Allegro moderato – Adagio espressivo – Scherzo. Allegro – Poco Allegretto. Adagio espressivo. Tempo I. Allegro. Poco Adagio. Presto
Dauer: ca. 28'
Widmung: dem Erzherzog Rudolph von Österreich
Verlag: S. A. Steiner & Co. Wien, ED 1816

Die letzte seiner V.-Sonaten, die Sonate G-Dur op. 96, hat B. wahrscheinlich für den französischen V.-Virtuosen Pierre Rode geschrieben, der sich 1812 in Wien aufhielt und das Werk im Dezember desselben Jahres mit Erzherzog Rudolph, einem Schüler B.s und zugleich Widmungsträger der Sonate, uraufführte. Zwar korrespondiert op. 96 in seiner Viersätzigkeit mit den V.-Sonaten op. 24 und op. 30 Nr. 2, schlägt aber im Vergleich zu diesen früheren einen neuartigen Ton an. Im Gegensatz etwa zur virtuos angelegten *Kreutzersonate* op. 47 offenbart sich hier B.s verändertes Verhältnis zur Zeitgestaltung: Während er sich in der vorangegangenen Sonate – etwa im Wechselspiel von Innehalten und virtuoser Emphase – als souveräner Schöpfer des Zeitablaufs präsentiert, scheint er nun eher eine beobachtende Position einzunehmen. Schon der Verzicht auf ein einen dynamischen Prozeß herausforderndes Kopfthema im **1. Satz** zeigt diese Haltung deutlich:

Das Thema, kontemplativ anmutend und ohne rhythmische Schärfe, ist – analog zum Beginn der Sonate op. 30 Nr. 1 – auf beide Instrumente gleichberechtigt verteilt. Die kurze Durchführung, die vor allem im Piano gehaltene Dynamik oder auch der Rückgang zur Reprise ohne dramatischen Effekt bewirken den besonnenen und gelösten Eindruck, den der Satz macht. Die zwei attacca miteinander verbundenen Mittelsätze der Sonate, **Adagio espressivo** und **Scherzo. Allegro**, sind nicht nur in der direkten zeitlichen Abfolge, sondern auch durch einen gemeinsamen Schluß- bzw. Anfangsakkord verbunden: So werden die Grenzen zwischen den Sätzen verwischt. Das Thema des letzten Satzes **Poco Allegretto** weckt Assoziationen an volksmusikalische Elemente. Der nach einem variativen Prinzip frei gestaltete Satz gibt Raum für die assoziative Reihung verschiedener Abschnitte, darunter ein ausdrucksvolles Adagio espressivo und ein Fugato. Das bereits in der *Kreutzersonate* beobachtete Verfahren, den Satz immer wieder durch Fermaten und eingeschobene Adagiopassagen zu unterbrechen und dennoch durch Themenreminiszenzen und untergründige Motiv- und Harmoniebeziehungen eine innere Verbundenheit herzustellen, wird hier ebenfalls deutlich.

Ulrike Kranefeld

KLAVIERTRIOS

B.s Beitrag zur Gattung Kl.-Trio umfaßt 12 Werke, wenn die Bearbeitungen, Variationenwerke und nicht unter einer Opuszahl veröffentlichten Stücke hinzugezählt werden; ein weiteres Trio hat Bläser- anstelle der Streicherbegleitung. Der Anspruch B.s an die Kl.-Triobesetzung ist durchaus unterschiedlich und spiegelt die Entwicklung der Gattung von geselliger bzw. virtuoser Gebrauchsmusik – repräsentiert etwa durch das *Gassenhauertrio* op. 11 – zur ernsten, hohe Anforderungen an Komponist und Hörer gleichermaßen setzenden Kompositionsform. Angedeutet wird dieser Wandel bereits in der als Opus 1 veröffentlichten Sammlung von drei Trios, in der sich B. zwar als Haydn und Mozart verpflichteter Kl.-Virtuose zu erkennen gibt, aber auch seine Ambitionen als Komponist nachdrücklich und eindrucksvoll unterstreicht, so etwa im 3. Trio in c-Moll. Mit der nicht ohne Bedacht erfolgten Vergabe seiner ersten Opuszahl setzt B. bewußt einen Akzent.

Den nächsten Schritt der Weiterentwicklung stellen die beiden Trios des 1808 komponierten op. 70 dar, die der Vc.-Sonate op. 69 und den StrQu.en op. 59 in nichts nachstehen: Die beiden Streichinstrumente sind dem Kl. gleichgestellt. Dadurch erfährt der Satz eine starke Verdichtung; die effektvolle Inszenierung des Virtuosen ist nicht länger der ausschlaggebende Schaffensimpuls. Trotz ihrer Gegensätzlichkeit sind die beiden Trios Beispiele für den Stil der mittleren Schaffensperiode B.s, die den Horizont des Spätstils öffnet.

Das letzte größere Werk dieser Gattung ist schließlich das sog. *Erzherzogtrio* op. 97. Hier dominiert im Gegensatz zu op. 70 wieder das Kl., vielleicht eine Verbeugung vor dem Widmungsträger Erzherzog Rudolph, der ein sehr befähigter Pianist und Schüler B.s war. Das mag als Rückschritt erscheinen, wenn man die Meßlatte eines allein autonomen Schaffenskriterien verpflichteten Kunstwerks anlegt. Erneut scheint die Ambivalenz der Gattung auf, die vielleicht ein Grund sein mag, warum B. sich ihr im eigentlichen Spätwerk nicht mehr zuwandte. Indessen sollte der Zug ins Erhabene dieses Trios nicht übersehen werden

Drei Klaviertrios op. 1 (1793/94)

Widmung: Fürst Carl von Lichnowsky
Verlag: M. Artaria Wien, ED 1795

Klaviertrio Es-Dur op. 1 Nr. 1

Allegro – Adagio cantabile – Scherzo. Allegro assai – Finale. Presto
Dauer: ca. 27'

Wie alle Werke des Opus 1 ist auch das erste in Es-Dur viersätzig und der Sonatenform verpflichtet. Das erste Thema des **Allegro** beginnt mit seinen Dreiklangsbrechungen zwar konventionell, jedoch läßt etwa die Wendung zur Subdominante As-Dur schon in T. 5 aufhorchen. Die entsprechende Tonartenkonstellation ist im Werkganzen von Bedeutung, da nicht nur das Trio des Scherzos, sondern auch der **2. Satz** in As-Dur stehen, jeweils an ein Es-Dur-Umfeld anschließend. Der letztere verweist mit seinem Thema auf das zweite Thema des 1. Satzes (vgl. z.B. die Tonwiederholungen):

2. Satz, T. 1–4

1. Satz, T. 33–36

Der **3. Satz** steht in Es-Dur; sein Trio erinnert an die Dreiklangsbrechungen des 1. Satzes. Hier sind die beiden Streichinstrumente mit bordunartigen Haltetönen beschäftigt. Aus den Dezimensprüngen des **Finales** hörte man – vor dem Hintergrund des gassenhauerhaften Seitenthemas (T. 60 ff.) – »ganz gewöhnliche Straßenpfiffe« heraus (A. L. Ringer); indessen hat der Beginn auch etwas von einem ›dramma giocoso‹-Schluß; das Werk wird beschwingt-jovial beendet:

4. Satz, T. 1–8

Klaviertrio G-Dur op. 1 Nr. 2

Adagio. Allegro vivace – Largo con espressione – Scherzo. Allegro – Finale. Presto
Dauer: ca. 30'

Wie schon im ersten Trio so sind auch im zweiten Werk in G-Dur die Spuren von B.s Kontrapunktstudien bei Johann Georg Albrechtsberger deutlich wahrnehmbar. Ein Beleg dafür ist nicht nur der quasi fugierte Beginn des **Allegro vivace**, sondern auch das im Vc. erklingende, einem regelrechten Kontrasubjekt ähnliche ›Gebilde‹, welches im Werk noch mehrfach anklingt:

1. Satz, T. 28–38

Der **1. Satz** beginnt mit einer langsamen Einleitung, wodurch B. sich den Gattungen StrQu. und Sinfonie tendenziell annähert. Das **Largo** hat einen in sich ruhenden Charakter; es steht in der Mediantonart E-Dur. An dritter Stelle erklingt ein **Scherzo** in G-Dur, dessen Trio in h-Moll einen eigentümlichen Eindruck macht. B. bezeichnet die Tonart h-Moll, die zu der Zeit nur selten verwendet wurde, in einer Skizze zur Vc.-Sonate op. 102 Nr. 2 als »schwarze Tonart«. Das **Finale** ist ebenso wie der Eröffnungssatz nach der Sonatenhauptsatzform gebildet, sein Thema ließe jedoch eher eine Rondoform erwarten, die der Tradition nach hier ihren Platz hat. So schließt auch dieses Trio mit übermütig-heiterer Freude am musikalischen Spiel.

Klaviertrio c-Moll op. 1 Nr. 3

Allegro con brio – Andante cantabile con Variazioni – Menuetto. Quasi Allegro – Finale. Prestissimo
Dauer: ca. 27'

In der Regel wird das dritte Kl.-Trio in c-Moll als das gewichtigste des op. 1 angesehen. Deutlich ist B.s Bestreben zu erkennen, das Material der vier Sätze aus einer Grundsubstanz zu gewinnen. Noch 1817 hielt er dieses Werk einer Bearbeitung für Streichquintett wert, die als op. 104 veröffentlicht wurde. Der **1. Satz** beginnt mit einer Unisono-Geste, die einer langsamen Einleitung nahesteht, wofür neben den langen Notenwerten auch die Solokadenz der V. in T. 9 f. spricht. Es schließt sich als zweiter Bestandteil des Hauptsatzes eine kreisende, immer aufs neue ansetzende Bewegung an:

1. Satz, T. 1–14

Das folgende **Andante cantabile** mit fünf Variationen und Coda in Es-Dur ist ruhigen Charakters und tendiert in seinem Verlauf zu struktureller und harmonischer Verdichtung. Der **3. Satz** verleiht dem Werk vor dessen Beschluß eine tänzerische Note. Der **Finalsatz** beginnt dann, ähnlich wie der 1. Satz, mit einer Einleitung (T. 1–8), die nun aber jäh auffährt und ebenso abrupt abbricht. Diese Geste kehrt später wieder und erweist sich damit als Bestandteil des Hauptgedankens eines wiederum der Sonatenform verpflichteten Satzes. Entgegen der Erwartung endet das Kl.-Trio im Pianissimo und läßt an einen geisterhaften Spuk aus dem Reich der Schatten denken.

Klaviertrios op. 70 (1808)

Widmung: Gräfin Marie von Erdödy
Verlag: Breitkopf & Härtel Leipzig, ED 1809

Klaviertrio D-Dur op. 70 Nr. 1 *Geistertrio*

Allegro vivace con brio – Largo assai ed espressivo – Presto
Dauer: ca. 25'

Das erste Trio des op. 70 in D-Dur hat aufgrund seines äußerst ungewöhnlichen Mittelsatzes den Beinamen *Geistertrio* erhalten. Um dieses Zentrum sind Kopfsatz und Finale angesiedelt. – Der Beginn **1. Satzes** ist durch den starken Kontrast zwischen einer brüsken Unisono-Geste und einem kantablen Gedanken gekennzeichnet. Die Durchführung basiert auf diesen beiden Motiven; ein regelrechtes Seitenthema ist nicht erkennbar. Das **Largo assai** atmet ein mystisches Fluidum. Die ausgiebige Verwendung des Tremolos im Kl. – im Bereich der Kammermusik der Zeit sehr ungebräuchlich – verleiht diesem Satz eine spezifische, dunkel getönte Klangfarbe. Sein Metrum ist äußerst langsam, so daß er sich tendenziell ins Unendliche erstreckt. Immer wieder aufblitzende Motive wie das folgende dienen weniger der Konstruktion einer Form denn der Schilderung einer Szene:

2 Satz, T. 2

Der **Schlußsatz** bildet hierzu einen Kontrast. In einem Radiovortrag sagt Adorno, daß sein »Anfang etwas vom schwachen tröstlichen Dämmern eines Tages [hat], der alles Unheil wiedergutzumachen verspricht, das zuvor geschah; den Ausdruck frühen Vogelrufes, ohne daß Beethoven irgend Vogelstimmen imitierte«.

Klaviertrio Es-Dur op. 70 Nr. 2

Poco sostenuto; Allegro ma non troppo – Allegretto – Allegretto ma non troppo – Finale. Allegro
Dauer: ca. 32'

Während die Düsternis des D-Dur-Trios vortrefflich in das Bild vom grüblerischen, ringenden Künstler B. paßt, erweckte das zweite in Es-Dur den Eindruck geringeren Ernstes, weshalb es als weniger hochstehend erachtet wurde. Unter seinen vier Sätzen befindet sich kein wirklich langsamer Satz, vielmehr stehen in der Werkmitte zwei Allegretti, von denen insbesondere das zweite in seinem Tonfall bereits auf Schubert weist. Der **1. Satz** beginnt mit einer langsamen Einleitung, die nicht nur unmittelbar vor dem Beschluß wieder aufgenommen, sondern auch in Exposition und Reprise in abgeänderter Notierung zitiert wird (vgl. T. 53 ff. und 164 ff.); an diesen Stellen mutet sie wie ein Choral an. In einer Rezension spricht E. T. A. Hoffmann vom »adelichen Charakter« dieses Satzes (AMZ 15, 1813). Es schließen sich die beiden bereits erwähnten **Allegretti** an, von denen das eine ein Variationensatz mit zwei Themen (in C-Dur und c-Moll) mit dem Charakter einer Gavotte ist, während das andere nach dem Modell eines Scherzos mit Trio gebildet ist. Alexander L. Ringer hat auf den parodierenden und ironisierenden Zug des Mittelsatz-Paars aufmerksam gemacht und versucht, das Werk als »trio caracteristico« zu erklären. Ein nach der Sonatenform gebautes **Finale** beschließt das Werk.

Klaviertrio B-Dur op. 97 *Erzherzogtrio* (1810/11)

Allegro moderato – Scherzo. Allegro – Andante cantabile ma però con moto – Allegro moderato
Dauer: ca. 41'
Widmung: Erzherzog Rudolph
Verlag: S. A. Steiner & Comp. Wien, ED 1816

Das Kl.-Trio in B-Dur verdankt seinen Beinamen dem Widmungsträger: Erzherzog Rudolph. Erst 1814, drei Jahre nach der Fertigstellung, wurde das Werk uraufgeführt, wobei B. zum letzten Mal öffentlich als Pianist auftrat. Vom unkonventionellen Umgang mit Gattungs- und Satztypen, wie er insbesondere im op. 70 zu bemerken ist, ist hier nichts zu spüren. Vielmehr fällt ein ›Ton der Erhabenheit‹ sowie ein entspannter Umgang mit der Zeit auf. Das trifft insbesondere auf den in B-Dur stehenden **1. Satz** zu, dessen Hauptthema ›Weite‹ signalisiert:

1. Satz, T. 1–8

Auch das Seitenthema (T. 52 ff.) eignet sich nicht für einen dramatischen Durchführungskomplex. Die Durchführung bringt stattdessen ein kantables Spiel mit einem Segment des Hauptthemas über einer Pianissimo-Klangfläche des Kl. (T. 132 ff.). Während das fünfteilige **Scherzo** und das **Rondo-Finale** sich nicht ohne weiteres in dieses Bild fügen, sondern vielmehr ein zum 1. Satz kontrastierendes Paar bilden, schließt sich der 3. Satz dem 1. Satz an. Dieses **Andante cantabile** ist ein lyrischer Variationensatz, in dem insbesondere die Coda das Kadenzgefüge ausdehnt. – Adorno bemerkt zu diesem Kl.-Trio: »Die Zeit – als nicht mehr gemeisterte, sondern dargestellte – wird zur Trösterin über das Leid, das der Ausdruck darstellt.«

Ares Rolf

STREICHQUARTETTE

B. setzt sich mit der Gattung StrQu. in drei Schaffensphasen auseinander, die geradezu idealtypisch mit der üblichen Dreiteilung seiner Werke korrespondieren. Mit dem op. 18, einer Werkgruppe von sechs zwischen 1798 und 1800 geschriebenen Werken, sichert er sich ›seinen‹ Platz neben Mozart und Haydn in der seit dessen op. 33 anspruchsvollsten Gattung der Kammermusik. Die Reihe der sechs Werke (F-Dur, G-Dur, D-Dur, c-Moll, A-Dur, B-Dur) ist nicht einheitlich. So beruht das c-Moll-Quartett wahrscheinlich auf Material der Bonner Zeit, das A-Dur-Werk ist nach dem Vorbild des Quartetts in A-Dur KV 464 von W. A. Mozart geformt, während Stücke wie der Kopfsatz des F-Dur-Quartetts motivisch-thematisch ungewöhnlich dicht komponiert sind. Die spezielle Formung des Finalsatzes des B-Dur-Quartetts weist gar auf spätere Werke voraus. Dieser beginnt mit einer langsamen Einleitung, *La Malinconia* überschrieben, die im anschließenden Allegretto quasi Allegro zweifach wiederkehrt und dessen Fluß unterbricht. – Da die Quartette des op. 18 an Bedeutung hinter den späteren StrQu.en zurückstehen, können sie hier nicht im einzelnen betrachtet werden. Auch die Umarbeitung der Kl.-Sonate in E-Dur op. 14/1 zum StrQu. in F-Dur kann lediglich erwähnt werden.

Die drei 1806 komponierten, nach ihrem Widmungsträger benannten *Rasumowsky-Quartette* führen den »neuen Weg« fort, den B. mit der Kl.-Sonate op. 31/2 eingeschlagen hat. B. löst nun die Gattung endgültig aus der Sphäre der Gesellschaftsmusik und schreibt Werke für den öffentlichen Vortrag, für ein Ensemble von Berufsmusikern, das er mit dem Schuppanzigh-Quartett stets verfügbar hatte. Man kann diesen Vorgang als Zugewinn an kompositorischer Autonomie interpretieren. Die Formsprache ist hier erheblich ausgeweitet und weist ungewohnte Freiheiten auf; Arnold Schering bezeichnet die Werke als »Romanquartette«. Die Klangfülle wirkt stellenweise geradezu sinfonisch. Die Zeitgenossen haben den Respekt vor der kompositorischen Größe zwar nicht versagt, konnten mit den drei Quartetten zunächst aber nur wenig anfangen. Ebenfalls der mittleren Periode gehören die 1809/10 verfaßten, als Einzelwerke veröffentlichten StrQu.en op. 74 und 95 an; mit Dahlhaus kann man sie jedoch auch einer ästhetisch selbständigen, zum Spätwerk leitenden Übergangsphase zurechnen.

Erst nach einer Pause von zwölf Jahren widmet sich B. erneut der Komposition von StrQu.en Die fünf 1822–1826 geschriebenen Quartette und die *Große Fuge* dokumentieren die eigentliche Ausformulierung seines Spätstils, mit dem er wie kaum ein Künstler sonst konsequent Neues geschaffen hat. Von der Vorstellung, ein Werk müsse sich als eine stimmige Einheit präsentieren, deren Botschaft Sieg und Überwindung lautet, ist nun nichts mehr zu finden. Die Werke gehen sehr frei mit Normen der Gattung um, was an den fünf-, sechs-, und siebensätzigen Quartetten op. 132, 130 und 131 schon äußerlich zu bemerken ist. Ihr Charakter ist oftmals schroff, ja geradezu abweisend, da die Textur den Ausdruck nicht mehr vermittelt: Er wird unmittelbar. Gelegentlich scheinen sich Aussagen eher in philosophischen Kategorien machen zu lassen, etwa im Sinne des Begriffspaars »Melancholie und Humor« (M. Geck), als durch Rekurs auf musikalische Normen. Das Wesen der Musik scheint in jenen Begriffen umrissen ebenso wie die Geisteshaltung, die solches schuf.

Streichquartette op. 59 *Rasumowsky-Quartette* (1806)

Widmung: Graf Andreas Rasumowsky
Verlag: Bureau des arts et d'industrie Wien, ED 1808

Streichquartett F-Dur op. 59 Nr. 1

Allegro – Allegretto vivace e sempre scherzando – Adagio molto e mesto – Finale. Thème russe
Dauer: ca. 40'

Die Werkreihe des op. 59 wird eröffnet vom Quartett in F-Dur. Die Form seines **Allegros** macht eine neue Zeitgestaltung erfahrbar, die energetische Konzentration eher vermeidet. Im Zentrum der Durchführung steht denn auch nicht ein dramatischer Konflikt der zahlreichen exponierten Gebilde, sondern ein eher neutrales doppelthematisches Fugato:

1. Satz, T. 185–190

Bestimmend für den **2. Satz** ist der zu Beginn im Vc. markierte Rhythmus:

Adorno nennt den folgenden Satz »das absolute **Adagio**«. Schon die Anfangsgeste der 1. V. gemahnt an ein tief empfundenes Lamento, wobei diese Deutung durch die Eintragung von B. auf einem Skizzenblatt: »einen Trauerweiden- oder Akazienbaum aufs Grab meines Bruders« gestützt wird, wenn sie auch in erster Linie den Unwillen über die soeben geschlossene Ehe des Bruders dokumentieren mag. Bewegend ist die Aufhellung nach Des-Dur in T. 70 ff., der Adorno »den Charakter der aufgehenden Hoffnung« zuweist. – Eine Kadenz der 1. V. leitet über in das **Finale**. Dieses ist mit *Thème russe* bezeichnet, um die Verwendung einer Melodie der russischen Volksmusik hervorzuheben – eine besondere Ehrung des um B. bemühten Widmungsträgers. Allerdings formt B. die Melodie so um, daß sie als gestaltete ›zweite Natur‹ Kunstcharakter annimmt.

Streichquartett e-Moll op. 59 Nr. 2

Allegro – Molto Adagio. Si tratta questo pezzo con molto di sentimento – Allegretto – Finale. Presto
Dauer: ca. 37'

War op. 59 Nr. 1 eines der ersten Werke B.s, in dem auf eine Wiederholung der Exposition verzichtet wurde, so verlangt der **1. Satz** des e-Moll-Quartetts op. 59 Nr. 2 sowohl die Expositionswiederholung als auch die des Komplexes von Durchführung und Reprise, wodurch die komprimiertere Fassung des

Sonatensatzes schon äußerlich sichtbar wird. Der Satz beginnt mit zwei Akkordschlägen, die an den Anfang der *Eroica* erinnern. Hier sind sie jedoch ein strukturell grundlegendes Moment: Zum einen leitet sich der Beginn des ersten Themas aus ihnen ab, zum anderen werden sie in der Durchführung verarbeitet. Der langsame **2. Satz** in E-Dur ist von ähnlichem Gewicht wie der des F-Dur-Quartetts, aber ohne den Trauer-Gestus, sondern mit einem Ausdruck von Befriedung. Den Beginn des Themas hat B. offenbar bewußt nach dem Modell der B-A-C-H-Motivik gebildet:

2. Satz, T. 1–4

Der **3. Satz**, ein Allegretto in e-Moll mit zweimal auftretendem Maggiore-Abschnitt, nimmt die Stelle des Menuetts oder Scherzos mit Trio ein. In den E-Dur-Teilen verwendet B. erneut ein originales ›Thème russe‹, dessen naturhafte Naivität durch die Anlage des Trios als Fugato parodiert wird (vgl. insbesondere die Engführung T. 104 ff.). Die Melodie wird 13mal nahezu unverändert vorgetragen, ein Vorgang, der an die Motivwiederholungen im Kopfsatz der *Pastorale* op. 68 erinnert. Auch im als Sonatenrondo gestalteten **Presto-Finale** bestimmen die Wiederholungen des ersten Themas das Geschehen, so daß der komprimierten Zeit des Kopfsatzes mit den Sätzen drei und vier ein Gegengewicht entsteht.

Streichquartett C-Dur op. 59 Nr. 3

Introduzione, Andante con moto; Allegro vivace – Andante con moto quasi Allegretto – Menuetto grazioso – Allegro molto
Dauer: ca. 32'

Daß das C-Dur-Quartett op. 59/3 im Gegensatz zu den beiden anderen als »allgemeinfasslich« galt (AMZ 9, 1806/07), hat verschiedene Gründe. So ist zwar im **1. Satz** der Auftritt des Hauptthemas (T. 43 ff.) durch eine quasi zweifache Einleitung verschleiert – eine langsame, harmonisch spannungsreiche Introduzione gefolgt von einer Art ›Findungsprozeß‹, der auch den Beginn der Durchführung bestimmt –, die weitere Disposition des Sonatensatzes ist jedoch klar und leicht nachvollziehbar. Der **2. Satz** zitiert keine originale russische Folklore, führt jedoch deren Idiom vor. Die weitgehend konfliktfreie Konzeption dient der Zeichnung des Volkstons. Im Gegensatz hierzu ironisiert der folgende Satz die damals schon ›angestaubte‹ Form des **Menuetts**. Insbesondere in der Coda wird das deutlich: Mit harmonischen Abschweifungen überfrachtet sie das Menuetto grazioso. Faßlichkeit erreicht B. dann vor allem auch im abschließenden **Allegro molto**, das als Fuge anhebt und im weiteren Verlauf Züge der Sonatenform annimmt. B. verwendet die Fuge nicht, um ein Exempel akademischer Gelehrsamkeit vorzuführen, sondern um einen Bewegungsimpuls in allen Stimmen zu verankern, Rastloses mit Geregeltem zu verbinden. Der mit einer großartigen Stretta endende Satz ist in seinem zündenden Musiziergeist in der Tat allgemein zugänglich.

Streichquartett Es-Dur op. 74 *Harfenquartett* (1809)

Poco Adagio; Allegro – Adagio ma non troppo – Presto – Allegretto con Variazioni
Dauer: ca. 32'
Widmung: Fürst Lobkowitz
Verlag: Breitkopf & Härtel Leipzig, ED 1810

Das wegen der Pizzicati im 1. Satz *Harfenquartett* genannte Werk in Es-Dur gilt im Vergleich zu den *Rasumowsky-Quartetten* op. 59 als leichtgewichtiger. B. schuf es offenbar in einer Phase finanzieller und emotionaler Konsolidierung: Anfang 1809 sicherte ihm der spätere Widmungsträger Fürst Lobkowitz im Verbund mit Erzherzog Rudolph und Fürst Kinsky eine stattliche Rente. Der **1. Satz** beginnt mit einer langsamen, rhetorisch gewichtigen Einleitung, die mit einem chromatischen Gang der 1. V. in das Allegro führt, das von einem zeitgenössischen Rezensenten als »freye Phantasie« bezeichnet wurde (AMZ 13, 1811). In dessen Durchführung verarbeitet B. das Material nicht im Sinne thematischer Konzentration, sondern eher in dem der Dissoziation. Die im Vergleich zur Durchführung lediglich um zwei Takte kürzere Coda bringt nicht nur eine Schlußsteigerung, sondern auch eine neue Gestalt des Hauptthemas (vgl. T. 232 ff., 2. V.). Der **2., langsame Satz** in As-Dur ist ein sechsteiliges Rondo, dessen Hauptteil bei der Wiederkehr ornamentiert bzw. figurativ umspielt wird. Der erste, schwermütige Zwischenteil in as-Moll klingt auch in der Coda an; der zweite in Des-Dur trägt den Charakter der Aufhellung. Auch das nachfolgende **Presto** ist sechsteilig angelegt, da das Trio in rasantem Tempo zweimal vorüberzieht und der Satzschluß einer Coda vorbehalten bleibt. Diese leitet attacca in das **Finale** über, das den Eindruck geringeren Gewichts in erster Linie dadurch verursachen mag, daß die sechs Variationen die sonst gewohnte finale Überhöhung verweigern.

Streichquartett op. 95 *Quartetto serioso* (1810/11)

Allegro con brio – Allegretto ma non troppo – Allegro assai vivace ma serioso – Larghetto espressivo; Allegretto agitato
Dauer: ca. 22'
Widmung: Nikolaus Zmeskall von Domanovecz
Verlag: S. A. Steiner & Comp. Wien, ED 1816

Das ungleiche Schwesterwerk des *Harfenquartetts* ist das Quartett in f-Moll, dem B. im Autograph die Überschrift *Quartetto serioso* gab. Das überaus komprimierte Werk verweist deutlich auf die Serie der fünf letzten Quartette. Man könnte es als strukturelles und ideelles Experiment bezeichnen – wofür spricht, daß B. das Werk nie öffentlich gespielt wissen wollte (»never to be performed in public«; so B. in einem Brief des Jahres 1816 an Sir George Smart) und es erst 1816, sechs Jahre nach der Komposition, veröffentlichte. Insbesondere das **Allegro con brio**, der mit Abstand kürzeste Kopfsatz unter B.s StrQu.en, läßt sich als Entladung geballter Energie hören:

1. Satz, T. 1–2

Der Satz wahrt die Sonatenhauptsatzform, in der jedoch die Coda wie schon in op. 74 durchführungsartige Züge annimmt. Dagegen ist der **2. Satz** in D-Dur kaum mehr sinnvoll auf das Gerüst eines Formmodells zurückzuführen. In dieser ›lyrischen Phantasie‹ steht die Idee eines Fugato (T. 35 ff.), das im Verlauf ein Kontrasubjekt erhält (T. 78 ff.) sowie Umkehrung (T. 88 ff.) und Engführung (T. 96 ff.) erfährt, neben der sonatenmäßigen Arbeit. Das attacca sich anschließende **Allegro assai** ist fünfteilig angelegt und nimmt den Platz des Scherzos ein. Die Tonartenkonstellation der beiden ersten Sätze (f-Moll – D-Dur) lebt im Trio neu auf. Das **Finale** beginnt mit einer langsamen Einleitung, die mit ihrer sprechenden Klage wie der Ersatz für einen regelrechten langsamen Satz anmutet. Es schließt sich der wieder sehr frei und z. T. schroff gehaltene Hauptsatz an, dessen Coda-Stretta mit einem jähen Charakterwechsel einhergeht und das Werk in triumphierend-heiterer Manier in F-Dur beschließt.

Streichquartett Es-Dur op. 127 (1822–1825)

Maestoso; Allegro – Adagio ma non troppo e molto cantabile – Scherzando vivace – Finale
Dauer: ca. 38'
Widmung: Fürst Nicolaus von Galitzin
Verlag: B. Schott's Söhne Mainz, ED 1826

Das erste der späten Quartette wurde im Anschluß an die 9. Sinfonie op. 125 komponiert. In seiner viersätzigen Anlage und der Verwendung der Sonatenhauptsatzform im 1. Satz und im Finale scheint die Norm der Gattung gewahrt; bei genauerem Zusehen wird jedoch deutlich, daß B. hier eine neue Formgestaltung verwendet, die zu recht als ›rhapsodisch‹ bezeichnet wurde, – ohne daß indes das Stück zerfällt. Dem **1. Satz** in Es-Dur wird eine kurze Maestoso-Einleitung vorangestellt, deren massierte Klanglichkeit mit dem innigeren Charakter des Hauptsatzes stark kontrastiert. Ihre erste Wiederholung signalisiert den Beginn der Durchführung (T. 75 ff.), ihre zweite deren Höhepunkt (T. 135 ff.). Der **2. Satz** in As-Dur, eine Variationenreihe, entwikkelt aus dem ausdrucksvoll und mit langem Atem gesungenen Thema eine Vielzahl von Eindrücken, wobei die Variationsform nicht mehr den unmittelbaren Mitvollzug des Zusammenhangs ermöglicht, sondern diesen gleichsam im Hintergrund gewährleistet. Im Zentrum steht die dritte Variation in E-Dur mit ihrem Gestus der Aufhellung:

2. Satz, T. 59–66

Das **Scherzando vivace** ist ironisch-humorvoll (vgl. etwa die lakonischen Einwürfe T. 70–75), dabei aber kontrapunktisch gearbeitet; das Trio scheint dessen Eindruck wegwischen zu wollen. Die Sonatenform im **Finale** ist insgesamt breiter ausgeführt als im 1. Satz. Auffällig ist eine ausgedehnte ›falsche‹ Reprise in der Subdominanttonart As-Dur (T. 147 ff.) vor der regulären in Es-Dur (T. 187 ff.) sowie die Transformation des Hauptthemas in der ›Allegro con moto‹ überschriebenen Coda:

4. Satz, T. 5 und T. 259

Der Satz endet so gewissermaßen mit der Transzendierung seiner selbst.

Streichquartett a-Moll op. 132 (1824/25)

Allegro – Allegro ma non tanto – Heiliger Dankgesang eines Genesenen an die Gottheit, in der lydischen Tonart – Alla marcia, assai vivace – Allegro appassionato
Widmung: Fürst Nicolaus von Galitzin
Verlag: A. M. und M. Schlesinger Berlin und Paris, ED 1827
Dauer: ca. 46'

Das a-Moll-Quartett beschreitet den Weg rhapsodischer Formbildung im Vergleich zu op. 127 ungleich eindringlicher (sichtbar z. B. an der fünfsätzigen Anlage). Der Zusammenhalt der Gebilde und Gesichte wird durch den das Werk bestimmenden vokalen Charakter einerseits und ›subthematische‹ Reihentechniken andererseits erreicht: Die in der langsamen Einleitung exponierte ›Viertonformel‹ ist in wandelbarer Gestalt im Quartett nahezu allgegenwärtig; sie wird darüber hinaus auch in anderen der späten Quartette, z. B. in der Großen Fuge op. 133, verwendet:

1. Satz, T. 1–2

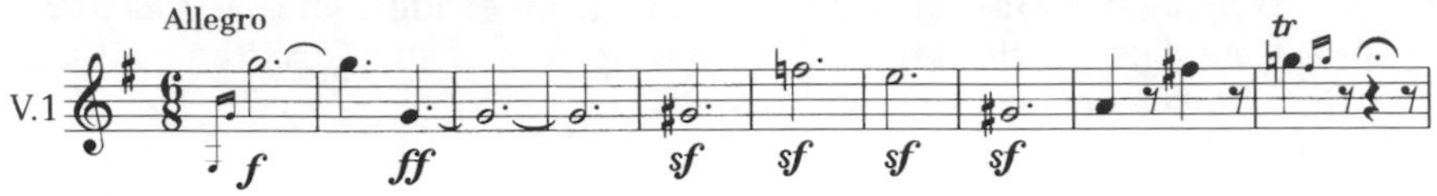

Große Fuge op. 133, T. 1–10

Im **1. Satz** tritt die Sonatenform zugunsten einer in einem großen Zuge vorgetragenen Klage in den Hintergrund, die von kurzen marschartigen Einwürfen (vgl. T. 40 ff.) und besänftigteren Elementen (vgl. T. 48 ff.) lediglich aufgehalten, nie verdrängt wird. Es fällt insbesondere auf, daß die Reprise die Tonika a-Moll nicht berührt, sondern die harmonische Auflösung der Coda überläßt. Das **Scherzo** besteht aus lediglich zwei floskelhaften Motiven, die beharrlich wiederholt werden. Dem steht im Trio der zu bordunartiger Begleitung sich aufschwingende ätherische Gesang der 1. V. entgegen, der schon bald (T. 142 ff.) von einem schlichten Tanz abgelöst wird; die ganze Szene wirkt wie eine Hommage an die Idealität der Natur. Höhepunkt des StrQu.s ist jedoch der **Heilige Dankgesang**, ein Satz, in dem ein auf protestantischer Choraltradition fußender Abschnitt zweimal von einem ›Neue Kraft fühlend‹ überschriebenen Zwischenteil abgelöst wird. Selten einmal hat B. so gelöst komponiert.

3. Satz, T. 1–6 und T. 31–33

Das den Marschcharakter ironisierende **Alla marcia** mündet in ein aufgeregtes ›Recitativo accompagnato‹ der 1. V., worauf sich das **Finale** in a-Moll anschließt. Diese als Rondo gestaltete ›Arie‹, die Adorno dem Geiste nach nicht zum Spätwerk zählt, trägt einen leidenschaftlichen Gesang vor, der in A-Dur triumphierend schließt.

Streichquartett B-Dur op. 130 (1825; Finale 1826)

Adagio, ma non troppo; Allegro – Presto – Andante con moto, ma non troppo – Alla danza tedesca, Allegro Assai – Cavatina, Adagio molto espressivo – Allegro
Dauer: ca. 43'
Widmung: Fürst Nicolaus von Galitzin
Verlag: M. Artaria Wien, ED 1827

Das dritte der dem Fürsten Nicolaus von Galitzin gewidmeten StrQu. in B-Dur wurde 1825 komponiert. Sein ursprünglicher Finalsatz wurde von B. auf Bitten des Verlegers aus dem Werkzusammenhang gelöst und als Große Fuge op. 133 separat veröffentlicht. Ein nachkomponiertes Rondofinale entstand

Ende 1826 als B. letzte Komposition. Die Fassung des Werks mit Fugenfinale, die heute gleichberechtigt neben der mit Rondofinale steht, wurde bis 1914 nur viermal nachweislich vorgetragen. Der **1. Satz** beginnt mit einer ernsten langsamen Einleitung, die sich durch ihre Wiederkehr im Allegro als Bestandteil des Hauptsatzes erweist. Sie wird kontrastierend ergänzt durch einen zweischichtigen Gedanken:

1. Satz, T. 15–16

Die sehr interessante Durchführung verzichtet auf die Austragung musikalischer Konflikte; ein zuerst im Vc. anklingender Cantilenensplitter gibt ihr gelöst-warmen Glanz. Aus den übrigen Sätzen sei die **Cavatina** herausgegriffen als ein Beispiel für die Einbeziehung vokaler Modelle in die späten Quartette. Im Zentrum des äußerst expressiven Satzes steht ein sehr ungewöhnlicher, ›*Beklemmt*‹ überschriebener Abschnitt (T. 40-48), der durch die wie orientierungslos irrende, gleichsam schluchzende 1. V. auffällt:

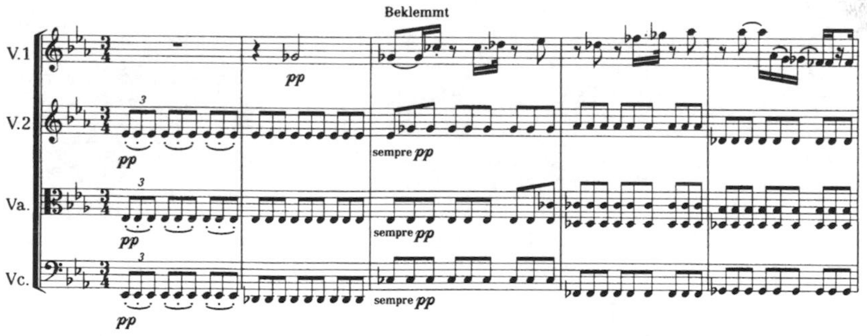

5. Satz, T. 40–44

Die Einbeziehung der dem Menschen vorbehaltenen Ausdruckssphäre erweist sich – wie auch im ›Dankgesang‹ aus op. 132 und dem Lento assai aus op. 135 – als Symbol von Beseelung.

Große Fuge B-Dur op. 133 (1825)

Overtura; Fuga – Meno mosso e moderato – Allegro molto e con brio
Dauer: ca. 16'
Widmung: Erzherzog Rudolph
Verlag: M. Artaria Wien, ED 1827

Ein Stück, das bis heute erhebliche Irritationen auslöst, ist die *Große Fuge*, die als Finale zu op. 130 geschrieben, später jedoch abgetrennt und gesondert veröffentlicht wurde. Selbst im avancierten Spätwerk wirkt sie extrem, einem Fremdkörper gleich. Zeitgenossen schreckten vor dem Werk zurück, es wurde nach heutiger Kenntnis bis 1875 nur 14mal öffentlich vorgetragen. Selbst der Musikwissenschaftler Theodor Helm, der sich gerade um die späten StrQu.e B.s verdient gemacht hat, attestierte ihm einen »mitunter fast peinlichen Gesamteindruck«. Die Exzessivität der Fuge verleiht ihr ein archaisches Moment von losgelassener Wildheit. Die strenge kontrapunktische Form, die das Tonmaterial ordnet, gleichsam ›bändigt‹, steht hierzu in einem merkwürdigen Gegensatz. Der radikale Gebrauch von Dissonanzen wirkt hier extremer als selbst bei Arnold Schönberg, da die Tonalität aus ihrer Funktion noch nicht entlassen ist. Der Satz beginnt mit einer **Overtura**, die die wichtigsten Motive wie ein Tableau anordnet. Die anschließende **Fuga** ist in vier große Abschnitte gegliedert, in denen das Gerüst einer Sonate bzw. eines Sonatensatzes gesehen wurde. Fest steht, daß B. die kontrapunktischen Techniken mit motivisch-thematischer Arbeit kombiniert. Der erste Abschnitt, als Doppelfuge konzipiert, ist selbst wieder vierteilig. In seinem Verlauf wird das vormals viertaktige Thema auf zwei Takte konzentriert:

T. 31–34

T. 139–140

Der zweite Abschnitt gewährt einen kurzen Ruhepunkt, den der dritte marschartig wieder verläßt. Schließlich klingen die vorangegangenen Abschnitte je kurz an, bevor es zum apotheotischen Ende kommt. Warum B. ein Werk derartiger Exaltiertheit und Schroffheit komponiert hat, ursprünglich sogar mit der Absicht, es als Finalsatz von op. 130 mit der vorhergehenden Cavatina zu konfrontieren, bleibt ein ästhetisches Rätsel.

Streichquartett cis-Moll op. 131 (1825/26)

Adagio, ma non troppo e molto espressivo – Allegro – Allegro moderato – Andante, ma non troppo e molto cantabile – Presto – Adagio quasi un poco andante – Allegro
Dauer: ca. 38'
Widmung: Baron Joseph von Stutterheim
Verlag: B. Schott's Söhne Mainz, ED 1827

Über 600 Seiten Skizzen zum cis-Moll-Quartett bezeugen eine beeindruckende Intensität der kompositorischen Arbeit, deren Ergebnis ungeheuer weite Ausdrucksbereiche umspannt, zugleich aber dicht ist wie kaum je. Die sieben Sätze des Quartetts schlagen einen Bogen von einer schwermütig-ernsten Fuge zum dionysisch-ekstatisch aufspielenden Finale. Zwischenstationen sind ein heiter-naives Allegro (D-Dur), ein durch ein Rezitativ (h-Moll / E-Dur) eingeleiteter ausgedehnter Variationensatz (A-Dur), ein an Überraschungen reiches Presto (E-Dur) und ein wehmütiges Adagio (gis-Moll). Ein derartiges Gebilde als lediglich sublimierte Viersätzigkeit anzusehen (wonach die Sätze eins, drei und sechs bloße Einleitungen der je folgenden wären), führt nicht weiter, da B. im Gegenteil offensichtlich die Intention verfolgte, alle Sätze durch Überleitungen zu einem Ganzen zu verbinden. Daß auch mit der Zurückführung der Einzelsätze auf traditionelle Formmodelle wenig gewonnen ist, sei exemplarisch am **4. Satz** verdeutlicht. Dessen Variationenform ist äußerlich durch klare Abschnittsgliederung zwar gut zu überschauen, der z. T. extreme Charakterwechsel drängt das Verbindende der Variation jedoch in den Hintergrund (man vergleiche z. B. T. 162 ff. mit 187 ff.). Damit scheint diese Form selbst in Frage gestellt. Richard Wagner, der eine inspirierende Deutung des cis-Moll-Quartetts verfaßt hat – die vor dem Hintergrund des Begriffspaars Humor und Melancholie neu zu bewerten wäre (vgl. Einleitung) –, verzichtet auf satztechnische Details und vergleicht das cis-Moll-StrQu. mit einem »Lebenstag« B.s. Und zum Finale heißt es: »Das ist der Tanz der Welt selbst«.

Streichquartett F-Dur op. 135 (1826)

Allegretto – Vivace – Lento assai, cantante e tranquillo – Der schwer gefaßte Entschluß. Grave, ma non troppo tratto; Allegro
Dauer: ca. 26'
Widmung: Johann Wolfmayer
Verlag: A. M. und M. Schlesinger Berlin und Paris, ED 1827

Das Werk in F-Dur beschließt die Serie der letzten StrQu.e In seiner Viersätzigkeit und der klaren Ausprägung der Charaktere von Scherzo und langsamem Satz scheint es wieder eher an Normen der Gattung orientiert. Dem widerspricht die Rezeptionsgeschichte: Unter den letzten Quartetten – ausgenommen die Große Fuge – war op. 135 bis 1875 das mit Abstand am wenigsten gespielte Werk. Der **1. Satz** reiht zu Beginn eine Serie von kurzen Motiven aneinander, wodurch dem Ganzen ein etwas zerfahrener, gleichsam fragmentierter oder aphoristischer Ton erwächst. Der **2. Satz** in F-Dur erregte seit je Verwunderung aufgrund einer Passage im Trio (T. 143-192): Zur perpetuierenden Monotonie einer immergleichen Begleitfloskel ergeht sich die 1. V. in grotesk-trivialen Sprüngen:

2. Satz, T. 143–151

Ares Rolf

Alban Maria Johannes Berg

geb. 9. 2. 1885 Wien; gest. 23./24. 12. 1935 ebd. B. wurde im Wien des Fin de siècle geboren; den Kreis seiner Heimatstadt hat er zeit seines Lebens nur für kürzere Reisen und seine Sommerfrischen verlassen. Nach autodidaktischen Versuchen (zahlreiche Lieder) seit Herbst 1904 Schüler Arnold Schönbergs, zunächst in Harmonielehre und Kontrapunkt, ab 1907 in der Komposition. Damit war eine Beziehung geknüpft, die für B. lebensbestimmend werden sollte; ein Schüler-Lehrer-Verhältnis weit über die Grenzen des Metiers hinaus. 1911 Heirat mit Helene Nahowska. Nach der Lehrzeit zunächst Kompositionen für großes Orchester: Fünf Orchesterlieder nach Ansichtskarten-Texten von Peter Altenberg op.4 (1912); die Aufführung zweier Lieder unter Schönberg endete im Tumult des berühmten Wiener Skandalkonzerts vom 31. März 1913), Drei Orchesterstücke op.6 (1913–1915). Im 1. Weltkrieg Militärdienst. 1914–1922 Komposition der Oper *Wozzeck* op.7 nach Georg Büchner; 1925 in Berlin uraufgeführt, begründete sie B.s Weltruhm und mit ihren zahlreichen Aufführungen, nach 1928 auch an kleineren Bühnen, den bescheidenen Wohlstand ihres Komponisten. 1923 Vertragsabschluß mit dem Verlag der Universal Edition, Wien (1927 Generalvertrag). 1923–1925 Kammerkonzert für Kl. und Geige mit dreizehn Bläsern. 1927–1935 Komposition der Oper *Lulu* nach Frank Wedekind (Instrumentation unvollendet). 1930 Ablehnung einer Anfrage Franz Schrekers wegen einer Berufung als Kompositionslehrer an die Berliner Hochschule für Musik. Mitglied der Preußischen Akademie der Künste. Seit 1933 einschneidende Verschlechterung der Situation B.s infolge der nationalsozialistischen Kulturpolitik; B. gerät zunehmend in Not. 1935 Komposition des V.-Konzerts, B.s letztes vollendetes Werk.

WERKE. F. 2 INSTR.: Vier Stücke für Klar., Kl. op.5 (1913) – WERKE F. 4 INSTR.: StrQu. op.3 (1910); *Lyrische Suite* f. StrQu. (1925/26) – WERKE F. 15 INSTR.: Kammerkonzert

f. Kl. und Geige mit dreizehn Bläsern (2 Fl., Ob., EHr., 2 Klar., BKlar., Fg., KFg., 2 Hr., Trp., Pos.) (1923–1925) – Bearb.: Kammerkonzert, 2. Satz, als Trio f. V., Klar., Kl. (1935); Walzer *Wein, Weib und Gesang* op. 333 v. Johann Strauß f. StrQu., Kl., Harm. (1921).

Verlag: Universal Edition Wien. GA: A. B. Sämtliche Werke. Editionsleitung: Rudolf Stephan, hrsg. von der A. B. Stiftung unter Mitarbeit von Regina Busch, Universal Edition, Wien 1984ff.

Im Zentrum von B.s Œuvre steht nicht die Kammermusik, sondern die Oper. Mit dieser Feststellung wird jedoch in nichts die Bedeutung geschmälert, die die Werke der Kammermusik in B.s Schaffen innehaben; ihr musikalischer Rang steht ebenso außer Frage wie ihre wichtige Rolle in der künstlerischen Biographie ihres Urhebers. B.s Durchbruch als Komponist erfolgte kammermusikalisch: mit der Aufführung seines ersten StrQu.s op.3 auf dem Kammermusikfest der IGNM 1923 in Salzburg. Unter ihrem Eindruck veranlaßte Hermann Scherchen B. zur Zusammenstellung der *Drei Bruchstücke aus Wozzeck* für den Konzertsaal, die im Jahr darauf unter seiner Leitung in Frankfurt uraufgeführt wurden und der Oper entscheidend Bahn brachen. Ebenso kann die Bedeutung, die sein zweites StrQu., die *Lyrische Suite*, für B. hatte, kaum überschätzt werden; am 8. 1. 1927 durch das ›Wiener Streichquartett‹. Rudolf Kolischs uraufgeführt, wurde das Werk von diesem Ensemble auf seinen Konzertreisen unzählige Male in authentischer Interpretation, wie B. selbst sagte, zu Gehör gebracht; die *Lyrische Suite* wurde so zu einem der populärsten Werke B.s.

Die Frage, was B.s Kammermusik als solche auszeichnet, ist nicht leicht zu beantworten, ihr Eigentümliches schwer auf den Begriff zu bringen. Dies liegt zum einen in den Werken selbst begründet: die *Lyrische Suite* postuliert in ihrer ganzen Anlage und Haltung bewußt Distanz zu der Tradition des klassischen StrQu.s, das Kammerkonzert versteht sich seiner Intention nach als gattungsüberschreitendes Werk, trachtet kammermusikalischen Anspruch und konzertantes Wesen zu vereinen. Zudem ist die musikalische Substanz anderen Besetzungen zugänglich: vom StrQu. op.3 existiert eine Fassung für Kl. zu vier Händen, vom Adagio des Kammerkonzerts eine Bearbeitung für V., Klar. und Kl.; drei Sätze der *Lyrischen Suite* hat B. für Streichorchester bearbeitet. Auf der anderen Seite weisen beide Opern B.s umfangreiche Partien kammermusikalischen Gepräges auf. Natürlich, die Dichte der motivisch-thematischen Arbeit, der Grad der klanglichen Differenzierung des Stimmengewebes ist in den originären Kammermusikstücken doch ein anderer als in den Bühnenwerken. Dennoch erklärt das sicher nicht die Faszination der B.schen Kammermusik. Sie hat ihre Ursache wohl mehr in einem Zug, der B.s Musik insgesamt eigen ist: Das Komponierte ist von einer Außenseite her dem Ohr vergleichsweise leicht zugänglich, schon durch seinen Charakterreichtum und die Attraktivität der Klanglichkeit, für die B. stets besondere Sorge trägt. Erleichtert wird der Zugang aber auch dadurch, daß B.s Tonsprache sich stets in ihrer Verbundenheit mit der Tradition präsentiert. Schon in seiner Neigung zu tonalen Reminiszenzen oder gar Zitaten wird dies deutlich: B. konnte und wollte nichts als vorbei und vergangen hinter sich lassen. So stand es für ihn ganz außer Frage, daß er Schönberg in der Verwendung der Komposition mit zwölf nur aufeinander bezogenen Tönen folgen würde; aber er sah darin von Anfang an eine Erweiterung der Mittel und keinen radikalen Umbruch. Dementsprechend gibt es bei B. keinen durchgängig reinen dodekaphonen Tonsatz, und seine zwölf Töne sind kaum einmal im emphatischen Sinne Schönbergs nur auf sich selbst bezogen. Man wird dies in B.s Musik kaum je als Mangel empinden, vielmehr in seiner synkretistischen Haltung die wie immer problematische Grundlage für ihren Reichtum erblicken können.

Streichquartett op.3 (1910)

Langsam – Mäßige Viertel
Dauer: ca. 18'
Verlag: Universal Edition Wien

B.s erstes StrQu. entstand noch während der Lehrzeit bei Schönberg. Doch ist das Werk keine Schülerarbeit mehr (Unterrichts-Arbeiten werden darin bereits zitiert resp. verarbeitet!), sondern eine in mehrfacher Hinsicht ganz selbständige Leistung, mit der sich die musikalische Eigenständigkeit B.s souverän Bahn brach. Von solcher Originalität zeigte sich der Lehrer selbst überrascht; um einen Beitrag für die erste Monographie über Berg gebeten, erinnerte er sich 1936, nach Jahren noch des Eindrucks sicher, den ihm das Werk gemacht hatte: »One thing is sure: his String Quartet (Opus 3) surprised me in the most unbelievable way by the fullness and unconstraint of its musical language, the strength and sureness of its presentation, its careful working and significant originality.« Ungewöhnlich ist schon die ganze Anlage: das Quartett besteht aus zwei etwa gleichlangen Sätzen, die sich weder im Tempo noch im Charakter von Grund auf unterscheiden. Diese, mit dem Umriß des klassischen StrQu.s unvereinbare Konzeption war anscheinend für B. selbst nicht unproblematisch, vielleicht nicht restlos zufriedenstellend: noch im Frühjahr 1935, also viele Jahre, nachdem sich das Quartett im Konzertsaal nachhaltig bewährt hatte, erwog er die Komposition eines dritten, kurzen mittleren Satzes.

Das StrQu. op.3 ist B.s erste größere Komposition, die auf das grundlegende Mittel der Tonalität prinzipiell verzichtet. Sie folgt darin dem verpflichtenden Vorbild Schönbergs, der 1908 mit dem (vokal gebundenen: »Ich fühle Luft von anderem Planeten«) letzten Satz seines II. StrQu.s op.10 in den Bereich der freien Atonalität eingetreten war. In der Folge war bei Schönberg, und mehr noch bei B.s Mitschüler Anton Webern, eine Reduktion der äußeren Ausdehnung der Kompositionen zu verzeichnen – einhergehend mit einer immensen Steigerung der Ausdrucksintensität, die »Melodien von nie gehörtem Glanz und ungeahnter Zartheit« entstehen ließ. Von diesem ›Problem der großen Form‹ zeigte sich B. indes unberührt, und an seinem 1910 geschriebenen Quartett hat man stets, und nicht ohne Verwunderung, B.s Fähigkeit gerühmt, auch unter der Voraussetzung der Atonalität weit ausgreifend zu komponieren. Fragt man nach den Mitteln, mit denen B. dies bewerkstelligen konnte, so ist zunächst auf die bedeutende Rolle zu verweisen, die elementare Muster bei der Konstitution des Tonsatzes spielen: Chromatik, als ›Leitschiene‹ des Fortgangs wie als Essenz des Melodischen; Ganztönigkeit und Quartenfolgen, in verschiedenen Formen von Gegenbewegung kombiniert; ostinate rhythmische Formeln. Das ist nicht so zu verstehen, als würden solche Muster wie vorgefertigte Elemente montiert; sie bieten vielmehr als Hintergrund Halt und Orientierung für die Ausgestaltung des Tonsatzes, Voraussetzung für die Entfaltung reichster motivisch-thematischer Beziehungen ebenso wie für die Realisierung großangelegter Steigerungen. Auf diesem leitenden Fundament, das schon für sich einen gewissen Zusammenhang gewährleistete, vermochte sich die nach außen ganz ungezwungen erscheinende, eigenwillige Tonsprache des Quartetts frei zu entfalten; sie kennt das Moment dramatischen Ungestüms und rhythmischer Beharrlichkeit ebenso wie die Geste glänzender Virtuosität und edler Kantabilität.

Den thematischen Gestalten des Quartetts ist vielfach ein ausgesprochen gestischer Charakter zu eigen, durch welchen sie zunächst in unmittelbarem Ausdruck nur für sich selbst zu stehen scheinen; es erscheint alles andere als selbstverständlich, daß Gebilde wie die jähe, heftige Geste, mit der der **1. Satz** beginnt,

oder aber die chaotisch-rezitativischen Eingangstakte des **2. Satzes** im weiteren Verlauf ausgesuchte motivische Verarbeitung erfahren

und sich damit überhaupt erst der Ebene des Thematischen zugehörig erweisen. Dabei waltet ein vielfach vermittelnder Beziehungsreichtum, ist der motivische Zusammenhang so dicht, daß tendenziell alles mit allem verwandt erscheint; so daß es bisweilen schwer fällt, der formalen Entwicklung zu folgen, obgleich beide Sätze nach traditionellen Formen gebaut sind, der 1. ein Sonatensatz, der 2. ein Sonatenrondo. B.s Schüler und Exeget Theodor W. Adorno sah denn auch »allseitige Aktualität des Hörens gefordert, durch die vegetabilische Dichte des Quartetts sich den Weg zu schlagen.« Natürlich sind viele thematische Gestalten den Charakteren nach deutlich unterschieden – bisweilen jedoch so sehr, daß Extreme berührt werden wie völliger

Stillstand, Statik, so daß, paradoxerweise, der Formverlauf damit schon wieder weniger plastisch markiert als im Extrem aufgehoben erscheint.

Das Geschehen scheint seinen Impuls – nicht zuletzt in dem vielfachen, oft abrupten Wechsel des musikalischen Aggregatzustandes – von außen zu empfangen, und es fällt nicht schwer, die Einwirkung außermusikalischer Vorstellungen anzunehmen, die sich an den Schwierigkeiten im Zusammenhang mit B.s Heirat entzündet haben mögen; B. hat das Quartett seiner Frau, als ihr angehörig, gewidmet.

Die Klanglichkeit des StrQu.s darf nicht unerwähnt bleiben. Sie ist geprägt durch reichen Gebrauch von besonderen Spieltechniken: am Steg, am Griffbrett, col legno gestrichen und geschlagen, genaue Saitenangaben, Bariolagen, was sich zu einem in der Farbe höchst differenzierten Klangbild fügt; wobei es bemerkenswert ist, wie solche klangliche Differenzierung im Quartettsatz der Verdeutlichung des motivischen Geschehens dienstbar gemacht wird:

T. 100–102

Die Partitur belegt allerorten die überaus präzise Klangvorstellung B.s, die Sorgfalt der Bezeichnung indes, wieviel ihm an ihrer genauen Umsetzung gelegen war. Während der einschlägigen Aufführung beim Kammermusikfest in Salzburg schwelgte B. denn auch nach seinen eigenen Worten »in dem Wohlklang und der feierlichen Süße und Schwärmerei dieser Musik. [...] Die sogenannt wildesten und gewagtesten Stellen waren eitel Wohlklang im klassischen Sinn.«

Vier Stücke op. 5 (1913) für Klarinette und Klavier

Dauer: ca. 7'50"

B.s Klar.-Stücke entstanden im Jahr 1913. Es sind kurze Stücke; das kürzeste neun, das längste zwanzig Takte umfassend, dauern sie zusammen weniger als acht Minuten. Sie gehören damit der Gattung des ›expressionistischen‹ kleinen Stücks an, die Schönberg mit seinen *Sechs kleinen Klavierstücken* op. 19 (1911) und Webern mit seinen opera 5–11 etabliert hatten. B.s kammermusikalischer Versuch auf diesem Felde trägt eigentümliche Züge. Es wurde versucht, in den vier Stücken einen wie immer rudimentären Sonatenzyklus auszumachen, das zweite Stück als langsamen Satz, gefolgt von Scherzo und Sonatenrondo zu deuten. Diese Sicht ist wohl nicht völlig von der Hand zu weisen, aber doch nicht rundum überzeugend. Bedenken ruft schon die nachdrückliche Anweisung B.s in der Partitur wach, die Stücke durch ausgiebige Pausen voneinander abzusetzen; mehr noch ein besonderer Zug, der diesen Stücken eigen ist. Die gewiß vorhandenen motivischen Beziehungen sind nicht Träger einer Entwicklung; der energetische Zustand der Musik ist Statik, nicht Dynamik. Noch am deutlichsten scheinen im **ersten Stück** Momente des Sonatenwesens auf, mit einer Durchführung, die in einer schwungvollen Tanz-Geste kulminiert; die immerhin deutlicher auszumachende Reprise verebbt sofort im Klangspiel eines vieltönigen Quartenakkords, *pppp*. Das **zweite Stück** (sehr langsam) nimmt mit seiner obligat repetierten Durterz offen Bezug auf das Terzenstück aus Schönbergs op. 19. Über dem Klang singt die Klar. eine Kantilene, seltsam unbelebt auf ihrer weiten Bahn. In starkem Kontrast hierzu (wie zu folgenden) steht das **dritte Stück**, das in seiner Dreiteiligkeit und seinem Charakter nach wie ein kleines Scherzo wirkt. Das vierte und **letzte Stück** erscheint danach als große, effektvolle Szene. Der in sich ruhende Klang des Beginns versetzt den Hörer mit seinem verhangenen Ausdruck in das chtonische Traumland der Mombert-Lieder aus op. 2, an welche auch die Schläge im tiefsten Kl.-Baß am Ende erinnern. Sie bringen einen pathetisch ausformulierten Ausbruch in großaufgebauter Steigerung zu seinem Ende mit Flageolett-Nachklang des Kl.s und ruhigem Septimen-Abstieg der Klar. (»Echoton«).

Kammerkonzert (1923–1925)
für Klavier und Geige mit dreizehn Bläsern
(2 Fl., Ob., EHr., 2 Klar., BKlar., Fg., KFg., 2 Hr., Trp., Pos.)

Thema scherzoso con Variazioni – Adagio – Rondo ritmico con Introduzione (Kadenz)
Dauer: ca. 39'
Verlag: Universal Edition Wien

B.s Kammerkonzert ist ein großes und schwieriges Werk. Es ist in seinem Namen, der Anzahl der Instrumente und in seinem Anspruch an Dichte der motivisch-thematischen Arbeit der ersten Kammersymphonie op.9 von Schönberg verpflichtet, dem B. das Werk zu seinem 50sten Geburtstag gewidmet hat – wie zehn Jahre zuvor die Drei Orchesterstücke op.6, wie zehn Jahre später die Oper *Lulu*. Die Zueignung des Konzerts erfolgte in dem vielfach abgedruckten ›Offenen Brief‹ an Schönberg, in dem B. sich mit konzisen analytischen Bemerkungen über die Komposition äußerte. Der rote Faden seiner Ausführungen ist die Dreizahl, deren universelle Bedeutung für das Werk erläutert wird: Das Konzert hat drei Sätze (die ineinander übergehen; jedoch hat B. auch an die Aufführung von Einzelsätzen gedacht und dafür eigene Schlüsse für die ersten zwei Sätze komponiert); es werden drei Instrumentengruppen eingesetzt: Tasten-, Saiten- und Blasinstrumente; es sind drei Solisten tätig: der Pianist, der Geiger und – der Dirigent. Dabei gehört dem Kl. der 1. Satz, der 2. ganz der Geige, und erst im 3. Satz konzertieren beide Solisten gemeinsam, nachdem sie in der einleitenden Kadenz zusammengefunden haben. Doch es gibt subtile Ausnahmen: im 1. Satz werden einmal »möglichst unmerklich« die leeren V.-Saiten angezupft, und den Mittelpunkt des 2. Satzes markieren zwölf in der selben Weise ›unsolistisch‹ auszuführende Kontra-Cis-Anschläge des Kl.s. Und natürlich sind an dem Motto, das B. dem Werk vorangestellt hat und das die Tonbuchstaben in den Namen der Trias Schönberg–Webern–Berg musikalisch verwertet, beide Solo-Instrumente beteiligt:

Motto: Aller guten Dinge …

Dreiheit waltet auch im Bereich der formalen Anlage. Sie wird jedoch dadurch kompliziert, daß es sich durchweg um hybride Formen handelt. So möchte B. den **1. Satz**, ›Thema scherzoso con Variazioni‹, in zweiter Linie auch als Sonatenform verstanden wissen; der Mittelsatz beruht zwar auf der dreiteiligen Liedform, welche dann aber insgesamt (mehr oder weniger streng) im Krebsgang wiederholt wird. Der Gipfel aber ist die Konstruktion des Finales, in dem die beiden vorangehenden Sätze zu einem neuen **Rondo ritmico** kombiniert werden: III = I plus II, merkt B. dazu an – zu einem musikalischen Kunststück ohnegleichen, mit intrikaten Verwicklungen, deren analytische Beschreibung heutigen Tages ganze Bücher füllt.

Die Kompositionsweise des Kammerkonzerts zeigt hier und da bereits Resultate von B.s Auseinandersetzung mit der Dodekaphonie; so etwa in der strikten Anwendung kontrapunktischer Verfahrensweisen, wie sie bei der Konstituierung von Schönbergs Zwölftonmethode insbesondere in den Kl.-Stücken op. 23 eine wesentliche Rolle spielten. Das Thema des 1. Satzes – ein dreiteiliges Gebilde von dreißig (!) Takten – erscheint nach der Originalgestalt und einer freien 1. Variation in der Umkehrung (2. Variation), im Krebs (3. Variation) und in der Umkehrung des Krebses (4. Variation), schließlich wieder in der – kanonisch aufgefächerten – Originalgestalt. Und in der Melodie, mit der die V. im **Adagio** einsetzt, verwendet B. bewußt eine Reihe von zwölf Tönen, die auch in zwei weiteren Verläufen der V.-Stimme zugrunde liegt – mit quasi systematischen Oktavversetzungen im Themenkopf (den man schon als eine Teilreihe ansehen möchte.)

Enorm ist die Steigerung der Bedeutung des Rhythmischen im Kammerkonzert. Der Rhythmus erscheint gegenüber den Tonhöhen als eigenständiger Bereich emanzipiert, wie entsprechend umfängliche Skizzen zeigen, die allein die rhythmisch-metrische Konstruktion zum Gegenstand haben. Es gibt rhythmische Motive und rhythmische Themen (›mit thematischer Entwicklung‹), die vergrößert, verkleinert, verschoben, auf andere Notenwerte aufgeteilt, simultan (›polyrhythmisch‹) und in ›diversen kontrapunktischen Kombinationen‹ dargeboten werden – all dies natürlich geknüpft an die unterschiedlichsten Taktarten. Die Partitur verwendet im Adagio und Rondo ritmico ein eigenes Zeichen für den »Hauptrhythmus«; es ist ein Satz, der mit seinen unglaublichen rhythmisch-metrischen Komplikationen seinem Namen alle Ehre macht.

Lyrische Suite (1925/26) für Streichquartett

Allegretto gioviale – Andante amoroso – Allegro misterioso/Trio estatico – Adagio appassionato – Presto delirando/Tenebroso – Largo desolato.
Dauer: ca. 30'
Verlag: Universal Edition Wien

Die *Lyrische Suite* ist das erste vollgültige Werk, in dem sich B. systematisch der Zwölftontechnik bedient. Sie war zum Zeitpunkt der Entstehung des Stücks etwas Neues. Schönberg hatte im Februar des Jahres 1923 seine Schüler zu sich nach Mödling einberufen, um ihnen die Grundprinzipien seiner neuen Kompositionsmethode, der »Komposition mit zwölf nur aufeinander bezogenen Tönen« mitzuteilen. Dies war jedoch keine regelrechte Unterweisung, und so mußte jeder der Schüler seine eigene Ausprägung der Reihenkomposition selbst entwickeln (natürlich auf der Grundlage des Studiums der Zwölftonwerke Schönbergs). B. hatte damit einige Mühe, so daß er sich, »um nicht zu verzagen, zwischendurch Rückfälle« in seine »altgewöhnte freie Schreibweise« gestattete: Streng zwölftönig komponiert sind der 1., Teile des 3. und 5. und der letzte der sechs Sätze der Suite; und B. war nicht wenig stolz darauf, daß solche Unterschiede der Faktur sich dem Hören nicht etwa als Bruch mitteilen.

Das Quartett ist eine Suite, das heißt: eine Folge von Charakterstücken, fern dem Sonatenwesen des klassischen StrQu.s. Natürlich hat man es gleichwohl mit nichts weniger als einem unverbindlichen Nebeneinander mehrerer Stücke zu tun. Für Zusammenhang sorgt schon die ganz bewußte Verknüpfung der Sätze miteinander, die B. sowohl auf der konstruktiven wie auf der thematischen Ebene der Komposition vorgenommen hat. Entscheidend aber ist die Bedeutung des Zuges von großer Entwicklung, der das Quartett insgesamt unterworfen ist; B. hat sie mit dem Kürzel »Schicksal erleidend« charakterisiert. Von ihr sprechen beredt schon die Bezeichnungen der sechs Sätze, deren Tempi sich im Wechsel fächerartiger Anordnung, und damit in stetig zunehmendem Kontrast, steigern, die schnellen immer rascher, die langsamen immer schwerer werdend. Dieses Konzept hat seinen Hintergrund in dem programmatischen Vorwurf des Quartetts: In B.s Liebesverhältnis zu Hanna Fuchs-Robettin, das ihm den entscheidenden Schaffensimpuls lieferte und in mannigfaltiger Weise seinen Niederschlag in der Komposition gefunden hat: in der extrovertierten, lyrisch-dramatischen Emotionalität der musikalischen Sprache ebenso wie auf der Ebene der musikalischen Konstruktion, besonders aber auch in der Ausprägung der Charaktere mit ganz eigenen, außergewöhnlichen Satzbildern: im **Allegro misterioso** polyphone Lineatur der sempre pp dahinhuschenden Reihenläufe, perpetuum-mobile-artig, zunächst als Hintergrund für dahingehauchte Motivpartikel, dann in vierstimmig-imitatorischem Satz, unaufhaltsam in den Ausbruch des **Trio estatico** drängend; in den **Tenebroso**-Abschnitten des **Presto delirando** Auskomposition von geschichteten Klangbändern, statisch und nach numerischen Prinzipien pulsierend, im Klang derart mit Raffinement instrumentiert, daß vielfach das Ohr frappierende Blenden entstehen.

Dem Quartett liegt eine von Fritz Heinrich Klein gefundene Allintervallrei-
he zugrunde (d.i. eine Zwölftonreihe, die sämtliche möglichen Intervalle real, ohne Berücksichtigung der Komplementarität, enthält; sie galt seinerzeit als die einzig mögliche):

Was die reihentechnischen Verfahrensweisen angeht, so sind zunächst zu nennen: die vorab getroffene Festlegung auf ein bestimmtes Ensemble von Reihenformen; die kompositorische Nutzung der bewußt gesetzten Dichotomie von diatonischen Stammtönen und alterierten Tönen (Schwarz|Weiß-Hexachorde); die Ableitung von selbständig behandelten Nebenreihen (Skalenformen); schließlich das Verfahren, mittels gezielter (chromatischer) Aufspaltung der Reihe rhythmische Motive zu gewinnen – all dies Verfahrensweisen, durch welche sich die konstruktive Grundlage auch der späteren Werke B.s, und besonders der Oper *Lulu*, auszeichnen wird. Zu beachten ist, wie diese konstruktiven Verfahren vielfach durch Rücksichtnahme auf eine Gruppe von vier Tönen: b-a-f-h, die Initialen des Komponisten und seiner Muse, geprägt und sogar von ihr gesteuert sind; bemerkenswert, wie dadurch auf einer grundsätzlich systematischen Ebene das Moment des subjektiven Erlebens abstrakte Prozeduren regiert oder zumindest in Gang setzt. Es versteht sich, daß jene Tongruppe auch vielfach als Motiv in Erscheinung tritt.

Die Partitur der Suite enthält jedoch auch unverschlüsselte Hinweise auf ihr programmatisches Sujet. Im **Largo desolato** erklingt, in die dodekaphone Struktur des Satzes integriert, der Anfang des *Tristan*-Vorspiels (mit seinen Ecktönen a-f/h-b), und im **Adagio appassionato** zitiert B. – in Anführungszeichen – die Melodie »Du bist mein eigen, mein eigen« des dritten Gesangs aus Alexander Zemlinskys *Lyrischer Symphonie*,

jenem Werk, auf das B. schon im Titel der Quartettsuite Bezug nimmt. Verbindungslinien gibt es aber auch noch zu einer anderen Komposition Zemlinskys: wie dieser im Trio des Scherzo-Teils seines 2. StrQu.s verlangt B. im Schlußsatz der *Lyrischen Suite* die Scordatur der C-Saite des Vc.s, die um einen Halbton, auf H herabzustimmen ist. Auch ist Zemlinsky das Werk in der Widmung der Partitur zugeeignet; B. hat damit seine Verbundenheit mit der Musik Zemlinskys zum Ausdruck gebracht, deren ›Ton‹ er als wesensverwandt empfand, und den er liebte.

Den Schlußsatz der Suite, das **Largo desolato**, hat B. womöglich sogar als Quartettlied, als Vertonung von Charles Baudelaires Gedicht *De profundis clamavi* in der Übersetzung Stefan Georges, konzipiert. Zwar existieren keine musikalischen Aufzeichnungen, denen der Rang einer alternativen Fassung mit Gesang zuzusprechen wäre, und es hat solche wohl auch nie gegeben. Aber die skizzierte Unterlegung der Wörter unter die Melodiezeilen der Instrumentalstimmen zeigt doch, daß der Text bisweilen konstitutive Bedeutung innehatte; vor dem Hintergrund des angenommenen vokalen Einsatzes mit der Va. in T. 13 erscheint die vorausgegangene Exposition derselben Melodie (mit Oktav-Augmentationen) gleich nach der Pizzicato-Einleitung zu Beginn des Satzes wie die devisenartige Präsentation des Hauptgedankens, und damit also in einer überaus plausiblen, musikalisch logischen Relation. Noch beeindruckender aber ist der Umstand, daß der Hochton der Vokalstimme in der Phrase »... und dieser *Nacht*, ein Chaos riesengroß« auf den Scheitelpunkt der drastisch vorbereiteten Klimax des Satzes fällt, der in der instrumentalen Fassung jedoch mit einer Achtelpause ausgespart wird; diese Generalpause der definitiven Quartettfassung, nun nicht mehr den Einsatz des begleitenden Fortissimo-Gewoges der Streicher unter dem Spitzenton des Gesangs akzentuierend (ein unbeschreiblicher Effekt, der sich, einmal zu Gehör gebracht, nicht wieder vergißt) gewinnt unvermeidlich elliptischen Charakter, sowie man den Gedanken akzeptiert hat, daß bei der Imagination dieses Höhepunktes das Wort des Gedichts eine entscheidende Rolle gespielt hat.

Thomas Ertelt

Luciano Berio

geb. 24. 10. 1925 Oneglio (heute: Imperia), Italien. Erste Kl.-Studien beim Vater Ernesto Berio, einem Organisten und Komponisten von Kl.-Liedern. 1946–1950 in Mailand Jura- und Musikstudium (Komposition bei Giulio Cesare Paribeni und Giorgio Federico Ghedini, Dirigieren bei Antonino Votto und Carlo Maria Giulini). Tätigkeiten als Gesangsbegleiter, Dirigent und Orchestermusiker im Konservatoriums- und regionalen Opernbetrieb. Heiratet 1950 Cathy Berberian, die amerikanische Sängerin armenischer Herkunft. Lernt 1951 im Berkshire Music Center in Tanglewood bei Lennox/Mass. (USA) Luigi Dallapiccola und die Komposition mit zwölf nur aufeinander bezogenen Tönen sowie 1952 die frühen elektronischen Arbeiten von Otto Luening und Vladimir Ussachevsky kennen. 1953 Komposition von Soundtracks für den Italienischen Rundfunk, 1954 Gründung des Studios für elektronische Musik (Studio di Fonologia musicale) beim Italienischen Rundfunk in Mailand, 1955 der Konzertreihe ›Incontri musicali‹ und 1956 der gleichnamigen Zeitschrift (bis 1960) – jeweils zusammen mit Bruno Maderna. 1954 Treffen mit Pierre Boulez, Karlheinz Stockhausen, Henri Pousseur und Maderna in Basel, jährlicher Besuch der Darmstädter Ferienkurse (bis 1959), wo B. nahezu allen namhaften jüngeren Komponisten der westeuropäischen Moderne begegnete, über elektronische Musik referierte und erste Aufführungen erhielt. Ab 1960 Dozent der Sommerkurse in Tanglewood/ Mass (USA), 1961/62 Kompositionslehrer der Dartington Summer School in England, 1962/1964 des Mill's College in Oakland (Kalifornien), 1965/1971 an der Juilliard School in New

York, wo B. 1967 das Juilliard Ensemble gründet. 1972 Rückkehr nach Italien. 1973 Einladung von Boulez, am im Aufbau befindlichen Institut de Recherche et Coordination Acoustique/Musique (IRCAM) in Paris die Abteilung für elektroakustische Musik zu leiten. 1975–1977 künstlerischer Leiter des Israelischen Kammerorchesters und 1976 der Konzerte der Accademia Filharmonica in Rom. 1982 Künstlerischer Leiter des Orchestra Regionale di Toscana, 1984 des Festivals Maggio Musicale Fiorentino. 1987 Gründung und Leitung des Computermusikstudios ›Tempo Reale‹ in Florenz. 1993/94 Gastvorlesungen als Charles Elliot Norton Professor of Poetry an der Harvard University, Cambridge/ Mass. (USA).

Werke f. 1 Instr.: Sequenza I f. Fl. (1958); Sequenza II f. Hf. (1963); Sequenza III f. Frauenstimme (1965); Sequenza IV f. Kl. (1966); Sequenza V f. Pos. (1966); Gesti f. ABlfl. (1966); Sequenza VI f. Va. (1967); Sequenza VII f. Ob. (1969); Sequenza VIII f. V. (1976); *Les Mots sont allés* f. Vc. (1978); Sequenza IXa f. Klar. (1980); Sequenza IXb f. ASax. (1981); Lied f. Klar. (1983); Sequenza XI f. Git. (1987/88); Sequenza XII f. Fag. (1995); Sequenza XIII f. Akk. (1995/96) – Werke f. 2 Instr.: 2 Stücke f. V., Kl. (1951); Duetti 1–33 f. 2 V. (1979/82); Sequenza X f. Trp. u. Kl. (1985) – Werke f. 3 Instr.: 3 Stücke f. 3 Klar. (1947); Streichtrio (1948); Autre fois f. Fl., Klar., Hf (1971); Musica leggera f. Fl., Va., Vc. (1974) – Werke f. 4 Ausf.: Bläserquartett (1950); Study f. StrQu. (1952); Chamber Music (nach Texten v. James Joyce) f. Frauenstimme, Vc., Klar., Hf. (1953); Quartetto f. StrQu. (1955); Circles (nach Texten v. Edward Estlin Cummings) f. Frauenstimme, Hf., 2 Schlzg. (1960); Sincronie f.StrQu. (1963/64); Linea f. 2 Kl., Vibr., Mar. (1973) – Werke f. 5 Ausf.: Quintetto f. Bläserquintett (1948); Opus Number Zoo (nach Texten v. Rhoda Levine) f. Fl., Ob., Klar., Fg., Hr. (1951, revidiert 1970); Air f. S., Kl., V., Va., Vc. (1970); Agnus f. 2 S., 3 Klar. (1971) – Werke f. 6 u. mehr Ausf.: El Mar La Mar (nach Texten v. Rafael Alberti) f. S., MezzoS., Fl., 2 Klar., Hf., chromatisches Akk., Vc., Kb. (1952); Différences f. Fl., Klar., Hf., Va., Vc., Tonband (1958); O King f. Stimme, Fl., Klar., Kl., V., Vc. (1968); Melodrama f. T., Fl., Klar., Schlzg., Kl., elektrische Org., V., Vc., Kb. (1970) – Bearb.: Folk Songs f. Fl., Klar., 2 Schlzg., Hf., Va., Vc. (1964); *The Modification und Instrumentation of a Famous Hornpipe* (v. Henry Purcell) f.Fl., Klar., Schlzg., Cemb., Va., Vc. (1969); *Ballade von der sexuellen Hörigkeit* (nach B. Brecht/ K. Weill) f. MezzoS., Klar., BKlar., Vibr., Akk., V., Va., Vc., Kb. (1975).

Verlag: Universal Edition Wien; Edizioni Suvini Zerboni Mailand.

Die kompositorische Eigenart der Musik B.s ist nicht leicht auf einen Namen oder einen Begriff wie den der Kammermusik zu bringen. Von eklektischen Positionen ausgehend entwickelte B. annähernd gleichzeitig wichtige eigenständige Beiträge zur elektronischen Musik auf dem Gebiet der Sprachkomposition, der musiktheatralischen Komposition und zu dem im wesentlichen von ihm begründeten Genre einer virtuosen quasiseriellen Solo-Musik. In einzelnen Werken durchdringen mehrere dieser Aspekte einander. So werden in *Différences* instrumentale Ensemblekomposition und elektronische Verarbeitung von Instrumentalklängen gegenübergestellt, in *Chamber Music* die aus dem *Ulysses* von James Joyce abgeleiteten Gesangs-, Sprechgesangs- und Sprechtechniken in ein instrumentales Geflecht integriert; die solistischen Stücke *Sequenza III* für Frauenstimme und *Sequenza V* für Pos. sind zugleich kleine solistische Szenenkompositionen. B. ist, anders als sein Landsmann Luigi Nono (1924–1990) und anders als der für die Frühphase der seriellen Musik außerordentlich innovative Karlheinz Stockhausen (geb. 1928), ein nichttheoretischer und ein nichtdogmatischer Komponist: »Die historische Entwicklung verändert nicht nur die soziale Struktur, sondern ebenso den Kodex der ästhetischen Auffassung« (L. B.). Seine Wandlungsfähigkeit, seine geistige Mobilität, sein produktiver Umgang mit den verschiedensten Institutionen - B.s Fernsehserie *C'è musica e musica* (1971/72) ist eine glänzende Darstellung der Vielfalt und Problematik der neuen Musik im Spannungsfeld zwischen Individuum, Institution und Gesellschaft – haben über sein soziales Engagement nie zweifeln lassen. Seinem Musiktheaterstück *Passaggio* (1961/62) liegt ein Text von Edoardo Sanguineti zugrunde, in dem die Gestalten von Rosa Luxemburg und der ›Milena‹ aus Franz Kafkas Briefen reflektiert werden. Der 2. Satz der berühmten *Sinfonia* (1968) ist ein Epitaph auf Martin Luther King. Und *Accordo* (1981) ist für vier und mehr regionale Blasmusikensembles geschrieben aus Anlaß des nationalen Festivals der kommunistischen Parteizeitung *Unità* und der Manifestation *Mille musiciens pour la paix* (Tausende Musiker für den Frieden) beim Festival der nordfranzösischen Industriestadt Lille.

SEQUENZA

Der Begriff Sequenza hat nach B. »keine Beziehung zur mittelalterlichen Kirchenmusik, sondern rührt von der Tatsache her, daß diese Stücke hauptsächlich auf Sequenzen harmonischen Charakters und verschiedenen Typen instrumentaler Aktionen basieren«. Während z.B. *Sequenza II* für Hf. (1963), *Sequenza IV* für Kl. (1966) und *Sequenza VI* für Va. (1967) mehr dem harmonischen Typ angehören, indem hier zwei unterschiedliche Klangmöglichkeiten (komplexe Akkorde und weit ausgesponnene, große Intervalle) gegeneinandergestellt werden, sich ineinander verschieben, um schließlich miteinander zu verschmelzen, gründen sich *Sequenza I* für Fl. (1958) und *Sequenza V* für Pos. (1966) auf die Klangmöglichkeiten der Instrumente, auf »instrumentale Aktionen« wie Anblas- und Vortragsweisen. Dabei läßt bereits *Sequenza I*, das älteste Stück der Serie, B.s grundsätzliche künstlerisch-ästhetische Positionen erkennen, zum Beispiel seine Auffassung, nach der »die seriellen Verfahrensweisen überhaupt nichts (an sich selber) garantieren«, keine Idee sei »so miserabel, als daß sie nicht am Ende ›serialisiert‹ werden könnte, wie man ja auch Gedanken und Bilder, die des Interesses entbehren, in Verse setzen kann. Auf die Erweiterung der musikalischen Mitel – im umfassendsten Sinn verstanden«, gründe sich nach B. allein die Chance einer Erneuerung der Musik von heute.

Sequenza I (1958)
für Flöte

einsätzig
Dauer: ca. 5'
Verlag: Edizioni Suvini Zerboni Mailand, ED 1958

Sequenza (später auch *Sequenza I* genannt) für Fl. allein ist mit »a Severi'« dem Interpreten der UA bei den Darmstädter Ferienkursen, Severino Gazzelloni, gewidmet. Mit diesem Stück begründete B. eine ganze Gattung des neovirtuosen Solistenstücks auf der Basis der verschiedenen Aspekte von serieller und parametrisch gedachter Musik, zu der später eine große Zahl seiner Komponistenkollegen zahlreiche Beispiele beigetragen haben. Schon *Sequenza* selbst ist dabei nicht eindeutig Note für Note seriell ableitbar. Offenbar permutiert B. die am Anfang exponierte, überwiegend chromatische Zwölftonstruktur durch das ganze Stück auf eine irreguläre, praktisch nicht rekonstruierbare Art. Außer gestischen Momenten wiederholt sich nichts im ganzen Stück. Von Anfang an werden Ambitus und Dynamik des Instruments weiträumig genutzt. Das auf fünf leporelloartig gefalteten Seiten notierte Stück benutzt anstelle von Taktstrichen Zeiteinheiten, in denen die Töne annähernd nach ihrer graphischen Plazierung gespielt werden. Ein permanentes Rubato ist die beabsichtigte Folge.

Kantable Momente, wie die berühmte fallende große Sekunde in hoher Lage am Ende der Reihenexposition, wechseln mit Staccato-, Arpeggio-, Tremolo-Folgen, gebundenes Spiel mit Doppel-, Tripel- und Flatterzungen. Flageoletts und perkussive wie hauchende Geräuscherzeugung finden sparsamste und Mehrklänge (›multiphonics‹) noch gar keine Anwendung. *Sequenza* ist nach *Syrinx* (1913) von Claude Debussy und *Density 21.5* (1936) von Edgard Varèse ein Repertoirestück der neuen Musik.

Sequenza V (1966)
für Posaune

einsätzig
Dauer: ca. 7'30"
Verlag: Edizioni Suvini Zerboni Mailand

Sequenza V für Pos. entstand 1966 und wurde von Vinko Globokar im gleichen Jahr in London uraufgeführt. Wie *Sequenza III* für Solostimme (1965) dem großen Schweizer Clown Grock gewidmet, ist *Sequenza V* genauso wie die nachfolgenden Stücke der Serie ein konsequenter Versuch, instrumentale Spieltechniken bis an ihre Grenzen auszuweiten. Der weiche Pos.-Klang wird fern aller schmetternden Aura des ›Dies irae‹ zu fast unwirklichen, elektronisch anmutenden Klängen verfremdet, indem verschiedene, genau vorgeschriebene Tonhöhen gleichzeitig gespielt und gesungen werden. Auf diese Weise entstehen glissandoartige Klangverläufe. Zugleich wird das Atmen des Instrumentalisten hörbar als gliederndes Prinzip in den Kompositionsprozeß einbezogen. Hierdurch gelingt gleichsam eine Grenzüberschreitung: Das Instrument wird zur ›verlängerten Stimme‹, die menschliche Stimme und Atmungsvorgänge dagegen geben den instrumentalen Aktionen einen gestischen, mitunter sogar theatralischen Sinn.

Circles (1960)
nach Texten von Edward Estlin Cummings für Frauenstimme, Harfe und zwei Schlagzeuger

einsätzig
Dauer ca. 19'
Verlag: Edizioni Cuvini Zerboni Mailand

Circles entstand 1960 im Auftrag der ›Fromm Foundation‹ und ist Olga Koussevitzky gewidmet. Im Programmheft der UA im gleichen Jahr in

Tanglewood (USA), bei der Cathy Berberian den Vokalpart realisiert hatte, schrieb B., daß man *Circles*, seinem ersten Stück, in dem vokale Gestik, Musik, Sprache und Aktion mit instrumentaler Klangerzeugung verbunden sind, »zuhören [soll] wie einem Theaterstück und zusehen wie einer Musik«. Dieses Paradoxon markiert deutlich die Grenzpositionen der fünfteiligen Komposition: Instrumentale und szenische Aktionen sollen miteinander korrespondieren, sich gegenseitig bedingen, ineinanderfließen. »Ich gedachte dabei drei Aspekte zu verschmelzen, nämlich die vokale Technik, sozusagen vokale ›Gesten‹ und schließlich das Phonetische.«

Gesten, Schritte und Gänge der Sängerin erweitern und ergänzen daher die instrumentale ›Szene‹ und werden zum strukturbildenden Element. Drei Gedichte des amerikanischen Dichters Cummings (1894-1969), die aus ›abgespaltenem‹ Phonem-Material bestehen, lassen nach B. – mehr als bei semantisch eindeutigen Texten – eine organische Verschmelzung mit der Musik zu. Bestimmte phonetische Elemente sind dabei unterschiedlichen Instrumenten zugeordnet: die Vokale den Instrumenten mit festen Tonhöhen (Hf., Vibr., Cel., Glsp.), die Konsonanten den verschiedenen Schlaginstrumenten mit unbestimmter Tonhöhe. Durch dieses Verfahren gibt es nur noch graduelle Unterschiede zwischen der Vokal-›Handlung‹ und derjenigen der Begleitinstrumente. Die Stimme wird zu einem variabel einsetzbaren Instrument. Zudem sind die einzelnen Elemente der Komposition variativ miteinander verzahnt und verschränkt, wobei aleatorische Momente eine Rolle spielen. Der erste Abschnitt ist genau notiert, Harmonik und Rhythmik sind sehr differenziert gestaltet; im zweiten Abschnitt werden in freiem Tempo zu spielende Achtelnoten in Vorschlagsmanier eingeführt; im dritten Teil, in dem die Singstimme weiterhin genau fixiert ist, sind nur noch die Schlzg.-Aktionen in Tonvorrat und Zeitdauer genau festgelegt, die anderen Instrumente bewegen sich frei, bis zum Schluß wieder alles genau notiert ist. Mit diesen Notationsunterschieden gleichgesetzt sind strukturelle und klangliche Auflockerungen und Verdichtungen, die wiederum mit instrumentalen Gesten und szenischen Aktionen korrespondieren.

Circles ist nach B.s Auffassung der grundsätzliche Versuch, »die Riten des kollektiven Hörens zu erneuern und eine aktive Beziehung aus Funktion und Geist zwischen dem Publikum und der neuen stilistischen Einmütigkeit der Musik, zwischen dem Hörer und den von der Musik selbst angeregten Hörmodalitäten zu begründen.«

Reinhard Oehlschlägel

Franz Adolf Berwald

geb. 23. 7. 1796 Stockholm, gest. 3. 4. 1868 Stockholm. Entstammt weitverzweigter Musikerfamilie. Geigenunterricht beim Vater, kurze Wunderkindkarriere. 1812–1828 Geiger und Bratschist in der Königlichen Hofkapelle, Kompositionsunterricht beim Leiter der Hofkapelle Eduoard Du Puy. 1819, 1827 Konzertreisen nach Finnland, Rußland, Norwegen. 1817 erstes Hervortreten als Komponist, 1818 Herausgabe eines Musikjournals, in dem B. auch eigene Werke publiziert. 1829–1841 Aufenthalt in Berlin, vergeblicher Versuch, hier Opernprojekte zu realisieren; 1835 Gründung eines orthopädischen Instituts mit neuen Behandlungsmethoden. 1841/42 Wien, öffentliche Anerkennung als Komponist. 1842 Rückkehr nach Stockholm, innerhalb Schwedens erste Erfolge als Komponist. 1846–1849 ausgedehnte Reisen u.a. nach Paris, Wien und Salzburg, hier Ernennung zum Ehrenmitglied des Mozarteums. 1850 Rückkehr nach Stockholm, Tätigkeit als Geschäftsmann, leitet zwei Glashütten, später eine Ziegelei. Gleichzeitig Fortsetzung des Komponierens. Übt scharfe Kritik am Königlichen Theater und an der Königlichen Musikakademie, 1862 UA der Oper *Estrella de Soria*; kurz vor seinem Tod Anerkennung als Komponist: 1864 Ehrenmitglied der Musikakademie, 1867 Lehrer für Komposition am Stockholmer Konservatorium.

WERKE F. 2 INSTR.: Duo concertant f. 2 V. A (ca. 1816/17); Duo f. Kl., Vc. od. V. B (1858 gedr.); Duo f. Kl., V. D (1858) – WERKE F. 3 INSTR.: (5) Trio f. Kl., V., Vc. (C, ca. 1845; Es, 1849; f, 1851; d, 1851; C, 1853) – WERKE F. 4 INSTR.: (3) StrQu. (g, 1818; a, 1849; Es, 1849); Quartett f. Klar., Hr., Fg., Kl. Es (1819) – WERKE F. 5 INSTR.: (3) Quintett f. Kl., 2 V., Va., Vc. (A, unvoll.; c, 1853; A, gedr. 1857/58) – WERKE F. 7 INSTR.: Septett f. Klar., Hr., Fg., V., Va., Vc., Kb. B (1827/28).
Die Jahreszahlen beziehen sich, wenn nicht anders angegeben, auf das Entstehungsjahr.

F. B.: Sämtliche Werke. Bärenreiter Kassel 1966ff.

Der Komponist F. A. B. ist eine Entdeckung des 20. Jahrhunderts. Er gehört zu jenen Tonkünstlern, denen die Anerkennung ihres Schaffens zumindest im eigenen Land zeitlebens versagt blieb. Nur von wenigen Werken hat B. eine öffentliche Aufführung erlebt. Obgleich er außerhalb Schwedens durchaus geschätzt wurde, konnte er seinen Lebensunterhalt nicht dauerhaft aus den Einkünften als Komponist bestreiten. So erklären sich die langen Perioden seines Lebens, in denen er sich als Geschäftsmann in verschiedenen Bereichen betätigte.

Zwei Aspekte können B.s Scheitern in Schweden erklären: Zum einen die besondere Physiognomie seiner Musik, zum anderen der nicht unproblematische Charakter des Komponisten selbst. Seine Werke finden ihren historischen Ort an der Schwelle zwischen Wiener Klassik und Romantik, was ihnen die Ablehnung der einen wie der anderen Anhängerschaft eintrug. Außerdem konnte sich B., anders als etwa eine Generation später der Finne Jean Sibelius, nicht dazu entschließen, zur Herausbildung eines Nationalstils z. B. durch konsequente Einbeziehung von Volksmelodien beizutragen. Diese Verweigerung wird ihm die zeitgenössische schwedische Musikkritik verübelt haben – die Hörer außerhalb Schwedens meinten allerdings durchaus, ›Skandinavismen‹ aus seiner Musik herauszuhören.

Bei aller Sprunghaftigkeit, die das Leben B.s charakterisiert, zieht sich das Bedürfnis nach musikalischer und kompositorischer Arbeit wie ein roter Faden durch seine Vita. Den Grundstock legte sicher seine Anstellung in der königlichen Hofkapelle, in der er mit einem umfänglichen Repertoire bekannt wurde. Im Alter von knapp zwanzig Jahren verlagerte sich sein Interesse auf die Komposition, der er von nun an, wann immer es seine wirtschaftlichen Verhältnisse zuließen, einen großen Teil seiner Schaffenskraft widmete. Zusätzlich verfolgte B. stets journalistische Projekte, wobei er sich nicht nur mit musikalischen und musikpädagogischen Themen beschäftigte, sondern immer wieder zu sozialen und gesellschaftlichen Fragen Stellung bezog. Man muß sich B. als äußerst engagierten, für das konservative zeitgenössische Schweden höchst progressiven und nicht selten polemischen Menschen vorstellen, der keineswegs eine zurückgezogene Künstlerexistenz anstrebte. Mit Kritik hielt er auch jenen Institutionen gegenüber nicht zurück, die für seine Komponistenkarriere hätte förderlich sein können. Daß seine Tonsprache in der Heimat kein Verständnis fand, hielt ihn nicht davon ab, hartnäckig um die Anerkennung seiner Werke zu ringen und sich außerdem vehement für seine Schüler einzusetzen. So generös und fördernd er sich den Versuchen junger Komponisten gegenüber verhielt, so kritisch war sein Umgang mit dem eigenen Werk: Immer wieder überarbeitete er seine Kompositionen; viele zog er sogar zurück, weil sie vor dem eigenen kritischen Urteil nicht bestehen konnten.

Seine Stellung in der Musikgeschichte verdankt B. den Sinfonien und Sinfonischen Tongemälden, die ihm den Rang als Schöpfer der schwedischen Sinfonik sichern. Weniger bekannt ist B.s kammermusikalisches Werk, obgleich sein Œuvre auch auf diesem Gebiet beeindruckend ist und er sich von Jugend an bis ins hohe Alter besonders für die Formprobleme dieser Gattung interessierte. Die Dekade zwischen 1849 und 1859 bildet die Kernzeit seines kammermusikalischen Schaffens: In jenen Jahren entstanden drei Kl.-Trios, zwei StrQu.e und zwei Kl.-Quintette.

Nicht anders als in den Sinfonien zeigt sich B. in seiner Kammermusik als experimentierfreudiger Komponist, der die vorgegebenen Wege zeitgenössischen Komponierens bis an die Grenzen ausschreitet. Immer wieder greift er auf den Formenkanon der Wiener Klassik zurück, bereichert ihn aber auch um neue Modelle. Besonders liegt ihm dabei an einer funktionalen Neuordnung der Sonatenhauptsatzform, die in der Regel den Kopfsatz der Sinfonie, der Sonate oder des StrQu.s prägte. B. entwickelt die Sonatenhauptsatzform gemäß den Anforderungen der romantischen Harmonik und Melodiebildung weiter und experimentiert mit der Ausweitung dieses Grundmodells über den einzelnen Satz hinaus, so daß der Eindruck entsteht, alle vier Sätze seien ›Abteilungen‹ einer einzigen, großen Sonate – eine Abwandlung der klassischen Norm, die auch Franz Schubert, Robert Schumann und Franz Liszt erprobten. Es ist daher sinnvoll, den Terminus ›Satz‹ durch den Begriff ›Abschnitt‹ zu ersetzen.

Beide späten StrQu.e, das Kl.-Trio f-Moll und das Duo für Kl. und Vc. von 1858 verdeutlichen B.s Versuche, das Tonmaterial aller Abschnitte eines Werkes nach einem gemeinsamen, übergeordneten Gesetz zu organisieren. Modern erscheint B.s Kompositionsstil auch in den Modulationen, die den harmonischen Verlauf bisweilen an die Grenzen tonaler Stabilität führen. Bei aller ambitionierten Originalität seiner Werke darf man freilich nicht übersehen, daß B.s formale Lösungen oft ästhetisch nicht überzeugen können. Darin mag sich die Tatsache begründen, daß sein Werk letztlich nicht zukunftweisend oder gar schulbildend gewirkt hat.

Duo B-Dur (1858)
für Klavier und Violoncello oder Violine

Allegro ma non troppo. Poco Adagio quasi Andante. Allegro agitato
Verlag: J. Schuberth Hamburg, ED 1858

Das Duo in B-Dur gehört zu den wenigen größeren Werken B.s, die zu seinen Lebzeiten aufgeführt und gedruckt wurden. Bereits die zeitgenössischen Hörer erkannten die Eigenwilligkeit seiner Kompositionsweise: In einer Aufführungskritik zu diesem Duo hebt der Rezensent der Neuen Zeitschrift für Musik die »Selbständigkeit der Form wie des Inhalts« besonders hervor.

Wie bei einigen anderen Werken hat B. auch in seinem B-Dur-Duo versucht, die Idee einer einsätzigen Sonate mit drei in sich abgerundeten Abschnitten zu realisieren. Die Grenzen der einzelnen Abschnitte sind zwar durch Vorzeichen- und Tempowechsel sowie durch Überleitungsformeln erkennbar, werden aber durch fließende Übergänge verwischt. Über die tonale Architektur hinaus sind die drei Abschnitte durch Vernetzung aller Themen untereinander verknüpft.

Für den **1. Abschnitt** hat B. die Sonatenhauptsatzform, für den langsamen **2. Abschnitt** eine fünfteilige Liedform und für den **Schlußabschnitt** ein sonatenhaftes Finale gewählt. Zugleich, und darin besteht das ambitionierte Experiment des Komponisten, sollen die Einzelabschnitte Funktionen im Rahmen einer großen, dreisätzigen Sonate übernehmen. Aus der Gesamtschau des Tonartenplans sowie der Themenbehandlung wird deutlich, daß dem Finale die Funktion einer Gesamtreprise und Coda für die vorangegangenen Abschnitte zukommt, die ihrerseits als Exposition und Durchführung verstanden werden können. Dies läßt sich exemplarisch an verschiedenen Stellen belegen: Der **1. Abschnitt** endet weder in einer vollständigen Reprise noch zeigt er eine Coda; er schließt ohne Auflösung der Dominantspannung. Der langsame Mittelabschnitt enthält, wie es für die Durchführung charakteristisch ist, die weiteste Entfernung vom tonikalen Zentrum und die sorgfältigste Motivverarbeitung. Erst am Schluß des ›Finalsatzes‹ erreicht das motivische Material des ›Allegro ma non troppo‹ bzw. dessen Ableitungen seine Reprise in der Tonika B-Dur.

Streichquartett a-Moll (1849)

Introduzione: Adagio. Allegro. Adagio. Scherzo: Allegro assai. Finale: Allegro molto
Dauer: ca. 21'
Verlag: Elkan & Schildknecht Stockholm, ED 1903

Der Wille zur formalen und funktionalen Erneuerung des klassischen Formenkanons durchzieht nahezu das gesamte kammermusikalische Schaffen B.s. Obwohl bis heute nicht recht in den Konzertprogrammen verankert, dürfen vor allem die späten StrQu.e (Es-Dur und a-Moll) aufgrund ihres kühnen Formenbaus einen Platz unter den eigenwilligsten und interessantesten Werken der Quartettliteratur des 19. Jahrhunderts beanspruchen. 1849 vollendet – das a-Moll-Werk ist auf den 28. 10. 1849 datiert –, versuchte B. eine Antwort auf die Anforderungen jener Gattung zu geben, die von der Wiener Klassik ihre idealtypische Ausformung empfangen hatte. Beide Werke tragen Merkmale formaler Experimentierfreude und dokumentieren eine orchestral gedachte Satztechnik. Dem Es-Dur-StrQu. hat B. eine bogenförmige fünfteilige Struktur gegeben.

Im StrQu. a-Moll bildet die klassische viersätzige Anlage die Folie, vor der B. sein Experiment arrangiert. Auf den ersten Blick scheint er ihr Rechnung zu tragen, indem er die allerdings ohne Unterbrechung ineinander übergehende Satzfolge Allegro, Adagio, Scherzo und Finale wählt. Doch bereits der **1. Satz** zeigt ein charakteristisches Beispiel für B.s Bemühungen um die Modifizierung der Formvorgabe. Er beginnt mit einer 20taktigen langsamen Einleitung, die durch eine chromatisch schweifende Melodielinie über Liegetönen eröffnet wird. Zunächst ist das tonale Zentrum nicht zu erkennen. In Takt 21 beginnt der eigentliche Hauptsatz, der motivische Splitter aneinanderreiht – ohne markante Themen aufzustellen, die einer Durchführung unterzogen werden könnten. In Takt 91 läßt sich eine Art Seitensatz ausmachen, an den sich erstmals ein Abschnitt regulärer motivischer Verarbeitung anschließt. Allerdings stützt sie sich nicht auf das Material aus dem Hauptsatz, sondern zieht neue Motive bzw. sehr vage Anklänge an die langsame Einleitung und an das Seitenthema zur kontrapunktischen Arbeit heran. Auf die Reprise im eigentlichen Sinne verzichtet B.; der Satz schließt mit einer Coda, die in die Überleitung zum **2. Satz** mündet.

Offensichtlich hat B. versucht, eine Art Episoden-Technik mit der Sonatenform des Kopfsatzes zu verbinden. Durch neue, oft sehr kurze Motivsplitter wird ein geschmeidiger Melodiefluß immer wieder abrupt unterbrochen. Feststehende Formteile wie Durchführung, Reprise und Coda lassen sich zwar erkennen, erscheinen aber nur verschleiert oder in unüblicher Reihenfolge.

In seinem 1858 gedruckten Duo B-Dur für Kl. und Vc. hat B. das musikalische Material dieses StrQu.s teilweise wiederverwendet. Das StrQu. a-Moll dagegen geriet völlig in Vergessenheit und wurde erst 1902 durch Tor Aulin und dessen Quartettformation ins Bewußtsein der musikalischen Öffentlichkeit zurückgeholt.

Septett B-Dur (1827/28)
für Klarinette, Horn, Fagott, Violine, Viola, Violoncello und Kontrabaß

Introduzione: Adagio. Allegro molto – Poco Adagio. Prestissimo. Adagio – Finale: Allegro con spirito
Dauer: ca. 24'
Verlag: Musikaliska Konstföreningen Stockholm, ED 1893

Das große B-Dur-Septett dokumentiert, daß B. schon zu Beginn seiner kompositorischen Laufbahn über einen sehr eigenständigen Gestaltungswillen verfügte. Mehr als zehn Jahre feilte er an dem Werk, das 1828 vollendet wurde. Die öffentliche Uraufführung fand erst 1883, lange nach B.s Tod statt. Die Besetzung mit V., Va., Vc. und Kb. sowie Klar., Hr. und Fg. entspricht derjenigen von Ludwig van Beethovens berühmtem Septett op. 20 aus dem Jahre 1802. B. gibt seinem Werk eine dreisätzige Grundstruktur, innerhalb derer er eine formale Variante ausprobiert: Er implantiert das Scherzo, ein 6/4 Prestissimo mit einem Alla-breve-Mittelteil, in den langsamen Satz hinein. So entsteht hinsichtlich der Tempofolge und Satzcharakteristik die Bogenform Allegro molto, Poco Adagio – Scherzo/Prestissiomo – Poco Adagio, Allegro con spirito. Noch 20 Jahre später zeigte sich B. von jener Großstruktur fasziniert, die ihn schon zu Beginn seiner kompositorischen Laufbahn inspiriert hatte: Im Es-Dur-StrQu. aus dem Jahre 1849 realisiert B. eine bis ins Detail konsequent ausgeführte Anlage in Bogenform.

Christiane Krautscheid

Harrison Birtwistle

geb. 15. 7. 1934 Accrington/ Lancashire. 1952 Ausbildung als Klarinettist an der Royal Manchester School of Music. Kontakte zu den Komponisten Peter Maxwell Davies und Alexander Goehr sowie zu dem Pianisten John Ogdon, mit denen die New Music Manchester Group (vor allem Aufführungen von Werken der 2. Wiener Schule) gegründet wurde. Armeedienst in einer Militärband, Berufung als Klarinettist in das Royal Liverpool Philharmonic Orchestra. 1957 erste vollgültige Komposition: *Refrains and Chorusses* für Bläserquintett. 1962–1965 Lehrer an der Cranborne Chase School in Dorset. 1966 Harkness-Stipendium an der Princeton University. 1967 Gründung des Ensembles ›Pierrot Players‹. 1973 Cornell Visiting Professor am Swarthmore College in Pennsylvania, 1975 wurde B. Musikdirekter am neu gegründeten National Theatre on the South Bank in London. Kompositorischer Durchbruch mit der Oper *Punch and Judy* (1967) und mit dem Orchesterwerk *The Triumph of Time* (1971/72). 1988 wurde Birtwistle geadelt. Nationale und internationale Auszeichnungen.

Werke f. 1 Instr.: *Four Interludes for a Tragedy* f. BKlar. in A u. Tonband (1968); *Chanson de Geste f. amplified sutaining instrument u. pre-recorded tape* (1973) – Werke f. 2 Instr.: *Verses* f. Klar., Kl. (1965); *Linoi* f. Klar. in A, Kl. (1968); *Pulse sampler* f. Ob., claves (1981); *Duets for Storab* f. 2 Fl. (1983); An Interrupted Endless Melody f. Ob., Kl. (1991) – Werke f. 4 Instr.: *Dinah an Nicks's Love Song* f. 3 Melodieinstr., Hf.; Three Movements for String Quartet (1991/1993) – Werke f. 5 Instr.: Refrains and Choruses f. Bläserquintett (1957); Clarinet Quintet (1980); Five Distances for five Instruments f. Fl., Ob., Klar., Fg., Hr. (1992) – Werke f. 6 Instr.: Three Lessons in a Frame f. Kl., Fl., Klar., V., Vc., Schlzg. (1967); Chorale from an Toy Shop (l. Version f. Fl., Ob. od. Klar., Klar. od. EHr., Hr. od. Pos., Fg. od. Tb.; 2. Version f. 2 Trp., Hr., Pos., Tb.) (1967); *Some Petals from my Twickenham Herbarium* f. Pikk., Klar., Va., Vc., Kl., Gl. (1969); *For O, for O, the Hobby-Horse is Forgot*, Ceremony f. 6 Schlzg. (1976) – Werke f. 7 Instr.: Tombeau in Memoriam Igor Strawinsky f. Fl., Klar., Hf., StrQu. (1971) – Werke f. 10 Instr.: *Tragoedia* f. Fl., Ob., Klar., Hr., Fg., 2 V., Va., Vc., Hf. (1965) – Bearbeitungen: *Hoquetus David* f. Fl., Klar., V., Vc., Glsp., Gl. (1969); *Ut Heremit Solus* f. Fl., Klar., Va., Vc., Kl., Glsp.(1969).

Verlag: Boosey & Hawkes London.

Die Instrumentalmusik von B. läßt sich – trotz zum großen Teil konventioneller Besetzung – nur schwer in Kategorien unterteilen. Zwar gibt es klar ausmachbare großorchestrale Besetzungen, die den Begriff Orchestermusik legitimieren, daneben aber existieren eine Fülle kammerorchestraler Arbeiten mit solistisch besetzten Einzelstimmen, deren Übergang zur Kammermusik fließend ist. B.s kompositorisches Denken ist stark vom Begriff des Individuums geprägt, also von einer gleichsam personalen Ausprägung der einzelnen Instrumente, die in direktem Handlungsbezug zueinander stehen. Die Klangfarben, die Spielcharaktere gelten ihm als selbständig agierende Wesen, die zueinander im Stück in dramatische Beziehung treten. Mehr als bei anderen Komponisten ist die Unterscheidung von Kammermusik zur kammerorchestralen eine in erster Linie quantitative. Ähnlich wie man im Schauspiel nicht trennt zwischen Stücken mit fünf Personen und solchen etwa mit 15 Agierenden, läßt sich auch in B.s Kompositionen kaum ein Trennungsstrich ziehen. Der ästhetische Ansatz ruht, durchsetzt mit Erfahrungen des Serialismus', auf der Basis von rituellem Akt, von den Konstellationen in der Liturgie oder – noch stärker – im griechischen Drama und daneben auf archetypischen Strukturen von Mythos und Maske. Neben Anton Webern nennt B. Igor Strawinsky und Olivier Messiaen als musikalische Vorbilder, dazu in allgemein künstlerischer Hinsicht den Ansatz des Malers Paul Klee, weil dieser »die Natur des Malens neu untersuchte«. Ähnlich sieht auch B. seine musikalischen Grundlagen. Seine Fragestellungen an die Konstellationen des Materials beruhen auf so grundsätzlichen Erwägungen wie Konfrontation, Distanz, Differenz- oder Verschmelzungsgrad, Geste und Reflex und ähnlichem.

Das ist schon in der ersten Komposition so, die B. als für sein Schaffen gültig betrachtet: Refrains and Choruses für Bläserquintett, das am Neujahrsabend 1957 abgeschlossen wurde. Das etwa acht Minuten lange einsätzige Stück ist in Einleitung und sieben Sektionen gegliedert, die in Entsprechung zum im Titel genannten Gegensatzpaar stehen. Repetitions- oder Trillerfiguren stellen klare motivische Bezüge her. Die unterschiedlichen Charakteristika der einzelnen Instrumente und ihr Verhältnis zum Total des Bläserquintetts prägen die individuelle Ausgestaltung der Teile. Der Satz mag an serielle Techniken erinnern (etwa in bezug auf spezifische Dichtestrukturen), er ist aber nicht reihentechnisch konstruiert.

Immer wieder kreisen die Arbeiten B. um entsprechende Themata. In *Verses* für Klar. und Kl. (es gibt auch eine unabhängige Komposition des gleichen Titels für Kammerorchester) aus dem Jahr 1965 stehen sich in acht kurzen Sätzen von insgesamt sechs Minuten Dauer die Instrumente gleichsam als Repräsentanten von Statik (Haltenoten, Wiederholungen) und melodischer Bewegung gegenüber. Allein die Stücke 6 und 7 haben in kontrapunktischer Faktur doppelte melodische Führung, Stück 8 reduziert im wesentlichen beide Stimmen auf Haltetöne.

Die etwa 10-minütige Komposition *Linoi* für Klar. und Kl. von 1968 stellt einer vielschichtig differenziert ausgeführten, hochkomplexen Klar.-Stimme nur wenige intermittierende, auf den Saiten gezupfte Kl.-Töne oder -glissandi gegenüber. Stets bei Eintritt des Kl.s kommt die Melodielinie zur Ruhe, ganz so, als zöge sie neue Energien aus den Klängen der Saiten.

In den *Duets for Storab* für zwei Fl. (1983) greift B. Grundelemente schottischer Dudelsackmusik auf und entwickelt daraus in den auf Natureindrükken beruhenden kurzen Stücken spezifische Modelle des Zusammenspiels (von gleichmäßiger Führung bis zu komplexen Ergänzungsrhythmen).

So erweisen sich die Kompositionen B.s immer wieder gleichsam als Versuchsanordnungen, als zur Schau gestellte Konfrontation von Instrumentalcharakteren und ihren Beziehungsgeflechten.

Dieser analytische Ansatz wird auch in manchen Titeln deutlich, so etwa in Five Distances for five Instruments von 1992, in denen B. unterschiedliche Nähen des Klangs kompositorisch behandelt. Da er stets die Körperlichkeit des Musikmachens hervorhebt, spielen solche Distanzphänomene (auch unterstrichen durch Wanderungen der Musiker oder durch Aufstehen und Niedersetzen) immer wieder eine Rolle in seinem Schaffen. Der Einbezug theatraler Mittel liegt von daher nicht fern, und solches geschieht etwa in der Zeremonie für sechs Schlagzeuger *For O, for O, the Hobby-Horse is Forgot*, dem eine Pantomimen-Szene aus Shakespeares *Hamlet* zugrundeliegt. Zwei

Schlagzeuger repräsentieren König und Königin, die anderen eine opponierende Gruppe. Das musikalische Spiel resultiert aus der dramatischen Gegenüberstellung, aus Aktion und Reaktion. Auf sublimere Weise ist dies auch in der Komposition *Tragoedia* aus dem Jahr 1965 der Fall. Die musikalische Form basiert auf Prinzipien der griechischen Tragödie mit den Sätzen: Prolog, Parados, Episodion, Stasimon, Episodion und Exodos. Von den elf Instrumenten ist meistens nur eine Auswahl eingesetzt, wodurch der Eindruck einer besetzungsmäßig fluktuierenden Kammermusik entsteht. B. stellt über Arten des musikalischen Satzes Formteile her, die mit dem psychologischen Ablauf des griechischen Vorbildes korrespondieren.

Vielleicht wäre das 1980 komponierte Klar.-Quintett in B.s Œuvre noch am ehesten als Kammermusik in konventionellem Sinne zu bezeichnen. In dem 25minütigen Stück opponiert die Klar.-Stimme einem über weite Strecken homogen geführten Streichersatz, der brodelnd, destruktiv oder vermittelnd auf das Melos des Blasinstruments reagiert. Es entsteht ein dichtes und differenziertes Netz von Reaktionsformen. Auch hier also sind die Klänge als Resultat interaktiver Prozesse begriffen. Die spezifischen Eigenarten der Musik B.s bleiben gewahrt, wenngleich auf musikalisch abstrakterer Stufe.

Reinhard Schulz

Boris Blacher

geb. 19. 1. 1903 (nach damals gültigem Julianischen Kalender 6. 1. 1903) Niu-chuang (China), gest. 30. 1. 1975 Berlin. Sohn deutsch-baltischer Eltern. 1908 Übersiedlung nach Chefoo. Erste musikalische Eindrücke durch seinen Vater, einem ausgezeichneten Kl.-Spieler. 1913 Umzug nach Hankau (V.-Unterricht, Harmonielehre), 1914 nach Irkutsk, 1919 nach Charbin (erster Kompositionsunterricht; Instrumentationsarbeiten für das Charbiner Sinfonieorchester). 1922 Berlin, Architektur- und Mathematikstudium an der Technischen Hochschule, ab 1924 Kompositionsstudium bei Friedrich Ernst Koch an der Hochschule für Musik, 1927–1931 Musikwissenschaft bei Arnold Schering, Friedrich Blume, Erich Moritz von Hornbostel. 1938/39 Lehrauftrag für Komposition am Dresdner Konservatorium. 1945–1948 Kompositionslehrer am Internationalen Musikinstitut in Berlin-Zehlendorf, 1948 Professor für Komposition an der Hochschule für Musik Berlin (West), 1953–1970 deren Direktor. Ab 1960 Zusammenarbeit mit dem Studio für elektronische Musik der Technischen Universität Berlin, Vorlesungen über experimentelle Musik. 1955 Mitglied, 1968–1971 Präsident der Akademie der Künste Berlin (West).

WERKE F. 1 INSTR.: Sonate f. V. solo (1952); Perpetuum mobile f. V. (1963); Vier Ornamente f. V. (1969), auch Ausgabe mit Kl. ad lib.; Variationen über eine Tonleiter f. V. (1973) – WERKE F. 2 INSTR.: Sonate f. Fl., Kl. (1940); Sonate f. V., Kl. (1941); Sonate f. Vc., Kl. (1941); *Francesca da Rimini.* Fragment aus Dantes *Göttlicher Komödie* f. S. u. V. (1954); Sonate f. 2 Vc. u. 11 Instr. ad lib. (1971); Duo f. Fl., Kl. (1972); Variationen über ein Thema von Tschaikowsky f. Vc., Kl. (1974) – WERKE F. 3 INSTR.: Jazz-Koloraturen f. S., ASax., Fg. (1929); Divertimento f. Trp., Pos., Kl. (1946); Trio f. Kl., V.,

Vc. (1970) – WERKE F. 4 INSTR.: Drei Stücke f. Fl., 2 Klar., Schlzg. (1927); (5) StrQu. (1930; 1940; 1944; Epitaph. Zum Gedächtnis von Franz Kafka, 1951; Variationen über einen divergierenden c-Moll-Dreiklang, 1967); Etüde f. StrQu. (1935); Divertimento f. 4 Holzbläser (1951); Two Poems for Jazz Quartet (1957) – WERKE F. 5 INSTR: Quintett f. Fl., Ob., V., Va., Vc. (1974) – WERKE F. 8 INSTR: Oktett f. Klar., Fg., Hr., Streichquintett (1965); Triga einer chromatischen Leiter: 1. Teil: *Westen* f. Fl., Klar., Trp., Kl., StrQu. (1970) – Gemeinschaftskomposition mit Sesshu Kai (*Osten*) und Paul Gutama Soegijo (*Südosten*) – WERKE F. 12 INSTR.: Blues, Espagnola und Rumba philharmonica f. 12 Vc. (1972) – WERKE F .14 LNSTR.: Virtuose Musik f. V., 10 Bläser, Pk., Schlzg., Hf. (1966) – WERKE F. 16 INSTR.: Pentagramm f. 16 Streichinstr. (1974).

Kunz, Harald: WV B. Bl., in: Stuckenschmidt, H. H., B. Bl., Berlin u. Wiesbaden 1985.
Verlag: Bote & Bock Berlin, Wiesbaden.

Nicht Kammermusik, sondern Oper und Ballett bilden den Schwerpunkt in Bl.s kompositorischem Werk. Die Nähe zur größeren Besetzung ist schon durch Bl.s frühen Lebensweg bestimnt, wenn er sich in seinen biographischen Skizzen an deutsche und amerikanische Marinekapellen (mit ihrem Repertiore an Märschen, Operetten- und Schlagerarrangements) erinnert. Später betätigt er sich an der Oper (als Beleuchter in Irkutsk) und instrumentiert Kl.-Auszüge für ein Sinfonieorchester in Charbin. Seine großen Erfolge konnte er mit Orchesterwerken wie der Concertanten Musik (1937) und den Orchestervariationen über ein Thema von Niccolò Paganini (1947) feiern. Dennoch greift die Idee der verkleinerten Besetzung in seinem Gesamt-Œuvre Raum. So sind eine ganze Reihe von Kammeropern (*Habemeajaja* 1929, *Romeo und Julia* 1943, *Die Flut* 1946) und Werken für Streich- bzw. Kammerorchester (Divertimenti und Konzertstücke) auf uns gekommen.

Die eigentliche musica da camera, von der etwa 30 Werke überliefert sind (ohne diejenigen mit elektronischen Elementen), zieht sich nichtsdestoweniger kontinuierlich durch Bl.s kompositorisches Leben. Kurz vor seinem Tod arbeitet er noch an einem 6. StrQu., das dann Fragment bleiben muß, und die Zählung seiner Werke beginnt 1927 mit den Drei Stücken für Fl., zwei Klar. und Schlzg., gefolgt 1929 von den Jazz-Koloraturen für S., ASax. und Fg., die bereits Wesenszüge seiner Musik deutlich zeigen, z. B. das in Bl.s Schaffen ständig wiederkehrende Element des Jazz. Ebenfalls für drei Instrumente ist das Divertimento für Trp., Pos. und Kl. (1946) geschrieben, dessen sieben Sätze von der solistischen Darbietung für Kl. (6. Satz) über Duo-Kombinationen (2., 3., 5. Satz) zur eigentlichen Triobesetzung (1., 4., 7. Satz) wechseln, und das Trio für Kl., V. und Vc. (1970), dessen vier Sätze durch kompositionstechnische Raffinessen zyklisch miteinander verbunden sind. Die beiden Mittelsätze korrespondieren durch Krebsgang und Stimmentausch zwischen V. und Vc. miteinander und die beiden Ecksätze sind (in umgekehrten Proportionsverhältnissen) in variablen Metren gehalten.

Die variablen Metren sind eine von Bl. entwickelte und mit dem Kl.-Stück *Ornamente. Sieben Studien über variable Metren* zum erstenmal 1950 angewandte neuartige Kompositionsart. Über dieses Taktwechselprinzip nach vorgegebener Ordnung schreibt er im Vorwort zu seinem inaugurierenden Kl.-Werk: »Ausgehend von der Erkenntnis, daß der Taktwechsel den Formverlauf oft intensiviert, ist die Idee entstanden, den metrischen Prozeß derart zu gestalten, daß jedem Takt eine andere metrische Struktur zu unterliegen hat. Baut man nun metrische Verhältnisse nach mathematischen Gesichtspunkten auf – und zwar ausgehend von den Reihen oder der Kombinatorik – so ist der metrische Verlauf kein Produkt der Willkür oder des Zufalls mehr. Es ergeben sich neue, auf höherer Ebene stehende Symmetrien, interessante Überschneidungen von metrischer Serie mit musikalischer Phrase, variante Reprisen u. a. m.« Als metrischen Grundwert legt Bl. in seinen Werken mit variabler Metrik die Achtelnote fest. So ergibt sich eine metrisch variable Taktfolge entweder durch eine einfache Reihe wie 2, 3, 4, 5, 6 ... oder durch eine gleitende Reihe (kummulativ) wie 2, 3, 2, 3, 4, 2, 3, 4, 5 ... oder durch Permutation und andere Kombinationen.

Kontinuierlich zieht sich die Gattung des StrQu.s durch Bl.s kompositorisches Schaffen. Eine für Bl. typische Themenbildung finden wir bereits im ersten StrQu. von 1930. Dort gibt es synkopische und auch triolische Rhythmen, die eine klare Nähe zur Jazz-Musik zeigen. Die melodische Gestaltung der Themen ist entweder diatonisch oder durch chromatische Motive geprägt. Die meist einfache Melodik entspringt Bl.s erklärtem Wunsch nach Klarheit und Beschränkung auf das Wesentliche. Gewiß ist seine Tätigkeit als Komponist von Tanzschlagern in den 20er Jahren – sogar noch 1951 veröffentlicht er unter einem Pseudonym einen Schlager – ein Grund für seine durchsichtige Kompositionsweise. Während die ersten drei StrQu.e (1930, 1940, 1944) in der herkömmlichen drei- bzw. viersätzigen zyklischen Form gehalten sind, fallen die letzten beiden (vollständigen) Quartette aus der Reihe. Das vierte StrQu. (1951) ist einsätzig, mit *Epitaph* betitelt und auf Franz Kafka bezogen (Widmung), das fünfte StrQu. (1967) ist ein Variationssatz, bestehend aus dem Thema, 14 Variationen und der Coda.

Kein Instrument (außer Kl.) hat Bl. mit Solowerken so bedacht wie die V. Die Reihe der vier Solokompositionen beginnt mit der dreisätzigen Sonate von 1952, die durchweg in variablen Metren geschrieben ist. 1963 folgt *Perpetuum mobile*, ein ausschließlich aus Triolenbewegungen bestehendes, motorisches einsätziges Werk, das als ursprünglicher Teil der mit *Reportage* betitelten Oper *Zwischenfälle bei einer Notlandung* von Bl. zum Solowerk verselbständigt wurde. Die *Vier Ornamente* von 1969 sind Stücke unterschiedlichsten Charakters. Vom rhapsodischen ersten Teil, das den weiten Ambitus der V. voll ausnutzt, geht es über ein Presto mit einem an die variable Metrik erinnernden Taktwechselprinzip und einem nur in Flageolett zu spielenden gemäßigten dritten Teil zum Schluß-Allegro mit virtuosem Wechsel zwischen Sechzehntel-Spiccato und -Legato. Die *Variationen über eine Tonleiter* (1973) schließlich, bestehend aus Thema, fünf Variationen und Coda, hat Bl. als Übungsstück für seinen Sohn, den Geiger Kolja Blacher, geschrieben.

Erwähnung verdienen auch die Werke für zwei Instrumente, Sonaten, Duos, Variationen. Neben der Sonate für Fl. und Kl. (1940) hat Bl. noch ein Duo für die gleiche Besetzung (1972) geschrieben. Es besteht aus vier kurzen Sätzen, die für die Fl. einige ›Extras‹ wie z.B. Flatterzunge vorsehen; der Kl.-Satz ist sehr licht gehalten. Das Prinzip der Ausdünnung, Reduktion und Durchsichtigkeit – insbesondere des Kl.-Parts innerhalb der Kammermusik – ist ein wichtiges Wesensmerkmal von Bl.s Kompositionsstil. Im Duo findet sich außerdem wiederum die Vorliebe für rückläufige Formen: Der 4. Satz ist der nahezu wörtliche Krebs des 2. Satzes unter Aussparung der letzten Takte. Der Jazz hat jedoch nicht nur Einfluß auf Bl.s Rhythmus- und Themenbildung. Eine Reihe von Werken ist explizit für Jazz-Besetzung geschrieben: Im kammermusikalischen Bereich die *Two Poems* für Jazz-Quartett in der Besetzung mit Vibr., Kb., Kl. und Schlzg., wobei das Schlagzeug aus drei Instrumenten verschiedener Tonhöhe bestehen soll, und die *Improvisationen + – 1* für StrQu. und Jazz-Ensemble (1966).

Bl. versteht es immer wieder, durch einfache kompositorische Mittel den Zuhörer zum Schmunzeln zu bringen. So haben Ironie und Kurioses einen festen Platz in seinem Œuvre, etwa in den *Variationen über einen divergierenden c-Moll-Dreiklang* für StrQu. (1967) oder in dem größer besetzten Werk *Blues, Espagnola und Rumba philharmonica* für 12 Cellisten (1972).

Franz Riemer

Ernest Bloch

geb. 24. 7. 1880 Genf, gest. 15. 7. 1959 Portland (Oregon, USA). Seit 1924 amerik. Staatsbürger. Ausbildung zum Geiger in Genf (Louis Rey) und in Brüssel (Eugène Ysaÿe); Kompositionsstudien bei Émile Jaques-Dalcroze (Genfer Konservatorium), François Rasse (Brüssel), Iwan Knorr (Frankfurt a.M.) und Ludwig Thuille (München). 1904–1909, während der Komposition seiner Oper *Macbeth*, Erwerb des Lebensunterhalts im väterlichen Uhrengeschäft. 1909/10 Orchesterdirigent in Neuchâtel und Lausanne, danach bis 1915 Musikästhetik-Dozent am Genfer Konservatorium. B. übersiedelte 1916 als Tournee-Dirigent der Ballettgruppe von Maud Allan in die USA, wo er rasch als Komponist und Dirigent eigener Werke reüssierte. 1917–1920 Privatlehrer und Dozent am David Mannes College, New York, anschließend Direktor des Cleveland Institute of Music (1920–1925) sowie Leiter des Konservatoriums von San Francisco (1925–1930). Ein 10jähriges Stipendium ermöglichte ihm ab 1930 den Aufenthalt in der Schweiz, die er 1938 jedoch wieder verließ. 1940–1952 Professor an der University of California, Berkeley. Bloch lebte seit 1941 in Agate Beach, Oregon.

WERKE F. 1 INSTR.: 3 Suiten f. Vc. (1956, 1956, 1957); Suite f. Va. (1958, vervoll. v. David Sills); 2 Suiten f. V. (1958) – WERKE F. 2 INSTR.: Suite f. Va., Kl. (1919); 2 V.-Sonaten (1929; Poème mystique 1924); *Baal Shem*, 3 Pictures of Chassidic Life f. V., Kl. (Vidui, Nigun, Simchas Torah, 1923); Nuit exotique f. V., Kl. (1924); *From Jewish Life*, 3 Stücke (Prayer, Supplication, Jewish Song) f. Vc., Kl., (1924); Méditation hébraïque f. Vc., Kl. (1925); Abodah f. V., Kl. (1929); Melody f. V., Kl. (1929); Méditation & Processional f. Va., Kl. (1951); Suite Hébraïque (Rhapsodie, Processional, Affirmation) f. V./Va., Kl. (1951) – WERKE F. 3 INSTR.: 3 Nocturnes f. Kl., V., Vc. (1924) – WERKE F. 4 INSTR.: (5) StrQu. (1916, 1945, 1952, 1953, 1956); *In the Mountains*, 2 Sketches f. StrQu. (1924); *Night* f. StrQu. (1925); *Paysages*, 3 short pieces (North, Alpestre, Tongataboo) f. StrQu. (1925); Prélude f. StrQu. (1925); 2 Pieces f. StrQu. (1938/50) – WERKE F. 5 INSTR.: 2 Quintette f. Kl., 2 V., Va., Vc. (1921–1923, 1957).

Verlage: G. Schirmer, New York (Werke der Jahre 1916, 1919 sowie 1951–1953); Carl Fischer, New York (Werke der Jahre 1921–1925, 1929); Broude Brothers, New York (ab 1956); UE, Wien (3 Nocturnes); F.E.C. Leuckart, Leipzig (2. V.-Sonate).

B.s kammermusikalische Werke haben in den Konzert- und Rundfunkprogrammen des deutschsprachigen Raumes immer noch den Status von Raritäten. Die Rezeption seiner Musik ist, so sie überhaupt existiert, verengt auf den ›jüdischen Komponisten‹; sein Name ist vor allem mit der *Hebräischen Rhapsodie* für Vc. und Orchester *Schelomo* (1915/16) verbunden, die ihn international bekannt machte. Indes umfassen die von der Kultur, Religion und Musik des Judentums inspirierten Arbeiten weniger als ein Drittel seines Schaffens. B.s Rang als Komponist, der, unbeeinflußt von ästhetischen und kompositionstechnischen Doktrinen, Musik immer als direkten Ausdruck der Seele, des Gefühls und einer humanistischen Grundhaltung begriff, verdankt sich ›abstrakter‹ Kammermusik, wie etwa den StrQu.en und dem 1. Kl.-Quintett. William M. Jones folgend, läßt sich B.s Komponieren in fünf Phasen strukturieren. Schon unter den (unveröffentlichten) Jugendwerken befinden sich, neben einem StrQu. und anderem, eine Sinfonie und eine Sinfonische Dichtung. Richard Strauss und Claude Debussy sind die Leitfiguren, an denen sich der Ausdrucksdrang des jungen Komponisten zunächst orientiert. So entstehen in der ersten Schaffensperiode (1901–1910, Jones nennt sie »Eclectic«) fast ausschließlich großformatige Werke, vor allem die Oper *Macbeth* (1904–1909). Auch die ›jüdische‹ Phase (1912–1917) ist noch von Orchesterwerken geprägt. Hier entwickelt B. Stilmittel, die fortan seine ›jüdischen‹ Arbeiten prägen werden: rhapsodische, der hebräischen Sprache angelehnte Rhythmik und Metrik; expressive, jüdischer Kantillation nachempfundene Melodien; ›phrygische‹ Kadenzen und die ›orientalische‹ übermäßige Sekunde. Das 1916 vollendete, großangelegte 1. StrQu. zehrt noch von diesen Topoi, beinhaltet aber zugleich Techniken, die für die ertragreiche ›Kammermusik-Periode‹ (1919–1928) wesentlich sind: zyklische Verarbeitung thematischen Materials und dessen Ableitung aus einer achttönigen alternierenden Ganzton-Halbton-Skala. B.s Harmonik wird in diesen Jahren chromatischer, seine Rhythmik perkussiver; neben kleineren Charakterstücken entstehen motivisch-thematisch äußerst differenziert gearbeitete Werke, an die er in seinen letzten Lebensjahren kompositionstechnisch anknüpfen wird. Dagegen stehen die (wiederum zumeist großbesetzten) Stücke der Jahre 1928–1938 stilistisch in der Tradition der ersten beiden Schaffensphasen. Bach- und Beethovenstudien in der kreativen Pause während des 2. Weltkrieges waren eine wichtige Vorbereitung auf die ergiebige letzte Phase (1944–1958), die als ›Neoclassic‹ jedoch unzureichend charakterisiert ist. Der Rückgriff auf Formensprache und Techniken der Wiener Klassik entbehrt der Ironie des europäischen Neoklassizismus, und die Verwendung barocker Imitationstechniken hat nichts altmeisterlich Akademisches. Vor allem in der Musik für Streicher zeigt sich, daß Kammermusik, auf die fast die Hälfte der 25 Werke entfällt, die ureigenste Domäne des ausgebildeten Geigers B. war. Insbesondere in den StrQu.en verwirklicht er seinen Klangsinn extensiv, treibt die Chromatik bis in die Nähe der Atonalität (2. StrQu.), gestaltet betont konstruktiv (z.B. mit einer intervallischen Keimzelle für alle Sätze im 4. StrQu.) und öffnet sich der bis dahin vehement abgelehnten Zwölftontechnik, die er nun als eine Methode unter anderen im 2., 3. und 4. StrQu. in tonalem Kontext verwendet. Nur mit einem Werk griff B. aufs ›jüdische‹ Idiom zurück (*Suite Hébraïque*); für seine letzten Kompositionen wählte er die schlichteste und zugleich schwerste kammermusikalische Gattung: Musik für ein unbegleitetes Streichinstrument.

Suite Nr. 1 »*To Yehudi Menuhin*« (1958)
für Violine solo

Prelude. Andante tranquillo. Allegro. Allegro energico
Dauer: ca. 10'
Verlag: Bote u. Bock

Das Werk entstand im Auftrag von Yehudi Menuhin, nachdem B. ihm die Vc.-Suiten vorgestellt hatte. Die vier Sätze sind nicht als solche markiert, sondern durch kontrastierende Tempi und Kadenzen voneinander abgesetzt. Hier begegnen diverse Charakteristika von B.s kammermusikalischer Schreibweise der Gattung gemäß in konzentrierter Gestalt. So sind etwa die Satzanfänge intervallisch miteinander verwandt. Das eröffnende Arpeggio enthält einen Tritonus, B.s favorisiertes Intervall, das auch hier als motivisches Bindeglied Verwendung findet. Sogar seine Vorliebe für das Unisono mehrerer Stimmen verwirklicht er. ›Phrygische‹ Kadenzen, Sequenzierungen, Repetitionen sowie motorische Passagen unterstützen in diesem Kontext den barocken Gestus. Formal greift Bloch wieder auf das zyklische Prinzip zurück, indem der 4. Satz Material des 3. wiederaufnimmt und mit einem Rückbezug auf das Prelude das Werk beschließt.

Wieland Reich

Alexander P. Borodin

geb. 31. 10. (12. 11.) 1833 St. Petersburg, gest. 27. 2. 1887 ebd. Genoß eine umfassende musikalische Erziehung. Spielte Fl., Vc. und Kl. 1859–1856 Studium an der Petersburger Medico-Chirurgischen Akademie. 1858 Promotion zum Dr. med.. Regelmäßiges Kammermusikspiel, 1859–1862, Studienreisen nach Heidelberg, in die Schweiz und nach Italien. Autodidaktische Studien anhand von deutschen Musiklehrbüchern und mit Kompositionen nach klassischen ›Modellen‹. 1862 Bekanntschaft mit Milij A. Balakirev, wird Mitglied seines Zirkels, des sogenannten ›Mächtigen Häufleins‹. Arbeitet als Arzt und seit 1864 als Professor für organische Chemie (seit 1877 Akademiemitglied); verfaßt über vierzig naturwissenschaftliche Arbeiten. Trotz des schmalen musikalischen Œuvres gehört B. zu den führenden Komponisten der ›Neuen russischen Schule‹. Seit Ende der 1870er Jahre war er international bekannt.

WERKE F. 3 INSTR.: 3. Trio f. 2 V., Vc. über das russische Volkslied *CEM TEBJA JA OGORCILA* (Womit habe ich dich betrübt) g (1854–55); Kl.-Trio D (1850– ca. 1861) – WERKE F. 4 INSTR.: *Russisches Scherzo* aus der Quartettsammlung *Pjatnizy* (Die Freitage) H. 2 Nr. 3, 1875–1879 (1899 veröff.); *Serenata alla spagnola* f. 2 V., Va., Vc. D (3. Satz f. das Mitrofan Beljaev gewidmete StrQu. *B-la-f*, Gemeinschaftskomposition zusammen mit Nikolai Rimski-Korsakov, Konstantin Ljadov, Alexander Glasunow) (1886); 2 StrQu. (Nr. 1 A, 1875–1879; Nr. 2 D, 1881); – Werke f. 5 Instr.: Quintett f. 2 V., Va., 2 Vc. f (vermutlich 1859/60; 1958 von Orest A. Jewlachov vollendet); Quintett f. 2 V., Va., Vc., Kl. c (1862). – Aus der Frühzeit (bis 1862) stammt eine Anzahl unvollendeter Kammermusikwerke: 1. Trio f. 2 V., Vc. (1847; nicht erhalten); 2. (*Großes*) Trio f. 2 V., Vc. G (Scherzo unvollendet, 1852–1856?); 4. Trio f. 2 V.,Vc G (nur 1. Satz erhalten,

1850er Jahre); Quartett f. Fl. (V.), Ob. Va., Vc. D (1. 2. und 4. Satz freie Bearb. von Sätzen aus Kl.-Sonaten von Joseph Haydn, Hob. XVI:30 u. Hob. XVI:51, 1852–56?); Sonate f. Vc., Kl. h (zugrunde liegt ein Fugenthema von J. S. Bach aus der Sonate f. V. solo g BWV 1001; 1860); Sextett f. 2 V., 2 Va., 2 Vc. d (nur 1. und 2. Satz erhalten 1860–61?).

Verlage: Schott, Mainz; Isskustvo, Moskau.

Der russische Musikkritiker Nikolaj Kaschkin beschrieb B. als »...fast einen der konservativsten unter den bedeutenden russischen Komponisten der zweiten Hälfte des 19ten Jahrhunderts.« Dieses Urteil klingt erstaunlich in bezug auf ein Mitglied des ›Mächtigen Häufleins‹, der berühmten Gruppe der ›Fünf‹, die gegen den Akademismus in der zeitgenössischen russischen Musik kämpften. Und doch steht Kaschkins Meinung in keinem Widerspruch zu B. Schaffen. Der Tradition Glinkas treu bleibend, hat B.s den Stil der musikalischen Klassik und Romantik in seine originäre Musiksprache auf sehr natürliche Weise integriert.

Den Grundstein für seinen ›Klassizismus‹ legte B. während seiner autodidaktischen Ausbildung, wobei das eigene Musizieren für ihn »eine seriöse und gute Schule« (A. B.) war. Als Cellist, Flötist und Oboist, aber auch als Komponist sammelte der junge B. im häuslichen Milieu in St. Petersburg und später in Heidelberg wesentliche Erfahrungen. Hier entstanden vermutlich seine ersten ›Kompositionen‹, vorwiegend Transkriptionen von Werken deutscher Komponisten, insbesondere von J. S. Bach und J. Haydn. B.s eigenständige frühe Werke stehen jedoch nicht nur in barocken und klassischen Traditionen, sondern sind ebenso stark auch von romantischen Einflüssen geprägt: von Franz Schubert, Robert Schumann und besonders von Felix Mendelssohn Bartholdy (B. war nach seinen eigenen Worten in seiner Jugend ein »leidenschaftlicher Mendelssohn-Anhänger«) sowie von Nils W. Gade, George Onslow und Louis Spohr.

Außerdem war für den jungen B. noch eine weitere, in russischen Kammermusikkreisen weit verbreitete und sehr beliebte ›Mode‹ bedeutsam: Volkslied–Bearbeitungen. Nach dem Vorbild von Franz Gebel und Cipriano Romberg, (Moskauer bzw. St. Petersburger Komponisten Mitte des 19. Jahrhunderts, die russische Volkslieder in ihrer für den Salon bestimmten Kammermusik zitierten), hat B. sein Streichtrio über *Cem tebja ja ogorcila* (Womit habe ich dich betrübt) geschrieben. Nicht nur diese Komposition, sondern auch andere frühe Werke waren für B. ein Laboratorium, in dem er neue Sprachmittel erproben konnte. Außer in besagtem Trio ging es ihm dabei nicht um direkte Zitate, sondern um eine sowohl russische, als auch orientalische, künstlerisch-ästhetische Denkweise (letzteres war für Borodin, den außerehelichen Sohn des georgischen Fürsten Gedianow, naheliegend). In diesem Sinne ist das frühe Kammermusikschaffen für B.s Gesamtwerk ein ›Vorspiel‹. Ferdinand Laub, der berühmte Geiger, den B. während seiner Studienreise in Heidelberg kennengelernt hatte, erkannte dies, indem er äußerte: »Dieser Borodin wird einmal ein großer Musiker werden«.

Borodins Haupttätigkeit als Naturwissenschaftler hat ihm leider nicht viel Zeit zum Komponieren gelassen. B. bezeichnete sich selbst scherzhaft als »Sonntagsjäger«. Seine relativ wenigen Werke, die Oper *Fürst Igor* (1869-1883), drei Sinfonien (1867, 1876, 1887), *In Mittelasien*. Ein musikalisches

Bild (*Steppenskizzen*) für Orchester (1880), die *Petite Suite* für Kl. (1885) sowie Lieder und die beiden StrQu.e (1874–1879, 1881) gehören zu den bedeutendsten Werken der russischen Musik.

Quintett c-Moll (1862)
für Klavier, 2 Violinen, Viola und Violoncello

Andante – Scherzo. Allegro non troppo – Finale. Allegro moderato
Dauer: ca. 21'
Verlag: Breitkopf u. Härtel Leipzig

Am Ende seiner Auslandsstudienreisen komponierte B. in Viareggio (Italien) sein Kl.-Quintett. Damals wirkte er im Theaterorchester von Pisa als Cellist mit und beschäftigte sich mit Problemen der Instrumentation. Bemerkungen in der Partitur lassen vermuten, daß er von dem Werk auch eine Orchesterfassung anfertigen wollte.

Der umfangreiche Kl.-Part wurde möglicherweise durch die sehr gute Pianistin Katharina Protopopowa, B.s spätere Frau, inspiriert. Nach ihren Erinnerungen hat B. sein Werk als ein »Quintett à la Glinka« bezeichnet und damit auf den Versuch hingewiesen, in einer westeuropäischen Atmosphäre eine Komposition zu schreiben, die ausgesprochen russisch geprägt ist. Dieses Charakteristikum bezieht sich auf alle drei Sätze des ungewöhnlichen Zyklus, obwohl B. keine direkten Volksliedzitate verwendet.

Der **1. Satz** ist ein ruhiges ausgedehntes Lied, eine ›protjaschnaja‹, der 2. Satz ein heiterer, humoristischer Tanz ›à la Kamarinskaja‹, und der 3. ein Jubelgesang im Stil der Huldigungs-Chöre (*Slawa-Chor*) aus der russischen Oper, insbesondere von B.

Im **Andante**, einem Sonatensatz ohne Durchführung, findet man alle thematischen Ereignisse (ohne die übliche motivische Arbeit) in der Exposition und der Reprise. Dem Satz liegen zwei nicht kontrastierende liedhafte Themen zugrunde. Das diatonische Hauptthema zeichnet sich durch eine fließende Melodik, durch Taktwechsel und ›freies‹ Atmen aus – charakteristische Lied-Züge. Mit sogenannten ›Glinka Variationen‹, typischen, nach dem Prinzip des Soprano ostinato angelegten thematischen Veränderungen sowie durch eine besondere ›Chorfaktur‹ in den Nebenstimmen, mit solistischen Eingangsphrasen des ›Vorsängers‹ und ›Chor-Einsätzen‹ (tutti), nimmt B. den berühmten Bauernchor aus seiner Oper *Fürst Igor* vorweg.

Genauso verfährt B. mit dem Seitenthema, obwohl dieses von Mendelssohn ›umweht‹ ist. Die Reprise fungiert als weitere Variationsstufe, bis zur tonalen (a-Moll) Verfremdung des Hauptthemas in der Coda. Der Satz bleibt harmonisch offen (c-Moll – C-Dur – a-Moll), attacca schließt sich das **Scherzo** an.

Das Wechselverhältnis zwischen den beiden Sätzen geht auf eine lange Tradition der russischen Musik zurück, auf die sogenannten Paar- oder Zweierlieder, eine Verknüpfung des ausgedehnten Liedes (›protjaschnaja‹) mit dem tänzerischen Lied. Trotz der klassischen Scherzo-Form (schnelle Sonatenecksätze mit polyphon verarbeiteten Themen und ein langsames sangliches Trio) ist die musikalische Entwicklung russisch-national geprägt; im Trio gibt es erneut die ›Chorfaktur‹.

Auch im **Finale**, einem Sonatensatz, setzt sich B. mit Glinka und der russischen musikalischen Denkweise auseinander. Während die beiden ersten Sätze liedhafte und tänzerische Quellen haben, greift B. beim Hauptthema auf die epische Grundhaltung der russischen Musik zurück. Diese zentrale Gestalt durchzieht das ganze Finale: anfangs akkordisch strukturiert und vom Kl. vorgetragen, auf dem Höhepunkt in der Durchführung und am Schluß in der monumentalen Coda ähnlich den Huldigungschören, z.B. jenem Glinkaschen *Slaw'sja* aus *Ein Leben für den Zaren* (*Iwan Susanin*). Der Hinweis »à la Glinka« besitzt viele Facetten. Obwohl B.s Kl.-Quintett amateurhafte Züge hat, kann man zweifellos den Schöpfer des *Fürst Igor*, der Sinfonie h-Moll, der sogenannten »Heldensinfonie« (W. Stassow), und der beiden StrQu.e deutlich erkennen. Keineswegs zufällig hat Balakirew, als er 1862 B. und sein Kl.-Quintett kennenlernte, diesen als »Verwandten« erkannt, dessen eigentliche Sache das Komponieren sei.

Streichquartett Nr. 2 D-Dur (1881)

Allegro moderato – Scherzo. Allegro – Notturno. Andante – Finale. Andante – Vivace
Dauer: ca. 28'
Verlag: Muzgiz Moskau

»Heute ist wahrscheinlich die Zeit der Quartette? – Stellen Sie sich vor, auch ich habe ein neues Quartett (D-Dur) und sogar für Streichinstrumente geschrieben«, berichtete B. Sergej Tanejew am 15. 9. 1881. In der Tat begann mit B.s beiden StrQu.en (Nr. 1 A-Dur, 1874/75) ein neue Periode für die russische Kammermusik. Abgesehen von ihrem musikalischen Reichtum beeindruckten sie durch erstaunliche handwerkliche Fertigkeiten und den souveränen Einsatz der spezifischen spieltechnischen Möglichkeiten der vier Instrumente. Während das 1. StrQu. noch direkt von den Wiener Klassikern, insbesondere von Beethoven und dessen op. 130 beeinflußt ist (»angeregt durch ein Thema von Beethoven« – steht auf dem Titelblatt der Erstausgabe), gelingt es B. im StrQu. Nr. 2 genial, die ›klassischen‹ Zügen mit seinem eigenen Stil zu verschmelzen.

Das StrQu. D-Dur Nr. 2 wurde am 26. 1. 1882 in St. Petersburg im Rahmen einer Quartett-Soirée der Russischen Musikgesellschaft uraufgeführt. B. hat das Werk seiner Frau, Jekaterina Sergejewna Borodina gewidmet. Das ganze Werk wird sowohl ›inhaltlich‹ als auch strukturell von einer innigen Lyrik bestimmt.

Im **1. und 3. Satz** entfalten die lyrisch-gefühlvollen Gestalten trotz traditioneller Schemata eine besondere ›singende Form‹. Mit gleichsam ›sprechenden‹ Intonationen tragen Vc. und 1. V. im 1. Satz das Hauptthema vor, eine Art Motto, das sowohl die Stimmung widerspiegelt als auch dem gesamten Werk als thematische Einheit dient: Das Seitenthema des 1. Satzes und des Scherzos sowie das Thema des Notturnos sind hiervon abgeleitet.

I. Satz, Hauptsatz

Nebensatz

Scherzo Nebensatz

Notturno

Während das sangliche Hauptthema durch charakteristische harmonisch-melodische Stützpunkte (auf der III., der VI. und der II. Stufe) und die variierte Strophenform einen ausgeprägten russischen Charakter besitzen, ist das extravagante, launische Seitenthema mit seiner eleganten ›Gitarren‹-Pizzicato-Begleitung in den tiefen Streichern eine nicht weniger sangliche Serenade, allerdings mit feinen orientalischen Zügen. Die verbindliche thematische Arbeit ersetzt B. durch Veränderungen der Tonart, der Klangfarben und der Faktur. Statt der traditionellen Sonatenstruktur wählt er eine rondoartige Form (AB – A'B' – AB" – A).

Das **Scherzo** hat etwas Theatralisches, erinnert an ein Ballett. Es entstand – so B. – unter dem Eindruck eines Sommerabends im Petersburger Garten. Dementsprechend elfenhaft durchsichtig gibt sich das Hauptthema, dem ein tänzerisches Seitenthema, ein luftiger, leidenschaftlicher Tanz im Dreiertakt (Walzer, Mazurka?) gegenübergestellt ist. Seine von den beiden V. vorgetragene ausdrucksvolle Melodie kehrt sanfter werdend zur Lyrik zurück. In der Durchführung (statt des sonst üblichen Trios!) gelingt B. dann eine kunstvolle Verflechtung mit Motiven des Hauptthemas.

Mit seinem verinnerlichten Lyrismus, dem ungewöhnlichen melodischen Reichtum und einem sorgfältig gearbeiteten kammermusikalischen Satz ist das **Notturno** der Höhepunkt des D-Dur-StrQu.s und darüberhinaus der gesamten russischen Kammermusik-Literatur. Der Satz hat eine proportional symmetrische, dreiteilige ›singende‹ Form. Die Melodie wird zuerst vom Vc. im ungewöhnlich hohen Register, danach von den beiden V. und einer mattfarbigen tiefen Streicher-Begleitung (Va. und Vc.) vorgetragen. Die stark orientalisch eingefärbte Themenvariante wird im Mittelteil weitergeführt und ›blüht‹ in der Reprise zu einem Liebesduett, einem Kanon im Oktavabstand, auf. Der breit dahinfließende Melodie-Strom scheint endlos zu sein, bevor er in der elegischen Coda verebbt.

Während die ersten drei Sätze romantisch geprägt sind, sucht B. im **Finale** einen Ausweg aus dieser Sphäre. Mit seinem auf Beethovensche Art dialogischen Charakter liefert das Einleitungsthema das Material für den ganzen Satz: sowohl für das volkstümliche Hauptthema, das auf charakteristischen russischen Fünfertakten basiert und mit feinen chromatischen Abstufungen und pikanten harmonischen Details geschmückt ist, als auch für das lyrische Seitenthema. An Beethoven erinnert die polyphone Faktur, z. B. die zweistimmige kontrapunktische Führung des Hauptthemas oder der doppelte Kontrapunkt, wenn das Einleitungsthema am Anfang der Durchführung und in der Reprise wiederaufgegriffen wird. In der Coda beweist B. schließlich das hohe, durchaus klassische Niveau seiner Themenrückgriffstechnik.

Finale

Hauptsatz

Nebensatz

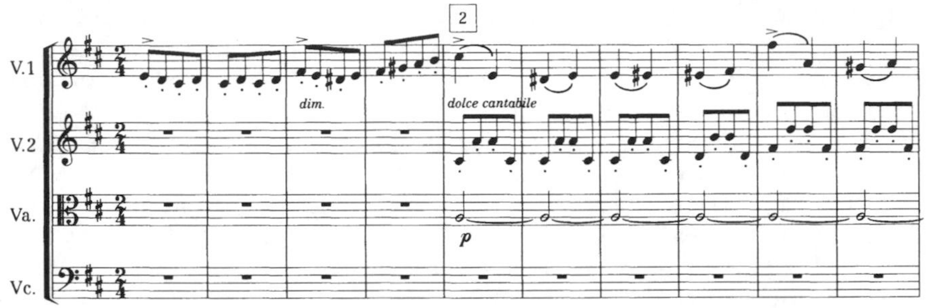

Durch die Verknüpfung des unterschiedlichen motivischen Materials und die wahrlich Beethovensche Umdeutung des Einleitungsthemas: von der betrübten Andacht zur jubilierenden Freude, erreicht B. in seinem vor allem lyrischen Quartett-Zyklus einen signifikanten epischen Gipfel.

Tatjana Frumkis

Lili Boulanger

geb. 21. 8. 1893 Paris, gest. 15. 3. 1918 Mézy; aufgewachsen in einer Musikerfamilie, frühe Kompositionsversuche, mit 16 Jahren Entschluß, Komponistin zu werden; von da an systematische Studien, zunächst bei ihrer Schwester Nadia Boulanger (1887–1979). Ab 1910 Privatunterricht bei George Caussade, 1912 Eintritt ins Conservatoire, Kompositionsunterricht bei Paul Vidal. Bereits anderthalb Jahre später (1913) erhält B. für ihre Kantate *Faust et Hélène* als allererste Frau den Grand Prix de Rome. Ab Januar 1914 Aufenthalt in der Villa Medici in Rom, bei Ausbruch des 1. Weltkriegs im August 1914 Rückkehr nach Paris. Gründung eines französisch-amerikanischen Hilfskommitees für die mobilisierten Studenten des Conservatoires. Frühjahr 1916 Aufenthalt Rom, tödliche Erkrankung an Darmtuberkulose, Rückkehr nach Frankreich. Fieberhafte Kompositionstätigkeit (darunter der Liederzyklus *Clairières dans le Ciel*, Vertonungen der Psalmen 128 und 130, der unvollendet gebliebenen Oper *La Princesse Maleine* nach einem Stück von Maurice Maeterlinck) bis zum frühen Tod im Alter von nur 24 Jahren.

Werke f. 2 Instr.: Pièce pour Violon ou Flûte et Piano (1910); *Nocturne* f. V.(Fl.), Kl. (1911); *Cortège* f. V.(Fl.), Kl. (1914); *D'un Matin de Printemps* f. V.(Fl.), Kl. (1917/18); *D'un Soir triste* f.Vc., Kl. (1917/18) – Werke f. 3 Instr.: *D'un Matin de Printemps* f. V., Vc., Kl. (1917/18); *D'un Soir triste* f. V., Vc., Kl. (1917/18).

Verlag: Durand, Paris.

Obwohl das Œuvre von B. nur schmal ist und das Schwergewicht ihrer kompositorischen Arbeit auf groß angelegten Psalmenvertonungen liegt, sind ihre kammermusikalischen Stücke ein eigenständiger Beitrag zur französischen

Kammermusik der Jahrhundertwende. Fast alle Werke liegen in verschiedenen Besetzungen vor, teilweise von ihr selbst für Kl. solo oder auch für Orchester bearbeitet, teilweise von ihrer Schwester Nadia, die den gesamten Nachlaß L. B.s bis zu ihrem eigenen Tod (1979) verwahrte. Heute befinden sich die Autographe in der Bibliothèque Nationale Paris. Nicht immer ist eindeutig, was von wem stammt, da L. B. in ihren letzten Lebensmonaten zu schwach war, um selber zu schreiben und ihrer Schwester diktierte, wie z.B. ihre letzte Komposition, ein *Pie Jesu* für Stimme, StrQu., Hf. und Org., das Kernstück eines Requiems. Nur ihre Rompreis–Kantate *Faust et Hélène* wurde zu Lebzeiten gedruckt.

Das außerordentliche Werk dieser Komponistin harrt auch hundert Jahre nach ihrem Tode noch der Entdeckung, obwohl es besonders in den USA und in Deutschland im Rahmen der Frauenmusikbewegung in den letzten Jahren verstärkte Bemühungen um Aufführungen und wissenschaftliche Aufarbeitung gibt.

Ein Grund für die mangelnde Rezeption ihres Schaffens ist sicher ihr früher Tod, der mit dem Ende des 1. Weltkrieges zusammenfällt. Ein anderer: die Verbindung ihres Namens mit dem Namen Nadia Boulanger. Nadia Boulanger, eine der bedeutendsten Kompositionslehrerinnen des 20. Jahrhunderts, hat innerhalb ihrer eigenen Programme zwar immer wieder Stücke ihrer Schwester aufgeführt, gleichzeitig aber deren Nachlaß wie ein Heiligtum bewacht. Der wichtigste Grund jedoch ist wohl darin zu suchen, daß L. B. eine Frau war und sich kaum jemand die Mühe gemacht hat, sich mit ihren Kompositionen auseinanderzusetzen.

Trotz ihres kurzen Lebens kann man ihr Werk (soweit es erhalten ist) in verschiedene Perioden gliedern. Die bis zu Beginn ihres Studiums entstandenen Stücke kennen wir nur vom Titel her: L. B. hat sie selber vernichtet. Die erste erhaltene Werkgruppe umfaßt also Kompositionen, die während des Studiums entstanden sind. In erster Linie sind sie auf die Anforderungen des Conservatoires zugeschnitten, dennoch lassen sie bereits eine persönliche Handschrift erkennen. So zeigt schon das erste kammermusikalische, noch vor dem offiziellen Studium am Conservatoire entstandene Werk, das *Nocturne* aus dem Jahre 1911, charakteristische Merkmale von L. B.s Tonsprache: eine räumliche Disposition; wie auf einer Orgel registrierte Farben; den über einem Orgelpunkt in Schichten aufgebauten Satz; schillernde, an alten Kirchentonarten orientierte Harmonik; eine schwebende Stimmung. Mit dem Rompreis 1913 und der deutlich an Richard Wagners Chromatik geschulten Kantate *Faust et Hélène* beginnt eine Phase (1912–1915) der freien kompositorischen Entfaltung. Sie wird durch den Kriegsausbruch und L. B.s Arbeit für ein Hilfskommittee abrupt beendet. Höhepunkt dieser Phase ist der Liederzyklus *Clairières dans le Ciel* auf Gedichte des symbolistischen Dichters Francis Jammes.

Schließlich die Jahre 1916–1918, die »Jahre der Meisterschaft«, wie sie Jacques Chailley nennt. In ihren letzten Lebensmonaten hat L. B. einen Spätstil von erstaunlicher Modernität entwickelt: weg von impressionistischen Klängen zu fast clusterhaften Akkorden, holzschnittartigen Rhythmen, archaischen Klangbildern.

Ein Beispiel für diesen Spätstil und vor allem für den für L. B.s spezifischen Umgang mit dem Raum ist das Stück *D'un Matin de Printemps*.

*D'un Matin de Printemps (*1917/18)
für Violine (Flöte) und Klavier

assez animé
Dauer: ca. 4'30
Verlag: Durand Paris

In ihrem letzten Lebensjahr entstanden, ist dieser Gesang *An einem Frühlingsmorgen* ein leidenschaftliches Scherzo im Angesicht des Todes. Es hat ein Seitenstück, das leider bis heute ungedruckt geblieben ist: *D'un Soir triste – An einem traurigen Abend.* Das thematische Ausgangsmaterial beider Kompositionen ist fast identisch, wie Licht- und Schattenseite desselben Gedankens verhalten sich die beiden Stücke zueinander. In harmonischer Hinsicht ist *D'un Soir triste* das Kühnste innerhalb des gesamten Schaffens von B.

D'un Matin de Printemps

D'un Soir triste

D'un Matin de Printemps hat L. B. offenkundig von vornherein in zwei Fassungen geschrieben: für V./Fl. und Kl. und für Kl.-Trio. Die bis heute ungedruckte Trioversion wurde am 8. Februar 1919 mit Nadia Boulanger am Kl. uraufgeführt. Eine Orchesterfassung stammt augenscheinlich von Nadia Boulanger. Zumindest zeigt das Manuskript, das in der Bibliothèque Nationale liegt, ihre Handschrift. Im Gegensatz zu den anderen beiden Manuskripten ist es undatiert. 1922, nach dem Tod von L. B., erschien die Fl./V.–Fassung bei Durand (Paris). Die Partitur und die Stimmen der Orchesterfassung wurden erst 1993 – und nur in photomechanischer Kopie der Handschrift – von Durand veröffentlicht.

Der Titel läßt ein impressionistisches Stück erwarten. Doch die Farben fließen hier nicht ineinander, sondern hellgetönte, klopfende, fast clusterhafte Akkorde werden pianissimo, ›sehr leicht und rhythmisch‹ – so die Vortragsbezeichnung, in Achteln repitiert und lassen einen pulsierenden Klanghintergrund entstehen, vor dem die V. ›gai, léger‹ – ›fröhlich, leicht‹ ihr Thema gleichsam zu tanzen beginnt. Wie ein Blatt im Frühlingswind umwirbelt sie in den ersten beiden Takten den Ton e, dann schnellt sie in einem rasanten Aufstieg die phrygische Skala über e aufwärts. In einer markanten Abwärtsbewegung erreicht sie den Ton gis, den sie nun in Wiederholung des Kopfmotivs umspielt, um schließlich langsam zum Ausgangspunkt hinunter zu trudeln. Diese achttaktige Tanzbewegung wird in ihren einzelnen Momenten zum Ausgangsmaterial des klar gegliederten dreiteiligen Stückes und erfährt immer neue Metamorphosen und Beleuchtungen.

Zunächst wird nur der rasante Aufstieg zweimal wiederholt, einmal e dorisch, dann f lokrisch (phrygisch mit verminderter Quinte), jeweils mit einem Oktavsprung abwärts abgeschlossen, der gleichzeitig einen Impuls zum Wiederbeginn gibt. Dadurch entsteht der Eindruck einer weiteren übermütigen Beschleunigung, die aber nicht nach außen gekehrt wird, sondern eher sich durch die Dynamik (p bis pp) und die wiederholte Vortragsbezeichnung ›gracieux‹ nach innen richtet.

Nach einer modifizierten Wiederholung des ganze 21 Takte umfassenden Ablaufs leitet das Kl. in Quintolen zu einem Mittelteil über, mit dem nun ein anderer ›Raum‹ betreten wird: ›mystérieux, expressif, rubato‹ lautet die Vortragsbezeichnung für das Kl.

Über geheimnisvoll in die Tiefe ziehende, an einen archaischen Chorgesang gemahnende Stimmen im Kl., spielt die V. einen elf Takte lang gehaltenen Triller auf h. Die Zeit wird außer Kraft gesetzt: Ein Moment, der durch eine Rückung im Kleinterzabstand noch bedrohlicher wirkt. Ihm wird jedoch (ab T. 68) ein ›glühender, glücklicher‹ Zwiegesang zwischen V. und Kl. (in der Triofassung zwischen den Streichern) über festgehaltenem Baßton mit leicht changierenden Harmonien entgegengesetzt, bis in T. 96 mit »stechenden Sekundkonstellationen« (Gottfried Eberle) das Kl. die rhythmische Anfangsfigur in modifizierter Gestalt wieder aufnimmt: Der Anfangsimpuls wird durch vorschlagsartige Sforzati verschärft und man glaubt, sich nun in der Reprise zu befinden. Aber die V. geht auf diesen ersten Anstoß, wieder an den Anfang des Stückes zurückzukehren, zunächst nur mit einer Variante des Themenkopfes (diesmal eine Umspielung von es) ein. Den charakteristischen Aufschwung verweigert sie. Nur der Oktavsprung abwärts bleibt kombiniert mit einer ›stechenden‹ Klangfigur, die aus der Abwärtsbewegung des Themas stammt und als eigenständiges Motiv auftritt. Mit Pizzicati-Impulsen spornt die V. das Kl. gleichsam an. Aber statt daß die Beschleunigung nun weiter in eine strahlende Reprise mündet, bleibt die Zeit wiederum stehen – diesmal allerdings nicht bedrohlich. Pianissimo und ›geheimnisvoll‹, wie in einem Traum, ›tanzt‹ die V. nun ihr Kopfmotiv, holt dann zweimal mit der Ganztonleiter aufwärts vom e" aus Schwung, um kurz vor dem Ziel nach E-Dur zu wechseln. Gemeinsam mit dem Kl. wird ›fröhlich‹ der Schlußgesang angestimmt, der in einer rauschhaften Apotheose des Themas endet.

Beatrix Borchard

Pierre Boulez

geb. 26. 3. 1925 Montbrison (Dép. Loire). Studierte als Sohn eines Ingenieurs zunächst Mathematik und technische Wissenschaften. 1943 Übersiedlung nach Paris, Musikstudien (privat und am Conservatoire) bei Andrée Vaurabourg-Honegger, Olivier Messiaen und René Leibowitz. Vom Beginn seiner Karriere bis heute Verschränkung vielseitiger Aktivitäten als Komponist, Dirigent, Autor, Lehrer und Organisator. 1946 Dirigent der Compagnie Renaud/Barrault am Théâtre Marigny und am Théâtre de l'Odéon. 1951 UA-Skandal der *Polyphonie X* in Donaueschingen. 1953–1967 Leitung der von B. initiierten Konzertreihe Domaine musical in Paris. 1954–1967 Dozent der Darmstädter Ferienkurse für Neue Musik, entscheidende Beeinflussung der Darmstädter Schule. 1955 Kompositorischer Durchbruch mit der Baden-Badener UA von *Le Marteau sans Maître*. 1960–1963 Meisterklasse für Komposition an der Musikakademie Basel. 1963 Gastprofessur an der Harvard University. Chefdirigent des BBC Symphony Orchestra London (1971–1975) und des New York Philharmonic Orchestra (1971–1977). 1976–1980 Musikalische Leitung von Wagners *Ring des Nibelungen* in Bayreuth. 1976 Direktor des seit 1971 von B. aufgebauten Institut de Recherche et de Coordination Acoustique/Musique (IRCAM) in Paris, Gründung des ›Ensemble InterContemporain‹.

WERKE F. 1 INSTR.: *Strophes* f. Fl. (1957, unveröff.); *Domaines* f. Klar. (Soloversion, 1961/1968); *Dialogue de l'ombre double* f. Klar. u. Tonband (1984); Anthems f. V. (1991/...) – WERKE F. 2 INSTR.: Sonatine f. Fl., Kl. (1946) – WERKE F. 4 INSTR.: Quatuor pour 4 Ondes Martenot (1945/46, unveröff.); Livre pour quatuor f. StrQu. (1948/49) – WERKE F. 5 INSTR.: *Pour le Dr. Kalmus* f. Fl., Klar., Va., Vc., Kl. (1969, unveröff.) – WERKE F. 6 INSTR.: *Dérive* I f. Fl., Klar., V., Vc., Vibr., Kl. (1984) – WERKE FÜR 7 INSTR.: *Le Marteau sans Maître* f. A., Fl., Xylorimba, Vibr., Schlzg., Git., Va. (1953/54, rev. 1957); *Messagesquisse* f. Vc. solo u. 6 Vc. (1976); *Initiale* f. 7 Blechbläser (1987) – WERKE F. VARIABLE BESETZUNG: *...explosante fixe...* (1971). EIGENE AUSARBEITUNGEN: ...explosante-fixe... f. Fl., Klar., Trp., Hf., Vibr., V., Va., Vc. u. Live-Elektronik (1972); Memoriale (...explosante-fixe... Originel) f. Fl. solo u. 8 Instr. (1985); weitere Versionen für Fl. solo (auch MIDI-Flöte), Vibr. solo, Ensemble mit Live-Elektronik.

Verlag: Universal Edition Wien

Bereits das erste Schlüsselwerk des 20jährigen B., die Sonatine für Fl. und Kl., demonstriert Ansätze einer eigenen, von explosivem Ausbruch und bändigender Konstruktion geprägten Handschrift ebenso wie deren geistigen Väter. Die formale Konzentration des später für »tot« erklärten Arnold Schönberg (vgl. B.s 1951 gehaltenen Vortrag »Schönberg est mort«, in: P. B., Anhaltspunkte, 1975) sowie das unter dem Einfluß Olivier Messiaens zum Serialismus erweiterte Reihendenken Anton Weberns, die rhythmische Komplexität des verehrten Igor Strawinsky und der Klangsinn Claude Debussys vereinen sich hier zum ekstatischen Plädoyer für den radikalen Neubeginn nach dem Krieg. Bis zum Ende der 50er Jahre hat B. die wichtigsten Konstanten seines Stils etabliert: die Aufsprengung tradierter Formkategorien und die Einführung der alle musikalischen Parameter rigoros erfassenden ›seriellen‹ Methode, das strukturelle Verhältnis zwischen Musik und Text (vor allem inspiriert durch Dichtungen von Stéphane Mallarmé, René Char und Henri Michaux), gelenkte Zufallsoperationen (Aleatorik) und bewegliche Raumkonzeptionen. Nach einer Phase der vorwiegend praktischen Arbeit als Dirigent seit Ende der Sechziger bereicherten in den 80er Jahren die am IRCAM entwickelten live-elektronischen Verfahren noch einmal das immer spärlicher anwachsende Œuvre.

Kammermusikbesetzungen machen etwa ein Viertel dieses Werkes aus, doch hat sich der emphatische, im Dialog mit der Tradition entwickelte Begriff von Kammermusik, wie ihn nach dem Krieg etwa noch Dmitri Schostakowitsch oder Hans Werner Henze vertraten, innerhalb der seriellen Schule zur reinen Klangzusammenstellung verflüchtigt. Konsequenterweise sprengt das nahezu unspielbare *Livre pour quatuor* die Gattungstradition des StrQu.s mit brachialer konstruktiver und spieltechnischer Geste, während B. in den meisten Ensemblestücken freie, teils exquisite und auf Mischklang zielende Instrumentenkombinationen wählt. Die Unabhängigkeit des Materials von seiner klanglichen Erscheinungsform beweist dabei ein ›work in progress‹ wie *...explosante-fixe...* , das 1971 zunächst als variable Kollektion von Materialien samt einer Anleitung für individuelle Ausarbeitungen erschien. Die in jüngerer Zeit öfter vorgetragene Behauptung, daß in der perfektionistisch-strengen, ja hermetischen und nach ›reinem‹ Ausdruck strebenden Musik von B. der Mensch nicht »vorkomme« (Claus-Steffen Mahnkopf), entspringt freilich eher der polemischen Abrechnung mit dem Serialismus als dem tatsächlichen ästhetischen Ergebnis der Werke, denen das Expressive ähnlich dialektisch eingeschrieben ist wie den späten Werken Johann Sebastian Bachs.

Sonatine (1946)
für Flöte und Klavier

Einsätzig in mehreren Abschnitten: Très librement. Lent – Rapide – Très modéré, presque lent – Scherzando – Subitement tempo rapide – Très modéré, presque lent
Dauer: 12'
Verlag: Amphion Paris

B. selbst hat im Gespräch mit Célestin Deliège (vgl. Boulez, Wille und Zufall, 1977) den Einfluß von Schönbergs KammerSinfonie op. 9 auf seine Sonatine betont. Und deutlich zerfällt nach Schönbergs Vorbild der großformatige Satz des Werkes in die vier Tempoabschnitte des Sonatenzyklus' mit langsamer Einleitung und Allegro-Hauptsatz, langsamem Satz, Scherzo samt Trio, Finale und Epilog. Das von Franz Liszt herrührende und selbst bei Schönberg noch von spätromantischer Harmonik und Motivik bestimmte Formmodell füllt B. durch die dodekaphone Technik auf, die er kurz zuvor bei Leibowitz studiert hatte. Das zwölftönige Material erscheint in der Introduktion zunächst in klanglicher Ballung, am Beginn des ersten Hauptteils (Rapide) dann als thematische Reihe. Die folgenden Abschnitte der Sonatine beziehen sich im Sinne der mit einigen Freiheiten behandelten Schönbergschen Technik durch Ableitungen, aber auch durch Rückblenden auf den ›Kopfsatz‹. Doch nicht nur erste Ansätze zum strukturell eingebundenen ›rhythmischen Kanon‹ finden sich in dem 1947 in Brüssel uraufgeführten Stück, sondern auch B.' Sinn für klangliche Eigenheiten der Instrumente (Flatterzunge, Resonanzen, Anschlagsarten), die über die einfache, lineare Polyphonie der Zwölftonmusik hinausgehen.

Livre pour quatuor (1948/49)
für Streichquartett

Acht Sätze (ohne den unveröff. Teil IV): Ia Vivo – Ib Moderato – II Assez vif – IIIa Assez Large – IIIb Assez vif, très mobile – IIIc: Lent, furtif – V Lent, mais mobile – VI Modéré.
Verlag: Heugel Paris (ohne Teil IV)

Daß die fünf veröffentlichten Teile des *Livre pour quatuor* erst in mehreren Anläufen zwischen 1955 und 1962 uraufgeführt werden konnten, spricht für die enorme Schwierigkeit des Werkes, dem Thomas Bösche jüngst eine ausführliche Analyse gewidmet hat (À propos du *Livre pour quatuor*, in: Musik-Konzepte, 1995). Die Einzelaufführung der Sätze steht freilich nicht im Widerspruch zur Idee dieses ›Buches‹, das unter Einfluß von Mallarmés typographisch neuartig gestalteter Gedichtsammlung *Un Coup de dés* als Sammlung unterschiedlicher und für sich gültiger Teile entstand, die dennoch auf ein Zentrum bezogen bleiben. Außerdem nannte B. Alban Bergs *Lyrische Suite* als formale Inspiration, während die Klanglichkeit deutlich vom mittleren Anton Webern beeinflußt ist. Noch vor der Entwicklung der seriellen Technik basiert der *Livre* auf einer festgelegten rhythmischen ›Architektur‹ aus mehreren Zellen, die nach Messiaens Technik einer rhythmischen Sprache komplex durchgeführt und verknüpft wurden. Der zweite Arbeitsgang war dann im Sinne Weberns »die Schaffung einer Klangdimension, gewonnen durch die Abschaffung des Gegensatzes zwischen horizontal und vertikal, die Möglichkeit, dem Klangraum eine Struktur zu geben, ihn gewissermaßen aufzufasern« (Th. Bösche). So bildet *Livre pour quatuor* eine wichtige Vorstufe für die Entwicklung serieller ›Konstellationen‹ im Gegensatz zum linearen Kontrapunkt der Dodekaphonie.

Le Marteau sans Maître (1954, rev. 1957) für Altstimme und 6 Instrumente. Texte v. René Char

Avant *L'Artisanat furieux* – Commentaire I de *Bourreaux de solitude* – *L'Artisanat furieux* – Commentaire II de *Bourreaux de solitude* – *Bel édifice et les pressentiments*, version première – *Bourreaux de solitude* – Après *L'Artisanat furieux* – Commentaire III de *Bourreaux de solitude* – *Bel édifice et les pressentiments*, double
Dauer: 34'
Verlag: Universal Edition Wien

Seit seiner UA 1955 in Baden-Baden unter Leitung von Hans Rosbaud zählt der Zyklus *Le Marteau sans Maître* (Der Hammer ohne Meister) zu den ›heroischen‹ Pionierwerken der Neuen Musik – Glücksfall einer kongenialen Umsetzung zeitgenössischer Literatur in wohlproportionierte Ordnung und erlesene Klanglichkeit. Obwohl die suggestiv-surreale Bildwelt von Chars Gedichten die Abkehr vom radikalen seriellen ›Glasperlenspiel‹ der vorangegangenen *Structures I* für zwei Kl. zweifellos gefördert hat, wollte B. keinen Text illustrieren. Ihm ging es darum, »ein Amalgam zu schaffen, in dem das Gedicht zugleich im Mittelpunkt steht und abwesend ist« (P. B.). Dabei findet er unterschiedliche Annäherungen: Den gesungenen Texten von *L'Artisanat furieux* und *Bourreaux de solitude* sind jeweils instrumentale Kommentare beigefügt, während *Bel édifice et les pressentiments* in zwei Versionen gesungen wird. Doch läßt B., wie die Satzfolge zeigt, die zusammengehörigen Binnenzyklen nicht direkt aufeinander folgen, sondern verstreut sie netzartig über den Zyklus. Die Vokaltechnik der Altstimme reicht vom gewöhnlichen Gesang übers Parlando und die Vokalise bis zum Sprechgesang; der Klangcharakter der Instrumente nimmt auf die Mittellage der Stimme Rücksicht. Das erstaunliche Ergebnis ist tatsächlich keine Kammerkantate, sondern – wie der Komponist einmal formulierte – »ein intellektuelles Theater, [...] in Gang gesetzt durch die Lektüre des Gedichtes und den Nachhall, den es in einem ganz innerlichen Bezirk auslöst«.

...explosante-fixe... (1971–1990) für variable Besetzung (mehrere Ausarbeitungen)

Dauer: variabel
Verlag: Universal Edition Wien

Obwohl kein kompositorisches Hauptwerk vom Rang des *Marteau sans Maître* , ist *...explosante-fixe...* in seinen verschiedenen Versionen doch charakteristisch für jüngere Entwicklungen im Œuvre von B. – vor allem für den Gedanken des ›work in progress‹ als Verwandlung einer Grundsubstanz durch stets neue künstlerische Formulierungen. Unter dem Zeitdruck des Abgabetermins für die englische Zeitschrift ›Tempo‹ reichte B. 1971 als Hommage an den verstorbenen Igor Strawinsky keine fertige Komposition, sondern eine Materialsammlung ein: eine siebentönige Hauptmatrix (›Originel‹) und ihre sechs Varianten (›Transitoires‹), die gemäß dem Konzept der offenen Form variabel zu kombinieren und zu besetzen waren. Eine Passage aus André Bretons Roman *L'Amour fou* von 1937 lieferte die Titelzeile, und schon ein Jahr nach der Publikation legte B. eine eigene Fassung für Kammerensemble und Live-Elektronik vor, die damals freilich noch nicht die künftigen technischen Möglichkeiten des IRCAM ahnen ließen. Die Version *Memoriale* (*...explosante fixe... Originel*) für Solo-Fl. und acht Instrumente im Gedenken an den Flötisten Lawrence Beauregard reiht 1985 die verschiedenen Formteile kaleidoskopartig aneinander, während die Version 1990 drei Fl. und 25köpfiges Kammerensemble durch den Einsatz eines im IRCAM entwickelten Computerprogramms die Ausbreitung und Integration der Instrumentenklänge in die jeweilige Raumakustik ermöglicht. So erscheint das Werk »heute als Amalgam aller kompositorischen Errungenschaften seit dem *Marteau sans Maître*. Offene Form, postserielles Denken, Elektronik und Raum-Integration bilden ein flexibles Netzwerk von Bezugsgrößen, die sich in ständiger Interaktion befinden.« (Robert Nemecek, in: Programmheft Kölner Philharmonie, 18. Sept. 1993)

Michael Struck-Schloen

Johannes Brahms

geb. 7. 5. 1833 Hamburg, gest. 3. 4. 1897 Wien. Musikunterricht bei Otto Cossel und Eduard Marxen in Hamburg, ab 1842 öffentliche Auftritte als pianistisches Wunderkind. 1849 Sammlung literarischer Eindrücke im *Schatzkästlein des jungen Kreisler*. 1853 Konzertreisen mit dem ungarischen Geiger Eduard Remény. Bekanntschaft und Freundschaft mit Joseph Joachim. In Düsseldorf Aufnahme bei Clara und Robert Schumann, dessen Artikel *Neue Bahnen* (›Neue Zeitschrift für Musik‹, Oktober 1853) B. in die Musikwelt einführt. 1857–1859 Chorleiter und Musiklehrer in Detmold. 1860–1862 Chorleiter in Hamburg. 1860 Mitunterzeichner eines Manifestes gegen die ›Neue Zeitschrift für Musik‹ als Sprachrohr der *Neudeutschen Schule* (Franz Liszt und Richard Wagner). 1862 erster Aufenthalt und Konzerte in Wien. 1863/64 Leiter der Wiener Singakademie, danach freischaffender Komponist. 1866 erster Ferienaufenthalt in der Schweiz. Ab 1871 ständiger Wohnsitz in Wien. 1872–1875 Leiter des Singvereins der Gesellschaft der Musikfreunde, danach endgültig freischaffend. Umfangreiche Konzerttätigkeit bis Mitte der 90er Jahre. 1878 erste Italienreise. 1880 Dr. hc. der Universität Breslau. 1881 Beginn der Zusammenarbeit mit Hans von Bülow und der Meininger Hofkapelle. 1886 Ehrenpräsident des Wiener Tonkünstlervereins.

WERKE F. 2 INSTR.: Sonatensatz (Scherzo) f. Kl., V. c WoO 2 posth. (1853); Sonate Nr. 1 f. Kl., V. G op. 78 (1878/79); Sonate Nr. 2 f. Kl., V. A op. 100 (1886); Sonate Nr. 3 f. Kl., V. d op. 108 (1886–1888); Sonate Nr. 1 f. Kl., Vc. e op. 38 (1862 u.1865); Sonate Nr. 2 f. Kl., Vc. F op. 99 (1886); 2 Sonaten f. Kl., Klar. (auch Va.) op. 120, Nr.1 f, Nr. 2 Es (1894) – WERKE F. 3 INSTR.: Trio Nr.1 f. Kl., V., Vc. H op. 8 (1. Fassung 1853/54, 2. Fassung 1889); Trio Nr. 2 f. Kl., V., Vc. C op. 87 (1880–1882); Trio Nr. 3 f. Kl., V l., Vc. c op. 101 (1886); Trio f. Kl., V., Hr. (auch Va.) Es op. 40 (1865); Trio f. Kl., Klar.(auch Va.), Vc. a op. 114 (1891) – WERKE F. 4 INSTR.: 3 Quartette f. Kl., V., Va., Vc. (Nr. 1 g op. 25, 1855

u.1861; Nr. 2 A op. 26, 1855 u.1861; Nr. 3 c op. 60, 1855 u.1873/74; 3 StrQu. (Nr.1 c op. 51,1, vollendet 1873; Nr.2 a op. 51,2, vollendet 1873; Nr.3 B op. 67, 1875) – WERKE F. 5 INSTR.: Quintett f. Kl., 2 V., Va., Vc. f op. 34 (1864; 1861/62 als Streichquintett komponiert, 1863/64 zur Sonate f. 2 Kl. umgearbeitet); Quintett Nr. 1 f. 2 V., 2 Va., Vc. F op. 88 (1882); Quintett Nr. 2 f. 2 V., 2 Va., Vc. G op. 111 (1890); Quintett f. Klar., 2 V., Va., Vc. h op. 115 (1891) – WERKE F. 6 INSTR.: Sextett Nr. 1 f. 2 V., 2 Va., 2 Vc. B op. 18 (1860); Sextett Nr. 2 f. 2 V.,2 Va., 2 Vc. G op. 36 (1864/65).
Die Jahreszahlen beziehen sich auf die Entstehungszeit.

Ausgabe: J. B. sämtliche Werke, hrsg. v. H. Gál u. E. Mandyczewski, Leipzig 1926/27.
M. L. McCorkle: J. B. thematisch-bibliographisches WV, München 1984.

Kammermusik nimmt im Schaffen von B. einen hervorragenden Platz ein. Allein schon diese Tatsache genügte, um die besondere, wenn nicht gar einzigartige Stellung des Komponisten im Musikleben seiner Zeit zu umreißen. Denn die bestimmenden Entwicklungen der deutschen Musik in der 2. Hälfte des 19. Jahrhunderts waren vorrangig mit der Sinfonik bzw. der Sinfonischen Dichtung Lisztscher Prägung und mit dem Musikdrama Richard Wagners verbunden. Kammermusik indes verlor kompositorisch zunehmend an Bedeutung (für Wagner war sie ein mit der Klassik und deren Nachzüglern im Grunde abgeschlossenes Kapitel der Musikgeschichte), wovon allerdings ihre soziologisch-kulturelle Funktion als Gebrauchsmusik gebildeter Gesellschaftsschichten, für die nach wie vor eine Fülle von Stücken geschrieben und veröffentlicht wurde, bis zum Ende des Jahrhunderts nahezu unberührt blieb. B.s Kammermusik fügte sich einerseits noch ganz in diese Funktion (was nicht nur Wagner, sondern auch Gustav Mahler mit skeptischer Verwunderung, gelegentlich sogar mit kaum verhohlener Verachtung registrierten), andererseits wurde sie erneut Schauplatz kompositorischer Erneuerungen im Sinne Haydns, Mozarts und Beethovens. Diesen Doppelcharakter – aktueller Funktionszusammenhang und Orientierung an klassischer Kompositionsmotivierung – noch einmal auf höchstem künstlerischem Niveau verwirklicht zu haben, erwies sich nicht nur für das kammermusikalische Schaffen von B., sondern für dessen Auffassung von Musik überhaupt als entscheidend.

Auch als Werkgruppe weist die Gattung verschiedene Besonderheiten auf, die freilich im unmittelbaren Zusammenhang mit dem Gesamtwerk zu sehen sind. Es zeichnen sich drei Perioden ab: die der forsch zupackenden, den Geist der Schumannschen *Davidsbündler* weiterführenden Stücke aus den Jugendjahren, gipfelnd in den Kl.-Quartetten op. 25 und 26 sowie im Kl.-Quintett op. 34; die Zeit der Reife, markiert vor allem von den StrQu.op. 51 (auch wenn Teile von ihnen bereits Jahre zuvor komponiert worden sind); die Spätphase nach Abschluß der 4. Sinfonie – mit der V.-Sonate op. 108 oder dem Klar.-Quintett op. 115. Doch solcher Gruppierung haftet einiges Problematische an. Es müßte nämlich eine nicht unerhebliche Reihe von Werken herausfallen, wenn deren Besonderheiten wiederum nicht genügend Beachtung fänden. Da sind die frühen, serenadenhaften Streichsextette op. 18 und 36, die neben den genannten Jugendwerken merkwürdig zurückhaltend, ihres intimen, ›hausmusikalischen‹ Tons wegen fast unverbindlich erscheinen. Neben der funktionalen Bindung macht sich offenkundig B. Bestreben geltend, mit den Stücken – ähnlich wie mit den Orchester-Serenaden op. 11 und 16 – die sinfonischen Gattungen anzusteuern, wobei er vorrangig auf eine Expansion der Form bei gleichzeitiger Reduzierung von konflikthaften Verarbeitungsprozessen abzielte. Motivisch-thematische Arbeit und das sie strukturierende Prinzip der entwickelnden Variation entfaltete sich deshalb eher auf dem (späteren) Weg zum StrQu., insbesondere dann im op. 51 selbst.

Dergestalt hatte sich B. bis Mitte der 70er Jahre – 1876 war die 1. Sinfonie abgeschlossen – gewissermaßen in zwei zeitlich voneinander abgehobenen Phasen die sinfonische Basis zueigen gemacht: Vielgestaltigkeit der Form durch die Sextette und Serenaden; motivisch-thematische Arbeit vorrangig durch die Trios und StrQu.e. Dies ergab jene Verbindung von »Monumentalität und Differenzierung«, welche noch immer die Voraussetzung eines sinfonischen Stils bildete (Carl Dahlhaus).

Doch die Stilelemente sollten wiederum nicht allzu streng voneinander abgehoben werden. Denn sie können sich auch in einem Werk überschneiden, wie etwa im Kl.-Quartett op. 25: einerseits erprobt B. in ihm differenzierte, kontrapunktisch geprägte Durchführungstechniken, die in den StrQu.en op. 51 zu einem ersten Höhepunkt finden. In diesem Sinne wirkt also das Kl.-Quartett als Wegbereiter einer spezifisch kammermusikalischen Darstellung. Zugleich jedoch sind ihm unüberhörbar orchestrale Merkmale eigen, welche auf nachdrückliche Entfaltung eines sinfonischen Denkens hinweisen (und die Arnold Schönberg Jahrzehnte später durch seine Orchestrierung des Quartetts gewissermaßen nach außen kehrt!). Außerdem könnte sich darin nicht zuletzt ein Bezug auf das 1. Kl.-Konzert op. 15 bemerkbar machen. Das Konzert war ein Gewaltstreich, von dem B. die Einsicht gewonnen haben dürfte, daß sich die durch ihn angebahnten Wege nicht geradlinig ausschreiten ließen. Gewisse Zurücknahmen schienen unausweichlich, um eine sinfonische Basis, von der die Rede war, zu erobern und abzusichern. Einen durchaus vergleichbaren Gewaltstreich nun riskierte B. mit dem monumentalen, die ästhetisch wie soziologisch begründeten Grenzen kammermusikalischer Darstellung durchbrechenden Kl.-Quartett op. 25. Und er ließ ihm ähnliche Zurücknahmen folgen: das Kl.-Quartett op. 26, das Streichsextett op. 36 halten sich mit kompositionstechnischen Neuerungen oder auch darstellerischen Dramatisierungen merklich zurück, ehe dann in den StrQu.en op. 51, Nr. 1 und 2 der Ausgleich von genialischem Aufbruch und ausgewogener, in sich erfüllter Klanggestalt gelang. Form und Struktur klärten sich also nicht minder auf parallel laufenden Wegen – in der Sinfonik wie in der Kammermusik.

Suchte B. in der Kammermusik (wie dann auch mit der Sinfonie und dem Konzert) den Anspruch der Klassik an die Gattung zu erhalten und durch neue Ideen zu steigern, so machte sich zugleich eine ebenfalls in der Klassik wurzelnde unterschiedliche Gewichtung einzelner Gattungsformen bemerkbar. Angedeutet hatte sich dies bereits in der Problematik der Periodisierung: das kompositorische Niveau bestimmen StrQu., Kl.-Trio und Kl.-Quartett sowie die V.-Sonaten (die B. noch ›archaisierend‹ als Sonaten für Kl. und V. bezeichnet). Streichquintett und -sextett hingegen tendieren zum Divertimento, zur stimmungsvollen Unterhaltungs- oder ›Umgangs‹-Musik, stets gediegen gearbeitet, doch ohne die fast demonstrative darstellerische Stringenz, welche die erstgenannten Formen auszeichnet. Solche Gegensätze mildern sich erst im Spätwerk, ohne allerdings je restlos zu verschwinden. Kühnere, strengere oder lockere, verbindlichere Formung entsteht aus der individuellen Kompositionssituation, so daß zwei Werke wie die Klar.-Sonaten – in einem Zuge niedergeschrieben und als op. 120 zusammengefaßt – sehr unterschiedliche Charaktere aufweisen. Insgesamt verschmilzt im Spätwerk gedankliche Tiefgründigkeit mit gelösterer, gelassener Darstellung, dominiert allmählich eine skeptische Zurückhaltung gegenüber dem Überschwang an Ausdruck – eine Zurückhaltung, die allerdings nichts mit Resignation zu tun hat, welche dem alternden Brahms immer wieder nachgesagt wird. Denn wenn es die ›Situation‹ erfordert, findet er noch stets – und sei es inmitten der wahrlich herben, asketischen Klanglandschaft des Klar.-Trios op. 114 – zu dramatischem Aufschwung und leidenschaftlichem Ton.

SONATEN FÜR KLAVIER UND VIOLINE

Sonate Nr. 1 G-Dur op.78 (1878/79)

Vivace ma non troppo – Adagio. Più andante – Allegro molto moderato. Più moderato
Dauer: ca.28'
Verlag: Simrock Bonn, EA 1879

Sonate Nr. 2 A-Dur op.100 (1886)

Allegro amabile – Andante tranquillo. Vivace – Allegretto grazioso, quasi Andante
Dauer: ca.22'
Verlag: Simrock Bonn, EA 1887

Sonate Nr. 3 d-Moll op.108 (1886)

Allegro – Adagio – Un poco presto e con sentimento – Presto agitato
Dauer: ca.22'
Veralg: Simrock Bonn, EA 1889

Im Gegensatz zu stärker besetzter Kammermusik vom Trio bis zum Sextett widmete sich B. der Duo-Komposition erst in reiferen Lebensjahren. Frühere Versuche, die zu unternehmen allein schon die bis in die Jugendzeit zurückreichende Freundschaft mit den Geigern Eduard Remény und Joseph Joachim nahegelegt haben dürfte, wurden meist vernichtet – es gibt keinen Hinweis darauf, daß B. für die V.-Sonaten frühere Entwürfe oder gar fertige Sätze verwendet hätte, wie dies bei den Kl.- und StrQu.en der Fall gewesen ist. Das Scherzo, das B. 1853 zu der mit Robert Schumann und Albert Dietrich gemeinsam komponierten V.-Sonate *F.A.E.* (Frei, Aber Einsam) beisteuerte, stellt also eine einigermaßen merkwürdige Ausnahme dar.

Obwohl die G-Dur-Sonate in unmittelbarer zeitlicher Nähe zum V.-Konzert op. 77 entstand, lassen sich kaum Anklänge vernehmen. Hingegen spricht einiges dafür, daß Beethovens letzte V.-Sonate, ebenfalls in G-Dur, eine gewisse Vorbildrolle gespielt haben könnte. Dies zeigt sich sogleich am lyrischen Charakter des ausgedehnten, vielgliedrigen Hauptthemas des **1.Satzes:**

op. 78, 1. Satz

Seine Beweglichkeit erwächst aus permanenter Konfliktrhythmik zwischen führender und begleitender Stimme sowie aus dem Auseinanderfallen von melodischem Akzent und Taktschwerpunkt. Dramatische Töne werden erst in der Durchführung angeschlagen, jedoch im Übergang zur Reprise wieder zurückgenommen. Der **2. Satz** ist in einer erweiterten dreiteiligen Form angelegt (A-B-A'-B'-A"). Teil A präsentiert ein markantes, schreitendes Thema mit vollgriffiger Begleitung, das somit vorrangig klavieristisch empfunden ist. Erst mit dem kontrastvollen B-Teil erhält die V. gleichrangige Entfaltungsmöglichkeiten. Die Thematik des **Finales** greift nicht nur auf die des Eröffnungssatzes zurück, sondern schmiegt sich nahezu wörtlich einer Liedmelodie an – jener des *Regenliedes* op. 59 Nr. 3 (1873) und von dessen *Nachklang* Nr. 4:

op. 78, 3. Satz und op. 59 Nr. 3

Es gehört zu den Eigenheiten musikalischer Gestaltung bei B., daß solche Beziehungen nicht auf ein zitathaftes Moment, auf einen ›programmatischen‹ Hinweis beschränkt bleiben, sondern die Stimmung des ganzen Werkes gewissermaßen einfärben. Die A-Dur-Sonate entstand, wie auch die d-Moll-Sonate, die Vc.-Sonate op. 99 und das Kl.-Trio op. 101, parallel zur 4. Sinfonie – und erneut ist wohl keinerlei kompositorischer Bezugspunkt vernehmbar. Es sei denn, daß ein einigendes Band im Gefühl gesteigerter Produktivität besteht, das B. in der zweiten Hälfte der 80er Jahre erfaßte und Werke extrem unterschiedlichen Charakters als Facetten seines vielschichtigen musikalischen Denkens hervorbrachte. Im Unterschied zum eher gebundenen, kleingliedrigen, auf seltsam unverhohlene Weise an das *Preislied* aus Wagners *Die Meistersinger* anspielenden Hauptthema schweift das Seitenthema in größere Ferne und gibt dem Satz etwas Ekstatisches, das in der breit angelegten Coda eine höhepunktartige Steigerung erfährt.

op. 100, 1. Satz

Der langsame Satz von op. 100 läßt eine kunstvolle Besonderheit der Formbildung erkennen: ein ruhiger Rahmenteil umschließt eine variierte Folge von schnelleren Partien, worin sich eine Verbindung von langsamem Satz und Scherzo abzeichnet. Dies aber vermittelt gewissermaßen zwischen der dreisätzigen A-Dur- und der d-Moll-Sonate, die als einzige über ein auskomponiertes Scherzo verfügt. Diese letzte Sonate hebt sich zugleich von ihren Vorgängerinnen durch äußerst dramatische Akzente ab, welche das Werk (ähnlich dem Kl.-Trio op. 101) nun auch kompositorisch an die Seite der 4. Sinfonie rücken. Dafür sprechen etwa die Durchführung des Kopfsatzes über einem bohrenden Orgelpunkt auf der Dominante oder das aggressive, am Ende zu keiner Dur-Auflichtung findende Finale.

SONATEN FÜR KLARINETTE (ODER VIOLA BZW. VIOLINE) UND KLAVIER

Sonate Nr.1 f-Moll op.120 Nr.1 (1894)

Allegro appassionato – Andante un poco Adagio – Allegretto grazioso – Vivace
Dauer: ca. 23'
Verlag: Simrock Bonn, EA 1895

Sonate Nr.2 Es-Dur op.120 Nr.2 (1894)

Allegro amabile – Allegro appassionato. Sostenuto – Andante con moto. Allegro. Più tranquillo
Dauer: ca.23'
Verlag: Simrock Bonn, EA 1895

Um 1890 hatte B. gegenüber Clara Schumann den Entschluß bekundet, nichts mehr zu komponieren. Doch – glücklicherweise – durchbrach er noch verschiedentlich seinen Vorsatz, sei es, um Neues zu schreiben oder Älteres zuende zu bringen. Was aber auch entsteht: es ist ausschließlich Kammermusik, vom Kl.-Stück bis zum Klar.-Quintett. Die Werke verbindet ein stark verinnerlichter Ton, ein Hang zum Monologisieren, aus dem sich dramatische Passagen wie trotziges Aufbegehren abheben. Für die Kompositionen mit Klar. bestand außerdem ein äußerer Schaffensanlaß: die Bekanntschaft mit Richard Mühlfeld, dem Klarinettisten der Meininger Hofkapelle, die Brahms seit den 80er Jahren als ›sein‹ Orchester rühmen durfte. Von den ›Mühlfeld-Werken‹ ist zweifellos das Quintett op. 115 das bekannteste, das Trio op. 114 hingegen fand bisher weniger Beachtung – sicher wegen seines ausgefallenen, stets der erdrückenden Konkurrenz des ›klassischen‹ Kl.-Streicher-Trios ausgesetzten Instrumentariums, in dem die Klar. nicht ohne erheblichen Verlust an auskomponierter Klangsubstanz durch eine (gleichwohl alternativ vorgesehene) Va. ersetzt werden kann. Die Klar.-Sonaten scheinen zwischen diesen beiden Stücken eine Mitte zu halten, vor allem wohl deshalb, weil hier das Blasinstrument leichter, da mit geringerem Darstellungsverlust verbunden, durch eine Va. oder selbst eine V. vertreten werden kann.

In mancher Hinsicht stehen die Sonaten komplementär zueinander. Nr. 1 weist insgesamt einen herberen melodischen und auch harmonischen Charakter auf und sucht mehr die schärfere Tongebung der Klar. kompositorisch auszuloten. In engem Zusammenhang damit stehen umfangreiche und äußerst detaillierte motivisch-thematische Verwandlungen, die das Spiel mit einem Kernintervall (mit der nicht nur für das Spätwerk außerordentlich signifikanten Terz bzw. Terzschichtung) in kontrapunktische Stimmengestaltung einbinden:

op. 120 Nr. 1, 1. Satz

Nr. 2 hingegen wirkt serenadenartig, weicher im Klang, in manchen Teilen insbesondere des Kopfsatzes geradezu salonhaft – weshalb hier die ›Ersatzinstrumente‹ Va./V. vielleicht sogar noch eindringlicher zur Geltung kommen könnten als die originale Klar.! Das ›Amabile‹ in der Tempobezeichnung des Kopfsatzes scheint auf das gesamte Werk auszustrahlen. Es geht den kompositorischen ›Ernstfällen‹, an denen es zumal der f-Moll-Sonate selbst in verhalteneren Passagen nicht mangelt, hörbar aus dem Weg. Vorherrschend ist eben eine lyrische Stimmung, innerhalb derer dramatische Akzente eher wie Farbnuancen wirken. Dennoch aber begegnet man im Finale der Es-Dur-Sonate eine der wohl vielschichtigsten Formbildung des B.schen Œuvres: ein intermezzohaftes ›Andante‹, das um ein viertöniges Motiv kreist, wird zum Ausgangspunkt für eine Folge von fünf Variationen und Coda, die ein dichtes Netz motivisch-thematischer, harmonischer, rhythmischer und klanglicher Schattierungen entfalten.

TRIOS FÜR KLAVIER, VIOLINE UND VIOLONCELLO

Trio Nr. 1 H-Dur op. 8 (1. Fassung 1853/54, 2.Fassung 1889)

Allegro con brio (1.Fassung: Allegro con moto) – Scherzo: Allegro molto. Meno. Allegro (1.Fassung: Più lento) – Adagio (1.Fassung: Adagio non troppo) – Finale. Allegro (1.Fassung: Allegro molto agitato)
Dauer: ca. 33'
Verlag: Breitkopf & Härtel Leibzig, EA 1854 bzw. Simrock Bonn, EA 1891

Trio Nr. 2 C-Dur op. 87 März 1880 (1. Satz), Juni 1882

Allegro – Andante con moto – Scherzo: Presto/Poco meno presto – Finale: Allegro giocoso
Dauer: ca. 29'
Verlag: Simrock Bonn, EA 1882

Trio Nr. 3 c-Moll op. 101 (1886)

Allegro energico – Presto non assai – Andante grazioso – Allegro molto
Dauer: ca. 20'
Verlag: Simrock Bonn, EA 1887

Durch Haydn, Mozart, Beethoven und Schubert hat das Kl.-Trio – neben dem StrQu. – die Aura einer klassischen Kammermusikbesetzung erhalten. Dies gilt insbesondere für den Klangcharakter, der in ausgewogener Weise ein hohes und ein tiefes Streichinstrument mit dem Volumen eines modernen Tasteninstruments vereint. Die Beliebtheit der Besetzung, vor allem im Rahmen häuslichen Musizierens, dürfte sich nicht zuletzt von der weiten Verbreitung jedes der beteiligten Instrumente herleiten, die zum Trio zu vereinen mithin gleichfalls nahelag. Mendelssohn und Schumann haben diese klassische Tradition mit bedeutenden Kompositionen, eine ganze Reihe heute nur noch dem Namen nach bekannter kleinerer Meister mit teilweise beachtlichen Stücken fortgeführt. Diese Tradition ist von B. zweifellos auf den Höhepunkt und zum Abschluß gebracht worden. Anders als die Kammermusik für Streicher, die zumeist an bestimmte Schaffensphasen gebunden erscheint, durchzieht die Trio-Kammermusik mit Kl. das gesamte Werk – vom frühen Kl.-Trio op. 8 bis zum Klar.-Trio op. 114.

Allerdings verging zwischen dem 1. und 2. Trio eine Zeitspanne von rund drei Jahrzehnten, bedingt vielleicht durch die Tatsache, daß das Ungenügen, welches B. dem op. 8 gegenüber empfand und das offensichtlich zur Neufassung des Trios führte, »älteren Datums als 1889 [war]« (Christian Martin Schmidt). B., ohnehin äußerst bedachtsam in der Wahl musikalischer Gattungen, könnte deshalb lange Zeit gezögert haben, sich dem Kl.-Trio erneut zuzuwenden, um stattdessen Kl.-Quartett (op. 25 und 26) und -Quintett (op. 34) den Vorzug zu geben. Die zumal an Beethovens kompositorischem Denken orientierte Tendenz, nicht nur einen Satz, sondern sämtliche Teile eines Werkes mittels motivisch-thematischer Ableitungsbeziehungen zu verflechten, kommt im H-Dur-Trio beherrschend zum Ausdruck. Das schwärmerisch-impulsive Hauptthema des **Kopfsatzes**:

op. 8, 1. Satz

verwandelt sich im **Scherzo**, das an zweiter Stelle folgt, in eine Art Schattenriß:

op. 8, 2. Satz

dessen dahinjagenden Konturen das versonnene Trio nur leicht aufzuhellen vermag. Das **Adagio** greift nur einen Teil des eröffnenden Themas auf und taucht es in ein choralartig klingendes Wechselspiel von Kl. und Streichern. Das **Finale** ist einigermaßen eigenwillig geformt. Seinem in engen Intervallen kreisenden Thema folgt ein zweites in D-Dur, dessen weiträumige, dreiklangsmäßige Anlage einen kraftigen Kontrast erzielt. Die Durchführung gipfelt in der ›Apotheose‹ dieses Themas, der gegenüber die Wiederaufnahme des eigentlichen Hauptthemas als Schlußabschnitt eher nur noch wie eine Coda wirkt.

Gegenüber den kräftig aufgetragenen Farben dieses Trios, das noch ganz im Banne des aufrührerischen Geistes der *Davidsbündler* steht, erscheint das C-Dur-Trio weitaus abgeklärter und in sich versponnen. Dazu tragen sowohl motivisch-thematische Anlage wie Satztechnik bei. Das Trio wird von einer Art ›Motto-Thema‹ eröffnet, aus dem wie aus einer unentwegt Gestalten zeugenden Keimzelle die gesamte musikalische Substanz hervorgeht. Außerdem spielen kontrapunktische Verfahren mit Augmentationen, Diminutionen, Umkehrungen usw. eine bedeutende Rolle, wodurch der Satz im Lauten wie im Leisen, in schnellem wie verhaltenerem Tempo an Dichte gewinnt. Dabei verliert er freilich einiges von jener ungestümen darstellerischen Unmittelbarkeit, welche vor allem die 1. Fassung, aber auch noch die späte Umarbeitung des H-Dur-Trios auszeichnet.

Markieren somit diese beiden Trios im gewissen Sinne eine kompositionsgeschichtliche Alternative, in der sich jugendlicher Elan und meisterliche Abklärung gegenüberstehen, so wirkt das c-Moll-Trio op. 101 wie eine Zusammenfassung. Das emphatische Moment findet, zumal im **1.Satz**, zu nobler, heroisch gestimmter Geste:

op. 101, 1. Satz

worauf das wiederum an zweiter Stelle folgende **Scherzo** wie ein Nachklang, zugleich jedoch auch wie die Überleitung zum volksliedhaften, in volltönenden Dur-Harmonien ausschreitenden langsamen Satz wirkt. Das **Finale** gehört mit seinen jagenden Rhythmen, die immer wieder von mächtigen Akkordblöcken gestaut werden, zu einem von B. bevorzugten Satztypus, der auch im Kl.-Quintett (3. Satz) oder in der V.-Sonate op. 108 (4. Satz) begegnet. In diesem Falle aber stößt die impulsive Direktheit des Ausdrucks in wachsendem Maße auf merkwürdig beunruhigende Eintrübungen des Klanglichen, wie sie für B.' Spätstil charakteristisch sind. Erst die Coda überwindet die Irritierungen zugunsten einer aus reinen C-Dur-Harmonien aufbrechenden Abschlußsteigerung.

Trio Es-Dur op. 40 (1865)
für Violine, Horn (oder Violoncello bzw. Viola) und Klavier

Andante. Poco più animato – Scherzo. Allegro. Molto meno. Allegro – Adagio mesto – Finale. Allegro con brio
Dauer: ca. 30'
Verlag: Simrock Bonn, 1866

Abweichungen von ›klassischer‹ Kammermusikbesetzung verdanken sich bei B. in der Regel einem äußeren Anlaß. Am deutlichsten wird dies bei seinen Kompositionen mit Beteiligung der Klar., die sämtlich für den Meininger Hofkapellmusiker Richard Mühlfeld geschrieben wurden. Einen solchen Anlaß scheint es allerdings für das Trio op. 40 nicht gegeben zu haben. Deshalb ist zu vermuten, daß Brahms bei der Wahl der Besetzung von rein klanglichen Überlegungen und Vorstellungen ausgegangen ist. Zumal dieses Stück, anders als die Trios, StrQu.e und das Quintett in ›klassischer‹ Besetzung, nicht wie ein Kl.–, sondern wie ein genuines Hr.-Trio wirkt: das Blasinstrument dominiert nicht nur in der kompositorischen Struktur, als ›Stimme‹, sondern auch und vor allem durch seinen Klangcharakter, der das ganze Werk gewissermaßen einfärbt. Und der klangliche Aspekt wird noch in der – heute freilich kaum mehr befolgten – Anweisung des Komponisten deutlich, ein Naturhorn und nicht ein modernes Ventilhorn zu verwenden (B. bezeichnete letzteres verächtlich als »Blechbratsche«). Es kam ihm offensichtlich weniger auf spieltechnische Beweglichkeit an, als vielmehr auf den eigenartig sonoren, ›romantischen‹ Ton des älteren Instruments, welcher der Komposition angemessener sei.

In der Tat: bereits der **1. Satz** weicht von üblicher Sonatengestalt erheblich ab, entfaltet in schichtenartigem Wechsel zwei thematische Komplexe, die in Klang und Dynamik nicht eben sehr kontrastreich sind:

Der Satz gleicht eher einer recht locker gefügten Phantasie, welche der edle Glanz des Hr.-Schalls einhüllt. Das Kl. bietet, im Gegensatz zu sämtlicher anderer Kammermusik mit Kl. bei B., zumeist Begleitfiguration und harmonische Grundierung, in die nur, wie versteckt, thematische Substanz einfließt. Vertrauter klingt das **Scherzo**, dessen Staccato-Ketten und verdichtete Akkordik mit einem verschleierten, allerdings klangintensiven Trioteil konfrontiert werden. In gewisser Weise knüpft der **langsame Satz** an den Ton dieses Trios an, ein elegischer Gesang, dessen schlichter Duktus ornamental verdichtet und auch zu dynamischer Steigerung gelangt. Der rasante 6/8-Rhythmus des **Finales** kommt außer den klanglichen auch den spielerischen Möglichkeiten des Hr.s entgegen. Dadurch stellen sich geradezu konzertante Effekte ein, die nicht nur in der Kammermusik von B. als ungewöhnlich erscheinen.

Trio a-Moll op. 114 (1891)
für Klarinette (oder Viola), Violoncello und Klavier

Allegro – Adagio – Andante grazioso – Allegro
Dauer: ca. 22'
Verlag: Simrock Bonn, EA 1892

Deutlicher als die anderen Kammermusikkompositionen mit Klar. weist Opus 114 Merkmale des Spätstils auf. Vor allem ist hierfür ein für B. bemerkenswertes Abgehen von schematisierten formbildenden Konsequenzen zugunsten einer geradezu improvisatorischen Großzügigkeit im Satzaufbau charakteristisch. Das Satzbild selbst ist dementsprechend weitaus gelockerter und erinnert an späte Kl.-Sonaten Beethovens. Aus dem solistischen Beginn des **Allegros**

verzweigen sich kontrapunktierend die übrigen Stimmen – dies geschieht aber beinahe ›formal‹, lehrbuchartig. Die gewissermaßen abweisende Verschlossenheit wird jedoch allmählich beredter und geht zum Schluß des Satzes auch wieder in bewegtere dynamische Gestaltung über. Kernstück des Trios ist zweifellos der **2. Satz**, dessen kleingliedrige Thematik insbesondere der Klar. wirkungsvolle Aktionsmöglichkeiten schafft. In der Verbindung von reich figuriertem Kl.-Satz und beseeltem Wechselspiel zwischen Klar. und V. erinnert er erneut an ähnliche Sätze des späten Beethoven. In scharfem Kontrast zu dem innig-tiefgründigen Ton des Adagios steht das **Andante grazioso**, ein Ländler von fast trivialer Volkstümlichkeit. Drastisch hervorgekehrt wird sein derb-sentimentaler Gestus noch im Trio, wodurch sich eine ›regelrechte‹ Wiederholung des Hauptteils erübrigt – es kommt lediglich zu einem gedrängten Ausklang. Selbst das **Finale** nimmt nur kurz die eingangs angestimmte Turbulenz auf, zieht sich dann aber immer mehr auf ein formelhaftes Musizieren zurück, indem eine gewisse Gleichgültigkeit gegenüber der realen Klanggestalt nicht zu überhören ist. Dieser Tatsache entspricht die Verknappung des formalen Aufbaus, so daß der Satz, ohne rechte Ausarbeitung zu erreichen, nahezu eilig zum Abschluß gebracht wird. Es mag nicht übertrieben sein, in diesem zwiespältigen Werk eine verschwiegene Selbstkritik des Komponisten zu vermuten, eine Kritik, die vielleicht überhaupt das Geschlossene, Abgerundete, In-Sich-Stimmige treffen könnte, um das sich B. sein Leben lang mit soviel Können, Phantasie und Verantwortungsgefühl bemüht hat.

QUARTETTE FÜR KLAVIER, VIOLINE, VIOLA UND VIOLONCELLO

Quartett Nr. 1 g-Moll op. 25 (1855–1861)

Allegro – Intermezzo. Allegro ma non troppo – Andante con moto – Rondo alla Zingarese. Allegro
Dauer: ca. 40'
Verlag: Simrock Bonn, EA 1863

Quartett Nr. 2 A-Dur op. 26 (1855–1861)

Allegro non troppo – Poco Adagio – Scherzo. Poco Allegro – Finale. Allegro
Dauer: ca.50'
Verlag: Simrock Bonn, EA 1863

Quartett Nr. 3 c-Moll op. 60 (1855 begonnen, abgeschlossen 1873/74)

Allegro non troppo – Scherzo. Allegro – Andante – Finale. Allegro commodo
Dauer: ca.33'
Verlag: Simrock Bonn, EA 1875

Das Kl.- Quartett (in der Besetzung Kl. und Streicher) ist allein durch Mozart auf die Ebene einer klassischen Kammermusikgattung gehoben worden. Beethoven und Schubert haben sich ihm – merkwürdigerweise – nicht gewidmet. Erst Mendelssohn, Schumann und dann vor allem B. schufen exemplarische Werke, ebenbürtig dem Kl.-Trio oder dem StrQu. Doch im Unterschied zum Trio wandte sich B. dem Kl.-Quartett nur in einer bestimmten, allerdings außerordentlich bedeutsamen Phase seiner künstlerischen Entwicklung zu. Um 1860 suchte er nach einigen erheblichen Fehlschlägen (Mißerfolg der UA des 1. Kl.-Konzertes; Nichtberufung zum Leiter der Hamburger Philharmonischen Konzerte), sich öffentliche Anerkennung als Komponist und Dirigent zu verschaffen. Dies trieb B. verstärkt zur Komposition an – er nahm die Arbeit an einer Sinfonie in c-Moll (die 1876 als 1. Sinfonie vollendet wurde) und am *Deutschen Requiem* wieder auf und schrieb außerdem eine ganze Reihe von Kammermusikwerken, deren Skizzen z.T. ebenfalls über Jahre zurückreichen: neben den Kl.-Quartetten waren dies ein Streichquintett (aus dem schließlich das Kl.-Quintett op. 34 hervorging) und die 1. Vc.-Sonate op. 38.

Insbesondere die Quartette, aber auch das Quintett, weisen Züge auf, die mit B.' Streben nach Öffentlichkeit zu tun haben dürften: den Stücken ist allesamt ein orchestraler Charakter eigen, der die bisher wenig erprobte Fähigkeit zu sinfonischer Darstellung entwickeln und festigen sollte. So gehört denn auch das g-Moll-Quartett zu den gewichtigsten kammermusikalischen Stücken, die B. je geschrieben hat. Dies gründet weniger in Ausmaß und Intensität motivisch-thematischer Arbeit (hierin gehen die StrQu.e entschieden weiter), sondern vor allem in der großzügigen Entfaltung mehrerer thematischer Hauptgedanken (1. Satz), die, bei aller Vielfalt der Charaktere, eine gewisse flächige oder freskohafte Ausbreitung der musikalischen Bewegung erkennen lassen. Der zentrale Satz jedoch ist der 3., dessen hymnischer Ton im Mittelteil von einem lärmenden Marsch mit nachgeahmten Schlagzeugeffekten gesteigert wird. Das zusammen mit dem 1. entstandene 2. Quartett unterscheidet sich von jenem erheblich. Insgesamt erscheint es zurückhaltender im Ausdruck, intimer, eben kammermusikalischer, auch wenn die dramatischen Akzente, zumal im 1. Satz, wenig hinter denen des g-Moll-Quartetts zurückbleiben. Doch sie beschränken sich hörbar auf Akzentuierungen, mithin auf Episoden, die keinen nachhaltigeren Einfluß auf die lyrische Grundstimmung des Werkes nehmen. Der verzögerte Abschluß des 3. Quartetts könnte eine gewisse stilistische Uneinheitlichkeit zur Folge gehabt haben, die freilich einen eigenen künstlerischen Reiz ausmacht. So sind die beiden ersten Sätze noch ganz von der emphatischen Sprache des jugendlichen B. bestimmt, mit kantiger Thematik und schweifenden lyrischen Seitenthemenpartien:

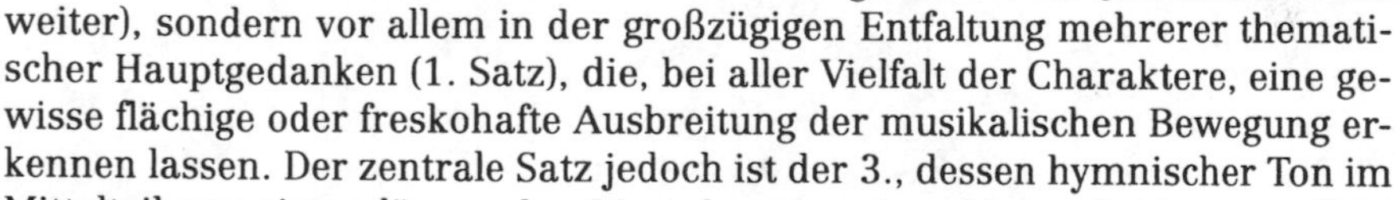

op. 60, 1. Satz

Das Kl. – auch dies ein jugendlicher Zug – drängt allenthalben voran, sogar in den nachkomponierten Sätzen. Vielleicht deutet dies darauf hin, daß B. auf eine eingreifendere Bearbeitung der älteren Teile, vergleichbar der 2. Fassung des H-Dur-Kl.-Trios, verzichtet hatte. Anders als die musikantischen, von volksmusikalischen Vorbildern inspirierten Schlußsätze des g-Moll- und A-Dur-Quartetts, öffnet sich das Finale des c-Moll-Quartetts bereits in der Exposition choralartig-hymnischen Partien, welche in der Durchführung als kontrastierendes Element auftauchen und zum Ende des Satzes hin zu triumphaler Wirkung gesteigert werden, die Vorbild für das Finale der 1.Sinfonie gewesen sein könnten:

op. 60, 4. Satz

STREICHQUARTETTE

Streichquartett Nr. 1 c-Moll op. 51, 1 (um 1865–1873)

Allegro – Romanze. Poco adagio – Allegretto molto moderato e commodo – Allegro
Dauer: ca. 31'
Verlag: Simrock Bonn, EA 1873

Streichquartett Nr. 2 a-Moll op. 51, 2 (um 1865–1873)

Allegro non troppo – Andante moderato – Quasi Minuetto, moderato/Allegretto vivace – Finale: Allegro non assai
Dauer: ca. 35'
Verlag: Simrock Bonn, EA 1873

Von den drei StrQu.en sind die als Opus 51 vereinten expressive Bekenntniswerke, Ergebnisse jahrzehntelanger Auseinandersetzungen mit der durch die Klassik nobilierten Gattung, während das letzte StrQu. op. 67 B-Dur zur serenadenhaften Auflockerung der frühen Streichsextette zurückkehrt. Die Skizzen zum Opus 51 reichen bis um 1860 zurück. Äußeres Zeugnis für die in keinem Satz nachlassende intensive Orientierung am klassischen StrQu. sind die motivisch-thematische Arbeit und die an sie gebundenen Durchführungsteile mit dem Ziel, den zyklischen Charakter der Sonatenform, der einzelnen Sätze wie des Gesamtwerkes, zu realisieren. Das thematische Profil der **Eingangs-** und der **Finalsätze** von Opus 51 ist – bei aller Variabilität im Detail – bemerkenswert verwandt: In jedem Fall werden die kontrastierenden thematischen Charaktere deutlich exponiert, wobei im **1. Satz** des c-Moll-Quartetts freilich das Hauptthema eindeutig dominiert:

Die Themen sind so angelegt, daß trotz melodischer Geschlossenheit eine intensive motivisch-thematische Verarbeitungstechnik angewendet werden kann. Diese beginnt nicht erst in der Durchführung, wo sie eine geradezu musterhaft durchbrochene Stimmengestaltung schafft, sondern bereits in den Expositionsteilen; in den Reprisen wird sie entsprechend weitergeführt. Auf diese Weise erlangen die Ecksätze eine selbst für B. ungewöhnliche Differenzierungsintensität, deren klassische Vorbilder, etwa Beethovens *Rasumowsky-Quartette*, nicht zu überhören sind. Zugleich aber sind selbst die angespanntesten Ableitungs- und Fortspinnungsprozesse melodisch erfüllt, wodurch jeglicher Schematismus oder eine rein akademische Stimmigkeit vermieden werden. Auch die **Mittelsätze** von Opus 51 weisen einige innere Übereinstimmungen auf. Ihre A-Teile sind liedhaft gestaltet. Diese liedhafte Gestaltung ist in Opus 51, Nr. 1, auch für den B-Teil charakteristisch, während in Nr. 2 dieser Teil durch Diminution der Notenwerte einen dramatischeren Zuschnitt erhält. Beide Sätze aber sind von unkompliziertem Formaufbau, als Gegengewicht vielleicht zur konfliktreichen Situation in den Ecksätzen. Die **Scherzo-Sätze** vermitteln weitere Male den für B. typischen zwielichtigen, verhalten-bewegten Ausdruck, der sie Charakterstücken nicht unähnlich macht. Im Opus 51,1 folgt dem Hauptteil ein volkstümliches Trio mit bordunartiger Begleitfiguration. Im menuettartigen Scherzo des 2. Quartetts unterscheidet sich der Hauptteil vom Trio durch einen schichtenartigen Wechsel zwischen dem etwas schleppenden Menuett und einem rascheren Allegretto-vivace-Abschnitt.

Streichquartett Nr. 3 B-Dur op. 67 (1875)

Vivace – Andante – Agitato – Poco Allegretto con Variazioni
Dauer: ca. 32'
Verlag: Simrock Bonn, EA 1876

Dieses StrQu. verzichtet weitgehend auf die Strenge und Agressivität der motivisch-thematischen Durchführungstechnik, von der die Quartette op. 51 geprägt sind. Bereits die Thematik des **1. Satzes** eignet sich in ihrer Geschlossenheit und fast genrehaften Einbindung (Jagdsignale!) eher zur Variation als zum Gegenstand verzweigter Ableitungsvorgänge:

Kompositionstechnisch liegt der neuralgische Punkt vorrangig in der kontrastierenden Kombination verschiedener Metren (6/8 und 3/4). Die genrehafte Profilierung erstreckt sich auch auf das Seitenthema, meidet hier aber einen nachdrücklichen Gegensatz und bestärkt das Vivace in seinem balladesken Grundton. Das **Andante** ist romanzenartig angelegt, führt also ein Ausdrucksmoment des Vivace weiter. Nur in den Mittelabschnitten kommt es zu einigen nach Moll gewendeten dramatischen Akzenten. Als ob damit der abgerundeten Stimmung genug wäre, markiert das Agitato einen kräftigen Umschwung des Ausdrucks, der vor allem von hartnäckig-ostinaten Rhythmisierungen und einer aufgerauhten Klanglichkeit, die selbst noch das beruhigtere a-Moll-Trio berühren, erzielt wird. Der **4. Satz** ist ein Musterbeispiel B.scher Variationskunst: Ein Thema,

dessen variative Potenzen keineswegs sogleich zu erkennen sind, wird in acht Charakterbildern ausgestellt, wobei einzelne Instrumente bzw. Instrumentenkombinationen solistische Aufgaben zugewiesen bekommen. In der 7. Variation wird schließlich das Hauptthema des 1. Satzes eingeschoben, das, seinerseits auch Gegenstand von Variationsvorgängen, zugleich den formalen Aufbau des gesamten Werkes abrundet.

Quintett f-Moll op. 34 (1864)
für Klavier, 2 Violinen, Viola und Violoncello

Allegro non troppo – Andante un poco adagio – Scherzo. Allegro – Finale. Poco sostenuto. Allegro non troppo
Dauer: ca. 33'
Verlag: Simrock Bonn, EA 1865

Das Quintett f-Moll op. 34 ist von ähnlich dramatischer Wucht und leidenschaftlichem Ausdrucksbedürfnis bestimmt wie etwa das Kl.-Quartett op. 25. Die verschiedenen Umarbeitungen vom Streichquintett über eine Sonate für zwei Kl. bis zum Kl.-Quintett bezeugen die immensen Schwierigkeiten, ungewöhnlichen kompositorischen Formulierungen ein angemessenes Gewand zu geben. Der **1. Satz** wird von einem mehrschichtigen Themenkomplex eröffnet, der dem klassischen Kontrastprinzip verpflichtet ist:

Auch das Seitenthema findet durch sprungreiche Melodik und eine fortlaufende Triolenbewegung wenig Beruhigung. Die Durchführung gleicht einer geschlossenen, wellenartigen Steigerung, auf deren Höhepunkt nahtlos die Reprise einsetzt. Der innige Ton des **2. Satzes** erscheint durch kontrapunktische Stimmengestaltung leicht verschleiert, ein Eindruck, den komplizierte rhythmische Bildungen noch verstärken.

Anfangs führt das Kl., doch dann schalten sich die Streicher immer stärker in das Klanggeschehen ein. Der **3. Satz** ist ein Demonstrationsbeispiel für B.' impetuosen Scherzo-Typ, mit bohrenden rhythmischen Ketten und auffahrender Thematik, die durch Akkordpassagen komprimiert und überhöht wird. Im C-Dur-Trio entfaltet sich, auf klangvolle Harmonien gestützt, eine lyrisch-schwärmerische Melodik. Dem **Finale** steht als einzigem Kammermusiksatz bei B. eine langsame Einleitung voran, die einerseits auf Beethovensche StrQu. (vor allem auf op. 95) weist, zum anderen die Einleitung zum Finale der 1. Sinfonie op. 68 vorzeichnet. Der schnelle Hauptteil verstärkt jedoch nicht die in der Einleitung versammelten Spannungen, sondern wirkt eher wie ein Ausströmen von Energien: Die Thematik ist motorisch-drängend, dabei aber stets von tänzerischer Gelöstheit – nur gelegentlich begegnen dramatisierende Kulminationspunkte.

STREICHQUINTETTE

Die beiden Streichquintette sind in der späteren bzw. späten Schaffensperiode entstanden. Ihr Grundton, obwohl in sich von wirkungsvoller Gegensätzlichkeit, knüpft an das klassische Divertimento an und gibt dem melodischen Element breiten Raum. Damit folgt B. nicht den genrespezifischen Wegen, die Mozart und Schubert eingeschlagen hatten, deren Quintette in Konzeption und Ausführung auf die Aura der StrQu.e gehoben sind. Lediglich in der Verdopplung der Va. (und nicht des Vc.s, wie bei Schubert) bezieht sich B. auf Mozart, wodurch das Satzbild von vornherein aufgehellter erscheint – auch dies ganz im Sinne eines serenadenhaften Charakters.

Quintett G-Dur op. 111 (1890)
für 2 Violinen, 2 Violen und Violoncello

Allegro, non troppo, ma con brio – Adagio – Un poco allegretto – Vivace ma non troppo presto
Dauer: ca. 25'
Verlag: Simrock Bonn, EA 1891

Das G-Dur-Quintett geht in der Auflockerung der Struktur noch weiter als das 1. Quintett op. 88. Dabei ist sein Ton zugleich unmittelbar und zupackender, ohne jedoch je die Agressivität der StrQu.e zu berühren. Das Hauptthema des **1. Satzes** besteht aus einem verzahnten thematischen Komplex, dem ein geradezu stürmischer Charakter eigen ist:

Obwohl das Seitenthema verhaltener ist, kehrt es sich dennoch nicht entschieden gegen die Impulsivität des ersten, sondern beschränkt sich auf vorsichtige, episodische Beruhigung des Geschehens. So wird die Durchführung wieder ganz vom Hauptthema gesteuert. Das **Adagio** ist einer Romanze ähnlich, die kanzonenartig-schwelgerische Melodik wird meist solistisch vorgetragen, wobei die 1. Va den Vorzug erhält. Mit seiner kleingliedrigen Melodik und der durchsichtigen Stimmengestaltung steht der **3. Satz** ebenfalls dem

Charakterstück nahe, was durch den Ländlerton im Trio (G-Dur) noch sinnfälliger wird. An das Finale des Opus 88 erinnernd, läuft der **4. Satz** genau wie dort in recht einförmiger Bewegung ab. Doch da auch die vorangegangenen Sätze nicht sehr problematisch sind und dramatische oder gar tragische Töne vermeiden, rundet das leichtgewichtige Vivace das Werk sinnvoll ab.

Quintett h-Moll op. 115 (1891)
für Klarinette, 2 Violinen, Viola und Violoncello

Allegro – Adagio – Andantino – Con moto
Dauer: ca. 34'
Verlag: Simrock Bonn, EA 1892

Unmittelbar auf das 2. Streichquintett G-Dur op. 111 folgt das h-Moll-Quintett op. 115. Doch welch andere Töne werden in ihm angeschlagen! Das Serenadenhafte ist bestenfalls in einigen Variationsteilen des Finales noch erhalten, sonst aber liegt über dem Werk jene für den späten B. so kennzeichnende Stimmung, in der sich elegische Zurückhaltung, erfüllte Klangsinnlichkeit und konzentrierter Ausdruck verbinden. Der **1. Satz** wird noch einmal von einem vielschichtigen Themenkomplex geleitet, dessen immanente Kontrastmöglichkeiten bereits in der Exposition entfaltet werden:

Die Klar., die selbst im leisen Zusammenspiel nicht verdeckt werden kann, wirkt ebenso als führendes wie als klangfärbendes Instrument. Sie erzielt vor allem dann schöne Klangbilder, wenn sie in den tieferen Lagen agiert. Die Durchführung verbindet motivisch-thematische Arbeit mit der Variation ganzer thematischer Komplexe, woraus die Reprise organisch erwächst: Es ist zunächst kaum zu unterscheiden, ob es sich um eine weitere Variation handelt oder eben um den Beginn eines neuen Formabschnitts. Den Rahmen des dreiteiligen **Adagios** bilden zwei gesangvolle, von Klar. und 1. V. geführte Abschnitte. In der Mitte steht ein ausgedehntes, spannungsverdichtetes ›alla Zingarese‹, dessen rhapsodisch-improvisatorische Gestaltung vor allem durch Klang und Figuration der Klar. getragen wird. Nochmals wird die Kontrastwirkung zwischen einem liedhaften Dur-Teil und einem stark beschleunigten Moll-Teil im **Andantino** ausgenutzt, wobei es zu interessanten Klangkombinationen kommt. Der **4. Satz** besteht aus fünf Variationen (und einer nachfolgenden Coda), die alle wie Charakterbilder angelegt sind und das thematische Subjekt in immer anderer Beleuchtung zeigen. In der Coda wird das Hauptthema des 1. Satzes wieder aufgegriffen und damit jenes charakteristische Element herausgestellt, das den thematischen Gedanken in allen Sätzen latent eigen war: der ständige motivisch-thematische Bezug zur mottoartigen Eröffnung des Kopfsatzes.

Sextett B-Dur op. 18 (1860)
für 2 Violinen, 2 Violen und 2 Violoncelli

Dauer: ca. 32'
Allegro ma non troppo – Andante, ma moderato – Allegro molto – Poco allegretto e grazioso
Verlag: Simrock Bonn, EA 1861

Mehr noch als die Quintette sind die beiden Sextette serenadenhaft gearbeitet, überwiegt in ihnen die Ausbreitung geschlossener melodischer Charaktere, die auf motivisch-thematische Durchführungstechnik weitgehend verzichten können.

Beispielhaft dafür ist bereits der **1. Satz** des B-Dur-Sextetts, dessen Exposition mehrere thematische Gestalten entfaltet, ohne daß dadurch die folgende Durchführung überlastet würde; die hier erscheinenden Themen sind lediglich Variationen des vorgegebenen Materials. Das **Andante, ma moderato** beinhaltet Variationen über ein Thema gleichsam »ritterlichen« (B.) Charakters:

Die einzelnen Variationen erhalten durch die solistisch hervortretenden Instrumente spezifische Klangfarben, vornehmlich in den mittleren und tieferen Registern. Dem **3. Satz**, einem zügigen Scherzo, dessen Dynamik im Trio noch gesteigert wird, folgt ein wiegendes **Rondo**, dessen Thematik und Klangbild an den 1. Satz anknüpfen. Nur im Mittelabschnitt kommt es zur gesteigerten Bewegung, die aber bald wieder von der serenadenhaften Kantabilität des Hauptteils aufgefangen wird.

Sextett G-Dur op. 36 (1864/65)
für 2 Violinen, 2 Violen und 2 Violoncelli

Allegro non troppo – Allegro non troppo – Poco adagio – Poco allegro
Dauer: ca. 30'

Der **1. Satz** des Sextetts op. 36 geht kompositionstechnisch von einer mediantischen Wendung aus, die auch die Formung des melodischen Materials steuert:

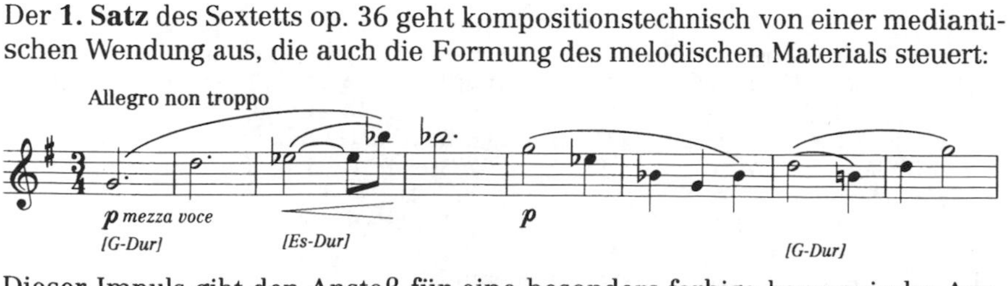

Dieser Impuls gibt den Anstoß für eine besonders farbige harmonische Ausarbeitung der Durchführung, hinter der die melodischen Komponenten deutlich zurückstehen. Ein Scherzo balladenhaften Zuschnitts ist das **Allegro non troppo**, dessen Trioteil zu einem turbulent-tänzerischen Presto gesteigert wird. Das **Adagio** weist mit seinen Quartenstrukturen auf den langsamen Satz des Doppelkonzerts op. 102 voraus. Eine stark kontrapunktisch gestaltete schnellere Passage, die in eine stimmlich aufgefächerte Reprise des 1. Teils mündet, steht im Zentrum. Der **4. Satz** folgt trotz einiger rhythmischer

Verkomplizierungen und polyphoner Verzahnungen recht geradlinig der Struktur eines von ostinaten Formulierungen gesteuerten Satztyps, eines lokker geformten Kehraus mit lebhaftem Wechselspiel der Instrumente und klangintensiven Stimmenkombinationen.

Mathias Hansen

Reiner Bredemeyer

geb. 2. 2. 1929 Velez (Kolumbien), gest. 5. 12. 1995; 1944/45 Kriegsdienst; 1947 in München Bekanntschaft mit Karl Amadeus Hartmann und dessen Musica-Viva-Konzerten; 1948–1951 Kompositionsstudium an der Akademie für Tonkunst München bei Karl Höller. 1954 Übersiedlung in die DDR (Berlin); seitdem Bekanntschaft (und teilweise Zusammenarbeit) mit Paul Dessau, Ruth Berghaus, Hanns Eisler, Herbert Kegel, später Volker Braun, Karl Mickel, Heiner Müller u. a.; 1954–1957 Meisterschüler an der Akademie der Künste der DDR bei Rudolf Wagner-Régeny; 1957–1960 Musikalischer Leiter am Theater der Freundschaft Berlin; 1961–1994 Musikalischer Leiter am Deutschen Theater Berlin.

WERKE F. 1 INSTR.: Schlagstück 1 f. Schlzg. (1960); *Kommunikation* f. Schlzg. u. Tonband (Schlzg.) (1965); Solo 1 f. Vc. (1973); Solo 2 f. Git. (1974); Solo 3 f. Va. (1975); (Oboe)^2 auch accompagniert f. Ob., Tonband (Vc., K.) (1975); Solo 4 f. Akk. (1976); Solo 5 f. Ob. (1977); Solo 6 f. Vc. (1980); Solo 7 f. »Flöte(n) und Werner Tast« (1982); Solo 8 f. »Friedrich Schenker und Po(e)saune« (1982); Solo 9 f. Kb. (1985); Ein-Horn-Musik f. Hr. (1988); fUEnfzig fUEr jUErg f. Va. (1992); *Les temps de Templin* f. Git. (1995) – WERKE F. 2 INSTR./ 2 AUSF.: Stück für Klar., Kl. (1959); Kombinationen f. Klar., Git. (1962); *Di As* $^{(+-)}$ f. Ob., Trp. (1973); *Kontakte suchen* f. Fl., Ob., Tonband (Sprecherin, Sprecher; Texte: Genesis, Homer, Koran, Cäsar, Dante, Goethe, Shakespeare, Puschkin, La Fontaine) (1977); Kommentar 2 f. Fl., Ob. (1977); Gegen–Sätze f. Klar., Vc. (1978); Zum 19. 12. (Paul Dessau zum 85. Geburtstag) f. S. (Vokalise), Kb. (1979); Für HJS f. Vc., Kl. (1979); Nur 12 S$^{a}_{e}$iten f. 2 Git. (1984); Hornsonate f. Hr., Kl. (1985); Due$_{tt}$ ^{ll} f. 2 Ob. (1986); Posaunensonate f. Pos., Kl. (1986); *TiP – Topp* (LORIOTiotisches Duell) f. Fl., Hf. (1987); *Null Problemo* f. Vc., Kl. (1989); *Einfall für Zwei* f. Opoesaubone (1994); Ob.-Sonate f. Ob., Kl. (1994); Klar.-Sonate f. Klar., Kl. (1994); Kleines Dialogstück f. V., Git (1994); Bratschensonate f. Va., Kl. (1995); Doppelt-Klar f. 2 Klar., Tonband (1995) – WERKE F. 3 INSTR. /AUSF.: Stück für Git., Baß u. Schlzg. (1960); Varianten f. Kl., Va., Fg. (1960); Triostücke f. Fl., Va., BKlar. (1962); Etüde f. Kl., Git., Schlzg. (1964); Triostücke 2 f. V., Vc., Kl. (1965); Sonate f. V., Va., Kl. (1967); 8 Stücke f. Streichtrio (1971); Trio Stück F C H f. Fl., Cemb., Hf. (1973); Trio (mit Klavier) f. Ob. (u./od. V.), Vc., Kl. (1977); 3 Trios f. Ob., Tb., Schlzg. (1981); Triostücke 3 in fünf Sätzen f. Va., Git., Kb. (1983); Trio 84 f. V., Vc., Kl. (1984); Trio – Stücke 4 f. Klar., Va., Kl. (1985); Triostücke 5 f. 3 Git. (1989); *Novembernes* f. Ob., Vc., Kl. (1990); Trio – Stücke 6 f. V., Klar., BKlar. (1991); Triostücke 7 f. Trp., Pos., Tb. (1994); G. S. C. (Triostück) f. Git., Schlzg., Cemb. (1995) – WERKE F. 4 INSTR.: StrQu. für G.W. (1962); 5 Stücke f. Ob., 3 Fg. (1964); Ständchen für 70 (für Paul Dessau) f. 2 Trp., Tb., Wanzen-Kl. (1964); Serenade f. Ob., Pos., Va., 5 Bck. (1966); Schlagquartett f. 2 Schlzg., Kl., Kb. (1968); StrQu. (1968); (Cello)^2 f. 4 Vc. (1971); Quartett f. Kl. u. 3 Instr. (1973); 5 Blechstücke f. 2 Trp., 2 Pos. (1979); *Kleine Blas-Phonie* (Tuten und Blasen) f. Ob., Klar., Hr., Fg. (1982); StrQu. (1983); *Vierer ohne* f. Fl., Fg., Vc., Kl. (1986); *Schlagstück* 9 f. Klar. /BKlar., Schlzg., Kl. (4-händig) (1988); *Leipzig einundleipzig* f. EHr., Git., Va., Kb. (1990); Quartett – Stücke (16) f. Va., Klar., Hr., Kl. (1991); Quartett–Stücke 26 f. V., Klar., Vc., Kl. (1991); Quartett–Stücke 3 f. EHr., Pos., Schlzg., Kl. (1992); *Aufschwung OST* (Quartett–Stücke 4) unter treuhändlerischem Mißbrauch der Nr. 2 aus den Phantasiestücken op. 12 von Robert Schumann f. Kl., Ob., Schlzg., Tb. (1993); Quartett–Stücke 5 f. AFl., V., Git., Fg. (1993); Quartett–Stücke 6 (»desto-weder«) f. V., Trp., Schlzg., Kl. (1994); Quartettstücke 7 f. EHr., Va., Git., Fg. (1995) – Werke f. 5 Instr.: Quintett f. Fl., Klar., V., Vc., Kl. (1956); Quintett für Holzbläser f. Fl., Ob., Klar., BKlar., Fg. (1958); Streichquintett f. 2 V., Va., Vc., Kb. (1962); Folgen f. Fl., Trp., Pos., Schlzg., Kb. (1965); Serenade 2 f. Ob., Pos., Vc., Ukulele, Holz-Schlzg. (1969); Quintett 3/69 f. Fl., Ob., Klar., Hr., Fg. (1969); *Interludium* f. Fl., SSax., Vc., Kb., Schlzg. (1977); *Still leben ?* mit Gitarre plus, 4 Pos. (1978); Kl.-Quintett *(Traum und Wahrheit Picassos)* f. 4 Pos., Kl. (1982); *Blech Stanzen* f. 2 Trp., Hr., Pos., Tb. (1985); 5 Richtige f. Fl., StrQu. (1987); Serenade 9 f. Fl., Hr., Va., Vc., Vibr. (1988); Quintett 91 f. Ob., Va., Git., Pos., Schlzg. (1991); Quintett 95 f. 3 Va., Git., Hf. (1995) – Werke f. 6 Instr.: Klar.-Quintett f. 5 Klar., Schlzg. (1957); Kammermusik 57 f. Fl., Klar., Hr., V., Schlzg., Kl. (1957); Musik mit Pausen 1,2,3 f. 6 Instr. (1975); Piano und ...5 f. Kl., Pikk., Hr., Pos., Vc., Kb. (1976); Sextett (Weimarer Beitrag) f. Fl., Fg., Kl., Schlzg., V., Va. (1980); Serenade 8 f. AFl., Klar., Fg., Trp., Va., Kl. (1985); Sextett 86 f. Klar., Trp., Fg., 3 Vc. (1986); *Der Morton Feldman in meinem Leben* f. Va., Git., EHr., Schlzg., Kl., Kb. (1987); *Zwei zu vier: unentschieden* f. 2 Git. – Ob., Va., Schlzg., Kb. (1988); *Grand Hand* (Vierer mit) f. 2 V., 2 Va., 2 Vc. (1989); *Überlaufstegreifrigkeiten* f. Fl., Va., Hf., Vc., Schlzg., Kl. (1989); *Unter den süßen Saiten im verwunderten Holz* (für Wolfgang Hildesheimer) f. V., Va., Vc., Git., Schlzg., Kl. (1991) – Werke f. 7 Instr./Ausf.: Piano und ...2 (für El Lissitzky) f. Kl., (auch Cemb.), Bläserquintett (1971); *Synchronisiert: asynchron – cantos americanos* f. S., V., Ob., Vc., Pos., Schlzg., Kl., Text: Nicolás Guillén (1975); Septett 80 f. 2 Ob., Vc., Kb., Schlzg., Pos., Cemb. (1980); Schlagstück 7 f. Pos., 6 Schlzg. (1985); Septett 87 f. 2 Git., Schlzg., StrQu. (1987); Für J.A.R. f. 2 Va., Klar., Hr., Tb., 2 Schlzg. (1990); *Schlagstück, ornamental gerahmt* f. Schlzg. – Klar., Vc., Hr. – BKlar., Vc., Trp. (1992); *Liederliches Septett* f. AFl., EHr., BKlar., Fg., Git., Va., Kb. (1994); *Hornissimo* f. 7 Hr. (1995); Drei-Drei-Eins f. 3 Fl. (Pikk., große Fl., AFl.), 3 BKlar., Hf. (1995) – Werke f. 8 Instr.: Oktett (1959) (für Paul Dessau zum 65. Geburtstag) f. Pikk., Klar., Pos., Schlzg., Kl., V., Va., Kb. (1959); Serenade 3 (für H. E.), Text: B. Brecht, f. Ob., EHr., Pos., Kl., Schlzg., Va., Vc., Kb. (1972); Serenade 5 f. Fl., Hr., Pos., Vc., Kb., Git., Schlzg., Kl. (1977); Serenade 6 f. Fl., Ob., Kl., Schlzg., StrQu. (1980); Bratschenkonzert f. Va., 2 Ob., Pos., Vc., Kb., Schlzg., Kl. (1981); Oktett 81 f. Septett 80 + Va. (1981); *Alle Neune – Eine SCHÜTZenfestmusik* f. 2 Ob., Pos., Va., Vc., Kb., Kl., Schlzg. (1984); Oktett 88 f. 3 V., 2 Va., 2 Vc., Kb. (1988); *Vermasseltes Doppel* f. Git., Va., Schlzg., Hr. – Klar., Va., Schlzg., Tb. (1992) – Werke f. 9 Instr.: Informationen durch 9 Spieler f. 2 Klar., Fg., Trp., 2 Hr., Pos., Kl., Kb. (1960); Piano und...8 f. Kl., 2 Trp., 3 Fg., 3 Schlzg. (1984); *Neunichkeiten* (4 petits riens mis A 9) f. 2 Hr., 2 Trp., 2 Pos., Tb., 2 Schlzg. (1988); Nonett 89 f. Fl., 2 Klar., BKlar., EHr., Fg., KFg., Trp., Kb. (1989); 5 zu 3 + 1 (Violen-Nonett) f. 5 Va., BFl., BKlar, Hr., Schlzg. (1993) – Werke f. Kammerensemble: Concertino für 12 f. Fl., Ob., Klar., BKlar., Fg., Hr., Trp., Schlzg., V., Va., Vc., Kb. (1958); Piano und ... f. Kl. u. 10 Instr. (Vocalisten) ad. lib.) (1970); Sinfonie f. Kl., Schlzg., Streicher, Bläser (1974); Piano und ...7 f. Kl., 7 Vc., EHr., Klar., BKlar., Hr., Pos., Va., Kb. (1983); Piano und ...9 f. Kl., 3 Schlzg., Ob., EHr., Pos., Va., Vc., Kb. (1988); Cello, chromatisiert f. 5 Vc., AFl., EHr., BKlar., Pos., Mar. (1990); *Elfer* f. 2 Fl., 6 V., 3 Schlzg. (1991); *N.O.K.* (Neuerliches Ob.-Konzert) f. Solo-Ob., EHr., Klar., Hr., Tb., 2 Va., Kb., Git., 2 Schlzg., Kl. (4-händig) (1992); *Elfer* Nr. 2 f. 4 Klar., Tb., Kl., Schlzg., 3 Vc., Kb. (1993); Deca Dance f. Trp., 3 V., Vc., BKlar., Fg., Schlzg., Kl. (4-händig) (1994); Elfer Nr. 3 Pikk., Ob., 2 Fg., Pos., Tb., Schlzg., 3 Va., Kb. (1994); Elfer Nr. 4 f. Klar., Fg., Hr., Trp., Pos., Kl., 2 Schlzg., Va., Vc., Kb. (1995); *Dutzett* f. AFl., Klar., ASax., TSax., Fg., 3 Pos., V., Va., Vc., Kb. (1995); *Gerissen Gestrichen* f. 4 V., 3 Va., 2 Vc., 1 Kb. (1995).

Verlag: Peters Leipzig, Frankfurt/M., New York; Breitkopf & Härtel Leipzig, Wiesbaden; Neue Musik Berlin.

Diese Fülle an Kammermusik, welche R. B. im Lauf von mehr als vierzig Jahren geschaffen hat, blamiert jeden, der darin flink nur den Vielschreiber oder von Ausdauer zerfressenen ›Tonsetzer‹ erblicken will. Ein solcher Ansatz ist falsch, weil B. jederzeit ein abwechslungsreiches, genußvolles Leben zu führen und mit dessen Widersprüchen gelassen umzugehen wußte. Manches aus diesem Lebensbereich ist unmittelbar in die Arbeit geflossen. Das reicht bis in die Wahl der Kunstmittel, die Auswahl und Anordnung der Texte, die Erfindung von Titeln und Vortragsbezeichnungen. Angelegt von einem überaus kunstsinnigen, stets nach Welt fragenden Geist, scheint Musik aus B.s Werkstatt mehr oder minder aus dem Tag und für den Tag geboren zu sein. Demgegenüber steht die Mikrogenauigkeit im Kompositorischen. Um die geht es vor allem im Zuge gestisch-struktureller Behandlung von Sprache/ Poesie, wenn die präzise, floskellose Übermittlung der Worte gefragt ist. Auch B.s Beiträge aus der vokal-instrumentalen Kammermusik wollen den Gehalt der Dichtung nicht verdecken, verdunkeln oder verbergen, sie wollen ihn offenlegen. Sein Œuvre verankert schlechthin den Horizont einer gewaltigen Poetengemeinde, aus dem ein Ganzteil universell-menschlicher Ausdruck wie ein weites Feld politisch-dichterischen Begehrens zum Blühen kommt (z. B. in *Die Winterreise* nach Wilhelm Müller, 1984).

Mit der Vertonung von Zeitungstexten, Dokumenten aus der politischen ›Küche‹ und der Weltpolitik folgt B. der Praxis ›eingreifender Musik‹ seiner Freunde Paul Dessau und Luigi Nono. *Aufschwung OST* (*Quartett-Stücke 4*) *unter treuhändlerischem Mißbrauch der Nr. 2 aus den Phantasiestücken opus 12 von Robert Schumann* (1993) seien hier stellvertretend genannt.

Experimentelle Kammermusik rangiert in B.s Œuvre weiter hinten. Nimmt man den extremen, in sich rotierenden Begriff von Avantgarde, so stünde der Komponist fast ›nackt‹ da. Erklärt Avantgarde stattdessen den leidenschaftlichen Vorstoß und die Erkundung auf gegebenem Terrain, so brilliert B. in jeder Hinsicht. Zum Experimentellen im engeren Sinn gehören Werke, in denen mit Tonband, Sprecher, Stimmen und Instrumenten neue Verfahren erprobt werden: *(Oboe) ^{2} auch accompagniert* (1975) und *Bilderserenade* (4) (1976), eine szenische Musik für MezzoS., zwei Pantomimen und Kammerensemble, die Bilder mit Musizierenden in Materialien der je einbezogenen Künste multimedial vermittelt. Die sonderbar verklammerten, sprachlich und klanglich mehrdimensionalen Schichtungen, die in *Synchronisiert: asynchron – cantos americanos* für S. und Kammerensemble (1975) anmutig ausschwingen, schließen ebenfalls experimentelle Komponenten ein. Ähnliches gilt für *Still leben ? mit Gitarre plus vier Posaunen,* eine Musik, die in räumlicher Verteilung der Instrumente 1978 eine Ausstellung mit Arbeiten von Picasso eröffnete.

In sogenannter großer Musik, mit der B. nie recht Freund sein wollte, hantiert der Meister der additiven Schreibweise wiederum in eigenwilliger, geplanter Willkür. Mit den *Bagatellen für B.* (1970) – einem glänzend formulierten Orchesterwerk mit obligatem Kl. – entsteht, streng gesehen, verdeckte Kammermusik, Musik wider den Strom von Klangmassen. B.s Intention ist vergleichbar mit dem Strawinskyschen Typus des ›zurückgeschraubten‹ Symphonismus oder den symphonischen Reduktionen eines Darius Milhaud. In welcher Weise sinfonische Bruchstücke in die Kammer – bzw. Ensembleform fließen, nämlich vorzugsweise über ausgeklügelte kombinatorische Vorgänge, zeigt die *Sinfonie* (1974) für drei einzeln mit konzertanten Instrumenten und zusammen ohne konzertante Instrumente aufführbare Instrumentalgruppen. Sie versucht, strukturell Antwort zu geben auf die Raster sinfonischer Großräumigkeit, welche die opponierende 1. Sinfonie von Friedrich Goldmann (1971) additiv und thematisch produziert. Austreibung des Sinfonismus ist Aspekt von so gut wie sämtlichen orchestralen Entwürfen.

In B.s Ästhetik ist das Feld klar abgesteckt. Wenn zweierlei aus seinem Selbstverständnis restlos ausscheidet, dann der omnipotente ›Tiefsinn‹ und das volltönende ›Pathos‹. Derartiges Widerstreben kommt aus der kritischen Erbschaft Brechts und Eislers, zu denen er sich zeitlebens bekannte, auf die er aber nicht festzulegen ist.

Spezifika des Klangs, eigenwillige funktionelle Verwendungen, stilistische Besonderheiten braucht man bei B. nicht lange zu suchen. Während jeder Periode versicherte sich B. ihrer widerspenstigen, sperrigen, frechen, witzigen Sinngebungen. Selbst die zarten, fragilen, zurückgenommenen Arbeiten der späten Periode führen widerborstige Züge mit sich wegen ihrer fern der seriellen Allerweltsnorm liegenden aphoristischen Setzweise und ihres trotz angespannter Ruhe die Dissonanz und das Chaos belebenden Wesens.

Stefan Amzoll

Edward Benjamin Britten

geb. 22. 11. 1913 Lowestoft (Suffolk), gest. 4. 12. 1976 Aldeburgh. Mit 12 Jahren Kompositionsstudien bei Frank Bridge. 1930–1933 Studium am Royal College of Music in London bei John Ireland (Komposition) und Arthur Benjamin (Kl.). 1935–1939 Film-, Theater- und Hörspielmusikkomponist; in dieser Zeit Beginn der Freundschaft mit dem Dichter Wysten Hugh Auden. 1939–1942 Aufenthalt in den USA, lernt hier den Tenor Peter Pears kennen, den er später häufig bei Konzerten begleitete. Ab April 1942 Wohnsitz in Aldeburgh (Suffolk). 1947 Mitbegründer der English Opera Group. 1948 Gründung des seitdem jährlich stattfindenden Aldeburgh Festivals. Gastspiele als Pianist und Dirigent in zahlreichen Ländern. B. war Vizepräsident der Worker's Music Association und Mitglied der Musician's Organisation for Peace.

WERKE F. 1 INSTR.: *Six Metamorphoses after Ovid* f. Ob. solo op. 49 (1951); *Nocturnal after John Dowland* f. Git. op. 70 (1963); (3) Suiten f. Vc. (op. 72, 1964; op. 80, 1967; op. 87, 1971); Suite f. Hf. op. 83 (1969) – WERKE F. 2 INSTR.: *Morris Dance, from Gloriana* f. 2 Blfl. (o. Op. u. Jahr); Suite f. V., Kl. op. 6 (1934/35); *Lachrymae, Reflections on a song of John Dowland* f. Va. op. 48 (1950); Sonate in C f. Vc., Kl. op. 65 (1961) – WERKE F. 3 INSTR.: Canticle III: *Still falls the Rain* (Es regnet immer noch) f. T., Hr., Kl. op. 55 (1954); *Alpine Suite* f. 3 Blfl. o. Op. (1955); *Fanfare for St. Edmundsbury* f. 3 Trp. o. Op. (1959) – WERKE F. 4 INSTR.: *Phantasy*, Quartett in einem Satz f. Ob., V., Va., Kl. op. 2 (1932); (4) StrQu. (in D, 1931, rev. 1974; Nr. 1 op. 25, 1941; Nr. 2 op. 36, 1945; Nr. 3 op. 94, 1975); Scherzo f. Blfl.-Quartett o. Op. (1955); *Gemini-Variations on an Epigram of Kodály* f. 2 Spieler (Fl., V., Kl. zu vier Händen) op. 73 (19765) – WERKE F. ENSEMBLE: Sinfonietta f. Fl. Ob., Klar., Fg., Hrn., Streichquintett (od. kleines Orch.) op. 1 (1932) – BEARB. EIGENER WERKE: Simple Symphony op. 4 (1934) f. StrQu.; V.-Konzert op. 15 (1939; rev. 1958) f. V., Kl.; Symphony f. Vc., Orch. op. 68 (1963) f. Vc., Kl. – BEARB. FREMDER WERKE: *Chacony* G v. Henry Purcell f. StrQu.; The Golden Sonata v. Henry Purcell f. 2 V., Vc., Kl.

Verlage: Boosey & Hawkes, Faber Music London.

Mit B. B. ging in England endgültig eine Periode zu Ende, in der die musikalische Produktion von Rang weitgehend zum Stillstand gekommen war. Nach Henry Purcell (1659–1695) war unerklärlicherweise ein bis dahin starker Traditionsstrang abgeschnitten worden, an den erst im 20. Jahrhundert durch Namen wie Edward Elgar, Ralph Vaughan Williams, Gustav Holst oder William Walton wieder angeknüpft wurde. Auch Frank Bridge wäre zu nennen, der als Lehrer einen nachhaltigen Einfluß auf das Werk B.s ausübte.

Hervorzuheben ist, daß sich für einen Komponisten mit diesem traditionellen Hintergrund, selbst wenn er gar nicht ausdrücklich als englischer oder britischer Komponist verstanden werden will, der Begriff von musikalischer Avantgarde ganz anders stellt, als dies bei einem Festlands-Europäer der Fall ist. Das Pathos des Fortschreibens einer Entwicklung in ständiger Differenzierung und Weiterführung – in diesem Prozeß fühlte sich zum Beispiel die Wiener Schule um Arnold Schönberg involviert – war B. weitgehend fremd. Das führte zu einem weitaus unbelasteteren Umgang mit dem musikalischen Material. Auch eine stilistische Einordnung seines Schaffens ist schwer möglich, denn selbst der auf den ersten Blick naheliegende Neoklassizismus vermag das Phänomen nur undeutlich einzugrenzen. Der Vorurteilsfreiheit B.s gegenüber den musikalischen Sprachmitteln steht freilich eine außerordentliche Souveränität ihrer Beherrschung gegenüber. Schon die mit nur 10 Instrumenten schmal besetzte Sinfonietta op. 1 des 19jährigen Komponisten kündet von einer Leichtigkeit des Schaffens, von einer Selbstverständlichkeit des Tons, die Staunen erregten. Denn gleichzeitig war ein durchaus eigenwilliger und selbständiger Charakter zu vernehmen, der Sperrigkeiten des Klangs nicht scheute. Immer ist die Musik angefüllt mit Witz und Geist, den Leerlauf in sich kursierender Gestalten kennt sie nicht. Auch der Vorwurf eines eklektischen Komponierens, der mitunter gegen B. ins Feld geführt wurde, trifft allenfalls bedingt, denn B. erhob das Verfügen über unterschiedlichste Stilmittel, ja über differierende Ebenen musikalischer Tiefe selbst zum Schaffensprinzip. Gerade das Changieren zwischen ihnen ist wesentliche Substanz der Werke. Dabei griff er weit zurück in die eigene englische Tradition, hin auf Henry Purcell, John Dowland oder die Virginalisten, und überbrückte die Lücke von diesen Anregern seines Schaffens bis zur Gegenwart durch nahezu alle musikalischen Äußerungsformen, die inzwischen entwikkelt und ausgestattet worden waren.

Diese Techniken freilich waren besonders gut handhabbar im Umfeld einer semantisch gebundenen Musik, also in Vokalwerken bis hin zum oratorischen Hauptwerk, dem *War Requiem* von 1961 oder in den Opern, die zum Schwerpunkt des Schaffens von B. wurden. Die Musik übernahm hierbei neben der dramatischen Akzentuierung in erster Linie die Funktion einer subtil differenzierenden Stimmungszeichnung, wie sie sich zum Beispiel in den psychodramatischen *Sea Interludes* der Oper *Peter Grimes* niederschlägt. Auch das orchestrale Hauptwerk B.s, die *Sinfonia da requiem* von 1940, gehorcht vergleichbaren Gestaltungsgesetzen.

B.s kammermusikalisches Schaffen steht demgegenüber eher am Rande. Gleichwohl ragen einige Werke durch ihren experimentellen Charakter speziell hervor. Besonders zu erwähnen sind die StrQu.e und die im Hinblick auf Mstislav Rostropowitsch entstandenen Vc.-Werke. Ein Meisterwerk kompositorischer Umformung sind die 1950 entstandenen Reflektionen über ein Lied von John Dowland, *Lachrymae* für Va. und Kl., ein Werk, das brennspiegelartig Schaffensprinzipien B.s in bezug auf das Verhältnis von spezifisch englischer Tradition und Gegenwart zusammenfaßt. Weitere kammermusikalische Werke sind als Gelegenheitsarbeiten zu verstehen, als Zeugnisse souverän leichten Umgangs mit dem Material. Als kleine Charakterstücke oder auch als konzentrierte Satzstudien erweisen sie sich als lebendige Musizierstücke. Besondere Erwähnung verdienen hierbei die *Sechs Metamorphosen nach Ovid* für Ob. solo aus dem Jahr 1951 (mit den quasi-improvisatorischen, rhythmisch freien Sätzen *Pan, Phaeton, Niobe, Bacchus, Narcissus* und *Arethusa*) oder die technisch recht anspruchsvollen *Gemini-Variationen* nach Kodály (1965), die durch einen Ungarn-Besuch angeregt wurden.

WERKE FÜR VIOLONCELLO SOLO

Suite Nr. 1 op. 72 (1964)

Canto primo – Fuga – Lamento – Canto secondo – Serenata – Marcia – Canto terzo – Bordone – Molto perpetuo e canto quarto
Dauer: ca. 25'
Verlag: Boosey & Hawkes London

Suite Nr. 2 op. 80 (1967)

Declamatio. Largo – Fuga. Andante – Scherzo. Allegro molto – Andante lento – Ciaccona. Allegro
Dauer: ca. 25'
Verlag: Boosey & Hawkes London

Suite Nr. 3 op. 87 (1971)

Introduzione. Lento – Marcia. Allegro – Canto. Con moto Barcarola. Lento – Dialogo. Allegretto – Fuga. Andante espressivo – Recitative. Fantastico – Moto perpetuo. Presto – Passacaglia. Lento solemne
Dauer: ca. 25'
Verlag: Boosey & Hawkes London

Sonate op. 65 (1961) für Violoncello und Klavier

Dialogo – Scherzo-pizzikato – Elegia – Marcia – Moto perpetuo
Dauer: ca. 20'
Verlag: Boosey & Hawkes London

Im Jahr 1960 lernte B. durch den russischen Komponisten Dmitrij Schostakowitsch den Cellisten Mstislav Rostropowitsch kennen. Der Freundschaft, die bis zum Tode anhielt, sind fünf bedeutende Kompositionen für dieses Instrument zu verdanken (eine Sinfonie für Vc. und Orchester und vier Kammermusikwerke). Schon wenige Monate nach dem ersten Treffen hatte B. die **Vc.-Sonate** fertiggestellt. Die fünfsätzige Anlage führt dezidiert weit differierende Charakteristika aus; angelegt sind hierbei schon Gestaltmuster, die dann auch in den weiteren Kompositionen für Vc. wirksam wurden. Die relative Knappheit der einzelnen Sätze deutet auf einen insgesamt rhapsodischen

Zug des Werks, das mit bizarren Akzenten in **Scherzo, Marcia** und **Moto perpetuo** die zentrale **Elegia**, ein sehr zurückgenommenes, fast karges Stück, umschließt. Besinnend wird hier den einzelnen Tönen mit feinem Sinn für subtile Klangwirkungen nachgelauscht, still und intensiv.

Die drei **Suiten** für Vc. solo (1964, 1967, 1971) gehorchen vergleichbaren Bauprinzipien, zugleich setzen sie die kontinentale Tradition von J. S. Bach bis Max Reger gewichtig fort. In einer Zeit, da das Vc. zu einem der Hauptinstrumente musikalischer Experimente avancierte (bei B. A. Zimmermann, K. Penderecki, G. Ligeti u.a.) verwies B. eindringlich auf die kantablen Eigenschaften des Vc.s, mit besonderem Nachdruck in den **Canto**-Sätzen der **1. Suite**, aber auch in deren rezitativoartigem **Lamento**. Mit geradezu lustvoller Energie wird der warme, sonore Klangcharakter des Streichinstruments ausgespielt.

Die drei Jahre später entstandene **2. Suite** wirkt demgegenüber mehr strukturell gearbeitet. Die polyphonen Techniken in **Fuga** und **Ciaccona** deuten gegenüber der Canto-Gewichtung der 1. Suite diese Verlagerung an. Insgesamt ist der Ton linearer und herber, der Klang wirkt härter und die Virtuosität hat weniger nach Außen gehende Wirkung. Die **3. Suite** schließlich scheint eine Synthese der beiden vorangegangenen herzustellen. Strebten diese Vereinheitlichung auf klanglicher bzw. struktureller Basis an, so dringt hier ein ganz persönlicher Ton mit weiten charakterlichen Schwankungen zwischen äußerster Introversion und exzessiver Groteske nach vorn. Nur wenige Werke B.s kennen einen vergleichbaren Zug intensivsten Mitteilungsbedürfnisses. Die Musik stellt gleichsam düster-existentielle Fragen in den Raum, in den verschiedenen Formabschnitten kehren sie fast zwanghaft wieder. Einheitlichkeit wird so über die extremen Satzcharaktere hinweg schlüssig hergestellt. Extreme Behandlung der Klangfarben mit diversen Glissando-, Tremolo- und Pizzicato-Effekten unterstreichen den suchenden Gestus dieser Suite, die somit krönend die Folge der Vc.-Kompositionen B.s beschließt.

STREICHQUARTETTE

Streichquartett Nr. 1 D-Dur op. 25 (1941)

Andante sostenuto, Allegro vivo – Allegretto con slancio – Andante calmo – Molto vivace
Dauer: ca. 25'
Verlag: Boosey & Hawkes London

Streichquartett Nr. 2 C-Dur op. 36 (1945)

Allegro calmo senza rigore – Vivace – Chacony
Dauer: ca. 28'
Verlag: Boosey & Hawkes London

Streichquartett Nr. 3 op. 94 (1975)

With moderate movement – Ostinato – Solo – Burlesque – Recitative and Passacaglia (La Serenissima)
Dauer: ca. 25'
Verlag: Boosey & Hawkes London

Die StrQu.-Kompositionen bilden einen weiteren kammermusikalischen Schwerpunkt in B.s Schaffen. Nach frühen Versuchen (dreisätziges D-Dur-Quartett 1931, drei Divertimenti 1933–1936) des Studierenden folgte während des Amerika-Aufenhalts (1939–1942) im Jahr 1941 das **D-Dur-Quartett op. 25**, in dem klangliche Experimente in den Mittelpunkt gestellt werden. So exportiert die langsame Einleitung einen Doppelsekund-Klang in hoher Lage, unterlegt von Dreiklangsbrechungen im Vc. Dem steht im zweiten Abschnitt ein rhythmisch pointiertes Allegro-Motiv entgegen. Diese Gegenüberstellung konstituiert die Form, in variativer Abwandlung wird jeder Teil mehrfach wiederholt (in der Abfolge a-b-a-b-a-b-a), wobei ihre anfangs extrem divergierenden Charaktere zusammenwachsen. Der **2. Satz** exportiert ebenfalls zwei divergente Klangtypen, ein tickendes Spiccato (ppp) in Vierteln, dann einen mehrschichtig vollen Satz mit charakteristischen Triolenfiguren. Wieder wird im Verlauf eine Angleichung angestrebt. Der langsame **3. Satz** wird von einem 5/4-Rhytmus in großen Werten (zwei Halbe plus Viertel) geprägt, der die zunehmende variative Verdichtung grundierend bestimmt. B. geht also in diesem StrQu. jeweils von klar konturierten, betont einfachen Gestalten aus, um umso deutlicher Formen variativer Klangveränderung zu demonstrieren.

Das **2. StrQu.** (1945) entstand anläßlich des 250. Todestages des großen englischen Vorbildes Henry Purcell. Die Kontur ist gegenüber dem 1. StrQu. wesentlich kompakter; barocke Vorbilder, etwa die Arpeggiofiguren im **2. Satz** oder die Rhythmisierung des Chaconne-Themas des abschließenden **3. Satzes**, spielen eine maßgebliche Rolle. Der 3/2-Takt dieses Schlußsatzes, unisono geführt und scharf punktiert, bezieht sich besonders deutlich auf das Vorbild Purcell. Die Variationen darüber erschließen freilich die ganze Musikgeschichte bis zur Neuzeit. Ein fundamentales Schaffensprinzip B.s tritt hier klar wie selten zutage.

Das kurz vor dem Tode entstandene **3. StrQu.** (1975) ist fraglos eines der extremsten und reifsten Werke von B. Wieder werden weit divergierende Satztypen exportiert, hier freilich fast wie auf dem Seziertisch. Schon einzelne Überschriften wie ›Ostinato‹, ›Solo‹ oder ›Rezitative and Passacaglia‹ weisen auf die kompositionstechnischen Ausgangspunkte. Neu ist die Unbedingtheit der Ausführung, die Konzessionslosigkeit. So lebt der **1. Satz** aus dem vielgestaltig ausgeführten Klangeindruck des Sekundintervalls oder der **2. Satz** aus einer rigiden viertönigen Septfolge. Die Klarheit der Darstellung, erklärtes Prinzip in allen Arbeiten B.s, nimmt hier Formen rein analytischen Komponierens an. Zugleich aber erzielt B. trotz dieser strukturellen Dominanz eine faszinierende Vielfalt an Ausdrucksformen. Gerade die Deutlichkeit der motivischen Konzentration führt in ungeahnte Weiten, hin zu lebendig pulsierender Musik. Prämissen seriellen Denkens, das ›Immer das Gleiche, immer anders‹, sind hierbei schlüssig in die musikalische Welt B.s übersetzt.

Reinhard Schulz

Anton Bruckner

geb. 4. 9. 1824 Ansfelden (Oberösterreich), gest. 11. 10. 1896 Wien. 1835 erster Musikunterricht bei seinem Vetter, dem Organisten Johann Baptist Weiß in Hörsching. 1837–1840 Sängerknabe im Stift St. Florian, dort Unterricht in Org. u. Generalbaß. 1840/41 Ausbildung zum Musiklehrer an der ›Präparandie‹ (Lehrerbildungsinstitut) in Linz. 1841–1845 Schulgehilfe in Windhaag und Kronstorf. Musikunterricht bei Leopold von Zenetti in Ens. 1845–1855 Lehrer in St. Florian, ab 1850 provisorischer Stiftsorganist. 1855–1868 Domorganist in Linz u. ab 1856 Mitglied der Liedertafel ›Frohsinn‹, ab 1860 1. Chormeister. 1855–1861 Studien in Harmonielehre, Kontrapunkt u. Org. bei Simon Sechter. 1865 erste Begegnung mit Richard Wagner. 1868–1892 Hoforganist (ab 1878 ›wirkliches‹ Mitglied der Hofkapelle) in Wien; 1968–1891 Professor für Harmonielehre, Kontrapunkt u. Org.-Spiel am Wiener Konservatorium; ab 1869 internationale Konzerttätigkeit als Organist. 1875–1894 Lehrtätigkeit (Harmonielehre, Kontrapunkt) an der Wiener Universität. 1876 in Bayreuth zur Eröffnung der Festspiele. Zahlreiche Ehrungen und Auszeichnungen.

Werke f. 2 Instr.: *Abendklänge* f. V., Kl. e (1866) – Werke f. 3 Instr.: *Aequale* f. 3 Pos. c (1847); *Aequale* f. 3 Pos. c (1847) – Werke f. 4 Instr.: StrQu. c, WAB 111 (1861/62) – Werke f. 5 Instr.: Streichquintett F, WAB 112 (1878/79); Intermezzo d f. 2 V., 2 Va., Vc. (1879).

WAB = Grasberger, Renate: WV A. B., Tutzing 1977.
GA A.B. Sämtliche Werke, hrsg. v. L. Nowak, Wien 1951 ff.

Es gibt wohl kaum einen Komponisten im ausgehenden 19. Jahrhundert, an dessen Schaffen sich die zeitgenössische musikästhetische Diskussion mit solcher Vehemenz entzündet hat wie am Werk von A. B. Die Verfechter der absoluten Musik, des »musikalisch Schönen« (Eduard Hanslick) bekämpften ihn als Protagonisten der ›Neudeutschen‹ Schule, sahen in ihm den »Gefährlichsten unter den Neueren des Tages« (Gustav Dömpke), die ›neudeutsche Schule‹, die ›Zukunftsmusiker‹ um Franz Liszt dagegen erklärten B. zu einem der Ihrigen. Dabei kann B. weder der einen noch der anderen Richtung bedingungslos zugeordnet werden. Er hat keinen Beitrag zur Oper und zur sinfonischen Dichtung, den zentralen Gattungen der ›neudeutschen Schule‹, geleistet, und hat – berücksichtigt man die Andeutungen zur 4. und 8. Sinfonie nicht – zu keiner Zeit ein ›Programm‹ für seine Sinfonien mitgeteilt. Lediglich daß er die Kammermusik, anders als Johannes Brahms, nur mit weniger Werken bedachte, entspricht dem Zeitgeist.

B.s musikalisches Denken war – klammert man seine geistliche und weltliche Vokalmusik, die Org.- und Kl.-Werke sowie den schmalen Bestand an kammermusikalischen Kompositionen aus – mit fast schon besessener Konsequenz auf die Sinfonie gerichtet. So ist es nur folgerichtig, daß Friedrich Blume in dem von B. selbst anerkanntem Streichquintett F-Dur »eine verkappte Sinfonie« sieht, ein Ebenbild seines sinfonischen Stils und seiner Schaffensweise. Das c-Moll-StrQu. dagegen, eine bei dem Linzer Kapellmeister Otto Kitzler entstandene Schülerarbeit, die noch kaum den B. des Spätwerks erkennen läßt, wurde wie fast alle vor 1864/65 entstandenen Kompositionen, von B. zurückgezogen und für »ganz und gar ungültig« erklärt. Erstaunlicherweise »führt keine Brücke (von den Früh- zu den Spätwerken). Keine eigentlich künstlerische ›Entwicklung‹ im Sinne eines allmählichen Fortschreitens vom Schülertum zur Meisterschaft, von der Unfreiheit zur Souveränität, vom Primitiven zum Vollkommenen, vom Kindheitsversuch zur Altersreife« (Friedrich Blume). Das Streichquintett F-Dur, genauso wie die neun Sinfonien, entstanden von 1865 bis 1887, bilden einen hieratischen Block: In der formalen Anlage, der Themendisposition, den Tonalitätsverhältnissen, der Instrumentation, den rhythmischen Bewegungsformen u. ä. Der B.-Schüler Josef Schalk hat mitgeteilt, daß sich »B.…ein sehr einfaches Schema zurechtgelegt, darüber offenbar niemals spekuliert und in allen seinen Sinfonien ganz gleichmäßig daran festgehalten« hätte.

Diese den Sachverhalt etwas vereinfachende Feststellung trifft in gleicher Weise auch auf die Werk›idee‹ zu. B.s kompositorisches, künstlerisch-ästhetisches Denken war außer auf die Lösung musikalischer Probleme nur auf einen einzigen Gegenstand gerichtet: Auf die künstlerische Umsetzung seines religiös geprägten Weltbildes. Hierin ist er nur noch seinen mittelalterlichen Zunftgenossen vergleichbar. Das Signum O.A.M.D.G. (omnia ad majorem Dei gloriam – alles zu Ehren Gottes), das er unter viele seiner Stücke setzte, ist mehr als ein Sigel – es ist der Ausdruck eines tiefempfundenen Glaubens an die Welt Gottes und an ihre Urmächte Engel und Teufel, Gut und Böse, Auferstehung und ewige Verdammnis. Dieses antithetische Weltbild drückt zugleich menschliche Grunderlebnisse aus: Leben und Tod, Sieg und Niederlage, Licht und Dunkel. Nicht zuletzt aus diesem Grunde besitzt B.s Tonsprache eine andauernde Aktualität.

Streichquintett F-Dur WAB 112 (1878/79) für 2 Violinen, 2 Violen und Violoncello

Gemäßigt. Moderato – Scherzo. Schnell – Adagio – Finale. Lebhaft bewegt
Dauer: ca. 48'
Verlag: Rudolf Trauner Linz, ED 1884

»Einen größeren Erfolg hat der Künstler im Quartettspiel n i e erlebt. Ich selbst wurde nach jedem Satz wiederholt gerufen, und zwar vom ganzen Publikum; am Schlusse wohl 10mal«, berichtet B. einem Freund nach der Aufführung des Streichquintetts am 8. 1. 1885 durch das Hellmesberger-Quartett. Obwohl das Streichquintett auf Veranlassung von Hellmesberger entstanden ist, der B. »wiederholt und eindringlich ersucht hat(te)«, ein solches Werk zu komponieren, fand die UA – allerdings ohne den Finalsatz – am 17. 11. 1881 nicht durch ihn, sondern durch B.s Schüler unter Leitung von Josef Schalk statt. Joseph Hellmesberger d. Ä. hatte das Scherzo als »zu schwer« kritisiert und B. veranlaßt, stattdessen ein zu schreiben. Am 21. 12. 1879 lag der gewünschte neue Satz bereits vor. Die damals schon vorhandene erste Fassung, entstanden zwischen Dezember 1878 und dem 12. Juli 1879, erschien 1884 im Druck. Im Unterschied zur Originalhandschrift, bei der das Adagio an zweiter Stelle steht und statt des nachkomponierten Intermezzos das ursprüngliche Scherzo enthielt, trägt das Adagio die Bezeichnung ›Andante. Quasi Allegretto. Ausdrucksvoll‹. Das Streichquintett ist »Sr. kgl. Hoheit dem Herzog Max Emanuel von Bayern in tiefster Ehrfurcht gewidmet«.

»Wie ein getreues Echo B.scher Sinfonien, gespielt von einem Mahlerschen Fernorchester«, charakterisiert Mathias Hansen das Streichquintett F-Dur. In der formalen Anlage, aber auch durch das baukastenartige Strukturprinzip, durch die fast schon ›obligatorische‹ Dreizahl der Themenkomplexe sowie durch das dynamische Entwicklungkonzept, das auskomponierte Werden und Wachsen einer Form, verweist das in der Besetzung mit zwei Bratschen dem Mozartschen Gattungstyp verpflichtete Werk insbesondere auf B.s 8. Sinfonie (WAB 108).

Im **1. Satz** (F-Dur) stellt B. in der Exposition drei Themen auf, wobei zwischen dem ersten und dritten Thema eine große Affinität besteht, der eine Gedanke auf der Grundlage der Variantentechnik gleichsam aus dem anderen erwächst. Charakterisch für B.s melodische Erfindungen ist das gleich zu Beginn von der 1. V. vorgetragene sangliche, breit dahinfließende erste Thema (der zweite, rhythmisch pointierte Gedanke ist sehr zerklüftet), bei dem binäre mit ternären Rhythmen wechseln.

In der Durchführung arbeitet B. nur mit den ersten beiden Themen, holt dann aber in der Reprise für das dritte Thema die Verarbeitung nach, ehe der Satz in eine hymnische Schlußapotheose mündet.

Wie später in der 8. und 9. Sinfonie (WAB 109), steht auch hier das **Scherzo** an zweiter Stelle. Der d-Moll-Satz, ein »oberösterreichische(r) Bauerntanz in unerhörtester Art, in dem allein das rhythmische Element den Gesang überwiegt oder ganz verdrängt« (J. Schalk), führt mit seinen kühn wandernden Baßfiguren tatsächlich in die etwas grob geschliffene, doch ursprünglich gebliebene ländliche Welt. Ein liebliches Trio bildet hierzu den ausdrucksvollen Kontrast.

Das **Adagio** (Ges-Dur), eine der schönsten Erfindungen B.s, nimmt bereits die Ausdruckswelt, aber auch die motivischen Gestalten der 7. Sinfonie (WAB 107) von 1883 voraus. Die zwei Themen sind variantentechnisch und ausdrucksmäßig miteinander verwandt, ähnlich dem ersten und dritten Thema im 1. Satz. Das ganze Adagio wird von den sanft dahinfließenden, der Welt entrückten melodischen Gedanken getragen. Sie wandern durch die Instrumente und wechseln dabei die Rollen: So übernimmt z. B. die 1. Va. das Thema, während die begleitenden Achtelakkorde von den V. und der 2. Va. gespielt werden. Der lyrische Gestus wird allerdings durch leidenschaftliche Impulse aufgebrochen, die ihre expressive Aufgipfelung in der Durchführung finden, ehe alles ppp verklingt.

»Contrapunct ist«, so B. an einen Freund 1893, »nicht Genialität, sondern nur Mittel zum Zweck.« Doch wie B. im **Finale** mit diesem »Mittel« umgeht und zu welchen »Zwecken« er es einsetzt, und daß trotz der streng gearbeiteten Fugatoteile ein gelöster, beschwingter Ton herrscht – das ist eben dann doch genial. Harmonisch wird der Bogen von f-Moll nach F-Dur gespannt, gleichlaufend einer gewaltigen Steigerung. Wieder arbeitet B. mit drei Themen. Das zweite Thema ist mit dem Trio-Thema aus dem Scherzo eng verwandt. Wie in den Sinfonien stellt B. Themenblöcke mit unterschiedlichen Ausdrucksqualitäten und Reminiszenzen an Motive aus den vorangegangenen Sätzen gegeneinander. Hieraus ergibt sich in der Fugendurchführung, in der das 3. Thema einsetzt, eine Polarisierung der Konflikte. Mitten im Satz dann eine Generalpause – Atemholen und Besinnung zugleich. Leise beginnt danach die Coda, die allmählich den jubelnden F-Dur-Ausklang des Streichquintetts vorbereitet.

Ingeborg Allihn

John Cage

geb. 5. 9. 1912 Los Angeles, gest. 12. 8. 1992 New York. Sohn des Erfinders John Milton Cage. Die Ausbildung zum Priester brach C. 1930 ab, reiste fast zwei Jahre durch Europa. 1932/33 Kompositionsstudium in New York u. a. bei Henry Cowell, 1934–1937 in Kalifornien bei Arnold Schönberg. 1937 Pianist in Seattle und Komponist der Tanzklasse Bonnie Bird an der Sornish School of Music. Hier Gründung eines Schlzg.-Ensembles. Seit 1942 lebte C. als freischaffender Komponist in New York, 1954 zog er in eine Künstlerkommune in Stony Point, N.Y., 1969 kehrte er nach New York zurück. 1935–1946 Ehe mit der Buchbinderin Xenia Andreyevna Kashevaroff. In dieser Zeit lernte er den Tänzer und Choreographen Merce Cunningham kennen, mit dem er bis zu seinem Tode befreundet war. Für dessen Choreographien schrieb C. nicht nur zahlreiche Werke, sondern war auch musikalischer Berater der ›Merce Cunningham Dance Company‹. Ab 1946 Studium der indischen Philosophie. 1951 erste Zusammenarbeit mit dem Pianisten David Tudor und den Komponisten Morton Feldman und Christian Wolff. Beginn von Kompositionen mit Zufallsoperationen. 1954 Europareise, u. a. nach Donaueschingen, Köln, Paris, Auslösung der Diskussion über Aleatorik in Europa. Ab 1956 Lehraufträge an verschiedenen Colleges, u.a. an der New School for Social Research New York und am Center for Advanced Studies der Wesleyan University/Connecticut (ab 1960). Ab 1949 wurden seine Werke international bekannt und entfalteten eine kaum zu überschätzende Wirkung, vor allem auf die damals junge Komponistengeneration in Europa und Japan. 1962 Mitbegründer der Mycological Society in New York. 1963 Arrangement der ersten vollständigen Aufführung von Eric Saties *Vexations*; C. gehört damit zu den Anregern der Minimal Music. 1969 Zusammenarbeit mit Lejaren Hiller an der Computerkomposition *HPSCHD*. In der 70er Jahren Transformation von Vorlagen mit Zufallsverfahren in meist größer besetzten Werken. Jetzt auch Ausdehnung der Produktivität auf Grafik und Buchkunst.

Werke f. 1 Ausführenden: Sonata for clarinet (1933); *In a landscape* f. Kl. od. Hf. (1948); Music for carillon no. 1 (1952); 59 1/2 seconds for a string player f. beliebiges viersaitiges Streichinstr. (1953); Music for carillon nos. 2 and 3 (1954); 26'1.1499" for a string player f. beliebiges viersaitiges Streichinstr. (1955); 27'10.554" for a percussionist mit Tonband ad lib. (1956); *Wbai* f. Maschinen (1960); Music for carillon no. 4 f. elektronisches Glsp. mit Live-Elektronik u./od. Tonband (1961); 0'00" f. beliebige Schallquellen m. elektrischer Verstärkung (1962); Music for carillon no. 5 (1967); *Child of tree* f. Schlzg. (1975); *Cheap imitation* f. V. (1977); Chorals for violin solo (1978); Eight whiskus f. V. (1985); *Freeman etudes* f. V. (1977–1980/89–90); composed improvisation for snare drum alone mit Tonband ad lib. (1987/1990); composed improvisation for Steinberger bass guitar mit Tonband ad lib. (1987/1990); composed improvisation for one-sided drums with or without jangles mit Tonband ad lib. (1990); *One*^{4} f. Schlzg. (1990); *One*^{6} f. V. (1990); *One*^{7} f. beliebige Schallquellen (1990); One^{8} f. Vc. (1991); One^{9} f. Sho (1991); *One*^{10} f. V. (1992) – Werke f. 2 Ausführende: Three pieces for flute duet (1935); *Nocturne* f. V., Kl. (1947); Six melodies for violin and keyboard f. V., Kl. (1950); *Two* f. Fl., Kl. (1987); Two^{3} f. Shō, Schlzg. (1991); *Two*^{4} f. V., Kl. od. Shō (1991); *Two*^{5} f. Kl., TPos. (1991); Two^{6} f. V., Kl. (1992) – Werke f. 3 Ausführende: Trio f. 3 Schlzg. (1936); *Telephones and birds* f. Telephone, Tonbänder, Mikrophone, Verstärker, Lautsprecher (1977); *Three* f. 3 Blockflötisten (1989); Three^{2} f. 3 Schlgz. (1991) – Werke f. 4 Ausführende: Quartet f. 4 Schlzg. (1935); *Imaginary landscape* no. 1 f. 3 Schlzg., Kl. (1939); Living room music f. 4 Schlgz./ Sprecher (1940); Second construction f. 4 Schlzg. (1940); *Double music* (zusammen mit Lou Harrison) f. 4 Schlzg. (1941); Third construction f. 4 Schlzg. (1941); *Credo in us* f. 3 Schlzg., Kl. (1942); *Amores* f. präp. Kl., 3 Schlzg. (1943); *She is asleep*, Quartet, f. 4 Schlzg. (1943); String quartet in four parts (1949/50); *Inlets* f. 4 Ausführende mit Muscheln u. 1 Feuer, live oder aufgenommen (1977); Thirty pieces for string quartet (1983); *Four* f. StrQu. (1989); *Four*^{3} f. 4 Ausführende (1 oder 2 Kl., 12 rainsticks, V. oder Oszillator) (1991); *Four*^{4} f. 4 Schlzg. (1991); *Four*^{5} f. SaxQu. (1991); *Four*^{6} f. beliebige Schallquellen (1992) – Werke f. 5 Ausführende: *Music for wind instruments* f. Bläserquintett (1938); *Imaginary landscape* no. 2 (or March no. 1) f. 5 Schlzg. (1942); Five f. 5 Stimmen u./od. Instr. mit festgelegten Tonhöhenumfängen (1988); *Five*^{2} f. EHr., 2 Klar., BKlar., Pk. (1991); *Five*^{3} f. Pos., StrQu. (1991); *Five*^{4} f. SSax., ASax., 3 Schlzg. (1991); *Five*^{5} f. Fl., 2 Klar., BKlar., Schlzg. (1991) – Werke f. 6 Ausführende: *Imaginary landscape* no. 3 f. 6 Schlzg. (1942); *The city wears a slouch hat* f. 6 Schlzg. (1942); Speech 1955 f. 5 Radios, 1 Sprecher (1955); Six f. 6 Schlzg. (1991) – Werke f. 7 Ausführende: *First construction* (in metal) f. 6 Schlzg., 1 Assistenten (1939); Six short inventions f. AFl., Klar., Trp., V., 2 Va., Vc. (1958); *Seven* f. Fl., Klar., Schlzg., Kl., V., Va., Vc. (1988); Seven^{2} f. BFl., BKlar., BPos., 2 Schlzg., Vc., Kb. (1990) – Werke f. 8 Ausführende: *Eight* f. Fl., Ob., Klar., Fg., Hr., Trp., TPos., Tuba (1991) – Werke f. 9 Ausführende: Sixteen dances for soloist and company of 3 f. Fl., Trp., 4 Schlzg., Kl., V., Vc., (1950/51); *Haikai* f. Gamelan Degung mit je 1 Bonang, Jengglong, Suling, Saron, Panerus, Gambang, Kendang, Kempul, Gong (1986) – Werke f. mehr als 9 Ausführende: *Fourteen* f. Kl. solo, Fl./Pikk., BFl., Klar., BKlar., Hr., Trp., 2 Schlzg., StrQu., Kb. (1990); Ten f. Fl., Ob., Klar., TPos., Schlzg., Kl., StrQu. (1991); *Thirteen* f. Fl., Ob., Klar., Fg., Trp., TPos., Tb., 2 Xyl., StrQu. (1992) – Werke f. variable Besetzung: *Sonata for two voices* f. mindestens 2 Instr. mit festgelegten Tonhöhenumfängen (1933); Solo with obligato accompaniment of two voices in canon, and six short inventions on the subjects of the solo f. mindestens 3 Instr. mit festgelegten Tonhöhenumfängen (1933/34); *Composition for three voices* f. mindestens 3 Instr. mit festgelegten Tonhöhenumfängen (1934); *Party pieces* (zusammen mit Henry Cowell, Lou Harrison, Virgil Thomson) f. beliebige Instr. u./od. Stimmen (ca. 1944–1946); *4'33"* für beliebige und beliebig viele Instr. (1952); *Radio music* f. 1–8 Radios (1956); Concert for piano and orchestra f. 1–15 Ausführende (beliebige Kombination aus Kl. solo, Fl./ AFl./ Pikk., Klar., Fg./ BarSax., Trp., Pos., Tuba, 3 V., 2 Va., Vc., Kb., Dirigent) (1957/58); *Fontana mix* f. beliebige Schallquellen u./od. Bühnenaktionen (1958); *Variations* I f. beliebige Art u. Anzahl von Instr. (1958); Cartridge music f. 1–40 Spieler mit beliebigen Schallquellen, Tonabnehmern u. Lautsprechern (1960); Music for amplified toy pianos f. beliebig viele elektrisch verstärkte Spielzeug-Kl. (1960); Variations II für beliebig viele Spieler mit beliebigen Schallquellen (1961); *Atlas eclipticalis* f. 1–88 Ausführende (beliebige Kombination aus 3 Fl. (mit ad lib. Pikk. u. AFl.), 3 Ob. (mit ad lib. EHr. u. Sax.), 3 Klar. (mit ad lib. BKlar. u. Kb.Klar.), 3 Fg. (mit ad lib. KFg.), 5 Hr., 3 Trp., 2 TPos., BPos., 3 Tuben, 3 mal Pk., 9 Schlzg., 3 Hf., 24 V., 9 Va., 9 Vc., 3 Kb., Dirigent, Assistent f. elektrische Verstärkung der Instr.) (1961/62); *Variations* III f. beliebig viele Spieler, die irgendwelche Aktionen aufführen (1962/63); *Variations* IV f. beliebige Schallquellen (1963); 0'00" no. 2 f. 2 od. mehr Ausführende mit unbestimmten Schallquellen und Live-Elektronik (1968); *HPSCHD* (zusammen mit Lejaren A. Hiller jr.) f. 1–7 elektrisch verstärkte Cemb. und 1–51 Tonbänder (1967–1969); *Branches* f. beliebig viele Schlzg. (1976); *Etudes boreales* f. Vc. u./od. Kl. (1978); *Variations* VIII f. beliebig viele Spieler mit unbestimmten Schallquellen (1978); *Postcard from heaven* f. 1–20 Hf. (1982); Ryoanji f. 2–6 od. 21–25 Ausführende (a) beliebige Kombination aus Gesang, Fl., Ob., Pos., Kb. – jeweils ad lib. mit Tonband –; b) 1 Schlzg. od. 20 beliebige glissandofähige Instr.) (1983–1985); But what about the noise of crumpling paper which he used to do in order to paint the series of »Papiers froissés« or tearing up paper to make »Papiers déchirés?« Arp was stimulated by water (sea, lake, and flowing waters like rivers), forests. f. 3–20 Schlzg. (1985); *Hymnkus* f. 1–14 Ausführende (beliebige Kombination aus Gesang, AFl., Klar., ASax., TSax., Fg., Pos., 2 Schlzg., 2 Kl., Akk., V., Vc.) (1986); Music for f. 1–17 Ausführende (beliebige Kombination aus Gesang, Fl., Ob., Klar., Hr., Trp., Pos., 2 Kl., 4 Schlzg., 2 V., Va., Vc.) (1984–1987).

Verlag: Werke, soweit veröffentlicht, alle bei Henmar Press, N. Y.; vertrieben durch C. F. Peters, New York).

Der Stellenwert, den die Kammermusik in C.s Gesamtwerk einnimmt, ist mehrdeutig. Hält man seine zwischen 1950 und 1967 entstandenen Kompositionen, in denen die Zertrümmerung jedweder überlieferten Musiksprache sowie die unbedingte Vermeidung einer neuen, an die Stelle einer alten zu setzenden musikalischen Grammatik im Vordergrund des Interesses standen, für zentral – in einem nicht nur chronologischen, sondern auch inhaltlichen Sinn –, dann erweist es sich als zwingend notwendig, die Kategorie ›Kammermusik‹ als veraltet zu empfinden. Denn die konsequent vorangetriebene Negation des kompositorischen Zusammenhangs hatte C. bereits 1956 in eine Situation gebracht, in der er Werke schrieb, erstens deren sukzessive Abschnitte sich ästhetisch so indifferent zueinander verhalten, daß man ihre Reihenfolge beliebig vertauschen kann, und zweitens, deren einzelne Instrumentalstimmen sich so indifferent zueinander verhalten, daß man sie beliebig vom Solo bis zum Orchesterstück miteinander kombinieren kann. Ein Beispiel für diese Art von Musik ist *Atlas eclipticalis* (1960/61) für 1 bis 86 beliebig kombinierbare Instrumentalstimmen mit oder ohne Dirigenten: Durch die besondere Art und Weise, in der C. die konventionelle Notation für dieses Stück modifiziert, wird deutlich, daß sein Hauptinteresse hier feinsten Differenzierungen im Tonhöhenkontinuum und in den Dauern von Klängen und Stille gilt; wie die Instrumentalparts während einer Aufführung zeitlich zueinander in Beziehung stehen, ist nicht relevant, und deswegen gibt es auch keine Partitur.

Gleichwohl sollte diese Perspektive nicht den Blick darauf verstellen, daß es in C.s Schaffen zwei Phasen gegeben hat, in denen er sich jeweils für einige Jahre mit speziellen Problemen und Anforderungen der Kammermusik ausgiebig beschäftigt hat. Beide Male hat er das vorgefundene Verständnis von Kammermusik transzendiert, ohne dabei diesen Begriff so aufzuheben wie in den eben angesprochenen Kompositionen: in seinen Stücken für Schlzg.-Ensemble zwischen 1939 und 1943 und in seinen letzten, von 1987 bis 1992 entstandenen Werken für verschiedenste ›kleine‹ Besetzungen.

In den Schlzg.-Stücken gilt das primäre Interesse der Erweiterung des Klangmaterials. Bereits in seinem Vortrag *The future of music: credo* von 1937 hatte C. die Musik für Schlzg. als »a contemporary transition from keyboard-influenced music to the all-sound music of the future« bestimmt. Dabei fungierte ›Schlagzeug‹ als eine Art Oberbegriff für Klangerzeuger aller Art jenseits der konventionellen Instrumente, also auch für elektrische Geräte, wie sie damals in Radio- oder Filmstudios gebräuchlich waren und später zur Voraussetzung für die Produktion elektronischer Musik wurden. Paradigmatisch sind hier die drei ersten *Imaginary landscapes* – und eine weitere unveröffentlichte –, in denen u. a. Schallplatten mit einzelnen Frequenzen, ein elektrischer Summer und eine elektrisch verstärkte Drahtspirale verwendet werden. (Konsequenterweise endet diese Werkreihe 1951/52 mit einer Komposition für 12 Radios mit je 2 Spielern und einer für Tonband. Der Übergang zur All-Klang-Musik der Zukunft war für C. – wie für viele Komponisten – nach dem 2. Weltkrieg zunächst mit der Entdeckung des Tonbands verbunden.) Auffallend sind in den Schlzg.-Stücken aus jener Zeit das fast immer geradzahlige Taktmaß (2/2 oder 4/4) in mäßigem bis schnellem Tempo, das gleichzeitig durch fortlaufende Achtel markiert und durch Synkopen und ungeradzahlige Unterteilungen (Triolen, Quintolen usw.) gestört wird. Motivische Bausteine sind immer klar konturierte, kurze Motive, die permutiert und einander überlagert werden und häufig auch zur Bildung langanhaltender Ostinati benützt werden.

Bezeugen die Schlzg.-Stücke der frühen 40er Jahre C.s weitgehende Ersetzung der auf dem Prinzip des Kontrapunkts basierenden Polyphonie durch eine Ästhetik der (zeitlich kontrollierten) Überlagerungen, so gehen seine späten Kammermusikwerke von gänzlich veränderten kompositorischen Voraussetzungen aus. Nach den Erfahrungen mit einer schier grenzenlos erscheinenden Mobilität der Form, wo buchstäblich alles mit jedem kombiniert werden kann, komponierte C. in seinen letzten Lebensjahren Werke, in denen ein relativ beschränktes musikalisches Material innerhalb fließender zeitlicher Grenzen zueinander in Beziehung gesetzt wird. Und so zupackend, bisweilen roh der Tonfall der frühen Schlzg.-Stücke ist, so sehr bevorzugen die späten Stücke – übrigens nicht nur die für kleine Besetzungen – eine Atmosphäre von großer Stille und Ebenmäßigkeit. Kompositionstechnisch grundlegend dafür ist die Zeiteinteilung: Wie in vielen der eingangs erwähnten Werke seit 1956 gibt es zwar keine Partitur, sondern ausschließlich Einzelstimmen, aber diese sind nicht mehr in ihrem zeitlichen Ablauf unbestimmt. Vielmehr enthält jede Stimme eine festgelegte Abfolge von Abschnitten, für die eine sogenannte Zeitklammer denjenigen Teil der in Sekunden und Minuten (und manchmal auch Stunden) gemessenen Aufführungsdauer angibt, innerhalb derer ein bestimmter Abschnitt gespielt wird. Dadurch ergeben sich Überlagerungen der Einzelstimmen, die wohl innerhalb eines bestimmten Rahmens möglich, im Detail aber nicht vorhersagbar sind.

Besonders charakteristisch ist für viele der letzten Werke eine gegenseitige Abhängigkeit von Tondauer und Lautstärke: C. schreibt keine Lautstärkegrade vor und bestimmt auch nicht – innerhalb einer Zeitklammer – die Längen der Töne, sondern überläßt die Dauern den Spielern und gibt die generelle Anweisung, daß lange Töne leise oder sehr leise gespielt werden müssen, kurze Töne hingegen laut sein dürfen. Außerdem beinhalten die musikalischen Abschnitte, die unter einer Zeitklammer zusammengefaßt sind, pro Stimme nur wenige Töne, häufig auch nur einen einzigen; sie können aber durchaus einige Minuten Länge erreichen. Zusammengenommen resultieren diese kompositorischen Grundvoraussetzungen häufig in einem einzigen sanften ›Klangband‹, das sich intern ständig verändert, und in dem ab und an kurze Explosionen stattfinden.

Martin Erdmann

Luigi Cherubini

geb. 8. od. 14. 9. 1760 Florenz, gest. 15. 3. 1842 Paris. Erster Musikunterricht bei seinem Vater, mit neun Jahren Kompositionsunterricht bei Bartolomeo und Alessandro Felici, später bei Pietro Bizzarri (auch Gesang) und Giuseppe Castrucci (auch Kl. u. Org.). 1778 bereits 36 Werke, hauptsächlich Kirchenmusik. 1778–1781 Unterricht bei Giuseppe Sarti. 1784 Umzug nach London, Opernerfolge. 1785 Parisbesuch, Freundschaft mit dem Geiger Giovanni Battista Viotti. 1786 Umzug nach Paris. 1791 durchschlagender Erfolg der Oper *Lodoiska*. 1795 Inspektor des neugegründeten Conservatoire. *Medea* (1797) und *Les deux journées* (1800) setzen Maßstäbe für Opernkomposition. 1805 Reise nach Wien, Bekanntschaft mit Joseph Haydn und Ludwig van Beethoven. Nach der Rückkehr tiefe Krise; Beschäftigung mit Botanik und Malerei; verstärkte Hinwendung zur Kirchenmusik (Requiem, 1816). Von 1822 bis kurz vor seinem Tod Direktor des wiedergegründeten Conservatoire.

WERKE F. 1 INSTR.: Wettbewerbsstücke f. das Conservatoire (Klar., Ob., Fg.) – WERKE F. 4 INSTR.: 1. StrQu. Es (1814); StrQu.-Satz G (1814); *Souvenir pour son cher Baillot* f. StrQu. Es (1828); 2. StrQu. C (1829, Umarb. der Sinfonie in D von 1815, 2. Satz ›Lento‹ neu); 3. StrQu. d (1834); 4. StrQu. E (1835); 5. StrQu. F (1835); 6. StrQu. a (1837) – WERKE F. 5 INSTR.: 1. Streichquintette (1837) – WERKE FÜR ENSEMBLE: zahlreiche Märsche f. Harmoniemusik.

Verlag: Ernst Eulenburg, Leipzig u. Wien.

L. Ch.s musikgeschichtliche Bedeutung liegt in seinen Opern und seiner Kirchenmusik, vor allem in den Messen. Auf diesen Gebieten setzte er Maßstäbe, wurde er bewundert und kritisiert. Viele der musikalischen Neuerungen, die er hier entwickelte, flossen in seine Kammermusik ein.

Die opéra comique z. B. machte Ch. zu einem Genre, in dem auf dramatisch höchst wirksame Art realistische Figuren und zeitgenössische Stoffe dargestellt werden konnten. Dazu setzte er neuartige Effekte in den Ensembles, den Chören und der Orchesterbehandlung ein, schuf einen engen, dramaturgisch begründeten Zusammenhang zwischen Musik und Szene und gelangte zu einer äußerst konzentrierten Musiksprache, gekennzeichnet durch plötzliche Unterbrechungen musikalischer Phrasen, unerwartete Pausen, Ostinato-Akkorde, enorme dynamische Kontraste, Temposchwankungen sowie orchestrale Klang- und Farbschattierungen. Nach 1805 geriet der Opernkomponist Ch. jedoch zunehmend ins Abseits, obwohl er 1813 und noch einmal 1833 versuchte, neue Anregungen aufzugreifen.

So wandte er sich ab 1808 der Kirchenmusik zu, wobei er seine Opernerfahrungen zu nutzen wußte. In seinen Messen setzte er die überkommenen Mittel wie Kontrapunkt und Fugentechnik expressiv ein, gestützt von nuancenreicher Instrumentation. Dabei war ihm die Textausdeutung oberstes Gebot. Welche Bedeutung seiner Kirchenmusik wegen der Verschmelzung von strengem Kirchenstil und dramatischem Ausdruck beigemessen wurde, zeigen die Worte Adolphe Adams (1803–1856): »Lebte Palestrina in unseren Tagen, so wäre er Cherubini geworden.«

Selbständige Instrumentalmusik dagegen schrieb Ch. kaum. Eine Sinfonie und eine Konzertouvertüre, 1815 für London komponiert, blieben erfolglos. Gleichwohl wirkten Ch.s Opernouvertüren, die man im Laufe des 19. Jahrhunderts zunehmend als selbständige Konzertstücke wahrnahm, nachhaltig auf die Entwicklung von Konzert-Ouvertüre und sinfonischer Dichtung ein.

War Ch. bereits in seinen Ouvertüren gezwungen, sich mit Fragen der Gestaltung absoluter Musik zu beschäftigen, so widmete er sich mit dem StrQu. jener Gattung, die für Formbewußtsein und Konzentration der musikalischen Gedanken schlechthin steht – jedenfalls in der Tradition, wie sie die Wiener Klassik geprägt hat. Im Laufe seines Lebens hat sich Ch. dreimal intensiv mit dem Genre beschäftigt: 1814 entstanden das 1. StrQu. Es-Dur sowie der Kopfsatz eines geplanten 2. StrQu.s in G-Dur, das Ch. nicht weiter ausführte. Von 1828 datiert das *Souvenir* f. StrQu., aus dem Folgejahr das 2. StrQu. C-Dur. 1834 begann die fruchtbarste Phase, unterbrochen nur von der Arbeit am *Requiem* (1836). Ein Zyklus von Streichquintetten sollte sich anschließen, doch Ch. brach die Arbeit 1837 nach dem ersten Quintett ab, das zugleich seine letzte größere Komposition darstellt. Veröffentlicht wurden zu Ch.s Lebzeiten nur die StrQu.e Nr. 1 bis 3, allerdings erst 1836 (mit einer Widmung an seinen Freund, den V.-Virtuosen Pierre Baillot).

Dabei stand den Quartetten und ihrer Verbreitung sicherlich entgegen, daß sich in ihnen Einflüsse verschiedenster Traditionen und Musikgattungen begegnen. So treffen sich die typisch französische Ausprägung des ›Quatuor brillant‹ und des ›Quatuor concertant‹, in denen die virtuose 1. V. gegenüber den übrigen Instrumenten hervortritt und Effekt sowie Abwechslung wichtiger sind als verwickelte thematische Arbeit und strenge Form, mit den Merkmalen des StrQu.s der Wiener Klassik: der inneren Durchorganisation der einzelnen Sätze, der Durchgestaltung aller Stimmen und der Schaffung eines übergreifenden zyklischen Zusammenhangs innerhalb der viersätzigen Anlage. Hinzu kommen Gestaltungsmittel, wie Ch. sie in der Oper entwickelt hatte: starke dynamische Kontraste, abrupte Wechsel von Themen und Stimmung, dramatische Zuspitzung der Gegensätze. Häufig findet man unterschiedlich harmonisierte Wiederholungen eines Motivs oder Themas und chromatisch bestimmte Passagen.

Dabei kommt die Virtuosität durchaus zu ihrem Recht. So nähern sich im Finale des 4. StrQu.s die Tonhöhen von 1. V. und Vc. den Grenzen der Spielbarkeit – in einem Werk, das Ludwig Finscher »geradezu bestürzend modern« im Hinblick auf die formale und harmonische Verarbeitung der Themen nannte.

Ch.s StrQu.e lösten Ratlosigkeit aus, nicht nur bei Laien. So bekannte etwa Robert Schumann in seinen Besprechungen der ersten beiden Quartette Ende der 30er Jahre, nicht viel mit ihnen anfangen zu können. Vom ersten sagte er: »... es ist nicht die trauliche Muttersprache, in der wir angeredet werden, es ist ein vornehmer Ausländer, der zu uns spricht ... je mehr wir ihn verstehen lernen, je höher wir ihn achten müssen.« Darin liegt eine Aufforderung, der im zunehmenden Nationalismus des 19. Jahrhunderts kaum jemand mehr folgen mochte. Eine breitere Auseinandersetzung mit Ch.s nicht nur spieltechnisch anspruchsvollen StrQu.-Kompositionen steht bis heute aus.

Dabei war Ch. nicht der einzige, der zwischen der französischen und der deutschen StrQu.-Tradition eine Verbindung herzustellen versuchte. 1824 waren in Paris drei StrQu.e des jungen Spaniers Juan Crisóstomo de Arriaga (1806–1826) erschienen, eines Komponisten, der mitsamt seinem Œuvre erst gegen Ende des 19. Jahrhunderts in Spanien wiederentdeckt werden sollte. Seine drei temperamentvollen Werke wirken insgesamt verbindlicher, unbekümmerter und spielerischer als Ch.s Lösungen. Diese erscheinen oft herb und mitunter sogar ein wenig schroff, fast so, als würde sich – im Verhältnis zu Arriagas Kompositionen – das Klischee von Jugend und Alter bestätigen.

1. Streichquartett Es-Dur (1814)

Adagio-Allegro agitato – Larghetto sans lenteur – Scherzo. Allegretto moderato – Finale. Allegro assai
Dauer ca. 29'
Verlag: Kistner Leipzig, ED o. J. (1836)

Dieses StrQu. läßt durch seine Meisterschaft erstaunen, ist es doch ohne Vorläufer im Schaffen des Komponisten. Ch. beendete das Werk am 14. 10. 1814, möglicherweise im Zusammenhang mit der Gründung eines StrQu.-Ensembles durch seinen Freund, den Geiger François Baillot im selben Jahr. Die vier Stimmen sind gleichberechtigt, wenn auch die 1. V. einen gewissen Vorrang hat. Der **1.** und der **letzte Satz** sind thematisch miteinander verwandt; im **Larghetto** wiederum wird ein rhythmisches Motiv bestimmend, das bereits im **1. Satz** die Adagio-Einleitung eröffnet hatte. Lediglich im **Scherzo** mit seinem »schwärmerische(n) spanische(n) Thema« (Robert Schumann) und einem Trio, das an Luigi Boccherinis ›Fandango-Stilisierungen‹ erinnert (Ludwig Finscher), gibt es keine thematischen Reminiszenzen. Die motivisch-thematische Verklammerung der anderen drei Sätze läßt erkennen, daß Ch. das Werk durchaus im Geist der zyklischen Idee entworfen hat – ein Prinzip, das er immer wieder aufgegriffen und besonders in seinem 4. StrQu. E-Dur (1835) konsequent ausgearbeitet hat. Die einzelnen Sätze orientieren sich an klassischen Formen, auch wenn R. Schumann die ersten beiden teils als »opernmäßig, überladen«, teils als »kleinlich, leer und eigensinnig« kritisierte. Das Allegro läßt sich als Sonatenhauptsatz mit einer allerdings sehr freien Durchführung bestimmen; das Larghetto ist ein Variationensatz und das pointierte Finale ein Rondo mit Durchführungselementen.

3. Streichquartett d-Moll (1834)

Allegro comodo – Larghetto sostenuto – Scherzo – Finale. Allegro risoluto
Dauer: ca. 29'
Verlag: Kistner Leipzig, ED o. J. (1836)

1829 hatte Ch. seine Sinfonie D-Dur (1815) zu einem StrQu. in C-Dur umgearbeitet. Lediglich der 2. Satz ›Lento‹ wurde für dieses Werk, die Nr. 2 der Reihe, neu komponiert. Mit dem 3. StrQu., beendet am 31. 7. 1834, eröffnete Ch. dann die Folge der letzten vier Quartette. Nur in diesem Werk beginnt der **1. Satz** mit einem Solo der 1. V. (was an das ›Quatuor concertant‹ denken läßt), beantwortet vom Vc. Bemerkenswert ist die Durchführung: Das erste Thema steht in der Dominante und wird regelrecht ›abgewürgt‹. Im folgenden werden Themenblöcke gegeneinandergestellt, motivisch-thematische Arbeit erzeugt weitere Bruchstücke, die aber nicht in einer Synthese zusammengeführt werden. Die Reprise markiert ein Ende dieses Vorgangs – ehe in der Coda der Auflösungsprozeß weitergetrieben wird. Mit einer Beschleunigung aller Stimmen wird das Allegro comodo zum Abschluß gebracht.

Das **Scherzo** beginnt programmatisch mit einem Fugenthema, dem sich regelgerecht kontrapunktische Arbeit anschließt. Das liedhafte Thema des Trios wird gegen Ende des Satzes noch einmal aufgegriffen und dann ›zum Schweigen gebracht‹ – eine Erinnerung an den Schluß des 1. Satzes.

6. Streichquartett a-Moll (1837)

Allegro moderato – Andantino grazioso – Scherzo. Allegro – Finale. Allegro affettuoso
Dauer: ca. 26'
Verlag: A. Payne's Musikverlag London, ED o. J. (nach 1875 ?)

Die Arbeit am letzten StrQu. zog sich zwei volle Jahre hin, vom 4. Juli 1835 bis zum 21. Juli 1837. Zur gleichen Zeit war Ch. mit der Komposition seines zweiten *Requiems* d-Moll (1836) beschäftigt, das er als sein letztes großes Werk für sein eigenes Begräbnis schrieb.

Doch zeigt das StrQu. im Unterschied zum *Requiem* einen heiteren, gelösten Gestus, die Faktur ist aufgelockert. Im Ganzen wirkt das Werk versöhnlich: Tänzerisch-grazil das Andantino, schwungvoll das Scherzo mit einem zarten Trio. Auch hier finden sich im Finale zitathaft Rückgriffe auf thematisches Material der vorangegangenen Sätze. Kurz werden die heftigen Kontraste der früheren Quartette in Erinnerung gerufen, doch bald gewinnt der ausgeglichene Ton wieder die Oberhand.

Dieses Werk steht am Ende eines Weges, der Ch. »weit von allen Gattungstraditionen fort in kompositorisches Neuland führte« – eine Leistung, »die erinnernswert bleibt, auch wenn sie in der Geschichte des Streichquartetts ohne Folgen blieb« (Ludwig Finscher).

Bernhard Lenort

Mogens Christensen

geb. 7. 4. 1955 auf Læssø; Musikstudium in Århus, ab 1977 Musiktheorie, ab 1984 Komposition (bei Per Nørgård, Poul Ruders, Hans Abrahamsen und Karl Aage Rasmussen); am Musikkonservatorium Århus 1983 musikpädagogisches Examen in Musiktheorie/-geschichte, 1988 Kompositionsdiplom, 1993 musikwissenschaftliches Diplom mit einer Arbeit über den

Tonalitätsbegriff bei Carl Nielsen. 1993 Abschluß der Solistenklasse ›Komposition‹ am Königlichen Konservatorium Kopenhagen bei Ib Nørholm; seit 1988 Dozent für Musikgeschichte, Theorie und Komposition am Konservatorium Bergen/Norwegen.

WERKE F. 1 INSTR.: Cadenza f. V. (1990); *El mar del tiempo perdido* (Das Meer der verlorenen Zeit) f. Vc. (1990); *Krystalvækst* (Kristallwuchs) f. Fl. (1992); *Vårnatsfugle* (Vögelchen der Frühlingsnacht) f. Blfl. (1993); *El mar, las rosas y el sueño perdido* (Das Meer, die Rosen und der verlorene Traum) f. V. (1993); *Dreamless Fragments* (Traumlose Fragmente) f. V. (1994); *Vinternatsfugle* (Vögelchen der Winternacht) f. Blfl., Elektr. (1995); *Dryadernes Drøm* (Traum der Dryaden) f. Git. (1995) – WERKE F. 2 INSTR.: *Elf and Fairy Sprite* (Elfen und Feenzauber) f. V., Kl. (1989); *Esprit féerique* (Feenhafte Geistesart) f. V., Git. (1989); *Vinterlys* (Winterlicht) f. Blfl., V. (1991); *Reflets de Cristal* (Kristallicht) f. V., Vc. (1992); *Sommernatsfugle* (Vögelchen der Sommernacht) f. Blfl., Git., Elektr. (1994); Sanfter Flügel f. Ob., Kl. (1994); *Dreamtimes* (Traumzeiten) f. Schlzg., Kl. (1988/rev. 1994) – WERKE F. 3 INSTR.: Stille Pavane und Balkan-Gaillarde f. Blfl., Git., Kl. (1988); *Obiter audientia* (Beiläufige Aufmerksamkeit) f. Kb., 2 Schlzg. (1988); *Krebsens Vendekreds* (Wendekreis des Krebses) f. 2 Blfl., V. (1989); *3 Søstre* (3 Schwestern) f. Blfl., Fg., Kl. (1990); *Gura – the Growing Darkness* (Gura – die wachsende Finsternis) f. Klar., Vc., Kl. (1993) – WERKE F. 4 INSTR.: *Orfiske Ildklipper* (Orpheussche Feuerklippen) f. Fl., V., Vc., Kl. (1988); *Dream within Dream* (Traum in einem Traum) f. Fl., Klar., Git., Vc. (1989); ...und helle Musik f. Blfl., Vc., Cemb., Schlzg. (1990); *Tropics* (Wendekreise) f. Blfl., V., Vc., Cemb. (1993); *Snelys* (Schneelicht) f. Klar., Git., Vc., Schlzg. (1994); *Angelo Silente* (Schweigsamer Engel) f. V., Klar., Vc., Kl. (1994) – WERKE F. 6 INSTR.: *The Lost Poems of Princess Ateh* (Die verlorenen Gedichte der Prinzessin Ateh) f. Fl., Klar., Git., Schlzg., Vc., Kl. (1991); *Ange Silencieux* (Schweigsamer Engel) f. Fl., Klar., Git., Schlzg., Vc., Kl. (1994); *Micromiti* (Kleine Mythen) f. Fl., Ob., 2 V., Va., Vc. (1995).

Verlag: Engstrøm & Sødring Musikforlag, Kopenhagen.

Ch., der inzwischen besonders durch Kammermusik international auf sich aufmerksam gemacht hat, ist (ebenso wie Hans Abrahamsen und Bent Sørensen) Kompositionsschüler von Per Nørgård. Von Nørgård wurde Ch. vor allem zum aufmerksamen Hören angeregt, nach seiner Auffassung die wichtigste Fähigkeit eines Komponisten, der das ›Erhörte‹ in seine Werke integriert, um sich nicht nur auf technische Grunddaten verlassen zu müssen.

Hyperions Schicksalslied (nach Friedrich Hölderlin) aus dem Jahre 1982 ist Ch.s erste Komposition. Doch inzwischen hat er sich von der Vokalmusik, in welcher der Text oft eine willkommene Orientierung für die Lösung formaler Probleme ist, gelöst. Seit 1988 entstand hauptsächlich Instrumentalmusik für unterschiedlichste Orchester- und Kammermusikbesetzungen. Auffällig ist die Bevorzugung von Blfl., V. und Vc.: Ch. hat in seinem Bergener Freundeskreis Instrumentalisten gefunden, die diese Instrumente beherrschen und für die er seine Stücke komponiert. Diese Zusammenarbeit zwischen Komponist und Interpreten ist für ihn besonders fruchtbar. Durch den engen Kontakt zwischen dem Komponisten Ch. und den Ausführenden seiner Werke bleiben die instrumentalen Spielanweisungen in ihrem hohen Anspruch an spieltechnische Fähigkeiten nicht nur Theorie, sondern werden – da sie für eine konkrete Realisation geschrieben sind – klingende Praxis, die wiederum die Klangbreite von Ch.s Musik wesentlich bereichert. Ein dominantes Interessengebiet von Ch. ist außerdem der Vogelgesang (Vergleiche zu Olivier Messiaen liegen auf der Hand). Ein Zyklus von Vogelgesang-Nocturnes für Blfl. (siehe Werkverzeichnis) ist dieser Neigung geschuldet. »Ich finde es sehr inspirierend, gegenüber früheren musikalischen Formen des Vogelgesangs bei z.B. Vivaldi und Respighi, Imitationen von richtigem Vogelgesang zu komponieren. Eine bestimmt noch wichtigere Idee in meiner musikalischen Welt ist das, was man vielleicht ›Traummusik‹ nennen könnte. Eine Musik also, die innere Landschaften aufsucht, mentale Landschaften, die hinter äußeren Gefühlen liegen wie Zorn, Trauer und Rache.« (M. Ch., 1994) Ch. möchte seiner abstrakten Musik einen emotionalen Zugang und damit eine äußere Identität verleihen: »...es muß sowohl eine innere, als auch eine äußere Dramaturgie oder Spannung vorhanden sein.« (M. Ch. in ›Politiken‹, 4. 11. 1993)

Vinterlys (1991)
für Blockflöte und Violine

einsätzig
Dauer: ca. 10 ‘
Verlag: Engstrøm & Sødring Musikforlag Kopenhagen 1995

Mit *Winterlicht* gewann M. Ch. 1994 einen 3. Preis beim internationalen ROSTRUM-Kompositionswettbewerb in Paris. Angeregt durch verschiedene Konstellationen und die Grenzsituation zwischen Licht und Dunkelheit, vom Schneekristall zur strahlenden Wintersonne, von der Abenddämmerung bis zum Zwielicht der nie ganz dunklen Nacht im winterlichen Norden werden in einer Studie über Linien und Punkte verschiedene Grade musikalischer Verdichtung reflektiert. In dem rhapsodisch angelegten Stück geraten musikalische Zustände in Bewegung, verlangsamen sich im auskomponierten Ritardando und verwandeln sich in neue Qualitäten. Dabei wechseln die Instrumente von flüssiger Allegro-Musik (Staccato, Pizzicato) zu klangexperimentellen Zuständen mit Stoßtönen, Tremologlissandi, überblasenen Trickgriffen, Singen während des Blasens, gleichzeitigem Blasen auf zwei Blfl.en und Flageolettglissandi in der V.

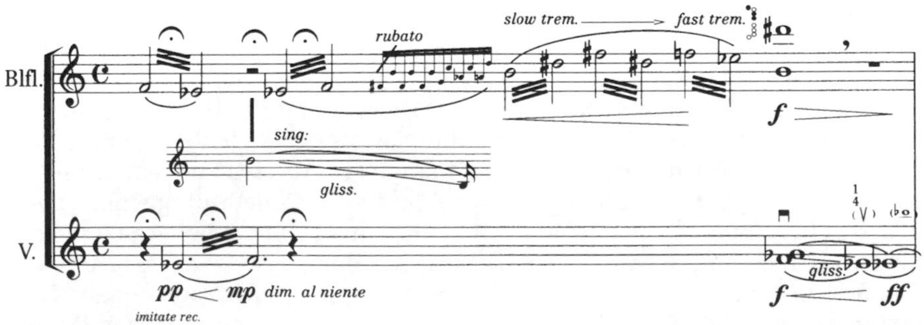

Winterlicht f. Blfl. u. V., T. 62

Ähnliche Anregungen aus sich verändernden Lichtkonstellationen setzt Ch. in seinem Duo *Reflets de cristal* und in dem Quartett *Schneelicht* in Musik um. Anders verhält es sich mit dem Trio *Gura – die wachsende Finsternis*, das aus einer literarischen Quelle schöpft. Mit dem Titel weist Ch. auf religiös-mystische Stimmungen in seinem Werk hin, denn ›Gura‹ ist ein von dem dänischen Symbolisten Johannes Vilhelm Jensen (1873-1951) erfundener Name für die sich unaufhaltsam um die Erdkugel bewegende Zone der Dämmerung. Ch.s Musik hat sich von einer abstrakten, lyrisch impressionistischen zu einer dramatischeren Denkweise entwickelt, sie kann jedoch trotz ihrer häufig literarischen Anregungen nicht als Programmusik bezeichnet werden. »Was ich in einer Sprache lese, wird zu einem Konzentrat, das sich allmählich in einer anderen Sprache – der Musik – herauskristallisiert.« (M. Ch. in ›Politiken‹ vom 4.11.1993) Komponieren ist für Ch. keine ›Privatangelegenheit‹. Die Titel sollen die freie Phantasie des Hörers anregen, um den dahinterliegenden Strom der Dinge zu finden. In *Winterlicht* haben sich zwei Diskantinstrumente zu einer Klangebene zusammengefunden, die Ch. sehr abwechslungsreich zu gestalten weiß. Dadurch eröffnet er neue Erfahrungen zu Raum- und Zeitempfinden. Raum und Zeit scheinen sich zu verdichten, wenn beide Instrumente klanglich eine Einheit bilden, scheinen sich zu weiten, wenn Kontraste in dem wohlproportionierten Duo betont werden.

Hayo Nörenberg

Henry (Dixon) Cowell

geb. 11. 3. 1897 Menlo Park (Kalifornien/ USA), gest. 10. 12. 1965 Shady (N. Y., USA). C. begann früh, ohne Anleitung und Ausbildung zu komponieren. Als musikalisches Material wählte er, was er um sich herum hörte, Naturklänge und Menschenlärm, die Lieder aus dem amerikanischen Mittelwesten, die seine Mutter sang, und die Musik der fernöstlichen Einwanderer, die an der San Francisco Bay wohnten, wo er aufwuchs. Ab 1914 Kompositionsstudien bei Charles Seeger, der die Ausarbeitung systematischer Kompositionstechniken auch außerhalb der klassisch-romantischen Tradition verlangte und förderte. Zwischen 1923 und 1933 fünf Europatourneen, bei denen er v. a. eigene Werke vorstellte und Kontakte zu den wichtigsten Komponisten der Moderne knüpfte. 1929 wurde C. als erster amerikanischer Komponist in die UdSSR eingeladen. Seine Werke begeisterten das Publikum, befremdeten aber die Regierungsoffiziellen.

1931/32 vertiefte er seine Kenntnisse außereuropäischer Musik bei Erich von Hornbostel am Institut für vergleichende Musikwissenschaften in Berlin. 1934–1941 setzte er sich in einer Artikelserie mit zweckgerichteter Musik (zu Lehrzwecken, für Film und Tanz) auseinander und entwickelte dabei seine Theorie von einer »elastischen Form«, die nicht ein für allemal festliegt, sondern von Fall zu Fall den Erfordernissen entsprechend verändert werden kann.

1936–1940 war C. in San Quentin wegen Homosexualität und Verführung eines Minderjährigen inhaftiert. Die Staatsanwaltschaft betrieb später selbst seinen Freispruch und seine Rehabilitierung. Wegen seiner Kenntnisse über die Musik aus den verschiedensten Kulturen arbeitete er während des 2. Weltkriegs als musikalischer Berater für die Übersee-Abteilung im Office of War Information.

C. lehrte an der New School of Social Research in New York (1941–1963), am Peabody Konservatorium in Baltimore (1956–1961) und an der Columbia University (1949–1965). Er hielt zahlreiche Gastvorlesungen in den USA, Europa und Asien. Als (Mit)Begründer des Verlags für Neue Musik (1927) und der Pan American Association of Composers wirkte er als Promoter v. a. der amerikanischen Moderne. Seine inspirierende Rolle als Komponist fand hierzulande erst in den 70er Jahren breitere Anerkennung.

WERKE F. 1 INSTR.: *The Universal Fl.* f. Shakuhachi (1946); *Hymn and Fuging Tune* Nr. 10 f. Gl. (? 1952/53); *Iridescent Rondo in Old Modes* f. Akk. (1959); *Perpetual Rhythm* f. Akk. (1960); *Gravely and Vigorously*, in memory of John F. Kennedy f. Vc. (1963) – WERKE F. 2 INSTR./AUSF.: Suite f. V., Kl. (1924); *6 Casual Developments* f. Klar., Kl. (1933); *3 Ostinati with Chorales* f. Ob., Kl. (1937); *Triad* f. Trp., Kl. (1939); *Two-Bits* f. Fl., Kl. (1941); *How Old is Song?* f. V., Kl. (1942); *Tom Binkley's Tune* f. Euphonium, Kl. (1946); Sonate f. V., Kl. (1946); *Hymn and Fuguing Tune* Nr. 7 f. Va., Kl. (1947); *4 Declamations with Return* f. Vc., Kl. (1949); Sonate f. V., Kl. (1955); *Hymn and Fuguing Tune* Nr. 9 f. Vc., Kl. (1950); *Homage to Iran* f. V., Kl. (1957); *Hymn and Fuguing Tune* Nr. 13 f. Pos., Kl. (1960); *Triple Rondo* f. Fl., Hf./Kl. (1961); *Air and Scherzo* f. ASax., Kl. (1961); *Hymn and Fuguing Tune* Nr. 15a u. 15b f. V. u. Va./Vc. od. 2 Instr. od. 2 Singstimmen (1961); *Hymn and Fuguing Tune* Nr. 16 f. V., Kl. (1963); *Hymn and Fuguing Tune* Nr. 18 SSax., KbSax. (1964) – WERKE F. 3 INSTR./AUSF.: *4 Combinations for 3 Instr.* f. V., Vc., Kl. (1924); *7 Paragraphs* f. V., Va./V, Vc. (1925); *Vocalise* f. V., Fl., Kl. (1936); *Trickster Coyote* f. Gl., Fl., Schlzg. (1941); *Hymn and Fuguing Tune* Nr. 4 f. 3 Blfl. S./ A./ T. (1945); *Tom Binkleys Tunes* f. Bar., Hr., Kl. (1945); *Set of Five* f. V., Kl., Schlzg. (1952); *Trio* f. Fl., V., Hf. (1952), *For 50* f. SBlfl., ABlfl., TBlfl. (1953; veröff. als Nr. 2 der 3 Stücke f. 3 Blfl.); *Pelog* f. 2 SBlfl., ABlfl (1955; veröff. als Nr. 1 der 3 Stücke f. 3 Blfl.); 3 Stücke f. 3 Blfl. S./ S./ A. (1955); *Jig* f. SBlfl., S/ABlfl., ABlfl. (1955; veröff. als Nr. 3 der 3 Stücke f. 3 Blfl.); *Hymn and Fuguing Tune* Nr. 12 f. 3 Hr. (1957); Trio f. Fl., V., Hf. (1962); *Trio in 9 Short Movements* f. V., Vc., Kl. (1964/65) – WERKE F. 4 INSTR./AUSF.: (5) StrQu.e (Nr. 1 *Pedantic*, 1915/16; *Nr. 2 Movement* for StrQu. 1928; Nr. *3 Mosaic Quartet*, 1935; Nr. 4 *United Quartet*, 1936; Nr. 5 1955/56); *Euphometric* f. StrQu. 1916–1919; *Quartet Romantic* f. 2 Fl., V., Va. (1915–1917); *4 Little Solos* f. StrQu. (1928); *Movement* for Str.Qu. 1934; Toccata f. S., Fl., Vc., Kl. (1940; arr. als Music Lover's Set of Five f. Fl., V., Vc., Kl. 1940); Sax.-Quartet (1946); *Hymn, Choral and Fuguing Tune* Nr. 8 f. StrQu. (1947); *Sailor's Hornpipe: the Sax-appy Quartet* f. 2 TSax., 2 BarSax. (1949); Sax.-Quartet (1961); Quartet Nr. 1 f. Fl., Ob., Vc., Cemb.(1954, arr. f. Fl., Ob., Vc., Hf. 1962); Quartet Nr. 2 f. Fl., Ob., Vc., Cemb. 1967) – WERKE F. 5 INSTR.: *Suite* f. Fl., Ob., Klar., Hr., Fg. (1931/1934); *Ostinato pianissimo* f. Kl., 4 Schlzg. (1934); *Pulse* f. 5 Schlzg.-Spieler (1939); *Action in Brass* f. 2 Trp., Hr., 2 Pos. (1943); *Party Pieces* (Sonorous and Exquisite Corpses) Nr. 3, 9, 10, 12–20 f. Fl., Klar., Fg., Hr., Kl. (1945; Gemeinschaftskomposition mit John Cage, Jimmy Harrison, Virgil Thomson, arrangiert von R. Hughes); *Tune Takes a Trip* f. 5 Klar. (1947); *Ballade* f. Fl., Ob., Klar., Hr., Fg. (1956); *26 Simultaneous Mosaics* f. Klar., Schlzg., Kl., V., Vc. (1964) – WERKE F. 6 INSTR./AUSF.: *Pulse* f. 6 Schlzg.er (1939); Tall Tale (2 Trp., Hr., 2 Pos., Tb. (1947) – WERKE F. 7 INSTR.: *Rondo for Brass* f. 3 Trp., 2 Hr., 2 Pos. (1958) – WERKE F. 8 INSTR.: *Ensemble* f. 2 V., Va., 2 Vc., 3 Thundersticks (1924, rev 1956); *Ostinato pianissimo* f. 8 Schlzg. (1934) – WERKE F. 9 INSTR.: *A Composition* f. Ob., Klar., Fg., Hr., Kl., StrQu. (1923); *Exultation* f. 4 V., 2 Va., 2 Vc., Kb. (1930) – WERKE F. KAMMERENSEMBLE: *Polyphonica* f. 12 Instr. (1930); *Persian Set* f. Pikk., Klar., Tar., Tr., Kl., 3 V., Vc., Kb. (1956/57).

Verlag: Associated New York; Boosey & Hawkes London, Boston; Breitkopf & Härtel Wiesbaden; Fischer; MCA; Peer; Peters – alle New York; Presser Bryn Mawr; Summy-Birchard Princton/NY) u. a..
WV bei Lichtenwanger, William: The Music of H. C. A Descriptive Catalog. Institut for Studies in American Music, Brooklyn/NY, 1986.

Die Außenseiter der musikalischen Moderne stammen aus Amerika. Ihre Rolle und ihre Bedeutung sind lange unterschätzt worden. Charles Ives, George Antheil, John Cage, C. und andere galten als Geheimtips. Will man die verschiedenen, widersprüchlichen Tendenzen in der Musik unseres Jahrhunderts gebündelt studieren, sollte man sich mit den Arbeiten von C. beschäftigen: Man findet in ihnen alles, was die aufgeschlossenen und experimentierfreudigen Gemüter in den letzten dreißig Jahren bewegte, erfreute und erhitzte. Er operierte als einer der ersten mit Tonclustern und gab diesen teils harten, teils sirrenden Tontrauben ihren Namen; er setzte sie zunächst (als Dreizehnjähriger) zu programmatischen, illustrativen Zwecken ein. Er schuf ein System, durch das er unterschiedliche Dimensionen der musikalischen Ereignisse aufeinander beziehen konnte; in zwei frühen Kammermusikwerken (sie galten lange als unspielbar), dem *Quartet Romantic* (1915–1917) und dem *Quartet Euphometric* (1916–1919), leitet er die Rhythmen von vier verschiedenen melodischen Linienzügen aus einer einfachen vierstimmigen Grundformel her – und das lange, bevor an eine einheitliche Durchorganisation aller musikalischen Details nach einem einzigen numerischen Gesetz gedacht wurde. In den Werken, die sich besonders ab 1934 auf Tanz und Bewegung bezogen, stellte er den Interpreten die Reihenfolge der einzelnen Stücke, Abschnitte oder Elemente frei. Damit lockerte er den Charakter des geschlossenen Werkes auf und nahm Überlegungen der Aleatorik vorweg, die vorgegebene Materialien und Verläufe nach Augenblicksentscheidung oder Zufall kombinieren ließ. Improvisatorische Elemente fügte er schon früh in seine Kompositionen ein: *Ensemble* (1924) bezieht außer fünf Streichern drei Schwirrhölzer ein, alte, kultische Instrumente, die er bei den Indianern des amerikanischen Südwestens kennengelernt hatte. Deren Part ist zu Beginn graphisch notiert (damals eine Novität), dann in Anleitungen zur Improvisation gefaßt. Eines seiner letzten Werke – *26 Simultaneous Mosaics* (1964) – besteht aus kleinen Stückchen von ganz unterschiedlichem Charakter, deren Kombination den Interpreten freigestellt wird, ein Musterstück der Aleatorik.

C. erforschte und entdeckte neue Klänge durch unkonventionelle Spielweise der herkömmlichen oder durch Einbeziehung von exotischen Instrumenten. Er studierte die Musik nichteuropäischer Kulturen in der Theorie (1931/32 an der Berliner Universität) und in der Praxis (u.a. während einer Weltreise 1956/57) und integrierte das Erlernte und Erfahrene in sein Komponieren, lange bevor die Verwendung von Liedern und Tänzen aus fremden Erdteilen zum verbreiteten Ausweg aus den Sackgassen der europäischen Moderne wurde. Selbst Postmodernes fehlt in seinen Werken nicht: C.s Kenntnis der Musik von fremden Ländern und Menschen traf in den 30er Jahren auf eine Welle des Populismus'. Sie fand ihren Widerhall in manchen tonalen Werken, die er in den 40er Jahren wieder schrieb, und in den 18 *Hymns and Fuguing Tunes* für ganz verschiedene Besetzungen (darin setzte sich bei ihm ausgerechnet auf dem konventionellen Gebiet eine wesentliche Tendenz der Nachkriegsavantgarde durch: die zur Serienbildung).

Komponieren verstand C. als unmittelbare Reaktion auf musikalische Erfahrungen und Ideen, nicht als Resultat mühevoller und langatmiger Gedankenarbeit. Obwohl sich keine gerade Linie durch sein Schaffen ziehen läßt, weil sich immer wieder heterogene Elemente mischen, als wollte er die Polystilistik der 70er und 80er Jahre vorwegnehmen, läßt sich sein Œuvre in drei Etappen einteilen: Die Werke der Jahre 1911 bis 1936 gelten vor allem dem Experiment auf verschiedenen Gebieten, 1936 bis 1950 steht die Beschäftigung mit volkstümlichem Material aus aller Welt im Vordergrund, die Werke der letzten fünfzehn Jahre versuchen die Synthese zwischen beidem.

Den Übergang von der ersten zur zweiten Phase markieren drei StrQu.e, die zwischen 1934 und 1936 im Jahresrhythmus entstanden. Der *Satz für Streichquartett* (1934) zählt zu C.s überzeugenden Beispielen eines ›dissonanten Kontrapunkts‹, einer Stimmführung und -konstellation, die sich nicht den Regeln der traditionellen Harmonielehre (samt deren Weiterungsformen à la Hindemith etc.) unterwirft. Das *Mosaic Quartet* (1935) prägt in Titel und Struktur die Ästhetik des nicht restlos Determinierten aus: Die kurzen Sätze können nach Wunsch und Gutdünken aufeinander folgen, die musikalische Form ist nicht mehr eindeutig, sondern mehrdeutig wie ein Puzzle, dessen Elemente verschiedene sinnvolle Kombinationen erlauben. Daß die Harmonik zugleich zwischen tonalen Neigungen und freier Dissonanzbehandlung pendelt, macht einen zusätzlichen Reiz des Werkes aus. Das *United Quartet* (1936) verwendet volkstümliches Material aus aller Welt – einer der ersten Versuche C.s, in einer gedanklichen Bartók-Nachfolge einen universalen Musikstil zu kreieren, noch ehe der Begriff einer ›Weltmusik‹ erfunden war.

Habakuk Traber

Quartet Romantic (1915–1917)
für 2 Flöten, Violine und Viola

I. – II. calmy – Allegro – Tempo I
Dauer: ca. 17'
Verlag: Peters New York

Die musikalischen Ereignisse dieses Quartetts resultieren aus Beziehungen zwischen Tonhöhe und Rhythmus, die C. als Student der University of California im Herbst 1914 für sich entdeckt hatte und zu untersuchen begann: daß nämlich die ersten Obertöne in denselben Verhältnissen zueinander stehen wie Gegenrhythmen (»counterrhythms«, H. C.), mit denen er damals gerade experimentierte (2:3, 3:4 usw.).

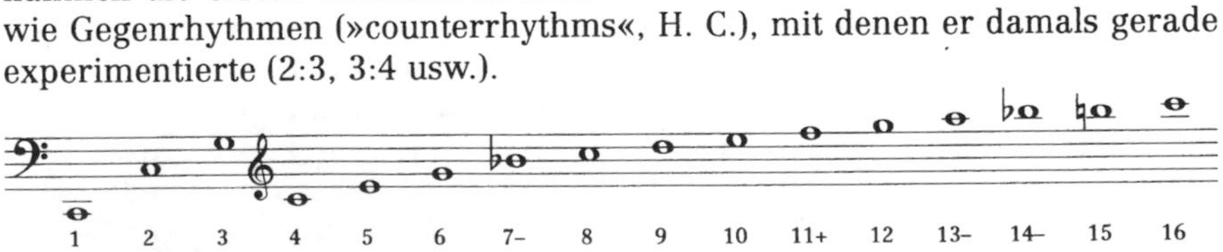

Obertonreihe über C

Ein Versuch mit zwei Sirenen, gestimmt im Verhältnis 3:2, machte den Zusammenhang sinnfällig: Bei höherer Geschwindigkeit erklang eine Quinte (Obertöne 3:2), bei langsamer Umdrehung ein Rhythmus 3:2.

Nun handelt es sich beim *Quartet Romantic* aber nicht um ein Werk, dessen aktuelle Tonhöhen den rhythmischen Verlauf bestimmen oder umgekehrt, wie man vielleicht annehmen könnte. Vielmehr liegen dem 1.Satz der Komposition rhythmische Modelle zugrunde, die C. auf der Basis von Beziehungen zwischen Intervallen und Rhythmen entwarf und mit frei erfundenen melodischen Linien versah.

Die Stimmen folgen den Regeln des ›dissonanten Kontrapunkts‹, wie ihn C.s Lehrer Charles Seeger entwickelt hatte, und beruhen weder auf Skalen noch auf Modi, sondern auf freier Verwendung aller zwölf Töne – jedoch nicht im Sinne etwa von Arnold Schönbergs Zwölftonmethode. Dabei ergeben sich Konsonanzen und Dissonanzen unterschiedlicher Grade, die aber natürlich nicht in herkömmlicher Weise behandelt werden.

Formal ist das Quartett recht einfach. Der **1. Satz** gliedert sich: A (die ersten 56 Takte) – B (die Stimmen sind kanonisch aufeinander bezogen, T. 57-125) – C (Presto, T. 126-167). Die Abschnitte A und B werden wiederholt, wobei C durch eine achttaktige Coda (Presto) ersetzt wird. Der **2. Satz** steht in starkem Kontrast zum vorhergehenden, er »wird lockerer in einem konventionelleren Rhythmus (daher der Name ›Romantic‹),« wie C. es ausdrückte. Er selbst glaubte nicht, daß dieses wegen seiner rhythmischen Komplikationen extrem schwierig zu realisierende Stück jemals von Menschen aufgeführt werden könne, sondern hoffte auf die Entwicklung einer Maschine, die dazu in der Lage sein würde. Heute stehen entsprechende Mittel zur Verfügung. Von Musikern wurde das *Quartet Romantic* bereits 1978 für eine Schallplatte aufgenommen, wobei jedem Ausführenden die Grundschläge seiner Stimme über Kopfhörer zugespielt wurden (Click-track-Verfahren). Der Komponist betonte, daß er den 1. Satz als »etwas Menschliches« konzipiert habe; er solle »warm und voll und etwas rubato« klingen.

C. erläuterte, wie er bei der Komposition der ersten 56 Takte vorging: Zunächst entwarf er einen 14-taktigen vierstimmigen Satz

und entwickelte daraus ein rhythmisches Gerüst, wobei aus jedem Takt des Satzes vier Takte wurden. Der Bezugspunkt für die Umrechnung der Intervalle in Rhythmen bleibt immer (das gedachte) C.

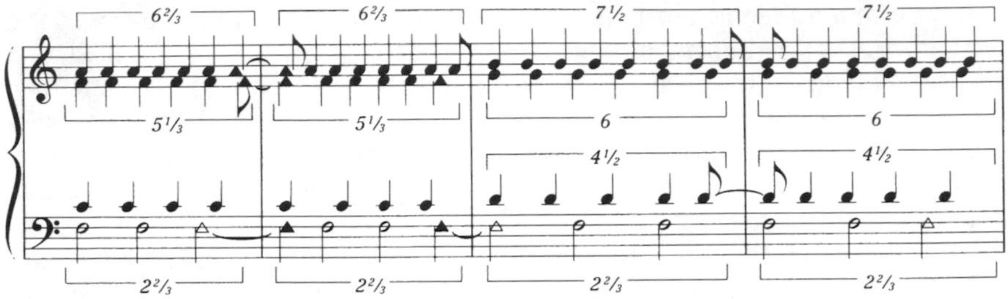

T. 1–8 des rhythmischen Gerüsts

Dreieckige Notenköpfe benutzte C., um Unterteilungen einer ganzen Note in Drittel darzustellen. Die ersten vier Takte erklären sich so:
C : c = 1 : 2; C : c' = 1 : 4; C : e' = 1 : 5; C : g' = 1 : 6

Demnach lautet der Schlüssel für die Takte 5 und 6:
C : f = 1 : 8/3 = 1 : $2^{2/3}$ (deshalb die Überbindung im Baß)
Den Wert für das ›f‹ errechnete C. aufgrund seiner Position zwischen zweitem und drittem Oberton. Der Ton ›f‹ ist im Notenbeispiel 1 nicht angegeben, weil das Verhältnis nicht ganzzahlig ist.
C : c' = 1 : 4; C : f' = 1 : $5^{1/3}$; C : a' = 1 : $6^{2/3}$ usw.

Für den neunten Takt des Ursprungsmodells ergeben sich:

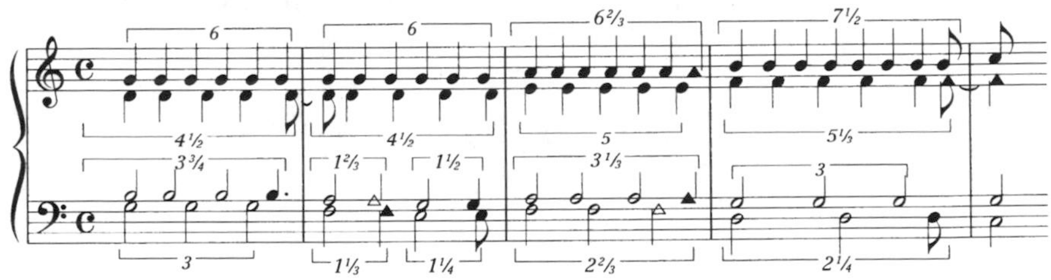

T. 33–36 des rhythmischen Gerüsts

Die fertige Komposition beginnt so:

Wie man sieht, ging C. bei der Komposition seines *Quartet Romantic* keineswegs mathematisch-naturwissenschaftlich exakt vor. Im Gegenteil, es überwiegen die willkürlichen Akte schöpferischer Freiheit: Die Wahl des Bezugstones

C, die Gestaltung des 14-taktigen Satzes, die Festlegung seines Geltungsbereichs (die ersten 56 Takte) sowie die Formung der melodischen Linien.

Bernhard Lenort

Ruth Crawford Seeger

geb. 3. 7. 1901 East Liverpool (Ohio, USA); gest. 18. 11. 1953 Chevy Chase (Maryland, USA). Mit sechs Jahren Kl.-Unterricht, später selbst musikpädagogisch tätig. 1920 Beginn des Studiums am American Conservatory in Chicago, Komposition bei Adolf Weidig, einem aus Deutschland eingewanderten Schüler Joseph Rheinbergers. Ab 1924 Kl.- und Theorielehrerin am American Conservatory und seit 1926 am Elmhurst College, Illinois. Kontakt zu Adolf Weiss, einem Schönberg-Schüler, der sie mit der Zwölftontechnik bekannt macht, und zu Henry Cowell, Edgard Varèse und Carlos Chávez; Dane Rudhyar führt sie in die ›ultrachromatische‹ Klangwelt Alexander Skrjabins ein. 1929 Übersiedlung nach New York, Studium bei Charles Seeger, ihrem späteren Ehemann. 1931 Guggenheim Stipendium für einen einjährigen Europa-Aufenthalt; C. besucht u.a. Alban Berg, Egon Wellesz, Josef Matthias Hauer, Béla Bartók und Maurice Ravel. Nach der Rückkehr politisches Engagement im ›Composers Collective‹; 1933 UA der *Two Ricercari* bei der Arbeitermusikolympiade in New York und der *Three Songs* (nach Carl Sandburg) beim IGNM-Festival in Amsterdam. Gemeinsam mit Charles Seeger Arbeit in der Library of Congress, Washington, D. C.: Transkription und Edition amerikanischer Volkslieder.

Werke f. 1 Instr.: *Diaphonic Suite* Nr. 1 f. Fl. od. Ob. (1930) – Werke f. 2 Instr.: Sonate f. V., Kl. (1926); *Diaphonic Suites* Nr. 2 f. Fg., Vc. (oder 2 Vc.); Nr. 3 f. 2 Klar.; Nr. 4 f. Ob. (oder Va.), Vc. (1930) – Werke f. 4 Instr.: StrQu. (1931) – Werke f. 5 Instr.: Suite f. Bläserquintett (1952); Suite Nr. 2 f. Kl., StrQu. (1929) – Werke f. 6 Instr.: Suite Nr. 1 f. Bläserquintett, Kl. (1927/29).

Verlag: Continuo Music Press New York; New Music New York.

C. hat ein zwar nur kleines, aber für die frühe amerikanische Avantgarde der 20er und beginnenden 30er Jahre äußerst wichtiges Œuvre hinterlassen. Besondere Kennzeichen ihres Stils sind die knappen formalen Einheiten, eine sehr differenzierte, teils mathematisch geordnete Rhythmik, ein dissonanter Kontrapunkt und die Selbstdisziplin, eine einmal gefaßte kompositorisch-strukturelle Idee kompromißlos und ohne Milderung durch Eingängig-Konventionelles bis zu Ende durchzudenken und auszuführen. Ihre *Nine Preludes* für Kl. (1924-28) und die *Piano Study in Mixed Accents* (1930) zeigen dies ebenso wie ihre anderen, meist kammermusikalischen Werke, etwa die *Diaphonic Suites*, bei denen die beiden Stimmen in ihrer rhythmischen Struktur weitgehend voneinander unabhängig sind. In einigen Aspekten nimmt sie Gedanken der späteren seriellen Musik vorweg. Durch die wissenschaftliche Arbeit sowie aus familiären Gründen wurde ihre Kompositionstätigkeit lange unterbrochen; ihr früher Tod verhinderte die weitere Ausprägung dieser interessanten Künstlerpersönlichkeit.

Streichquartett (1931)

Rubato assai – Leggiero (Tempo giusto) – Andante – Allegro possibile
Dauer: ca. 11'
Verlag: Merion Music Inc.

Das ganze Quartett, dessen vier Sätze attacca aufeinanderfolgen, ist durch einen dichten, dissonanten Kontrapunkt gekennzeichnet, dessen Linienführung gleichwohl stets transparent bleibt, da in jedem Satz eine bestimmte strukturelle Idee verwirklicht wird, der aber oft zwei oder drei Stimmen ausreichen. Der **Kopfsatz** zeigt dabei einen fast konzertanten Wechsel zwischen einer jeweils als ›solo‹ bezeichneten Instrumentalstimme und den drei anderen Stimmen; das **Leggiero** ist eine Studie über eine ununterbrochene Bewegung bei vielfältig durchbrochenem Satzgefüge; das **Andante** kennt überhaupt kein Motiv oder Thema, sondern (abgesehen von einem kurzen, quasi ›explodierenden‹ Höhepunkt) nur eine Folge liegender Töne bzw. Klänge in unterschiedlich an- und abschwellender Dynamik – eine Art ›dynamischer Kontrapunkt‹; das **Finale** führt eine mathematische Idee konsequent durch: es ist ein Dialog zwischen der 1. V. als ›solo‹ und den drei anderen, stets unisono (im Abstand von jeweils einer Oktave) und gedämpft spielenden Instrumente; die 1. V. spielt Motive aus ein, zwei, drei usw. Tönen, die anderen damit alternierend Motive aus zwanzig, neunzehn, achtzehn usw. Tönen, bis sich beide Einheiten bei zwanzig bzw. einem Ton, einem lang gehaltenen Akkord, treffen; danach läuft die Struktur exakt rückwärts, als Palindrom, ab, bis das Stück wieder mit einem Ton der 1. V. endet.

Diese unerbittliche Radikalität der Verwirklichung einer ästhetischen Idee zeichnet epochale Werke aus, und so gehört C.s StrQu. – entstanden übrigens während ihrer Europa-Reise – zu den bedeutendsten Gattungsbeiträgen der frühen Neuen Musik; für die amerikanische Musikgeschichte ist es der wichtigste und eigenständigste Beitrag zwischen den Quartetten von Charles Ives und Elliott Carter.

Hartmut Lück

George Crumb

geb. 24. 10. 1929 Charleston, West Virginia (USA). Stammt aus einer Musikerfamilie. Ab 1951 Kompositionsstudium an der University of Illinois bei Eugene Weigel, 1953–1959 an der University of Michigan in Ann Arbor, wo C. wie Roger Reynolds in Ross Lee Finney den prägenden Lehrer fand. 1955/56 Fulbright-Stipendiat in Berlin (West), Unterricht bei Boris Blacher, Kl.-Studien bei Erich Riebensahm. Danach als Pianist in den USA tätig; 1959–1964 Kl.-Dozentur an der University of Colorado in Boulder. 1962 findet C. in der Arbeit an den *Five Piano Pieces* (gleichsam seinem inoffiziellen op. 1) zu den künftig bestimmenden Grundlagen seines Stils. 1964 Composer-in-Residence am Buffalo Center for the Creative and Performing Arts. Ab 1965 an der University of Pennsylvania in Philadelphia zunächst Dozent, seit 1983 Annenberg-Professor für Komposition. Seit Mitte der 60er Jahre zunehmende nationale und internationale Anerkennung für

sein Œuvre; zahlreiche Preise und Auszeichnungen. 1977 vielbeachtete UA des monumentalen Orchesterwerks *Star Child* durch die New Yorker Philharmoniker unter Pierre Boulez.

WERKE F. 1 INSTR.: Sonata f. Vc. (1955) – WERKE F. 2 INSTR.: *Four Nocturnes* (= Night Music II) f. V., Kl. (1964) – WERKE F. 3 INSTR./3 SPIELER: *Vox Balaenae for Three Masked Players* f. Fl., Vc., Kl. (jeweils elektrisch verstärkt) (1971); – WERKE F. 4 INSTR./4 SPIELER: *Eleven Echoes of Autumn*, 1965 (= Echoes I) f. V., AFl., Klar., Kl. (1966); *Black Angels*. Thirteen Images from the Dark Land (= Images I) f. elektrisch verstärktes StrQu. (1970); *Music for a Summer Evening* (= Makrokosmos III) f. 2 elektrisch verstärkte Kl. u. Schlzg. (2 Spieler) (1974); *An Idyll for the Misbegotten* f. elektrisch verstärkte Fl. u. Schlzg. (3 Spieler) (1985) – WERKE F. 6 SPIELER: *Dream Sequence* (= Images II) f. V., Vc., Kl., Schlzg. (1 Spieler) u. Glasharmonika (2 Spieler) (1976); Quest f. Git., Sax., Hf., Kb., Schlzg. (2 Spieler) (1990).

Verlag: C. F. Peters Corp. New York, London, Frankfurt/M.

»Ein Großteil meines Schreibens hat sich auf die kammermusikalische Dimension konzentriert« bekundete C. Ende der 70er Jahre. Die tatsächlich zentrale Stellung der Kammermusik in C.s Œuvre wird deutlich, sobald man sich bewußt macht, daß neben jenen Arbeiten, die hier im Werkverzeichnis aufgelistet sind, noch zahlreiche Kompositionen für Singstimme und kammermusikalisch besetztes Ensemble stehen: *Lux Aeterna* (für fünf maskierte Musiker, 1971) und die Vertonungen von Texten Federico García Lorcas – angefangen bei *Night Music I* (1963, rev. 1976) über *Madrigals* (4 Bücher), *Songs, Drones, and Refrains of Death* (1968) und *Ancient Voices of Children* (1970) bis hin zu *Federico's Little Songs for Children* (1986). Gibt es einerseits in diesen Vokalwerken auch rein instrumentale Sätze, so müssen die Musiker in den nominell instrumentalen Werken andererseits gelegentlich sprechend (*Eleven Echoes...*) oder in ihr Instrument singend (*Vox Balaenae)* agieren. Schon allein dieser Umstand zeigt, daß zwischen beiden Werkgruppen kein kategorischer Gegensatz, sondern ein fließender Übergang besteht, und dies steht ganz im Einklang mit C.s ästhetischen Positionen seit Mitte der 60er Jahre. Seit jener Zeit distanzierte er sich schrittweise von der Idee einer hermetischen und ›absoluten‹ Musiksprache. Zwar hielt er prinzipiell an den kompositionstechnischen Errungenschaften des in den *Piano Pieces* gefundenen Stils fest. Darüber hinaus aber öffnete er sein Schaffen (ganz gleich, für welche Besetzung er schrieb) für traditionelle Stilmittel und musikalische Zitate, für Elemente aus nicht-westlichen Kulturen und aus der Unterhaltungsmusik. Selbst durch den ›Gesang‹ der Buckelwale ließ er sich inspirieren (*Vox Balaenae*). Manche Werke für den Konzertsaal versah C. mit theatralischen Elementen – maskierte oder sich auf dem Podium bewegende Musiker (*Echoes of Time and the River...*) und Möglichkeiten für Tanzeinlagen (*Ancient Voices...*) –, für manche empfiehlt er eine bestimmte Licht-Inszenierung bei der Aufführung (*Vox Balaenae*). All diese Mittel setzt C. ein, um seinen Stükken eine programmatische Dimension zu verleihen, deren Inhalte sich durch Gesangstexte, Satzüberschriften und Mottos konkretisieren. Spätestens im Laufe der 70er Jahre ist immer deutlicher geworden, daß es C. dabei um eine (durchaus kritisch aufgenommene) Einbeziehung von weltanschaulichem Gedankengut geht. Er selbst sprach (im Zusammenhang mit seiner vierteiligen Werkreihe *Makrokosmos*, 1972-1979) vom »spirituellen Impuls« seiner Musik. Seine synkretistischen Ansichten schließen nicht zuletzt religiöse und naturphilosophische Momente ein. Auch sein Verfahren, Kompositionen in Bereichen zu gestalten, die sich nicht durch das Hören erschließen, ist in diesem Kontext zu sehen. C. bedient sich des öfteren sowohl zahlensymbolischer Verschlüsselungen (*Black Angels*) als auch symbolisch geformter, z.B. kreisrund oder spiralig verlaufender Notationsanordnungen (*Makrokosmos I*), beides Praktiken der Bedeutungsgebung, die in mittelalterlichen Denkformen wurzeln.

Bevor C. in den 60er Jahren zu seinem Reifestil fand, hatten seine Werke eine strukturell konventionelle Tonsatzfaktur und waren merklich durch die klassische Moderne, insbesondere durch Béla Bartók geprägt. Die dreisätzige Vc.-Solosonate ist hierfür ein gutes Beispiel. Dann aber bemühte sich C. intensiv um die Erweiterung seiner klanglichen und klangfarblichen Gestaltungsmöglichkeiten und die Aufwertung dieser satztechnischen Ebene. Er erreichte dies durch die Verwendung exotischer Schlaginstrumente, vor allem jedoch durch die Einbeziehung neuer Spiel- und Gesangstechniken. Ungewöhnliche Kl.-Effekte beispielsweise – das Spiel im Innern des Instruments (pizzicato etc.), Saitenpräparierungen, das Hörbarmachen von Obertönen – integrierte er auf eine bis dahin kaum gekannte virtuose Weise in die komponierten Verläufe.

Auch in der ersten kammermusikalischen Arbeit nach der Stilwende, den *Four Nocturnes* von 1964, ist dies bereits zu beobachten. Die Suche nach dem unerhörten Instrumentalklang steht bei C. in Zusammenhang mit seiner anhaltenden Faszination für tönende Elementarphänomene: Resonanz, Vibration, Echo, Klänge aus der Ferne (letztere kompositorisch realisiert durch hinter der Bühne zu spielende Instrumente wie etwa die Glasharmonika in *Dream Sequence*). Letztlich sind die klanglichen Prozesse aber auch nur eine Schicht innerhalb von komplexen musikalischen Strukturen, die als Versuche angesehen werden können, bildhaft geprägte künstlerische Phantasien atmosphärisch oder illustrativ umzusetzen. Für die im Rückblick besonders wichtig erscheinenden Werke der 60er und frühen 70er Jahre fand C.s bildgeleitetes Denken Ausgangspunkte häufig – auch in der Kammermusik (*Eleven Echoes...*) – in den lyrischen Bildern F. G. Lorcas. Landschaftseindrücke spielen hierbei ebenso eine wesentliche Rolle wie die Schilderung von Zeitenthobenheit, wie Magisches (C. spricht gerne von »magischen Eigenschaften der Musik«) und Mysteriöses.

Black Angels. Thirteen Images from the Dark Land (= *Images I*) (1970) für elektrisch verstärktes Streichquartett

Teil I: Departure. 1. Threnody I: Night of the Electric Insects; 2. Sounds of Bones and Flutes; 3. Lost Bells; 4. Devil-music; 5. Danse Macabre – Teil II: Absence. 6. Pavana Lachrymae (Der Tod und das Mädchen); 7. Threnody II: Black Angels!; 8. Sarabanda de la Muerta Oscura; 9. Lost Bells (Echo) – Teil III: Return. 10. God-music; 11. Ancient Voices; 12. Ancient Voices (Echo); 13. Threnody III: Night of the Electric Insects [inkl. Sarabanda de la Muerte Oscura (Echo)].
Dauer: ca. 24'
Verlag: C. F. Peters New York u.a. 1971

Über den Partituranfang seines StrQu.s (*Schwarze Engel. 13 Bilder aus dem dunklen Land*) setzte C. die Angabe, das Werk sei »in tempore belli, 1970«

entstanden. Es ist der Vietnamkrieg, auf den hier angespielt wird – 1970 nach wie vor eines der brisantesten Themen in den USA. Daß C. sein Quartett partiell auch als direkte Bezugnahme auf diesen Krieg verstanden wissen wollte, wird auf der Ebene der Satzüberschriften nahegelegt durch die Rede von ›elektrischen Insekten‹ (1. und 13. Satz), worunter sich Hubschrauber verstehen lassen. Darin erschöpft sich die programmatische Bestimmung des Werkes jedoch keineswegs. C. ging es um Allgemeineres, um eine »Parabel über unsere geplagte gegenwärtige Welt«, wie er in einem Kommentar zur UA schrieb. Die Gestaltung der Parabel besteht zum einen in einer Darstellung der Polarität, die zwischen einem guten (göttlichen) und einem bösen Prinzip besteht. Musikalisch werden die Prinzipien am deutlichsten durch den 4. und 10. Satz repräsentiert (›Teufel-Musik‹ und ›Gott-Musik‹), aber auch durch zahlreiche bedeutungstragende Details: das Tritonus-Intervall als ›diabolus in musica‹, den ›Teufelstriller‹ (ein von Giuseppe Tartini entliehener Ausdruck), Zitierungen der Requiem-Sequenz *Dies irae* etc. Die im Werktitel genannten ›schwarzen Engel‹ können als Sinnbild für C.s polares Weltverständnis angesehen werden. In mittelalterlicher Malerei fungierten sie als Darstellungstopos für die von Gott abgefallenen und vom Himmel ›gestürzten‹ Engel. Doch damit nicht genug: Die Parabel wird außerdem noch linear ›erzählt‹. C. versteht die drei voneinander abgesetzten Teile des Quartetts auch als Beschreibung »einer Reise der Seele«, deren Stationen ›Abwendung (Verlust der Gnade)‹, ›Abwesenheit‹ und ›Rückkehr (Erlösung)‹ sind. Für die Ansicht, das Werk sei insgesamt in einer Weise inhaltlich befrachtet, die zumindest in ästhetischer Hinsicht fragwürdig erscheint, ließe sich wohl argumentieren.

Wie die programmatische Seite von *Black Angels* auch immer eingeschätzt werden mag, unter rein musikalischen Gesichtspunkten muß das Quartett zu C.s beeindruckendsten Arbeiten gezählt werden. Der Komponist hat 13 kürzere Sätze so angeordnet, daß jeweils zwei von ihnen (z.B. der 1. und 13., der 2. und 12.) korrespondieren, die den gleichen Abstand zur gewählten Symmetrieachse, dem zentralen 7. Satz, haben. Die dergestalt bewerkstelligte Bogenform ist das bei C. am häufigsten anzutreffende Mittel großformaler Architektur. Er konnte diese Form in StrQu.en Bartóks vorgebildet finden. Das Auftreten der Zahlen 7 und 13 auf dieser Ebene hängt zusammen mit C.s Neigung zur Zahlensymbolik. Beiden Primzahlen wurden in der jüdisch-christlichen Zahlenallegorese vielfältige Bedeutung und Verweiskraft zugeschrieben. C. organisiert mit Größen von 7 oder 13 Einheiten diverse Mikrostrukturen (Phrasenlängen etc.). Zudem flüstern oder rufen die Instrumentalisten an verschiedenen Stellen des Stückes die Zahlen 1 bis 7, 7 allein oder 13 in insgesamt sechs verschiedenen Sprachen. Dieser Sachverhalt allein weist darauf hin, daß die Bezeichnung ›Streichquartett‹ das Klangbild des Werkes nur unvollständig umschreibt. Denn erstens wird von den Musikern neben dem »rituellen Zählen« auch die Handhabung von Schlaginstrumenten verlangt. Außer Tamtams und Maracas kommen gestimmte Kristallgläser zum Einsatz, mit denen in der ›Gott-Musik‹ eine dreistimmige Akkordfolge in H-Dur angestimmt wird, zu der eine Vc.-Kantilene (als ›Vox Dei‹) tritt. Und zweitens wird für die Streichinstrumente eine elektroakustische Verstärkung gefordert. C. zielt damit auf einen »surrealistischen Effekt« (H.C.).

Das StrQu. wirkt wie ein musikalisches Kaleidoskop, in dem zwei fundamental verschiedene Arten von Musik miteinander konfrontiert werden. Einerseits begegnen Stile oder Kompositionsfragmente aus der älteren Musikgeschichte. Programmatisch bedingt und versatzstückhaft erscheinen außer der bereits genannten **Gott-Musik** eine **Sarabande de la Muerta Oscura** im Renaissanceton (eine von C. verfertigte Stilkopie) und als **Pavana Lachrymae** die aneinandergefügten Takte 1–8 und 17–19 des *Der Tod und das Mädchen*-Themas aus Schuberts StrQu. D 810. Die Pavane soll klingen wie von einem Violen-Consort gespielt und wird durch flirrende V.-Einwürfe verfremdet. Dagegen setzt C. andererseits die quantitativ überwiegende Gruppe jener Abschnitte, in denen er mit Hilfe experimenteller Spieltechniken (vor allem glissando- und tremolo-Effekte) imaginative und atmosphärisch sehr unterschiedliche Klangbilder entwirft. Diese Formteile wirken meist improvisatorisch und sind denkbar weit von traditioneller Satztechnik entfernt. Als Beispiel für solch eine frappierende Klangidee kann der Beginn der eröffnenden **Threnodie** dienen, die im Schluß-Satz, das Ganze gleichsam rahmend, nochmals angespielt wird:

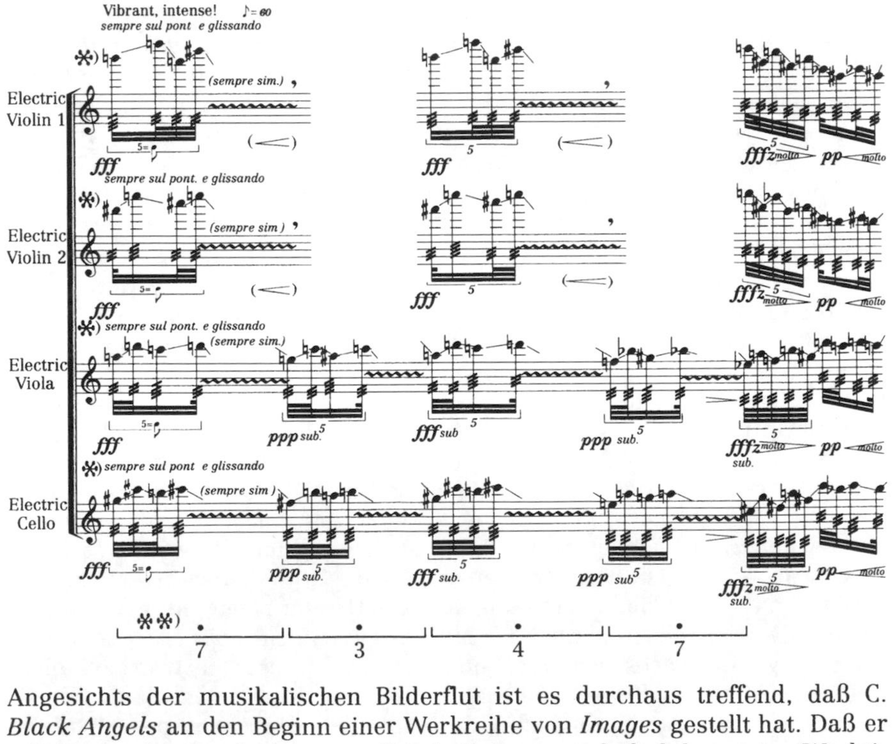

Angesichts der musikalischen Bilderflut ist es durchaus treffend, daß C. *Black Angels* an den Beginn einer Werkreihe von *Images* gestellt hat. Daß er mit diesem Ausdruck einen von Claude Debussy mehrfach benutzten Werktitel aufgriff, dürfte kaum ein Zufall sein. C. hat wiederholt bekannt, daß keine Musik sein Schaffen so beeinflußt habe wie jene Debussys.

Thomas Gerlich

Franz Danzi

geb. 15. 5. 1763 Schwetzingen, gest. 13. 4. 1826 Karlsruhe. Frühe Ausbildung in Gesang, Kl.- und Vc.-Spiel durch den Vater Innocenz Danzi, einem Cellisten der Mannheimer Hofkapelle. Kompositionsstudien bei Abbé Georg Joseph Vogler. Seit 1778 Mitglied der Mannheimer Hofkapelle, auch Repetitor am Hoftheater. Musikschriftstellerische Tätigkeit. 1783 als Cellist in die Münchener Hofkapelle, hier Erfolge als Opernkomponist. 1791–1796 zusammen mit seiner Frau, der Sängerin Margarethe Marchand, Reisen durch Europa. 1798 in München Ernennung zum Vizekapellmeister. 1807 Kapellmeister in Stuttgart, hier Freundschaft mit Carl Maria von Weber. 1812 Kompositionslehrer am Kunstinstitut des Stuttgarter Waisenhauses (Blasinstrumentenausbildung), gleichzeitig Kapellmeister am Karlsruher Hoftheater bis zu seinem Tod.

Werke f. 2 Instr.: 3 Sonaten f. V., Kl. op. 1; Sonatine f. Kl., Fl. D; Sonatine f. Kl., Fl. (V.) d op. 34; Sonatine f. Kl., Fl. B; 4 Variationen f. Fl., Kl. B; Sonate f. Kl., Hr. (Vc.) Es op. 28; Sonate f. Kl., Hr. (Vc.) E op. 44; Grande Sonate f. Kl., Bassett-Hr. (Vc.) F op. 62; 3 Kleine Duos f. Fl., Vc. op. 64; 3 Duos f. Va., Vc. C, Es, c op. 9; 3 Duos f. Va., Vc. D, g-G, F op. 9; 6 Sonaten f. 2 Vc. A, C, d, G, B, f-F op. 1; 24 kleine Duos f. 2 Vc. – Werke f. 3 Instr.: 3 Triosonaten f. Kl., V., Vc. B, C, A op. 1; Trio f. Kl., V., Vc. Es; Sonate f. 2 Kl., V. D op. 42; 3 Trios f. Fl., V., Vc. G, e, D op. 71; Trio f. V., Hr., Fg. F op. 23 (Umarbeitung des Bläserquintetts op. 68 Nr. 2) – Werke f. 4 Instr.: Quartett f. Kl., V., Va., Vc. d op. 40 (Umarbeitung des Kl.-Quintetts op. 41); 3 Quartette f. Fl., V., Va., Vc. D, d, F op. 56; 5 Stücke détachées f. Ob. (Fl.), V., Va., Vc.; 3 Quartette f. Fg., Vl., Va., Vc. C, a, B op. 40; 3 Quartette f. 2 V., Va., Vc. C, Es, E op. 5; 3 Quartette f. 2 V., Va., Vc. C, B, g op. 6; 3 Quartette f. 2 V., Va., Vc. Es, c, F op. 7; Quartett f. 2 V., Va., Vc. A op. 16; 3 Quartette f. 2 V., Va., Vc. C, A, D op. 29; 3 Quartette f. 2 V., Va., Vc. D, e, B op. 44; 3 Quartette f. 2 V., Va., Vc. Es, f, E op. 55; Potpourri f. 2 Va., Vc. (2 Fl., 2 Klar., 2 Hr., 2 Fg. ad lib.) op. 61 – Werke f. 5 Instr.: 2 Quintette f. Kl., Fl., Ob., Klar., Fg. u. Kl., Fl., V., Va., Vc. F, D op. 53 und 54; Quintett f. Kl., Ob., Klar., Hr., Fg. d op. 41; 9 Quintette f. Fl., Ob., Klar., Hr., Fg. B, g, F op. 56; G, e, Es op. 67; A, F, d op. 68; 3 Quintette f. Fl., V., 2 Va., Vc. Es, h, D op. 50; Potpourri f. Klar., 2 V., Va., Vc. (Fl., 2 Ob., 2 Fg., 2 Hr. ad lib.) B op. 45; Potpourri f. Kl., 2. V., Va., Vc. g-B; 3 Quintette f. 2 V., 2 Va., Vc. Es, f, A op. 66; – Werke f. 6 Instr.: Sextett f. Ob. (V.), 2 Va., 2 Hr., Vc. Es op. 10; Sextett f. 2 V., 2 Hr., Va., Vc. E op. 15.
(Entstehungs- und Erscheinungsdaten der meisten Werke sind nicht zweifelsfrei feststellbar, ebenso einige Tonarten. Die Opuszahlen sind größtenteils willkürlich durch Verlage gesetzt, allerdings kann man davon ausgehen, daß Werke ab ca. Opus 40 nach 1812 komponiert wurden.)

Verlage: Peters, Breitkopf u. Härtel, Hofmeister, (alle Leipzig).

Nachdem bereits am Mannheimer Hoftheater Singspiele von ihm aufgeführt worden waren (*Azakia*, *Cleopatra*), konnte D. 1788 mit *Die Mitternachtsstunde* einen ersten großen Erfolg erzielen. Neben zahlreichen weiteren Singspielen und Opern komponierte er auch Schauspielmusiken, Ballette, Kirchenmusik – zum großen Teil für die Münchener Hofkirche – sowie Chor- und Sologesänge. Auf dem Gebiet der Orchestermusik trat D. nicht nur mit mehreren Sinfonien hervor, sondern leistete als Kapellmeister, beispielsweise in den Karlsruher Jahren, auch Wesentliches bei der Vergrößerung des Orchesterapparates. Daß er Carl Maria von Webers Opern *Preziosa*, *Der Freischütz* und *Euryanthe* bereits kurz nach deren Uraufführungen auf seine Programme setzte und darüberhinaus vehement für Webers Schaffen eintrat, liegt in der engen Freundschaft mit dem 23 Jahre Jüngeren begründet. So unterstützte er Weber in dessen Ringen um eine deutsche Nationaloper und beeinflußte ihn, auf eigene Bühnen- und Kapellmeistererfahrung sowie die frühzeitig durch praktischen Umgang aufgesogene berühmte Tradition der Mannheimer Hofkapelle bauend, hinsichtlich farbiger Instrumentation und des Einsatzes der Blasinstrumente.

Auch wenn D.s Werkliste u.a. neunzehn StrQu.e umfaßt, ist doch nicht zu übersehen, daß in seinem kammermusikalischen Schaffen den Blasinstrumenten eine besondere Rolle zugedacht ist und sie in die meisten Kompositionen einbezogen sind.

BLÄSERQUINTETTE

D.s Bläserquintette, in drei Sammlungen zu jeweils drei Werken etwa zwischen 1820 und 1824 entstanden, sind nahezu die einzigen Kompositionen, die für die Nachwelt von seiner Bedeutung zeugen. Nicht zufällig widmete er die Serie op. 56 Anton Reicha (1770–1836), dem Schöpfer der Gattung, und ließ sie in Paris erscheinen, wo dessen berühmtes Bläserensemble wirkte. Man kann D.s Affinität für Blasinstrumente auf sein Wirken im Mannheimer Orchester, das ja gerade für seine Bläser bekannt war, zurückführen. Sie zeigte sich später auch (1812) während seiner Leitung der Bläserausbildung am Stuttgarter Kunstinstitut, die ihm zudem die Gelegenheit gab, klangliche und technische Möglichkeiten der Instrumente kennenzulernen und genauestens auszuprobieren. Doch sind D.s Quintette, wenige Jahre vor seinem Tod komponiert, nicht ohne das Vorbild Reichas denkbar, der in Paris Prinzipien des StrQu.s auf den Bläsersatz von Fl., Ob., Klar., Hr. und Fg. übertragen und somit das Bläserquintett in seiner heutigen Form aus der Taufe gehoben hatte. Vom Erfolg dieser Werke hatte D. durch die Leipziger ›Allgemeine Musikalische Zeitung‹ erfahren, für die er – wie auch für die Münchener Zeitschrift ›Aurora‹ – als Mitarbeiter tätig war. Die Widmung an sein Vorbild Reicha und der Erscheinungsort kamen der Verbreitung der D.schen Quintette zu Lebzeiten des Komponisten jedoch nicht zugute: Die erhofften Pariser Aufführungen blieben ebenso aus wie solche in D.s Umfeld, wobei in Karlsruhe offenbar wohl auch die geeigneten Musiker fehlten. Heutige Konzertprogramme und Einspielungen nennen D.s Quintette dagegen wesentlich öfter als die damals dominierenden von Reicha.

Formal beschränken sich D.s Bläserquintette auf die überlieferte Viersätzigkeit mit der Sonatenhauptsatzform im 1., der Liedform im langsamen 2. und einem Menuett als 3. Satz sowie der Rondoform im Finale. Die Betonung der klanglichen Komponente dominiert mit farbig instrumentierter Reihung von Themen eindeutig über deren Entwicklung im kontrapunktischen Satz. Im Rahmen der technischen Möglichkeiten verteilt D. Melodie-, Begleit- und Baßfunktion auf die einzelnen Instrumente, läßt die Soloinstrumente über dem akkordischen Satz der Unterstimmen hervortreten (Schichtenbildung) und erreicht durch stellenweise Verminderung auf Vier- oder Dreistimmigkeit dynamische Abstufungen (wechselnde Satzdichte). Auch harmonisch reichert D. die Farbigkeit an, ähnlich wie in seinen StrQu.en, beispielsweise durch verminderte Septakkorde und Chromatik.

Quintett B-Dur op. 56 Nr. 1 (1820) für Flöte, Oboe, Klarinette in B, Horn in F und Fagott

Allegretto – Andante con moto – Menuetto. Allegretto – Allegretto
Dauer: ca. 15'
Verlag: Peters Leipzig

Wie sehr sich D. von der durch Reicha gesetzten Norm des Bläsersatzes bereits gelöst hat, zeigt die Farbigkeit seines B-Dur-Quintetts op. 56 Nr.1. Auf der einen Seite betont er die Individualität der Einzelstimme, auf der anderen findet er immer neue Klangkombinationen und ist ungemein erfindungsreich in Stimmführung und Stimmschichtung. Bereits nach wenigen Takten wechselt im **Allegretto** die Führung beim markanten, marschartigen und vollstimmig vorgetragenen 1. Thema aus der Ob. in die Fl.. Figurative Überleitungsfloskeln ziehen sich durch alle Instrumente und enden mit einer Fermate. Unmittelbar hieran schließt ein kontrastierendes Seitenthema des Hr.s an, nur durch die Baßfunktion des Fg.s gestützt und von der Klar. umspielt.

Auch dieses Thema wird bald von einem anderen Instrument, der Ob., übernommen. Einer ornamentierenden Satzverdichtung folgt die Wiederholung dieser Exposition. Die Durchführung deutet das 1. Thema harmonisch um und macht nach der schon bekannten Fermate dem Seitenthema Platz, diesmal von der Klar. in die Fl. wandernd. Eine kurze Coda beschließt den Satz. Den in A-B-A-Form gebauten **2. Satz** eröffnet eine liedhafte Melodielinie der Ob., von den übrigen Instrumenten mit Ausnahme der Fl. akkordisch begleitet.

Eigenartige Klangwirkungen erzielt im Mittelteil das Zusammenwirken von Fl. und Fg. Beide Instrumente durchziehen im Wechselspiel auch die

Schlußgruppe, die dem erneut erklingenden A-Teil folgt. Im **Menuett** übernehmen Ob. und Fl. über den Akkord-Impulsen der übrigen Stimmen die Melodie, während sich im Trio Klar., Ob. und Fl. Motive zuwerfen, unterbrochen von einer durch das Fg. dominierten Passage. Das wiederum von Fl. und Ob. geprägte Rondo-Thema des **Finales** taucht im Satzverlauf noch zweimal auf, allerdings bei jeder Wiederholung verkürzt. Zwischen diesen Refrains hat D. zwei harmonisch abgedunkelte Teile gesetzt, die durch das abwechselnde Pausieren einzelner Instrumente satztechnisch ausgedünnt sind.

Barbara Gugisch

Peter Maxwell Davies

geb. 8. 9. 1934 Manchester. Studierte am Royal Manchester College of Music (1952–1956) und an der Manchester University (1952–1957). Bildete mit Harrison Birtwistle (geb. 1934), Alexander Goehr (geb. 1932) und John Andrew Howard Ogdon (geb. 1937) die Gruppe ›New Music Manchester‹, die erfolgreich Werke der europäischen Avantgarde und eigene Kompositionen aufführte. 1957 Stipendiat bei Goffredo Petrassi (geb. 1904) in Rom. 1959–1962 Musiklehrer an der Cirencester Grammar School. 1962–1964 Fortsetzung der Studien an der Princeton University (USA), Zusammenarbeit u.a. mit Roger Sessions und Milton Babitt. Zur gleichen Zeit eigene Vorlesungen in Europa, Neuseeland und Australien. 1966/67 ›Composer-in-Residence‹ an der Universität Adelaide (Australien). 1967 Rückkehr nach England, mit Harrison Birtwistle Leitung des von diesem und Alexander Goehr gegründeten Ensembles ›Pierrot Players‹; ab 1970 als ›The Fires of London‹ bekannt. 1970 Wohnsitz auf einer der Orkney-Inseln Schottlands, hier 1977 Gründung des jährlich stattfindenden St.-Magnus-Festivals. 1979 Ernennung zum Musikdirektor der Dartington Summer School.

Werke f. 1 Instr.: *Solita* (Spieldose) f. Fl. (1966); *Bell Tower* (Glockenturm) (Turris Campanarum Sonantium) f. Schlzg. (Ms. zurückgezogen) (1971); *Lullaby for Ilian Rainbow* f. Git. (1972); *The Door of the Sun* (Die Tür zur Sonne) f. Va. (1975); *The Kestrel Paced Round the Sun* (Der Turmfalke umkreist die Sonne) f. Fl. (1975); *The Seven Brigthnesses* (Die sieben Heiterkeiten) f. Klar. (B) (1975); Nocturne f. AFl. (1979); *Hill Runes* (Bergrunen) f. Git. (1981); *Sea Eagles* (Seeadler) f. Hr. (1982); Sonate f. Git. (1984); *First Grace of Light* (Die erste Gnade des Lichts) f. Ob. solo (1991) – Werke f. 2 Instr.: Sonata f. Trp., Kl. (1955); *Stedman Doubles* f. Klar., Schlzg. (1956, rev. 1968); Hymnos f. Klar., Kl. (1967); Sonata f. V., Cymbalom (1984); *Dances from The Two Fiddlers*, arr. f. V., Kl. (1988); *Two Dances from Caroline Mathilde*, arr. f. Fl., Hf. (1993) – Werke f. 3 Instr.: *Birthday Music for John* (John Carewe) Fl., Va., Vc. (1983) – Werke f. 4 Instr.: Quartet Movement f. StrQu. (1952); StrQu. (1961); Little Quartet Nr. 1 f. StrQu. (1980); Little Quartet Nr. 2 f. StrQu. (1981) – Werke f. 5 Instr.: Bläserquintett f. 2 Trp., Hr., Pos., Tb. (1981); *March: The Pole Star* (Marsch: Der Polarstern) f. Bläserquintett (1983); *Unbroken Circle* (Unverletzter Kreis) f. AFl., BKlar., Va., Vc., Kl. (1984); Werke f. 6 Instr.: *Alma Redemptoris Mater* f. Fl., Ob., 2 Klar., Fg., Hr. (1957); Sextett f. Fl., Klar., V., Vc., Kl., Schlzg. (1957; zurückgezogen); *Stedman Caters* f. Fl. (Pikk.), Klar., Schlzg., Cemb., Va., Vc. (1968); *Ave Maris Stella* f. Fl. (AFl.), Klar. od. BKlar., Schlzg., Kl., Va., Vc. (1975); *Runes from a Holy Island* (Runen einer heiligen Insel) f. AFl., Klar., Schlzg., Cel., Va., Vc. (1977); *Dances from the Two Fiddlers* f. Pikk., BKlar., Schlzg., Kl., V., Vc. (1978); *The Bairns of Brugh* (Die Kinder von Brugh) f. Pikk., BKlar., Kl., Mar., Va., Vc. (1981); *Image, Reflection, Shadow* (Bild, Reflektion, Schatten) f. Fl. (AFl., Pikk.), Klar. (BKlar.), V., Vc., Cimbasso, Kl. (1982) – Werke f. 7 Instr.: *Antechrist* f. Pikk., BKlar., Schlzg. (3 Spieler), V., Vc. (1967); *Canon in memoriam Igor Strawinsky, Puzzle-Canon* f. Fl., Klar., StrQu., Hf. (1972) – Werke f. 8 Instr.: *Ricercar and Doubles on To Many a Well* (Für Viele ein Gutes) f. Fl., Ob., Klar., Fg., Hr., Cemb., Va., Vc. (1959); *Eram Quasi Agnus*, Motette f. Fl., Ob., Fg., KFg., Hr., Pos., Schlzg., Hf. (1969) – Werke f. Ensemble: *Seven In Nomine* f. Fl. (Pikk.), Ob., Klar., Fg., Hr., Hf., 2 V., Va., Vc. (1965); *Points and Dances from Taverner* f. AFl. (Pikk.), Klar., KFg., Trp., APos., Schlzg., Cemb. (Regal, Positiv), Git., Va., Vc. (1970); Shakespeare Music f. AFl. (Pikk.), Ob., Klar., BKlar., Fg. (KFg.), Hr., Pos., Schlzg., Git., Va., Kb. (1974); *Three Studies for Percussion* f. 11 Schlzg.-Spieler (1975) – Werke f. Ensemble mit obligater Stimme / szenischer Darbietung u.ä.: *Notre Dame des Fleurs* f. S., MezzoS., KontraT., Fl., Klar., Schlzg., Kl. (Cel.), V., Vc. (1966); *Missa super L'Homme armé* f. Sprecher od. Sänger (weiblich od. männlich) u. Fl. (Pikk.), Klar. (Gl.), Schlzg., Harm. (verschiedene Tasteninstr.), V., (Gl.), Vc., (Gl.) (1968; rev. 1971); *Eight Songs for a Mad King* f. männliche Singstimme u. Fl. (Pikk.), Klar., Schlzg., Kl. (Cemb., Hackbrett), V., Vc. (1969); *Vesalii Icones* (Die Bilder des Vesalius) f. Tänzer, Vc., Fl. (Pikk., AFl.), Klar. (BKlar., Bassetthorn), Schlzg., Kl. (Autohupe, Kassettenrecorder, Schlzg.), verstimmtes Kl. (gespielt vom Tänzer od. Dirigenten), V. (1969); *From Stone to Thorn* (Vom Stein zum Dorn) f. MezzoS., BKlar. (Klar.), Schlzg., Cemb., Git. (1971); *Suite from The Devils* f. Fl. (AFl., Pikk.), Klar. (BKlar.), Trp., Pos., Schlzg. (3 Spieler), Hammond-Org. (ungestimmtes Kl., Cel.), V., (Va., Regal), Vc., Kb., obligater S. (1971); *Fool's Fanfare* f. Sprecher, 2 Trp., 2 Pos., Schlzg., (2), Ukulele (Mand.) (1972); *Hymn to Saint Magnus* f. Fl., BKlar., Schlzg., Kl. (Cemb., Cel.), Va., Vc., obligater MezzoS. (1972); *Miss Donnithorne's Maggot* (Miss Donnigthornes seltsame Eigenart) f. MezzoS., Fl. (Pikk., AFl.), Klar., Schlzg., Kl., V., Vc. (1974); *Le Jongleur de Notre Dame* f. Pantomimen / Jongleur, Bar., Kinder-Blaskapelle, Fl. (Pikk., AFl.), Klar. (BKlar.), Schlzg., Kl. (Cel.), V., Vc. (1978); *Agnus Dei* f. 2 Solo-S., 7 Instr. (1986) – Bearb.: Fantasia on a Ground and Two Pavans nach Henry Purcell f. Fl. (Pikk.), Klar. (BKlar.), Schlzg., Kl., V., Vc., Gesangsstimme ad lib. (1969); Canzona nach Giovanni Gabrieli f. Fl., Ob., Klar., Fg., Hr., Streicher (1969); Präludium und Fuge cis-Moll nach J. S. Bachs Wohltemperiertem Klavier I f. Fl., BKlar., Schlzg., Cemb., Va., Vc. (1972); Veni sancte – veni creator spiritus nach John Dunstable f. AFl., Klar. (BKlar.), Schlzg., Cemb. (Kl.), Va., Vc. (1972); Renaissance Scottish Dances nach anonymen Vorlagen f. Fl., Klar., Schlzg., Git., V., Vc. (1973); Si Quis Diligit Me, Motette nach David Peebles u. Heagy f. AFl., Klar., Schlzg., Cel., Va., Vc. (1973); Fantasia on One Note nach Henry Purcell f. AFl., Klar., Schlzg., Cemb. (=Cognacglas, eine Note auf dem Vc.), V. (Cemb.), Vc. (1973); All Sons of Adam. Motette nach einer anonymen schottischen Komposition des 16. Jhd. f. AFl., Klar., Schlzg., Cel., Git., Va., Vc. (1974); Psalm 124 nach David Peebles, John Fethy u. anonymer Vorlage f. Fl. (AFl.), BKlar., Schlzg. (2 Spieler), Git., V. (Va.), Vc. (1974); Präludium und Fuge Cis-Dur nach J. S. Bachs Wohltemperiertem Klavier I f. Fl., BKlar., Schlzg., Cemb., Va., Vc., (1974); Yesterday nach John Lennon u. Paul McCartney f. Git. (1974); My Lady Lothian's Lilt nach einer Monodie aus dem 17. Jhd. f. AFl., Schlzg., BKlar., Va., Vc., obligaten MezzoS. (1975); Kinloche his Fantasie nach William Kinloch f. Fl., Klar., Schlzg., Cemb., V., Vc., (1976); Our Father Wiche in Heaven Art nach John Angus f. Fl., Klar. (Es-Klar. ad lib.), Schlzg., Cel., V., Vc. (1977); Four Voluntaries nach Thomas Tallis f. Bläserquintett (1983); Zwei Motetten nach Carlo Gesualdo f. Bläserquintett (1983).

Verlag: Boosey & Hawkes, London; Chester, London; Schott, London.
WV: P.M.D.W.V., London 1980.

Es ist wohl die Zurückgezogenheit von D. – er lebt auf einer der nordschottischen Orkney Inseln –, die für das außergewöhnlich reichhaltige Schaffen dieses Komponisten verantwortlich ist. Das Hauptaugenmerk ist dabei neben musiktheatralischen oder halbszenischen Arbeiten (oft für Kinder) auf das orchestrale Schaffen und das Konzertwesen (der Zyklus von zehn *Strathclyde Concertos* umfaßt bislang zehn Konzerte für verschiedene Solo-Instrumente). Stets ist die Musik, hierin einem Spezifikum der englischen Musik in der Nachfolge Brittens entsprechend, an der praktischen Seite der Ausführung orientiert. Die jeweiligen Vorhaben bestimmen Struktur und Charakter. Ein signifikanter Zug in vielen Arbeiten von D. ist hierbei die Anlehnung an ältere Musik, an melodische Muster vor allem der Renaissancezeit des 16. und 17. Jahrhunderts (kein Zufall dürfte es sein, daß dies eine Hochblüte der englischen Musik war, bevor ihr zweihundertjähriges Schweigen begann; das Anknüpfen an diese Hochblüte, als hätte es keine Lücke gegeben, ist Merkmal mehrerer englischer Komponisten).

D.s Kammermusikwerke sind in der Regel sehr knapp konzipiert. Oft wird einer Idee, einem Klangeindruck nachgegangen; er wird durchgeführt, in verschiedenes Licht gerückt – und hierin erschöpft sich das Stück. D. sieht sich kompositorisch in erster Linie als Autodidakt. Er zählt freilich neben Goehr und Birtwistle zu der Gruppe damals junger englischer Komponisten, die sich in den 50er Jahren in Aufbruchsemphase den seriellen Techniken des Festlandes zuwandten, nachhaltig beeinflußt wurden, ohne aber in irgendeiner Form zu Sklaven eines Systems zu werden.

Zeugnis hiervon legt schon das frühe StrQu. *Quartet Movement* (1952) des 18jährigen D. ab, das erst 1983 durch das Arditti-Quartett uraufgeführt wurde. Es beruht auf einer rhythmisch merkwürdig verzahnten dreitönigen Skalenfloskel, wobei sich der vorgezeichnete 2/4-Takt mit internen 7/16-Strukturen überlagert. Der Prozeß wird bei etwa 5minütiger Dauer verdichtet und dann zu allmählicher Beruhigung geführt. Gerade in solcher Konzentration bekundet sich ein Schaffensprinzip von D., das in allen weiteren Arbeiten spürbar bleibt.

Zu beobachten ist, daß D. in vielen Fällen den konventionellen Kammermusikbesetzungen ausweicht. Freilich entstand im Jahr 1961 ein weiteres StrQu., allein schon die relativ geringe Dauer von knapp einer Viertelstunde, insbesondere aber die Materialbasis (ein Stück von Claudio Monteverdi, das auch in zwei benachbarte Arbeiten – für Gesang bzw. für kleines Orchester – Eingang findet) verweist deutlich auf einen anders gelagerten Hintergrund dieser klassischsten aller Kammermusikbesetzungen. Schließlich entstehen noch zu Beginn der 80er Jahre zwei ausdrücklich mit *Little Quartet* bezeichnete StrQu.-Kompositionen. Das erste besteht aus drei ganz knappen Sätzen (insgesamt acht Minuten), die wie Skizzen einer Materialidee anmuten. Das zweite Quartett ist einsätzig mit langsamer Einleitung und einem schnellen Teil, der wieder zum Ausgangszustand zurückgeführt wird. Musikalische Modelle des Vorbarock werden auch hier deutlich spürbar.

Aus der Fülle der durchwegs kleindimensionierten Kammermusikwerke von D. wäre noch besonders auf die Komposition *Antechrist* für Pikk., BKlar., 3 Schlagzeuger, V. und Vc. hinzuweisen, die D. für das erste Konzert der ›Pierrot Players‹ schrieb. Die hochvirtuose Anlage der Komposition, grundiert von Glockentönen, kennzeichnet eine Verdichtung des Stils hin zu gestischer Zeichnung und zu einer Ausweitung der Farbskala. Resultate dieser Wandlung sind etwa in der eigenwillig besetzten Sonata für V. und Cymbalom von 1984 zu vermerken. Das dreisätzige Stück lebt aus spielerisch virtuoser Gegenüberstellung von zwei Instrumenten. Die ungarische Charakterprägung wird durch komplexe ungerade Rhythmen unterstrichen. Der abschließende Satz *Lullaby*, gleichsam als Ausatmen komponiert, weist auf die Widmungsträger. Das Stück sollte zur Hochzeit der Geigerin Rosemary Furness mit dem Cymbal-Spieler Gregory Knowles fertiggestellt sein. Es wurde aber erst geschrieben, als aus der Ehe schon ein Sohn hervorgegangen war. Diese Randnotiz freilich erlaubt einen Blick auf die unkomplizierte, stets praxisbezogene Art des Komponierens von D. So entstand ein Jahr vorher eine *Birthday Music for John* (John Carewe) für Fl., Va. und Vc. Es mag sein, daß die mehr polyphon-lineare Ausrichtung dieser Komposition dem Widmungsträger charakterlich entgegenkommt (vergleichbar etwa den *Enigma-Variationen* von Edward Elgar. Als Art von englischer Höflichkeit nimmt man den Tonfall des Adressaten an).

Diese Wandlungsfähigkeit ist ein bestimmter Zug des souveränen Komponierens von D. Der deutsch-romantische Gestus, als kompositorisches Ziel das Innerste auszudrücken, ist ihm weitgehend fremd. Ernst und Humor, Tiefe und Leichtigkeit richten sich nach dem jeweiligen Sujet. Das spielerische Element dominiert. Das ist selbst im karg studienhaften Stück *Unbroken Circle* für AFl., BKlar., Va., Vc. und Kl., ebenfalls 1984 entstanden, zu vermerken. Einfache Linien, oft halbtönig reibend gegeneinandergesetzt, führen innerhalb von fünf Minuten zu kontinuierlich größerer Verdichtung. Ein herb dissonanter Klang steht am Ende des Stücks. Kaum würde man glauben, daß die *Sonata* und *Unbroken Circle* vom gleichen Komponisten stammen, noch weniger, daß sie im gleichen Jahr entstanden. Doch gerade diese wandlungsfähige Distanz des Komponisten zum Gegenstand, die Fähigkeit, sich auf einen Aspekt zu konzentrieren und ihm intensiv nachzugehen, ist symptomatisch für das schöpferische Denken von D.

Reinhard Schulz

Claude Debussy

geb. 22. 8. 1862 Saint-Germain-en-Laye, gest. 25. 3. 1918 Paris. Nach privatem Kl.-Unterricht ab 1873 Schüler des Pariser Conservatoire (ab 1879 Kompositionsunterricht bei Ernest Guiraud); ab 1879 erste Kompositionen, die erhalten sind; 1880–1882 zeitweilig Hauspianist bei Nadeshda von Meck (Reisen in die Schweiz, nach Südfrankreich, Italien und Rußland); 1884 Rompreis, 1885–1887 Aufenthalt in der Villa Medici; ab 1887 im Kontakt mit führenden Vertretern der modernen französischen Literatur und Malerei (›Symbolisten‹, ›Impressionisten‹); 1888/89 Besuch der Bayreuther Festspiele (vorübergehende Wagner-Begeisterung); 1889 Pariser Weltausstellung (Begegnung mit fernöstlicher Musik); ab 1893 öffentliche Aufführungen seiner Kompositionen; ab 1901 gelegentliche Tätigkeit als Musikkritiker; mit Ausnahme von Konzertreisen lebte D. in Paris freischaffend mit seiner Familie und in einem engen Freundeskreis; 1902 beginnt mit der UA der einzigen vollendeten Oper *Pelléas et Mélisande* (nach Maurice Maeterlinck) sein internationaler Ruhm; die letzten Lebensjahre während des 1. Weltkrieges werden auch durch ein Krebsleiden überschattet.

WERKE F. 1 INSTR.: *Syrinx* f. Fl. solo (1913) – WERKE F. 2 INSTR.: *Intermezzo* f. Vc., Kl. (um 1879); *Nocturne et Scherzo* f. Vc., Kl. (1882); *Rhapsodie* f. ASax., Kl. (1901/

1908); *Première Rhapsodie* f. Klar. (B), Kl. (1909/10, bzw. f. Orch. 1911); *Petite Pièce* f. Klar., Kl. (1910); Sonate f. Vc., Kl. (1915); Sonate f. V., Kl. (1916/17) – Werke f. 3 Instr.: Premier Trio G-Dur f. V., Vc., Kl. (um 1879); Sonate en trio f. Fl., Va., Hf. (1915) – Werke f. 4 Instr.: *Quatuor à cordes* (StrQu.) g-Moll op. 10 (1893).

Verlag: Durand Paris; Peters Leipzig.

Im üblicherweise breit gefächerten Verständnis von Kammermusik sind es vor allem zwei Bereiche, die für D.s Schaffen zentrale Bedeutung gewinnen und durch seine Beiträge entscheidend innovative Entwicklungsimpulse erfahren: Die Vielfalt und geniale Neuartigkeit sowohl der Zyklen und Einzelstücke für Kl. als auch der Zyklen und einzelnen Lieder für Sologesang und Kl. bilden – nicht zuletzt durch das anhaltende Interesse des Komponisten – ein stabiles Rückgrat seines schöpferischen Denkens und seiner stilistischen Individualität. Demgegenüber beschränken sich D.s Neigungen zur instrumentalen Kammermusik für kleine Ensembles – von einigen beiläufigen Auftragsübungen abgesehen – auf nur vier größere, vollgültige Werke, die trotz großartigen Zuschnitts aber eben nur temporär seine kompositorische Aufmerksamkeit fesseln. In gewisser Weise umrahmen sie das kammermusikalische Gesamtbild, wenn man bedenkt, daß mit dem frühen, einzigen StrQu. (ein zweites wurde 1893 nur angedacht) D.s unverwechselbarer Weg – die prägenden Normen akademischer Tradition überwindend – eben erst beginnt und daß er nach einer gleichsam kammermusikalisch abstinenten Zeit von über zwanzig Jahren mit drei Sonaten des durch den Krieg patriotisch gestimmten ›Musicien français‹, im demonstrativen Bezug auf das nationale klassizistische Vermächtnis der französischen Musik, auch endet.

Dieses im Grunde eher merkwürdige, weil geradezu beiläufige Verhältnis D.s zu einer der lebendigsten, gewichtigsten und praktikabelsten Gattungen der Musik läßt sich kaum einfach erklären, sofern man sich nicht mit Verweisen auf mangelnde Gelegenheiten oder persönlichen Geschmack begnügen will. Solches Desinteresse gründet wohl vor allem in der generell nur schwach entwickelten französischen Kammermusikpflege während des ganzen 19. Jahrhunderts. Die inzwischen kanonische Geltung des Wiener klassischen Stils oder die vorherrschende Tendenz zu brillanter, unverbindlicher Salon-Virtuosität – der sich gegenseitig entfremdende Hang also zu ›deutscher‹, konstruierter Gelehrsamkeit oder ›welscher‹ musikantischer Spielerei – reizten D. gleichermaßen zur Opposition. Nachdem er mit seinem StrQu. demonstriert hatte, daß er die seit Beethoven etwa durch César Franck oder Alexander Borodin etablierten Normen der Gattung gut kannte (ohne ihnen dogmatisch folgen zu wollen), verabschiedete er sich lieber konsequent von einer Gattung, als in ihr bloß formale Kunstfertigkeit zu exerzieren, die er überdies zunehmend ablehnte. Solche tradierten Erfordernisse, wie zum Beispiel strenge thematische Arbeit und Variation, polyphone Stimmenbehandlung, funktionalistische Formung, genormte Klanglichkeit und Besetzung – um von den psychologistisch introvertierten Gehalten oder dem ritualisierten Aufführungszeremoniell nicht zu reden – , waren respektheischende Ingredienzien, denen D. zunehmend weniger Sympathie entgegenbrachte und aus einem spezifisch kompositorischen Freiheitsbedürfnis mit eher ablehnender Skepsis begegnete. Angesichts seiner subtilen klanglichen Entdeckungen, seinen systematischen Vorstößen in ein damals ungeahntes Reich musikalischer Sensibilität mußten ihm die akademischen Formen von Kammermusik als Fesseln erscheinen: »Debussy verwirft jede Hierarchie, die außerhalb des musikalischen Augenblicks selber liegt ... Indem er danach strebte, seine Technik, sein Vokabular, seine Form zu schaffen, gelangte er zur völligen Umwälzung all jener Begriffe, die bis dahin unverrückbar geblieben waren: das in Bewegung Befindliche, das Momentane dringt in die Musik ein; es handelt sich nicht nur um die Impression des Augenblicks, des Flüchtigen, worauf man es reduziert hat, sondern vielmehr um eine Konzeption der Relativität und Nichtumkehrbarkeit der musikalischen Zeit, und allgemeiner noch: des gesamten musikalischen Universums« (Pierre Boulez).

Nichts davon hat D. zurücknehmen wollen, als er gegen Ende seines Lebens drei Sonaten komponierte, eine für Vc. und Kl., eine für V. und Kl. sowie ein Trio für Fl., Va. und Hf., mit denen er an den schon verloren geglaubten Geist der französischen musikalischen Klassik des frühen 18. Jahrhunderts anzuknüpfen vermochte. Es wurde Kammermusik aus dem Geist formbewußten, freien Spiels und feinsinnig inspirierten Dialogisierens, die radikal und unspektakulär die lastenden Konventionen einer ganzen, vergangenen Epoche abstreift und leicht übertönt.

Sonate (1915)
für Flöte, Viola und Harfe

Pastorale. Lento, dolce rubato – Interlude. Tempo di Minuetto – Final. Allegro moderato ma risoluto
Dauer: ca. 17'
Verlag: Durand Paris, ED o. J.

Ende September bis Anfang Oktober 1915 komponierte D. die zweite der Six Sonatas für verschiedene Instrumente – unmittelbar nach der ersten und genauso mühelos wie diese. Unter den gleichen ästhetischen Prämissen betont der Komponist dennoch einen gewissen Gegensatz zur Vc.-Sonate. Es handelt sich nicht nur um eine originelle Trio-Besetzung (ursprünglich war statt der Va. die Ob. geplant), die gleichwohl die Aura barocker Bukolik heraufbeschwört und zu den Verspieltheiten eines aristokratischen Rokoko verführt. Sondern wichtiger: Das Werk tendiert trotz seiner Ausdehnung und ziemlich strengen thematischen Anlage weniger zur Sonate als zur Suite. Die Neigung zu tänzerischen Rhythmen, klar abgegrenzten, ja simpel-prägnanten melodischen Wendungen, zu flächiger, diatonischer, modal gefärbter Harmonik und einer wieder wie beim frühen D. flirrenden, schillernden Klanglichkeit verweist deutlich genug darauf. Ganz eigen hingegen ist der lyrisch zarte, sehnsüchtig weiche und doch fragil verschattete Charakter des Werkes – eine klagende Idylle in Kriegszeiten, die von der klassizistischen Suiten-Unschuld so weit entfernt ist wie von der lärmenden Robustheit ihrer Neo-Nachahmer. Einem Freund schrieb D.: »Die Musik ist furchtbar melancholisch, und ich weiß nicht, ob man darüber lachen oder weinen soll. Vielleicht beides zusammen?«

Besonders in der eröffnenden **Pastorale** folgen die drei Instrumente der alten Funktionsverteilung: Während die Hf. akkompagniert, führen Fl. und Va. das Oberstimmen-Duett, und zwar in charakteristisch kontrapunktischem Wechsel zwischen plastischer Motivik und ›aufgelösten‹ Fiorituren oder Arpeggien. Zu Beginn exponieren sie sich zunächst mit je eigenem Material, um es alsbald gegeneinander auszutauschen, füreinander zu variieren. Die ruhige Stimmung wird im Mittelteil durch lebhafte Impulse und graziöse Klangbewegung abgelöst, um sich in frei gestalteter, entwickelnder Reprise wieder durchzusetzen. Bleibt hier ein locker präludierender, gleichsam rhapsodisch erzählender Zug bestimmend, so betont nun der **2. Satz** (Tempo di Minuetto) das zügigere, gegliederte Moment des Spielens und Tanzens. Ausgehend von einer schlichten, biegsamen Melodie

entwickelt sich dieses ›Interludium‹ – in Wahrheit ein ziemlich ausgedehnter, vielgliedriger Hauptsatz – zu einer delikaten Raffinesse des Klangs, mehrmals pendelnd zwischen Aufschwüngen und Ermattungen, kompaktem Zusammenspiel der kleinen Gruppe und dem Monologisieren der Soli. Eine gewisse zügige Entschlossenheit und kraftvolle Virtuosität etabliert erst der **Finalsatz**. Hier bestimmen harte rhythmische Impulse, Orgeltöne und keck anspringende Motive einen Fortgang, der auch kantable und exzentrische Episoden ohne Stocken einbezieht. Nur eine kurze Reminiszenz an die Pastorale unterbricht, um die furiosen Schlußtakte mit desto wirkungsvollerer, zielstrebiger Bestimmtheit zu erfüllen.

Sonate (1916/17)
für Violine und Klavier

Allegro vivo – Intermède. Fantastique et léger – Finale. Très animé
Dauer: ca. 12'
Verlag: Durand Paris, ED o. J.

Die letzte Komposition, die D. fertigzustellen vergönnt war, ist die Sonate für V. u Kl. als dritte des geplanten Zyklus' von sechs Sonaten. Sie entstand während fortschreitender Krankheit, in einem schwierigen, langwierigen Arbeitsprozeß. Die UA mit dem Geiger Gaston Poulet und dem Komponisten am Kl. am 5. Mai 1917 in Paris wurde ein triumphaler Erfolg. Obwohl das Werk an Beliebtheit bis heute nichts eingebüßt hat, hielt mancher Kritiker es für nicht voll gelungen. Ein notorischer Widersacher D.s, der Musikologe Emile Vuillermoz, sprach sogar von den »letzten hoffnungslosen Flügelschlägen einer tödlich verletzten Seemöwe«. Er zitierte und mißverstand in diesem Zusammenhang eine briefliche Bemerkung des Komponisten gegenüber seinem Verleger: »Diese Sonate wird aus dokumentarischen Gründen interessant sein und als ein Beispiel dafür, was ein kranker Mann während eines Krieges schreiben kann.« Dies aber bezieht sich nicht auf den besonderen, von biografischen Nöten befreiten Charakter der Musik. »Einer – vielleicht ganz natürlichen – Selbstspaltung zufolge«, heißt es in einem anderen Brief, »ist sie voller Leben, fast fröhlich«. Freilich eignet der Sonate eine etwas zwanghafte, hermetische, künstlich eingehauchte Vitalität, eine kompositorische Kraftanstrengung, die Konstruktion und Ausdruck jetzt deutlich als das kalkuliert, was früher verströmendes Resultat zwingender Inspiration zu sein schien.

Das **Allegro vivo** erreicht trotz der Tempovorschrift kaum je wirklich lebhafte Bewegung. Es beginnt geradezu leer und karg mit gedehnten Akkordrückungen und einem Thema, das sich auf die Simplizität von elementaren Bausteinen reduziert. Kaum je vorher hat D. so systematisch mit seinem Material gearbeitet, kaum je hat er aber auch mutwilligere Neigung gehabt, zu Alternativen überzugehen, Brüche stehen zu lassen und Reprisen ton-wörtlich zu wiederholen. An der Sonatenform hält er als dreiteiliges Schema fest, aber speziell im Mittelteil verkehrt sich die Durchführung zum bloß spielerischen Durchlauf der exponierten Motive. Auf ein Kontrastverhältnis hin sind diese durchaus angelegt, wenn sie auch nur einmal, in der Coda, gewissermaßen als Abschluß der Entwicklung kombiniert erscheinen:

Auch der **2. Satz**, ein skurriles, ›fantastisches und leichtes‹ Scherzo, kommt erst nach einer quasi improvisatorischen Einleitungsgestik zustande: als ein rhythmisch ostinates, virtuoses Capriccio mit dem inkorporierten Gegensatz von ausdrucksvollen Kantilenen. Über dem Ganzen liegt ein Hauch von populärem Amusement, und man kann raten, ob er mehr von der spanischen Folklore oder dem jungen Jazz der Music-Halls ausgeht. Ganz im Banne tänzerischer Turbulenz steht der **3. Satz**, den D. »neapolitanisch« nannte. Bevor die Musik recht in Bewegung kommt – »das einfache Spiel eines Gedankens, der sich um sich selbst dreht wie eine Schlange, die sich in den Schwanz beißt« (C. D.) – beginnt er mit dem Zitat des Hauptthemas aus dem 1. Satz. Dessen intervallische Struktur prägt, kaum hörbar, auch den viel langsameren, expressiven Mittelteil. Statt eine Reprise auszuführen, kombiniert die Coda ebenfalls dieses mottoartig komprimierte Thema mit brillanten Figuren. Die Sonate endet mit einer Gebärde auftrumpfender Kraft.

Frank Schneider

Edison Denissow

geb. 6. 4. 1929 Tomsk (Sibirien), gest. 24. 11. 1996 Paris. 1946–1951 Studium an der Mechanisch-Mathematischen Fakultät der Tomsker Universität, Diplom über Funktionsanalyse. Autodidaktischer Musiker: Mand., Git., Klar., Kl.. Seit 1949 Briefwechsel mit Dmitri Schostakowitsch, der ihn 1950 zum Musikstudium anregte. 1951–1956 Studium am Moskauer Konservatorium (Komposition bei Wissarion Schebalin; Orchestrierung bei Nikolai Rakow, Kl. bei Wladimir Below). 1956–1959 Aspirantur, seit 1959 Lehrer für musikalische Analyse am gleichen Institut; seit 1961 Dozent für Instrumentation. Internationaler Durchbruch als Komponist mit der Solokantate *Die Sonne der Inkas* (1964). 1968–1970 Arbeit im Experimentalstudio für elektronische Musik in Moskau, Tätigkeit in der Moskauer

Abteilung des Komponistenverbandes. Verdienste um die Neue Musik als Essayist, Analytiker und Konzertinitiator. 1986 Ernennung zum Mitglied der französischen Ehrenlegion für Kunst und Literatur. Seit 1988 Konzertreisen und Studienaufenthalte in Westeuropa (Frankreich, Deutschland) und USA. 1989 Sekretär des neugeordneten russischen Komponistenverbandes. 1990 Mitbegründer und Präsident der Assoziation für Zeitgenössische Musik in Moskau. Seit 1992 Professor für Komposition am Moskauer Konservatorium. Meisterkurse für Komposition, Jurymitglied (Italien, Frankreich). Korrespondierendes Mitglied der Akademien der Künste in Bayern und Berlin. 1993 Grand Prix der Stadt Paris.

WERKE F. 1 INSTR.: Solo f. Fl. (1971); Solo f. Ob. (1971); Solo f. Trp. (1972); Sonate f. Klar. solo (1972); Sonate f. V. solo (1978); Sonate f. Git. solo (1981); Sonate f. Fg. solo (1982); Sonate f. Fl. solo (1982); 5 Etüden f. Fg. (1983); 2 Stücke f. Fl. (1984); *Winterlandschaft* f. Hf. (1987) – WERKE F. 2 INSTR.: Sonate f. 2 V. (1958); Sonate f. Fl., Kl. (1960); Suite f. Vc., Kl. (1961); Sonate f. V., Kl. (1963); 3 Stücke f. Vc., Kl. (1967); Sonate f. ASax., Kl. (1970); Sonate f. Vc., Kl. (1971); 3 Stücke f. Cemb., Schlzg. (1972); Prélude et Air f. Fl., Kl. (1973); 2 Stücke f. ASax., Kl. (1974); Choral-Variationen f. Pos., Kl. (1975); Sonate f. Fl., Git. (1977); 4 Stücke f. Fl., Kl. (1977); Sonate f. V., Org. (1982); 2 Duette f. Fg., Vc. (1982); Sonate f. Fl., Hf. (1983); *Es ist genug* über ein Thema von J. S. Bach f. Va., Kl. (1984); Duo f. Fl., Va. (1985); *Landschaft im Mondschein* f. Klar., Kl. (1985); Variationen über ein Thema von F. Schubert f. Vc., Kl. (1986); Sonate f. Klar., Kl. (1993) – WERKE F. 3 INSTR.: Trio f. V., Klar., Fg. (1957); *Ode* f. Klar. Kl., Schlzg. (1968); Trio f. V., Va., Vc. (1969); 2 Trios f. Kl., V., Vc. (1954, 1971); *Kanon in memoriam Igor Strawinsky* f. Fl., Klar., Hf. (1971); 2 Stücke für 3 Instr. einer Gruppe (1978); Trio f. Ob., Vc., Cemb. (1981); *In Deo speravit cor meum* f. V. (Fl.), Git., Org. (1984); Vier Poeme von Gérard de Nerval f. Gesangsstimme, Fl., Kl. (1989); 3 Stücke f. 3 Schlzg. (1984–1989) – WERKE F. 4 INSTR.: 2 StrQu. (1957, 1961); Lieder des Catull f. B., 3 Pos. (1962); Kammerkonzert f. Fl., Ob., Kl., Schlzg. (1963); *Siluety* (Silhouetten) f. Fl., 2 Kl., Schlzg. (1969); D-S-C-H f. Klar., Pos., Vc., Kl. (1969); *Blätter* f. Sopran, V., Va., Vc. (1978); *Schmerz und Stille* f. MezzoS., Klar., Va., Kl. (1979); *Wishing well* (Alles Gute) f. MezzoS., Klar., Va., Kl. (1986); Quartett f. Fl., V., Va., Vc. (1989); 4 Stücke f. StrQu. (1991) – WERKE F. 5 INSTR.: *Italienische Lieder* f. S., V., Fl., Hr., Cemb. (1964); *Klagelieder* f. S., Kl., 3 Schlzg. (1966); *Romantitscheskaja musyka* (Romantische Musik) f. Ob., V., Va., Vc., Hf. (1968); Quintett f. Fl., Ob., Klar., Fg., Hr. (1969); Quintett f. Klar., 2 V., Va., Vc. (1987); Quintett f. 2 V., Va., Vc., Kl. (1987); Quintett f. 4 Sax., Kl. (1991) – WERKE F. 6 INSTR.: Sextett f. Fl., Ob., Klar., V., Va., Vc. (1984); *3 Bilder nach Paul Klee* f. Va., Ensemble (Ob., Hr., Vibr., Kl., Kb.) (1985); *Das blaue Heft* f. Sprecher, S., V., Vc., 2 Kl. (1984); *3 Fragmente aus dem Neuen Testament* f. Countertenor, 2 T., Bar., Fl., Gl. (1989); *Dedicace* f. Fl., Klar., 2 V., Va., Vc. (1991) – WERKE F. 7 INSTR.: *Concerto piccolo* f. Sax., 6 Schlzg. (1977) – WERKE F. ENSEMBLE: Musik f. 11 Blasinstr. u. Pk. (1961); *Die Sonne der Inkas* f. S., 3 Sprecher, Fl., Ob., Klar., Hr., Trp., 2 Schlzg., 2 Kl., V., Vc. (1964); Crescendo e diminuendo f. Cemb., 6 V., 3 Va., 2 Vc., Kb. (1965); *Fünf Geschichten von Herrn Keuner* f. T., 7 Instr. (1966); *La vie en rouge* (Das Leben in rot) f. Gesangsstimme, Fl., Klar., V., Vc., Kl., Schlzg. (1973); *Hommage à Pierre* (Erinnerung an Pierre) f. 2 Fl., 2 Klar., Hr., Vibr., Hf., Kl., V., Va., Vc. (1985); *Le bateau passe près du Quai* (Ein Boot passiert den Kai) f. Akk., Kl., Schlzg.-Ensemble (1986); Variationen über ein Thema von Mozart f. 8 Fl. (1990); Oktett f. 2 Ob., 2 Klar., 2 Fg., 2 Hr. (1991); 5 Romanzen f. Sopran, Fl., Klar., Fg., Hr., Hf., 2 V., Va., Vc. (1994).

Verlage: Sikorski Hamburg, Chant du Monde Paris.

Alfred Schnittke, Sofia Gubaidulina und D. gelten als prominentestes Komponistendreigestirn der nachsowjetischen Zeit; ihre tiefen Wirkungen auf die gegenwärtige und zukünftige russische Musikentwicklung sind bereits heute unübersehbar. D. zeichnete sich dadurch aus, daß er nicht nur Dmitri Schostakowitsch die Treue hielt, sondern auch die von dem Webern-Schüler Herschkowitz an ihn weitergegebenen Techniken der Zweiten Wiener Schule in der Sowjetunion gegen die offizielle Doktrin verfocht. Er bezeichnete das Studium der Musik von Luciano Berio, György Ligeti, Iannis Xenakis und Pierre Boulez als sein zweites, quasi ›inneres‹ Konservatorium. Seine Affinität zur westeuropäischen Moderne – D. publizierte erstmals in der Sowjetunion über Dodekaphonie und serielle Techniken – verhinderte aus doktrinär-ideologischen Gründen (Formalismus-Debatte) über Jahre hinweg seine Etablierung als Komponist in Moskau.

Kammermusik war und ist für D. über weite Strecken ein ideales Medium, um sich musikalisch auszudrücken. Auch wenn er die große Form bedient, bevorzugt er stets die kleine Geste, den ruhigen lyrischen Fluß, zarte Klangfarbentupfer, langsame Tempi, filigrane Innerlichkeit. Sein mathematisches Denken kommt ihm als ordnendes Prinzip beim Komponieren zugute, fungiert nicht als Vorbild für außermusikalische Konstrukte; Logik, verknappte Konzentration unter Ausschaltung von Redundanz machen seine Musik interessant. In ihr vernimmt man seine Vorliebe für Malerei und Farben ebenso wie seine Verehrung für W. A. Mozart,Franz Schubert und Claude Debussy.

In der Sowjetunion eroberte sich in den 60er und 70er Jahren keine der avantgardistischen Strömungen ausschließlich das Terrain. Selbst einzelne Komponisten vereinten auf sich verschiedene, mitunter konträre Merkmale und Techniken, was zu einer eigenen Richtung, der Polystilistik, führte. Außer Schnittke ist es vor allem D., der hier Diatonik, modale und Reihentechnik, Aleatorik, aber auch Elektronik, Jazz und Mikrointervallik bis hin zu freier Serialität unorthodox gleichzeitig handhabt. Eine wichtige Rolle spielt das Zitat, im Falle D.s aus Werken der von ihm geliebten Komponisten Mozart, Schubert, Schostakowitsch, Berg und J. S. Bach. Die Technik der Verarbeitung solch unterschiedlicher Stilmerkmale ist die Montage und Demontage oder die Collage. Das Resultat ist ein ›Polystil‹, der – da nicht Selbstzweck – starke individuelle Ausdruckskraft besitzt.

Vor 1960 bieten D.s Werke ein heterogenes Bild: Experimente mit verschiedenen Gattungen orientieren sich gleichermaßen an klassischen Vorbildern, Dodekaphonie und russischer Folklore. Während der 60er Jahre widmet sich D. fast ausschließlich kammermusikalischen Besetzungen und Formen, wobei zwei wesentliche Stränge unterschieden werden können: vokale und instrumentale Kammermusik. Zwei herausragende zyklische Kompositionen, *Die Sonne der Inkas* auf Texte von Gabriela Mistral und *Klagelieder* nach russischer Volkspoesie, machen die Musikwelt im Ausland auf ihn aufmerksam. Intonationsgrundlage von *Die Sonne der Inkas* ist eine diatonisch aufgeteilte Zwölftonreihe, die trotz serieller Verarbeitungstechnik beständig Inseln mit tradierten Intervallen hervorbringt. In den *Klageliedern* zitiert D. keineswegs russische Volksmelodien, vielmehr verknüpft er postwebernsche expressive Melodik mit den typischen Ausrufen russischer Klageweiber an den Höhepunkten zeremonieller Handlungen.

Musikalische Zustandsänderungen vom Festgefügten zum Zerlegten, vom Konturierten zum Verschwommenen, vom Definierten zum Zufälligen, aber auch der Wiederaufbau eines Puzzles aus winzigen Teilchen beschäftigen D. in den meisten seiner kammermusikalischen Werke. Zunehmend lenkt er das Augenmerk gerade in der Ensemblemusik auf horizontale Entwicklungen, die die vertikalen Zusammenhänge – bisher unangefochtenes Fundament auch eines noch so dissonanten Klanges – in den Hintergrund drängen. Kleinste Nuancen in den Tondauern werden exakt fixiert, so daß es im konsequentesten Fall zu keiner Gleichzeitigkeit der Stimmen kommen kann. Im *Kl.-Trio* (1971) treibt D. die Tondauernverhältnisse der einzelnen Stimmen zueinander (3:2, 5:4 und 5:6) bis an die Grenze der Ausführbarkeit (3. Satz: 27:26, 28:26, 29:26). Aber wegen der zarten lyrischen Grundstimmung entsteht daraus kein Gegen- oder Durcheinander, sondern der verblüffende Effekt der permanenten gegenseitigen Ergänzung. Weitere Kompositionen dieser Zeit, die *Romantische Musik* (1968), ein *Streichtrio* (1969), *Silhouetten* (1969), bedienen sich – bis hin zum Zitat – der Schönbergschen Errungenschaften und deren Weiterentwicklung über die melodische Ebene hinaus.

Etwa 1970 verließ D. vorübergehend die Gattung Kammermusik und wandte sich größeren Formen (Solokonzerte, Opern) zu. Erst zu Beginn der 80er Jahre entdeckte er das Genre erneut, nun aber nicht mehr unter dem Aspekt, keine große Form ausfüllen zu können. Vielmehr ist D.s jüngere Kammermusik noch viel bewußter darauf gerichtet, subtile Klangfarben am Rande der Stille hervorzubringen. Wachsende Bedeutung kommt dabei der Fl. zu. Nicht weniger als 19 Werke räumen diesem Instrument solistischen Raum ein, die Hälfte davon entstand seit 1980. In den *Variations sur un thème de Mozart* (1990) für 8 Fl. spiegeln sich exemplarisch D.s Schaffensprinzipien der 80er Jahre: der musikalische Dialog mit verehrten Komponistenkollegen, diffizilste Rhythmik und lyrisch-kontemplative Melodik. Nicht wenige Werke von D. verdanken ihre Existenz der Anregung oder dem Auftrag durch einen engagierten Interpreten (u.a. Daniel Barenboim, Eduard Brunner, Sabine Meyer, András Adorján).

In zahlreichen Kompositionen der letzten Jahre bildet der Ton ›d‹ – das Anagramm des eigenen Namens – ein Zentrum. Viele Stücke kreisen um ihn, gipfeln in einem D-Dur-Dreiklang. Farbe sei ihm dieser Klang, vor allem aber Symbol für Gott (Deus, Dieu), äußerte der Komponist. Denissows verhaltene Musik ist weit davon entfernt, zu resignieren. Sie sucht das Licht.

Steffen Georgi

Carl Ditters von Dittersdorf

geb. 2. 11. 1739 Wien, gest. 24. 10. 1799 Schloß Rothlhotta bei Neuhof, Bezirk Pilgram (Böhmen). Erste Ausbildung in einer Jesuitenschule. Seit dem siebten Lebensjahr V.-Unterricht, u.a. bei Joseph Ziegler. 1751–1761 Kammerknabe des Prinzen von Sachsen-Hildburghausen in Wien, in dieser Zeit als Mitglied der bedeutenden Privatkapelle des Prinzen vielseitige musikalische Ausbildung (V. bei dem italienischen Geiger Trani, Komposition bei Giuseppe Bonno). 1761–1765 Violinist im Wiener Hofopernorchester. 1763 Reise nach Italien mit Christoph Willibald Gluck. 1765–1769 Kapellmeister des Bischofs von Großwardein (heute Oradea/Rumänien) als Nachfolger Michael Haydns. 1769–1796 im Dienst des Fürstbischofs von Breslau, Graf Schaffgotsch, in Johannisberg. 1770 Ernennung zum ›Ritter vom Goldenen Sporn‹. 1773 Erhebung in den Adelsstand. Zahlreiche

Reisen nach Wien, 1789 Reise nach Berlin. 1796–1799 als Gast des Barons Ignaz von Stillfried auf Schloß Rothlhotta.

WERKE F. 1 INSTR. U. B. C.: 8 Soli f. V., B. c. (1769); 6 Soli f. V., B. c. (1771); 2 Sonaten f. V., B. c. B, G (o. J.) – WERKE F. 2 INSTR.: Duo f. V., Vc. (o. J.); Duetto f. Va., Kb. (o. J.) – WERKE F. 3 INSTR.: 6 Trios f. 2 V., Baß (1767); 6 Trios f. 2 V., Baß (1771); 6 Trios f. 2 V., Baß (1773) WERKE F. 4 INSTR.: 6 StrQu.e (D, B, G, C, Es, A, 1788); StrQu. Es (1793) – WERKE F. 5 INSTR.: 6 Quintette f. 2 V., Va., Vc., Kb. (con corni obligati) A, F, B, G, C, G (1782); 6 Quintette f. 2 V., Va., 2 Vc. A, B, C, B, D, G (1789) – Außerdem 15 Divertimenti, 5 Cassationes, 4 Serenaden, 35 Partien f. Blasinstr., 24 Tänze f. den Redoutensaal (1794).
Jahreszahlen beziehen sich auf den Erstdruck.

Verlag: Schott, Mainz; Hofmeister, Leibzig.

Carl Ditters oder – wie er sich nach der Erhebung in den Adelsstand 1773 schrieb – Carl Ditters von Dittersdorf war Zeitgenosse von Christoph Willibald Gluck, Joseph Haydn und Wolfgang Amadeus Mozart, und er pflegte mit seinen großen Kollegen einen freundschaftlichen Umgang. Dies geht (unter anderem) aus der interessanten Lebensbeschreibung des Komponisten hervor, der über Jahre höchst erfolgreich war – weit mehr als beispielsweise Mozart – , dann jedoch bereits zu seinen Lebzeiten wieder vergessen worden ist.

D.s Biographie und sein kompositorisches Werk sind charakteristisch für eine größere Gruppe von Tonkünstlern in der zweiten Hälfte des 18. Jahrhunderts: Früh erhielt er als Schützling des Prinzen von Sachsen-Hildburghausen eine gediegene musikalische Ausbildung. Er wuchs in der Tradition der süddeutsch-österreichischen Schule auf und lernte (durch seinen Lehrer Bonno) sowohl den Stil der Neapolitanischen Schule als auch den in Wien gepflegten ›Hofstil‹ kennen; schließlich setzte er sich mit dem kontrapunktischen Lehrwerk *Gradus ad Parnassum* von Johann Joseph Fux (1725) auseinander. Seine ersten Erfolge feierte D. als V.-Virtuose. Dabei hatte er die Gelegenheit, in der Hofkapelle mit Gluck und Joseph Haydn zu musizieren. Beide spielten »mit der Violine à la tête« öfter in der Kapelle mit, »damit alles, besonders neue Sachen, recht ordentlich und akkurat gehen sollten« (*Lebensbeschreibung*). Als D. 1763 zusammen mit Gluck nach Italien reiste, lernte er den dort herrschenden Gusto kennen, die »Singart des Adagio« und »das Adagiospiel im Rubamente di Tempo sowie das virtuose Finale mit Arpeggien und einem Capriccio« (*Lebensbeschreibung*).

Umfassend ausgebildet in den verschiedenen Schreibarten seiner Zeit schuf D. in den folgenden Jahren – besonders seit Beginn seiner Tätigkeit in Großwardein – mit unermüdlichem Fleiß und zum Teil in verblüffend kurzer Zeit ein breites Œuvre: Sinfonien und Konzerte, Opern und deutsche Singspiele, Oratorien, Kantaten und Lieder, Kl.- und Kammermusik. (Besondere Berühmtheit erlangte sein Singspiel *Doctor und Apotheker* aus dem Jahr 1786.) Der leicht faßliche, gefällige und unterhaltsame Ton sowie die solide Qualität seiner Werke sicherten ihm die Gunst des adligen und bürgerlichen Publikums. Daß er diese Gunst nach 1790 verlor, hat neben persönlichen Ursachen (zunehmendes Gichtleiden, Verlust der Anstellung) wohl auch tieferliegende Gründe: D. wollte und konnte die gesellschaftlichen Umwälzungen (Französische Revolution (1789) und die stilistischen Umbrüche seiner Zeit sowie die Entwicklung des Wiener klassischen Stils vermutlich weder als Persönlichkeit noch als Künstler mitvollziehen.

So findet sich denn auch in seiner Kammermusik fast die ganze Bandbreite der Schreibarten und Stile wieder: Spricht aus den frühen Werken, den Serenaden, Kassationen und Divertimenti, die süddeutsch-österreichische Divertimento-Tradition, wie sie z. B. auch Georg Christoph Wagenseil gepflegt hat, so weisen die StrQu.e und Quintette der späteren Jahre klassisch anmutende Themen und eine Faktur auf, in der die einzelnen Stimmen gleichberechtigt sind. (Ein Zeitgenosse sprach von einem »Fricassée aus allen möglichen Geschmäckern«!) Allen Kompositionen gemeinsam, den auf dem barocken Generalbaß beruhenden ebenso wie den moderneren, ist der unterhaltsame Ton, der Charakter der Gebrauchsmusik – im besten Sinne des Wortes. Dabei verwandte D. besondere Sorgfalt auf das – häufig witzig pointierte – Detail. Diese Tatsache fiel bereits einem anderen Zeitgenossen, dem Schriftsteller und Komponisten Christian Friedrich Daniel Schubart auf: »Er hat eine ganz eigentümliche Manier, die nur zu oft ins Burleske und Niedrigkomische ausartet. Man muß oft mitten im Strome der Empfindungen laut auflachen, so buntscheckige Stellen mischt er in seine Gemälde ... denn das Lächerliche versagt ihm nie.«

SECHS STREICHQUARTETTE (1788)

Verlag: Artaria Wien, EA 1788

Wie damals üblich ließ, D. seine StrQu.e in einer Serie von sechs Werken drukken. Seit Joseph Haydn in seinem Opus 33 (1781), den sechs sogenannten *Russischen Quartetten*, die auf alle vier Instrumente gleichberechtigt verteilte motivisch-thematische Arbeit zum Maßstab einer guten Quartettkomposition gemacht hatte, war es fast unmöglich, an diesem Niveau nicht gemessen zu werden. So ist die Vermutung gewiß berechtigt, daß D. Haydns Opus 33 kannte, zumal er in seiner *Lebensbeschreibung* mitteilt, daß er sich mit dem Kollegen »in öftermaliger Gesellschaft« befand und sie hierbei über die neuesten Arbeiten »von anderen Tonsetzern« sprachen. D.s StrQu.e unterscheiden sich von den Haydnschen gleichwohl wesentlich in der Form, im Idiom und im Satz. So hält er z. B. an den drei Sätzen fest, wie sie oft im Divertimento vorkommen; an zweiter Stelle steht (mit Ausnahme des 2. StrQu.s) nicht ein langsamer Satz, sondern ein Menuett. In seinen sehr reizvollen Menuetten führt D. nicht den höfischen Tanz vor, er spielt vielmehr mit volkstümlichen Melodien auf, und manche seiner Trios (von ihm mit ›Alternativo‹ überschrieben) haben einen besonders innigen Ausdruck.

Streichquartett Nr. 3 G-Dur (1788)

Dauer: ca. 15'
Moderato – Menuetto. Moderato – Finale. Presto

Gleich die ersten Takte des **1. Satzes** Moderato zeigen typische Merkmale von D.s StrQu.-Komposition: Die 1. V. präsentiert ein Thema aus gebrochenen Dreiklängen, das an vorklassische, fortspinnungsartige Satzanfänge gemahnt, und die restlichen Streicher antworten homorhythmisch im Staccato.

Erst nach der Einführung eines 2. Themas, das geprägt ist durch zahlreiche Vorhalts-Verzierungen (auch dies eine D.sche ›Spezialität‹) in der Durchführung, tritt die 2. V. mit der 1. in einen Dialog.

Nach und nach kommen die anderen Instrumente dazu, dabei bleiben die rhythmisch prägnanten Staccato-Stellen Marksteine, die den Satz deutlich untergliedern.

Der Anfang des **2. Satzes** Menuetto. Moderato präsentiert eine wunderbare, dabei schlichte Melodie, die der berühmte V.-Virtuose D. sicher mit besonderem Nachdruck musiziert hat.

Der Satz bleibt auch im folgenden ein Bravourstück für den 1. V.-Spieler: Das konzertierende Element, in dieser Form eine Erinnerung an die Barockzeit, steht im Vordergrund. Auch das ›Alternativo‹ zeigt, wie D. mit wenigen Mitteln große Wirkung erzielt. Hier finden sich wieder das Staccato und die Homorhythmik; die parallele Molltonart g und die Lautstärke pp stehen für einen völligen Stimmungsumschwung.

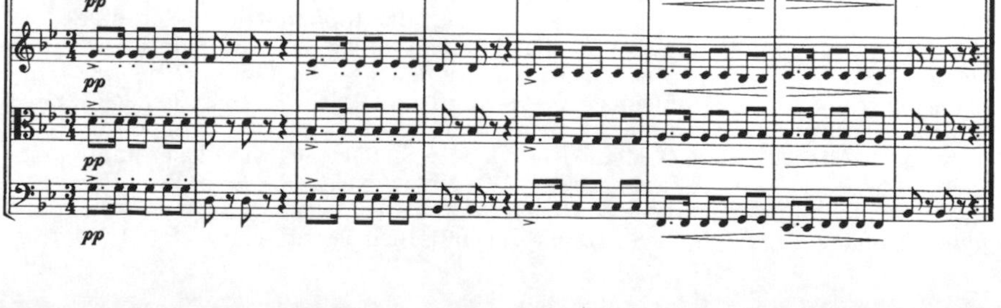

Erst in der Reprise des Menuetts siegt das Unbekümmert-Heitere endgültig. Das **Presto-Finale,** ein munterer Kehraus im 6/8-Takt, bestätigt diese Stimmung. Sein Effekt beruht auf den Verzierungen, die das Thema prägen – es wird wohl nicht umsonst wiederum von der 1. V. vorgetragen.

Regula Rapp

Paul-Heinz Dittrich

geb. 4. 12. 1930 Gornsdorf (Erzgebirge). 1951–1956 Studium an der Staatlichen Hochschule für Musik Leipzig (Komposition bei Fidelio F. Finke, Chorleitung bei Günther Ramin). 1956–1960 Chordirigent in Weimar. 1958–1960 Meisterschüler bei Rudolf Wagner-Régeny an der Deutschen Akademie der Künste (Ost-Berlin). 1960–1976 Oberassistent (für Kontrapunkt, Harmonielehre, Analyse) an der Hochschule für Musik ›Hanns Eisler‹ Berlin (Ost), 1976–1991 freischaffender Komponist in Zeuthen bei Berlin. Seit 1991 Professor für Komposition an der Hochschule für Musik ›Hanns Eisler‹. D. gründete die Ferienkurse des ›Brandenburgischen Colloquiums für Neue Musik e. V.‹; 1994 Gründung der Assoziation für zeitgenössische Musik EUROPA-EUROPA. Seit 1978 Gastprofessor im In- und Ausland. 1981 und 1987 Arbeitsaufenthalt durch die Rockefeller-Foundation in Bellagio (Italien) als ›scholar in residence‹, 1984 am IRCAM-Institut und an der Sorbonne (Paris).

Werke f. 1 Instr.: Cello-Einsatz nach P. Celan f. Vc. (1974); Rondeau f. Fl. (1977); *Singbarer Rest* I nach P. Celan f. Klar. solo (1987); *Singbarer Rest* III f. Solo-Ob. (1989) – Werke f. 2 Instr.: Sonate f. V., Kl. (1956/57); Kadenz aus Vocalblätter f. Fl., Ob. (1972); *Dialoge* f. Fl., Kb. (1973); *Rondo à la Rossini* f. Vc., Kb. (1974); *Voix intérieure* f. 2 Vc. (1979); *Voix intérieure pour deux hautbois* f. 2 Ob. (1984) – Werke f. 3 Instr.: Kammermusik VIII – Ornithopoesie f. Ob., Vc., Kl. (1988); Kammermusik X – Journal des pierres nach O. Mandelstam f. Fl., BKlar., Kl. (1989); Streichtrio f. V., Va., Vc. (1993) – Werke f. 4 Instr.: StrQu. (1956); (4) StrQu. (I. 1958/59; II. 1982; III. Nacht-Musik nach Novalis, 1987; IV. 1991/92) – Werke f. 5 Instr.: *Pentaculum* f. Fl., Ob., Klar., Hr., Fg. (1960) – Werke f. 6 Instr./Ausf.: Sextett f. Bläser, Schlzg., Git. (1960); Kammermusik III f. Fl., Ob., Klar., Hr., Fg., Bar. (*Epilog* nach P. Neruda ad lib. (1974; Neufassung mit Epilog als Prolog und neuem Epilog nach F. Hölderlin, 1980) – Werke f. 8 Instr.: Concert avec plusieurs instruments Nr. 1 f. Cemb., 7 Instr. (1976); Concert avec plusieurs instruments Nr. V Rezitativ und Arie f. Fl. u. 7 Vc. nach Ch. Baudelaire (1984); Kammermusik XI – *Journal des poèmes* nach A. Achmatowa, G. Ungaretti, R. Char, P. Celan, O. Mandelstam f. Solo-S., Solo-Vc., Kl., Bläserquintett (1990) – Werke f. 9 Instr.: Kammermusik VI – Klangtexte f. Ob., EHr., Pos., Va., Vc., Kb., Schlzg. (1980); *Begegnungen* f. 9 Spieler (1970) – Werke f. Kammerensemble: *Les Fleurs de Baudelaire* f. 3 hohe S., 10 Instr. (1969); Instrumentalblätter f. 9 -(max.) 36

Spieler (1970); *Die Verwandlung* – szenische Kammermusik nach F. Kafka (1982); Concert avec plusieurs instruments Nr. VI nach P. Garnier Sprachlandschaft f. Ob., Kammerorch. (1985); Kammermusik VII – *Die Blinden* nach M. Maeterlinck f. 5 Sprecher, Bläserquintett, Cemb. (1985); Concert avec plusieurs instruments Nr. VII – Leipziger Konzert nach Texten aus dem Codex Florentinus (14. Jh.) f. Solo-Ob., Solo-Pos., Solo-Vc., 2 Kl., 4 Sprecher, 4 Schlzg., Kammerorch. (1989); Fahlstimmig nach Gedichten von P. Celan f. Solo-S., 3 Frauenstimmen, Va., Vc., Fl., Klar., BKlar., Kl./ Cel./ Cemb., Schlzg. (1994/95) – Werke mit Tonband, elektronischen Klängen, live-Elektronik und Instr./Vokalisten: *Spiel* nach S. Beckett f. 3 Sprecher, 3 Sänger, 3 Klar., 3 Vc., Cel., Vibr., Xyl., Kl., Schlzg., live-Elektronik (1986/87); Kammermusik IX – *Und ihr gedenket meiner* nach F. Hölderlin und J. Teboul f. Fl., Klar., Vc., Cemb., Schlzg., Sprecher, Tonband (1988).

Verlag: Breitkopf & Härtel Leipzig, Wiesbaden; Ed. Peters Frankfurt/M., N.Y.

Im Sprachraum von D.s Gesamtwerk, einem ›work in progress‹, hat Kammermusik schlechthin ein entscheidendes Wort mitzusprechen. Daß ihre Kategorien und Unwägbarkeiten D. unvergleichlich mehr bedeuten als lediglich die Erfüllung historisch gewordener Formen und Besetzungen, weisen die konkreten Werke aus. D. versteht und erlebt Kammermusik als ein »Universum des Klangs«, mühelos einsetzbar in die Systeme der bestehenden Gattungen, denkbar als experimentelles Raumerlebnis und Resultat von Improvisation, verzahnbar als Musik unter Mittäterschaft benachbarter Künste, endlich als Ergebnis komplexer Prozeduren elektronischer Produktionsmedien. Seine ästhetische Ideenarbeit folgt der Geschichtlichkeit von Kammermusik dort, wo sich ihr ihre Zentren, Ränder und Tangenten produktiv erschließen. Sie entsagt ihr von Fall zu Fall, wo ihr Möglichkeitsfeld ein Vordringen zu neuen Ufern stört oder verhindert.

Dem Ideal vollkommener Ausdifferenzierung von Musik nachzuspüren, darauf hat sich D., wie immer spekulativ das geschieht, verpflichtet. Den subtilen Komplexionen der ›Zivilgesellschaft‹ folgt dieser Ansatz, wiewohl direkte Beziehungen sich erübrigen. Manche Utopie läuft dabei mit, beispielsweise in dem Wunsch, die zyklischen Kompositionen (die durchnummerierten Kammermusiken etwa oder die Concert avec plusieurs instruments-Serie) in gigantischer Totalschau zu vereinen: »Ich strebe eine zyklische Großform an; sie umspannt zehn, zwölf oder fünfzehn verschiedene Kompositionen. Sie bleibt offen, obwohl die einzelnen Kompositionen jeweils abgeschlossen und für sich aufführbar sind.«

Dem Nachträumen solch gewaltiger Komposita entspricht – umgekehrt – der Abschied von liebgewordenen Traditionen. Evolution, wie sie dem Künstler vorschwebt, schließt die Trennung oder das Abstoßen von etwas notwendig in sich. Zu ›handgreiflichen‹ Evolutionen kommt es im methodisch-technischen Bereich. Typisch für D. und seinesgleichen während der End60er Jahre ist die Hinwendung zu frei dodekaphonen Kompositionsstilen. Die *Irische Harfe*, drei Lieder für Bar. und Orchester (1969), ein stellenweise kammermusikalisch inspiriertes Werk, steht noch ganz im Banne eines expressiven Webern. Die Kl.-Musik I (1966) basiert demgegenüber auf rein seriellen Prinzipien und Verfahren der Zufallskomposition. Umbrüche kündigen sich an, indem D. systematisch vordringt zu variableren, präziseren Gestaltungsmethoden. Das Oktav- und Wiederholungsverbot im dodekaphonischen Verfahren, auch jene damals allzu wuchernde Technik der Aleatorik, verlieren an Bedeutung. D. sucht, damit die Langeweile der Einförmigkeit nicht aufkommt, nach luftigen, völlig frei ausschwingenden Formen und Verfahren, und er findet sie in der Mobilisierung der Klangfarbe, der harmonischen Beziehungen, der poetisch intendierten Verfeinerung aller Parameter der Komposition. Laute, kurze, undiffizile Werke oder Sätze erübrigen sich jetzt. Der einschneidendste Wandel aber besteht in der Durchdringung der Musik mit Dichtung, einer Poetisierung der Musik auf vielerlei Ebenen, in allen erdenklichen Formen und innerhalb großzügiger Kompositionskonzepte. Der Begriff des »prozessualen Komponierens« (P.-H. D.), ebenso verstanden als gebundenes wie als emanzipatorisches Kreieren von Musik und deren Wechselseitigkeit, beschreibt einen möglichen übergreifenden Gesichtspunkt, von dem D. ausgeht. Kein Wunder, wenn D.s Musik quer steht zu den Klangbildern einer vielfach einfallslosen, nur zitierenden und blind zusammenstellenden ›Postmoderne‹.

Inzwischen kann D. auf ein ganzes Konvolut substantiell sehr verschiedenartiger Textwerke zurückblicken. Nahezu jedes der zyklischen Kammermusiken (I – X), der vokalen und instrumentalen Solowerke, der Kompositionen mit erscheinendem oder abwesendem Text oder der Stücke mit Instrumenten, Stimmen und Live-Elektronik gibt Auskunft über ein vielgestaltiges Werk. Jene frühe Arbeit, *die anonyme stimme* nach Samuel Beckett für Ob., Pos. und Stimme (1970), gilt als erstes Zeugnis einer Konzeption, die sich »phonetisch-instrumentale Poesie« nennt. Lassen Stücke dieser Art noch die letzten Reste eines ›intakten Materials‹ über Bord gehen, so ergreifen die folgenden alles, was allenthalben fremd erscheint. Den Aspekt, Sprache statt als Sinnträger primär als Material zu behandeln, verwirklichen während der 70er/80er Jahre eine Reihe exemplarischer Stücke. Aus Dichtungen von Rimbaud, Mallarmé, Maeterlinck, Hölderlin, Novalis, Rilke, Kafka, Celan, Joyce oder Arno Schmidt, auch aus dokumentarischen Texten erwächst zu einem Teil die Inspiration. Musikalische Texturen dringen vor oder ziehen sich zurück ›ins Lautlose und Gedachte‹, entwickeln eine eigentümliche vokal-instrumentale Poesie, in die sich der Hörer versenken kann. Immer öfter erscheinen die Zeilen des Dichters in Abwesenheit, ›hinter der Musik‹, lediglich dem Notenbild eingewoben.

Paul Celan ist insonderheit der Dichter, dem D. das ganze Innere poetischer Imagination zu entlocken vermag. Die Sprachempfindlichkeit Celans, sein Hineinhorchen in die Silben, die Wörter, die Interpunktionen, seine emphatische Desintegration aller poetischen Geschlossenheit, sein Verzweifeln und Leiden an der Welt – all das kehrt in D.s Werken wieder, auch in den extremen Gegensätzen seiner großen Komposition *Engführung* (1981) oder den Dunkelheiten seines jüngsten Kammermusikwerkes *Fahlstimmig* (1995/96).

Stefan Amzoll

Henri Dutilleux

geb. 22. 1. 1916 Angers (Frankreich). Erster Musikunterricht bei Victor Gallois am Konservatorium von Douai. 1933–1938 Studium am Pariser Conservatoire bei Henri-Paul Busser (Komposition) und Maurice Emmanuel (Musikgeschichte), Abschluß mit dem Rom-Preis für die Kantate *L'anneau du roi* (Aufenthalt in Rom durch Kriegsausbruch und Einberufung abgebrochen). 1942 Chorleiter an der Opéra in Paris. 1944–1963 Leiter der Musikproduktionen beim französischen Rundfunk ORTF. 1951 Durchbruch als Komponist mit der 1. Sinfonie. 1961–1970 Professor für Komposition an der École Normale Paris. 1985 Pariser UA des V.-Konzerts *L'arbre des songes*, des bislang letzten großen Werks. Mehrere Preise.

Werke f. 1 Instr.: Hommage à Paul Sacher f. Vc. (1976); Trois strophes sur le nom de SACHER f. Vc. (1982) – Werke f. 2 Instr.: Sarabande et cortège f. Fg., Kl. (1942); Sonatine f. Fl., Kl. (1943); Sonate f. Ob., Kl. (1947); Choral, cadence et fugato f. Pos., Kl. (1950) – Werke f. 3 Instr.: *For Aldeburgh* '85 f. Ob., Cemb., Schlzg. (1985) – Werke f. 4 Instr.: *Ainsi la nuit* f. StrQu. (1974/1976); *Les Citations*. Diptyque f. Ob., Cemb., Kb., Schlzg. (1991) – Werke f. 9 Instr.: Suite de concert f. StrQu., 4 Bläser, Kl. (1937).

Verlag: Durand Paris, Heugel-Leduc Paris.

D., dessen Durchsetzung in Deutschland noch aussteht, gilt in seinem Geburtsland längst als der bedeutendste Gegenwartskomponist neben dem verstorbenen Olivier Messiaen und neben Pierre Boulez. Obwohl D. stilistisch zu keinem der beiden Großmeister Berührungspunkte aufweist, zählt zu den prägenden Eindrücken seiner Studienzeit die Begegnung mit André Jolivet und der kurzlebigen Gruppe ›La Jeune France‹, der bekanntlich auch Messiaen angehörte. Die Werke der Jahre bis 1948, dem Uraufführungsjahr seiner Kl.-Sonate, hat D. später allesamt verworfen: Ein Beweis seiner Selbstkritik und skrupulösen Arbeitsweise, die bis heute kaum drei Dutzend Titel – Orchesterwerke, Solokonzerte, Kammermusik, Kl.-Stücke und einige Musiken für Film und Bühne – zeitigte. Zum abgelegten Frühwerk zählen freilich auch vier Stücke für Bläser mit Kl.-Begleitung, die für die Wettbewerbe am Pariser Conservatoire geschrieben wurden und noch heute ihren Zweck als (nicht nur) pädagogisch anspruchsvolle Sololiteratur mit Sensibilität für die virtuosen und klanglichen Eigenheiten von Fl., Ob., Fg. und Pos. erfüllen. Am stilistischen Idiom von Maurice Ravel und Igor Strawinsky geschult, sind die meisten dieser Stücke einsätzig mit zahlreichen Tempowechseln und spiegeln die Vorliebe für barockisierende Kleinformen (Sarabande, Aria, Fugato) und klassizistische Satzfolge wider.

Mit den beiden Sinfonien (beendet 1951 bzw. 1959) und dem zentralen Orchesterstück *Métaboles* (1964) etabliert D. von avantgardistischen Moden unabhängige Inhalte und Konstruktionsmodelle, die sein Werk bis heute durchziehen. Da ist vor allem die permanente Metamorphose eines musikalischen Materials aus Klangfarben, Intervallkonstellationen und Dynamik, das erst allmählich, durch Vorahnung und Rückerinnerung, Kontur gewinnt, sich verändert und wieder zersetzt. Thematisiert wird durch die unaufhörliche Variation nicht weniger als »die musikalische Zeit und ihre Wahrnehmung, ihre zyklische Anlage in und durch variative Gestaltung« (I. Schwalb). In Werken wie dem Vc.-Konzert *Toute un monde lointain...* (1970), dem StrQu. *Ainsi la nuit* (1976), dem Orchesterstück *Timbres, espace, mouvement ou La nuit étoilée* (1978) und dem V.-Konzert *L'arbre des songes* (1985) hat D. diese – wie er es mit Blick auf Marcel Proust bezeichnete – »Konzeption des Erinnerns« verfeinert. Die auffälligen Titel, die teils durch den allgemeinen Stimmungsgehalt, teils durch Gedichte von Baudelaire oder ein Bild van Goghs inspiriert wurden, weisen nicht auf Programmusik hin, sondern auf

D.s eigene Auffassung von der Musik als nächtlichem Traumtanz, als ›heiliger‹ Zeremonie mit metaphysischen, weltbefragenden Zügen, die gleichwohl dem klassizistischen französischen Erbteil von Ökonomie und Klarheit huldigt.

Ainsi la nuit (1974/1976) für Streichquartett

(Introduction), Nocturne – (Parenthèse 1.) Miroir d'espace – (Parenthèse 2.) Litanies – (Parenthèse 3.) Litanies 2 – (Parenthèse 4.) Constellations – Nocturne 2 – Temps suspendu
Dauer: 17'
Verlag: Heugel Paris

Wie D.s großbesetzte Werke ist auch sein wichtigstes Kammermusikwerk erst in zweiter Linie ein Reflex auf Gattungstraditionen, wie er noch in den StrQu.en von György Ligeti, Brian Ferneyhough oder Luigi Nono zu beobachten ist. Als D. 1971 von der ›Koussevitzky Music Foundation‹ den Auftrag zu einem Quartett erhielt, suchte er zunächst nach Möglichkeiten einer musikalischen Zeitstruktur für seine »Konzeption des Erinnerns«. Die Lösung erinnert tatsächlich an Prousts Romanzyklus *Auf der Suche nach der verlorenen Zeit*: Wie bei Proust entsteht D.s Quartett aus einem Dämmerzustand des Erinnerns, präsentieren die Einleitungstakte molekülartig und in allen Parametern Elemente, die sich in den folgenden sieben Sätzen zu Gestalten formen. Verbunden wird diese »Reihe von freien Studien« (I. Schwalb) durch *Parenthèses* – kurze Einschübe oder Gelenkstellen, die Material des vorangegangenen Satzes mit Vorahnungen des folgenden kombinieren. Freilich entsteht auch zwischen entfernten Sätzen ein dichtes Netz von Beziehungen, das den Titel – der einem beschwörerischen Gedichtanfang, etwa *Und die Nacht...*, entspricht – als traumhaftes Erleben von Impressionen, Bruchstücken, Déja-vus deutet. Unter Ausnutzung zahlreicher moderner Klangtechniken der Streicher, mit einer Vorliebe für das Flageolett, entsteht dabei eine Dramaturgie, die in den spieltechnisch heiklen Schlußsätzen zunehmend Züge eines Alptraums bekommt und in einen zersetzenden Epilog (*Temps suspendu*-aufgehobene Zeit) mündet.

Michael Struck-Schloen

Antonín Dvořák

geb. 8. 9. 1841 in Nelahozeves (Mühlhausen) an der Moldau, gest. 1. 5. 1904 Prag. Musikalische Ausbildung durch den Nelahozeveser Dorfschullehrer Josef Spitz (V.), durch den Zlonicer Kantor Antonín Liehmann (Kl., Va., Gesang, Org.) und den Kamnitzer Organisten Franz Hancke (Org.). 1857–1859 Musikstudium an der Prager Org.-Schule. 1862–1871 Solo-Bratscher im Orchester des Prager Interimstheaters (leitender Dirigent dort ab 1866: Bedřich Smetana), 1874–1877 Organist in St. Adalbert, Prag; 1874–1878 jeweils jährliche Bewilligung des Wiener Künstlerstipendiums (Jurymitglieder u.a. Eduard Hanslick und Johannes Brahms). Ende 1877 von Brahms an den Berliner Musikverleger Simrock empfohlen, bei dem 1878 die *Klänge aus Mähren* sowie die eigens in Auftrag gegebenen *Slawischen Tänze* op. 46 erscheinen, die D. international bekannt machen. Hans von Bülow, Hans Richter und Joseph Joachim werden von 1880 an Bewunderer und Förderer des D.schen Werkes, das weltweit Anerkennung findet. 1884 erste von neun Einladungen nach England, 1889/90 Einladung und Reise nach Moskau und Petersburg, 1890/91 Kompositionsprofessor am Prager Konservatorium, 1892–1895 Direktor und künstlerischer Leiter des National Conservatory of Music in New York. 1895–1904 vielseitige künstlerische Tätigkeit in Prag als Lehrer und Direktor des Konservatoriums sowie als Opernkomponist.

WERKE FÜR 2 INSTR.: Romanze f. V., Kl. f op. 11 B 38 (1873); Nocturno f. V., Kl. H op. 40 B 48 (1875); Capriccio f. V., Kl. o. O. B 81 (1878); Slawischer Tanz f. V., Kl. e op. 46 Nr. 2 B 170 (1879); Polonaise f. Vc., Kl. o. O. B 94 (1879); Mazurek f. V., Kl. op. 49 B 89 (1879); Sonate f. V., Kl. F op. 57 B 106 (1880); Ballade f. V., Kl. d op. 15/1 B 139 (1884); Romantische Stücke f. V., Kl. op. 75 B 150 (1887); Rondo f. Vc., Kl. g op. 94 B 171 (1891); Slawischer Tanz f. Vc., Kl. g op. 46 Nr. 8 B 172 (1891); *Waldesruhe* f. Vc., Kl. op. 68 Nr. 5 B 173 (1891); Sonatine f. V., Kl. G op. 100 B 183 (1893) – WERKE F. 3 INSTR.: 3 Trio f. Kl., V., Vc. (B op. 21 B 51, 1875; g op. 26 B 56, 1876; f op. 65 B 130, 1883); Terzett f. 2 V., Va. C op. 74 B 148 (1887); Kleine Stücke f. 2 V., Va. op. 75a B 149 (1887); Gavotte f. 3 V. B 164 (1890); Dumky-Trio f. Kl., V., Vc. e op. 90 B 166 (1890/91) – WERKE F. 4 INSTR.: 14 StrQu. (A op. 2 B 8, 1862; B o.O. B 17, 1868/69; D B 18, 1869; e B 19, 1869/70; f op. 9 B 37, 1873; a op.12 B 40, 1873; a op. 16 B 45, 1874; E op. 80 B 57, 1876; d op. 34 B 75, 1877; C op. 61 B 121, 1881; Es op. 51 B 92, 1879; F op. 96 B 179, 1893; As op. 105 B 193, 1895; G op. 106 B 192, 1895); Quartett f. Kl., V., Va., Vc. D op. 23 B 53 (1875); Bagatellen f. 2 V., Vc., Harm. op. 47 B 79 (1878); StrQu.-Satz F B 120 (1881); *Zypressen*. 12 Stücke f. StrQu. B 152 (1887); Quartett f. Kl., V., Va., Vc. Es op. 87 B 162 (1889) – WERKE F. 5 INSTR.: Quintett f. 2 V., 2 Va., Vc. a op. 1 B 7 (1861); Quintett f. Kl., 2 V., Va., Vc. A op. 5 B 28 (1872); Quintett f. 2 V., Va., Vc., Kb. G op.77 (1875); Quintett f. Kl., 2. V., Va, Vc. A op. 81 B 155 (1887); Quintett f. 2 V., 2 Va., Vc. Es op. 97 B 180 (1893) – WERKE F. 6 INSTR.: Sextett f. 2 V., 2 Va., 2 Vc. A op. 48 B 80 (1878).
Die angegebenen Jahreszahlen beziehen sich auf das Entstehungsjahr; die Sigle B steht für die jeweilige, im Gegensatz zu den Opuszahlen streng der Chronologie folgende Werk-Nummer in: Jarmil Burghauser, A. D. Thematisches Verzeichnis mit Bibliographie und Übersicht des Lebens und des Werkes, Prag 1960.

Neben der Oper und der Sinfonie bildet in A. D. Komponieren die Kammermusik einen dritten schaffensmäßigen Schwerpunkt. Über 40 Werke umfaßt das diesbezügliche Œuvre, in dem – mit Ausnahme des Duetts – von der Sonate bis hin zum Sextett alle Gattungsvarianten vertreten sind, und in dessen Besetzung für Streicher ohne und mit Kl. sich die eigene instrumentale Vorliebe und die eigene instrumentale Praxis des Bratschers und Pianisten D. widerspiegelt.

D.s kompositorische Beschäftigung mit der Kammermusik beschränkte sich nicht auf einen kurzen Augenblick, sondern erstreckt sich über einen Zeitraum von 35 Jahren und tangiert (sieht man ab von jenen letzten acht Jahren, in denen der Prager Komponist nichts anderes mehr als Opern schrieb) alle Schaffensphasen: Kammermusikwerke erhalten die ersten Opuszahlen und markieren – nach einigen recht unbedeutenden Tanz- und Kirchenkompositionen – zu Anfang der 1860er Jahre den eigentlichen Beginn seiner kompositorischen Laufbahn. Kammermusikwerke stehen zunächst auch im Mittelpunkt der Jahre 1868–1872, der Periode von D.s Wagnerbegeisterung und seiner kompositorischen Orientierung an der Musiksprache der ›Neudeutschen‹ Franz Liszt und Richard Wagner. Das mag verwundern, galt doch im Denken der ›Neudeutschen‹, die als Gattungen des Fortschritts stets die Sinfonische Dichtung und das Musikdrama propagierten, die Kammermusik mit ihren Trios, Quartetten, Quintetten und Sextetten als verstaubt, überholt und kaum noch entwicklungsfähig. Jedoch – erzogen in einer Tradition, die Alt und Neu nicht gegeneinander ausspielte, und beteiligt am Prager Musikleben, in dem die Kammermusik (vertreten durch die StrQu.-Vereinigung von Moritz Mildner und diejenige der Gebrüder Hřímaly sowie durch die Smetana-Abende in der Kl.-Lehranstalt und dem Kammermusikzirkel um den Grafen Josef Portheim, bei dessen Soireen D. nachweislich als Bratschist spielte) eine nicht unbedeutende Rolle einnahm, existierte für D. dieser ideologische Vorbehalt der ›Neudeutschen‹ nicht; und es ist bezeichnend für ihn, daß es damals gerade ein Werk der Kammermusik (StrQu. e-Moll) war, in dem er Liszts formale Neuheiten der ›double-function-form‹, der Mehrsätzigkeit in der Einsätzigkeit, sowie die der Motivtransposition erprobte. Dabei betrat er gerade in der so hehr konservativen Gattung des StrQu.s (Analogien zu Arnold Schönberg drängen sich unwillkürlich auf) kompositorisch extremes Neuland.

Wiederum sind es Kammermusikwerke, in denen sich in den Jahren 1872–1876 jene kompositorische Wende vollzieht, mit der D. seinen extremen Kompositionsstandpunkt verläßt, wieder in Quadraturen denkt, harmonisch und formal faßlicher sich gibt, kompositorisch vorhandene Normen aufgreift, sie originell erweitert und seiner musikalischen Erfindung durch die Einbeziehung von Elementen und Formen der (eigens studierten) slawischen Folklore neue Individualität und seiner Musiksprache einen neuen Tonfall verleiht. Dieser slawische Tonfall, eingebunden in eine hohe kompositorische Artifizialität, bildete in den Jahren 1877–1881 (der sogenannten ›Slawischen Periode‹), den Jahren der *Klänge aus Mähren*, der *Slawischen Tänze* und der *Slawischen Rhapsodien*, eine der Ursachen für D.s internationalen Durchbruch. Gefestigt und erweitert wurde seine Bekanntheit und zunehmende Berühmtheit durch jene Kammermusikwerke, die er von sich aus, angeregt durch seinen Berliner Verleger Fritz Simrock oder auf Bestellungen berühmter StrQu.-Vereinigungen hin schrieb und dabei manchmal kompositorisch in recht ironischer Weise den ausdrücklich mitbestellten ›slawischen Tonfall‹ verwirklichte.

In einem Kammermusikwerk kündigt sich um 1881 das Abrücken vom folkloristischen Tonfall und die Hinwendung zu kompositorischer Subtilität, hoher Expressivität und musikalischer Dramatik an; Charakteristika, die bis tief in 1880er Jahre hinein D.s Schaffen prägen – ein Schaffen, in dem die Kammermusik, wie manch andere Gattung auch, von 1883 an zugunsten der umfangreichen Auftragsarbeiten für England und den Verleger Simrock quantitativ an Bedeutung verliert. Vier Jahre später aber, in jener Phase, in der D. auf früher komponierte und bis dahin verheimlichte Werke zurückgreift, sie kritisch prüft und überarbeitet, ist die Kammermusik (vom Verleger Simrock anstelle der ursprünglichen niederen Opuszahlen absichtlich mit falschen, hohen Werknummern veröffentlicht) wieder mehrfach vertreten: mit traditionellen Formen und mit eigenwillig Neuem wie den *Zypressen*, einem Zyklus für StrQu. (D. nennt sie *Ohlas písní*, was soviel bedeutet wie *Liederecho*), der aus der Über- und Umarbeitung der 1865 komponierten *Zypressen*-Lieder auf Texte von Gustav Pfleger-Moravský hervorging. Kammermusikwerke stehen am Anfang und am Höhepunkt der Jahre 1889–1891, in denen D.s Komponieren geprägt wird durch zunehmendes musikalisches Poetisieren (»da bin ich nicht nur reiner Musikant, sondern Poet«) – durch ein immer stärkeres musikalisches Sprechen, Meinen und Ausdrücken, das mit formaler Lokkerung auf der einen und neuer klanglicher Farbigkeit auf der anderen Seite einhergeht, und das seine kammermusikalische Entsprechung in einem Trio findet, das als ›Dumky-Trio‹ bekannt und seines erzählenden Tones wegen als ›Rhapsodie der Kammermusik‹ bezeichnet wurde. Eine zentrale Stellung nimmt die Kammermusik schließlich auch während D.s Amerikaaufenthalt vom September 1892 bis April 1895 ein, in denen er als künstlerischer Direktor und Kompositionsprofessor am National Conservatory of Music in New York wirkte und sich kompositorisch um die Schaffung einer amerikanisch nationalen Kunst-Musik bemühte. Und genau so, wie es 1860 begonnen hatte, endete D.s absolutes Instrumentalschaffen nach der Rückkehr aus Amerika im Jahre 1895: mit zwei Werken der Kammermusik.

Höchst verschiedenartig ist die Rolle und die Funktion, die D.s Kammermusik auf dem skizzierten Schaffensweg zukommt. Neben dem reinen Lehrwerk im Sinne jenes traditionellen Gesellenstücks, mit dem der Komponist Rechenschaft ablegt über sein Ausdruckswollen und sein technisches Können (sein StrQu. A-Dur op. 2 hat er denn auch seinem verehrten Lehrer Josef Krejčí gewidmet), steht das Werk mit Testcharakter, das kompositorische Probleme aufgreift, sie zu lösen versucht und so den Weg zu Größerem ebnet. Auch gibt es solche Werke, die nichts anderes sein wollen, als Zeichen des spontan Musikantischen, des sich Erfreuens am Spielen und Musikmachen, dem sie erst ihr Zustandekommen verdanken, wie etwa die Bagatellen op. 47, mit denen D. einem vierköpfigen Prager Kammermusikzirkel, der über kein Kl., sondern nur über ein Harm. verfügte, schnell aus der Repertoirenot half; oder wie das Terzett op. 74, das er für den Geigenunterricht eines in seinem Hause wohnenden Chemiestudenten schrieb. Kammermusik bei D. übernimmt ferner oft die Rolle eines ›Knotenpunktes‹ in seiner kompositorischen Entwicklung, an dem erstmals das als Neu erscheint, was zur Grundlage der nachfolgenden Werke wird, seien es nun Sinfonien oder Opern. Andererseits werden in der Kammermusik kompositorische Tendenzen der großen, monumentalen Werke zusammengefaßt, ins Kleine, klanglich Intime und Lyrische transformiert.

D.s Kammermusik wurzelt in der klassischen Kammermusik-Tradition von Haydn, Mozart, Beethoven, Schubert und Mendelssohn. Anders jedoch als für seinen Gönner und Freund Johannes Brahms ist diese Tradition für D. nicht erdrückend und lähmend. Der historischen Last gegenüber unbekümmert, ja beinahe gleichgültig erscheinend, benutzt er sie als kompositorischen Anknüpfungspunkt, schöpft aus ihr: zunächst in modellhafter Anlehnung, dann in kritischer Auseinandersetzung mit ihren Problemen, zumal mit dem der Sonatensatzform, deren thematischer Strukturierung und harmonischer Großkonzeption, sowie mit dem Problem des zyklischen Ganzen. Dabei gelangt er zu ähnlichen Lösungen wie Brahms (dessen Musik D. erst ab 1877 kennenlernen konnte). Schon früh zeigen seine Werke Ansätze zur entwickelnden Variation, zur Thematisierung des Akkords oder zur Intervallstrukturierung; sie lassen darin die Intensivität der Auseinandersetzung mit der Tradition erahnen, die D. zunehmend technisch souverän und kompositorisch eigenständig werden ließ. In dieser Eigenständigkeit vereinigt er zwei Elemente: ein internationales und ein nationales. International ist seine Kammermusik in ihrem kompositorischen Handwerk, ihrer technischen Subtilität, ihrer Verhaftetheit im Denken und in der Musiksprache der europäischen Romantik. National ist sie in ihrem slawischen Tonfall, in ihren, den Volkstänzen wie Furiant und Dumka entlehnten Formen sowie in bestimmten, böhmischer Musiktradition verpflichteten Besonderheiten (Werktitel, Text-Sujets, Hussitentum, Wenzelkult, Smetana-Referenzen, etc.). In dieser Verbindung von kosmopolitischer und nationaler Musiksprache hat D. mit seinen Sonaten, Trios, Quartetten, Quintetten und seinem Sextett wesentlich dazu beigetragen, die Kammermusik in der zweiten Hälfte des 19. Jahrhunderts aus ihrer durch ideologische Bedeutungslosigkeit und kompositorischem Randdasein bedingten Krise der 1850er und 1860er Jahre herauszuführen. Vergleichbar ist D. darin – trotz all der Unterschiede – einzig seinem Freund Johannes Brahms. Und es ist wohl kein Zufall, daß Arnold Schönberg, jener Neuerer auch der Kammermusik, gerade diese beiden in einem Zug mit den Vertretern der klassischen Tradition als seine wichtigsten Lehrer nannte.

STREICHQUARTETTE

Mit 14 Werken (und einem Einzelsatz F-Dur von 1881) ist das StrQu. diejenige Gattung, die in D.s kammermusikalischem Schaffen am stärksten vertreten ist. Und es ist insbesondere das StrQu., auf das D. an Knotenpunkten seiner Entwicklung zurückgreift. Das mag mit der Strenge und Disziplin zu tun haben, die diese klassische Gattung der Kammermusik fordert; durch sie sah sich D. gezwungen, seine ausufernde Phantasie, die er später, im Schubert-Aufsatz von 1894, als Kennzeichen insbesondere seines frühen Komponierens beschrieb, kompositorisch zu kontrollieren und zu konzentrieren. Gerade in den frühen StrQu.en der Jahre 1862–1873 hat seine Phantasie zu manchen Eigenarten geführt, die diese Werkgruppe zu mehr als nur zu einer Vorstufe zu den späteren Werken machen. Schon im StrQu. A-Dur op. 2, das sich an Mendelssohn orientiert, keine Spur von irgendwelchen Folklorismen aufweist, und das sich verstärkt um die zyklische Verkettung der Sätze bemüht, begegnet im 3. Satz ein derart ausgelassenes, dabei aber immer kunstvolles Spiel mit dem Metrum. In D.s Gesamtschaffen gibt es dafür keine Parallele. Im D-Dur-Quartett [B 18], das höchstwahrscheinlich 1869 entstand, wählt er als thematische Grundlage für die Variationen des 3. Satzes (Allegro energico) die Melodie des damals verbotenen, bei den nationalen Massenversammlungen aber viel gesungenen slawischen Freiheitsliedes *Hej Slovanjé*, formt es melodisch, harmonisch und rhythmisch um, gibt ihm ein anderes Gesicht, ästhetisiert so das Politische und politisiert das Ästhetische. Chopineske Walzerzüge trägt der 3. Satz des StrQu.s F-Dur op. 9, hochgradige Farbkontraste in der Harmonik bestimmen das espressive Adagio des ursprünglich 5sätzig konzipierten StrQu.s a-Moll op. 12.

Streichquartett a-Moll op. 16 B 45 (1874)

Allegro ma non troppo – Andante cantabile – Allegro scherzando – Allegro ma non troppo
Dauer: ca. 28'

Das StrQu. a-Moll op. 16 ist D.s siebtes Quartett. Es entstand in jener Phase der kompositorischen Abwendung von Wagner und Liszt und es ist ein Werk, das – auf den Erfahrungen der StrQu.e op. 9 und op. 12 aufbauend – beinahe exemplarisch den neuen D. zeigt. Im **1. Satz** betrifft dies vor allem die Form: Die einzelnen Teile des Sonatenhauptsatzes sind taktzahlmäßig (und damit zeitlich) fast exakt aufeinander abgestimmt. So haben in der Exposition Haupt- und Seitensatz je 58 Takte, die beiden Abschnitte der Durchführung je 50 Takte; in der Reprise umfaßt der erste Teil des Hauptsatzes 29 Takte, der zweite 50 Takte, der Seitensatz 55 Takte und die Coda, korrespondierend zum Reprisenbeginn, wiederum 29 Takte. Es ist dies ein von D. bewußt gesetztes Netz von Proportionen, das über den Satz hinaus auch im Werkganzen seine Entsprechungen hat: je 379 Takte zählen die beiden Ecksätze, 389 Takte die beiden Mittelsätze zusammen. Das führt zu einer Konzentriertheit und Faßlichkeit der Form, wie sie vorher kein Werk aufweist. Und es entspricht diesem Bemühen um Form und formale Stringenz, wenn D. den Durchführungsteil des 1. Satzes in a-Moll beginnen läßt, die Harmonik bis gegen Mitte der Durchführung zur Tritonus-Tonart Es-Dur entwickelt und sie von dort symmetrieartig nach a-Moll zurückführt.

Ähnliches gilt für den dreiteilig aufgebauten **2. Satz**: der zum lyrischen Gestus des ersten und des reprisenartigen dritten Teils kontrastierende Mittelteil schafft formal und ausdrucksmäßig eine wohl berechnete Balance. Darüberhinaus verbindet D. diesen 2. Satz zyklisch mit dem 1.: durch die motivische Identität des lyrischen Hauptthemas zu den letzten Tönen vom ersten Thema des 1. Satzes.

Der **3. Satz** trägt – wie viele dritte Sätze in D.s Werken dieser kompositorischen Wendezeit – im Scherzoteil Züge slawischer Folklore und ist geprägt von rhythmisch-metrischen Elementen der Mazurka und der böhmischen Sousedská: Die eigentlich unbetonte zweite Zählzeit in Takt 2 und 3 wird überbetont, die ganze Phrase endet, wie abgerissen, auf unbetonter Zählzeit im vierten Takt.

Häufige, vorwärtsstürmende Unisono-Führung der vier Instrumente, Triolenostinati und scharfe rhythmische Akzentuierung der Melodie verleihen dem Hauptthema (F-Dur/A-Dur) des **4. Satzes** einen Zug ins Orchestrale, Kraftvolle. Deutlich hebt sich davon der kantable und zart instrumentierte Seitensatz in A-Dur ab. Das Gegenüberstehen, sich Jagen und sich kontrapunktisch Durchdringen der beiden kontrastierenden Themenkomplexe mit all ihren Motiv-Varianten bestimmt die Durchführung. Ihr folgt, gegenüber der Exposition etwas verkürzt und kompositorisch verdichtet, die Reprise, die in ihren letzten Takten überleitet zur abschließenden Grandioso-Coda, in der das Hauptthema hymnenartig und mit monumentaler Geste den Satz beschließt.

Streichquartett E-Dur op. 80 B 57 (27) (1876/1888)

Allegro – Andante con moto – Allegro scherzando – Allegro con brio
Dauer: ca. 28'

Das Opus 80, 1876 als achtes StrQu. entstanden, blieb zwölf Jahre in D.s Schublade liegen. Erst 1888 wurde es unter der falschen Opuszahl 80 veröffentlicht und am 27. Februar 1889 in Boston vom berühmten Kneisel-Quartett uraufgeführt. Es steht am Anfang (und nicht irgendwo in der Mitte, wie durch die falsche Opuszahl oft irrtümlich angenommen wurde) der Gruppe der sogenannten reifen und vielgespielten letzten sieben StrQu.e D.s. Wie im StrQu. a-Moll op. 16 orientiert sich D. hier bewußt an der klassischen Norm, erweitert und bereichert sie durch manch originelle Besonderheit:

Die Musik in den ersten Takten des **1. Satzes** fängt nicht einfach an, legt nicht einfach los; ihr Beginnen ist vielmehr musikalisch auskomponiert, kompositorisch symbolisiert durch das im zweitaktigen Abstand nacheinander folgende Einsetzen der vier Stimmen mit dem Hauptthema in E-Dur.

Die Instrumente formulieren so den zarten melodischen Charakter, die Tonart, das kontrapunktische ›Aufeinander Eingehen‹ und das sich doppelpunktartige Öffnen des Tonraums. In ihn tritt, rhythmisch bereits im Hauptsatz entwickelt und angedeutet, als melodisch Neues das Seitenthema in cis-Moll ein, das in der Durchführung, die thematisch allein vom Hauptthema getragen wird, keine Rolle spielt. Erst in der Reprise, in der es eine reiche Ausspinnung und Variantenbildung erfährt, kommt es zu seinem formalen Recht.

Der **2. Satz** wurde schon von Otakar Šourek als ideeller Vorläufer der späteren Dumka-Sätze von D. bezeichnet. Und dies – obwohl das bestimmende Gegensatzmoment zwischen Besinnung, Ruhe auf der einen und Fröhlichkeit, Ausgelassenheit auf der anderen Seite kaum ausgeprägt ist – nicht ohne Grund: Das Hauptthema mit seinen lyrischen Zügen, seiner thematischen Liedhaftigkeit und seinem erniedrigten Leitton trägt Charakteristika der Dumka.

Das zweite Thema, das sich tänzerisch gibt und in der Begleitung lebhafter gestaltet ist, formuliert dazu – wie in der späteren Dumka – einen tonalen und rhythmischen Kontrast. Noch aber ist er formal durch Überleitungstakte vermittelt, noch fungiert er als traditioneller Mittelteil, noch ist sein Gegensatz – und gerade das macht den kompositorischen Reiz hier aus – keine eigene autonome formale Größe. Der **3. Satz** vereinigt zwei Momente: Bewahrung und Auflösung der traditionellen Quadratur. Hemiolen und asymmetrische Syntax kennzeichnen den Scherzoteil, dem eine recht regelmäßige, beim ersten Hören fast antiquiert wirkende normative Periodik im Trio entgegensteht.

Nicht in der Grundtonart E-Dur oder in der Paralleltonart cis-Moll, sondern in der harmonisch davon relativ entfernten Tonart gis-Moll beginnt der **4. Satz,** der gegenüber den vorausgegangenen drei Sätzen etwas unruhig, vorwärtsdrängend und in seiner Konzeption dramatisch erscheint. Einzig dem Seitenthema eignet ein Moment der Ruhe und des musikalischen Verweilens – aber eben nur ein Moment, ein Augenblick, den die sich anschließende pulsierende Durchführung und die expressive Coda fast in Vergessenheit geraten lassen.

Streichquartett C-Dur op. 61 B 121 (1881)

Allegro – Poco adagio e molto cantabile – Allegro vivo – Vivace
Dauer: ca. 34'

Das Opus 61 entstand auf eine Bestellung von Joseph Hellmesberger, dem Primarius des berühmten Wiener Hellmesberger-Quartetts. Es ist ein Werk, mit dem D. eine neue Schaffensphase einleitet. Sie ist gekennzeichnet durch die fast restlose Abkehr vom slawischen Tonfall sowie durch eine Zunahme kompositorischer Subtitilität. So fungieren die ersten acht Takte von **Satz 1** mit ihren einzelnen motivischen und rhythmischen Partikeln wie ein thematischer Kern. Aus ihm heraus entwickelt sich der ganze Satz organisch,

wobei zwischen Haupt-, Seiten- und Schlußthema eine Art Substanzverwandtschaft besteht. Das im Thema angedeutete Schwanken zwischen Dur und Moll wird für die Harmonik konstitutiv. In seiner kontrapunkischen Verarbeitung und in seinen Konfliktrhythmen äußerst differenziert gestaltet ist der **2. Satz**, dessen kontrastierender Mittelteil die lyrisch-besinnliche Grundstimmung des Satzganzen nicht beeinträchtigt. Das Scherzothema des **3. Satzes**

ist aus dem Hauptthema von Satz 1 heraus entwickelt. Damit dürfte es zusammenhängen, daß dieser Satz nicht den bei D. gewohnten tänzerischen Impetus, sondern – bei aller übermütiger Scherzohaftigkeit – mehr das Moment des kunstvoll Stilisierten atmet. Die Themen des **4. Satzes** sind – ähnlich wie die von Satz 1 – wiederum harmonisch offen gestaltet: Zwischen C-Dur und e-Moll schwankt das Hauptthema hin und her, in das G-Dur des Seitenthemas schleicht sich immer das tonal fremde Es-Dur. Gerade dieser harmonischen Destabilität aber verdankt der Satz seinen oft schillernden Charakter.

Streichquartett F-Dur op. 96 B 179 (1893)

Allegro, ma non troppo – Lento – Molto vivace – Vivace, ma non troppo
Dauer: ca. 23'

Das Opus 96 entstand im Jahre 1893 in dem Dorf Spillville im amerikanischen Staate Iowa, wo D. nach acht Monaten New Yorker Großstadttrubel zusammen mit seiner Familie den Sommerurlaub auf dem ruhigen Lande und in der schönen Natur verbrachte. Manches dieses biographischen Hintergrundes hat im F-Dur-StrQu. seinen musikalischen Niederschlag gefunden: Es ist die Natur, die in den ersten Takten des **1. Satzes**, der wohl nicht zufällig in der Pastoraltonart F-Dur steht, durch die kompositorische Technik der auf einem Orgelpunkt ruhenden und nur mäßig bewegten Klangfläche angedeutet wird. Vom dritten Takt an tritt in diese Natur der Mensch, der D. heißen könnte, denn es ist sein Instrument, die Va., die hier mit dem pentatonisch gefärbten Hauptthema dem ›Erwachen heiterer Gefühle bei der Ankunft auf dem Lande‹ Ausdruck verleiht.

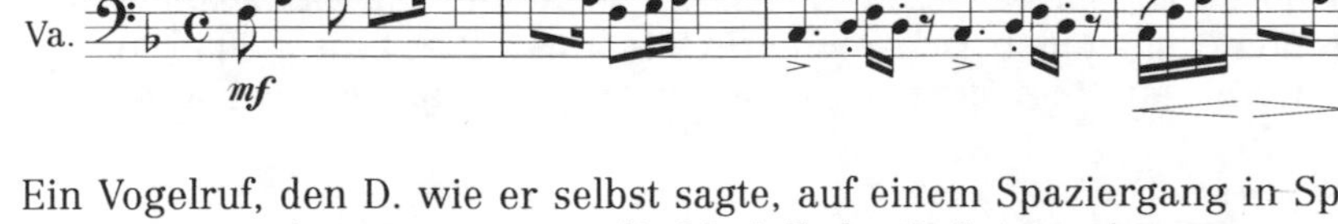

Ein Vogelruf, den D. wie er selbst sagte, auf einem Spaziergang in Spillville hörte, ist in stilisierter Form in die Motivik des **3. Satzes** eingegangen.

Der so auffällige rhythmische Ostinato zu Beginn von **Satz 4** erscheint wie ein kompositorisches Andeuten der Indianermusik, die D. in Spillville von Indianern vorgespielt bekam. Und jene choralartigen, sich mit ihrer kirchentonalen Harmonik und mit ihrer Imitatorik von der musikalischen Umgebung so deutlich abhebenden Takte im Mittelteil sind wie eine musikalische Erinnerung an sein allmorgendliches Org.-Spiel in der Spillviller Kirche zu verstehen. Eingebunden sind diese Andeutungen in ein Werk, das sich als Ganzes sehr melodisch und idyllisch gibt, und dessen Knappheit Ergebnis einer kompositorischen Ökonomie ist, zu der die subkutane motivische Verkettung der Themen ebenso gehört wie ihre auf formale Verdichtung abzielende Verarbeitung.

Streichquartett As-Dur op. 105 B 193 (1895)

Adagio ma non troppo. Allegro appassionato – Molto vivace – Lento e molto cantabile – Allegro ma non tanto
Dauer: ca. 30'

Den **1. Satz** des Opus 105 komponierte D. im letzten Monat seines Amerika-Aufenthaltes, die Mittelsätze skizzierte er im Mai 1895, wenige Wochen nach seiner Rückkehr nach Böhmen. Und abgeschlossen wurde die Komposition, die sich zeitlich mit der Arbeit am G-Dur-StrQu. op. 106 überschnitt, Ende Dezember 1895 – ein Datum, an dem mit diesen beiden Quartetten D.s kammermusikalisches Schaffen überhaupt seinen Abschluß fand. Das As-Dur-StrQu. wirkt dabei wie eine Art kompositorischer Rückblick auf das bisherige StrQu.-Werk. Wie im StrQu. op. 2 beginnt der **1. Satz** mit einer langsamen Einleitung, die mit dem Themenkopf des späteren Hauptthemas arbeitet, die

Harmonik von Moll nach Dur führt und den Einsatz des schnellen Satzteiles im Sinne des Prinzipes ›durch Nacht zum Licht‹ vorbereitet. Ähnlich verfährt D. im **4.Satz,** dessen erste 11 Takte als eine Art Einleitung fungieren, die harmonisch vermitteln und schemenhaft an den Werkbeginn und an den **2. Satz**, das Scherzo erinnern. Wie viele von D.s Scherzosätzen trägt auch dieses folkloristische, entfernt an den Furiant gemahnende Züge, denen im Trioteil als Kontrast lyrisch-kantable Gedanken gegenüberstehen. Auch das Opus 105 enthält eine Reihe von kompositorischen Besonderheiten: z. B. im **1. Satz** die Verschleierung des Reprisenbeginns und die formale Ausrichtung des Repriseneiles hin auf die hoch expressiv wirkende Coda; oder wie im **3. Satz** die farbige Harmonik oder wie im **4. Satz** der Einschub der ausdrucksstarken Ges-Dur-Episode als eigenständiger Teil zwischen Exposition und Durchführung, der formal durch eine eigenwillige Vermischung von Sonatensatz- und Rondoelementen ermöglicht wird.

Streichquartett G-Dur op. 106 B 192 (1895)

Allegro moderato – Allegro ma non troppo – Molto vivace – Andante sostenuto. Allegro con fuoco
Dauer: ca. 38'

Weniger das Gegeneinander als vielmehr das Nebeneinander der einzelnen Themenkomplexe, die wie nur auf sich konzentrierte Klangflächen erscheinen, bestimmen die Gestaltung des **1. Satzes**. Von äußerstem Farbreichtum aber ist die Harmonik, die ununterbrochen moduliert und auf kürzester Distanz zahlreiche tonale Zentren durchschreitet. Der dabei vor dem Eintritt der Schlußgruppe exponiert im ffz auftretende übermäßige Dreiklang g–h–es wird zum Strukturträger, denn seine Töne spielen in der harmonischen Konzeption des Werkganzen eine wichtige Rolle: Die Ecksätze stehen in G-Dur, der langsame Satz in Es-Dur und das Scherzo in h-Moll.

Der **2. Satz** ist gestaltet als ein freier Variationssatz über einen thematischen Grundgedanken in Dur

und dessen entfernter Variante in Moll. Neben fugatoartiger Verarbeitung tritt auch eine immer wieder überraschende, fremdartig wirkende Harmonik und eine faszinierende instrumentale Nutzung des Klangkörpers ›Streichquartett‹ auf.

Der **3. Satz**, D.s einziges StrQu.-Scherzo mit zwei Trio-Abschnitten, vereint unterschiedlichste Ausdrucksmomente: Lebhaft und vorwärtsdrängend wie ein ausgelassener Tanz ist der Scherzoteil; in seiner Kantabilität beruhigend und schön wirkt dagegen das 1. Trio (As-Dur); volkstümlich ländlerartig gibt sich das 2. Trio (D-Dur).

Im **4. Satz**, der mit einer kurzen Andante-Einleitung beginnt, und dessen Hauptthema furiantartige Züge trägt, bindet D. Elemente des Sonatenrondos in eine große Zweiteiligkeit ein. Wie eine formale Zäsur wirkt dabei das Wiedererscheinen der Andante-Einleitung in der Mitte des Satzes, an die sich überraschenderweise aber nicht der Hauptthemenkomplex, sondern eine in Faktur, Farbe und Ausdruck kontrastierende Episode anschließt. In ihren knapp 50 Takten zitiert D. das Seitenthema aus dem 1. Satz, und zwar in einer Weise, wie es dort nie erklang: Es steht in Moll, wird begleitet von leierkastenartig wirkenden Bordunquinten im Vc.. Es ist asymmetrisch gegliedert und in seinen zwei Phasen wie ein Dialog gestaltet: Den ersten vier Takten, in denen die 1. V. über den Bordunquinten das Thema ›pp‹ und äußerst zart spielt, folgen als Antwort drei Takte, in denen von V. 2 und Va. das gleiche Thema vorgetragen wird – im ›f‹, unisono ohne Begleitung und in einem fast bösartigen Tonfall. In den Dialog wird auch das Zitat des Hauptthemas aus dem 1. Satz einbezogen. In dieser Sprachhaltung und der rhetorischen Gestik der Themen, die im **4. Satz** immer wieder spürbar werden, enthält das G-Dur-StrQu. op. 105 die Wurzeln für D.s Hinwendung zur ›sprechenden‹ Programmusik in den nachfolgenden sinfonischen Dichtungen op. 107 – op. 110.

Darüberhinaus deutet es schemenhaft an, was bei Leoš Janáček spätere Grundlage der kompositorischen Erfindung wurde: musikalische Prosa und Sprechmelodie.

Streichquintett Es-Dur op. 97 (1893) B 180
für 2 Violinen, 2 Violen und Violoncello

Allegro non tanto – Allegro vivo – Larghetto – Allegro giusto
Dauer: ca. 30'

Das Streichquintett op. 97 entstand kurz nach dem StrQu. op. 96 im Sommer 1893 in D.s amerikanischem Urlaubsort Spillville. Hinsichtlich der Pentatonik, der Molltonleiter mit erniedrigtem Leitton, synkopierten Rhythmen, rhythmischen und klanglichen Ostinati – also hinsichtlich all dessen, was D. selbst als spezifische Merkmale für den amerikanischen Tonfall ansah, zeigt sich op. 97 ausgeprägter als das Quartett. Pentatonik durchzieht das Hauptthema des **1. Satzes,**

eine Art ostinater Trommelrhythmus prägt sowohl das Seitenthema als auch das Thema der Schlußgruppe und spielt in der Steigerungsanlage der Durchführung eine wichtige Rolle. Auch für den **2.** Satz, das H-Dur-Scherzo, ist ein ostinates rhythmisches Modell kennzeichnend: Einem unruhigen Staccato-Thema steht ein langgezogener kantilenenhafter Gedanke gegenüber. Der langsame **3. Satz** ist als Variationssatz gestaltet, in dessen fünf Variationen das anfängliche dunkle äolische Moll jeweils in ein helles Dur gewendet wird. Der **4. Satz** basiert auf drei motivisch substanzverwandten Themen, deren schroffer rhythmischer Kontrast dem Satz eine gewisse dramatische Spannung verleiht, die dann in der breit angelegten Coda in einen übermütigen Schluß aufgelöst wird.

Streichsextett A-Dur op. 48 B 80 (1878)
für 2 Violinen, 2 Violen und 2 Violoncelli

Allegro moderato – Poco allegretto – Presto – Allegretto grazioso, quasi andantino
Dauer: ca. 30'

D.s Streichsextett A-Dur, das einzige Sextett, das er schrieb, entstand in unmittelbarer Nähe der *Slawischen Tänze* op. 46. Das erklärt den durch alle Sätze gehenden ausgeprägten nationalen Tonfall, die Einheitlichkeit und Übersichtlichkeit der Form, die leichte Faßlichkeit der musikalischen Gedanken. Einfach schön will das kantable und ruhig sich gebende Hauptthema des **1. Satzes** sein, das 1. V. und 1. Vc. in Dezimenparallelen vortragen.

Etwas von ihrer Beschaulichkeit verliert die Musik mit dem zweiten Thema, das tempomäßig schneller, rhythmisch belebter und in seiner Melodieführung unruhiger ist. Erst das Thema der Schlußgruppe, in das als Gegenstimme das Hauptthema kunstvoll eingewoben ist, gibt dem Satz seine anfängliche Ruhe wieder zurück. Im langsamen **2. Satz** verwendet D. zum überhaupt ersten Mal die Bezeichnung ›Dumka‹, eine Bezeichnung, die sich auf den ukrainischen Volksliedtyp Duma bezieht, der vom oft schroffen Wechsel zwischen elegisch träumerischer auf der einen und ausgelassen tänzerischer Abschnitte auf der anderen Seite bestimmt wird. Den Anfang des 2. Satzes bildet eine schwermütige Polka in d-Moll, die von einem marschartigen Adagio (fis-Moll) in langsamerem Tempo abgelöst wird. Ihm folgt eine Art Wiegenlied (Fis-Dur) als Mittelteil des Satzes, der durch die Polkareprise und eine klanglich gänzlich verlöschende Coda abgeschlossen wird. Der **3. Satz** ist ein Furiant, ein schneller böhmischer Tanz, in dem D. nicht (wie in den *Slawischen Tänzen* oder in der 6. Sinfonie) das Gegenüber des Dreier- und Zweiermetrums, sondern das Moment des Temperamentvollen, Wilden und Dahinhuschenden stilisiert. Der **4. Satz** umfaßt ein liedhaftes Thema, fünf Variationen und eine abschließende Stretta, und bezaubert durch die immer

neue Art der Gegen- und Begleitstimmen sowie durch die instrumentalklangliche Mannigfaltigkeit und Buntheit.

Trio g-Moll op. 26 B 56 (1876) für Klavier, Violine und Violoncello

Allegro moderato – Largo – Presto – Allegro ma non tanto
Dauer: ca. 28'

Das g-Moll-Trio unterscheidet sich von dem nur sechs Monate zuvor geschriebenen B-Dur-Trio op. 21 weniger in der Technik als im Ausdruck: Anstelle des Fröhlich–Unbeschwerten begegnet ein verhaltener, grüblerischer Ton, ähnlich dem Kl.-Konzert g-Moll op. 33 (1876) und auch dem *Stabat Mater* (1876/77).

Der **1. Satz** beginnt mit zwei Akkordschlägen im ›f‹, an die sich wie zur Beruhigung im ›p‹ eine weiche melodische Phrase anschließt.

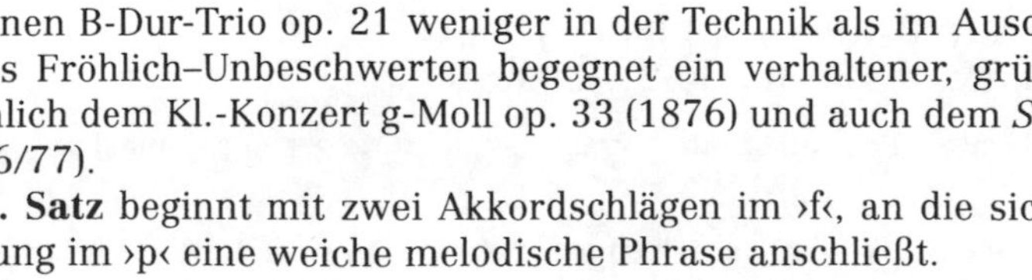

Gesanglich und freundlich wirkt das vom Vc. dolce gespielte Seitenthema in B-Dur, mit dessen Material die Durchführung anfängt. In ihr stellt D. die Themen mehr flächenmäßig nebeneinander als konfliktmäßig gegeneinander. Dem elegischen **2. Satz** liegt nur ein einziges Thema zugrunde, das im weiteren Verlauf in immer neuen Klangfarben und Ausdrucksnuancen erscheint. Das in g-Moll stehende **Scherzo** mit seiner motorischen Viertelrepetition enthält im Scherzoteil fünf an zentraler Stelle eingeschobene Takte in langsamen Zweivierteltakt, in denen das Vc. das Scherzo-Thema in sinnender Versenkung spielt. Der **4. Satz** trägt polkaartige Züge, und auch wenn das Hauptthema in seiner Gestik das des 1. Satzes nachzuahmen scheint, so befreit sich das Finale doch vom Verhaltenen der vorausgegangenen Sätze, bringt freundlichere Töne und endet mit einem kraftvollen Dur-Schluß.

Trio f-Moll op. 65 B 130 (1883)
für Klavier, Violine und Violoncello

Allegro ma non troppo – Allegretto grazioso – Poco adagio – Allegro con brio
Dauer: ca. 40'

Das f-Moll-Trio ist D.s letztes Kammermusikwerk, geschrieben, bevor er für vier Jahre sein Kammermusikkomponieren ruhen ließ. Die dramatische Haltung, der expressiv leidenschaftliche Ton und die aggressive Gestik von op. 65 zeigen eine ungewohnte Seite des Künstlers, die in dieser geballten persönlichen Art nur noch in Werken wie der 7. Sinfonie oder der *Husitská-Ouvertüre* zum Ausdruck kommt.

Bereits die letzten drei Töne des von den Streichern unisono vorgetragenen Einleitungsgedanken des **1. Satzes**

dienen D. als Material einer ersten dramatischen Steigerung. In nur zwei Takten öffnet sie den Tonraum über mehr als vier Oktaven hinweg, beschleunigt durch Triolensetzung das Tempo und steigert die Dynamik von ›p‹ zu ›ff‹. Daß in einer derart dramatisch angespannten Musik das schöne zweite Thema bloße kontrastierende Episode ist, erscheint logisch. In der Durchführung bleibt es denn auch von der Verarbeitung ausgespart. Gewaltig wirkt in der Reprise der Hauptthemeneinsatz, ausladend und voller Spannung gibt sich die Coda mit ihrem jäh auffahrenden Abschluß im ›ff‹. Der **2. Satz**, obwohl im Zweivierteltakt stehend und in etwas gemächlichem Tempo, fungiert als Scherzo, dem hier ein negatives Prinzip eigen ist: das Umgehen tänzerischer Ausgelassenheit und folkloristischer Unbeschwertheit. In seiner Molltonalität, seinen gedämpften Themen und seinem grübelnden, durch die Synkopen oft rhythmisch verschleierten Mittelsatz wirkt der Satz eher launig, verhalten, besinnlich. Die Außenteile des langsamen **3. Satzes** mit der ausladenden Melodie des Vc.

sind lyrisch und ruhig gehalten; einzig der Mittelteil bringt mit seinen imitatorischen Stimmverknüpfungen und seinen akzentuierten auftaktigen Motiven Unruhe. Der **4. Satz** läßt die Dramatik des 1. Satzes wieder aufleben. Wie dort gibt es ein aggressives Hauptthema und ein gesangliches Seitenthema, das farbliche Episode bleibt. Doch anders als im Kopfsatz bemüht sich D. im Finale um einen versöhnenden Schluß: Mehrmals brechen in der Coda Generalpausen das dramatische Aufbäumen ab. Die Musik wird langsamer, ruhiger und wendet sich nach F-Dur, das auch in der energischen Schlußstretta tonale Grundlage bleibt.

Trio e-Moll op. 90 B 166 (*Dumky-Trio*) (1890) für Klavier, Violine und Violoncello

Lento maestoso – Poco adagio – Andante – Andante moderato, quasi tempo di marcia – Allegro – Lento maestoso
Dauer: ca. 32'

Dem *Dumky-Trio*, D.s wohl bekanntestem Kl.-Trio, liegen weder die klassische Viersätzigkeit noch die damit verbundenen traditionellen Sonatenhauptsätze und Sonatenrondi zugrunde. Sein Aufbau ist vielmehr bestimmt durch die Aufeinanderfolge von sechs Sätzen (oder Dumky), denen als kompositiorisches Modell die ukrainische Dumka mit ihrem schroffen Wechsel zwischen langsamen, elegischen und schnellen tänzerischen Abschnitten zugrunde liegt. Die Sätze 1-3, die sich ohne Pause aneinander anschließen und harmonisch um den Mittelpunkt Cis von Tanz 2 gruppiert sind, bilden dabei eine erste formale Einheit. Ihr stehen die Sätze 4–6, die tonal auf D-Dur, Es-Dur und C-Dur ruhen und in sich geschlossen sind, als zweite formale Einheit gegenüber.

Im zweiteilig aufgebauten **1. Satz** basieren die in Tempo, Tonart und Ausdruck kontrastierenden Abschnitte auf einem gemeinsamen, von auf- und abwärts geführten Sextintervallen geprägten thematischen Gedanken,

der nach einigen Einleitungstakten zunächst in Moll, mit Beginn des Allegros in Dur erscheint. Thematische Verwandtschaft verbindet auch die in ihrer Ausdruckshaltung stärker kontrastierenden Teile von **Satz 2**, deren Harmonik zwischen cis-Moll und Cis-Dur pendelt. Der dreiteilige **3. Satz** erscheint in seinen einzelnen Phasen wie ein Variationssatz, in dem das vom Kl. vorgetragene Thema ununterbrochen neuer Gestaltung unterzogen wird. Im **4. Satz** erlaubt die Kürze der harmonisch von F-Dur nach D-Dur wechselnden schnellen Abschnitte einen oftmaligen Kontrastwechsel, so daß es zu einem siebenteiligen Satzaufbau kommt. Demgegenüber wirkt der **5. Satz**, der monothematisch und ohne ausgeprägten Tempo-Kontrast gestaltet ist, formal eher knapp und verdichtet, wie ein Anlauf und Atemholen zum **6. Satz.** Dieser stellt mit seiner den ersten drei Dumkys ähnlichen Reprisenform, mit dem – wie dort – stets ausgewogenen Kontrast und Ausdruck, eine zyklische

Verbindung zum Triobeginn her. Gleichzeitig wirkt in diesem 6. Satz das letzte Vivace wie eine Art Stretta, die das sechsteilige Ganze höhepunktartig abschließt.

Quartett D-Dur op. 23 B 53 (1875)
für Klavier, Violine, Viola und Violoncello

Allegro moderato – Andantino – Allegretto scherzando – Allegro agitato
Dauer: ca. 30'

Das Opus 23 entstand nur wenige Monate nach dem Kl.-Trio B-Dur op. 21, mit dem es in mancher Hinsicht verwandt ist: Dreiklangsharmonik prägt viele Themen, der Satzaufbau orientiert sich am klassischen Modell, die Musik atmet nationales Kolorit, das Kl. ist in den kammermusikalischen Klang integriert. In seiner Grundhaltung und seiner Originalität aber gibt sich das D-Dur-Quartett eigenwilliger.

So ist im **1. Satz** das Hauptthema aus der gesanglichen Anfangsmelodie im Vc. und den späteren Dreiklangstriolen im Kl. zu einem Themenkomplex ausgebaut, der in sich Gegensätzliches vereint.

Das macht Sinn, denn das kantable, zuerst vom Kl. vorgetragene Seitenthema ist ausdrucksmäßig derart eng mit dem Anfangsthema verwandt, daß dieses nur über ein Zwischenglied für die thematische Verarbeitung genutzt werden kann. Gerade aber auf diesem Prinzip des Zwischengliedes beruht die immer wieder betonte Melodienfülle diese Satzes. Der **2. Satz** ist ein Variationssatz über ein eigenes Thema. Die fünf Variationen mit ausgedehnter Coda halten sich trotz aller Figuration, Charakterveränderung und Umarbeitung eng ans Thema und prägen untereinander keine scharfen Kontraste aus. Dadurch strahlt der Satz eine große Ruhe und Einheitlichkeit aus. Neu und höchst originell ist die formale Idee des **3. Satzes**, Scherzo und traditioneller Finalsatz in einem. Das Scherzo ist durch einen schnellen Walzer vertreten, der manchen Tempo-Modifikationen unterworfen ist und oft mit dem Zweiermetrum liebäugelt. Das **Finale** wird durch ein lyrisches Allegro agitato im Vierviertelaktakt repräsentiert, das durch seine Triolen aber der Verbindung mit dem Scherzo entgegenkommt.

Quartett Es-Dur op. 87 B 162 (1889)
für Klavier, Violine, Viola und Violoncello

Allegro con fuoco – Lento – Allegro moderato, grazioso – Allegro ma non troppo
Dauer: ca. 35'

D. komponierte das Opus 87 im Jahre 1889: Sein Verleger Simrock hatte ihn äußerst dringlich um ein Kl.-Quartett gebeten. Das Hauptthema des **1. Satzes** beginnt unsiono in der Streichern und enthält im ersten Takt den ›falschen Ton‹ h (in T. 26 dann das ›richtige‹ b),

der im Satzverlauf sowohl als störender Ton wie als neue Tonalität von Bedeutung ist. Denn über h-Moll moduliert D. zu G-Dur, einer für die Grundtonart Es-Dur recht ungewöhnlichen Tonart. Allerdings wird das Seitenthema in der Durchführung nicht verwendet. Dort wie auch in der Coda dominieren motivische Abspaltungen und Varianten des Hauptthemas. Im ersten Teil des **2. Satzes** mit seinen espressiven Themen dominieren klanglich die Streicher. Im zweiten Teil gehen vom Kl. Steigerungen und neue Farbnuancen aus. Im **Scherzo** scheint die Funktionalität vertauscht: Ruhig, fast behäbig und triomäßig gibt sich der Scherzoteil, frisch und ausgelassen (wie es eigentlich das Scherzo sein sollte) klingt dagegen das in seinem Tempo wesentlich schnellere Trio. Und nicht nur im H-Dur des Trioteiles, sondern auch im H-Dur des Seitensatzes vom **Finale** – es beginnt in es-Moll und mündet in einen Ges-Dur-Zwischensatz – zeigen sich Relikte jenes ›falschen Tones‹ vom Werkanfang, der D. in diesem Quartett dazu veranlaßte, die harmonische Großkonzeption nicht dem gewohnten Quint-, sondern einem kunstvollen und in vielem überraschenden Terzrahmen zu unterwerfen.

Quintett A-Dur op. 81 B 155 (1887)
für Klavier, 2 Violinen, Viola und Violoncello

Allegro ma non tanto – Andante con moto – Molto vivace – Allegro
Dauer: ca. 30'

Das Kl.-Quintett op. 81, wie sein Vorgänger op. 5 aus dem Jahre 1872 in A-Dur, gehört zusammmen mit dem Terzett op. 74, den Kleinen Stücken op. 75a sowie den Romantischen Stücken op. 75 zu jenen Werken, mit denen D. nach 4jähriger Pause wieder begann, Kammermusik zu komponieren. In vielem knüpft er dabei an Früheres an, insbesondere an die optimistische Grundhaltung und den folkloristischen Ton, den er z. B. in dem StrQu. C-Dur op. 61 und vor allem in dem Kl.-Trio f-Moll op. 65 vermieden hatte.

Der **1. Satz** beginnt mit einer harmonischen ostinaten Fläche im Kl.. Vom 3. Takt an gesellt sich das Hauptthema im Vc. dazu,

nach und nach auch die anderen Streicher. Erst relativ spät und nachdem das Kl. energisch ins thematische Spiel der Streicher eingriff, erscheint in der Va. das Seitenthema in cis-Moll, das in der Durchführung als Gegenpart zum Hauptthema eine wichtige Rolle spielt. Die Reprise ist zu Lasten des Hauptthemas verkürzt und endet in einer stretta-artigen Steigerung. Der **2. Satz,** eine Dumka, vereinigt alle dazugehörenden Eigenarten in einem dreiteiligen symmetrischen Satzaufbau. Als Symmetrieachse fungiert ein Vivace, an dessen funkensprühendem Thema alle Instrumente gleichmäßig beteiligt sind. Der **3. Satz** trägt die Bezeichnung ›Furiant‹ und bezieht sich damit auf den schnellen böhmischen Volkstanz, dessen hervorstechendstes Merkmal ein Wechsel von Dreier- und Zweiermetrum ist.

Doch ähnlich wie im Streichsextett op. 48 hebt D. diese Eigenart hier nur wenig hervor; es dominiert die schnelle Bewegung, das in Drehmotiven eingefangene Tänzerische und eine durch unterschiedliche Themen angedeutete Buntheit. Der **4. Satz** ist geprägt von ständiger Bewegung, von stetem Hin- und Herwirbeln der tanzartigen Themen und Motive. Sie drängen von Formteil zu Formteil, jagen sich in einem Fugato, und übertreffen sich in virtuoser Schnelligkeit. Erst gegen Satzende hält die Musik für einen kurzen, besinnlichen Augenblick inne, bevor die Coda kehrausartig den Satz beschließt.

Klaus Döge

Hanns Eisler

geb. 6. 7. 1898 Leipzig, gest. 6. 9. 1962 Berlin. Sohn des Philosophen Rudolf Eisler, Bruder der Politikerin Ruth Fischer und des Publizisten Gerhard Eisler. Autodidaktische musikalische Studien. 1916–1918 Soldat im 1. Weltkrieg. 1919–1923 Unterricht bei Arnold Schönberg. 1925 Übersiedlung nach Berlin. Betätigung als Musikkritiker u. a. der ›Roten Fahne‹. Zusammenarbeit u. a. mit Bertolt Brecht, Erich Weinert, Ernst Busch. Produziert politische Kantaten, Chormontagen, Lieder, Lehrstück-und Kampfmusiken vor und während der Weltwirtschaftskrise. 1933 Beginn des Exils, 1938–1948 in den USA. Anfang der 40er Jahre Arbeit an einem Filmmusikprojekt der New School for Social Research, aus dem das zusammen mit Theodor W. Adorno verfaßte Buch *Composing for the Films* hervorgeht. In den USA nach Kriegsende Opfer der antikommunistischen McCarthy-Politik. 1948 Teilnahme am 2. Internationalen Kongreß der Komponisten und Musikkritiker in Prag. 1949 Komposition der DDR-Nationalhymne nach einem Text von J. R. Becher. 1950 Übersiedlung nach Berlin. Die Formalismusdebatten Anfang der 50er Jahre bringen – trotz Intervention von Brecht – die Komposition seiner Oper *Johann Faustus* zum Scheitern. Gründungsmitglied des Verbandes Deutscher Komponisten und Musikwissenschaftler, der Deutschen Akademie der Künste (dort Leiter einer Meisterklasse für Komposition), des Deutschen Musikrats. Professur an der Deutschen Hochschule für Musik Berlin (DDR), die 1964 seinen Namen erhielt. Verfasser zahlreicher musikpolitischer und ästhetischer Schriften, von denen ein Teil in

der DDR erst viele Jahre nach seinem Tod erscheint (z. B. *Fragen Sie mehr über Brecht – Gespräche mit Hans Bunge*, Leipzig 1975).

WERKE F. 1 INSTR.: Scherzo mit Solovioline (1938) – WERKE F. 2 INSTR.: Duo f. V., Vc. op. 7 Nr. 1 (1924); Sonate (Reisesonate) f. V., Kl. (1936/37) – WERKE F. 3 INSTR.: Scherzo f. Streichtrio (1918/1920); Präludium und Fuge über B-A-C-H f. Streichtrio op. 46 (1934); Sonatensatz f. Fl., Ob., Hf. op. 49 (1935) – WERKE F. 4 INSTR.: Scherzo f. StrQu. (vor 1923); StrQu. op. 75 (1938) – WERKE F. 5 INSTR.: Divertimento für Bläserquintett f. Fl., Ob., Klar.(A), Hr. (F), Fg. op. 4 (1923); *Vierzehn Arten den Regen zu beschreiben*. Variationen f. Fl., Klar., V./Va., Vc., Kl. op. 70 (1940/41) – WERKE F. 7 INSTR.: Suite f. Septett Nr. 1 op. 92a (Variationen über amerikanische Kinderlieder) f. 2 V., Va., Vc., Fl. (Pikk.), Fg. (1940); Nr. 2 (Zirkus) f. Fl., Klar., Fg., StrQu. (1947) – WERKE F. 9 INSTR.: Nonett Nr. 1 f. Fl., Klar., Fg., Hr., StrQu., Kb. (1939); Nr. 2 f. Klar., Fg., Trp., Schlzg., 3 V., Kb. (1940/41) – WERKE F. KAMMERENSEMBLE: Kammer-Sinfonie f. 15 Solo-Instr. op. 69 (1940).

Verlag: Edition Peters Leipzig, Frankfurt/M. etc.; Breitkopf & Härtel Wiesbaden; Neue Musik Berlin.

Wie Webern und Berg gehörte E. zu Schönbergs begabtesten Schülern. Dieser trieb E. schon frühzeitig zu technisch plausiblen und hochstehenden Formulierungen in der Kammermusik an. Das Erlebnis war einschneidend. Zeitlebens blieb E. seinem großen Lehrer treu und verteidigte dessen Ethos. Es ehrt ihn, daß er sich – trotz politischer Differenzen mit Schönberg – noch zu seiner kompositorischen Herkunft bekannte, als er zu der Überzeugung gelangt war, ganz andere Musik als vorher komponieren zu müssen. Bei Schönberg hatte E. »Redlichkeit in der Musik, Verantwortlichkeit ... und das Fehlen jeder Angeberei« (H. E.) gelernt.

Über die Kammermusik suchte E. während seiner Studien bei Schönberg seinen eigenen Stil zu finden und über erste gültige Arbeiten, die den Versuchscharakter bald verließen, auszuprägen. Zunächst gelang das mit den Kl.-Werken op. 1, 3, 6 und 8, dem Bläserquintett op. 4, dem Duo op. 7 Nr. 1. In diesen Werken folgt E. zwar den einschlägigen Kompositionskriterien einer strengen Kammermusik, wie sie Schönberg vermittelte, doch haucht er seinen Stücken über Modifikationen der Zwölftonkomposition und die Diffusion tradierter Verfahren eine Art von Witz, Eleganz und Leichtigkeit ein, welche seinerzeit Aufsehen erregen mußte.

Auffällig ist, daß E. von 1927 bis 1933 im Prinzip die Kammermusik ausspart; er schreibt stattdessen mehr und mehr proletarisch-revolutionäre Musik, die seinen Namen bei den Arbeitermassen berühmt macht. Dennoch läuft bei E., obwohl definitive Werke fehlen, kammermusikalisches Denken untergründig mit. Beispiel hierfür ist der knapp und präzise geformte 3. Satz (Invention) seiner Kleinen Sinfonie. Dieser kennt die ökonomisierte Faktur und satztechnische Raffinesse ebenso wie die durchsichtig-reduzierte Instrumentation.

Wann und wo immer E. sich kompositorisch und theoretisch ausläßt, den Begriff Kammermusik legt er eng aus. Sie sei dazu da, das Ohr zu schulen, den experimentellen Sinn zu schärfen, sie erfülle pädagogische Aufgaben (z. B. E.s *Gradus ad parnassum* op. 44, Streichtrio *Präludium und Fuge über B-A-C-H* op. 46) und sie habe als eigentlicher Prüfstein für kompositorische Qualität zu gelten. Andererseits stünde Kammermusik zu weit weg vom gesellschaftlichen Leben und sei darum ungeeignet, in Bewußtseinsvorgänge verändernd einzugreifen. So dachte er, bis ihn das Exil nach Nordamerika trieb. Gleichsam zur zweiten Natur wurde ihm jetzt die Trauer um den Verlust einer dynamischen, revolutionären Lebensstrategie, die E. seit den 20er Jahren anwandte und mit seiner kompositorischen Produktion zu verbinden wußte – einer Produktion, die in den USA plötzlich ihre Funktion verloren hatte.

Anfang der 40er Jahre eröffnete sich ihm jenes experimentelle Projekt, das die Rockefeller-Foundation unabhängig von Hollywood finanzierte und das die Komposition von kammermusikalischen Filmmusiken vorsah. Zwei bedeutende Arbeiten entstehen: das Quintett *Vierzehn Arten den Regen zu beschreiben* op. 70, »Arnold Schönberg zum 70. Geburtstag gewidmet«, und die *Kammersinfonie* für 15 Soloinstrumente op. 69.

Auf dem Boden der DDR hat Eisler keine Kammermusik mehr produziert. Die *Ernsten Gesänge*, seine letzte Komposition, mobilisieren noch einmal – nach kompositorischen Mißerfolgen – die knappe, filigrane, durchsichtige Arbeit –, Ausdruck einer aus der Kammermusik kommenden absoluten Metierbeherrschung, die jedem pathetischen, billigen Sinfonismus abhold ist.

Vierzehn Arten den Regen zu beschreiben op. 70 (1940/41) Variationen für Flöte, Klarinette, Violine (alternierend mit Viola), Violoncello und Klavier

Nr. 1 Anagramm – Nr. 2 Introduktion – Nr. 3 Choral-Etüde – Nr. 4 Scherzando – Nr. 5 – Nr. 6 (ohne Bezeichnung) – Nr. 7 Sonatine – Nr. 8 – Intermezzo – Nr. 9 (ohne Bezeichnung) – Nr. 10 Presto-Etüde – Nr. 11 Überleitung – Nr. 12 – Nr. 13 – Nr. 14 – Nr. 15 (ohne Bezeichnung)
Dauer: ca: 13'
Verlag: Edition Peters Leipzig

E. selbst bezeichnete die *Vierzehn Arten* als »hervorragende Kammermusik«, als sein »bestes Kammermusikwerk«. Tatsächlich markiert es den Höhepunkt einer Reihe von instrumentalen Kammermusikwerken, die E. zwischen 1933 und 1942 komponiert hatte. Seine »wichtigste Kammermusik« war zugleich seine komplizierteste. Das *Regen*-Quintett knüpft an Schönberg unmittelbar an: Erstens ist es für die gleiche Besetzung geschrieben wie Schönbergs *Pierrot lunaire* op. 21, also für Fl., Klar., V. alternierend mit Va., Vc. und Kl.; zweitens widmete der einstige Schüler dem Lehrer diese Komposition aus Anlaß seines 70. Geburtstages.

Am Anfang und am Schluß steht ein Motto, ein kadenzähnliches Anagramm, das im vierstimmigen Satz eine zwölftönige Grundgestalt enthält, aus der sich das ganze Stück entwickelt. Sie bringt mit einem A-Dur-Auftakt die in Noten ausdrückbaren Buchstaben des Namens Arnold Schönberg.

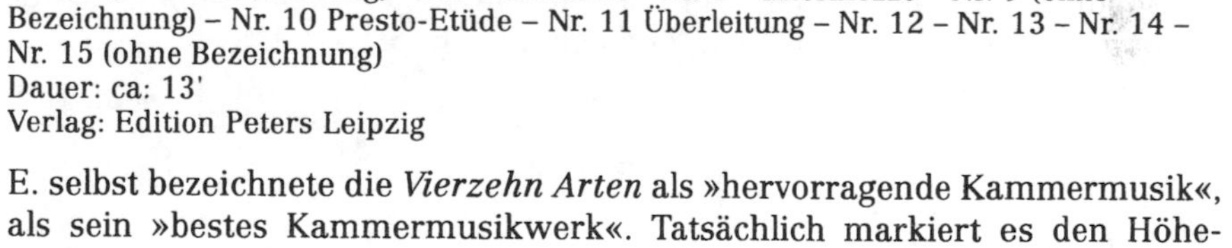

Außerdem zeigen die beiden Werke instrumentatorische und ausdrucksmäßige Ähnlichkeiten. E. beendete die Partitur des Quintetts am 18. November 1941.

Joris Ivens' Experimentalstreifen *Regen* (1929) bot die filmische Vorlage; sie eignete sich vorzüglich für die Erprobung von neuem Material am Film. Die hohe Kunstfertigkeit, die teils lyrisch-abstrakte, teils impressionistische Haltung, die poetische Expressivität vieler Details des Films regten E. zu seinem Versuch an.

Die Komposition benutzt alle möglichen Charakterisierungstypen: »vom simpelsten Naturalismus der sychronen Detailmalerei bis zu den äußersten Kontrastwirkungen, in denen die Musik eher über das Bild ›reflektiert‹ als ihm folgt.« (H. E.) Das Stück besteht aus vierzehn oder, rechnet man das Anagramm des Anfangs hinzu, fünfzehn teils lose aneinandergefügten, teils konstruktiv verbundenen Teilen. Kürzere Abschnitte, bezeichnet mit Introduktion, Choral-Etüde, Scherzando, Sonatine, Intermezzo, stehen neben freien Teilen mit bisweilen scharf wechselndem Gestus. Das 10. Stück, die Presto-Etüde für Kl. solo, besteht demgegenüber aus einem streng chromatisch gearbeiteten dreistimmigen Satz, der in schnelle, motorisch-ratternde Figuren einmündet.

Das *Regen*-Quintett, gleichwohl aus filmischen Bildkonstruktionen hervorgegangen, ist ebenso wie die *Kammersinfonie* ein vollkommen autonomes Gebilde. Während E. das Stück formulierte, mochten die Ferne und Abgeschiedenheit, die Trauer und Aggressivität, die der Komponist in der Landschaft des Exils bitter gespürt hat, mitgeklungen haben.

Stefan Amzoll

(Sir) Edward William Elgar

geb. 2. 6. 1857 Broadheath bei Worcester, gest. 23. 2. 1934 Worcester. Autodidaktisches Musikstudium (Kl., Org., Streichinstr., Fg.). Ab 1877 Vl.-Unterricht bei Adolf Pollitzer, leitet daneben Chor-, Bläservereinigungen und Amateurorchester; Geiger im Orchester von Birmingham. 1882 Konzertmeister in Worcester. 1885–1889 Nachfolger seines Vaters als Organist an der römisch-katholischen Kirche Saint George in Worcester; lebte ab 1891 auf seinem Landsitz Malvern (Worcestershire) als freier Komponist. 1899 mit UA der *Enigma*-Variationen durchschlagender Erfolg. Ehrendoktor an verschiedenen englischen und amerikanischen Universitäten. 1904 wurde E. geadelt. 1905/06 Vorlesungen an der Universität Birmingham. 1924 Ernennung zum Master of the King's Music.

WERKE F. 2 INSTR.: *Reminiscences* f. V., Kl. (1877); Romance f. V., Kl. op. 1 (1878); *Une idylle, Pastourelle*, Virelai f. V., Kl. (1883); Fugue d f. Ob., V. (1883); Gavotte f. V., Kl. (1885); Allegretto on G-E-D-G-E f. V., Kl. (1885); Duett f. Pos., Kb. (1887); *Mot d'amour, Bizarrerie* f. V., Kl. (1889); *La Capricieuse* f. V., Kl. (1891); Sonata e f. V., Kl. op. 82 (1918) – WERKE F. 4. INSTR.: StrQu. D (1888, unvoll.); StrQu. e f. 2 V., Va., Vc. op. 83 (1918) – WERKE F. 5 INSTR.: Kl.-Quintett a f. Kl., 2 V., Va., Vc. op. 84 (1918/19).

Verlag: Boosey & Hawkes (London).
D. M. Veagh: E. E. His Life and Music, London 1955 (mit WV).

E. war Autodidakt. Sein Wissen und Können hatte er sich im privaten Studium von Partituren und Lehrbüchern sowie in der Praxis als Geiger und Pianist, besonders aber als Dirigent verschiedener privater Orchester seiner Heimatstadt erworben. In der Arbeit mit diesen Orchestern, für die er häufig Werke fremder Komponisten bearbeitete oder eigene Stücke schrieb, übte er sich nicht nur im Kompositionshandwerk, sondern erlernte vor allem die Grundbegriffe einer guten Instrumentation.

Musikalisch reagierte E. von Anfang an auf emotionale, aus der Natur oder der gehörten Musik kommende Eindrücke. Zeit seines Lebens bewahrte er sich eine Freiheit im Denken, die sich in der Offenheit zur Umwelt, in Abenteuerlust und Neugier, Unbekanntes zu entdecken, zeigte. So mag es nicht verwunderlich sein, daß E. unter seinen komponierenden Zeitgenossen in England isoliert blieb. Sein Verdienst lag in der Erneuerung der Oratorienkomposition und zugleich in der Erschaffung einer eigenständigen Instrumentalmusik, die sich von den deutschen Vorbildern eines Felix Mendelssohn Bartholdy, Robert Schumann und Johannes Brahms loslöste. 1890 hatte E. mit der Aufführung der Ouvertüre *Foissart* seinen ersten Erfolg. Berühmt wurde er aber erst mit seinen Variations on an Original Theme, kurz auch *Enigma*-Variationen genannt, die der Musikwissenschaft bis heute – entsprechend dem Titel *Enigma* – Rätsel aufgeben. Das nur wenig später komponierte Oratorium *The Dream of Gerontius* op. 38 für 3 Solostimmen, Chor und Orchester (1899/1900) verfestigte E.s Erfolg. Seine Musik erschien als etwas in der Melodik wie Harmonik Neues. Anders als sein Zeitgenosse Ralph Vaughan Williams blieb E. jedoch der Romantik verbunden. Sie zeigt sich nicht nur in der Schönheit der Themen, die oft von kühnen Intervallsprüngen oder eigenwilliger, ineinandergreifender Rhythmik gekennzeichnet sind, sondern auch in der chromatisch erweiterten Harmonik. Wohl am auffälligsten äußert sich E.s romantischer Stil in der Behandlung der Instrumente. Und selbst wenn seine Begabung für eine phantasievolle Instrumentation in der Kammermusik nur wenig Spielraum findet, so sticht doch auch in diesen Werken die Kunst hervor, in Klangfarben zu denken und zu komponieren.

Obwohl E. mehr mit seinen großen instrumentalen und vokalen Werken berühmt geworden ist, blieb die Kammermusik doch immer ein Teil seines kompositorischen Schaffens. Viele seiner kammermusikalischen Frühwerke, in der Hauptsache solche für V. und Kl., blieben allerdings unvollendet oder wurden nie gedruckt. Es brauchte fast dreißig Jahre, bis E.s Bemühungen auf dem Gebiet der Kammermusik Früchte trugen. »Alles in Brinkwell Komponierte war offensichtlich beeinflußt von der Stille und Friedlichkeit der Umgebung in diesem wundervollen Sommer. ... Wie wahrhaft es ihm gegeben war, diese Stimmungen und Gefühle in Musik einzufangen und umzusetzen, wird jedem klar, der den langsamen Satz des Quartetts auch nur oberflächlich betrachtet, das zuerst ruhige Anfangsthema in sich aufnimmt und in den folgenden Seiten das Gesumme der Bienen und Insekten an einem heißen Sommertag intensiv nacherlebt. Die gleiche suggestive Kraft erfüllt die V.-Sonate, vor allem den 2. Satz in seiner geheimnisvollen Launenhaftigkeit, oder das Quintett mit seinem fatalistischen Thema. Hier ist es dem Komponisten gelungen, eine beinahe orientalische Atmosphäre heraufzubeschwören, die ganz anders ist als alles, was er bis dahin in London geschrieben hatte.« (William H. Reed)

Sonate e-Moll op. 82 (1919) für Violine und Klavier

Allegro – Romance – Allegro ma non troppo
Dauer: ca. 36'
Verlag: Boosey & Hawkes London

Die Sonate ist das erste der drei in Brinkwell begonnenen kammermusikalischen Werke, die E. vollendet hat. Das Thema des **1. Allegro-Satzes** bricht mit wildem Ungestüm und großen Intervallsprüngen herein und fügt sich – wie oft in E.s kammermusikalischen Werken – erst nach einigen Takten zu sequenzierender Ordnung. Typisch für E.s Themen ist auch das hier essentielle Achtel-Portato. Ungewöhnlich selbständig ist der melodiöse Seitensatz: Die V. markiert das Thema im Wechsel mit dem Kl., wobei gleichzeitig die leeren Saiten reizvoll durch eine Arpeggio–Figur zur Geltung kommen. Dagegen ist die Durchführung sehr kurz gehalten, sogar die Coda bekommt ihr gegenüber ein stärkeres Gewicht, indem sie alle Themen nochmals zusammenstellt und mit der Durchführungschromatik verbindet.

Als Herzstück der Sonate muß jedoch die **Romanze** gelten: Die erste Lamento-Figur wird durch den zerklüfteten Rhythmus sprechend. Kl. und V. dialogisieren aber nicht, sondern verflechten sich, wispernde Stimmen und aufgebrochen hineingeworfene Harmonien austauschend. Die sanft eingeführte, weitgesponnene Melodie des Mittelteils entfaltet ihre Kraft ebenfalls erst nach einiger Zeit. Die dann folgende Steigerung gerät umso eindringlicher, als der gleichmäßige Rhythmus kraftvoll durchgehalten wird.

Rauschend in Terz- und Sextparallelen führt sich der **3. Satz** in E-Dur ein. Kontrastierend schließt sich ein scharf punktiertes Motiv an. Das 2. Thema kündigt sich, bevor es tatsächlich erscheint, durch sein Kernmotiv an. Wiederum kurz gehalten ist die Durchführung. Nach einer perlenden Kl.-Kadenz macht ihr – ähnlich wie im 1. Satz – die alles in eine Einheit fassende Coda den Rang streitig und führt zu einer glänzenden Schlußwirkung.

Streichquartett e-Moll op. 83 (1920)

Allegro moderato – Piacevole (poco andante) – Finale. Allegro molto
Dauer: ca. 29'
Verlag: Boosey & Hawkes London

Obgleich der Komponist nach Vollendung des 1. Satzes seines später dem Brodsky-Quartett gewidmeten StrQu.s op. 83 im Frühjahr 1918 zunächst die V.-Sonate und das Quintett in Angriff nahm, bezeugt doch die Gesamtanlage des Werkes und der motivische Beziehungsreichtum eine wohlüberlegte Konzeption. E. steht hier auf dem Gipfel seines kompositorischen Geschicks und Einfallsreichtums. Dies zeigt sich von Anfang an: Das Hauptthema des **Allegro moderato**, welches das gesamte motivische Material des Satzes in seine Einheit zu zwingen trachtet, schwankt noch zwischen einem 4/4- und 12/8-Takt. Erst die Fortspinnung hebt mit ihrer sehnsuchtsvoll aufgespreizten Intervallik die Komplexität auf

und läßt die Anfangsmotive nach Metrum und Satzmaß zu ihrem Recht kommen. Wie das Hauptthema dieses Sonatensatzes finden auch andere Themen erst in ihrer musikalischen Entwicklung zu ihrer eigentlichen Gestalt.

Im **3. Satz**, einem verwickelten Sonatenrondo, ist es der dominante Seitensatz, der erst nach der Durchführung zu sich selbst findet und zuletzt auch die Reprise beherrscht.

Sowohl der 1. wie auch der 3. Satz enthalten keine einfachen Wiederholungen: Alle Reprisen und wiederholten Partien unterliegen einem fortwährenden gestalterischen Wandel. Das mottoartige Einleitungsmotiv des 3. Satzes markiert die formalen Zäsuren und darf nicht aus dem Auge verloren werden: mit klangprächtig aufschäumenden 16tel-Terzen verbunden führt es in die heftig bewegte Zauberwelt des **Finales** ein.

Einen ruhigen Ausgleich inmitten dieser höchst anspruchsvollen Sätze schafft das **Piacevole** (ital.: angenehm) im Andante-Tempo. Die rondoartige Regelmäßigkeit wird durch die mediantische Symmetrie der Harmonik unterstützt: Die drei A-Teile in C-Dur, die beiden B-Teile in E-Dur und A-Dur.

Quintett a-Moll op. 84 (1919)
für 2 Violinen, Viola, Violoncello und Klavier

Moderato. Allegro – Adagio – Andante. Allegro
Dauer: ca. 38'
Verlag: Boosey & Hawkes London

Im Oktober 1918 begann E., den **1. Satz** seines Quintetts op. 84 zu komponieren. Zu Beginn des folgenden Jahres war das »To Ernest Newman« zugeeignete Werk vollendet. Einem Motto gleich, steht das Kl.-Thema der Moderato-Einleitung den vier Sätzen vor.

Sie ist ihr verbindendes Element. Das Hauptthema des **Allegros** erscheint erst mit der Überleitung. Von hier an entwickeln sich die Themen in gleichsam improvisierender Art. Einen ganz besonders reizvollen Einfall stellt das oft als ›spanisch‹ bezeichnete Thema dar. Das ›Spanische‹ ist die kunstvolle Sechzehntelverzierung der – vom Kopfmotiv des Kl.-Themas abgeleiteten – Dreitonfigur

und die an Git.-Klänge erinnernde Begleitfigur des Kl.s

Wie variabel das Dreitonmotiv ist, zeigt das folgende Tanzmotiv. Bei der motivisch-thematischen Vielfalt dieses Abschnitts bleibt die Form seltsam verdeckt, selbst wenn die Wiederholung die zweiteilige Liedform erkennen läßt.

Der 2. Satz ist ein überzeugendes Beispiel für E.s Kunst, Stimmungen einzufangen – sei es in den großen Phrasen des ersten Themas oder in den Kl.-Arpeggios des zweiten Themas.

In freier Fortspinnung steigert sich die Stimmung bis zur aufbäumenden Dramatik in der Mitte des Satzes, um sofort wieder in den romantischen Klang des Anfangs zurückzukehren.

Der **3. Satz** beginnt mit einer ersten Reminiszenz an das Moderato, um gleich mit einem beschwingten Allegro-Thema fortzufahren. Auch hier spinnt sich das erste Thema fort, bis überraschend ein zweites Thema

erscheint. Eine klangmalerische Übergangsphase führt abermals zum Moderato des 1. Satzes zurück. Mit einer vereinfachten Reprise schließt der letzte Satz des Quintetts.

Sabina Prüser

George Enescu

geb. 19. 8. 1881 Liveni-Vîrnav (Gebiet Botoşani, Rumänien), gest. 4. 5. 1955 Paris. Französische Namensschreibweise: Georges Enesco. 1888, 1890–1894 Musikstudien in Wien bei Joseph Hellmesberger jun. (V.), Joseph Hellmesberger sen. (Kammermusik), Robert Fuchs (Harmonielehre, Kontrapunkt, Komposition), Ludwig Ernst (Kl.), Adolph Prosnitz (Musikgeschichte); 1894 prägende Begegnung mit Johannes Brahms in Wien; 1895–1899 weitere Studien in Paris bei Martin-Pierre-Joseph Marsick (V.), Ambroise Thomas, Jules Massenet, André Gédalge, Gabriel Fauré u.a. (Kontrapunkt, Theorie, Komposition). Wohnsitz abwechselnd in Paris und Rumänien, ab 1947 ständig in Paris. 1898 erstes Dirigat (Sociăţii Filarmonice Române in Bukarest), 1899 Beginn der Weltkarriere als Geiger. 1902 Gründung eines Kl.-Trios mit Louis Fournier (Vc.) und Alfredo Casella (Kl.), 1904 Gründung des ›Enescu-Quartetts‹. Intensive Lehrtätigkeit in seinem Haus in Sinaia (Rumänien), an den Konservatorien in Bukarest und Iaşi. Leitete Meisterkurse (V., Komposition) in Paris, Fontainebleau, Siena und den USA (Schüler u.a.: Arthur Grumiaux, Yehudi Menuhin). Stiftete 1912 den rumänischen Nationalpreis für Komposition, der bis 1946 jährlich vergeben wurde. 1917–1920 Leitung des Sinfonieorchesters ›George Enescu‹ in Iaşi, 1921 Eröffnung der Rumänischen Staatsoper. 1920 Gründungsmitglied und bis 1948 Präsident des Verbandes Rumänischer Komponisten, 1932 Mitglied der Rumänischen Akademie, Mitglied der Akademien von Paris, Rom und Prag.

Werke f. 1 Instr.: Allegro de concert f. Hf. (1904) – Werke f. 2 Instr.: Opera f. V., Kl. (Ms., 1886); Variationen-Suite f. 2 V. (Ms., 1894); *Sérénade en Sourdine* f. V., Vc. (Ms., ca. 1899); *Tarantella* f. V., Kl. (1895); Ballade f. V., Kl. (1895); Moderato f. V., Kl. f (Fragment, Ms., ca. 1898); *Hora Unirei* f. V., Kl. (1917); Pastorale, Menuet triste et Nocturne f. V., Kl. vierhändig (Ms., 1900); 5 Sonaten f. V., Kl. (a, 1895; Nr. 1 D op. 2, 1897; Nr. 2 f op. 6, 1899; a, Fragment, 1911; Nr. 3 a op. 25, *în caracter popular românesc*, 1926); *Nocturnă şi Saltarelle* f. Vc., Kl. (1897); 2 Sonaten f. Vc., Kl. (f op. 26 Nr. 1, 1898; C op. 26 Nr. 2, 1935); Impromptu concertant f. V., Kl. Ges (1903); Cantabile şi Presto f. Fl., Kl. (1904); *Légende* f. Trp., Kl. (1906); Concertstück f. Va., Kl. (1906); *Suite Impresii din copilărie* (Eindrücke aus der Kindheit) f. V., Kl. op. 28 (1940) – Werke f. 3 Instr.: Trio f. 2 V., Vc. (Ms., ca. 1899); *Aubade* (Morgenständchen) f. V., Va., Vc. (1899); Andante religioso f. 2 Vc., Org. (1900); *Doïna* f. Singstimme, Va., Vc. (1905); Trio f. V., Vc., Kl. a (1916); Trio f. V., Vc., Kl. (Fragment, Ms., 1942) – Werke f. 4 Instr.: *Poème Au soir* (Am Abend) f. 4 Trp. (1906); Quartett f. 4 V. (Ms., 1894); Prélude f. V., Vc., 2 Kl. (Ms., 1899); Nocturne Ville d'Avrayen f. V., Va., Vc., Kl. (Skizze, undatiert); 2 Quartette f. V., Va., Vc., Kl.: Nr. 1 D op. 16 (1909), Nr. 2 d op. 30 (1944); 5 StrQu. (C, Fragment, Ms., 1894; d, Fragment, Ms., 1894; C ,in einem Satz, 1906; Es op. 22 Nr. 1, 1920; G op. 22 Nr. 2, 1951); 7 weitere StrQu.-Fragmente (Ms., 1890–1897) – Werke f. 5 Instr.: Aria und Scherzino f. V., Va., Vc., Kb., Kl. (1909); 2 Quintette f. 2 V., Va., Vc., Kl. (Nr. 1, 1896; Nr. 2 a op. 29, 1940) – Werke f. 7 Instr.: Septett f. Fl., Ob., Klar., Fg., 2 Hr., Kl. (Ms., ca. 1900) – Werke f. 8 Instr.: Oktett f. 4 V., 2 Va., 2 Vc. D (Ms., ca. 1898); Oktett f. 4 V., 2 Va., 2 Vc. C op. 7 (1900) – Werke f. 10 Instr.: Dixtuor f. 2 Fl., 2 Ob., 2 Klar., 2 Hr., 2 Fg. D op. 14 (1906) – Werke f. 12 Instr.: Kammersinfonie f. Fl., Ob., EHr., Klar., Fg., Hr., Trp., V., Va., Vc., Kb., Kl. E op. 33 (1954).

Verlage: Enoch, Editura muzical„ und Editura de stat pentru literatură şi artă Bukarest; Salabert Paris.

»Das Geigen«, meinte G. E. einmal gegenüber seinem Schüler Yehudi Menuhin, sei »vertane Zeit« und lenke nur vom »eigentlichen Beruf», dem Komponieren, ab. Als Bach- und Brahms-Interpret ist E. der Musikwelt bis heute ein Begriff, als Dirigent und Schriftsteller untersetzte er seine phänomenalen geigerischen und pianistischen Fähigkeiten mit universellem Musikverstand schlechthin. Als Lehrer erzog er eine Generation von Interpreten, die sein Vermächtnis zu einem beeindruckenden Gebäude der V.-Kunst ausbaute. Nur der Komponist G. E. ist bis heute außerhalb Rumäniens recht unbekannt. In Konzerten sind gelegentlich die *Rumänischen Rhapsodien* op. 11 zu hören. Tatsächlich ist die Liste seiner vollendeten Werke nicht eben umfangreich (33 mit Opuszahlen, dazu zahlreiche Jugendwerke und unvollendete Entwürfe), wovon die Kammermusik allerdings einen beachtlichen Teil ausmacht.

Der Kompositionsstil, den E. entwickelte, verschmolz deutsche (Johannes Brahms, Richard Wagner) und französische Einflüsse mit dem damals international noch unbekannten Idiom der rumänischen Volksmusik. Zwischen den ersten Versuchen für StrQu. (um 1894) und der Kammersinfonie op. 33 (1954) spannt sich ein individual-stilistischer Bogen, der die charakteristischen Besonderheiten der rumänischen Volksmusik (Pentatonik, unaufgelöste Dissonanzen, melodische Bevorzugung dorischer, phrygischer, lydischer und mixolydischer Modi vor dem Dur-Moll-System, Borduntöne, metrische Freiheit) in den strengen diatonischen Kontrapunkt einerseits, in rhapsodisches Phantasieren andererseits einbringt und in die asketisch-herbe Tonsprache aus der Mitte des 20. Jahrhunderts integriert. Die rumänische Volksmusik ist wie kaum eine andere osteuropäische Folklore untrennbar mit der Musik der Zigeuner verbunden. E. hat aus beiden Quellen – der byzantinisch-rumänischen und der Zigeunermusik – für seine eigenen Werke geschöpft. Deutlicher als die Vertreter anderer nationaler Schulen (Manuel de Falla in Spanien, Béla Bartók in Ungarn, Leoš Janáček in Mähren und Böhmen) belieh er die Volkslieder und -tänze – nicht nur von der Melodik, sondern von ihrem gesamten Gestus her. Das trug ihm von den Komponistenkollegen und der Presse das geringschätzige Etikett des ›Folklore-Komponisten‹ ein – eine Charakterisierung, die für E.s Kammermusik nicht zutrifft.

E. komponierte für verschiedenste kammermusikalische Besetzungen. Das klavierbegleitete Solostück dominiert: Die meisten Orchesterinstrumente bis hin zu Hf. und Trp. sind vertreten. Viele seiner kammermusikalischen Werke entstanden für den eigenen Gebrauch, zum Musizieren im kleinen Kreis, ohne deshalb Hausmusik im schlichten Sinne zu sein. Aus der Zeit vor 1900 datieren zahlreiche bisher unveröffentlichte und zum Teil unvollendete Kompositionen für Kl. und/oder V. E.s Trios, Quartette und Quintette durchbrechen nicht den klassischen Formenkanon, verfügen aber z.T. über erhebliche zeitliche Ausmaße. Zu den Gipfelleistungen in der Kammermusik des 20. Jahrhunderts gehören die drei großbesetzten Werke: das Oktett für Streicher, das Dixtuor für 10 Bläser und die Kammersinfonie für 12 Instrumente. In dieser seiner überhaupt letzten Komposition nimmt er 1954, schwer erkrankt und bereits vom Tod gezeichnet, resümierend Abschied von einem bewegten Leben als Weltbürger rumänischer Nationalität, der trotz des Niedergangs der Monarchie, zweier Weltkriege und der sozialistischen Umwandlung seiner Heimat stets ein »Aristokrat des Herzens« (Menuhin über seinen verehrten Lehrer) geblieben war.

Oktett C-Dur op. 7 (1900)
für 4 Violinen, 2 Violen, 2 Violoncelli

Très modéré – Très fougoueux – Lentement – Mouvement de valse bien rhythmée
Dauer: ca. 40'
Verlag: Enoch Bukarest, EA 1905

Das André Gédalge gewidmete Oktett, 1909 in Paris durch das Geloso- und das Chailley-Quartett uraufgeführt, markiert in E.s Kammermusik einen ersten wichtigen Abschnitt seiner musikalischen Selbstfindung. Zugleich setzt es einen Monolith hinter die klassische Gattung des Oktetts überhaupt. Formaler Aufbau, Melodik und Harmonieführung erinnern an Franz Schubert und Johannes Brahms. Mit Gustav Mahler teilt E. den allgegenwärtigen melancholisch-resignativen Zug. Aber auch Claude Debussys fluoreszierende Klangfarben leuchten bereits auf.

Vier ausladende Sätze, die fast bruchlos ineinander übergehen, vermitteln den Eindruck einer »unendlichen Melodie« (Constantin Silvestri). Forsch und unisono exponiert der Beginn des **1. Satzes** das straff organisierte thematische Material für das gesamte Werk. Dieses Material besteht aus einem rhythmisch akzentuierten, punktierten Motiv, chromatischem Abwärtsgleiten und raumgreifenden Duodezimen-Sprüngen. Sogleich wird seine gesamte Potenz vorgestellt, die von kantabler Lyrik bis zu leidenschaftlicher Verdichtung reicht, die Stoff bietet für die beiden ersten Sätze voller Kontraste: formale (konzentrierte polyphone Arbeit wechselt mit insistierender Homophonie), metrische (5/2-, 6/4-, 3/2-, 4/4-Takt), melodische (Ganztonskalen, chromatische Abwärtsgänge, Sept- und Oktavaufschwünge), harmonische (molldominiert, durch übermäßige und verminderte Intervalle geweitet) und dynamische Gegensätzen. Auch die Tempi wechseln rhapsodisch frei, gipfeln jedoch regelmäßig in heftigen ›Mouvements‹. Nach dem klassischen Ruhepol im **3. Satz** schließt sich im **Mouvement de valse bien rhythmée** ein verfremdeter, ›hinkender‹ Walzer an, gegenrhythmisch betont auf der 2. Zählzeit. Dieser Satz, Höhepunkt des Oktetts, verläßt das Erzählprinzip und entwickelt – ›très marque‹ – eine disziplinierte Fuge nach den Regeln des strengen Kontrapunkts. Der Dux wandert durch alle Stimmen, wird gespiegelt, augmentiert und chromatisch aufgefüllt. Sogar ein zweites Fugenthema leitet E. aus dem ersten ab und führt beide in einer meisterhaften Doppelfuge gegeneinander, die nur eine trotzige C-Dur-Repetition gewaltsam zu beenden vermag.

Kammersinfonie E-Dur op. 33 (1954)
für Flöte, Oboe, Englisch Horn, Klarinette, Fagott, Horn, Trompete, Violine, Viola, Violoncello, Kontrabaß, Klavier

Molto moderato, un poco maestoso – Allegretto molto moderato – Adagio – Allegro molto moderato
Dauer: ca. 20'
Verlag: Salabert Paris 1959

Die Kammersinfonie ist Schluß- und Höhepunkt von E.s kompositorischem Werk. Gewidmet der ›Association des Concerts de Chambre de Paris‹, wurde sie 1955 unter Leitung von Fernand Oubradous in Paris uraufgeführt. Das Werk läßt die Grenzen zwischen kammermusikalischer Besetzung und sinfonischer Gestaltungsweise verschwimmen. In subtiler Klangsprache sublimiert E. die vor allem schmerzlichen zeitgeschichtlichen Erfahrungen seiner Generation, seiner Nation und seiner eigenen Person. Alle musikalischen Parameter scheinen nur noch angedeutet, als wenn Eindeutigkeit Einseitigkeit wäre. In komplexer Satztechnik gewinnt E. dem ununterbrochen fließenden Strom ständig neue Facetten ab. Von klar definierten Themen, die aufgestellt, durchgeführt und in einer Reprise wiederholt werden, kann nicht mehr die Rede sein. Wohl aber gibt es Keimzellen, die – variiert, verarbeitet, gebündelt, vereinzelt – dem Geschehen immer neue Ausdrucksschattierungen geben. Entfernt noch an Sonatenhauptsatz und Funktionsharmonik erinnernd, enthält bereits die Coda des **1. Satzes** das chromatische Thema des **2.** Variationen-**Satzes**.

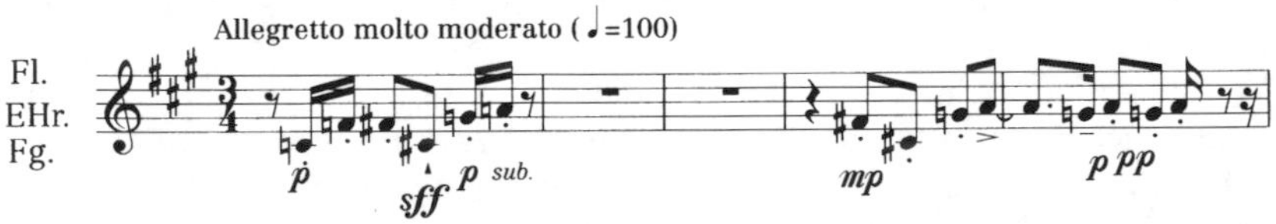

Jede der folgenden sieben Variationen stellt eine substantielle Bereicherung der vorangegangenen Variation in bezug auf Amplitude, Rhythmus oder Klangfarbe dar. In der letzten Veränderung kehrt E. demonstrativ im Tutti zum Hauptgedanken des Eröffnungssatzes zurück. Der **3. Satz**, über weite Strecken ein Klagegesang der klavierbegleiteten Solo-Trp., reflektiert gebrochen über den bisherigen Verlauf.

Das attacca sich anschließende **Finale** gewinnt zunehmend an Dichte und Dynamik. Die Wiederkehr aller wesentlichen Momente aus den vergangenen Sätzen unterstreicht seine Reprisenfunktion für die gesamte Kammersinfonie. Scheinbar Unvereinbares wie Diatonik und Chromatik, metrische und freie Rhythmik, kurzgliedrige und gedehnte Floskeln verbinden sich zu einer komplexen Apotheose lichtvollen Überwindens – E.s Bekenntnis zu den Werten des klassischen Humanismus, zur Unvergänglichkeit künstlerischer Ideale.

Steffen Georgi

Louise Farrenc, geb. Dumont

geb. 31. 5. 1804 Paris, gest. 15. 9. 1875 Paris. Erster Musikunterricht bei ihrer Patentante, der Pianistin Anne-Elisabeth Soria. Erste Auftritte als Pianistin in der Künstlerkolonie der Sorbonne, in der sie als Tochter der hochangesehenen flämisch-französischen Künstlerfamilie Dumont-Coypel lebte. 1819–1821 sowie erneut ab 1824 Unterricht in Fugenkomposition,

Kontrapunkt und Harmonielehre am Pariser Conservatoire bei Antonín Reicha. 1821 Heirat mit dem Flötisten, Musikverleger und -schriftsteller Aristide Farrenc, der 1825 ihre ersten Werke herausgibt. Fortsetzung der Kl.-Studien bei Johann Nepomuk Hummel und Ignatz Moscheles. 1842–1872 Professorin für Kl. am Pariser Conservatoire. 1859 nach dem Tod der einzigen Tochter, der Pianistin Victorine Farrenc (geb. 1826), fast vollständige Aufgabe der Kompositionstätigkeit. Ab 1860 Mitarbeit an dem von A. Farrenc konzipierten Werk *Tresor des Pianistes*, einer 23bändigen Anthologie von Kl.- und Cemb.-Literatur aus drei Jahrhunderten, deren letzte 13 Bände sie nach dem Tod ihres Mannes (1865) selbständig herausgibt.

WERKE F. 2 INSTR.: Variations concertantes sur un air suisse f. V., Kl. op. 20 (184); Sonate f. V., Kl. c op. 37 (1848); Sonate f. V., Kl. A op. 39 (1850); Sonate f. Kl., Vc. B op. 46 (1857/58) – WERKE F. 3 INSTR.: Trio f. Kl., V., Vc. Es op. 33 (1843/44); Trio f Kl., V., Vc. D op. 34 (1844); Trio f. Klar./V., Vc., Kl. Es op. 44 (1856); Trio f. Fl./V., Vc., Kl. e op. 45 – WERKE F. 5 INSTR.: Quintett f. Kl., V., Va., Vc., Kb. a op. 30 (1839); Quintett f. Kl., V., Va., Vc., Kb. E op. 31 (1840) – WERKE F. 6 INSTR.: Sextett f. Fl., Ob., Klar., Hr., Fg., Kl. Es op. 40 (1851/52) – WERKE F. 9 INSTR.: Nonett f. Fl., Ob., Klar., Hr., Fg., V., Va., Vc., Kb. Es op. 49 (1849).

Verlag: Da Capo Press New York; Furore Kassel; Hildegard Publishing Compagny.

›Zur falschen Zeit am falschen Ort geboren‹ – dieser Satz scheint das Schicksal der französischen Komponistin L. F. treffend zu beschreiben. Denn wer in Paris im zweiten Drittel des 19. Jahrhunderts weder Opern schrieb, noch sich als Virtuose mit entsprechenden Bravourkompositionen feiern ließ, dem blieb die Tür zum großen Erfolg verschlossen. Daß der Ort dennoch richtiger war als es schien, offenbarten Versuche Aristide Farrencs, Kompositionen seiner Frau in dem Land zum Erfolg zu verhelfen, dessen kompositorischer Tradition sie sich verpflichtet fühlte. Während in Paris und in Brüssel auch die Sinfonien L. F.s bis in die Konzertsäle gelangten und dort innerhalb der durch den Publikumsgeschmack gesteckten Grenzen verdiente Erfolge feiern durften, blieben ihre Werke in Deutschland unbesehen in den Schubladen der Veranstalter liegen.

Zwar scheint der große Anteil der Kl.-Kompositionen am Gesamtwerk, und unter diesen die zahlreichen Variationen, oberflächlich betrachtet, gerade für eine Orientierung am Pariser Geschmack zu sprechen. Doch klingt auch in diesen Werken nicht nur durch den Verzicht auf virtuoses Passagenwerk und überzogene Ausdrucksgesten ein ›poetischer Ton‹ an, der Robert Schumann L. F.s Variationen über ein russisches Thema, *Air russe varié* op. 17, in der NZfM als »kleine scharfe Studien« loben ließ, – »der günstigen Anlagen, der schönen Ausbildung halber, von der sie überall Zeugnis geben«. Die Gattung der Kammermusik mit ihrem sprechenden Gestus, selbständig miteinander interagierenden Stimmen und harmonisch bedingten Klangwirkungen trifft das ästhetische Ideal von L. F. in besonderer Weise. Auch hinsichtlich der Entstehungszeit bildet es nicht die Brücke zu den sinfonischen Werken: Zwei Ouvertüren gehen dem kammermusikalischen Schaffen der Komponistin sogar voraus, die drei Sinfonien entstehen quasi gleichzeitig – in den Jahren 1841–1847 –, im ersten Drittel der knapp zwanzig Jahre also, in denen das gesamte Kammermusikwerk entsteht. Diese Jahre, in denen Louise Farrenc als Professorin des Conservatoire und durch den Erfolg ihrer

Werke zunehmend zur öffentlichen Person wird, bis zum Tod ihrer Tochter, der durch die schleichende Krankheit seinen Schatten voraus wirft, können als Hauptschaffenszeit der Komponistin gewertet werden. Die Werke dieser Periode zeichnen sich durch einen außerordentlichen Reichtum an sanglicher Melodik aus, kombiniert mit motivisch-thematischen Verfahrensweisen, die in struktureller Hinsicht die Orientierung am Beethovenschen Ideal deutlich machen. Fast frappierend ist dabei der zugleich ›Schubertsche Ton‹ bei Werken einer Zeit, zu der in Paris wahrscheinlich nur einige seiner Lieder bekannt waren. Diese Anklänge an Schubert ergeben sich nicht nur oberflächlich, etwa durch die mit dem *Forellenquintett* A-Dur D 667 identische Besetzung der beiden Quintette, sondern vor allem harmonisch durch die auf mediantischen Fortschreitungen basierenden Klangwirkungen und durch das ›Sein-Lassen‹ der Themen in den Durchführungspartien. F. frühere Werke vermitteln fast den Eindruck einer ›Sturm-und-Drang-Periode‹. Neben gelegentlich schroffen harmonischen Fortschreitungen durchbrechen dabei vor allem die Themen in ihrer geradezu überfließenden Sanglichkeit den gegebenen formalen Rahmen. Dennoch bleiben Eleganz und Klarheit des Stils auch in F. früher Kammermusik gewahrt. Das 2. Quintett, so Henri Blanchard in der *Revue et Gazette musicale* vom 4. 11. 1840, plaziere seine Autorin wegen »der Klarheit seiner Konzeption, der Einheit des Gedankens«, vor allem aber wegen der »köstlichen Frische seiner vielfältigen melodischen Gedanken« unter die hervorragendsten Komponisten des Genres. Es ist zu wünschen, daß die lebendige, sprechende, oft ebenso überraschende wie berührende Musik von L. F. ihren Platz (zurück-)erobert.

Quintett E-Dur (1840) op. 31
für Violine, Viola, Violoncello, Kontrabaß und Klavier

Andante sostenuto. Allegro grazioso – Grave – Scherzo. Vivace. Cantabile – Finale. Allegro
Dauer: ca. 28'
Verlag: Auteur A. F. 563, EA Paris 1844

Wie bei Kammermusikwerken im Paris der ersten Jahrhunderthälfte üblich, fand die UA des 2. Quintetts am 28. 10. 1840 in einer privat organisierten Soiree statt – jedoch nicht wie zehn Jahre später die des Nonettes op. 28 der inzwischen auch als Kl.-Professorin angesehenen Komponistin in der Salle Erard und unter Mitwirkung des 19jährigen, bereits zu internationalem Ruf gelangten Joseph Joachim, sondern »chez Farrenc«. Den Kl.-Part übernahm die 15jährige, am Beginn einer pianistischen Karriere stehende Tochter Victorine. Auf dem Programm standen außerdem Werke Beethovens und zwar, da L. F. bestrebt war, das Pariser Publikum gerade mit dessen problematischen späten Werken bekannt zu machen, u. a. die Kl.-Sonate op. 109.

Nachdem das Kl.-Werk Ende der 30er Jahre fast abgeschlossen war, entstand das Quintett als zweites Werk des kammermusikalischen Schaffens von L. F. Zwar fehlt ihm noch die harmonische Ausgewogenheit und Glätte der späteren Werke, in der geradezu überfließenden Sanglichkeit und Frische seiner Themen ist es jedoch für den Kammermusikstil der Komponistin sehr charakteristisch.

Im **1. Satz** (E-Dur) wird das zunächst schlicht liedhaft anmutende Thema von Vc. und V. vorgetragen, jeweils im ›Note-gegen-Note-Satz‹ mit Kl. bzw. Vc.. Die für F. typische Asymmetrie des Themenbaus macht sich dabei nicht syntaktisch, sondern harmonisch bemerkbar: Das Thema endet mit überraschender Wirkung mediantisch in C-Dur.

Nach einer Überleitung, die sich im Nachhinein als Abspaltung aus dem 2. Thema erweist, erklingt dieses im Kl. – neuntaktig und mit einer kurzen harmonischen Ausweichung am Schluß – so als schieße es in seiner aufstrebenden Melodik und vorwärtsdrängenden Rhythmik über sein Ziel hinaus.

Die Durchführung beginnt nach einer plötzlichen Kl.-Modulation in Es–Dur, der enharmonisch verwechselten Mediante der Oberquinttonart. In ihrer weiträumigen harmonischen Bewegung und ihren mediantischen Klangwirkungen ist sie charakteristisch für F.s Durchführungspartien. In geradezu überwältigender Weise offenbart sich dabei die in der Exposition noch verborgene Seite des 1. Themas: Über brillierenden Kl.-Arpeggien entwickelt es sich nach und nach zum vierstimmigen Choral, der am Ende in immer höhere Register – wie gen Himmel – entschwebt.

Wunderschön ist das **Grave**, dessen sonores, ruhig voranschreitendes Thema

den ganzen Satz durchzieht. In immer wieder neuem Licht, von sich wandelnden Begleitfiguren und Umspielungen mal in höherer, mal in tieferer Lage umgeben, durch die Stimmen wandernd, erscheint es überall und immer wieder neu, ohne dabei die eigene Gestalt zu verändern.

Das cis-Moll-**Scherzo**, ein dahinfliegendes Vivace führt aus der kontemplativen Sphäre des Grave abrupt in eine andere Welt. Der Wechsel der rhythmischen Impulse von schweren auf leichte Taktzeiten und rasante Lauffiguren rufen das Bild eines ekstatisch-temperamentvollen Tanzes hervor. Schon im B-Teil des Scherzos bricht in den Streichern – über den dahinjagenden Kl.-Läufen – das gesangliche Element wieder hervor, bis es im choralartigen Trio ganz die Oberhand gewinnt.

Das schwungvolle **Finale** (E-Dur) läßt strukturell die Dichte vor allem der ersten beiden Sätze etwas vermissen. Die Überleitungspassagen zwischen dem energischen 1. und einem galanten 2. Thema sind nicht aus thematischem Material abgeleitet und tragen der virtuosen Spielfreude der Pianistin Rechnung. Die kurze Durchführung setzt nach wenigen, dem 2. Thema gewidmeten Takten zu einem gewaltigen Crescendo an, das – geisterhaft beginnend und thematisch allein auf dem punktierten Kopfmotiv des 1. Themas basierend – in den Fortissimo-Einsatz der Reprise mündet. Nach einem Epilog, der wie eine kurze Reminiszenz an die choralartigen Themen der ersten Sätze erscheint, folgt die Coda – stürmisch und mit chromatischen Wendungen und Kl.-Läufen klingt der Satz aus.

Cornelia Bartsch

Gabriel-Urbain Fauré

geb. 12. 5. 1845 Pamiers (Ariège), gest. 4. 11. 1924 Paris. 1854–1865 musikalische Ausbildung an der Ecole de Musique Classique et Réligieuse (nach ihrem Begründer Louis Niedermeyer auch Ecole Niedermeyer genannt) in Paris (Org. bei Clément Loret, Harmonielehre u. Instrumentation bei Louis Dietsch, Kontrapunkt u. Fuge bei Joseph Wackenthaler, Kl. bei Louis Niedermeyer, nach dessen Tod 1861 bei Camille Saint-Saëns). Durch Saint-Saëns lernte F. die Musik von Robert Schumann, Franz Liszt und Richard Wagner kennen. Erste eigene Kompositionen vor 1865. Nach Schulabschluß (erster Preis in Komposition) ab 1870 Organist an verschiedenen Kirchen, 1877–1896 Kapellmeister an St. Madeleine, ab 1896 dort Erster Organist. 1871 Gründungsmitglied der Société Nationale de Musique, im gleichen Jahr vorübergehend Lehrer an der Ecole Niedermeyer. 1896 Leiter einer Kompositionsklasse am Pariser Conservatoire, 1905–1920 Direktor dieses Instituts, veranlaßte grundlegende Reformen. Seine Schüler waren u. a. Nadia Boulanger, Maurice Ravel, Charles Koechlin, George Enescu, Florent Schmitt. 1909 Mitglied des Institut de France, im gleichen Jahr Mitbegründer und Präsident der Société de Musique Indépendante. F. komponierte hauptsächlich Lieder und Kl.-Stücke, wenige größere Orchester- und Bühnenwerke. 1890 Requiem (orchestriert 1900), 1900 die tragédie lyrique *Promethée*, 1913 das drame lyrique *Pénélope*. Ab 1901 zunehmendes Gehörleiden, das zur völligen Ertaubung führte.

WERKE F. 1 INSTR.: Impromptu f. Hf. Des op. 86 (1904); *Une Châteleine en sa tour* f. Hf. a op. 110 (1918); Prüfungsstück f. das Conservatoire (vom-Blatt-Spiel) f. Hf. o. Op. (1904) – WERKE F. 2 INSTR.: Sonate Nr. 1 f. V., Kl. A op. 13 (1875/76); Romance f. V., Kl. B op. 29 (1877); Berceuse f. V., Kl. F op. 16 (1878/79); *Elégie* f. Vc., Kl. c op. 24 (1880); *Papillon* f. Vc., Kl. A op. 77 (1884?); Petite Pièce f. Vc., Kl. G op. 49 (ca. 1888, verloren); Sicilienne f. Vc., Kl. g op. 78 (1893); Romance f. Vc., Kl. A op. 69 (1894); Andante f. V., Kl. B op. 75 (1878/79?, rev. 1897); Fantaisie f. Fl., Kl. e/C op. 79 (1898); Pièce f. 2 Kb. A o. Op. (1905?); Sérénade f. Vc., Kl. h op. 98 (1908?); Sonate Nr. 2 f. V., Kl. e op. 108 (1916/17); Sonate Nr. 1 f. Vc., Kl. d op. 109 (1917); Sonate Nr. 2 f. Vc., Kl. g op. 117 (1921); Prüfungsstücke f. das Conservatoire (vom-Blatt-Spiel), alle o. Op.: f. Vc. mit Begl. eines 2. Vc. (1897); f. Fl., Kl. (1898); f. V., Kl. (1903) – WERKE F. 3 INSTR.: Trio f. Kl., V., Vc. d op. 120 (1922/23) – WERKE F. 4 INSTR.: (2) Quartett f. Kl., V., Va., Vc. (c op. 15, 1876/1879, Finale rev. 1883; g, op. 45, 1885/86?); Quartett f. 2 V., Va., Vc. e op. 121 (1923/24) – WERKE F. 5 INSTR.: (2) Quintett f. 2 V., Va., Vc., Kl. (d op. 89, 1887, 1891/1894, 1903/1905; c op. 115, 1919/1921).

Verlage: bis 1906 Choudens Paris; Breitkopf & Härtel Leipzig; Hamelle Paris; bis 1913 Heugel Paris; danach Durand Paris.

Als F. im Jahr 1876 seine V.-Sonate Nr. 1 beendete, war es für einen jungen französischen Komponisten ausgesprochen ungewöhnlich, Kammermusik zu schreiben. Für diese Gattung gab es in Frankreich außerhalb kleiner Gesellschaften kein Publikum und dementsprechend weder Verleger noch Konzertveranstalter, die das Risiko einer öffentlichen Aufführung wagten. Die zentrale Rolle im französischen Musikleben spielte die Oper, gefolgt vom Sinfoniekonzert, in dem hauptsächlich Werke der deutschen Klassik und Romantik erklangen. Wenige Jahre zuvor hatten F.s Freund und Förderer Camille Saint-Saëns und Romaine Bussine unter der Devise ›ars gallica‹ einen entscheidenden Schritt getan, um diese Situation zu verändern: Sie gründeten am 25. 2. 1871 die Société Nationale de Musique, um einer breiteren Hörerschaft französische Orchester- und Kammermusik vorstellen zu können – mit großer Resonanz unter den Komponisten und ebensolchem Erfolg beim Publikum. Allerdings wurden kaum Kammermusikstücke eingereicht.

Auch vor diesem Hintergrund ist das überschwengliche Lob zu sehen, das S.-Saëns am 22. 5. 1877 im Journal de Musique F.s V.-Sonate zollte. Trotz offensichtlicher Bezüge zur deutschen Tradition stellt S.-Saëns das Werk, »eines der interessantesten unserer Zeit«, als ein genuin französisches Stück dar, das geeignet sei, die deutsche Vorherrschaft auf dem Gebiet der Kammermusik zu brechen. Insbesondere lobt er die »Neuheit der Formen, ausgesuchte Modulationen, eigentümliche Klangfarben, den Einsatz völlig unerwarteter Rhythmen. Über allem liegt ein Reiz, der das ganze Werk umfängt und die Menge der durchschnittlichen Hörer dahin bringt, die überraschendsten Kühnheiten als etwas ganz Natürliches zu akzeptieren.«

Und doch sollte F.s Anerkennung noch bis weit in die 90er Jahre hinein auf einen Kreis von Enthusiasten, auf Avantgarde-Zirkel und Salons beschränkt bleiben. Es ist erstaunlich, mit welcher Konsequenz F. sich hauptsächlich in seinen bevorzugten Gattungen bewegte, in denen er seine Vorstellungen von Musik am ehesten realisieren konnte. Im Mittelpunkt seiner Bemühungen stand die Arbeit mit der musikalischen ›Substanz‹, dem musikalischen Gedanken – nicht die Suche nach eindrucksvollen Effekten. Auch den Fragen der Instrumentation brachte er nur geringes Interesse entgegen. In seiner Kammermusik beschränkte F. sich fast ausschließlich auf die Besetzung mit Streichern und Kl.

In seinen schlicht als ›Sonate‹, ›Trio‹, ›Quartett‹ usw. bezeichneten Werken untersuchte er geradezu systematisch bestimmte kompositorische Probleme und fand individuelle Lösungen, ohne dabei gelehrsam oder trocken zu wirken. Jean-Michel Nectoux gliedert F.s Kammermusik so: 1875–1880 stand die V. im Vordergrund, anschließend das Cello, ohne daß jedoch eine bereits damals geplante Vc.-Sonate entstanden wäre. Mit dem Kl.-Quintett Nr. 1, das F. mehr als zehn Jahre beschäftigte, rückte das Problem der Balance zwischen Streichern und Kl. in den Mittelpunkt. Diesen Fragen widmete sich F. in seinem letzten Lebensjahrzehnt abermals. Die Fl.-Fantasie (1898) schrieb er auf Wunsch seines Kollegen Paul Taffanel als Virtuosenstück für die Prüfung am Conservatoire.

F. war sich bewußt, Neuerungen in die Musiksprache eingeführt zu haben, sah sich aber nicht als Revolutionär: »Alle, die in den ungeheuren Weiten menschlichen Geistes neue Elemente und Gedanken hervorzubringen und eine bislang unbekannte Sprache zu sprechen scheinen, übersetzen nur – mittels ihrer eigenen Empfänglichkeit –, was andere vor ihnen gedacht und gesagt haben.« So faßte er im Vorwort zur Neuausgabe einer Sammlung klassischer Kl.-Stücke seinen Standpunkt zusammen.

Entsprechend schwer fällt es den Musikhistorikern, F.s Schaffen einzuordnen. Er wird als ›Musiker des Übergangs‹ bezeichnet, in dessen stilistischer Entwicklung sich die ausgehende Romantik und das zweite Viertel des 20. Jahrhunderts berühren. Man unterscheidet drei bzw. vier (Nectoux) Stilperioden, wobei die zeitliche Abgrenzung divergiert. Die Beharrlichkeit, mit der F. einen eigenen Weg suchte, und – damit verbunden – eine gewisse Selbstbezogenheit äußern sich darin, daß er bestimmte charakteristische Züge seiner Harmoniebehandlung, seiner Rhythmik und Themengestaltung während seines gesamten Schaffens fast durchgängig beibehielt.

Kennzeichnend für F.s Idiom sind rasche Modulationen und häufige Harmoniewechsel sowie alterierte Akkorde. Themen enden oft in einer anderen Tonart, als sie begonnen haben. Die Stimmführung ist geprägt von modalen und Ganzton-Skalen, Dur- und Mollterz treten gleichberechtigt nebeneinander auf. Diese Mischung von Modalem und Tonalem geht auf F.s musikalische Ausbildung an der Ecole Niedermeyer zurück. Dort wurden gregorianische Choräle harmonisiert, auf Grundlage der Harmonielehre von Gottfried Weber, die größere Freiheiten zuließ als jene Jean-Philippe Rameaus. F. entwickelte seine Themen aus kleinen Zellen, die er bisweilen zu langen Bögen ausweitete. Die Bezüge zwischen Melodie und Harmonie sind komplex: Häufig scheint die Melodie der lineare Ausdruck der Harmonie zu sein; die Harmonie ihrerseits wird durch Arpeggien ›melodisiert‹. F. strebte einen rhythmischen Fluß an, vermied eine starre Betonung der Taktschwerpunkte, kombinierte Zweier- und Dreier-Zeiten und liebte Synkopen, wobei er oft über weite Strecken an einem rhythmischen Modell festhielt. In der Formgestaltung seiner Sonaten, Quartette usw. setzte er sich mit der Tradition der Wiener Klassik auseinander.

Quartett c-Moll op. 15 (1876/79, Finale rev. 1883)
für Klavier, Violine, Viola und Violoncello

Allegro molto moderato – Scherzo. Allegro vivo – Adagio – Allegro molto
Dauer: ca. 31'
Verlag: Hamelle Paris

Im **1. Satz** dieses Werkes befolgt F. exakt die Regeln, wie sie in der Tradition der Wiener Klassik formuliert wurden: Da das Hauptthema in einer Moll-Tonart (c-Moll) steht, muß das Seitenthema in die Paralleltonart Es-Dur gesetzt werden, wobei ihre Charaktere kontrastieren sollen.

Die Streicher präsentieren das punktierte Hauptthema im Forte unisono, wobei das Kl. lediglich begleitet; das Seitenthema wird in gleichmäßigen Sechzehnteln ›très également‹ durch die Stimmen geführt. In der Schlußgruppe (T. 62 ff.) greift F. den Themenkopf des Hauptthemas wieder auf, jedoch nun im Pianissimo und in Es-Dur, während das Kl. arpeggiert. In der Durchführung wird in erster Linie mit dem Hauptthema gearbeitet. Das Seitenthema erscheint in der Reprise in C-Dur. Mit seinem Eintritt werden die Vorzeichen aufgelöst und der gesamte Satz wird nach Dur gerückt – eine für F. typische Aufhellung.

Der **2. Satz** trägt die Bezeichnung ›Scherzo‹, ein Titel, den F. sonst vermeidet, auch wenn in anderen – nicht allen – seiner Kammermusikwerke durchaus Sätze mit Scherzo-Charakter zu finden sind. Doch nur hier hat er ein eigenständiges Trio in der A – B – A–Form komponiert. Im gesamten Satz wechseln 6/8- und 2/4-Takt, wodurch Polyrhythmik entsteht:

Das zweiteilige **Adagio** und der **Finalsatz** in Sonatensatzform sind frei von solchen Komplikationen.

Bernhard Lenort

Sonate A-Dur op. 13 (1875/76)
für Violine und Klavier

Allegro molto – Andante – Allegro vivo – Allegro quasi presto
Dauer: ca. 23'
Verlag: Breitkopf & Härtel Leibzig, EA 1878

»Das Erscheinen der Sonate von Monsieur Fauré hat uns einen neuen Meister entdecken lassen, der vielleicht der furchterregendste unter allen ist, denn er verbindet mit tiefen musikalischen Kenntnissen eine ungeheure melodische Fülle und eine Art unbewußter Naivität, deren Kraft man am wenigsten widerstehen kann. Man findet in dieser Sonate all das, was den Feinschmecker verlocken kann: neue Formen, ausgezeichnete Modulationen, ungewöhnliche Klangfarben, die Verwendung von unerwarteten Rhythmen. Und über allem schwebt ein Zauber, der das ganze Werk einhüllt und der die Menge der gewöhnlichen Zuhörer dazu bringt, die ungeahntesten Kühnheiten als eine ganz normale Sache zu akzeptieren.

Mit diesem Werk von so bescheidenem Aussehen hat sich Monsieur Fauré mit einem Satz unter die Meister gesellt. Noch ist er unbekannt.«

Im ›Journal de Musique‹ vom 7. 4. 1877 wies Camille Saint-Saëns auf jene Komposition F.s hin, die seine wohl meistgespielte werden sollte, für die sich jedoch zunächst, trotz Saint-Saëns' Empfehlung, kein französischer Verleger fand.

Die V.-Sonate ist F.s einziges größeres Kammermusikwerk in einer Dur-Tonart. Sie ist in vier Sätze gegliedert. Das schwungvolle, durch Synkopen charakterisierte Hauptthema des **1.**, eines ausgeprägten Sonatenhaupt**satzes**, wird zuerst vom Kl. vorgetragen,

während die V. es bei ihrem Einsatz bereits leicht variiert und fortspinnt. Es folgt ein elegisches **Andante**, das in d-Moll beginnt, diese tonale Eindeutigkeit aber schon im zweiten Takt zugunsten einer spannungsvollen Gleichzeitigkeit von verminderten Septakkorden und dem Kreisen um einzelne Töne immer wieder in Frage stellt, schließlich aber zu D-Dur findet und in dieser Tonart zart ausklingt. Der **3. Satz** ist ein pikantes Scherzo im Wechsel von 2/8- und 3/4-Takt-Passagen. Sein Hauptthema gibt der V. Gelegenheit zu brillanten Pizzicati und Staccatoläufen. Ein bewegtes **Finale**, dessen Hauptthema in der Durchführung stark synkopierten Spannungen unterworfen wird, schließt das Werk effektvoll ab.

Karsten Bartels

Trio d-Moll op. 120 (1922/23)
für Klavier, Violine und Violoncello

Allegro, ma non troppo – Andantino – Allegro vivo
Dauer: ca. 22'
Verlag: Hamelle Paris

Zu F.s sprödem, bekenntnishaften Spätwerk gehört auch das Kl.-Trio d-Moll op. 120. Es entstand 1922/23 als vorletztes Werk des damals schon schwerkranken Komponisten. Wie in seinen anderen Spätwerken macht F. sich auch in diesem eindrucksvollen Stück frei von allen Stil- und Schulbegriffen. Durchsichtige Klarheit des Satzes und strahlende Linearität der Stimmführung verbinden sich mit einem gleichsam weltenthobenen Ausdruck wissender Grazie, die ein wenig an die Zurückhaltung und Reserviertheit des späten Brahms erinnert. Herzstück des Werkes ist das ausladende, fast die Hälfte der Spieldauer beanspruchende **Andantino** mit seiner schmerzvoll zärtlichen Elegie. Der **Schlußsatz** stellt eine Art Scherzo dar, in dem sich zwei Motive gegenseitig steigern und durchdringen. Bewundernswert die gestische Lakonik des Tonfalls, die konzentrierte Beherrschung der Form, die emotionale Vergeistigung des Ausdrucks. F.s Kl.-Trio ist ein Werk, das in seinem tönenden Spiel alle Im- und Expressionismen hinter sich läßt und dennoch ganz und gar französisch wirkt.

Uwe Schweikert

Streichquartett e-Moll op. 121 (1923/24)

Allegro moderato – Andante – Allegro
Dauer: ca. 25'
Verlag: Durand Paris

F.s StrQu., im Alter von fast achtzig Jahren komponiert, ist, abgesehen von den Solostücken für Hf., sein einziges Kammermusikwerk ohne Kl. In seiner extremen Schlichtheit und Durchsichtigkeit ist das StrQu. selbst unter F.s Spätwerken ein Sonderfall. Erste Kompositionsskizzen entstanden 1923 in Annecy. Da F. nur sehr wenige Angaben zu Artikulation, Phrasierung, Bogenstrichen usw. machte, übernahm sein Schüler Roger-Ducasse im wesentlichen diese Aufgabe.

Die Themen des **1. Satzes**, den er in »breitem, getragenem Tempo« gespielt haben wollte, entnahm F. einem schon zur Zeit der 1. V.-Sonate entworfenen, aber nie vollendeten V.-Konzert. Einer leidenschaftlich-düsteren Einleitungsphrase der Va. folgt in der 1. V. das Hauptthema, das mit seiner sinkenden Tonfolge eine leicht resignative Tendenz aufweist:

Das ebenfalls zuerst von der 1. V. vorgetragene 2. Thema ist in seiner Bewegung entgegengerichtet und schwingt sich (»cantando« zu spielen) in lichte Höhen empor. Alle drei Gedanken bestimmen den weiteren Verlauf des Satzes gleichermaßen. Durch ihre meisterhafte polyphone Verarbeitung werden ihre Kontraste quasi aufgehoben, bedingen und ergänzen sie stets einander.

Auch das **Andante** wird von drei melodischen Gedanken recht unterschiedlichen Charakters bestimmt: Zu Beginn erklingt ein Trauergesang, der sich vom »Zustande der Niedergeschlagenheit in den des Trostes« (M. Halbreich) schwingt; die Va. stimmt eine ausdrucksvolle Melodie an, deren innere Spannung, ja Kraft durch begleitende Achtelschläge der anderen Instrumente noch befördert wird; Leidenschaft atmet der dritte Gedanke in Achtelnoten und mit imitierenden Einsätzen. Nachfolgend werden die melodischen Linien eng verwoben und ergeben insgesamt weniger eine Entwicklung als eine ganz eigenartige Stimmung, wozu wesentlich auch die harmonischen Fortschreitungen beitragen. In der Coda treten verstärkt Reibungen auf, aber nicht von Schärfe, sondern von betörendem Reiz. Sie führen den Satz zu einem friedlichen Dur-Schluß.

Das rondoartige Finale soll »einen leichten und gefälligen Charakter in der Art eines Scherzos« haben. Jacques Pési, der das StrQu. edierte, beschreibt ihn: »Das Hauptthema stellt eine muntere fünftaktige Phrase dar,

auf die ein anderer melodischer Einfall folgt, gleichfalls im Oktavraum. Sämtliche Ausdrucksmittel F.s vereinen sich hier zum letzten Male: Sequenzen, harmonische Fortschreitungen, unterschiedliche Beleuchtung ein und desselben Themas. Doch im Vc. taucht ein neuer, lieblicher melodischer Gedanke in der hohen Lage auf (an die letzten Streichquartette Mozarts erinnernd), schmerzlich und leidenschaftlich zugleich. Ohne daß der Hörer sich dessen bewußt wird, erscheint das Dur-Geschlecht und bahnt einer meisterlichen, leuchtenden Coda den Weg.«

Karsten Bartels

Morton Feldman

geb. 12. 1. 1926 New York, gest. 3. 9. 1987 Buffalo. Wuchs als Sohn jüdischer Einwanderer in New York City in bescheidenen Verhältnissen auf. Studierte Kl. bei der Busoni-Schülerin Vera Maurina-Press und Komposition zunächst bei Wallingford Riegger. Wechselte 1944 zu Stefan Wolpe, der ihm zwar, so F., kein wirklicher Lehrer, wohl aber für etliche Jahre ein regelmäßiger Diskussionspartner war. Entscheidende künstlerische Impulse erhielt F. durch Bekanntschaft mit der New Yorker Avantgarde-Szene der 50er Jahre, vor allem mit John Cage, aber auch mit den Malern des ›Abstrakten Expressionismus‹ (Philip Guston, Mark Rothko, Franz Kline, Willem de Kooning u.a.). Guston blieb ihm persönlich und intellektuell besonders eng verbunden. 1972 Professor für Komposition an der State University of New York in Buffalo – den 1974 permanent für ihn eingerichteten Lehrstuhl benannte F. nach seinem großen Vorbild Edgar Varèse. F. blieb zeitlebens ein Außenseiter im Musikbetrieb. Erst in den 80er Jahren zeichnete sich ein breiteres Interesse für seine durchweg leisen und im Spätwerk z.T. extrem ausgedehnten Kompositionen ab.

WERKE F. 1 INSTR./AUSF.: *Only* f. weibl. Singstimme (1947); Projection 1 f. Vc. (1950); Intersection 4 f. Vc. (1953); *The King of Denmark* f. Schlzg. (1964) – WERKE F. 2 INSTR.: Piece for Violin and Piano (1950); Projection 4 f. V., Kl. (1951); Extensions 1 f. V., Kl. (1951); Two Instruments f. Hr., Vc. (1958); Durations 2 f. Vc, Kl. (1960); Vertical Thoughts 2 f. V., Kl. (1963); *The Viola in My Life* 3 f. Va., Kl. (1970); *Spring of Chosroes* f. V., Kl. (1977); Patterns in a Chromatic Field (ehemals: Untitled Composition) f. Vc., Kl. (1981); Bass Clarinet and Percussion f. BKlar., Schlzg. (1981); For John Cage f. V., Kl. (1982), For Christian Wolff f. Fl., Kl./Cel. (1986) – WERKE F. 3 INSTR./AUSF.: Four Songs to E. E. Cummings f. weibl. Singstimme, Vc., Kl. (1951); Durations 3 f. V., Tb., Kl. (1961), Durations 4 f. Vibr., V., Vc. (1961); Voices and Cello f. 2 weibl. Singstimmen, Vc. (1973); Voice, Violin and Piano f. weibl. Singstimme, V., Kl. (1976); Instruments 3 f. Fl., Ob., Schlzg. (1977); *Why Patterns?* f. Fl., Glsp., Kl. (1978); Trio f. V., Vc., Kl. (1980), Three Voices f. 3 weibl. Singstimmen (Singstimme u. 2 Spur Tonband) (1982); Crippled Symmetry f. Fl., Kl./Cel., Vibr./ Glsp. (1983); For Philip Guston f. Fl., Kl./Cel., Schlzg. (1984) – WERKE F. 4 INSTR.: Structures f. StrQu. (1951); Three Pieces f. StrQu. (1954–1956); Durations 1 f. AFl., Kl., V., Vc. (1960), Four Instruments [1] f. Röhrengl., Kl., V., Vc. (1965); Voice and Instruments 2 f. weibl. Singstimme, Klar., Vc., Kb. (1974); Four Instruments [2] f. Kl., V., Va., Vc. (1975); String Quartet (1) f. StrQu. (1979), String Quartet 2 f. StrQu. (1983); Piano, Violin, Viola, Cello f. Kl., V., Va., Vc. (1987) – WERKE F. 5 INSTR.: *Journey to the End of the Night* f. weibl. Singstimme, Fl., Klar., BKlar., Fg. (1947); Projection 2 f. Fl., Trp., Kl., V., Vc. (1951); Intervals f. BBar, Pos., Schlzg., Vibr., Vc. (1961); Two Pieces f. Klar., StrQu. (1961); *De Kooning* f. Hr., Schlzg., Kl., V., Vc. (1963); Vertical Thoughts 5 f. S., Tb., Schlzg., Cel., Vl. (1963); Three Clarinets, Cello and Piano f. 3 Klar., Vc., Kl. (1971); Instruments 1 f. Fl., Ob., Pos, Schlzg., Cel. (Spieler summen z.T. auch) (1974); Clarinet and String Quartet f. Klar., StrQu. (1983); Violin and String Quartet f. V., StrQu. (1985); Piano and String Quartet f. Kl., StrQu. (1985) – WERKE F. 6 INSTR.: Two Pieces for Six Instruments f. Fl., AFl., Hr., Trp., V., Vc. (1956); Durations 5 f. Hr., Vibr., Hf., Kl., V., Vc. (1961); *The O'Hara Songs* f. BBar., Röhrengl., Kl., V., Va., Vc. (1962), For Franz Kline f. S., Hr., Röhrengl., Kl., Vl., Vc. (1962); *The Viola in My Life* 1 f. Va.(solo), Fl., Schlzg., Kl., V., Vc. (1970); *Routine Investigations* f. Ob, Trp., Kl., Va., Vc., Kb. (1976) – WERKE F. 7 INSTR.: *The Straits of Magellan* f. Fl., Hr., Trp., Hf., elektr. Git., Kl., Kb. (1961); *False Relationships and the Extended Ending* f. Pos., Röhrengl., 3 Kl., V., Vc. (1968); *The Viola in My Life* 2 f. Va.(solo), Fl., Klar., Schlzg., Cel., V., Vc. (1970); *I Met Heine on the Rue Fürstenberg* f. weibl. Singstimme, Fl., Klar., Schlzg., Kl., V., Vc. (1971); Voices and Instruments f. 3 weibl. Singstimmen, Fl., 2 Vc., Kb. (1972); For Frank O'Hara f. Fl., Klar., Schlzg. (2 Spieler), Kl., V., Vc. (1973) – WERKE F. 8 INSTR.: *Between Categories* f. Röhrengl. (2 Spiele, 2 Spieler), 2 Kl., 2 V., 2 Vc. (1969) – WERKE F. 9 INSTR.: Projection 5 f. 3 Fl., Trp., 2 Kl., 3 Vc. (1951); Numbers f. Fl., Hr., Pos., Tb., Schlzg., Kl./Cel., V., Vc., Kb. (1964).

Verlag: bis 1967/68 Edition C.F. Peters, New York; ab 1967/68 Universal Edition, London.

Die Erfahrung des Phänomens ›Klang‹ durchzieht als Idee das gesamte Schaffen F.s. Das Problem der Notation, als Problem, wie sich eine bestimmte klangliche Situation am besten fixieren läßt, steht von Beginn an im Mittelpunkt der kompositorischen Aufmerksamkeit. Stark beeindruckt und ermutigt von den Gedanken seines Freundes John Cage und dem Streben nach universeller Unmittelbarkeit innerhalb der New Yorker Kunstszene, experimentiert F. schon 1950 mit einer partiell unbestimmten, graphischen Notationsform: Eine Reihe von Kästchen determiniert zwar den Puls des Werkes und auch den dynamischen und ungefähren farblichen Rahmen, überläßt aber die genaue Wahl der Töne dem Interpreten. Nur drei Register – hoch, mittel, tief – sind durch die Kästchen vorgegeben, in diese Freiräume hinein sollen die Klänge ›projiziert‹ werden (*Projection 1-5, Intersection 1–4* u.a.).

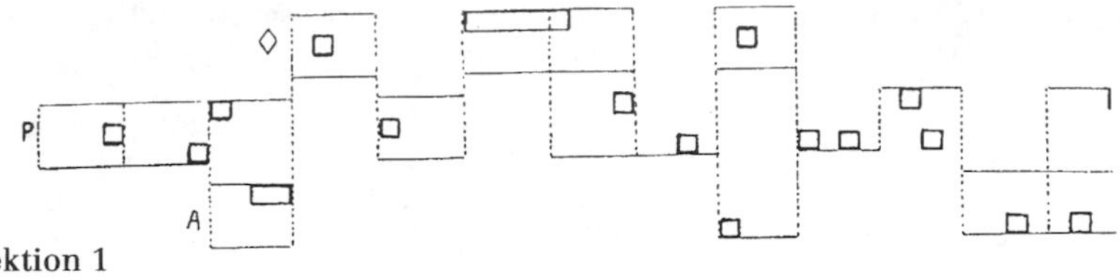

Projektion 1

Wesentlich schon an diesen frühen Werken ist der Verzicht auf formalisierte musikalische Dramaturgie und die klare Absage an die klassische Vorstellung von einem in sich stringent organisierten und abgeschlossenen Kunstwerk. Das radikale Abbildungsverbot der New Yorker Expressionisten wurde bei F. zum Skrupel gegen jegliche Spielart rationaler, außermusikalischer Systematik. Nichts sollte Musik mehr sein als Musik, als ein abstraktes Klangereignis. »In gewissem Sinne«, so schrieb er 1966 in seinem Aufsatz *Predeterminate/ Indeterminate*, »ist die Geschichte der Musik die Geschichte ihrer Konstruktion. Musik hatte sich immer damit beschäftigt, systematische Kontrollfunktionen neu zu arrangieren, weil es scheinbar keine Alternative dazu gab«. Die Entwicklung einer derartigen Alternative, die F. für seine Arbeit beanspruchte, war von vornherein nur als Gradwanderung zu denken, nicht als Kompromiß, sondern als ein beständiges, skrupulöses Weder-Noch. Sogar Cages Zufallsoperationen schienen aus diesem Blickwinkel betrachtet zu konzeptionell, von dem als totalitär empfundenen Serialismus eines Pierre Boulez oder Karlheinz Stockhausen ganz zu schweigen. Auch die eigene Arbeit wurde immer wieder in Frage gestellt. So kritisierte F. schon bald seine graphische Notation (auch wenn er noch bis in die 60er Jahre zuweilen auf sie zurückgriff), weil seiner Meinung nach die damit verbundene Freiheit für den Interpreten zu oftmals unbefriedigenden klanglichen Resultaten führte. Er entwikkelte darauf eine neue Notationsform, in der nun die Tonhöhen, nicht aber die exakten Dauern vorgegeben sind (*Durations 1–5*, *For Franz Kline* u.a.).

Durations 2

Gleichzeitig entstanden jedoch immer auch Werke, in denen die musikalischen Parameter präzise notiert wurden. Ab den 70er Jahren sind dann (bis auf zwei Ausnahmen) alle Partituren so gesehen ›konventionell‹ notiert.

Ist vor allem in den frühen Werken ein ständiges Schwanken zwischen Vermittlung und unverbundenem Nebeneinander innerhalb der musikalischen Textur spürbar, ein absichtsvolles Verhindern jedes Ansatzes von systematischer Einheit durch starke Kontraste und nur loses Verbinden der einzelnen Werkteile, so wirken die Kompositionen der 70er und 80er Jahre in ihrem Verlauf wesentlich konsistenter, das Material zunehmend konkreter. Auffällig ist die intensivierte Beschäftigung mit sogenannten ›Patterns‹, mit kleinen musikalischen Mustern, die als in sich abgeschlossene Einheiten behandelt werden. Patterns hatte F. schon in einigen Werken der 50er Jahre verwendet. Während er sie aber vordem in ihrer Ursprungsgestalt gleichsam konservierend wiederholte, so versuchte er nun, durch ›strategische‹ Veränderung und Variation der Patterns seine Werke gleichsam organisch aus kleinen Keimzellen heraus ohne Zuhilfenahme übergreifender Systematik zu entwickeln – zum Teil bis auf spektakuläre Ausmaße: das zweite StrQu. etwa dauert rund fünf Stunden.

Was ihn im Umgang mit musikalischen Patterns besonders faszinierte, war die Möglichkeit, eine klangliche Situation von immer anderen, neuen Seiten betrachten zu können, ohne einer dabei den Vorzug geben zu müssen. Keine Vorgehensweise bei der Materialorganisation, so erklärte er 1983 in seinem Aufsatz *Crippled Symmetries*, sei hier vorteilhafter als eine andere.

Seine Arbeit hat er gegen Ende seines Lebens mit der eines Forschers verglichen, der Mikroben beobachtet. Dabei wird eine Differenzierung freilich unerläßlich: Es sind nicht seine Mikroben, aber es ist seine Beobachtung. Es ist dieser schmale Grad zwischen Ontologie und Bewußtseinspsychologie, zwischen Natur- und Selbsterfahrung, auf dem F.s Ästhetik balanciert.

Why Patterns? (1978)
für Flöte, Klavier und Glockenspiel

einsätzig
Dauer: ca.30'
Verlag: Universal Edition London

Die sich aus der Verwendung von Patterns für F. ergebene kompositorische Zwanglosigkeit vermittelt sich beispielhaft in dem programmatisch mit *Why Patterns?* (Warum Patterns?) überschriebenen Trio für Fl., Kl. und Glsp: Obwohl in Partitur notiert, sind die drei Stimmen bis kurz vor Schluß nicht synchronisiert. Die so vorgegebene metrisch Unabhängigkeit wird in ihrer Wirkung verstärkt durch eine deutlich idiomatische Behandlung der einzelnen Instrumente, sowohl hinsichtlich ihrer Registrierung und Artikulation als auch in der Ausprägung der Patterns, selbst wenn letztere nicht so faßlich sind wie in den meisten späteren Werken. Mit der ruhigen Ausbreitung der jeweiligen ›natürlichen‹ Charakteristik der Instrumente wird zugleich der Klangraum dieser spezifischen instrumentalen Kombination ausgelotet. Klangliche Einzelteile und Summe, Solostimmen und Trio stehen sich gleichberechtigt gegenüber. Keine Perspektive überdeckt die andere. Am Ende kann der Komponist sogar die metrische und intervallische Individualität einschränken, ohne die klangliche dadurch zu gefährden: Nach 13 Partiturseiten warten die Musiker aufeinander und spielen dann synchron die letzten Takte mit weitestgehend identischem Material. Die Annäherung führt nicht zur gegenseitigen Absorption.

Why Patterns? wurde im Herbst 1978 in Berlin von Eberhard Blum (Fl.), Jan Williams (Glsp.) und Morton Feldman (Kl.) uraufgeführt.

Raoul Mörchen

Jean Françaix

geb. 23. 5. 1912 Le Mans. Beginn der musikalischen Ausbildung beim Vater, der später das dortige Conservatoire leitete. Weitere Studien bei Nadia Boulanger (Komposition) und am Pariser Conservatoire bei Isidore Philipp (Kl.). 1932 erster großer Kompositionserfolg mit dem *Concertino*, das beim Baden-Badener Kammermusikfestival für Aufsehen sorgte. Schrieb Opern, Ballette, Filmmusik und zahlreiche Orchesterwerke sowie ein Oratorium (*L'Apocalypse selon St. Jean*, 1939). Häufige Konzertreisen als Pianist in Europa und den USA, oft mit eigenen Kompositionen.

WERKE F. 1 INSTR.: Suite f. Fl. (1962); Thème varié f. Kb. (1976, ME); Suite f. Hf. (1978); Tema con 8 variazioni f. V. (1980); Passacaille f. Git. (o.J., UA 1985, ME) – WERKE F. 2 INSTR.: Sonatine f. Kl., V. (1934); *Mouvement perpétuel* f. Vc., Cemb. (1944); Prélude, Sarabande et Gigue f. Trp. u. Orch. od. Kl., Neufassung der Sonatine f. Trp., Kl. (1952, ME) (1975/1986); Rondino-staccato aus *Le Diable Boiteux* f. Vc., Kl. (1953); Divertimento f. Fl., Kl. (1953); Cinq danses exotiques f. ASax, Kl. (1961); Tema con variazioni f. Klar. in A, Kl. (1974, ME); Cinque piccoli duetti f. Hf., Fl. (1975); Sept impromptus f. Fl., Fg. (1977); Duo baroque f. Kb, Hf. (1980); Sonate f. Blfl., Git. (1984); *Le Colloque de deux perruches* f. Fl., AFl. (1989) – WERKE F. 3 INSTR.: Trio f. V., Va., Vc. (1933); Divertissement f. Ob., Klar. in B, Fg. (1947); Trio f. Fl., Hf., Vc. (1971); Trio f. V., Vc., Kl. (1986); Trio f. Klar., Va., Kl. (1990); Trio f. Ob., Fg., Kl. (1994); Trio f. Fl., Vc., Kl. (1995) – WERKE F. 4 INSTR.: Quatuor f. Fl., Ob., Klar. in B, Fg. (1933); Quartuor f. 2 V., Va., Vc. (1938); Petit Quatuor f. 4 Sax. (S, A, T, B) (1935); *Les vacances* f. 2 V., Vc., Kl. (o.J., UA 1953, ME); Quartett f. EHr., V., Va., Vc. (1970); Notturno f. 4 Hr. (F) (1987); Divertissement f. 4 Hr. (1990); Suite f. 4 Sax. (1990) – WERKE F. 5 INSTR.: Quintette Nr. 1 f. Fl., V., Va., Vc., Hf. (1934); Quintette Nr. 1 f. Fl., Ob., Klar. in A, Fg., Hr. (1948); Quintette f. Klar. in B, 2 V., Va., Vc. (1977); *Les petits Paganini* f. V. solo, 4 V. (1979, ME); 8 Bagatelles f. StrQu., Kl. (1980); Quintette Nr. 2 f. Fl., Ob. (EHr.), Klar., Fg., Hr. (1987); Quintette f. Blfl./Fl., 2 V., Vc., Cemb. (1988); Quintette Nr. 2 f. Fl., V., Va., Vc., Hf. (1989) – WERKE F. 6 INSTR.: Divertissement f. Fg., 2 V., Va., Vc., Kb. (1942); *L'Heure du berger* f. Fl., Ob., Klar., Fg., Hr., Kl. (1947); Sixtuor f. Fl., Ob., Klar., BKlar., Fg., Hr. (1992); *Pour remercier l'Auditoire* f. Fl., Klar. Hr., V., Vc., Kl. (1994) – WERKE F. 7 INSTR.: Septuor f. Fl., Ob., Fg., 2 V., Vc., Kl. (o.J., UA 1933) – WERKE F. 8 INSTR.: Octuor f. Klar. in B, Hr. in F, Fg., 2 V., Va., Vc., Kb. (1972); *Schön Wetter angesagt*. Tonsignet f. ein unabhängiges Fernsehen f. 3 Hr., 3 Trp., Pos., Tb. (o.J.) – WERKE F. 10 INSTR.: Scuola di celli. Suite v. 10 Stücken f. 10 Vc. (o.J., UA 1960); Sept Danses nach dem Ballett *Les Malheurs de Sophie* f. 2 Fl., 2 Ob., 2 Klar., 2 Fg., 2 Hr. (1971); 9 Pièces caractéristiques f. 2 Fl., 2 Ob., 2 Klar., 2 Fg., 2 Hr. (1973); Dixtuor. Doppelquintett f. Bläser und Streicher (Fl./Pikk., Ob., Klar., Fg., Hr., 2 V., Va., Vc., Kb.) (1987); *Elégie pour commémorer le Bicentenaire de la mort de W. A. Mozart* f. Fl., AFl., Ob., EHr., Bassetthorn (Klar. in B), BKlar (B), Fg., KFg., 2 Hr. in F (1990) – WERKE F. 11 INSTR.: Sei preludi f. Kl. Streichorch. (3.3.2.2.1.), (1963); Quasi improvvisando f. 2 Fl., 2 Ob., 2 Klar., 2 Fg., 2 Hr., Trp. (1978) – WERKE F. 12 INSTR.: Sérénade f. kl. Orch. = Fl., Ob., Klar., Fg., Hr., Trp., Pos., 2 V., Va., Vc., Kb. (1934); 15 Portaits d'enfants d'Auguste Renoir f. Streichorch. (4.3.2.2.1.), (UA 1972); Aubade f. 12 Vc. (1974); Danses exotiques. Vers. f. 2 Fl. (2. auch Pikk.), 2 Ob., 2 Klar., ASax., Fg., KFg., 2 Hr., Schlzg. (1981); Konzert f. Pos. u. 10 Blasinstr. = 2 Fl. (2. auch Pikk.), 2 Ob., Klar., BKlar., Fg., KFg., 2 Hr. (1983); *Noël nouvelet et Il est né, le Divin Enfant*. Zwei Improvisationen f. 12 Vc. (1987) – Bearbeitungen: Preludio et momento capriccioso (Carl Maria v. Weber) f. 2 V., Va., Vc., Hf. (1964, ET); Six impromptus et moments musicaux (Franz Schubert) f. Fl., V., Va., Vc., Hf. (1973, ET); Cinq Sonates (Domenico Scarlatti) f. Fl., V., Va., Vc., Hf. (1975, ET); *Mozart new-look*. Kleine Fantasie über das Ständchen aus *Don Giovanni* f. Kb., 2 Fl., 2 Ob., 2 Klar., 2 Fg., 2 Hr. (1981); Onze Variations sur un thème de Haydn f. 2 Ob., 2 Klar., 2 Fg., 2 Hr., Trp., Kb. (5saitig) (1982); Musique pour faire plaisir (Kl.-Stücke v. Francis Poulenc) f. 2 Fl., 2 Ob., 2. Klar., 2 Fg., 2 Hr. (1984, ME); *Hommage à l'ami Papageno*. Fantasie über

Themen aus der *Zauberflöte* v. W. A. Mozart f. Kl., 2 Fl. (2. auch Pikk.), Ob., EHr., Klar., BKlar., Fg., KFg., 2 Hr. (1984); Huit pièces pittoresques (Emanuel Chabrier) f. 2 Fl. (2. auch Pikk.), Ob., EHr., Klar., BKlar., Fg., KFg., 2 Hr. (1984); Habañera (Emanuel Chabrier) (1985); Trois marches militaires (Franz Schubert) f. 2 Fl., 2 Ob., 2. Klar., 2 Fg., 2 Hr.(1987); *Cortège burlesque* (E. Chabrier) f. Pikk., Fl., Klar., EHr., Klar., BKlar., Fg., KFg., 2 Hr. (1989); Trois écossaises et variations sur un air populaire allemand (Frédéric Chopin) f. 2. Fl. (2. Fl. auch Pikk.), 2 Ob., 2. Klar., 2 Fg., 2 Hr. (1989) – Bearbeitungen durch andere Autoren: 4 Bearb. v. Maurice Gedron Sérénade (Andantino aus Sérénade) f. kl. Orchester f. Vc., Kl., 1934; Mouvement perpétuel f. Vc., Kl. aus *L'Arlequin blanc*, 1944; Nocturne f. Vc., Kl. aus *Les Demoiselles de la Nuit*, 1951; Berceuse f. Vc., Kl. aus *L'Apostrophe*, 1953; *L'Heure du berger* f. Fl., Ob., 2 Klar., 2 Fg., Hr., Pos., Kl. (1972, v. Friedrich K. Wanek); Serenata f. Git. (1978, v. Dieter Kreidler); Petit Quatuor f. 2 Klar., Bassetthorn, BKlar. (1992, v. Rainer Schottländer); Suite aus *L'Apocalypse selon Saint Jean* f. 2 Trp., Org. (1994, v. Jürgen Essl) – Werke f. Soloinstrument(e) u. Kammerensemble: Rhapsodie f. Va. u. kl. Orch. (1946); Variations de concert f. Vc. u. Streichorch. (1950); Konzert f. Cemb. u. Instr.-Ensemb. (1959); Divertimento f. Hr. u. Orch. (1959, ET); *Le gay Paris* f. Trp. u. Blasinstr. = Fl., 2 Ob., 2 Klar., Fg., KFg., 2 Hr. (1974); Variations sur un thème plaisant f. Kl. u. Bläserens. = 2 Fl., 2 Ob., 2 Klar., 2 Fg., 2 Hr. (1976); Chaconne f. Hf. u. 11 Streichinstr. = drei 1. V., drei 2. V., 2 Va., 2 Vc., Kb. (1976); Konzert f. 2 Hf. u. 11 Streichinstr. = drei 1. V., drei 2. V., 2 Va., 2 Vc., Kb. (1978); Tema con variazioni f. Klar. u. Streichorch. (1978, ME); Petite valse européenne f. Tb. u. doppeltes Bläserquintett = 2 Fl., 2 Ob., 2 Klar., Fg., KFg., 2 Hr. (1979); Konzert f. Fg. u. 11 Streichinstr. = drei 1. V., drei 2. V., 2 Va., 2 Vc., Kb./Kl. (1979); Konzert Nr. 2 f. V. u. Kammerorch. (1979); Konzert f. Git. u. Streichorch. (1982/83); Konzert f. Pos. u. 10 Blasinstr. (1983).

Verlag: Schott Musik International, Mainz; ME = Max Eschrig, Paris; ET = Editions Transatlantiques.

F. liebt Anspielungen, Zitate, Pointen. Nicht nur in seinen Kompositionen, sondern auch in Gesprächen und Artikeln. Das Spielerische, Geistreiche, Unterhaltsame ist sein Metier. Damit hat er teil an einer Tradition, die als typisch französisch gilt, oft jedoch als ›oberflächlich‹ abgelehnt wurde und wird.

Im allgemeinen kennzeichnet man F.s Werk mit zwei Schlagworten: Er schreibe »Ernste Musik ohne Schwere« (Musique sérieuse sans gravité), »Musik, die Freude bereiten will« (Musique pour faire plaisir, ein Debussy-Zitat). Mit diesen Formeln wird ein Phänomen umrissen, dem all jene schwer beikommen, die Musik aus dem Blickwinkel einer ›Schule‹ betrachten oder vor dem Hintergrund eines wie immer gearteten Modells von Modernität und kompositorischem Fortschritt. Denn F. ist ein Individualist, der sich niemals irgendeiner Richtung angeschlossen hat. Nach seinen eigenen Worten haßt er die moderne Musik und verehrt Joseph Haydn, Wolfgang Amadé Mozart, Franz Schubert, Emanuel Chabrier und Maurice Ravel. Er hat früh seine eigene Sprache gefunden und ist ihr treu geblieben, ohne stilbildend zu wirken. Sich kurz fassen, nicht langweilen, unverwechselbar sein – das sind die Maximen, unter die F. seine Arbeit stellt.

Seine Haltung zur Musik und zum Komponieren beschrieb F. im Zusammenhang mit seinen Haydn-Variationen in einer Weise, die charakteristisch für ihn ist, zumindest für seine Äußerungen der letzten Jahre: »Gern wäre ich der geistige Enkel von ›Großväterchen Haydn‹. Seine Musik ist von einer Reinheit, einer Beschaulichkeit und einem Humor, die sie mir gleichsam wie ein ›Gegengift‹ zur zeitgenössischen Kunst erscheinen lassen (Doch sagen Sie das bitte nicht weiter…).« Solche Äußerungen sind dazu angetan, vorschnelle Reaktionen –, zustimmende wie ablehnende – hervorzurufen.

F.s Musik ist nicht ›anstrengend‹, der Hörer behält stets die Orientierung. Ihn leiten vertraute Formen, gebaut auf dem Fundament der Tonalität, die F. als Basis aller Musik nie in Frage gestellt hat. Die Tonfolgen fließen geschmeidig dahin, wobei oft Chromatik dekorativ die Beweglichkeit erhöht und das Ohr reizt. Große Intervallsprünge werden weitgehend vermieden. Dissonante Zusammenklänge (meist Septimen-, Nonen-, Undezimen- oder Tredezimen-Akkorde in weiter Lage) bereichern den Satz, ohne je Verwirrung zu stiften oder gar in harmonische Abgründe zu führen. Auch die Rhythmen bleiben durchschaubar, Komplikationen – vor allem 5/4- bzw. 5/8-Takt sowie Triolen und Quintolen – dienen der Belebung, bringen aber nie den Ablauf ins Stocken. Die Instrumentation ist durchsichtig und effektvoll. Interpreten bieten F.s Werke bei aller publikumswirksamen Leichtigkeit, Heiterkeit und Grazie anspruchsvolle und dankbare Aufgaben.

Im Laufe seines Lebens schuf F. Kammermusik für alle erdenklichen Besetzungen, häufig für bestimmte Ensembles. So entstanden mehr als 14 Werke in Verbindung mit dem ›Bläser Ensemble Mainz‹; *Aubade* wurde für die zwölf Cellisten des Berliner Philharmonischen Orchesters geschrieben. Neben Originalkompositionen stehen Bearbeitungen eigener Orchester-, Bühnen- und Kammermusikwerke sowie von Stücken, deren Komponisten F. besonders schätzt (Schubert, Chabrier, Frédéric Chopin, Francis Poulenc). Die Werktitel sind sachlich (›Quartett‹) oder deuten auf F.s Traditionsbewußtsein hin (›Suite‹, ›Serenata‹, ›Divertimento‹), doch gibt es auch illustrierende, mitunter spaßige Namen (*Le Colloque des deux perruches*, *L'Heure de berger)*. Gelegentlich zeigen die Titel an, daß Fr. bekannte Themen variiert (*Onze variations sur un thème de Haydn)* oder in eigenen Kompositionen mit ihnen spielt (*Hommage à l'ami Papageno)*.

So sehr F. von Publikum und Musikern geschätzt wird, so stiefmütterlich behandelt ihn bislang die internationale Musikforschung. Infolgedessen bewegt sich die Beschäftigung mit diesem produktiven Komponisten sehr an der Oberfläche, und die Bewertung seines Schaffens wird stark von positiven wie negativen Vorurteilen bestimmt. Eine fundierte Auseinandersetzung mit F., die auch Entwicklungen seiner Musiksprache zu prüfen hätte, steht noch aus. F.s ›selbstverständlicher‹, anscheinend ungebrochener Umgang mit der Tradition wirft ebenso Fragen auf wie die Kategorien ›Leichtigkeit‹ und ›Heiterkeit‹ bzw. ›Ironie‹. Viele Stücke sind eine wahre Fundgrube für alle, die sich mit dem Humor in der Musik befassen oder Freude an ›Musik über Musik‹ haben. Doch nicht alles in F.s Kompositionen ist lustig gemeint. Außerdem hat Ironie häufig einen Hintersinn – möglicherweise ist manches an F. sperriger, als es scheint.

Trio (1933)
für Violine, Viola und Violoncello

Allegretto vivo – Scherzo. Vivo – Andante – Rondo. Vivo
Dauer: ca. 13'
Verlag: Schott Mainz

Das 1933 komponierte Trio entstand für das französische ›Trio Pasquier‹, das es am 15. 6. 1934 in Paris erstmals aufführte. Die schnellen Sätze dieser jugendlichen Komposition fegen mit einem ungeheuren Elan daher, wodurch das Andante mit seiner schlichten Thematik fast ätherisch ruhig wirkt.

Die Bewegung des **Allegrettos** (3/4-Takt) wird von einer fast ununterbrochenen Sechzehntel-Motorik in Schwung gehalten, wobei man in der Gliederung A B A C die Struktur eines Sonatensatzes mit Durchführung und Coda wahrnehmen kann, aber nicht muß. Angestoßen von dieser Bewegung übernimmt das **Scherzo** – allerdings nicht bruchlos – dessen Energie und verwandelt sie in einen aus den Fugen geratenen, trudelnden Tanz im 3/8-Takt, in dem immer wieder Motorik und Themen aus dem Allegretto auftauchen. Die Musiker müssen sich erst einmal neu orientieren, erzielen aber kein bleibendes Einverständnis: Zwar finden sie nach kurzem Zwist zu einer gemeinsamen Tonart, doch können sie sich auf kein Thema und keinen Tanz einigen, sondern spielen das eine oder das andere an, ehe sie sich wieder ins Scherzo stürzen.

Scherzo, T. 103 ff.

Nach so viel Turbulenz tritt im **Andante** Beruhigung ein: Durch eine schaukelnde Bewegung mit wechselndem Taktmaß, mal gerade Zählzeit, dann wieder ungerade.

Das Thema des derben **Rondo. Vivo** im 2/4-Takt besteht aus einer dreitaktigen Phrase über gezupften Bordunquarten, die dreimal gebracht wird. In den Zwischenspielen greift F. Motive aus den ersten drei Sätzen wieder auf.

Quintett Nr. 2 (1987)
für Flöte, Oboe/Englischhorn, Klarinette, Fagott und Horn

Preludio – Toccata. Allegro – Scherzando – Andante – Allegrissimo
Dauer: ca. 20'
Verlag: Schott Mainz

Mehr als fünfzig Jahre nach dem Streichtrio für das Aulos-Quintett entstanden und von diesem am 18. 7. 1987 in Neumünster uraufgeführt, wirkt das Stück – auch im Unterschied zu seinem prägnanteren Vorläufer von 1948, dem Quintett Nr. 1 – wesentlich abgeklärter. Nach dem ruhig fließenden **Preludio** wechseln in der **Toccata** Sechzehntelgruppen zwischen den Stimmen, im Baß meist von Dreiklangsbrechungen gestützt. Hatte F. im Streichtrio eine mitreißende Dynamik entfesselt, so entfaltet er hier eine spielerische, luftige, dem Charakter der Instrumente angemessene Bewegung.

Allegro, T. 1–3

Das **Scherzando** wirkt ebenfalls deutlich milder. Im Mittelteil erinnert die Präsentation der Themen an den 2. Satz des Streichtrios, jedoch ohne auch nur entfernt dessen Biß zu haben.

Scherzando, T. 1–4

Entsprechend milde ist der Kontrast der drei Sätze zum **Andante**. Das fröhliche, spielfreudige **Allegrissimo** gibt den Musikern dann zum Schluß ausgiebig Gelegenheit zu virtuoser Entfaltung.

Bernhard Lenort

César Franck

geb. 10. 12. 1822 Lüttich, gest. 8. 11. 1890 Paris. 1828 erster Musikunterricht am Konservatorium Lüttich. Elfjährig Konzertreisen als Pianist (als ›Wunderkinder‹ gemeinsam mit seinem Bruder Joseph). 1835 Übersiedlung nach Paris. 1835/36 Kontrapunkt- und Kompositionsstudien bei Anton Reicha. 1837–1842 Studium am Pariser Conservatoire (Kl.: Pierre Zimmermann, Org.: François Benoist, Komposition: Aimé Leborne). 1842–1844 kurzzeitig Tätigkeit als Pianist in Lüttich, Kontakt zu Franz Liszt. Seit 1844 als Kl.-Lehrer und Musiker in Paris ansässig. 1846 Organist an Notre-Dame-de-Lorette, 1851 Organist an Saint-Jean-Saint-François, 1858

Kapellmeister und ab 1859 Organist an Ste-Clotilde. 1871 gemeinsam mit Camille Saint-Saëns und Gabriel Fauré Gründungsmitglied der Société Nationale de Musique (Gesellschaft zur Förderung der französischen Musik). Ab 1872 als Nachfolger seines Lehrers François Benoist Professor für Org. am Pariser Conservatoire. F.s Schüler waren u. a. Vincent d'Indy, Ernest Chausson, Henri Duparc, Gabriel Pierné, Louis Vierne, kurzzeitig auch Claude Debussy.

Werke f. 2 Instr.: Andante quietoso f. Kl. u. V. op. 6 (1843); Duo f. V. u. Kl. über Themen aus *Gulistan* von Nicolas-Marie Dalayrac op. 14 (1844); Sonate f. Kl. u.V. A (1886); *Melancolie* f. V. u. Kl. (1911 publ.) – Werke f. 3 Instr.: Grand Trio f. Kl., V., Vc. op. 6 (1834, Ms.); Trois Trios concertants f. Kl., V., Vc. fis, B, h op. 1 (1839/1942); Kl.-Trio h op. 2 (1842; ursprüngliches Finale von op. 1 Nr. 3) – Werke f. 4 Instr.: StrQu. D (1889) – Werke f. 5 Instr.: Quintett (Solo de piano avec accompagnement de quatuor à cordes) f. Kl., 2 V., Va., Vc. op. 10 (1844); Quintett f. Kl., 2 V., Va., Vc. f (1878/79).

Verlag: Hamelle, Enoch, Durand (alle Paris).

Trotz seiner gewichtigen Oratorien und seines Engagements auf dem Gebiet der Oper einerseits, seiner Sinfonischen Dichtungen für Orchester andererseits beruht F.s besondere künstlerische Größe auf der absoluten Musik seiner Instrumentalwerke, die sich im Frankreich des späten 19. Jahrhunderts als ›musique savante‹ (gelehrte Musik) jedoch keiner besonderen Wertschätzung erfreute, so daß F. mit seinen Kompositionen geradezu in eine Außenseiterrolle gedrängt wurde.

Seine ersten veröffentlichten Kammermusikwerke – vier Kl.-Trios op. 1 und op. 2, Duowerke für V. und Kl. op. 6 und op. 14, das Kl.-Quintett op. 10, die alle in den Jahren 1841/1874 entstanden sind – bewegen sich noch ganz im Rahmen der damals gängigen virtuos-brillanten Salon- und Gesellschaftskunst. Einzig das Kl.-Trio fis-Moll op. 1/1 hebt sich durch den originellen Ansatz, die drei Einzelsätze durch motivisch-thematische Beziehungen zyklisch zu verknüpfen, aus dieser Gruppe heraus. Bereits hier findet F. eine originelle Lösung für die Satzfolge: Auf einen Trauermarsch (der im Aufriß und in motivischen Anklängen den berühmten Trauermarsch aus Beethovens *Eroica* ahnen läßt und in dem F. auf die übliche Sonatenhauptsatzform verzichtet) folgt nach Art des Scherzos ein dämonisches Allegro molto, das attacca zum Finale (Allegro maestoso) überleitet.

Erst 34 Jahre später wendet sich F. erneut der Komposition von Kammermusik zu – dazwischen liegen die neugewonnenen Erfahrungen des begnadeten Improvisators und Organisten, die Komposition von Orchesterwerken, Oratorien, Kirchenmusik, Kl.- und Org.-Musik, schließlich auch die differenzierte Verarbeitung des Erlebnisses von Richard Wagners Musik, die F. äußerst sublim in seinen Stil zu integrieren verstand. Diszipliniert durch die intime Kenntnis der Instrumentalmusik Beethovens und Schuberts und durch sein an der Org. geschultes polyphones Denken, konnte F. seine Harmonik an den Raffinessen Wagnerscher Partituren schulen und weiterbilden.

F.s kompositorisches Schaffen kulminiert in diesen letzten eineinhalb Jahrzehnten seines Lebens, in denen er sich freizumachen vermochte von seiner Vergangenheit als brillant-gefälliger Kl.-Virtuose in Konzertsaal und Salon oder als Komponist anspruchsarmer kirchlicher Gebrauchsmusik. Nun schuf er exemplarische Werke, und ihre Einmaligkeit wird dadurch unterstrichen, daß er sich zwar Gattung für Gattung neu erschloß, dies dann aber meist nur mit jeweils einem Werk tat – neben den drei großen Kammermusikkompositionen noch eine Sinfonie (1889) sowie ein großes Konzertstück für Kl. und Orchester (Sinfonische Variationen fis-Moll, 1885).

In seinen späteren Kompositionen fand F. zu einem Stil künstlerischer Reife und Vollendung. Der Kammermusik kommt hierbei eine zentrale Rolle zu. Charakteristisch ist der sehr freie und eigenwillige Umgang mit der klassischen Sonatenform. Die mehrsätzige zyklische Anlage war für ihn eine immer wieder neue Gestaltungsaufgabe, für die er originelle Lösungen fand. Nur noch selten praktizierte er die überlieferte Form des Zyklus' in ›Reinkultur‹, vielmehr setzt er die Einzelsätze in neue Abläufe und dramaturgische Zusammenhänge. Damit korrespondiert eine mitunter frei schweifende Harmonik, die die traditionellen, tonale Stabilität verleihenden Tonika-Dominant-Kadenzen immer mehr vermeidet zugunsten schillernder Modulationen und ständigen tonartlichen ›Schwebe-Zuständen‹, womit die Sonatenhauptsatzform mehr oder weniger außer Kraft gesetzt wird. Schon die den Sätzen zugrundeliegenden Themen sind zumeist durch eine latente Chromatik gekennzeichnet, die einen abrupten Wechsel in entlegene Tonartenbereiche ermöglichen. Durch Akkordrückungen und ungewöhnliche Modulationen werden in ganz eigentümlicher Weise Leittonwirkungen von Dissonanzen und damit deren Auflösung in Konsonanzen abgeschwächt. F.s Tendenz, gerade in den Kopfsätzen seiner großen Werke Teile verschiedenen Tempos und Charakters miteinander zu verknüpfen, verringert zusätzlich das Gewicht des Einzelsatzes zugunsten der Einbindung in den Sonatenzyklus.

Das 1878/79 entstandene Kl.-Quintett f-Moll wurde zu einem Schlüsselwerk für F.s Spätstil: Das Seitenthema im Allegro des Kopfsatzes stellt im Prinzip das motivisch-thematische Material aller drei Sätze, selbst manche der Nebengedanken sind aus motivischen Keimzellen dieser Gestalt entwikkelt. Darüber hinaus dienen bestimmte Tonartenfelder und Modulationsbewegungen (z. B. f-Moll/a-Moll) mehrmals als verbindende Klammer.

Nicht nur Publikum und Fachkritik, sondern auch Freunde und Künstlerkollegen wie Saint-Saëns, Liszt oder Debussy lehnten die neuartige Gestaltungsweise ab. Erst die Sonate für Kl. und V. A-Dur (1886) und das StrQu. D-Dur (1889) fanden sofort begeisterte Aufnahme bei Publikum und Fachwelt und festigten F.s Ruhm als Komponist.

Im Gegensatz zu vielen seiner Zeitgenossen, die einem effektvoll-lautstarken Opern- und Konzertstil huldigten, vollzog sich F.s Leben und Schaffen abseits vom Rampenlicht. Der zeitgenössischen Tendenz zu tönender Geste setzte er, den seine Schüler und Verehrer respektvoll ›Pater seraphicus‹ nannten, seine persönliche Lauterkeit und Integrität entgegen. Sie findet in der Klarheit und blühenden Klanglichkeit seiner Musik, diszipliniert durch Strenge und Schönheit der Form, eine Entsprechung.

Sonate A-Dur (1886)
für Klavier und Violine

Allegretto ben moderato – Allegro – Recitativo – Fantasia. Ben moderato – Allegretto poco mosso
Dauer: ca. 29'
Verlag: Hamelle Paris

Die 1886 komponierte Sonate widmete F. seinem Freund Eugène Ysaÿe als Hochzeitsgeschenk. Die UA am 31. 12. 1887 in der Pariser Société Nationale spielte Ysaÿe gemeinsam mit der Pianistin Léontine Marie Bordes-Pène. Der überwältigende Erfolg dieser Aufführung setzte sich bis zum heutigen Tag fort – F.s V.-Sonate gehört sowohl bei den Interpreten als auch beim Publikum zu den beliebtesten Werken des Konzertrepertoires überhaupt.

Trotz der äußerlichen Viersätzigkeit entzieht sich F. den Gesetzlichkeiten des klassischen Sonatenzyklus'. Die Anordnung zweier Satzpaare langsam – schnell erinnert eher an das ältere Modell der Sonata da chiesa. Doch liegt sowohl dem 1. als auch dem 2. Satz dieser Sonate der Grundriß der Sonatenhauptsatzform zugrunde (wenn auch in einer durch chromatische Harmonik verschleierten Weise); das Finale bezieht ebenfalls durch typische Modulationsbewegungen Expositions- und Reprisenteile aufeinander.

Die vier Einzelsätze sind in besonderer Sorgfalt miteinander verknüpft: Alle wesentlichen thematischen Gestalten lassen sich aus dem pastoralen Ausgangsthema des **1. Satzes** mit der emphatischen Terz-Bewegung ableiten:

etwa das Seitenthema im d-Moll-Allegro

oder in Gestalt des zwischen Kl.-Diskant und V. kanonisch geführten Hauptthemas im Finale.

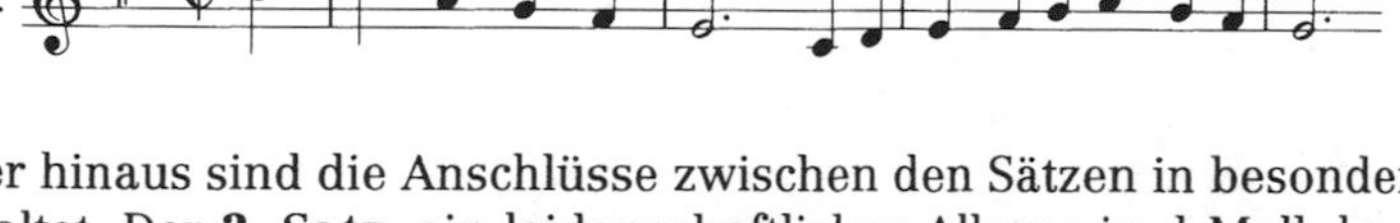

Darüber hinaus sind die Anschlüsse zwischen den Sätzen in besonderer Weise gestaltet: Der **2. Satz**, ein leidenschaftliches Allegro in d-Moll, beginnt im Kl. mit dem kraftvollen Umspielen des Tones ›A‹ und knüpft damit direkt an das A-Dur des Kopfsatzes an. Der **3. Satz** ist geradezu als eine frei gestaltete Überleitung zwischen dem d-Moll-Allegro und dem zum lichten A-Dur zurückkehrenden Finale angelegt – die in der Oberstimme liegende Quinte ›cis‹ des fis-Moll-Schlußakkordes wird im Finale zum Terzton von A-Dur umgedeutet.

Der **1. Satz** beginnt mit einem viertaktigen Vorspiel des Kl.s, das zunächst die Tonika A-Dur mehr verbirgt denn offenlegt. (Beethovens Kl.-Sonate A-Dur op. 101 scheint F. als Anregung gedient zu haben.) Das von der V. vorgetragene Thema erwächst im weiteren Verlauf der Sonate zur zentralen Gestalt. Das zweite Thema dieses Satzes bildet kaum einen Gegensatz, sondern steigert den pastoralen Gestus zu beglückender hymnischer Größe. Der **2. Satz** stellt zwei kontrastierende Themen gegenüber, die zu jeweils alternierenden Episoden ausgeweitet sind. Er fungiert als gewichtiger Hauptsatz des

Werkes, ist in dieser Funktion aber durch die entfernte d-Moll-Tonart eingeschränkt. So wird der **3. Satz** als z. T. frei gestaltetes, meditatives Instrumentalrezitativ zum geistigen Zentrum des Werkes, es knüpft direkt an das d-Moll des vorhergehenden Allegros an und endet schließlich in einer geheimnisvollen Wendung nach fis-Moll. In freier Folge sammelt und verarbeitet dieser Satz – zunächst in Wechselrede von Kl.- und V.-Solo, dann im Zusammenspiel der beiden Partner – bereits benutztes Material und formt neue Gedanken vor, die dann für das Finale Bedeutung bekommen. Die emphatische Terzbewegung bestimmt auch in diesem Satz zahlreiche der motivischen Gestalten. Das **Finale** mit seinem eingängigen Thema (siehe Notenbeispiel) läßt den Modulationsgrundriß des klassischen Sonatenhauptsatzes ahnen und konfrontiert das Hauptthema (meist in kanonischer Führung von Kl.-Diskant und V. vorgetragen) mit Gedanken aus den vorhergehenden Sätzen. Sie münden, zu festgefügten Gestalten umgewandelt, in eine grandiose Schlußsteigerung.

Streichquartett D-Dur (1889)

Poco lento. Allegro – Scherzo. Vivace – Larghetto – Finale. Allegro molto
Dauer: ca. 47'
Verlag: Hamelle Paris

Die Komposition eines StrQu.s als dem Inbegriff anspruchsvoller Kammermusik nahm F. erst im Frühjahr 1889 in Angriff – das am 19. 4. 1890 durch das Quartett Heymann – Gibier – Balbreck – Liégeois in der Pariser Société Nationale mit großem Erfolg uraufgeführte Werk sollte Krönung und zugleich Abschluß seines Kammermusikschaffens bilden. Die künstlerischen Vorbilder fand er in den späten Quartetten Beethovens (vor allem in opp. 130, 131 und 132) und in der Kammermusik von Schubert und Brahms, auch manche Anklänge an Mendelssohn und Wagner sind hörbar.

Im Spätwerk von F. ist das StrQu. D-Dur das einzige Werk, das die Form des klassischen viersätzigen Sonatenzyklus' verwirklicht, diese aber auf der Grundlage seines eigenwilligen harmonisch-modulatorischen Denkens umformt, die vier Sätze dabei konsequent aufeinander beziehend. Das für die klassischen StrQu.e typische Gleichgewicht zwischen Polyphonie und Akkordik ist bei F. merklich zugunsten der Akkordik verschoben – um die harmonischen Wirkungen in besonderer Deutlichkeit herauszuarbeiten und hörbar zu machen. Das Finale fungiert als Höhepunkt und Zusammenfassung des Werkganzen – Reminiszenzen an die vorhergehenden Sätze (in Form von Zitaten und motivischen Einschüben, am Schluß sogar in simultaner Überblendung mehrerer Themen) verknüpfen die Sätze zu einer zwingenden zyklischen Folge.

Obwohl der **1. Satz** mit fast 17 Minuten Spieldauer der ausgedehnteste Satz des StrQu.s ist, vermeidet F. dessen Übergewicht im Werkganzen. Das eröffnende Poco lento ist nicht als langsame Einleitung konzipiert, sondern erwächst durch seine Länge zum alternierenden Widerpart des Allegros. Der Allegro-Hauptsatz vertauscht den lyrischen D-Dur-Gesang mit dem eher schroff abweisenden d-Moll als Haupttonart.

Das Poco lento erscheint noch einmal zu Beginn der Durchführung, in f-Moll als Fugensatz beginnend, sowie am Satzschluß, an die D-Dur-Episode des Seitenthemas anschließend. Das an zweiter Stelle stehende **Scherzo**, ›con sordino‹ gespielt, beschwört den Zauber Mendelssohnschen Elfenspukes, erinnert in der Themenformung und in der Konsequenz der motivischen Verarbeitung jedoch gleichzeitig an vergleichbare Scherzo-Sätze Beethovens.

Inniger Ruhepunkt des Werkes ist der **3. Satz**, ein Larghetto in H-Dur. Auch hier verbirgt und verschleiert F. zunächst die Haupttonart – der erste H-Dur-Akkord erscheint erst nach Abschluß der ersten Gesangsperiode als Auftakt zur zweiten Phrase:

Durch Doppelgriffe werden vollstimmige Wirkungen erzielt, der emphatische Höhepunkt des Satzes ist bis zur Sechsstimmigkeit gesteigert. Im **Finale** konfrontiert Fr. zunächst die Hauptgedanken der drei vorangegangenen Sätze mit einer schroffen Unisono-Gestalt

und läßt sie in einen leidenschaftlich bewegten, zuweilen auch hymnisch-verinnerlichten Hauptsatz münden. In der Coda werden noch einmal die Hauptgedanken aller vier Sätze zu einer zwingenden Schlußsteigerung verknüpft.

Dietmar Hiller

Niels Wilhelm Gade

geb. 22. 2. 1817 Kopenhagen, gest. 21. 12. 1890 Kopenhagen. Nach V.-Unterricht bei dem Kgl. Kapellmusiker Frederik Thorkildson Wexschall erster öffentlicher Auftritt 1833; 1834 Aspirant der Kgl. Kapelle in Kopenhagen. 1841 Preisträger eines Kompositionswettbewerbs der 1836 gegründeten Kopenhagener ›Musikforeningen‹ und Aufführung seiner 1. Sinfonie c-Moll durch Felix Mendelssohn Bartholdy. 1843 Übersiedlung nach Leipzig, 1844 zweiter Dirigent und nach dem Tod Mendelssohns 1847 Leiter der Gewandhauskonzerte. Mit dem Ausbruch des deutsch-dänischen Krieges 1848 Rückkehr nach Kopenhagen, Neuorganisation der ›Musikforeningen‹; G. wird Leiter des Orchesters der ›Musikvereinigung‹. Ab 1851 Organist an der Garnisonskirche, ab 1858 außerdem an der Holmens Kirke; 1861 kurzzeitig als Kgl. Dänischer Kapellmeister Leiter der Oper, zeitweise auch im Direktorium des Kjøbenhavns Musikkonservatorium tätig, das er gemeinsam mit Johann Peter Emil Hartmann und Holger Simon Paulli 1866 gegründet hatte.

Werke f. 2 Instr.: (3) Sonate f. V., Kl. (A op. 6, 1842; d op. 21, 1849; B op.59, 1885); Phantasiestücke f. Klar./V. u. Kl. op. 43 (1864); Volkstänze in nordischem Charakter f. V., Kl. (1886) – Werke f. 3 Instr.: Novelleter op. 29 f. Kl., V., Vc. (1863) – Werke f. 4 Instr.: StrQu. D op. 63 (1888) – Werke f. 5 Instr.: Quintett f. 2 V., 2 Va., Vc. E op. 8 (1845) – Werke f. 6 Instr.: Sextett f. 2 V., 2 Va., 2 Vc. Es op. 44 (1863) – Werke f. 8 Instr.: Oktett f. 4 V., 2 Va., 2 Vc. op. 17 (1848).

Verlag: Breitkopf & Härtel Wiesbaden, Leipzig; Wilhelm Hansen Kopenhagen.

In einer Zeit, in der verstärkt eine inhaltliche Bestimmtheit der Musik diskutiert wurde, schien G. offensiv die Position derer zu vertreten, die sich von klassizistischen Konventionen lösen wollten und in freien, insbesondere an literarischen Vorlagen orientierten Formen zukunftsweisende Perspektiven sahen. »Formel hält uns nicht gebunden, unsere Kunst heißt Poesie« – im Motto, das G. seiner zu einem Wettbewerb eingereichten Konzertouvertüre *Efterklang af Ossian* (*Nachklänge von Ossian,* 1841) voranstellte, ist diese Auffassung schlagwortartig gefaßt, und nicht nur wegen einer souveränen Beherrschung des kompositorischen Metiers, sondern insbesondere auch wegen seiner farbenreichen Instrumentation sahen Robert Schumann und Felix Mendelssohn Bartholdy in G., dem seinerzeit in Deutschland noch gänzlich unbekannten dänischen Tonkünstler, einen würdigen Preisträger. Nicht wenige Stücke G.s, der 1844 für einige Jahre nach Leipzig übersiedelte und dort als Dirigent der Gewandhauskonzerte sehr erfolgreich war, spiegeln in ihren Titeln Ideen und Anregungen Schumanns. In der Wahl der Besetzung wie in etlichen Details der Faktur ist die Anlehnung an Mendelssohn unverkennbar. Nach der Jahrhundertmitte forcierte G. die Entwicklung einer poetisch intendierten Musik nicht mehr, sondern kultivierte einen glatten, mitunter akademisch wirkenden Tonsatz. Dieser kennzeichnet besonders seine späteren kammermusikalischen Werke. Hochgeachtet als Dirigent – auch auf Konzertreisen in zahlreichen europäischen Ländern – von den Zeitgenossen geschätzt vor allem wegen seiner Sinfonischen Kompositionen, riskierte G. bei der nur gelegentlichen Produktion kleiner besetzter Werke nur wenig: Sie bleiben Parerga, die eine individualisierte Tonsprache jenseits eines ›nordischen‹ Idioms kaum mehr erkennen lassen.

Oktett op. 17 (1848)
für 4 Violinen, 2 Violen und 2 Violoncelli

Allegro molto e con fuoco – Andantino quasi Allegretto – Scherzo. Allegro moderato e tranquillo – Finale. Allegro vivace
Dauer: ca. 22'
Verlag: Breitkopf & Härtel Leipzig, ED 1848

In klaren Linien konzipiert G. im einleitenden **Allegro** einen weiträumig dimensionierten Sonatensatz, dessen Themen, beide von der dominanten 1. V. vorgestellt, nur tonartlich kontrastieren, in Melos und Charakter jedoch zu eng verwandt sind, als daß sie in der kurz bemessenen Durchführung eine intensive motivisch-thematische Arbeit ermöglichen könnten. So bleibt hier nur, auf eine rhythmisch prägnante Formel aus der Schlußgruppe der Exposition zurückzugreifen, die in einigen Sequenzen nahe Nachbartonarten einbezieht, doch den bis hierhin homogenen Klang kaum trübt. G.s Vermögen, mittels einer kleinen melodische Zelle durch Fortspinnung und Variation einen ausgedehnten Satz zu gestalten, belegt zumal der **2. Satz**, in dem wiederum die 1. V. ein kantables Thema ausführt, die anderen Stimmen erneut lediglich subsidiär gefügt sind. Auch in einem dreiteiligen **Scherzo** übernehmen die Unterstimmen nur selten selbständige Funktionen in einem kaum je obligaten achtstimmigen Satz, der aus subtilen Klangfarbennuancen der Begleitung Spannung und Abwechslungsreichtum bezieht. Das **Finale** gestaltet G. als Sonatensatz, dessen lyrisch-gesangliche Themen weniger charakteristisch sind als die große Geste der Unisono-Introduktion und die wirkungsvoll aufgebauten Stretta-Teile. Doch zu einer Neubewertung der sehr konventionellen formalen Anlage gelangt G. auch hier nicht, und die Eleganz nicht weniger als die Verbindlichkeit, die Aufbau und Faktur seines Oktetts kennzeichnen, unterstützen jenen Eindruck des Epigonalen, den G. in seinen anderen Werken, insbesondere den an ein literarisches Programm gebundenen Kompositionen und zumal in seiner Sinfonik, zunächst zu vermeiden gewußt hatte.

Michael Heinemann

Michail I. Glinka

geb. 20. 5. (1. 6.) 1804 Novospasskoje (Gouvernement Smolensk, Rußland), gest. 15. 2. 1857 Berlin. Erste musikalische Erziehung bei Hauslehrern (Kl., V., Fl.), Mitspiel in einem Leibeigenenorchester. 1818–1822 Ausbildung am Adelsinstitut der Pädagogischen Schule St. Petersburg (V. bei Franz Böhm, Kl. bei John Field u. Karl Mayer alias Charles Majer) sowie Gesangsunterricht. 1824–1828 Beamter im Verkehrsministerium. Musikalische Eindrücke durch Petersburger Oper und Konzerte der Petersburger Philharmonischen Gesellschaft, Bekanntschaft mit den Dichtern Alexander Puschkin, Wasilij Shukowskij, Wladimir Odojewski. 1830–1834 Aufenthalt in Italien, Österreich, der Schweiz und in Deutschland. Bekanntschaft mit Gaëtano Donizetti, Vincenzo Bellini und Felix Mendelssohn Bartholdy. 1833/34 Berlin, Unterricht in Harmonielehre und Kontrapunkt (Siegfried Dehn). 1837–1839 Kapellmeister der Hofsängerkapelle in St. Petersburg, außerdem als Sänger und Gesangslehrer tätig. Freundschaft mit dem Schriftsteller Nestor Kukolnik. 1844–1848 Reisen nach Frankreich und Spanien. Zunehmender Erfolg seiner Musik in Europa. Ab 1848 Aufenthalt teils in Rußland (St. Petersburg), teils im Ausland (Warschau, Paris, Berlin). Schreibt 1852–1854 *Bemerkungen zur Instrumentation*, 1855/56 *Aufzeichnungen aus meinem Leben*.

WERKE F. 2 INSTR.: Sonate f. Kl., V. (od. Va.) d (1825–1828,unvoll.; beendet v. Wadim Borissowski 1931) – WERKE F. 3 INSTR.: Trio pathétique f. Kl., Klar., Fag. d (1832) – WERKE F. 4 INSTR.: StrQu. D (1824, unvoll.; hrsg. v. Nikolai Mjaskowski u. Wassili Schirinski 1948); StrQu. F (1830) – WERKE F. 6 INSTR.: Grand sestetto originale f. Kl., 2 V., Va., Vc, Kb. Es (1832); Divertimento brillante über Motive aus der Oper *La Sonnambula* v. Vincenzo Bellini f. Kl., 2 V., Va., Vc., Kb. (1832) – WERKE F. 7 INSTR.: Septett f. Ob., Fg., Hr., 2 V., Vc., Kb. Es (1823, beendet v. Wissarion Schebalin 1957);

Serenade über einige Motive aus der Oper *Anna Bolena* von Gaëtano Donizetti f. Kl., Hf., Fg., Hr., Va., Vc., Kb. (1832).
Jahreszahlen beziehen sich auf das Entstehungsjahr.

Verlag: M. I. G., Polnoe sobranie socinenij (GA), hrsg. v. V. J. Sebalin u. a., Moskau 1955–1969 Bd. 3 u. 4.

»Wie eine Eiche in einer Eichel, so steckt die ganze russische Sinfonische Musik in der ›Kamarinskaja‹«, notiert Peter I. Tschaikowski am 27. 6. 1888 in seinem Tagebuch. Diese Beobachtung trifft sowohl auf die Instrumentalmusik, als auch auf die Opern und Vokalwerke von M. G., dem ›Vater der russischen Musik‹ zu. Das erste reife Werk seiner volkstümlich-national geprägten Kunst ist die Oper *Ein Leben für den Zaren – Zizn za Carja (Ivan Susanin)* (1836). Ihr folgten u. a. wiederum eine Oper *Ruslan i Ljudmila* (1842), das *Capriccio brillante* über *La Jota Aragonesa* (1845), die Orchesterfantasie *Kamarinskaja* (1848), *Souvenir d'une nuit d'été à Madrid* (Erinnerung an eine Sommernacht in Madrid, 1848) sowie zahlreiche Romanzen.

Alle Werke, die bis zu Beginn der 30er Jahre entstanden sind, zeigen – jedes auf seine Art – G.s Suche nach einem eigenen Stil und sein Bemühen, europäischen, vor allem aber italienischen Traditionen zu folgen. Da G.s Kammermusik ausschließlich in der frühen Schaffensperiode entstanden ist, besitzt sie für ihn die Funktion eines Laboratoriums.

Seine kompositorischen Fähigkeiten und Fertigkeiten hat G. anfangs autodidaktisch entwickelt: »Meine Vorstellungen von Generalbaß, Kontrapunkt und anderen Voraussetzungen für die Entstehung eines musikalischen Werkes und von der Kompositionslehre überhaupt waren zu jener Zeit (gemeint sind die 20er Jahre; T. F.) so unklar, daß ich die Feder ergriff und nicht wußte, womit ich anfangen und welches Ziel ich erstreben sollte. Ich komponierte zuerst ein Septett, dann ein Adagio und ein Rondo für Orchester. Sollten sich diese Stücke ... unter meinen Manuskripten erhalten haben, so können sie nur als Beweis für meine damalige Unkenntnis auf musikalischem Gebiet dienen.« (*Aufzeichnungen*, S. 52f.). Später erlernte er sporadisch bei verschiedenen Lehrern das kompositorische Handwerk, u.a. bei dem bekannten Petersburger Theoretiker J. L. Fuchs und ab 1833 in Berlin bei S. Dehn. Durch sein fabelhaftes Gehör und außerordentlich gutes Gedächtnis eignete sich G. zudem gleichsam spielend, nämlich als Pianist, Geiger und Sänger, die ›Gesetze‹ der westeuropäischen Musiksprache an.

Während er sich in den frühen Werken mehr an den Wiener Klassikern orientierte, ist seine reife Kammermusik vor allem von der italienischen Oper (Bellini und Donizetti), und den Komponisten des frühen 19. Jahrhunderts (C. M. v. Weber, John Field, Johann Nepomuk Hummel) inspiriert. Die Kompositionen aus dieser Periode sind fast alle während seiner ersten Auslandsreise in Italien (1830–1833) entstanden. Im damaligen italienischen Musikleben wiederum hat G., der – wie er dort genannt wurde – ›russische Maestro‹, eine bemerkenswerte Spur hinterlassen, insbesondere als Pianist und Sänger. Der Mailänder Musikverleger Ricordi veröffentlichte einige seiner Werke unmittelbar nach ihrer Entstehung. Und Giovanni Ricordi äußerte sogar, G. sei in der Beherrschung des Kontrapunkts »gelehrter« als Bellini und Donizetti. Sein künstlerisches Credo legte G. in einem Brief aus seinem Sterbejahr nieder, wo er schreibt: »Alle Künste, folglich auch die Musik, verlangen: 1. Gefühl. L'art c'est le sentiment. Das verdankt man höherer Eingebung. 2. Form. Form bedeutet Schönheit, d.h. alle Teile müssen so in Einklang gebracht werden, daß sie ein harmonisches Ganzes bilden. Das Gefühl schafft – es gibt die Grundidee; die Form kleidet die Idee in das geziemende und passende Gewand. Gefühl und Form – das ist wie Seele und Leib.«

Grand sestetto originale Es-Dur (1832) für 2 Violinen, Viola, Violoncello, Klavier und Kontrabaß

Allegro – Andante – Finale. Allegro con spirito
Dauer: ca. 26'
Verlag: P. Jurgenson Moskau, EA 1881

Das Große Sextett ist zwischen Frühling und Herbst 1832 entstanden. Auf dem Autograph befindet sich der Hinweis: »terminato a Tramezzo il 17 ottobre«. In Tramezzo am Comer See hatte G. »den letzten schönen Monat in Italien« (*Aufzeichnungen*) verbracht. Wie die anderen Kammermusikkompositionen ist auch das Sextett für befreundete Interpreten geschrieben: für die Tochter des Arztes de Filippi, die eine außerordentlich begabte Pianistin gewesen ist. Ihr, die sogar mit Chopin «... oft musiziert hat« (*Aufzeichnungen*), sollte das Werk zuerst zugeeignet werden. Dennoch widmete G. sein »neues Werk nicht ihr, sondern ihrer Freundin« Mademoiselle Sofia Medici de Marchesi (*Aufzeichnungen*). Diese mußte ›nach den Regeln‹ anscheinend den Kl.-Part bei der UA übernehmen. Doch G. berichtet, sie »spielte mein ›Sestetto‹ unbefriedigend, wurde jedoch von den besten Künstlern begleitet, die die Aufführung retteten«. (*Aufzeichnungen*)

Das dreisätzige Werk ist gleichsam ein kleines Kl.-Konzert. Aus verschiedenen Quellen gespeist: italienische Oper, (»sentimente brilliante»), frühromantischer Kl.-Stil (Hummel, Field, v. Weber, Mendelssohn), hat G. versucht, ein – wie es im Titel heißt – »originales« Werk zu schaffen. Das betrifft sowohl die Themengestaltung als auch die farbige Tonarten-Disposition mit einer für die romantische Musik typischen Terzverwandtschaft – zwischen den Tonarten der drei Sätze (Es–G–Es) genauso wie innerhalb jedes einzelnen Satzes.

Nach frühklassischem Vorbild exponiert G. im Eröffnungs-**Allegro**, einem Sonatenhauptsatz, ein gehoben-feierliches Einleitungsmotiv und zwei Themen. Das Kl. trägt das melodische, vom italienischen Belcanto inspirierte Hauptthema vor, das gemeinsam mit den Streichinstrumenten weiter ausgesponnen wird.

Das kantable Nebenthema ähnelt im Charakter dem Hauptthema. Kontrastreich wird das Einleitungsmotiv, das auch in die Durchführung einbezogen ist, dagegengesetzt. Es wird von den Streichern übernommen, während das Kl. ›cantabile con anima‹ und ›brilliante‹ (Vortragsbezeichnung) die Kadenz spielt. Eine kleine kontrapunktische Überleitung führt zur Reprise und schwungvollen Coda, in der nach farbigen Modulationen die Grundtonart Es–Dur am Schluß bestätigt wird.

Die bereits im 1. Satz vorhandenen romantischen Züge (vor allem in der tonalen Entwicklung) prägen auch Ausdruck und Themengestaltung im **2. Satz**. Da gibt es eine Barkarole, die ihre italienischen Wurzeln durch die Adaption des romantischen Kl.-Stils (*Nocturnes* von Field, *Lieder ohne Worter* von Mendelssohn) offenbart. Die melodietragenden Instrumente (V. und

Vc.) verstärken die Atmosphäre des träumerischen ›Gesangs‹. Vortragsanweisungen wie ›cantabile assai‹, ›apassionato‹, ›agitato ma con grazia‹ verweisen auf den Opernstil. Kl., V. und Vc. übernehmen abwechselnd die Rolle eines ›Sängers‹ und einer ›Mandoline‹. Das in der Stille ersterbende ›Lied‹ geht attaca in das feurige Finale über.

Im **Finale**, einem Sonatensatz-Allegro ohne große Kontraste, greift G. auf das thematische Material des 1. Satzes zurück. Der temperamentvolle Charakter des Hauptthemas erinnert mit seiner markanten Rhythmik an den festlichen Krakowiak aus *Iwan Susanin*. Das Nebenthema ist ein brillanter, graziöser Tanz à la C. M. v. Weber. Wieder führt eine kurze polyphone Durchführung zur Reprise, fast mit der gleichen farbigen Tonarten-Disposition wie im 1. Satz. In der als zweite Durchführung angelegten Coda werden die beiden Themen ›poco piu mosso, con gracio‹ miteinander gekoppelt, um so die Haupttonart und die feurige Grundstimmung wieder zu erreichen.

Anläßlich einer Aufführung des *Grand sestetto* in Moskau schrieb die Zeitung *Molwa* (Gerede) am 15. 6. 1834: »...es scheint uns, daß hier die verschiedenartigen Züge der zeitgenössischen Musik: Glanz, Melodie und Kontrapunkt, miteinander verbunden sind, und zwar so verbunden, daß sie ein untrennbares Ganzes, Originelles bilden. Glinkas Musik kann man bereits nach acht Takten erkennen. Seine Originalität besteht in einer unaussprechlichen Grazie der Melodien und einer Klarheit, sozusagen einer Durchsichtigkeit seines Stiles«.

Tatjana Frumkis

Vinko Globokar

geb. 7. 7. 1934 Anderny (Meurthe-et-Moselle) als Sohn slowenischer Arbeitsimmigranten. 1947 Rückkehr nach Ljubljana. 1949–1955 Konservatorium Ljubljana Unterricht in Pos., Tätigkeit im Jazzorchester des slowenischen Rundfunks. Fortsetzung des Studiums 1954–1959 in Paris am Conservatoire (Jazzkomposition bei André Hodeir), 1960–1963 bei René Leibowitz (Komposition und Dirigieren), 1963/64 in Berlin (West) bei Luciano Berio. 1966 musikalischer Mitarbeiter am Center for Creative and Performing Arts Bufallo (N.Y.), USA, erstes internationales Auftreten als Komponist mit *Voie* für Chor und Orchester nach Wladimir Majakowski. 1968–1973 Professor für Pos. an der Musikhochschule Köln. 1969 Gründung des stilbildenden Improvisationsensembles New Phonic Art (mit Carlos Roqué Alsine, Michel Portal und Jean-Pierre Drouet). Seit Ende der 60er Jahre häufig Dozent der Internationalen Ferienkurse für Neue Musik in Darmstadt, außerdem Dozenturen in den Vereinigten Staaten und Italien. Vielfältige Aktivitäten als Posaunist in Jazzensembles, Sinfonieorchestern und Kammermusikvereinigungen. Seit der UA des Pos.-Konzerts von R. Leibowitz 1960 bewährter und gefragter UA-Interpret von Werken, die z. T. ihm gewidmet sind (von Mauricio Kagel, Toru Takemitsu, Karlheinz Stockhausen, L.Berio). 1974–1980 Mitarbeiter am Institute de Recherche et de Coordination Acoustique/Musique (IRCAM) Paris. Seit 1980 freischaffend. G. lebt in Berlin.

Werke f. 1 Instr.: Atemstudie f. Ob. (1972); *Echanges* (aus: *Laboratorium*) f. einen Blechbläser (1973); *Limites* (aus: *Laboratorium*) f. einen Geiger od. Bratschisten (1973); Res/As/Ex/Inspirer f. einen Blechbläser (1973); *Toucher* (aus: *Laboratorium*) f. einen sprechenden Schlagzeuger (1973); Voix instrumentalisée (aus: *Laboratorium*) f. BKlar. (1973); *Dédoublement* f. Klar. (1975); *Monolith* (aus: *Standpunkte*) f. Fl. (1976); Vorstellung (aus: *Standpunkte*) f. Solisten (beliebiges Streich-, Holz- od. Blasinstrument, 1976); *Introspection d'un tubiste* f. Tb., Elektronik, Tonband u. szenische Bewegungen (1983); *? Corporel* f. einen Schlagzeuger auf seinen Körper (1984); *Cri des Alpes* f. Alphorn (1986); *Kvadrat* f. schlagzeugspielenden Musiker (1989); *Ombre* f. einen singenden Schlagzeuger, Tonband und Rhythmusmaschine (1989); *Prestop I.* f. Klar., Elektronik (1991); *Prestop II.* f. Pos., Elektronik (1991); Pendulum f. Vc. (1991) – Werke f. 2 Instr.: *Vibone* f. Pos. u. Vibr. (1963); *Drama* f. Kl., Schlzg., Elektronik (1971); *Koexistenz* f. 2 Vc. (auch f. Vc.-Solo, 1977); Valses communicants f. zwei Blechbläser (1985); *Dos à dos* f. zwei Solisten mit transportablen Instrumenten (1988) – Werke f. 3 Instr.: Discours IV f. 3 Klar. (1974); Convergent- Divergent f. Fl., Ob., Kl. (1981); Moteur à tris tons f. 3 Bläser (1985); Elégie balkanique f. Fl.,Git., Schlzg. (1992) – Werke f. 4 Instr.: Six pièces brèves f. StrQu. (1962); Correspondences f. 4 Solisten (1969); Discours V f. 4 Sax. (1981); Discours VI f. 2 V.,Va., Vc. (1982) – Werke f. 5 Instr.: *Plan* f. einen Zarb-Spieler u. 4 Mitwirkende (1965); Discours I f. Pos., vier Schlzg. (1967); Discours II f. 5 Pos. od. Pos. u. Tonband (1968); Discours III f. 5 Ob. od. Ob. u. Tonband (1969); Discours VII f. 5 Blechbläser (1987); Discours VIII f. Fl., Ob., Kl., Hr., Fg. (1989) – Werke f. 6 Instr./Ausf.: Accord f. S., Pos., Vc., Fl., elektron. Org., Schlzg. (1966); *Par une forêt de symbôles* f. 6 Musiker ad lib. (1986); *Freu(n)de* für sechs Vc. (1987) – Werke f. 7 Instr.: *Blinde Zeit* f. 7 Musiker (1993) – Werke f. variable Besetzungen: *La Ronde* f. eine beliebige Anzahl v. Melodieinstr. (1970); *Tribadabum extensif* sur rhythme fantôme f. 3 Schlzg.er od. 3 Schlzg.er u. eine unbegrenzte Anzahl v. Schlzg.ern (1981).

Verlag: Edition Peters Frankfurt/M.; Ricordi Paris.

G.s Werke zählen zu den umstrittensten, die die Neue Musik seit den 60er Jahren hervorgebracht hat. So häufig ihre Aufführungen auch bei Hörern wie Kritik heftigen Widerspruch erregten, desto deutlicher ist im Laufe der Jahre G.s Bedeutung als ein wesentlicher Innovator der Avantgarde zu Tage getreten. Diese Tatsache liegt zunächst in der Personalunion von Interpret und Komponist begründet. G. leistet für die Pos. Vergleichbares wie Heinz Holliger für die Ob. G. Kompositionen sind von den klanglichen und spieltechnischen Möglichkeiten des Instruments her konzipiert, die nicht allein für die Pos. spektakulär erweitert werden. Dies bedeutet für G. allerdings nicht eine Betonung rein technischer Virtuosität, sondern Einbeziehung der ganzen Person des Instrumentalisten in den musikalischen Verlauf. Neben mimischen Elementen, der Choreographierung der Musikerauftritte und der Bewegung der Spielgruppen im Raum werden in G.s Kompositionen Sprache und Instrumentalspiel in spezifischer Weise aufeinander bezogen. Darstellen, Fragen, Erzählen, Befehle geben, Erklären, Antworten – diese und andere Funktionen der natürlichen Sprache transponiert er in eine Klangrede, in die neben den bekannten Formen instrumentalen Spiels Geräusche und phonetische Artikulationen eine gleichberechtigte Stellung erlangen. G.s Vorstellungen erfordern vom Interpreten einen engagierten Einsatz, der im Extremfall – wie in *?Corporel für einen Schlagzeuger auf seinen Körper* (1984) – den Spieler selbst zum Resonanzboden werden läßt. Gefordert wird entsprechend auch vom Hörer eine gesteigerte Bereitschaft, sich auf die Erkundung einer Klangwelt einzulassen, deren Erzeugung mit ebenso paradox wie befremdlich anmutenden Mitteln die eingeschliffenen Grenzen des Konzertlebens überschreitet.

Eine zweite Grenzüberschreitung leistet G. mit der Form der Gruppenimprovisation, die eine zweite wesentliche Innovation geworden ist. Zeitgeschichtlich parallel mit Happening, Free Jazz und den Anfängen der Fluxusbewegung, ist G. nicht umstandslos einer dieser Bewegungen zuzuordnen. Zwar konvergiert die emphatische Betonung von Spontaneität, freier Kommunikation und zwangfreiem Schöpfertums mit dem sozialkritischen Impetus jener Richtungen, in seiner Programmatik ist G.s Entwicklung jedoch nur vor dem Hintergrund der ›klassischen‹ Avantgarde zu verstehen. Seine kompositorische Entwicklung fällt in die Auseinandersetzung mit dem zunehmend als dogmatisch empfundenen Serialismus der 50er Jahre auf der einen sowie mit den ästhetischen Vorstellungen von John Cage auf der anderen Seite. G.s Improvisationsstil bleibt an einen fixierten Notentext gebunden, der notationstechnisch eine entsprechende Erweiterung erfährt. Die jeweiligen Realisationen stellen unterschiedliche Annäherungen an das Werk dar, ein Umstand, der einer herkömmlichen Werkanalyse Grenzen setzt.

Der größte Teil des recht umfangreichen Schaffens ist von der Besetzungsgröße her der Kammermusik zuzurechnen. Eine Reihe von Werken hat G. dem abendfüllenden Zyklus *Laboratorium* zugeordnet, einem Opus, das dem Titel gemäß systematisch die Formen der Klangerzeugung experimentell erprobt. Die mit der Werkbezeichnung ›Discours‹ versehenen Werke betonen demgegenüber die Bedeutung kommunikativer Prozesse in der Musik und das Entstehen von wechselseitiger Verständigung durch das instrumentale Spiel selbst. Nicht zuletzt in seiner *Elégie balkanique* (1992) sowie in dem Orchesterwerk *Masse, Macht und Individuum* (1995) erweist sich G. als ein Komponist, der über das musikalische Material hinaus die gegenwärtigen sozialen Probleme im Medium des Klanges reflektiert.

Stephan Francke

Karel Goeyvaerts

geb. 8. 6. 1923 Antwerpen, gest. 3. 2. 1993 ebd. 1943–1947 Kompositionsstudium am Königlich-Flämischen Musikkonservatorium Antwerpen; 1947–1950 Studium am Conservatoire National Paris (Komposition bei Darius Milhaud, Musikanalyse und Musikästhetik bei Olivier Messiaen, Ondes Martenot bei Maurice Martenot). 1950/51 Komposition von *Nummer 1,* der Sonate für 2 Kl., deren serielle Technik und Ästhetik Karlheinz Stockhausen und andere Teilnehmer der Darmstädter Ferienkurse für Neue Musik im Jahre 1951 maßgebend beeinflußten; *Nummer 4* (»mit toten Tönen«) von 1952 gilt als erste elektronisch zu realisierende serielle Komposition. 1957–1970 Beamter bei der belgischen Fluggesellschaft ›Sabena‹. 1970–1988 Produzent beim belgischen Rundfunk BRT, anfangs am Institut für Psychoakustik und Elektronische Musik (IPEM) in Gent, ab 1975 als Redakteur für neue Musik in Brüssel. 1985 Vorsitzender des Internationalen Komponistenverbandes (UNESCO). 1983–1993 Komposition des großangelegten Opernprojekts *Aquarius*. 1992 Professur an der Katholischen Universität Leuven.

WERKE F. 1 INSTR.: Voor Tsjeng [chinesisches Instr.] (1974) – WERKE F. 1 INSTR. U. TONBAND: *You'll never be alone anymore* (Du wirst nie mehr allein sein) f. BKlar. u. Tonband (1975) – WERKE F. 2 INSTR./AUSF.: Sonate f. V., Kl. (1950); *Goathemala* f. MezzoS. u. Fl. (1966); Parcours (Strecke) f. 2, 3, 4, 5 od. 6 V.; *Vanuit de kern* (Vom Kern aus) [verbale Partitur] f. 2 Musiker (1969); *La Vie quotidienne des Aztèques* (Der Alltag der Azteken) f. Sprecher(in) u. kleines Schlzg. (1979); *Plikonamu* f. 1. Blechbläser u. Kl. (1979); *Veertien heilige kwinten met aureool* (Vierzehn heilige Quinten mit Aureole) f. Tsjeng u. Schlzg. (1986); *Chivas Regal* f. Cemb. u. Schlzg. (1988) – WERKE F. 3 INSTR.: Trio f. Vc., Klar., Kl. (1946); Muziek voor viool, altstem en piano (Musik f. V., AStimme, Kl.) (1948); Stuk voor drie (Stück f. Drei) f. Fl., V., Kl. (1960); *Ach Golgatha!* f. Schlzg., Hf., Org. (1975); Litanei II f. 3 Schlzg. (1980); *After-Shave* f. AFl., Cemb., V. (1981); *Instant OXO* f. 3 Schlzg. (1982); *Escale à Bahia* (Anlegen in Bahia) f. S., Fl., Vc. (1986); *Ambachtelijk Weefsel* (Handwerkliches Gewebe) f. Sjakoehasji u. 2 Koto [japanische Instrumente] (1989); Voor Harrie, Harry en René (Für Harrie, Harry u. René), f. Fl., BKlar., Kl. (1990) – WERKE F. 4 INSTR.: Geishaliedjes (Geisha-Liedchen) f. S., Fl., 2 Klar. (1944); StrQu. (1947); *Catch à quatre* (Catch zu Viert) [verbale Partitur] Aktion f. 4 mobile Musiker (1969); Kl.-Quartett, mobile Komposition f. V., Br., Vc., Kl., Tonband (1972); Aemstel Quartett f. Fl., V., Vc., Hf. (1985); *De Zeven Zegels* (Die sieben Siegel) f. StrQu. (1986); Ode, 9 Stücke in willkürlicher Reihenfolge f. KontraT., Bar., Fl., BKlar. (1988); Voor Strijkkwartet (Für StrQu.) (1992) – WERKE F. 5 INSTR.: *Actief-reactief* (Aktiv-reaktiv) f. 2 Ob., 2 Trp., Kl. (1968); *Une nuit à Monte Carlo* (Eine Nacht in Monte Carlo) f. 5 Instr. (od. mehr) mit unterschiedlichen Tonhöhenbereichen (1974) – WERKE F. 6 INSTR.: *Honneurs funèbres à la tête musicale d'Orphée* (Die letzten Ehrenbezeigungen an dem musikalischen Kopf von Orpheus) f. Ondes Martenot-Sextett (1978); Litanei IV f. S., Fl., Klar., V., Vc., Kl. (1981); *De Stemmen van de Waterman* (Die Stimmen des Wassermanns) f. S., Fl., Klar., V., Vc., Kl. (1985); Drie Liederen (Drei Lieder) f. MezzoS., Fl., Klar., V., Va., Vc. (1989) – WERKE F. 7 INSTR.: Opus 3 (Nr. 3: met gestreken en geslagen tonen) (Nr. 3: mit gestrichenen und geschlagenen Tönen) f. Tasten-Glsp., 2 Schlzg., Kl., V., Va., Vc. (1952) – WERKE F. 8 INSTR.: Claus-ule f. Sprecher(in), Fl., Ob., Klar., Fg., Trp., Pos., Kb. (1979); *De Zang van Aquarius* (Der Gesang des Aquarius) f. 8 BKlar. (1984) – WERKE F. ENSEMBLE: Tre Lieder per sonare a venti-sei (Drei Instrumentallieder) f. 26 Solisten (1949); Opus 2 (Komposition Nr. 2 voor 13 instrumenten) f. 13 Instrumentalsolisten (1951); Compositie Nr. 6 met 180 klankvoorwerpen (Komposition Nr. 6 mit 180 Klanggegenständen) f. Kammerorch. (1954); *Pour que les fruits mûrissent cet été* (Damit die Früchte diesen Sommer reifen) f. 14 Renaissance-Instr. (7 Spieler) (1975; Bearb. f. Kammerorch. 1988); *...Erst das Gesicht,... dann die Hände... und zuletzt erst das Haar* f. Kammerorch. (1978); Zum Wassermann f. Kammerorch. (1984); *De Heilige Stad* (Die heilige Stadt) f. Kammerorch. (1986); *Das Haar* f. Kammerorch. (1990).

Bis auf Litanei IV (Salabert, Paris) sind die Kompositionen von K. G. bei CeBeDem (Aarlenstraat 75–77, B-1040 Brüssel) verlegt. Manuskripte, Skizzen und sonstige Unterlagen stehen der Forschung im ›New Music Research Centre K. G.‹ (KUL, Postfach 33, B-3000 Leuven) zur Verfügung.

In G.s' kammermusikalischem Schaffen ist die Entwicklung der neuen Musik seit 1950 insgesamt nachvollziehbar. Es geht aus der Natur der neuen Musik hervor, daß diese Beobachtung mehr mit Kompositionstechnik und Ästhetik als mit intendierter Pflege der kammermusikalischen Gattung zu tun hat. Bereits rein äußerlich verstößt G. gegen die überlieferten Gattungskonventionen, indem er häufig von den tradierten kammermusikalischen Besetzungen oder Bezeichnungen abweicht. Ein Sextett für Ondes Martenot, ein Quintett für 2 Ob., 2 Trp. und Kl. oder ein Trio für Fl., BKlar. und Kl. sind nicht gerade gängige instrumentale Kombinationen und auch deren Überschriften (*Honneurs funèbres à la tête musicale d'Orphée*; *Aktiv-reaktiv*; *Für Harrie, Harry und René*) klammern diese Kompositionen aus einer als belastend oder sogar irrelevant empfundenen Tradition aus. G. schreibt kein ›Opus‹ mit Ewigkeitsansprüchen, vielmehr komponiert er aus einem konkreten Anlaß, für bestimmte Musiker und mit der Absicht, eine neue musikalische Verhaltensweise zu erkunden. Charakteristischerweise hat er seine letzte beendete Komposition nicht ›StrQu. Nr. 3‹ genannt, womit er sich völlig in die Beethoven-, Bartók-, Schönberg-, Rihm- usw. Tradition eines reihenmäßig produzierten (StrQu.-)Œuvres einschreiben würde, sondern er beschränkte sich auf die rein sachliche Andeutung ›Für Streichquartett‹. Vor allem in den vor 1980 geschriebenen Arbeiten setzte sich G. über die Konventionen hinweg – jedoch nicht aus Selbstzweck, sondern als Ergebnis einer konsequenten, absolut bedingungslosen Ausarbeitung einer musikalischen Idee oder Kompositionstechnik. Wenn diese Kompositionen der Besetzung nach letztendlich der Kammermusik zugeschrieben werden, so erscheint das nur insoweit sinnvoll, als die überlieferten Gattungsmerkmale als radikal ausdehnungsfähig erachtet werden. Z. B. gewinnt die für die Kammermusik grundlegende Kategorie des ›Zusammenspiels‹ eine ganz neue Bedeutung in strikt seriellen Kompositionen, in denen die Funktion der Klangmoleküle sich darauf beschränkt, die Totalität nicht aus dem perfekten Gleichgewicht zu bringen. Auch der Begriff der Interpretation erfährt hier einen Bedeutungswechsel, indem er in G.' seriellen Arbeiten auf die wortwörtliche Realisierung von Angaben des Komponisten ohne jegliche persönliche Hinzufügung beschränkt wird. Kontrastierendes Beispiel dazu ist G.' Aktionsmusik, sind Kompositionen mit ›außermusikalischen‹ (visuellen oder theatralischen) Handlungen aus den 60er und 70er Jahren. Wie alle offenen und improvisierten Formen stellt sie vor allem die gut verteidigte Front der Kammermusik auf eine harte Probe.

Die Kompositionen, die G. in der Periode von 1950 bis 1955 geschrieben hat, haben epochale Bedeutung. Es war ihm Ende 1950 gelungen, Messiaens Trennung der Parameter Dauer, Intensität und Anschlagsweise von einem konkreten musikalischen Text oder von einer rein dienenden Funktion gegenüber der Tonhöhe, mit Anton Weberns seriellem Denken in Verbindung zu bringen. Wichtig an der Idee des Parameters war für G. die Möglichkeit, Klangeigenschaften wie Tondauer, Lautstärke oder Klangfarbe in diskrete Werte abzustufen, während der Begriff des Seriellen für ihn damals weniger mit reihenmäßigen Abläufen einer Grundgestalt als vielmehr mit der gleichmäßigen Verteilung dieser Werte verbunden war. Das ist nur scheinbar tautologisch: Während jede im herkömmlichen Sinne ›serielle‹ Komposition auf struktureller Ebene theoretisch eine gleichmäßige Verteilung aller Werte innerhalb jedes einzelnen Parameters impliziert, ist letztere auch durch Nichtbeachtung einer unwandelbaren Reihenfolge von Werten zu erreichen. Und gerade das strebte G. an. Als ›Komposition Nr. 1‹ komponierte er in dieser Sprache 1950/51 die Sonate für 2 Kl., mit der er als Initiator der integral seriellen Musik zu Ruhm gelangte. ›Sonate‹ ist hier selbstverständlich lediglich im ethymologischen Sinne, als Klingstück, zu verstehen. Nur die zentralen Sätze des viersätzigen Werks sind durchorganisiert: Hier ist die serielle Organisation von Tonhöhe, Tondauer, Intensität und Anschlagsweise wirklich einwandfrei. Erstaunlich ist G.' Anwendung der ›synthetischen Zahl‹, einer die vier Parameter verknüpfenden Technik, die durchaus musikalisch (statt bloß strukturell) relevant ist: Jede der vier Klangeigenschaften enthält einen numerischen Wert, deren Summe für jeden Tonpunkt immer gleich sieben ist (z. B. es = 0, ein Achtel = 3, p = 2, legato = 2). Fixierung des Registers, Krebsform und Auswechslung von Material zwischen den beiden Pianisten beziehungsweise ihren Händen unterstreichen einen Gesamtverlauf in Form eines Andreaskreuzes. Das Ziel einer totalen Abstraktion hat G. auch noch in den späteren seriellen kammermusikalischen Arbeiten verfolgt, es mündete aber schließlich in die Herstellung von elektronischer Musik ein.

In den 60er und 70er Jahren wandte sich G. zunehmend der experimentellen und aleatorischen Musik zu. Er benutzte dabei die ganze Bandbreite: von einer freien Wahl der Besetzung (*Parcours*, *Une nuit à Monte Carlo*) über Aktionsschrift (*Actief-reactief*) und verbale Partituren (*Vanuit de Kern*, *Catch à quatre*) bis zur Einbeziehung von ›Fremdkörpern‹ wie z. B. auf Magnetophonband gesprochene Nachrichten (*Kl.-Quartett*) oder Publikumsreaktionen (*Catch à quatre*). Ende der 70er Jahre schränkte G. seine musikalische Sprache wiederum extrem ein, indem er sich der repetitiven Technik bediente. Im Gegensatz zur amerikanischen Minimal Music hat er dabei jedoch keine meditativen oder psychologischen Zwecke verfolgt; in Werken wie *Ach Golgatha!* oder den *5 Litaneien* bürgen die Überlagerung von asymmetrischen Klangschichten und die subtilen Auf- und Abbauprozesse des musikalischen Materials für einen faszinierenden musikalischen Verlauf. Die meisten nach 1983 geschriebenen Kammermusikkompositionen gehören zu dem *Aquarius*-›Cluster‹, da jedes Werk für sich später in eine Szene dieses Opernprojekts umgearbeitet wurde. Kompositionen wie *De Heilige Stad* oder *De Stemmen van de Waterman* sind gleichsam eine Zusammenfassung der Kompositionstechniken, die G. in seiner Laufbahn entwickelt hat, unter Hinzufügung ›neotonaler‹ Elemente und mit zuweilen stark ausgeprägten emotionalen Momenten.

De Zeven Zegels (1986)
für Streichquartett

einsätzig
Dauer: ca. 15'
Verlag: CeBeDem Brüssel

De Zeven Zegels (Die sieben Siegel) ist wie *De Heilige Stad* eine kammermusikalische Antizipation des Finales von *Aquarius*. Die Titel verweisen auf die apokalyptische Symbolik, die diese Oper über die astrologische Thematik hinaus durchzieht. Hier wird die utopische Idee von der Errichtung eines neuen Jerusalem, stellvertretend für eine friedliche Gesellschaft, musikalisch realisiert durch eine Aufwärtsbewegung in Sekundschritten. Denn obwohl durchkomponiert, enthält dieses StrQu. 7 Segmente, jedes Segment gruppiert um ein jeweils eine große Sekunde höherliegendes Tonzentrum (B-C-D-E-Fis-As-B). Diese Tonzentren erhalten durch die Bevorzugung ›modaler‹ Töne – innerhalb eines chromatischen Kontextes – ihre Prägung: Jedesmal entsteht eine Durtonleiter mit lydischer Quarte, mixolydischer Septime und manchmal auch kleiner Sexte (z. B. Tonzentrum B: B-C-D-E-F-G(es)-As-B). Die Töne des Dur-Dreiklangs und die ›alterierten‹ Töne werden sowohl harmonisch wie auch melodisch bevorzugt.

Folglich sind 5 oder 6 von den bevorzugten Modustönen beim Übergang zum nächsten Tonzentrum invariant. Darüber hinaus spiegelt der Modus sich in der (Modulations)struktur der gesamten Komposition wieder. G. hat seine seriellen Arbeiten einmal als »Projektion einer Idee in Zeit und Raum, einer Idee, die die Struktur erzeugt«, umschrieben. Die Essenz dieses seriellen Grundprinzips schimmert also in dieser ›neotonalen‹ Komposition durch, um so mehr als auch der Unterschied zwischen Horizontal und Vertikal entfällt (»Projektion ... in Zeit und Raum«): Melodische Töne werden in einen Klang projiziert und umgekehrt, dadurch ergibt sich ein viel reichhaltigeres Klangmaterial als innerhalb eines tonalen Akkordbau. Über die evidenten tonalen Bezüge (Anwendung des Dur-Dreiklangs als formaler Wegweiser, Grundtonbezogenheit der Segmente) hinaus, hat G. also durchaus Grundkategorien der von ihm entwickelten seriellen Sprache beibehalten.

Opus 2 (Nr. 3 voor 13 instrumenten) (1951)
Pikkolo, 2 Oboen, 2 Baß-Klarinetten, Klavier, 2 Violinen, 2 Violen, 2 Violoncelli, Kontrabaß

einsätzig
Dauer: 6'30"
Verlag: CeBeDem Brüssel

Obwohl die Mittelsätze der Sonate für 2 Kl. mit Recht als die historisch erste Ausprägung der integral seriellen Technik gelten, weist das Werk insgesamt allzuviele hybride Züge auf, um ein musikgeschichtlicher Meilenstein des Serialismus zu sein. Diese Qualifikation trifft eher auf G.' *Opus 2* zu. Hier findet sich eine serielle Vorordnung von nicht weniger als sechs Parametern, die der ganzen Komposition mit absoluter Folgerichtigkeit zugrunde gelegt wird: Tondauer (inklusive ›negative Werte‹, d. h. Pausen), Tonhöhe (inklusive Fixierung der Oktavregister), Intensität (beschränkt auf die Werte p-mf-f und deren Kombinationen), Dichte (Anzahl und Art der zusammenspielenden Instr.), Klangfarbe (nach Klangerzeugung geordnet: gestrichen, geschlagen und geblasen) und Anschlag (reelle Dauer der Klangimpulse). Bis auf die Klangfarbe werden für sämtliche Parameter Zahlenwerte aufgestellt, die den Abstufungen innerhalb jedes Parameters entsprechen. Für die Aufstellung und Handhabung dieser Zahlenreihen verwendete G. Konstruktionsprinzipien, die auch der Gesamtform von *Opus 2* zugrundeliegen: graduelle Ausdehnung und Einschrumpfung von Zeit und Raum, Symmetrie-Achsen, Spiegelung. Dem Zuhörer bleibt die hochkomplexe Organisation dieser Klangstruktur ein verschlossenes Buch; dafür aber geht von dieser konzessionslosen Abstraktion eine Stringenz aus, die er intuitiv zu erfassen durchaus imstande ist.

Mark Delaere

Friedrich Goldmann

geb. 27. 4. 1941 Siegmar-Schönau (Sachsen). 1951–1959 Mitglied des Dresdner Kreuzchores. 1959 Teilnehmer der Darmstädter Ferienkurse (Spezialkurs bei Karlheinz Stockhausen). 1959–1962 Studium an der Hochschule für Musik ›Carl Maria von Weber‹ in Dresden (Komposition bei Johannes Paul Thilmann). 1962–1964 Meisterschüler bei Rudolf Wagner-Régeny an der Deutschen Akademie der Künste (Ost-Berlin). 1964–1968 Studium der Musikwissenschaft an der Humboldt-Universität Berlin (Georg Knepler, Ernst Hermann Meyer). 1968–1990 freischaffender Komponist in Berlin, seit Ende der 70er Jahre als Dirigent tätig (u. a. seit 1989 ständiger Dirigent des ›boris blacher ensembles‹ der Hochschule der Künste). Seit 1991 Professor für Komposition an der Hochschule der Künste Berlin. Auszeichnungen und Ehrungen.

Werke f. 1 Instr.: Invention f. Fl. (1964); Toccata f. Fl. (1969); Solo f. Ob. (1972); Cellomusik (1974); Fragment f. Ob. (1977); Solo zu zweit f. Holz ad. lib. (1988) – Werke f. 2 Instr.: Dialog f. V., Kl. (1963); Dialog f. Fl., Schlzg. (1966); *Durch dick und dünn* f. Pikk., Tb. (1978); Sonate f. Ob., Kl. (1980) – Werke f. 3 Instr.: Trio f. Fl., Kl., Schlzg. (1966); Trio f. V., Va., Vc. (1967); *So und So* f. EHr., Pos., Kb. (1972); Trio f. V., Vc., Kl. (1978); Trio f. Ob., Vc., Kl. (1985); Trio f. Va., Vc., Kb. (1986) – Werke f. 4 Instr.: (4) StrQu. (1957, 1959, 1970, 1975); Kombinationen f. Fl., Vibr., Kl., Schlzg. (1962); Quartett f. Fl., V., Va., Kl. (1963); 3 Stücke f. Fl., V., Trp., Kl. (1963) – Werke f. 5 Instr.: Studie f. Fl., Vibr., Xyl., Schlzg., Kl. (1963); Zusammenstellung – Musik f. Bläser f. Fl./AFl./Pikk., Ob./EHr., Klar./BKlar., Hr., Fg./KFg. (1976); Quintett f. Ob./EHr., Klar., Hr., Fg., Kl. (1986); Bläserquintett (1991) – Werke f. 6 Instr.: Sextett f. Fl., Trp., V., Hf., Schlzg., Kl. (1960); Transformationen. Hommage à Debussy f. 3 Holzbläser, 2 Schlzg., Kl. (1961); Sonate f. Fl., Ob., Klar., Hr., Fg., Kl. (1969); *Fast erstarrte Unruhe* 1 f. 6 Spieler (1990/91); Doppeltrio f. Fl., Ob., Klar., E-Git., Schlzg., Kb. (1994) – Werk f. 7 Instr./Ausf.: Linie/Splitter f. 7 Spieler (1996) – Werke f. 8 Instr./Ausf.: *Vorherrschend gegensätzlich* – Quintett mit Randglossen für 8 Spieler f. Ob., EHr., Hr., Pos., Schlzg., Kl., Va., Kb. (1980); *zerbrechlich – schwebend* – Ensemblestück f. 8 Spieler (1990) – Werke f. 9 Instr.: 2 Episoden f. Nonett (1970); *Fast erstarrte Unruhe 2* f. 9 Spieler (1992) – Werke f. Kammerensemble: Sinfonia breve f. Kammerensemble (1957); 4 Sätze f. Kammerensemble (1959); Konzert f. Pos. u. 3 Instrumentalgruppen = Fl., EHr., Hr., Va., Kb. – Ob., Vc., Kl. – Schlzg. (1977); Für P. D. (Satz eines Triptychons für Paul Dessau, mit Friedrich Schenker u. Reiner Bredemeyer) f. 15 Streicher (1980); Bagatellen f. Kammerensemble (1983); *so fern, so nah* f. Kammerensemble (1983); Ensemblekonzert II (1985); sonata a quattro f. 16 Spieler (1989); *Querstrebige Verbindungen* f. 13 Spieler (1992); Concerto per 10 f. Fl./Pikk., 2 Klar., 2 BKlar., 4 Hr., Kb. (1995); *Fast erstarrte Unruhe* 3 f. 12 Spieler (1995).

Verlag: Edition Peters Frankfurt/M.; Breitkopf & Härtel Leipzig, Wiesbaden.

Kammermusik bedeutet für G. Arbeit auf der ›laboratorischen Schiene‹: Ausforschung der internen Möglichkeiten neuer Musik, das Wagnis des eigenen Wandels, der konstruktive, fruchtbare Vorstoß. Seit den 60er Jahren betreibt er dies, als Komponist, der außerordentliche gestalterische Fähigkeiten in sich vereint, gepaart mit der Versiertheit des Dirigenten, der die eigenen Versuche (und die anderer) im Vorgang der Interpretation klanglich zu kontrollieren und zur vollen Blüte zu bringen vermag. G. sucht das ›Vokabular‹, das er benutzt, attraktiv zu machen, um nachzuweisen, daß es zur Formulierung einer Vielfalt musikalischer Alternativen nach wie vor taugen kann. Anfangs verbot er es sich, allzu vorgeprägte Materialien, Formen und Besetzungen in

Anspruch zu nehmen. Inzwischen ist dieser Fundus geprüft. Statt Konsonanzverbot betreibt G. deren Einbindung, aussparend Klischees und Floskeln oder sie kritisch integrierend.

In G.s Kammermusik genießt instrumentale Autonomie den Vorzug. Selten, daß Dichtung wie in *Sing' Lessing* für Bar. und sechs Spieler (1978) vorkommt. Stattdessen wandeln die Konzepte ihr Aussehen von Stück zu Stück, ihr inhärentes Wesen von Periode zu Periode. Themata, die Druck ausüben, kompositorisch ausagiert zu werden, gehören immer noch zum Prüffeld. Individuelle Lösungen lagern vorzugsweise auf der Ebene der Kombinatorik und Durchdringung divergierender Schichten im Material- und Formenbereich. Einen einheitlichen ›seriellen‹ Nenner sucht man bei ihm seit den 80er Jahre vergeblich. Die drängenden Stücke der ersten Periode, voran die Sonate für Bläserquintett und Kl. (1969), stehen noch im Zeichen frei angewandter Atonalität und Dodekaphonie. Gleichzeitig spürt G. das Gewicht sonoristischer, extrem verdichtender, auch stochastischer Methoden, welche er an Edgar Varèse, György Ligeti, Iannis Xenakis oder Helmut Lachenmann studieren konnte.

Nicht zu vergessen G.s besondere Beziehung zur Musik Johann Sebastian Bachs, Wolfgang Amadeus Mozarts und Gustav Mahlers. Von den »unglaublich konstruktiven Lösungen« (F. G.) Bachscher Werke, von deren Dichte der klanglichen Erscheinung, auch von Bachs Arbeitstechnik profitierte er indirekt. Viel direkter erlebte G. die lange Zeit für ihn absolut maßgebliche Praxis und Ideenwelt Pierre Boulez'.

Ende der 60er, Anfang der 70er Jahre reizen die Verhältnisse, unter denen er in der DDR produziert, ganz besonders zur Widersetzlichkeit. Die Sonate für Bläserquintett und Kl. (1969), ein Werk voll radikaler Gesten und erregender Klanggebärden, drückt das u. a. prononciert aus. Etwas davon hallt nach in den Ecksätzen des Trios für V., Va. und Vc. (1986). Was im Technischen verschwindet, ist »die Arbeit mit Reihen, die das chromatische Total enthalten. An ihre Stelle treten symmetrische, modi-gelenkte Reihen. Das reicht bis zum Bläserquintett *Zusammenstellung*, das gelegentlich an Messiaen anklingt und im übrigen das Stück ist, das am strengsten durchkonstruiert wurde. Es rekurriert am wenigsten auf Tradition« (F. G., 1986). Schritt für Schritt kombiniert G. Eigenes mit ›anderen Sachen‹, mit Überliefertem. Konturen ausgeklügelter Kontrastbildung, prononciert in *Vorherrschend gegensätzlich – Quintett mit Randglossen für acht Spieler* (1980), sodann Aspekte neuer Klanglichkeit, konstitutiv in *zerbrechlich-schwebend* für acht Spieler (1990), differenzieren das Bild. Erarbeitete Konfliktfelder nehmen die beiden Stücke unter dem Titel *Fast erstarrte Unruhe* (1991 und 1992) jäh zurück. Wiederum springend und die Vorzeichen wechselnd, mobilisiert G. mit dem Concerto per 10 (1995) Komponenten von Schönklang und ›Klassizismus‹ der raffiniertesten Art. An solchen Punkten bricht etwas um.

Die jüngste Phase von G.s Schaffen zeigt einerseits ein homogenes Bild, weil die Musik präzise, logisch, farbig, expressiv durchformt erscheint, ein inhomogenes andererseits, weil ihre Formen und Gestalten, alogische, zufällige, dekonstruierende, in anderer Art harmonisierende Elemente und Züge mit sich führen. Daraus erwachsen neue kompositorische Möglichkeiten: Ein alternatives Pendeln auf erweitertem Sprachfeld. Ihnen zugehörige Gestaltungen können – phänomenologisch – mit dem Wort Kontingenz beschrieben werden: Es ist etwas nicht notwendig, weil es auch anders möglich ist. G. will in keinem einmal gebrauchten und verarbeiteten Material endgültig verharren. Nach Richard Rorty ist er ein Ironiker, der fürchtet, in dem Vokabular steckenzubleiben, in dem er aufgewachsen ist. Der Ironiker will seine Kenntnisse und Bekanntschaften erweitern, ohne sich selbst untreu zu werden.

Stefan Amzoll

Edvard Grieg

geb. 15. 6. 1843 Bergen (Norwegen), gest. 4. 9. 1907 ebd. 1858–1862 Studium am Leipziger Konservatorium (Kl. bei Ignaz Moscheles, Musiktheorie bei Moritz Hauptmann, Komposition bei Carl Reinecke). 1863 Übersiedlung nach Kopenhagen, Bekanntschaft mit den Komponisten Niels W. Gade, Johann P. E. Hartmann, Rikard Nordraak, Ole Bull und dem Dichter Hans Christian Andersen. Bei zwei Italienreisen (1865, 1870) Bekanntschaft mit Franz Liszt. 1866 Übersiedlung nach Kristiania (Oslo). 1871 Gründung und bis 1880 Leitung des Musikforeningen (Musikvereins) in Kristiania. 1876 Besuch der ersten Bayreuther Festspiele. 1880–1882 Leitung der Konzertgesellschaft ›Harmonien‹ in Bergen. Aktive Tätigkeit als Konzertpianist und Dirigent (häufig eigener Werke) u. a. in Deutschland, Italien, Dänemark, Polen, Österreich, Frankreich, Großbritannien, den Niederlanden. 1888 erste Begegnung mit Johannes Brahms und Peter I. Tschaikowsky in Leipzig. Zahlreiche in- und ausländische Ehrungen.

Werke f. 2 Instr.: (3) Sonaten f. V., Kl. (Nr. 1 F op. 8, 1865; Nr. 2 G op. 13, 1867; Nr. 3 c op. 45, 1886); Sonate f. Vc., Kl. a op. 36 (1883) – Werke f. 3 Instr.: Andante con moto f. V., Vc., Kl. c o. O. (1878) – Werke f. 4 Instr.: Fuge f. StrQu. f o. O. (1861); StrQu. g op. 27 (1877/78); StrQu. F (unvoll. 1891; bearb. v. Julius Röntgen).

Verlag: C. F. Peters Leipzig.
E. Gr., GA in 20 Bänden, Frankfurt/Main 1977ff.; Fog, Dan: Gr.-Katalog: En fortegnelse over E. Gr.s trykte kompositioner. (Verzeichnis der im Druck erschienenen Kompositionen von E. Gr., Kopenhagen 1980.

Obwohl Gr. im Vergleich zu seinen Zeitgenossen Johannes Brahms und Antonín Dvořák nur wenige kammermusikalische Werke komponiert hat, darf die Bedeutung der Kammermusik innerhalb seines Œuvres und für die Musik Norwegens nicht unterschätzt werden. Gerade in dieser Gattung zeigt sich Gr.s großes handwerkliches Können, der Erfindungsreichtum seiner musikalischen Einfälle und die für seine Zeit ›fortschrittliche‹ Verarbeitung von volksmusikalischen Elementen.

Etwa seit Gr.s Zusammentreffen mit Rikard Nordraak im Jahr 1864 machte sich ein Wandel in seiner bis dahin vornehmlich durch den romantischen Stil Robert Schumanns und Richard Wagners beeinflußten musikalischen Sprache bemerkbar. Nordraak war fest davon überzeugt, daß sich aus dem Geiste der norwegischen Volksmusik eine nationale Kunstmusik entwickeln ließe, und er verstand es, auch Gr. von dieser Idee der nationalen Musik zu begeistern. Die erste Komposition, in der sich der Einfluß norwegischer Volksmusik zeigt, ist die *Humoresker* op. 6 von 1865. Parallel zu op. 6 entstand Gr.s erste V.-Sonate op. 8, die wegen ihrer Ähnlichkeit zu Beethovens V.-Sonate F-Dur op. 24 auch den Beinamen *Frühlingssonate* verdient hätte. Gr.s Pionierleistung für die Musikgeschichte Norwegens wird deutlich, wenn man bedenkt, daß op. 8 nicht nur Gr.s erste Sonaten-Komposition für V., sondern zugleich die erste norwegische V.-Sonate des 19. Jahrhunderts gewesen ist.

Wie die *Humoresker* zeugt auch die zweite V.-Sonate op. 13 mit der Verarbeitung von volksliedhaften Melodien und harmonischen Wendungen oder von rhythmischen Elementen aus Volkstänzen von Gr.s intensiver Auseinandersetzung mit der norwegischen Volksmusik.

Ab ungefähr 1870 vollzieht sich in Gr.s Kompositionsstil ein erneuter Wandel. Das 1877/78 komponierte StrQu. in g-Moll op. 27 ist ein gutes Beispiel für seine erfolgreiche Suche nach einer eigenen, nur noch national geprägten Musik. Sowohl die harmonischen Dimensionen wie auch der Umgang mit der klassischen Quartettform zeigen seine Fortschritte. Während Gr. in seinen V.-Sonaten, auch noch in der 1886 komponierten dritten V.-Sonate op. 45 das Sonatenschema als verpflichtende Form beibehielt, entfernte er sich mit seinem StrQu. vom Vorbild der Wiener Klassik. Bereits die Satzbezeichnungen ›Romanze‹ und ›Intermezzo‹ verweisen auf Gr.s verändertes musikalisches Denken. Aber auch die musikalische Gestaltung läßt an seinen kreativen Neuerungen keine Zweifel aufkommen. Für Gr. stellte der Wunsch, Werke, deren musikalisches Material aus der norwegischen Volksmusik stammte, mit Hilfe ›moderner Techniken‹ zu komponieren, eine große Herausforderung dar. Sie führte dazu, daß er sein Talent und seine Kreativität gänzlich entfalten konnte.

Sonate G-Dur op. 13 (1867)
für Violine und Klavier

Lento doloroso. Allegro vivace – Allegretto tranquillo – Allegro animato
Dauer: ca. 20'
Verlag: Breitkopf & Härtel Leipzig, ED 1871

Wegen der auffälligen Verwendung von volksmusikalischen Elementen könnte diese Sonate auch die ›Norwegische‹ genannt werden. »Es war nach der ersten Aufführung der zweiten Sonate in G-Dur,« berichtet Gr. »daß Gade zu mir in den grünen Raum kam und sagte, ›Nein, Grieg, die nächste Sonate müssen Sie nicht so norwegisch machen.‹ Ich hatte zu diesem Zeitpunkt Blut geschmeckt und antwortete: ›Im Gegenteil, Professor, die nächste wird noch schlimmer.« Die Sonate ist dem Komponisten-Freund Johán S. Svendson (1840-1911) zugeeignet, der sich später als erfolgreicher Dirigent der Verbreitung von Gr.s Musik widmete.

Besonders im **1.** und **3. Satz** macht Gr. ausführlichen Gebrauch von norwegischen Tanzrhythmen. Es scheint, als wolle er ausprobieren, inwieweit sich die volksmusikalischen Elemente in die klassische Sonatenform einbinden lassen. Der Vorwurf, Gr. habe sich dabei zu sehr an das traditionsreiche Schema gehalten, muß allerdings zurückgewiesen werden. Neben der für Gr. ungewöhnlichen Einleitung des **1. Satzes** in g-Moll fällt auch die Exposition auf. Bereits mit dem Hauptthema

wird ein kleiner durchführungsartiger Abschnitt verknüpft, dem im erneuten Auftreten des Hauptthemas eine Reprise folgt, so daß eine ›Form in der Form‹ entsteht. Das Thema, das dem rhythmischen Modell des Springar, einem norwegischen Tanz im 3/4-Takt nachempfunden ist, bekommt im Verhältnis zum zweiten Thema auf diese Weise ein größeres Gewicht. Auch der **2. Satz** wird vom ›Norwegischen‹ geprägt. Sowohl das Thema des A-Teils wie auch das des B-Teils

sind norwegischen Volksliedern ähnlich. Das erste Thema hat einen tanzarti-

gen Charakter, das zweite dagegen erinnert mit seiner durch Triolen und Vorschlägen verzierten lyrischen Melodie mehr an Gr.sche Liedweisen. Die Kadenz am Satzende ist eine Reminiszenz an den Klang der Hardanger-Fiedel, einem typischen Instrument der norwegischen Volksmusik. Wie der 1. Satz ist auch das **Allegro animato** ein Sonatensatz. Seine belebenden Elemente sind ebenfalls der Springar, aber vor allem der markante Bordunklang der Kl.-Quinten.

Sonate a-Moll op. 36 (1883) für Violoncello und Klavier

Allegro agitato – Andante molto tranquillo – Allegro
Dauer: ca. 27'
Verlag: C. F. Peters Leipzig, ED 1883

1880 hatte Gr. die Leitung der Bergener Konzertgesellschaft ›Harmonien‹, eines Sinfonie Orchesters, übernommen. Diese Tätigkeit und private Sorgen nahmen ihn derart in Anspruch, daß er bis zur Kündigung seiner Stellung im Jahre 1882 keine Zeit zum Komponieren fand. Danach – 1883 – entstand innerhalb von sechs Monaten seine einzige, dem Großvater John Grieg zugeeignete Cello-Sonate, die sich, ganz entgegen Gr.s eigenen Erwartungen, zum Repertoirestück für Cellisten und zum Lieblingsstück des Publikums entwickelte.

Gr. selbst hat seine Sonate nur gering geschätzt. Sie schien ihm wenig neu und einfallsreich, was im Vergleich zwischen der Formenvielfalt des StrQu.s und der ›Uniformität‹ der Sonate – alle drei Sätze folgen dem Schema des Sonatensatzes – auch stimmen mag. Aber vielleicht gab gerade die Einheit in der Form die Freiheit für die melodisch-harmonische Gestaltung. Im gleichberechtigten Dialog zwischen Vc. und Kl. werden die Themen vorgestellt und weitergeführt. Dabei erstaunt es, mit welch geringen Mitteln Gr. auskommt, um den Zauber der Klänge zu entfalten: durch harmonische Wendungen in entfernt liegende Tonarten oder ›nur‹ – wie gleich im 1. Satz – durch den Kontrast zwischen Dur und Moll, zwischen ausbrechender Leidenschaft und dunkler Schwermut, der sich durch häufige Tempiwechsel und wechselnde Begleitfiguren ergibt.

Streichquartett g-Moll op. 27 (1877/78)

Un poco Andante. Allegro molto ed agitato – Romanze. Andantino. Allegro agitato – Intermezzo. Allegro molto marcato. Più vivo e scherzando – Finale: Lento. Presto alla Saltarello
Dauer: ca. 35'50''
Verlag: E. W. Fritzsch Leipzig, ED 1879

Gr. begann mit der Komposition seines StrQu.s op. 27 im Sommer 1877. Im Frühjahr 1879 schickte er das vollendete Werk seinem Freund Robert Heckmann, einem berühmten Violinisten, mit der Bitte um eine letzte Korrektur der Stimmen – vor allem im Hinblick auf die Spieltechnik. Daß Gr. für die Komposition seines StrQu.s fast zwei Jahre gebraucht hatte, belegt zum einen seine Schwierigkeiten mit dieser traditionsreichen und so verpflichtenden kammermusikalischen Gattung, zum anderen spricht diese Tatsache aber auch von seinem kreativen Gestaltungswillen. Gr. begann mit seinem StrQu., neue Formen auszuprobieren. Ein Grund, warum das Erstlingswerk beim Publikum sehr unterschiedlich aufgenommen wurde.

Dem viersätzigen Quartett ist ein Motto vorangestellt – ein Fragment aus der Nr. 1 *Spillemœnd* (Spielmannslied) der Sechs Lieder (nach Texten von Henrik Ibsen) op. 25 (1876):

Aus diesem Motto läßt Gr. nicht nur die Themen des 1. **Satzes**, einem Sonatenhauptsatz, erwachsen. Es gibt auch die Stimmung wieder, in der das gesamte StrQu. komponiert wurde. Die **Romanze** gleicht einem Zwiegespräch zwischen Dur- (A-Teile) und Moll–Abschnitten (B-Teile). Sie fügen sich harmonisch in einer liedartigen ABABA-Form zusammen. Für das **Intermezzo** wählte Gr. eine Da-capo-Form. Die Art und Weise, wie das Thema des A-Teils,

eine rhythmisierte Dur-Fassung des Mottos, umgesetzt wird, wirkt wie eine insistierende Bitte. Dagegen erscheint der B-Teil mit dem zunächst imitierend volksliedhaften Thema geradezu unschuldig:

Aber schon mit dem variierenden zweiten Abschnitt des B-Teils kehrt der flehende Gestus, der an den *Walkürenritt* von Richard Wagner erinnert, zurück. Der **Saltarello** ist ein italienischer Springtanz im raschen 6/8-Takt. Im 16. Jahrhundert stellte dieser Tanz ein Gegengewicht zur vorherrschenden niederländischen Polyphonie dar und erfreute sich großer Beliebtheit. Auf diese historische Begebenheit scheint Gr. mit dem **Saltarello** seines StrQu. anzuspielen; denn anders als die ersten drei Sätze besticht das Finale durch seine Homophonie, steht die Freude am Spiel völlig im Vordergrund.

Sabina Prüser

Sofia A. Gubaidulina

geb. 24. 10. 1931 Tschistopol (Tatarstan). Beendet 1954 ihre musikalische Ausbildung im Konservatorium von Kasan (Kl. bei Grigori Kogan, Komposition bei Albert Lehmann). 1959–1963 Fortsetzung des Kompositionsstudiums am Moskauer Konservatorium bei Nikolai Pejko, einem Assistenten von Dmitri Schostakowitsch; Promotion bei Wissarion Schebalin. Seitdem freischaffende Komponistin. In den 60er–70er Jahren gehörte sie zu einem Komponistenkreis (zusammen mit Alfred Schnittke, Edison Denissow, Walentin Silwestrow, Arvo Pärt), der auf entschiedenen Widerstand der sowjetischen Kunstideologen stieß und deren Werke von der Musikkritik ignoriert wurden. G.s Orchesterkompositionen wurden nicht aufgeführt, die Kammermusik dagegen von engagierten Interpreten gespielt. Ihren Lebensunterhalt verdient G. in dieser Zeit mit Filmmusik. 1975 Gründung der Improvisations-Gruppe ›Astreja‹, zusammen mit den Komponisten Wjatscheslaw Artjomow und Viktor Suslin. 1984 Reise nach Helsinki (finnische EA des V.-Konzerts *Offertorium* durch Oleg Kagan). 1986 Gastkomponistin (für Gidon Kremer) beim Lockenhaus-Musikfestival in Österreich. Seitdem werden ihre Werke weltweit aufgeführt, u.a. von BBC London, Berliner Festwochen, Library of Congress. S. G. ist Mitglied der Akademie der Künste zu Berlin-Brandenburg und der Freien Akademie der Künste Hamburg. Seit 1992 lebt G. in der Nähe von Hamburg.

WERKE F. 1 INSTR.: Serenade f. Git. solo (1960); 10 Präludien (Etüden) f. Vc. solo (1974); Sonatine f. Fl. solo (1978); *De Profundis* f. Bajan solo (1978); *Et Expecto* f. Bajan solo (1985) – WERKE F. 2 INSTR.: Allegro rustico f. Fl., Kl. (1963); Sonate f. Kb., Kl. (1975); *Punkte, Linien und Zickzack* f. BKlar., Kl. (1976); Nach Motiven tatarischer Folklore. Drei Sammlungen f. Domra, Kl. 1. f. SDomra u. Kl., 2. f. ADomra u. Kl., 3. f. BDomra u. Kl. (1977); *Lamento* f. Tb., Kl. (1977); *Lied ohne Worte* f. Trp., Kl. (1977); Duo Sonata f. 2 Fg., Kl.(1977); *Klänge des Waldes* f. Fl., Kl. (1978); *Dort in der Ferne/Die Jagd.* Zwei Stücke f. Hr., Kl. (1979); *In croce* (Über Kreuz) f. Vc., Org. (1979); *»Rejoice!«* (»Freue dich!«) f. V., Vc. (1981); *Der Seiltänzer* f. V., Kl.(1993) – WERKE F. 3 INSTR.: *Pantomime* f. 2 Kb., Kl. (1966); Trio f. 3 Trp. (1976); Zwei Balladen f. 2 Trp., Kl. (1976); *Garten von Freuden und Traurigkeiten* f. Fl., Hf., Va, Sprecher (ad lib.) (1980); Quasi Hoquetus f. Va., Fg./Vc., Kl. (1985); Trio f. V., Va., Vc.(1988); *Silenzio* 5 Stücke f. Bajan, V., Vc. (1991); Tatarischer Tanz f. Bajan, 2 Kb. (1992) – WERKE F. 4 INSTR.: 4 StrQu. (1971; 1987; 1987; 1993); Quattro f. 2. Trp., 2 Pos. (1974) – WERKE F. 5 INSTR.: Quintett f. Kl., 2 V., Va., Vc. (1957) – WERKE F. 6 INSTR.: Ein Walzerspaß nach Johann Strauß f. Kl., 2 V., 2 Va., Vc., Bearb. der 1. Fassung f. S., Oktett (1989); Meditation nach J. S. Bachs Choral *Vor deinen Thron tret' ich hiermit* (BWV 668) f. Cemb., 2 V., Va., Vc., Kb. (1993) – WERKE F. KAMMERENSEMBLE BZW. KAMMERORCHESTER: Konzert f. Fg., tiefe Streicher (1975); *Introitus.* Konzert f. Kl., Kammerorchester (1978); *Sieben Worte* f. Vc., Bajan, Streicher (1982); *Perseption* f. S., Bar. (Sprecher), 7 Streicher auf Verse v. Francisco Tanzer u. Psalmenverse (1983); Hommage à T. S. Eliot f. S., Oktett (1987/1991); Ein Walzerspaß nach Johann Strauß f. S. (Vokalise), Oktett (1987); *...Heute früh, kurz vor dem Erwachen...* f. drei 17saitige japanische BKotos u. vier 13saitige japanische Kotos (1993); Impromptu f. Fl., V., Kammerorchester (1996) – WERKE FÜR EINZELNE INSTR. U. SCHLZG.: Fünf Etüden f. Hf., Kb., Schlzg. (1965); Musik f. Cemb., Schlzg. (aus der Kollektion v. Mark Pekarski, 1971/1993); *Rumore e Silenzio* (Geräusch und Stille) f. Cemb., Schlzg. (1974); Detto I Sonata f. Org., Schlzg. (1978) – WERKE F. ENSEMBLE U. SCHLZG.: *Concordanza* (Einverständnis) f. Fl., Ob,. Klar., Fg., Hr., Schlzg., V., Va., Vc., Kb. (1971); Detto II f. Vc., Ensemble, 2 Schlagzeuger (1972); *Descensio* f. 3 Pos., 3 Schlagzeuger, Hf., Cemb./ Cel., Cel./Kl. (1981); *In Anticipation* (In Erwartung) f. Sax.-Quartett, 6 Schlagzeuger (1994) – WERKE F. SCHLGZ.-INSTR.: Sonata f. 14 Schlzg. (2 Ausführende) (ca. 1966); Misterioso f. 7 Schlagzeuger (1977); *Jubilatio* f. 4 Schlagzeuger (1979); *Im Anfang war der Rhythmus* f. 7 Schlagzeuger (1984); *Hörst Du uns Luigi? Schau mal, welchen Tanz eine einfache Holzrassel für Dich vollführt* f. 6 Schlagzeuger (1991); *Gerade und Ungerade* f. 7 Schlagzeuger (inkl. Cemb.) (1991).

Verlag: Hans Sikorski, Hamburg.

Das Gesamtwerk von S. G. besteht zum größten Teil aus kammermusikalischen Kompositionen. Sie repräsentieren ihre künstlerisch-ästhetische Haltung genauso wie ihren Kompositionsstil. Innerhalb von G.s schöpferischer Entwicklung gab es keine so abrupten stilistischen Brüche, wie sie für einige ihrer Landsleute und Zeitgenossen (A. Schnittke, W. Silwestrow, A. Pärt) charakteristisch sind. »Meine Entwicklung ist kontinuierlicher verlaufen. Ich habe das Gefühl, als würde ich ständig meine Seele durchwandern: Einerseits ist es immer dasselbe, andererseits sind es gleichsam immer wieder neue Blätter, wie in der Natur... Eine gewisse technische Evolution vollzieht sich also, aber die konzeptionelle Grundlinie ist geblieben.« (G. 1988 im Gespräch mit Julia Makejewa)

Diese gewisse Statik im Schaffensprozeß von G. bedeutet jedoch keineswegs eine Beschränkung, sondern steht ein für ihren ethischen, ästhetischen und insbesondere kompositorischen Universalismus. Immer wieder werden die ›ewigen Fragen‹ nach Natur und Mensch, Gut und Böse, Dasein und Schaffen, Leben und Tod gestellt. Diese humanistische und künstlerische Mission erklärt sich aus G.s tiefer Religiosität: »Ich möchte eine Einheit schaffen zwischen meiner Existenz und der von Gott. Nur im Akt von Religion und Kunst bekommen wir wirklich die existenzielle Zeit....Ich verstehe Religion als Prozeß des Schaffens von Einheit. Vielleicht ist das nur ein Gottesdienst für mich selbst«.

G., die im russischen Kulturkreis erzogen wurde, aber tatarischer Abstammung ist, fühlt sich im östlichen Kulturraum genauso zu Hause wie im europäischen und außereuropäischen. Dafür zeugt z. B. ihr vielseitiges literarisches Interesse, das der altägyptischen (*Nacht in Memphis* f. MezzoS., Männerchor, Orchester, 1968) und persischen Poesie (*Rubajat* f. Bar., Instr.-Ensemble, 1969) genauso wie der modernen Lyrik (z. B. von Marina Zwetajewa, Rainer Maria Rilke, Gennadi Aigi) gilt. Einige ihrer Partituren verweisen auf ihre Beschäftigung mit mystischem Gedankengut (z. B. *Gerade und Ungerade*, 1991) und mit christlicher Thematik und Symbolik (u. a. *In Croce*, *Sieben Worte*, *In Anticipation*).

G.s Universalismus bestimmt auch die Wahl ihrer Kompositionstechniken: in den 60er Jahren Dodekaphonie, Sonorität, Aleatorik, Instrumentaltheater; in den 70er und 80er Jahren Polystilistik und Neoromantik. G. hat sich keiner bestimmten Stilrichtung angeschlossen. Ihre Klangvorstellungen scheinen grenzenlos zu sein. So besetzt sie ihre kammermusikalischen Werken mit unterschiedlichsten Instrumenten und Instrumentenkombinationen, von exotischen Schlzg.- und Saiteninstrumenten (z. B die afrikanische Trommel Bangu, die arabische Darabuka, das japanische Saiteninstrument Koto) bis zu besonderen Spieltechniken bei traditionellen Orchesterinstrumenten, die sie in schöpferischer Zusammenarbeit mit den Interpreten ihrer Werke entwickelt hat – mit Wladimir Toncha (Vc.) und Friedrich Lips (Bajan), den Widmungsträgern von *Sieben Worte* (1982), einem Werk, in dem die sog. »flirrenden Akkorde« entdeckt wurden; dem Fagottisten Waleri Popow, dem Schlagzeuger Mark Pekarski. G. verleiht den Instrumenten eine besondere ›Personifizierung‹. Daher wendet sie sich nur selten ›klassischen‹ Besetzungen zu, wie in ihren vier StrQu.en, die jedoch von den klassischen Gattungs-Vorbildern weit entfernt sind. Weitaus häufiger wählt sie unkonventionelle Ensemblebesetzungen, entsprechend ihren unkonventionellen Konzeptionen und Konstruktionen. Jedes nach dialogischen oder konzertartigen Prinzipien gebildete Satzmodell steht für ein ›Symbol‹, ist Ausgangspunkt für dramatische Kollisionen, für ein Ritual oder eine instrumentale ›Aktion‹. Seit ca. 1983 beschäftigt sich G. nicht nur mit Problemen der Klangerzeugung und Tonhöhenorganisation, sondern mehr mit Fragen von Rhythmus und Form.

Sehr genau festgelegte rhythmische Strukturen bilden die Grundlage ihres musikalischen Denkens. G. orientiert sich dabei an der Zahlenfolge des Mathematikers Leonardo Fibonacci (um 1170–nach 1240), nach der jedes Glied gleich der Summe der beiden vorangegangenen Glieder ist (1, 2, 3, 5, 8, 13 usw.).

Im Anfang war der Rhythmus

Die Fibonacci-Folge, der sogenannte ›Goldene Schnitt‹, spielt in G.s Hauptwerken (*Perseption*, 1983; *Im Anfang war der Rhythmus*, 1984; Sinfonie *Stimmen...Verstummen*, 1986) eine wichtige Rolle: »Die Kompositionstechnik, welche ich manchmal anwende, könnte man als Technik der Raum-Zeit-Proportionen bezeichnen. Sie besteht darin, daß nicht diese oder jene Tonhöhenkonstellation zum Gestaltungsmaterial des Werkes wird, sondern das Verhältnis der Dauern einzelner Formabschnitte zueinander. Grundidee für ein Werk sind daher zeitliche Proportionen, die diese Relationen charakterisieren. Die Einheit der Form wird durch die ›Melodie‹ einer streng festgelegten Rhythmusreihe geprägt.«

Tatjana Frumkis

Cristóbal Halffter

geb. 24. 3. 1930 Madrid; entstammt einer spanischen Familie deutscher Herkunft, Neffe der Komponisten Rodolfo (1905–1987) und Ernesto Halffter (geb. 1905). 1947–1951 Studium am Real Conservatorio de Musica in Madrid und bei Conrado del Campo (Harmonielehre und Komposition). 1954–1956 Aufenthalte in Paris, Rom und bei den Darmstädter Internationalen Ferienkursen für Neue Musik. 1959 Studien bei Alexander Tansman in London. 1955–1963 Dirigent des Orchesters Manuel de Falla in Madrid und seit 1952 Mitarbeit am spanischen Rundfunk. Ab 1958 Zusammenarbeit mit der Gruppe Nueva Musica. Intensives politisches Engagement (Basisarbeit) gegen die Franco-Diktatur, später Mitwirkung bei der im Untergrund aktiven Junta Democratica. 1960–1966 Lehrtätigkeit (Komposition und Formenlehre) am Real Conservatorio de Musica in Madrid, 1964–1966 Direktor des Instituts. 1967 DAAD-Stipendiat in Berlin (West), 1969 Stipendiat der Ford Foundation in den U.S.A. 1970–1978 Dozent an der Universität von Navarra. 1979 künstlerischer Leiter des Studios für elektronische Musik der Heinrich Strobel-Stiftung in Freiburg i. Br.. Seit 1970 Dirigent der wichtigen Orchester in Europa und Amerika. Lebt in Madrid. Zahlreiche nationale und internationale Ehrungen und Auszeichnungen.

WERKE F. 1 INSTR.: 3 Stücke f. Fl. (1959); Sonata f. V. solo (1959); *Codex* f. Git. (1963); Studie II Fl.-Kadenz aus Fibonacciana (1969); Variationen über das Thema eSACHE-Re (Teil der Sammelkassette 12 Hommages à Paul Sacher) f. Vc. solo (1975); *Debla* f. Fl. solo (1980) – WERKE F. 3 INSTR.: Cancion Callada in memoriam Federico Mompou. Trio f. V., Vc., Kl. (1988) – WERKE F. 4 INSTR./AUSF.: (3) StrQu. (3 Stücke f. StrQu. = I. StrQu., 1955; II. Mémoires, 1970; III, 1978) – WERKE F. 6 INSTR.: Oda para felicitar a un amigo f. G-Fl., BKlar., Va., Vc., Schlzg. (1969) – WERKE F. 7 INSTR.: Antiphonismai f. Fl./AFl., Ob./EHr., Klar., Kl., V., Va., Vc. (1967) – WERKE F. KAMMERENSEMBLE: *Tiempo para espacios* (Zeit für Hoffnung) f. Kl. u. Streicher = 6 V., 3 Va., 2 Vc., Kb. (1974); *Pourquoi* f. 12 Streicher = 6 V., 3 Va., 2 Vc., Kb. (1974/75) – WERKE F. INSTR. U. TONBAND, ELEKTR. KLÄNGE, LIVE-ELEKTRONIK: Hommenaje a Ramón Gómez de la Serna f. 3 Schlzg. u. Tonband (1963); *Espejos* (Spiegel) f. 4 Schlzg.-Spieler u. live-Tonband (1969); *Planto por las victimas de la violencia* f. Kammerensemble (3 Fl., 3 Ob., 3 Klar., 4 Schlzg., Kl., StrQu.) u. elektr. Klangumwandlung (1970/71); Variaciones sobre la resonancia de un grito f. Kammerensemble (3 Fl., 3 Ob., 3 Klar., 4 Schlzg., Kl., StrQu.) u. elektr. Klangumwandlung (1976/77); *Noche pasiva del sentido* (Tatenlose Nacht des Empfindens) f. S., 2 Schlzg., 4 Tonbandgeräte u. 2 Tonbandschleifen, Text von San Juan de la Cruz (1979); *Mizar II* f. 2 Fl. u. elektr. Klangumwandlung (1979).

Verlag: Universal Edition Wien.

H. ist unter den heute lebenden spanischen Komponisten der international bekannteste, und es ist wohl keine Übertreibung, ihn neben Luis de Pablo (geb. 1930) als den bedeutendsten und vielseitigsten Vertreter seines Landes zu bezeichnen. Seine unentwegten musikpolitischen, kompositorischen und interpretatorischen Anstrengungen trugen ganz sicherlich wesentlich dazu bei, die spanische Musik aus der Isolation zu führen, in die sie nach dem spanischen Bürgerkrieg durch die faschistische Diktatur geraten war. Die nicht nur innermusikalische Opposition gegen die Franco-Diktatur kennzeichnet beinahe dreißig Jahre von H.s Leben – und diese engagierte Haltung läßt sich nicht nur an zahlreichen Titeln, sondern auch am Gestus seiner musikalischen Sprache erkennen.

Bereits früh waren H.s musikpolitische Aktivitäten der Auseinandersetzung mit den neuesten kompositorischen Techniken der internationalen Avantgarde verschwistert. Diese lernte er Ende der 50er Jahre bei den Internationalen Ferienkursen für Neue Musik in Darmstadt kennen. Danach fand bei ihm und den spanischen Komponisten seiner Generation ein dramatischer Aufholprozeß statt: Die musikalische Sprache wurde radikal revolutioniert. Doch verstand und verwendete H. die neuen Techniken nie isoliert, sondern ordnete sie seinem Ausdrucksbbedürfnis unter: »Ich bin zur Neuen Musik gekommen, weil es mir unerläßlich schien, der Zeit zu begegnen, in der wir leben, und diese Begegnung geschah nicht unter Druck und Zwang, sondern aus Notwendigkeit und innerem Bedürfnis.«

Ausgegangen war H. in seinen Kompositionen von folkloristischen Tendenzen, »stark beeinflußt von den Spätwerken Manuel de Fallas, vom Strawinsky des *Sacre du Printemps* und vom Bartók der dreißiger Jahre« (C. H.). Mit der UA der *Cinco Mikroformas* (1959/60) jedoch fand als Ergebnis der

Auseinandersetzung mit der internationalen musikalischen Avantgarde ein radikaler Stilwandel statt. Seither ist für H.s Schaffen eine flexible Beziehung zu den zeitgenössischen musikalischen Techniken charakteristisch. Sie verbindet er z. B. in seinem Git.-Stück *Codex* (1963) mit suggestiven Klangstrukturen, in denen wie von ferne die große Flamenco-Tradition widerhallt. Und in *Fibonacciana* (1969), einem Konzert für Fl. und Orchester, verschmilzt er avancierte Techniken mit virtuosen Ansprüchen für den Solisten. Beschäftigte er sich in der *Fantasia über einen Klang von G. F. Händel* (1981) ohne retrospektive Ambitionen mit musiksprachlichen Strukturen der Tradition, so zeigt bereits seine frühe viersätzige Sonata für V. solo (1959) das Modell einer Durchdringung von barockem Gestus und serieller Schreibweise.

Obwohl die Stücke für kleinere Besetzung nicht im Zentrum von H.s Œuvre stehen, können sie doch nicht als Gelegenheitswerke bezeichnet werden – zu gewichtig und artikuliert sind die konstruktiven und expressiven Anliegen, denen H. in z. B. *Espejos* (1964) und *Noche pasiva del sentido* (1969/70) kompositorische Gestalt verliehen hat. Natürlich arbeitet er auch in seiner Kammermusik mit avancierten Techniken, mit einer modifizierten seriellen Schreibweise, mit Verfahrensweisen der elektronischen Klangumwandlung.

Seinem humanitären Anliegen, das H. in vielen groß besetzten Werken bereits im Titel und in der musikalischen Gestik zum Ausdruck gebracht hat, bleibt er auch in seiner Kammermusik treu – obwohl dort die inhaltlichen Beziehungen nicht so offen zutage treten. Ihre musikologische Dechiffrierung steht noch aus und wäre einer eingehenden Auseinandersetzung wert. Viele von H.s kleiner besetzten Kompositionen drängen ihrem Anspruch nach über den kleinen Saal, für den sie scheinbar geschrieben sind, hinaus. So sprengt ein Stück wie *Espejos* für vier Schlzg. und live-Tonband schon von Anfang an den kleinen Rahmen. Mit seinen hinausgeschleuderten Glissandi, seinen beklemmenden Eruptionen und seinen rhythmischen Reibungen entwirft die Komposition ein Szenario der Angst, aber auch ihrer expressiven Gegenkräfte als Zeitbild unseres Jahrhunderts.

Noche pasiva del sentido (1969/70)
für Sopran, 2 Schlagzeugspieler, 4 Tonbandgeräte und 2 Tonbandschleifen

einsätzig, ohne Satz- und Vortragsbezeichnung
Dauer: ca. 12'
Verlag: Universal Edition Wien

Die Komposition basiert auf einem Gedicht des spanischen Mystikers Juan de la Cruz (1542–1591), dessen Titelzeile etwa mit ›tatenlose Nacht des Empfindens‹ übersetzt werden kann. In dem Text wird ein ekstatisches Vereinigungserlebnis in ein komplexes sprachliches Gebilde übersetzt. H. verwendet jedoch nicht die Dichtung oder einzelne Fragmente daraus, sondern löst den Text der 1. Strophe in Phoneme auf. Das Werk beginnt mit langausgehaltenen Vokalisen des S., grundiert von einzelnen Akzenten der beiden Schlzg. Zunächst bleibt der Tonraum eng umgrenzt und bewegt sich in den ersten drei Minuten im Ambitus einer Sekunde. Eine Ausweitung des Tonraums wird ab Ziffer 50 wahrnehmbar, wenn die Singstimme eine viertönige Wendung c'', h', a', gis' einführt. Diese Tonfolge, die übrigens auch Maurice Ravel in seiner *Rhapsodie Espagnole* (1907) verwendet, suggeriert ein spanisch-arabisches Kolorit. Im weiteren Verlauf werden die Phoneme zu Silben erweitert, die Dichte der musikalischen Ereignisse immer mehr gesteigert und der Ambitus des Tonraums immer mehr gedehnt – bis hin zum dynamischen und klanglichen Höhepunkt der Komposition. Dann wird alles zurückgenommen, bis hin zum b' des Anfangs, mit dem das Stück allmählich verlöscht.

Die Strukturierung der musikalischen Zeit verläuft in *Noche pasiva del sentido* bei weitem nicht so linear, wie dies bei isolierter Betrachtung der Singstimme zu erwarten wäre. Dafür sorgt die Verwendung von Mikrophonen, mit denen das Gesungene und Gespielte aufgenommen und in einem zeitlichen Abstand (bei der Singstimme meist 10 bzw. 12 Sekunden) mit gleicher Lautstärke wie die Originalklänge abgestrahlt wird. Einerseits sind Mikrophone aufgestellt, die nur den Part der entsprechenden Person aufnehmen, andererseits soll ein Generalmikrophon laut Partituranweisung »sowohl die Produktion der drei Ausführenden wie auch die Übertragung aus den Lautsprechern aufnehmen«. Präzise Angaben steuern das Öffnen und Schließen der Mikrophone.

So wird Vergangenes als Gegenwart wieder erfahrbar und überlagert sich dergestalt mit der jeweiligen Gegenwart zu mehrschichtigen Klangbändern. Die prismatische Brechung der jeweiligen Gegenwart trägt zur Irritation der Zeit- und Raumerfahrung des Hörers mit bei. Die in der 1. Strophe des Gedichts angedeutete mystische Erfahrung wird nicht durch das Prinzip von Spannung und Entspannung eingefangen, wie es einer konventionellen Steigerungsdramaturgie entspräche, sondern durch immer größere, gleichsam konzentrisch angelegte Kreise. So zielt die Intensivierung der musikalischen Erfahrung nicht auf ein lineares Fortschreiten der Erlebniszeit des Hörers, sondern auf Vertiefung und Entgrenzung.

III. Streichquartett (1978)

einsätzig, ohne Vortragsanweisungen
Dauer: ca. 20'
Verlag: Universal Edition Wien

Das im Auftrag des Festivals de Evian 1978 komponierte und 1979 im gleichen Rahmen durch das ungarische Eder-Quartett uraufgeführte Werk ist unkonventionell: Sein Formverlauf läßt sich nicht durch Variationen oder Modifikationen ursprünglich motivischer oder thematischer Einheiten beschreiben, sondern ›nur‹ durch die Beziehung und Abfolge wechselnder Strukturen. Zu solchen Texturtypen zählen z. B. die bis zu einem bestimmten Zeichen von je einem Instrument zu wiederholenden gleichbleibenden Tonfolgen. Sie werden in einen engen Tonraum geführt und mit ähnlichen Tonfolgen anderer Instrumente überlagert. Es gibt aber auch Abschnitte, in denen jeder Spieler seine Linien in meist hoher Geschwindigkeit unabhängig von den anderen Interpreten auszuführen hat.

Ein anderes wichtiges Variationsverfahren besteht darin, daß H. die Grade und Intensitäten der polyphonen Unschärfen exakt vorschreibt. Hierdurch sind die Zusammenklänge der vier Instrumente in den konkreten Augenblikken bewußt zufällig gestaltet. H. erreicht durch eine derartige polyphone Anlage eine faszinierende vertikale Disposition in der großräumigen Struktur.

Das StrQu. ließe sich daher unter technischem Gesichtspunkt als das Alternieren zwischen Partien beschreiben, in denen das Zusammenspiel präzise festgelegt ist, und solchen, in deren metrische und rhythmische Irregularitäten, sog. asynchrone Verfahren bewußt einkomponiert sind. Durch vier verschiedene Impulse, ausgeführt von den vier Spielern, wird eine Einheit hergestellt, wird das gemeinsam graduell differente Ziel formuliert. Auf solche Weise gerät H.s III. StrQu. zum ästhetischen Abbild eines gesellschaftlichen Zustands: Die Gesellschaft – oder, in diesem Fall, eine kleine Gruppe – sollte eine Vision von einer Zukunft haben, an der jeder selbständig mit seinen eigenen Impulsen, jedoch in gleicher Richtung arbeitet.

Peter Oswald

Karl Amadeus Hartmann

geb. 2. 8. 1905 München, gest. 5. 12. 1963 ebd. Sohn des Malers Friedrich Richard Hartmann. 1919–1922 Seminarist der Lehrerbildungsanstalt in Pasing. 1923–1927 Studium an der Bayrischen Akademie für Tonkunst (Pos., Kl., Dirigieren, Komposition bei Joseph Haas). Ab 1926 Verbindung mit der 1910 gegründeten progressiven Münchner Künstlergruppe ›Die Juryfreien‹, Organisation von Konzerten in diesem Rahmen. Ab 1928/29 Privatunterricht bei Hermann Scherchen. 1941/42 Studienkurs bei Anton Webern in Wien. In der Zeit des Nationalsozialismus geht H. in die ›innere Emigration‹. Aufführungen seiner Werke fanden nur im Ausland statt (u. a. IGNM-Feste in Prag 1935, Genf 1936, London 1938). 7. 10. 1945 Gründung und danach Leitung der Münchner ›Musica Viva‹-Konzerte des Bayrischen Rundfunks. Ehrungen und Auszeichnungen.

Werke f. 1 Instr.: (2) Suite f. Solo-V. (1927); (2) Sonate f. Solo-V. (1927) – Werke f. 4 Instr.: (2) StrQu. (Nr. 1 Carillon, 1933; Nr. 2, 1945/46) – Werke f. 5 Instr.: Tanzsuite f. Fl., Ob., Klar., Hr., Fg. (1931) – Werke f. 8 Instr.: Burleske Musik f. Bläser (Fl., Klar., Hr., Trp., Pos.), Kl., Schlzg. (1931) – Werke f. Kammerensemble: Toccata Variata f. 10 Blasinstr., Kl., Schlzg. (1931/32); Kleines Konzert f. StrQu., Schlzg. (1932).

Verlag: B. Schott's Söhne Mainz.

H.s Werkverzeichnis der Kammermusik macht exemplarisch offenkundig, welche tiefen Spuren die Zeitgeschichte in sein Œuvre eingegraben hat. Bis zum Beginn des Nazi-Regimes 1933 hatte er sich während seiner Münchner Jugend- und Studienzeit mit Begeisterung und enormer Spontaneität den verschiedendsten Kunstrichtungen zugewandt: »Futurismus, Dada, Jazz und anderes verschmolz ich unbekümmert in einer Reihe von Kompositionen. Ich schlug mich nacheinander zu verschiedenen Strömungen, die sich in jenen erregenden Jahren ebenso schnell an der Spitze der Moderne ablösten wie heute. Ich bediente mich der Schemata neuer Ideen … und stürzte mich in die Abenteuer des geistigen Umbruchs« (K. A. H.). Die 1927 entstandenen und erst 1986 und 1988 veröffentlichten Werke für V. solo stehen am Ende dieses Orientierungsprozesses. Wieviel Kompositionen H. tatsächlich in diesen Münchner Studienjahren geschrieben hat, bleibt offen: Fast alle seine Jugendwerke hat er im Ofen verbrannt. Die vier V.-Kompositionen sind allerdings alles andere als ›nur‹ jugendliche Studienwerke, obwohl durch sie durchaus noch der ungeduldige ›Atem‹ eines 22jährigen weht, sie von einer vorwärtsdrängenden Unruhe getragen werden. In den vier aufeinander bezogenen Werken sind bereits die charakteristischen Wesenszüge von H.s Stil ausgeprägt: Sein ernsthaft-strenges Befragen überkommener Formen und Techniken, seine Neigung zu Expressivität und Vitalität, zu kleinräumiger Melodiebildung und eruptiver Klangsinnlichkeit, sein Hang, das spieltechnisch Machbare bis an die Grenzen der Möglichkeit auszuloten, vor allem aber das »Toccatische Denken« (Georg-Albrecht Eckle), jene unverwechselbare Grundform für H.s musikalisches Verständnis, der Wechsel zwischen streng kontrapunktisch angelegten polyphonen und frei-improvisatorischen homophonen Phrasen als Metapher für die Dialektik von Freiheit und Bindung. Sowohl in seinen acht Sinfonien und fünf Instrumentalkonzerten als auch in dem schmalen kammermusikalischen Œuvre hat H. in dieser Weise über das musikalische Grundprinzip immer wieder reflektiert, die beiden ›Welten‹ in ein produktives Verhältnis zueinander gesetzt, Kollisionen herbeigeführt und Auflösungen angeboten.

Anknüpfend an die Sinfonik Anton Bruckners und Gustav Mahlers, zugleich aber auch an die musiksprachliche Intensität der freitonalen Werke Arnold Schönbergs, Alban Bergs, Igor Strawinskys und vor allem seines »eigentlichen Lehrers« (K. A. H.) Anton Webern, entfaltete H. einen instrumentalmusikalischen ›Ton‹, in dem lyrischer und dramatischer Ausdruck verschmelzen. H. Musik bedarf keiner äußeren programmatischen Hinweise, sie distanziert sich unmißverständlich von aller Anpassung an faschistoide Musikfunktionalität, erhebt sich – als permanenter ›innerer Monolog‹ – zu utopischem Fühlen und Denken. Dies macht sie, wie z. B. das 1933 entstandene StrQu. *Carillon* oder das Poème Sinfonique *Miserae* (1933/34), gewidmet »Meinen Freunden, die hunderfach sterben mußten, die für die Ewigkeit schlafen, wir vergessen Euch nicht« (Dachau 1933/34), zu einem bedeutenden Dokument der ›inneren Emigration‹. In der Zeit des Nazi-Regimes konnten H.s Werke nur noch im Ausland aufgeführt werden. Er selbst, dessen Glaube an die Weimarer Republik zusammengebrochen war und der mit Zorn und abgrundtiefer Trauer Zeuge des schrecklichen Zeitgeschehens wurde, verstummte, zog sich ›nach Innen‹ zurück.

Nach 1945 unterzieht H. seine bis dahin entstandenen Kompositionen einer grundsätzlichen Prüfung, revidiert, fertigt in einem komplizierten und langwierigen Prozeß Neufassungen an – und vernichtet ein Großteil seines Schaffens. Gleichzeitig wird in diesen Nachkriegsjahren H.s Schaffen immer stärker von einem konkreten, durch die weltweite Kriegsgefahr ausgelösten gesellschaftlichen Impuls getragen, der in dem Satz *Ghetto* (1960/61) für die Gemeinschaftskomposition *Jüdische Chronik* (zusammen mit Boris Blacher, Paul Dessau, Hans Werner Henze und Rudolf Wagner-Régeny; UA 1966) unverschlüsselt zum Ausdruck kommt, genauso wie davor bereits in der *Kl.-Sonate 27. April 1945* (das Datum bezieht sich auf den erschütternden Auszug der Dachauer Häftlinge aus dem KZ) und in dem Zweiten StrQu. (1945/46).

Obwohl die Kammermusik innerhalb des Gesamtschaffens von H. nur einen kleinen Platz einnimmt, hat sie nichts Marginalienhaftes. Vergleichbar dem Brucknerschen Streichquintett, halten H.s zwei StrQu.e und seine weiteren wenigen kammermusikalischen Stücke einem Vergleich mit seinen Orchesterwerken in jeglicher Hinsicht stand: In der Expressivität ihrer Musiksprache, die nicht selten einen schrankenlos wirkenden Selbstausdruck erlangt, in der Dichte und Intensität der Strukturen, in ihrer enormen Steigerung von Tempo und Dynamik, und nicht zuletzt in ihrem tragischen Weltbewußtsein.

Erstes Streichquartett *Carillon* (1933)

Langsam – (con sordino) – ohne Bezeichnung
Dauer: ca. 23'
Verlag: Schott Mainz

Der Untertitel *Carillon* bezieht sich auf den Schweizer Carillon-Wettbewerb in Genf, bei dem H.s Erstes StrQu. mit dem ersten Preis (Jury-Mitglieder waren u. a. Gianfrancesco Malipiero und Albert Roussel) ausgezeichnet worden war. Das dem Freund und Mentor Hermann Scherchen gewidmete Werk, von dem H. sagte, er hätte ihm den Weg gewiesen und ihm gezeigt, wohin es mit ihm und seinen »Kompositionen eigentlich hinauswollte«, wurde 1936 im Rahmen des I.G.N.M.-Festes in Genf uraufgeführt.

Der **1. Satz** ist wie eine Fugenexposition angelegt: Das Thema, eine chromatisch abwärtswandernde Glissando-Bewegung, ›läuft‹ von der Va. über Vc. und 2. V. zur 1. V. Dominant ist der Trauergestus dieser Figur, der die Grundstimmung des gesamten Werkes festlegt, aber auch »Gegenaktionen« provoziert. H. spricht vom Elend und der Hoffnungslosigkeit im Jahr 1933, »aus der die Idee der Gewaltherrschaft (sich) entwickeln mußte, das furchtbarste aller Verbrechen – der Krieg. In diesem Jahr erkannte ich, daß es notwendig sei, ein Bekenntnis abzulegen, nicht aus Verzweiflung und Angst vor jener Macht, sondern als Gegenaktion.« Im anschließenden lebhaften Teil, in dem das toccata-ähnliche polyphone Linienspiel durch rhythmische Impulse verdrängt wird, ergibt sich eine Ausdrucksdifferenzierung in diesem Sinne. Es profiliert sich ein zweites, motorisches ›Thema‹, so daß der sonatische Dualismus in vagen Umrissen erhalten bleibt, doch ohne festen Rhythmus, ohne verbindliches Metrum.

Im in der Grundstimmung ebenfalls tragischen **2. Satz** heben sich von den harmonischen Flächen rhapsodisch-freie Soli ab, eine Vc.-Kantilene mit unüberhörbarer jüdischer Intonation, expressive Glissandi, emphatische Seufzerfiguren, schmerzhafte Trauergesten. Auf einen harmonisch kompakteren Mittelteil folgt die Reprise des rhapsodischen Anfangs, mit frei schweifenden, wie improvisiert wirkenden Duetten (V., Vc.), die durch Tremoli in der Begleitung einen drohenden Unterton erhalten.

Der **3. Satz** greift die massive Klanglichkeit aus dem Hauptteil des 1. Satzes auf und schärft sie durch eine stampfende Rhythmik. Abrupt folgt ein choralartiger Teil, dessen zurückgenommene Dynamik jedoch schon bald wieder beschleunigt wird und in eine verkürzte Reprise des choralartigen Abschnitts einmündet. Auch hier wieder der Trauerton, der selbst in der tumultuarischen Coda keine ›Auflösung‹ findet.

Zweites Streichquartett (1945/46)

Langsam, äußerst lebhaft und energisch – Andantino – Presto
Dauer: ca. 28'
Verlag: Schott Mainz

»Wenn meine Musik in letzter Zeit oft Bekenntnismusik genannt wurde, so sehe ich darin nur eine Bestätigung meiner Absicht. Es kam mir darauf an, meine auf Humanität hinzielende Lebensauffassung einem künstlerischen Organismus mitzuteilen.« (K. A. H.). Das zur gleichen Zeit wie die Kl.-Sonate *27. April 1945* entstandene Zweite StrQu. ist in diesem Sinne »Bekenntnismusik»: Musik der Trauer und Besinnung, der Erinnerung an das unvorstellbare Leid, das Faschismus und Krieg gebracht hatten.

Gegenüber dem Ersten StrQu. artikuliert sich H. in seinem Zweiten StrQu. in einer gebändigteren Sprache: Die provokante Eindringlichkeit der Kontrastschärfe wird durch vermittelnde Überleitungen gemildert. Doch es gibt auch viele Gemeinsamkeiten zwischen beiden Werken. So knüpft der **1. Satz** nicht nur durch die Tempofolge ›langsam – äußerst lebhaft‹ an das erste Quartett an, sondern auch durch ein Lamento-Thema im Vc. Erst nachdem ein akkordisch harmonisierter zweiter Gedanke eingeführt ist, folgt eine polyphone Auffächerung des Vc.-Solos auf die anderen drei Instrumente. Im daran anschließenden schnellen Abschnitt mit imitierenden Perpetuum-mobile-Einsätzen aller Instrumente werden die Stimmen miteinander verknüpft. Es entsteht eine rhythmisch-komplementäre Struktur, die ›immer erregter‹ (Spielanweisung) werdende Klage wird zum Protest. Eine weitere Kontraststufe erreicht H., indem er bei gleichbleibender Schnelligkeit der Bewegung die Lautstärke immer mehr zurücknimmt – bis ein ›sprachloses‹ Flüstern übrigbleibt.

Dieses musikalische Prinzip, einen Ausgleich zu schaffen zwischen Spannung und Entspannung, Polyphonie als »emotionsfeindliche(m) Kalkül« und Ausdruck als »kalkulationsfeindliche(r) Emotion« (K. A. H.), zwischen eingrenzender Strenge und Freiheit, zwischen Klage und Anklage legt H. auch dem **2.** und **3. Satz** zugrunde: Akkordballungen werden aufgeschichtet, um abrupt zusammenzubrechen, solistische Stimmen wachsen aus rhythmisch akzentuierten Klangflächen heraus, um darin wieder zu versinken, lyrische Gedanken bleiben Episoden, es überwiegt die dramatische Geste. Die kanonisch verflochtenen Stimmen rennen explosiv gegeneinander an – und fallen in sich zusammen, bäumen sich wieder auf bis zur dynamischen Explosion, bis zur gewaltsamen Motorik – und versiegen im ppp am Schluß des 2. Satzes oder bestätigen den bestürzenden Zug am Ende des Finalsatzes.

Ingeborg Allihn

Joseph Haydn

geb. 31. 3. 1732 Rohrau, gest. 31. 5. 1809 Wien. Ab 1738 erste musikalische Unterweisung durch Johann Mathias Franck in Hainburg; 1740 in Wien Kapellsänger an St. Stephan unter Domkapellmeister Georg Reuter d. J.; ab 1749 musikalische Gelegenheitstätigkeiten (Studium der Kl.-Sonaten C. P. E. Bachs, kurzzeitig Unterricht durch den italienischen Opernkomponisten Nicola Porpora); 1759 Musikdirektor und Kammerkomponist des Grafen Morzin in LukaveË(Böhmen; heute: Dolni LukaviÈe); 1760 Heirat mit Maria Anna Keller; 1761 Anstellung als Vizekapellmeister der Fürsten Paul Anton und (ab 1762) Nikolaus Esterházy in Eisenstadt; 1766 Ernennung zum fürstlichen Kapellmeister; umfangreiches kompositorisches Schaffen (Sinfonien, StrQu.e, Opern); häufige Reisen nach Wien (Freundschaft mit Wolfgang Amadeus Mozart); 1790 Tod des Fürsten Nikolaus Esterházy, Auflösung der Hofkapelle durch den Nachfolger Anton Esterházy, Übersiedelung nach Wien; 1790–1792 und 1794–1795 Reisen nach England, dirigiert in den von Johann Peter Salomon in London veranstalteten Abonnementskonzerten eigene Sinfonien. Zwischen beiden Reisen in Wien Lehrer von Ludwig van Beethoven und intensive kompositorische Tätigkeit (StrQu.e, Oratorien: *Die Schöpfung*, 1798; *Die Jahreszeiten*, 1801, geistliche Musik wie die sog. 6 späten Messen).

Werke f. 1 Instr.: 32 Stücke f. eine mechanische Fl.-Uhr, Hob. XIX:1–32 – Werke f. 2 Instr.: 6 Duos f. V., Va. F, A, B, D, Es, C Hob. VI:1–6 (1765–1769); 25 Duos f. Baryton mit u. ohne Baß Hob. XII (1765–1775) – Werke f. 3 Instr.: 11 Divertimenti f. Blas- u. Streichinstr. Hob. IV; 21 als authentisch erwiesene Trios f. 2 V., Vc. Hob. V:1–25; 125 Trios f. Baryton, Va., Vc., Hob. XI:1–125 (1765–1775); 45 Trios f. Kl., V., Vc. Hob. XV:1–41, C1 u. C2, D1 u. D2 bzw. H. C. Robbins Landon Nr. 1–45 (zwischen 1755 u. 1796), darunter unter einer Opuszahl erschienen op. 40 Hob. XV:3–5, C, F, G (um 1784); op. 43 Hob. XV:6–8, F, D, B (1784/85); op. 44 Hob.:9, 10, A, Es (1785); op. 57 Hob. XV:11–13, Es, e, c (1788/89); op. 61 Hob. XV:14, As (1790); op. 67 Hob. XV:15,16, G [mit V. od. Fl.], D (um 1790); op. 68 Hob. XV:17, F (um 1790); op. 70 Hob. XV:18–20, A, g, B (um 1794); op. 71 Hob. XV:21–23, C, Es, d (um 1794/95); op. 73 Hob. XV:24–26, D, G, fis (um 1795); op. 75 Hob. XV: 27–29, C, E, Es (um 1795/96; op. 88 Hob. XV:30, Es (1795); op. 101 Hob. XV:31, es (1795?) – Werke f. 4 Instr.: 68 StrQu. Hob. III:1–68, davon als op. 1 Hob.III:1–6, B, Es, D, G, B, C (zwischen 1755–1760); op. 2 Hob. III:7–12, A, E, Es, F, D, B (zwischen 1755–1760); op. 9 Hob. III:19–24, C, Es, G, d, B, A (ED 1768/69); op. 17 Hob. III:25–30, E, F, Es, c, G, D (ED 1772); op. 20 Hob:31–36 *Sonnen-Quartette* Es, C, g, G, f, A (1772); op. 33 Hob. III:37–42 *Russische Quartette*; Reihenfolge in der Wiener EA: G, Es, h, C, D, B; spätere Ausgaben: h, Es, C, B, G, D (1778–1781); op. 42 Hob. III:43, d (1785); op. 50 Hob. III:44–49, *Preußische Quartette* B, Es, fis, F, D (*Frosch-Quartett*) (1787); op. 51 Hob. III:50–56 *Die sieben Worte des Erlösers am Kreuz*, StrQu.-Fassung (1788); op. 54 Hob. III:57–59 *Tost-Quartette* I, G, C, E (um 1788); op. 55 Hob.III:60–62 *Tost-Quartette* II A, F, B (um 1788); op. 64 Hob. III:63–67 *Tost-Quartette* III D, Es, C, G, D (*Lerchen-Quartett*), Es (1790); op. 71 Hob. III:69–71 *Appónyi-Quartette* I B, D, Es (1793); op. 74 Hob. III:72–74 *Appónyi-Quartette* II C, F, g (*Reiter-Quartett*) (1793); op. 76 Hob. III:75–80 *Erdödy-Quartette* G, D (*Quinten-Quartett*), C (*Kaiser-Quartett*), B (*Der Sonnenaufgang*), D, Es (1797); op. 77 Hob. III:81 u. 82, G (*Komplimentier-Quartett*), F (1799); op. 104 Hob. III:83, B (1803, unveröfffentlicht); 13 Divertimenti f. Kl., 2 B., Vc. Hob. XIV – Werke f. unterschiedliche Kammer-Besetzung: 105 Divertimenti (Cassationen, Notturni) zu 4 u. mehr Stimmen (Blas- u. Streichinstr.) ohne Kl., Hob. II; dazu 31 H. zugeschriebene, in der Autorschaft jedoch nicht gesicherte Divertimenti (z. B. Hob. II:C9 v. Michael Haydn); 8 Notturni f. 2 Lyre organizzate (Radleier mit eingebautem Org.-Werk), 2 Va., 2 Klar., 2 Hr., Baß Hob. II (1790); mehrstimmige Märsche u. Tänze f. gemischte Bläser- u. Streicherbesetzung; zahlreiche Bearbeitungen eigener (z. B. StrQu. Hob. III:19–22) u. fremder Werke, u. a. als Duo, Trio, StrQu., mehrstimmige Divertimenti (Autorschaft vielfach zweifelhaft, z. B. Duos f. V. u. Va., f. V. u. Vc., f. 2 V. Hob. VI:D2–4.
Die Jahreszahlen geben, falls nicht anders vermerkt, die Entstehungszeit an. Die Opuszahlen weichen in den einzelnen zeitgenössischen Ausgaben stark voneinander ab.

Hob. = Anthony van Hoboken: J. H. Thematisch-bibliographisches Werkverzeichnis, Mainz 1957ff. GA der Werke H.s durch das J.-H.-Institut Köln, München 1958ff.

Im Schaffen H.s nimmt die Kammermusik sowohl nach der Anzahl der Werke wie auch nach deren künstlerischem Gewicht einen bedeutenden Raum ein. Im Mittelpunkt steht dabei das StrQu., dessen Entwicklung sich über nahezu 50 Jahre erstreckt: von ersten, noch ganz dem Zeitstil verhafteten Kompositionen des 22jährigen jungen Musikers bis zur letzten, unvollendeten Schöpfung des weltberühmten 71jährigen Meisters. Erst relativ spät, gegen Ende seiner beinahe 30 Jahre währenden Tätigkeit am Hofe der Fürsten Esterházy, wandte sich H. daneben stärker dem Kl.-Trio zu und schuf dann etwa zehn Jahre hindurch eine Reihe von Werken, die für die Entwicklung der Gattung bedeutungsvoll waren, ohne daß dieser Schaffensbereich insgesamt jemals eine solch große Bedeutung bekommen hätte wie das StrQu. Und schließlich komponierte H. vorwiegend in seinen ersten Kapellmeisterjahren nicht weniger als 125 Trios (meist mit Va. und Vc.) für das Baryton, ein etwas absonderliches, der Viola da Gamba nahestehendes Instrument, auf dem Fürst Nikolaus Esterházy dilettierte – ein Schaffensbereich, der heute vielleicht zu Unrecht nur wenig beachtet wird. Rechnet man zu den Werken dieser für H. zentralen kammermusikalischen Gattungen die zahlreichen Gelegenheitskompositionen unterschiedlicher Besetzung hinzu, so kommt man auf eine Gesamtzahl von rund 300 mehrsätzigen Kammermusikwerken.

Wenn H. gelegentlich als ›Vater des StrQu.s‹ bezeichnet wird, so ist dies freilich nur in einem weiteren Sinne zutreffend. H. hat das StrQu. nicht ›erfunden‹, wohl aber hat er ihm, als Ergebnis eines langwierigen und keineswegs konfliktlos verlaufenen Prozesses, eine Gestalt gegeben, die für die gesamte weitere Entwicklung der Gattung grundlegend war. Die Spezifik des StrQu.s als einer Gattung des gehobenen Liebhabermusizierens drängte zwangsläufig zur Herausbildung einer Satzweise, bei der die vier Stimmen annähernd gleichberechtigt an der musikalischen Entwicklung beteiligt sind. Indem H. das Prinzip der motivisch-thematischen Arbeit, der vielfältigen und überaus vielgestaltigen variativen Umbildung eines begrenzten thematischen Materials, im StrQu. erstmals zu voller Entfaltung brachte, prägte er nicht nur dessen Wesen vollkommen aus, sondern erhob es zugleich in den Rang einer zentralen Gattung der klassischen Epoche.

Die Komposition von StrQu.en gehörte keineswegs zu den dienstlichen Obliegenheiten des Esterházyschen Kapellmeisters; vielmehr entstanden H.s StrQu.e fast ausschließlich im Auftrag adliger und gelegentlich auch bürgerlicher Musikliebhaber. In der Regel erschienen die StrQu.e mit mehrjährigem Abstand und in Serien zu je sechs oder später meist drei Quartetten unter einer Opuszahl in einem der Wiener Musikverlage und trugen so wesentlich dazu bei, daß H. weit über seinen unmittelbaren Wirkungskreis hinaus bekannt wurde. Jede dieser Sammlungen stellt eine neue, höhere Stufe in der Entwicklung der Gattung dar.

Die StrQu.e op. 1 und op. 2 entstanden in der 2. Hälfte der 50er Jahre auf Anregung des Freiherrn Karl Joseph von Fürnberg, der den jungen, mittellosen H. gelegentlich auf seine Besitzung in Weinzierl bei Wien zum Musizieren einlud. Sie zeigen ausnahmslos die Merkmale heiterer Gesellschaftsmusik, und ihre Nähe zu deren wichtigster Gattung, dem Divertimento, ist deutlich an der Fünfzahl ihrer stets in gleicher Tonart stehenden Sätze ablesbar: Zwei Menuette und zwei meist sehr rasche Ecksätze gruppieren sich symmetrisch um den zentralen langsamen Satz. Die Thematik der Kopfsätze ist noch kaum individualisiert, die Sonatenhauptsatzform zeigt sich allenfalls umrißhaft und die führende Rolle der 1. V. ist niemals in Frage gestellt.

Da die Quartette op. 3 mit größter Wahrscheinlichkeit nicht von H., sondern von dem Benediktinermönch Roman Hoffstetter (1742–1815) stammen, liegt rund ein Jahrzehnt zwischen H.s frühesten Quartetten und der nächsten, um 1769 komponierten Sammlung op. 9. Es war dies eine für H.s künstlerische Entwicklung außerordentlich wichtige Zeit, in der er sich, als junger Kapellmeister zunächst des Grafen Morzin in LukaveË dann der Fürsten Esterházy in Eisenstadt, intensiv um die Entwicklung vor allem der Sinfonie bemühte. Der Zuwachs an künstlerischer Reife wird auch an den sechs Quartetten op. 9 ablesbar; mit ihnen beginnt ein mehr als zehn Jahre andauernder Prozeß der immer subtileren Durchformung und Individualisierung des StrQu.-Satzes, der schließlich in den Quartetten op. 33 gipfelt.

Der Bruch mit der Tradition des Divertimentos zeigt sich schon äußerlich an der nun verbindlichen Beschränkung auf vier Sätze, wobei allerdings das Menuett – wie auch noch durchgängig in op. 17 und gelegentlich in op. 20 und op. 33 – an zweiter Stelle, also vor dem langsamen Satz steht. Unüberhörbar ist vor allem in den langsamen Sätzen eine Vertiefung des Ausdrucks, die auf den Einfluß der Werke Carl Philipp Emanuel Bachs zurückzuführen ist. Deutliche Veränderungen gegenüber den vorhergehenden Sammlungen in formaler Hinsicht zeigen insbesondere die Kopfsätze. Nicht nur, daß sich jetzt die dreiteilige Sonatenhauptsatzform mit Exposition, Durchführung und – meist leicht veränderter – Reprise stets klar erkennen läßt: Bedeutsamer ist, daß der gesamte Verlauf des Satzes, nicht nur die Durchführung, von der motivisch-thematischen Arbeit durchzogen ist, deren Material durch Abspaltung aus dem Hauptthema gewonnen wird. Noch immer aber behauptet die 1. V. ihre dominierende Rolle.

In den rund drei Jahre später erschienenen StrQu.en op. 17 setzen sich diese insbesondere auch die auf Vertiefung des Ausdrucks gerichteten Tendenzen fort. Die thematische Arbeit greift nun, vor allem in den Kopfsätzen, mehr und mehr auf alle Stimmen über, und gelegentliche thematische Anklänge zwischen den Sätzen eines Werkes sind Indiz dafür, daß H. das StrQu. bewußt als einen in sich geschlossenen Zyklus konzipiert, dessen vier Sätze in innerem Bezug zueinander stehen.

Die sechs Quartette op. 20 – nach dem Titelblatt des Erstdruckes auch *Sonnen-Quartette* genannt – repräsentieren, ungeachtet ihres nur wenig späteren Erscheinungsdatums, erneut eine höhere Stufe in der Entwicklung des StrQu.s bei H.. Noch deutlicher als die Werke der vorhergehenden Sammlung sind sie Zeugnisse einer besonders auch in der Sinfonik der Jahre zwischen 1770 und 1772 bemerkbaren leidenschaftlichen Steigerung und dramatischen Zuspitzung des Ausdrucks, die sich schon äußerlich an der Zunahme von Kompositionen in Molltonarten erkennen läßt. Offen muß die Frage bleiben, ob diese gesteigerte Ausdrucks- und Konflikthaftigkeit dem Einfluß der insbesondere in der Literatur dieser Jahre manifesten Strömung des ›Sturm und Drang‹ zuzuschreiben ist oder ob sich eine persönliche Lebenskrise H.s in ihr spiegelt. Im Opus 20 ist dieser ›Sturm-und-Drang-Ton‹ besonders in den beiden Mollwerken (Nr. 3, g-Moll; Nr. 5, f-Moll) deutlich zu spüren.

Noch unentschieden ist in diesen Quartetten die Stellung der Mittelsätze: In drei Quartetten steht das Menuett an zweiter, in den übrigen an dritter

Stelle. Beide Sätze ändern merkbar ihren Charakter: Der langsame erhält in den meisten Quartetten weit größeres Gewicht als zuvor, und das Menuett verliert den Charakter eines Gebrauchstanzes und beginnt sich dem Charakterstück zu nähern.

In formaler Hinsicht zeigen die StrQu.e eine erneute Verdichtung und Intensivierung der thematischen Arbeit, die nun nicht mehr nur die Kopfsätze prägt, sondern auch auf die anderen Sätze übergreift. Vor allem die Schlußsätze zeigen nur noch selten den in den vorhergehenden Werken H.s überwiegend ausgeprägten heiteren ›Kehraus‹-Charakter und nähern sich im inneren Gewicht den ersten Sätzen an. Symptomatisch dafür ist es, daß H. in drei Quartetten des Opus 20 den Finalsatz als streng durchgeführte Doppelfuge konzipierte. In diesen Fugensätzen ist erreicht, was H. zweifellos als Ideal des StrQu.-Satzes vorschwebte: Die vollkommene Gleichberechtigung der vier Stimmen, allerdings um den Preis des Rückgriffs auf eine Form der Vergangenheit.

Wahrscheinlich hat H. bald erkannt, daß dieser Weg der Orientierung an barocken Formen in eine Sackgasse zu führen drohte; dies jedenfalls würde erklären, weshalb er beinahe zehn Jahre verstreichen ließ, ehe er 1781 seine nächste Sammlung veröffentlichte. Mit Recht konnte er von diesen StrQu.en op. 33 – wegen ihrer Widmung an den Großfürsten Paul von Rußland werden sie auch als *Russische Quartette* bezeichnet – sagen, sie seien »auf eine gantz neue besondere art« komponiert, wenn auch nicht völlig klar ist, worauf sich diese berühmte Bemerkung konkret bezieht. Zwar liegt es nahe, an das Prinzip der motivisch-thematischen Arbeit zu denken, das – obgleich es sich bereits in früheren Quartetten findet – in den ersten Sätzen dieses Opus mit durchaus neuartiger Konsequenz und höchster Konzentration angewandt ist. Doch könnte H. auch die Gesamthaltung der Quartette gemeint haben, ihre ›klassische‹ Ausgewogenheit, die Verbindung von höchster Kunst der Ausarbeitung mit größter Eingängigkeit, Prägnanz und Faßlichkeit der thematischen Prägungen, für die wenig später der Begriff »kunstvolle Popularität« (K. J. F. Triest, AMZ 1801, Nr. 24, Sp. 407) aufkam. Auffällig ist vor allem in den Finalsätzen der Quartette eine Neigung zum geistvoll-kapriziösen Spiel mit den überkommenen Formen, zum ›Witz‹, der besonders daraus entsteht, daß die Erwartungen, die der Hörer hinsichtlich des musikalischen Verlaufs hegt, nicht erfüllt werden. Daß dies alles schon den Zeitgenossen auffiel, bezeugt eine Rezension des Berliner Komponisten und Musikschriftstellers Johann Friedrich Reichardt, die 1782 in dessen Zeitschrift ›Musikalisches Kunstmagazin‹ erschien. H.s Quartette seien, so heißt es dort, »...voll der originälsten Laune, des lebhaft angenehmsten Witzes. Es hat wohl nie ein Komponist so viel Eigenheit und Mannigfaltigkeit mit so viel Annehmlichkeit und Popularität verbunden als Haydn: und wenig angenehme und populäre Komponisten haben auch zugleich einen so guten Satz wie Haydn ihn die meiste Zeit hat.« Groß war auch der Eindruck dieser Quartette auf Wolfgang Amadeus Mozart. Er fand seinen Niederschlag in einer Serie von sechs Quartetten, die Mozart 1785 mit einer ausführlichen Widmung in italienischer Sprache an J. H. veröffentlichte (KV 387, 428, 458, 464, 465, 575). Diese Widmung, so soll Mozart geäußert haben, sei eine Schuldigkeit gewesen, denn durch H. habe er gelernt, »wie man Quartetten macht.«

War H. mit dem Opus 33 die grundlegende Prägung des klassischen StrQu.s gelungen, so hat er dennoch auch in den folgenden Werken immer wieder neue Modifikationen gesucht und so die einmal gefundenen Lösungen unablässig in Frage gestellt. Nach dem ungewöhnlicherweise einzeln veröffentlichten StrQu. d-Moll op. 42 (Hob.III:43), das im Finale fugische und sonatische Strukturen miteinander verschmilzt und so einen Bogen rückwärts zu den Final-Fugen des op. 20 schlägt, entstanden 1785 die sechs Quartette op. 50. Sie sind dem cellospielenden König Friedrich Wilhelm II. von Preußen gewidmet. Auffällig ist an ihnen die strikte Beschränkung auf ein einziges Thema, aus dem in einem unaufhörlichen, sofort nach Aufstellung des Themas einsetzenden und sich auch noch in die Reprise hinein erstreckenden Verarbeitungsprozeß der gesamte Satz entwickelt wird, auffällig auch die sehr subtile, wahrscheinlich den Einfluß Mozarts widerspiegelnde Harmonik, die zuweilen Klangtechniken des frühen 19. Jahrhunderts, insbesondere Franz Schuberts, vorausahnen läßt.

Etwa zur gleichen Zeit, 1788, erschien die StrQu.-Fassung des Orchesterwerks *Die sieben Worte des Erlösers am Kreuz*, das H. für die Kathedrale von Cadiz in Spanien geschaffen hatte und das aus sieben langsamen, meditativen Sätzen mit einer Introduktion und einem das Erdbeben bei Christi Tod schildernden Schlußsatz besteht. Jedem der in freier Sonatenform gestalteten langsamen Sätze liegt ein lateinisches Christuswort zugrunde, aus dessen sprachlicher Diktion das Hauptthema des Satzes abgeleitet ist: ein bei H. und wohl überhaupt in dieser Zeit einmaliger Fall unmittelbar sprachgezeugter Thematik in der Instrumentalmusik. Das eindrucksvolle Werk hat H. auch später noch beschäftigt. Nach seiner zweiten London-Reise erweiterte er die Orchesterfassung durch Einfügung eines Chorsatzes zu einem Oratorium.

So eigenartig und eindrucksvoll dieses Werk ist: Für die Entwicklung des H.schen StrQu.s ist es ohne wesentliche Bedeutung. Dieses erreicht vielmehr seine nächste Stufe erst fünf Jahre später, 1790, in den insgesamt zwölf Quartetten op. 54, 55 und 64, die H. für den Wiener Kaufmann Johann Tost schrieb. Dieser war, bevor er in Wien in eine große Tuchhandlung einheiratete, einige Jahre Geiger in der Kapelle des Fürsten Esterházy gewesen. Dementsprechend ist der Part der 1. V. in einigen dieser Quartette besonders reich ausgestattet, ohne daß dies auf Kosten der satztechnischen Gediegenheit ginge. Vielmehr ist die Souveränität bewundernswert, mit der H. nun über alle kompositorischen Mittel verfügt. Es fällt angesichts dieser Vielfalt der Möglichkeiten schwer, diese wie auch die folgenden Sammlungen zusammenfassend zu charakterisieren, weil jedes einzelne Werk von nun an eine Individualität darstellt, eine je und je einmalige, unverwechselbare Ausprägung der Idee dieser Gattung. Die geistvolle, stets auf andere Weise realisierte Themenverarbeitung und -verwandlung der Kopfsätze, die bei aller Schlichtheit der Melodik überwältigende Ausdruckskraft der langsamen Sätze, die zupakkende Derbheit und unerschöpfliche Vielfalt der Menuette, von denen E. T. A. Hoffmann zutreffend sagte, sie seien bei Haydn »an einer reichbesetzten Tafel meist die pikanteste(n) Schüssel(n)«, die gelöste Heiterkeit der Schlußsätze, in denen sich oft H.s prachtvoller Humor mit unvermittelten Überraschungswirkungen zu Wort meldet.

Die Quartette des op. 64 waren das letzte Werk, das noch in Esterháza entstand. Der Tod des Fürsten Nikolaus bewirkte einen tiefen Einschnitt in

H.s Biographie: Da der Sohn des Verstorbenen, Fürst Anton, wenig Interesse an der Musik zeigte, konnte H., der nominell bis zu seinem Tode »fürstlich-esterházyscher Kapellmeister« blieb und auch ein Gehalt bezog, nun seinen Wohnsitz nach Wien verlegen und das Angebot des englischen Konzertunternehmers Salomon für eine große Englandreise annehmen. Sie bot ihm die ersehnte Gelegenheit, seine in der Abgeschiedenheit der esterházyschen Residenz entwickelte Kunst einem großen, bürgerlichen Konzertpublikum darzubieten und sie so auf ihre Weltfähigkeit hin zu erproben.

Die Weitung, die H.s Sinfonik in seinen letzten zwölf Londoner Sinfonien erfuhr, blieb nicht ohne Wirkung auf sein StrQu.-Schaffen. Die Quartette op. 71 und op. 74, die unmittelbar nach der Rückkehr von seiner ersten Englandreise 1793 in Wien entstanden sind und dem in Preßburg residierenden ungarischen Grafen Anton Georg Appónyi gewidmet wurden, zeigen dies überaus deutlich. Nicht nur werden Einzelzüge der späten Sinfonien wie die langsame Einleitung zum 1. Satz in das StrQu. eingebracht: Gelegentlich zeigen sich auch konzertierende, ja virtuose Elemente. Dies alles macht deutlich, daß H.s Kammermusik nun aus dem intimen Rahmen der ›Kammer‹ hinaus in den Konzertsaal drängt, daß insbesondere das StrQu. nicht mehr unbedingt mit dem kultivierten Dilettanten als Ausführendem und Konsumierendem rechnet, sondern sich als Darbietungskunst an ein größeres Publikum wendet.

In den sechs Quartetten op. 76, die Haydn 1797 nach seiner zweiten und letzten Londonreise in Wien in unmittelbarer zeitlicher Nachbarschaft zum Oratorium *Die Schöpfung* komponierte und dem ungarischen Grafen Ladislaus Erdödy widmete, erreichte H.s Quartettschaffen seine größte Reife und Weite. Es sind Werke höchster Individualität, und in ihrer Summe umfassen sie alle Möglichkeiten, die diese Gattung für H. einschloß. Zugleich aber werden in ihnen noch einmal neue Wege gesucht und scheinbar Erprobtes hinterfragt. So fallen vor allem verstärkt polyphone Züge auf. Was H. 25 Jahre zuvor in den Finalfugen des Opus 20 noch nicht mit letzter Überzeugungskraft gelungen war – die Anreicherung des Quartettsatzes mit kontrapunktischen Techniken –, das war nun auf höherer Stufe der Entwicklung möglich geworden, weil der seit dem Opus 33 immer vollkommener ausgebildete ›durchbrochene Satz‹ zu einer aufgelockerten, quasi-polyphonen Satzstruktur geführt hatte, in die nun auch Polyphonie im eigentlichen strengen Sinne bruchlos integriert werden konnte.

Ein weiteres Merkmal dieser späten Quartette ist die häufige Verfremdung der Satzcharaktere, die für den zeitgenössischen Hörer vor allem durch die Art der Thematik im allgemeinen klar gegeben war. In diesen Zusammenhang gehört auch, daß sich die Menuette durch Beschleunigung des Tempos häufig dem Scherzotyp nähern, den Beethoven wenig später entwickelte. Und schließlich setzen sich in den Quartetten die Erkundungen fort, die H. seit den frühen 90er Jahren in zunehmendem Maße auf dem Gebiet der Harmonik unternommen hatte und die in eine Richtung führten, die dann von den Komponisten des frühen 19. Jahrhunderts nachdrücklich weiter verfolgt wurde.

Opus 76 ist Haydns kompositorisches Vermächtnis auf dem Gebiete des StrQu.s, so wie es die Serie der zwölf Londoner Sinfonien auf sinfonischem Gebiet gewesen war. Die beiden dem Fürsten Lobkowitz gewidmeten Quartette, die zwei Jahre später, 1799, entstanden und unter der Opuszahl 77 veröffentlicht wurden, sind ein Nachklang: Sie fügen dem Bild des späten H.schen Kammermusikschaffens keine wesentlichen neuen Farben hinzu. Und als sich der greise Meister 1803 noch ein letztes Mal anschickte, ein StrQu. zu komponieren, kam er über die beiden Mittelsätze – ein Andante grazioso und ein Menuett – nicht mehr hinaus. Er veröffentlichte beide Stükke schließlich als Opus 103 und ließ einen Abdruck seiner Visitenkarte beifügen mit den Worten: »Hin ist alle meine Kraft, alt und schwach bin ich«. Ein riesiges, kaum überschaubares Schaffen höchsten Ranges und größter musikgeschichtlicher Wirkung war damit definitiv beendet.

Die anderen Gattungen der Kammermusik lassen sich in ihrer Entwicklung nicht in gleicher Weise wie das StrQu. über einen größeren Zeitraum hinweg verfolgen. Die rund 125 meist dreisätzigen Trios für Baryton, Va. und Vc., mit denen H. pflichtgemäß die Liebhaberei seines Fürsten bediente und bei denen er deshalb stärker als in seinem übrigen Schaffen zur Rücksichtnahme auf dessen Geschmack gezwungen war, entstanden zwischen 1762 und 1775 und zeigen alle ungefähr die gleiche stilistische Haltung und den Charakter geschmackvoll-kultivierter Spielmusik, wenngleich sich in manchen von ihnen überraschend inspirierte Partien finden. Die Gattung des Kl.-Trios, das in seinem Werkverzeichnis mit rund 40 Opera vertreten ist, hat H. zuerst in den frühen 60er Jahren, wahrscheinlich während seiner Kapellmeisterzeit in Lukaveč, mit acht Werken bedacht. Seit der Mitte der 80er Jahre hat er dann über etwa ein Jahrzehnt hinweg dieses Feld verhältnismäßig intensiv bestellt, wobei die späteren Trios meist im Auftrag englischer Verleger entstanden. Vergleicht man H.s erste Kl.-Trios mit seinen letzten, so läßt sich eine gewisse Entwicklung vor allem hinsichtlich der Satztechnik feststellen, die derjenigen in den StrQu.en parallel geht: Während V. und Vc. zunächst noch relativ unselbständig geführt werden und oft nur Ober- und Unterstimme des Kl.-Parts verdoppeln, zeigen die späten Trios einen differenzierten, aufgelockerten Satz und fortgeschrittene motivisch-thematische Arbeit.

Die übrigen Werke H.s für kammermusikalische Besetzungen sind entweder, wie die V.-Sonaten, Bearbeitungen anderer Kompositionen, oder sie haben den Charakter unverbindlich-heiterer Gelegenheitsmusik.

Streichquartett f-Moll op. 20 Nr. 5, Hob. III:35 (1772) aus den *Sonnen-Quartetten*

Allegro moderato – Menuetto – Adagio – Finale. Fuga a 2 soggetti
Dauer: ca. 22'

Dieses StrQu., eines der zwei Moll-Kompositionen des op. 20, ist in seiner ernsten, teilweise melancholischen Grundhaltung ein typisches Werk jener für H.s künstlerische Entwicklung so wichtigen Lebensphase um 1770, die meist als seine ›Sturm-und-Drang-Zeit‹ bezeichnet wird. Es zeigt eine hohe Dichte der kompositorischen Faktur: Ein enges Netz motivischer Beziehungen breitet sich über das gesamte Werk, besonders aber über den **1. Satz** aus. Dieser beginnt mit einem von der 1. V. vorgetragenen ersten Thema, das – begleitet von den nachschlagenden übrigen Instrumenten – sich mühsam eine Septime nach oben windet, um dann in sanfter Bewegung wieder zum Ausgangston zurückzufallen.

Es wird sofort variierend wiederholt und dann frei fortgesponnen. Dort, wo der Hörer ein zweites, kontrastierendes Thema erwartet, nach einer Modulation in die Paralleltonart As-Dur, erscheint zunächst eine Variante des ersten Gedankens. Erst danach exponiert H. das von engschrittiger Melodik geprägte zweite Thema in einem sehr differenziert durchgestalteten vierstimmigen Satz. Die anschließende Durchführung verarbeitet in äußerst subtiler Weise Motive beider Themen; die folgende Reprise bringt gegenüber der Exposition noch einmal ziemlich weitreichende Umbildungen, und eine ungewöhnlich ausgedehnte Coda, in der weit entlegene tonartliche Bereiche berührt werden, beschließt den Satz.

Die ernste, verhangene Atmosphäre setzt sich in dem in gleicher Tonart stehenden **Menuett** fort, und auch das nach Dur ausweichende Trio stellt dem keinen deutlichen Kontrast entgegen.

Im F-Dur-**Adagio**, das als einziger Satz in freundlichere Ausdrucksbereiche führt, wird ein schlichtes, wiegendes Thema im Sechsachteltakt zunächst von der 1. V. vorgetragen, dann von der 2. übernommen. An den folgenden Variationen sind alle Instrumente beteiligt.

Das **Finale** ist eine streng durchgeführte Fuge über zwei stark kontrastierende Themen (›Soggetti‹), die von Anfang an gleichzeitig durchgeführt werden.

Streichquartett Es-Dur op. 33 Nr. 2, Hob. III:38 (1782)

Allegro moderato – Scherzo. Allegretto – Largo e Sostenuto – Finale. Presto
Dauer: ca. 18'

Der 1. Satz dieses Werkes läßt die Intensivierung der motivisch-thematischen Arbeit, die für die StrQu.e des op. 33 charakteristisch ist, schon beim bloßen Hören erlebbar werden. Das kantable, energisch ausgreifende Hauptthema

wird sofort, nachdem es von der 1. V. vorgestellt wurde, in einen intensiven Verarbeitungsprozeß hineingezogen, in dem insbesondere das Auftaktmotiv eine zentrale Rolle spielt. Es ist in einer seiner zahllosen Varianten nahezu allgegenwärtig, wobei seine rhythmische Struktur stets erhalten bleibt, Größe und Richtung dagegen höchst variabel erscheinen.

Alle vier Instrumente nehmen an diesem Verarbeitungsprozeß in unterschiedlichen Funktionen teil, jedoch nicht so, daß eine melodische Linie gleichsam zerlegt und die Fragmente von Instrument zu Instrument weitergereicht würden (›durchbrochener Satz‹), sondern im Sinne eines quasi-polyphonen Satzes höchst individuell geprägter Stimmen. Tatsächlich wird auf diese Weise, ohne daß – wie noch in den Finalfugen des op. 20 – ein Rückgriff auf polyphone Formmodelle der vergangenen barocken Epoche erfolgen müßte, eine neuartige Gediegenheit und Durchformung des Satzes erreicht, die maßstabsetzend und richtungsweisend für die weitere Entwicklung des StrQu.s wurde.

So ausschließlich wird der Verlauf des Satzes von diesem Prozeß ständiger Verwandlung bestimmt, daß ein kontrastierendes zweites Thema dagegen nicht aufkommen kann. Selbst in die Reprise hinein setzen sich die ständigen Umbildungen der thematischen Substanz noch fort. Sie folgt im Großen dem Bauplan der Exposition, geht aber in manchen kompositorischen Details eigene Wege.

Der folgende Satz ist wie bei allen Quartetten dieser Serie **Scherzo** überschrieben. Er hat jedoch unverkennbar den Charakter eines Menuetts von betont derb-volkstümlicher Haltung. Die Nähe zu volksmusikalischen Vorbildern zeigt auch das Trio mit den jauchzenden Aufschwüngen der 1. V.

Dem an dritter Stelle stehenden **Largo sostenuto** liegt eine zunächst zweistimmig von Va. und Vc., dann von den beiden V. vorgetragene Melodie zugrunde, die ohne wesentliche Veränderungen in stets wechselnden instrumentalen Kombinationen mehrfach erklingt. Bemerkenswert sind in diesem Satz die überraschenden Ausdruckssteigerungen, die H. zweimal durch den Einschub von Akkordblöcken mit extrem kontrastreicher Dynamik erzielt.

Das **Finale**, ein rascher Rondosatz im Sechsachteltakt, bietet ein schönes Beispiel für H.s Humor, für seine Neigung zu Überraschungen und witzigem Spiel mit der Form. Bis kurz vor Schluß verläuft der Satz völlig ›normal‹. Als aber das Rondothema zum letzten Male vollständig erklungen ist, wird die hurtige Bewegung durch vier eingeschobene Adagio-Takte plötzlich unterbrochen – und anschließend erscheint das Rondothema noch einmal, zerstückelt in kleine, zweitaktige Abschnitte, die jeweils durch eine ebenfalls zweitaktige Generalpause voneinander getrennt sind. Noch verblüffender aber ist es, wenn das Rondothema danach abermals anhebt, nach seiner ersten Phrase jedoch plötzlich abbricht: Ein völlig ›offener‹ Schluß, der den Hörer mit einer Frage entläßt.

Streichquartett h-Moll op. 33 Nr. 1, Hob. III:37 (in der Wiener EA 1782 op. 33 Nr. 3)

Allegro moderato – Scherzo. Allegro di molto – Andante– Finale. Presto
Dauer: ca. 22'

Auch am **1. Satz** dieses Quartettes läßt sich das Verfahren der motivisch-thematischen Arbeit gut verfolgen: Das Thema, das sich aus einem knappen Motiv im Umfang einer Sext und seiner gesteigerten Wiederholung zusammensetzt,

stellt das Material bereit, aus dem sich der gesamte Satz entwickelt. Darüber hinaus vermag der Kopfsatz dieses einzigen in Moll stehenden Werkes der Serie eindrucksvoll zu belegen, daß die Vertiefung und Schärfung des Ausdrucks, die H. in den vorhergehenden StrQu.en op. 17 und op. 20 und in den Sinfonien der Jahre 1770 bis 1772 erreichte, in op. 33 keineswegs zugunsten ›klassischer‹ Abrundung und Ausgewogenheit zurücktritt. Vielmehr bleiben die damals gefundenen Ausdrucksmittel durchaus verfügbar, wenn sie auch nicht mehr in radikaler Direktheit herausgestellt werden. Nach dem merkwürdig ›suchenden‹ Beginn dieses 1. Satzes verstärkt H. den ›widerhaarigen‹ Ausdruck durch häufige Stockungen und Unterbrechungen, die sich in der Reprise gegenüber der Exposition und Durchführung noch häufen.

Der **2. Satz** mit seinem im Dreiklang aufschießenden Thema wirkt wie eine erstaunlich frühe Vorwegnahme des Beethovenschen Scherzo-Typs. Das in D-Dur und Sechsachteltakt stehende **Andante** ist nicht eigentlich ein langsamer Satz, sondern beschwört mit seinem über zwei Oktaven staccato aufsteigenden Thema

- man beachte die Ähnlichkeit mit der Thematik des vorangehenden Scherzos – eher eine bukolische Atmosphäre, wenngleich es auch hier durch häufige Sforzati und dynamische Steigerungen insbesondere im zweiten Teil zu Schärfungen des Ausdrucks kommt.

Im **Finale** verschmilzt H. wie in den meisten Schlußsätzen des op. 33 Rondo- und Sonatenform miteinander (›Sonatenrondo‹) und sucht so ein klares Gegengewicht zum Kopfsatz zu schaffen. Bemerkenswert an diesem äußerst turbulenten Presto sind die virtuosen Passagen der 1. V. in den nicht-thematischen Zwischenteilen.

Streichquartett f-Moll op. 55 Nr. 2, Hob. III:61 (ED um 1788) *Rasiermesser-Quartett*

Andante più tosto Allegretto – Allegro – Menuetto. Allegretto – Finale. Presto
Dauer: ca. 25'

Dieses Quartett gehört zu jenen H.schen Kompositionen, deren Untertitel sich nicht von einer auffälligen Besonderheit des Werkes ableitet, sondern allein von einer in ihrer Authentizität zudem fragwürdigen Anekdote. Danach soll der englische Verleger John Bland, der nach Esterháza gereist war, um H. einige Werke abzukaufen, diesen beim Rasieren angetroffen haben. Ärgerlich über sein stumpfes Rasiermesser, soll H. ausgerufen haben: »Hätte ich nur ein gutes englisches Rasiermesser, ich wollte mein bestes Quartett dafür geben.« Bland habe daraufhin aus dem Gasthof sein eigenes Messer geholt und es dem Meister überreicht. Dieser soll ihm dann tatsächlich das eben vollendete Quartett geschenkt haben. Zweifel an diesem von Bland selbst stammenden Bericht sind angebracht: H. hat zwar, wie aus einem seiner Briefe hervorgeht, ein Quartett nach England geschickt, doch das mit dieser Anekdote traditionell in Verbindung gebrachte f-Moll-Quartett ist nicht in Blands Verlag erschienen.

Ungewöhnlich ist die Umstellung der ersten beiden Sätze: Die Komposition beginnt mit einem sehr ausgedehnten langsamen Variationssatz. Dessen Anlage ist insofern bemerkenswert, als ihm zwei in ihrer jeweils ersten Phrase miteinander verwandten, sonst aber deutlich unterschiedenen Themen zugrunde liegen – das erste in Moll, das zweite in Dur. Beide werden zweimal abwechselnd variiert. Wie in den meisten Werken dieser dem Kaufmann und hervorragenden Geiger Tost gewidmeten Serie dominiert auch in diesem Satz die 1. V.: Lediglich im zweiten Teil der zweiten Variation des Dur-Themas wird die melodische Führung an das Vc. abgegeben.

Der eigentliche ›Hauptsatz‹ des Quartettes ist jedoch das **Allegro**. Das sehr prägnante, mit einem Quintsprung aufwärts beginnende und nach kurzer Umspielung des oberen Tones jäh in einem punktierten Tonleitergang zwei Oktaven abfallende Thema

bestimmt ausschließlich den Satzverlauf; dort, wo der Hörer in der Exposition ein zweites Thema erwartet, erscheint eben dieses Hauptthema erneut, jetzt nach As-Dur transponiert. Die stark verkürzte Reprise begnügt sich folgerichtig mit dem einmaligen Erscheinen des Themas, nun wieder in der Grundtonart f-Moll. Bemerkenswert sind in diesem Satz die abrupten zweitaktigen Unterbrechungen des musikalischen Flusses gleich zu Beginn nach 16 Takten und ebenso am Anfang der Durchführung, nach denen die Musik unvermittelt in einer weit entfernten, ›entrückten‹ Tonart (f-Moll – Ges-Dur bzw. As-Dur – A-Dur) wieder beginnt. In der Durchführung unternimmt H. den interessanten Versuch, fugische Strukturen in den StrQu.-Satz einzubeziehen: Der Themenkopf wird in jeweils zwei Stimmen fugenartig durchgeführt, während gleichzeitig die dritte Stimme mit gleichmäßiger Achtelbewegung im Staccato einen Kontrapunkt dazu setzt.

Das in F-Dur stehende **Menuetto** gibt sich gravitätisch-steif. Es beginnt zweistimmig mit Va. und 1. V., die nach sechs Takten ihren Part tauschen; dasselbe vollzieht sich anschließend zwischen Vc. und 2. V. Das **Finale** im Sechsachteltakt ist ein knapper Sonatensatz mit einem energisch nach oben drängenden Thema und einer kurzen Durchführung.

Streichquartett D-Dur op. 64 Nr. 5, Hob. III:67 (ED 1790)
Lerchen-Quartett

Dauer: ca. 19'
Allegro moderato – Adagio cantabile – Menuetto. Allegretto – Finale. Vivace

Wie kaum ein anderes Werk ist dieses dazu angetan, die Beinamen in Frage zu stellen, die man insbesondere im 19. Jahrhundert zahlreichen Kompositionen von H. gegeben hat. Mag man einräumen, daß durch diese Untertitel ihre Unverwechselbarkeit hervorgehoben und die Unterscheidung erleichtert wird. Doch die Gefahr ist groß, daß durch solche Etikettierungen, die sich meist willkürlich auf ein einzelnes und oft nicht einmal wesentliches Merkmal des Werkes beziehen, die Erwartungen beim Hören in eine falsche Richtung gelenkt werden. Für den Untertitel *Lerchen-Quartett* ist lediglich der Einsatz der 1. V. im 1. Satz ›verantwortlich‹: Sie schwingt sich ›jubilierend‹ eine Sexte in die Höhe. Der Satz als Ganzes oder gar die übrigen Sätze bieten jedoch für die Bezeichnung keinerlei Anlaß.

Merkwürdig ist dieses **Allegro moderato** aber dann doch. Es beginnt nicht – wie sonst jedes Quartett H.s – sofort mit dem Hauptthema, sondern die 1. V. setzt mit dem diesem erst nach sieben vorbereitenden, im Staccato hingetupften Takten zusammen mit den übrigen Instrumente ein.

Zweifellos wird durch diese Verzögerung die Erwartung auf den Eintritt des Themas verstärkt; dennoch kann man im Zweifel sein, ob diesem Gebilde die Qualität eines Themas wirklich zukommt. Es erscheint zwar mehrmals und immer dort, wo das Hauptthema erwartet wird, doch lassen sich aus ihm kaum Impulse für den weiteren Satzverlauf gewinnen. Vielmehr kommt eher den einleitenden Takten eine prägende und vorwärtsdrängende Bedeutung zu. Im übrigen ist der Gesamtcharakter dieses Satzes durchaus nicht so heiter-aufschwingend, wie es das Hauptthema suggeriert, sondern eher bestimmt von zurückgestauter Energie, wofür die häufig durch Sforzati geschärften Synkopierungen ebenso charakteristisch sind wie die ausgedehnten Unisono-Passagen in der Durchführung.

Der langsame **2. Satz** ist ein breit ausgesponnener, ausdrucksvoller Gesang der 1. V., und das kraftvoll aufstampfende **Menuetto** läßt bereits das Scherzo Beethovens vorausahnen. Das **Finale** erhält durch eine niemals unterbrochene quirlige Sechzehntelbewegung den Charakter eines Perpetuum mobile. Der kurze Satz ist dreiteilig gebaut, mit einem locker gefügten Fugato als Mittelteil.

Streichquartett g-Moll op. 74 Nr. 3 Hob. III:74 (ED: 1793)
Reiter-Quartett

Allegro – Largo assai – Menuetto. Allegretto – Trio – Finale. Allegro con brio
Dauer: ca. 21'30''

Dieses traditionell als *Reiterquartett* bezeichnete Werk gibt dem Hörer in mehrfacher Beziehung Rätsel auf. So ist nicht klar, ob sich der Name auf den

Beginn des 1. Satzes mit seinen kraftvollen Oktavsprüngen bezieht oder auf das Thema des Finales, dessen nachschlagende Achtel tatsächlich die Vorstellung eines galoppierenden Reiters suggerieren. Wesentlicher erscheinen jedoch die formalen Probleme, vor die der **1. Satz** den Hörer stellt. Denn die einleitenden acht Unisono-Takte

können kaum als Hauptthema angesprochen werden. Sie erscheinen im Verlauf des Satzes lediglich in der Durchführung kurz wieder, nicht aber zu Beginn der Reprise, wie es die reguläre Sonatenhauptsatzform fordert. In den an diesen energischen Anfang anschließenden Takten wird jedoch auch kein wirkliches Thema eingeführt: Zwar erscheint hier ein knappes, imitatorisch durch die Oberstimmen wanderndes Motiv, doch hat dieses keine so prägnante Gestalt, daß man von einem Hauptthema sprechen könnte. Erst mit dem Seitenthema, das mit jenem einleitenden Gedanken allerdings verwandt ist,

wird das einzige greifbare und einprägsame thematische Gebilde dieses Satzes exponiert, dessen Anlage in H.s gesamtem StrQu.-Schaffen ohne Beispiel ist.

Ungewöhnlich ist auch das verhältnismäßig knappe, dreiteilige **Largo assai** in der weitabliegenden Tonart E-Dur: Ein Satz von lastender Schwere, der durch seine chromatisch geschärfte Harmonik mit ihren überraschenden Rückungen emotionale Tiefen aufreißt, die an die Ausdrucksintensität der späten Quartette Beethovens denken lassen. Von geradezu unheimlicher Wirkung ist die Auflösung der Melodie und ihrer Begleitung in schattenhafte, tremoloartige Tonrepetitionen bei der abschließenden Wiederholung des ersten Teils.

Das in G-Dur stehende **Menuetto** empfängt seinen Reiz durch die Gegenüberstellung einer in Viertelbewegung sanft abfallenden Anfangsphrase mit einer energisch dreinfahrenden Sechzehntelfigur. Und das Trio beginnt mit einem aufwärtsgerichteten Oktavsprung und weist so auf den Beginn des 1. Satzes zurück. Daß solche motivischen Verklammerungen zwischen den einzelnen Sätzen nicht Zufall sind, bezeugt das **Finale**, ein Sonatensatz, dessen erstes Thema deutlich die Konturen der einleitenden acht Unisono-Takte des

1. Satzes nachbildet. Insbesondere durch die nachschlagenden Achtel dieses Themas, aber auch durch die schroffen dynamischen Gegensätze, erhält der Finalsatz einen ungemein drängenden Charakter, der im weiteren Verlauf

durch häufige Synkopierungen noch verstärkt wird. Doch die Erregung wird durch das fröhliche Seitenthema beschwichtigt:

Es behält, nach G-Dur gewendet, schließlich das letzte Wort.

Streichquartett d-Moll op. 76 Nr. 2, Hob. III:76 (ED: 1779)
Quinten-Quartett

Allegro – Andante o più tosto Allegretto – Menuet. Allegro ma non troppo – Finale. Vivace assai
Dauer: ca. 19'

Dieses StrQu. ist H.s einziges Werk, das mit seinem Untertitel nicht eine auffällige Besonderheit – mehr oder weniger treffend – poetisierend umschreibt, sondern das auf die strukturelle Beschaffenheit der Thematik hinweist. Das Thema des **1. Satzes** hat in seiner skeletthaften Kargheit, in seinem radikalen Verzicht auf schmückende Umkleidung und rhythmisches Profil, kaum ein Gegenstück im gesamten Schaffen von H.

Zwei ineinander verschränkte Quintsprünge nach unten bilden die Grundstruktur, die sich durch den gesamten Satz hindurchzieht und ihm eine ungewöhnliche Festigkeit und Strenge verleiht.

Der **2. Satz** (D-Dur) bringt kunstvolle Variationen über ein schlichtes, eingängiges und liedhaftes Thema. Das merkwürdig spröde und lakonisch wirkende **Menuet** ist – wie häufig bei H., insbesondere auch in seinen Kl.-Sonaten – als strenger zweistimmiger Kanon im Abstand eines Taktes zwischen den beiden V. einerseits und Va. und Vc. andererseits angelegt.

Das **Finale** ist ein Rondo über ein tänzerisches Thema, aus dem verschiedene Motive herausgebrochen und in den Zwischensätzen vielfältig verarbeitet werden. Obwohl die Struktur dieses meisterhaft durchgeformten, sich am Schluß nach D-Dur wendenden Satzes lockerer ist als im 1. Satz, besitzt das Finale durchaus ein Gegengewicht zum Anfang des StrQu.s.

Streichquartett C-Dur op. 76 Nr. 3, Hob. III:77 (ED: 1797)
Kaiser-Quartett

Allegro – Poco Adagio. Cantabile – Menuetto. Allegro – Finale. Presto
Dauer: ca. 23'

Dieses wahrscheinlich bekannteste StrQu. von H. ist ein eindrucksvolles Beispiel für die kompositorische Reife des späten H. Der sehr großräumige 1. Satz wächst mit einer selbst für H. ungewöhnlichen Ausschließlichkeit aus einem einzigen, nahezu allgegenwärtigen Grundgedanken. Nachdem er von der 1. V. mit energischer Geste eingeführt wurde, wird ihm sofort eine kontrastierende Variante entgegengestellt. Danach übernimmt ihn die Va., während die beiden Oberstimmen dazu eine in prägnanter punktierter Rhythmik aufsteigende Tonleiter entwickeln. Sie bleibt als ein ›Kontrapunkt‹ im gesamten Satz präsent.

An diesen wenigen Takten ist das Konstruktionsprinzip des Satzes ablesbar: Ständige Verwandlung des Grundgedankens, polyphone Verdichtung in quasi-kanonischer Stimmführung und simultane Konfrontation eben dieses Grundgedankens mit dem punktierten Tonleitermotiv. Zu einer sehr merkwürdigen, aus dem Gesamtduktus des Satzes deutlich herausfallenden Stelle kommt es inmitten der Durchführung, wenn die beiden V. über einem hartnäckig festgehaltenen Quintbaß in eine wilde, tänzerische Melodie ausbrechen. In ihr sind Grundmotiv und Tonleiterfigur miteinander verschmolzen. Zweifellos haben die Sforzato-Schläge auf den leichten Taktteilen ihre Vorbilder in der ungarischen Volksmusik, die H. in Esterháza kennenlernte und die ihn inspirierte.

Der **2. Satz** hat dem Werk zu seiner Berühmtheit verholfen: Er bringt vier Variationen über die österreichische Kaiserhymne, die H. unmittelbar vor der Entstehung des Quartetts komponiert hatte. Freilich sind es keine Variationen nach Art der zeitüblichen Figuralvariation, bei der das Thema stets anders umspielt und immer mehr aufgelöst wird. Vielmehr folgen sie dem Typ der älteren Cantus-firmus-Variation: Die Liedmelodie wird stets von einem anderen Instrument – in der Folge 2. V., Vc., Va., 1. V. – vorgetragen; dazu entfaltet sich ein Geflecht von Gegenstimmen mit wachsender Dichte.

An dem folgenden, kraftvollen **Menuetto** mit seiner weitausgreifenden Melodik besticht vor allem die filigrane Zartheit des in der Paralleltonart a-Moll stehenden Trios, besonders bei der plötzlichen Aufhellung nach A-Dur in seinem zweiten Teil.

Das **Finale**, das nach Ausdehnung und Gewicht dem 1. Satz gleichwertig ist, beginnt – absolut ungewöhnlich für ein Werk der klassischen Epoche – in c-Moll mit drei energischen Akkordschlägen. Ihnen wird sofort kontrastierend eine engschrittige melodische Phrase entgegengestellt. Damit ist das Material präsentiert, aus dem der sich kurz vor Schluß nach C-Dur wendende Satz kaum weniger konsequent entwickelt wird als der Eingangssatz.

Streichquartett B-Dur op. 76 Nr. 4, Hob. III:78 (1797)
Sonnenaufgang

Allegro con spirito – Adagio – Menuetto. Allegro – Finale. Allegro, ma non troppo
Dauer: ca. 21'

Unter den späten Quartetten H.s ist dieses eines der merkwürdigsten; zumindest sein **1. Satz** bricht völlig aus der von H. begründeten Gattungsnorm aus: Er verzichtet nahezu völlig auf motivisch-thematische Arbeit. Stattdessen zeigt er eine ungewöhnliche Intensität des Klanglichen, aus dem die Melodik gleichsam herauswächst. Bezeichnend dafür ist sogleich der Beginn, dem das StrQu. seinen Namen *Sonnenaufgang* verdankt. Über einem vier Takte lang gehaltenen B-Dur-Klang spielt die 1. V. in weichen Bögen eine aufsteigende Figur:

und nach kadenzierenden Akkordschlägen wiederholt sich dieses Geschehen erneut über einem F-Dur-Klang. Dies alles ist keine Exposition eines Themas, das sich in Motive aufspalten und dann verarbeiten ließe. Folgerichtig unternimmt H. auch keinen Versuch in dieser Richtung. Der Satz geht vielmehr nach wenigen frei fortspinnenden Takten völlig unvermittelt in eine Sechzehntel-Bewegung der 1. V. über und moduliert so zur Dominante. Hier nun, wo der Hörer ein zweites Thema erwartet, wird der Satzanfang umgekehrt: Wieder erklingt ein Akkord, jetzt aber in F-Dur und in den Oberstimmen. Und das Vc. setzt darunter eine mit dem Anfang rhythmisch identische, jedoch vehement abstürzende melodische Linie.

Damit sind alle klanglichen Vorgänge beschrieben, die diesen rätselhaften Satz kennzeichnen, der in H.s Kammermusikschaffen kein Gegenstück hat.

Das empfindungstiefe **Adagio** zeigt keine ungewöhnlichen Züge. Auch das derb-fröhliche **Menuetto** scheint zunächst ganz den Erwartungen zu entsprechen; sein Trio jedoch beginnt wie ein an volksmusikalischen Vorbildern orientiertes Stück über einem dudelsackartig festgehaltenen Baßton, bis sich die Stimmen nach vier Takten plötzlich in einem Ton treffen und unisono nach unten ins Bodenlose gleiten. Ein fast schon unheimlicher Verfremdungseffekt, der bezeichnend ist für die hintergründige Ausdruckswelt dieser späten StrQu.e.

Ungewöhnlich ist auch der Verlauf des **Finales.** Es beginnt mit einem achttaktigen, in einem sehr kompakten Satz vorgetragenen Thema und verläuft zunächst wie ein Rondo, bis das Tempo sehr unvermittelt in zwei Stufen rasant beschleunigt wird. Der Satz mündet in eine abschließende Stretta ein, in der sich die Konturen des motivischen Materials mehr und mehr auflösen.

Streichquartett F-Dur op. 77 Nr. 2, Hob. III:82 (ED: 1799)

Allegro moderato – Menuetto. Presto ma non troppo – Andante – Finale. Vivace assai
Dauer: ca. 24'

Sein letztes vollendetes StrQu. zeigt H. noch einmal auf der Höhe seiner Meisterschaft. Der **1. Satz** exponiert ein weiträumiges, achttaktiges Thema,

zunächst ganz sparsam akkordisch begleitet; dann wächst der Satz, beginnend mit der variierten Wiederholung des Themas, durch allmähliche Belebung der Mittelstimmen immer mehr in polyphone Strukturen hinein. Höchst bezeichnend für diese polyphone Ausrichtung ist der Eintritt des zweiten Themas, das von der 1. V. eingeführt wird, während die 2. V. gleichzeitig den Kopf des ersten Themas dagegensetzt:

An diesem Verfahren wird besonders eindrucksvoll deutlich, wie sich im nun voll entwickelten StrQu. der klassischen Epoche die Unterscheidung zwischen Haupt- und Nebenstimmen zumindest tendenziell als unzulänglich erweist. So gibt es in diesem Satz buchstäblich keinen Takt, der nicht in irgendeiner Beziehung zum Hauptthema stünde.

Das **Menuetto**, das in diesem StrQu. wie in den frühen Quartetten an zweiter Stelle steht, weist schon durch seine Tempobezeichnung auf die Nähe zum Scherzo hin. Bemerkenswert ist die subtile Arbeit mit einem überaus knappen, abwärtsgerichteten Dreiklangsmotiv, die dem Satz einen sehr lebendigen Charakter verleiht. In deutlichem Gegensatz dazu steht das nach Des-Dur ausweichende, ganz von warmer Klanglichkeit erfüllte Trio.

Dieselbe Einbeziehung fernabliegender, zur Grundtonart des Werkes im Terzverhältnis stehender Tonarten zeigt auch das D-Dur-**Andante**, einer der schönsten Variationssätze des späten H. Wieder handelt es sich – wie schon bei den Variationen des *Kaiser-Quartetts* op. 76, Nr. 3 – um einen Variationstyp, bei dem das Thema nicht ausgeziert wird, sondern stets in einer Stimme nahezu unverändert präsent ist. Es wird in einem ganz durchsichtigen zweistimmigen Satz von 1. V. und Vc. eingeführt; danach übernimmt es, jetzt inmitten eines sehr kunstvollen vierstimmigen Satzes, die 2. V. , anschließend das Vc., und in der dritten und letzten Variation erscheint es nochmals in der 1. V., von den übrigen Instrumenten äußerst differenziert begleitet.

Das temperamentvolle **Finale** läßt, wenn auch verschleiert, die Umrisse der Sonatenhauptsatzform erkennen und besticht nicht weniger als der 1. Satz durch sublime motivisch-thematische Arbeit.

Trio G-Dur Hob. XV:25 (ED 1795) für Klavier, Violine und Violoncello

Andante – Poco Adagio – Finale. Rondo all'Ongarese (Presto)
Dauer: ca. 16'

Dieses um 1795 wahrscheinlich unmittelbar nach H.s zweiter Londonreise im Auftrag der englischen Verleger Longman & Broderip komponierte Kl.-Trio erschien – wie zuvor sämtliche anderen Werke von H. in dieser Gattung – in zahlreichen zeitgenössischen Ausgaben unter der Bezeichnung ›Sonate für Pianoforte mit Begleitung von Violine und Violoncello‹, eine Bezeichnung, die auf H.s frühe Kl.-Trietti noch zutrifft, diesem späten Werk jedoch keinesfalls gerecht wird. Denn wenn auch das Kl. eindeutig dominiert und über weite Strecken die V. mit der Oberstimme des Kl.-Satzes und das Vc. mit dem Kl.-Baß unisono geführt wird, so tragen doch die beiden Streichinstrumente ganz wesentlich zur Wirkung dieser Musik bei. Gelegentlich wird sogar der V. statt des Kl. die melodische Führung anvertraut.

Wie fast alle Kl.-Trietti von H. ist auch dieses dreisätzig. Es beginnt mit einem **Variationssatz** über ein schlichtes Thema, das ungewöhnlicherweise schon in der ersten Variation nach Moll versetzt wird. Die zweite Variation konfrontiert es bei kaum veränderter Melodik mit triolischen Begleitfiguren, und in der dritten Variation greift diese Triolenbewegung folgerichtig auf die Oberstimme über: Die V. umspielt die Konturen des Themas, vom Kl. mit trockenen Staccato-Akkorden akkompagniert. Bemerkenswert ist, daß auch diese Variation in Moll, und zwar in der Paralleltonart e-Moll steht. Eine vierte Variation in durchgängiger Zweiunddreißigstelbewegung des Kl.s beschließt den Satz, für den eine kontinuierliche Bewegungssteigerung vom Anfang bis zum Schluß charakteristisch ist.

Der **2. Satz** ist dreiteilig angelegt. Das Kl. eröffnet ihn mit einem zart aufschwingenden, liedhaften melodischen Gedanken,

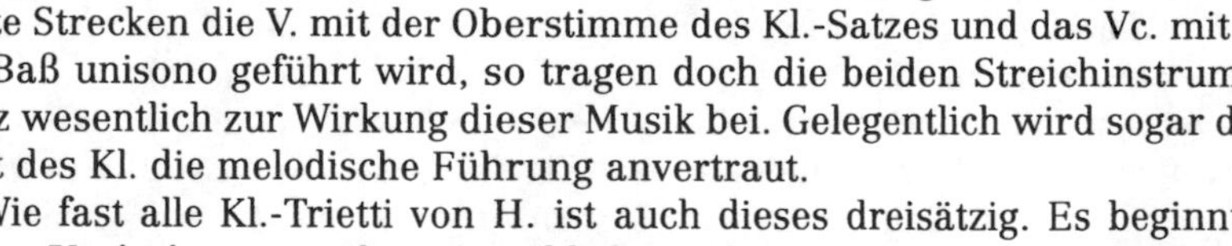

dem die V. im Mittelteil ein sehr schlichtes, kantables Thema entgegensetzt:

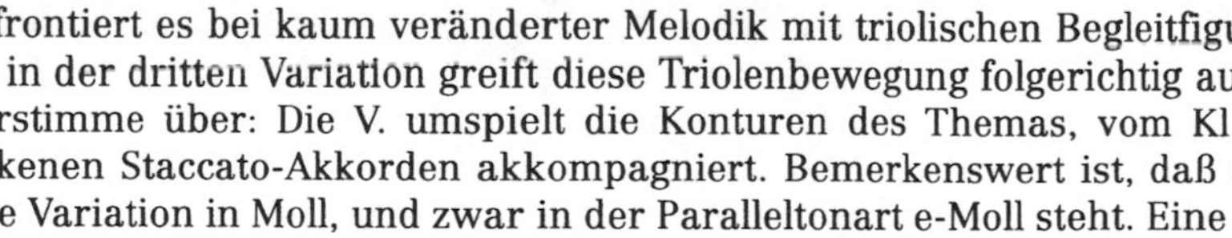

Die durch das Zusammengehen von V. und Kl. in Oktaven intensivierte, leicht veränderte Wiederholung des ersten Teiles rundet den Satz ab.

Das **Finale** ist einer jener Sätze, die erkennen lassen, wie aufgeschlossen H. der Folklore jener Völker gegenüberstand, die in der habsburgischen Monarchie lebten, und wie sehr er bereit war, sich von den Volkslied-Melodien anregen zu lassen. Die Bezeichnung ›all' Ongarese‹ – auf ungarisch – ist freilich nicht wörtlich zu nehmen. Was man damals als ungarisches Musikidiom ansah, war in der Vorstellung Mitteleuropas von zigeunerischer und selbst türkischer Musik nicht exakt zu trennen. So ist es bezeichnend, daß in mehreren frühen Ausgaben des Werkes der Schlußsatz als ›Rondo in the Gypsy Style‹ (Rondo im Stil der Zigeunermusik) bezeichnet wird. Das Rondothema

erinnert mit seiner nur an den Phrasenenden kurz unterbrochenen unablässigen Sechzehntelbewegung deutlich an die bekannten ›türkischen‹ Musikstücke Mozarts wie z. B. an die Ouvertüre zu der Oper *Die Entführung aus dem Serail* und an das ›Rondo alla Turca‹ aus der Kl.-Sonate A-Dur (KV 331).

Der Satz zeigt die übliche Rondoform. Bemerkenswert scheint lediglich, daß zwei der nicht-thematischen Zwischensätze in Moll stehen und daß sich der zweite von ihnen über einem hartnäckig festgehaltenen Baßton entfaltet, worin ebenfalls eine Reminiszenz an bestimmte volksmusikalische Praktiken zu sehen ist.

Dieser turbulente Schlußsatz erfreute sich wegen seines ›exotischen‹ Kolorits schon bald sehr großer Beliebtheit: Er ist in zahlreichen Bearbeitungen für die verschiedensten Besetzungen überliefert.

Wolfgang Marggraf

Fanny Hensel (geb. Mendelssohn Bartholdy)

geb. 14. 11. 1805 Hamburg, gest. 14. 5. 1847 Berlin. Erster Kl.-Unterricht bei der Mutter Lea, geb. Salomon, dann bei Ludwig Berger (1777–1839), einem frühen Beethovenbewunderer, und 1816, während einer Parisreise, bei Marie Bigot. 1816 protestantische Taufe. Ab 1819 gemeinsam mit dem Bruder Felix Kompositionsunterricht bei Carl Friedrich Zelter, ab 1820 Mitglied der Berliner Sing-Akademie. Erste Liedkompositionen. 1822 Taufe der Eltern und Änderung des Namens in Mendelssohn Bartholdy. 1823 heimliche Verlobung mit dem Maler Wilhelm Hensel, 1825 Umzug in die Leipziger Straße und Erweiterung der ›Sonntagsmusiken‹; 1827 Veröffentlichung von drei Liedern unter dem Namen des Bruders (op. 8, Nr. 2, 3 und 12). 1829 Mitwirkung bei der Wiederaufführung der Matthäuspassion BWV 244 von J. S. Bach in der Berliner Sing-Akademie und Heirat. 1830 Geburt des einzigen Kindes Sebastian, Komposition der Kantate *Lobge-*

sang, 1831 der Kantate *Hiob* und des *Oratoriums* auf Worte aus der Bibel. 1837 gegen den Willen des Bruders erste Veröffentlichung eines Liedes (Die *Schiffende*). 1838 erster und einziger öffentlicher Auftritt als Pianistin während einer Wohltätigkeitsveranstaltung. 1839/40 Italienaufenthalt. 1841 Kl.-Zyklus *Das Jahr*, eine kompositorische Verarbeitung dieser Reise. 1845 2. Italienreise. 1846 Veröffentlichung von sechs Liedern (op. 1) und *Vier Liedern ohne Worte* für Kl. (op. 2), 1847 von 6 Gartenliedern op. 3 für gem. Chor und weiteren *Liedern ohne Worte* (op. 4–6). Mai 1847 plötzlicher Tod durch Gehirnschlag.

WERKE F. 2 INSTR.: Adagio E f. V., Kl. (1823, Ms.); Capriccio As f. Vc., Kl. (1829, Ms.); Fantasia g f. V., Kl. (1829) – WERKE F. 3 INSTR.: Trio d op. 11 f. Kl., V., Vc., (1847) – WERKE F. 4 INSTR.: Quartetto As f. Kl., V., Va., Vc. (1822); StrQu. Es (1834); *Die frühen Gräber* f. Va., 2 Vc., Kb. (1829; verschollen).

Verlag: Furore Kassel (außer op. 1–11); Wollenweber München-Gräfelfing (op. 11).

Musikalisch wuchs Fanny Hensel in enger künstlerischer Gemeinschaft mit ihrem drei Jahre jüngeren Bruder Felix im Geiste von Johann Sebastian Bach und Ludwig van Beethoven auf. Anders als andere Frauen ihrer Zeit wurde sie umfassend musikalisch ausgebildet. Sie begann sehr früh zu komponieren, durfte jedoch keine Berufsmusikerin werden. Die enge Zusammenarbeit mit dem Bruder, die es sogar erlaubte, daß er Lieder von ihr unter seinem Namen veröffentlichte, löste sich auf, als er ab 1825 auf Kunstreisen ging, um sich systematisch auf den Musikerberuf vorzubereiten. Sie dagegen mußte zu Hause bleiben und durfte nicht an die Öffentlichkeit treten. Dennoch konnte sie sich ein musikalisches Betätigungsfeld schaffen: im Rahmen sogenannter Sonntagsmusiken, halböffentlicher Matineeveranstaltungen im Gartensaal des elterlichen Hauses in der Leipziger Straße 3. Sie stellte die Programme zusammen, spielte, dirigierte einen eigenen Chor und ein für die jeweilige Aufführung zusammengestelltes Orchester und brachte ganze Opern zur Aufführung. Anders als für andere Frauen bedeutete ihre Eheschließung mit dem Maler Wilhelm Hensel nicht das Ende ihrer künstlerischen Arbeit, sondern ihre Ausweitung. Sie begann mit der Komposition von Werken in den sogenannten repräsentativen Gattungen, dem Oratorium und den Sinfoniekantaten – für eine Frau, die aus der Öffentlichkeit ausgeschlossen war, ein bedeutungsvoller Schritt. Höhepunkt ihrer künstlerischen Laufbahn war ein langer Romaufenthalt in den Jahren 1839/40, wo sie vor allem viel mit den französischen Rompreisträgern musizierte und diese – darunter vor allem Charles Gounod – mit Bach und Beethoven bekannt machte. Ermutigt durch die Resonanz auf ihre Arbeiten, konzipierte sie während dieser Zeit eine ganze Reihe von Werken, die sie erst nach ihrer Rückkehr nach Berlin ausführte, z.B. ihren Kl.-Zyklus *Das Jahr* und eine ganze Reihe von Kammermusikwerken, darunter ihr bekanntestes, das d-moll Kl.-Trio op. 11 (1846/47). Erst kurz vor ihrem frühen Tod begann sie zu publizieren.

Lange galt H. als Gelegenheitskomponistin, die nur Lieder mit und ohne Worte geschrieben hat. Erst als große Teile ihres Nachlasses an das Mendelssohn-Archiv der Staatsbibliothek zu Berlin PK kamen, konnte man eine Vorstellung von Umfang und Qualität ihres kompositorischen Schaffens gewinnen. Es gliedert sich im wesentlichen in zwei Gruppen: für den geselligen

Bedarf der Sonntagsmusiken geschriebene Gebrauchsmusik (vor allem Chöre und Lieder) und Versuche, in der Kammermusik einen eigenen Weg in der Auseinandersetzung mit dem Spätwerk Beethovens zu finden. In der Komposition ihrer beiden Sinfoniekantaten *Lobgesang* und *Hiob* und dem Oratorium auf Worte aus der Bibel ist Bach das große Vorbild. Vor allem im harmonischen Bereich geht H. dabei weit über ihre Zeit hinaus.

Ihr erstes nachweisbares Kammermusikstück, ihr As-Dur Kl.-Quartett, schrieb sie bereits im Alter von 16 Jahren. Weder von diesem Stück noch von späteren fertigte sie eine Reinschrift an, da ihr die Familie den Druck ihrer Kompositionen nicht erlaubte. So ist es manchmal schwer, aus den mit zahlreichen Korrekturen übersäten Handschriften das Gemeinte herauszulesen. Auffällig ist z.B. in ihrem Es-Dur-StrQu. die Vermeidung der Sonatenhauptsatzform. Die einzelnen Sätze sind stattdessen als Charakterstücke konzipiert. Den Grund für diesen ›Vermeidungsschritt‹ nennt sie selber in einem Brief an ihren Bruder vom 17. Februar 1835: »Es ist sowohl die Schreibart, an der es fehlt, als ein gewisses Lebensprinzip, u. diesem Mangel zufolge sterben meine längeren Sachen in ihrer Jugend an Altersschwäche, es fehlt mir die Kraft, die Gedanken gehörig festzuhalten, ihnen die nöthige Consistenz zu geben. Daher gelingen mir am besten Lieder, wozu nur allenfalls ein hübscher Einfall ohne viel Kraft der Durchführung gehört.«

Die Zeitgenossen sprachen Frauen grundsätzlich die Fähigkeit ab, umfassendere Werke zu komponieren. Sie hingegen interpretiert ihre ›Schwäche‹ nicht als naturbedingt, sondern als Ausdruck eines »gewissen Lebensprinzipes«, also der erzwungenen Beschränkung ihrer kompositorischen Erfahrungsmöglichkeiten. Bei allen Stücken, die H. geschrieben hat, muß man davon ausgehen, daß sie in einer Art Dialog mit ihrem Bruder entstanden sind, so auch das 1846 komponierte Kl.-Trio op. 11, das posthum von ihrem Mann herausgegeben wurde.

Trio d-Moll op. 11 (1846)
für Klavier, Violine und Violoncello

Allegro molto vivace – Andante espressivo – Lied: Allegretto – Finale: Allegro moderato
Dauer: ca. 25'
Verlag: Wollenweber München-Gräfelfing

Wie ihr Sohn Sebastian Hensel berichtet, hatte H. während des Winters 1846/47 »ermutigt durch das Gelingen vieler Sachen, die sie komponiert hatte, an eine größere Arbeit, ein Trio für Klavier, Violine und Violoncell, gemacht, welches am 1. April (Rebekkas Geburtstag) zum Anfang der Sonntagsmusiken gegeben wurde und allgemein gefiel.« (Hensel II, S. 358) Das Kl.-Trio op. 11, von dem hier die Rede ist, entstand also am Ende ihres Lebens, in einer fruchtbaren Schaffensperiode, in die auch die Drucklegung der von ihr noch selbst herausgegebenen Werke fällt und während der sie eine über den Rahmen der privaten Öffentlichkeit hinausgehende Resonanz fand. Eingeleitet wurde diese Periode durch die Italienreise 1839. Das durch den Rom-Aufenthalt gewachsene kompositorische Selbstbewußtsein führte offenkundig auch zu einer Neubewertung ihrer eigentlichen Domäne, des Liedes. Denn wie anders ist es zu verstehen, daß der Kern eines kammermusikalischen Werkes, das nach ihrem eigenen und auch nach zeitgenössischem Verständnis mit einem anderen kompositorischen Anspruch als ein Lied verbunden war, also auf ein Genre weist, das H. gemeinsam mit dem Bruder in der Zeit engster künstlerischer Zusammenarbeit entwickelt hatte. Der Bruder jedoch wertete inzwischen sein eigenes Schaffen in diesem Bereich als sentimentale ›Stücke für Damen‹ ab. Auf diesem Hintergrund kann man die Tatsache, daß sich nahezu das gesamte thematische Material der vier Trio-Sätze auf das Thema des 3. Satzes, eben des ›Liedes ohne Worte‹ beziehen läßt, als eine Art Bekenntnis zu ihrem eigenen, durchaus gleichwertigen Ausdrucksbereich deuten. Das ›Lied ohne Worte‹ nimmt innerhalb des Trios die Position des Scherzos ein, das bekanntlich eine Domäne ihres Bruders Felix war. (Jan Reichow)

Im **1. Satz** (d-Moll) hebt über dahinfließenden Kl.-Läufen ein Gesang an – der Hauptgedanke des Satzes. Neben der unregelmäßigen Syntax und einer harmonischen Anlage, die jeden möglichen Ruhepunkt in einen Neubeginn verwandelt, ist für H. typisch, daß im 1. Thema der Kontrastgedanke als innerer Gegensatz erscheint: Nach nur vier Takten geht die Anfangskantilene in ein insistierendes Zweitaktmotiv über. Dieses Motiv, das deutlich einen Kontrast bildet, ist mit dem Anfang des Themas verwandt: Es ist rhythmisch identisch mit dem energischen Anfangsimpuls, der den Sextsprung aufwärts vorbereitet, bevor die Melodie stufenweise abwärts schreitet. Auch die fallende Sekunde am Ende der Kantilene kehrt transformiert wieder – als aufwärtsgerichtete Leittonspannung. Eine improvisatorische Geste vervollständigt das Material des Themas und leitet zugleich zu dessen Wiederholung über.

Dabei erzwingt eine kurze Scheinmodulation nach g-Moll die zweimalige Wiederholung des energischen Anfangs. So, als hätte es seinen Zweck erfüllt – nämlich auf den inneren Kontrast zwischen Anfang und Ende der Kantilene hinzuweisen –, entfällt das kontrastierende Zweitaktmotiv bei der Wiederholung. Der Wiederholung der Anfangstakte entspricht die Wiederholung der fallenden Sekunde, mit der das Thema eher verklingt als daß es schließt.

Das 2. Thema bildet nur insofern einen Kontrast zum 1., als es anders als jenes syntaktisch regelmäßig gebildet ist. Melodisch und rhythmisch dagegen sind beide Themen eng verwandt, wodurch der Eindruck einer monothematischen Anlage entsteht.

Die für H. ebenfalls kennzeichnende Überfülle thematischen Materials zeigt sich auch in dem Kl.-Trio: Es tauchen zwei weitere thematische Gedanken auf, die zunächst einen reinen Überleitungscharakter zu haben scheinen, in der dramatischen Durchführung aber ausführlich verarbeitet werden. In dieser Verarbeitung des 1. Themas wird dabei bezeichnenderweise die fallende

Sekunde des Schlusses in den Anfangsimpuls integriert. Der **2. Satz** Andante expressivo (A-Dur) beginnt mit einer Art Chorgesang, der vom Kl. vorgetragenen wird. Das Thema wirkt durch seinen zögernden Beginn im Gestus zunächst ganz anders als das Hauptthema des 1. Satzes. Aber bereits nach drei Takten hört man die Verwandtschaft.

Im B-Teil erklingt ein weiters, wiederum gesanghaftes Thema, allerdings diesmal nicht im Chor ›gesungen‹, sondern solistisch über Staccato-Arpeggien in den jeweils anderen Instrumenten vorgetragen. Solo und Chor werden miteinander im A-Teil verbunden, wobei das Solo als Ornament zum Chorgesang erscheint.

Ein mit 47 Takten für H. außerordentlich kurzes ›Lied ohne Worte‹ bildet den **3. Satz** des Trios (D-Dur). Es schließt attacca an das Andante an. Die heitere Melodie des Liedes entpuppt sich als Synthese des 1. und 2. Kopfsatz-Themas (Jan Reichow). Die Kantilene des 1. Themas erklingt jetzt in Dur, rhythmisch in der Gestalt des 2. Themas:

1. Satz erstes Thema

›Lied‹

1. Satz zweites Thema

Das **Finale** (d-Moll) beginnt mit einer groß angelegten Kl.-Kadenz. Die einleitenden Takte sind nahezu identisch mit der improvisatorischen Geste aus dem Hauptthema des Kopfsatzes. Aus diesem Anfang heraus entwickelt sich ein befreiter Gesang voll überströmender Dankbarkeit, der nach vier Takten in eine freie Phantasie mündet, bis das 2. Thema anhebt: Geschwinde Tonrepetitionen, ein schwungvoller Vorschlag und ein jubilierender Dreiklangsprung prägen seinen Charakter. Man hat das Gefühl, daß das Tempo immer mehr beschleunigt wird. Als einziges ist dieses Thema dem Kern des gesamten Trios, dem ›Lied ohne Worte‹, völlig fremd.

In der Durchführung werden beide Themen einschließlich der improvisatorischen Passagen des 1. Themas kontrapunktisch verarbeitet. Es folgt eine kurze Reprise. Mit dem 2. Thema des 1. Satzes verweist sie noch einmal sehr deutlich auf das Lied, bevor das Finale ganz unkantabel mit der rhythmischen Kernfigur des eigenen 2. Themas schließt.

Ein Hauptcharakteristikum des gesamten Kl.-Trios: Die Kontraste werden nicht nebeneinander gestellt und verarbeitet, sondern sie sind stets integriert. Es entsteht der Eindruck, daß etwas schon Bekanntes immer wieder in einem neuen Gewand erscheint, ohne daß man das Bekannte als eine motivisch-thematische Zelle definieren könnte.

Beatrix Borchard / Cornelia Bartsch

Hans Werner Henze

geb. 1. 7. 1926 Gütersloh. 1942–1944 Kl.-, Schlzg.- und Theoriestudium an der Staatsmusikschule Braunschweig. Nach Militärdienst und Kriegsgefangenschaft 1945 Korrepetitor am Stadttheater Bielefeld. Ab 1946 Studium am Kirchenmusikalischen Institut in Heidelberg bei Wolfgang Fortner und bei René Leibowitz in Darmstadt und Paris. 1948 Musikalischer Mitarbeiter Heinz Hilperts am Deutschen Theater Konstanz und 1950 Künstlerischer Leiter und Dirigent des Balletts am Hessischen Staatstheater Wiesbaden. 1947–1952 Besuch der Internationalen Ferienkurse für Neue Musik in Darmstadt. Die zunehmende Distanzierung von den Zirkeln der Avantgarde mündet 1953 in die Übersiedlung nach Italien. Mitte der 60er Jahre, nicht zuletzt durch eine Krise im Selbstverständnis als Komponist motiviert, Beginn der politischen Aktivitäten (u.a. Aufenthalt in La Habana, Kuba; Unterstützung der Studentenbewegung) und Entwurf einer politisch engagierten Musik. 1962–1967 Leitung der Meisterklasse für Komposition am Mozarteum Salzburg; 1980–1991 Professor für Komposition an der Hochschule für Musik Köln. Daneben Gründer zahlreicher Festivals (u.a. 1976 Cantiere Internazionale d'Arte in Montepulciano; 1988 Münchener Biennale für Neues Musiktheater). H. lebt in Marino bei Rom.

WERKE F. 1 INSTR.: Serenade f. Vc. (1949); Prison Song f. Schlzg. und Zuspielband (1971); Sonatina f. Trp. (1974); *Royal Winter Music.* First Sonata on Shakespearean Characters f. Git. (1975/1977); Sonate f. V. (1976/77); *S. Biagio 9 Agosto ore 1207.* Ricordo per un contrabasso solo f. Kb. (1977); *Five Scenes from the Snow Country* f. Mar. (1978); *Royal Winter Music.* Second Sonata on Shakespearean Characters f. Git. (1979); Serenade f. V. (1986); *Für Manfred* f. V. (1989); *An Brenton.* Lied f. Va. (1993) – WERKE F. 2 INSTR.: Sonata f. V., Kl. (1946); Sonatine f. Fl., Kl. (1947); Sonatina tratta dall'opera Pollicino f. V., Kl. (1979); Sonata f. Va., Kl. (1979); Fünf Nachtstücke f. V., Kl. (1990) – WERKE F. 3 INSTR.: Kammer-Sonate f. Kl., V., Vc. (1948, rev. 1963); Carillon, Récitatif, Masque. Trio f. Mand., Git., Hf. (1974); Trio f. Fl., Klar., Fg. (Madrigal f. Herbert Marcuse) (1980); *Selbst- und Zwiegespräche.* Trio f. Va., Git., kleine Org. (od. ein anderes Tasteninstr.), (jeder der drei Instrumentalisten kann seinen Part auch als Solo spielen; auch Duos – Va./Git., Va./Org., Git./Org. – sind möglich), (1984/85); Adagio adagio. Serenade f. V., Vc., Kl. (1993) – WERKE F. 4 INSTR.: (5) StrQu. (Nr. 1, 1947; Nr. 2, 1952; Nr. 3, 1975/76; Nr. 4, 1976; Nr. 5, 1976) – WERKE F. 5 INSTR.: Quintett f. Fl., Ob., Klar., Hr., Fg. (1952); Fragment aus einer Show.

Sätze f. Blechquintett (Hr., 2 Trp., Pos., TTb.) aus: *Der langwierige Weg in der Wohnung der Natascha Ungeheuer* (1971); *Amicizia*. Quintett f. Klar., Pos., Vc., Schlzg., Kl. (1976); *L'Autunno*. Musica per 5 suonatori di strumenti di fiato = Fl., Ob., Klar., Hr., Fg. (1977); Quintetto per pianoforte, due violini, viola e violoncello = Kl., 2 V., Va. und Vc. (1990/91) – WERKE F. 6 INSTR.: *Der junge Törless*. Fantasia f. Streichsextett (3 V., 2 Va., 1 Vc.) nach der Fantasia f. Streicher (1966); Sonate f. sechs Spieler = Fl./AFl. u. 2 Sistra, Klar./BKlar./KbKlar. u. Handgl., V./Vla. u. Handgl., Vc./ Handgl., Schlzg., Kl./Cel. (1984); Canzona per sette strumenti = Ob., 3 Va., Vc., Kl., Hf. (1982) – Werke f. 8 Instr.: Adagio f. Klar., Hr., Fg., 2 V., Va., Vc., Kb. (1963); Quattro Fantasie. Drei Sätze aus der Kammermusik 1958 und Adagio 1963 f. Klar., Hr., Fg., 2 V., Va., Vc., Kb. (1963); Sonata per otto ottoni = hohe Trp., 2 Trp., Flügelhr., BTrp., 2 TPos., BPos. (1983) – WERKE F. KAMMERENSEMBLE: *Labyrinth*. Choreographische Fantasie über das Theseus-Motiv f. Ob., TSax., BKlar., Hr., Trp., Pos., 3 Schlagzeuger, Va., Vc., Kb. (1950); Theater- und Salonmusik aus dem Mimodram *Der Idiot* f. Fl./Pikk., Klar., Fg., Trp., Pos., Schlzg., Kl., V., Va., Vc., Kb. (1952/1989); *Des Kaisers Nachtigall*. Pantomime von Giulio di Majo frei nach Hans Christian Andersen f. Fl., BKlar., 4 Schlagzeuger, Cel., Mar., Kl., Va., Vc. (1959); *Il Vitalino raddoppiato*. Ciacona per violino concertante ed orchestra da camera = Fl., Ob./EHr., BKlar., Hr., Trp., Hf., 2 V., Va., Vc., Kb. (1977); *In memoriam: Die weiße Rose* f. Fl., EHr., BKlar., Fg., Hr., Trp., Pos., 2 V., Va., Vc., Kb. (1965); *Le miracle de la Rose*. Imaginäres Theater II. Musik f. einen Klarinettisten und 13 Spieler = Fl., Ob., Fg., Hr., Trp., Pos., 2 Schlagzeuger, Cel./Kl., V., Va., Vc., Kb. (1981); *Kleine Elegien* f. alte Instr. = 6 Blfl. (3 Spieler), Zink, APos., TPos., Pk., RahmenTr., Bck., Zither, Lt., Hf., Org., V., Va., Vc. (1984/85); *An eine Äolsharfe*. Musik f. konzertierende Git. u. 15 Soloinstr. = AFl., BFl., Ob. d'amore, EHr., BKlar. Fg., Schlzg., Hf., Va. d'amore, 2 Va., Va.d.g., 2 Vc., Kb. (1984/1986); Drei Mozartsche Orgelsonaten f. AFl., BFl., Ob. d'amore, EHr., BKlar., Fg., Git., Hf., Va. d'amore, 2 Va., 2 Vc., Kb. (1991) – WERKE IN EINRICHTUNG/ BEARBEITUNG: Serenade f. Kb. nach der originalen Vc.-Version, eingerichtet v. Lucas Drew, o.J.; Drei Tentos aus Kammermusik 1958 f. Git., eingerichtet v. Julian Bream (1958); *Memorias de El Cimarrón* f. Git., frei bearb. v. Leo Brouwer (1970); *Des Kaisers Nachtigall*. Pantomime von Giulio di Majo frei nach Hans Christian Andersen. Reduzierte Fassung f. Fl., Cel., Kl., 3 Schlagzeuger v. Henning Brauel (1970); Sonatina f. Pos. nach der originalen Trp.-Version, eingerichtet v. Martin Harvey (1974); Capriccio f. Vc., eingerichtet v. Heinrich Schiff (1976/1981); Etude philharmonique f. V., eingerichtet v. Gidon Kremer (1979); *Drei Märchenbilder* aus: *Pollicino* f. Git., eingerichtet v. Reinbert Evers (1980); *Minette*. Fünf Melodien aus: *Die englische Katze* f. Zither, eingerichtet v. Andreas Pfeifer (1992); *Memorias de El Cimarrón* f. 2 Git., arrangiert v. Elena Casoli u. Jürgen Ruck (1988); Drei Geistliche Konzerte f. Trp. und Kl. aus: Requiem. Neun Geistliche Konzerte, eingerichtet v. Moritz Eggert (1991/92). Das Concerto per il Marigny f. Kl. und sieben Instr. und das Konzertstück f. Vc. und kleines Ensemble wurden von H. W. H. zurückgezogen. Beide Kompositionen sind in größere Werkzusammenhänge aufgegangen.

Verlag: Schott Mainz, London, Paris, New York, Tokyo.

Musik und Sprache, Musik und Literatur, Musik und Theater: Mit dem Dialog zwischen den Künsten ist das zentrale Moment im Schaffen von H. W. H. umschrieben. H. ist auf der Suche nach den Inhalten und Formen sprachlich-szenischer Mitteilung, denn sie verhelfen ihm zur Genauigkeit und Faßbarkeit der musikalischen Aussage. Sprache löst die Musik aus ihrer Abstraktion, verpflichtet sie auf einen benennbaren Gehalt. Und indem der Komponist seine Musik selbst als Sprache begreift, vereint sich die Musik mit der Dichtung und der Szene zu einem beziehungsreichen Ausdrucksgefüge: Musik wird zur Klangrede, die den Zuhörer in ein System musikalischer Kommunikation einbinden will.

Für die Kammermusik erschließen die Überlegungen zu einer Annäherung von Musik, Literatur und Theater, die seit den 40er Jahren von H. kontinuierlich entfaltet wurden, neue Dimensionen. Zunächst ist H.s Kammermusik – schon rein quantitativ ein bedeutender Teil seines Œuvres – durch die Modifikation traditioneller Besetzungstypen gekennzeichnet. Zwar bezieht er die Standards der Kammermusik ein, rückt aber im Kontext des Entwurfs von Klang als musiksprachlicher Kategorie gleichsam unverbrauchte Klangcharaktere wie die Git. ins Blickfeld; zudem findet er – wie im Quintett *Amicizia* für Klar., Pos., Vc., Schlzg. und Kl. – für die größere Besetzung stets eigenständige Lösungen. Als Konsequenz ist mit dem Ausbau des klassischen Instrumentariums und der Akzentuierung der Klangfarbe eine Aufhebung der Traditionen von Kammermusik verknüpft: Zum einen gilt H.s Interesse dem Ensembleklang, zum anderen weitet sich die kammermusikalische Diktion im Kontext einer Individualisierung der Stimmen vielfach zum Konzert (vgl. das Klar.-Konzert *Le miracle de la Rose*).

Neben der Entwicklung neuer Klangstrukturen ist es vor allem die aus der Verbindung mit Sprache bzw. Szene erwachsende formale und inhaltliche Konzeption, die der Kammermusik H.s spezifische Gestalt verleiht: »Ich kann Instrumentalmusik nicht schreiben, ohne lebhafte Vorstellungen von Atmosphären, Stimmungen, realen (oft zwischenmenschlichen) Vorgängen, die mein Schreiben befeuern. ... Auf mich wirken Sinfonik und Kammermusik wie Konzepte und Formen einer Vokalmusik ohne Menschenstimmen, sie sind instrumentale Gesangsszenen, Arien, Motetten und Kanzonen.« Lyrische Emanationen, Sprachvertonungen ohne Sprache, die Strukturen und Inhalte der literarischen Vorlage in einen rein instrumentalen Satz verwandeln (*An eine Äolsharfe* transformiert vier Gedichte Eduard Mörikes), ›imaginäres Theater‹, Landschaften, szenische Ereignisse und Charakterstudien (vgl. die von den drei Hirten Tirsi, Mopso und Aristeo erzählende Sonate für V.) stehen folgerichtig im Zentrum von H.s Kammermusik.

Gestisch-expressive Signifikanz ist in H.s Musik jedoch nicht nur durch die Anlehung an Sprache und Szene, sondern auch durch den Rekurs auf die Tradition verbürgt. Die Musikgeschichte hat Formen, Tonfälle und Gesten hervorgebracht, die eindeutige, dem Hörer vertraute Inhalte besitzen und insofern als Zeichen und Chiffren in den musikalischen Diskurs eingebracht werden können. Historische Formen und Ausdruckscharaktere lassen eine beredte Kammermusik entstehen; sie eröffnen darüber hinaus H. die Möglichkeit, kammermusikalisch konzipierte Werkteile aus ihrem ursprünglichen, zumeist szenischen Kontext herauszulösen: Die szenisch vermittelten Bedeutungsgehalte sind in der Musik aufgehoben und gehen nicht verloren (vgl. die Theater- und Salonmusik aus dem Mimodram *Der Idiot*). Die Anverwandlung von Tradition ist dabei als produktiver Prozeß zu beschreiben. Aneignung und Erschütterung fallen in eins, da H. Tradition im Hinblick auf die eigenen Sprachmittel und den angestrebten Dialog mit dem Hörer funktionalisiert. Tradierte Satzcharaktere und -strukturen der Kammermusik gehen in einer je neu zu findenden Werkgestalt auf.

Streichquartett Nr. 4 (1976)
In memoriam Victor Jara

Molto agitato – Adagio – Allegretto moderato – Rondo improvisato
Dauer: ca. 35'
Verlag: B. Schott's Söhne Mainz

Das StrQu. Nr. 4 realisiert paradigmatisch H.s Prinzipien des kammermusikalischen Komponierens: die Aneignung von Tradition und deren Einbringen in eine individuelle Werkgestalt.

Der **1. Satz**, der weitgehend auf eine Fixierung der rhythmisch-metrischen Verläufe zwischen den Stimmen verzichtet, paart eine monologische Rezitation des Vc.s mit orgelpunktartigen Strukturen der übrigen Instrumente, so daß H. auf die variativen Techniken des indischen ›raga‹ als Vorbild verweisen kann.

Der langsame **2. Satz** basiert auf einer Pavane von William Byrd. Formal durch variierte, zerdehnte und repetierte Sektionen verfremdet, bildet der Schreittanz in den beiden V. und dem Vc. das melodisch-harmonische Fundament, während die virtuos-expressiv geführte Va. ein rhapsodisches Gegengewicht schafft. Der **3. Satz** folgt der Tradition des dreiteiligen Ländler-Scherzos mit Trio und entwirft – durchaus im Sinne Gustav Mahlers – eine gebrochene ländliche Idylle.

Das **Rondo-Finale** schließlich adaptiert die Techniken der Aleatorik, insofern die 1. V. aus 27 unterschiedlich dimensionierten Zellen auswählen kann und die übrigen Streicher zumal auf Dauer und Charakter der Segmente reagieren.

Mit der Viersätzigkeit und der Abfolge der Satzcharaktere lehnt sich H. an die klassische Sonate an, zugleich aber bricht die spieltechnische, strukturelle und formale Konzeption die Tradition auf. H. reagiert auf musikalische Vergangenheit, Techniken der Avantgarde und Prinzipien exotischer Musik, stellt strukturell die Möglichkeiten von freier und gebundener Komposition dar und weitet zudem die kammermusikalische Faktur im Zuge der wechselnden Akzentuierung eines ›Solo-Instruments‹ ins Virtuos-Konzertante. Die Kategorien der Abwechslung und des Kontrastes umschreiben die übergreifende Werkidee.

Hans-Joachim Wagner

Hans-Joachim Hespos

geb. 13. 3. 1938 Emden/Ostfriesland. Pädagogik-Studium, anschließend Schuldienst. Autodidaktische Kompositionsstudien. 1972/73 Rom-Aufenthalt in der Villa Massimo. 1978 Gründung des Eigenverlags ›hespos...edition‹, Ganderkeese, in dem bis 1995 118 Opus-Nummern erschienen sind. 1982 mit Werner Scheiza Gründung der ›Kulturreihe Hoyerswege‹, einem ›Zentrum aktueller Taten‹. 1981/82 Gastdozent in Israel, USA, Brasilien und Japan. 1984 Dozent bei den Darmstädter Ferienkursen, 1989 an der Universität Sao Paulo, Brasilien. Lebt und arbeitet in Ganderkeese.

Werke f. 1 Instr.: für cello solo f. Vc. (1964); kitara f. Git. (1971); harry's musike f. BKlar. (1972); *santûr – schnelle, zupfe* f. Cymbal (1972); cang f. Cymbal. (1976); *bratsch-geschloif* f. Va. (1977); pico f. SopraninoBlfl. (1978); duma f. AFl. (1980); padouk f. Mar. (1980); *chorna* f. Hr (1980); biomba f. Trp. (1982); ikas f. ASax. (1984); tiff f. Euphonium (1985); »*Q*« f. AHr. (1988); *bic* f. Bar.-Sax. (1988/93); *yárrah* f. Ondes martenot (1989); *leija* f. Hf. (1992); *en...* f. Akk. (1993); *rop* f. TPos. (1994) – Werke f. 2 Instr.: *splash* f. Kb., Schlzg. (1969); *palimpsest* f. Stimme, Schlzg. (1970); *abutak* f. Bajan, Tonband (1982); *hó* f. Groß-BFl., Bassetthorn (1983); *poogri-blues* f. Tb., Kb. (1984); *malika* f. 2 Fl. (1987); HOPSzweisätzig f. Fl., Schlzg. (1990); *pial* f. Akk., Kl. (1994) – Werke f. 3 Instr.: *endogen* f. V., Va., Vc. (1967); *zeitschnitte* f. V., Va., Vc. (1970); *fahl-brüchig* f. Heckelphon, Bassetthorn, Vc. (1971); *ilomba* f. 3 Bläser (Baß, Kontrabaß, Subbaß) (1980); *prestunissimo* f. V., Vc., Kb. (1981); *zerango* f. Bajan, V., Vc. (1985); *ruhil* f. Kornett, Tb. u. BPos. (1985); *spilak* f. 3 Businen (1991) – Werke f. 4 Instr.: *point* f. Klar., APos., Vc., Kl. (1971); HM f. 2 Kl., Schlzg. u. Beleuchter (1987) – Werke f. 5 Instr.: *einander – bedingendes* f. Fl., BKlar./Kl., Git., TSax., Va. (1966); *en-kin. das fern-nahe* f. Klar., ASax., Fg., Flügelhorn, Kb. (1970); *profile* f. Fl., Ob., Klar./SSax., Hr., Fg. (1972); koss f. Hr., Flügelhorn, Trp., TPos./BOphikleïde, Tb. (1980); *dlja...* f. Klar., ASax., Flügelhorn., Flugabone, BPos. (1981); *ganifita-blues* f. Schlzg., Kb., Tb., Säge, Ondes martenot (1984) – Werke f. 6 Instr./Ausf.: *tekum* f. 6 Schlzg. (1981); *esquisses itinéraires* f. Fl., Klar., Hr., V., Vc., Kl. (1984); *UPEX ein aperçus* f. Klar., Pos., Vc., Kl., Stimme, Dirigent. (1988) – Werke f. 7 Instr./Ausf.: *druckspuren...geschattet* f. BKlar./Klar., ASax., Fg., Trp., Flügelhorn, Pos., Kb. (1970); *tagal* f. Stimme, Klar., Va., Vc., Kb., 2 Schlzg. (1984); *bi 7 à trois´* f. Ob., Klar., Bar.-Sax., Trp., Pos., Kb., Schlzg. (1988) – Werke f. 8 Instr.: *frottages* f. ASax., Mand., Hf., Vc., 4 Schlzg. (1967); gelb f. 8 Klar. (1979) – Werke f. 9 Instr./Ausf.: *go* f. Ob./SSarrusophon, EHr., Fg./KFg., Klar./Bassetthorn/Kb.-Sarrusophon, BKlar./Tárogató, Klar., APos., Tb., Kl. (1978); *passagen* f. Klar., ASax., Trp./Flügelhorn, Pos., Va., Kb., 4 Schlzg. (1969); *conga* f. Conga, TenorSax., 2 V., 2 Va., 2 Vc., Kb. (1979); *ifi* (unklänge für ensemble) f. BFl., Bassetthorn/Klar., Git., Mand., Hf., Va., Kb., Schlzg., Tänzer (1990) – Werke f. Ensemble: *keime und male* f. Pikk., Fl., Klar., ASax., Hr., Git., V., Vc., Kb., 3 Schlzg. (1965); *dschen, das erregende ist wie eine offene schale* f. Bar.-Sax./TSax., 12 Streicher (1968); *break* f. Kl. u. 13 Instr. (1968); scappa f. Fl., Ob., Klar., BKlar., Hr., Pos., Cel., Glsp., Schlzg., Xyl., 2 V., Va., Vc., Kb. (1974); *tetok* f. Ob., SSax., Klar./Tárogató, Kb.-Sarrusophon, Flügelhorn, BTrp., APos., Horntube, Tb., 4 Schlzg. (1977); *break* (2.Fassung) f. Ob., TSax./Bar.-Sax., 3 Trp., Flügelhorn, Pos., Kl., Vc., Kb., 4 Schlzg. (1978); *passagen* (2.Fassung) f. 2 Klar., ASax., Trp., Flügelhorn, Pos., Va., Kb., 3 Schlzg. (1979); *wuniof'k* f. S., Fl./Pikk., Ob./EHr., Klar./BKlar., Fg., Hr., Trp./Flügelhorn, Pos., Kl., Schlzg., StrQu. (1989); *dit* f. Pikk., Kb.-Blfl., SSax., BKlar., Trp., Pos., Git., Hf., Akk., Kl., 2 Schlzg., V., Va., Vc., Kb. (1995).

Verlag: hespos...edition, Ganderkeese.

In der Landschaft gegenwärtiger Ästhetik nimmt H.-J. H. eine Sonderrolle ein. Er läßt sich einer Schule ebensowenig zurechnen wie einem bestimmten Stil. Als Autodidakt scheint er sich von Verpflichtungen gegenüber der Tradition, deren Normen er geflissentlich vermeidet (nicht etwa ignoriert) befreit zu haben. In dem Impuls, die eigene Setzung im nächsten Moment wieder zu verwerfen, kommt ein antiautoritärer Zug zum Tragen, ein Komponieren in Freiheit, das nicht einmal die Einschränkung durch selbstgesetzte Regeln akzeptiert. H.' Werke weisen keine Spuren von struktureller Präformation auf, sie scheinen von Augenblick zu Augenblick als Reihung von durch Gegensätzlichkeit aufeinander bezogenen Momenten fortgeschrieben zu sein. »Ich fange auch ein Stück immer von vorne an und weiß nicht, wie es im nächsten Augenblick weitergeht, und das muß ausprobiert, ausgelebt, ausgehört werden. (...) Ich weiß nicht mal in etwa seine Dramaturgie, weiß auch nicht seine Klänge, seine Form, muß mich also immer von Moment zu Moment in der Zeit tatsächlich komponierend weitertasten. (...) Ich komponiere sozusagen mit der eigenen Überraschung.« (H. in MusikTexte 8, 1985, S. 27)

Erstaunlicherweise ist H.' Stil vom ersten für gültig erklärten Werk von 1966 an bis heute so stabil, daß eine Chronologisierung anhand von Stilkriterien kaum möglich ist. Eine kompositorische Entwicklung läßt sich an dem Œuvre nicht ablesen. In solcher Stabilität schlägt sich der Rückzug aus dem ästhetischen Diskurs, ein Komponieren in der Weltabgewandtheit nieder. Das impliziert keinesfalls die Bevorzugung von Idylle, im Gegenteil: H.' Werke zeichnen sich durch Alteration von Extremen aus. Er sucht die Grenzsituation des Ausdrucks und betreibt eine Entfesselung der Spieler bis zur Selbstentäußerung, indem er durch gezielte Überforderung das Unmögliche verlangt.

Auch wenn H. angibt, »in der Partitur einer Komposition das Instrument mit seinen Möglichkeiten und nicht den Spieler« (MusikTexte, S.31) zu meinen, schlägt sich eine anthropozentrische Artikulation – als Schrei, Keuchen, Stöhnen etc. – als Gestus in der musikalischen Struktur nieder und zeigt geradezu emphatisch ein Moment von Kammermusik: Der Spieler steht als Individuum und Mensch im Zentrum musikalischer Belange. Durch exaltiertes Agieren prägt er einen körperlich-physischen Klang aus, der sich als radikale Expressivität überträgt.

Auffällig ist H.' Gebrauch von ›Vortragsanweisungen‹, die in ihrem Vokabular körperhaft (nicht nur im Sinne des menschlichen Leibes) orientiert und überwiegend dem Bilderbereich ›Materialeigenschaften unter Krafteinwirkung‹ (»schmierig«, »gesplittert«, »starr« etc.) entlehnt sind. In ihrem Variantenreichtum und ihrer Stilvielfalt haben sie Nähe zum Dada-Fluxus-Wort-Klang-Spiel, das nicht immer frei von Manierismus ist. Gelegentlich sind sie reine Onomatopoesie und sagen durch ihre Klanglichkeit etwas über den gewünschten Klang aus. H. legt hier eine zweite interpretatorische Textschicht, die oft mehr Anregung denn Erläuterung ist.

Auch wenn solche Sprachhaftigkeit gepaart mit plastischen Handlungsanweisungen in den letzten Jahren zu einer Fülle von szenischen Stücken mit Akteuren führten, bildet das Kammermusikschaffen den Schwerpunkt von H.' Werken. Sie sind geprägt durch die Bevorzugung von Bläsern, insbesondere von Sax. und Klar. aller Bauart, sowie durch den Gebrauch einer Vielzahl unüblicher Instrumente.

Die Zusammenstellung heterogener Ensembles, die unbequeme Ästhetik des Umschlags zwischen den Extremen, die schroffen Kontraste von Stille und Explosion und H.' Ablehnung, Deutungen oder Erklärungsmodelle zu seinen Stücken abzugeben, führen dazu, daß H.' Werke noch nicht in das Repertoire vieler Kammermusikensembles gefunden haben.

en-kin. das fern-nahe (1970)
für Klarinette, Altsaxophon, Fagott, Flügelhorn und Kontrabaß

Dauer: ca. 6'

en-kin ist ein für H.' Verhältnisse in Dynamik, Gestus und Registerumfang homogenes Stück von kammermusikalischer Transparenz. Die Zahl der Ausbrüche ist vergleichsweise gering, so daß die Stimmen in stehenden Akkorden verschmelzen oder, einander überlagert, im linearen, melismatischen Kontrapunkt umspielen. Klangfarbenmelodien oder besser Klangqualitätenmelodien werden durch das Spiel mit dem Blasansatz im dynamisch leisen Bereich und hohen Register gebildet, insbesondere entstehen durch instabilen Luftdruck unregelmäßige Klanglinien mit lebendiger innerer Bewegung. Der Ansatz, der die Schwelle zum vollen Ton nicht überspringt und dann ein »dünn, spuckig gefusseltes lineament« (Spielanweisung) zwischen Lippenspiel, Luftkanalisierung und Mundstück hervorbringt, wechselt mit dem Ausschreiten des schmalen Bereichs zwischen Kollabieren und Explodieren eines gehaltenen Tones.

profile (1972)
für Flöte, Oboe, Klarinette/Sopransaxophon, Horn und Fagott

Dauer: ca. 2'

profile ist nur der Besetzung nach ein Bläserquintett. Das Stück basiert auf dem Kontrast von Solo mit rezitativischem Charakter (um einen Zentralton kreisend, mit Klangfarben- und Intonationsmodulation) und kollektiver Exaltation. Passagen, die durch »wie wild gehetzt, schmierig-gesplittert, hektisch verquetschte formen« charakterisiert sind, kontrastieren mit Abschnitten, die »fast stillstehend, von zerbrechlicher substanz« (Spielanweisung) sind. Die Reihungsform basiert auf Blöcken, die oft durch Fermaten, Zäsuren oder Generalpausen voneinander getrennt sind und durch diametrales musikalisches Geschehen abgelöst werden. Übergänge und Prozesse treten in Form von Umspielungen oder Schwebungen im Grenzbereich der Tongebung auf. Auch hier liegt der Reiz der Mikrofluktuationen, die durch Fragilität bei der Klangbildung entstehen, in der Ähnlichkeit zur Unbeständigkeit und Irregularität von Naturvorgängen.

go (1978)
für Oboe/Sopransarrusophon, Englischhorn/Heckelphon, Fagott/Kontrafagott, Klarinette/Bassetthorn/Kontrabaßsarrusophon, Klarinette, Baßklarinette/Tárogató, Altposaune, Tuba und Klavier

Dauer: ca. 7'

Gibt es psychologisierende Musik? In diesem Ensemblestück für neun Instrumentalisten stehen die Spieler im Mittelpunkt, da neben der Artikulation instrumentaler Gestik der Gebrauch von Phonemen ihrem Spiel sprechenden Charakter verleiht. Indem sie durch das Instrument eine Story zu erzählen scheinen, wirkt dieses Stück als Mitteilung von Menschen, vorgetragen in wechselnden Erzählhaltungen. Dadurch gewinnt es Ähnlichkeit zu Improvisationen des Free Jazz, in denen Rollenspiele und das Prinzip der instrumentalen Rede Tradition haben. Auch durch den partiellen Einsatz linearer Aleatorik – bei der ein vorgegebener Tonvorrat zur frei wählbaren Ausgestaltung verfügbar ist – wird diese Nähe unterstrichen. Die Statik stehender Klänge wechselt mit Einsprengseln schnellster Bewegungen, die von zwei oder drei Instrumenten heterophonisch (gleichzeitig, in gleichem Gestus, aber mit abgewandelter Phrasierung) gespielt werden. Spaltklänge aus extrem hohen und tiefen Lagen sind in Kontrast zu verschmelzenden Liegeklängen im mittleren Register gesetzt.

Frank Hilberg

Volker Heyn

geb. 13. 12. 1938 Karlsruhe. 1957–1960 dort Gesangsstudium bei Walter Neugebauer. 1960 Übersiedlung nach Australien. In Sydney Schauspiel-, Git.-Unterricht und musiktheoretisches Studium. 1971 Rückkehr nach Deutschland. Abschluß der Git.- und Kompositionstudien an der Musikhochschule Karlsruhe. Teilnehmer in der von Eugen Werner Velte initiierten ›Gruppe Kreativer Musik‹.

WERKE F. 1 INSTR.: Blues in B-flat f. Vc. u. Elektronik (1981); *Buon natale, fratello Fritz* f. SSax./TSax. (1985); *Blah 2* f. V. u. Tonband (1985); *Quêtsch* f. Akk. (1987) – WERKE F. 3 INSTR.: *Laxus* f. Va., Vc., Kb. (1983); *Reb David, Wife and Wolf* f. BKlar., Kb.-Klar., Kb. (1986/87) – WERKE F. 4 INSTR.: Break f. 4 Schlzg. (1979); Sirène f. StrQu. (1983) – Werke f. 5 Instr.: *Nachtschicht* f. 3 Schlzg., Vc., Kb. (1982); SMPH f. S., V., Kb., Kb.-Klar./Klar./Bar.-Sax., Schlzg. (1989); *Klagen und Zorn der Mama Moisch* f. S., Klar./BKlar., Klar./SSax./ASax., Klar./Bassetthorn, Klar./Kb.-Klar./TSax. (1991) – WERKE F. 6 INSTR.: Rozs f. Sax., Trp., Pos., V., Va., Vc. (1983); Panische Walzer 8&9 f. Kb.-Klar., Bar.-Sax., BaßTb., Akk., V., Kb. (1990); *NUUH, or Max the Fiddler's Complaint* f. MezzoS., Mand., Git., Va., Kb., Elektronik (1991) – WERKE F. 7 U. MEHR INSTR.: *Sandwich Gare de l'Est* f. 2 Hr., 2 Trp., 2 Pos., Sax. (1985); Phryh f. Kl., 3 V., 2 Va., 2 Vc., Kb. (1982); *K'mon Siggibêybe* f. Vc., Fl./Pikk., Ob./EHr., Klar./Kb.-Klar./Sax., Hr., Pos., V., Va., Vc., Kb. (1985); *Drihmthoyhm.* Raumakustischer Alptraum f. 2 Klar., Tárogató, 2 Sax., 2 Hr., 2 Trp., 2 Pos., 3 Schlzg. (1982).

Verlag: Breitkopf & Härtel Wiesbaden.

V. H. kann sich keiner Konvention bequemen. Er gerät unzweifelhaft in Konflikt mit Dirigenten und Orchestern, mit Intendanten und Redakteuren, wenn seine Werke auf Beamtengeist, Bequemlichkeit und Angst vor dem Ungewohnten stoßen. Lieber integriert er Kunst und Leben für sich selbst, erkundet, was die Welt an Klängen bereithält und entlockt Stimme und Objekt deren klanglich reiches Innenleben. Dem engen Deutschland entflieht er nach Australien, wo er zehn Jahre bleibt. In einer Schauspielschule lernt er das Theaterspiel, um anschließend mit einer Theatergruppe von Idealisten und Hungerkünstlern drei Jahre durch Städte und übers Land zu ziehen. Die Musik-Darsteller arbeiten Konzepte von Improvisationen aus, die politische

Themen des jeweiligen Landstrichs einbeziehen und aus der H. später seine Performance-Ästhetik entwickelt. Sie gibt explizite Statements, nicht selten offene Verhöhnung von Zuständen, Funktionen und Institutionen ab, transportiert sie mittels der Musik.

Anfangs aus Mangel, später aus Neugier bereichert er sein Instrumentarium durch Fundobjekte und Selbstbauinstrumente. So war die ›Red-and-Yellow-Tiger-Drum‹, die er in seiner Performance *Kaffeefahrt zum Kühlturm* verwendet, ursprünglich die metallene Rednertonne eines Demonstranten. Umgebaut zu einem röhrenden Resonator entlockt ihr H. den Gesang des rostigen Eisens. Der gestrichene Draht, von der kreischenden Tonne verzerrt, emittiert Obertöne und produziert ein singendes Register im Geräusch, dessen Kraft und Vielgestaltigkeit sich dem angstfrei lauschenden Hörer unmittelbar zeigt.

Metall hat für H., den Geräuschempfindlichen, einen frohen Klang. Er tritt selbstverständlich überall auf, wo Mechanik Menschen und Güter transportiert, wo Metall an Metall sich dreht und reibt und dabei mit Tonhöhe und Geräusch seine industrielle Arie singt.

Metallschläge erschrecken uns, wenn sie plötzlich aufspringen, aber sie verklingen freundlich – im Unterschied zu den tiefen Frequenzen, vor denen es kein Entkommen gibt, die wie der Tod sind und klingen. Die sinnliche Seite von frei schwingendem Metall enthüllt z.B. ein Stück Blech, das ausgewogen an zwei Punkten aufgehängt und gestrichen wird. Vollständig domestitziert klingt der Metallklang aus den meisten Instrumenten hervor, sei es Hammer-Kl., äolische Hf. oder die gestrichene Metallsaite der V..

Die Klangvorliebe tritt bei H. in der Bevorzugung von Stahlinstrumenten, Blechtrommeln und -fässern auf. Er versucht die charakteristische Klangeigenschaft ›metallisch‹ mit den Ressourcen der Orchesterinstrumente zu gewinnen, um einen ›Eisengesang‹ zu bilden, wie sich mit dem Titel seines Werkes *Ferro canto* sagen läßt. Dieser ›Eisengesang‹ ist mit jedem Instrument zu erreichen, wenn es in gewisse Höhen oder Tiefen getrieben wird, und bekommt eine typische Farbigkeit. Eisen wird auch als Motiv thematisiert, z.B. in dem Orchesterwerk *Nachtschicht*, dessen Szenario H. folgendermaßen beschreibt: »hier werden von menschen, die heute nacht zur arbeit gehen ... wer-weiß-immer-maschinen von unterschiedlicher größe und gewicht hergestellt. ... du wirst behämmert von klangsignalen verschiedenster färbung und lautstärke aus immer wechselnder richtung. ... weil das erhitzte und geschlagene eisen stöhnt, schwitzt, knackt, sich spreizt, schrumpft und oft bricht...«.

Drihmthoyhm (1982)
für 2 Klarinetten, Tárogató, 2 Saxophone, 2 Hörner, 2 Trompeten, 2 Posaunen und 3 Schlagzeuger.

Dauer: zwischen 22' und 120'

Drihmthoyhm ist Kammermusik der besonderen Art, denn die Kammer wird von elf oder mehr ›beweglichen‹ Bläsern durchkreuzt. Im Metrum eines langsamen Tempos schreitend, umkreisen sie das in Zonen geteilte Publikum und intonieren halbleise einen Ton eines breiten chromatischen Clusters. Zwei Dirigenten bleibt es überlassen, das Tempo zäher oder flüssiger zu machen, schnappschußartige Tutti-Abrisse vorzunehmen, einzelne Instrumente oder kleinere Gruppen kurzzeitig auszuschalten oder wieder ins Klangbild eintreten zu lassen. Drei stationäre Schlzg. beleben durch rhythmische Impulse den Klangfluß. Das Spielmaterial besteht aus der graphischen Darstellung eines Klangbandes, das mit Phrasierungen und Intonationsvorgängen angereichert ist. Nach jedem Durchlauf des 26taktigen Schemas tritt eine 2-taktige Fermate in Kraft, während der sich der Spieler für eine andere Stimme entscheidet. Durch die quasi-unendlichen Wiederholungen des immer Gleichen und niemals Selben wird der Raum von den Schwingungen eines stehenden Akkords erzittert und in eine hallende Tonne mit wimmelndem akustischen Innenleben transformiert.

H.s Anliegen in diesem Stück ist es, den »überdehnten Accord in ständig neuer Ausleuchtung im Raume erscheinen zu lassen« und zugleich die Einheit von »Klangbewegung im Raum« und »Raumbewegung im Klang« darzustellen. Warum das Event den Untertitel *Raumakustischer Alptraum* führt, wird sich wohl nur vor Ort herausstellen.

Quêtsch (1987)
für Akkordeon

Dauer: ca. 8'

Nachdem jahrhundertelang die sonore Mittellage – analog zum Kult des Mezzoforte – ausgeschöpft wurde, macht V. H. in *Quêtsch* beherzteren Zugriff auf das Akk. und zeigt, was für ein Klangzauber entfesselt werden kann, wenn in Zusammenarbeit mit einem Virtuosen das Instrument erkundet wird. »In mehrmaligen Instrument-aushorch-sitzungen« wurde z. B. der »suono al Theodoro« (Anzellotti) gefunden, ein »spezifische(r) von links nach rechts angeschliffene(r) Cluster-klang« (V. H.). Er ist eine der vielen Varianten, die vom Sirenengesang im Pfeifregister: »hauchdünn(,) aber von cristallener Schärfe«, bis zum durchdringenden Pfiff einer »wildsäuisch quäken(den)« (Spielanweisung) Tin whistle (volkstümliche Schnabelflöte aus Blech mit 6 Grifflöchern) reicht. Die meist atmende Balgführung gerät gelegentlich ins Röcheln oder steigert sich zum Hyperventilieren, während die Cluster sich zum Klangfaden verengen oder zum Klangband erweitern. Andererseits durchtoben geworfene Akkorde die Register, stechen in der Mittellage als schneidende Cluster hervor, stürzen ins Baßregister ab. Das Ende des Stükkes faßt die verarbeiteten Klangobjekte – Mixturen, heterogene Registrierungen, »beinahe nichts«-Cluster, Spaltklangcluster, Breitbandcluster, Balgatmen und Fußscharren – noch einmal zusammen.

Verbirgt sich hinter den wechselhaften Ereignissen eine Geschichte? »Fina e basta« beendet H. seine Partitur: Was dazu zu sagen war, habe ich gesagt.

Frank Hilberg

Paul Hindemith

geb. 16. 11. 1895 Hanau, gest. 28. 12. 1963 Frankfurt/M. 1908–1915 Studium am Hoch'schen Konservatorium Frankfurt/M. (V. bei Adolf Rebner, Komposition bei Bernhard Sekles u. Arnold Mendelssohn). 1915–1923 Konzertmeister des Frankfurter Opernorchesters. Im 1. Weltkrieg Regimentsmusiker im Elsaß und in Flandern. Nach 1918 Durchbruch als exponierter Vertreter einer anti-romantisch ausgerichteten jungen Komponisten-Generation, als Solo-Bratschist und Mitglied des von ihm 1922 mitgegründeten Amar-Quartetts. H. erlangt den Ruf eines führenden Interpreten moderner Kammermusik – namentlich mit der UA seines StrQu.s op. 16 bei den ›Donaueschinger Kammermusik-Aufführungen für zeitgenössische Tonkunst‹ 1921. In den 1920er Jahren hat H. universell auf allen Gebieten des Musiklebens gewirkt: als Komponist, Interpret, Organisator (bei den Donaueschinger und später Baden-Badener Kammermusiktagen) und schließlich ab 1927 als Kompositionslehrer an der Berliner Hochschule für Musik; engagiert sich hier besonders für Laienmusik, für die Wiederbelebung der Alten Musik sowie für technische Innovationen (Rundfunkversuchsstelle). 1929 Gründung eines Streichtrios. H., dessen Werke von den Nationalsozialisten als »kulturbolschewistisch« diffamiert werden, läßt sich 1935 von der Berliner Hochschule beurlauben und bittet 1937 um Entlassung. Entstehung der Oper *Mathis der Maler* und des theoretischen Hauptwerkes *Unterweisung im Tonsatz*. Reisen in die Türkei und in die USA. 1940 Emigration in die Vereinigten Staaten, 1946 amerikanischer Staatsbürger. 1940–1953 Professur an der Yale School of Music, 1949 Vorlesungen an der Harvard University, veröffentlicht 1952 das Buch *A Composer's World*, das H.s musikästhetisches und ethisches Vermächtnis enthält. 1950–1957 Professur an der Universität Zürich. 1953 Übersiedlung in die Schweiz. Mehrere Konzerttourneen (1954, 1956) als Dirigent. Kompositorisch und ästhetisch geriet H., der nach dem 2. Weltkrieg zunächst als Leitfigur der deutschen Musik galt, in den 50er Jahren zunehmend in Widerspruch zur Avantgarde.

Werke f. 1 Instr.: 3 Sonaten f. V. allein (g op. 11/6, 1917; op. 31/1, 1924; op. 31/2 *Es ist so schönes Wetter draußen*, 1924); 2 Sonaten f. Br. allein (op. 11/5, 1919; op. 25/1, 1922); 2 Sonaten f. Br. solo (op. 31/4, 1923; 1937); Sonate f. Vc. allein op. 25/3 (1923); Acht Stücke f. Fl. allein (1927); Sonate f. Hf. (1939) – Werke f. 2 Instr.: Drei Stücke f. Vc., Kl. op. 8 (1917); Sonate in Es f. Kl., V. op.11/1 (1918); Sonate in D f. Kl., V. op. 11/2 (1918); 2 Sonaten f. Br., Kl. (op. 11/4, 1919; op. 25/4, 1922); Sonate f. Vc., Kl. op. 11/3 (2. Fassung, 1921); Kleine Sonate f. Viola d'amore, Kl. op. 25/2 (1922); Kanonische Sonatine f. 2 Fl. op. 31/3 (1932); Konzertstück f. 2 ASax. (1933); Duettsatz f. Br., Vc. (1934); Sonate f. Fl., Kl. (1936); Sonate f. Ob., Kl. (1938); Sonate f. Fg., Kl. (1938); 2 Sonaten f. Geige, Kl. (in E, 1935; in C, 1939); Sonate in B f. Klar., Kl. (1939); Sonate f. Hr., Kl. (1939); Sonate f. AHr., Kl. (1939); Variations *A frog he went a-courting* for Vc., Kl. (1941); Sonata f. EHr., Kl. (1941); Sonata f. Pos., Kl. (1941); Echo f. Fl., Kl. (1942); Sonata f. Vc., Kl. (1948); Sonate f. Kb., Kl. (1949); Sonate f. BTb., Kl. (1955) – Werke f. 3 Instr.: Trio f. V., Br., Vc. op. 34 (1924); Zwei kleine Trios f. Fl., Klar., Kb. (1927); Trio f. Kl., Br., Heckelphon op. 47 (1928); Trio f. Geige, Br., Vc. (1933) – 7 StrQu. (1. C op. 2, 1915; 1. (2.) f op. 10, 1918; 2. (3.) op. 16, 1920; 3. (4.) op. 22, 1921; 4. (5.) op. 32, 1923; 5. (6.) Es, 1943; 6. (7.) Es, 1945); – Werke f. 4 Instr.: Quartett f. Klar., Geige, Vc.; Kl. (1938); Sonate f. 4 Hr. (1952) – Werke f. 5 Instr.: Kleine Kammermusik f. 5 Bläser (Fl., Ob., Klar.,Hr., Fg.) op. 24/2 (1922);

Quintett f. Klar., StrQu. op. 30 (1925); Drei Stücke f. 5 Instr. (Klar.,Trp., V., Kb., Kl.) *Drei Anekdoten für Radio* (1925) – WERKE F. 7 INSTR.: Septett f. Blasinstr. (gr. Fl., Ob., Klar., Trp., Hr., Bklar., Fg.) (1948) – WERKE F. 8 INSTR.: Oktett f. Klar., Fg., Hr., V., 2 Br., Vc., Kb. (1958) – WERKE MIT VOKALSTIMMEN: *Melancholie.* 4 Lieder f. MezzoS., StrQu. nach Texten v. Christian Morgenstern op. 13 (1917/19); *Des Todes Tod.* Lieder f. eine Frauenstimme mit Begl. v. 2 Br. u. 2 Vc. nach Gedichten v. Eduard Reinacher op. 23a (1922); *Die junge Magd.* Sechs Gedichte von Georg Trakl f. 1 A.-Stimme mit Fl., Klar., StrQu. op. 23/2(1922); Die Serenaden. Kleine Kantate nach romantischen Texten f. S., Ob., Br., Vc. op. 35.(1924) – ÜBUNGSSTÜCKE, SING- UND SPIELMUSIK: Schulwerk f. Instrumentalzusammenspiel op. 44, darunter als Nr. 3: Acht Stücke für 2 V., Va., Vc., Kb. (1927); Triosatz f. 3 Git. (1930); 44 Stücke f. 1 od. 2 Geigen (1931); 14 leichte Stücke in der ersten Lage f. 2 Geigen (1931); Zwei Duette f. 2 Geigen (1931); Plöner Musiktag, darunter als Nr. IV,3: Zwei Duette f. V., Klar. (1932); Duett f. Fg., Kb. (1935?); Drei leichte Stücke f. Vc., Kl. (1938); Stücke f.Fg.; Vc. (1941); Kleine Sonate f. Vc., Kl. (1942); 6 ganz leichte Stücke f. Fg., Vc. (1942?); Blfl.-Trio (1942?); Ludus minor f. Vc., Klar. (1944) – PARODIEN: *Minimax* (Repertorium für Militärorchester) f. StrQu. (1923); *Ouvertüre zum ‚Fliegenden Holländer', wie sie eine schlechte Kurkapelle morgens um 7 am Brunnen vom Blatt spielt* f. StrQu. (1925?); *Musikalisches Blumengärtlein und Leyptziger Allerley* f. Klar., Kb. (1927); *In diesen heiligen Hallen. Bahnsteig V, Abfahrt 12.13* f. Kb. (1930?); *Bass im sechsten Stock,* oder: *Des Löwen Wonne* f. Kb. (1930?) – UNTERRICHTSSTÜCKE: Introduction and Passacaglia f. Streichtrio (1941); Enthusiasm f. Fl., Kl. (1941) – BEGLEITMUSIKEN: Musik zu *Kasperls Heldentaten* von Pocci . Vc. (1915?); Musik zu *Kasperl unter den Wilden* von Pocci f. Kinder-Trp., kl. Tr., Vc. (1915?); Musik zu *Die Zaubergeige* von Pocci f. Vc. (1916?).

Verlag: Schott Mainz.
Im Rahmen der seit 1979 begonnenen GA der Werke H.s (hrsg. v. Kurt v. Fischer und Ludwig Finscher, ebenfalls im Schott-Verlag) sind bislang folgende Kammermusik-Bände erschienen: Abt. V (Streicherkammermusik) Bde. 5 – 7; Abt. VI (Sologesänge mit Instrumenten) Bd. 4.

H.s erhaltene Kammermusik erstreckt sich zwischen dem StrQu. C-Dur op. 2 aus dem Jahr 1915 und dem Oktett von 1958 über einen Zeitraum von mehr als vier Jahrzehnten. Sie bildet in mehrfacher Hinsicht einen Höhepunkt in der Gattungsgeschichte des 20. Jahrhunderts, und zwar sowohl hinsichtlich ihrer Intention, ihres Umfangs sowie ihrer stilistischen Vielfalt und Gegensätzlichkeit. Umfang und Eigenart lassen sich zunächst aus der – in der jüngeren Musikgeschichte wohl nur in Franz Liszt eine Parallele findenden – Personalunion von Interpret und Komponist herleiten; so sind Werke für das eigene Konzertrepertoire, d.h. für die bevorzugten Instrumente V. und später Br., besonders reich vertreten. Die Opus-Serien 11, 25 und 31 sind hierfür repräsentativ: Entstanden zwischen 1917 (op. 11/6) und 1924 (op. 31/2), spiegeln sie H.s beginnende Karriere als Instrumentalist und seine kompositorische Standortsuche und -findung gleichermaßen wider. Zugleich besitzen diese Serien eine für H.s Intentionen charakteristische Anlage, da in ihnen jeweils verschiedene Besetzungen und z.T. recht ausgedehnte Werke zusammengefaßt sind: in op. 11 je zwei Sonaten für Solo-V., für V. und Kl. und je eine für Br. solo bzw. Vc. und Kl; in op. 25 die Sonaten für Solo-Br. und Solo-Vc. sowie Sonaten für Vc. und Kl. bzw. Br. und Kl.; in op. 31 zwei Solo-Sonaten für V., eine Solo-Sonate für Br. und schließlich – in der Besetzung gänzlich ausweichend – die *Kanonische Sonatine* für zwei Fl. Mit dem Komponieren in Serien wird H.s prinzipielles Abrücken von der romantischen Idee des individuell sich behauptenden Einzelwerks offenbar; soll das Werk seinen Wert und Platz als Teil eines Ganzen besitzen, womit H. an Max Regers Wiederbelebung des barocken Reihungsgedankens (etwa in dessen Solowerkreihen für V., Br. und Vc. op. 131a-c) anknüpfen konnte. 1918 schrieb H. anläßlich der Aufführung der V.-Sonate Es-Dur op. 11/1: »Ich habe einstweilen die Absicht, eine ganze Reihe solch kleinerer, ziemlich frei gestalteter sonatenähnlicher Stücke zu schreiben (alle für Klavier und Geige), um einmal zu sehen, was sich alles in diesen kleineren Formen sagen läßt. Jede soll einen anderen vollständig verschiedenen Charakter haben. (Vielleicht rundet sich dieser Plan gegen 1950.)« Bezeichnend für H.s systematisch-enzyklopädischen Anspruch und seine beispiellose künstlerische Selbstdisziplin ist, daß er diesen Plan tatsächlich über Jahrzehnte verfolgt und schließlich – wenn auch in abgewandelter Form – realisiert hat: 1955 bildet die Sonate für BTb. und Kl. den Endpunkt eines zweiten umfassenden Sonatenprojekts, das – begonnen 1935 mit der Sonate in E für V. und Kl. – den Gedanken der Reihung nun auf die Wahl der Instrumente überträgt. (Eine weitere große Serie an Instrumentalmusik bildet die über die Opus-Nummern 24, 36 und 46 verteilte Reihe der *Kammermusiken*. Hierbei handelt es sich jedoch – bis auf das Bläserquintett op. 24/2 – um den an Bach orientierten Typus des Konzerts *avec plusieurs instruments*, d.h. um Werke für verschiedene Solo-Instrumente und kleineres Ensemble bzw. Orchester; diese Werkreihe ist hier daher ausgeklammert.)

Die drei Serien op. 11, 25 und 31, die von den ersten vier StrQu. op. 10, 16, 22 und 32 (entstanden zwischen 1918 und 1923) flankiert werden, bezeugen die sich überstürzende und in der Höhe ihrer künstlerischen Qualität maßstabsetzende Genese von H.s Musiksprache nach dem Ende des 1. Weltkriegs. Sein künstlerisches Ideal dieser Zeit war das emphatische Motto des »Immer Neues ans Licht bringen», das sich stilistisch in der Erprobung verschiedener Idiome und der zunächst entschiedenen Abwendung von der Klangsprache des 19. Jahrhunderts niederschlägt, dann aber auch – beeinflußt durch Ferruccio Busonis Ästhetik einer »jungen Klassizität« – in der Erneuerung älterer Form- und Tonsatzmodelle. Dieses Spektrum umgreift ebenso die vom Expressionismus beeinflußten *Drei Orchestergesänge op. 9* (1917) wie das skandalträchtige Opern-Tryptichon *Mörder Hoffnung der Frauen*, *Das Nusch-Nuschi* und *Sancta Susanna* (1919–1921) mit ihrer offensiven, grotesk-exaltierten Tonsprache; schließlich auch ein Werk wie *Melancholie* op. 13 für S. und StrQu. (1917–1919), in dem zum ersten Mal ein intimer und zugleich distanzierter Ton der ›leisen Klage‹ anklingt, der später in den Zyklen für Vokalstimme und Kammermusik-Ensemble *Des Todes Tod* und *Die Serenaden* weitergeführt wird.

In der Kammermusik wird H.s kompositorische Entwicklung sicherlich am besten greifbar: Denn in ihr ist die Melodik oder reine Linie als »wichtigstes Prinzip seiner Stilbildung« erprobt und ausgeformt, wie Franz Willms bereits 1925 konstatiert hat. Dieser Vorrang des Melos' ist mit einer Neubestimmung des Verhältnisses von Harmonik und Melodik – teilweise als deren rigorose »Entkoppelung« (Willms) – verbunden und hat dadurch auch den tiefgreifenden Bedeutungswandel der Gattung der Sonate mit angestoßen, der sich von einem thematisch bestimmten Gebilde zu einer wieder ursprünglichen ›Klang‹- bzw. Instrumentalmusik wandelt. Andere harmonische Konzeptionen drängen entsprechend vor: Pentatonik und Ganztönigkeit, wie etwa in der stark von Claude Debussy beeinflußten Sonate für Br. und Kl. op. 11/4, und eine Chromatisierung der tonalen Beziehungen, die schließlich in eine freie Atonalität mündet (vgl. Sonate für Br. solo op. 25/1). Parallel dazu werden auch die metrisch-rhythmischen Verhältnisse nicht mehr von den klassischen Formvorstellungen der Sonatenhauptsatzform bestimmt, sondern von komplexer Polymetrik und -rhythmik abgelöst; H. bevorzugt dabei starke Kontraste der Bewegungsarten. Die elementaren Formen der Kontrapunktik werden ›wiederentdeckt‹, allen voran die Krebsgängigkeit eines musikalischen Ablaufs, der sich schließlich auf ganze Sätze erstrecken kann (vgl. erster und letzter Satz des Klar.-Quintetts von 1925).

Es darf auf der anderen Seite nicht übersehen werden, in welchem Ausmaß in H.s früher Kammermusik noch die Auseinandersetzung mit der Tradition präsent ist: Nicht nur Reger, sondern auch Brahms, der späte Beethoven und Bach geben wichtige Modelle vor. Der Reichtum der von H. verwendeten Techniken und Formen ist erstaunlich und widerlegt das Klischee vom Frühwerk als ›Bildersturm‹: Fuge, Variation, Passacaglia, zyklische Brückenformen sind ebenso zu finden wie mannigfache Abwandlungen der Sonaten- und Liedform; eine von Beginn an H.s Kammermusik bestimmende Konstante ist die Vorliebe für das Instrumentalrezitativ. So gerät der monumentale letzte Satz *In Form und Zeitmaß einer Passacaglia* der 1919 entstandenen Sonate für Br. solo op. 11 Nr. 5 zu einer eindringlichen Hommage an Bach im Gewand einer anti-romantischen ›neuen‹ Expressivität.

H.s StrQu.e Nr. 2–4 (op. 16, op. 22 und op. 32) besitzen innerhalb der StrQu.-Produktion jüngerer deutscher Komponisten nach 1918 – hier sind etwa die Werke von Ernst Krenek, Hermann Scherchen und Kurt Weill zu nennen – einen Ausnahmerang in ihrer produktiven Dialektik von Tradition und Erneuerung: Durch ihre formale Komplexität an Klassik und Romantik anknüpfend, sind sie in der Spontaneität, Frische und Radikalität der stilistischen Mittel zugleich unmittelbarer Reflex des Zeitgeistes der frühen 20er Jahre und zeigen eine souveräne Beherrschung des satztechnischen Metiers. Das StrQu. op. 32 darf als ein ›chef-d'œuvre‹ in H.s Kammermusik überhaupt angesehen werden: Es vereint eine – im Sinne Ernst Kurths – »energetische« Linearität mit kompromißloser atonaler Klanglichkeit, rhythmischer Gespanntheit und großer thematischer Originalität.

Die 20er Jahre bilden für H.s Kammermusik eine Phase des Übergangs: Mit dem 2. Streichtrio (op. 34) aus dem Jahr 1933 – geschrieben für das Trio, das H. zusammen mit dem Geiger Szymon Goldberg und dem Cellisten Emmanuel Feuermann bildete – ist der Abschluß eines stilistischen und satztechnischen Wandels markiert, der eine entschiedene Abkehr von der Radikalität des Frühwerks bedeutet. Die unter dem Einfluß des Neobarock eingeleitete Vereinfachung von Formensprache und Rhythmik, die Bevorzugung von Reihen- und symmetrischen Formen sowie die gemäßigte Tonalität mit dem zunehmenden Anspruch einer Kontrolle und Systematisierung der Intervallbeziehungen werden für H. maßgeblich. (Zugleich rücken, bedingt durch die theoretischen Prämissen der *Unterweisung im Tonsatz*, die helleren und spannungsärmeren Intervalle von großer Sekund, Quart und Quint an die Stelle der Dissonanzen; der Dur-Schluß wird – ungeachtet seiner affirmativen Wirkung – in vielen Werken zur Regel.) Diese Umgewichtung muß nicht zuletzt vor dem musiksoziologischen und -pädagogischen Hintergrund der Weimarer Republik gesehen werden, den H. maßgeblich mitgestaltet hat: Z. T. durch die Hinwendung zu einem Idealtypus des Hörers und Ausführenden in Gestalt des ›Laien‹ hat H. vom Komponisten »Verantwortlichkeit« und vom Werk »Verständlichkeit« verlangt: Sein Stil, der von der Abwehrreaktion auf die romantische Ausdrucksästhetik seinen Ausgang nahm, wird nun nachhaltig durch funktionale Aspekte bestimmt; dies erklärt die Menge der Sing- und Spielmusiken, die sich an Faktoren wie Spielfähigkeit und -stärke der Ausführenden, den akustischen Bedingungen, den zur Verfügung stehenden Instrumenten u.v.m. orientieren. (Den von Heinrich Besseler geprägten und u.a. auf H.s Musik der 20er Jahre gemünzten Begriff der »Gebrauchsmusik« hat H. später als Pleonasmus abgelehnt, da ihm die Vorstellung einer nicht für den ›Gebrauch‹, d.h. für eine Aufführung gedachten Musik als widersinnig erschien.) Diese Vorstellungen haben dann auch H.s ästhetische Neuorientierung in der ›autonomen‹ Musik beeinflußt, deren Auswirkungen – nämlich eine Tendenz zum (neu-tonalen) ›Schönklang‹ bzw. zur klanglichen Neutralität und bloß handwerklichen Vollkommenheit auf Kosten originärer Erfindung – schon von amerikanischen Kritikern der 30er Jahre benannt wurde. Die beiden in den Vereinigten Staaten entstandenen StrQu.e in Es bezeugen diesen Stilwandel im Vergleich zu den Quartetten vom Beginn der 20er Jahre besonders eindrücklich.

Ab dem Ende der 20er Jahre hat H. auch diejenigen Instrumente in seine Kammermusik mit einbezogen, für die wenig oder gar kein Repertoire vorlag; den Anfang macht das formal überaus originelle Trio für Kl., Br. und Heckelphon aus dem Jahr 1928. Es ist zweifellos durch den aufkommenden Historismus in der Musikanschauung der 20er Jahre und die Wiederentdekkung bislang vernachlässigter Gebiete der Musikpraxis angeregt worden; die Instrumentensammlung der Berliner Hochschule für Musik bildete für H. dabei eine wichtige Quelle. Zugleich offenbart sich darin H.s emphatischer Begriff der musikalischen Praxis: Er verlangte von sich ebenso wie von seinen Schülern die Kenntnis jeden Instruments und damit ein Komponieren ›nach Maß‹, das die technischen Voraussetzungen und Ausdrucksmöglichkeiten des jeweiligen Instruments genau beachtete. Die in den 30er Jahren begonnene Reihe der Streicher- und Bläsersonaten besticht daher durch die stilistische Unfehlbarkeit, mit der die klangliche Physiognomie des jeweiligen Klangkörpers – darunter so schwierige Instrumente wie Kb. und BTb. – erfaßt und umgesetzt wird. Die instrumentalen Effekte der Kammermusik der 20er Jahre, die dort vor allem parodistische Zwecke erfüllt hatten, sind nun hintergründiger Ironisierung gewichen. Sie deutet die Rückwendung in eine eher private Sphäre an. Die vermeintlich ›einfache‹ Neutonalität dieser Werke verdeckt dabei die verwickelte formale Konstruktion und die Rafinesse der motivisch-thematischen Arbeit.

Nachdem H. zu Beginn der 40er Jahre seine solistische Laufbahn beendet hatte, wurde auch die Zahl neuer Kammermusikwerke merklich kleiner. An repräsentativen Werken nach 1945 sind außerhalb der Stücke für das Sonatenwerk das Septett für Blasinstrumente (1948), die Sonate für 4 Hr. (1952) und das Oktett (1958) zu nennen, mit denen H. nun auch bei den größeren Besetzungen eine Lücke schloß. Auch diesen Werken eignet eine klassizistische Attitüde, die vor dem Hintergrund des Serialismus befremden und den Stil des einstigen Provokateurs H. als obsolet erscheinen lassen mußte. Der spielerische Witz und die instrumentale Virtuosität dieser Stücke – auch ihr

›menschliches‹ Maß, was die Möglichkeiten der Ausführung betrifft – verstekken eine andere Form der Provokation: nämlich jene Beharrlichkeit, mit der H. an seinen musikalischen Maßstäben festhält. Der *Alte Berner Marsch*, der sich in der Schlußfuge des Septetts gegen alle kontrapunktischen Verwicklungen behauptet, und die *Drei altmodischen Tänze*, die die Schlußfuge des Oktetts unterbrechen, spiegeln nicht nur die ›Melancholie des Vermögens‹ der satztechnischen Kunst H.s, die der ordnenden Kraft der Tonalität noch vertraut; sie sind darüber hinaus auch Ausdruck seines späten ästhetischen Renegatentums, mit dem er sich auf seine Weise dem »Geschirr des allgemeinen Narrenwagens», in das er die zeitgenössische Musikentwicklung eingespannt sah, entwand.

Streichquartett Nr. 4 (5), op. 32 (1923)

Lebhafte Halbe – Sehr langsam, aber immer fließend – Kleiner Marsch – Passacaglia
Dauer: ca. 29 ‘
Verlag: B. Schott's Söhne, ED 1924

Das am 5. November 1923 in Wien durch das Amar-Quartett uraufgeführte und Beatrice Sutter-Kottlar gewidmete StrQu. op. 32 markiert in H.s Kammermusik der 20er Jahre zweifellos einen Höhepunkt, hinsichtlich seiner spieltechnischen Anforderungen, seiner satztechnischen Meisterschaft und seiner Ausdrucksintensität; zugleich bezeichnet es den Übergang von der expressionistisch getönten Exaltiertheit des Frühwerks in die ›neue Sachlichkeit‹, die mit der Betonung der linearen, kontrapunktischen Energien einhergeht. Die Grundausrichtung des Werkes ist daher bereits dem Neo-Barock zugewandt, denn die beiden großdimensionierten Außensätze beruhen auf den zentralen barocken Techniken der Fuge (freilich hier verschränkt mit dem Sonatengedanken) und der Passacaglia. Zu der motorischen Energie der Rahmensätze bilden die beiden Binnensätze einen im langsamen Satz melodisch und im 3. Satz – der als *Kleiner Marsch* die Stelle des Scherzos vertritt – vor allem gestischen Kontrast. Die Viersätzigkeit weist – im Unterschied zu den Erweiterungen zur Fünf- bzw. Verkürzungen zur Dreisätzigkeit in den StrQu. op. 10, 16 und 22 – auf die (hier lakonisch zu verstehende) Norm des klassischen StrQu.; demgegenüber ist aber die Innenspannung der Sätze enorm gesteigert. Die Klanglichkeit ist geschärft, ja in ihrer Aggressivität herausfordernd, zugleich aber enthält sich H. jeder subjektivierenden Stilisierung. Die formale Konstruktion des Werkes basiert freilich nicht nur auf gegensätzlichen Satzcharakteren, sondern auch auf vielfältigen Korrespondenzen, die aus der monothematischen und damit zyklischen Grundkonstellation des Werkes resultieren. Sie verrät die genaue Kenntnis der späten Beethoven-Quartette (etwa des cis-moll-Quartetts op. 131). So entfalten sich aus dem Fugenthema des 1. Satzes mit seiner Folge von steigender Terz und fallender Sext eine ganze Reihe von thematischen Ableitungen bis hin zum Thema der abschließenden Passacaglia; und deren Schlußfugato (»So schnell wie möglich«) kombiniert – in einer Art duplizierter Monothematik – nochmals beiden Themen. (Die Fortsetzung des Passacaglia-Themas enthält überdies eine deutliche Reminiszenz an das berühmte *Weinen, Klagen, Sorgen*-Thema J. S. Bachs BWV 12.) Durch den Tritonus, ein bevorzugtes Intervall des frühen H., wird die tonale Spannung zwischen den ersten drei Sätzen hergestellt: Fugato und ›Kleiner Marsch‹ sind am Grundton d angelehnt, den langsamen Satz durchzieht die enharmonische Gleichsetzung von as und gis. (Im ersten Zwischenspiel der Fuge des 1. Satzes ist die As-Tonalität bereits antizipiert). Der Beginn des letzten Satzes auf h löst diesen Antagonismus von d/as in eine Kleinterzfolge auf; sein Schluß freilich – mit der lapidaren, den Schluß von Schuberts Streichquintett (in C op. posth. 163 D 956) assoziierenden Rückung von c nach des – stellt die Verbindung zum cis-moll-Auftakt des 1. Satzes wieder her. Die Fülle neuartiger Effekte ist frappierend; die beiden Außensätzen enthalten polytonale bzw. polymetrische Passagen, deren klangliche und konstruktive Rigorosität zur Entstehungszeit des Werkes präzedenzlos waren. Im langsamen Satz herrscht eine gebrochene, verdüsterte Stimmung, die – getragen durch den Wechsel von gebundenen und rezitativischen Abschnitten – H.s originäre melodische und dramatische Begabung zeigen. Den an nur einem Tag niedergeschriebenen ›Kleinen Marsch‹ schließlich hat Theodor W. Adorno, der 1926 bereits dem Komponisten kritisch gegenüberstand, zu »den gelungensten Virtuosenstücken, die Hindemiths kecker Griff aus den Möglichkeiten des Streicherklangs heraushob«, gezählt.

Sonate (1955)
für Baßtuba und Klavier

Allegro pesante – Allegro assai – Variationen
Dauer: ca. 15'
Verlag: B. Schott's Söhne, ED 1957

Die Sonate für BTb. und Kl., deren Uraufführungsdatum nicht bekannt ist, erweist sich als ein erstaunliches, für H.s Spätwerk zugleich charakteristisches Dokument der Reduktion. Im Gegensatz zur epischen Weiträumigkeit älterer Werke – die Hr.-Sonate von 1939 hat eine Dauer von 23 Minuten mit drei annähernd gleich langen Sätzen – herrscht hier eine verblüffende Lakonik. In ihr ist auch ein entfernter Nachhall jener Sphäre des Grotesken zu hören, die das Frühwerk prägte. Die Skizzierung der Sonate ist von Studien zu Zwölftonreihen begleitet, die H.s (letztlich aufgegebene) Versuche zeigen, eine Reihe unter den Prämissen seines tonalen Denkens zu konstruieren. Die Tb.-Sonate besitzt – wie die ihr verwandte Kb.-Sonate von 1949 – durch den Versuch, dem gewählten Instrument eine melodische Physiognomie abzuringen, einen trotzigen, teilweise beinahe tragikomischen Gestus; und dieser Gestus wird durch die Tonalität, die hier bewußtes Stilisierungsmittel ist, verstärkt. Die Sonate teilt die allgemeinen Züge des Sonatenwerks: vor allem die tonale Vorordnung mit der Vorliebe symmetrischer Bildungen, die sich hier in der Folge der Tonzentren B (1. Satz), Des/c/Cis (2. Satz) und B/Cis/B (Finale) niederschlägt; dazu kommt die vergleichsweise konservative Formensprache mit Sonatenhauptsatzform (1. Satz), erweiterter Liedform (2. Satz) und Variation im letzten Satz. Die klare Formgebung findet jedoch keine Entsprechung in der tonalen Sprache, die vor allem von Ambivalenzen und Doppeldeutigkeiten (»indefinite relations«, wie H. es nannte) durchzogen ist. Tonalität ist für den späten H. weniger ein ideologisches ›a priori‹ als vielmehr ein Bezugs- und Ordnungssystem oder ›Werkstoff‹, dessen unerschöpfliche Gestaltungsmöglichkeiten in jedem Werk neu erprobt werden. H.s Affinät zur barocken Variation, in der der Zusammenhang von Konstruktion und Spiel durch das Reihungsprinzip anschaulich wird, erklärt sich hieraus: Und auch das Variationenfinale der Tb.-Sonate bleibt in seinen Merkmalen von Distanz, Rationalität und Ironie, aber auch in seiner konservativen Beharrung auf Überkommenem diesem Rahmen treu.

Wolfgang Rathert

Adriana Hölszky

geb. 30. 6. 1953 Bukarest (Rumänien). Erster Kl.-Unterricht 1958, ab 1959 am Bukarester Musiklyzeum bei Olga Rosca-Berdan. 1961 erste Kompositionen. Ab 1965 Privatunterricht in Harmonielehre und Kontrapunkt. 1972–1975 Studium an der Bukarester Musikhochschule (Komposition bei Stefan Niculescu, Kl. bei Eugenia Jonescu und Maria Siminel). 1976 Übersiedlung in die Bundesrepublik Deutschland. 1977–1980 Fortsetzung der Studien an der Staatlichen Hochschule für Musik und Darstellende Kunst Stuttgart (Komposition bei Milko Kelemen, Kl.-Kammermusik bei Günther Louegk, elektronische Musik bei Erhard Karkoschka). Teilnahme an Meisterkursen, u.a. in Bayreuth, Siena, Salzburg, Darmstadt. 1977–1980 Pianistin im ›Lipatti-Trio‹. 1980–1989 Lehrauftrag für Musiktheorie und Gehörbildung an der Stuttgarter Musikhochschule. 1980/81 Mitorganisation der Komponistengruppe ›Neue Musik kommentiert‹ in Stuttgart. 1982 Großes Kompositionsexamen. Teilnahme an verschiedenen Festivals als Jurymitgleid. Zahlreiche nationale und internationale Auszeichnungen. Rompreis Stipendium Deutsche Akademie Villa Massimo Rom 1991, Aufenthalt in Rom 1993. Vortragsreisen und Kompositionsseminare an verschiedenen Universitäten, u.a. in Tokio, Paris, Athen, Boston. Seit 1995 Dozentin für Partiturspiel an der Stuttgarter Musikhochschule.
Ihren Durchbruch erlebte H. 1978 mit dem Vokalstück ... *es kamen schwarze Vögel*. Ihre Kammeroper *Bremer Freiheit. Singwerk auf ein Frauenleben*, nach R. W. Fassbinder, 1988 bei der 1. Münchner Biennale des Neuen Musik Theaters uraufgeführt, machte sie auch international als eine der wichtigsten zeitgenössischen Komponisten bekannt. Ihre zweite Oper *Die Wände* nach dem Schauspiel von Jean Genet (Auftragswerk der Wiener Festwochen und der Wiener Oper) wurde 1995 bei den Wiener Festwochen uraufgeführt.

Werke f. 1 Instr.: *Flux-Reflux*, Solo f. ASax. (1981/1983); Quasi una fantasia I f. Ob. solo (1982); *Nouns to nouns I*, Musik f. V. solo nach einem Gedicht von E. E. Cummings (1983); *Nouns to nouns II* f. Vc. solo (1983); *Miserere* f. Akk. (1991/92); *Klangwaben I*, Signale f. V. solo (1993) – Werke f. 2 Instr.: *Byzantinische Struktur* f. V., Kl. (1974); *...und wieder Dunkel* f. Schlzg., Org. (Text: Gottfried Benn) (1982–1985); *Segmente II* f. 2 Klangzentren f. Kl., Schlzg. (1992); *A due*, Wellenstudie f. 2 Klar. in Es (1993) – Werke f. 3 Instr.: *Innere Welten* f. V., Va., Vc. (1981); *Intarsien I* f. Fl., V., Kl. (1982); *Segmente III* f. drei Klangzentren f. Ob., Akk., Kb. (1992) – Werke f. 4 Instr.: StrQu. (1975); *Innere Welten II* f. StrQu. (1981/82); *Intarsien II* f. Fl., V., Cemb., Kl. (1982/83); *Intarsien III* f. Fl., V., 2 Kl. (1985); *Hängebrücken*, Streichquartett an Schubert Quartett I, Quartett II, Doppelquartett f. StrQu. (1989/90);

Wirbelwind f. 4 Trommler (1988) – WERKE F. 5 INSTR./AUSF.: *Pulsationen II* f. V., Vc., Cemb., 2 Kl. (1979); *Quasi una fantasia II* f. 2 Fl., V., 2 Ob. (1982–1985); *...es kamen schwarze Vögel* f. 5 Sängerinnen mit Percussion. Text: osteuropäische Folklore (1978); *Vampirabile*, Lichtverfall für 5 Sängerinnen mit Percussion (Texte: I. Bachmann, G. Benn, G. Trakl, K. Krolow) (1988) – WERKE F. 6 INSTR./ 6 AUSF.: *Jagt die Wölfe zurück* f. 6 Schagzeuger (1989/90) – WERKE F. 7 INSTR.: *Segmente I* f. 7 Klangzentren f. Pikk., Akk. Euphonium, Cymb., Kl., Kb., Schlzg. (1991/92) – WERKE F. 9 INSTR.:*Requisiten* f. Fl. (auch Pikk., AFl.), Klar. in B, TPos./BPos., V., Va., Vc., Kl., Schlzg. (2 Spieler) (1985) – WERKE F. 12 AUSF.: *Il était un hommage rouge*, Text: Osteuropäische Folklore (1978); Karawane f. 12 Schlzg. (1989/90) – WERKE F. 14 AUSF. MIT ZUSATZINSTR.: *Erehwon* f. Fl. I (auch Pikk., AFl.), Fl. II (BFl.), I. Klar. in A (auch Klar. in B. ohne Blatt; Klar. in Es), II. Klar (auch Klar. in A ohne Blatt, BKlar.), Hr. in F, 3 Va., 2 Vc., Kb., Hf., Cel., Schlzg. (1984) – WERKE F. 36 STIMMEN: *...geträumt*, Text: I. Bachmann (1991) – WERKE F. EINE VARIABLE ANZAHL V. INSTR.: *WeltenEnden* f. 1 oder 4 Blechbläser (1992/93).

Verlag: bis 1988 Astoria Verlag Berlin, ab 1988 Breitkopf & Härtel Wiesbaden.

Bis auf zwei Opern, *Bremer Freiheit* (1988) und *Die Wände* (1995), und fünf Orchesterstücke ist das gesamte Œuvre A. H.s ein kammermusikalisches, wenn man die Vielschichtigkeit innerer, nicht hörbarer Räume als wesentliches Kriterium für Kammermusik ansieht. Schon ihre ersten Werke zeigen Charakteristika ihres Stils: klangliche Vielfalt von erstaunlicher Plastizität, die Einbeziehung des Raumes, in dem sich die Klänge bewegen, und die Arbeit mit Klangfeldern, die wie energetische Felder einander anziehen und abstoßen – Charakteristika, die sich im Laufe der Jahre zu immer größerer Komplexität verdichtet haben. Zuerst in dem frühen Kammermusikstück *Innere Welten* hat H. mit Klangwanderungen geschlossener Felder gearbeitet, wobei die Funktion dieser Felder der Aufgabe von Motiven und Harmonik für die Formbildung in der traditionellen Musik entspricht. Sie bilden keine linearen Zusammenhänge, sondern sind mehrdimensional angelegt. H. behandelt den Klang nicht wie eine abstrakte Schwingung, sondern wie eine Materie, die sie gleichsam modelliert und deren Bewegung im Raum sie verfolgt, in dem realen Raum des Konzertsaals bzw. der Bühne und dem ›Raum‹ der Partitur. »Der Klangimpuls wandert unhaltbar im Raum wie ein Strom, dessen Geschwindigkeit auskomponiert ist. Die in Bahnen kreisenden Signale erfahren ihre Farbveränderungen als Temperaturveränderungen oder als Verbrennungsprozesse« (A. H.). H. sieht sich selber in der Rolle einer Naturwissenschaftlerin, die bestimmte Prozesse in Gang setzt und mit Neugierde verfolgt, was geschieht. Das bedeutet, daß der Kompositionsprozeß nur begrenzt planbar ist und ein vielfältiges Netzwerk von Beziehungen entsteht, das als solches gar nicht in seiner Komplexität wahrnehmbar ist, sondern innerhalb dessen jeder im Prozeß des Hörens seine eigenen Zusammenhänge und Muster herstellt. Innerhalb dieses dynamischen Gewebes von sich selbst aufbauenden, erhaltenden, verändernden und auflösenden Prozessen gibt es keine Hierarchien. Diese Tatsache hat Konsequenzen für die Analyse der Stücke: Sie sind nicht als feste Struktur beschreibbar, sondern nur als Prozesse zu erfassen. Auch die Trennung zwischen Vokalem und Instrumentalem ist fließend. So bezieht H. in viele ihrer kammermusikalischen Werke Sprache und Stimme mit ein, nicht als sinntragende Elemente, sondern als zusätzliche Klang- und Geräuscherzeuger (z.B. in *Vampirabile* [1988] oder in *Message* [1990/93]). Neben ihrer Vorliebe für die Arbeit mit erweiterten Vokaltechniken sind auch imanent theatralische Elemente für ihre Musik charakteristisch. Die (fast ausnahmslos nach der Komposition gewählten) Titel ihrer Stücke zeigen, welche hohe Bedeutung bildhafte Vorstellungen für H.s kompositorisches Schaffen haben: *Intarsien, Innere Welten, Pulsationen, Hängebrücken, Hörfenster.*

Hängebrücken. Streichquartett an Schubert (1989/90)

a) für ein Streichquartett
b) für zwei Streichquartette
2 Sätze, ohne Satzbezeichnungen
Dauer: Quartett I: 14'29"; Quartett II: 13'48"; Doppelquartett: 18'39"
Verlag: Breitkopf & Härtel Wiesbaden

»Die ursprüngliche Idee dieses Stückes war der Gedanke, daß die ›unendliche‹ Schubertsche (horizontale) Zeit in die Vertikale umgekippt werden kann. Somit erfährt das Gefüge eine große Verdichtung von Strukturfeldern, die eine ›pulsierende‹ oder ›vibrierende‹ Klangenergie aufweist.« So H. im Vorwort zu ihrem *Streichquartett an Schubert.* Literarischer Bezugspunkt von *Hängebrücken* ist Italo Calvinos Roman *Die unsichtbaren Städte*, ein Buch, das aus einer Reihe von Ortsbeschreibungen besteht, die einem fiktiven Marco Polo als Berichte für den Kublai Khan, Beherrscher aller Tartaren in den Mund gelegt wurden. »Sind die Bilder des Gedächtnisses erst einmal mit Worten festgelegt, verlöschen sie. Vielleicht fürchte ich mich davor, das ganze Venedig auf einmal zu verlieren, wenn ich von ihm spreche. Oder vielleicht habe ich es, während ich von den anderen Städten sprach, schon nach und nach verloren,« heißt es bei Calvino. Faszinierend irritierend sind die Ortsbeschreibungen, weil sie ihre Objekte dem Leser entziehen, statt sie ihm nahezubringen. Entsprechend verfährt H. in ihrem StrQu.: Aus Schuberts Qu. *Der Tod und das Mädchen* d-Moll op. posth., D. 810 baut sie aus Erinnerungssplittern und Fragmenten ›unsichtbare Städte‹, es entsteht ein Stück ›Kammermusik über Kammermusik‹, über Verdichtung, über nicht hörbare Innenräume. *Hängebrücken* ist ein Quartett über ein StrQu., in dem Schubert sich selbst zitiert, sein 1817 auf einen Text von Matthias Claudius komponiertes Lied *Der Tod und das Mädchen* op. 7, Nr. 3 D. 531 und speziell die Zeile (T. 30–37) »Sei guten Muts! Ich bin nicht wild, sollst sanft in meinen Armen schlafen.«

Wenn nun H. ihrerseits Schubert ›zitiert‹, nimmt sie das, was aus ihrer Sicht Schubert ausmacht, zum kompositorischen Ausgangspunkt: seine ›Zerbrechlichkeit‹, die Freiheit, die er den Klängen läßt. »Seine Musik ist vieldeutig wie ein Kristall, der in allen Regenbogenfarben leuchtet; einer findet sich im Grün, der andere im Rot.« (A. H.). Und so spricht sie auch nicht von Schubert-Zitaten, sondern von Schubert-Feldern, von »inneren Feldern, die pulsieren«, Feldern, die energetisch bestimmt sind. Viele der Felder erscheinen als eine in sich homogene Einheit, häufig verbunden mit einer bestimmten Spieltechnik, wobei die Varianten der Klangerzeugung schier unerschöpflich scheinen (allein vier Seiten der Partitur sind reinen Ausführungsvorschriften vorbehalten). Die Schubert-›Zitate‹ sind also transformierte, neugeschaffene Räume.

Das Werk hat zwei Sätze, die zwar von denselben Materialtypen ausgehen, jedoch im Klangcharakter und in der Verzahnung der Felder sehr unterschiedlich sind.

Im **1. Satz** von Quartett I und II agieren die einzelnen Instrumente weitgehend selbständig. Felder werden z.B. gebildet über Doppelgriffen oder vertikalen homophonen Bildungen, die auf bestimmten Intervallanordnungen basieren, oder auf ›Materialbröckchen‹, die aus verschiedenen Gestus-Typen geformt sind. Sie stören die homogenen Klangfelder. Dann gibt es Liegeklänge, meistens im Flageolett gespielt, mit pulsierender bzw. wellenartiger Dynamik, auch sogenannte ›Paganini‹-Gesten wie zickzackförmige Konfigurationen, Arpeggien, Triller etc., Geräuschfelder und Felder, die aus gezupften oder geschlagenen percussiven Impulsen bestehen und schließlich ›Schubert‹-Felder, verfremdete Zitate aus dem langsamen Satz Andante con moto des d-Moll-StrQu.s.

Der **2. Satz** ist sehr viel dichter und kompakter gestaltet: Die Schubert-Felder werden immer kürzer, die Zitate so verfremdet, daß – wie bei den unsichtbaren Städten Italo Calvinos – eigentlich nur noch Spuren, Schatten von Schubert bleiben, durch Steigerungen des ursprünglichen rhythmischen Pulses, durch harmonische Veränderungen, durch Veränderung der Anschlagsarten, Klangfarbe, der Dynamik etc.

Die Ausführung als Doppelquartett führt zu weiterer Verdichtung der Diagonalen und Vertikalen, zu einer komplexen Überschichtung und Verflechtung von Klangstrukturen. Dennoch bleibt der Eindruck größter Durchhörbarkeit und das Gefühl, sich selbst inmitten von Klangmagnetfeldern zu bewegen.

Beatrix Borchard

E. T. A. Hoffmann

geb. 24. 1. 1776 Königsberg (heute: Kaliningrad, GUS), gest. 25. 6. 1822 Berlin. Musikalische Ausbildung zuerst bei seinem Onkel Otto Wilhelm Doerffer, dann bei dem Kantor Otto Christian Gladau. Ab 1790 Kompositionsunterricht bei dem Königsberger Domorganisten Christian Wilhelm Podbielski und dem Kl.-Virtuosen und Bach-Enkelschüler Carl Gottlieb Richter. 1792–1795 Jurastudium an der Universität Königsberg. 1796–1798 Aufenthalt in Glogau bei seinem Paten, Johann Ludwig Doerffer. 1798–1800 Referendar am Kammergericht in Berlin, Kompositionsunterricht bei Johann Friedrich Reichardt. 1800–1802 Assessor in Posen, 1802–1804 Strafversetzung nach Plock. 1804–1807 Versetzung nach Warschau. In seiner Freizeit Leiter einer Musikalischen Gesellschaft, intensive kompositorische Tätigkeit; nach dem Einmarsch der französischen Truppen und der Auflösung der preußischen Verwaltung stellungslos. 1807/08 Berlinaufenthalt, große materielle Sorgen; vergebliche Bemühungen, für seine Kompositionen einen Verleger zu finden. 1808–1813 Musikdirektor in Bamberg; H. legt sein Amt bereits nach wenigen Tagen nieder und schlägt sich mit Unterrichten, Gelegenheitskompositionen und als Mitarbeiter an der *Allgemeinen Musikalischen Zeitung* durch, später Dramaturg am Bamberger Theater; Entwicklung der literarischen Figur des Kapellmeister Kreisler. 1814 nach kurzzeitiger Übernahme der musikalischen Leitung

einer Operntruppe Wiedereintritt in den Staatsdienst und Rückkehr nach Berlin; dort Bekanntschaft mit den führenden Vertretern der literarischen Romantik. Wachsender Ruhm als Schriftsteller, Zurücktreten der kompositorischen Tätigkeit.

WERKE: Trio f. Kl., V., Vc. E (1809); Quintett f. Hf., 2 V., Va., Vc. c (ca. 1805–1807).

Verlag: Schott Musik Int. Mainz.

Von H. sind nur zwei Kammermusikwerke überliefert, das Hf.-Quintett in c-Moll und das Kl.-Trio in E-Dur; ein Kl.-Quintett in D-Dur läßt sich lediglich anhand der Korrespondenz des Komponisten nachweisen. Obwohl also die Kammermusik in H.s kompositorischem Schaffen, das im wesentlichen von Oper, Singspiel und anderen meist weltlichen Vokalwerken bestimmt ist, nur einen geringen Raum einnimmt, sind die beiden Werke nicht als peripher einzustufen. Ihre zentrale Bedeutung unterstreicht auch die Tatsache, daß der Musikschriftsteller H. als einer der Ersten auf die Überlegenheit der reinen Instrumentalmusik hingewiesen hat und damit zum Begründer der romantischen Musikanschauung wurde. Nach H. schließt die Instrumentalmusik »dem Menschen ein unbekanntes Reich auf, eine Welt, die nichts gemein hat mit der äußern Sinnenwelt, die ihn umgibt und in der er alle bestimmten Gefühle zurückläßt, um sich einer unaussprechlichen Sehnsucht hinzugeben.« Die zentrale Quelle für H.s Anschauungen zur Ästhetik der Instrumentalmusik ist sein 1813 erschienener, zu großen Teilen auf seine Rezensionen von Beethovens fünfter Sinfonie (1810) und dessen Kl.-Trios op. 70 (1813) zurückgehender Aufsatz *Über Beethovens Instrumentalmusik*. Als die wichtigsten Konzepte in diesem Aufsatz fungieren einerseits die Erweckung jener »unnennbaren Sehnsucht« und die Offenbarung des geheimnisvollen »Zaubers«, der jede wahrhaft romantische Instrumentalmusik auszeichne, und andererseits die Forderung nach einer »inneren Einheit« und dem »inneren Zusammenhang« eines Werkes – Eigenschaften, die von H. fast stets mit der Metapher eines Baums umschrieben werden, dessen »Blätter, Blüten und Früchte« aus einem winzigen Keim erwachsen sind. In dieser romantischen Musikästhetik, die vornehmlich an den Werken der drei Wiener Klassiker Haydn, Mozart und Beethoven entwickelt wurde, spielen ästhetische Prinzipien wie Dualismus und zielgerichtete Entwicklung nur eine untergeordnete Rolle. Betont wird hingegen – meist in geradezu hymnischer Sprache – die lyrische Qualität, der alle satztechnischen Aspekte untergeordnet werden.

Die beiden von H. erhaltenen Kammermusikwerke können als praktische Demonstrationen seiner ästhetischen Anschauungen verstanden werden. Formal und in vielen stilistischen Details an den Werken der drei verehrten Meister der Wiener Schule orientiert, prägen sie jedoch kaum einen echten, auf dem Dualismus der musikalischen Gedanken beruhenden sonatischen Diskurs aus, sondern streben vielmehr nach Vereinheitlichung auf allen Ebenen. Dementsprechend sind H.s Sonatensätze bevorzugt monothematisch, haben in der Regel äußerst kurze Durchführungen und favorisieren eine möglichst parallele Gestaltung von Exposition und Reprise (eine bemerkenswerte Ausnahme macht hier lediglich der Kopfsatz des Kl.-Trios).

H.s Instrumentalmusik ist wegen ihrer Anlehnung an die Werke der Wiener Klassiker häufig als epigonal bezeichnet worden; in jüngerer Zeit jedoch wird die unter der Oberfläche einer scheinbaren stilistischen Abhängigkeit verborgene Eigenständigkeit seiner Musik betont (vgl. die Arbeiten von G. Allroggen und W. Keil).

Quintett c-Moll (ca. 1805–1807) für Harfe, 2 Violinen, Viola und Violoncello

Allegro moderato – Adagio – Allegro
Dauer: ca. 19'
Verlag: Schott Mainz 1985

Das vermutlich in der Warschauer Zeit entstandene Hf. Quintett gilt neben der Oper *Undine* als die bekannteste Komposition H.s. Satztechnik und formale Gestaltung des Werkes sind durch das Abwechseln von gleichberechtigtem Miteinander der fünf Instrumente und solistischer konzertant-virtuoser Behandlung der Hf. bestimmt. Die Hf. ist – wie es im frühen 19. Jahrhundert noch üblich war – durchweg klaviermäßig behandelt. Der ernste, leicht melancholische Ton erinnert an die späte Kammermusik Mozarts. Das Hauptgewicht des Werkes liegt auf dem motivisch außergewöhnlich dicht gearbeiteten Kopfsatz; ihm folgen ein lyrischer Mittelsatz und ein virtuos-spielerisches Finale. Bemerkenswert und auch für H.s Sonatensätze singulär ist die konsequent beibehaltene Monothematik des 1. Satzes. Anstelle mehrerer kontrastierender Motive steht die kontrapunktische (stellenweise streng kanonische) Verarbeitung eines einzigen Themas, die den Satz formal dem Grundriß einer Fuge nahebringt.

Trio E-Dur (1809) für Klavier, Violine und Violoncello

Allegro moderato – Scherzo. Allegro molto – Adagio – Allegro vivace
Dauer: 22'30"
Verlag: Schott Mainz 1985

Gegenüber dem experimentellen Hf.-Quintett zeigt das einige Jahre später komponierte Kl.-Trio in E-Dur deutlich klassische Züge. H. charakterisierte sein Werk als »von ziemlichem Umfange und sehr ausgearbeitet weshalb es wohl den Nahmen *Grand Trio* [...] verdienen möchte«. Die Entstehung der Komposition läßt sich anhand von Tagebuchaufzeichnungen exakt auf den Zeitraum zwischen dem 1. und 25. August 1809 festlegen; unbekannt bleibt lediglich, ob H. hier auf Entwürfe zu einem Trio nach dem Vorbild Haydns zurückgreift, das in einer Tagebuchnotiz vom 8. Oktober 1803 erwähnt wird.

Die formale Gestaltung – vor allem des Kopfsatzes – deutet allerdings eher auf Beethoven, dessen Kl.-Trios op. 70 H. im selben Jahr rezensierte, sowie auf das Spätwerk Mozarts. Im 1. Satz fallen die zyklische Abrundung (Aufgreifen der einleitenden 18 Takte in der Coda), der ausgeprägte Themendualismus sowie die umfangreiche und harmonisch weit ausgreifende Durchführung auf. Der Mittelsatz benutzt die dreiteilige durchkomponierte Scherzoform, während das Finale durch seine langsame Einleitung und seine ausgedehnte Coda besonderes Gewicht erhält. Das Seitenthema des Finales zitiert übrigens das Thema des Schlußsatzes aus Mozarts *Jupiter-Sinfonie* C-Dur KV 551 und stellt so einen sinnfälligen Bezug zu dem verehrten Vorbild her. H.

selbst wies auf den gesangvoll-fließenden Charakter des Werks hin, der sich vor allem in den Ecksätzen zeigt und maßgeblich durch das Vc. geprägt wird.

Peter Wollny

Heinz Holliger

geb. 21. 5. 1939 Langenthal (Schweiz); Musikstudium 1955–1958 Bern (Emile Cassagnaud, Ob.; Sava Savoff, Kl.; Sándor Veress, Komposition); 1958/59 Paris (Yvonne Lefébure, Kl.; Pierre Pierlot, Ob.) , 1961/62 Basel (Pierre Boulez, Komposition). Erste Preise bei internationalen Musikwettbewerben, zahlreiche Auszeichnungen und Schallplattenpreise; seit 1966 Professor an der Musikhochschule Freiburg im Breisgau; weltweites Wirken als Oboist, Dirigent und Komponist, mit großem Einsatz für Neue Musik und Werke von zu Unrecht vergessenen oder einseitig interpretierten Komponisten; als Oboist Entwicklung neuer spieltechnischer Möglichkeiten (viele Komponisten haben ihm Werke gewidmet).

WERKE F. 1 INSTR.: *Sequenzen über Johannes I, 32* f. Hf. (1962); Studie über Mehrklänge f. Ob. (1971); *Cardiophonie* f. Ob. u. 3 Magnetophone (1971); Lied f. Fl., AFl. od. (elektrisch verstärkte) Blfl. (1971); Chaconne f. Vc. solo (1975); *(t)air(e)* f. Fl. solo (1980/83); Studie II f. Ob. solo (1981); *Trema* f. Va. solo (1981); *Trema.* Version f. Vc. solo (1981); *Trema.* Version f. V. solo (1983); *Schlafgewölk* f. AFl. (u. japanische Tempelgl. ad lib.) [Solo aus *Glocken-Alphabet*](1984); Praeludium, Arioso und Passacaglia f. Hf. solo (1987); Voi(x)es métallique(s) f. einen unsichtbaren Schlagzeuger (1994); Sonate (in)solit(air)e f. Fl. solo (1995/96) – WERKE F. 2 INSTR.: *Mobile* f. Ob. u. Hf. (1962); Duo f. V. und Vc. (1982), *Vier Lieder ohne Worte* f. V. und Kl. (1982/83); *Lieder ohne Worte II.* 6 Stücke f. V. u. Kl. (1985–1993); Duo II f. V. und Vc. (1988–1994), ersetzt in der Werkliste Felicity's Shake-Wag f. V. und Vc. (1988), d.h. letzteres soll neu weggelassen werden (falls die Liste überhaupt ergänzt werden kann) – WERKE F. 3 INSTR.: Trio f. Ob. (EHr.), Va., Hf. (1966); *Come and Go.* Kammermusik nach Samuel Beckett f. 3 Va. (1976/77); *Come and Go.* Version f. 3 Fl. (auch AFl. und Bfl.); *Come and Go.* Version f. 3 Klar. in B (auch BKlar. in B u. KBKlar. in B) – WERKE F. 4 INSTR. OD. AUSF.: StrQu. (1973); *Schwarzgewobene Trauer.* Studie f. S., Ob., Vc., Cemb. nach einem Gedicht v. Heinz Weder (1961/62, rev. 1966); Vier Miniaturen f. S., Ob. d'amore, Cel., Hf. nach Texten von Mechthild von Magdeburg u. anonymen Autoren [mittelhochdeutsch/lateinisch] (1962/63); *Kreis* f. 4–7 Spieler (4–7 Blasinstr. od. 3–6 Blasinstr. u. 1 Streichinstr.) u. Tonband ad lib.(1971/72); *Beiseit.* 12 Lieder f. CounterT., Klar. (BKlar.), Kb., Akk. nach Robert Walser (1990) – WERKE F. 5 INSTR. OD. AUSF.: *»h«* f. Bläserquintett (1968); Quodlibet pour Aurèle (sur fond familial) f. Solo-Fl. m. Begleitung v. 1 Fl., 2 V. u. Hr. (1986); Quintett f. Kl. u. 4 Bläser = Ob./EHr., Klar. in B/ BKlar. in B, Fg., Hr.(1989) – WERKE F. 6 AUSF.: *Erde und Himmel.* Kleine Kantate f. T., Fl., V., Va, Vc., Hf., nach Texten v. Alexander Xaver Gwerder (1961); Choral à 4 (aus Übungen zu Scardanelli) f. 6 Spieler = 2 V., 2 Va., 2 Vc. od. AFl., Klar., 2 Hr., Va., Vc. od. EHr., Klar., Hr., Pos., 2 Vc. (1983); *Eisblumen* (aus Übungen zu *Scardanelli*) f. 2 V., 2 Va., 2 Vc., Kb. (1985).

Verlag: Schott Mainz

In H. H.s äußerst vielseitigem kompositorischen Schaffen ist eine Trennung zwischen der Kammermusik und dem übrigen Werk kaum denkbar; kammermusikalische Besetzungen sind für H. jedoch stets ein wichtiges Ausdrucksmittel und oft auch prozeßhaftes Bindeglied zu Kompositionen größerer Besetzung. Am Anfang einer neuen Entwicklung, eines neuen ästhetischen Ansatzpunktes oder Gedankenganges steht häufig eine kammermusikalische Komposition.

Eine wichtige Konstante bildet die Beschäftigung mit dem Grenzbereich zwischen Leben und Tod, wobei dies jedoch, so H., für die Neue Musik eigentlich selbstverständlich sei. Dennoch dringt diese Thematik in H.s Sprachbezogenheit, die sich in seiner Kammermusik sowohl durch den Einbezug von Stimme als auch instrumentaliter mit textlichem Hinter- und Beweggrund äußert, auffallend dominant durch. Die von ihm bevorzugte Dichtung von Friedrich Hölderlin (1770–1843), Robert Walser (1878–1956), Georg Trakl (1887–1914), Nelly Sachs (1891–1970), Paul Celan (1920–1970) und Samuel Beckett (1906–1989) thematisiert das Leben als eine ständige Suche.

Grenzgänger ist H. allerdings auch im instrumentalen Bereich. Er, der als Ob.-Virtuose selbst unzählige neue technische und klangliche Möglichkeiten entdeckte, verlangt von den Interpreten seiner Werke neben technischem Können auch dieselbe Intensität an Entdeckerfreude, die ihm angeboren scheint, Bereitschaft, sich auf ein neues inneres Hinhören und Mitgehen einzulassen. Die Einbeziehung biologischer, physischer Gegebenheiten des Musikmachens ist für H.s Komponieren ebenfalls von nicht geringer Bedeutung. Am extremsten kommt dies wohl in den Werken zum Ausdruck, die zwischen Ende der 60er und Mitte der 70er Jahre entstanden sind. In *Cardiophonie* (f. Ob. und 3 Magnetophone, 1971) ist z.B. der Spieler tempomäßig an seine eigenen (elektronisch verstärkten) Herztöne gebunden, welche durch seine bedrängte Lage immer unruhiger und schneller werden, bis schließlich eine Verkrampfung, der Kollaps erfolgen muß. »Dies war auch ein Endpunkt bei mir: daß ich gemerkt habe, daß auch die Einbeziehung des Geräuschs, des physischen Klangs, letztlich einmal an eine Mauer kommt. Erst nach dieser Erfahrung war ich wieder bereit, mit Tonhöhen zu arbeiten.« (H. H.) Herzschlag und Atem bilden dennoch Fixpunkte in H.s Schaffen (vgl. auch *(t)air(e)* f. Fl. solo, 1980/83), welche nicht zuletzt für die stete Wechselbeziehung zwischen Körper und Psyche stehen.

Symbolik als Faszination kommt sowohl in der Bedeutung von ›Leitzahlen‹ – sowohl für die Besetzung, die Gesamtform genauso wie die Mikrostruktur – als auch im Symbolgehalt einzelner Töne (ausgehend vom entsprechenden Kontext, z.B. ›d‹ für Hölderlins *Diotima*) zum Tragen.

Auf eine Standortbestimmung seines Komponierens angesprochen, sieht H. heute am ehesten Parallelen zu Helmut Lachenmann oder Vinko Globokar, von den Schweizer Komponisten steht ihm Klaus Huber am nächsten. Zwingender Impuls war für H. jedoch von Anfang an eine vollkommen eigene, zum Abgründigen und Dunkeln hindrängende Gedankenwelt.

(t)air(e) (1980/83)
für Flöte solo

einsätzig
Dauer: ca. 14'
Verlag: Schott Mainz

Die Komposition *(t)air(e)*, Teil des *Scardanelli-Zyklus* f. Solo-Fl., kleines Orchester, Tonband und gemischten Chor (1975–1991) nach Friedrich Hölderlins *Scardanelli*, ist auch ein eigenständiges Solo-Fl.-Stück. Seit seiner Jugend besitzt die Beschäftigung mit Hölderlins Gedankenwelt für H. einen wichtigen Stellenwert. Dies kommt auch in H.s kurzen Angaben zum Werktitel zum Ausdruck: »Taire: verschweigen, nicht sagen; air: Luft, Lied, Arie, Atem; te: dich; Flöte: Hölderlins Instrument.« Auch die neuen Spieltechniken sind im Sinne und Geist des Titels eingesetzt. So verlangt H. neben Vierteltönen, daß in das Instrument gesungen oder gepfiffen wird (vgl. air), während Spielanforderungen wie z. B. »tonlos, geschlossener Ansatz (Lippen umschliessen Tonloch)«, »normaler Ansatz, tonlos, viel Instrumentenresonanz« oder die »whistle-tones« (»sehr lockerer Ansatz, wenig Luft; Obertonoszillationen«) besonders in die Richtung von ›taire‹ weisen.

(t)air(e) hat eine klare, aber vielschichtige Struktur, wozu unter anderem auch die Gewichtung von einzelnen Tönen gehört. Zwei davon verweisen auf den Widmungsträger, den Flötisten Aurèle Nicolet, von dessen Namen sich die Töne a und d ableiten lassen (Aurèle; re=d). Diese sind aber auch im Titel zu erkennen: (t)air(e).

Entsprechend der Schein-Idylle in Hölderlins Gedichten ist hier »ein Lied unter falschen Bedingungen« (H. H.) entstanden. Schon am Anfang soll deshalb der Ansatz zu einer Melodie »mit letztem Atem« und »sehr dunkel« gespielt werden. Ein auskomponiertes Erlöschen (ein sch-Laut) beschliesst den ersten Abschnitt, der mit dem Scheitern der Melodik und des Atems die Thematik der Komposition gewissermassen als Prolog voranstellt. Gleichzeitig ist im geforderten »molto espressivo« – als Gegensatz zum erwähnten Scheitern – die Konfliktsituation des weiteren Verlaufs angedeutet. Immer wieder setzt nämlich die Fl. zu einer ruhigen Melodie an, unterstützt durch ›Explosionen‹ und ›Ausbruchsversuche‹ auf Hochtöne (meist durch Vorschlagnoten oder schnellste Tongruppen mit grossen Intervallsprüngen eingeleitet). Immer wieder werden diese Versuche jedoch unterdrückt – und zwar im wahrsten Sinne des Wortes, ertönen sie doch fast immer »in einem Atem«, mit »wenig Luft« oder mit der Forderung: »letzter Atem herauspressen«. Diese physischen (Extrem-)Bedingungen und Entwicklungen, welche dem Werk zugrunde liegen, sind von zentraler Bedeutung. H. selbst nennt *(t)air(e)* »ein biologisches, ein Körper-Stück«. Dieser Aspekt kommt auch in der Gliederung durch Klappenschläge zum Tragen, die den Rhythmus der Herzschläge verkörpern. Höhepunkt ist der Mittelteil, in dem die Klappenschläge, »wie Morsetöne« (H.), mit einem aggressiven ffff von sehr hohen Tönen kombiniert werden, die allmählich in eine Art freie Kadenz übergehen.

Während der ganzen Komposition verfolgt der Hörer somit Atem- und Herzzustände, die aber stets psychische Prozesse widerspiegeln. So ist auch der Schluss in seiner extremen Verlangsamung nachvollziehbar: Der Körper ist entkräftet, die klangerzeugenden Energien schwinden immer mehr, die Musik verdämmert.

Vier Lieder ohne Worte (1982/83)
für Violine und Klavier

Dauer: ca. 17'
Verlag: Schott Mainz

Der Titel dieser Komposition läßt einen Bezug zu Felix Mendelssohn Bartholdys *Lieder ohne Worte* vermuten. Eine Verbindung besteht nach H. aber eher zu den Instrumentalwerken von Robert Schumann. Dieser hat seine Stücke zwar nicht ›Lieder ohne Worte‹, sondern ›Romanzen‹ genannt. In ihrem Zentrum steht jedoch die romantische Idee, Musik zum Träger von Wortinhalten zu erklären, ohne daß ein Wort erscheint. H.s Titel ist nun einerseits eine Anspielung auf Schumann, andererseits eine bewußte Fehlinterpretation: Die Lieder sind nämlich voll von Worten – allerdings in einem komplexen Vorgang verschlüsselten Worten, deren Kodierung nicht aufgelöst werden soll.

Wie bei *(t)air(e)* spielt auch hier die erstarrte musikalische Sprache eine wichtige Rolle. Denn obwohl durch die erwähnten verschlüsselten Worte so etwas wie Melodiewendungen entstehen können, sind diese doch eher Schatten von bekannten Formen, H. nennt sie »motivische Ruinen«. Und dennoch sind die *Vier Lieder ohne Worte* nicht zuletzt wegen dieser »motivischen Ruinen« klar durchhörbar.

Dem Ganzen vorangestellt ist ein einzelner, sehr leiser Takt als Prolog oder eigentliches Vor-Wort. Die tremolierenden Flageolettöne der V. bewirken einen schütteren Klang wie aus weiter Ferne; auch das zweite, sehr tiefe ›h‹ des Kl.s wird nur noch mit der Fingerkuppe auf der Saite angeschlagen. Die erklingenden Töne a, c, h, d und e sind zugleich auch Haupttöne, die für die gesamte Komposition, vor allem aber für das 1. und 4. Lied, wichtig sind. Ebenso ist die Anzahl der fünf verschiedenen Tonhöhen sowohl für die melodische als auch für die rhythmische Struktur grundlegend. So besteht z.B. das Hauptmotiv des 4. Liedes aus fünf Tönen (vier davon aus dem Prolog), in den insgesamt elf Teilen erklingen sie zudem achtmal in Quintolen.

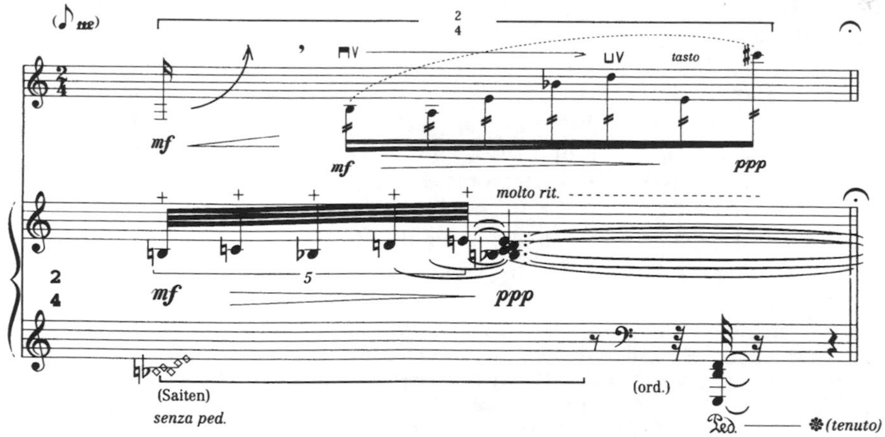

4. Lied, Teil 4

H. arbeitet mit klaren Mikrostrukturen, unter anderem mit dem Prinzip der Umkehrung, besonders bei sehr schnellen Melodiebewegungen, die in ihrer dahinhuschenden Wirkung einem flüchtigen Gedanken gleichen. Doch sind diese Umkehrungen transponiert und meist durch Lagenwechsel von einzelnen Tönen verschleiert. Allerdings will H. diese Struktur auch nicht – vielleicht mit Ausnahme des Hauptmotivs – gehörsmäßig erfahrbar machen. Dominieren soll das Hören und Erfühlen einer versponnenen Gedankenwelt, die jedoch – wie scheinbar lose Tagebucheintragungen – einen inneren Zusammenhang hat.

In allen vier Liedern strebt H. größte klangliche Transparenz an. Es soll keine Überdeckung, sondern – wo immer möglich – sogar fast eine Angleichung der beiden Instrumente erfolgen. Dies erreicht H., indem er das Kl. eher linear und auch punktuell einsetzt sowie Akkordbildungen meidet (mit Ausnahme des 3. Liedes, wo das Kl. durchgehend vor allem rhythmische Funktion hat). Auch gezupfte und geschlagene Saiten oder am Steg gedämpfte Töne lassen den Kl.-Klang oft mit dem der V. verschmelzen.

H.s fortgesetzte Beschäftigung mit der dieser Komposition zugrundeliegenden Thematik fand ihren Niederschlag in den sechs Stücken für V. und Kl., *Lieder ohne Worte II* (1985–1993).

Kristina Ericson

Arthur Honegger

geb. 10. 3 1892 Le Havre, gest. 27. 11. 1955 Paris. 1909/10 Studium am Konservatorium Zürich (V. bei Willem de Beer, Musiktheorie bei Lothar Kempter), 1911–1913 am Pariser Conservatoire (V. bei Lucien Capet, Kontrapunkt und Fuge bei André Gédalge, Komposition bei Charles-Marie Widor, Orchester-Leitung bei Vincent d'Indy). Ab 1915 ständiger Wohnsitz Paris. Ab 1917 innerhalb der Künstlervereinigung ›Les Nouveaux Jeunes‹ beteiligt an der Formulierung einer neuen Ästhetik (zusammen u.a. mit Jean Cocteau, Pablo Picasso, Georges Braque). 1920 (gemeinsam mit J. Cocteau, Darius Milhaud, Georges Auric, Francis Poulenc, Germaine Tailleferre, Louis Durey) Bildung der Gruppe ›Les Six‹. Ab 1920 Kammermusikspieler (V.), Dirigent und Kl.-Begleiter (häufig gemeinsam mit seiner Frau, der Pianistin Andrée Vaurabourg). Zahlreiche Konzertreisen durch Europa und Amerika. Während des 2. Weltkriegs Leiter einer Kompositionsklasse an der Pariser Ecole Normale de Musique und Musikkritiker. Zu seinen Schülern zählt u. a. Iannis Xenakis.

Werke f. 1 Instr.: Cadence pour la Cinéma Fantaisie d'après *Le Bœuf sur le toit* von Darius Milhaud f. V. allein (1920); *Danse de la chèvre* f. Fl. (1921); Sonate f. V. (1940); Paduane f. Vc. (1945) – Werke f. 2 Instr.: 6 Sonaten f. Kl., V. C, f, c, b, a, G (1908); Sonate f. Kl., V. d (1912); Sonate Nr. 1 f. Kl., V. (1916–1918); Sonate Nr. 2 f. Kl., V. (1919); Sonate f. Va., Kl. (1920); Sonatine f. 2 V. (1920); Sonate f. Vc., Kl. (1920); Hommage du trombone exprimant la tristesse de l'auteur absent f. Pos., Kl. (1925); Arioso f. V., Kl. (1927–1929); Prélude f. Kb., Kl. (1932); Sonatine f. V., Vc. d (1932); Petite Suite Nr. 1 f. Sax., Kl. (1934); Petite Suite Nr. 2 f. 2 Fl., (1934); Morceau de Concours f. V., Kl. (1945); Intrada f. Trp., Kl. C (1947); Romance f. Fl., Kl. (1953) – Werke f. 3 Instr.: Trio f. V., Vc., Kl. f (1914); Petite Suite f. 2 Instr. (V., Klar.) u. Kl. (1934) – Werke f. 4 Instr.: (3) StrQu. (1916/17; 1934/35; 1936/37); Rhapsodie f. 2 Fl., Klar., Kl. (1917); Trois Contrepoints f. Pikk., Ob./EHr., V., Vc. (1922); Prélude et Blues f. Hf.-Quartett (1925); *J'avais un fidèle amant* f. StrQu. (1929); *Colloque* f. Fl., Cel., V., Va. (1930–1940); *Sortilèges* f. 4 Ondes Martenots (1946) – Werke f. 5 Instr.: *Berceuse pour la Bobcisco* f. V., Fl./V.2, Trp./Va., Vc., Kl. (1929); Introduction et danse f. Fl., Hf. (od. Kl. ad lib.), V., Va., Vc. (1930–1940) – Werke f. 6 Instr.: *La ombre de la Ravine* f. Fl., Hf., 2 V., Va., Vc., (1941) – Werk f. 7 Instr.: Musique pour Pasiphaé f. 2 Ob., 2 Klar., ASax., 2 Fg. (1941) – Werke f. 8 Instr.: Musique d'ameublement f. Fl., Klar., Trp., 4 Streicher, Kl. 1922) – WERK F. KAMMERENSEMBLE: Hymne f. 10 Streicher (1920).

Verlag: Salabert Paris.

Die Idee A. H.s, daß Komponist ein völlig normaler, allseits akzeptierter Beruf in einer arbeitsteilig organisierten Gesellschaft sein könne, widersprach (spät-)romantischen Gedanken von einer Sonderstellung des Künstlers ebenso wie H.s Absage an jene metaphysischen Implikationen der Musik, die gängigen Erwartungshaltungen eines bürgerlichen Publikums folgten. Doch beabsichtigte H. weder mit seinen glänzend formulierten Kritiken und Essays noch seinem vielfältigen, alle musikalischen Gattungen einschließenden kompositorischen Œuvre eine vordergründige Provokation. Ihm ging es um eine differenziertere, bewußtere Wahrnehmung der funktionalen Möglichkeiten und zugleich um die autonomen Qualitäten von Musik. Seine scharfsinnig wie sarkastisch ausgearbeiteten und heute vermutlich ebenso wie zur Zeit ihrer Entstehung zwischen den beiden Weltkriegen aktuellen Anmerkungen und Schmähreden zu einem Musikleben, das sich – so H. – im Starkult erschöpfe und die Dignität des ausgeführten Werkes schlichtweg übersehe oder verzopften Traditionen der Programmgestaltung von Konzerten nachhänge, statt sich der musikalischen Produktion der Gegenwart zu widmen, sind gleichwohl nicht Äußerungen eines Revolutionärs, sondern eher eines Reformers, der anstellte freiwilliger Isolation sich eines humanistischen Auftrags der Kunst entsann.

So fehlt seiner Musik ein aufreizender, vordergründig kritischer Impetus. Sie ist freilich nichts weniger als in beschwichtigender Gestik affirmativ. Dem Anschein nach spiegeln einzelne seiner Werke eine Technik- und Sportbegeisterung, die so ehrlich ist wie sein Verhältnis zur Natur im besten Sinne naiv, unbekümmert vital und voller Daseinsfreude. Ihre kompositorisch subtile Struktur korrespondiert mit H.s Intention, die Realität feinsinniger, intensiver wahrzunehmen. Hierzu erscheint jedwede Instanz der Vermittlung geeignet, Konzertsaal und Kirche, Oper und Operette, doch auch Film und Rundfunk, für die ein Viertel seines Œuvres entstanden.

Das bedeutete jedoch keineswegs eine Absage an das Genre Kammermusik, die nach H.s Verständnis die reinste Art der Musik bleibt, da sie – jenseits aller additiven visuellen Eindrücke anderer Genera – die Aufmerksamkeit ganz auf die Musik lenkt, auf den Umgang mit dem musikalischen Material, das freilich nicht in einer artifiziellen Konstruktion sich selbst genügen, sondern neben dem Verstand auch und vornehmlich die Sinne ansprechen soll. Nicht zuletzt deshalb suchte H. stets nach neuen Klängen und Farben, entwarf ungewöhnliche Besetzungen, indem er ein Dixtett für 10 Streichinstrumente je unterschiedlicher Lage (Hymne, 1920) oder ein Stück für vier Ondes Martenots (*Sortilèges*, 1946) schrieb, und durchbrach konventionelle Vorstellungen mit der Komposition eines Blues für vier Hf. H. zielte nicht aufs Spektakel. Im Zentrum seines Œuvres stehen vielmehr Werke, deren verdichtete Faktur und deren Reduktion auf minutiöse Nuancen der Klangfarbe des einzelnen Instruments in bewußtem Gegensatz zu einer im 19. Jahrhundert üblichen großflächigen Disposition der satztechnischen Parameter stehen und die in Klarheit, Logik, Vereinfachung und Ökonomie an ältere und doch überzeitliche Parameter der Musik anknüpfen.

Sonate Nr. 1 (1916-1918) für Violine und Klavier

Andante sostenuto – Presto. Tranquillo. Presto – Adagio. Allegro assai. Adagio
Dauer: 24'
Verlag: Salabert Paris, ED 1921

Jedes Pathos vermeidend, stellt die V. im **1. Satz** nach kurzer, Modus und Metrum klärender Einleitung ein erstes Thema vor, dessen kurzatmige Motivik erst in einem überleitenden Teil sich zu weit ausschwingenden Bögen entfaltet; kaum weniger zurückgenommen als der Beginn ist das verbindlicher vorgetragene Seitenthema. Nur in einer breit ausgespielten Durchführung wird der intime kammermusikalische Gestus aufgegeben – zugunsten einzelner, episodischer Momente von Brillanz und großer Klangentfaltung, die freilich in der Reprise folgenlos bleiben.

Ungleich größere Virtuosität zeigt der **2. Satz,** mit tänzerischen Figurationen der V. über einem weite Strecke perkussiv eingesetzten Kl.s In einem agogisch reduzierten mittleren Abschnitt dieses dreiteiligen Presto werden musikalische Gedanken des Kopfsatzes aufgenommen. Im **Schlußsatz** rahmen ruhige Partien mit einem choralartigen Ostinato des Kl.s einen ausgedehnten, rasch bewegten Teil in Sonatenform ein. Auch hier gibt es zahlreiche motivische Bezüge zum Material der vorangegangenen zwei Sätze.

Offensichtlich nahm H. in seinem ersten, umfangreicher disponierten kammermusikalischen Werk Bezug auf die Idee eines zyklischen Prinzips – seit César Franck ein konstitutives Moment ›großer‹ Sonaten. Analog ähnlichen Gestaltungsweisen in Kompositionen etwa Franz Liszts schließt H. seine ausgedehnte Komposition nicht mit einer bravourösen Stretta, sondern in der getragenen Stille eines Choralthemas.

Danse de la chèvre (1917) für Flöte

einsätzig
Dauer: 3'20''
Verlag: Salabert Paris, ED 1932

Der *Tanz der Ziege*, dem Flötisten René Le Roy gewidmet, meint eine kleine Pastoral-Szene für Fl. solo, die ihre Spannung aus dem sorgfältigen Vermeiden jeder quadratischen Periodizität bezieht. In einer langsamen Einleitung wird zunächst mit einer Folge von Quartschritten, von der tiefsten Lage ausgehend, der Tonraum ausgelotet; mit anscheinend improvisierten Wendungen, doch bereits die Motive des Tanzteils vorzeichnend, setzt der Flötist das Eingangsmotiv in unterschiedlich ausgedehnter Weise fort und endet schließlich in einer schnellen, abwärts geführten chromatischen Skala.

Nach dieser Eröffnung entfaltet sich der Tanz aus einer rhythmisch sperrigen Zelle im 9/8-Takt:

Sie wird wiederholt, erweitert und metrisch variabel interpretiert, dann virtuos-ekstatisch in immer höhere Lagen versetzt. Trotz des stets präsenten

Grundrhythmus' ist so jede Monotonie schon im Ansatz vermieden, und zugleich die unelegant-täppisch, doch fröhlich tanzende Ziege charakterisiert.

Streichquartett Nr. 2 (1934/35)

Allegro (attaca subito) – Adagio – Allegro marcato
Dauer: 18'45''
Verlag: Salabert Paris, ED 1936

Aus den Repetitionsfiguren eines dreitaktigen Ostinatos sowie der Arpeggien-Motivik der Mittelstimmen formuliert die 1. V. ein gemessen schreitendes Thema, das die Va. über einem veränderten Baßmodell wiederholt. Ein ebenfalls aus einer kleinen, motivisch rotierenden Zelle entwickeltes Seitenthema ist zunächst der 2. V. zugewiesen, wird jedoch in souverän geführtem obligaten Satz aufgegriffen und schnörkellos bis zum Abschluß der Exposition weitergeführt. Der Gedanke, variierende und verarbeitende Momente bereits in die Themenvorstellung einzubeziehen, führt zu einer Modifizierung des traditionellen Konzepts von Sonatenform: Den beiden noch einmal explizit durchgeführten Themen folgt keine eigentliche Reprise mehr; erst in einer Coda wird an das Hauptthema noch einmal erinnert.

Attacca schließt nach einer kurzen Überleitung der dreiteilige langsame **2. Satz** an. In ihm werden die Gestaltungsmomente des 1. Satzes aufgegriffen und auch für den weniger kontrastierenden als klanglich intensivierten und satztechnisch noch verdichteten Mittelteil genutzt: weit ausholende Phrasen, die – von verschiedenen Stimmen ausgeführt – einen subtilen Klangfarbenwechsel herbeiführen, werden hier von knappen, harmonie-konstituierenden ostinato-Figurationen begleitet.

Mit der Kombination rasanter solistischer Skalenläufe und akkordisch-toccatenhafter, rhythmisch prägnanter Einwürfe in den anderen Stimmen ist das Ritornell des **Finales** gestaltet. In ihm sind architektonisch komplex strukturierte Sonaten- und Rondo-Züge verschränkt. Kurz vor Schluß der von ununterbrochenem Laufwerk durchzogenen ›Ausleitung‹ wird das Hauptthema des Kopfsatzes eingeflochten. Es verdeutlicht die Substanzgemeinschaft aller Themen dieses StrQu.s, dessen Faktur in den Teilsätzen Möglichkeiten einer Verbindung von Ostinato und obligatem Akkompagnement auslotet.

Sonate (1940)
für Violine allein

Allegro – Largo – Allegretto grazioso – Presto
Dauer: 12'
Verlag: Salabert Paris, ED 1948

Aus der melodischen Entwicklung eines d-Moll-Dreiklangs gewinnt H. im **1. Satz** ein rhythmisch profiliertes Thema, das seinen Kontrast nicht in einem zweiten musikalischen Gedanken, sondern in stetem Rückbezug auf konstitutive Parameter des Initialmotivs findet: Das akkordische Gerüst aller Figurationen und thematischen Ableitungen bleibt verbindlich, das Motiv der Tonwiederholung als ostinater Stützton melodisch ausschwingender Phrasen präsent. Auf diese Weise kann das Thema am Ende solchen Diskurses nahezu unverändert wiederholt werden.

Auch in den beiden Mittelsätzen reflektiert H. die Idee eines knappen Modells. In kaum verschobenen Zwei-Takt-Phrasen wird ein akkordisch konstituiertes Thema variativ entwickelt, primär harmonisch im **Largo**, figurativspielerisch im **Allegretto grazioso**.

Im dreiteiligen **Finale** ist der Grundton in den Eckteilen ostinater Bezugspunkt, über dem die Oberstimmen Skalenmotive in Terz- und Sextparallelen vorstellen: Im mittleren Abschnitt konstituieren sich einige prägnante, choralhafte Melodiebögen, die in den virtuosen Figurationen von Eingang und Schluß kaum zu ahnen sind.

Michael Heinemann

Klaus Huber

geb. 30. 11. 1924 Bern. 1945–1947 Lehrerausbildung und zeitweilige Tätigkeit als Primarlehrer, 1949/50 Mittelschullehrer; daneben private Musikstudien: 1947–1949 V. bei Stefi Geyer, Schulmusik am Konservatorium Zürich. 1947–1955 Theorie- und Komposition (Willy Burkhard). Seit 1950 Lehrer für V. am Konservatorium Zürich. 1955/56 Studium an der Hochschule für Musik Berlin (Komposition: Boris Blacher). Seit 1955 erste UA seiner Werke (Gaudeamus-Musikwochen, Schweizerisches Tonkünstlerfest). 1959 internationaler Durchbruch beim Weltmusikfest der IGNM in Rom. 1960–1963 Lehrtätigkeit (Musikgeschichte, Literaturkunde) am Konservatorium Luzern. 1961 erstmalige Teilnahme an den Internationalen Ferienkursen für Neue Musik in Darmstadt. 1961–1972 Lehrtätigkeit an der Musikakademie Basel als Leiter einer Kompositions- und Instrumentationsklasse, dann Leiter der Meisterklasse Komposition. 1969 Gründung des Internationalen Komponistenseminars Alte Kirche Boswil. 1973–1990 Nachfolger Wolfgang Fortners als Lehrer einer international renommierten Kompositionsklasse und Leiter des Instituts für Neue Musik an der Musikhochschule Freiburg i. Br.
Seit der UA seiner *Drei kleinen Vokalisen* (1955) bei der Gaudeamus Musikwoche in Bilthoven war H. auf allen großen Musikfesten mit UA und EA vertreten. Vorträge, Kompositionskurse und Gastprofessuren im In- und Ausland. Zahlreiche Auszeichnungen, Ehrungen und Musikpreise.

WERKE F. 1 INSTR.: *To ask the flutist* f. Fl. (1966); *Ein Hauch von Unzeit I* f. Fl. od. Fl. mit verschiedenen beliebigen Instr. (V f.Git.;VI f. Akk.; VII f. Kb.; VIII f. Vc. (1972); *Transpositio ad infinitum* f. 1 virtuoses Solocello (1976); *Oiseaux d'argent* f. 1 u./od. 2, 3 Fl. (1977); *...Plainte...* f. Va.d'amore in Dritteltonstimmung (1990); *Rauhe Pinselspitze III* f. Vc. pizz. (1992); *Winter seeds* f.Akk. (1993) – WERKE F. 2 INSTR.: Sonata da chiesa f.V., Org. (1953, zurückgezogen); Partita f.Vc., Cemb. (1954); *Noctes intelligibilis lucis* f. Ob., Cemb. (1961); *Askese* f. Fl., Sprechstimme u. Tonband (1966); *Lazarus I/II. Brosamen* f. Vc., Kl. (1978); *Rauhe Pinselspitze I* f. Kayagum mit Begl. eines Buk (1992); *Rauhe Pinselspitze II.* Version f. Vc. pizz. u. Buk (1992) – WERKE F. 3 INSTR.: *Sechs Miniaturen* f. Klar., V., Vc. (1963); Sabeth f. AFl., EHr., Hf. (1966/67); *Ascensus* f. Fl., Vc., Kl. (1969); *Drei kleine Meditationen* f. V., Va., Vc. (1969); *Schattenblätter* f. BKlar., Vc., Kl. (1975); Petit Pièce f. 3 BassettHr. (1986); *Des Dichters Pflug.* In memoriam Ossip Mandelstam f. V., Va., Vc. (1989); *Plainte – »Lieber spaltet mein Herz...«* In memoriam Ossip Mandelstam f. Va. d'amore (Va.) in

Dritteltonstimmung, Git. in Dritteltonstimmung u. Schlzg. (1990/1992); *Luminescenza*. Piccola musica enigmistica per Brian Ferneyhough f. Mand., Git., Hf. (alle Dritteltonstimmung) (1992) – Werke f. 4 Instr.: Moteti-Cantiones. I. StrQu. (1962/63); Drei kleine Meditationen f. V., Va., Vc., Hf. (1969); *Beati pauperes* I f. Fl., Va., Kl., kl. Schlzg. (1979); *...von Zeit zu Zeit ....* II. StrQu. (1984/85) – Werke f. 5 Instr.: Drei Sätze in zwei Teilen f. Fl., Ob., Klar., Hr., Fg. (1958/59) – Werke f. 6 Instr.: Concerto per la camerata f. Blfl., Fl., Ob., Cemb., V., Vc. (1954/55) – Werke f. 7 Instr.: Zwei Sätze f. 7 Bläser (1957/58) – Werke f. 9 Instr.: *Agnus Dei in umgepflügter Zeit* f. Ob. d'amore, EHr., Pos, Cemb., Schlzg., Va., Vc., Kb. (1990/91) – Werke f. Solostimme u. Instr.: Abendkantate f. B., Va., Vc., Cemb. (1952); Kleine Taufkantate für Christoph f. S., Va. od. V. (1952); *Der Abend ist mein Buch* f. A., Kl. (1955); Das kleine Lied. 7 Duette f. A., Va. (1955); Drei Lieder nach Gedichten aus dem Mittelhochdeutschen f. tiefe Stimme, Kl. (Ms.); Sechs kleine Vokalisen f. A., V., Vc. (1955); *Des Engels Anredung an die Seele*. Kammerkantate f. T., Fl., Klar., Hr., Hf. (1957); *Auf die ruhige Nacht – Zeit* f. S., Fl., Va., Vc. (1958); Psalm of Christ f. Bar. u. 8 Instr. (1967); *Grabschrift*. In memoriam Zvi Snunit, f. Bar. u.7 Instr. (1967); *Der Mensch* f. tiefe Stimme u. Kl. (Ms.); *Senfkorn*. In memoriam Luigi Dallapiccola, f. Knaben-S., Ob., V., Va., Vc., Cemb. (1975); *Ein Hauch von Unzeit IV* f. S. mit Akk. ad.lib. (1976); *Fragmente aus Frühling*. In memoriam Karol Szymanowski und Bruno Schulz, f. MezzoS., Va., Kl. (1987); *Agnus Dei cum recordatione* f. ContraT., 2 T., Bar., Renaissance-Lt., 2 Fiedeln (1990/91); »*..ruhe sanft...*« In memoriam John Cage, f. 4 Vc. u. Stimme über Lautsprecher (1992); *Die Erde bewegt sich auf den Hörnern eines Ochsen*. Assemblage f. 4 arab. u. 2 europ.Musiker (1992/93).

Verlag: Ricordi München.

»Für mich ist Komponieren eine äußerst komplexe, kritische, seismographisch genau empfindliche Äußerungsmöglichkeit von (nicht nur musikalischem) Bewußtsein heute und jetzt. Deshalb zögere ich nicht, meine Musik Bekenntnismusik zu nennen« (K. H.). Die Unmittelbarkeit des Ausdrucks, gepaart mit engagierter politischer Stellungnahme, prägt das gesamte Schaffen K. H.s. »Das autonome, niemandem als sich selbst verpflichtete Kunstwerk kann nicht das Ziel eines Künstlers sein, dessen Bewußtsein die konkreten Bedrohungen unserer Existenz Tag für Tag registriert. Ich finde es heute nicht mehr tragbar, auf eine idealere Zukunft hin hermetische Kunst zu machen. ... Für mich ist Komponieren a priori ein Akt der Befreiung, der immer in die Zukunft gerichtet ist«. Seine »extrem engagierte Musik«, mit der er das Bewußtsein zu »erschüttern und auf diese Weise zu verändern« trachtet (K. H.), verliert sich nie in bloß »engagierter Privatheit« (Ulrich Dibelius) oder politischer Funktionalität, sondern ist immer avanciert im kompositionsästhetischen Sinn. Der Hermetik des »real existierenden Ghettos der zeitgenössischen Kunst« (K. H.) versucht er durch die starke Bindung an Stimme und Text zu entgehen. Seine unübersehbare Affinität zu alten Texten (Psalmen und Marienhymnus, Johannes-Apokalypse und mittelalterliche Minnesänger, Mechthild von Magdeburg und Hildegard von Bingen, Andreas Gryhpius und Thomas Müntzer u.a.) und deren Konfrontation mit zeitgenössischer Dichtung (vgl. Teresa de Avila und Pablo Neruda in *Nudo que ansi juntais*, 1984, oder Hildegard von Bingen und Heinrich Böll in *Cantiones de Circulo Gyrante*, 1985) durchzieht das Gesamtwerk, das so gleichermaßen der »Domäne des Religiösen« (Hansjörg Pauli) wie der politischen Einmischung zuzuweisen wäre. Immer wieder rückt H. durch die Faktur seiner kompromißlos avancierten Instrumentalsprache die alten Texte in ein aktuelles Licht (*Des Engels Anredung an die Seele*, 1957; *Auf die ruhige Nacht-Zeit*, 1958; ›*...inwendig voller Figur..*‹, 1971; *Senfkorn*, 1975).

Auch rein instrumentale Kompositionen, vornehmlich in kammermusikalischer Besetzung, werden quasi sprachlich unterlegt, sei es durch Beziehung auf eine textliche Grundlage (1. StrQu. *Moteti-Cantiones*), sei es durch sprachliche Ausdrucksgestik und Allusionen, auf die die Titel verweisen (z. B. *Ein Hauch von Unzeit. Plainte sur la perte de la réflexion musicale*, 1972; *Beati pauperes I*, 1979). Das 2. StrQu. »*..von Zeit zu Zeit...*« (1984/85) bildet in kammermusikalischer Verdichtung das Gegenstück zu den großen oratorischen Kompositionen ›*...inwendig voller Figur...*‹ (1970/71), *Erniedrigt-Geknechtet-Verlassen-Verachtet* (1975–1982), *Cantiones de Circulo Gyrante* (1985).

Stilistische Einordnungen sind allemal prekär. Leicht zur Hand sind Etiketten, mit denen versucht wird, Ordnung in die komplexe Vielschichtigkeit künstlerischer Entwicklungen zu bringen. Hermetik versus Popularität, ästhetische Autonomie versus politische Funktionalität, Bekenntnismusik versus musique pure – in solchen Koordinaten verfängt sich, wer nur Einzelaspekte von H.s Kompositionen sieht. Sie sind hermetisch und bekenntnishaft, ästhetisch autonom und politisch funktional, ausdrucksintensiv und in jedem Moment konstruktiv und rational kontrolliert. In seiner christlich humanen Grundhaltung ist H. am ehesten Olivier Messiaen vergleichbar; denn »beider Stücke weigern sich im letzten bloß ästhetischer Bewertung« (Hansjörg Pauli). Die quer zu den jeweils aktuellen Trends stehende, antimodernistische Kompositionsweise (jeder Gedanke postmoderner Gesinnung wäre absurd) wie die mehrdimensionale kompositorische Zeiterfahrung teilt H. mit Bernd Alois Zimmermann.

Seit Ende der 80er Jahre hat H. sich verstärkt mit klassisch-arabischer Musiktheorie auseinandergesetzt und sich eine neue Klanglichkeit nichtchromatisch temperierter Intervalle erschlossen. Die mikrotonalen arabischen Modi wurden ihm Anlaß zum Ausbruch »aus jahrhundertelanger panchromatischer Umklammerung« (K. H.) und führten zur Beschäftigung mit dritteltönigen Systemen (*Des Dichters Pflug*, 1989; *Plainte*, 1990/1992; *Die Erde bewegt sich auf den Hörnern eines Ochsen*, 1992/93), zur Reduktion der 17stufigen arabischen Maqamat auf vierteltönige Notierung (*Lamentationes de fine vicesimi saeculi*, 1994) sowie zur Einbeziehung koreanischer Instrumente (*Rauhe Pinselspitze*, 1992).

Agnus Dei cum Recordatione (1991)
für 4 Sänger, Laute und 2 Fiedeln (1990/91). Fassung mit 2 Violen und Gitarre

Agnus Dei I – Conte de Comptes – Agnus Dei II – Conte de Comptes – Agnus Dei III
Dauer: ca. 14'
Verlag: Ricordi München, ED 1991

Agnus Dei in umgepflügter Zeit (1990/91)
für 8 Instrumente (Oboe d'amore, Englisch Horn, Posaune, Schlagzeug, Cembalo, Viola, Violoncello und Kontrabaß)

Agnus Dei (hommage à Jehan Ockeghem) – *Umgepflügte Zeit...* (Hommage à Ossip Mandelstam - In memoriam Luigi Nono)
Dauer: 9'
Verlag: Ricordi München, ED 1991

Die zwei Agnus Dei-Kompositionen stehen untereinander in einem engen inneren Zusammenhang. Beide konfrontieren den strengen Satz der auf Ockeghems *Missa prolationum* bezogenen Teile in einem quasi-historischen Klangbild mit hochgradig experimentellen, avancierten Klangstrukturen, die für eine dritteltönige Stimmung konzipiert und – soweit möglich – auch realisiert sind. Fremdes Altes und fremdes Neues werden dabei unmittelbar miteinander in Beziehung gesetzt.

Den historischen Agnus-Teilen sind kontrastierende Abschnitte mit entsprechenden Texten zugeordnet. Im *Agnus Dei cum Recordatione* (UA Paris 1992) wird die ›Rückerinnerung‹ (recordatio) durch die fiktive Rückübersetzung eines deutschen Textes ins Altfranzösische erreicht (Conte de Comptes). Dieser doppelten Brechung des Textes, der als alter erscheinen will und sich zugleich als Fiktion im neuen Gewande präsentiert, entspricht im *Agnus Dei in umgepflügter Zeit* (für B. Glaetzner und die Gruppe Neue Musik ›Hanns Eisler‹ Leipzig 1990/91 entstanden und 1991 in Berlin uraufgeführt), dessen Titel auf einen Vers Ossip Mandelstams Bezug nimmt, die Tatsache, daß das aus der gleichzeitig entstandenen ersten Agnus-Dei-Vertonung übernommene Duo im strengen Satz alter Kanontechnik (cantus cancricans ad inversionem, in prolatione augmentata) zunächst auf Ob., EHr. und Pos. verteilt erklingt, dann aber dem dritteltönig gestimmten Cemb. zufällt.

Als Motto stehen dem Werk ein Gedicht von Ossip Mandelstam aus den *Woronescher Heften*

> Besser spaltet mein Herz, dieses meine,
> auf zu Scherben von tiefblauem Klang...

und das vollständige Agnus Dei III aus Ockeghems *Missa prolationum* voran.

Mandelstams Verse und ihre immer wieder genutze Stimulation zu musikalischen Gedanken und Strukturen verbinden das *Agnus Dei* mit dem Streichtrio *Des Dichters Pflug* (1989), das zwei Gedichte Mandelstams musikalisch analog in fächerartiger Verschränkung miteinander verbindet, die teils stumm gelesen, teil äußerst leise von einzelnen Spielern deklamiert werden sollen. Die gemeinsame kompositorische Idee und strukturelle Konzeption schlägt sich klanglich auch hier wieder in einer dritteltönigen Modalität nieder. Die Absage an die chromatisch temperierte Tradition und die Faszination, die von Mandelstams musikalisierenden Sprachbildern ausgeht, teilt das Trio wiederum mit den seit 1990 entstandenen Zeit-Raum-Kompositionen *Plainte - Die umgepflügte Zeit* für Viola d'amore, Stimmen und 13 Instrumente sowie dem Trio *Plainte - ›Lieber spaltet mein Herz...‹* (1992) für Viola d'amore, Git. und Schlzg., der vielleicht dichtesten, unmittelbarsten und zugleich farbigsten Auseinandersetzung mit diesen Versen.

Die auf Mandelstam zurückgehende Pflugmetapher (umgepflügte Zeit) steht für die Erfahrung von Kunst schlechthin. »Wie der Pflug die Erde aufbricht, so hat die Dichtung (die Kunst!) die Zeit aufzubrechen, damit ihre tieferen Schichten ans Tageslicht gelangen und fruchtbar werden können.« (K. H.) Aus der Verbindung der strengen Kanontechniken des 15. Jahrhunderts mit der fremden dritteltönigen Modalität wie aus der Kombination von historischem Instrumentarium mit neu erzeugten Klängen erwächst den Kompositionen ihre innere Spannung und latente Dramatik. Zugleich nähert sich H. so Mandelstams Vision vom grenzenlosen Aufbäumen des Künstlers, der sich

»am Himmel verirrt« hat und dem das Herz von dem dort Geschauten »zu Scherben von tiefblauem Klang« zerspringt. Der „sich in einen grenzenlosen Raum verströmende" Klang artikuliert zugleich die Apotheose und Apologie einer Kunst, die im Realen nicht faßbar ist.

Wilfried Gruhn

Nicolaus A. Huber

geb. 15. 12. 1939 Passau; 1950 erste Org.-Improvisationen, 1956 erstes öffentliches Konzert an der Org. mit eigenen Stücken. 1958 Schulmusikstudium in München; Kompositionsstudium 1962 bei Franz Xaver Lehner, 1964 bei Günter Bialas. 1965/66 Arbeit im Elektronischen Studio der Firma Siemens mit Josef Anton Riedl; 1967 Teilnahme am Kompositionskurs ›Ensemble‹ von Karlheinz Stockhausen bei den Darmstädter Ferienkursen; 1967/68 Privatstudien bei Luigi Nono in Venedig. Seit 1969 Dozent für Musiktheorie und Analyse, seit 1974 Professor für Komposition an der Folkwanghochschule für Musik in Essen. 1969–1971 Mitwirkung als Pianist in Riedls Ensemble und in Projekten der ›Musik/Film/Dia/Licht-Galerie‹. 1971 Stipendienaufenthalt an der Cité Internationale des Arts Paris, Auseinandersetzung mit der Commune, Studium der Musik und Theorie Hanns Eislers, Bertolt Brechts, Sergej Eisensteins und von Volksmusiktraditionen. 1971–1974 Vizepräsident der Gesellschaft für Neue Musik. 1973 mit Reinhold Ohngemach Gründung einer freien Theatergruppe, für die Polit-Revuen und Lieder entstehen. Mitwirkung als Pianist im Hanns-Eisler-Chor Essen. Übertragung von Einsichten dieses Wegs »von der Theorie in die Praxis«, dieses »gegenseitig lernenden Kontakts mit dem Publikum« auf die Kompositionspraxis, Entwicklung der konzeptionellen Rhythmuskomposition. 1990 Mitbegründer des Ensembles ›Musikfabrik‹ Nordrhein-Westfalen.

WERKE F. 1 INSTR.: musik für violine allein (1962); Sonate f. V. (1965); *dasselbe ist nicht dasselbe* f. kl. Tr. (1978); *presente* f. Pos. (1979); Solo für einen Solisten f. V. (1980/81); *Vor und zurück* f. Ob. (1981); *Aus Schmerz und Trauer* f. ASax. od. Klar. (1982); *Turmgewächse* f. Hf. (1982/83); *Der Ausrufer steigt ins Innere* f. Vc. (1984); Auf *Flügeln der Harfe* f. Akk. (1985); *First Play Mozart* f. Fl. (1993); *Mit Erinnerung* f. Fg. (1996) – WERKE F. 2 INSTR.: *Traummechanik* f. Schlzg., Kl. (1967); *Epigenesis II* f. Blfl.-Spieler, Tonband (1967/69); *Ohne Hölderlin* f. Kb., Kl. (1992) – WERKE FÜR 3 INSTR.: Trio mit Stabpandeira f. Va., Vc., Kb. (1983); *Demijour* f. Ob., Vc., Kl. (1985/86); *Don't fence me in* f. Fl., Ob., Klar. (1994) – WERKE F. 4 INSTR.: *Informationen über die Töne e – f* f. StrQu. (1965/66); *Chronogramm* f. Klar., V., Vc., Kl. (1966); von ... bis ... f. Va., Harm., Kl., Schlzg. (1966); *Epigenesis* I f. 4 Blfl.-Spieler (1967/68); *Doubles, mit einem beweglichen Ton* f. StrQu. (1987); *Herbstfestival* f. 4 Schlzg. (1989); *Offenes Fragment* f. S., Fl., Git., Schlzg. (1991) – WERKE F. 5 U. MEHR INSTR.: *Mimus* f. 2 Hr., 2 Trp., 2 Pos., BTb., Schlzg., Kl. (1965); *Epigenesis* III f. Streicher, Schlzg. (1968/69); *Versuch über Sprache* f. 16 Solostimmen, chinesisches Becken, Hammondorg., Kb., Tonband (1969); *Versuch zu ›Versuch über Sprache‹* f. improvisierende Musiker, Tonband (1970); *Augenmusik* f. 2 Kopfhörer, 2 Tonbandgeräte, 2 Lautsprecher, Git., Tr. (1972/73); Sechs Bagatellen f. Kammerensemble, Tonband (1981); *La Force du Vertige* f. Fl., Klar., V., Vc., Kl. (1985); *Air mit Sphinxes* f. Kammerensemble (1987); *Töne suchen einen Autor* f. variable Besetzung m. obligater Windmaschine (1988); *Tote Metren* f. Kammerensemble, BBariton (1989); *Seifenoper* f. Ob., EHr., Pos.,

Schlzg., Va., Vc., Kb. (1989); *Mit etwas Extremismus* f. Ob., Klar., Pos., Schlzg., V., Vc., Kb. u. Requisiten (1991); *An Hölderlins Umnachtung* f. Ensemble (1992); *Eröffnung und Zertrümmerung* f. Ensemble, Tonbänder, visuelle Projektionen (1992); *Bagatelle mit Klosprüchen* f. Fl., Klar., Vc., Git., Schlzg. (1996) – mediales Werk: *Aion* f. Tonband und Gerüche (1968/1972).

Verlag: Breitkopf & Härtel Wiesbaden.

Kammermusik hat in der kompositorischen Entwicklung und in der öffentlichen Rezeption der Musik von N. A. H. eine zentrale Rolle gespielt. Überschaut man das bisher entstandene Œuvre von über sechzig Werken, dann umfaßt es mehr als vierzig im eigentlichen Sinne kammermusikalische Arbeiten vom Solo bis zum Solistenensemble. Knapp zwanzig Solostücke bilden darin den größten Anteil und den Ausgangspunkt seines Komponierens überhaupt. Seine erste über den engeren Lebens- und Wirkungskreis hinausgehende Anerkennung erhielt H. mit seinem StrQu. *Informationen über die Töne e – f*, das während seines Studiums bei Bialas und vor seinen ergänzenden Studien bei Stockhausen und Nono entstanden ist.

Das erste Stück überhaupt, lange Zeit unveröffentlicht, ist die *musik für violine allein* von 1962, die aus sechs isolierten, in der Dauer aperiodisch angeordneten Tonereignissen bestehende von H. so genannte »schwarze Partitur«. Sie ist eine Suche nach Möglichkeiten der radikalen Reduzierung von Musik auf einen einzigen Ton. Sein StrQu. *Informationen über die Töne e – f* beschreibt er von da her so: »... da ist zwar das Hauptmaterial durchgehend auch e und f, aber es ist unheimlich verpackt, [...] aber von mir aus gesehen war das doch irgendwie eine unreine Sprache.« Spätere Arbeiten kehren, wenn auch gelegentlich mehr abschnitts- oder stellenweise, zu dieser frühen Erfahrung immer wieder auf einem anderen Weg zurück.

Eine für H.s Musik ähnlich bedeutende Rolle wie der isolierte Einzelton und Einzelklang spielen extrem lange Haltetöne und -klänge, konzeptionelle Einstimmigkeit, die Auseinandersetzung mit Lied- und Sprachcharakter von Musik, der Einbezug konkreter Natur- und Alltagsklänge und -geräusche und die Entwicklung von Abläufen aus einfachen rhythmischen Modellen. Diese Merkmale sind nicht auf die Kammermusik beschränkt, sie bestimmen ebenso die Orchestermusik. In den zahlreichen Solostücken ist die konzeptionelle Einstimmigkeit dagegen als lineare Entwicklung von klangfarblichen, dynamischen und artikulatorischen Verläufen eher selten. Und der für H.s Komponieren seit 1976 bestimmende Ansatz konzeptioneller Rhythmuskomposition, den er 1983 in seinem Text ›Über konzeptionelle Rhythmuskomposition‹ dargestellt hat, ist im steten Wechsel zwischen Solostücken wie *Darabukka* für Kl. (1976) und Orchesterstücken wie *Gespenster* entstanden.

Von den Orchesterstücken und den größer besetzten Ensemblekompositionen läßt sich zugleich sagen, daß sie in ihren Anforderungen an die Musiker eine Art kammermusikalische Haltung verlangen, wie sie seit der Wiener Klassik bis in die Moderne ausgebildet und weiterentwickelt worden ist. Die Musiker stellen einen als Einheit aufgefaßten komplexen Zusammenhang durch ein Ineinandergreifen solistischer und kollektiver Aktionen her, der im Moment der Aufführung emphatisch gesteigert wird. Umgekehrt spiegelt sich Tuttischarakter selbst noch in einzelnen Passagen der Kompositionen für ein Soloinstrument wider, in denen Soloaktionen von nahezu total erschöpfender körperlicher Anstrengung verlangt werden.

H.s Rhythmuskomposition hat sich nach den Studien bei Stockhausen und Nono und nach der Auseinandersetzung mit Kunstpraxis und -theorie von Brecht, Eisler und Eisenstein, wie sie in der Komposition *Schauplätze der Revolution* von 1973 ablesbar ist, und schließlich im Anschluß an seine Mitarbeit bei einigen Politrevuen entwickelt – das *Rheinlied* kann als eine erste Formulierung von Rhythmuskomposition gelten – und auf verschiedene Aspekte seiner Stücke ausgewirkt.

Zugleich steht H.s Rhythmuskomposition in der Tradition der von Arnold Schönberg 1908 begründeten Tradition der Neuen Musik in der Entwicklung eines Stücks in allen seinen Dimensionen aus einer einzigen Keimzelle. Andererseits nehmen H.s Kompositionen Motive und Elemente aus heterogenen Sphären in den produktiven Kern der kompositorischen Ausarbeitung auf. Damit sucht H. in einem gegenüber entwickelndem ›Fortschritts‹-Denken außerordentlich skeptischen und zu allerlei Mystifizierungen neigendem gesellschaftlichen Umfeld das Projekt einer aufgeklärt kritischen Musik auf seinem geschichtlichen Entwicklungsstand zu realisieren.

Vor und zurück (1981)
für Oboe

einsätzig
Dauer: 14'30"
Verlag: Breitkopf & Härtel Wiebaden

Das Werk entstand für den Oboisten Burkhard Glaetzner, der an der Ausarbeitung und Notation einzelner Klänge und Klangverläufe des Stücks beteiligt war und dem es daher auch gewidmet ist. Es wurde von Glaetzner auf dem von Hans Werner Henze geleiteten Cantiere internazionale d'arte in Montepulciano im Sommer 1982 uraufgeführt.

Das Stück folgt, wie alle Kompositionen H.s seit 1976, dem Modell der konzeptionellen Rhythmuskomposition, »in der alle musikalischen Phänomene an den im Vordergrund stehenden Rhythmus als Hauptsache gebunden und durch ihn geprägt sind.« (N. A. Huber, 1983)

Ausgangspunkt von *Vor und zurück* ist der punktierte Rhythmus auf dem kleinen b, dem tiefsten Ton des Instruments, als Ausdrucksträger einer vorwärts drängenden Haltung. Dem wird sofort eine vergleichsweise kantable rhythmische Figur gegenübergestellt, die doch als Variante, als Modulation des Ausgangsmotivs verstanden werden kann. Die Kontrastierung der beiden durch eine markante Pause getrennten Motive wird durch Wahl des Tonorts, des Registers, des Tempos, der Dynamik und der Artikulation verdeutlicht und in der unmittelbar folgenden Variierung zusammengerückt (T. 3/4) und dann wechselweise ausgetauscht: In T. 5 wird das punktierte Ausgangsmodell dem zweiten Tonort ›e‹ anvertraut, während in T. 6–8 der Ausgangstonort in Dynamik und Artikulation in einen kantableren Zusammenhang einbezogen wird.

Diese ersten zehn Takte haben einen Expositionscharakter für das ganze einsätzige und abschnittsweise gegliederte Stück, wobei der erste Takt sozusagen eine Rolle der Exposition in der Exposition spielt. Die ständig wechselnden Taktmaße beziehen sich unmittelbar auf die Entfaltung der Rhythmik und werden nicht eigens in Taktwechseln angezeigt. Die weitere Entwicklung folgt den teilweise miteinander vermittelten Prinzipien der Variierung und Kontrastierung. So fügen sich z. B. einige Abschnitte dem bisher Entwickelten nach einem signalartigen, extrem hohen Pfeifton neue ›sprechende‹ und parolenartige Rhythmen hinzu. Diese Gestalten wirken – anders als alle vorigen Setzungen und Entwicklungen – symmetrisch und in ihrer drei- oder später zweifachen Wiederholung demonstrativ, werden danach aber sogleich wieder der rhythmisch-metrischen Variationstechnik unterzogen.

Später folgt ein in Sekunden gemessenes Wechselfeld von Klang und Stille, das zunehmend an Geräuschcharakter gewinnt – auch mit Hilfe der Klappen. Flageoletts und Doppelflageoletts schließen diesen Adagio-Abschnitt ab.

Eine weiträumig angelegte Variationenfolge demonstriert Takt für Takt die ganze Reichweite einer der Rhythmuskompositionstechniken: von einem Modell aus zwei Anstößen im Dauernverhältnis 1 : 19 ausgehend bis zu einem Modell von zwölf Anstößen mit je gleich kurzer Dauer bei gleichzeitiger Verkürzung der rhythmischen Varianten, entsteht eine Beschleunigung bei gleichzeitiger Aufwärtsbewegung und mit sukzessivem Einbezug aller zwölf Halbtöne. Es schließt sich in weiteren elf Varianten eine von H. so bezeichnete »Rhythmusmodulation« an, ein möglichst gleichmäßig-stufiger Übergang von einer rhythmischen Konstellation in eine andere.

Das abschnittsweise Einfügen von immer neuen Elementarten und Verarbeitungstechniken wirkt dabei sozusagen formbildend. Charakteristisch sind bei diesem Phänomen neben sprachrhythmischen, geräuschhaften und signalartigen Spielweisen auf dem Instrument die außerinstrumentalen Hinzufügungen: Zu einem extrem langen, lauten und hohen Halteton der Ob. nehmen die Füße das vorher auf dem Instrument entwickelte Rhythmusmodell auf und führen es über verschiedene Teilabschnitte sowie in einer siebentaktigen Rhythmusmodulation in das dreifach wiederholte punktierte Anfangsmodell zurück. »Für den Charakter dieses Stücks ist körperliche Anstrengung durch Aktion und Atemleistung, die eine Mischung aus musikalischer Emotion, solcher bestimmten Grades körperlicher Erschöpfung und technischer Disziplin ergibt, von großer Wichtigkeit … Die Einheit von Theorie und Praxis, Wissen, Verstehen und Tun steht ideologisch hinter der Technik des Körperrhythmus'.« (Aufführungsanmerkungen in der Partitur)

Der mit den Füßen dargestellte Abschnitt der Komposition enthält wie andere Abschnitte und das Werk insgesamt besondere schlußbildende Wendungen. Der in ausgezählten Fermaten angeordnete Wechsel eines Mehrklangs in vier verschiedenen Griffweisen und unterschiedlichen Dynamikgraden vom dreifachen Forte in einer einfachen dynamischen Wellenbewegung *fff-ff-f-mf-f-mf-mp-p* bereitet den Schluß vor. Auf diese Zurücknahme folgt das Ausgangsintervall ›b – e“‹ des Stücks – eine rudimentäre Reprise – allerdings im extrem umgekehrt punktierten Rhythmus der Figur im Verhältnis 1 : 36. Eine weiträumig daran anschließende, über Pausen hinweg augmentierte auftaktige viertönige Legatofigur führt zurück zum Ausgangston ›b‹ in Form eines Flageoletts, das in einem natural gespielten ›b'‹ endet. Der Titel *Vor und zurück* erweist sich so als ein Hinweis auf eine fortschreitende und zurücknehmende Motivik und Gestik der Komposition.

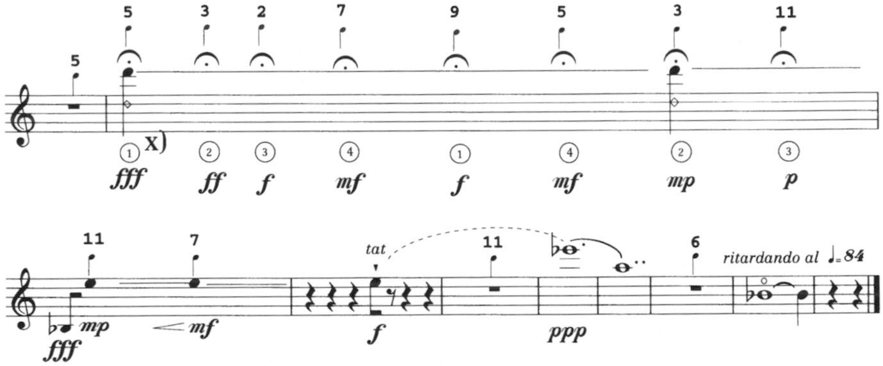

Reinhard Oehlschlägel

Jacques Ibert

geb. 16. 8. 1890 Paris, gest. 5. 2. 1962 Paris. Erster Kl.-Unterricht bei der Mutter. 1910–1914 Studium am Pariser Conservatoire (Komposition bei Roger Ducasse, Gabriel Fauré; Kontrapunkt bei André Gédalge). Im 1. Weltkrieg Marineoffizier. 1918 Fortsetzung des Kompositionsstudiums bei Paul Vidal; 1919 Rom-Preis für die Kantate *Le Poète et la Fée*. 1920–1923 Villa Medici Rom. Es entstehen die Orchesterwerke *Ballade de la Geôle de Reading* (nach Oscar Wilde, UA 1922 in Paris) und *Escales* (UA 1924 in Paris). Ausgedehnte Konzertreisen: neben Italien auch nach Spanien, Tunesien, Amerika. 1923 als freischaffender Komponist in Paris. 1937–1960 Mitglied des Direktoriums der Académie de France in Rom; ab 1945 leitende Funktionen an der Pariser Opéra und 1955–1957 Administrateur Général der Réunion des Théâtres Lyriques Nationaux.

Werke f. 1 Instr.: Six Pièces f. Hf. (1917); *Française* f. Git. (1926); Pièce f. Fl. (1936); Pastorale f. Dudelsack (1936); Ariette f. Git. (1937); Etude-Caprice pour un tombeau de Chopin f. Vc. (1949); *Caprilena* f. V. (1950); *Ghirlarzana* f. Vc. (1950) – Werke f. 2 Instr.: *Jeux*. Sonatine f. Fl. od. V., K. (1923); *Entr'acte* f. Fl. od. V., Hf. (1937); *Paraboles* f. 2 Git./2 Fl. od. Ob., Git. (1937); *La Cage du Cristal* f. Fg., Kl. (gedr. 1946); Impromptu f. Trp., Kl. (1950); Carignane f. Fg., Kl. (1953) – Werke f. 3 Instr.: Aria f. Fl., V., Kl. od. Fl./Ob., Klar., Kl. (1930); Cinq Pièces en trio f. Ob., Klar., Fg. (1935); Trio f. V., Vc., Hf. (1943/44); Deux Interludes aus: *Le burlador* f. Fl., V., Cemb./Hf. (1946); *Carillon et Deux interludes* f. Fl., V., Cemb./Hf. (gedr. 1949) – Werke f. 4 Instr.: Deux Mouvements f. 2 Fl., Klar., Fg. (1921/22; bearb. auch f. StrQu., Fl., Ob., Klar., Fg.); StrQu. (1937–1942) – Werke f. 5 Instr.: Trois Pièces brèves f. Fl., Ob., Klar., Hr., Fg. (1930) – Werke f. 6 Instr.: Suite aus: *Le jardinier de Samos* f. Fl., Klar., Trp., Schlzg., V., Vc. (1924) – Werke f. Kammerensemble: Divertissement f. Kammerorch. (1929); Concertino da camera f. ASax., 11 Instr. (1934); Capriccio f. 10 Instr. (1937) – Bearbeitungen eigener Werke: Allegro scherzando aus dem Fl. Konzert f. Fl., Kl. (1934), *L'age d'or* aus dem Ballett *Le chevalier errant* f. Sax., Kl. (1935); Concertino da camera f. ASax., Kl. (1935); Histoires Nr. 1–2, 5, 8–10 f. Fl., Kl. (1933); Nr. 1–3, 5–9 f. Sax., Kl. (1938).

Verlag: Leduc Paris.

I. gehört zu jenen Komponisten des 20. Jahrhunderts, die sich von allen avantgardistischen Strömungen ihrer Zeit fernhielten. Im Frühwerk an die impressionistische Tradition Claude Debussys und Maurice Ravels anknüpfend, fand er bald zu einem heiteren, neoklassizistisch tonalen Stil, dessen Wurzeln einerseits bis zu Wolfgang Amadeus Mozart und den französischen Clavecinisten zurückreichen, andererseits in der zeitgenössischen Unterhaltungsmusik zu suchen sind (z. B. Verwendung von Jazzrhythmen). Zeitgenossen wollten auch eine Nähe zur französischen Komponistengruppe ›Les Six‹ ausgemacht haben, der I. jedoch nie angehört hat. Tiefsinnige ›Weltanschauungssinfonik‹ war ebensowenig seine Sache wie etwa die Verwendung kontrapunktischer oder entwickelnd variativer Finessen. Erklärtermaßen suchte I. die Nähe zum Publikum – und wurde von diesem auch mit der gebührenden Anerkennung bedacht. Der zeitgenössische Kritiker Boris de Schloezer charakterisierte sein Schaffen durchaus zutreffend als »musikalischen Hedonismus«. Gleichwohl geben I.s Partituren Zeugnis von einer virtuosen Beherrschung des kompositorischen Handwerks. Er bereicherte fast alle einschlägigen musikalischen Gattungen, wobei er den für die Bühne geschriebenen Werken besonderes Gewicht zukommen ließ (von seinen sieben Opern – zwei davon gemeinsam mit Arthur Honegger komponiert – wurde *Angélique,* 1926 besonders populär).

I.s Kammermusik zeichnet sich in erster Linie durch eine Vielfalt der Besetzungen, dabei einer auffälligen Bevorzugung der Blasinstrumente, und durch gattungsspezifische Charakteristika aus. Vom virtuosen Solostück (etwa der elegischen Pièce pour flûte seule, 1936) reicht die Palette mehr oder weniger anspruchsvoller Spielstücke über Miniaturen für kleinere Ensembles (z. B. die anmutig klassizistischen Cinq Pièces en trio, 1935) bis zu Werken für größere Besetzung an der Schwelle zur Sinfonik (z. B. das Divertissement für Kammerorchester, 1929, oder das virtuose Concertino da camera f. ASax. und 11 Instrumente, 1935). Viele seiner zumeist sehr kurzen Stücke sind impressionistische Stimmungsbilder ohne tiefergehenden geistigen Anspruch, sehr wohl aber mit liebenswürdigem Charme und Eleganz. Einzig mit seinem StrQu. (1937–1942) stieß I., bedingt durch die Entstehungszeit des Werkes während des 2. Weltkrieges, in ernsthafteres Terrain vor.

Jeux (1923)
für Flöte oder Violine und Klavier

Animé – Tendre
Dauer: ca. 5'
Verlag: Leduc Paris

Schon der Titel *Jeux* (Spiel) verrät, daß sich I. hier noch ganz in der Tradition Debussys und Ravels befindet. Eine spielerische Leichtigkeit wird vor allem durch die Bevorzugung der hohen Lagen des Kl.s hervorgebracht; keineswegs darf jedoch vermutet werden, daß es sich bei dieser ›Sonatine‹ um ein auch klaviertechnisch leichtes Stück handelt. Die Gattungsbezeichnung dürfte I. ausschließlich wegen der Kürze des zweisätzigen Werkes gewählt haben.

Der **1. Satz** lebt vom Wechselspiel zweier, vor allem rhythmisch interessanter Motive. Gleich nach einem zweitaktigen ›Vorhang‹ läßt I. von der Fl. bzw. V. das erste Motiv (im 5/8-Takt) vorstellen, untermalt von getupften Pianissimo-Akkorden des Kl.s In ähnlicher Faktur, jedoch im 4/8-Takt, gibt sich das zweite Motiv. Nachdem das Geschehen einen dramaturgischen Höhepunkt mit Durchführungscharakter erreicht hat (im Fortissimo), kommt die stets vorwärtsdrängende Motorik in einer Phase der Entspannung fast gänzlich zum Stillstand. Eine kurze Reprise – und der Satz ist beendet.

Die kontemplative Stimmung des zarten **2. Satzes** wird hervorgerufen von einem kontinuierlichen Klangrauschen des Kl.s, über das sich eine Melodie des Soloinstruments sanft erhebt. Auch diesmal spinnt sich die Melodik zu einem zweiten Motiv fort, das zuerst vom Kl. intoniert und dann von der Fl. bzw. V. übernommen wird. Und ebenfalls wie im 1. Satz schwingt sich das Spiel zu einem (nun allerdings nur flüchtigen) Fortissimo-Höhepunkt auf: einem Wechselspiel beider Instrumente, bis der Satz in der Stimmungslage des Anfangs ausklingt.

Trois Pièces brèves (1930)
für Flöte, Oboe, Klarinette, Horn und Fagott

1. Allegro. – 2. Andante. – 3. Assez lent. Allegro scherzando. Vivo
Dauer: ca. 7'
Verlag: Leduc Paris

Diese oft gespielten Stücke für Bläserquintett entstanden 1930 in Rom. Sie markieren I.s zu dieser Zeit bereits voll etablierten Klassizismus. Zugleich erlaubt er sich in den Fünf Stücken, seine musikalischen Vorbilder durch eingestreute impressionistische Gestaltungsmittel (z. B. unvorbereitete Tonartwechsel) auf eine witzige und zugleich geistvolle Weise zu kommentieren, sie gleichsam zu karikieren. Schon der Titel verschmäht in seiner Unverbindlichkeit einen Bezug zur klassischen Sonatenform, der die Stücke dennoch in ihrer Anlage schnell–langsam–schnell verpflichtet sind.

Das **1. Stück** wird beherrscht von einem tänzerischen, von Lebensfreude strotzenden C-Dur-Thema, das zuerst vorsichtig von der Ob., dann im kräftigen Tutti vorgetragen wird:

Wie zum Hohn auf den klassischen Sonatenhauptsatz fehlt ein zweites Thema, statt dessen wird das Tanzmotiv in einer Art Durchführung auf höchst amüsante Weise verfremdet. Nach kurzer Reprise und einer bewußt unangemessen dramatischen Coda ist das Stück – kaum daß es begonnen hat – bereits wieder zu Ende.

Noch fragmentarischer gibt sich das folgende **Andante**, in dem in kantabler Zwiesprache Fl. und Klar. sich gegenseitig ergänzen:

Den Gipfel der Karikatur erreicht I. im **3. Stück**. Einer betont wichtigtuerischen, nach Aufmerksamkeit schreienden Eingangsfanfare folgt ein Allegro scherzando mit einem raketenartig aufsteigenden Thema von Haydnschem Zuschnitt. In seinem burlesken Charakter könnte es aber auch von Richard Strauss sein. Eine kurzzeitige dramatische Verdichtung erweist sich gleichfalls bald als nicht allzu schwerwiegende Episode. Anstelle des Seitensatzes überrascht dann ein schneller Walzer im 3/8-Takt (Vivo). Auch die klassische Durchführung fehlt nicht. Mit nur geringen Änderungen wird schließlich die Exposition wiederholt und vermittels einer kleinen Coda zum Abschluß gebracht.

Streichquartett (1937–1942)

Allegro resoluto – Andante – Presto – Allegro marcato
Dauer: ca. 20'

Sein zweifellos bedeutendstes Kammermusikwerk schrieb I. während des 2. Weltkrieges. Es ist seinem Sohn Jean-Claude gewidmet und wurde 1945 in Paris vom Gabriel-Bruillon-Quartett uraufgeführt. I. bricht darin völlig mit der bisher von ihm so elegant und erfolgreich praktizierten unbekümmert leichten Schreibweise. Über dem gesamten Werk lastet größte Schwermut. Auch ist die ausgeprägte kontrapunktische Arbeit für I. eigentlich eher untypisch.

Der **1. Satz** ist ein leidenschaftlich aufbrausendes, zuweilen durch besinnlichere Phasen unterbrochenes Allegro resoluto. Von äußerster Anmut und zugleich voller Spannung ist der **2. Satz**. Einzig das die Stelle eines Scherzos einnehmende **Presto** liefert einen gewissen Kontrast und lockert durch rasche Pizzicato-Folgen für kurze Zeit die Beklemmung des 1. Satzes auf. Das abschließende **Allegro marcato** setzt mit einem energischen Fugato ein. Mit zunehmender polyphoner Dichte und stetiger Spannungssteigerung treibt die Entwicklung schließlich dem erlösenden Ende entgegen. Zu Recht lobt der I.-Biograph Jacques Feschotte die meisterhafte Ausgewogenheit von Stil und Ausdruck in diesem StrQu. und sieht in ihm eines der brillantesten und zugleich gedankenvollsten Kammermusikwerke von I.

Lars Klingberg

Charles Eduard Ives

geb. 20. 10. 1874 Danbury (Connecticut), gest. 19. 5. 1954 New York. Ab 1879 musikalische Experimente mit seinem Vater George Ives. 1886 erste Kompositionsversuche. 1888–1902 Organistentätigkeit. 1894–1898 Studium an der Yale University, musikalische Ausbildung durch Horatio Parker. Ab 1898 Angestellter der Mutual Life Insurance Company in New York. 1908 Heirat mit Harmony Twichell. 1907–1909 Gründung der Lebensversicherungsgesellschaft Ives & Myrick, erste gesundheitliche Probleme. 1915 Adoption von Edith Ives. 1918 Herzinfarkt, Beginn des Rückzugs aus seinen geschäftlichen und kompositorischen Tätigkeiten. 1920 wichtige musikphilosophische Schrift *Essays Before A Sonata*. 1926 letzte vollendete Komposition. Ende der 20er Jahre Beginn der Würdigung seines musikalischen Schaffens durch den Komponisten Henry Cowell, den Dirigenten Nicolas Slonimsky und den Pianisten John Kirkpatrick. 1931/32 autobiographische Notizen *Memos*. 1947 Pulitzer-Preis für seine 1901–1904 entstandene 3. Sinfonie (UA 1946). Nach seinem Tod übergab seine Frau sämtliche Manuskripte und Schriften der Yale University.

Werke f. 2 Instr.: Largo f. V., Kl. (1901); (4) Sonaten f. V. u. Kl. (Nr. 1, 1903–1909; Nr. 2, 1903–1910; Nr. 3, 1912–1914; Nr. 4: *Children's Day at the Camp Meeting*, 1906–1915); *Decoration Day* f. V., Kl. (1912) – Werke f. 3 Instr.: Largo f. V., Klar., Kl. (1901); Trio f. V., Vc., Kl. (1904–1911) – Werke f. 4 Instr.: StrQu. Nr. 1: *From the Salvation Army* (1896); Scherzo: *Holding Your Own* f. StrQu. (1903); *Remembrance* f. Fl.1/Trp./Hr., Fl.2/V., V./Fl. u. Kl. (1906/1921); StrQu. Nr. 2 (1907–1913) – Werke f. 5 Instr.: Largo Cantabile: Hymn f. StrQu., Kb. (1904); Largo Risoluto Nr. 1 f. StrQu., Kl. (1906); Largo Risoluto Nr. 2 f. StrQu., Kl. (1906); Scherzo: *The See'r* f. Klar., Cornet, Hr./Pos./TSax./Bar., Schlzg., Kl. (1907); *Hallowe'en* f. StrQu., Kl. (1907); *In Re Con Moto Et Al.* f. StrQu., Kl. (1913) – Werke f. 6 Instr.: *From the Steeples and the Mountains* f. Trp., Pos., 4 Gl.-Sätze/2 Kl. (1901); *An Old Song Deranged* f. Klar./EHr., Hf./Git., V./Va., Va., 2 Vc. (1903); Scherzo: *All the Way Around and Back* f. Klar./Fl., Trp., Gl./Hr., V., 2 Kl. (1906); Adagio cantabile: *The Innate* f. StrQu., Kb., Kl. (1908); Allegro sombreoso: *Incantation* f. Fl., EHr./Trp./Bassetthorn, 3 V., Kl. (1908/1921); *The Gong on the Hook and Ladder* f. StrQu., Kb., Kl. (1911) – Werke f. 7 Instr.: Adagio sostenuto: *At Sea* f. EHr./Fl./Bassetthorn, Kl./Hf., Cel./Gl., 2 V., Va./V., Vc. (1912/1921); *Evening* f. Fl., Ob., Cel./Gl., 3 V., Kl. (1921) – Werke f. 9 Instr.: *Calcium Light Night* f. Pikk., Ob., Klar., Fg., Trp./Cornet, Pos., Schlzg., 2 Kl. (1907); Scherzo: *Over the Pavements* f. Pikk., Klar., Fg./BarSax., Trp., 3 Pos., Schlzg., Kl. (1913).

Verlag: Peer International Corporation.

Das musikalische Werk des Versicherungskaufmannes Ch. E. I. war zu seinen Lebzeiten fast vollständig unbekannt. Daß der Gründer einer erfolgreichen Lebensversicherungsgesellschaft und Autor wichtiger Schriften zu Versicherungsfragen auch ein bedeutender Komponist zeitgenössischer amerikanischer Musik war, war den meisten seiner Zeitgenossen nicht bewußt. I. selbst tat aber auch nicht viel, diesen Umstand zu ändern. Trotz des äußerst umfangreichen Werkkorpus', den er in seinem Nachlaß hinterließ, veröffentlichte er zu seinen Lebzeiten nur vereinzelt Werke, etwa die 2. Kl.-Sonate – *Concord, Mass., 1840–60* – oder die *114 Songs*. So blieb I.' wichtiger Beitrag zur Schaffung einer eigenständigen amerikanischen Musik und deren Lösung von europäischen Vorbildern lange Zeit unentdeckt. Die Renaissance seiner Musik setzte erst mit den Feiern zu seinem 100. Geburtstag im Jahr 1974 ein; seitdem ist sein Œuvre, vor allem durch Neuausgaben und Erstveröffentlichungen vieler seiner Werke, im Brennpunkt der aktuellen Musikforschung und -praxis.

Nicht zuletzt durch seine vielfältigen Beiträge zur Kammermusik zeichnete sich I. als ein konsequenter Neuerer und Experimentator aus. Geprägt durch die Experimente mit seinem Vater begann er schon früh, musikalische Mittel und Formen in Frage zu stellen, durch Erweiterungen zu verfremden und schließlich durch eigenständige Neuschöpfungen zu ersetzen. Grundlagen bildeten dabei für ihn vor allem der Rückbezug auf die amerikanische Volksmusik, auf geistliche Lieder und die Tradition des Ragtime, die er in vielfältiger Weise in seinen Werken zitierte.

Das wesentliche Kennzeichen seiner Kammermusik ist aber die ungebändigte Experimentierfreude, die Lust am Ausprobieren von Klangkombinationen und -zusammenstellungen und die immer wieder neue Suche nach adäquaten formalen Gestaltungen. Die Kompromißlosigkeit der von I. verwendeten musikalischen Mittel war in ihrer Radikalität vollkommen neuartig. I. war finanziell durch seine berufliche Tätigkeit abgesichert, er brauchte deshalb in seiner Musik nicht auf irgendwelche Konventionen oder den vorherrschenden Publikumsgeschmack Rücksicht zu nehmen. Dies ist ein Grund für die klangliche und formale Vielfalt seiner Kammermusik: eine Kompositionstätigkeit ohne finanziellen Druck, ohne Rücksicht auf Verleger oder mögliche Drucklegungen ermöglichte den unverwechselbaren ›stil- und gattungslosen‹ Charakter seiner Musik.

Durch die von I. genutzte Freiheit, formale und klangliche Aspekte auszuprobieren, neu zu schaffen sowie ohne Hilfestellung durch Lehrer eigene Erfahrungen zu sammeln, entstanden Musikwerke, die nicht mehr einer traditionellen Auffassung von Kunst entsprachen. Um diese Aussage zu demonstrieren, sind in den folgenden Werkbesprechungen bewußt solche unkonventionellen Beispiele gewählt worden.

Typisch für I.' Kammermusik sind die häufig variabel gehaltenen Instrumentationsmöglichkeiten. I. steht hier in der Tradition der ›theater orchestras‹, jener kleinen Gruppen, die – in Europa mit der Salonmusik in Wien, Berlin und Paris um die Jahrhundertwende vergleichbar – zur Unterhaltung in Cafés oder im Theater spielten und dabei immer flexibel auf die momentan vorhandenen instrumentalen Möglichkeiten reagieren mußten.

Auch der fast durchgängige außermusikalische Bezug seiner Kammermusikwerke ist eines der Merkmale, die – zumindest in dieser Häufigkeit – bei anderen Komponisten selten anzutreffen sind. So gibt es sowohl Naturschilderungen, etwa *Remembrance. From the Steeples and the Mountains, Evening* oder *At Sea*, als auch Bezüge auf aktuelle Tagesereignisse, wenn beispielsweise in *The Gong on the Hook and Ladder* die Fahrt eines Feuerwehrwagens oder in *Holding Your Own* die rhythmischen Schwierigkeiten eines Bratschisten beschrieben werden. Die programmatischen Anklänge seiner Kammermusikwerke finden oft ihre Erklärung in I.' Gewohnheit, Musikstücke wiederzuverwenden und damit in neue musikalische Zusammenhänge zu stellen. So ist die Grundsubstanz von *Decoration Day* in anderer Instrumentation gleichzeitig Bestandteil seiner Sinfonie *New England Holidays*. Viele seiner Kammermusikwerke sind ursprünglich Lieder gewesen, etwa *Evening, The Se'er* oder *An Old Song Deranged*; die neuen Fassungen nannte I. ›Songs without Voices‹.

Neben seinem Beruf und der Kompositionstätigkeit hatte I. noch vielfältige andere Interessen, deren Erfahrungen ebenfalls mit in seine Musik einflossen. Originellste Kennzeichen der typisch amerikanischen Lebensart, die in vielen seiner Kammermusikwerken repräsentiert wird, sind der Sport und der Humor in ihren jeweils für ihn typischen Ausprägungen. Im Bereich des Sports wählte er für eine parodierende Darstellung in seiner Musik die beiden Spiele, die ihm und vielen Amerikanern am nächsten standen: Baseball und Football. Der Humor, der bei I. neben der Musik sowohl in seinen Schriften als auch im Verhalten gegenüber seinen Mitmenschen allgegenwärtig und selbstverständlich war, wird in seinen Werken vorwiegend von Erlebnissen aus seiner Collegezeit initiiert.

Da die Kammermusik von I. mit den anderen Gattungen seines Œuvres, wie etwa den Kl.-Liedern oder den Sinfonien eng verwoben ist und er zudem bewußt auf einer Stillosigkeit insistierte und sich permanent weigerte, sich in seiner Musik auf bestimmte Kriterien festlegen zu lassen, ist es unmöglich, die Kammermusik losgelöst von seinem Gesamtschaffen zu betrachten. Vielmehr ist bei I. gerade der Bezug zwischen seinen Musikwerken unabhängig von der speziellen Besetzung und die Allgegenwärtigkeit und Wiederverwendbarkeit seiner musikalischen Ideen und formalen Gestaltungen das Prinzip, das an die Stelle einer streng abgegrenzten Gattungshierarchie gesetzt ist und das auch die Zitierbarkeit eigener und fremder Musik beinhaltet. Indem I. eine Vielfalt neuer kürzester Formen schuf, die kaum Vorbilder innerhalb der Musikgeschichte hatten, leistete er einen speziellen Beitrag zur Gattung Kammermusik. In den durchsichtigen Besetzungen seiner kammermusikalischen Werke wird evident, was seine Kompositionsart ausmacht: musikalische, alltägliche und philosophische Gedanken miteinander in Beziehung zu setzen. Hier liegt das besondere Verdienst von I.: Er zeigte, daß eine eigenständige amerikanische Musik ohne die Anlehnung an überlieferte Modelle möglich ist. Er deutete Wege an, die nach ihm Komponisten wie Henry Cowell, Lou Harrison, Elliott Carter und später auch John Cage betreten und weitergehen konnten.

Scherzo: Over the Pavements (um 1913) für Pikkolo, Klarinette, Fagott oder Baritonsaxophon, Trompete, 3 Posaunen, Schlagzeug und Klavier

Allegro – Meno mosso quasi andante – Allegro moderato – Cadenza: Allegro molto (or as fast as possible) – Allegro.
Dauer: ca. 5'
Verlag: PEER-Verlag, ED 1954

Over the Pavements verdankt seine Entstehung einer alltäglichen Begebenheit, die sich vor dem Fenster von I.' Wohnung nahe des Central Parks in New York abspielte. Am frühen Morgen hörte er die Schritte der vorbeigehenden Personen – alle verschieden in Rhythmus, Anzahl und Art –, das Getrappel der Pferde, die mal schneller, mal langsamer vorbeiritten, und die Geräusche der wenigen vorbeifahrenden Autos. Er war überrascht, wie viele verschiedene und noch dazu sich verändernde Rhythmen parallel abliefen, ohne sich gegenseitig zu beeinflussen oder gar zu stören. Außerdem beeindruckte ihn die ganz natürliche und nicht konstruiert klingende Art und Weise dieses Vorgangs. I. beschloß, diese Erfahrung in ein Musikstück umzusetzen, das nicht immer nur die üblichen rhythmischen Schemata enthielt: »1-2-, or 1-2-3-, and if a 5 or 7 is played, the old ladies divide it up nice into a 2 and 3, or 3 and 4, missing the whole point of a 5 or 7.« Er benutzte also die verschiedenartigen, fast willkürlich und chaotisch erscheinenden, aber doch bei jedem einzelnen Verkehrsteilnehmer für sich genommen vollständig determinierten Bewegungen als Grundidee für sein Werk.

Eine weitere Eigenart dieses Werkes besteht darin, daß I. drei bereits vorhandene Musikstücke verwendet hat, indem er aus ihnen 110 für die insgesamt 129 Takte von *Over the Pavements* als grundlegende Bestandteile übernahm. Die Passage am Beginn ist aus dem nicht veröffentlichten *Take-off: Rube Trying to Walk 2 to 3!!* entnommen; dort verknüpfte I. parallel Zweier- und Dreiermetren.

Klar. T. 1–3; Kl. T. 4–7

Bei durchgängiger Komplexitätssteigerung wird schließlich ein 5/8-Takt erreicht, in dem Ragtime-Rhythmen die dominierende Rolle spielen; hier zitiert I. aus seinem Orchesterwerk *›Gyp the Blood‹ or Hearst!? Which is Worst?!*, einer Parodie auf den amerikanischen Zeitungsverleger William R. Hearst. Die Trp. übernimmt und variiert im weiteren Verlauf diese Ragtimefigur, während die übrigen Instrumente in einer durch geschichtete Ostinatogruppen aufgebauten Steigerung einen weiteren Höhepunkt des Werkes im fff anvisieren. In der folgenden ›Cadenza‹ zitiert I. aus seinem Kl.-Werk *Storm & Distress*. Dieses Stück beinhaltet vor allem eine recht eigenwillige Art, die chromatische Tonleiter zu spielen: nämlich in kleinen Nonen. I. bemerkte dazu: »If you must play a chromatic scale, play it like a man.« Diese Tonleitern über die gesamte Klaviatur werden innerhalb der ›Cadenza‹ sechsmal wiederholt, wobei jedesmal die Phrasierung wechselt: beim ersten Durchlauf sind jeweils sieben Noten gebunden, beim zweiten sechs, beim sechsten und letzten schließlich nur noch zwei.

I. notierte an den Rand seiner Handschrift an dieser Stelle eine für ihn und seine Musik typische, humorvolle Marginalie: »as a CADENZ – to play or not to play! & if played, to be played as not a nice one – but evenly, precise & unmusical as possible!«. Ein nochmaliges variiertes Aufgreifen des ersten Abschnittes rundet das Werk ab, wobei die beiden letzten Takte einen ironischen Schlußpunkt setzen. Die komplexe rhythmische und harmonische Struktur vereinfacht sich schlagartig zu einer klaren C-Dur-Harmonik – allerdings mit einem penetranten dissonanten ›h‹ im Kl. angereichert – und einem einfachen Marschmetrum mit seinen typischen Nachschlagfiguren.

Hallowe'en (1. April 1907)
für 2 Violinen, Viola, Violoncello und Klavier

Allegretto to Presto
Dauer: ca. 1,5'
Verlag: Bomart Music Publications, ED 1949

Hallowe'en ist einer der äußerst kurzen ›musical jokes‹ von I., die er selbst als ›take-offs‹ zu bezeichnen pflegte. Dieses Werk wurde nicht für ein – wie I. sich ausdrückte – »nettes Konzert« geschrieben, sondern ist »a kind of April-fool-piece for a Hallowe'en party«. Es gibt mehrere Möglichkeiten, das ohne Wiederholungen nur 18 Takte umfassende Stück aufzuführen. I. schlägt vor, es drei- oder viermal zu spielen und dabei Tempo und Dynamik ständig zu steigern sowie die Anzahl der Mitspieler von zunächst nur zwei schrittweise zu erhöhen. Erreicht werden soll der Effekt eines Freudenfeuers zu Hallowe'en (dem Kinderfest am Abend vor Allerheiligen), das immer höher auflodert.

Musikalisch besteht dieses Werk aus zwei vollständig verschiedenen Ebenen: den Streicherstimmen mit Tonleiterfiguren in Sechzehntelnoten und dem Kl., das Akkorde, die bis zu elf Tönen umfassen, in verschiedenen Längen ausführen muß. Die dadurch entstehende komplexe Struktur wird noch weiter gesteigert, da die Streicher ihre an sich einfachen Tonleiterfiguren ständig verschieden artikulieren, wobei immer unterschiedliche Anzahlen von Noten gebunden werden. Zusätzlich steht jede Streicherstimme in einer anderen Tonart: die 1. V. in C-Dur, die 2. V. in H-Dur, die Va. in Des-Dur und das Vc. in D-Dur.

Auch die Zusammenstellung der Grundtöne dieser vier Tonarten bildet in sich schon einen Cluster aus kleinen Sekunden, der enge Reibungen im Zusammenklang der vier Stimmen geradezu provoziert. Dadurch wird der ausgelassene und wilde Eindruck einer Hallowe'en-Party weiter verstärkt.

Das Stück endet mit einer Coda, in der zunächst das Gewirr der Sechzehntellinien in den Streichern abrupt endet, um nach einer kurzen Pause sich scheinbar mit dem Kl. in einem einvernehmlichen C-Dur-Schluß zu arrangieren. Aber auch diese Idylle wird noch durch zwei ironische Schlußeffekte zerstört: zunächst fallen die Streicher im drittletzten Takt trotz der C-Dur-Akkorde im Kl. in ihre bisherigen Skalen zurück, schließlich weicht das Kl. selbst nach dem eigentlichen C-Dur-Schlußakkord in chromatisch ansteigenden Dreiklängen nach Es-Dur aus: ›April, April!‹.

A Set of Three Short Pieces
Hymn für 2 Violinen, Viola, Violoncello und Kontrabaß (um 1904); *Holding Your Own* für 2 Violinen, Viola und Violoncello (um 1903); *The Innate* für Klavier, 2 Violinen, Viola, Violoncello und Kontrabaß (um 1908)

Largo cantabile – Scherzo – Adagio cantabile
Dauer: ca. 7'
Verlag: PEER-Verlag, ED 1966 – 1958 – 1967

Eine entscheidende Rolle in *Hymn* spielt die Allgegenwart eines amerikanischen geistlichen Liedes – *Olivet* (1832) von Lowell Mason: *My Faith looks up to Thee*, das I. immer wieder zitiert. **Hymn** beginnt mit einem aus diesem Lied abgeleiteten Motiv im Kb., die anderen Streicher setzen imitierend ein. Erst im siebten Takt wird mit Fis-Dur die erste stabile harmonische Grundlage erreicht. Aber auch die ist nur von kurzer Dauer: Ständig wird der tonale Bezugspunkt gewechselt, bis das Stück schließlich in B-Dur endet.

Holding Your Own lebt von seiner rhythmischen Komplexheit, wobei vor allem der Bratschist schwierige ragtimeartige Passagen zu bewältigen hat.

Aber auch die anderen Stimmen werden dadurch im folgenden zu immer gewagteren rhythmischen Figuren animiert. Das Stück endet mit der dreimaligen Repetition eines achtstimmigen Clusters im Fortissimo; I. vermerkt hierzu im Manuskript ironisch: »as 3 cheers!«.

Auch im 3. Stück dieses Sets, **The Innate**, wird aus einem amerikanischen Kirchenlied – *Nettleton* (1813) von John Wyeth: *Come, Thou Fount of ev'ry Blessing* – zitiert, innerhalb der 26 Takte von *The Innate* fünfmal.

Das aus zwei fallenden Sekunden bestehende Motiv aus dem Liedbeginn ist für die melodische Gestaltung dieses Stücks bestimmend; permanente Wiederholung ist sein Bauprinzip. Durch Übereinanderschichtungen der melodischen Linien wird schließlich latent eine Pentatonik erreicht, die Assoziationen an eine entfernt läutende Glocke weckt.

Zwei der drei Stücke dieses Sets arbeitete I. später zu Liedern um; sie bilden demnach in ihrer instrumentalen Fassung Beispiele für ›Songs without Voices‹. Der Text des Liedes *Hymn* handelt von der unergründlichen Liebe Gottes, in der ein ruheloses Herz Frieden finden kann; *The Innate* beschreibt innere Stimmen, die den Menschen seiner wahren Bestimmung – dem Zusammensein mit Gott – näherbringen. Der Mittelsatz hingegen ›zitiert‹ ein weltliches Erlebnis: eine Etüde für den Bratschisten, der sich mit seinem eigenen Rhythmus gegenüber den übrigen Mitgliedern des StrQu.s behaupten muß »Holding Your Own«. Dieser programmatische Bezug klärt auch die Bedeutung der Beifallskundgebungen am Ende des Werkes.

Der Set demonstriert I.' tiefe Verwurzelung in den religiösen Vorstellungen der Revival-Gottesdienste, aber auch die für ihn typische sorglose Zusammenstellung von Musikstücken mit geistlichen und weltlichen Inhalten.

Thomas Giebisch

Leoš Janáček

geb. 3. 7. 1854 Hukvaldy (Hochwald) bei Příbor (Freiberg) in Nordmähren, gest. 12. 8. 1928 Ostrava (Ostrau). 1865–1869 Schüler und Chorsänger im Augustinerkloster Brünn. 1869–1872 Studium an der dortigen Lehrerbildungsanstalt; 1874/75 Studium an der Prager Orgelschule bei Zdeněk Skuherský; 1875–1879 Musiklehrer an der Lehrerbildungsanstalt Brünn; 1879/80 Studium am Leipziger Konservatorium u.a. bei Carl Reinecke. 1870 kurzer Studienaufenthalt in Wien. 1882 Gründung und bis 1919 Leitung der Mährischen Orgelschule in Brünn, aus der 1919 das Konservatorium (heute: Musikakademie) hervorging. Daneben tätig als Dirigent, Publizist; 1894 Vorsitzender der ethnografischen Sektion für Musik in Mähren zur Sammlung und Edition von mährisch-slowakischen Volksliedern (zusammen mit František Bartoš). 1919–1925 Professor der Meisterschule für Komposition am Prager Konservatorium. 1896, 1902, 1904 Reisen nach Rußland und Polen, 1925 nach Venedig, 1926 nach London, 1927 nach Frankfurt/Main.

WERKE F. 2 INSTR.: Romanze Nr. 4 f. V., Kl. (1879); Dumka f. V., Kl. (1880); *Pohádka* (Märchen) f. Vc., Kl. (1910, Umarb. 1923); Presto f. Vc., Kl. (um 1910); Sonate f. V., Kl. (1913, Umarb. bis 1921); *Pochod Modráčků* (Marsch der Blaukehlchen) f. Pikk., Glockenspiel, Tamburin od. Kl. (1924; verwendet als 3. Satz des Bläsersextetts *Mládí*) – WERKE F. 4 INSTR.: 2 StrQu. (Z Podnětu L. N. Tolstého Kreutzerovy sonáty, Auf Anregung von L. N. Tolstois *Kreutzersonate*, 1923; *Listy důvěrné*, Intime Briefe, 1928) – WERKE F. 6 INSTR.: *Mládí* (Jugend), Suite f. Bläser (Fl., Ob., Klar., Hr., Fg., BKlar.) (1924) – WERKE F. 7 INSTR.: Concertino f. Kl. u. Kammerorch. (2 V., Va., Klar., Hr., Fg.) (1925) – WERKE F. 8 INSTR.: Capriccio f. Kl. linke Hand u. Kammerorch. (Fl./ Pikk., 2 Trp., 3 Pos., TenorTb.) (1926).

Verlag: L. J. Sämtliche Werke, hrsg. v. J. Burghauser u.a., Prag u. Kassel 1979 f.

Mit dem I. StrQu. (1923) begann J.s wesentlicher Beitrag zur Kammermusik. Parallel dazu komponierte er ab 1917 – von *Jenufa* (1904) abgesehen – seine bedeutendsten Opern und sinfonischen Werke. Die künstlerische Vitalität des 60–70jährigen ist in der Musikgeschichte ohne Beispiel.
J. erhielt eine gediegene, konservative Ausbildung. Dafür sind die Frühwerke Romanze (1879) und Dumka (1880) in ihrem traditionellen Zuschnitt typisch. (Eine Vielzahl seiner Jugendkompositionen hat J. später vernichtet.) Bald erkannte er jedoch, daß für ihn nicht die klassisch-romantische Tradition, der noch Bedřich Smetana und Antonín Dvořák verpflichtet waren, verbindlich sein konnte, sondern die Volksmusik seiner nordostmährischen Heimat. Über 20 Jahre sollten vergehen, ehe er einen Weg gefunden hatte, seinen Stil aus den Elementen der Volksmusik zu entfalten. Sie war für ihn die »Musik der Wahrheit«, wie er in seinem ersten Musikfeuilleton 1893 schrieb. Seit 1875 beschäftigte er sich intensiv als Sammler, Forscher und Herausgeber mährischer und mährisch-slowakischer Folklore. Bis 1916 galt J. daher nicht als Komponist, sondern als mährischer Sonderling und fanatischer Volksliedsammler. Seine Opern, Chöre, Orchestertänze wurden als folkloristische Kunst gewertet. Die Oper *Jenufa* (1904) mußte zwölf Jahre auf ihre Erstaufführung im Prager Nationaltheater warten.

Die mährisch-slowakische Folklore war für J. ein lebendiges Abbild vom Fühlen und Denken der Bauern seiner Heimat. Diese soziale Komponente hat sein künstlerisch–ästhetisches Konzept beeinflußt und seine Kompositionen geprägt. Zuallererst jedoch war die Volksmusik für ihn Ausdruck der menschlichen Seele. Um J.s Musik vollends begreifen zu können, müßte man die mährischen Dialekte verstehen und um deren Besonderheiten wissen: Härte, Bündigkeit, Rhythmik, Farbenreichtum der Vokale, Anmut der Silben, Worte und Intonation, dynamische Spannung und Melodik. Dies alles machte er vermittelt zum Grundmaterial seiner Kunst. Allerdings nicht, indem er die Folklore bearbeitete, sondern indem er sich an ihre emotionalen Wurzeln hielt. J. wollte die in dieser Musik schlummernden moralischen Kräfte erhalten. Neben der Musik interessierte ihn besonders auch ihr klingendes Umfeld: Er sammelte Sprechmotive und Geräusche, jedoch nicht um sie naturalistisch einzusetzen, sondern um ihren emotionalen Kern zu erfassen. Es gibt darum in J.s Werk kaum ein nachweisbares Zitat einer Volksmelodie. Aber alle Motive und Melodien sind den Originalen nachgebildet, enthalten deren Substanz. Eine Melodie ist für J. Ausdruck einer menschlichen Grundsituation. Daher entwirft das Melos in seinen Kompositionen ein Bild vom ganzen Lebensreichtum. Kulminationen dieser Art sind entscheidende inhaltliche Aspekte seiner Werke. Diese sind in der traditionellen Notenschrift des 19. Jahrhunderts notiert. Dadurch entstehen für den Interpreten etliche Schwierigkeiten.

In den Partituren fallen der Kontrastreichtum kurzer, oft wiederholter Motive auf, die Vorliebe für b-Tonarten, eine Häufung von Tempo– und Ausdruckswechsel auf kleinem Raum, jähe Übergänge, abrupte Schlüsse, das Nebeneinander von präzisen und scheinbar gestaltlosen Teilen.

J. weicht ab vom klassischen Modell der thematisch-motivischen Arbeit als geistvollem Umgang mit geistfähigem Material. Seine Art motivischer Arbeit ist einfach: Wiederholung, Sequenz, Abspaltung von Teilmotiven. Man wird Grundformen wie Sonate, Liedform erkennen können, doch J. stellt sie in Frage: Er ist nicht der Regisseur, der weiß, wie es ausgehen wird, sondern er läßt sich eher wie der uneingeweihte Zuschauer vom Schicksal der Themen treiben. Der Ablauf der kontrastierenden Elemente erscheint dennoch zwingend, denn J. kennt und gestaltet die Barrieren, vor denen seine Helden fallen. In der unkonventionellen, aber unmittelbaren Wirkung seiner Musik äußert sich letztlich ein tief im Inneren des Komponisten waltendes Bedürfnis nach unbändiger, absoluter Freiheit. Ihr utopisches Bild leuchtet aus allen seinen Werken.

J. nahm alle Lebensäußerungen seines sozialen Umfeldes primär musikalisch auf. Vieles notierte er spontan und ohne genaue Nachprüfung. Dadurch treten Widersprüche auf, die man zu Unrecht der Werkqualität anlastete. Die Autographen gleichen Skizzen, denn der Kompositionsprozeß war mit der ersten Niederschrift keineswegs abgeschlossen, sondern setzte sich über Abschriften bis hin zu Korrekturen bei Aufführungen fort (z.B. bei *Mládí*). Hierin ist jedoch keine Unentschiedenheit des Komponisten zu sehen. Musik konnte für ihn nur leben, wenn sie den sich ständig verändernden Stimmungen der Interpreten angeglichen wurde.

Eines der wichtigsten kompositionstechnischen Ordnungsprinzipien bei J. ist die Proportionalität der Tempi innerhalb eines Satzes. Über das richtige Tempo muß jedoch der Interpret im jeweiligen Augenblick selbst entscheiden. Die Metronomangaben sind nur ungefähre Richtwerte. Als geborener

Dramatiker begriff J. Komposition und Interpretation als Prozeß. Deshalb hat man versucht, mit hermeneutischen Methoden seiner Musik beizukommen. Man könnte J.s Werke aber wohl eher als ›Psychogramme‹ verstehen denn als eine vordergründige Darstellung von Seelenzuständen.

Nicht unbeträchtliche Schwierigkeiten in der Bewertung von J.s Leistung ergaben sich aus dem Umstand, das nach 1920 seine späte Kammermusik neben den neuesten Kompositionen von Igor Strawinsky, Béla Bartók, Arnold Schönberg, Paul Hindemith, Alban Berg und Sergej Prokofjew auf den Festen der Internationalen Gesellschaft für Neue Musik als Werke der Avantgarde aufgeführt wurden. Keines seiner Stücke bezieht jedoch seine Zeitbezogenheit aus den fortschreitenden Materialveränderungen der europäischen Moderne; in seiner Grundtendenz steht J. sogar im völligen Gegensatz zu den ästhetischen Auffassungen seiner Zeitgenossen. Er kam aus einem ländlichen Milieu, und jede Form europäischer Intellektualität war ihm fremd. »Ich halte mich an die Wurzeln des Lebens unseres Volkes, darum wachse ich und unterliege nicht«, bekannte er 1919. Am Ende des 20. Jahrhunderts zeigt sich, daß die existentiellen und philosophischen Aspekte des Lebens, des Menschen und seines Verhältnisses zur Natur in J.s Werken wachsende aktuelle Bedeutung bekommen. Damit tritt das rein musikhistorische Interesse zurück zugunsten einer notwendigen Neuentdeckung und Neubewertung seines Schaffens.

I. Streichquartett (1923)
Z Podnětu L. N. Tolstého Kreutzerovy sonáty (Auf Anregung von L. N. Tolstois *Kreutzersonate*)

Adagio (Con moto) – Con moto – Con moto (Vivace Andante) – Con moto (Adagio)
Dauer: ca. 17'30"

J., mit der russischen Literatur bestens vertraut, hatte sich bereits 1908/09 – ein 1908 komponiertes Kl.-Trio ist nur fragmentarisch überliefert und von Michal Hájku nach dem StrQu. von 1923 rekonstruiert worden – mit dem Stoff der *Kreutzersonate* beschäftigt. Mit dem I. StrQu. von 1923 gab J. seiner Idee eine endgültige Gestalt. Für seine Kunstanschauung und für die Umwertung einer literarischen Vorlage in Musik ist es aufschlußreich, daß er den Gehalt der *Kreutzersonate* nicht wie Tolstoi als peinigende und brennende Analyse der Ehe mit ihren erotischen Verhältnissen und sexuellen Mißverhältnissen sieht, sondern daß es ihm ausschließlich um das Schicksal der Frauengestalt geht. Das StrQu. steht zugleich im Zusammenhang mit J.s Beziehung zu Kamila Stösslová. Sie war von 1917 an bis zu seinem Tod seine enge Vertraute. Mit ihrem Wesen hat er sich in vielen Werken beschäftigt. Am Ende seines Lebens schrieb er ihr ›Intime Briefe‹ in Form des II. StQu.s.

Das erste Motiv des **1. Satzes** – nur zwei Takte lang – hat sogleich jenen leidenschaftlichen Gestus, der durch den Quartanstieg, die Dynamik, den Sekundvorhalt fis vor e und das Tremolo bestimmt ist. Ein zweites Motiv von neun Takten, aus zweitaktigen Motivkernen zusammengesetzt, kontrastiert in Tempo, Ausdruck und ›Instrumentierung‹. Durch einen nacherlebbaren kompositorischen Prozeß (z.B. mehrfache Wiederholung der Grundkonstellation des 1. und 2. Motivs, Hinzufügen eines 4. Instruments und einer Spielfigur, die dem Motiv verwandt ist; Erweiterung des Tonumfangs) will J. den

Hörer aufnahmebereit für das Schicksal der Frauengestalt machen. Durch die fortwährende Arbeit mit dem gegebenen Material erschließt sich das Verständnis für das Hauptmotiv jedoch erst mit dem 4.Satz ganz. Form konstituiert sich bei J. durch Reihung kontrastierender Abschnitte, die aus Themen oder Flächen bestehen. Doch aus dem oft beziehungslos scheinenden Nebeneinander der Teile folgen blitzartige Erhellungen, dramatische Höhepunkte von kurzer Dauer, neue Aufschwünge, die man nicht als Ergebnis thematischer Arbeit betrachten kann. Sie sind Ausbrüche aus der Konvention, klangvolle Manifestationen von Freiheit.

Ein tänzerischer Charakter bestimmt den **2. Satz**. Mehrere Anläufe des Grundmotivs finden jedoch kein Ziel, sondern werden von einer sul ponticello–Partie abgelöst, in der alle Bewegung abgestorben scheint.

Auf dem Höhepunkt der nun folgenden dynamischen Entwicklung geht die Melodie in Viertel-Akkorden auf, Generalpausen halten die Spannung, welche sich in pp-Akkorden löst. Im 2. Teil des Satzes ist der Akkord-Komplex in das tänzerische Motiv einmontiert. Die melodische Floskel wird bedeutend vergrößert, und sie bestimmt, über einer geschärften ostinaten Figur, den Satzschluß.

Im **3. Satz** stehen schroff nebeneinander ein ruhiges, kanonisch geführtes Thema und eine aus dessen Schlußglied gewonnene hektische 32tel–Bewegung. Der aus ihr entwickelte Vivace–Abschnitt reißt alle Dämme nieder, dynamisch forciert, harmonisch geschärft, mit treibenden Synkopen. Nach dem plötzlichen Abschluß werden im Andante Thementeile des Vivace bis zu 32teln diminuiert. Unvermutet setzt der Satzhöhepunkt ein; Melos und Bewegung sinken in den letzten 14 Takten rasch zusammen.

Ein mehrfacher Wechsel zwischen dem Hauptmotiv aus dem 1. Satz mit einer unbegleiteten as–Moll–Melodie in der 1. V. (lugubre) prägt den **Finale**beginn. Analog zum 1. Satz folgt auch hier eine über einer ostinaten Spielfigur sich erhebende Melodie (1. V.). Chromatik und Quartabstieg (Charakteristikum des Hauptmotivs) bestimmen diesen Teil. Aus der melodischen Floskel entwickelt sich eine Ostinato–Bewegung, die in eine dramatisch aufgesplitterte Phase treibt. Der Rhythmus wird härter; das aus dem Meno mosso gewonnene Thema überlagert die eben gebildete Gestalt. Der Schluß in as–Moll ist keine Synthese, sondern eine Montage von Synkopen und triolischem Rhythmus, der gegen den 6/16–Takt gebürstet ist.

Innerhalb der zyklischen Form des StrQu.s findet ein fortschreitender Prozeß der Melodisierung und gleichzeitig damit eine allmähliche Verstärkung dieses Ausdrucksparameters statt. Im 4. Satz (T. 126–166) ist die Kulmination erreicht.

II. Streichquartett (1928)
Listy důvěrné (Intime Briefe)

Andante – Adagio – Moderato – Allegro
Dauer: ca: 24'30"

Am Ende seines Lebens schuf J. zwei Werke, aus denen sein tiefer Glaube an die Kraft der menschlichen Existenz spricht: Die Oper *Aus einem Totenhaus* (1927/28) mit dem Motto »In jeder Kreatur lebt ein Funke Gottes« und das II. StrQu. als Bekenntnis zum Eros.

Im Februar 1928 hatte der 74jährige Komponist der damals 36jährigen Kamila Stösslová mitgeteilt: »Jetzt habe ich begonnen, etwas Schönes zu schreiben. Unser Leben wird darin enthalten sein. Es soll ›Liebesbriefe‹ heißen. Ich glaube, es wird reizend klingen. Wir hatten ja genug Erlebnisse! Die werden wie kleine Feuer in meiner Seele sein und in ihr die schönsten Melodien entfachen ... Das Ganze wird hauptsächlich ein besonderes Instrument enthalten. Es heißt Viola d'amour – Liebesviola. Ach, ich freue mich darauf...« Und am 15. 4. 1928: »Es ist meine erste Komposition, deren Töne von all dem Liebenswürdigen durchglüht sind, was wir miteinander erlebt haben. Hinter jedem Ton stehst Du, lebhaft, nahe, strahlend vor Liebe.« Am 8. 6. 1928 hieß es: »Deine Erscheinung hat mich befreit ... seit elf Jahren bist Du mir, ohne es zu wissen, überall Beschützerin ... in meinen Kompositionen, dort, wo reines Gefühl, Aufrichtigkeit, Wahrheit, glühende Liebe wärmt, bist Du ...«.

Auch wenn diese Empfindungen den Komponisten bei seiner Arbeit am II. StrQu. bewegt haben, läßt sich das Künstlerisch-Übergreifende einzig und allein am ›Schicksal‹ der Themen ablesen. Ausgangspunkt ist die grandiose Steigerung des Hauptthemas, die sich im **1. Satz** über 100 Takte erstreckt. J. gewinnt sie aus einer thematischen Gestalt, die in verschiedenen Ausdrucksweisen präsentiert wird. Die erste drängt sich entschlossen, aber noch stokkend vor; die zweite ist fast leer, wie suchend. Erst allmählich wird die Faktur dichter, und über einer der bei J. so beliebten Spielfiguren als Bindemittel unterschiedlicher thematischer Köpfe erhält auch die zweite Ausdrucksweise im ff der Oktaven in beiden V. eine Angleichung an das erste Motiv. Ruhig aus der Tiefe aufsteigend folgt ein dem Grundgestus des Beginns verwandtes lyrisches, breit strömendes Thema. Es beherrscht fast ausschließlich den Schluß des 300 Takte langen Satzes.

Dem **2. Satz** liegt ein Zwei–Takt–Motiv zugrunde, an dem in langsamem wie in raschem Tempo festgehalten wird: Für J. sind Motive nicht primär Ausdrucksträger einer bestimmten Emotion, sondern die Vielzahl verwandter Empfindungen läßt die Verwendung ein und desselben Motivs in verschiedenen Ausdrucksformen zu. Ein Presto–Teil mit engschrittiger Motivik kontrastiert mit dem lyrischen Beginn und mündet in einen fahlen Grave–Abschnitt, dessen Bewegung trotz des Espressivos bis zum Schluß erhalten bleibt.

Wie in einer Reminiszenz werden beide Hauptmotive aus dem 1. Satz zitiert, aber komplettiert durch Gegenstimmen bzw. vierstimmige Harmonien, als erfülle sich erst jetzt der Sinn der anfangs ›leeren‹ Motive. Auch im **3. Satz** verfährt J. in vergleichbarer Weise mit dem Motivmaterial. Man vergleiche dazu 2. V. und Va. im ersten Takt mit dem Adagio-Thema T. 29 der 1. V.

Der **Schlußsatz** wird durch eine stilisierte Tanzweise eröffnet. Aus ihr erwächst ein Trillermotiv, das immer größeren Raum einnimmt. Zugleich erscheinen – im Gegensatz zu allen anderen Werken J.s – motivische Gestalten, die immer weniger ausgeformt sind: Die Faktur lockert sich. Statt eines hymnischen Finales mit erfüllter Melodik werden eintaktige Motive wiederholt, spielen Tremolo–Figuren eine bevorzugte Rolle. J. verzichtet auf eine melodische Apotheose. Das Werk bleibt offen, bricht ab.

Reiner Zimmermann

Mládí. *Die Jugend* Bläsersextett (1924)
für Flöte/Pikkoloflöte, Oboe, Klarinette, Horn, Fagott, Baßklarinette

Allegro – Andante sostenuto – Vivace – Allegro animato. Vivace
Dauer: 17'
Verlag: ED Prag 1925; Kritische GA Serie E, Band 6

»Ich habe hier so eine Art Jugenderinnerungen komponiert«, berichtete der am 3. Juli 1924 siebzig Jahre alt gewordene J. am 24. Juli 1924 aus seinem Geburtsort Hukvaldy der vertrauten Freundin Stösslová. Durch Max Brod, der für eine geplante J.-Biographie um Informationen gebeten hatte, war J. die eigene Jugendzeit wieder sehr nahe gerückt. Anlaß genug, sie nun auch künstlerisch zu verarbeiten. Die Besetzung für das neue Werk stand sofort fest: 1923 war J. auf dem IGNM-Fest in Salzburg erstmals mit der internationalen zeitgenössischen Bläserkammermusik, u.a. mit Albert Roussels Divertimento für Bläserquintett und Kl., in Berührung gekommen. Seither setzte er sich mit diesem Genre auseinander.

In der Form griff J. auf das bewährte Modell der Suite zurück: Zwei schnelle Rondo-Ecksätze umrahmen ein Andante, in welchem Rondo- und Variationsform miteinander verknüpft sind, und ein Scherzo, den 3. Satz. Für diesen hatte J. den *Pochod Modráčků* verarbeitet, den ebenfalls 1924 komponierten *Marsch der Blaukehlchen* für Pikk., Schellen und Tamburin oder Kl. (Blaukehlchen wurden wegen ihrer hellblauen Uniform die Sängerknaben am Alt-Brünner Augustiner-Stift genannt, in das der damals achtjährige J. 1866 als Fundalist eingetreten war). Der Satz ist zugleich eine Reminiszenz an die preußische Militärmusik. Sie hatte J. im März 1924 in Berlin während der Einstudierung der *Jenufa* an der Staatsoper unter Erich Kleiber gehört und wurde sogleich an ein Ereignis aus dem Jahre 1866 (im Streit um die Verwaltung Schleswig-Holsteins unterlagen die Österreicher in einem kurzen Krieg den Preußen) erinnert, das J. in einem Feuilleton vom 15. 5. 1924 mit dem Titel ›Berlin‹ schildert: »Der Altbrünner Klosterplatz füllte sich...mit dem Grau und Rot der preußischen Soldaten. Blechtrommeln wirbelten und über ihnen pfiffen die schrillen Pikkoloflöten. Eine wilde, mitreißende Musik. Heute noch klingt und braust sie mir in den Ohren...«. Preußische Militärmusik mit mährisch-böhmischen Vorzeichen, nachgezeichnet mit stilistischem Fingerspitzengefühl und klanglicher Finesse.

Den inneren Zusammenhang zwischen den vier Sätzen stiftet das von der Sprachmelodie der tschechischen Worte ›Mládí, zlaté mládí‹ – ›Jugend, gold'ne Jugend‹ abgeleitete Motiv, mit dem die Ob. devisenartig das Bläsersextett eröffnet; melodische Keimzelle auch für den 2. und 4. Satz:

J., zutiefst überzeugt von »der musikalischen Seite der lebenden Sprache« und davon, »daß alle melodischen und harmonischen Rätsel in der Musik überhaupt rhythmisch und melodisch nur aus dem Tonfall der Sprache gelöst werden können« (am 18. 4. 1926 in einem Brief an Jan Mikota), entwickelte seine Themen aus Sprachmelodie und Sprachrhythmus. Die melodischen Linien in allen vier Sätzen des Bläsersextetts *Mládí* besitzen einen sprachlichen Duktus, sind in Perioden von unterschiedlicher Dauer – häufig verbunden mit jähen Tempo- und Stimmungsumschwüngen – eingeteilt, vergleichbar den Versen und Reimen in einer Dichtung. Die innere Einheit zwischen den vier Sätzen stellt J. zudem durch rhythmische (z.B. durch das Verhältnis 3 : 2 oder durch den Hinweis auf siebzehn 16tel in einem Takt) und melodisch-harmonische ›Keimzellen‹ her. So werden gleich zu Beginn des 1. Satzes im Hauptthema Terz und Quart (siehe auch das Katja-Quartthema in der Oper *Katja Kabanowa*, 1919–1921) als Bausteine für die vielfältigen melodischen Formen exponiert.

Im zweiten Thema des 1. Satzes ist die für J.s Spätstil charakteristische Polyrhythmik voll ausgeprägt: Ob. und Klar. spielen eine synkopische Melodie im Dreiachtel-Takt; das Fg. bildet mit einer Zweiunddreißigstel-Quintole dazu den rhythmischen Kontrapunkt.

Beide Linien erhalten durch die spezifische Klangfarbe der jeweiligen Instrumente bzw. Instrumentengruppe ihr unverwechselbares Profil. Mit diesem selbstverständlichen Sachverhalt arbeitet J. jedoch in neuer, ungewohnter Weise: Er läßt die Farben seiner Instrumentalklänge »gleichsam ausfließen«, erreicht ihre »naturhafte Entfaltung« (Dieter Schnebel), indem er sie vielfach variiert, verkleinert und ausweitet, verdichtet und auflichtet, Zusammenhänge herstellt und so ein Ganzes entstehen läßt. Dialogische Strukturen werden durch das Mit- und Nacheinander von solistischen Passagen und Gruppenbewegungen entwickelt. Doch auch hierbei geht es J. nicht um ein harmonisches Ineinanderfließen der Klangfarben, sondern um das jeweils Eigene, die spezifische Idiomatik der einzelnen Instrumente. Die Klangfarbenspektren grundiert J. mit dunklen, kargen und häufig über mehrere Takte gebundenen Basistönen (Fg., BKlar.), vergleichbar dem Basso ostinato in der Musik des 17. und 18. Jahrhunderts. Über diesen Basistönen werden als selbständige Parameter »naturhafte« Klangstrukturen, ausgeprägte Farblinien entfaltet.

Im Rahmen der Feierlichkeiten zu J.s 70. Geburtstages erklang das Bläsersextett *Mládí* am 21. 10. 1924 zum ersten Mal im Brünner Konservatorium – wegen eines technischen Mißgeschicks (die Klar. hatte einen irreparablen Defekt) ohne sonderlichen Erfolg. Danach revidierte J. sein Werk, das – nunmehr erfolgreich – durch das Kammerensemble der Tschechischen Philharmonie am 28. 11. 1924 im Saal des Prager Mozarteums erneut uraufgeführt wurde.

Ingeborg Allihn

André Jolivet

geb. 8. 8. 1905 Paris, gest. 20. 12. 1974 Paris; bereits in der Kindheit Beschäftigung mit Malerei, Dichtung, Musik; später Studien der Soziologie und Philosophie; daneben Malversuche zusammen mit dem Kubisten Georges Valmier (1885–1937); Kompositionsstudien, Orgel-Unterricht; ab 1927 systematischer Unterricht, 1928–1933 bei Paul le Flem (Kontrapunkt, Fuge, Harmonielehre); 1930–1933 Schüler von Edgar Varèse, untersucht gemeinsam mit ihm Verbindungen von Musik mit metaphysisch-esoteri-

schen Konzeptionen; 1934 Bekanntschaft mit Olivier Messiaen; 1936 Gründung der ›Jeune France‹ (gemeinsam mit Messiaen, Daniel Lesur und Yves Baudrier, der das ästhetische Programm der Gruppe entwirft); 1945–1959 musikalischer Direktor der Comédie Française; ab 1948 Vorträge und Dirigate auch außerhalb Frankreichs; 1959–1962 Conseiller technique à la Direction des Arts et Lettres; 1962–1966 Professor für Komposition am Conservatoire National Supérieur de Musique de Paris, 1966–1970 am Pariser Conservatoire.

WERKE F. 1 INSTR.: Cinq Incantations f. Fl. (1936); Incantation f. Fl./V. od. Ondes Martenot (1937); Deux Etudes de concert f. Git. (1963); Prélude f. Hf. (1965); Suite rhapsodique f. V. (1965); Suite en concert f. Vc. (1965); Cinq Eglogues Va. (1967); *Ascèses* f. Fl./Klar. (1967); *Pipeaubec* f. Blfl. (1967); *Tombeau de Robert de Visée* f. Git. (1967) – WERKE F. 2 INSTR.: Air pour bercer f. V., Kl. (1930); Grave et gigue f. V., Kl. (1930); Trois Poèmes f. Ondes Martenot u. Kl. (1935); Nocturne f. V., Kl. (1943); *Chant de Linos* f. Fl., Kl. (1944; auch Fassung f. Fl./V./Va./Vc. u. Hf.;); Sérénade f. Ob., Kl. (1945); Air de bravoure f. Trp., Kl., 1952); Fantaisie-Caprice f. Fl., Kl. (1953); *Cabrioles* f. Fl., Kl. (1953); *Chant pour les piroguiers de l'Orénoqe* f. Ob., Kl. (1953); Fantaisie-Impromptu f. Sax., Kl. (1953); *Méditation* f. Klar., Kl. (1954); Sérénade f. 2 Git. (1956); Sonate f. Fl., Kl. (1958); Sonatine f. Fl., Klar. (1961); *Alla rustica* f. Fl., Hf. (1963); Sonatine f. Ob., Fg. (1963); Suite en concert f. Fl., Schlzg. (1965); *Controversia* f. Ob., Hf. (1968); Arioso Barocco f. Trp., Org. (1968); *Heptade* f. Trp., Schlzg. (1971) – WERKE F. 3 INSTR.: Suite f. Streichtrio (1930); Pastorales de Noël f. Fl., Fg., Hf. (1943) – WERKE F. 4 INSTR.: StrQu. (1934) – WERKE F. 5 INSTR.: Sérénade f. Fl., Ob., Klar., Hr., Fg. (1945) – WERKE F. 7 INSTR.: Rhapsodie à sept (1957) – WERKE F. KAMMERENSEMBLE: *Suite Delphique* f. 12 Instr. (1943); Douze inventions f. 12 Instr. (1966); *Yin-Yang* f. 11 Streicher (1973); *La Flèche du Temps* f. 12 Streicher (1973).

Verlag: Leduc Paris.

Als am 3. Juni 1936, begleitet vom Manifest Yves Baudriers, das erste Konzert der ›Jeune France‹ stattfand, schien sich eine Rückkehr zur musikalischen Romantik anzubahnen, zu Hector Berlioz, mit dem der Name der Gruppe ausdrücklich (auch aus politischen Gründen) in Verbindung steht – aber nicht nur eine Rückkehr zu Berlioz, sondern auch eine deutliche Opposition gegenüber dem damals alles beherrschenden Klassizismus. Die Lebensbedingungen seien härter und härter geworden, mechanischer und unpersönlicher, heißt es in dem Manifest, und die Musik müsse darauf reagieren. Man forderte eine lebendige Musik, die getragen sei von Aufrichtigkeit, Großmut und Kunstverstand, und man wandte sich gegen eine veraltet akademische und veraltet revolutionäre Musik.

Allerdings war für A. J. damit mehr verbunden: Kompositionstechnisch eine Rückkehr auch zur französischen Musik des 14. bis 16. Jahrhunderts – ohne dabei allerdings das Werk Béla Bartóks oder Arnold Schönbergs auszulassen. J. hat Schönberg zwar bewundert, jedoch von dessen Zwölfton-Methode keinen Gebrauch gemacht. Grundsätzlicher scheint J.s Musikdenken durch Edgar Varèse geprägt worden zu sein, von dessen Suche nach einer Verbindung von Ästhetik, Ethik, ja Religiösem mit Musik; eine Hinwendung auch zu außereuropäischen Quellen. Auf diese Tendenz hat Mitte der 30er Jahre bereits Olivier Messiaen in seiner Einleitung zu *Mana* (für Kl.) aufmerksam gemacht; der Titel selbst ist ein melanesisches Wort und bedeutet übernatürliche Kraft. Die Art der Melodiebildung, die Behandlung des Rhythmus' in *Mana* verweist auf die fünf *Incantations* für Fl. (1936), die *Ascèses* für Fl. oder Klar. (1967) oder den *Chant de Linos* für Fl. und Kl. (1944), jeweils Kammermusik, die einen großen Teil von J.s Schaffen ausmacht und in der Vielfalt der Besetzungen und ihrer inneren Einheit in der französischen Musik zwischen 1930 und 1970 einzig dasteht.

Während der Jahre bis zum Beginn des 2. Weltkriegs überwiegt in J.s kammermusikalischen Werken Experimentelles, eine Tendenz, die er – auch mit Rücksicht auf sein Publikum – nach 1939 zurücknahm: »Ein Komponist schreibt für seine Zeitgenossen und nicht für seine Urgroßneffen«, äußerte er damals. Nach Kriegsende 1945, in der Zeit der großen Orchesterwerke, gelingt es J., beide Bereiche: das Experimentelle und das Allgemeinverständliche zusammenzuschließen durch das ›Natur-Magische‹ seiner musikästhetischen Auffassungen, was er beziehungsreich ›incantation‹ nennt. ›Incantation‹ bedeutet Zauberspruch; und in diesem Sinne, nämlich von Beschwörung, von Anrufung läßt sich vieles in J.s Musik verstehen. Für ihn gibt es eine innige Verbindung zwischen Musik und Natur. Nur so ist das freie Schwingen seiner rhythmischen Phrasen zu verstehen, das unausgesetzte Verändern kleiner melodischer Zellen, ihre Wiederholungen, Ergänzungen, das Auf- und Abschwellen von melodischer Spannung. Und vor diesem philosophisch-ästhetischen Hintergrund erklärt sich auch, warum die Fl. in seinem Werk eine so dominierende Rolle spielt. J. setzte sie der menschlichen Stimme gleich, er glaubte, »daß die Flöte das beste Mittel zum Ausdruck jener Gefühle ist, die uns nicht nur mit unseren Mitmenschen, mit allen Wesen, die auf der Erde gelebt haben, sondern mit der Gesamtheit der Kräfte, die die Welt bilden, verbinden.« (Zitat nach Anne-Marie Réby)

Le Chant de Linos (1944)
für Flöte, Violine, Viola, Violoncello und Harfe

einsätzig
Dauer: ca. 11'
Verlag: Alphonse Leduc & Cie. Paris, ED: 1954

Scheinbar zur Sprache gebracht wird die Stimme der Fl. im *Chant de Linos* (1944) – virtuos in bezug auf Kompositionstechnik, in jeder Hinsicht absolut virtuos für Musiker. Der Gesang des Linos, sagt J., »war in der griechischen Antike eine Variation des Threnos: eine Lamentation, eine von Schreien und Tänzen unterbrochene Totenklage«. Man kann die Wahl dieses mythischen Sujets aus den Zeit-Umständen, aus Tod und Vernichtung während des 2. Weltkriegs heraus verstehen. Aber unabhängig davon, ob man diese zeitgeschichtlichen Hintergründe einbezieht – der suggestiven Kraft der Musik kann man sich kaum entziehen. Anrufung und Tanz und Totenklage werden in der Tat musikalisch-rhetorisch sinnfällig, ohne in plattes Abschildern einer vorgestellten Szene abzugleiten. Die kompositorischen Mittel sind für J. typisch: Die melodisch-variierende Wiederholung von kurzen Ton-Reihen, verbunden mit rhythmischen Veränderungen.

Solche Satztechniken haben etwas Beharrendes, Beschwörendes, gleichzeitig wirken sie irrational, denn sie haben kaum einen Halt in gewohnten metrischen Einheiten; die eben fließen, ohne doch jemals zu zerfließen.

Norbert Albrecht

Mauricio Kagel

geb. 24. 12. 1931 Buenos Aires; Nachfahre russisch-deutsch-jüdischer Einwanderer. Private und autodidaktische Musikstudien (Kl., Klar., Vc., Org., Gesang, Dirigieren, Musiktheorie), später Studium der Literaturgeschichte (bei Jorge Luis Borges) und Philosophie an der Universität Buenos Aires. Mitarbeiter der ›Agrupación Nueva Música‹ um Juan Carlos Paz. 1950 Mitbegründer der ›Cinémathèque Argentine‹, 1952 Film- und Fotokritiker. 1955 Studienleiter an der Kammeroper sowie Korrepetitor (Assistent von Erich Kleiber) und Dirigent am Teatro Colón Buenos Aires. Seit 1957 in Köln ansässig; 1980 Erwerb der deutschen Staatsbürgerschaft. Neben kompositorischer Arbeit vielfältige Lehrtätigkeit, u. a. 1960–1966 Dozent bei den Darmstädter Ferienkursen für Neue Musik, 1965 Professor für Komposition an der State University of New York in Buffalo. Seit 1974 Professor für Neues Musiktheater an der Kölner Musikhochschule. Dirigent und Regisseur seines umfangreichen Œuvres. 1975 und 1991 Publikation von Sammelbänden eigener Schriften.

WERKE F. 1 INSTR.: *Pandorasbox*/Bandoneonpiece f. Bandoneon (1960); *Mirum* f. Tuba (1965); *Atem* f. einen Bläser (1970); Morceau de Concours f. einen Trompeter (1970); General Bass f. kontinuierl. Instrumentalklänge (1972); *Siegfriedp'* f. Vc. (1972); *Rrrrrrr...: Old/New* f. V./Klar. (1986); *Old/ New* – Studie f. Solotrp. (1986); *Episoden, Figuren* – Solo f. Akk. (1993); *Schattenklänge*. Drei Stücke f. BKlar. (1995) – WERKE F. 2 INSTR./SPIELER: Morceau de Concours f. 2 Trp. (1972); *Unguis incarnatus est* f. Kl. u. ... (Instr. zwischen Kontra-B und c") (1972); Zwei-Mann-Orchester f. 2 Ein-Mann-Orchester (1973); *Klangwölfe* f. V. u. Kl. (1979); *Rrrrrrr...,* 6 Schlzg.-Duos: Railroad-Drama, Ranz de Vaches (m. Tonband), Rigaudon, Rim Shots & Co., Ruf, Rutscher (1982); *Rrrrrrr...*: Rackett f. BKlar./Klar. u. Kl., Reeds f. ASax. u. Kl. (1982); Ce-a-ge-e f. Kl. u. Harmonizer (1987); Phantasiestück f. Fl. (auch AFl., Pikk.) u. Kl. (1988); Zwei Akte – Grand Duo f. Sax.(Sopranino-Sax., ASax., Bar.-Sax.) u. Hf. (1989); *L'Art bruit* – Solo f. zwei Schlzg. (1995) – WERKE F. 3 INSTR./SPIELER: *Match* f. drei Spieler (2 Vc., Schlzg.) (1964); *Unter Strom* f. drei Spieler (Git. u. experimentelle Klangerzeuger) (1969); *Tactil* f. drei (2 Git., Kl., Mundharm. u. experiment. Klangerz.) (1970); *Con voce* f. drei stumme Spieler (Bes. ad lib.) (1973); Dressur – Schlzg.-Trio f. Holzinstr. (1977); *Rrrrrrr ...*: Rrrrrrr-Bop f. Klar., V., Kl., Riff f. BKlar., V., Kl. (1982); Trio f. V., Vc., Kl. (1985); *Aus dem Nachlass* f. Va., Vc., Kb. (1986); Serenade f. drei Spieler (1.: Pikk., Fl., AFl., BFl.; 2.: span. Git., TBanjo, Ukul., Mand.; 3.: Schlzg.) (1995); Auftakte, sechshändig, f. Kl. u. zwei Schlzg. (1996) – WERKE F. 4 INSTR./SPIELER: Variaciones para Cuarteto Mixto f. Fl., Klar., V., Vc. (1952/94); 4 StrQu. (Nr. I u. II 1967, III 1987, IV 1993); Charakterstück f. Zitherquartett (1972); Tango Alemán f. Singst., V., Bandoneon, Kl. (1978); Blue's Blue – Eine musikethnologische Rekonstruktion f. vier Spieler (Bes. ad. lib.) (1979); *For us: happy birthday to you!* f. 4 Vc. (1987); Fanfanfaren f. 4 Trp. (1993) – WERKE F. 5 INSTR./SPIELER: Sonant f. Git., Hf., Kb., 2 Schlzg. (1960); *Pas de cinq* – Fassung f. 5 Schlzg. (1965); *Der Schall* f. 5 Spieler (div. Instr. u. experiment. Klangerz.) (1968); *Spielplan* – Instrumentalmusik in Aktion f. 5 – 7 Spieler (Schlzg. u. experiment. Klangerz.) (1971); *Aus Zungen Stimmen* f. Akk.-Quintett (1972); *Pan* f. Pikk., StrQu. (1985) – WERKE F. 6 INSTR./SPIELER: Sexteto de Cuerdas f. 2 V., 2 Va., 2 Vc. (1953/1957); *Exotica* f. außereuropäische Instr. (6 Spieler) (1972); *Variété* – Konzertante Fassung f. Klar. (auch BKlar. u. ASax.), Trp., Vc., Akk., Kl. (auch elektr. Org.) Schlzg. (1977) – WERKE F. 7 INSTR.: Phantasiestück f. Fl. u. Kl. m. Begl. (Klar., BKlar., V., Va., Vc.) (1988) – WERKE F. 8 INSTR./SPIELER: Zehn Märsche um den Sieg zu verfehlen f. 6 reale Stimmen (Bes. ad lib. f. 6 oder mehr Instr.) u. 2 Schlzg. (1979); *For us: happy birthday to you!* – Bearb. f. Pikk./AFl., Klar., Mand., Git., Hf., Schlzg., V., Kb. (1990) – WERKE F. KAMMERENSEMBLE: *Prima Vista* f. Diapositivbilder u. unbestimmte Anzahl von Schallquellen (1964); Kammermusik f. Renaissance-Instr. f. 2 – 22 Spieler (1966); Musik f. Renaissance-Instr. f. 23 Spieler (1966); *Ludwig van* – Hommage von

Beethoven (Bes. ad lib.) (1970); *Freifahrt* – Gleitende Kammermusik (mind. je 2 Bläser, Streicher, Schlzg.) (1971); *Abend* f. Doppelvokalquartett, Pos.-Quintett, elektr. Org., Kl. (1972); *Musi* f. Zupforchester (1972); *1898* f. Kinderstimmen u. Instr. (11 – 17 Spieler, Bes. ad lib.) (1973); Finale mit Kammerensemble (Fl./Pikk., Ob., Klar., BKlar., Fg., Hr., Trp., Pos., Tb., Kl., V., Va., Vc., Kb., Schlzg.) (1981); *Rrrrrrr...*: 11 Stücke f. Bläser (3 Fl./Pikk., 2 Ob., EHr., Es-Klar., Klar., BKlar., ASax., 2 Fg., KFg., 2 Hr., 2 Trp., 2 Pos., Tb., Kb. (4) u. Schlzg. (Pk. u. 2 Schlzg.): Raccontando, Rauschpfeifen, Rejdovák, Register, Réjouissance, Reprisen, Reveille/Retraite, Rheinländer, Ritornell I, Ritornell II, Rhapsodie (1982); *Die Stücke der Windrose* f. Salonorchester (Klar., Kl., Harm., Stehgeiger, V., Va., Vc., Kb., Schlzg.): *Osten* (1989), *Süden* (1989), *Nordosten* (1990), *Nordwesten* (1991), *Südosten* (1991), *Südwesten* (1993), *Westen* (1994), *Norden* (1994); Orchestrion-Straat f. Kammerens. (2 Fl., 2 Klar., ASax., 2 Trp., 2 Tb., 2 Schlzg., Akk., Kl., 2 V., 2 Vc., 2 Kb.) (1996) – WERKE M. TONBAND OD. ELEKTRONISCHEN KLÄNGEN: Transición II f. Kl., Schlzg. u. 2 Tonbänder (1958); *Acustica* – Musik f. experiment. Klangerz., Lautsprecher u. 2–5 Spieler (1970); *Kantrimiusik* – Pastorale f. Stimmen u. Instr. (3 Singst., V., Klar., Trp., Tb., Kl., 2 Git.) (1975); *Szenario* f. Str. u. Tonband (1982).

Verlag: UE, London; Edition C. F. Peters, Frankfurt a. M.

Etwa ein Drittel der über 150 Werke K.s ist der Kammermusik im engeren Sinne zuzurechnen. Daß die übrigen zwei Drittel sich auf die Sparten Kl.-, Org.-, Vokal- und Orchestermusik, Bühnenwerk, Elektronische Musik, Hörspiel und Film verteilen, unterstreicht allein schon den quantitativen Stellenwert der Kammermusik in K.s Œuvre und illustriert zugleich die außergewöhnliche Vielseitigkeit dieses Komponisten. Triebfeder seines pausenlosen, von Krisen scheinbar nie belasteten Schaffens ist ein enzyklopädisches Interesse, das für eine grenzenlose Fülle und Vielfalt an musikalischen und außermusikalischen Sujets sorgt, wovon auch die hier versammelten Werktitel und Besetzungen künden. K.s Aufmerksamkeit ist dabei besonders auf die Zwischenbereiche und spannungsvollen Verflechtungen gerichtet. Die Konsequenz ist nicht nur, daß sich seine Kammermusik inhaltlich prinzipiell nicht von seinen anderen Werken unterscheidet. Da sich für ihn komponierbares Material nicht nur auf Töne beschränkt, sind auch die Gattungsgrenzen durchlässig. Schöpferischer Ansatzpunkt ist immer eine Grundidee, für deren Ausarbeitung dann taugliches Material zunächst systematisch zusammengetragen wird. Der Kompositionsvorgang selbst ist – auf serieller Basis – ein ›Componere‹ im wörtlichen Sinne: ›Zusammensetzen‹, die Montage von Materialzellen zu eigenständigen Schichten und deren komplexe vertikale und horizontale Verknüpfung. Die hierdurch realisierte maximale variative Entfaltung auch einfachsten musikalischen Materials und die beziehungsreiche Gleichzeitigkeit heterogener Elemente verleiht sämtlichen Werken kammermusikalische Eigenschaften. K.s eigentliches Opus 1 ist Kammermusik, sein Streichsextett, komponiert noch in Buenos Aires und revidiert nach seiner Ankunft in Köln. Angesichts der enormen Wandlungen des von ihm bis heute verwendeten musikalischen Materials frappiert im Rückblick die Konstanz dreier kompositorischer und ästhetischer Schwerpunkte: Bereits hier die völlig eigenständige, von keinerlei Gruppenzugehörigkeit abhängige komponierende Auseinandersetzung mit der Tradition (nämlich Arnold Schönberg; erinnert sei an Pierre Boulez' Diktum aus jener Zeit: »Schönberg est mort«), ein mehrschichtig-heterophoner Tonsatz und die hochdifferenzierte, vor allem an Übergängen orientierte Organisation des Klanges. In Deutschland erfolgt die Auseinandersetzung mit den aktuellen westeuropäischen kompositorischen Bestrebungen, die sich zunächst in *Transición II* – unbewußt das erste Stück live-elektronische Musik – niederschlägt. Der Aspekt des Übergangs (›Transición‹) ist hier in zweifacher Weise Inhalt. Zum einen formal: musikalische Form als kontinuierlicher Übergang, realisiert vor allem durch die bearbeiteten Zuspielungen von während der Aufführung bereits musizierten Abschnitten; zum andern wiederum den Klang betreffend, den K., indem der Schlagzeuger sich ausschließlich des Kl.s bedient, in vielfältiger Weise zum Geräuschhaften erweitert. Die Faszination vom Phänomen des Klanges prägt K.s kammermusikalische Arbeiten bis 1970. Daß die bei der Hervorbringung neuartiger Klänge auf herkömmlichen Musikinstrumenten (z. B. im StrQu. I/II) sowie bei der Verwendung experimenteller Klangerzeuger (z. B. in *Acustica*) anfallenden Tätigkeiten und Begleitumstände nicht unberücksichtigt blieben, sondern einbezogen, erweitert und als musikalisches Material eigener Art auskomponiert wurden, ist angesichts seiner schon früh ausgeprägten Neigung zu den visuellen Künsten eine logische Entwicklung. Durch die Verfilmung bzw. filmische Inszenierung von Stücken wie etwa *Match* konnte K. insbesondere die surrealen Anteile seines ›Instrumentalen Theaters‹, eine kammermusikalische Gattung sui generis, noch pointierter artikulieren. Die gleichsam komponierende Erforschung des Klanges führte nicht geradlinig zum größten Klangkörper. *Heterophonie* (1961) ist der Sonderfall eines solistisch strukturierten, aus tradierten kammermusikalischen Formationen heterophon addierten Orchesterstücks. Erst seit K. sich das musikalische Material nutzbar machte, das Tonalität zu erzeugen geeignet ist, aber von ihm konsequent aus atonaler Perspektive mit seriellen Methoden verarbeitet wird, entsteht Orchestermusik. K. nennt diese neue musikalische Sprache, in der seine grundlegenden Kompositionsprinzipien weiterhin Bestand haben, ›Serielle Tonalität‹. Ihre schrittweise Entwicklung erfolgte vor allem mit gering besetzten Werken, wobei die Reihungen terzgeschichteter Akkorde in *Abend* (1972) eine erste wichtige Station markieren. Fortan sind K.s Arbeiten der dezidierten Aneignung und Reflexion des Bestandes musikalischer Traditionen gewidmet. In der Kammermusik der 70er Jahre sind es diverse Genres der Unterhaltungsmusik; seitdem, beginnend mit der Werkreihe *Rrrrrrr...*, liegt der Schwerpunkt auf dem überlieferten Fundus an Formen, Gattungen und Stilen. Daß die vornehmlich in der Kammermusik erkennbare Tendenz, zunehmend ›absoluter‹ zu komponieren, in Stilreinheit münden werde, darf ausgeschlossen werden: »Ein wesentlicher Aspekt meiner Arbeit ist das strenge Komponieren mit nicht puristischen Elementen.«

Osten (1988/89)
für Salonorchester (Klarinette in B, Klavier, Harmonium, Stehgeiger, Violine, Viola, Violoncello, Kontrabaß, 1 Schlagzeug-Spieler: Tamburin, 2 Becken, 3 Triangel, Indische Schellen, 2 Paar Kastagnetten)

Dauer: ca. 5'45"
Verlag: Edition Peters Frankfurt/M.

Die acht Charakterstücke des Salonorchester-Zyklus' *Die Stücke der Windrose* handeln von der Relativität der Himmelsrichtungen, die – je nach Standort – mit unterschiedlichen Empfindungen, inneren Bildern, Sehnsüchten, Klängen und Rhythmen verbunden werden. *Nordwesten* (1991) etwa – aus der Perspektive des gebürtigen Argentiniers K. – evoziert die Folklore der südamerikanischen Anden. In welcher Richtung Osten liegt, bleibt am Ende des ersten Stücks des Zyklus' – trotz Klezmer-Klar., seufzender Geige und melancholischem Vc. – unklar aufgrund einer überraschenden stillen szenischen Aktion: »Jeder Mitwirkende schaut *sehr langsam* zu *seiner* Rechten (= ›Osten‹) und verharrt eine lange Fermate ausdruckslos in dieser Stellung« (Spielanweisung). Im Verlauf des Stückes erreicht K. die Aktivierung des Hörers durch diverse Methoden seiner ›Seriellen Tonalität‹. Allein schon die heterophone Überlagerung mehrerer, unabhängig voneinander strukturierter Schichten verhindert eine rein emotionale Wahrnehmung des an sich auf Einfühlung abzielenden musikalischen Materials. Innerhalb der Materialstränge sorgen aperiodische Reihungen vorgeordneter melodischer Modelle, rhythmischer Floskeln und Akkorde für Unvorhersehbarkeit und Täuschung. So besteht z. B. die begleitende Partie der tiefen Streicher in den Takten 1–14 aus im Quintabstand hin- und herpendelnden Einzeltönen und Sexten. Die willkürlich erscheinende Anzahl der Töne und Dauer der Pausen erzeugte K. durch Permutation der Zahlen 1 bis 6. Hiermit koordiniert, aber individuell strukturiert, spielt das Kl. alle zwölf Moll-Dreiklänge – indes nicht im Sinne funktionaler Tonalität, sondern Richtschnur ist die modale Reihung, die allerdings geeignet ist, eine Pseudo-Tonalität zu erzeugen. In Verbindung mit den Streichern geschieht dies ab T. 7: Sechsmal erklingt der a-Moll-Dreiklang und sechsmal es-Moll; im Kontext dieses Stückes die Illusion von Dominante und Tonika. Basismaterial der Klar.-Partie ist ein rhythmisches Modell aus zweimal zwei Sechzehnteln. Anzahl der Modelle pro Phrase sowie die Ausdehnung der Schlußtöne wurden durch eine Zahlenreihe ermittelt, die Tonhöhen des jeweiligen Phrasenbeginns und -endes entstammen einer Tonreihe. Der formale Bauplan ist – der Gattung gemäß – unkompliziert; es werden sogar Abschnitte wiederholt, ein Novum der späten 80er Jahre. Hinter dem beim ersten Einblick einfach dünkenden Partiturbild verbergen sich beträchtliche spieltechnische und interpretatorische Schwierigkeiten, Resultat der komplexen ›Variierenden Montage‹ einfachen Materials, verbunden mit einer Fülle artikulatorischer, dynamischer und klangfarblicher Spielanweisungen, die ebenso subtil und variantenreich rational organisiert wurden. »Meine Absicht war es immer, in meinen Stücken eine möglichst große Zahl von Situationen miteinander zu verknüpfen. Ich verlange von einem Kunstwerk, daß es unendlich viele Dimensionen ins Spiel bringt. Ich ziehe es vor, Dinge zu machen, die so komplex sind, daß jeder zu ihnen ein ganz persönliches Verhältnis finden kann, und daß ich selber sie noch nach Jahren mit frischen Augen sehe.«

Wieland Reich

Georg Katzer

geb. 10. 1. 1935 in Habelschwerdt (ehemals Schlesien, heute: Bystrzyca Klodzko, Polen). Nach 1945 Umsiedlung in die Nähe von Magdeburg. 1954 Übersiedlung nach Berlin. 1954–1959 Studium an der Hochschule für Musik Berlin (DDR) in den Fächern Kl., Theorie und Komposition bei

Rudolf Wagner-Régeny und ab 1958/59 bei Ruth Zechlin. 1957/58 Studium an der Akademie der musischen Künste Prag bei Karel Janeček (geb. 1903). 1961–1963 Meisterschüler an der Deutschen Akademie der Künste Berlin, bis 1962 bei Hanns Eisler, danach bei Leo Spies. Lebt seit 1963 freischaffend in Berlin, seit 1981 in Zeuthen. 1978 Leiter einer Meisterklasse für Komposition an der Akademie der Künste der DDR (Schüler: u. a. Ralf Hoyer, Christian Münch, Helmut Zapf, Matthias Kleemann, Lutz Glandien, Matthias Weißing, Helmut Oehring). Seit 1981 seminaristische Tätigkeit zur elektroakustischen Musik. Begründer der Werkstatt-Reihe *Kontakte* der Akademie der Künste. 1980 Dozentur an der Universität von East Lansing USA. 1984 Studienaufenthalt am Stockholmer Studio für Computermusik (EMS). Seit 1986 Künstlerischer Leiter des Studios für elektroakustische Musik der Akademie der Künste (seit 1994 Berlin-Brandenburg). Gründet 1986 zusammen mit Lothar Voigtländer die Gesellschaft für Elektroakustische Musik (der DDR). Zahlreiche Auszeichnungen und Ehrungen.

WERKE F. 1 INSTR.: *Dialog imaginär* f. Fl., Tonband (1981); *an einen abwesenden Freund* f. Vc. (1985); *Kette* f. Va. solo (1988); *Dialog imaginär* V f. Akk., Tonband (1993); *Dialog imaginär* VI f. TSax., Tonband (1994) – WERKE F. 2 INSTR./ 2 AUSF.: Sonate f. Fg., Kl. (1961); Sonate f. V., Kl. (1963); *Dialog* f. Fl., Kl. (1971); *Saitenspiele* f. Hf., Vc. (1976); *Stimmen der toten Dichter* f. S., Kl., Tonband (1977); Ballade f. Klar., Schlzg. (1981); elegisch, ma non troppo f. 2 Git. (1982); Lieder und Kommentare zu Ovid f. 2 Ob., Tonband (1982); *miteinander-gegeneinander* f. EHr., Va. (1983); Heiter, ma non troppo f. 2 Git., Live-Elekt. (1985); moments musicaux f. BKlar., Mar. (1985) – WERKE F. 3 INSTR.: Divertimento à trois – Trio ad libitum, z. B. f. Ob., Vc., Kl. (1969); *Zwei Verlautbarungen* f. V., Vc., Kl. (1976); *Essay avec Rimbaud* – Trio f. Ob., Vc., Kl. (mit Tonband) (1979); 5 Bagatellen f. V., Klar., Kl. (1981); Trio f. Akk., Git., V. (1987); Streichtrio (1993); *Odd and even* f. Fl., Schlzg., Kl. (1993); *Drei disparate Essays* f. Klar., V., Kl. (1995); *Klänge, Schattenklänge und mechanische Konstruktionen* f. 2 Kl., Schlzg. (1995) – WERKE F. 4 INSTR.: StrQu. Nr. 1 (1966/67); StrQu. Nr. 2 (1985); StrQu. Nr. 3 (1985/86); *Zungen und Saiten* f. Akk., V., Va., Vc. (1988/89); Sax.-Quartett (1993) – WERKE F. 5 INSTR./5 AUSF.: Bläserquintett (1962); StrQu. mit Gesang nach Sarah Kirsch (1968); Quintett f. 2 V., Va., Vc., Kl. (1972); Lieder nach Leising f. hohe Stimme, Klar., Vc., Kl., Schlzg. (1983); *La Mettrie oder Anmerkungen zum Maschinen-Menschen oder das Ende des mechanischen Zeitalters* f. Kl. u. 5 Instr. (1985/86); *La Mettrie II oder Anmerkungen zum Pflanzen-Menschen* f. Kl., Fl., Ob., Klar., Hr., Fg. (1988); Streichquintett (1990) – WERKE F. 6 INSTR.: Konzert f. Cemb., Bläserquintett (1977); *kommen und gehen* f. Bläserquintett, Kl. (1982); 3360 f. Bläserquintett, Kl. (1986) – WERKE F. 7 INSTR.: Septett f. Fl., Ob., Fg., V., Va., Kl. (1963) – WERKE F. 9 INSTR.: Sonate Nr. 3 Hommage à Jules Verne f. Ob., EHr., Pos., Schlzg., Kl., V., Va., Vc., Kb. (1971); Szene für Kammerensemble f. Ob., EHr., Pos., Schlzg., Kl., V., Va., Vc., Kb. (1975) – WERKE F. KAMMERENSEMBLE: *Pas de deux* f. Fl., Ob., Klar., Hr., Fg., V., Va., Vc., Kb., Schlzg., Kl. (1970); Streichermusik I mit A-Dur f. 14 Solo-Streicher (1971); Streichermusik III f. 18 Solo-Streicher (1972); De musica f. 12 Vokalisten (1977); Recit f. Kammerorchester (1993); Oboenlandschaft mit Ovid f. 2 Ob. soli und 8 Ob. (1996).

Verlag: Ed. Peters Leipzig, Frankfurt/M. Breitkopf & Härtel Leipzig – Wiesbaden.

An die siebzig Werke der Kammermusik stehen bei G. K. bisher zu Buche. Eine stupende Produktivität. Sie bewahrt die Idee einer Musik, welche technisch modern und lebendig, gesten- und sinnreich, heiter und gelassen, innovativ und kritisch, ironisch und listig sich darstellen und kommunikativ wirken will. Was K. seither in diesem Bereich geleistet hat, ist schwerlich auf einen einheitlichen Nenner zu bringen. Keine der Kompositionsstrategien, weder in der Kammermusik noch in anderen Kompositionsbereichen, reduziert sich bei ihm auf einmal festgelegte Stile, Techniken und Verfahren. K.s Denken verläuft vielmehr in pluralen Bahnen.

Die subtilen Verwendungsmöglichkeiten der Streichinstrumente, sinnvoll integriert in ausgehörte, abwechslungsreiche Formen, stehen an vorgeschobener Stelle in K.s Werk. 1966 machte er mit seinem StrQu. Nr. 1 auf sich aufmerksam, in dem sich schon deutlich seine im Sinnlichen angelegte Begabung ankündigt – wiewohl sich das Werk noch eng an Bartókschen und Strawinskyschen Erfindungsgeist anlehnt. Die Streichermusiken I und II (1972/73), am ehesten vergleichbar mit dem viel später komponierten Streichquintett (1990), lassen Vorbilder wie Leoš Janáček und Béla Bartók zurücktreten zugunsten modernerer Spielweisen, wie sie zu jener Zeit von der polnischen Schule um Krzysztof Penderecki und Witold Lutosławski ausgingen. Zu den wohl persönlichsten Werken dürfen die StrQu.e Nr. 2 und 3 (1985 und 1986) gezählt werden. Sie komponierte K. als kontrastierende Belege eines inzwischen viel geräumiger gewordenen Gattungs-und Kompositionsbegriffs.

K.s kompositorische Gesamtarbeit birgt eine hohe Kultur der akustisch-klanglichen Differenzierung – das Ergebnis technisch-handwerklicher Vervollkommnung, gedanklicher Strenge, ästhetischer Ernsthaftigkeit und klanglicher Sensitivität. K. will lebendige Sinnbilder künstlerischer Modernität, also haltbare, auch zeitkritische Formen schaffen, die sich einem interessierten Publikum fruchtbar erschließen. Seine kammermusikalischen Absichten, gespeist auch aus expressiven Bedürfnissen, wie sie unter den Bedingungen der DDR zur Entfaltung kamen, führen in verschiedene Richtungen. Gattungen und Instrumentarien (darunter seltenere wie Akk., Git., Cemb.), deren sich K. bedient, sind breit gefächert. Gleichzeitig nimmt er über den traditionellen Rahmen hinaus – mulitimedial – zusätzliche, auch technische Medien in Anspruch (improvisierte Musik, Jazz, elektroakustische Musik, Sprache, Gesang, Theatralik, Computer, Radio), um seine Ideen maximal verwirklichen zu können. Auf anderer Ebene weisen Werke wie *kommen und gehen* (1981), technisch gesehen, Wege zu mathematisierbaren melodischen Modalitäten und einheitsbildenden Klang-und Intervallspannungen. Derartige Lösungen hat K. inzwischen weiter vorangetrieben und theoretisch verallgemeinert. Geistert das dialogische, konzertierende Prinzip wie ein roter Faden durch sein Kammermusikwerk, so entdeckt man es unmittelbar sinnfällig in *miteinander – gegeneinander* – Duo concertante für EHr. und Br. (1982), in *Dialog* für Fl. und Kl. (1975), *Saitenspiele* für Hf. und Vc. (1976) oder in *Die Flöte macht das Spiel* (1977). Unter lebendigem Produzieren versteht K. im übrigen auch, mit historischem oder modischem Regelwerk kritisch umzugehen. Die Szene für Kammerensemble (1975) ist Beispiel hierfür.

Zu erwähnen bleibt, daß K. selten zu komponieren anhebt, bevor er nicht die Spielfertigkeiten und Eigenheiten konkreter Interpreten und Ensembles lebhaft gespürt hat. Mit akademischen Konstrukten, ohne Rücksicht auf die reale Spielpraxis ersonnen, konnte er schon immer nichts anfangen. Ein praktischer Vorzug, daß seine Partituren ein gutes Maß an Spielbarkeit aufweisen.

Der von ihm seit den 70er Jahren vollzogene Einbruch in die Elektronische Musik sollte auch für seine Kammermusikproduktion folgenreich sein.

Seither gilt K. als ausgesprochener Innovator, betritt er Medien und Bühne dort, wo es noch möglich ist, mit eingreifenden dialogischen Konfrontationen zwischen Soloinstrument und Live-Elektronik, mit der Produktion von Tonbandstücken und radiophonen Werken. In diesem Bereich gelangte K. zu einer wirklich umgestaltenden Vorstellung von Kammermusik.

Stefan Amzoll

Milko Kelemen

geb. 30. 3. 1924 Podrawska Slatina (Kroatien). 1945–1951 Dirigier- und Kompositionsstudium (bei Stjepan Šulek) an der Musikhochschule Zagreb, 1954/55 Fortsetzung der Studien am Pariser Conservatoire bei Olivier Messiaen, Darius Milhaud, Théodore Aubin sowie Ende der 50er Jahre in Freiburg i. Br. bei Wolfgang Fortner. Mitte der 50er Jahre bis 1966 Lehrtätigkeit (Komposition und Instrumentation) an der Zagreber Musikhochschule. 1960 war K. Mitbegründer und Präsident der Musik-Biennale Zagreb. Seit Mitte der 50er Jahre Teilnahme an den Darmstädter Ferienkursen für Neue Musik. 1966–1968 Stipendiat der Humboldtstiftung am Siemens Studio für elektronische Musik in München, danach Composer in Residence in Berlin (West) sowie Gastdozenturen an US-amerikanischen Universitäten. 1970–1973 lehrt K. Komposition und Elektronische Musik am Robert-Schumann-Konservatorium in Düsseldorf, 1974–1991 Professur für Komposition an der Stuttgarter Musikhochschule. Zahlreiche Ehrungen und Auszeichnungen.

WERKE F. 1 INSTR.: Muzika f. V. (1957); Studie f. Fl. (1959); Fabliau I f. Fl. (1972); Mobile f. einen Schlagzeuger (1989) – WERKE F. 2 INSTR.: Concertino f. Kb./Vc., Kl. (1957; Bearb. f. Kb./Vc. u. Streicher, 1957); Sonate f. Ob., Kl. (1960); *Zehn Fabeln* f. SBlfl. u. ABlfl. (1979; auch für Kl. bearb); *Fabliau III* f. Fl., Cemb. (1980); Canzona f. Fl., Kl. (1982/83); Duo f. V., Kl. (1988) – WERKE F. 3 INSTR.: *Rontondo I* f. V., Va., Vc. (1977); *Memories* f. V., Va., Vc. (1987) – WERKE F. 4 INSTR.: *Motion* f. StrQu. (1968); Varia Melodia f. StrQu. (1972); *Splintery* f. StrQu. (1977); *Rotondo II* f. Mundharmonika, V., Va., Vc. (1980); Love Song f. 4 Sax. (1985); Sonette f. StrQu. (1987) – WERKE F. 5 INSTR.: Etudes contrapunctiques f. Fl., Ob., Klar., Hr., Fg. (1959); *Radiant* f. Fl., Va., Kl.(auch Cel.), Hr., Schlzg. (1963); *Entrances* f. Fl., Ob., Klar., Hr., Fg. (1966) – WERKE F. 9 INSTR.: Nonett f. Fl., Ob., Klar., Hr., Fg., V., Va., Vc., Kb. (1988).

Verlag: Peters Frankfurt/M.; Schott Mainz; Sikorski (Hamburg), Universal Edition Wien.

Der Kroate M. K. ist der wohl prominenteste Komponist des damaligen Jugoslawien, der im Laufe der 50er und 60er Jahre internationale Reputation erlangte und als repräsentativer Vertreter seines Landes in der internationalen Avantgarde nach dem 2. Weltkrieg gelten kann. K.s Entwicklung ist nicht untypisch für die Generation südosteuropäischer Komponisten, die einerseits Anschluß an die Musiksprache des 20. Jahrhunderts suchten, andererseits auf der Suche nach einem eigenständigen, die Traditionen ihrer Länder nicht verleugnenden kompositorischen Profil waren. K.s mittlerweile sehr umfangreiches kompositorisches Schaffen, das alle Gattungen der Musik umfaßt, dokumentiert beispielhaft die Rezeption westeuropäischer Kompositionstechniken, die in einem eigenwilligen Personalstil eine originelle Synthese gefunden haben. Von einer nationalspezifischen spätromantischen Tradition ausgehend, die musikpolitischen Vorgaben Rechnung tragen mußte, über die Auseinandersetzung mit dem für diesen Raum übermächtigen Einfluß Béla Bartóks, hat K. dodekaphonische und serielle Kompositionsprinzipien erprobt und sich aleatorischen Verfahren und Klangfarbenexperimenten geöffnet. Dabei ist er nie der Versuchung erlegen, sich zur Gänze einer der jeweils vorherrschenden Richtungen anzupassen. In den 80er Jahren zeigt seine Schreibweise eine Hinwendung zu einer neuen Einfachheit, die teils – wie in den *Zehn Fabeln* für S.- und ABlfl - durch ein stets waches Interesse an didaktischen Fragestellungen, teils – wie in *Rotondo II* für Mundharmonika und Bläsertrio – an einer Erprobung selten geübten Ensemblespiels motiviert ist. Obwohl K. einer breiteren Öffentlichkeit vor allem durch großangelegte Bühnenwerke wie der Oper *Der Belagerungszustand* (1970, nach Albert Camus) und der theatralischen Aktion *Apocalyptica* (1979) bekanntgeworden ist, stellt sein breitgefächertes Kammermusikwerk einen gewichtigen Schwerpunkt seines Schaffens dar.

Sonate (1960)
für Oboe und Klavier

zwei Sätze ohne Tempobezeichnungen: I. = 72 – II. = 72 bis 80.
Dauer: ca. 13'
Verlag: Schott Mainz

Das für Heinz Holliger geschriebene Stück fällt in K.s Phase intensiver Auseinandersetzung mit reihentechnischen Verfahren. Gemeinsamer Bezugspunkt ist eine Reihe, die auf je unterschiedliche Weise in ihrer Urgestalt zu Beginn jeden Satzes exponiert wird. Im **1. Satz** erscheint sie in ruhenden Kl.-Akkorden verwoben, bevor die Ob. sie in einer weitgeschwungenen, lyrischen Melodie aufgreift; im **2. Satz** in bewegten, vom Kl. unterbrochenen Bläserfiguren. Beide Sätze laufen strukturell ähnlich ab: Nach dem dynamischen Höhepunkt folgt ein baldiger ruhiger Schluß. Obgleich K. vom Blasinstrument das ganze Spektrum erweiterter Klangerzeugung verlangt – Glissandi, Flatterzunge und Vierteltonartikulation – bleibt der sanglich-plastische Gestus der Ob. gewahrt. Der Kl.-Satz gewinnt durch Spielen auf den Saiten an klanglichem Reiz.

Motion (1968)
für Streichquartett

einsätzig
Dauer: ca. 16'
Verlag: Peters Frankfurt a.M.

Das für die Madrider Gesellschaft für Neue Musik ALEA geschriebene Werk ist K.s erster Beitrag für StrQu.-Besetzung. In dem einsätzigen Stück erprobt K. im Rahmen eines intimen Streichersatzes die bislang in großräumigen Orchesterwerken gemachten Erfahrungen mit der Klangfarbe und dem Gebrauch von Mikrointervallen. Ausgehend von statischen Clusterbildungen wird

– dem Titel gemäß – der Eindruck von Bewegung durch eine stete Neuerzeugung von musikalischen Kraftfeldern vermittelt. Doch trotz der rhythmischen, perkussionsähnlichen Einschübe und eruptiven Akkordballungen verzichtet K. nicht auf melodische Bildungen, die imitierend von den vier Instrumenten verarbeitet werden und durch ihre vierteltönige Färbung dem Klangbild eine spezifische Charakteristik verleihen. Formbildend erweist sich auch die Dynamik, durch deren Verlauf die affektiven Höhepunkte des Stückes für den Hörer stets nachvollziehbar werden. Das Werk gliedert sich in zeitlich präzise definierte Teile, die den Interpreten auch aleatorische Variantenbildungen ermöglichen.

Stephan Franke

Tristan Keuris

geb. 3. 10. 1946 Amersfoort (Niederlande), gest. 15. 12. 1996 Amsterdam. 1962–1969 Studium am Konservatorium in Utrecht (Komposition bei Ton de Leeuw). Dozent für Harmonie und Analyse an den Konservatorien von Groningen (1974–1977) und Hilversum (1977–1984); seit 1984 Dozent für Komposition an der Kunsthochschule in Utrecht, seit 1986 auch am Sweelinck-Konservatorium in Amsterdam und Hilversum. Leiter von Meisterkursen in Christiansund/Norwegen (1984), Houston/USA (1987), Manchester/Großbritannien (1988). Seit 1969 komponierte K. ausschließlich Auftragsarbeiten.

Werke f. 1 Instr.: Fantasia f. Fl. (1976); Canzone f. Klar. (1990) – Werke f. 2 Instr.: *Play* f. Klar., Kl. (1968); Sonate f. V., Kl. (1977); Aria f. Fl., Kl. (1987) – Werke f. 3 Instr.: Muziek f. V., Klar., Kl. (1973); Trio f. Kl., V., Vc. (1984) – Werke f. 4 Instr.: Sax.-Quartett (1970); 1. StrQu. (1982); Quartett f. Es-Klar., 2 Klar. in B, BKlar. (1983); 2. StrQu. (1985); Music for Saxophones f. S.-, A.-, T.-, Bar.-Sax. (1986); *Passeggiate* f. 4 Blfl. (1990) – Werke f. 5 Instr.: Concertino f. StrQu., BKlar. (1976); Brass Quintet f. 2 Trp., Hr., Pos., Tb. (1988); Quintett f. Klar. in A, StrQu. (1988) – Werke f. 6 Instr.: Acht *Miniaturen* f. Klar., Va., Kb., Mand., Git., Marimba (1980); Sestetto d'Archi f. 3 V., 2 Va., Vc. (1994) – Werke f. 9 Instr.: Concertante Muziek f. Klar., Fg., Hr., 2 V., Va., Vc., Kb., Kl. (1973); Intermezzi f. Fl./Pikk., 2 Ob., 2 Klar., 2 Fg/KFg., 2 Hr. (1989) – Werke f. Kammerensemble: Variations for Strings f. 12 Streicher (1985); Capriccio f. 2 Ob., 4 Klar., 2 Fg., 4 Hr., Kb. (1978).

Verlag: Donemus (Amsterdam), Novello (London).

T. K. war einer der herausragendsten niederländischen Komponisten. Nach einigen experimentellen Werken, wie z.B. dem Sax.-Quartett aus dem Jahr 1970, entwickelte er schon bald ein künstlerisch-ästhetisches Konzept, das Tonalität, Ausdruck und deutliche horizontale und vertikale Entwicklungsstrukturen nicht verleugnet. Durch diese tonalen Bezugspunkte des öfteren als Traditionalist bezeichnet, stehen in Wirklichkeit der diskontinuierliche Stil sowie harmonische, rhythmische und instrumentale Verfeinerungen seiner Musik durchaus in einem engen Zusammenhang mit der Entwicklung der neuen Musik in den letzten drei Jahrzehnten.

Ein wichtiger Wendepunkt in K.s Œuvre ist die *Sinfonia* (1974) für Orchester. In diesem Werk bewies er zum ersten Mal seine virtuosen Fähigkeiten in der Instrumentation und ein ausgeprägtes Gefühl für Klang und Farbe. Die *Sinfonia* läßt den Einfluß von Claude Debussy, Olivier Messiaen und – weniger deutlich – auch von Pierre Boulez erkennen, besonders in der ›zellularen‹ Schreibweise von horizontalen Klangmustern. Außerdem bekennt sich K. in diesem Werk zu einer wohllautenden Harmonie.

Das *Capriccio* (1978), in dem er von der Besetzung der *Gran Partita* KV 361 von W. A. Mozart ausging, zeigt, wie sehr Gegenwart und Vergangenheit in seiner Musik zu einer Einheit verschmelzen. Im Kl.-Konzert (1980) bedient sich K. einer weniger verschwenderischen Sprache. Besonders die glockenähnlichen Akkorden gemahnen an Igor Strawinsky. Mit dem 1. StrQu. (1982) und dem V.-Konzert (1984) macht sich dann ein neuer, für manchen unerwarteter Einfluß bemerkbar: Béla Bartók. Die Auseinandersetzung mit dessen Œuvre ließ vor allem den rhythmischen und metrischen Aufbau von K.s Werken prägnanter und zielgerichteter werden.

Dennoch besitzt die ausgesprochen lyrische und kommunikative Musik von K. – besonders nach der *Sinfonia* von 1974 – eine individuell entwickelte Handschrift, eine eigene Kompositionstechnik. Ihr charakteristisches Idiom erhält sie durch kurze Spannungskurven, die immer wieder zu ihrem Ausgangspunkt zurückkehren – vielleicht zu vergleichen mit dem Sprung auf einem Brett, ohne wirklich von der Stelle zu kommen (den Sprung ins Wasser gönnt K. uns nur selten). Diese Spannungskurven sind das Ergebnis einer permanenten Variationstechnik. In den letzten Jahren seines Lebens hat K. zunehmend mit Tonalität und Modalität experimentiert, kombiniert mit formal sehr komplexen Strukturen und mit musikalisch unmittelbar wirkenden Melodien.

Fantasia (1976)
für Flöte solo

einsätzig
Dauer: ca. 9'30''
Verlag: Donemus

Dieses für K. besonders charakteristische Werk entstand für Rien de Reede, der es 1976 auch in Amsterdam uraufgeführt hat. Die ›Vorfahren‹ dieser Komposition sind natürlich Claude Debussys *Syrinx* (1913) und Luciano Berios *Sequenza* (1958): *Fantasia* hat einen ausgeprägten Improvisando-Charakter. Nichts ist jedoch schwieriger, als diesen in einer Komposition glaubhaft zu machen. Gerade in ihr wird ja nahezu nichts dem Zufall überlassen. Die Interpretation der *Fantasia* ist durch die Notation genau festgelegt, trotzdem soll sie improvisiert wirken. Dieses Problem in der Vorgabe souverän gelöst zu haben, ist K. überzeugend gelungen.

Ein großzügig ausgebreiteter Tonvorrat, immer neue Intervalle und Intervallmuster zeigen K. als einen erfinderischen Tonsetzer. Quecksilbrige kleine Motive, spielerische Vorschläge, Tonleiterelemente, Interpolationen mit quasi-seriellem, neobarockem und Toccata-Charakter sind in einer streng konstruierten Form zusammengeschmolzen. Das Resultat ist ein buntes Kaleidoskop von Spielarten, Figuren und musikalischen Assoziationen.

Sestetto d'archi (1994) für 3 Violinen, 2 Bratschen und Violoncello

Molto Allegro – Intermezzo. Scherzo – Introduzione. Finale
Dauer: ca. 22'
Verlag: Novello Comp.

Das den kostbaren Streichinstrumenten ›Opus 149-154‹ von A. Heyliger aus Cremona gewidmete Sextett schrieb T. K. für eine seltene Kombination: drei V., zwei Br. und ein Vc. Entstanden ist – dem Anlaß entsprechend – ein ›klassisches‹ Werk mit drei präzise konstruierten Sätzen, heiter und klar im tonalen Sinn (meistens in D-Dur) und thematisch außerordentlich sanglich und ausgewogen. Das **Molto Allegro** beginnt mit einem Motiv, das man als ›Trompetensignal‹ bezeichnen könnte.

Es folgen das punktierte Hauptthema in d-Moll und ein sehr ausdrucksvolles sangliches Thema in f-Moll (meno mosso – estatico).

Der **2. Satz,** Intermezzo und Scherzo (Scherzo-Trio-Scherzo) sowie eine ›Ricapitolazione dell'Intermezzo‹, erinnert an K.s Kl.-Trio von 1984: Das Thema des zweiten Segments im Intermezzo (ancora meno mosso, poco andante) ist eng verwandt mit dem Thema des Scherzos (brutale e baldanzoso). K. greift hier auf Techniken zurück, die in ähnlicher Weise von Beethoven und Brahms entwickelt wurden,

z.B. um ein gesteigertes Tempo aus langen Notenwerte zu ›destillieren‹. Das *Sestteo* schließt mit einer **Introduzione** und mit einem brillianten **Finale**, in dem unmittelbar deutlich wird, wie eng und bis ins kleinste Detail alle drei Sätze dieses Werkes thematisch miteinander verknüpft sind.

Leo Samama

Zoltán Kodály

geb. 16. 12. 1882 Kecskemét (Ungarn), gest. 6. 3. 1967 Budapest. 1900–1905 Studium an der Universität Budapest (ungarische und deutsche Sprachwissenschaft); gleichzeitig Kompositionsstudium an der Franz-Liszt-Musikakademie Budapest. 1904 Diplom als Komponist; 1905 Bekanntschaft mit Béla Bartók; erste Reise, um Volkslieder zu sammeln. 1906 Dr. phil. mit *Der Strophenbau des ungarischen Volksliedes*. Ab 1907 Professur an der Musikakademie (Musiktheorie), 1912–1916 Forschungsreisen, um Volkslieder aufzuzeichnen; 1917–1919 wichtige Essays, vor allem zur Bedeutung der Volksmusik. Seit den 1920er Jahren zunehmende internationale Anerkennung; gleichzeitig erhöhtes Interesse an der musikalischen Erziehung der Jugend. In den 1920er und 30er Jahren volle Entfaltung der kompositorischen wie auch wissenschaftlichen Tätigkeit: In dieser Zeit entstehen neben *Psalmus Hungaricus*, *Háry János*, *Székelyfonó* [Die Spinnstube], *Marosszéker Tänze*, *Tänze aus Galánta* oder den *Pfau-Variationen* auch Chorwerke. Nach dem Krieg Präsident des Direktoriums der Musikakademie, 1946–1949 Präsident der Ungarischen Akademie der Wissenschaften sowie Direktoriumsmitglied in mehreren musikalischen Verbänden und Organen. Zahlreiche Ehrungen und Auszeichnungen in Ungarn wie auch im Ausland.

Werke f. 1 Instr.: Sonate f. Vc. op. 8 (1915); Capriccio f. Vc. (1915); *Einladung zum Lagerfeuer* f. Klar. (1930) – Werke f. 2 Instr.: Adagio f. V., Kl. (1905; Transkriptionen u. a. f. Va. u. Kl. u. f. Vc. u. Kl.); Valsette f. V., Kl. (1905); Sonatine f. Vc., Kl. (1906); Sonate f. Vc., Kl. op. 4 (1909/10); Duo f. V., Vc. op. 7 (1914); Ungarisches Rondo f. Vc., Kl. (1917); *Kállai kettős* f. V., Kl. (1950); *Epigramme* f. ein Soloinstr. u. Kl. (1954); – Werke f. 3 Instr.: Trio f. 2 V., Va Es (vor 1900); Intermezzo f. V., Va., Vc. (1905); Serenade f. 2 V., Va. op. 12 (1919/20) – Werke f. 4 Instr.: StrQu. Nr. 1, op. 2 (1908/09); StrQu. Nr. 2, op. 10 (1916/18) – Bearbeitungen: Drei Choralvorspiele v. J. S. Bach f. Vc., Kl. (1924); Chromatische Fantasie und Fuge v. J. S. Bach f. Va. (1950); Präludium und Fuge es-Moll v. J. S. Bach f. Vc., Kl. (1951); Präludium c-Moll f. Lt. v. J. S. Bach f. V., Kl. (1959).

Verlag: Editio Musica (Budapest), Universal Edition (Wien), Boosey & Hawkes (London).

Aus dem beinahe 70 Jahre umfassenden Schaffen von K. beschränken sich die kammermusikalischen Werke auf einen Zeitraum von lediglich ca. 15 Jahren, nämlich von 1905 bis 1920 (seine späteren Beiträge zu dieser Gattung sind entweder Transkriptionen von Werken J. S. Bachs oder Bearbeitungen eigener Vokalwerke). K.s instrumentale Kammermusik besitzt nicht zufällig eine beinahe ›inselhaft‹ geschlossene Entstehungsperiode, und zwar ziemlich am Anfang des gesamten Œuvres. Seine Abkehr von der Kammermusik erklärte er mit dem pragmatischen Grund eines engagierten musikalischen Erziehers: »Es gab eine ganz dünne Schicht musikalisch gebildeter Leute, die Kammerkonzerte besuchten, aber das Gros des Volkes, die große Menge, war absolut fernstehend ... So bin ich langsam mehr zur Chormusik gelangt, als einzige Musik, die eine größere musikalisch ungebildete Menge der ernsten Musik zuführen kann.« (Z.K.) Doch spielte dabei ein anderer, mehr stilistisch-ästhetischer Grund eine ebenso wichtige Rolle: »Ich meine, hier liegt eine angeborene Neigung vor, daß ich keinen besonderen Wunsch hatte, mich auf Instrumenten zu betätigen. Für mich ist es ganz natürlich gekommen, daß ich vorzugsweise für Singstimmen geschrieben habe. Und was ich für Instrumente komponierte, hat meistens auch eine gesangliche Grundlage.« (Z.K.)

Mit dem Heranreifen der eigenen kompositorischen Sprache – d.h. seit den 1920er Jahren – wendete sich K.s Interesse anderen Gattungen zu: Kammermusik war eher ein »Versuchsfeld des Meisters für die Herausbildung seines instrumentalen Stils, dessen erstes zusammenfassendes und beinahe abschließendes Produkt der *Psalmus Hungaricus* ist« (László Eösze).

Bezeichnend für diese ›Versuchsfeld-Funktion‹ ist auch die Wahl der Instrumente: Kammermusik für Bläser schrieb Kodály (mit Ausnahme eines kurzen Klar.-Stückes von 1930) nie, und auch das Kl. verwendete er recht selten; sein eigenes ›Terrain‹ waren die Streichinstrumente. Sie eignen sich für K.s in der Vokalmusik wurzelnden melodie- und gestenreichen Stil und zugleich auch für solche stilistischen und klangfarblichen Reminiszenzen wie die Beschwörung des alten ungarischen ›Verbunkos‹ (Werbungstanz)-Stils oder der Spielweise einer Zigeunerkapelle.

K.s Kammermusik vereint in sich drei wichtige stilistisch-musikalische Einflüsse: die Musik von Claude Debussy, die Bevorzugung der klassischen Formen sowie – am entscheidendsten – die ungarische Volksmusik. Die Entdeckung der ungarischen Volksmusik bestimmte seine kompositorische Laufbahn: Melodiegestaltung, Harmonisierung und Rhythmik waren danach untrennbar vom Einfluß der Volksmusik. »Nur die Verschmelzung der europäischen und ungarischen Tradition kann ein solches Ergebnis hervorbringen, das auch für die Ungarn etwas bedeuten kann« (1925) – diese ›ars poetica‹ K.s wurde nicht nur im reaktionären Ungarn zwischen den beiden Weltkriegen immer wieder angeprangert, sondern sie trug oft zum ungerechten, weil inkommensurablen Vergleich seiner Werke mit der Stilrichtung der Zweiten Wiener Schule bei, freilich stets zuungunsten von K., dem »der Folklore Zugewandten«. Daß aber diese Eigenschaft der K.schen Musik keineswegs per se eine ›primitivere‹ musikalische Sprache bedeutet, zeigen gerade die kammermusikalischen Werke: In ihnen verbindet K. die Welt der ungarischen Volksmusik mit der Harmonie- und Formwelt der westeuropäischen Musik.

Erstes Streichquartett op. 2 (1908/09)

Andante poco rubato. Allegro – Lento assai tranquillo – Presto – Allegro. Allegretto semplice
Dauer: ca. 30'-36'
Erstdruck: Rózsavölgyi Budapest, 1910
Verlag: Editio Musica Budapest.

K.s erste große Kraftprobe in der Kammermusik ist das Erste StrQu., das am 17. März 1910 in Budapest vom Waldbauer-Kerpely-Quartett uraufgeführt wurde. Die Reaktion war gemischt: Das (meist jugendliche) Publikum jubelte, die Kritiker waren zum Teil empört, zum Teil begeistert. Der Grund dafür ist wahrscheinlich jene einzigartige Mischung von klassisch-romantischen Formen, neuartigen Harmonien und der Verwendung ungarischer Volksmelodien, die damals als verblüffend ungewöhnlich gelten durften. Das Werk ist die erste großangelegte Komposition in K.s Œuvre, die ganz auf Volksliederelementen aufgebaut ist; genauer ausgedrückt, das ganze Stück basiert auf einem einzigen Volkslied bzw. auf dessen unzählig vielen Varianten. Daß die Sätze eines zyklischen Werkes sich aufeinander beziehen können, ist freilich auch das Erbe der klassisch-romantischen Tradition, sowohl der monothematischen Strukturen eines Haydn und Beethoven als auch der ›idée fixe‹-Technik. K.s Erstes Quartett vereint dies mit der uralten Tradition der Volksmusik, nämlich mit der unglaublich vielfältigen Variierungskunst der Bauernmusiker: Eine Melodie kann selbst in zwei benachbarten Dörfern zwei verschiedene Gestalten annehmen, ja manchmal kann man durch die verschiedenen Variierungsstufen zwischen zwei angeblich völlig unterschiedlichen Motiven einen Zusammenhang finden. Und gerade diese Technik verwendet K. im Rahmen einer klassischen viersätzigen Quartettstruktur.

Den motivischen Kern des StrQu.s bildet das ungarische Volkslied *Lement a nap a maga járásán* (Die Sonne ging unter auf ihrer Bahn). Diese Melodie eignet sich nicht nur durch ihre ›Kuppelform‹ (A-A^5-A^5-A), sondern auch durch ihre melancholische Stimmung für eine romantisch-wehmütige Atmosphäre, die allerdings nur in der langsamen Einleitung des Werkes voll entfaltet wird. Schon der schnelle Sonatenteil des **Eröffnungssatzes** entnimmt aus diesem Motiv lediglich Varianten, ja Segmente, sowohl im Hauptthema (Vc.) als auch im Seitensatz. Durch die monothematische Struktur steht bereits die Exposition der Sonatenform einer ›Durchführung‹ nahe; die ›richtige‹ Durchführung entwickelt dann das ›Urthema‹ bis zu einem gewaltigen Höhepunkt weiter, bevor die (natürlich variiert gestaltete) Reprise in eine lange, oft tragisch verfärbte Coda mündet. Der **2. Satz** schöpft auch aus dem Kernthema. Die lyrischen Eckteile umrahmen einen kontrapunktischen mittleren Abschnitt, in dem sich Pizzicato- und Arco-Effekte geistreich abwechseln. Auch der **3. Satz** hat eine dreiteilige Form: Das schwungvolle **Presto**, das in seinen Hauptteilen eine weitere Gestalt des Kernthemas bringt, wird im Trio durch ein anscheinend neu wirkendes, jedoch zum Grundthema gehörendes Motiv bereichert.

Das **Finale** bringt in der Einleitung – ganz in der romantisch-zyklischen Tradition – Erinnerungen an das Hauptthema und seine späteren Erscheinungsformen. Das eigentliche Motiv dieses Variationssatzes wirkt dann neu (obwohl sich einige Wendungen wiederum als entfernte Verwandte des Grundthemas erweisen): Es ist ein straffes Tanzmotiv, das in mehreren virtuosen Variationen entfaltet wird – eine davon (das Allegretto im 5/8-Takt) stammt übrigens von K.s Frau Emma, der das Werk gewidmet ist.

Serenade op. 12 (1919/20)
für 2 Violinen und Viola

Allegramente – Lento, ma non troppo – Vivo
Dauer: ca. 20'
Verlag: Philharmonia-Partituren UE Wien, ED 1921

Als ›krönender‹ und zugleich abschließender Höhepunkt in K.s kammermusikalischem Schaffen gilt die Serenade op. 12. Die Auswahl der drei Instrumente erscheint zunächst ungewöhnlich, denn die Klangkombination von zwei V. und Va. ergibt ein recht helles, im Baßbereich eingeschränktes Register. Warum fehlt hier K.s Lieblingsinstrument, das Vc.? Vielleicht liegt der Grund in der Bezeichnung ›Serenade‹, in der ursprünglichen Funktion der Nachtmusik, als kleinere, tragbare Instrumente bevorzugt waren; oder K.s Fantasie hat eben gerade diese bestimmte Klangfarbenzusammenstellung von einem quasi ›baßlosen StrQu.‹ gereizt – auf jeden Fall bewältigt er diese klangliche Herausforderung auf virtuose Weise, indem er in seiner Serenade einen außergewöhnlich dichten und sonoren Gesamtklang schafft. Der **1. Satz** (Sonatenform) zeigt quasi den fröhlich schmetternden Aufzug der Musikanten, bevor das empfindsame Seitenthema die innige Melodie eines Liebesbekenntnisses bringt:

Der **2. Satz** könnte zwar als ›Nachtmusik‹ bezeichnet werden – doch wie fern steht dieses ›Lento, ma non troppo‹ einem unbekümmert-heiteren Notturno-Charakter! Dieser Satz gehört wohl zu den ›modernsten‹ Musiken, die K. schrieb: Das Zwiegespräch der 1. V. und der Va. erhält durch die Tremoli der 2. V. eine fast geheimnisvolle Atmosphäre, die an die Nachtmusiken von Béla Bartók erinnert. Im **Finale** kehrt dann die traditionelle, heiter-unterhaltsame Stimmung der Serenadengattung zurück – doch dieser ›klassische‹ Charakter wird bei K. mit einer Reihe von volksliedhaften Tanzthemen veranschaulicht, die von dudelsackähnlichen Klängen bis zu edlen ›Verbunkos‹-Rhythmen und schließlich bis zur ›Szene‹ einer ungarischen Dorfkneipe (›Csárda‹) führen. Der fröhliche Abschied der Musikanten ist zugleich der Abschied K.s von der kammermusikalischen Gattung – ihre raffinierten Effekte und ihre konzentrierte Schreibweise werden jedoch auch seine späteren Werke für orchestrale oder vokale Besetzung stets ausprägen.

Éva Pintér

Ernst Krenek (Křenek)

geb. 23. 8. 1900 Wien, gest. 22. 12. 1991 Palm Springs, Kalifornien. 1916 Unterricht an der Wiener Musikakademie (Komposition und Kontrapunkt bei Franz Schreker). 1918/19 Philosophiestudium an der Wiener Universität. 1920–1922 Studium an der Staatlichen Hochschule für Musik und Darstellende Kunst Berlin (Komposition: Franz Schreker). Bekanntschaft mit Ferruccio Busoni, Hermann Scherchen, Arthur Schnabel. 1923–1925 Aufenthalt in der Schweiz und in Frankreich. 1924 Bekannschaft mit Theodor W. Adorno. 1925 mit Paul Bekker am Opernhaus in Kassel. 1928 nach erfolgreicher UA der Oper *Jonny spielt auf* Rückzug aus dem Musikleben nach Wien. Nach 1933 in Deutschland Diffamierung der Musik Kr.s als ›entartet‹. 1938 kurz vor dem ›Anschluß‹ Österreichs Emigration in die USA. 1939–1942 Kompositionslehrer am Vassar College in Poughkeepsie, 1942–1947 an der Hamline University in St. Pauls. 1947 Übersiedlung nach Los Angeles. 1950–1958 fünfmal Dozent bei den Darmstädter Ferienkur-

sen. Beschäftigung mit seriellen Kompositionsverfahren, z.B. 1954 im WDR-Studio Köln. 1966 Übersiedlung nach Palm Springs, ab 1982 Zweitwohnsitz im Schönberg-Haus in Mödling bei Wien. Vorträge, Gastdozenturen, zahlreiche Ehrungen und Auszeichnungen.

WERKE F. 1 INSTR.: 1. Son. f. V. op. 33 (1924); Suite f. Vc. op. 84 (1939); Son. f. Va. op. 92, Nr. 3 (1942); 2. Son. f. V. op. 115 (1948); Son. f. Hf. op. 150 (1955); Sonatina f. Ob. op. 156 (1956); Monolog f. Klar. op. 157 (1956); Suite f. Git. op. 164 (1957); Toccata f. Akk. op. 183 (1962); Cello-Studie Nachdenklich f. Vc. op. 184a (1963); Accomusic f. Akk. op. 225 (1976) – WERKE F. 2 INSTR.: Sonate f. Vc., Kl. a WoO (1917); Son. f. V., Kl. op. 3 (1919/20); Albumblatt (Stück) f. V., Kl. F WoO (1920); 6. Sonatine f. V., Kl. WoO (ca. 1921); 6. Sonatina f. V., Va., WoO (1921); Stück f. V., Kl., WoO (192?); Kleine Suite f. Klar., Kl. op. 28 (1924); 2 Themen v. Händel f. Ob., Kl. op.85a (1938/39); Nocturne f. Fl., Kl. op. 85 h (1938/39); Sonatina f. Fl., Va. op. 92, Nr. 2a (1942); Sonatina f. Fl., Klar. op. 92, Nr. 2b (1942) (Arr. v. op 92, Nr. 2a); Son. f. V., Kl. op. 99 (1944/45); Son. f. Va., Kl. op. 117 (1948); Invention f. Fl., Klar. op. 127a (1951); Phantasiestück f. Vc., Kl. op. 135 (1953); Suite f. Fl., Kl. op. 147 (1954); Suite f. Klar., Kl. op. 148 (1955); Flötenstück neunphasig f. Fl., Kl. op. 171 (1959); Stücke f. Ob., Kl. op. 193 (1966); Pieces f. Pos., Kl. op. 198 (1967); Duo f. Fl., Kb. m. Tonband op. 209 (1970); Aulokithara f. Ob., Hf. m. Begl. arr. f. Tonband op. 213a (1971; Arr. v. op. 213); Opus 231 f. V., Org. op. 231 (1979); Opus 239 f. Hr., Org. op. 239 (1988); *Deep Sea* (Lighthouse in the sea), Fantasie f. Tb., Kl., WoO (ca. 1939); Piece for H.H. Stuckenschmidt f. Ob., Kl.. WoO (1966) – WERKE F. 3 INSTR.: Variationen über ein lustiges Thema f. V., Vc., Kl. G WoO (1916); Musik f. kl. Fl., BTb., Cel., WoO (ca.1922); Triophantasie f. V., Vc., Kl. op. 63 (1929; zurückgezogen); Trio f. V., Klar., Kl. op. 108 (1946); Trio f. V., Va., Vc. op. 118 (1948/49); *Parvula corona musicalis* f. V., Va., Vc. op. 122 (1950); Streichtrio in zwölf Stationen op. 237 (1985) – WERKE F. 4 INSTR.: Serenade f. Klar., V., Va., Vc. op. 4 (1919); (9) StrQu. (in D, WoO, 1920; op. 6, 1921; op. 8, 1921; op 20, 1923; op. 24, 1923/24; op. 65, 1930; op. 78, 1936; op. 96, 1943/44; op. 233, 1980/81); Country Dance f. 4 Klar. op. 85b (1938/39); Short pieces f. StrQu. (od. StrOrch.) op. 116 (1948); Cello-Studie *Vorkehrungen zur Rückkehr sind getroffen* f. 4 Vc. op. 184b (1963) – WERKE F. 5 INSTR.: Allegro sinfonico f. Fl., Ob., Klar., Fg., Hr. op. 85e (1938/39); Quintett f. Fl., Ob., Klar., Fg., Hr. op. 130 (1952); *Pentagramm* f. Fl., Ob., Klar., Fg., Hr. op 163 (1957; Umarb. v. op. 130); Alpach Quintett (5+1) f. Fl., Ob., Klar., Hr., Fg. op. 180 (1962) – WERKE F. 6 INSTR.: Tanzstudie f. V., Kl., Cel., Vibr., Xyl., Schlzg. op. 154 (1956); Marginal Sounds (Grenzklänge) f. V., Kl., Cel., Vibr., Xyl.,. Schlzg. op. 162 (1957; Nr. 3 Umarb. v. op. 154); *Fibonacci mobile* f. StrQu., Kl. vierhändig op. 187 (1964) – WERK F. 7 INSTR.: Intrada f. Klar., Fg., Trp., 2 Hr., Pos., Pk. op. 51a (1927) – WERK F. 9 INSTR.: Hexahedron f. Fl., Klar., Trp., Vibr., Kl., Hf., Schlzg., V., Vc. op. 167 (1958; 2 Versionen) – WERKE F. GEMISCHTE BESETZUNG: Hausmusik Sieben Stücke für die sieben Tage der Woche f. 2 SBlfl., Git., Kl., V. op. 172 (1959).

Verlag: UE Wien; Schott Mainz; Bärenreiter Kassel.
WZ in E. K. A Bio-Bibliography, hrsg. v. G. H. Bowles, N.Y. 1989.

So vielfältig E. Kr.s Kompositionsstile, so vielfältig sind auch die Gattungen, derer er sich bediente. Neben den großen Formen Oper und Sinfonie standen von Beginn an kammermusikalische Werke. Drei frühe StrQu.e (ein WoO und op. 6 und 8) weisen auf einen Komponisten mit sprühender musikalischer Phantasie, der sich ohne Zögern dieser schwierigen kammermusikalischen Gattung stellte. Selbstbewußtsein und -reflexion im musikalischen Denken auf der einen und ein unmittelbarer musikalischer Schaffensdrang auf der anderen Seite kennzeichnen K.s kompositorischen Lebensweg zwischen populären Werken wie der Erfolgsoper *Jonny spielt auf* (1926) und in sich gekehrten wie der *Sestina* (1957). K. selbst sah sich von »zwei Kräften«

bewegt, »deren sichtbare Wirkungen einander häufig zu widerstreiten scheinen. Frühzeitig in meiner Laufbahn fühlte ich mich angezogen von der Idee reiner, kompromißloser Schöpfung ... Gleichzeitig empfand ich jedoch immer wieder die Versuchung, praktische Resultate ›in dieser Welt‹ zu erzielen.« (Selbstdarstellung, 1948). Die Versuche, die stilistischen Brüche in K.s Werk sowie die gleichzeitige Verwendung verschiedener Stile zu verstehen, reichen vom Vorwurf der Stillosigkeit bis zur Konstruktion einer zielgerichteten Entwicklung hin zur Zwölftonmusik Arnold Schönbergs. Im Briefwechsel mit Theodor W. Adorno hat K. allerdings auf dem Recht des Komponisten bestanden, die eigenen kompositorischen Grundvoraussetzungen selbständig wählen zu können, ohne an« Tendenzen des Materials« gebunden zu sein, die nur ein bestimmtes musikalisches Idiom als angemessen vorgeben. Die Freiheit der Wahl blieb auch bei Krenek eingebunden in die konkrete historische Situation, die dem Komponisten eine bestimmte musikalische Sprache für sein künstlerisches Ziel richtig erscheinen ließ. Krenek beantwortete diese Frage im Spannungsfeld zwischen kompositorischer Freiheit und historischer Verantwortung, zwischen »reiner, kompromißloser Schöpfung« und »praktischen Resultaten ›in dieser Welt‹« auf immer neue Weise, ja, sie ist die Grundfrage, die sein Werk zusammenhält.

So ist die freie Atonalität der frühen Berliner Werke (1. und 2. StrQu.) sowohl vom unmittelbaren Aufgreifen moderner Strömungen als auch vom bewußten Abwenden von der Spätromantik Schrekers bestimmt. Doch K. empfand auch die Schwierigkeit der freien Atonalität, ohne überlieferte Musiksprache, nur aus sich selbst heraus Werke höchster Intensität zu schaffen. Als Befreiung empfand er deshalb die Begegnung mit Frankreich. Was Eleganz und Heiterkeit des französischen Kulturlebens für seine Persönlichkeit waren, bedeutete der Neoklassizismus Igor Strawinskys für seine musikalische Entwicklung (z. B. Concerto grosso op. 25 oder Suite op. 28). Der Erfolg von *Jonny spielt auf* (1926) war für K. erneut Anlaß, sich mit der Möglichkeit der Verbindung von allgemeiner Verständlichkeit und tieferer musikalischen Aussage zu beschäftigen, den »Ursinn« (E. K.) in der Musik zu suchen. Ihn sah er in Franz Schuberts Musik aufscheinen und versuchte ihn in an Schubert orientierten Werken zu verwirklichen (Liederzyklus *Reisebuch aus den österreichischen Alpen*, 5. StrQu.). Mit seinem folgenreichsten Stilwandel, der Hinwendung zur Zwölfton-Technik, zog K. dann auf verschiedenen Ebenen Konsequenzen aus seinen bisherigen kompositorischen Erfahrungen. Ein Gefühl für die Vergeblichkeit des Zurückdrehens der »musikalischen Uhr«, was das Ursinn-Konzept unweigerlich bedeutete, ein durch die Beschäftigung mit Schubert gewecktes »musikwissenschaftliches« Herangehen an Musik und nicht zuletzt die Verfemung der Dodekaphonie in Deutschland nach 1933, ließen ihn Schönbergs Musik studieren und mündeten u. a. in die Komposition des 6. StrQu.s. Dennoch sind charakteristische Unterschiede zu Schönbergs Auffassungen festzustellen. Für K. verbanden sich in der Zwölftonreihe materiale und melodische Funktionen, was eher an Anton Webern erinnert. Die Reihe strukturiert nicht nur den zugrundeliegenden Tonvorrat, sondern ist auch motivische Keimzelle. Diesen Ansatz arbeitete K. u. a. im 7. StrQu. zu einem modalen Konzept aus, das auch von seiner Beschäftigung mit der frühen Polyphonie Johannes Ockeghems und Josquin Despré') beeinflußt war. Zwar wird K. in den 50er Jahren durch die Begegnung mit der jungen europäischen Komponistengeneration zur Aneignung des Serialismus' und zur Beschäftigung mit der Elektronischen Musik angeregt (z.B. Fl.-Stück neunphasig op. 171), im Gegensatz zu den 20er und 30er Jahren schlossen die verschiedenen musikalischen Sprachen einander aber nicht aus, sondern boten dem Komponisten einen musikalischen Erfahrungshintergrund, vor dem er – dem jeweiligen Anlaß und seinen Vorstellungen gemäß – neue Werke schaffen konnte.

Die Kammermusik ist nach der Vokalmusik (Opern, Kirchenmusik, Lieder), die Kr.s literarisch-musikalischer Doppelbegabung entgegenkam, die zweitgrößte Werkgruppe innerhalb seines Œuvres. StrQu.e mit hohem Kunstanspruch stehen neben Schulwerken, Bearbeitungen eigener Werke neben Auftragskompositionen (z. B. *Aulokithara* op. 213a für Heinz und Ursula Holliger). Seine langjährige Lehrtätigkeit korrespondiert nicht nur mit seinen Aufsätzen zu musikgeschichtlichen und kompositionstechnischen Fragen, sondern auch mit Schulwerken wie z.B. School music op. 85 (1938/39) und Hausmusik op. 172 (1959). Insgesamt läßt sich mit der Auflösung verbindlicher musikalischer Stile ab den 40er Jahren in K.s Schaffen eine Tendenz zu Einzelwerken feststellen, die nicht mehr einer bestimmten Gattung zuzuordnen sind. Standen zu Beginn seiner Laufbahn an allen wichtigen Zäsuren StrQu.e, so lagen zwischen dem 7. und 8. StrQu. fast 40 Jahre. Mit dem 8. StrQu., in dem K. alle vorherigen Quartette (bis auf das 7. StrQu.) zitiert, kam er auf die Gattungstradition zurück und schuf doch ein extremes Einzelwerk, das von den vorangegangenen StrQu.en weit entfernt ist. K.s Gesamtwerk, das fast alle Stationen der Musikgeschichte des 20. Jahrhunderts beinhaltet, wird von der Persönlichkeit eines Mannes zusammengehalten, dessen Querdenkertum ihn oft zum musikalischen Außenseiter werden ließ, dessen Originalität und Kreativität aber seine Kompositionen zu einem reizvollen, anregenden Erlebnis machen.

Ulrike Schröder

György Kurtág

geb. 19. 2. 1926 Lugoj (Rumänien). Seit 1940 in Timişoara (Temesvár) Kl.-Unterricht bei Magda Kardos, Komposition bei Max Eisikovits; 1946 Übersiedlung nach Budapest, an der Franz-Liszt-Musikhochschule Kompositionsunterricht bei Sándor Veress und Ferenc Farkas, Kl. bei Pál Kadosa, Kammermusik bei Leó Weiner; 1955 Kompositionsdiplom. 1957/58 Studienaufenthalt in Paris; Unterricht bei Darius Milhaud und Olivier Messiaen; Arbeit mit der Psychologin Marianne Stein. In den 60er Jahren Aufführungen bei den Darmstädter Ferienkursen, die aber zunächst kaum beachtet werden. 1967–1986 Professor an der Franz-Liszt-Musikhochschule in Budapest, zunächst für Kl., dann für Kammermusik. Aufführungen in den 70er Jahren bei den Wittener Tagen für neue Kammermusik und seit 1980 in Paris (IRCAM), London und anderen Musikzentren machen sein Œuvre

international bekannt. Vielfältige Tätigkeit als Gastdozent in Europa und Übersee bzw. als Composer in Residence (DAAD Berlin). K. lebt in Veröce am Donauknie nördlich von Budapest.

WERKE F. 1 INSTR.: *Jelek* (Zeichen) f. Va. op. 5 (1961); Tamás Blum in memoriam f. Va. (1992); Cinque Merrycate f. Git. op. 6 (1962); *Szálkák* (Splitter) f. Cimbalom op. 6/b (1972); János Pilinszky: Gérard de Nerval f. Vc. (1986); Message to Frances-Marie f. Vc. (mit zwei Bögen) op. 31/a (1989) – WERKE F. 2 INSTR.: Acht Duos f. V., Cimbalom op. 4 (1961) – WERKE FÜR 3 INSTR.: Bagatellen f. Fl., Kl., Kb. op. 14/d (1981); *A kis csáva* (Die kleine Klemme) f. Pikk., Pos., Git. op. 15/b (1978); Hommage à R. Sch. f. Klar., Va., Kl. op. 15/d (1990) – WERKE F. 4 INSTR.: Quartetto per archi op. 1 (1959); Hommage à András Mihály – 12 Mikroludien f. StrQu. op. 13 (1977); Officium breve in memoriam Andreae Szervánszky f. StrQu. op. 28 (1988/89); Lebenslauf Sándor Veress zum 85. Geburtstag von seinem Schüler, liebevoll f. 2 Bassetthörner u. 2 Kl. im Vierteltonabstand op. 32 (1992); *Ligatura – Message* to Frances-Marie (The Answered Unanswered Question) f. Vc. (mit zwei Bögen, od. f. 2 Vc.), 2 V. u. Celesta op. 31/b (1989) – WERKE FÜR 5 INSTR.: Bläserquintett op. 2 (1959); In memoriam György Zilcz f. 2 Trp., 2 Pos., Tb. (1975).

Verlag: Editio Musica Budapest; Boosey & Hawkes London.

Gy. K. ist als Komponist ein Spätentwickler; kaum lassen die vor dem Pariser Aufenthalt entstandenen Werke die spätere stilistische Ausprägung ahnen. Aber hier, in Paris, ist es nicht so sehr die Ausstrahlung Messiaens, die ihn ›aufgeweckt‹ hätte, sondern der Kontakt zu Marianne Stein, einer Psychologin, die mit Künstlern arbeitet. Es gelingt ihr, die Fähigkeit K.s zu winzigen, in sich abgerundeten Formen freizusetzen und ihn zu überzeugen, daß sich hier seine schöpferische Persönlichkeit optimal entfalten könne. Tatsächlich sind fast alle seitdem entstandenen Werke K.s – unabhängig davon, ob er serielle Techniken oder tonale Reminiszenzen verwendet – durch ihre extreme Kürze gekennzeichnet, und da, wo es sich um ausgedehntere Werke handelt, sind es zumeist Zyklen wiederum aus in sich kurzen Stücken bzw. Sätzen. Er knüpft in der Konzentration der Mittel und dem radikalen Verzicht auf alles schmückende, eröffnende oder finalisierende Beiwerk an Anton Webern, teilweise an Igor Strawinsky an, in der expressiven Aufladung der kurzen Spannungsbögen seiner Werke bzw. Sätze an Alban Berg. Ein sehr differenziertes, eher distanzierendes als identifizierendes Anknüpfen an Modelle der ungarischen Folklore schafft eine gewisse Färbung oder ›Ortbarkeit‹; dazu treten – nicht nur im reichhaltigen vokalen Œuvre – vielfältige literarische Anspielungen und Querverweise, teils als Zitate oder inspirierende Anweisungen in den Partituren. Stilzitate, Bearbeitungen, das Spiel mit ›vergangenen‹ Techniken mögen auf den ersten Blick das Œuvre von K. in die Nähe der sogenannten Postmoderne rücken, doch unterscheidet er sich grundsätzlich von derartigen, den Backkatalog der Musikgeschichte lediglich ausschlachtenden Strömungen durch sein geschichtlich verantwortungsvolles Denken: »Meine Muttersprache ist Bartók, und Bartóks Muttersprache war Beethoven« – dieses von ihm auf Workshops mehrfach geäußerte Diktum stellt den Zusammenhang zu einer als progressiv verstandenen Musikgeschichte her, der er sich verpflichtet fühlt und deren Errungenschaften einschließlich der Avantgarde für ihn unverzichtbar sind.

Quartetto per archi op. 1 (1959)
für 2 Violinen, Viola und Violoncello

Poco agitato – Con moto – Vivacissimo – Con spirito – Molto ostinato – Adagio
Dauer: 14'
Verlag: Editio Musica Budapest

Diesem im Alter von 33 Jahren geschriebenen Werk gab K. demonstrativ die Opuszahl 1, um einen Neubeginn zu kennzeichnen; geschult an Bartók und Webern, aber in einer schon verblüffend eigenständigen Sprache, ist das Werk dem periodischen Denken Beethovens genauso verpflichtet: »Es geschieht etwas – und es wird geantwortet« (Gy. K.). An Webern gemahnt die Verknappung auf winzige, aphoristische, einen Seufzer oder ein erfreutes Atemholen musikalisierende Einheiten, Momentaufnahmen, Klang-Objekte eher als Klang-Prozesse. Die sechs Sätze des 1. Quartetts folgen in einer Art Brückenform aufeinander. Der **1. Satz** als quasi-Ouvertüre exponiert eine Folge knapper Motive in jeweils wechselnder harmonischer Struktur: Große Terz, kleine Sekunden, reine Quinten, Septimen definieren jeweils ein Klangmoment. Eine kurze ›Durchführung‹ mündet in eine aufstiebende und gleichsam ins Nichts entschwindende Flageolettfigur. Der **6. Satz** als Epilog entspricht dem Material des Kopfsatzes; **Satz 2** und **5** korrespondieren durch ihre Ostinato-Technik in einer streckenweise komplex verschachtelten Form, **Satz 3** und **4** entsprechen etwa den traditionellen Formen ›Scherzo‹ und ›Langsamer Satz‹.

Bläserquintett op. 2 (1959)
für Flöte, Oboe, Klarinette, Horn und Fagott

Lento – Agitato – Vivo – Molto sostenuto – Rubato, improvisando – Grave, ma con slancio – Mesto – Rubato, molto agitato
Dauer: 7'-8'
Verlag: Editio Musica Budapest

Der **1. Satz** entwirft als eine Art Ouvertüre in wenigen Figurationen den Klangraum im Ambitus der Tonhöhen und Instrumentalfarben. Die folgenden Sätze stellen dann genau umgrenzte einzelne Charaktere vor: ein signalartiges Hr.-Motiv über einem gleichbleibenden harmonischen Feld im **2. Satz**, eine Studie über Tonrepetitionen und kurze Motive (Vogelruf in der Ob.) im **3. Satz**, im **4.** eine Art Rezitativ im Hr. Der **5. Satz** ist eine kollektive Improvisation, der **6.** mit der scheinbar widersprüchlichen Tempoangabe ›schwer, aber mit Schwung‹ ist eine Studie über die Gleichzeitigkeit von Ruhe und Unruhe. **7.** und **8. Satz**, eine Art Finale mit langsamer Einleitung, machen abschließend eine kompositorische Intention noch einmal deutlich: Die fünf Blasinstrumente streben keine klangliche Homogenität an, sondern, im Gegenteil, bleiben als Kontrastierende bis hin zu Raumklangeffekten nebeneinander bestehen. Darin nimmt das Bläserquintett spätere tatsächliche Raumkompositionen K.s intentional vorweg.

Hommage à András Mihály – 12 Mikroludien op. 13 (1977/78) für Streichquartett

1. Ganze Note = 20. 2. Ganze Note = 60-80. 3. Viertel = 160-152. 4. Presto. 5. Lontano, calmo, appena sentito. 6. Ganze Note = 20-30. 7. (ohne Bezeichnung). 8. Con slancio. 9. Pesante, con moto, leggiero. 10. Molto agitato. 11. Ganze Note = 20. 12. Leggiero, con moto, non dolce.
Dauer: 10'
Verlag: Editio Musica Budapest

Die zwölf Sätze sind nun noch kürzer als im Opus 1, enthalten aber die bei K. häufigen Klangcharaktere wie Choral (Satz 1, 2, 6, 11), Ostinato (3, 9, 10) oder (5. Satz) ein volksliedähnliches Stück, das wie ›aus der Ferne‹ kommt. Das Persönliche, hier die Widmung an den Komponistenkollegen András Mihály, wird zum Allgemeinen in einer traditionsreichen Gattung; die ›Hommage‹, expressiv oder zitierend, wird zum festen Charakteristicum der Musik K.s.

Officium breve in memoriam Andreae Szervánszky op. 28 (1988/89) für Streichquartett

1. Largo. 2. Più andante. 3. Sostenuto, quasi giusto. 4. Grave, molto sostenuto. 5. Presto. 6. Molto agitato. 7. Sehr fließend. 8. Lento. 9. Largo. 10. Sostenuto. 11. Sehr fließend. 12. Sostenuto, quasi giusto. 13. Sostenuto, con slancio. 14. Disperato, vivo. 15. Larghetto.
Dauer: 12'
Verlag: Editio Musica Budapest

Fünfzehn extrem kurze Sätze bilden ein vielfältiges Beziehungsgeflecht um zwei Personen, zwei Komponistenkollegen: den Ungarn Endre Szervánszky (1911–1977), der als einer der ersten in seinem Land Webern rezipierte, und Anton Webern selbst. Beide sind hier durch Zitate vertreten, denen sich K. erst im Laufe des Werkes annähert. Der vierstimmige Kanon, der den letzten Satz aus Weberns 2. Kantate op. 31 bildet, erscheint hier zunächst im **5. Satz** als Fantasie über Weberns Harmonik, dann im **7. Satz** nur mit den Außenstimmen, eingebettet in einen koloristischen Hof, schließlich im **10. Satz** als direktes Zitat. Szervánszky wird mit den ersten zwölf Takten des **3. Satzes**, Larghetto, seiner Serenade für Streichorchester zitiert – zunächst geben K.s Sätze 3 und 12 nur kurze, motivisch-harmonische Allusionen, das Original erscheint dann im abschließenden **15. Satz**, wo es allerdings mitten in der Phrase abbricht. Eine Reliquie wurde umkreist, bleibt aber als Bruchstück bestehen; der Werktitel *Kurzes Stundengebet* beschreibt den Moment des Gedenkens.

Hommage à R. Sch. op. 15/d (1990) für Klarinette, Viola und Klavier

Vivo – Molto semplice, piano e legato – Feroce, agitato – Calmo, scorrevole – Presto – Adagio, poco andante
Dauer: 10'
Verlag: Editio Musica Budapest

Weist schon die Besetzung auf die *Märchenerzählungen* Robert Schumanns zurück, so finden sich dann auch in den einzelnen Sätzen, angefangen bei den literarischen Motto-Formulierungen der Überschriften, immer wieder musikalisch-literarische Anspielungen auf den geliebten Komponisten der deutschen Romantik. *Merkwürdige Pirouetten des Kapellmeisters Johannes Kreisler* (**1. Satz**) knüpft mit den Läufen auf und ab an die literarische Figur E. Th. A. Hoffmanns ebenso an wie an Schumanns Klavierzyklus *Kreisleriana*. *Eusebius: der begrenzte Kreis* (**2. Satz**) bearbeitet ein Lied in Kanon-Form (Teil III, Nr. 6) aus K.s *Kafka-Fragmenten* op. 24 und fügt ihm (im Kl.) eine weitere Kanonstimme hinzu. Im **3.** bis **5. Satz** zitiert K. musikalisch-literarisch den Schumannschen Eusebius, den bedeutenden ungarischen Dichter Attila József und noch einmal Schumann mit dem rastlosen Charakter der *Traumeswirren*. Der abschließende **6. Satz** – er ist länger als alle vorhergehenden zusammen – wirft nun ein neues Licht auf die Komposition. *Abschied (Meister Raro entdeckt Guillaume de Machaut)* ist er überschrieben; die ausgleichend abwägende literarische Figur Schumanns steht neben Machaut als Symbol elaborierter Kompositionstechnik der abendländischen Musik – strenge Intervallfolgen im tiefen Register des Kl.s offenbaren eine gemessene Passacaglia, aber auch den Genre-Charakter eines Trauermarsches, eines »schweren Kondukts« (G. Mahler), der sich mächtig steigert und am Ende ins Nichts zurücksinkt. Die Folge von fünf sehr kurzen und einem sehr langen Satz, bezeichnenderweise *Abschied* betitelt, gemahnt an Mahlers *Lied von der Erde*, und ähnlich wie dieser versucht K. den Tod, der als Thema in seinem wie in Mahlers Œuvre immer wieder auftaucht, dadurch zu überlisten, daß er ihn ästhetisch bannt. Der Klarinettist – er benutzt das Instrument des menschlichen Atems, also des Lebenselixiers schlechthin – legt während der verhallenden Schlußakkorde des Kl. sein Instrument weg und tut einen einzigen, kaum hörbaren Schlag auf die nur hier zum Einsatz kommende Große Trommel – ein letzter Herzschlag.

Hartmut Lück

Helmut Lachenmann

geb. 27. 11. 1935. Stuttgart. 1955–1958 Studium an der Staatlichen Hochschule für Musik Stuttgart (Kl. bei Jürgen Uhde, Theorie und Kontrapunkt bei Johann Nepomuk David). 1957 erster Besuch der Darmstädter Ferienkurse. 1958–1960 Studienzeit bei Luigi Nono in Venedig. 1961–1973 Gastvorlesungen an der Ulmer Hochschule für Gestaltung. Von 1966–1970 Lehrauftrag für Musiktheorie an der Musikhochschule Stuttgart. 1970–1976 Dozent für Musik an der Pädagogischen Hochschule Ludwigsburg. 1972 Koordinator bei den Darmstädter Ferienkursen. 1972/73 Meisterklasse für Komposition an der Universität Basel. 1976 Berufung an die Musikhochschule Hannover. 1978–1992 Dozent bei den Darmstädter Ferienkursen für Neue Musik. Seit 1981 Professor für Komposition an der Musikhochschule Stuttgart. Mitglied der Akademien der Künste in Berlin-Brandenburg, Hamburg, Leipzig, Mannheim und München.

WERKE F. 1 INSTR.: *Interieur* I f. Schlzg. (1966); Pression f. Vc. (1969/70); *Dal niente* (Interieur III) f. Klar. (1970); Toccatina f. V. (1986) – WERKE F. 2 INSTR.: *Salut für Caudwell* f. 2 Git. (1977) – WERKE F. 3 INSTR.: Streichtrio I f. V., Va., Vc. (1965); Trio fluido f. Klar., Va., Schlzg. (1966/68); *temA* f. Fl., MezzoS., Vc. (1968); Dritte Stimme zu J. S. Bachs zweistimmiger Invention d-Moll BWV 775 f. 3 Instr. (1985); Allegro Sostenuto f. Klar., Kl., Vc. (1986–1988) – WERKE F. 4 INSTR.: *Gran Torso.* f. StrQu. (1972/1978/1988); *Reigen seliger Geister.* 2. StrQu. (1989) – WERKE F. ENSEMBLE: *Introversion I & II* f. Klar., Trp., Harmonium, Hf., 3 Schlzg., Kb. (1963/64); Fünf Strophen für 9 Instrumente f. Fl./Pikk., BKlar., Hr., Trp., Pk., Vib., Kl., Va., Kb. (1961); *Angelion* f. 6 Hr., 4 Trp., 4 Pos., 2 Kl. (1962/63); Tripelsextett f. Fl., 3 Klar., 2 Fg., 3 Hr., 2 Trp., Tb., 3 V. u. 3 Kb. (1960/61); *Mouvement (- vor der Erstarrung)* f. 18 Instr. (1982/84); *»... zwei Gefühle...«*, Musik mit Leonardo f. 2 Sprecher u. 19 Instr. (1992).

Verlag: Breitkopf & Härtel Wiesbaden.

In der Kammermusik H. L.s schlagen sich die charakteristischen Merkmale seines Komponierens am ausgeprägtesten nieder. Er beginnt sein eigenständiges Werk während der Studienzeit bei Luigi Nono mit größeren Ensemble-Besetzungen und Kl.-Musik. Ihre Klanglichkeit ist von den angewendeten seriellen Techniken und deren Niederschlag in der Instrumentation geprägt. Zwischen 1965–1968 entstehen drei Trios, die L.s Entwicklung seiner ›Musique concrète instrumentale‹ zeigen, deren Reinform in drei um 1970 entstandenen Studien für Soloinstrumente ablesbar ist. Da für L. das Instrument als Klangerzeuger im Zentrum kompositorischer Räson steht, ist der Übergang zu den zwischen 1965 und heute entstandenen sechs Orchesterstücken und den sechs Musiken für Soloinstrument und Orchester fließend.

Durch systematisches Erkunden der Instrumente und innovative Erweiterung ihrer Spieltechniken schafft er sich ein musikalisches Material, das nicht länger nur Stoff ist, der einer Form gefügig gemacht wird, sondern Grundlage einer Logik des Zusammenhangs, dessen Großform aus dem Basismaterial abgeleitet ist. Oder kurz: Die Komposition geht von dem Klangmaterial selber aus. Die ›Musique concrète instrumentale‹ bezeichnet eine Musik, die neue, unverbrauchte Klänge in den alten Instrumenten des Orchesterapparates sucht. »Gemeint ist damit eine Musik, in welcher die Schallereignisse so gewählt und organisiert sind, daß man die Art ihrer Entstehung nicht weniger ins musikalische Erlebnis einbezieht als die resultierenden akustischen Eigenschaften selbst. Klangfarbe, Lautstärke etc. klingen also nicht um ihrer selbst willen, sondern sie kennzeichnen bzw. signalisieren die konkrete Situation: man hört, mit welchen Energien und gegen welche Widerstände ein Klang bzw. ein Geräusch entsteht. Ein solcher Aspekt wird nicht von selbst: er muß durch eine Kompositionstechnik erst freigelegt und unterstützt werden, die den üblichen, aber hier störenden Hörgewohnheiten stillschweigend, aber konsequent den Weg verstellt. Das Ganze wird zur ästhetischen Provokation: Schönheit als verweigerte Gewohnheit.« (H. L.)

Die Ästhetik der ›Musique concrète instrumentale‹, die ein gesellschaftskritisches Potential für sich beansprucht, basiert auf einer Dialektik von ›Angebot‹ und ›Verweigerung‹. Dieses Diktum L.s hat zu viel Mißverständnis und Polemik geführt. Anders als gemeinhin dargestellt, ist nicht jede Form von Musik verweigert. Vermieden wird nur das Gewohnte, das musikalisch allzu Vertraute, das vom Hörer als Bekanntes nur registriert wird und nur noch Reflexe auslöst, statt Reflexionen in Gang zu setzen. Die Gewohnheit hat in der Musik viele Gesichter – L. hat sie unter dem Begriff des »Tonalen« zusammengefaßt. Gemeint ist zunächst die Tonalität selbst, jene besondere Tonverknüpfung der Harmonik, die jeder Europäer in tausend Varianten kennt und wiedererkennt – egal, ob er einen Schlager, eine Arie oder eine Sinfonie hört. Diese Muster erzeugen eine Atmosphäre der Vertrautheit, die an zu Klischees erstarrte Gefühle gekoppelt sind: Dur stimmt fröhlich, Moll melancholisch. Solche unbewußten Gewohnheiten gehen über Melodien und Harmonien hinaus und betreffen auch Rhythmus, charakteristische Instrumentalklänge und selbst das System der temperierten Stimmung. Ein Komponist, der nicht noch einmal ›Herz‹ auf ›Schmerz‹ reimen will, muß sich also solcher Mittel enthalten. Diese Einsicht mag L. zwischenzeitlich dazu bewogen haben, mit den Tönen ganz und gar Schluß zu machen und die weniger kontaminierten Geräusche zu verwenden.

»Indem die gewohnte, aus unserer philharmonischen Tradition überlieferte Klangpraxis ausgesperrt wird, wird bisher ›Unterdrücktes‹, akustisch bisher eher Nebensächliches offengelegt, so daß es für die Gestaltbildung wesentliche Bestimmung erfährt. Die resultierende Klanglandschaft zeigt quasi die Rückseite der Muster, die im ästhetischen Erwartungsrepertoire unserer Gesellschaft vorgegeben zu sein scheint: Saiten, anstatt zu ›klingen‹, werden auf vielfache charakteristische Weise ›deutlich‹ am Klingen gehindert.« (H. L. 1972 im Programmtext zu *Klangschatten*). Eine solche Verweigung des Gewöhnlichen ist zugleich das Angebot »eines anderen Entwurfs von ›Schönheit‹, welcher die bürgerliche Sehnsucht nach Schönheit als ästhetischer Geborgenheit reflektiert und sie erfüllen möchte, indem sie sie überwindet.« (H. L.) An solchen Angeboten ist das Werk Lachenmanns und insbesondere die Kammermusik reich.

Pression (1969/70)
für Violoncello

einsätzig, ohne Bezeichnung
Dauer: ca. 9'
Verlag: Breitkopf & Härtel Wiesbaden

Pression für einen Cellisten ist ein Werk, das durch den radikalen Verzicht von ›ordinario‹ gespielten Tönen auffällt. Ausformuliert ist hier eine Dialektik, in der der Pol des ›philharmonisch schönen Tones‹ mit dem des ›gepreßten Tones‹ vermittelt wird. Diese Gegensätze bestimmen die klangliche Ausprägung der Abschnitte und sind in Reinform als zwei architektonische Pfeiler in das Stück eingezogen. Zu Beginn ist eine Stelle ›wo sich der Bogen am Saitenhalter festfrißt‹. Der Cellist hat mit hohem Bogendruck und größter Intensität auf den umsponnenen Enden der Saiten am Saitenhalter zu spielen. Vom Überdruck des Bogens gepreßt, rüttelt er unter den unnachgiebigen Haaren – ein Widerstand, der unmittelbar hörbar wird: die Arie des Saitenhalters, das Zeugnis von der Entstehung eines Klanges. Dem steht im letzten Abschnitt das Pendant gegenüber: der ›normale volle Ton‹, der nur dies eine Mal in dem Stück auftritt. Aus dem Nichts entstehend, treibt er die Blüte eines klassischen schönen Tones hervor und verklingt allmählich wieder in der Sphäre des hauchzarten Rauschens.

Das Stück *Pression* ist, schlagwortartig formuliert, eine Etüde. Zunächst einmal eine Etüde für den Interpreten, denn er muß 35 Spieltechniken beherrschen lernen, die nicht dem gewöhnlichen Repertoire entstammen, sowie neue Bewegungsabläufe und unübliche Spielorte. Darüber hinaus handelt es sich um eine Kompositionsetüde, da L. hier systematisch ein Klangmaterial erprobt, das er zuvor entdeckt hat. Schließlich handelt es sich um eine Etüde für den Hörer, eine Wahrnehmungsstudie, die zum differenzierten Hören der feinen und feinsten Klangunterschiede leitet.

Mouvement (*- vor der Erstarrung*) (1982–1984) für 18 Instrumente

einsätzig, ohne Bezeichnung
Dauer: ca. 23'
Verlag: Breitkopf & Härtel Wiesbaden

In *Mouvement* bleiben die Ergebnisse aus den Klangforschungen der ›Musique concrète instrumental‹ erhalten, bilden aber nicht mehr das kompositorische Thema. Nach einer Phase der Ausschließung von Tönen in ihrem überlieferten orchestralen Gewand, wendet sich L. wieder der ›philharmonischen Praxis‹ zu. Die ›Archetypen‹ der traditionellen Klangsprache (etwa Tonleitern, Arpeggien, Glissandi) werden – zersetzt, reflektiert und neu synthetisiert – in einen unikaten strukturellen Zusammenhang gebracht.

Mouvement (*– vor der Erstarrung*), der Titel deutet es an, handelt von der Dialektik von Bewegung und Erstarrung. Sie betrifft den Bewegungsapparat des spielenden Musiker (und ist darin Kritik am ›Musikantischen‹) und die Bewegungsformen der Musik gleichermaßen. Das Stück »ist eine Musik aus toten Bewegungen, quasi letzten Zuckungen, deren Pseudoaktivität: Trümmer aus entleerten – punktierten triolischen, motorischen – Rhythmen selbst schon jene innere Erstarrung anzeigt, die der äußeren vorangeht. (Die Fantasie, die vor empfundener Bedrohung alle expressiven Utopien aufgibt und wie ein Käfer, auf dem Rücken zappelnd, erworbene Mechanismen im Leerlauf weiter betätigt, deren Anatomie und zugleich deren Vergeblichkeit erkennend und in solchem Erkennen Neuanfänge suchend).« (H. L.) Das Motiv der leerlaufenden Bewegung, der inneren und äußeren Erstarrung ist in dem Werk als Stadium der ›arco-Maschine‹, der ›flatternden Orgelpunkte‹, der ›Zitterfelder‹ und ›gestoppten Rasereien‹ in verschiedenen Verwandlungsgestalten ausgeführt. Mechanischer Leerlauf hat Tonleitern und Arpeggien als musikalisches Pendant, wenn sie Selbstzweck und damit sinnlos werden.

Die Chiffre von dem »Käfer, der auf dem Rücken zappelt« als Parabel des aus-dem-Leben-treten gleicht dem Käfer Gregor Samsa in Kafkas Erzählung von der *Verwandlung*. Eine musikalische Chiffre ist dem Stück mit dem Lied *O, du lieber Augustin* eingeschrieben, das bereits Arnold Schönberg in seinem 2. StrQu. als schwermütigen Liebesschmerz aufklingen läßt. Aber hier ist es kein Symbol von Weltuntergangsstimmung (»alles ist hin«); befreit von Text und Tonhöhe kann es als Zitat nicht wiedererkannt werden, da es mit der Funktion eines rhythmisch-metrischen Gerüstes in die Struktur von *Mouvement* zurücktritt.

Frank Hilberg

Luise Adolpha Le Beau

geb. 25. 4. 1850 Rastatt, gest. 17. 7. 1927 Baden-Baden. Ab 1856 erster Musikunterricht (Kl. u. Harmonielehre) beim Vater, Wilhelm Le Beau. Ab 1857 V.-Unterricht. 1858 erste Kompositionsversuche. Ab 1866 privates Musikstudium (Kl. bei Wilhelm Kalliwoda, Hofkapellmeister in Karlsruhe, Gesang bei Anton Haizinger). 1868 Debut als Pianistin im Abonnementskonzert der Karlsruher Hofkapelle. Ab 1869 Unterrichtstätigkeit als Kl.- und Gesanglehrerin; Konzerttätigkeit als Pianistin. 1873 Kl.-Unterricht bei Clara Schumann in Baden-Baden, dort Bekanntschaft mit Hans von Bülow, der sie als Kompositionsschülerin an Joseph Rheinberger in München empfiehlt. 1876–1880 Unterricht in Kontrapunkt, Harmonie- und Formenlehre bei Melchior Ernst Sachs, einem Schüler Rheinbergers. 1876–1880 Kompositionsunterricht bei Rheinberger, 1880/81 bei Franz Lachner. Selbststudium der Instrumentationslehre von Hector Berlioz. 1878 Gründung eines ›Privatmusikkurses für Töchter gebildeter Stände‹. Ab 1878 Rezensionen und Aufsätze u. a. für die ›Allgemeine deutsche Musikzeitung‹ in Berlin. 1882 erster Preis eines internationalen Wettbewerbs für die Stücke für Vc. und Kl. op. 24; 1884 Ernennung zum außerordentlichen Mitglied des Mozarteums. 1885 Zerwürfnis mit Rheinberger, Umzug nach Wiesbaden. Trotz erfolgreicher Aufführungen auch der sinfonischen Werke zunehmende Isolierung innerhalb des öffentlichen Musiklebens. 1890–1893 auf der Suche nach neuen musikalischen Anregungen in Berlin, dort eigenhändiger Druck des Oratoriums *Hadumoth*. Partiturstudium der Werke Palestrinas, Lassos, Händels, Bachs u. a. in der Königlichen Musikbibliothek. Bemühungen des Akademieprofessors Georg Vierling, ihr einen Titel als ›Königlicher Musikdirektor‹ zu verleihen scheitern, da Frauen in Preußen keine akademischen Titel erhielten. 1893 Umzug nach Baden-Baden. 1899 Übernahme des Musikreferats beim ›Badener Badeblatt‹. 1903 letzter öffentlicher Auftritt als Pianistin. 1910 Herausgabe der Autobiographie *Lebenserinnerungen einer Komponistin*. In den letzten Lebensjahren Wiederaufnahme der Unterrichtstätigkeit.

Werke f. 1 Instr.: Romanze f. Hf. op. 31 (1883/84) – Werke f. 2 Instr.: Sonate f. Kl. u. V. c op. 10 (1875/76); Fünf leichte Stücke f. Kl. u. V. op. 13 (1876); Son. f. Vc. u. Kl. D op. 17, auch f. V. bearb. (1878); Vier Stücke f. Vc. u. Kl. op. 24 (1882); Romanze f. V. u. Kl. (1885); Elegie f. V. u. Kl. op. 44 (1897); Son. f. Kl. u. V., op. 46 Nr. 2 (1898); Fünf Stücke f. V. u. Kl. op. 65a (Entstehungsjahr nicht ermittelt) – Werke f. 3 Instr.: Trio f. Kl., V., Vc. d op. 15 (1877); Kanon f. 2 V. e op. 38, auch f. V. u. Va. bearb. (1887) – Werke f. 4 Instr.: Quartett f. Kl., V., Va., Vc. f op. 28 (1881/82); StrQu. g op. 34 (1884) – Werke f. 5 Instr.: Quintett f. 2 V., Va., 2 Vc. op. 65a (1900/1901).

Verlag: Breitkopf & Härtel Leipzig / Wiesbaden.

»Schrieben nicht viele Männer wirklich schlechte Musik, dann würde ich mein Lob in die Worte kleiden: Sie komponiert wie ein Mann!« Dieser Satz aus einer Rezension Wilhelm Tapperts über Kompositionen L. A. L. B.s (›Allgemeine deutsche Musikzeitung‹ vom 10. 12. 1880) demonstriert sinnfällig, welchem Gewirr aus Zuschreibungen sich eine Komponistin im 19. Jahrhundert in Deutschland ausgesetzt sah. Typisch daran ist der Verweis auf das Geschlecht, der fast ausnahmslos in den Besprechungen ihrer Werke erscheint, untypisch ist der Grad der Reflexion: Daß es Männer gibt, die schlechte Musik schreiben, wird dabei in der Regel verschwiegen. Leben und Werk – so zeigt sich daran – sind nicht voneinander zu trennen. Der Zusammenhang zwischen ernsthafter Resonanz auf ihre Werke und künstlerischer Produktivität läßt sich bei L. B. schon an der Entstehungszeit ihrer Werke ablesen: So entstanden in den Münchner Jahren, in denen sie zwar nicht an der Königlichen Musikakademie studieren durfte, aber als Privatschülerin Rheinbergers ins Münchner Musikleben integriert war, über die Hälfte aller und sogar drei Viertel der gedruckten Werke. Die Kompositionen dieser Zeit zeigen vor allem mit ihrem Reichtum an gesanglich weiträumigen und dabei in ihren Wendungen oft überraschenden Themen, wie begabt die junge Komponistin war, die sich bei Rheinberger – gegen dessen Prinzip »keine Damen« zu unterrichten – ein solides Handwerkszeug aneignen durfte. Gegenüber dem auch rein quantitativ wesentlich schmaleren ›Spätwerk‹ zeichnen sich die frühen Werke nicht nur durch ihre individuelle Thematik, sondern auch durch ihre größere formale Offenheit aus. Die »Tendenz zur Erstarrung der Formschemata« in den späteren Werken (J. Olson) spiegelt allerdings neben der zunehmenden Isolierung innerhalb des Musiklebens auch eine Reaktion auf die Vorurteile wider, denen sich L. B. als Komponistin ausgesetzt sah: Subtil in dem Lob verborgen, L. B. stelle darin eine »Ausnahme unter den Damen« dar, scheinen die Rezensionen den Beweis der Meisterschaft in der Beherrschung der Form immer wieder aufs Neue einzufordern. Solche Beweislast regt nicht gerade die Experimentierfreude an, – die allerdings nötig wäre, um die eigene Tonsprache fortzuentwickeln.

So kann auch das Festhalten an klassischen Formidealen nicht sogleich als Ausdruck einer Kompositionshaltung gewertet werden, mit der sich die Komponistin in der Auseinandersetzung zwischen den Vertretern des »Musikalisch Schönen« (E. Hanslick) und den ›Neudeutschen‹ zum konservativen Lager bekennt. Zwar sind traditionelle Gattungen in L. B.s Werk vorherrschend: Einer einzigen Sinfonischen Dichtung stehen zwei Oratorien und ein umfangreiches kammermusikalisches Schaffen gegenüber – ihr einziges Bühnenwerk, eine Märchenoper (*Der verzauberte Kalif*, 1901/02), gilt als verschollen. Gerade innerhalb der traditionellen Formen versucht L. B. jedoch, Anregungen der ›neudeutschen‹ Richtung umzusetzen und sich damit auch von den konservativen Einflüssen ihres Lehrers Rheinberger zu befreien. Sehr deutlich wird dies angesichts der Verwendung von Leitmotiven in ihrem ersten Oratorium *Ruth* (1881) und im programmatischen StrQu. op. 34. Auch der hohe Anteil kammermusikalischer Werke am Gesamtwerk – die meisten davon mit Kl. – ist weniger einer konservativen Kompositionshaltung zuzuschreiben, als dem Umstand, daß sie sich als Pianistin für deren Aufführung besonders effektiv einsetzen konnte.

Der Mangel an Freiheit, den eigenen schöpferischen Impulsen folgen zu können, ist in L. B.s Werk nicht ganz zu überhören – ebensowenig jedoch ihr energischer Durchsetzungswillen. Letzterem ist Erfolg zu wünschen, denn in der Kombination ergibt sich daraus eine Musik, die zwar nicht immer fröhlich stimmt, in Anbetracht der Geschichte, die aus ihr spricht, jedoch nicht nur als Zeitdokument eine interessante Bereicherung für das viel zu enge Konzertrepertoire bildet.

Quartettt f-Moll op. 28 (1882)
für Klavier, Violine, Viola und Violoncello

Adagio/Allegro con fuoco – Adagio – Tempo di Mazurka – Finale. Allegro
Verlag: Breitkopf & Härtel Wiesbaden

»Ich wurde freudig überrascht, als das kühle Gewandhauspublikum schon nach dem ersten Satz meines Klavierquartetts tüchtig applaudierte. Das Tempo di Mazurka zündete außerordentlich und am Schluß wurde ich zweimal hervorgerufen! Es war einer der glänzendsten Erfolge im Gewandhaus.«, berichtet L. B. von der EA ihres Kl.-Quartetts, die sie zusammen mit Konzertmeistern des Gewandhausorchesters am 1. 12. 1883 in Leipzig bestritt. Die für L. B. typische Verknüpfung von romantischem Gestus und klassischem Formempfinden zeigt sich in diesem Werk schon oberflächlich in der interessanten thematischen Verklammerung der Sätze, die mit klar voneinander abgegrenzten Formteilen und abgerundetem Themenbau einhergeht.

Im **1. Satz** (f-Moll) wird vom Kl. ein – in seiner insistierend energischen Bewegung für L. B. – typisches 1. Thema vorgestellt.

Das 2. Thema ist dem 1. metrisch in seiner Phrasengliederung und durch die Auftaktigkeit verwandt, erscheint aber dennoch durch seinen gesanglich getragenen Charakter deutlich als Kontrast.

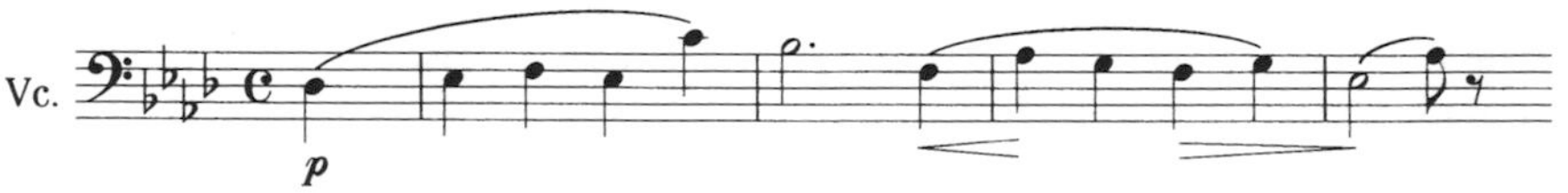

Ein ausgedehntes Überleitungsmotiv, das in entlegene Tonartenbereiche moduliert, und ein Epilog zum Seitenthema verleihen der Exposition durchführungsartige Züge, ohne daß jedoch dadurch die Strukturgrenzen der Formteile in Frage gestellt würden. Klar gegliedert ist auch die Durchführung, in der die Themen weniger miteinander in Konflikt geraten, als vielmehr blockartig nacheinander verarbeitet werden. Das Überleitungsmotiv sowie der Epilog zum Seitenthema stehen ihnen dabei gleichberechtigt zur Seite.

Das **Adagio** (As-Dur) ist ganz von dem schon aus der langsamen Einleitung zum 1. Satz bekannten Thema bestimmt, der – dort ein Streicherchoral ›a capella‹ – hier zunächst im Kl. erklingt. Der gesamte Satz spinnt sich mit motivischen Ableitungen aus thematischem Material fort, bis das vollständige Thema, in den Streichern erweitert und figuriert, nun über fortlaufender Sechzehntelbewegung im Kl. als Reprise wieder erscheint.

Der originelle **3. Satz** mit seinem leichtfüßigen Staccato-Thema, dessen kurze von den Streichern vorgetragene Phrasen im Kl. mit glöckchenartigen Einwürfen im hohen Register beantwortet werden, könnte als ›Elfenstück‹ charakterisiert werden. Dieser Charakter wird jedoch durch die den Taktschwerpunkten entgegenlaufenden Betonungen des Mazurka-Rhythmus' konterkariert, wodurch sich ein reizvolles Spannungsgefüge aus einander entgegengesetzten metrischen Impulsen ergibt. Ein gesanglich getragenes Intermezzo an der Stelle des Trios verschafft eine Ruhepause, bevor dieses Spiel erneut ansetzt.

Ein schwungvolles Sonatenrondo bildet das **Finale**, dessen besonderen Reiz die Reminiszenzen an die vorangegangenen Sätze ausmachen. Im tänzerischen Charakter des 1. Themas klingt die Erinnerung an die Mazurka nach.

Dazu gesellt sich ein liedhaft schlichtes Seitenthema, dessen Phrasen wie bei einem Rundgesang durch die drei Streicher wandern.

Nach der Durchführung, die in ihrem Bau der des 1. Satzes ähnlich ist, und einer fast wortgetreuen Reprise, erklingt im Anschluß an das lebhafte 1. Thema plötzlich und unvermittelt wie aus einer anderen Welt das Thema des Adagios als Streicherchoral. Der Satz schließt mit einer Coda, die noch einmal das 1. Thema aus dem 1. Satz zitiert: ›con fuoco‹, wie es nach der langsamen Einleitung begann.

Cornelia Bartsch

Ingvar Lidholm

geb. 24. 2. 1921 Jönköping (Schweden). Bereits als komponierender Gymnasiast in Södertälje gründliche musikalische Ausbildung. 1940–1945 Musikstudium an der Musikhochschule Stockholm (Va., Dirigieren). 1943–1945 privater Kompositionsschüler von Hilding Rosenberg. 1943–1947 Bratscher in der Königlichen Hofkapelle, Stockholms Opernorchester (zur gleichen Zeit war der Komponist Allan Pettersson Bratscher im Orchester des Stockholmer Konzertvereins). 1947–1956 Kapellmeister des Städtischen Orchesters Örebro. Weiterführende kompositorische Studien in Frankreich, Italien, der Schweiz (1946/47) und 1949 bei den Darmstädter Ferienkursen; 1954 in London Unterricht bei Mátyás Seiber und bei Walter Goehr (in Instrumentation). 1956–1965 Ressortchef für Kammermusik beim Schwedischen Rundfunk, 1975–1985 Planungsdirektor ebd. im Bereich Musiktheater. 1962/63 und 1965–1975 als Nachfolger von Karl-Birger Blomdahl Professor für Komposition an der Musikhochschule Stockholm. Einflußreichster Lehrer für eine ganze Generation schwedischer Komponisten, zu seinen Schülern zählen Daniel Börtz, Anders Eliasson, Miklós Maros, Jan Wilhelm Morthenson, Sven-David Sandström und Karl-Erik Welin). Seit 1985 ist L., der spätestens mit seiner 1992 am Stockholmer Opernhaus uraufgeführten Oper *Ett drömspel* (*Ein Traumspiel*, nach August Strindberg) ins Bewußtsein auch einer breiteren musikinteressierten Öffentlichkeit trat, ausschließlich als Komponist tätig.

Werke f. 1 Instr.: Sonata f. Fl. (1946); Fantasia sopra Laudi f. Vc. (1977); *Amicizia* f. Klar. (1980); *Arabesk* f. Ob. (1988) – Werke f. 2 Instr.: Invention f. Klar. u. BKlar. od. Va. u. Vc. od. Kl. (1954); *Quattro pezzi* f. Vc. u. Kl. (1955; Version f. Vc. solo 1977); Stamp music I f. S. u. Tamt. (1971) – Werke f. 3 Instr.: Liten stråktrio f. V., Va., Vc. (1953) – Werke f. 4 Instr.: StrQu. (1945); Musik för stråkar f. StrQu. od. Streichorchester (1952); Concertino f. Fl., Ob., EHr., Vc. (1954); *Tre elegier – Epilog* f. StrQu. (1982/1986) – Werke f. verschiedene Instr.: Fanfare (für die IGNM-Weltmusiktage Stockholm 1956) f. 2 Trp., 2-4 Hr., Schlzg. (2 Spieler) (1956).

Verlag: Wilhelm Hansen Kopenhagen; Universal Edition London.

Für den Fortgang der Neuen Musik in Schweden spielte in den Jahren nach dem 2. Weltkrieg ein Kreis junger Komponisten und Musiker, die sich regelmäßig privat versammelten, eine entscheidende Rolle. Zu dieser ›Montagsgruppe‹ gehörten vor allem Schüler von Hilding Rosenberg (1892-1985), einem Gründervater der schwedischen Moderne: Blomdahl, Sven-Erik Bäck, Sven-Eric Johanson und auch I. L. Daneben waren Musiker wie der später international bekannte Chordirigent Eric Ericson oder der Pianist Hans Leygraf assoziiert. Gleichgesinnte fanden hier ein Forum für Debatten über theoretische Fragen oder neue Partituren. Ein enges ästhetisches Gruppendogma bildete sich nicht heraus, verbindend wirkte aber die allen gemeinsame Neigung zu einer Art neuer musikalischer ›Sachlichkeit‹, die insbesondere zur Auseinandersetzung mit dem kompositorischen und theoretischen Werk Paul Hindemiths führte. Die Gruppe löste sich vom Ende der 40er Jahre an allmählich auf. Ihr in manchen Kreisen angefeindeter progressiver Geist entfaltete jedoch auch weiterhin seine Wirkung – durch jene Mitglieder, die zu erfolgreichen und einflußreichen Gestalten im schwedischen Musikleben wurden.

Vor dem hier skizzierten Hintergrund ist der Beginn von L.s stilistischer Entwicklung nach der strengen handwerklichen Schule Rosenbergs zu sehen. Die viersätzige Fl.-Sonate von 1946 zeigt sich inspiriert von den Maximen der ›Montagsgruppe‹. Der Tonsatz ist linear gedacht und trägt vielfach neobarocke Züge (auffällig im 2. Satz), der lichte Tonfall gemahnt stellenweise deutlich an den Hindemiths in den 30er Jahren. In der Folgezeit hinterließ die Aufarbeitung der bereits etablierteren Moderne, etwa Bartóks, Spuren in L.s Schaffen. Dieses erweist sich darüber hinaus bis in die 60er Jahre hinein als ein Spiegelbild seiner steten Beschäftigung mit der jungen Avantgarde des europäischen Festlands. Um 1950 begann L., sich mit der Dodekaphonie (und im Anschluß mit dem Serialismus) auseinanderzusetzen, dokumentiert auch in seiner Kammermusikproduktion, die bis 1955 etwas dichter wurde und zu der am Rande *Drei Gesänge* nach Gedichten Gunnar Ekelöfs von 1954 zu rechnen sind, ein Werk für S. und Kammerensemble (Ob., Klar., Va., Vc.). Besonders im Concertino, dessen vier Sätze während der Londoner Studienzeit bei Seiber entstanden, L. arbeitete weitgehend zwölftönig. Im übrigen griff er zurück auf überlieferte Formen (z.B. Sonatensatzform im 2. Satz) und Techniken (verschiedene Kanonarten im 3. Satz) und liegt damit auf der eher Schönbergschen Linie der Ausgestaltung des dodekaphonen Prinzips. Die vier Instrumente werden kontrapunktisch sehr individualisiert geführt. Es resultiert insgesamt ein sprödes und oft grelles Klangbild, das eine harte Expressivität vermittelt.

Mit den *Quattro pezzi* für Vc. und Kl. schrieb L. 1955 für über 20 Jahre seine letzte kammermusikalische Komposition im engeren Sinn. Überhaupt ist festzuhalten, daß die Akzente in L.s Œuvre einerseits auf seinem umfangreichen Chorwerk, andererseits auf der Orchestermusik liegen. In ihr vor allem vollzieht sich seit Mitte der 50er Jahre die weitere Entwicklung. Einen Endpunkt jener Schaffensphase, in der seine Stücke Reflexe auf jeweils aktuelle avantgardistische Tendenzen erkennen lassen, markierte 1963 *Poesis*. Das einsätzige Orchesterwerk ist von der Klangflächentechnik der Polnischen Schule inspiriert und war in den Augen mancher schwedischer Kritiker ein Skandalon. Von dieser Zeit an ist eine behutsame Reintegration traditioneller Mittel in L.s Werk zu beobachten. Als ein experimenteller ›Nachzügler‹ darf gleichwohl *Stamp Music* nicht übergangen werden. L. wurde 1971 angetragen, die Kreation einer Gedenkbriefmarke zum 200. Gründungsjahr der Königlichen Musikakademie zu übernehmen, der er selbst seit 1963 angehört. Er schuf zu diesem Zweck eine graphische Partitur (*Stamp Music II*), die durch Ausführende in beliebiger Besetzung interpretiert werden kann. Darüber hinaus verfaßte er eine mögliche, nun traditionell notierte Auslegung seiner eigenen Graphik (*Stamp Music I*). Hierbei handelt es sich um ein ca. fünfminütiges, textloses Stück vokaler Kammermusik für S. und ein Tamtam (mit dem allerdings nur ein einziger Schlag auszuführen ist). Teils sprechend, teils singend hat die Sopranistin, die auch salvenartige Einwürfe klatschen muß, einzelne Vokale, Konsonanten und Silben in einer Folge virtuoser Abschnitte zu realisieren. *Stamp music I* steht damit in enger Verwandtschaft zu Luciano Berios *Sequenza III* für Stimme solo von 1966.

Ende der 70er Jahre setzte L. nochmals zu einer Reihe kammermusikalischer Stücke an. Es sind meist Hommage-Kompositionen, in denen er sich auf die eine oder andere Weise auf seine künstlerischen Anfänge zurückbezieht. Das StrQu. *Tre elegier – Epilog* ist zugleich Revision und Erweiterung einer Arbeit des 19jährigen Studenten. Der Titel der einsätzigen *Fantasia sopra Laudi* für Vc. weist darauf hin, daß diese an *Laudi* anknüpft – drei Sätze für Chor a cappella aus dem Jahr 1947, die bahnbrechend für die neuere schwedische Chorliteratur waren. Der unisono-Anfang des frühen Werkes fungiert als motivisches Material für die sonoren Melodiezüge des zweiten Abschnitts der *Fantasia*, der auf eine Git.-Klänge nachahmende Introduktion folgt. L. ist hier eine schlüssig gegliederte Miniatur gelungen, die trotz ihrer Beschränktheit auf technisch einfache und konventionelle Mittel mitnichten postmodern wirkt. Sie belegt aufs Neue die errungene kompositorische Souveränität.

Quattro pezzi (1955)
für Violoncello und Klavier

I. Tempo q = 104, robusto; II. Tempo ¥ = 40-46, fantastico; III. Tempo q = 126, ritmato; IV. Tempo q = 40-50, con espressione.
Dauer: ca. 13'
Verlag: Universal Edition London, ED 1972

L. hatte bereits eine solide Ausbildung als Komponist und konnte auf eine Reihe von Werken verweisen, die in interessierten schwedischen Kreisen Aufmerksamkeit erregt hatten, als er 1954 nach London und noch einmal in die Lehre ging, bei dem Ungarn Mátyás Seiber. Als eine Frucht der dort unternommenen Studien in der Zwölftontechnik können die *Vier Stücke* angesehen werden. Der Anfang des letzten Stückes wirft ein Licht auf L.s Gebrauch des dodekaphonen Prinzips. Beispielsweise zu Zwecken der Melodie- oder Ornamentbildung erlaubt er sich durchaus Lockerungen der Tonwiederholungsregeln:

Im ersten Takt des Beispiels fällt die Beischrift ›Fra-tel-lo‹ (Bruder) über einer Dreitongruppe ins Auge. L. erweist hier Luigi Dallapiccola eine Referenz. In dessen Oper *Il prigioniero* (*Der Gefangene*, 1944–1948) ist dieser Ausdruck ein Schlüsselwort, das alle Hoffnung, die der eingekerkerten Titelgestalt verbleibt, bündelt. Die Intervallfolge, in L.s Schlußstück eine wichtige Motivzelle, ist in Dallapiccolas Freiheitsoper die häufigste Vertonungsform des Wortes.

Die *Vier Stücke* sind L.s avancierteste Arbeit auf dem kammermusikalischen Sektor. Die Sammlung von Charakterstücken ist durchweg bestimmt von einem fiebrigen, nervösen Ton. Die Abfolge der Teile erinnert an den klassischen Sonatenzyklus. Auf ein volltönendes, motivisch dicht gesetztes Furioso (geradezu ostentativ wird der Eingangsgedanke des Vc. am Ende in der Umkehrungsform wieder aufgenommen) folgt ein klanglich sorgsam registriertes Nachtstück, das heftige Ausbrüche, gleichsam wie Nachbeben aus dem ersten Stück, in sich schließt. An dritter Stelle steht eine Art fratzenschneidendes Scherzo. Das bereits erwähnte Schlußstück präsentiert die beiden Instrumente zunächst solistisch und in einem verhalteneren Habitus, der erstmals längere melodische Verläufe zuläßt. Schließlich gehen Vc. und Kl. in einem sich steigernden, pathosgeladenen Finale wieder zusammen.

Musik för stråkar (1952)
für Streichquartett oder Streichorchester

Allegro – Molto adagio, espressivo, Coda: Allegro
Dauer: ca. 16'
Verlag: Wilhelm Hansen Kopenhagen, ED: 1959

Die *Musik für Streicher* dokumentiert, wie L. Anfang der 50er Jahre einen bestimmten Zweig der Moderne der 30er und 40er Jahre rezipierte: Hindemith, Strawinsky, vor allem aber Bartók. Zu übersehen ist gleichwohl auch nicht, wie fugenlos er das Gefundene mit dem Eigenen verschmilzt. – Nominell ist das Werk zweisätzig. Der schnelle **Kopfsatz** geht in einen langsamen Satz über, und durch dessen abgesetzte und ausgedehnte Allegro-Coda ergibt sich de facto eine Dreisätzigkeit. Den Zusammenhalt im Großen sichern im Eingangssatz die Konturen einer Sonatensatzform, von der besonders ein verkürztes Reprisenglied deutlich erkennbar geblieben ist. L. demonstriert weniger ein Komponieren mit thematischen Gestalten als vielmehr eines mit bestimmenden Elementarmotiven, hier eine kurz-lang rhythmisierte steigende Terz oder Quarte. Mit diesem Motiv als zusammenhangstiftendem Faktor entfesselt er eine Musik von schroffem und drängendem Gestus. Dieser rührt her aus einer in wellenartigen Schüben immer wieder in Gang gesetzten motorischen Bewegung, die metrisch irritiert wird, und aus der häufig homorhythmischen Führung sämtlicher Instrumente. Als **2. Satz** hat L. ein Lamento beigefügt. Die Formanlage ist verschachtelt und vom Wechsel zweier kontrastierender Charaktere geprägt. Zu Beginn dominiert ein insistierender Tonfall mit engschrittiger, in sich kreisender Linienbildung und scharf punktierten Rhythmen. Nach und nach nimmt der zweite Charakter mehr Raum ein: Leisere und klanglich wärmer eingefärbte Abschnitte, in denen sich über stillgestellten Begleitstrukturen intervallisch weit ausgreifende Melodiezüge entfalten. In der Coda kommt der für den jungen L. seinerzeit aktuelle Rezeptionshintergrund, insbesondere die Bartóksche Tonsprache, wohl am unverstelltesten zum Vorschein.

Thomas Gerlich

György Ligeti

geb. 28. 5. 1923 Dicsöszentmárton (rumänisch: Tîrnăveni), Siebenbürgen/Rumänien. Schulbesuch in Klausenburg (rum. Cluj; ungarisch: Kolozsvár), Abitur 1941. Dort auch erste Kompositionsstudien bei Ferenc Farkas, die nach 1945 in Budapest fortgesetzt werden; weitere Lehrer waren u. a. Pál Kadosa und Sándor Veress. 1950–1956 Dozent für Harmonielehre, Kontrapunkt und Formenlehre an der Musikhochschule Budapest. Nach der Niederschlagung des ungarischen Aufstandes Flucht nach Österreich, dessen Staatsbürger er heute ist. 1957/58 Arbeit am Elektronischen Studio des WDR in Köln; Uraufführungen der Orchesterstücke *Apparitions* 1960 in Köln und *Atmosphères* 1961 in Donaueschingen machen ihn international bekannt. Lehrtätigkeit bei den Darmstädter Ferienkursen, 1961–1971 Gastprofessor in Stockholm; 1969/70 DAAD-Stipendiat in Berlin, 1972 Composer in Residence an der Stanford University, Kalifornien. 1973–1988 Professor für Komposition an der Musikhochschule in Hamburg, wo er heute auch lebt.

Werke f. 1 Instr.: Sonate f. Vc (1948/1953) – Werke f. 3 Intr.: Trio f. V., Hr. u. Kl. (1982) – Werke f. 4 Instr.: StrQu. Nr. 1 *Métamorphoses nocturnes* (1953/54); StrQu. Nr. 2 (1968) – Werke f. 5 Instr.: Sechs Bagatellen f. Bläserquintett (1953); Zehn Stücke f. Bläserquintett (1968).

Verlag: Schott Mainz; Editio Musica Budapest; Peters Frfm.; UE Wien.

Trotz des vergleichsweise kleinen kammermusikalischen Œuvres von G. L. bezeichnen die einzelnen Werke zumeist wichtige Umbruchpunkte seiner stilistischen Entwicklung. Die Sechs Bagatellen für Bläserquintett und besonders das 1. StrQu. markieren jenen Entwicklungsstand, wo L. sich des Bartókschen Erbes versichert hat und Perspektiven aufzeigt, zum einen dieses originell weiterzuführen, andererseits aber auch völlig neue Prinzipien zu erforschen. Ende der 50er und Anfang der 60er Jahre werden die erst im Rückblick als solche erkennbaren Ansätze stilistisch manifestiert in der Klangflächentechnik, der Mikropolyphonie, der Überführung vielfach geschichteter minimaler Bewegungsfiguren in eine in sich ›wogende‹ Klangfarbe (*Apparitions, Atmosphères, Requiem, Lontano* u. a.). Die Zehn Stücke und das 2. StrQu. zeigen danach eine neue Etappe. L. bleibt keineswegs bei der Klangflächentechnik als ›Strickmuster‹ stehen, sondern durchsetzt diese zunehmend mit anderen, teilweise traditionellen technischen Verfahren (Durchbrochener Satz, Kanon, antithetische Kontrastdramatik etc.), aber auch mit aktuellen Tendenzen der Neue-Musik-Szene (Minimalismus) und mit außermusikalisch-bildhaften Konzepten wie etwa der Vorstellung eines ›Präzisionsmechanismus‹: Technik als Inspirationsquelle, aber auch als Objekt der Karikatur. Wiederum einen andersgearteten ›Wendepunkt‹ markiert das Horntrio von 1982. Einerseits entwickelte L. zu jener Zeit die Idee einer neuen Melodik in ›nichttonaler Diatonik‹; zum anderen hatte bereits die Beschäftigung mit neuen rhythmischen Modellen begonnen, angeregt durch die subsaharische Folklore, die ›Studies for Player Piano‹ von Conlon Nancarrow und durch ein theoretisches Weiterdenken des besonders in der Romantik verbreiteten Prinzips der ›Hemiole‹, eine Beschäftigung, die in den noch unabgeschlossenen Zyklus der ›études pour piano‹ (1985ff.) mündete. Das Hr.-Trio bezeichnet den Übergang zu dieser Schaffensphase des ›späten‹ L., deren kammermusikalische Ausprägung noch der Realisierung bzw. Veröffentlichung harrt.

Sechs Bagatellen (1953)
für Bläserquintett

Allegro con spirito – Rubato. Lamentoso – Allegro grazioso – Presto ruvido – Adagio. Mesto (Béla Bartók in memoriam) – Molto vivace. Capriccioso.
Dauer: 13'
Verlag: Schott Mainz

Aus dem elfteiligen Kl.-Zyklus *Musica ricercata* (1951–1953) hat L. die Nummern 3, 5, 7, 8, 9 und 10 für Bläserquintett bearbeitet. Die Idee des Kl.-Zyklus' – entwickelt von einem Komponisten in völliger Isolation innerhalb eines rüden kulturpolitischen Systems, isoliert aber auch von allen avantgardistischen Strömungen einschließlich der Zwölftontechnik, die er damals noch nicht kannte – ist auch im Bläser-Arrangement noch sichtbar: aus winzigen Bausteinen (Tönen, Intervallen, Rhythmen etc.) komplexe Gebilde zu entwickeln, die sich von allen ererbten bzw. oktroyierten Traditionen unterscheiden. Ein witziges Spiel mit kleiner und großer Terz findet sich in der ersten Bagatelle; die zweite entwickelt melodische Fragmente aus kleinen Sekundschritten. Noch am ehesten der Bartók-Tradition verbunden ist die dritte, ein Ostinato mit einem quicklebendigen 7/8-Thema, worüber sich eine langgezogene, fast folkloristische Melodie spannt, erst einstimmig, dann zweistimmig, dann im Kanon; Melodie und Ostinato wandern durch die fünf Instrumente. Das ›Presto ruvido‹ gemahnt trotz des ›balkanischen‹ 7/8-Taktes stark an Strawinsky, vor allem durch die kurzatmige Montagetechnik. Mit wenigen Intervallschritten und knappen Gesten entwirft das ›in memoriam‹-Stück den Charakter eines Trauermarsches zwischen ›lamentoso‹ und ›maestoso‹. Tonrepetitionen und rasches Laufwerk kennzeichnen das abschließende ›capriccioso‹.

Streichquartett Nr. 1 *Métamorphoses nocturnes* (1953/54)

Allegro grazioso · Vivace, capriccioso · Adagio, mesto · Presto · Prestissimo · Andante tranquillo · Tempo di Valse, moderato, con eleganza, un poco capriccioso · Subito prestissimo · Allegretto, un poco gioviale · Prestissimo · Molto sostenuto
Dauer: 21'
Verlag: Schott

Der historische Abstand zu beiden Quartettkompositionen L.s macht es heute leichter, den vorhandenen stilistischen Gegensatz zwischen ihnen nicht mehr als totalen Bruch wahrzunehmen, sondern im ersten Gattungsbeitrag bereits Vorausahnungen des späteren, ›typischen‹ L. und andererseits im 2. StrQu. wiederum Rückbezüge zur Gattungsgeschichte zu erkennen. Das 1. Quartett ist einsätzig, besteht jedoch aus vielen teils recht kurzen Abschnitten, die ineinander übergehen, montageartig zusammen ›geschnitten‹ oder durch abrupte, ›sprechende‹ Generalpausen getrennt sind. Der Untertitel *Metamorphosen* weist auf die fortlaufenden Veränderungen (nicht Variationen im engeren Sinne) einer motivischen Grundgestalt hin: zwei große Sekundschritte, die einander um einen Halbton versetzt folgen. Die Bartók-Tradition des Werkes zeigt sich u.a. in der Harmonik, den rhythmisch aggressiven Akkordreihungen (7/8-Episode ab T. 600) oder der Verbindung eines entfernt folkloristischen Idioms mit raffinierten spieltechnischen Effekten (pizzicato-glissaando im Abschnitt ›Tempo di Valse‹, T. 574ff.). Ganz abgesehen davon, daß dieses Werk – verglichen mit den ›milden‹ Bartók-Nachahmern des Neofolklorismus oder ›Sozialistischen Realismus‹ – selbst in der Bartók-Nachfolge außerordentlich originelle Pfade geht, lassen sich auch schon rudimentäre Merkmale dessen erkennen, was später im Œuvre L.s stilbildend in den Vordergrund treten wird: so gibt es auch hier schon jene ›rasenden‹ Sechzehntelbewegungen, wo Motorik über ein ungreifbares ›Flimmern‹ in

Klangfarbe übergeht. Auch ist an zwei Stellen (T. 699ff., 781ff.) schon vom ›Präzisionsmechanismus‹ die Rede, jener bildhaften Vorstellung, die später in einer Reihe von Werken L.s fast zu einer ›idée fixe‹ werden sollte.

Streichquartett Nr. 2 (1968)

Allegro nervoso – Sostenuto, molto calmo – Come un meccanismo di precisione – Presto furioso, brutale, tumultoso – Allegro con delicatezza (stets sehr mild).
Dauer: 22'
Verlag: Schott Mainz

Geht der Blick vom 1. StrQu. eindeutig nach vorn, so vom 2. resümierend zurück: Die übermächtige Gattungstradition wird gewissermaßen nicht gewaltsam bekämpft, sondern als Herausforderung angenommen; sie ist gleichwohl nicht mechanisch oder durch formale Anleihen, sondern subkutan vorhanden, wird aus dem entwickelten Klangflächenprinzip herausziseliert, herausgehauen oder diesem konterkarierend gegenübergestellt, eine wechselseitige, höchst spannungsreiche Beeinflussung zweier scheinbar unvereinbarer Prinzipien, nämlich des dialektischen Denkens eines Beethoven oder Bartók und des ›statischen‹ Gewebes aus Ton-Agglomerationen. So gibt es hier, besonders in den Ecksätzen des fünfteiligen Werkes, jene für L. inzwischen typischen klingenden Flächen, die flirrende Körperlichkeit aus statistischen Mengen mikropolyphoner Verzahnungen und die rasenden und dabei doch gleichsam stillstehenden Bewegungen aus polymetrischen Ornamenten (Quartolen, Quintolen und Sextolen übereinandergeschichtet), und es gibt, programmatisch durch den Titel des 3. Satzes angekündigt, den von L. so häufig spielerisch-verspielt in Musik gesetzten ›Präzisionsmechanismus‹, Karikatur eines aus dem Ruder laufenden Getriebes, dessen Einzelmechanismen sich verselbständigen und entweder durch Überdrehung schlagartig kaputtgehen oder – wenn die Energie verbraucht ist – nacheinander stehenbleiben.

(sehr gleichmäßig, ohne Akzentuierung der Taktunterteilungen spielen: der Eindruck einer Taktmetrik soll sich nirgends ergeben.)
Mit freier Hand, ohne Bogen

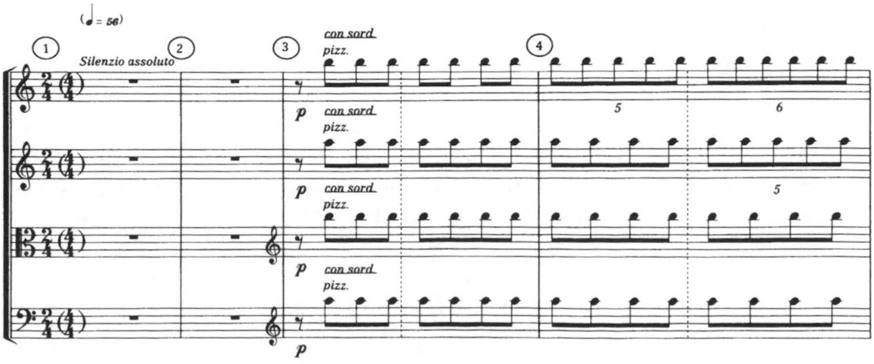

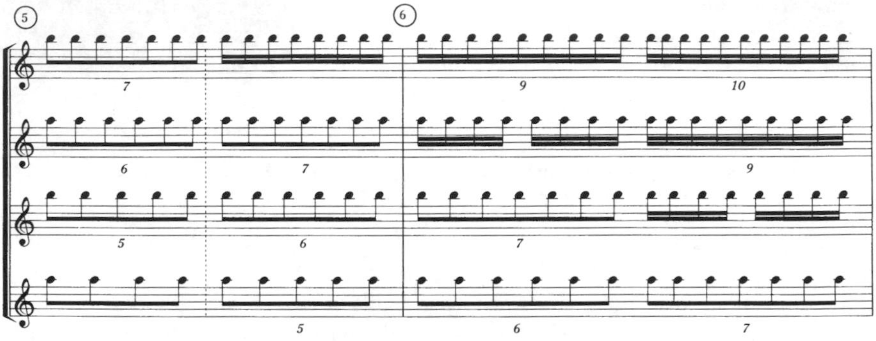

Wenn sich jedoch in den Klangflächen und statischen Bewegungsfeldern das ›Flimmern‹ zu ortbaren Figuren verfestigt, erscheint in dieser Textur unvermutet der bekannte ›durchbrochene Satz‹ der alten Quartettmeister, und im 4. Satz, Presto furioso, entfesselt L. einen geradezu Beethovenschen Kampf mit dem Material. Schon im revolutionären Orchesterstück *Atmosphères* von 1961 waren – nicht dem Ohr, wohl aber dem lesenden Auge nachvollziehbar – kanonische Bildungen des extrem divisi behandelten Orchesters die substanzielle Grundlage der Klanggfarbenveränderungen. Derartiges hat L. nun im 2. Satz des 2. StrQu. auf einen einzigen Ton ›gis‹ zusammengepreßt – auch dies eine Art ›Augenmusik‹: was sich als pulsierender und changierender, schließlich zu Unschärfe und planvoller Bildung eines klanglichen ›Hofes‹ ausfransender Dauerton ›gis‹ anhört, ist in Wirklichkeit ein Klangfarbenkanon – 1. V., 2. V. und Va. nacheinander jeweils auf der G-Saite, das Gleiche auf der D-Saite und das Cello auf der C-Saite im Flageolett, dann die Instrumente nacheinander flautando (am Ende des Griffbrettes), col legno (mit dem Bogenholz), ordinario (normales Spiel) und sul ponticello (am Steg), poco vibrato, molto vibrato und so fort. Eine Klangfläche auf einem Ton, erzeugt durch eine ganz traditionelle Formkategorie. Das Quartett schließt, im fünffachen piano, mit einer auffahrenden Bewegung in 32tel-Duodezolen (Partiturvorschrift: ›plötzlich verschwinden, gleichsam im Nichts‹), eine Bewegung wie ein plötzlich aufstiebender Vogelschwarm, die ähnlich auch schon in den vorangehenden Sätzen zu hören war. Aber dies ist mehr als nur eine der von L. so gern verwendeten bildhaften Vorstellungen. Klassische Werke enden häufig mit einer repräsentativen Bestätigung von Tonart und Gesamtarchitektur, aber es gibt auch Beispiele eines diese Konvention negierenden, leisen Abschieds, in der Quartettliteratur z.B. bei Haydn und Mozart, etwa in des letzteren A-Dur-Quartett KV 464. Und so schließt L., wiederum eine Tradition geistreich aufgreifend, hier mit einem Hauch Mozart ...

Zehn Stücke (1968)
für Bläserquintett

Verlag: Schott Mainz
Dauer: 15'
Molto sostenuto e calmo – Prestissimo minaccioso e burlesco – Lento – Prestissimo leggiero e virtuoso – Presto staccatissimo e leggiero – Presto staccatissimo e leggiero – Vivo, energico – Allegro con delicatezza – Sostenuto, stridente – Presto bizzarro e rubato (so schnell wie möglich)

Ähnlich wie das im gleichen Jahr entstandene 2. StrQu. zeigen auch die Zehn Stücke den Übergang L.s von der Klangflächenkomposition bzw. der dieser zugrundeliegenden Mikropolyphonie zu motivischen bzw. ornamentalen Verfestigungen und das virtuose Spiel mit diesen Verfahrensweisen. Der Vorteil der unterschiedlichen instrumentalen Klangfarben (gegenüber dem Quartett) wird von L. noch weitergetrieben durch die zusätzliche Verwendung von Alt- und Pikkolofl. im Fl.-Part sowie von Ob. d'amore und EHr. im Ob.-Part. Hat die Musik durch die langsam sich verschiebenden Klangflächen (Nr. 1) etwas Statisches und durch die quirlige Ornamentik eine kreiselartig ziellose Bewegtheit, so gewinnt sie charakteristische Konturen durch ein konzertantes Prinzip: Jedes Stück ist als eine Art Mini-Konzert für eines der Instrumente angelegt, das sich so aus dem ›Tutti‹ heraushebt. Diese ›durchbrochene Arbeit‹ ist ebenfalls Teil einer kompositorischen Strategie L. in dieser Phase seines Schaffens, von den Extremen her – absolute Stase und irrwitzige Bewegungs-Hektik – sich wieder dem ›mittleren‹ Bereich (scheinbar) konventioneller Kontrast- und Dialogbildung anzunähern.

Trio (1982)
für Violine, Horn und Klavier

Andantino con tenerezza – Vivacissimo molto ritmico – Alla marcia. Energico, con slancio, ben ritmato – Lamento. Adagio
Dauer: 22'
Verlag: Schott Mainz

Das Trio ist zwar durch die ausdrückliche Widmung und die entsprechende Besetzung eine Hommage an Johannes Brahms (und dessen Hr.-Trio Es-Dur op. 40), doch enthält sich L. jeglicher Stilkopie und jedes Zitates. Und selbst da, wo man romantische Traditionen zu erkennen glaubt – am Beginn des **1. Satzes** mit den ›Hornquinten‹, allerdings in der V. ... –, da sind diese Traditionen verbogen und verstaucht, stimmen die Intervalle nicht mehr. Schon das Eingangsmotiv der langsamen Einleitung zu Beethovens Kl.-Sonate Es-Dur op. 81/a *Les Adieux* ist ein Zitat des Hr.-Klanges; bei L. wird das Zitat verzerrt, gleichwohl ist diese Akkordfolge im V.-Part Keimzelle des ganzen Werkes. Dem lyrisch-melancholischen Kopfsatz in traditioneller A-B-A-Form (mit variierter Reprise) folgt eine Art **Scherzo** mit rhythmischen Finessen, nämlich den immer wieder neuen Kombinationen von Zweier- und Dreier-Metren im Rahmen eines 4/4(=8/8)-Taktes, Reminiszenz balkanischer Folklore und doch nicht ›ortbar‹, oder, wie L. selbst es formulierte, die Tanzrhythmen des Balkans liegen hier irgendwo zwischen Afrika und der Karibik. Ein ironisch verfremdeter Marsch als 3. Satz, das Hr. teilweise in Naturtonstimmung, verbietet sich jeden regelmäßigen Tritt, auch wenn die Gesamtform wiederum dem traditionellen A-B-A-Schema (mit einem melodisch-homophonen Mittelteil) entspricht. Das abschließende **Lamento** folgt einer wiederum aus den schiefen ›Hornquinten‹ des Anfanges entwickelten Passacaglia, die sich am Ende in kaum mehr spielbarer Höhe (V., Kl.) bzw. Tiefe (Hr.) im Pianissimo zur Unhörbarkeit verliert. Das Eindrücklichste gerade an diesem kammermusikalischen Werk L.s ist die bei ihm ungewohnte expressive Dichte – vielleicht ist dies der Kern des ›Konservativismus‹, dessen sich der Komponist aus Anlaß der Uraufführung selbst bezichtigte ...

Hartmut Lück

Witold Lutosławski

geb. 25. 1. 1913 Warschau, gest. 7. 2. 1994 Warschau. 1915–1918 (bis zur Exekution des Vaters) in Rußland. Seit 1919 mit Unterbrechungen Kl.-Unterricht bei wechselnden Lehrern, darunter 1919/20 Helena Hoffmann, 1924 Józef Śmidowicz, 1927/28 Artur Taube. 1926–1932 V.-Unterricht bei Lidia Kmitowa, Theorieunterricht 1927/28 am Warschauer Konservatorium bei Piotr Maszyński, Wincenty Laski, 1928–1932 privat bei Witold Maliszewski. 1931/32 Mathematikstudium an der Warschauer Universität. 1932–1936/37 Studium am Warschauer Konservatorium: Komposition bei Witold Maliszewski, Kl. bei Jerzy Lefeld. 1937/38 Wehrdienst, 1939 (Flucht aus deutscher Gefangenschaft), bis Kriegsende Auftritte in Caféhäusern, meist im Duo mit Andrzej Panufnik. 1946 Heirat mit Maria Danuta Bogusławska geb. Dygat. 1945–1948 leitende Tätigkeiten im reaktivierten Polnischen Komponistenverband als Sekretär, Schatzmeister oder Präsidiumsmitglied. Einstellung dieser Tätigkeiten nach den Polnischen Beschlüssen zum Sozialistischen Realismus (1949).

1945 bis Ende der 50er Jahre neben sinfonischen Hauptwerken (1. Sinfonie, Ouvertüre für Streicher und Konzert für Orchester), zahlreiche Auftragskompositionen für das Medium Film, den neugegründeten Polnischen Musikverlag PWM (vor allem Musik für Anfänger, Kinderlieder), den Warschauer Rundfunk (Hörspielmusiken, Kinderlieder) und das Nationaltheater (Bühnenmusik). Unterhaltungsmusik unter den Pseudonymen Bartos und Derwid. Nach den internationalen Erfolgen von *Trauermusik* (1958) und *Jeux vénitiens* (1961) Rückzug aus nicht-sinfonischer Kompositionstätigkeit. Nationale und internationale musikpolitische Aktivitäten, u. a. in der Programmkommission des Warschauer-Herbst-Festivals, in der IGNM (seit 1959), im Polnischen Komponistenverband ZKP (Ehrenmitglied seit 1971, ab 1973 dort in leitenden Positionen) und im Bürgerkomitee der oppositionellen Solidarność-Bewegung. Seit 1963 Dirigent. L. hielt Vorträge und Kompositionskurse in den bedeutendsten Musikzentren. Zahlreiche Ehrungen und Auszeichnungen.

Werke f. 1 Instr.: *Sacher-Variation* f. Vc. (1975) – Werke f. 2 Instr.: *Recitativo e arioso* f. V., Kl. (1951); *Preludia taneczne* (Tänzerische Präludien) f. Klar., Kl. (1954); *Epitaph* f. Ob., Kl. (1979); *Grave, Metamorphosen* f. Vc., Kl. (1981); *Partita* f. V., Kl. (1984); *Lullaby for Anne-Sophie* f. V., Kl. (1989); *Subito* f. V., Kl. (1992) – Werke f. 3 Instr.: Trio f. Ob., Klar., Fg. (Ms.); *6 kolęd* (6 polnische Weihnachtslieder) f. 3 Blfl. (1959, Moeck) – Werke f. 4 Instr.: StrQu (1964) – Werke f. 5 Instr.: *Mini-Overture for Brass Quintet* (1982) – Werke f. Kammerensemble: *Präludien und Fuge* f. 13 Streichinstr. (1970-1972) – Bearbeitungen: *Cztery melodie śląskie* (Vier schlesische Melodien) f. 4 V. (1954), Bearbeitung von 4 Stücken aus Melodie ludowe (Volksmelodien) f. Kl. (1945); *Preludia taneczne* f. Fl., Ob., Klar., Fg., Hr., V., Va., Vc., Kb. (1959), Bearbeitung des gleichnamigen Werks f. Klar. u. Kl. (1954); *Bukoliki* (Bukolische Stücke) f. V. u. Va. (1962), Bearbeitung der gleichnamigen Kl.-Stücke (1952).

Verlag: Chester Music, London (deutsche Vertretung Sikorski, Hamburg); Polnischer Musikverlag PWM, Warschau.

L., der sich seit Mitte der 50er Jahre nicht nur von der Tonalität abwandte und eine individuelle (akkordisch gedachte) Zwölftontechnik entwickelte, sondern auch in weiten Teilen seines Œuvres auf die Taktordnung, auf eine

Unterscheidung von Melodie und Begleitung sowie auf verfolgbare melodische Linien überhaupt verzichtete und dennoch einer sinfonisch empfundenen Großform treu blieb, gilt vielfach als ›Klassiker‹ unter den Zeitgenossen. Seiner Musik mit ihren längere Zeiträume umgreifenden allmählichen Wachstumsprozessen ist ein leidenschaftliches Hin und Her mit schroffen Wechseln, ein Anpeilen von klanglichen Extremen ebenso fremd wie ein ausgedehntes Verharren in gleichartigen Klangbildern. In der Ziselierung kleinster, espressiv nie bedeutungsloser Details, in der unabweisbaren Logik der Formgliederung und im gewissenhaften Abwägen konstruktiver Proportionen verbindet L. disziplinierten Intellekt mit Wärme, Dramatik und gewichtigem Ernst emotionaler Wirkung. Stets scheint dabei durch die Eleganz, ausgewogene Balance und Durchsichtigkeit des Satzbildes, durch die Klarheit in der unmittelbar erfaßbaren Großform auch eine Freude am farblich-klangsinnlich Schönen hindurch, am schillernd-virtuosen Klangspiel von Farbe und Bewegung, am spielerischen Element feinsinniger Scherzhaftigkeit und an einer für den Ausführenden dankbaren Schreibweise.

Der Neoklassizismus von L.s frühen Jahren, in denen er Einflüsse vor allem von Sergej Prokofjew, Igor Strawinsky, Albert Roussel und Béla Bartók assimilierte und sich ab Mitte der 40er Jahre um eine individuelle Organisation der Zwölftonordnung bemühte, ist – außer mit einem unveröffentlichten *Trio* für Holzbläser und einigen Miniaturen wie dem für die Geigenpädagogik konzipierten *Recitativo e arioso* – nicht in seiner Kammermusik vertreten. Bis zum StrQu. (1964), einem seiner bedeutendsten Werke, und mit Ausnahme des genannten Bläsertrios (1945), finden wir zu dieser Zeit Kammermusik vor allem als Auftragswerke im Bereich der Instrumentalpädagogik, mit denen L. bis 1960 seine materielle Existenz absicherte. Er verstand sie stets als bloßen Seitenzweig seiner Tätigkeit – und doch entstanden meisterhaft ziselierte, klang- und spielfreudige Miniaturen der Kl.-, Vokal- und Kammermusik, die heute auch von bedeutenden Solisten interpretiert werden. Das Idiom der Volksmusik seines Landes wird hier ausgiebig genutzt, zuletzt in den vom Moeck-Verlag in Auftrag gegebenen und wenig bekannten kontrapunktischen Bearbeitungen polnischer Weihnachtslieder für drei Blfl. (1959). Den schlichten und schwungvollen *Tänzerischen Präludien* (1954) über nordpolnische Volksmelodien, die ursprünglich auch auf einen instrumentalpädagogischen Ansatz zurückgehen und fast zeitgleich mit einem seiner populärsten Werke, dem Konzert für Orchester entstanden, geben polyrhythmische Verschiebungen, unaufdringliche klangfarbliche Effekte und eine subtil differenzierte Harmonik einen eigentümlichen Reiz. Jeder der fünf Sätze bevorzugt andere harmonische Mittel, und mit sparsamsten Mitteln (wie etwa dem Oszillieren von Groß- und Kleinterzklängen oder mit ›synthetischen‹ Skalen, die von denen der traditionellen europäischen Kunstmusik abweichen) werden feinsinnige Wirkungen erzielt. Der größte Reiz dieser Stücke liegt im metrisch-rhythmischen Bereich, und wenn sich stellenweise zwischen Melodie und Begleitung weder die Taktart, noch die Phrasendauer noch die formale Gliederung der Melodie decken, weisen diese spielfreudig-vitalen Stücke auf ein Formprinzip voraus, das in L.s Werken vor allem seit den 80er Jahren große Bedeutung gewann. Chain-Prinzip sollte er es nennen und meint damit, daß in einer zweischichtigen Faktur die Zäsuren in den einzelnen Schichten nicht mit denen der Nachbarschicht deckungsgleich sind und somit die einzelnen Formteile wie Glieder einer Kette ineinander greifen. Die *Tänzerischen Präludien* und das Konzert für Orchester sind L.s letzte größere tonale Werke.

Ende der 50er, Anfang der 60er Jahre kristallisieren sich die individuellen Merkmale seiner Kompositionstechnik heraus. In den *Fünf Liedern auf Texte von Nazimiera Ittakowicz* (1956/57) und in der *Trauermusik* (1954-1958) ist jene zwölftönige Tonordnung voll ausgeprägt, die in den 60er Jahren fast ausschließlich auf Zwölftonakkorden beruht und in den 70er Jahren verstärkt Reihen einbezieht, die stets in Intervall- und Transpositionszyklen eingesetzt werden. In *Jeux vénitiens* (1961) entwickelt L. seinen ›aleatorischen Kontrapunkt‹: eine Art metrumfreies ›Tutti-Rubato‹ (ein Zusammenwirken von Interpreten, die ihren Part ohne Koordinierung mit den Mitspielern gleichsam als hochespressive Solokadenz ausführen), das er fortan bis zu seinem Tod vielfach variierte und mit taktkonform notierten Passagen kombinierte. Der einzelne Musiker sollte im Ensemble eine Musizierfreude zurückgewinnen können, die in den komplexen Strukturen der zeitgenössischen Musikentwicklung verloren zu gehen drohte. L. schwebten rhythmisch instabile, komplex-diffus wogende Klangfelder vor, die sich dennoch durch ein charakteristisches Profil von anderen Klangfeldern im ›aleatorischen Kontrapunkt‹ unterscheiden sollten. Der den Interpreten zugestandenen Freiheit steht seitens des Komponisten ein rigoroses kompositionstechnisches Kalkül, eine auf individuelle Weise strikte Zwölfton-Harmonik und eine Vielzahl arithmetischer Muster für die Organisation des Rhythmus zur Seite.

Wenn L.s Kammermusik auch im Schatten seiner etwa 30 sinfonischen Kompositionen steht, so befinden sich doch so gewichtige Werke wie das StrQu., wie *Präludien und Fuge*, *Grave* oder die *Partita* darunter – Werke, die überdies einen bedeutsamen Punkt der stilistischen Entwicklung und in der Ausprägung individueller kompositionstechnischer Merkmale markieren.

Das StrQu. (1964) ist L.s erstes Werk mit Vierteltönen und ein (in seinem Œuvre so nicht wiederkehrender) Extremfall in der Anwendung des ›aleatorischen Kontrapunkts‹. Hier entwickelt L. auch sein ›zweiteilig-endbetontes‹ Formmodell, dessen Grundzüge mit seinen vier Phasen fast alle späteren Werke prägen. (...) »Hauptaufgabe des Einleitungsteiles ist es, den Hörer (...) ›unbefriedigt‹ zu lassen und für ein größeres Quantum Musik aufnahmebereit zu machen. Wir haben es hier mit einer Technik zu tun, die bildhaft gesprochen, darauf beruht, daß man gewissermaßen einen Unterdruck schafft, der nach Rekompensation verlangt.« (W. L.). Der auf diesen ›Unterdruck‹ folgende Hauptteil führt gegen Ende der Komposition zu einem (und nur einem!) eindeutigen Werkhöhepunkt: »Ich liebe Kompositionen nicht, die ein Gefühl der Übersättigung hinterlassen.« (W. L.) An die Kulmination, bei der die im jeweiligen Werk größtmöglichen Kontraste aufeinanderprallen, schließt sich ein Epilog an, mit dem das Werk nach und nach verklingt. Das StrQu. ist ein besonders charakteristischer Prototyp dieses vierphasigen Formmodells.

In *Präludien und Fuge* (1970–1972) systematisiert L. seinen eigenständigen Zugang zu zyklisch transponierten Zwölftonreihen aus zwei bis drei Intervallen, der die Werke der 70er Jahre prägt. Nacheinander einsetzende Reihentöne werden bei zyklischen Reihentranspositionen zu Harmonieträgern, so daß in Horizontale wie Vertikale die gleichen zwei bis drei Intervalle dominieren und eine spezifische ›klangliche Aura‹ schaffen. Die Gegenüberstellung von Ganzton-Quart einerseits und Halbton-Tritonus andererseits, wie sie in zahlreichen Werken auffällt, ist in keiner anderen Komposition so dominant und für die Formbildung so essentiell wie in *Präludien und Fuge*.

Das *Epitaphium* (1979) steht an der Schwelle einer stilistischen Neuorientierung, in der L. einen Bogen zu seinem Frühwerk schlägt und endlich seinen Weg zu ›dünnen Fakturen‹ und zu einer Neubewertung der Melodik fand. Der Beginn des *Epitaphiums* ist mit seinen kurzen Vorschlägen und mit dem Ausklingen der Phrase auf retardierenden Tonwiederholungen charakteristisch für L.s gleichsam wiedergewonnene Melodik der 80er Jahre.

Das von verhaltenem Ernst zu leidenschaftlichem Schmerz sich steigernde und gelöst verklingende *Grave* (1981), im Solopart ständig zwischen den Intervallpaaren Ganzton-Quart und Halbton-Tritonus wechselnd und in den ersten Tönen auf Claude Debussys *Pelléas et Mélisande* anspielend, schlägt in seiner Form und Reihenbehandlung eine Brücke zwischen der Aufbruchsstimmung der 50er und den Tendenzen zur Rückbesinnung in den 80er Jahren: eine Rückbeziehung auf die Metamorphosen in *Konzert für Orchester* und *Trauermusik*, und gleichermaßen eine Vorausschau auf die dritte (1983) und die vierte Sinfonie (1992). Jeder Ton des Vc.-Parts leitet sich aus einer 24-tönigen Folge (Verschränkung zweier Zwölftonreihen) her, die in 12 Formabschnitten (Metamorphosen) zwölfmal durchlaufen wird – zirkulär transponiert auf die Stufen des Quintenzirkels und jeweils einen neuen Formabschnitt mit den Reihentönen 1, 3, 5, 7, 9 etc. beginnend. Sukzessiv verdichtet sich dabei der Rhythmus, konterkariert von einer in die gleiche Richtung weisenden, aber in ihren Etappen nicht deckungsgleichen (›Chain-Prinzip‹) Entwicklung im Begleitpart – beides konzipiert mit einer Systematik, die den Metamorphosen der genannten Werke gemeinsam ist und den Hörer eine kontinuierliche Steigerung wahrnehmen läßt, deren einzelne Etappen jedoch erst dann recht klar werden, wenn sich bereits die nächste angekündigt hat.

Die virtuose *Partita* (1984), eine in ihrer fünfsätzigen Bogenform in L.s Œuvre singuläre Komposition, die er für eines seiner Hauptwerke hielt, vereint auf besonders signifikante Weise Merkmale späterer Werke mit denen des frühen Stils. Sie konfrontiert den ›aleatorischen Kontrapunkt‹ der geradzahligen Sätze mit den Anspielungen auf neobarocke Klangbilder in den Ecksätzen und im Mittelsatz. In das ›Chain-Prinzip‹ dieser Sätze, das charakteristisch für L.s Spätwerk ist, wurden Skizzen zu einem fast 50 Jahre zuvor skizzierten Kl.-Konzert integriert.

Streichquartett (1964)

Introductory Movement – Main Movement
Dauer: ca 24'
Verlag: PWM / Chester

Als Auftragswerk des Schwedischen Rundfunks komponiert und anläßlich des zehnjährigen Jubiläums der Konzertreihe ›Nutida Musik‹ in Stockholm

1965 uraufgeführt, galt L.s StrQu. den Kritikern von Anfang an als eines der besten seiner Gattung, den Quartetten Bartóks und dem späten Beethoven vergleichbar.

Vom traditionellen Quartettklang ist das StrQu. denkbar weit entfernt. Es gibt weder Themen mit einer ›Verarbeitung‹ noch überhaupt prägnante einstimmige Linien, weder einen gemeinsamen metrischen Puls noch überhaupt rhythmisch prägnante Einzelstimmen. Die vier Instrumente verschmelzen zu (prinzipiell zwölftönigen) Klangfeldern, die ausgiebig den klangfarblichen Reichtum einer differenzierten Artikulation nutzen und auch das traditionell ›temperierte‹ Klangbild hinter sich lassen. In keinem anderen Werk hat L. Vierteltöne intensiver genutzt und selbständiger behandelt – in Verbindung mit ausgiebigen Glissandi und ihrer Überlagerung verschwimmen die traditionellen ›Maßeinheiten‹ von Tonordnung und Rhythmus, und die Schichtung der mit vielen Beschleunigungen und Verlangsamungen frei pulsierenden Verläufe verschmilzt zu einem komplex-diffusen Wogen. Dennoch ist der Werkverlauf als ganzer voller hochexpressiver Details.

Der ›aleatorische Kontrapunkt‹ findet im homogenen Klang des StrQu. seine extremste Ausprägung. Um den Gedanken an eine metrische Koordinierung der Stimmverläufe im Keim zu ersticken, verzichtete L. auf eine herkömmliche Partitur. Die einzelnen simultanen (aber eben nicht metrisch koordinierten) Stimmverläufe werden abschnittweise in Rahmen gefaßt. (In Partitur wurden nur zwei kurze Abschnitte notiert.) Für eine Koordinierung von Abschnittbeginn oder -ende sorgt ein System von optischen und akustischen Signalen, mit denen einer (stets ein anderer) der Spieler ein Zeichen gibt. ›Wiederholungsabschnitte‹, die ›beliebig oft‹ wiederholt werden können, finden eindeutige Grenzen der Beliebigkeit durch das Signal, das den Übergang zum nächsten Klangfeld markiert.

Mit ›Mobiles‹, den Skulpturen Alexander Calders, wurden diese Klangfelder verglichen, in denen einzelne Figuren gleichsam nach Art eines Kaleidoskops in nicht präzis vorhersehbaren Konstellationen aufeinandertreffen. Dennoch zeigt jedes Klangfeld ein spezifisches klangfarbliches, intervallisches und rhythmisches Profil.

Die Großform ist keineswegs diffus, und es wäre ein (gelegentlich begangener) Irrtum, eine Form wie die des StrQu.s für eine ›offene Form‹ zu halten. ›Introductory Movement‹ und ›Main Movement‹ sind die Sätze geradezu programmatisch überschrieben, und bereits die Satzanfänge stehen exemplarisch für die Formgestaltung.

Der **1. Satz** beginnt mit ein bis zwei leisen Einzeltönen, in der 1. V. stokkend wiederholt, und zwar beliebig oft, »bis das Publikum völlig ruhig ist« (Anmerkung in der Partitur). Unentschiedener und ›ärmer‹ in Substanz und Struktur kann ein Werkanfang kaum klingen. Alsbald steigert sich die V. mit rasanten chromatischen Drehfiguren in eine überstürzte und ziellose Aktivität, die bald wieder in Einzelimpulse zerfällt. Nach und nach setzen die übrigen Instrumente fast unmerklich ein: denselben Ton (das neutrale ›Schlüssel-c‹) mikrotonal umspielend und erst allmählich mit einem klaren intervallischen Motiv hervortretend. Es zeigt in allen Stimmen eine Halbton-Tritonus-Zelle, die sich in den einzelnen Stimmen zum Zwölftonbestand ergänzt – oder doch fast, denn es fehlen genau jene vier Töne (h-c-fis-g), deren Kombinationen dem statischen Klangfeld ein abruptes Ende setzen.

Diese Merkmale des Beginns (der unentschlossene Stimmeinsatz, das Wiederholen von Floskeln, die ins Leere laufende Aktivität, die intervallischen Zellen und die Komplementarität zum Zwölftonbestand) prägen den ganzen 1. Satz. Er bildet seine Form aus der abwechslungsreichen, wenig strukturiert wirkenden Reihung von untereinander unverbunden scheinenden Klangfeldern. Sie setzen jeweils stockend ein und werden abrupt unterbrochen von einer kräftigen Klanggeste. Ein wiederkehrendes Klangsignal gliedert diesen Satz: Es sind rhythmisch diffuse Oktaven des Tones ›c‹ (sowohl Oktaven, als auch der Ton ›c‹ bleiben ausschließlich diesen Signalen vorbehalten!). Der 1. Satz zerfließt so schwach konturiert, wie er begann: Nach immer länger werdenden Pausen treten die Stimmen auseinander, bis vereinzelte Vc.-Pizzicati (mit chromatischen Figuren, die dem Satzbeginn vergleichbar sind) den ›einleitenden‹ Satz beschließen.

Größer könnte der Kontrast nicht sein zum folgenden ›**Hauptsatz**‹, der im kräftigen Tutti mit tremolierenden und glissandierenden Figuren beginnt und einen klaren klangräumlichen Verlauf (eine Art ›Hüllkurve‹) zeigt – auch hier ist der Beginn charakteristisch für den ganzen Satz. Entschlossen und in allen Stimmen simultan beginnen hier die Klangfelder, und sie verfolgen oftmals eine bestimmte Entwicklungsrichtung – ob als Ambituskurve oder in rhythmischer Verdichtung.

Wie es gelingt, auch ausgedehnten, metrisch nicht koordinierten Klangflächen eine klar erkennbare Struktur und sogar eine gewisse ›Entwicklungsrichtung‹ zu geben und überdies den Verlauf in verschiedene fließend ineinander übergehende Phasen zu gliedern, hat L. selbst am Beispiel dieses Satzbeginns erläutert. Die in seinen Werken häufigen arithmetisch faßbaren Gesetzmäßigkeiten im rhythmischen Bereich gewährleisten, daß der Abweichungsspielraum verschiedener Realisierungen des Notentextes in der vom Komponisten vorhergesehenen Toleranzbreite verbleibt.

Im Gegensatz zur lockeren Aufeinanderfolge der vereinzelt stehenden und vielgestaltigen Klangfelder des 1. Satzes sind die sukzessiven Klangfelder des Hauptsatzes zu größeren Gruppen gleicher Faktur, Artikulation, Rhythmus- und Tonordnung zusammengefaßt. Die Anordnung der Gruppen bildet einen Formbogen, der den ganzen Satz umgreift: Vier Gruppen zu je 5–10 Klangfelder fügen sich in eine steigernde Verdichtung, die zur Kulmination des Werkes führt.

Auf die Einleitung zum Hauptsatz folgt eine Gruppe (Zi. 14–23), die auf Intervallzellen (überwiegend Ganztöne, Quarten und Halbtöne) beruht und jedem Instrument bestimmte Töne ›zuteilt‹. Die einer ›Hüllkurve‹ vergleichbare klangräumliche (an sich öffnende oder schließende Scheren erinnernde) Entfaltung des Gesamtambitus im Stimmengeflecht findet ihren Extrempunkt im letzten Klangfeld dieser Gruppe, das mit einem Dreiton-Cluster beginnt und sich zum Zwölftonakkord über fünf Oktaven spreizt.

Die folgende Gruppe (Zi. 24–28) wird von Tremoli und rhythmisierten Glissandi geprägt, wobei alle Töne innerhalb eines Klangfelds sich auf einem gemeinsamen Zwölftonakkord wie auf einer Tonschiene bewegen. Im Zeichen der Klangfarbe (vielfältige Kombinationen von künstlichem Flageolett, Tremolo, Spiccato, Glissando) steht die nächste Gruppe (Zi. 29–34), deren Tonordnung Terz-Zusammenklänge ausschließt. Immer mehr rasche, engräumig rotierende Figuren durchbrechen die Flächen. Direkt zum Werkhöhepunkte führen die folgenden ›Mobiles‹ (Zi. 35–41), die das Klangbild in Schichten aufspalten und bereits zuvor erklungene Figuren und Organisationsmuster in immer rascherem Wechsel Revue passieren lassen.

›Appassionato‹, ›Chorale‹, ›Cantilena-Funèbre‹ sind die Abschnitte der ausgedehnten Kulmination (Zi. 42–45) überschrieben, und bereits dies läßt ahnen, daß hier Extreme der Ausdruckscharaktere, der Dynamik, der Faktur und der harmonischen Struktur aufeinandertreffen. Das heftige Pulsieren des ›Appassionato‹ führt zu einem weitgespannten Zwölftonakkord und beschleunigt bis zu rhythmisierten Glissandi, die schließlich im hohen Klangbereich ins Stocken geraten. Eine unwirklich kühle (non vibrato, indifferente, pp morendo) statische Fläche, zunächst weitgespannt und sich dann zusammenziehend, geht dem großem Lamento des ›Funèbre‹ voraus, dessen klagend sinkende Phrasen sich immer enger dem Ton ›g‹ anschließen, bevor das Klangfeld überraschend in den Ton ›as‹ mündet. Eine Coda (ab Zi. 46) schließt in Faktur und Klangfarbe den Bogen zum Beginn des Werkes, bevor es in immer seltener aufeinander folgenden Einzeltönen verklingt.

Martina Homma

(Agnes) Elisabeth Lutyens

geb. 9. 7. 1906 London, gest. 14. 4. 1983 London; 1922/23 Unterricht (V., Kl.) an der Ecole Normale de Musique Paris. 1926–1930 Studium am Royal College of Music London (Komposition bei Harold Darke, Va. bei E. Tomlinson), anschließend Kompositionsunterricht bei Georges Caussade am Pariser Conservatoire. 1931 Mitbegründerin des ›Macnaghten-Lemare Concert‹, eines Forums für die Musik junger Komponisten. 1942 Heirat mit dem Dirigenten und Schüler Arnold Schönbergs, Edward Clark. L. lebte freischaffend in London und widmete sich besonders der Film- und Rundfunkmusik.

WERKE F. 1 INSTR.: Sonate f. Va. op. 5 Nr. 1 (1938); *Aptote* f. V. solo (1948); Prelude & Capriccio f. Vc. solo op. 20 (1949); Variationen f. Fl. op. 38 (1957); *Présages* f. Ob. op. 53 (1963); *The Dying of the Sun* (Sonnenuntergang) f. Git. op. 73 (1969); Tre f. Klar. op. 94 (1973); Romanza f. Git op. 121 (1977); Prelude f. V. op 133 (1979); *The Living Night* (Nachtgeschöpf) f. Schlzg. solo op. 156 (1981) – WERKE F. 2 INSTR.: Partita f. 2 V. op. 5 Nr. 1 (1938); 9 Bagatellen f. Vc., KL. op. 10 (1942); 5 Little Pieces f. Klar., Kl. (1945); Sonate f. Hr., Kl. op. 34 (1956); *Valediction* f. Klar., Kl. op. 28 (1954); 3 Duos f. Hr./Va. od. V. u. Kl. op. 36 (1956/57); Fantasie-Variation f. V., Kl. (1957); *Bakers Dozen*. 12 Duette f. 2 V. (1963); *Scroll for Li-Ho* f. V., Kl. op. 67 Nr. 3 (1967); *The Tides of Time* (Gezeiten der Zeit) f. Kb., Kl. op. 75 (1969); *This Green Tide* (Diese grünen Gezeiten) f. BassettHr., Kl. op. 103 (1975); *Constants* f. Vc., Kl. op. 110 (1976); Madrigal f. Ob., V. op. 119 (1977); *Footfalls* f. Fl., Kl. op. 128 (1978); *Morning Sea* f. Ob./Ob. d'amore, Kl. op. 140 (1979); *Deroulement* (Auseinanderwicklung) f. Ob., Git. op. 145 (1980); Soli f. Klar./BKlar., Kb. op. 148 (1980) – WERKE F. 3 INSTR.: Trio f. V., Va., Vc. op. 5 Nr. 6 (1939); Nocturnes f. V., Vc., Git. op. 30 (1955); Capriccii f. 2 Hf., Schlzg. op. 33 (1955); Trio f. Ob., Klar., Fg. op. 52 (1963); Fantasie-Trio f. Fl., Klar., Kl. op. 55 (1963); Scena f. V., Vc., Schlzg. op. 58 (1964); Music for 3 f. Fl., Ob., Kl. (1966); *Horai* f. V., Hr., Kl. op. 67 Nr. 4 (1968); Trio f. V., Va., Vc. op. 57 (1969); Trio f. Klar., Vc., Kl. op. 135 (1979); Triolet I f. Klar., Mand., Vc. op. 160a (1982); Triolet II f. Vc., Mar., Hf. op. 160b (1983) – WERKE F. 4 INSTR.: (13) StrQu. (Nr. 1, 1938;

Nr. 2 op. 5 Nr. 5, 1938; Nr. 3 op. 18, 1949; Nr. 4 op. 25 Nr. 1, 1952; Nr. 5 op. 25 Nr. 2, 1952; Nr. 6 op. 25 Nr. 3, 1952); Nr. 7 Plenum III op. 93, 1973; Nr. 8 *Mare et minutiae* op. 107, 1976; Nr. 9 Doubles op. 125, 1978; Nr. 10 op. 139, 1979; Nr. 11 Diurnal op. 146, 1980; Nr. 12 op. 155, 1981; Nr. 13 op. 158, 1982); *Driving out the Death* (Austreibung des Todes) f. Ob.-Quartett op. 81 (1971) – Werke f. 5 Instr.: Quintett f. Fl., Ob., Klar., Hr., Fg. op. 45 (1960); The Fall of the Leaf (Fallendes Blatt) f. Ob., StrQu. (1966); *Go said the Bird* (Fort, sagte der Vogel) f. Elektr. Git., StrQu. op. 105 (1975); *Absalom* f. V., Ob., EHr., Va., Vc. op. 122 (1977); *Branches of the Night and Day* (Zweige der Nacht und des Tages) f. Hr., StrQu. od. Hr., V., 2 Va., Vc. Op. 153 (1981) – Werke f. 6 Instr: Concertante f. Fl./kl. Fl., Klar./BKlar., V., Va., Vc., Kl. op. 22 (1950); Six f. Klar. in B/in Es/ BKlar., Trp in B/ in D/ FlügelHr., Kl., V., Kb., Schlzg. op. 147 (1980) – Werke f. 8 Instr.: Rape of the Moone (Mond-Raub) f. Bläseroktett op. 90 (1973) – Werke f. Kammerensemble: (5) Chamber Concerto (f. Ob., Klar., Fg., Hr., Trp., Pos., V., Va., Vc. op. 8 Nr. 1, 1939; f. Klar., TSax., Kl. Streicher op. 8 Nr. 2, 1940/41; f. Fg., Streicher op. 8 Nr. 3, 1945; f. Hr., Kammerorch. op. 8 Nr. 4, 1946; f. StrQu., Kammerorch. op. 8 Nr. 5, 1946); 6 Tempi f. 10 Instr. op. 42 (1957); Pian e Forte f. Kammerensemble (1958); *Kareniana* f. Va., 10 Instr. op. 99 (1974); Fantasia f. ASax., Ensemble op. 114 (1977); *Rapprochement* (Annäherung) f. Solo-Hr., Solo-Hf., Fl./AFl., Ob., Klar./BKlar., 2 Schlzg., Kl., Cel., V., Va., Vc. (1980).
Fast alle vor 1938 entstandenen Kammermusikwerke wurden durch E. L. zurückgezogen.

Verlag: Mills Music London; Schott London.

In die neuere Musikgeschichte Englands läßt sich E. L. nur schwer einordnen. Sie selbst fühlte sich eher mitteleuropäischen Traditionen verpflichtet, insbesondere der Musik Anton Weberns, die sie Mitte der 30er Jahre in London kennengelernt hatte. Diese Begegnung bewirkte in ihrem Schaffen einen tiefgreifenden Einschnitt, an dem nicht unwesentlich ihr späterer Ehemann, der Dirigent und Schönberg-Schüler Edward Clark (1888–1962) beteiligt war – ein Verfechter und profunder Kenner der Neuen Musik. »Sein Maßstab wurde zu meinem eigenen«, schrieb L. in ihrer Autobiographie. Allerdings war dieser Maßstab keineswegs jener der musikalischen Öffentlichkeit Englands. Im Gegenteil: Öffentliche Anerkennung blieb L. zeitlebens ebenso versagt wie ihrem Mann.

Unter dem Einfluß der 2. Wiener Schule und der moralischen wie ästhetischen Unterstützung Clarks begann sie 1938, ihre Kompositionen nach den Grundsätzen der Zwölftontechnik zu schreiben. Alle vorher entstandenen Werke zog sie zurück. Ihr dennoch ungemein umfangreiches Œuvre umfaßt alle Gattungen und der gelegentlich erhobene Vorwurf der Vielschreiberei bezieht sich nicht nur auf die zahlreichen Auftragsarbeiten (etwa 200 Opera) für Film, Funk und Theater, sondern auch auf ihre ›reine‹ Instrumentalmusik. L.s Reaktion darauf: »Für mich kann Qualität nur durch Quantität erreicht werden; ich kann nur durchs Tun lernen.«

Ihre experimentierfreudige Grundeinstellung war, wie sie selbst bekannte, immer ›radikal‹ gewesen; ihr musikalisches Denken, ähnlich den künstlerisch-ästhetischen Überzeugungen der Vertreter der 2. Wiener Schule, eminent kammermusikalisch: »Gestalt und Form bleiben die Grundzelle, selbst die kleinste, die Möglichkeiten für Veränderung und Entwicklung in sich enthält, in verschiedenen aufeinander bezogenen Proportionen, Spannungen, Entspannungen, Tempi usw.«. Trotz der Aneignung der Reihentechnik behielt L.s Musik eine ausgeprägte harmonische Dimension mit einer kontrapunktischen Dominanz.

Streichquartett op. 25 Nr. 3 (1952)

Allegro moderato – Adagio – Allegro moderato
Dauer: ca. 8'
Verlag: Mills Music London

Das dem Maler Francis Bacon, einem Freund der Komponistin gewidmete sechste StrQu. ist eigentlich ihr drittes. Denn das erste, vierte und fünfte StrQu. hatte L. verworfen. Dem 6. jedoch maß sie selbst besondere Bedeutung bei, da – wie sie erklärte – »ich endlich anfing, meinen eigenen Stil zu finden, der sonst in einigen frühen Werken nur andeutungsweise vorhanden war.« Außerdem ist es »das einzige Werk (Filmpartituren und musikalischer ›Journalismus‹ selbstverständlich ausgenommen), das ich ›in einem Zug‹ geschrieben habe.«

Worin besteht der besagte Stil? Zunächst mag man an den späten Schönberg erinnert werden: An den Versuch, mittels der Dodekaphonie einen Ausgleich zwischen Expressivität und Konstruktion zu schaffen. Auf der einen Seite: Gesteigerte atonale Musiksprache, die fast alle Möglichkeiten der spezifischen Diktion der vier Instrumente ausschöpft; auf der anderen Seite: Rationalisierte Tonhöhenorganisation, etwa in den von der Reihe abgeleiteten aufsteigenden und fallenden Intervallen Quinte, Quarte und Tritonus sowie in der klassizistischen Formdisposition. L. verwendet zwar differenzierte motivische Arbeit, vor allem in rhythmischer Hinsicht, doch – um es negativ zu bestimmen, ohne negativ urteilen zu wollen – wird das Prinzip der entwickelnden Variation nicht auf das Formdenken übertragen, das schematisch und rudimentär bleibt. Das zweite, abschließende **Allegro moderato** ist eine genaue Wiederholung des **1. Satzes**, während der Mittelteil – ein piano bzw. pianissimo gespieltes **Adagio** ›molto legato e senza espr.‹ – den denkbar einfachsten Kontrast zu den ›expressionistischen‹ Eckteilen bildet. Zudem – positiv gesehen – dient die dreiteilige, übersichtliche Form der Faßlichkeit, ein nicht geringer Vorteil für ein äußerst gedrängtes Werk von nur acht Spielminuten.

Quintett op. 45 (1960)
für Flöte, Oboe, Klarinette, Fagott und Horn

Allegro ma non troppo – Allegro – Largo – Allegro con moto
Dauer: ca. 12'
Verlag: Mills Music London

Das Quintett, geschrieben für die ›klassische‹ Bläserbesetzung, verdankt seine Entstehung einer Einladung der BBC: Für die damals neugegründete Kammermusik-Formation ›Leonardo Ensemble‹ wurde eine neue Komposition gesucht und in L.s Quintett gefunden, das im Rahmen des Debüt-Konzerts vom ›Leonardo Ensemble‹ im Januar 1961 uraufgeführt wurde. L.s hat mit einem Wortspiel, abgeleitet vom Namen der Widmungsträgerin, der Schauspielerin Catherine Lacey, den Gestus ihrer Komposition beschrieben: »lace made with steel« – »wie eine Spitze aus Stahl geklöppelt« – und L. fügte hinzu »ich wünschte mir, das Werk würde auch so.«

Die Analogie zur geklöppelten Stahl-Spitze ist gar nicht so abwegig. Der Klang der Bläser läßt sich sehr wohl als ›stählern‹ beschreiben: Kalt, hart und schillernd. Die Klangflächen dagegen sind durchaus mit Brüsseler Spitze vergleichbar. Zwar schreibt L. homophon oder ›flächig‹, doch in spürbarer Anlehnung an Webern fast durchgehend ›pointilistisch‹; jeder neue Einsatz eines jeden Instruments besteht aus sehr wenig Tönen: Einer Gruppe von maximal sechs, meistens jedoch drei oder vier Tönen, die in der Regel durch große Sprünge miteinander verbunden sind – oder nur aus einem einzigen Ton mit Vorschlag. Die Flächen sind jedoch asymmetrisch, ungleichmäßig ›geklöppelt‹: Der Takt sowie die Notenwerte wechseln ständig; rhythmische Unregelmäßigkeit herrscht vor und läßt manchmal das Gefühl eines zeitlichen Stillstandes entstehen; dabei werden zunehmend einzelne Instrumentenkombinationen und damit die entsprechenden Klangfarben ›emanzipiert‹.

Der Einfluß von Anton Webern erstreckt sich jedoch nicht nur auf den ›pointilistischen‹ Charakter des Quintetts, sondern genauso auf die Behandlung des zwölftönigen Materials. Im vierteiligen **1. Satz** verwendet L. im dritten Teil ›Scherzo‹ im Krebsgang die Töne aus dem ersten Teil ›Allegro ma non troppo‹ – jedoch nicht den Rhythmus; im vierten Teil ›Lento‹ benutzt sie auf dieselbe Weise den Tonvorrat des zweiten Teils ›Allegro‹. Der **2. Satz** hat den Charakter eines Scherzos (ohne Trio). Der **3. Satz** dient als langsame Einleitung für das **Allegro con moto**-Finale. Dieses besteht aus einem Kopfsatz, drei Variationen (wobei die zweite streng homophon und choralartig gesetzt ist) und einer Coda.

Als L. am 8. Januar 1962 in London Hanns Eisler kennenlernte, spielte sie ihm eine Schallplatteneinspielung ihres Bläserquintetts (eine der wenigen von ihrer Musik überhaupt) vor. Er reagierte, so berichtet es L. in ihrer Autobiographie, mit den Worten: »Sie sind eine Meisterin! ... Aber warum so traurig?«

Stephen Hinton

Bruno Maderna

geb. 21. 4. 1920 Venedig, gest. 13. 11. 1973 Darmstadt. 1935–1940 Studium an den Konservatorien in Mailand, Venedig und Rom (Komposition: Alessandro Bustini; Dirigieren: Antonio de Guarnieri) sowie bei Gian Franceso Malipiero. 1944 Mitglied der Resistenza. 1947–1950 Lehrer am Conservatorio Benedetto Marcello in Venedig; dort Begegnung mit Luigi Nono, dessen Lehrer er wird. Ab 1950 jährlich Besuch der Ferienkurse für Neue Musik in Darmstadt; 1958–1967 Dozent und Leiter des Darmstädter Kammerensembles. 1955 gemeinsam mit Luciano Berio Gründung des Studio di Fonologia, 1956 der ›Incontri musicali‹ (Konzertreihe und gleichnamige Zeitschrift für Neue Musik) in Mailand. Seit den späten 50er Jahren umfangreiche Tätigkeit als Dirigent, besonders für Neue Musik (zahlreiche UA). Kompositions- bzw. Dirigierkurse in Darmstadt, Mailand, Rotterdam, Dartington (England), Tanglewood (USA), Salzburg; 1972 Chefdirigent des Radio-Sinfonie-Orchesters in Mailand.

WERKE F. 1 INSTR.: Widmung f. V. (1967); Viola f. Br. (1971); *Y Despuès* (García Lorca) f. Git. (1971); Solo f. Musette, Ob., Ob. d'amore, EHr. (1 Spieler) (1971); Pièce pour Ivry (für den Geiger Ivry Gitlis) f. V. (1971) – WERKE F. 2 INSTR.: Divertimento in due tempi f. Fl., Kl. (1953); *Honeyrêves* (Fantasiewort, etwa ›glückliche Träume‹; gleicht rückwärts gelesen phonetisch dem Vornamen des Widmungsträgers, des Flötisten Severino Gazzeloni) f. Fl., Kl. (1961); *Aulodia per Lothar* (Aulos-Gesang für den Oboisten Lothar Faber) f. Ob., Git. ad lib. (1965); *Dialodia* (Zwiegesang) f. 2 Fl., Ob. od. andere gleichartige Instrumente (1971) – WERKE F. 4 INSTR.: StrQu. (ca. 1946); Quartetto per archi in due tempi (1955) – WERKE F. KAMMERENSEMBLE: Serenata (I) f. 11 Instr. (1946?, verschollen); Konzert f. 2 Kl. u. Instr. (1947?; 1948 u. 1955 bearb.); *4 Lettere* (4 Briefe) bzw. Kranichsteiner Kammerkantate f. S., Bar., Kammerensemble (1953); Serenata II (auch betitelt Komposition Nr. 3) f. 13 Instr. (1954; rev. 1956); Konzert f. Ob., Kammerensemble (1964); Amanda (auch betitelt Serenata IV) f. Kammerorchester (1966); Juilliard Serenade (Tempo libero II) f. Kammerensemble (1970/71; Neufassung 1972) – WERKE MIT TONBAND: Musica su due dimensioni (Musik über zwei Dimensionen [des Klanges]) f. Fl., Bck. u. Tonband (1952, 2. Version als Dimensioni I f. Fl. u. Tonband, 1958) – WERKE MIT VARIABLER BESETZUNG: Serenata per un satellite (Serenade für einen Satelliten) f. 7 Spieler (1969).

Verlag: Ars viva, Mainz; ab 1956 Suvini Zerboni, Mailand; ab 1970 Ricordi,Mailand; ab 1973 Salabert,Paris.

B. M. war neben dem älteren Luigi Dallapiccola und dem jüngeren Luigi Nono in der Zeit nach dem 2. Weltkrieg der wichtigste Vertreter der italienischen Avantgarde. Er hatte wesentlichen Anteil daran, daß sich die Zwölftontechnik und ihre Weiterentwicklung zur seriellen Technik in Italien durchsetzte als Sprache der progressiven Musiker, die aus der italienischen Widerstandsbewegung hervorgegangen waren oder ihren Ideen nahestanden. In M.s Musik verbindet sich Qualitätsbewußtsein für Melos – das an italienischer Tradition orientiert ist – mit Neugier für die konstruktiven Möglichkeiten reihentechnischer Kompositionsverfahren. Ausgangspunkt seiner stilistischen Entwicklung waren Claude Debussy (M.s StrQu. 1946) und Béla Bartóks Sonate für zwei Kl. und Schlzg., die M.s Konzert für zwei Kl. und Instr. (1947) stilistisch beeinflußt hat. Für dieses Werk ist die Komposition von Kanons auf kleinstem Raum charakteristisch. Ihre wiederkehrenden melodischen und rhythmischen Muster sind jedoch in der Einheit musikalischer Gestalten noch miteinander verschmolzen. Erst in den folgenden, in einer frei gehandhabten seriellen Technik konzipierten Werken, z.B. in der *Kranichsteiner Kammerkantate* (1953), werden Muster von Tonhöhen und Rhythmen bzw. Tondauern unabhängig voneinander behandelt. Diese konstruktive Verdichtung ist nicht Selbstzweck: Sie dient der Ausdruckssteigerung. Als Texte werden Briefe von Franz Kafka und Antonio Gramsci, dem unter Mussolini verhafteten Vorsitzenden der Kommunistischen Partei Italiens, sowie eines zum Tode verurteilten italienischen Widerstandskämpfers eingearbeitet. M. widerstand sowohl der Versuchung, die reihentechnische Organisation über Gebühr zu strapazieren und sich so als Komponist Systemzwängen zu unterwerfen, als auch den entgegengesetzten Tendenzen in der Nachfolge John Cages, nämlich durch Zufalloperationen die Werkgestalt der Beliebigkeit auszuliefern. Freiheit des Komponisten, die in M.s Verständnis weder durch ein System noch durch Willkür garantiert werden kann, artikuliert sich besonders eindringlich in den *Serenaden*, die einen umfangreichen und wichtigen Komplex in seinem Schaffen bilden.

Quartetto per archi in due tempi (1955)

2 Sätze, ohne Bezeichnung
Verlag: Ars viva Mainz

Das StrQu. M.s – eines seiner bedeutendsten Werke überhaupt und gewiß seine bedeutendste Kammermusik – ist ein großer Essay über das Verhältnis von Bindung und Freiheit im seriellen Komponieren. Es entstand 1955, zu einer Zeit, als Komponisten wie Karlheinz Stockhausen und Pierre Boulez in der Nachfolge Anton Weberns nicht nur die Tonhöhen, sondern auch die Tondauern und darüber hinaus die Lautstärkegrade und Klangfarben in ihrer Abfolge durch Reihen vorherbestimmten.

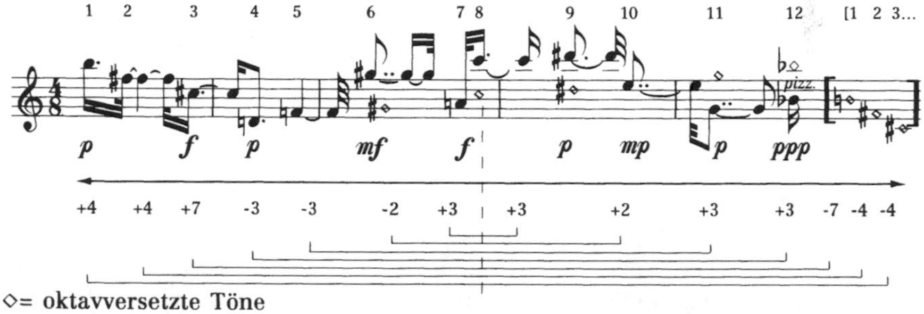

◇= oktavversetzte Töne

Der **1.Satz** beginnt mit einer weit ausfahrenden melodischen Linie. Sie ist auf die vier Streichinstrumente so verteilt, daß sie nicht von Pausen unterbrochen wird. Dieser kontinuierliche Klangfaden ist die erste Reihe des Quartetts. Die weit gespreizte Anordnung der zwölf verschiedenen Töne in verschiedenen Oktavräumen und die häufig wechselnde Lautstärke verleihen ihm einen melodischen Duktus, der an Weberns Musik erinnert. Eine stilistische Huldigung an d e n Komponisten, den sich die Komponisten des Darmstädter Kreises zum Ahnherren erkoren hatten:
Nicht nur die melodische Gestalt der Reihe und ihre dynamische Differenzierung erinnern an Webern, sondern auch ihr Intervallgefüge, ihre Struktur. Die Dauer der Töne ist aus ihrer Höhe abgeleitet. Die kleinste Einheit ist ein Zweiunddreißigstel, das dem Ton ›a‹ zugeordnet ist. Die anderen Töne erklingen um so viel länger, wie sie – in einer Oktave über ›a‹ versammelt – Halbtonschritte von a entfernt liegen. Da der Klangfaden aus zwölf unterschiedlichen Tonhöhen besteht, ergeben sich auch zwölf unterschiedliche rhythmische Werte als eine Reihe von Tondauern. Der Anfang erscheint so als ein in sich geschlossenes System. Doch M. sprengt dieses perfekte System, dieses schöne Gefängnis aus selbst gewählten Abhängigkeiten auf, und dieser Prozeß ist die Geschichte des Satzes.

Auf der Ebene der erklingenden Gestalten entzieht sich M. dem Zwang durch Variation der Reihen; auf der Ebene der dahinter liegenden Struktur, indem er einen produktiven Widerspruch einführt. Die Varianten der Tonhöhenreihen sind so konzipiert, daß einige der zwölf Töne immer gleichzeitig mit einheitlicher Dauer erklingen. Das jedoch widerspricht dem Prinzip des Systems. Durch die Simultanklänge wird die Anzahl der rhythmischen Werte innerhalb einer Reihe reduziert. Dieser Prozeß, einmal in Gang gesetzt, bewirkt, daß die Tonhöhenreihen rhythmisch immer weniger differenziert erscheinen. Gegen Satzende laufen sie immer schneller ab, die Dichte der klanglichen Ereignisse nimmt zu.

Im **2. Satz** erhebt M. die Spiegelung zum Prinzip, ein Kompositionsmittel, das schon in der Struktur der ersten Reihe und darüber hinaus im gesamten 1. Satz eine wichtige Rolle gespielt hat. Der 2. Satz ist der rückwärtsgerichtete Verlauf (Krebs) des 1. Satzes, jedoch bringt dieselbe Struktur eine völlig veränderte Gestalt hervor, was dadurch betont wird, daß an mehreren Stellen lange Pausen eintreten, als sei eine rückwärts laufende Tonbandkopie teilweise gelöscht worden. Die beiden Sätze sind wie zwei gegeneinander gerichtete Spiegel, von denen der eine blinde Stellen hat; sie reflektieren einander, aber unvollständig. Veränderung und Wiederkehr, Problem jeglichen Komponierens, sind im Spiegel gebannt.

Horst Weber

Frank Martin

geb. 15. 9. 1890 Genf, gest. 21. 11. 1974 Naarden (NL). 1906–1914 Privatunterricht in Kl., Harmonielehre, Komposition und Instrumentation bei Joseph Lauber. 1908–1910 Studium von Mathematik und Physik an der Universität Genf. 1911 erste öffentliche Aufführung eines Werkes (*Trois poèmes païens*). Lebte 1918–1920 in Zürich, 1921/22 in Rom, 1922–1924 in Genf, 1924/25 in Paris und anschließend wieder in Genf, wo er bis 1938 am Institut von Émile Jaques-Dalcroze, außerdem bis 1946 am dortigen Konservatorium Komposition und insbesondere Kammermusik unterrichtete. 1926 Gründung der Société de musique de chambre de Genève, 1933–1940 künstlerischer Leiter des Technicum Moderne de Musique. 1946 Übersiedlung nach Amsterdam. 1950–1957 Professor für Komposition an der Musikhochschule Köln. Zahlreiche Ehrungen und Auszeichnungen.

WERKE F. 2 INSTR.: Sonate f. Kl., V. op.1 (1913); [2.] Sonate f. Kl., V. (1931/32); Ballade f. Fl., Kl. (1939); Ballade f. Pos./TSax. u. Kl. (1940); Petite complainte f. Ob., Kl. (aus: *Das Märchen vom Aschenbrödel*, 1941); Ballade f. Vc., Kl. (1949) – WERKE F. 3 INSTR.: Trio sur des mélodies populaires irlandaises f. Kl., V., Vc. (1925); Trio f. V., Va., Vc. (1936); Pièce brève f. Fl., Ob., Hf./Cemb. (aus: *Mystère de la Nativitè*, 1957/1959) – WERK F. 4 INSTR.: StrQu. (1966) – WERKE F. 5 INSTR.: Quintett f. Kl., 2 V., Va., Vc. d (1919); Pavane couleur du temps pour quintette à cordes f. 2 V., Va., Vc. (1920); Rapsodie f. 2. V., Va., 2 Vc. – WERK F. 6 INSTR.: Petite fanfare f. 2 Trp., 2 Hr., 2 Pos. (1945).

Verlag: Hug Zürich; UE Wien.

»Meine Musik ist nicht ›a la mode‹« (F. M. im Gespräch zu Bernhard Billeter). Daß er sich weder bestimmten Richtungen der zeitgenössischen Kompositionspraxis zuordnen lasse, weniger noch aktuellen Trends anpassen wolle, unterstrich M. wiederholt, in zahlreichen Kommentaren zu seinen Werken wie auch im Gespräch mit manchem Biographen. Gleichwohl mied er nicht die Auseinandersetzung mit neuen kompositorischen Techniken, übernahm sie freilich nicht unreflektiert, sondern versuchte sie mit Traditionen tonsetzerischer Verfahren zu verbinden. Als Kind einer calvinistischen Pfarrersfamilie sah er insbesondere in reformatorischen Psalmgesängen und dem harmonischen Kontrapunkt Johann Sebastian Bachs konstitutive Momente. So bleibt sein Œuvre spannungsreich und vielfältig, beeinflußt zunächst von César Franck und Gabriel Fauré, später auch durch die Klanglichkeit und das freie, ungebundene Melos eines Claude Debussy. Zwischen den Weltkriegen läßt er sich durch Volksmusik und -lieder inspirieren, deren rhythmische Differenziertheit sich ihm nicht zuletzt in der Zusammenarbeit mit Émile Jaques-Dalcroze und in der Auseinandersetzung mit dessen Methode der ›Rhythmischen Gymnastik‹ erschloß. In der subtil gearbeiteten Faktur schließlich knüpft er an die Kammermusik Ludwig van Beethovens und Johannes Brahms' an. M. ist klangästhetisch romanisch, kompositionstechnisch hingegen eher von deutschen Traditionen geprägt. Mithin nimmt er als Schweizer Komponist idealtypische Parameter kompositorischer Gestaltung beider Nachbarländer auf und verbindet sie. Durch diese Fakten wird M.s Position eines Mittlers beschrieben. Eine allzu eilfertig klassifizierende Musikwissenschaft und Geschichtsschreibung teilte ihm deshalb die Rolle eines Außenseiters zu.

Doch war M. keine Randfigur im Musikleben dieses Jahrhunderts, und dies insbesondere nicht in bezug auf das Genre geistlicher Musik, das er mit bedeutenden liturgischen und oratorischen Werken bedachte (*In terra pax*, 1944; *Golgatha*, 1945–1948; *Messe* für Doppelchor 1922–1926). Auch in seiner Kammermusik suchte er nach neuen Ausdrucksqualitäten, die er im Gegensatz zu Arnold Schönberg nur bedingt in einer Emanzipation aller zwölf Töne der Skala sah. Dodekaphone Techniken, etwa die Etablierung einer Reihe zur Organisation aller Parameter eines Tonsatzes, verwarf er nach einer kurzen Phase des Experimentierens, einem »Zwölftonzwischenspiel« (Rudolf Klein) der 1930er Jahre. In dieser Zeit entstanden die später von ihm selbst radikal diskreditierte *Rhapsodie* (1935), aber auch das nicht zuletzt in biographischer Hinsicht bedeutsame Kammeroratorium *Le vin herbe* (1940/41), als bloßes Vergnügen des Geistes, das zwar – im Sinne Schönbergs – Wahrheit verbürgen könne, seinem Ideal von Schönheit aber äußerlich bleibe. Mit einem ebenso komplexen wie indifferenten Begriff von Natur, den er von seinem Freund, dem Dirigenten Ernest Ansermet, übernahm, lehnte M. alle lediglich technischen Verfahren kompositorischer Gestaltung ab. Er entwarf eine individuelle musikalische Sprache. In ihr hat er die Möglichkeiten freier Tonalität, unverbrauchte Tonstufen einzuführen, genutzt und zugleich die stringente motivisch-thematische Arbeit gegenüber einem klang- und melodiebetonten, nachgerade lyrischen Idiom zurückgestellt.

Trio sur des mélodies populaires irlandaises (1925)
für Klavier, Violine und Violoncello

Allegro moderato – Adagio – Gigue
Dauer: 18'
Verlag: Hug Zürich

Nur in der Satzfolge entspricht das Kl.-Trio vertrauten Konzeptionen, denn M. verzichtet anscheinend auf alle Momente motivisch-thematischer Arbeit. Dagegen läßt das Kolorit eine eingehende Auseinandersetzung des Komponisten mit Bartókschen Bearbeitungstechniken von Volksmusik und nicht zuletzt des Jazz erkennen. Irische Volksliedthemen, die M. in der Pariser Bibliothèque nationale aus entsprechenden Publikationen sammelte, ordnet er dramaturgisch außerordentlich wirkungsvoll in drei freigefügten, fantasieartigen Teilsätzen: über Bordunklängen rasch sich steigernd in der Einleitung, ornamental ausgeziert im ruhigen Mittelsatz mit metrisch intrikaten Scherzando-Interpolationen, in immer rasenderem Tarantella-Gestus im Finale: »Dieses Trio fordert der Harmonie und der imitatorischen Polyphonie nur wenig ab, dagegen alles dem Rhythmus und der Melodie; sie bilden die eigentliche Grundlage der irischen Lieder und Tänze.« (F. M.)

Streichquartett (1967)

Lento – Prestissimo – Larghetto – Allegretto
Dauer: 21'
Verlag: Universal Edition Wien, ED 1968

Erst spät widmete sich M. der ›klassischen‹ Besetzung der Kammermusik, dem StrQu. Es entstand anläßlich der Hundertjahrfeier der Tonhalle-Gesellschaft Zürich. In den Grundzügen der viersätzigen Anlage sowie in der Idee einer strengen Durchrationalisierung des Tonsatzes folgt M. den Konventionen der Gattung. Ungeachtet aller Strenge des Aufbaus und der komplexen Organisation des musikalischen Materials, erschließt sich das Werk leicht: Ein rezitativisch frei anmutendes, rhythmisch jedoch genau ausnotiertes Br.-Solo eröffnet den **1. Satz** und wird abgelöst von einem gleichförmig bewegten, von einem Dur-Sextakkord ausgehenden Thema der 2. V., das von übermäßigen Dreiklängen im Vc. fast generalbaßartig begleitet wird. Diese drei musikalischen Gedanken werden in wechselnden Konstellationen durchgeführt, oft in Koppelungen mehrerer Stimmen, doch kaum je vermittelt. Dieselbe Idee, kleine motivische Zellen spielerisch zu kombinieren, einem Kaleidoskop ähnlich stets neu zu organisieren und in einer Fülle von Variationen scheinbar zufällig musikalische Form zu konstituieren, kennzeichnet auch den schnell bewegten, Scherzo-gleichen **2. Satz**. Eng auf den Beginn bezogen ist das dreiteilige **Larghetto**, in dem erneut ein rhythmisch differenzierter Melodiebogen der 1. V. von gemessen schreitenden, akkordisch intendierten Unterstimmen begleitet wird. Ein Mittelteil zeigt die Solostimme nun diastematisch akzentuiert, rhythmisch hingegen indifferent vor ruhigem, klanglich changierendem Hintergrund, während im Schlußabschnitt eine Synthese dieser Elemente in polyphon reich strukturierter Faktur versucht wird. Auch dem **Finale** fehlt eine explizite Durchführung: Erneut werden mehrere tänzerisch inspirierte musikalische Gedanken in transparentem, doch nichtsdestoweniger konzis gefügtem Satz vorgestellt und in deutlich geschiedenen Abschnitten kombiniert.

Michael Heinemann

Bohuslav Martinů

geb. 8. 12. 1890 Polička (Tschechien), gest. 28. 8. 1959 Liestal (Schweiz). 1906–1910 Studium am Prager Konservatorium (V., Org. u. Komposition). 1913/14 u. 1918/19 aushilfsweise Geiger in der Tschechischen Philharmonie. 1916–1918 Lehrer für V. an der Musikschule in Polička. 1920–1923 Mitglied der Tschechischen Philharmonie (2. V.). 1922/23 Schüler in Josef Suks Meisterklasse für Komposition am Prager Konservatorium. 1923–1940 freischaffender Komponist in Paris. 1923–1925 Unterricht bei Albert Roussel. 1940/41 Flucht in die USA, ab 1952 amerikanischer Staatsbürger. Zeitweise Kompositionslehrer am Berkshire Music Center, an der Princton University sowie an der New Yorker Mannes School of Music. 1953–1955 Wohnsitz in Nizza, ab 1956 in Schönenberg-Pratteln (Schweiz).

Werke f. 2 Instr.: *Elegie* f. V., Kl., H. 3 (1909, ungedr.); Romance f. V., Kl., H. 12 (1910, ungedr.); Konzert f. V., Kl. H., 13 (1910, ungedr.); Berceuse f. V., Kl., H. 32 (1911, ungedr.); Adagio f. V., Kl., H. 33 (1911, ungedr.); Phantasie f. V., Kl., H. 62 (1912, ungedr.); Sonate in C f. V., Kl., H. 120 (1919, ungedr.); Sonate in d f. V., Kl., H. 152 (1926); Duett Nr. 1 f. V., Vc., H. 157 (1927); Impromptu f. V., Kl., H. 166 (1927); Scherzo f. Fl., Kl., H. 174a (3. Satz aus dem Sextett f. Bläser u. Kl., H. 174); Sonate Nr. 1 f. V., Kl., H. 182 (1929); Cinq Pièces brèves f. V., Kl., H. 184 (1929); Ariette f. V., Kl., H. 188a (1930, auch f. Vc., Kl., H. 188b); Nocturnes f. Vc., Kl., H. 189 (1930); Pastorales f. Vc., Kl., H. 190 (1930); Études faciles f. 2 V., H. 191 (1930); Suite miniature f. Vc., Kl., H. 192 (1930); *Sept Arabesques*. Études rythmiques f. Vc., Kl., H. 201 (1931, auch f. V., Kl., H. 201a); Études rythmiques f. V., Kl., H. 202 (1931); Sonate Nr. 2 f. V., Kl., H. 208 (1931); Intermezzo f. V., Kl., H. 261 (1937); Sonatine f. V., Kl., H. 262 (1937); Sonate Nr. 1 f. Vc., Kl., H. 277 (1939); Sonate Nr. 2 f. Vc., Kl., H. 286 (1941); Variationen über ein Thema von Rossini f. Vc., Kl., H. 290 (1942); Five Madrigal Stanzas f. V., Kl., H. 297 (1943); Sonate Nr. 3 f. V., Kl., H. 303 (1944); Sonate f. Fl., Kl., H. 306 (1945); Rhapsodie Tchèque f. V., Kl., H. 307 (1945); Three Madrigals (Duett Nr. 1) f. V., Va., H. 313 (1947); Duett Nr. 2 f. V, Va., H. 331 (1950); Sonate Nr. 3 f. Vc., Kl., H. 340 (1952); Sonate f. Va., Kl., H. 355 (1955); Sonatine f. Klar., Kl., H. 356 (1956); Sonatine f. Trp., Kl., H. 357 (1956); Divertimento f. 2 Blfl., H. 365 (1957); Duett Nr. 2 f. V., Vc., H. 371 (1958); Stück f. 2 Vc., H. 377 (1959); Variationen über ein slowakisches Thema f. Vc., Kl., H. 378 (1959) – Werke f. 3 Instr.: Streichtrio Nr. 1, H. 136 (1923, verschollen); Cinq Pièces brèves (Kl.-Trio Nr. 1, H. 193, 1930); Sonatine f. 2 V., Kl., H. 198 (1930); Sonate f. 2 V., Kl., H. 213 (1932); Serenade Nr. 2 f. 2 V., Va., H. 216 (1932); Streichtrio Nr. 2, H. 238 (1934); Sonate f. Fl., V., Kl., H. 254 (1937); Trio f. Fl., V., Fg., H. 265 (1937, verschollen); Les Madrigaux f. Ob., Klar., Fg., H. 266 (1937/38); Promenades f. Fl., V., Kl., H. 274 (1939); *Bergerettes* f. Fl., Vc., Kl., H. 275 (1939); Madrigal-Sonata f. Fl., V., Kl., H. 291 (1942); Trio f. Fl., Vc., Kl., H. 300 (1944); Kl.-Trio Nr. 2, H. 327 (1950); Kl.-Trio Nr. 3, H. 332 (1951) – Werke f. 4 Instr.: *Tři Jezdci* (Drei Reiter) f. StrQu., H. 1 (ca. 1902, ungedr.); StrQu., H. 60 (1912, verschollen); Dva Nokturna (Zwei Nocturnes) f. StrQu., H. 63 (1912, ungedr.); Andante f. StrQu., H. 64 (1912, ungedr.); StrQu. es, H. 103 (1917, fragm. überliefert, ungedr.); (7) StrQu. (Nr. 1, H. 117, 1918; Nr. 2, H. 150, 1925; Nr. 3, H. 183, 1929; Nr. 4, H. 256, 1937; Nr. 5, H. 268, 1938; Nr. 6, H. 312, 1946; Nr. 7: Concerto da Camera, H. 314, 1947); Largo religioso f. StrQu. (vor 1920, ungedr.); Quartett f. Klar., Hr., Vc., kl.Tr., H. 139 (1924); Kl.-Quartett, H. 287 (1942); Quartett f. Ob., V., Vc., Kl., H. 315 (1947); Mazurka-Nocturne f. Ob, 2 V. u. Vc., H. 325 (1949) – Werke f. 5 Instr.: Quintett f. Kl., 2 V., Va., Vc., H. 35 (1911, ungedr.); Quintett f. 2. V., 2 Va., Vc., H. 164 (1927); Quintett f. Fl., Ob., Klar., Hr., Fg., H. 187 (1930, verschollen); (2) Quintette f. Kl., 2 V., Va., Vc. (Nr. 1, H. 229, 1933; Nr. 2, H. 298, 1944); Serenade f. V., Va., Vc., 2 Klar., H. 334 (1951) – Werke f. 6 Instr.: *La Revue de Cuisine* (Die Küchenschau). Ballett, auch Konzertsuite f. Klar., Fg., Trp., V., Vc., Kl., H. 161 (1927); Sextett f. Fl., Ob., Klar., 2 Fg., Kl., H. 174 (1929); Serenade Nr. 1 f. Klar., Hr., 3 V., Va. a, H. 217 (1932); Sextett f. 2 V., 2 Va., 2 Vc., H. 224 (1932); *Les*

Fêtes nocturnes f. Klar., V., Va., Vc., Hf., Kl., H. 376 (1959) – WERKE F. 7 INSTR.: *Les Rondes* f. Ob., Klar., Fg., Trp., 2 V., Kl., H. 200 (1930); Serenade Nr. 3 f. Ob., Klar., 4 V., Vc., H. 218 (1932); Phantasie f. Theremin (bzw. Mixtur-Trautonium od. Ondes Martenot), Ob., StrQu. u. Kl., H. 301 (1944) – WERKE F. 9 INSTR.: Nonett f. Fl., Ob., Klar., Fg., Hr., V., Va., Vc., Kl., H. 144 (1924/25, nur der Schlußsatz erhalten); Stowe Pastorals (auch Pastorals) f. 5 Blfl. (2 S., 2 T. bzw. 1 A. u. 1 T., 1 B.), Klar., 2 V., Vc., H. 335 (1951); Nonett f. Fl., Ob., Klar., Fg., Hr., V., Va., Vc., Kb., H. 374 (1959)
H = WV Harry Halbreich; B. M., Zürich 1968.

Verlag: Staatsverlag Prag; Boosey & Hawkes N.Y.; Leduc, Salabert Paris; UE Wien u.a.

B. M. war ein ungewöhnlich produktiver und vielseitiger Komponist: Sein Schaffen umfaßt knapp 400 Werke für Bühne und Konzertsaal. Die Kammermusik nimmt darin mit 91 Kompositionen einen bedeutenden Platz ein. An ihren Gattungen (neben der Kl.- und Vokalmusik) erlernte der weitgehend autodidaktisch studierende junge Komponist sein Metier. Zusammen mit seinen Orchesterstücken *Half-Time* (1924) und *La Bagarre* (1926) verhalf ihm das StrQu. Nr. 2 (1925) sodann zum internationalen Durchbruch. Und auch wenn M.s Ruhm bald mehr auf seinen Orchester-, Konzert- und Bühnenwerken beruhte, schrieb er doch zeitlebens kontinuierlich Musik für die verschiedensten kammermusikalischen Besetzungen. Über die traditionellen Gattungen (Kl.-Quintett, StrQu., Streichtrio, Sonaten für ein Instrument mit Kl.) hinaus komponierte er auch Werke für unkonventionelle Formationen, z. B. die Serenade Nr. 3 für Ob., Klar., 4 V. und Vc. (1932), die Phantasie für Theremin (bzw. Mixtur-Trautonium oder Ondes Martenot), Ob., StrQu. und Kl. (1944) und die Stowe Pastorals f. 5 Blfl., Klar., 2 V. und Vc. (1951). Dies hing zum einen mit der in den 20er Jahren allgemeinen Experimentierfreudigkeit im Auffinden neuer Klangmöglichkeiten zusammen, zum anderen auch mit den Wünschen mancher Auftraggeber. Auffällig jedenfalls ist die Bevorzugung der Besetzungen mit Kl.-Tendenzen, das Kl. als Repräsentanten der nach dem 1. Weltkrieg verpönten bürgerlichen Hausmusik oder um eines polyphonen Satzideals willen aus der Kammermusik zu verdrängen, wurden von ihm nicht mitgetragen.

M.s Kammermusikschaffen weist Werke sehr unterschiedlichen künstlerischen Anspruchs auf: Große und auch leichtere Kunstmusik steht neben Kompositionen für Hausmusik- und Unterrichtszwecke. Dies läßt sich zum Teil aus der Konzeption einiger Werke für bestimmte Interpreten erklären. Dazu zählen nicht nur Auftragsarbeiten, sondern auch z. B. die dem Liebhabermusiker Albert Einstein (V.) gewidmeten Five Madrigal Stanzas für V. und Kl. (1943). Mit seiner Bereitschaft, Musik für pädagogische Zwecke oder unter Berücksichtigung des unterschiedlichen Leistungsniveaus von Musikern und Hörern zu komponieren, schließlich auch mit seiner zeitweiligen Verarbeitung von Elementen der zeitgenössischen Unterhaltungsmusik (z.B. in der Ballett-Suite La Revue de Cuisine (1927) und in der Sonate Nr. 1 für V. und Kl. (1929)) folgte er übergreifenden Trends zu funktionaler Bindung sowie zur Aufhebung der Dichotomie zwischen sogenannter ernster und unterhaltender Musik.

Auch wenn nur ein Teil des Kammermusikschaffens von M. davon erfaßt ist, so sind doch alle seine Werke seit den 20er Jahren durch die Abkehr vom emphatischen Kunstbegriff des 19. Jahrhunderts geprägt. Hier traf er sich mit den Mitgliedern der ›Groupe de Six‹ sowie mit Paul Hindemith, Ernst Krenek und anderen Komponisten. Musik galt ihnen allen in erster Linie als

Musik und nicht als Trägerin von Ideen oder Ausdruck subjektiver Empfindungen. Insofern hatten auch die traditionellen Kriterien kunstvollen Komponierens, wie z.B. die komplexe, organische Form und die motivisch-thematische Arbeit für sie keine Relevanz mehr. Klarheit der Gedanken, Übersichtlichkeit der Form und direkte Wirkung waren die neuen ästhetischen Prämissen. Für ihre schöpferische Umsetzung hoffte M. entscheidende Anregungen in Paris zu finden. Beeindruckt hat ihn hier insbesondere Igor Strawinsky. Doch fand er alsbald zu einer völlig eigenständigen Musiksprache. Sie zeichnet sich, grob umrissen, durch einen spontan-musizierenden Gestus, die Entfaltung und Fortspinnung formelhafter Figuren und Motive (statt charakteristischer Themen), die flexible, Regularität und Irregularität ausbalancierende Rhythmik sowie den polymelodischen (nicht kontrapunktischen), harmonisch kontrollierten Tonsatz aus. Auf dieser Grundlage griff M. in den ersten Pariser Jahren vielfältige stilistische Anregungen auf, vor allem aus dem Neoklassizismus und der amerikanisch beeinflußten Unterhaltungsmusik. In seinem späteren Schaffen sind beträchtliche Wandlungen in den Ausdrucksformen zu beobachten: So wird die Harmonik zunehmend von konsonanten Klängen bestimmt, und die Dichte und motorische Strenge des Tonsatzes weicht dem Kantablen und Spielerischen. Teilweise stellt sich ein klassizistischer Tonfall ein, insbesondere in den Kammermusikwerken für Flöte der späten 30er und 40er Jahre. Auf diese Weise wurde M. in den 50er Jahren zu einem Konservativen, der den Tendenzen der Neuen Musik verständnislos gegenüberstand. Er teilte dieses Schicksal mit den Komponisten seiner Generation wie Hindemith, Arthur Honegger und Darius Milhaud, welche, indem sie mit der Ästhetik des 19. Jahrhunderts gebrochen hatten, in den 20er und 30er Jahren selbst Protagonisten der Neuen Musik gewesen waren. Ihr Schaffen ist nach wie vor eine Herausforderung für die Musikgeschichtsschreibung.

Streichquartett Nr. 5, H. 268 (1938)

Allegro ma non troppo – Adagio – Allegro vivo – Lento. Allegro
Dauer: ca. 27'
Verlag: Staatsverlag Prag, ED: 1959

Die dem Pro Arte-Quartett gewidmete Komposition war lange Zeit verschollen und wurde erst im Mai 1958 uraufgeführt – dabei zählt sie zu M.s eindrucksvollsten Kammermusikwerken! Der Komponist knüpft hier, möglicherweise unter dem Eindruck der sich für die Tschechoslowakei bedrohlich zuspitzenden politischen Lage, an die Expressivität des Mittelsatzes seines 2. StrQu.s an, steigert sie aber zu eruptiver Kraft und Leidenschaft. M.s kompositorische Mittel dafür sind zum einen die Schärfung der Harmonik durch harmoniefremde Töne sowie Akkordschichtungen und zum andern die gegenläufige, irreguläre Akzentuierung der Stimmen, die mit einheitlichen und regulären Passagen abwechselt. Gegenüber den vorhergehenden Werken fällt die zunehmende Bedeutung weitgeschwungener, chromatisch angereicherter melodischer Linien auf. Für den expressiven Gehalt des 2. Satzes sind allerdings auch Tendenzen zur Auflösung der Einheit des Tonsatzes verantwortlich. Der Zerfall in voneinander isolierte Schichten (Melodie, festgehaltenes Kleinsekundtremolo, Pizzicato-Impulse, geräuschhaftes Großsekundtremolo) wird vor allem klangfarblich sinnfällig:

Er geht ab dem 3. Takt mit dem Verlust der – durch die Töne ›cis‹ und ›f‹ ohnehin gefährdeten – tonalen Zentrierung einher.

Sonate Nr. 3, H. 340 (1952) für Violoncello und Klavier

Poco andante. Moderato – Andante – Allegro (ma non Presto)
Dauer: ca. 20'
Verlag: Staatsverlag Prag, ED 1957

Die Ende 1952 in Washington uraufgeführte Sonate verkörpert einige der Charakteristika des Spätstils von M.: die helle, konsonante Harmonik und die rhythmisch schwebende, diatonische Melodik. Als Beispiel sei der Anfang der im 1. Satz nach der langsamen Einleitung erklingenden Vc.-Kantilene mit ihrer sparsamen Begleitung angeführt:

Typisch für die sich rhapsodisch entfaltende (gleichwohl durch eine kurze Re-

prise abgerundete) Form ist die anschließende zweimalige Variation der Kantilene, wobei nicht nur Diastematik und Rhythmik verändert werden, sondern auch die Ausgangstonart (H-Dur bzw. Es-Dur) sowie Gewicht und Art der Kl.-Begleitung (eintaktiges Ostinato, später Akkorde bzw. zweistimmige Figuration in gebrochenen Akkorden). Der daran anschließende figurative Abschnitt führt die hastige Sechzehntelbewegung der Begleitung, die nun auf das Vc. übergreift, fort. Solcherart bemühte sich M. um eine ›organische‹ Verknüpfung der Formteile, sei es durch variative oder assoziativ-fortspinnende Ableitung.

Christoph Henzel

Felix Mendelssohn Bartholdy

geb. 3. 2. 1809 Hamburg, gest. 4. 11. 1847 Leipzig. Enkel des Philosophen Moses Mendelssohn und Sohn des Bankiers Abraham, der dem talentierten Knaben eine umfassende Bildung angedeihen ließ; aufgewachsen in Berlin, Unterricht bei Carl Friedrich Zelter (Komposition), Ludwig Berger (Kl.), Carl Wilhelm Henning und Eduard Rietz (V.). 1829 Wiederaufführung von Bachs *Matthäuspassion* durch Berliner Sing-Akademie unter M. 1829–1832 ausgiebige und prägende Reisen durch Italien, Frankreich und England, wo er bis 1847 insgesamt zehnmal zu teilweise längeren Aufenthalten weilen sollte; 1833–1835 Städtischer Kapellmeister in Düsseldorf; danach 12 Jahre als Kapellmeister am Gewandhaus zu Leipzig, mit Unterbrechungen 1841/42 bzw. 1843/44 in Berlin durch Tätigkeit am Hofe Friedrich Wilhelm IV.; 1843 Gründung des Konservatoriums in Leipzig.

Werke f. 2 Instr.: Einzelne Sätze f. V., Kl. 1819/20 (ED z. T. 1985); Sonate f. V., Kl. f. op. 4 (1823; 1825); Sonate f. Va., Kl. c (1824; 1966); Sonate f. Klar., Kl. Es (1824?; 1941); Variations concertantes f. Vc., Kl. D op. 17 (1829; 1832); The Evening Bell f. Hf., Kl. (1829); Assai tranquillo f. Vc., Kl. h (1835); Sonate f. V., Kl. F (1838; 1953); Sonate f. Vc., Kl. B op. 45 (1838; 1839); Sonate f. Vc., Kl. D op. 58 (1843; 1843); Lied ohne Worte f. Vc., Kl. D op. 109 (1845; 1868) – Werke f. 3 Instr.: Trio f. Kl., V., Va. c (1820; 1986); 2 Konzertstücke f. Klar., Bassetthr., Kl. f op. 113 (1832; 1869), d op. 114 (1833; 1869); Trio f. Kl., V., Vc. d op. 49 (1839; 1840); Trio f. Kl., V., Vc. c op. 66 (1845; 1846) – Werke f. 4 Instr.: Quartett f. Kl., V., Va., Vc. d (1821/22; 1970); 12 Fugen f. StrQu. (1821); Quartett f. Kl., V., Va., Vc. c op. 1 (1822; 1823); StrQu. Es (1823; 1879); Quartett f. Kl., V., Va., Vc. f op. 2 (1823; 1825); Quartett f. Kl., V., Va., Vc. h op. 3 (1825; 1825); StrQu. a op. 13 (1827; 1830); Fuge f. StrQu. Es op. 81, 4 (1827; 1850); StrQu. Es op. 12 (1829; 1830); StrQu. e op. 44, 2 (1837; 1839); StrQu. Es op. 44, 3 (1838; 1839); StrQu. D op. 44, 1 (1838; 1839); Capriccio f. StrQu. e op. 81, 3 (1843; 1850); StrQu. f op. 80 (1847; 1850); Andante E u. Scherzo a, f. StrQu. op. 81, 1 u. 2 (1847; 1850) – Werke f. 5 Instr.: Quintett f. 2 V., 2 Va., Vc. A op. 18 (1826/1832; 1833); Quintett f. 2 V., 2 Va., Vc. B op. 87 (1845; 1851) – Werk f. 6 Instr.: Sextett f. Kl., V., 2 Va., Vc., Kb. D op. 110 (1824; 1868) – Werk f. 8 Instr: Oktett f. 4 V., 2 Va., 2 Vc. Es op. 20 (1825; 1832).
Nicht berücksichtigt sind in diesem Werkverzeichnis Skizzen, Entwürfe und Fragmente. Die erste Jahreszahl bezieht sich auf das Entstehungsjahr, die zweite auf den Erstdruck.

Ausgaben: StrQu.e I, op. 12 und op. 13, hrsg. v. G. Schuhmacher, Leipzig: VEB Deutscher Verlag für Musik 1976 (= Leipziger Ausgabe der Werke F.M.B.s, Serie III, Bd. 1). StrQu.e II, op. 44, 1-3 mit den Frühfassungen einzelner Sätze, hrsg. v. G. Schuhmacher, Leipzig: VEB Deutscher Verlag für Musik 1976 (= Leipziger Ausgabe der Werke F.M.B.s, Serie III, Bd. 2). Die übrigen im 19. Jahrhundert veröffentlichten Werke liegen in praktischen Ausgaben mehrerer Verlage vor, z. B. Edition Peters, Breitkopf & Härtel etc.

Wie F. M. B. selbst, so stand auch seine Kammermusik lange Zeit abseits des öffentlichen Interesses und wurde von einer Voreingenommenheit belastet, die in den wenigsten Fällen aus konkreter Werkkenntnis erwuchs. Dabei begleitete ihn die Kammermusik ähnlich wie die Kl.- und Chormusik zeitlebens und nimmt im Gesamtschaffen einen nicht unbedeutenden Platz ein. Hier sammelte er als Musizierender Erfahrungen, sie bot ihm eine Möglichkeit, seiner Phantasie freien Lauf zu lassen, Dinge auszuprobieren, Klangwirkungen mit mehreren Instrumenten zu testen, technische Fertigkeiten und schließlich Vollkommenheit zu erreichen. Außerdem setzte er sich in ihr mit der Tradition auseinander. Denn auch im Bereich der Kammermusik waren, ähnlich wie in der Sinfonik, durch die Wiener Klassik, insbesondere durch Beethoven und Mozart, derart hohe Maßstäbe gesetzt, denen sich ein Komponist im 19. Jahrhundert zu stellen und mit denen er sich auseinanderzusetzen hatte, so daß ein in vielen Fällen komplizierter Prozeß der Werkrezeption als Folgeerscheinung das eigene Schaffen bestimmte. Entsprechend vielschichtig und facettenreich gestaltet sich das Spektrum dieses Bereiches gerade bei einem so sensiblen Komponisten wie M. B.

Vier Phasen verstärkter Kammermusikproduktion sind zu unterscheiden. Den tastenden Schritten, den Studienwerken und der Phase des Suchens (bis ca. 1824) folgen die ersten Meisterwerke. Dominierten zunächst die Kammermusikwerke mit Kl., so verschiebt sich in den Jahren bis zum Antritt der großen Bildungsreisen 1829 der Schwerpunkt eindeutig auf Werke für Streicher. Zwischen 1829 und 1837 entstanden mit wenigen Ausnahmen keine kammermusikalischen Werke. Die folgende Zeit, durch die Hochzeit und die anschließende Reise sowie die ersten Leipziger Jahre äußerst anregend, erwies sich um so ertragreicher. Abgelöst wurde sie durch eine angespannte Etappe zu Beginn der 1840er Jahre, in denen M. zeitweise am Berliner Hofe wirkte und anderweitig abgelenkt war. Erst 1845 setzt dann das kammermusikalische Spätwerk ein, das bei speziellen Werken in bis dahin ungewöhnliche Bereiche expressiver Gestaltung vordringt. In den zwei letzten produktiven Phasen überwiegt zwar mit den StrQu.en und dem Quintett die Streicherkammermusik, doch wird mit den beiden Kl.-Trios und Vc.-Sonaten ein ausgleichender Gegenpol gebildet.

Ein wesentlicher Aspekt im Schaffen M.s ist seine Empfänglichkeit für außermusikalische Impulse und ihre künstlerische Reflexion. Zahlreiche seiner Kammermusikwerke sind für konkrete Personen (als Dank oder auf Wunsch), aufgrund konkreter Anlässe oder in Auseinandersetzung mit der Umwelt entstanden. Dies betrifft sowohl positive Eindrücke, als auch die Verarbeitung von Schicksalsschlägen (vgl. das Intermezzo zu op. 18, oder op. 80). Im Gegensatz zum sinfonischen Schaffen aber, das mehrfach durch Landschaften inspiriert wurde, scheint diese Ebene im kammermusikalischen Schaffen kaum eine Rolle zu spielen.

Die Kenntnis der Kammermusik M. B.s beruhte in der zweiten Hälfte des 19. Jahrhunderts auf den im Druck erschienenen Werken. Erst in neuerer Zeit hat man einerseits hinterfragt, in wieweit alle diese Editionen dem Willen des Komponisten entsprachen, und hat andererseits weitere Kostbarkeiten oder Proben kammermusikalischer Arbeit den unveröffentlichten Nachlaß-Manuskripten entrissen. Ob M. seine Stücke selbst herausgab oder nicht, ist bei der Beurteilung insofern von großer Wichtigkeit, da der äußerst selbstkritische Komponist nur sehr wenige Werke für wert befunden hat, gedruckt und damit in der breiten Öffentlichkeit bekannt zu werden. Zu seinen Lebzeiten erschienen 72 Werke mit Opuszahlen und rund 30 außerhalb dieser Zählung. Nach seinem Tod hat man in mehreren Etappen bis 1873 durch Herausgabe von Kompositionen aus dem Nachlaß die Opuszahl bis 121 erhöht. Werke mit höheren Opuszahlen sind also nicht mit spät entstandenen Werken gleichzusetzen. Eine verantwortungsbewußte Nachwelt steht bei diesem Komplex vor der schwierigen Entscheidung, den Willen des Komponisten zu respektieren und damit notfalls auf wertvolle Musik zu verzichten, oder diese

Musik vorzustellen. Letzteren Weg wird man heute gewöhnlich vorziehen. Dies kann aber nur unter dem ausdrücklichen Hinweis geschehen, daß es sich jeweils um ein vorerst abgeschlossenes Opus handelt, das weitere Ausformung erfahren hätte, auch wenn viele Beispiele gezeigt haben, daß M. bei solchen Überarbeitungen bisweilen glättend eingegriffen und sich stärker dem Zeitgeschmack genähert hat. Ein besonders prägnantes Beispiel für die Gefahr von Fehlinterpretationen, die von solchen Stücken ausgeht, bilden die vier ursprünglich einzeln stehenden Stücke, die man 1850 als No. 9 der nachgelassenen Werke mit der Opuszahl 81 erscheinen ließ. Aus dem Wunsch heraus, die StrQu.-Zyklen des Meisters zu erweitern, vereinte man eine ›Fuga. a tempo ordinario‹ aus dem Jahre 1827 (wenige Tage nach op. 13 geschrieben) mit einem *Capriccio*, das im Sommer 1843 in Leipzig entstanden war und kurze Zeit später als Caprice dem Baron de Trémont gewidmet wurde, sowie zwei kurz vor dem Tode in der Schweiz komponierte Sätze zu einem einzigen StrQu. Weiter konnte man sich von dem Anliegen des Komponisten gar nicht entfernen.

Manchen Stücken, gerade aus den frühen 1820er Jahren, haftet nicht nur eine gewisse Nähe zur Tradition, sondern auch eine inhomogene Gestaltungsweise an, die den Entwicklungsstand des heranwachsenden Knaben widerspiegelt. Neben zu Recht zurückbehaltenen und vergessenen Studienwerken aber besitzen etliche Kompositionen – sei es das frühe Es-Dur-StrQu. oder ausgewählte Duosonaten – eine Fülle so bemerkenswerter Züge, daß sie das kammermusikalische Leben durchaus bereichern könnten und sollten.

STREICHQUARTETTE

Die StrQu.e sind mit sieben vollständigen Zyklen und einer Fülle einzelner und angefangener Sätze die am stärksten vertretene Gruppe in M.s Kammermusik für Streicher. In ihr lassen sich die Entwicklungen des Komponisten ebenso ablesen wie die Probleme der Gattung im 19. Jahrhundert allgemein. Sehr zu Recht hat man in M.s StrQu.-Schaffen eine Entwicklungskurve gesehen, die ausgehend von den experimentellen Frühwerken einen Bogen über den ausgeglichenen Zyklus op. 44 bis hin zu dem aufwühlenden op. 80 spannt, wobei das StrQu. endgültig aus seinem tradierten Status des ›Virtuosen-Quartetts‹ entlassen wird. Ab 1823 richtete man im Hause M. die ›Sonntagsmusiken‹ als Podium ein, um die Stücke des kleinen Felix vor einem Publikum vorzutragen. Hier dürfte auch das Es-Dur-StrQu. mit seinem reizvollen langsamen Satz (Adagio non troppo) zum ersten Male erklungen sein. Es wurde 1879 aus dem Nachlaß veröffentlicht und ist bis heute praktisch unbekannt geblieben. Es mag sich in manchen Passagen eng an die bekannten Muster Haydnscher StrQu.e anlehnen, etwa in der großen Schlußfuge. Wer aber wollte es einem heranwachsenden Knaben übelnehmen, wenn er sich an den ihn begeisternden Vorbildern orientiert, zumal dann mit Erfolg Wege beschritten werden, die tradierten Formen mit eigenem Geist zu erfüllen? Diese produktive Auseinandersetzung vor allem mit dem Spätwerk Beethovens erlangt ihren ersten Höhepunkt in dem StrQu. op. 13 und zwei Jahre später im op. 12.

Streichquartett a-Moll op. 13 (1827)

Adagio/Allegro vivace – Adagio non lento – Intermezzo. Allegretto con moto/Allegro di molto – Presto/Adagio non lento
Dauer: ca. 27'

Dieses Werk gehört zu den frühesten Beispielen der Musikgeschichte, in denen sich ein Komponist mit den späten StrQu.en Beethovens künstlerisch auseinandersetzt. Das Resultat läßt Parallelen (etwa zu Beethovens op. 132), vor allem aber die große Eigenständigkeit erkennen. Wenige Monate nach dem Tode des Wiener Meisters beendet, hat M. in diesem Werk die Anregung als Herausforderung verstanden und bravourös bewältigt. Die auf Beethoven bezogene Beobachtung ist auch für sein eigenes Schaffen relevant: »Die Beziehung aller 4 oder 3 oder 2 oder 1 Stücken einer Sonate auf die andere und die Theile, so dass man durch das blosse Anfangen durch die ganze Existens so eines Stückes schon das Geheimniss weiss...das muss in die Musik.« M. wählt als zyklisch verklammerndes Motto das Thema seines parallel entstandenen Liebesliedes ›Ist es wahr?‹ (op. 9 Nr. 1). Es erscheint angedeutet im eröffnenden Adagio und wird in erweiterter Form als Ausklang des Werkes wieder aufgegriffen. Dem schwedischen Freunde Lindblad sandte M. das Stück mit den Worten: »Du wirst es im ersten und letzten Stücke mit seinen Noten, in allen vier Stücken mit seiner Empfindung sprechen hören.« Diese Äußerung ist ein wichtiger Schlüssel zum Werk. Die Besonderheit erwächst jedoch nicht nur aus der Tatsache, daß ein Liedthema zur Basis für einen ganzen Instrumentalzyklus wird, sondern auch durch die souveräne Beherrschung satztechnischer Finessen, mit denen dieser Gedanke umgesetzt ist. Denn die Grundlagen der im Brief erwähnten »Empfindung« lassen sich bei genauerer Betrachtung der Intervallstrukturen analytisch verdeutlichen. Sie werden unter anderem dadurch erreicht, daß M. Rhythmik und Melodik jener drei Töne ›Ist es wahr?‹ (das so sehr an Beethovens ›Muß es sein?‹ aus op. 135 erinnert),

identisch oder leicht modifiziert, zum Teil in der Umkehrung in den verschiedenen Themen des Stückes eingebaut, so im **1. Satz**,

im **2. Satz** mit seinem strengen Fugato (das an Beethovens op. 95 anzuknüpfen scheint), im weiteren Verlauf auch in der Umkehrung des Motivs,

zu Beginn des in klarer A-B-A-Form gehaltenen **Intermezzos**,

oder im **Finale**, das mit einem dramatisch anmutenden Rezitativ der 1. V. über tremolierenden Unterstimmen anhebt und im weiteren Verlauf eine Fuge über folgendes Thema entfaltet:

Das Werk ist über diese mikrostrukturellen Zusammenhänge hinaus durch kontrapunktische Dichte, starke dynamische Kontraste und eine Fülle harmonisch interessanter Wendungen charakterisiert.

So wundert es nicht, wenn op. 13 der damaligen Umwelt manchmal zu spröde war. M. jedoch lag es auch später noch sehr am Herzen, wie in einem Brief 1832 an den Vater deutlich wird: »Du scheinst aber Dich etwas über mein a-moll-Quartett zu moquiren, wenn Du von meiner andern Instrumentalmusik sagst, sie koste Kopfzerbrechen, um herauszukriegen, was der Verfasser gedacht habe, der aber nichts gedacht habe. Das Stück müßte ich denn vertheidigen, denn es ist mir auch lieb; aber es kommt nur gar zu viel auf die Ausführung an, und ein einziger dabei, der mit Eifer und Liebe spielt, wie es Taubert gethan haben soll, macht da einen großen Unterschied.«

Streichquartett Es-Dur op. 12 (1829)

Adagio non troppo. Allegro non tardante – Canzonetta. Allegretto – Andante espressivo – Molto Allegro e vivace
Dauer: ca. 25'

Eine thematische Verklammerung der Rahmensätze ist auch in op. 12 nachweisbar. Am auffälligsten jedoch ist der Umstand, daß M. hier zum ersten Male die Mittelsätze vertauscht hat. Dem Eröffnungssatz, wie bei op. 13 mit einer langsamen Einleitung versehen, folgt eine charmante Canzonetta mit dem flirrenden, an das Scherzo des Oktetts erinnernden Mittelteil. Erst dann erscheint der langsame Satz, der jedoch aufgrund seiner knappen Anlage eher als Einleitung oder kurze Überleitung zum sich attacca anschließenden Finale empfunden werden kann.

Streichquartette op. 44 (1837/38)

Zu den gelungensten Beiträgen zur Gattung des StrQu.s zählen die entstehungsgeschichtlich am schwierigsten durchschaubaren Werke op. 44. Ursprünglich war nicht daran gedacht worden, einen solchen Zyklus zu schreiben. Vielmehr stand als Schaffensimpuls die Unzufriedenheit des Komponisten mit dem jeweils Erreichten und der Wille, ein »besseres« Werk zu schreiben. Die Entstehungsgeschichte wird denn auch begleitet von Briefpassagen, die verdeutlichen, daß M. bis in die Korrekturfahnen hinein Veränderungen vornahm. Als die Stücke im Jahre 1839 beim Leipziger Verleger Breitkopf & Härtel unter der Opuszahl 44 als dem Kronprinzen von Schweden gewidmete Trois Grands Quatuors erschienen, befand sich M. auf der Höhe seines Ruhmes. Entstanden waren in den 1830er Jahren vor allem größer besetzte Vokalwerke, wie die Psalmkantaten und das Oratorium *Paulus* (1836), und auf instrumentalem Sektor Orchesterwerke (wie die *Italienische Sinfonie* und das Kl.-Konzert op. 40) sowie etliche Kl.-Stücke, darunter ein Teil jener *Lieder ohne Worte*, die noch heute untrennbar mit dem Namen M. B.s verbunden sind. Gerade der Gestus dieser lyrischen, melodiebetonten Kleinform findet sich denn in seiner kammermusikalischen Umprägung, besonders im 3. Satz von op. 44 Nr. 2, dem zuerst entstandenen Str.Qu., aber auch in op. 44 Nr. 3. Überhaupt ergeben sich einige Parallelen zwischen den innerhalb eines reichlichen Jahres entstandenen Schwesterwerken. Es reicht von formalen Übereinstimmungen, wie dem Verzicht auf die bisher übliche langsame Einleitung in den Kopfsätzen, bis hin zum Grundgestus bestimmter Sätze (z. B. Scherzo) und motivischen Ähnlichkeiten in der Themenbildung. Hervorzuheben wären das eher anachronistisch wirkende Menuett in op. 44 Nr. 1 anstelle eines Scherzos und die kraftvollen Finalsätze. Ihnen allen gemeinsam ist die meisterhafte musikalische Durchgestaltung, die bei allem Bekenntnis zu traditionellen Formen nicht auf Individualität verzichtet, ohne allerdings aus der Konvention durch extravagante Experimente auszubrechen, wie es dem Wesen M.s allgemein nicht entsprach.

Streichquartett e-Moll op. 44, Nr. 2

Allegro assai appassionato – Scherzo. Allegro di molto – Andante – Presto agitato
Dauer: ca. 25'

Über unruhigen, synkopisch versetzten Mittelstimmen und langen Baßnoten als Harmonieträger erhebt sich das 1.Thema.

Regelmäßig wie dieses erscheint auch das 2. Thema, das ähnliche metrische und rhythmische Züge trägt. Das eigentlich Interessante dieses **1. Satzes** ist die Verarbeitung dieser Themen und weiterer Gedanken. M. entwickelt dabei einen eigenen Stil: Der Formplan wird verschleiert und das Komplexhafte des Satzes betont. An der motivisch-thematischen Arbeit sind alle Instrumente unter Ausnutzung ihrer spezifischen Möglichkeiten beteiligt. Gerade in der so organischen Gestaltung des Satzverlaufes mit seinen unterschiedlichen Verdichtungsstufen und den geistvollen Lösungen im Detail erweist sich

M. als blendender Techniker. All diese Elemente, die man gern als ›klassizistisch‹ bezeichnet und zum Teil verurteilt hat, sind nicht nur für diesen Satz und das Finale charakteristisch, sondern finden sich, natürlich jeweils in anderem Gewand, in allen StrQu.en von op. 44.

Die Elfensphäre früherer Werke wird in dem glitzernden **2. Satz** heraufbeschworen, der Elemente der Sonatenform mit denen des Rondos kombiniert.

Plötzlich mischen sich nachdenklichere Töne in die heiteren, bis dahin überwiegend im staccato hingetupften, leicht dahinschwebenden Achtelketten. Wiederum ist es die Va., die – eingebettet von langen Notenwerten der Oberstimmen und dem grundierenden Pizzicato des Vc.s – mit einer kantablen Linie hervortritt

und diese später (ab T. 217) noch einmal aufgreifen wird. Dann aber setzt sich der Bewegungsimpuls endgültig durch und beschließt den Satz ebenso unvermittelt wie er begonnen hatte.

Der **3. Satz** darf nach Anweisung M.s »durchaus nicht schleppend gespielt werden«. Wie bereits angedeutet, handelt es sich bei diesem Satz um eines der tief empfundenen ›Lieder ohne Worte‹. Bemerkenswert sind die oft wechselnde Satzdichte und die einander gegenübergestellten unterschiedlichen metrischen Einheiten. Über einem liegenden Orgelpunkt (Vc.) schichten sich gebrochene Achtelakkorde (Va.), Sechzehntelketten der 2. V., und darüber erhebt sich ab T. 3 die schwelgende Melodie der 1. V.:

Wie bei den besten Kl.-Stücken dieser Art bleibt auch dieses Andante nicht in dem eingeschlagenen Grundmuster, sondern wird durch strukturell anders gelagerte Einschübe durchbrochen. Der **4. Satz**, im Gegensatz zu den beiden anderen Werken im 3/4-Takt stehend, erweist sich als impulsives, thematisch verdichtetes Sonatenrondo, das trotz klanglicher Aufhellung in der Haupttonart e-Moll schließt.

Streichquartett f-Moll op. 80 (1847)

Allegro vivace assai/Presto – Allegro assai – Adagio – Allegro molto
Dauer: ca. 25'

In den eingangs behandelten Zwiespalt, sich für oder gegen den Willen des Komponisten zu entscheiden, gelangt man auch bei Annäherung an das gewichtigste StrQu. innerhalb der Werkgruppe. Es entstand im Todesjahr, größtenteils unmittelbar unter dem Eindruck des plötzlichen Ablebens seiner heißgeliebten Schwester Fanny. M., der zunächst »an Musik überhaupt nicht denken« konnte und »die größte Leere und Wüste im Kopf und im Herzen« fühlte, zog sich im Sommer 1847 in die Schweiz zurück, um in der Natur neue Kraft zu finden. Das f-Moll-StrQu. ist einerseits Ausdruck dieser Befindlichkeit und eröffnet gleichzeitig kompositionstechnische Perspektiven, deren Weiterführung durch M.s Tod verhindert wurde. In kaum einem anderen seiner StrQu.e findet sich eine derart expressive Tonsprache. Mit seiner herben Direktheit, einer orchestral konzipierten Klangfülle, mit dynamischer Spannweite und einer bisweilen beängstigenden Satzdichte sprengt das Werk den kammermusikalischen Rahmen. Auf Thematik und deren Verarbeitung im klassischen Sinne wird weitgehend verzichtet. Bestimmend für den **1. Satz** sind vielmehr auf- und abschwellende Tremoli und nervös vibrierende Sechzehntelketten, die sich zu Klangflächen fügen. Melodiefetzen schälen sich heraus.

Immer wieder tauchen bedrohliche Felder auf. Dann scheint sich ein freundlicher Gedanke durchzusetzen. Aber die Oberfläche trügt, die Idylle wird jäh unterbrochen, die konfliktgeladenen Elemente melden sich mit Macht zu Wort. Von Unruhe getrieben, wird der Satz kurz vor Schluß beschleunigt und mündet in ein trotziges Presto.

Die Bezeichnung ›Scherzo‹ ist kaum angebracht angesichts des drängenden, unruhigen 2. Satzes, der zunächst auf melodische Linien völlig zu verzichten scheint und die rhythmische Komponente in den Vordergrund stellt. In einem kompakten, durch Synkopen und Hemiolen bestimmten Satz, bei dem die Unterstimmen gegenüber der 1. V. verschoben sind, beginnt dieses Allegro assai.

Kontrastierend dazu erscheint im ›Trio-Teil‹ ein bohrendes Ostinato von kreisenden Bässen, das die Ausweglosigkeit bis zur Beklemmung steigert.

Der tragische Grundton des Werkes wird im langsamen 3. Satz fortgeführt – keinem einfachen Liedsatz, sondern einem feinsinnig gesponnenen Variationsgeflecht. Der im Klagegesang der 1. V. enthaltene punktierte Rhythmus verselbständigt sich im weiteren Verlauf, erscheint zunächst in einzelnen Stimmen und ergreift auf dem dramatischen Höhepunkt, die Melodik völlig ausschaltend, den gesamten Apparat. Wie das Adagio steht auch das leidenschaftliche Finale, in dem M. den Bogen zum Kopfsatz schlägt, im 2/4-Takt. Grollende Tremoli und schroffe Wechsel sind wiederum bestimmend; kaum gelingt es melodischen Bögen, sich durchzusetzen. Auch hier wird jene Radikalität deutlich, mit der M. nicht nur Schmerz und Zerrissenheit darstellt, sondern mit der er sich endgültig und in eindringlicher Plastizität von gegebenen Mustern verabschiedet und nach neuen Ansätzen sucht. Keine Spur vom glatten, oberflächlichen Komponisten, wie man ihn oft gerne sehen will, sondern das tiefe ehrliche Bekenntnis eines erschütterten Menschen, der zwei Monate nach Beendigung dieses Werkes selbst nicht mehr unter den Lebenden weilen sollte.

STREICHQUINTETTE
FÜR 2 VIOLINEN, 2 VIOLEN UND VIOLONCELLO

Die beiden Streichquintette haben lange sehr zu Unrecht im Schatten der übrigen Kammermusik gestanden. Dies mag aufgrund ihrer meisterhaften musikalischen Gestaltung und ihrer Stellung im Gesamtwerk M.s befremden, zumal sie gattungsgeschichtlich eine herausragende Stellung zwischen Mozart und Brahms einnehmen.

Streichquintett A-Dur op. 18 (1826/1832)

Allegro con moto – Intermezzo. Andante sostenuto – Scherzo. Allegro di molto – Allegro vivace
Dauer: ca. 30'

In seiner ursprünglichen Form enthielt das A-Dur-Quintett nur schnelle Sätze. Der Verzicht auf einen langsamen Teil resultierte aus einer jugendlich-frischen und schwerelosen Grundhaltung, die ähnlich aus benachbarten Werken spricht. Besonders deutlich wird dies im **Scherzo**, aber auch in den Ecksätzen, die anspruchsvolle thematisch-motivische Durcharbeitung zurückdrängen. Bis zum Druck veränderte M. noch einiges, tauschte die Binnensätze aus, straffte die Rahmensätze und entfernte schließlich das Menuett zugunsten des liedhaften nachkomponierten **Intermezzos**. Denn in Paris, wo er Anfang 1832 weilte, hatte seine Musik in den feinen Salons, etwa des berühmten von Pierre Marie Baillot, Aufsehen erregt. »Vor allen Dingen muß ich jetzt ein Adagio für mein Quintett machen; die Spieler schreien darnach, und ich finde sie haben Recht.« Nahezu gleichzeitig ereilte ihn die Nachricht vom frühen Tode seines Jugendfreundes, des Geigers Eduard Rietz. Das Intermezzo mit seiner eingängigen, regelmäßigen Melodik ist also gleichzeitig ein Art Hommage an den Verstorbenen und eine freundschaftliche Geste an den französischen Geiger Baillot. Umrahmt wird es von einem recht ausgedehnten Kopfsatz im 3/4-Takt, der entfernt an Mozart erinnert, aber auch deutlich die stilistischen Differenzen erkennen läßt, sowie von einem fantasievollen **Scherzo**. Dieser 3. Satz ist insofern eine Besonderheit, da das Thema mit seinen Tonrepetitionen und gleichmäßigen Sechzehntelfiguren den Ausgangspunkt für eine fugierte Anlage bildet. Die traditionelle Form der Fuge als Scherzo umzuprägen, steht in M.s Kammermusik als singulär auftretender Fall. Das fröhlich stimmende **Finale** kombiniert dann Elemente der Sonaten- und Rondoform miteinander. Immer wieder erscheint das eingangs von der 1. V. intonierte Thema, wechselt sich mit anderen Gedanken, melodisch-gesanglichen Linien oder fugierten Abschnitten, ab. Das Geschehen steigert sich zu einem furiosen Ausklang. Noch einmal wird das 2. Thema (eine eingängige Kantilene) und schließlich das Rondothema aufgegriffen, um das Werk wirkungsvoll zu beenden.

Quintett B-Dur op. 87 (1845)

Allegro vivace – Andante scherzando – Adagio e lento – Allegro molto vivace
Dauer: ca. 30'

Während op. 18 dem Wesen nach Kammermusik bleibt, besitzt das 2. Streichquintett eher einen orchestralen Gestus. Schwungvoll beginnt der 1. Satz mit seiner zupackenden Hauptthematik, die über tremolierenden Akkorden vorgestellt wird.

Schon in diesem **Allegro vivace** zeigt sich der veränderte Anspruch. Die Unterstimmen sind am thematischen Geschehen stärker beteiligt. Die Dominanz der Oberstimme – bei op. 18 noch ausgeprägt – weicht einer ausgewogeneren Verteilung auf alle fünf Stimmen. Dem harmonisch unkomplizierten und rasch dahinhuschenden **Andante scherzando** folgt ein ernster langsamer **3. Satz**, der in bemerkenswerter Weise Züge Brahmsscher Kammermusik vorwegzunehmen scheint. Dem thematischen Geschehen wird durch dynamisch differenzierte und rhythmisch äußerst akzentuierte, bisweilen fast dramatisch anmutende Gestaltung zusätzliches Gewicht verliehen. Fortführung findet dieser Musiziergeist in dem **Finalrondo**, das durch prägnante Motivik und individuelle Detaillösungen besticht.

Oktett Es-Dur op. 20 (1825)
für 4 Violinen, 2 Bratschen und 2 Violoncelli

Dauer: ca. 30'
Allegro moderato ma con fuoco – Andante – Scherzo. Allegro leggiero – Presto

Zu den wenigen, von Mit- und Nachwelt kaum bestrittenen Meisterwerken zählt das knapp ein Jahr vor der *Sommernachtstraum*-Ouvertüre entstandene und Eduard Rietz gewidmete Oktett, in dem der sechzehnjährige M. besonders prägnant zu einem eigenen Stil gefunden hat. Im November 1825 berichtet Zelter stolz an Goethe: »Mein Felix fährt fort und ist fleißig. Er hat soeben wieder ein Oktett für acht obligate Instrumente vollendet, das Hand und Fuß hat.«. Zelter konnte nicht ahnen, daß der Weimarer Genius indirekt zu dem Gelingen der Komposition beigetragen hatte. Denn Verse des Walpurgisnachtstraums aus dem *Faust* hatten M. zu dem unvergänglichen Werk angeregt: »Wolkenflug und Nebelflor/Erhellen sich von oben./Luft im Laub und Wind im Rohr/Und alles ist zerstoben.«

Dieser von Leichtigkeit und Charme getragene Geist bestimmt denn auch das außergewöhnliche Stück von den ersten Takten an. Kaum bedarf es der Erklärung. Ein überschwengliches Thema voller melodischer Kraft jubelt in der 1. V. über den wogenden Unterstimmen:

Durch die einzelnen Stimmen wandernd, wird es zunächst von einem ausgedehnten Seitenthema verdrängt, dann mit diesem unter Einbeziehung weiterer Motive thematisch verarbeitet und zu einem glanzvoll dahinströmenden Satz vereint. Ähnliches ließe sich zum **Finale** sagen, das mit einem motorischen Achtelthema in den Bässen fugierend anhebt, und sich insgesamt als kontrapunktisches Meisterstück erweist. Diese Außensätze umrahmen ein filigranes **Andante** im 6/8-Takt sowie das Prunkstück des Werkes, das **Scherzo**. Wie seine Schwester Fanny berichtet, schwebte dem Sechzehnjährigen dabei vor, daß »das ganze Stück ... staccato und pianissimo vorgetragen [wird], die einzelnen Tremulando-Schauer, die leicht aufblitzenden Pralltriller, alles ist neu, fremd und doch so ansprechend, so befreundet, man fühlt sich so nahe der Geisterwelt, so leicht in die Lüfte gehoben, ja man könnte selbst einen Besenstiel zur Hand nehmen, der luftigen Schaar besser zu folgen. Am Schlusse flattert die erste Geige federleicht auf – und Alles ist zerstoben.«

Wen wundert es, daß M. das Stück stets hoch geschätzt hat, das Scherzo für ein Konzert in London instrumentiert und noch 1843 in einer berühmten Aufführung im Gewandhaus zusammen mit Niels W. Gade den Bratschenpart bestritt, während weitere Größen des Leipziger Musiklebens, Konzertmeister Ferdinand David oder Thomaskantor Moritz Hauptmann, mitwirkten. Auch in der Konzertfassung wird die fließende Grenze zwischen Orchester- und Kammermusik deutlich geworden sein, die aus M.s Intentionen resultiert: »Dieses Oktett muss von allen Instrumenten im Style eines sinfonischen Orchesterwerkes gespielt werden. Pianos und Fortes müssen genau eingehalten und schärfer betont werden als gewöhnlich in Werken dieses Charakters.«

DUO-KOMPOSITIONEN

Verglichen mit dem Schaffen Beethovens oder Mozarts ist die Zahl der Werke für Kl. und ein weiteres Instrument im Œuvre von M. verhältnismäßig klein. Veröffentlicht hat der Komponist lediglich 3 Sonaten und 2 kleinere Stücke.

Dennoch liegen rund 20 Stücke bzw. Werke für Kl. und ein weiteres Soloinstrument vor. Etwa die Hälfte entstand bis 1824 in jener Phase, in der M. auf den verschiedensten Ebenen nach unterschiedlichen Gestaltungsformen suchte. Im Werkkorpus finden sich eine Reihe relativ wenig bekannter, teilweise auch marginaler Werke. Hervorhebenswert sind jedoch die Sonate für Klar. bzw. Va. sowie einige Werke für V. und Kl. Sie zählen zu den frühesten kammermusikalischen Stücken überhaupt. Schon in einem Übungsbuch des Zehnjährigen sind Stücke für V. und Kl. überwiegend als Kompositionsaufgaben zu finden und seit 1985 als praktische Ausgaben greifbar. Diese genauso wie die teilweise noch im Ms. befindlichen anderen Stücke aus den Jahren 1819-1822 werden mehr musikologische oder musikpädagogische Relevanz besitzen als für den Konzertsaal geeignet sein. Doch mit Interesse wird der V.-Pädagoge, je nach Ausbildungsstand seines Schülers, die frühen Sonaten für V. und Kl. einbeziehen, sind sie doch bei wachsendem Schwierigkeitsgrad trotz gewisser Unausgeglichenheit dankbare Stücke. Das betrifft sowohl die 1977 zum ersten Male veröffentlichte Sonate F-Dur aus dem Jahre 1820 (Dauer: 12'), die mit einer Satzfolge Allegro – Andante – Presto und dem Themenbau an klassische Vorbilder (besonders an Mozart) anknüpft, als auch die im Juni 1823 vollendete und E. Rietz gewidmete f-Moll-Sonate op. 4 (Dauer: ca. 20'). Noch vor dem Eingangssatz **Allegro moderato** eröffnet eine rezitativische Solokadenz der V. **Adagio ad libit. Recit.** das Werk. Die bisweilen nachdenkliche Stimmung greift M. in dem klangschönen Mittelsatz **Poco adagio** auf. Ausgesprochene Unbeschwertheit spricht dagegen aus dem abschließenden **Allegro agitato**.

Obwohl M. der V. sehr aufgeschlossen gegenüber stand, zeigen sich gerade in der kompositorischen Arbeit von Werken mit diesem Instrument Schwierigkeiten, und es gehört zu den eigenartigsten Tatsachen, daß der Komponist, der in seinen StrQu.en so souverän mit der V. umging, der zwei V.-Konzerte, darunter das berühmte e-Moll-Konzert op. 64 schuf, offenbar besonders hohe Ansprüche an die kompositorische Durcharbeitung stellte. Wie sich der Schaffensprozeß an letztgenanntem Konzert hinzog, so kompliziert gestaltete sich auch die Arbeit an einem Werk, über das M. im Jahre 1838 an F. David schreibt: »Ich habe die Violinsonate jetzt fertig, und denke wir werden sie manchmal zusammen spielen den Winter.« Bei diesem Durchspielen wird sich gezeigt haben, daß etliche Passagen noch nicht ausgereift waren, so daß weitere Umarbeitungen notwendig wurden. Die Veränderungen waren dabei so komplex, daß sie vom Komponisten schließlich nicht zu Ende geführt wurden. Es existiert keine abgeschlossene Version, deshalb stellt das Werk editorisch ein großes Problem dar. Zwar hat Yehudi Menuhin 1953 eine Ausgabe dieser interessanten Sonate vorgelegt, doch darf nicht verschwiegen werden, daß sie insofern eine Kompromißlösung darstellt, als der Herausgeber zwei Fassungen des Werkes unter Einbeziehung gestrichener Passagen zu einer Einheit verschmolzen hat, die vom Komponisten in dieser Weise auf keinen Fall gedacht war. Abgesehen von dieser auch musikalisch durch verschiedene Brüche nachvollziehbaren Einschränkung handelt es sich bei der f-Moll-V.-Sonate um ein nicht nur reizvolles, sondern auch anspruchsvolles Werk (Dauer: ca. 20'). Der schwungvoll beginnende **1. Satz** (Allegro vivace), das dynamisch stark differenzierte **Adagio** mit seiner liedhaften Variationstechnik und das **Assai vivace** mit seinem Rondocharakter (4 Refrains, 3 Couplets) erweisen sich als fantasievolle V.-Stücke von unmittelbarer Wirkung.

Wie bei den Chören M.s oft die Stimmigkeit des Vokalsatzes gepriesen wird, so ist auch im kammermusikalischen Werk ein besonders enges Verhältnis des Komponisten zu den Instrumenten Grundlage für das Schaffen. M. kannte sehr bald und genau die spezifischen Ausdrucksformen nicht nur des Kl.s, sondern auch der Streichinstrumente. Durch eigenes Musizieren, vor allem aber durch den engen Kontakt zu seinen geigenden Freunden E. Rietz und F. David, erhielt er Zugang zur V., aber auch die Bratsche war ihm von Jugend an aufs engste vertraut. Noch 1838 konnte er anbieten: »Findet sich kein Bratschist so will ich auch gern den Violennothnagel machen.« Die erst seit den 1960er Jahren bekannte, knapp halbstündige Sonate c-Moll für Va. und Kl. schrieb der Fünfzehnjährige zeitlich parallel zum Kl.-Quartett op. 2. Hervorzuheben ist vor allem das in Form eines Variationssatzes (**Andante con variazioni**) angelegte umfangreiche Finale, das fast die Hälfte des Werkes füllt, sowie das **Menuetto** (Allegro molto), das im Trio eine choralhafte Melodie durchscheinen läßt.

WERKE FÜR VIOLONCELLO UND KLAVIER

Für Vc. und Kl. sind eine Handvoll Werke bekannt. Etwas abseits stehen zwei für Julius Rietz sowie die bekannte Vc.-Virtuosin Lise Cristiani geschriebene Kompositionen, gefällige, das gesangliche Element unterstreichende Stücke. Seinem Bruder Paul widmete M. 1829 die *Variations concertantes* op. 17 (Dauer: 10'). Zugrunde liegt ein in gleichmäßige Achttaktperioden untergliedertes liedhaftes Thema (Andante con moto) im 2/4-Takt, das in acht Variationen überwiegend figurativ umsponnen wird. Daß M. seinen Sonaten für Vc. und Kl. (B-Dur op. 45, D-Dur op. 58) einen gewissen Stellenwert zusprach, mag sich schon an der Tatsache ablesen lassen, daß er sie beide veröffentlichen ließ. Interessanterweise hat Ferdinand David zu beiden Stücken Bearbeitungen für V. angefertigt, die auch M. guthieß.

STÜCKE FÜR BLÄSER UND KLAVIER

Angesichts der differenzierten und gelegentlich exponierten Verwendung von Blasinstrumenten in M.s Orchesterwerken mag es überraschen, daß im kammermusikalischen Schaffen Werke mit Blasinstrumenten ausgesprochen abseits stehen. Die Sonate Es-Dur für Kla. und Kl. (Dauer: ca. 20') entstand im April 1824 (oder 1823) und scheint aus der in jener Zeit allgemeinen Begeisterung für das Instrument zu resultieren. Ein Adagio bildet die Introduktion zu einem Allegro moderato von Mozartschem Gepräge. Kl. und Klar. greifen thematisch ineinander, treten wechselnd in den Vordergrund oder dezent zurück. Das Andante, solistisch von der Klar. eingeleitet, läßt besonders die klangfarblichen Schattierungen des Blasinstrumentes zur Geltung kommen. Dem gegenüber erweist sich das knappe Allegro moderato als fröhlicher Kehraus. Die in diesem Werk eher versteckte virtuose Komponente tritt in den beiden 1832/33 komponierten Konzertstücken für Klar. und BassettHr. op. 113 und 114 offen zutage (Dauer: je ca. 9'). Die anspruchsvollen Soloparts sind von der technischen Vollkommenheit der Widmungsträger bestimmt, den mit Mendelssohn eng befreundeten Klarinettisten Heinrich und Carl Bärmann. Ihnen hatte M. die Autographen mit humoristischen Widmungen als Dank für herzliche Beköstigung übergeben. Es sind Virtuosenstücke im besten Sinne, deren Grenzstellung als Kammermusik durch den Umstand unterstrichen wird, daß M. wenig später den Kl.-Part instrumentiert hat und die Stücke somit auch den konzertanten Werken zugeordnet werden können.

KLAVIERTRIOS

Auch die beiden veröffentlichten Kl.-Trios wurden zu M.s Lebzeiten hochgeschätzt. Ein früher Versuch, das Trio für V., Va. und Kl., blieb dagegen bis 1970 Manuskript.

Trio d-Moll op. 49 (1839)
für Klavier, Violine und Violoncello

Molto Allegro agitato – Andante con moto tranquillo – Scherzo. Leggiero e vivace – Finale. Allegro assai appassionato
Dauer: ca. 30'

Kein geringerer als Robert Schumann bezeichnete das d-Moll-Werk als »das Meistertrio der Gegenwart ... eine gar schöne Komposition, die nach Jahren noch Enkel und Urenkel erfreuen wird.« Diese Prophezeiung hat sich bewahrheitet, denn auch heute wird es zu den wertvollsten Stücken des reifen Meisters gezählt. Mit einem edlen, vom Vc. intonierten, sodann von der V. weitergeführten Thema beginnt das Stück.

Für den Satzverlauf bestimmend ist außerdem ein zweiter, ebenfalls vom Vc. vorgestellter Gedanke.

Beide Themen werden kunstvoll verarbeitet und in die verschiedensten Zusammenhänge gestellt, so daß sich der Satz sehr abwechslungsreich gestaltet. Während der 2. Satz an den durch M.s Kl.-Musik so populär gewordenen Typ der ›Lieder ohne Worte‹ erinnert, greift das sprühende Scherzo den bewährten Gestus der mit Leichtigkeit dahinhuschenden ›Elfenmusiken‹ auf. Mit einem packenden, gegen Ende wild dahinstürmenden und sich nach D-Dur aufklarenden Sonatenrondo schließt das Trio.

Trio c-Moll op. 66 (1845)
für Klavier, Violine und Violoncello

Allegro energico e con fuoco – Andante espressivo – Scherzo. Molto Allegro quasi Presto – Allegro appassionato
Dauer: ca. 30'

Das Faszinierende an M.s Kompositionen ist der Umstand, daß die im Autograph nachvollziehbaren Schwierigkeiten im Arbeitsprozeß bei einem wirklich abgeschlossenen Werk nicht mehr zu hören sind. Dies wird nicht nur bei den StrQu.en op. 44, sondern auch im Trio op. 49 und in seinem Schwesterwerk op. 66 deutlich, dessen komplizierter Entstehungsprozeß sich vor allem auf die Ausarbeitung des Kl.-Parts bezog. Das am 20. Dezember 1845 im Gewandhaus uraufgeführte Trio op. 66 gehört zu den anspruchsvollen Spätwerken und ist Louis Spohr gewidmet. Zu Unrecht hat es oft im Schatten von op. 49 gestanden. Aufgrund seiner Komplexität entzieht sich das c-Moll-Werk der Möglichkeit kürzerer Beschreibung. Offenkundig ist das Bemühen, neue Wege auszuprobieren. Rastlos drängt die Bewegung im **1. Satz** voran. Was zunächst wie eine Figuration oder Begleitung anmutet, ist bereits das 1. Thema:

Aus dieser Themenanlage erwächst die Möglichkeit, motivgetränkte Klangfelder zu entwickeln. Nicht mehr eine strenge Trennung zwischen Thema und Begleitung oder die Dominanz eines Instrumentes ist das Ziel, sondern ein ineinander verwobenes Geflecht gleichberechtigter Stimmen, die wechselnd thematische Elemente aufgreifen. Einbezogen in dieses Geflecht werden weitere Themen. Der Satz kulminiert schließlich in ungestümen Oktavengängen und kraftvollem Akkordspiel des Kl.s. Ein intimes Bild entwirft M. mit weitgespannten Kantilenen im ruhig dahinfließenden **2. Satz** (9/8-Takt). Entsprechend knapper gehalten ist das rasch dahinfliegende **Scherzo**. Was hier in kleingliedriger Motorik vom Pianisten verlangt wird, erfährt eine nochmalige Steigerung in dem wahrhaft grandiosen **4. Satz**. Wie im Kopfsatz werden mehrere Themen, darunter diesmal ein choralhaftes 3. Thema, aufgestellt. Nach dieser einstweiligen Beruhigung entfaltet sich erneut die Bewegung, führt M. die drei Instrumente in gleichberechtigtem Miteinander zu einer leidenschaftlichen Apotheose.

KLAVIERQUARTETTE UND KLAVIERSEXTETT

Die drei Kl.-Quartette, mit denen der Knabe M. zum ersten Male in Form von Druckausgaben an die Öffentlichkeit trat und die in der Presse einhelliges Lob ernteten – zu ihnen gesellt sich noch ein 1820/21 entstandenes d-Moll-Quartett –, gehören zu jenen Ensemblewerken mit Kl., die seine erste Entwicklungsphase entscheidend mitgeprägt haben. Sie wurden primär durch M.s eigene pianistische Fähigkeiten und den Erfahrungsschatz bestimmt, den er bis dahin gesammelt hatte. Daher finden sich überall scheinbar bekannte Anklänge und Formmuster aus der Klassik bzw. die Verarbeitung aktueller, auf den Knaben einstürmender Eindrücke der zeitgenössischen Kl.-Musik, die er dank der aufgeschlossenen Atmosphäre im Elternhaus hautnah erleben und studieren konnte. Sonatensatzelemente in den Kopfsätzen, einfache Melodik in den langsamen Sätzen (überwiegend Adagio), vor allem aber die Themenbildung und Durchführung erinnern stark an diejenige der Wiener Klassik. Die Hauptthemen werden in den durchweg als modifizierte Sonatensätze (zum Teil durch Rondoeinflüsse erweitert) angelegten Schlußsätzen in den Seitenthemen modifiziert und weitergeführt. Der zum Teil recht anspruchsvolle Kl.-Part ist geprägt durch virtuoses Passagenwerk, tritt aber auch begleitend zurück. Das reifste dieser Werke ist das Kl.-Quartett h-Moll op. 3 (Allegro molto – Andante – Allegro molto – Finale. Allegro vivace). Es fällt mit einer Entstehungszeit von Oktober 1824 bis Januar 1825 in die Phase der beginnenden Meisterschaft. M. hat das Werk »Sr. Exzellenz dem Herrn Staatsminister, Geheimrat von Goethe ehrfurchtsvoll gewidmet« und auf seine große Reise nach Italien und Frankreich mitgenommen, wo es auch aufgeführt wurde.

Die für die Kl.-Quartette genannten Charakteristika treffen auch auf ein Werk zu, das nicht nur wegen seiner für M.s Kammermusikschaffen singulär dastehenden Besetzung (mit 2 Va. und Kb.) Aufmerksamkeit erheischt. In einer Phase, in der M. auf der ganzen Linie nach unterschiedlichsten Gestaltungsformen suchte und sich nach und nach die musikalische Formenwelt eroberte (es finden sich fast parallel zueinander achtstimmige Chorwerke, Singspiele, Sololieder, Sinfonien und an J. S. Bach gemahnende Fugen), entstand das Kl.-Sextett D-Dur op. 110 (Dauer: ca. 25'). Dem ausgedehnten 1. Satz (**Allegro vivace**) steht ein Fis-Dur-**Adagio** gegenüber, das wie aus einer anderen Welt mit hauchzarten Klängen beginnt. Dezent begleiten die Streicher (con sordino) das Kl., das im Mittelteil fast alleiniger Träger des Geschehens ist. Diese Dominanz des Tasteninstrumentes, die sich im Kopfsatz angekündigt hatte, bestimmt überhaupt weite Teile des Werkes, so auch das **Menuetto. Agitato**, das eine knappe Brücke zum letzten Satz schlägt. Musikantische Spielfreude lodert schließlich aus dem **Allegro vivace** auf, in dem sich noch einmal alle Interpreten zu einem brillanten Finale vereinen.

Ralf Wehner

Olivier Messiaen

geb. 10. 12. 1908 Avignon, gest. 27. 4. 1992 Paris. Sohn eines namhaften Shakespeare-Übersetzers und der dem Symbolismus nahestehenden Dichterin Cécile Sauvage, die seine literarisch und katholisch geprägte Erziehung bestimmt. 1914–1918 Jugend in Grenoble nahe der Dauphiné-Berge, dem Entstehungsort zahlreicher späterer Werke. 1919–1930 Übersiedlung nach Paris, Studium am Conservatoire (Paul Dukas, Komposition; Marcel Dupré, Org., Improvisation; Maurice Emmanuel, griech. Metrik). 1931–1986 Organist an Sainte-Trinité in Paris, wo er bis ins hohe Alter regelmäßig zum Gottesdienst spielt. 1936 Gründung der Gruppe ›Jeune France‹ mit André Jolivet, Yves Baudrier und Daniel Lesur. 1936–1939 Lehrer an der École Normale und der Schola Cantorum. 1939–1941 Kriegsdienst und einjährige Gefangenschaft in Görlitz (Schlesien). 1941 Harmonielehreklasse am Conservatoire. 1944 Publikation der *Technique de mon langage musical.* 1947 Analyseklasse am Conservatoire mit intern. Schülerkreis (Pierre Boulez, Karlheinz Stockhausen, Iannis Xenakis u.a.). 1949–1951 bei den Internationalen Ferienkursen für Neue Musik in Darmstadt. 1966–1978 Kompositionsklasse am Conservatoire. 28. 11. 1983 UA der Oper *Saint François d'Assise* an der Pariser Opéra.

WERKE F. 1 INSTR.: Deux Monodies en quarts de ton f. Ondes Martenot (1938); Musique de scène pour un Œdipe f. Ondes Martenot (1942); *Le Tombeau de Jean-Pierre Guézec* f. Hr. (1971) – WERKE F. 2 INSTR.: Thème et Variations f. V., Kl. (1932); Fantaisie f. V., Kl. (1933); *Le Merle noir* f. Fl., Kl. (1951) – WERKE F. 4 INSTR.: *Quatuor pour la fin du temps* f. V., Klar., Vc., Kl. (1940/41) – WERK F. 5 INSTR.: Pièce f. Kl., StrQu. (1991) – WERK F. 6 INSTR.: *Fête des belles Eaux* f. 6 Ondes Martenot (1937).

Verlag: Durand, Leduc (beide Paris).

Schon der schmale Umfang von M.s Kammermusik macht deutlich, daß der instrumentale Bereich zwischen der umfangreichen Solomusik für Kl. bzw. Org. und dem Œuvre für Orchester weder dem Personalstil des Komponisten noch der Gattung selbst entscheidende Impulse gab. Besetzung und Entstehung weisen alle Stücke als Gelegenheitswerke aus. Die beiden Werke für V. und Kl. – Thème et Variations und die unveröffentlichte Fantaisie – entstanden kurz nach M.s Heirat mit der Geigerin und Komponistin Claire Delbos (1932). Die Stücke für Ondes Martenot huldigen der französischen Begeisterung für die ätherische Süße dieses 1928 entwickelten elektrischen Instruments, dem M. in seiner *Turangalîla-Sinfonie* (1946/1948) eine prominente Rolle gab. Sein kammermusikalisches Hauptwerk, das *Quatuor pour la fin du temps*, wurde für die zufällig anwesenden Musiker in einem deutschen Kriegsgefangenenlager geschrieben; das Fl.-Stück *Le Merle noir* entstand für die Wettbewerbe am Pariser Conservatoire und die kurze Pièce für Kl. und StrQu. zum 90. Geburtstag von Alfred Schlee, dem legendären Direktor der Wiener Universal Edition.

Daß M. die Kammermusik als ›quantité négligeable‹ betrachtete, erinnert nicht ganz zufällig an die Kammermusik-Abstinenz der Programmusiker im 19. Jahrhundert. Wie einst Hector Berlioz, Franz Liszt oder Richard Strauss zeigt auch M. am tönenden Diskurs im historisch vorbelasteten Medium eines StrQu.s oder Kl.-Trios weniger Interesse als an der Vermittlung programmatischer Dimensionen, wozu ihm die Kammermusik weder die Unabhängigkeit von der Tradition noch den suggestiven Klangapparat liefern konnte. Gleichwohl spiegeln die Werke seit dem *Quatuor* getreu die Maximen von M.s Ästhetik wider. Religiös inspirierte Titel und Satzüberschriften, wie sie sich im *Quatuor* finden, weisen auf die Versenkung in die katholischen Glaubensmysterien hin, deren bekennerische Inbrunst M. freilich immer wieder durch rationale Verfahren auffängt. So erscheint sein Werk als buntscheckige, im 20. Jahrhundert einzigartige Akkumulation verschiedener Material- und Traditionsschichten, zu denen eigens entwickelte Modi von begrenzter Umkehrbarkeit, eine von indischer und griechischer Metrik beeinflußte Rhythmuspalette, die biegsamen Melismen des gregorianischen Chorals und vor allem der tausendstimmige Gesang der Vögel aus aller Welt gehören, den M. seit den 50er Jahren akribisch transkribierte und künstlerisch umformte. Selbst Nebenwerke wie *Le Merle noir*, das erstmals vollständig einem Vogel (der Amsel) gewidmet ist, und die Pièce von 1991, in dem der Gesang der von M. besonders geliebten Gartengrasmücke eine zentrale Rolle spielt, wirken somit wie Monaden eines geschlossenen musikalischen Kosmos', der sich selbst wiederum als Abbild einer höheren Ordnung versteht.

Thème et Variations (1932)
für Violine und Klavier

Thema (Modéré) und 5 Variationen: Modéré – Un peu moins modéré – Modéré, avec éclat – Vif et passionné – Très modéré
Dauer: 8'
Verlag: Leduc Paris

Das Werk entstand für M.s erste Ehefrau Claire Delbos, die das Stück 1932 mit dem Komponisten am Kl. uraufführte und deren Kosename ›Mi‹ in der verschlüsselten Widmung als französischer Tonbuchstabe (mi = e) erscheint. Anders als bei den gleichzeitig entstandenen Org.- und Orchesterstücken verzichtet M. auf einen programmatischen Titel und schreibt zum ersten und letzten Mal einen ›klassischen‹ Zyklus von Variationen über ein dreiteiliges Thema. Der Einwand von Robert S. Johnson (Messiaen, London 1975, S. 29f.), M.s statische Harmonik widerspreche dem Prinzip wiedererkennbarer Harmonie-Fortschreitungen als Basis für melodische Veränderungen, verkennt die Vielfalt traditioneller Variationsverfahren. Denn ähnlich wie in manchen Kl.-Werken von Franz Liszt erscheint bei M. das Thema als Gegenstand virtuoser Verwandlungen, deren ekstatisch gesteigerte Brillanz (vor allem im Kl.-Satz) in der strahlenden Schlußapotheose des Themas (Variation 5) gipfelt.

Quatuor pour la fin du temps (1940/41)
für Violine, Klarinette, Violoncello und Klavier

Liturgie de cristal – Vocalise, pour l'Ange qui annonce la fin du temps – Abîme des oiseaux – Intermède – Louange à l'Éternité de Jésus – Danse de la fureur, pour les sept trompettes – Fouillis d'arcs-en-ciel, pour l'Ange qui annonce la fin du temps – Louange à l'Immortalité de Jésus
Dauer: 50'
Verlag: Durand Paris

»Und der Engel, den ich auf dem Meer und auf dem Land stehen sah, erhob seine rechte Hand zum Himmel. Er schwor bei dem, der in alle Ewigkeit lebt: Es wird keine Zeit mehr bleiben.« Nach M.s eigener Angabe im Vorwort der Partitur wurden Titel und Inhalt des *Quartetts auf das Ende der Zeit* durch diese Passage aus dem 10. Kapitel der Johannes-Offenbarung, aber auch durch die dramatischen Entstehungsumstände angeregt. Nach der deutschen Besetzung Frankreichs im Mai 1940 wurde der Sanitäter M. ins ›Stalag VIII A‹ bei Görlitz deportiert, wo er bis zum Waffenstillstand eine einjährige harte Gefangenschaft erleiden mußte. Dennoch bekam er Notenpapier und Gelegenheit, für drei Mitgefangene und sich selbst sein Quartett zu schreiben und am 15. Januar 1941 vor 5000 Häftlingen uraufzuführen.

Wie in den voraufgegangenen Org.-Zyklen *L'Ascension* (1934), *La Nativité du Seigneur* (1935) und *Les Corps glorieux* (1939), die M. als »méditations« bzw. »visions« bezeichnet, erscheint das Quartett als mehrsätzige Suite, die keiner klassischen Dramaturgie, sondern den programmatischen Meditationen über die göttliche Schöpfung, die Apokalypse und den Gottessohn folgt. Im Vorwort nennt M. die Vogelstimmen, Farb-Klang-Eindrücke und bildhaften Quellen, aber auch die technischen Elemente des Quartetts: »Seine musikalische Sprache ist ihrem Wesen nach immateriell, geistig, katholisch. Die Modi, die melodisch und harmonisch eine Art tonale Allgegenwart erzeugen, führen den Hörer zur Ewigkeit im Raum oder im Unendlichen. Besondere Rhythmen jenseits aller Metren tragen entscheidend dazu bei, das Zeitempfinden zu dehnen.« In der angefügten »Kurzen Theorie meiner rhythmischen Sprache« erläutert M. den hinzugefügten Wert (valeur ajoutée), vergrößerte und verkleinerte Rhythmen, unumkehrbare Rhythmen und das ametrische rhythmische Ostinato (pédale rhythmique) als Phänomene einer Musiksprache, die »den Rhythmus von der Vorherrschaft der Tonhöhe [befreit], unter der ihn auch die Schönberg-Schule noch gelassen hat« (Aloyse Michaely).

Durch wechselnde Besetzung und wechselnde Form, die vom improvisatorisch entfalteten Solo (Nr. 3) über die ekstatisch-langsame Kantilene (Nr. 5 und 8) bis zu Refrainstrukturen von unterschiedlicher Komplexität reichen, bekräftigt M. mit dem Quartett seinen Gegenentwurf zur ziel- und zeitgerichteten abendländischen Musik durch »eine statische, nicht lineare, sondern umkehrbare, auf Reihung, Wiederholung und Symmetrie beruhende Zeit- und Formkonzeption, in deren Dienst die eigenwillige, jede Entwicklung und jedes Vorwärtsdrängen negierende Harmonik und Rhythmik stehen.« (A. Michaely).

Michael Struck-Schloen

Krzysztof Meyer

geb. 11. 8. 1943 Krakau. Seit 1954 Theorie- und Kompositionsunterricht bei Stanisław Wiechowicz, 1962–1965/66 Studium an der Krakauer Musikhochschule (Komposition bei Krzysztof Penderecki, Theorie bei Aleksander Frączkiewicz). Studienaufenthalte bei Nadia Boulanger in Fontainebleau und Paris 1964, 1966 und 1968. Als Pianist wirkte M. 1965–1967 im international tätigen Krakauer Ensemble zeitgenössischer Musik ›MW2‹ mit und interpretiert seither verstärkt (nicht ausschließlich) eigene Kompositionen. 1966–1987 Lehrtätigkeit an der Krakauer Musikhochschule, 1972–1975 Prorektor, 1975–1987 Dekan der Fakultät Musiktheorie. Vorsitzender des Polnischen Komponistenverbandes ZKP 1985–1989. Seit 1987 Leitung einer Kompositionsklasse der Kölner Musikhochschule. Neben dem kompositorischen Schaffen pädagogische, organisatorische und musikpublizistische Arbeit. Autor der ersten polnischen Monographie zu Dmitri Schostakowitsch (Krakau 1973, Leipzig 1980); eine stark erweiterte Neubearbeitung erschien 1994 auf Französisch und 1995 auf Deutsch. Zahlreiche nationale und internationale Preise.

Werke f. 1 Instr.: Sonate f. Vc. op.1 (1959–1961); Sonate f. V. op. 36 (1975); *Moment musical* f. Vc. o. O. (1976, Peters); Sonate f. Fl. op. 52 (1980); 6 Präludien f. V. o. O. (1981) – Werke f. 2 Instr.: *Canzona* f. Vc., Kl. op. 56 (1981); *Pezzo capriccioso* f. Ob., Kl. op. 60 (1982); Son. f. Vc., Kl. op. 62 (1983, Sikorski); *Misterioso* f. V., Kl. op. 83 (1994, Sikorski) – Werke f. 3 Instr.: *Hommage à Nadia Boulanger* f. Fl., Va., Hf. op. 17 (1967–1971, AA); Kl.-Trio op. 50 (1980); *Wittener Kammermusik* f. Fl., Ob., Klar. (1988, Ms.); Streichtrio op. 81 (1993, Ms.) – Werke f. 4 Instr.: (10) StrQu. (op. 8, 1963; op. 23, 1969; op. 27, 1971; op. 33, 1974; op. 42, 1977; op. 51, 1981; op. 65, 1985; op. 67, 1985; op. 74, 1990, Ms.; op. 82, 1993/94, Ms.); *Quattro colori* f. Klar., Pos., Vc., Kl. op. 24 (1970, AA); *Concerto retro* f. Fl., V., Vc., Cemb. op. 39 (1976, AA); Quartett f. 4 Sax. op. 65a (1986, Arrangement v. StrQu. Nr. 7, Edition Contemp-Art) – Werke f. 5 Instr.: *Introspection* f. 5 Vc. op. 2 (1960, Ms.); *Musik* f. 3 Vc., Pk., Kl. op. 4 (1962, AA); *Interludio statico* f. Kl., 4 Vc. op. 11 (1963/64, AA); Klar.-Quintett op. 66 (1986, Ms.); Kl.-Quintett op.76 (1990/91, Sonoton) – Werke f. 6 Instr.: *Capriccio per sei strumenti* op. 69 (1987/88, AA) – Werke f. Kammerensemble: *Interludio drammatico* f. Ob. u. Kammerensemble (Pos., Kl., Va., Vc., Kb., 2 Schlagzeuger) op. 48 (1980, Peters/ Leipzig); *Fanfare* f. 8 Pos. (1989, Ms.) – Kammermusik mit Stimme: *Pieśni rezygnacji i zaprzeczenia* (Lieder von Resignation und Verneinung) f. S., V., Kl. (Text von Jadwiga Szczeblowska) op. 9 (1963); *Quartettino* f. S., Fl., Vc. (Text von Julian Tuwim) op. 16 (1966); *Pięć utworów kameralnych* (5 Stücke Kammermusik) f. S., Klar., Va. (ohne Text) op. 18 (1967) – Werke f. Instr. u. Tonband: Drei Stücke f. Schlzg. u. Tonband op. 40 (1976, Peters).

Verlag: Alle Werke, soweit nicht anders angegeben, sind bei PWM Polskie Wydawnictwo Muzyczne verlegt. Mit ›AA‹ gekennzeichnete Werke erschienen bei der Warschauer Agencja Autorska. Die als Ms. gekennzeichneten Werke sind als Leihmaterial über Sonoton, Edition ProNova zu beziehen.

M. gehört zu den wenigen Komponisten seiner Generation, die sich zu einer starken Verwurzelung in der Tradition bekennen. Seine Sinfonien, Sonaten, StrQu.e verstehen sich jedoch keineswegs als Fortsetzung einer Tradition von Themendualismus, harmonischer Fundierung und motivischer Arbeit. Es sind nicht primär die genutzten Klangmittel, die den Traditionsbezug herstellen, sondern es ist die grundsätzliche Einstellung gegenüber der entstehenden Musik, ihrer Formgestalt in der Zeit, ihrer Beziehung zu Interpreten und Publikum. Im Vordergrund steht bei M.s Musik nicht das (von der Avantgarde oftmals mit einem gewissen selbstherrlichen Anspruch vorgetragene) ›Sich-Mitteilen-Wollen‹, sondern die Orientierung des Mitteilungswillens am anderen. M.s Schaffen rechnet mit der Perzeption des Hörers, mit der Ausführung durch einen Instrumentalisten und den Klangmöglichkeiten der Instrumente. Instrumentengerechte Schreibweise, sachlich-funktionale Notation und die Ausrichtung an einer »musikalischen Fabel«, die »Anfang, Entwicklung, Höhepunkt und Entspannung, Augenblicke stärkeren oder geringeren Gewichts, einen Abschluß, Momente der Erwartung« (K.M.) usf. hat, gehören zu den

Grundlagen von M.s an den Meistern der Kammermusik aus Klassik, Romantik und Moderne (Béla Bartók, Igor Strawinsky) geschulten Musik.

Geistig verwandt wirkt er im 20. Jahrhundert vor allem mit den Komponisten der älteren Generation, Dmitri Schostakowitsch und Witold Lutosławski, dessen Formdenken mit seiner bewußten Unterscheidung von Momenten unterschiedlichen Gewichts, unterschiedlicher Substanzdichte, seine Entsprechung in M.s Formdenken hat. Mit Schostakowitsch verbindet ihn ein bestimmter Typ von Expression und eine gewisse Monumentalität der Form, die auch bei M.s kammermusikalischen Werken selten weniger als eine halbe Stunde mit zahlreichen kleineren und größeren, oftmals geradezu sinfonisch empfundenen Spannungsbögen ausfällt.

Kammermusik nimmt in M.s Œuvre quantitativ wie qualitativ eine zentrale Stellung ein, wobei die zehn StrQu.e, das Kl.-Trio (1980), Klar.- (1986) und Kl.-Quintett (1991) von besonderer Bedeutung sind. Am Beispiel der StrQu.e läßt sich M.s Entwicklung als Komponist nachzeichnen, und anhand der StrQu.e lassen sich über drei Jahrzehnte hindurch gleichermaßen die Momente von Entwicklung und Veränderung wie die Konstanten in seinem Schaffen, seiner Ästhetik und Kompositionstechnik illustrieren.

Das Veränderliche ist am offensichtlichsten in der Wahl der eingesetzten Mittel. Bei aller tief empfundenen Verwurzelung in der Tradition ist M. dennoch kein Komponist, der Klangmitteln der musikalischen Avantgarde ausgewichen wäre. In den 60er bis Anfang der 70er Jahre zeugen die Werke seiner Jugend von einer intensiven persönlichen Auseinandersetzung mit der stürmischen musikgeschichtlichen Entwicklung, mit punktueller Faktur der Webern-Nachfolge, mit Aleatorik und Collage-Techniken (Höhepunkt in der Oper *Cyberiade* von 1967–1970). Die erste Kl.-Sonate (1962) des 18jährigen integriert die Zwölfton-Reihentechnik in ein von Bartók beeinflußtes Klangbild polyphon geprägter rhythmischer Vitalität, und 2. wie 3. Kl.-Sonate stützten sich auf ein primär klangfarblich geprägtes Wechselspiel vibrierender Klangflächen mit melodischen Linien (2. Sonate, 1963) oder repetitiven Strukturen (3. Sonate, 1966).

Die ersten drei StrQu.e, sukzessiv den Leitfiguren Krzysztof Penderecki, W. Lutosławski und D. Schostakowitsch gewidmet, setzen sich mit ›sonoristischen‹ Klangfeldern (vor allem das 1. StrQu., 1963), mit Reihentechniken (2. StrQu., 1969) und quasi-heterophoner Bündelung von Stimmen (3. StrQu., 1971) auseinander.

3. StrQu., T. 3–4

Die in der als ›sonoristisch‹ apostrophierten polnischen Musik jener Zeit (Pendereckis *Fluorescences*, 1962; Henryk M. Góreckis *Genesis II* und *Genesis III*, 1962 und 1963) so erfolgreich eingesetzten Klangwirkungen neuartiger Tonerzeugung und Artikulation, die M. auch in seinem 1962 begonnenen Fl.-Konzert und in der 1. Sinfonie nutzte, fügen sich im **1. StrQu.** op. 8 (1963) in eine vorab bestimmte dreisätzige Anlage (›Tesi‹, ›Antitesi‹, ›Sintesi‹). In einem den ganzen 1. Satz umspannenden (bis zum ffff führenden an- und zum Schluß wieder abschwellenden) dynamischen Bogen wogen in unterschiedlichen Artikulationsarten (sul tasto, legno battuto etc.) Glissandi, Tonwiederholungen und Tremoli, wobei immer wieder Einzelklänge herausragen. Die Antithese des 2. Satzes bildet eine (auch dynamisch) zerklüftete Faktur aus Einzelimpulsen und gehaltenen Tönen, bevor der letzte und besonders ausgedehnte Satz beide Satzcharaktere vereint.

Momente einer Bogenform zeigt auch das **2. StrQu.** op. 23 (1969), das mit markanter Exponierung eines Zentraltones ›c‹ beginnt und schließt. Zum ›koloristischen‹ Interesse am Streicherklang tritt eine polyphon-lineare Reihenbehandlung, und wie im 1. StrQu. überwiegt (abgesehen von den einen Wechsel der Faktur ankündigenden, rhythmisch prägnant wiederholten Zentraltönen) ein metrisch diffuses, flächiges Klangbild.

Im **3. StrQu.** op. 27 (1971) schließen sich die linear behandelten Reihenformen zu quasi heterophonen, sich einander annähernden oder aufspaltenden Bündeln von Stimmen zusammen. Das Notenbeispiel zeigt die Kopplung von zwei linearen Reihen- und zwei Krebsformen zu einem Klangband, aus dem sich der Ton ›f‹ deutlich abhebt. Er bleibt in den sukzessiven Klangbändern mit ihren mikrotonalen Abweichungen sowie in den formgliedernden Pizzicato-Impulsen vorherrschend, bis er (zunächst noch alternierend) vom Ton ›g‹ abgelöst wird und sich schließlich am morendo verklingenden Satzende mit ihm trifft. Eine völlig andere Klangwelt tut sich im von vielen Einzelereignissen charakterisierten Mittelsatz auf: weiträumige Glissandi, rhythmisch komplexe Pizzicati und rascher Wechsel zwischen verschiedenen Artikulationsarten summieren sich zu einem quasi ›ätherischen‹, immateriell scheinenden Klangbild. Der Finalsatz, der in seinen Klangbändern klar auf den 1. Satz zurückverweist und zu Beginn ganz entschieden den Zentralton ›f‹ (bzw. die Terz f-a) im fff bestätigt, verliert doch im Verlauf seine scheinbar so unverbrüchliche Gewißheit.

Das **4. StrQu.** op. 33 (1974) gehört zu einer Werkgruppe, in der die gesuchten neuen klangfarblichen Effekte stärker als bisher in einen hochexpressiven und kontrastreichen Kontext eingebettet scheinen. Exemplarisch für eine innermusikalische Dramaturgie, in der Töne und Motive gleichsam entweder mit- oder gegeneinander wirken, stehen die ›Preludio interrotto‹, ›Ostinato‹, ›Elegia e conclusione‹ überschriebenen Sätze. In der Faktur geprägt von der Gegenüberstellung irregulärer (in den Dauernwerten lediglich approximativ notierter) und motivisch prägnanter Rhythmen, mündet der 1. Satz nach wechselhaften Kombinationen schließlich in homogene Fakturen, mit deren irregulärem Pulsieren im ffff der Satz endet. Ein ppp und indifferente im Pizzicato vorzutragendes, aber sich dennoch hartnäckig durchsetzendes Ostinato wiederholter Töne prägt den 2. Satz. Wechselhaft dahinhuschende Klangbilder, in denen auch Momente des 1. Satzes aufleuchten, verdichten sich zu Passagen wachsender Übereinstimmung zwischen den Instrumenten, die abrupt in ein Unisono-Zitat des Beginns aus Beethovens 5. Sinfonie münden. Ein permanentes Diminuendo auf dem Hintergrund der irregulären Rhythmen und ein verklingendes Vc.-Solo lassen den Finalsatz (trotz der Vertrautheit mit der Motivik des Beginns) geradezu hereinbrechen. Diese ›Elegia e conclusione‹ wirkt bei all ihren Rückbezügen auf die zuvor erklungene Musik nicht so sehr als Synthese denn als elegischer Abgesang, in dem am Schluß die akkordische, scheinbar so selbstsichere Motivik des Werkbeginns (eingeleitet von den ostinaten Tonwiederholungen des Mittelsatzes) sich letztlich im Sinne eines resignativen Rückblicks in die Sphären künstlicher Flageolette verflüchtigt.

Das **5. StrQu.** op. 42 (1977) greift die Exponierung des Vc.s auf, die sich im 4. StrQu. ankündigte, und gestaltet im Widerstreit zwischen markant akkordischer, rhythmisch diffuser und melodisch geprägter Satztechnik, zwischen kammermusikalischem und sinfonischem Klangcharakter eine Art Kammerkonzert für Vc.. Wie in weiteren, Ende der 70er Jahre entstandenen Werken treten die rein klangfarblich inspirierten Wirkungen zurück – im 5. StrQu. wird nurmehr arco und pizzicato gespielt. Prägnanter wird dafür die ›Dramaturgie‹ in der Satzfolge und das unterschiedliche ›Gewicht‹ der Sätze: das zunehmend leidenschaftlicher werdende Cellosolo des 1. Satzes erweist sich als Vorbereitung zur Massivität des 2. Satzes; der verhaltene 3. Satz leitet zur vehementen Entwicklung des 4. Satzes über, und der letzte Satz verklärt das melodische Moment des solistischen Beginns zu einem homophonen Abgesang, in dem das Vc. gelegentlich noch seine klangliche Sonderrolle behauptet.

Seit den 80er Jahren wächst in M.s Musik das Gewicht einer harmonischen (intervallischen) Ordnung, exemplarisch zu verfolgen in den drei kontrastierenden Sätzen des **6. StrQu.s** op. 51 von 1981 – in dem bei aller Wechselhaftigkeit des Satzbildes an einem rhythmischen Motiv orientierten 1. Satz, in dem wie ein irreal gedämpftes Scherzo (con sordino, prestissimo, pianissimo) virtuos dahinhuschenden Intermezzo des Mittelsatzes, und in dem lyrischen und am weitesten ausschwingenden 3. Satz. Halbtöne, Quarten/Quinten, Tritoni durchdringen (bei aller ›unsystematischen‹ Freiheit der Tonordnung) Melodik und Harmonik in einer Weise, die (wie M. in seinen Werkkommentaren erläuterte) sich auf das einzelne Intervall als Ausdrucksträger stützt.

Mit dem **7. StrQu.** op. 65 (1985), dem Andenken des 1984 verstorbenen Vaters gewidmet, verstärkt sich die Tendenz zur Differenzierung von Einzeltönen und Unisono geführten Linien sowie zur Reduktion der eingesetzten Klangmittel. Von Anfang bis Ende mit Dämpfer gespielt, exponiert M. in den 12 Segmenten der einsätzigen Form nacheinander alle möglichen Kombinationen von zwei bis vier Streichern. Alle vier Instrumente gemeinsam erklingen lediglich im 9. Segment (nach 4 Paaren und 4 Trios), bevor die verbleibenden zwei Paare die Klangfülle wieder zurücknehmen und das Werk schließlich mit einem langen Solo der Va.verklingt. Durch alle 12 Segmente ziehen sich die Metamorphosen einer klaren Motivik: markante Quartschritte sowie ein sich zur kontrapunktischen Verarbeitung (Umkehrung eingeschlossen) anbietendes »Leitmotiv« (K. M.), mit dem das Werk beginnt.

Im **8. StrQu.** op. 67 (1985) rahmen zwei ruhige Ecksätze eine Gruppe von drei Sätzen, die (mit einer bei M. seltenen Suggestivität) ›Furioso‹, ›Infernale‹ und ›Drammatico‹ überschrieben sind. Die alle Sätze prägende Intervallik von Halbtönen, Tritoni und Quarten/Quinten (aus der umso markanter gelegentliche Terzmotivik herausragt) wird getragen vom Zentralton ›c‹, der (gern als leere Saite und in Verdopplung auftretend) mit seinen Haltetönen einen unverrückbar festen Rahmen bietet für die rastlose Bewegung, für die massiven chromatischen Unisoni und abwechslungsreichen Dialoge der Mittelsätze. Im ruhigen Finalsatz, der die von Quint-Paralleleln geprägte Motivik des Beginns wieder aufgreift, klingt noch die Erregung der leidenschaftlichen Mittelsätze nach.

Das fünfsätzige **9. StrQu.** op. 74 (1989/90), dem polnischen Maler Jerzy Stajuda gewidmet, wartet mit zahlreichen Differenzierungen von Einzeltönen und Unisono geführten Linien auf. Um den fast völlig im Pizzicato auszuführenden Zentralsatz (con vigore) gruppieren sich je ein langsamer und ein lebhafter Satz, die mit recht geringer ›Ereignisdichte‹ verlaufen.

Zu Beginn des **10. StrQu.s** op. 82 (1993/94) entfaltet M. die Intervallordnung in einem harmonisch mehrdeutigen Schwebezustand. Intensive Steigerungsprozesse in den folgenden Sätzen, die zu mehreren Höhepunkten führen, münden schließlich im Finalsatz in eine kaleidoskopartig lockere Anordnung von Satzcharakteren.

Unabhängig vom unmittelbaren Klangbild und von der Art der eingesetzten Mittel ist M.s Werk von Jugend auf geprägt vom Bemühen um eine individuell zu gestaltende musikalische Großform. Sie sollte zwar direkt kein traditionelles Muster nachahmen, sollte jedoch trotzdem für den Hörer möglichst gleichermaßen faßlich und auch in einem emotionalen Spannungsverlauf nachvollziehbar sein, als »ständige Fluktuation von Spannung und Entspannung« (K. M.). Ausgehend von Äußerungen Lutosławskis, erläutert M. seine Vorstellung von musikalischer Form als Gestaltung der Zeit, die solche »Eigenschaften des Hörers [...] wie musikalisches Gedächtnis; die Fähigkeit, vorherzusehen und angemessen auf Unterschiede in der Dichte des musikalischen Materials zu reagieren« nutzen sollte. M. geht davon aus, daß während der Wahrnehmung eines Musikwerkes phasenweise die Konzentration der Aufmerksamkeit variiert, und zwar »im natürlichen Rhythmus, in dem der menschliche Perzeptionsapparat arbeitet«. Neben Begriffen wie »Thema, Überleitung, Stretto« etc. ließen sich (nach psychologischen Gegebenheiten der Wahrnehmung) verschiedene Phasen einer Form in der Zeit unterscheiden: Initialphase, Hauptphase, Übergangsphase, Phase besonderer Wichtigkeit, Schlußphase. Indem M. die Formgestaltung seiner Werke solchen Überlegungen unterwirft, versucht er nicht nur, keine formalen Modelle der Vergangenheit (wie Sonate, Rondo etc.) zu übernehmen. Er ist überdies darauf bedacht, die in eigenen Kompositionen realisierten Lösungen nicht zu wiederholen.

So fällt in seinen zehn StrQu.en auf, daß M. es vermeidet, die gleiche Satzanlage zweimal zu nutzen. Das betrifft nicht nur die Zahl der Sätze und deren Tempofolge, sondern auch deren Faktur und das Verhältnis der Instrumente zueinander. Ging beispielsweise der 1. Satz des 3. StrQu.s von einer Verschmelzung der Instrumente, das 5. StrQu von einer solistischen Rolle des Vc.s und das 9. StrQu. von wechselnden Instrumentengruppierungen aus, so ist oftmals auch die Satztechnik innerhalb eines Werkes klar differenziert (etwa nach Polyphonie, Melodie mit ›Begleitung‹, variierten Strukturen u.s.w.), was sich neben den StrQu.en auch beispielsweise im Klar.-Quintett und in weiteren kammermusikalischen Werken verfolgen läßt.

Martina Homma

Darius Milhaud

geb. 4. 9. 1892 Aix-en-Provence, gest. 22. 6. 1974 Genf; nach V.- und Harmonielehre-Unterricht in Aix ab 1909 Schüler am Conservatoire Paris (V., Harmonielehre bei Xavier Leroux, Kontrapunkt, Dirigieren u. Orchestration bei André Gédalge); 1912 Spanien-Reise und Besuch bei dem Dichter Francis Jammes; 1913 Bekanntschaft und jahrzehntelange Zusammenarbeit mit Paul Claudel; begleitet 1916 den Schriftsteller nach Rio de Janeiro als dessen Botschaftssekretär; 1918 Aufenthalt in Washington; 1919 Rückkehr nach Paris, wo er sich an der Gründung der Gruppe ›Les Six‹ beteiligt; 1920 Reisen nach Kopenhagen und London; 1922 Konzertreisen durch die USA und durch Europa; trifft in Wien Arnold Schönberg, Alban Berg und Anton von Webern; 1925 Hochzeit mit Madelaine (später Librettistin einiger seiner Bühnenwerke); zahlreiche Reisen (1926 Sowjetunion, 1927 USA, 1929 Spanien, 1931 Portugal); emigriert 1940 vor der deutschen Invasion über Portugal in die USA, 1940–1971 Lehrstuhl am Mill's College in Kalifornien; 1947 Rückkehr nach Frankreich; seitdem Professur am Conservatoire Paris; 1951 Reise nach Israel.

Werke f. 1 Instr.: Segoviana f. Git. op. 366 (1957); Sonatine pastorale f. V. op. 383 (1960); Sonate f. Hf. op. 437 (1971) – Werke f. 2 Instr.: Duos f. 2 V. (op. 221a, 1940; op. 258, 1945); Duo f. V., Va. op. 226 (1941); Duo f. V., Vc. op. 324 (1953); Duo f. Va., Vc. op. 378 (1958); (2) Sonate f. V., Kl. (op.3, 1911, op. 40, 1917); *Le Printemps* f. V., Kl. op. 18 (1914); *Saudades do Brazil* (bearb. f. Kl., V. od. Kl., Vc. op. 67; 1920/21); Sonate f. Fl., Kl. op. 76 (1922); Impromptu f. V., Kl. op. 91 (1926); Trois Caprices de Paganini traités en duo concertant f. V., Kl. op. 97 (1927); Sonatine f. Klar., Kl. op. 100 (1927); Exercice musical f. Hirten-Fl., Kl. op. 134 (1934); *Concertino de Printemps* op. 135, bearb. f. V., Kl. (1934); 10me Sonate de Baptiste Anet (1729), freie Transkription f. V., Kl. op. 144 (1935); *Scaramouche* op. 165 c/d, bearb. f. Klar., Kl. od. Sax., Kl. (1937); Suite Anglaise op. 234 bearb. f. V., Kl. (1942); *Quatres Visages* f. Va., Kl. op. 238 (1943); 2 Sonaten f. Va., Kl. op. 240 u. op. 244 (1944); *Elégie* f. Vc., Kl. op. 251 (1945); *Danses de Jacaremirim* f. V., Kl. op. 256 (1945); Sonate f. V., Cemb. op. 257 (1945); *Farandoleurs* f. V., Kl. op. 262 (1946); *Concertino d'Été* op. 311 bearb. f. V., Kl. (1951); *Concertino d'Hiver* op. 327 bearb. f. Pos., Kl. (1953); Caprice f. Klar., Kl. op. 335a (1954); Danse f. Sax., Kl. op. 335b (1954); *Eglogue* f. Fl., Kl. op. 335c (1954); Sonatine f. Ob., Kl. op. 337 (1954); Duo concertant f. Klar., Kl. op. 351 (1956); Sonatine f. Vc., Kl. op. 377 (1959); Music for Boston op. 414 bearb. f. V., Kl. (1965); Elegie pour Pierre op. 416 f. Va., Schlzg. (1965); Stanford Serenade op. 430 bearb. f. Ob, Kl. (1969) – Werke f. 3 Instr.: (2) Trio f. V., Va., Vc. (op. 221b, 1940; op. 274, 1947); (2) Trio f. Ob., Klar., Fg. (Pastorale op. 147, 1935; Suite d'après Corette op. 161b, 1936); Sonate f. 2 V., Kl. op. 15 (1915); Suite f. V., Klar., Kl. op. 157b (nach der Szenenmusik f. Jean Anouilh's *Voyageur sans bagage*, 1936); Trio f. Kl., V. Vc. op. 428 (1968) – Werke f. 4 Instr.: (18) StrQu.e (Nr. 1 op. 5, 1912; Nr. 2 op. 16, 1914/15; Nr. 3 op. 32, 1916; Nr. 4 op. 46, 1918; Nr. 5 op. 64, 1920/21; Nr. 6 op. 77, 1922; Nr. 7 op. 87, 1925; Nr. 8 op. 121, 1932; Nr. 9 op. 140, 1935; Nr. 10 op. 218, 1940; Nr. 11 op. 232, 1942; Nr. 12 op. 252, 1945; Nr. 13 op. 268, 1946; Nr. 14/15 op. 291, auch als Oktett zu spielen, 1948/49; Nr. 16 op. 303, 1950; Nr. 17 op. 307, 1950; Nr. 18 op. 308, 1950); Sonate f. Fl., Klar., Ob., Kl. op. 47 (1918); *La Reine de Saba.* Mélodie palestinienne op. 207 (1939); Fanfare f. 4 Blechbläser op. 400 (1962); Hommage à Igor Strawinsky op. 435 (1971); Quartett f. Kl., V., Va., Vc. op. 417 (1966) – Werke f. 5 Instr.: Quintett f. 2 V., Va., Vc., Kb. op. 316 (1951); Quintett f. 2 V., 2 Va., Vc. op. 325 (1953); Quintett f. 2 V., Va., 2 Vc. op. 350 (1956); *La cheminée du Roi René.* Suite f. Fl., Ob., Klar., Hr., Fg. op. 205 (1939); Quintett f. Fl., Ob., Klar., Hr., Fg. op. 443 (1973); Quatre Esquisses op. 227 bearb. f. Bläserquintett (1941); Divertissement nach der Musik zu einem Gauguin-Film op. 299b (1950); *Les Rêves de Jacob.*

Tanzsuite f. Ob., V., Va., Vc., Kb op. 294 (1949); *La Création du Monde* op. 81b (bearb. f. Kl., StrQu., 1926); Quintett f. Kl., 2 V., Va., Vc. op. 312 (1950) – WERKE F. 6 INSTR.: Petite Sinfonie Nr. 6 f. Vokalquartett, Ob., Vc. op. 79 (1923); Sextett f. 2 V., 2 Va., 2 Vc. op. 368 (1958) – WERKE F. 7 INSTR.: Petite Sinfonie Nr. 2. Pastorale f. Fl., Klar., Fg., StrQu. op. 49 (1918); Petite Sinfonie Nr. 3. Sérénade f. Fl., Klar., Fg., StrQu. op. 71 (1921); Septett f. 2 V., 2 Va., 2 Vc., Kb. op. 408 (1964) – WERKE F. 9 INSTR.: Petite Sinfonie Nr. 1. *Le Printemps* f. Pikk., Fl., Klar., Ob., Hf., StrQu. op. 43 (1917); Aspen Serenade f. Fl., Ob., Klar., Fg., Trp., V., Va., Vc., Kb. op. 361 (1957); Musique pour Graz f. Fl., Ob., Klar., Trp., V., Va., Vc., Kb. op. 429 (1968/69) – WERKE F. KAMMERENSEMBLE: Petite Sinfonie Nr. 4 f. 4 V., 2 Va., 2 Vc., 2 Kb. op. 74 (1921); Petite Sinfonie Nr. 5 f. Pikk., Fl., Ob., EHr., Klar., BKlar., 2 Fg., 2 Hr. op. 75 (1922); Concert de Chambre f. Fl., Ob., Klar., Hr., Fg., 2 V., 2 Va., Vc. op. 389 (1961); Concert de Chambre op. 389 f. Kl., Fl., Ob., Klar., Hr., Fg., 2 V., Va., 2 Vc (1961) – TRANSKRIPTIONEN EIGENER WERKE: f. V., Kl. op. 263 (1946); f. Va., Kl. op. 108 (1929) u. op. 340 (1954/55); f. Vc., Kl. op. 136 (1934) u. op. 255 (1945); f. Fl., V., Kl. op. 197 (1938/39); f. Ob., Kl. op. 365 (1957); f. Hf., Kl. op. 323 (1953); f. Schlzg, Kl. op. 109 (1929/30); f. Mar., Kl. op. 278 (1947) – BEARBEITUNGEN DURCH ANDERE AUTOREN: *Saudades do Brazil* op. 67 f. V., Kl., (Claude Lévy.); *Brasileira* aus: *Scaramouche* op. 165b f. V., Kl. (Jascha Heifetz).

Verlag: Durand, Elkan-Vogel, Eschig, Heugel, Salabert (alle Paris); Associated, Schirmer (beide N.Y.); Universal Edition Wien.

Das Gesamtwerk von D. M. gehört zum vielseitigsten der neueren französischen Musik. Es umfaßt allein vom Umfang her 443 Nummern – erklärbar nur durch den immensen Fleiß des Komponisten, durch seine Fähigkeit, in jeder Situation komponieren zu können (im Unterschied etwa zu Francis Poulenc), aber wohl vor allem auch durch seine immense musikalische Phantasie. M. hat kaum ein musikalisches Genre, kaum eine Gattung ausgelassen; vieles davon ist für bestimmte Gelegenheiten komponiert. Das besagt von Fall zu Fall etwas über musikalische Quelle und Stil, aber nur bedingt über die Qualität.

M.s stilistisches Einzugsgebiet ist ungewöhnlich breit und vielfältig. Die verschiedenen stilistischen (und ja auch sozialen) Sphären hat er als erster Komponist systematisch mit einer Satztechnik einzuschmelzen versucht, die während seiner Anfänge eher verrufen war: der gleichzeitige Gebrauch mehrerer Tonarten, die sog. Polytonalität; er hat sie übrigens auch theoretisch untersucht.

»Ein junger Mensch darf keine sicheren Werte erwerben«, heißt es bei Jean Cocteau in *Le Coq et l'Arlequin* (Der Hahn und der Harlekin, 1918). Und »sichere Werte« gab es nicht: künstlerisch bedingt durch die zurückliegenden Jahrzehnte. Sie gab es auch nicht beim ›bon maître‹ Erik Satie, der als Anführer der ›Groupe des Six‹ galt (es aber nicht war). Zu ihr gehörte M. nach seiner Rückkehr aus Brasilien, ohne selbst recht Gründe dafür zu wissen (außer freundschaftlichen). Statt dessen hatte die Presse genügend Gründe zu kritisieren. Gerade durch Satie war so manches ins Wanken geraten, vor allem die »sicheren Werte«. Die Kritiker haben M. anfangs mangelnde Ernsthaftigkeit vorgeworfen, mangelndes Handwerksbewußtsein; aber M. hat mit der Vielgestaltigkeit seiner Arbeiten im Grunde auf das reagiert, was nach dem 1. Weltkrieg in der Luft lag: eine fast völlige Umwertung überkommener Werte; das reichte von Sozialem (etwa der Um-Funktionierung des Konzertsaals durch Musik) bis zu den tradionellen musikalischen Gattungstraditionen. Manches für den Konzertsaal Gedachte widersprach wegen der nicht ›standesgemäßen‹ Herkunft der musikalischen Quellen der traditionellen gewohnten Aura. Und die musikalischen Gattungen müssen Staunen erregt haben, wie z. B. die zwei Liedzyklen *Machines agricoles* nach Texten eines Landmaschinenkatalogs, veritable traditionelle Pastoralen, und *Catalogue des Fleurs*, dessen Texte nichts anderes sind als Anleitungen zur Blumenpflege, duftige, zarte und kurze Gebilde – ›unpassend‹ für eine Vertonung und ›unpassend‹ für den Konzertsaal.

M.s erste StrQu.e entsprechen zwar der Gattung, geben sich aber völlig unprätentiös, als wären sie leichthin komponiert.

Diese bewußte künstlerische Gestaltung des scheinbar ›Unbedeutenden‹ verbrauchte sich jedoch als Idee und als Strukturprinzip. Auch etlichen seiner 18 Str.Qu.e ist das anzumerken, z. B. dem 14. und 15. StrQu., eigentlich zwei Quartette, die man aber auch als Oktett spielen kann. Die Idee dazu beruht auf einem rein äußerlichen Anlaß: dem Notenbuch, in das M. die Kompostion schrieb. Auch die Zahl 18 für seine StrQu.e ist ›äußerlich‹ begründet, scheint zufällig zu sein: M. wollte von Anfang an ein Quartett mehr als Beethoven schreiben. Geworden sind es zehn – und acht weitere. Daher notiert er auf der letzten Seite des letzten Quartetts: »FIN Des Dix-huits Quatuors à cordes 1912–1951« und griff in eben diesem letzten Quartett auf musikalisches Material aus dem ersten der Reihe zurück: Das konsequente Ende eines Plans, den er 39 Jahre lang verfolgt hat.

Tatsächlich sind M.s erste StrQu.e (und nicht nur sie) auf Tiefsinn nicht aus: »Das Schöne, das leicht erscheint, das ist es, was das Publikum verachtet« (J. Cocteau). Dementsprechend war die Resonanz: Widerstand im Publikum, Skandale. Allerdings auch Erfolge. Neben gelegentlich konsequenten strengen Experimenten stehen, ebenso experimentell gedacht, auch Stücke wie *La Création du Monde* oder die sechs *Petites Sinfonies*, die von beachtlichem Handwerk zeugen.

Charakteristisch für M.s erste, unter Saties Einfluß entstandenen Kompositionen ist ihre Kürze und Prägnanz. Oft sind sie wie ein Aphorismus formuliert. Erst mit den größeren Sinfonien kam ein epischer Zug in M.s Musik. Durch seine Neigung zur Kürze entstanden jedoch häufig Schwierigkeiten, die Werke als das anzusehen, was sie für ihn waren: So sind die *Petites Sinfonies* tatsächlich veritable Sinfonien, obwohl sie nur vier bis sechs Minuten dauern, kammermusikalisch-phantasievoll besetzt sind und mit manchmal sehr harten harmonischen Reibungen aufwarten, unbekümmert um die Tradition, die M. aber eben dadurch bewahrt. Bereits in diesen frühen Arbeiten wird etwas deutlich, das sich bis in M.s Spätzeit erhalten sollte: Die Melodik ist immer von klarer kräftiger Kontur und stets tonal eindeutig (zumal in polytonalem Zusammenhang); gerade Melodisches muß M., den Lied-Sammler, zeitlebens fasziniert haben – kein Wunder, daß das seiner Melodik anzuhören ist.

M. ist nicht nur ein außerordentlich französisch-traditionsbewußter Komponist gewesen, sondern er war auch nicht-französischen Musizierpraktiken gegenüber sehr aufgeschlossen. Sie hat er auf seinen häufigen und ausgedehnten Reisen kennengelernt, in Brasilien und in der Karibik, während der Jahre des Exils in den USA; und vor allem in der heimatlichen Provence, dem Mittelmeer-Raum, wo er häufig seinen Urlaub verbrachte und alles sammelte, was gesungen und gespielt wurde. Werke wie die *Malheurs d'Orphée*, der *Pauvre Matelot* oder die *Suite Française* und das 5. StrQu. stammen musikalisch aus M.s Heimat. Anderes wiederum bezieht sich auf seine jüdische Herkunft; und als Komponist war M. auch katholischem Ritus gegenüber aufgeschlossen (1965 gab er ein Konzert im Vatikan in Gegenwart des Papstes). So findet man bei ihm brasilianisch Beeinflußtes, aus Martinique und aus den USA; es gibt den Jazz aus Harlem und nicht zuletzt Pariser Straßenmusik der 20er Jahre, den Zirkus, den Film, den Jahrmarkt.

Als sich 1936 eine neue Komponistengruppe formierte, die ›Jeune France‹, richtete sich ihr Programm gegen einen vertrockneten, leblos gewordenen Klassizismus, unausgesprochen damit gegen auch manches Werk von M. Tatsächlich wirkt etwa *La cheminée du Roi René*, die Suite für Bläserquintett etwas obenhin, ein wenig substanzlos. Fern den Jahren des Anfangs und der Frische. Kein Wunder bei dem Umfang des Gesamtwerks. Und kein Wunder, wenn man bedenkt, daß M. im besten Sinne zu den Konservativen gehörte. »Ich möchte aber (...) bemerken, daß ich das Wort ›Neuerer‹ nicht besonders liebe«, äußerte er im Alter. »Es setzt einen Willen und eine Bewußtheit voraus, die hier nicht vorliegen und die ich nie besessen habe. Ich war stets der Meinung, daß ich das mir Vorausgegangene logisch fortgeführt habe im Sinne einer normalen, aber nicht unbedingt revolutionären Weiterentwicklung. Ich habe nicht den Eindruck, daß mein Fall einen Bruch darstellt, worauf das Wort ›Neuerer‹ hinzudeuten scheint«.

Norbert Albrecht

Wolfgang Amadée Mozart

geb. 27. 1. 1756 Salzburg, gest. 5. 12. 1791 Wien. Sohn des Salzburger Hofkapellgeigers und späteren Vizekapellmeisters Leopold Mozart (1719–1787). 1762 erste Konzertreisen zusammen mit der Schwester Nannerl als musikalische ›Wunderkinder‹ nach München und Wien, 1763–1766 erste Europareise über Paris bzw. Versailles (in Paris Druck der ersten Kompositionen, 4 Sonaten für Kl. und V. KV 6-9), London (Bekanntschaft mit Johann Christian Bach), Niederlande (u. a. Antwerpen, Den Haag) und die Schweiz (Genf, Lausanne, Zürich). 1767/68 Konzerte in Wien und Böhmen, Erkrankung an den Blattern. 1769 unbesoldeter, ab 1772 besoldeter dritter Konzertmeister der Salzburger Hofkapelle. Ende 1769–1771 erste Konzertreise nach Italien, Aufnahme in die Accademia Filarmonica von Bologna (hier Zusammentreffen mit dem Theoretiker und Komponisten Padre Martini) und Verona, in Rom verleiht der Papst M. den ›Orden vom Goldenen Sporn‹. 1771 zweite Italienreise, 1772/73 dritte Italienreise, UA *Lucio Silla* in Mailand. 1773 Wien. 1774/75 München, UA *La finta giardiniera*. 1777 Entlassung aus dem Salzburger Dienst. 1777/78 Reise zusammen mit der Mutter über u.a. Augsburg und Mannheim nach Paris. 1778 Tod der Mutter. 1779 Salzburg, Ernennung zum Konzertmeister und Hoforganisten. 1780/81 München, UA *Idomeneo*. 1781 Wien, Aufkündigung des Salzburger Dienstes; Übersiedlung nach Wien, umfangreiche Unterrichts- und Konzerttätigkeit. 1782 Heirat mit Constanze Weber; angeregt durch den Musikzirkel des Barons Gottfried van Swieten Studium der Werke von G. F. Händel, J. S. Bach, W. F. Bach und C. Ph. E. Bach. 1783 Reise nach Salzburg. 1784 Eintritt in die Freimaurerloge ›Zur Wohltätigkeit‹ (später aufgegangen in der Loge ›Zur neugekrönten Hoffnung‹), Joseph Haydn hört die ihm später zugeeigneten StrQu.e (KV 387 usw.).

1787 Tod des Vaters; Reise nach Prag, UA *Don Giovanni*. Ernennung zum k. u. k. Kammermusicus, J. N. Hummel wird M.s Schüler. Ende der 80er Jahre zunehmende Verschuldung. 1789 Reise über Dresden, Leipzig nach Potsdam und Berlin. 1791 Prag, UA *La clemenza di Tito*. 30. 9. 1791 Wien, UA *Die Zauberflöte*. 20. 11. erkrankt M. und stirbt in der Nacht zum 5. 12. 1791.

WERKE F. 2 INSTR.: (2) Sonaten f. Kl. od. Kl. u. V. C, D [op. 1] KV 6-7 (1762-1764); (2) Sonaten f. Kl. u. V. B, G [op. 2] KV 8-9 (1763/64); (6) Sonaten f. Kl. u. V. Es, G, C, D, F, B [op. 4] KV 26-31 (1766); (6) Sonaten f. Kl. u. V. (G KV 301/293a; Es KV 302/293b; C KV 303/293c; e KV 304/300c; A KV 305/293d; D KV 306/300 l [1778 als op. 1 veröff.], 1778); (6) Sonaten f. Kl. u. V. (C KV 296, 1778; B KV 378/317d, 1779; F KV 376/374d, 1781; F KV 377/374e, 1781; G KV 379/373a, 1781; Es KV 380/374f, 1781); 12 Variationen über *La bergère Célimène* f. Kl. u. V. G KV 359/374a (1781); 6 Variationen über *Hélas! j'ai perdu mon amant* f. Kl. u. V. g KV 360/374b (1781); Sonate f. Kl. u. V. B KV 454 (1784); Sonate f. Kl. u. V. Es KV 481 (1785); Sonate f. Kl. u. V. A KV 526 (1787); Sonate f. Kl. u. V. F KV 547 (1788) – (2) Duos V. u. Vc. (C KV 46d, 1768; F KV 46e, 1768); Sonate f. Fg., Vc. B KV 292/196c, (vermutlich 1775); (2) Duos f. V., Va. G KV 423, 1783; B KV 424, 1783); 12 Stücke f. 2 Hr. KV 487/496a (1786) – WERKE F. 3 INSTR.: Die Sonaten KV 10–15, deren Autograph verschollen ist, sind in zwei gedruckten Fassungen überliefert: f. Kl. u. V. und f. Kl., V. u. Vc., wobei die Vc.-Stimme größtenteils den Baß des Kl.s verdoppelt. In der NMA sind sie als Kl.-Trios veröffentlicht (NMA VIII/22/2);(6) Trios f. Kl., V., Vc. (B KV 254, 1776; G KV 496, 1786; B KV 502, 1786; E KV 542, 1788; C KV 548, 1788; G KV 564, 1788); Adagio und Menuett f. 2 V., Vc. B KV 266/271f (1777); 25 Stücke (Divertimenti) f. 3 BassettHr. KV Anh. 229-229a/439b (1783-1788); Adagio f. 2 BassettHr., Fg. F KV 410/484d (vermutl. 1785); Trio f. Kl., Klar., Va. Es KV 498 (1786); Divertimento f. V., Va., Vc. Es KV 563 (1788) – WERKE F. 4 INSTR.: (23) StrQu. (G KV 80/73f, 1770;1773; D KV 155/134a, 1772/73; G KV 156/134b, 1772/73; C KV 157, 1772/73; F KV 158, 1772/73; B KV 159, 1772/73; Es KV 160/159a, 1772/73; F KV 168, 1773; A KV 169, 1773; C KV 170, 1773; Es KV 171, 1773; B KV 172, 1773; d KV 173, 1773; G KV 387, 1782; d KV 421/417b, 1783; Es KV 428/421b, 1783; B KV 458, 1784; A KV 464, 1785; C KV 465, 1785; D KV 499, 1786; D KV 575, 1789; B KV 589, 1790; F KV 590, 1790); [(3) Divertimenti f. 2 V., Va., Baß (Vc.) D KV 136/125a, B KV 137/125b, F KV 138/125c (1772)]; (4) Quartette f. Fl., V., Va., Vc. (D KV 285, 1777; G KV 285a, 1777/78; C KV Anh. 171/285b, 1777/78, Autorschaft fraglich; A KV 298, 1786); Quartett f. Ob., V., Va., Vc. F KV 370/368b (1781); (2) Quartette f. Kl., V., Va., Vc. g KV 478, 1785; Es KV 493, 1786) – WERKE F. 5 INSTR.: (6) Quintette f. 2 V., 2 Va., Vc. (B KV 174, 1773; C KV 515, 1787; g KV 516; c KV 406/516b, vermutl. 1787, nach der Serenade f. 2 Ob, 2 Klar., 2 Hr., 2 Fg. c KV 388 (384a); D KV 593, 1791; Es KV 614, 1791); Quintett f. Hr., V., 2 Va., Vc. Es KV 407/386c (1782); Quintett f. Kl., Ob., Klar., Hr., Fg. Es KV 452 (1784); Adagio f. 2 Klar., 3 Bassetthr. B KV 411/484a (vermutl. 1785); Quintett f. Klar., 2 V., Va., Vc. A KV 581 (1789); Adagio und Rondo f. Glasharm., Fl., Ob., Va., Vc. C KV 617 (1791) – WERKE F. 6 INSTR.: (5) Divertimenti f. 2 Ob., 2 Hr., 2 Fg. (F KV 213, 1775; B KV 240, 1776; Es KV 252/240a, 1776; F KV 253, 1776; B KV 270, 1777); Divertimento (1. Lodronische Nachtmusik) f. 2 V., Va., Kb., 2 Hr. F KV 247/248 (1776); Divertimento (2. Lodronische Nachtmusik) f. 2 V., Va., Kb., 2 Hr. B KV 287/271H (1777); Divertimento f. 2 V., Va., Kb., 2 Hr. D KV 334/320b (1779 od. 1780); *Ein musikalischer Spaß* f. 2 V., Va., Kb., 2 Hr. F KV 522 (1787) – WERKE F. 7 INSTR.: Divertimento f. Ob., 2 Hr., 2 V., Va., Kb. D KV 251 (1776) – WERKE F. 8 INSTR.: Divertimento f. 2 Fl., 5 Trp., 4 Pk. C KV 188/240b (1773); (2) Serenaden f. 2 Ob., 2 Klar., 2 Hr., 2 Fg. (Es KV 375 [1. Fassung ohne Ob.] 1782; c KV 388/384a, 1782) – WERKE F. 10 INSTR.: (2) Divertimenti f. 2 Ob., 2 Klar., 2 EHr., 2 Hr., 2 Fg. [da beide Fg. unisono geführt sind, handelt es sich in Wirklichkeit um 9stimmige Werke] (B KV 186/159b, Es KV 166/159d, 1773) – WERKE F. 13 INSTR.: Gran Partita f. 2 Ob., 2 Klar., 2 BassettHr., 4 Hr., 2 Fg., Kb. B KV 361/370a (1784?) – BEARBEITUNGEN: 6 Fugen v. J. S. Bach (BWV 871, 876, 878, 877, 874, 891), eingerichtet f. StrQu. c, Es, E, D, D KV 405, c (vermutl. 1782).
Jahresangaben beziehen sich auf das Entstehungsjahr.

NMA = Neue M.-Ausgabe; KV = Köchel-Verzeichnis (Chronologisch-thematisches Verzeichnis sämtlicher Tonwerke W. A. M.); Numerierung nach der 1. Auflage Leipzig 1862; die zweite KV-Ziffer bezieht sich auf die Numerierung nach der 6. Auflage (Giegling/Weinmann/Sievers); Wiesbaden 1964.

Verlag: G. Henle Verlag, München (Urtext-Ausgaben).

M. lebte in einer Zeit, in der in der Musikpraxis einige tiefgreifende Veränderungen stattfanden: Der Basso continuo nahm in seiner Bedeutung ab; dagegen erlangten die Ober- und Mittelstimmen eine immer größere Selbständigkeit, so daß das harmonische Gefüge nicht mehr durch ein Continuo-Instrument (Cemb., Pianoforte, Org., Hf.) realisiert zu werden brauchte. Die Funktion des Continuospielers als Leiter der musikalischen Aufführung, welche er von seinem Instrument aus bei größeren Besetzungen – Kirchenmusik, Opern – zu leiten hatte, blieb allerdings noch lange bestehen.

Die zweite wichtige Veränderung besteht in dem deutlichen, nunmehr zur Regel werdenden Unterschied zwischen einfacher und mehrfacher Besetzung. Die Vertreter der Mannheimer Schule (Johann Stamitz u.a.) hatten ihre Werke häufig noch so konzipiert, daß sie sowohl von einem Trio oder Quartett als auch von einem Streichorchester gespielt werden konnten. M.s letzte Kompositionen, bei denen dieses Verfahren eventuell noch möglich wäre, sind die drei Divertimenti KV 136/125a, 137/125b und 138/125c. Heute wird allgemein angenommen, daß diese Werke für Streichorchester gedacht sind. Daher wurden sie in der NMA auch in dieser Besetzung gedruckt. Wenn von M.s Kammermusik die Rede ist, handelt es sich also ausschließlich um Werke, in denen sowohl die Streicher- als auch die Bläserstimmen einfach besetzt sind, und zwar für zwei bis dreizehn Instrumente.

Die dritte folgenreiche Veränderung in der Musikpraxis während M.s Lebenszeit betrifft die Wahl der Instrumente. Während diese in der Barock- und Rokokozeit noch häufig dem Spieler überlassen wurde, entsprechend seinen technischen Möglichkeiten oder den vorhandenen Gegebenheiten (z. B. Sonaten für zwei V. oder für Fl. und V.), bestimmte Instrumente auch nach Belieben weggelassen werden konnten, wird nun jedes Instrument unersetzlich und unentbehrlich. Anders ausgedrückt: Die Verwendung der Instrumente ist jetzt sowohl idiomatisch als auch obligat. Darauf (insbesondere auf letzteres) zielt der berühmte Brief Ludwig van Beethovens (geb. 1770) an den Kapellmeister Franz Anton Hofmeister vom 15. Dezember 1800, in dem er schreibt, er könne gar nichts ›Unobligates‹ schreiben, denn er sei schon mit einem »obligaten Accompagnement« auf die Welt gekommen.

Die oft gehörte Behauptung, der Tonkünstler im 18. Jahrhundert habe hauptsächlich ›im Auftrag‹ komponiert, gehört zu den halben Wahrheiten, die manchmal schwieriger zu entlarven sind als Unwahrheiten. Gewiß: Viele Komponisten waren nicht nur als schaffende Künstler, sondern gleichzeitig als Kapellmeister – sei es in kirchlichem oder in weltlichem Dienst (Oper oder Hofkapelle) – tätig, und in diesen Funktionen entstanden die meisten Kompositionen tatsächlich ›im Auftrag‹. Besonders auf dem Gebiet der Oper kam kaum ein Werk ohne Auftrag zustande. Das gilt auch für M.: Seine Opern verdanken ihre Entstehung einem einmaligen und seine Kirchenmusikwerke der Salzburger Zeit einem permanenten Auftrag; dazu kommen die vielen Musiken, die in direktem Zusammenhang mit seiner Stellung am fürsterzbischöflichen Hof in Salzburg geschrieben wurden: Divertimenti, Serenaden, ›Finalmusiken‹ und – wenigstens zum Teil – Sinfonien. Faktoren, auf die der Komponist keinen Einfluß hatte, spielten hier oft eine entscheidende Rolle: Bei der Oper waren es die Fähigkeiten der verfügbaren Sänger, bei Kirchenwerken die Dauer des Amtes (von Erzbischof Colloredo auf 45 Minuten beschränkt), bei den Serenaden das spieltechnische Können einzelner Musiker. Zudem äußerte der Auftraggeber nicht selten bestimmte Wünsche, die berücksichtigt werden mußten.

Lediglich in der Kammermusik, inbegriffen Kl.-Musik und Lieder, konnte sich der Komponist frei entfalten, ohne Rücksicht auf irgendwelche äußeren Bedingungen. Doch auch hier gibt es Werke, die ihre Entstehung einem (privaten) Auftrag verdanken. Von den 113 Kammermusikwerken (bei dieser Auflistung sind die 25 *Pièces* für 3 BassettHr. KV 439b sowie die 12 kleinen Stücke für 2 Hr. KV 487/496a als je ein Werk gezählt) können bestenfalls 18 als Auftragswerke betrachtet werden; davon sind zwölf in der Salzburger Zeit, die übrigen nach M.s definitiver Übersiedlung nach Wien entstanden. Die in Salzburg geschriebenen Werke standen oft in direktem Zusammenhang mit gewissen gesellschaftlichen Zwecken; auch wenn von einem ›Auftrag‹ und eventuellen damit verbundenen Bedingungen nicht die Rede sein kann, so war M. doch weniger ›ungebunden‹ als wenn er sich aus freien Stükken entschlossen hätte, etwa ein Kl.-Trio oder ein StrQu. zu komponieren.

Kammermusikwerke ›durchziehen‹ sämtliche dreißig Jahre von M.s kompositorischer Aktivität; die Köchelnummern reichen von 6 bis 617. Ganz offenkundig hat sich M. mit den Gattungen Sonate (für Kl. und V. bzw. V. und Kl.) und StrQu. am meisten beschäftigt; zwar gehört die Mehrzahl der Werke in diesen beiden Gattungen der Salzburger Zeit an, die bedeutendsten unter ihnen wurden allerdings nach 1780 komponiert. M.s StrQu.e zeugen von einer fast ununterbrochenen Auseinandersetzung mit den Quartetten von Joseph Haydn, dem die sechs StrQu.e der Jahre 1782 bis 1785 gewidmet sind. Ein übrigens jedesmal vollkommen gelungenes Experiment stellen jene Kompositionen dar, die für eine nur ein Mal vorkommende Besetzung geschrieben sind: das Hr.-Quintett KV 407/386c, das Quintett für Kl. und Blasinstrumente KV 452 sowie das Es-Dur-Trio für Kl., Klar. und Va. KV 498 und das Klar.-Quintett KV 581. Unter den ›Salzburger‹ Werken sind mehrere direkt mit den damaligen gesellschaftlichen Verhältnissen verknüpft. Das gilt inbesondere für die fünf sechsstimmigen Bläser-Divertimenti, sowie für die drei Divertimenti für Streicher und zwei Hr. Die Bestimmung des Divertimentos für Fl., Trp. und Pk. ist noch nicht eindeutig geklärt. In Wien fehlten M. diese gesellschaftlichen Bedingungen; seine Position als schaffender Musiker hatte sich völlig verändert. Nur einmal noch – im *Musikalischen Spaß* KV 522 – griff er auf die ›Salzburger‹ Besetzung von zwei V., Va., Kb. und 2 Hr. zurück, doch das hatte einen anderen Grund. In einem Brief an den Vater vom 28. 12. 1782 schreibt er, er hätte Lust, eine Musikkritik mit Exempeln zu schreiben, um das, was ihm an den Kompositionen seiner Zeitgenossen nicht gefalle, anzuprangern. Die Schrift kam nie zustande. Doch im Jahre 1787 griff M. in einem Musikstück (!) den Möchte-gern-Komponisten, der eine Sinfonie schreiben will, mit schonungslosem Humor an und bediente sich dazu der Besetzung der Unterhaltungsmusik. Es ist wohl kaum notwendig zu betonen, welcher Meisterschaft es bedurfte, um in einer Komposition zu zeigen, wie man nicht komponieren soll.

Sonate G-Dur KV 379/373a (1781) für Klavier und Violine

Adagio – Allegro – Andantino cantabile
Dauer: ca. 15'
Ausgabe: NMA VIII/23/2

Die G-Dur-Sonate KV 379/373a gehört zu einer Sammlung von sechs Sonaten für Kl. und V., die M. seiner Schülerin Josepha von Auernhammer widmete. Die Sammlung erschien im Dezember 1781 bei Artaria in Wien und wurde im April 1783 in Cramers ›Magazin der Musik‹ (Hamburg) von einem leider anonymen Rezensenten günstig und einsichtsvoll besprochen. »Reich an neuen Gedanken und Spuren des grossen musikalischen Genies des Verfassers«, heißt es da u.a.

In seinen ersten Wiener Jahren hat M. mehrfach mit der Sonatenform experimentiert; nach der von Baron van Swieten angeregten Auseinandersetzung mit Werken von Händel und J. S. Bach hat er versucht, auch die Fuge in die Sonatenform zu integrieren. Daß Johann Christian Bach dies in seiner 1766 veröffentlichten c-Moll-Sonate bereits erprobt hatte (diesen Hinweis verdanke ich Wolfgang Plath; M. F.), wird M. wohl kaum entgangen sein, obwohl dieser Versuch merkwürdigerweise keinen Widerhall bei M. gefunden hat.

Die G-Dur-Sonate ist, soweit es den Aufbau betrifft, alles andere als ›normal‹; aber es bedarf – um einen Terminus von Joseph Haydn zu zitieren – der »Kompositionswissenschaft« eines Meisters, um die scheinbar disparaten Elemente zu einem überzeugenden Ganzen zusammenzuschmieden. Die Sonate fängt mit einem majestätischen **Adagio** an, das in den ersten 33 Takten alle Merkmale einer Exposition eines Sonatenhauptsatzes aufweist: Da sind ein erstes Thema in der Haupttonart, eine Modulation nach D-Dur, ein zweites Thema und ein Abschluß in dieser Tonart; sogar die Repetitionszeichen fehlen nicht. Die nächsten 16 Takte könnten als Durchführungsteil gelten, doch da wo die Reprise einsetzen sollte, fängt ein **Allegro** in g-Moll an, das mit seinen heftigen, kurz angebundenen Motiven, seinen häufigen Tempoverlangsamungen und Fermaten an die Welt des *Idomeneo* erinnert. Dieses Allegro ist zwar ein ›vollständiger‹ Sonatenhauptsatz, die Durchführung jedoch schrumpft auf 12 Takte zusammen.

Den Ausgleich bringt der nächste Satz, ein Thema (G-Dur 2/4) mit Variationen. Überschrieben mit **Andantino cantabile,** hält es damit die Mitte zwischen Adagio und Allegro. Und nun zeigt sich M.s Meisterschaft erst recht. Denn nachdem drei Variationen mit den traditionellen Beschleunigungen in der Figuration (16tel, 16tel-Sextolen, 32stel) erklungen sind, folgen eine Variation in g-Moll und eine Adagio-Variation in G-Dur; so wird innerhalb dieses Variationensatzes ein Bezug zu den vorhergehenden Sätzen hergestellt. Nach dem Adagio wird das Thema wiederholt, aber ... Allegretto! Und in diesem Tempo schließt sich die Coda an, die das Werk in einem für M. typischen ›understatement‹ abschließt.

Sonate A-Dur KV 526 (1787) für Klavier und Violine

Ausgabe: NMA VIII/23/2
Molto allegro – Andante – Presto
Dauer: ca. 22'

Bekanntlich hat Beethoven auf das Titelblatt seiner Sonate für V. und Kl. in A-Dur op. 47 notiert: »scritto in uno stile molto concertante« (»in einem sehr konzertierenden Stile geschrieben«). Ebenso bekannt ist, daß Beethoven des öfteren Werke M.s als Modell für eigene Kompositionen gewählt hat; so etwa M.s StrQu KV 464 zu seinem op. 18 Nr. 5, und das Kl.-Quintett Es-Dur KV 452 zu seinem Quintett op. 16. Man muß sich daher fragen, ob M.s Sonate KV 526 – gleichfalls in A-Dur! – bei der Konzeption von Beethovens op. 47 eine Rolle gespielt hat. Zwar meint Beethoven mit dem »stile concertante« eher den konzertartigen, virtuosen Charakter; M.s Kammermusikwerke mit Kl. stehen seinen Konzerten vor allem in struktureller Hinsicht nahe.

Und dieses Element bekommt nun gerade in der Sonate KV 526 eine besondere Prägung. Während **Molto allegro** und **Andante** einen fast akademischen Aufbau zeigen – keiner der beiden Sätze wird von einer Coda beschlossen, da alles, was zu sagen war, schon gesagt wurde – hat M. im **3. Satz** offensichtlich versucht, die Errungenschaften der großen Kl.-Konzerte auf ein Kammermusikwerk zu übertragen. Der Satz weist eine große Ähnlichkeit mit dem Rondo des Kl.-Konzertes KV 488 auf: Auch hier wird das umfangreiche Refrainthema durch ein ›komplementäres Thema‹ ergänzt (T.43); auch hier ist das zweite Couplet (Takt 184) ein fis-Moll-Intermezzo, das schon nach 24 Takten nach D-Dur moduliert. Und da bei M. die Dinge nie g a n z gleich sind, folgt nun nicht etwa ein neues Thema (wie im genannten Kl.-Konzert) sondern eine Art Durchführung des Refrains ... in D-Dur! Das gibt M. die Möglichkeit, die Wiederholung des Refrains quasi zu überspringen und gleich die Reprise des 1. Couplets folgen zu lassen.

Die oben genannte Bemerkung in bezug auf den ›fast akademischen‹ Aufbau der übrigen Sätze soll jedoch nicht als Unterbewertung dieser Sätze interpretiert werden. Denn das geistreiche Spiel in der Durchführung des **Molto allegro**, die kühnen Modulationen im **Andante**, sowie das 2. Thema dieses Satzes, das zuerst in a-Moll, später in d-Moll erscheint –alles dies sind Anzeichen, daß M. hier ein Terrain betritt, das alles andere als ›akademisch‹ ist.

Der französische M.-Forscher Georges de Saint-Foix hat festgestellt, daß das Rondothema dem Finale des Kl.-Trios op. 5 Nr. 5 von Carl Friedrich Abel entnommen ist. Abel – den M. als Kind in London kennengelernt hatte – war am 22. Juni 1787 gestorben und es ist durchaus möglich, daß M. ihm mit dieser auf den 24. 8. 1787 datierten Sonate ein Denkmal gesetzt hat. Immerhin hatte er ja auch im Jahre 1782 sein A-Dur Konzert KV 414/385p zum Gedenken an Johann Christian Bach geschrieben.

Marius Flothuis

KLAVIERTRIOS

Fünf *Terzette* hat M. in das eigenhändige ›Verzeichnüß aller meiner Werke‹ eingetragen – das erste, KV 496, am 8. Juli 1786, das letzte, KV 564, am 27. Oktober 1788. Hinzu kommt noch als Vorläufer der Gattung das im August 1776 in Salzburg ebenfalls für die Besetzung Kl., V. und Vc. geschriebene Divertimento à 3 KV 254. Verglichen mit anderen klassischen Formen wie der Sinfonie, dem Kl.-Konzert, dem StrQu., aber auch der Kl.- und V.-Sonate tritt diese Instrumentenkombination damit auffällig spät in M.s Gesichtskreis. Ein Blick hinüber zu Haydn beweist, daß dies keinen Einzelfall darstellt. Auch in Haydns Œuvre tritt das Kl.-Trio erst in den Jahren nach 1784 prominent in Erscheinung. Mit einem gewissen Recht läßt sich daher sagen, daß das Kl.-Trio die am spätesten sich emanzipierende Form der Wiener Klassik ist. Das überrascht im Rückblick auf die barocke Praxis der populären, ja ubiquitären Triosonante – überrascht um so mehr, wenn man bedenkt, daß die Trios Haydns, M.s und noch des jungen Beethovens nicht für den Konzertsaal bestimmt, sondern Liebhabermusik für das häusliche Musizieren im Freundeskreis waren. So scheint das Trio E-Dur KV 542 wahrscheinlich für den Wiener Freund und Gläubiger Michael Puchberg gedacht gewesen zu sein, dem M. im Juni 1788 schrieb: »Wenn werden wir denn wieder bey ihnen eine kleine Musique machen? – Ich habe ein Neues Trio geschrieben!« Es hat sich wohl auch unter den »Neuesten klavierstücken« befunden, die er der Schwester am 2. August zum Namenstag schickte.

Das klassische Kl.-Trio ist, erstaunlicherweise, kein Nachfolger der barokken Triosonate. Es hat sich vielmehr aus der Kl.-Sonate der Frühklassik entwickelt, der man – M.s eigene jugendliche Six Sonates pour le Clavecin KV 10-15 sind der bündige Beweis – für die Zwecke der Hausmusik V. und Vc. oder auch Fl. und Vc. ad lib. hinzufügte. Diese einzigartige Praxis verweist auf das typische Liebhaberinstrument des ausgehenden 18. Jahrhunderts, das Hammerklavier. Der Vorläufer des modernen Flügels besaß zwei konstitutive, in seiner Mechanik begründete Schwächen: Eine ungenügende Baßfundierung und ein schnell verklingendes Diskantregister. Diesen klanglichen Mängeln sollte und konnte durch das Mitgehen einer Baß- wie einer Melodiestimme abgeholfen werden. Das Vc. verdoppelte dabei zu linker Hand den Kl.-Baß, die V. unterstützte den Diskant in der melodischen Ausführung der Oberstimme. Man kann diese ursprüngliche Mischung der Instrumentalregister und damit die Genesis der Form noch an M.s Divertimento KV 254 studieren. Das gleichermaßen spielfreudige wie empfindsame Stück ist im Prinzip eine erweiterte Kl.-Sonate – mit dem Vc. als Continuo-Baß und schönen, solistischen Aufgaben für die V.

Trio G-Dur KV 496 (1786)

Ausgabe: NMA VIII:22/2
Allegro – Andante – Allegretto (Thema mit Variationen)
Dauer: ca. 27'

Trio B-Dur KV 502 (1786)

Ausgabe: NMA VIII:22/2
Allegro – Larghetto – Allegretto
Dauer: ca. 23'

Trio E-Dur KV 542 (1788)

Ausgabe: NMA VIII:22/2
Allegro – Andante grazioso – Allegro
Dauer: ca. 20'

Trio C-Dur KV 548 (1788)

Ausgabe: NMA VIII:22/2
Allegro – Andante cantabile – Allegro
Dauer: ca. 22'

Trio G-Dur KV 564 (1788)

Ausgabe: NMA VIII: 22/2
Allegro – Andante – Allegretto
Dauer: ca. 18'

Die mit **KV 496** beginnende Werkserie ist gegenüber dem leichtgewichtigen Divertimento KV 254 in jeder Hinsicht anspruchsvoller. Das Vc. emanzipiert sich zur selbständigen Stimme und tritt damit als Partner der V. dem Kl. gegenüber. Die drei Instrumente führen mit zunehmender Werkzahl mehr und mehr ein musikalisches Gespräch gleichberechtigter Individualitäten, in dem das Kl. als der eigentliche Melodieträger jedoch immer ›primus inter pares‹ bleibt. Schon in KV 496 etwa kommt es gleich im 1., schwungvollen Satz zu einem echten Konzertieren zwischen V. und Kl. In **KV 502** beteiligt sich das Vc. erstmals an der musikalischen Verarbeitung des thematischen Materials. Dieses Trio, das in unmittelbarer Nachbarschaft zum ebenfalls im Winter 1786 entstandenen, majestätisch-prunkvollen Kl.-Konzert C-Dur KV 503 steht, besitzt eine geradezu dramatische Latenz. Im Unterschied zu Haydns Kl.-Trios sind diejenigen M.s nicht nur klangvoller, sondern auch konzertanter. Ein Kritiker, William Klenz, hat in ihnen gar »eine Art Kombination von Klavierkonzert und Opernensembleszene« sehen wollen. Wenigstens ist auffällig, daß das intime Kl.-Trio just in jenem Moment M.s Interesse findet, als seine öffentlichen Erfolge als Pianist und damit auch die seit 1784 in dichter Folge entstandenen Kl.-Konzerte versiegen.

Formal folgen alle Kl.-Trios dem üblichen dreisätzigen Schema: Ein einleitender Sonatensatz und ein geistvolles Schlußrondo umrahmen einen empfindsam-melodiösen langsamen Satz. Es spricht für das ausgewogene Formgefühl einerseits, die schöpferische Erfindungsfreude andererseits, daß sich der Komponist nirgends wiederholt – weder in der Mischung der Satzcharaktere noch in deren individueller Faktur und kammermusikalischer Feinarbeit. So durchbricht etwa gleich das Trio G-Dur KV 496 mit einem abschließenden Variationssatz die Regel. In der 4. Variation übernimmt das Vc. schwermütig-beredt die melodische Führung. Eine virtuose Doppelvariation mit Coda beschließt den Satz.

Das der Trias der Meistersinfonien unmittelbar vorausgehende, im Juni 1788 entstandene **Trio E-Dur KV 542** war für den M.-Forscher Alfred Einstein die Krone von M.s Schaffen in dieser Gattung. Bereits die chromatisch akzentuierte Melodieführung des eröffnenden Kl.-Einsatzes signalisiert, daß dem Hörer »mit den strahlenden und gründunklen Ausweichungen nach H-Dur und cis-Moll« (A. Einstein) etwas Besonderes erwartet. Das liedhafte

›Andante grazioso‹ mit seinen harmonischen Finessen atmet eine schon fast Schubertsche Schwermut. Der Schlußsatz, ein Rondo-›Allegro‹ von geradezu ausziseliertem Charme, verklingt ätherisch-schwerelos. Das kaum drei Wochen jüngere Seitenstück in **C-Dur KV 548** hält nicht ganz diese Höhe. Nicht nur die Entstehungszeit und die Tonart verbinden es mit der Jupiter-Sinfonie KV 551. Auch der energische Gestus des Hauptthemas des 1. Satzes und seine ungewöhnlich ernste, ungewöhnlich strenge Durchführung lassen es als die kammermusikalische Skizze des Orchesterwerkes erscheinen. Die »weiche Religiosität« (A. Einstein) des verinnerlichten ›Andante cantabile‹ nimmt schon die resignative Stimmung mancher Werke aus dem Todesjahr 1791 vorweg. Im abschließenden Rondo-›Allegro‹ läßt der Minore-Teil mit seiner schmerzvollen Verdichtung aufhorchen.

Das letzte **Trio G-Dur KV 564**, dessen Vollendung M. am 27. Oktober 1788 in sein *Verzeichnüß* eingetragen hat, gilt als Stiefkind. Lange Zeit hielt man das durch die Ökonomie der Mittel auffallende Stück für eine zum Trio arrangierte Kl.-Sonate. In seiner raffinierten, kunstvollen Einfachheit erinnert es stellenweise an die *Sonata facile* für Kl. KV 545. Weitere Fragmente zeugen für M.s Auseinandersetzung mit der Form. Drei ursprünglich nicht zusammengehörige Einzelfragmente hat Abbé Maximilian Stadler vollendet und als Trio KV 442 veröffentlicht. Insbesondere der geistsprühende, wahrscheinlich aus den Jahren 1790/91 stammende, bis zum Eintritt der Reprise entworfene Schlußsatz mit seinen *Così fan tutte*-Reminiszenzen läßt es bedauern, daß M. nach 1788 nicht mehr zu dieser Kammermusikform zurückgekehrt ist.

Uwe Schweikert

Trio Es-Dur KV 498 (1786)
für Klavier, Klarinette und Viola

Ausgabe: NMA VIII/22/2
Andante – Menuetto – Rondeaux: Allegretto
Dauer: ca. 19'

Das Trio für Kl., Klar. und Va. ist in jeder Hinsicht ein Unicum. Erstens durch die Besetzung: Ein Werk für diese Instrumenten-Kombination gab es bis dahin nicht. Und nicht nur das: Wie beim Quintett KV 452 setzte M. mit dem Trio KV 498 Maßstäbe, die für jeden galten, der zukünftig ein Werk für diese Besetzung schreiben wollte. Zweitens durch die Form: M. hatte zwar schon früher mehrsätzige Werke mit einem (relativ) langsamen Satz am Anfang komponiert, wie z.B. die Kl.-Sonaten Es-Dur KV 282/189g und A-Dur KV 331. Hier aber ist das **Andante** ein vollwertiger Sonatenhauptsatz, zwar ohne Wiederholung der Exposition (was in ›Spätwerken‹ M.s auch eine Ausnahme ist), aber mit einer Durchführung, an der beide Hauptthemen gleichermaßen beteiligt sind. Das zweite Thema wird in der Exposition von der Klar. in B-Dur gespielt, in der Reprise fällt es in Es-Dur der Va. zu. Das heißt nicht nur, daß die beiden Instrumente völlig gleichberechtigt sind, sondern auch, daß das Thema im jeweils günstigsten Register der Instrumente erklingt.

Der Mittelsatz ist ein **Tempo di Menuetto**, mit Betonung auf ›Tempo‹; denn die Ausdehnung und Bedeutung dieses Satzes lassen die Beziehung zum Tanz eher vergessen. Und der Themenreichtum des **letzten Satzes** erinnert mehr an die Salzburger Zeit – etwa an das Finale des V.-Konzertes A-Dur KV 219 – als an die um 1786 geschriebenen sonstigen Rondo-Finali, in denen M. eine Beschränkung der Themenzahl und eine Verquickung mit dem Sonatenhauptsatz anstrebt. Wiederum ein Unicum also!

Obwohl M. vor 1777 die Klar. vereinzelt verwendet hat (KV 113, 166 u. 186), ist der eigentliche ›Auslöser‹ für sein Interesse an diesem Instrument doch wohl die Bekanntschaft mit dem (für damalige Begriffe großen) Mannheimer Orchester gewesen, später verstärkt durch den Kontakt mit dem Klarinettisten Anton Stadler und seinen Kollegen. M. mag beim Konzipieren dieses Werkes zunächst an Stadler für die Wiedergabe des Klar.-Parts und an Franziska von Jacquin als Kl.-Spielerin gedacht haben. Die Bratschenpartie hat er bei der Aufführung sicher selbst übernommen. Die Entstehung des Namen ›Kegelstatt-Trio‹ dagegen gehört mit Sicherheit ins Reich der Legende, die besagt, daß M. das Trio beim Kegeln komponiert hätte.

Divertimento Es-Dur KV 563 (1788)
für Violine, Viola und Violoncello

Ausgabe: NMA VIII/21
Allegro – Adagio – Menuetto. Allegro – Andante – Menuetto. Allegretto – Allegro
Dauer: ca. 55'

M. hat einige Werke geschrieben, die durch äußere Merkmale – Titel, Anzahl der Sätze – auf frühere Kompositionen hinweisen, jedoch dem Stil und dem Charakter nach eindeutig den letzten Schaffensjahren angehören. In gewissem Sinne handelt es sich hier um ›Musik über Musik‹ (dieser Terminus, der auf eine Art von Komposition hinweist, in der sich der Komponist mit einer bereits existierenden Musik auseinandersetzt, scheint von dem Geiger Rudolf Kolisch geprägt worden zu sein). Sowohl *Eine kleine Nachtmusik* KV 525 für Streichorchester als auch das Divertimento KV 563 für Streichtrio spielen durch Titel und Satzzahl auf die Salzburger Zeit an. Denn ›Nachtmusik‹ ist im Grunde dasselbe wie ›Serenade‹. Außerdem war die *Nachtmusik* ursprünglich fünfsätzig: Eines der Menuette ist verlorengegangen. Die Bezeichnung ›Divertimento‹ kommt bei M. sonst in den Werken der Wiener Zeit nicht vor. (Die Bezeichnung der BassettHr.-Trios KV 439b mit Divertimento ist willkürlich; die spärlichen Quellen sprechen nur von ›Pièces‹.) Sie wurde von M. offensichtlich wegen der Anzahl der Sätze gewählt: Genau wie die *Lodronischen Nachtmusiken* enthält es – außer Kopfsatz und Finalrondo – zwei (relativ) langsame Sätze und zwei Menuette.

Allerdings fehlt der gesellschaftliche Rahmen der Salzburger Werke. Das Divertimento verdankt seine Entstehung ausschließlich der Initiative des Komponisten und war nicht zu irgend einem Fest (etwa Namens- oder Geburtstag) bestimmt. Doch es verkörpert ein ›Fest‹ – sowohl für die Spieler als auch für den Hörer. Außerdem ist es ein absolutes Meisterwerk. Die überraschende Modulationskunst M.s erreicht vor allem im 1., 2. und 6. Satz ungeahnte Höhepunkte. Alle kompositorischen Feinheiten, die er sich durch die Komposition der ›Haydn-Quartette‹ (KV 387 usw.) und des ›Hoffmeister-Quartetts‹ KV 499 erworben hatte, sind – scheinbar mühelos – auf das Ensemble von drei Instrumenten übertragen. Diese musizieren völlig gleichberechtigt, vor allem das Vc. übernimmt hervortretende melodische Aufgaben. (Man könnte fast glauben, M. habe schon 1788 von dem Auftrag gewußt, für den preußischen König StrQu.e mit ›solistischer‹ Cellopartie zu komponieren; auf jeden Fall hat er bei der Lösung des Problems von der Erfahrung mit diesem Divertimento profitiert.)

Der **1. Satz** ist, wie in fast allen Kammermusikwerken der Wiener Zeit, ein Sonatenhauptsatz mit einer ›strengen‹, d.h. thematisch-motivischen Durchführung; ein Beweis dafür, daß sich der Titel ›Divertimento‹ vor allem auf die Satzzahl und viel weniger auf den ›Inhalt‹ der Musik bezieht. Das Hauptthema beginnt mit einem harmlosen, absteigenden Dreiklang.

Er eröffnet auch den Durchführungsteil, führt dort aber in kürzester Zeit in die entlegensten Tonarten. Der **2. Satz** (As-Dur) ist ebenfalls auf dem Prinzip des Sonatenhauptsatzes aufgebaut. Gleich zu Beginn erklingt das Dreiklangsmotiv, aufsteigend im Vc.

Das zweite Thema ist im Wesentlichen eine Variante des ersten. Der reich figurierten Exposition folgt eine kurze Durchführung, in der ein dem Hauptthema entlehntes rhythmisches Motiv modulierend verarbeitet wird. Die Coda steigert die Spannung durch eine neuerliche Verarbeitung des Hauptthemas, bis in den letzten vier Takten eine Art Beruhigung erreicht wird.

Das **1. Menuett** hat – schon wegen der ungeraden Taktzahl (Menuett 65, Trio 45 Takte) – mit dem ursprünglichen Tanzcharakter nur noch wenig gemeinsam. Es hat sich zu einem vollwertigen Satz emanzipiert.

Stellte das **Adagio** höchste Ansprüche sowohl an die Ausführenden als auch an die Zuhörer, so scheint das **Andante** es beiden etwas leichter zu machen. Es ist ein Variationensatz in B-Dur, dessen zweiteiliges Thema selber

schon eine Variation in sich birgt: a (8 Takte) – a' (Variation) – b (16 Takte) – b' (Variation). Die zwei darauffolgenden Variationen sind in gleicher Weise aufgebaut. Das Minore verkürzt das Thema auf zweimal 8 Takte; bei den Wiederholungen werden die Stimmen vertauscht, so daß ein streng kontrapunktisches Gebilde entsteht, das eher wie ein Intermezzo denn wie eine Mollvariation wirkt. Die letzte Variation – wie zu erwarten wiederum in B-Dur – verzichtet auf die Wiederholungen, eine 13taktige Coda kompensiert dieses ›Manko‹.

Daß sich Beethoven im *Septett* op. 20 nicht nur im Werkaufbau an M. orientiert hat, sondern sich auch in Einzelheiten an das Divertimento erinnerte, zeigt der Anfang des 5. Satzes (auch bei ihm ein Variationsthema!):

Es ist übrigens nicht ausgeschlossen, daß beide Themen auf eine gemeinsame Volksliedquelle zurückgehen.

Das **2. Menuett** ist nicht weniger ›emanzipiert‹ als das erste, jedoch in anderer Weise. Es umfaßt 28 Takte, die beiden Trios haben 34 bzw. 29, die Coda 23 Takte. Besonders die beiden Trios gemahnen eher an einen Ländler oder Walzer als an das herkömmliche Menuett. Die Tonartendisposition rekapituliert gleichsam die des ganzen Werkes: Menuett Es-Dur, Trio I As-Dur, Menuett Es-Dur, Trio II B-Dur, Menuett und Coda Es-Dur.

Der Anfang des **Finalsatzes** knüpft an die letzten Takte der Coda an:

Es wäre durchaus vertretbar, das **Finale** dem Menuetto ›attacca‹ anzuschließen.

Der Satz zeigt eine für M.s ›Spätwerke‹ bezeichnende Verquickung von Elementen der Rondo- und der Sonatenform. Dem 32taktigen Refrain folgt nach einer Überleitung das übliche Couplet in der Dominante (20 Takte); nach einem Epilog und einer Überleitung folgt die erste Wiederholung des Refrains, dem sich eine höchst interessant modulierende Durchführung anschließt. Die nächste Wiederholung des Refrains fällt aus; es beginnt gleich die Wiederholung des Couplets und schließlich die letzte Wiederholung des Refrains. Für das Verständnis dieses Formverlaufs könnte eine schematische Darstellung hilfreich sein: a (Refrain) – Überleitung – b (Couplet) – a' – Durchführung – b' – a" – Coda. Es braucht wohl kaum betont zu werden, daß ein solches Schema dem äußerst spannenden Geschehen dieses Finales nicht gerecht wird.

Noch drei Jahre später hat sich M. an dieses Finale erinnert, als er 1791 das Lied *Komm, lieber Mai* komponierte, das häufig zu Recht mit dem Rondo des Kl.-Konzerts KV 595 in Verbindung gesetzt wird:

Marius Flothuis

STREICHQUARTETTE

Überblickt man das kammermusikalische Gesamtschaffen M.s, so fällt auf, daß drei Gattungen zumindest der Anzahl ihrer Werke nach einen besonderen Platz einnehmen: die V.-Sonate, das Kl.-Trio und vor allem das StrQu. Von letztgenannter Gattung existieren immerhin 23 oder, nimmt man die drei sogenannten ›Quartett-Divertimenti‹ KV 136–138 (125a–c) hinzu, 26 Werke; damit bildet das StrQu. die von M. mit Abstand am intensivsten bedachte Kammermusikgattung. Chronologisch betrachtet, kann man die 13 (bzw. 16) Frühwerke von den späteren 10 ›berühmten‹ trennen, denn nach intensivster Quartett-Auseinandersetzung in den Jahren 1772/73 vergingen 10 Jahre, bevor sich M. wieder – und nun unter gewandelten Voraussetzungen – dem StrQu. zuwandte.

DIE FRÜHEN STREICHQUARTETTE

Viele Hausmusiker wissen es, nur wenige professionelle Ensembles nehmen es leider zur Kenntnis: Die berühmten, in aller Welt gespielten 10 StrQu.e M.s haben nicht weniger als insgesamt 16 ältere Geschwister – teils wunderbar musikantische, teils grüblerisch-melancholische Quartette des jungen M. Er komponierte sie alle außerhalb der Stadtmauern Salzburgs auf Reisen und zwar in erstaunlicher Konzentration: Die erste Gruppe (KV 155–160) entstand im Zusammenhang mit M.s dritter Italienreise anläßlich der Uraufführung des *Lucio Silla* um die Jahreswende 1772/73, die zweite Gruppe (KV 168–173) nur wenig später während der Sommermonate 1773 in Wien. Diesen musikhistorisch interessanten und durch ihre wahrhaft jugendliche Frische musikalisch reizvollen Werkgruppen gehen drei autograph als ›Divertimento‹ bezeichnete Quartette (KV 136–138/125a–c; 1771/72), die man gut auch chorisch aufführen kann, und das nach dem Entstehungsort sogenannte ›Lodi‹-Quartett KV 80 von der ersten Italienreise (März 1770) voraus (zum ›Lodi‹-Quartett komponierte M. in Wien 1773 einen 4. Satz hinzu).

Über die Entstehungshintergründe dieser 16 Frühwerke können wir nur spekulieren. Gab es einen Auftraggeber? Wurden die Werke überhaupt aufgeführt, und wo und durch wen? Die M.-Korrespondenz, sonst eine so überreich sprudelnde Informationsquelle, enthält dazu kaum Anhaltspunkte. Während man für die ›Wiener‹ Quartette KV 168–173 annehmen will, M. reagiere hier erstmals auf ›Vorgaben‹ Haydns, nämlich auf dessen etwa zur selben Zeit komponierte StrQu.e ›opus 17‹ und ›opus 20‹, und handele zudem im Auftrag eines Mäzens (weder für die eine noch die andere Meinung existieren handfeste Beweise), so scheint sich der ›italienische‹ Zyklus KV 155–160 einer gänzlich banalen Ursache zu verdanken: M.s Langeweile während der Reise. Jedenfalls heißt es in einem Brief Leopolds aus Bozen (28. Oktober 1772): »Der Wolfg: befindet sich auch wohl; er schreibt eben für die lange Weile ein quatro«; gut drei Monate später lapidar: »der Wolfg: schreibt ein Quartetto« (Mailand, 6. Februar 1773). Das klingt weder nach der Absicht, einen sechsteiligen Zyklus zu schaffen und schon gar nicht nach einem Kompositionsauftrag. Und doch könnte M. gegen Ende seines (hinausgezögerten) Mailandaufenthaltes die mittlerweile auf die obligate Sechserzahl angewachsene Serie einem italienischen Gönner verkauft haben, wie man aus einem viel später geschriebenen Brief Leopolds (vom 23. Februar 1787) indirekt entnehmen kann.

Die sechs ›italienischen‹ Quartette KV 155–160 sind allesamt dreisätzig angelegt. Die ideenreiche Erfindungsgabe und souveräne Gestaltungskraft des Siebzehnjährigen setzt in Erstaunen. Man sehe sich nur die bunt gemischten Satzfolgen, Tonartenverhältnisse und Satztypen an: Die frühen Str.-Quartette erweisen sich bereits bei diesen ›Äußerlichkeiten‹ als geradezu demonstrativ experimentierfreudig. M. hat dic sechs Werke in aufsteigenden Quarten angeordnet (die Chronologie hängt damit jedoch entgegen den Köchelzahlen nicht zusammen). Immerhin vier der sechs Werke enthalten einen langsamen Mittelsatz in Molltonalität – stets in unterschiedlichem Verhältnis zur Grundtonart. Zweimal beschließt ein ausführliches ›Tempo di Minuetto‹ die Satzfolge und einmal wird die obligate, aus der neapolitanischen Opernsinfonia abstammende Satzreihenfolge (Schnell–Langsam–Schnell oder Menuett) abgewandelt (KV 159).

In Wien vermutlich mit den großartigen frühen Quartetten Joseph Haydns konfrontiert, erkannte M., daß er mit seinen ersten ›italienischen‹ Versuchen noch nicht die Vielfalt der satztechnischen Möglichkeiten und auch noch nicht alle Ausdrucksbereiche des StrQu.s erprobt hatte. So erweitert er seine daraufhin im Sommer 1773 geschriebenen Quartette KV 168–173 durch die Integrierung eines obligaten Menuetts zur Viersätzigkeit; außerdem verwendet M. erstmals neue Formentypen, wie etwa Fugen (KV 168 und 173), ein Thema mit Variationen (KV 170), einen Kopfsatz mit umrahmendem Adagio-Prolog und Epilog (KV 171) oder serenadenhafte Andantesätze (KV 169, 170, 172). Die überbordende Lebendigkeit der ›italienischen‹ Serie (KV 155–160) weicht durch verstärkten Einsatz polyphoner Satztechniken einer ansatzweise rationaleren Durchdringung des Stimmengeflechts.

Sechs Streichquartette (1782–1785) G-Dur KV 387, d-Moll KV 421 (417b), B-Dur KV 458, Es-Dur KV 428 (421b), A-Dur KV 464 und C-Dur KV 465
Joseph Haydn gewidmete Quartette

Ausgabe: NMA VIII/20/1, Band 2

Einen Eindruck ganz besonderer Art hinterließen bei M. jene sechs StrQu.e Joseph Haydns, die in Wien 1782 bei Artaria unter der Opuszahl 33 erschienen waren. Diese erfüllen in unübertroffener Weise einen idealtypischen Gattungsanspruch, der auf äußerst kunstvolle Durchdringung des gleichberechtigt vierstimmigen Satzes und gleichzeitig auf volkstümlich verständlichen Tonfall zielt. M. verspürte offenkundig eine Herausforderung. Wie Haydn, der seit neun Jahren kein StrQu. mehr komponiert hatte, wollte auch er an frühere Versuche auf diesem Gebiet anknüpfen; allerdings entstand seine neue StrQu.-Serie (KV 387, 421/417b, 458, 428/421b, 464, 465) nicht in einem Zuge, sondern in Etappen von Ende 1782 bis Anfang 1785. Daß er aber von vornherein einen Zyklus von sechs Quartetten anvisiert hatte, daß er deren Qualitätsanspruch von Anfang an hoch taxierte, und darauf brannte, mit den unübertrefflichen Vorgaben Haydns künstlerisch gleichzuziehen, müssen wir aus mehreren Beobachtungen schließen: Zum einen teilte M. in einem Brief vom 26. April 1783 dem Pariser Verleger Sieber mit, er schreibe gerade »an 6 quartetten auf 2 violin, viola und Baßo«, obwohl zu diesem Zeitpunkt einzig das G-Dur-Quartett KV 387 vorlag. Des weiteren führte M. sofort nach Beendigung aller sechs Kompositionen im Januar 1785 seine neue Serie keinem Geringeren als Joseph Haydn persönlich vor, der sich wiederum enthusiastisch Vater Leopold M. gegenüber äußerte: »ich sage ihnen vor gott, als ein ehrlicher Mann, ihr Sohn ist der größte Componist, den ich von Person und den Nahmen nach kenne: er hat geschmack, und über das die größte Compositionswissenschaft«. Schließlich widmete M. den Erstdruck dieser Quartette, den Artaria Comp. (und nicht Sieber) 1785 unter der Opuszahl ›10‹ herausbrachte, nicht etwa einer gesellschaftlich höher gestellten Persönlichkeit, sondern eben dem väterlichen Freund Joseph Haydn. Darin spricht er in ungewöhnlich herzlicher Diktion von ihrer gemeinsamen Beziehung, aber auch von den Mühen, die ihm die Komposition seiner neuen StrQu.e gekostet hätten (»frutto di una lunga, e laboriosa fatica«).

Streichquartett G-Dur KV 387 (1782)

Allegro vivace assai – Menuetto. Allegro/ Trio – Andante cantabile – Molto Allegro
Dauer: ca. 30'

Äußerte sich Haydn über seinen neuen Quartettzyklus op. 33 bekanntlich mit der Charakterisierung, sie seien auf »ganz neue Besondre art« geschrieben (Brief vom 3. Dezember 1781 an den Fürsten von Öttingen-Wallerstein), so trifft diese bedeutsame Wertung zweifelsohne auch auf die »Früchte der langen und mühsamen Arbeit« M.s zu, die sicherlich ihren ganz eigenen Ton haben, aber doch auch gleichzeitig die vollständige satztechnische und geistige Durchdringung der Haydnschen Vorbilder erreichen. Bereits die ersten Takte des **1. Satzes** des G-Dur-Quartetts KV 387, laut autographer Datierung abgeschlossen am letzten Tag des Jahres 1782, zeigen dies: Wir spüren sofort den Willen zur konzentriertesten Formung. Dynamische Kontraste prallen taktweise auf engstem Raum aufeinander, den inhärenten Kräften eines keimartigen Satzbeginns nachspürend und diese offenlegend. Solch spontanes Ausprobieren der kompositorischen Möglichkeiten unmittelbar zu Beginn einer Komposition (und nicht etwa erst in der Durchführung) gemahnt an Joseph Haydn und fehlt bei M. bis zu diesem Werk. Auch das chromatisch herbe und wiederum dynamisch auffällig gestaltete **Menuett** sowie der **Schlußsatz** – eine äußerst komplexe Sonaten-Fugen-Komposition – mögen an das ›Vorbild‹ Haydns erinnern. Doch vor allem im ungemein Sanglichen seiner Themen (allen Sätzen voran das wunderbare **Andante cantabile** in C-Dur) unterscheidet sich M. charakteristisch vom Widmungsträger dieser Quartette; sehr zurecht spricht Alfred Einstein deshalb vom Meister, der vom Meister gelernt habe: »Mozart ahmt nicht nach; er gibt nichts auf von seiner eigenen Persönlichkeit«.

Streichquartett d-Moll KV 421/4176 (1783)

Allegro moderato – Andante – Menuetto. Allegretto/ Trio – Allegretto ma non troppo
Dauer: ca. 27'

Auf das G-Dur-Quartett KV 387 folgend steht das d-Moll-Quartett KV 421 (417b) an zweiter Stelle der Haydn gewidmeten StrQu.e. Wann es genau komponiert wurde, ist nicht klar. Wie das Es-Dur-Quartett (KV 428/421b) ist es nur annäherungsweise entstehungsgeschichtlich einzugrenzen. Aufgrund akribischer Papieruntersuchungen muß man neuerdings davon ausgehen, daß M. an diesen beiden Werken gleichzeitig gearbeitet hat, ja daß sogar das chronologisch dritte Quartett eher abgeschlossen war als das zweite. Gerne wird auch eine Aussage Constanze M.s kolportiert, die immerhin Alfred Einstein für »durchaus glaubwürdig« erachtet; demnach sei das d-Moll-Quartett während ihrer ersten Niederkunft entstanden, was den 17. Juni 1783 nahelegen würde.

In der Publikumsgunst erfreut sich das d-Moll-Quartett besonderer Beliebtheit, zumindest zählt es zu den am häufigsten gespielten M.-Quartetten. Dies rührt sicherlich auch von der unmittelbar packenden, dramatischen Grundstimmung der drei Mollsätze (**1.**, **3.**, **4. Satz**) her, die im F-Dur-Andante (**2. Satz**) allerdings stark kontrastiert wird: dort herrschen eher die leisen, zögerlichen Töne vor. Kraftvoll energisch setzen der Kopfsatz und das harsche Menuett ein. Das Finale, ein Variationensatz feinster Nuancierung, läßt den 6/8tel-Siciliano-Charakter anklingen, steigert sich aber zu einem furiosen Schlußpresto, in dem die im Thema angelegte, stets präsente Repetitionsfigur der 1. V. geradezu explosive Kräfte freisetzt.

Streichquartett B-Dur KV 458 (1784)

Allegro vivace assai – Menuetto. Moderato/ Trio – Adagio – Allegro assai
Dauer: ca. 24'

Das B-Dur-Quartett KV 458, dessen Fertigstellung im eigenhändigen thematischen Werkverzeichnis unter dem 9. November 1784 dokumentiert ist, steht bereits seit den frühesten Ausgaben an dritter Stelle des Zyklus' nach KV 387 und 421 (417b), und auch im Autograph hat M. (nachträglich) die Ordnungsziffer ›III‹ hinter den Titel gesetzt. Dennoch wissen wir, daß es sicherlich chronologisch als viertes Quartett der Reihe entstanden ist. Das B-Dur-Quartett KV 458 greift nicht auf die unerhört dichte Satztechnik und den strengen Tonfall der drei vorausgehenden Quartette zurück, sondern ist mit lockerer, gleichwohl genialer Hand geschrieben. Man spürt die gut eineinhalb Jahre, die zwischen ihm und der ersten Trias der ›Haydn‹-Quartette liegen. Und Leopold M.s Urteil, die drei späteren Quartette (KV 458, 464, 465) des Zyklus seien »zwar ein bischen leichter, aber vortrefflich componirt«, trifft zumindest auf das frische B-Dur-Quartett KV 458 zweifellos zu.

Seinen etwas unglücklichen Beinamen ›Jagdquartett‹ erhielt das B-Dur-Quartett erst in späterer Zeit – wohl aufgrund des wiegenden 6/8tel-Metrums im lebhaften **Kopfsatz**. Die charakteristischen Merkmale der Jagd (etwa ›Hornquinten‹) fehlen jedoch. Sowohl das knappe **Menuett**, wie auch das Trio scheinen nur äußerlich aus symmetrischen Perioden zu bestehen: Die ersten, zu wiederholenden acht Takte des Menuetts unterteilen sich beispielsweise in 3+5, der A-Teil des Trios in 4+6 Takte. Auch die Tonartengleichheit zwischen Menuett und Trio ist nicht gewöhnlich zu nennen. Der schlicht zweiteilig geformte langsame **3. Satz** ist ein »Mirakel« (Joachim Kaiser). In seiner Haltung nahe der Serenadenmusik, entfernt sich dieses Es-Dur-Adagio doch weit von der Sphäre der bloßen Unterhaltung. Welch harmonisch kühner und zugleich berückend schöner Augenblick, wenn die 1. V. in den allmählich aufgebauten Klangteppich der Unterstimmen seinen dissonierenden Vorhaltstons einwebt (T. 14 ff. und 36 ff.),

welch erschreckend hoffnungslose Momente kurz vor Schluß, wenn auf die Pause nach dem offenen Dominantseptakkord (T. 46) herbe Chromatik und ein vielsagender Trugschluß (T. 48) folgt! Wie weggewischt ist das Dunkle, Grüblerische der Es-Dur-Sphäre des Adagios, wenn das rondoartige, rhythmisch so charakteristische Hauptthema des **Finale** anhebt. Es knüpft in seiner scheinbaren Schwerelosigkeit an den Kopfsatz an und weist doch, ohne daß wir es nachdrücklich spürten, kompositorische Raffinessen (Durchführung!) hintergründigster Art auf.

Streichquartett Es-Dur KV 428/421b (1783)

Allegro non troppo – Andante con moto – Menuetto. Allegro/ Trio – Allegro vivace
Dauer: ca. 27'

Das Es-Dur-Quartett KV 428 (421b) beginnt düster und verrät »Gespanntheit (des) Inneren« (Alfred Einstein). Eine seltsame, unterirdische Verwandtschaft zum frühen Es-Dur-Quartett KV 171 fällt sofort ins Ohr: Ein getragenes Unisono, das vom Grundton ausgehend einen leiterfremden Spannungston aufsucht (hier: es-a; in KV 171: es-h, dann es-a), um ihn dann leittongemäß aufzulösen.

Auch der Seitensatz des **Menuetts** läßt an die frühesten Quartettsätze M.s denken: Die kurz gestochenen Noten, die sich so trefflich von der zuvor gehörten Menuett-Derbheit absetzen, sind bereits aus den Trios von KV 169 und 172 bekannt. Und das ungemein witzige, mit allen rhythmischen Finessen spielende **Finale** schließlich kennt seinen Ton durchaus schon aus den Finali der frühen ›Wiener Quartette‹ von 1773, wenn auch dort noch der prägende Esprit Haydns und die gestalterische Kraft weniger greifbar sind.

Kann man also sehr wohl Bezüge innerhalb des gesamten M.schen Quartettschaffens aufzeigen – was übrigens gerne übersehen wird – so lassen sich die hier erreichte satztechnische Gewandtheit, die Ausgewogenheit der vier Stimmen, die Freiheit im Umgang mit den kompositorischen Mitteln, die Vielfalt und Tiefe der Ausdrucksbereiche, die erstaunlichen dynamischen Schattierungen und der schier unerschöpfliche harmonische Reichtum dieses Quartettes freilich nicht mit den Jugendwerken vergleichen. Wo fände man dort ein so sicheres Aufspüren und Ausformulieren kompositorisch fruchtbarer Ideen, ja auch scheinbar unwichtiger ›Überleitungsgedanken‹ (**1. Satz**, T. 20–37), ein solch ironisches, gleichzeitig aber zutiefst nachdenkliches Spiel mit rhythmischen Floskeln (**4. Satz**, vor und in der Coda) oder ein solches spieltechnisches Niveau, das auch das Vc. (1. Satz, Durchführung) und die Va. (Finale) entscheidend umgreift? Somit kann man ohne Schwierigkeit im Es-Dur-Quartett eine wahrhaft reife Frucht dessen erblicken, was in den vierstimmigen Schöpfungen der Jugendjahre unzweifelhaft angelegt war.

Streichquartett A-Dur KV 464 (1785)

Allegro – Menuetto/ Trio – Andante – Allegro non troppo
Dauer: ca. 35'

Das A-Dur-Quartett KV 464 ist am 10. Januar 1785 wenige Tage vor dem letzten der sechs ›Haydn-Quartette‹ in das eigenhändige Werkverzeichnis eingetragen worden. Wenige Monate später ist es als fünftes StrQu. der Joseph Haydn gewidmeten Serie bei Artaria Comp. erschienen.

Vielfach sind die Beziehungen zwischen den Einzelsätzen. Das Hauptthema des 1., 2. und 4. Satzes ist jeweils gleichartig gebaut: Jedesmal wird das Kopfmotiv unmittelbar stufenversetzt in Art einer kurzen Quintschrittsequenz wiederholt, wobei diese Technik in der Folge durch enggeführte Einsätze mannigfache kontrapunktische Kräfte weckt. Bemerken sollte man im **Kopfsatz** die abtaktig gesetzten, oftmals durch alle Stimmen wandernden Oktavsprünge in der Reprise (ab T. 238); sie versuchen, dem elegisch weichen Auftaktgestus des Kopfmotivs kurz vor Schluß Paroli zu bieten. Das **Menuett** führt uns einen kontrapunktischen Reigen höchsten Niveaus vor. Schon nach wenigen Takten kombiniert M. das einprägsame Unisono-Kopfmotiv mit seiner eigenen melodischen Fortsetzung. In der Tat ist das Trio, wie Hermann Abert sagt, eine »von heiterster Laune eingegebene Episode«. Einen der schönsten und elegantesten Variationssätze der Musikgeschichte stellt das **Andante** dar. Das als Abrundung am Schluß nochmals wiederkehrende Thema setzt ganz naiv an:

Doch die Abrundung (an sich ein ›Standard‹ klassischer Variationensätze) kann und will die vorausgehenden sechs Variationen, insbesondere deren letzte, nicht ignorieren, so daß die abschließende Themenwiederholung augenzwinkernd auf vorausgehende Variationsmomente anspielt. Kein Wunder, daß sich Beethoven ausgerechnet diesen Quartettsatz eigenhändig abgeschrieben hat! Das stark chromatische **Finale** zeugt sowohl durch seine Ausdehnung als auch seinen kompositorischen Ernst von außerordentlicher Kenntnis der polyphonen Kompositionsgesetze und läßt dennoch der musikalischen Phantasie des Melodikers M. freien Lauf. Insofern erfüllt es auch eine Forderung Beethovens an die zu seiner Zeit bereits antiquierte Form des strengen Satzes: »Heut' zu Tage muß in die alt hergebrachte Form ein anderes, ein wirklich poetisches Element kommen«.

Streichquartett C-Dur KV 465 (1785)

Adagio. Allegro – Andante cantabile – Menuetto. Allegro/ Trio – Allegro molto
Dauer: ca. 29'

Das C-Dur-Quartett KV 465 bildet den Schlußstein dieser hochbedeutenden Serie. Seinen Beinamen ›Dissonanzen-Quartett‹ erhielt es erst aufgrund einer öffentlichen Kontroverse im späten 19. Jahrhundert, die vom Sinn oder Unsinn der langsamen Einleitung zum **1. Satz** handelte. In der Tat bricht diese wegen ihrer verketteten Vorhaltswendungen, schweifenden Chromatik und unerwarteten Intervallfolgen mit dem konventionellen Tonfall üblicher Eröffnungen. Strukturell betrachtet liegt jedoch nichts anderes vor als die gewöhnliche allmähliche Hinwendung zur offenen Dominante, an die sich das Allegro anschließt. Konzentriert man sich beispielsweise auf den Stimmenverlauf des Vc.s, erkennt man sogleich den logischen Bau des viertaktweisen, chromatischen Abstiegs von der Tonika C zur Dominante G und erfaßt die im Moment des Erklingens scharfen Dissonanzen in ihrer unmittelbar folgenden horizontalen Entfaltung als raffinierte Stimmführung einer engmaschigen Umspielung der jeweiligen Zentraltöne der drei Oberstimmen.

Ist also der törichte Beinamen ohnehin nur auf ein, zwei scharfe Intervallreibungen der ersten Takte zu beziehen, so bleibt anzufügen, daß das Besondere dieser Musik in erster Linie nicht in ihrer auffälligen Harmonik, sondern vielmehr in ihrer meisterhaften Verknüpfung von launiger Spielfreude und satztechnischer Brillanz liegt. In all dem wirkt darüber hinaus ein Ferment, das durch den Hinweis auf rein musikalische Elemente, wie etwa ›sprechende‹ Motive, Stimmkonstellationen und satztechnische Entsprechungen, nicht gänzlich erfaßt werden kann. Wir spüren, daß wir hier als Menschen in unserer tiefen Erlebnis- und Erkenntnisfähigkeit gefordert und befriedigt werden: »Das Menschliche manifestiert sich als Musik« (Rudolf Bockholdt).

Nahezu sinfonisch nimmt sich die Gesamtanlage des Schlußsteins der ›Haydn-Quartette‹ aus. Auf die bereits angesprochene langsame Einleitung folgt ein vergleichsweise ausführlicher Allegroteil, der durchaus nicht im Lyrisch-Gesanglichen seiner Anfangstakte verharrt. Wie im d-Moll-Quartett KV 421 (417b) steht auch hier der langsame Satz in F-Dur. Vielsagend ist er mit **Andante cantabile** (ursprünglich ›Adagio‹!) als einziger aller StrQu.-Sätze M.s überschrieben. Ein sehr nachdenkliches **Menuett** mit Gespür für überraschende Wendungen ist als 3. Satz komponiert; ihm ist ein schmerzhaft sich aufbäumendes c-Moll-Trio angegliedert. Um den ganzen sechsteiligen Quartettzyklus gebührlich zu beschließen, setzt M. ein über 400 Takte zählendes **Allegro**, das in derart erstaunlicher Balance den gefällig-leichten mit dem kunstvoll-durchdachten Ton verbindet, daß uns M.s Bekenntnis seiner »lunga, e laboriosa fatica« während des genußvollen Anhörens gar nicht in den Sinn kommt.

Streichquartett D-Dur KV 499 (1786)

Allegretto – Menuetto. Allegretto/ Trio – Adagio – Molto Allegro
Dauer: ca. 35'
Ausgabe: NMA VIII/20/1, Band 2

Dem StrQu. in D-Dur KV 499, dem sogenannten ›Hoffmeister-Quartett‹ M.s, begegnet man in den Konzertprogrammen auffällig seltener als etwa den sechs Haydn gewidmeten oder den ›Preußischen‹ StrQu.en. Er schrieb es ein Jahr nach dem Erscheinen der sechs ›Haydn-Quartette‹ nieder und damit im bedeutsamen Jahr der großen Kl.-Konzerte und des *Figaro*: 1786. Wir wissen nichts über die Gründe seines Entstehens. Nicht einmal sein Verleger Hoffmeister kündigte dessen Erscheinen öffentlich an.

Das ›Hoffmeister-Quartett‹ wandert souverän auf dem heiklen Grat zwischen ›gelehrt‹ und ›verspielt‹ entlang. Einerseits über die Maßen überlegen und überlegt in seiner Anwendung komplexester Kontrapunktik, andererseits fast bescheiden und zurückhaltend im Ton, witzig sich Motivstücke in allen Stimmen zuspielend.

Schon die Wahl des **Kopfsatz**-Hauptthemas zeigt die spannungsvolle Dialektik auf. Im Unisono stellen uns alle vier Stimmen das schlichte, fallende Dreiklangsmotiv vor, das kaum als prägnantes ›Thema‹ zu bezeichnen ist. Doch verbirgt sich hinter dieser Harmlosigkeit eine satztypische Unruhe, die wohl auch damit zusammenhängt, daß der Grundton des D-Dur-Dreiklangsthemas auffällig gemieden wird. Unter den 10 berühmten StrQu.en M.s folgt nur in drei Fällen, wohl in Anlehnung an die Instrumentalmusik Haydns, das Menuett dem Kopfsatz (übrigens zufälligerweise immer dann, wenn das Hauptmotiv des ersten Satzes auftaktig ist). Das D-Dur-**Menuett** nimmt durch seinen stur auf dem Grundton verharrenden Baß ein wenig den Gestus des bordunhaften Trios des Es-Dur-Streichquintetts KV 614 vorweg. Wie in M.s ›Tempo-di-Minuetto‹-Sätzen der ›italienischen‹ Serie steht das Trio in der gleichnamigen Molltonart. Das außergewöhnlich tiefgründige G-Dur-**Adagio** (es »spricht in noch niemals erhörter Tiefe von gewesenem Leid«, wie sich Alfred Einstein ausdrückt) knüpft mit seinen widerborstig punktierten Rhythmen bei gleichzeitig scheinbar einfachstem 3/4tel-Metrum und einfachster Harmonik wieder an den Eindruck des Kopfsatzes an. Gesteigert wird diese intendierte und meisterhaft zu Ende komponierte Zwiespältigkeit im **Finale**. Immer wieder durch Generalpausen abrupt unterbrochen hören wir triolische Motivfetzen, denen sich nur mühsam das zweite, geradezu sinfonisch anmutende Thema entgegenstellen kann.

Streichquartette D-Dur KV 575, B-Dur KV 589, F-Dur KV 590 (1789/90)

I. Allegretto – Andante – Menuetto. Allegretto/ Trio – Allegretto
II. Allegro – Larghetto – Menuetto. Moderato/ Trio – Allegro assai
III. Allegro moderato – Andante. Allegretto – Menuetto. Allegretto/ Trio – Allegro
Dauer: I: ca. 24'; II. ca. 29'; III. ca. ca. 38'
Ausgabe: NMA VIII/20/1, Band 3

Nur wenige Tage nach Mozarts Tod erschien in der ›Wiener Zeitung‹ eine Anzeige des Verlegers Artaria, in der er »Drey ganz neue konzertante Quarteten, für zwey Violinen, Viole und Violoncello vom Hrn. Kapellmeister Mozart« anbietet. Diese drei – es handelt sich um die StrQu.e KV 575, 589 und 590 – seien »eines der schätzbarsten Werke des der Welt zu früh entrissenen Tonkünstlers Mozart [...], dieses so grossen musikalischen Genies«, welche »nicht lange vor seinem Tode« geschrieben worden seien.

Artaria, der Hauptverleger M.scher Werke zu dessen Lebenszeit, hätte die letzten drei Quartette, wenn es nach dem Willen ihres Urhebers gegangen wäre, gar nicht veröffentlichen sollen. Sie waren auch nicht mehr so taufrisch, wie es die Anzeige Glauben macht, sondern entstanden in der Jahresspanne zwischen Juni 1789 und Juni 1790 – in einer Zeit außerordentlicher finanzieller Sorgen des Komponisten also. Die genaueren Hintergründe des Entstehens der drei letzten StrQu.e lassen sich anhand der Briefe an M.s Logenbruder Johann Michael Puchberg gut verfolgen: M. trug sich nämlich mit der Absicht, einen Zyklus von sechs StrQu.en zu komponieren und sie in Wien auf eigene Kosten bei Leopold Koželuch (1747–1818), versehen mit einer Dedikation an den preußischen König Friedrich Wilhelm II., stechen zu lassen. StrQu.-Musik war seinerzeit geradezu ›en vogue‹, außerdem konnte M., von seiner Reise nach Potsdam und Berlin zurückgekehrt (4. Juni 1789), darauf spekulieren, durch eine Dedikation an den König, der sehr musikliebend war und selbst Cello spielte, weitere Linderung seiner Finanzmisere zu erreichen. (Von einem regelrechten Kompositionsauftrag kann, wie immer wieder behauptet, allerdings nicht die Rede sein.)

Noch im Juni 1789 war das erste der ›Preußischen Quartette‹ (KV 575) vollendet und auch unter dem Vermerk »für Seine Mayestätt dem König in Preußen« in das eigenhändige Werkverzeichnis eingetragen worden. Doch scheint M. allmählich der anfängliche Elan verlorengegangen zu sein. Private Sorgen und wohl auch der hohe Anspruch an sich selbst angesichts einer Gattung, die mittlerweile zum Prüfstein jedes Komponisten geworden war, verzögerten immer wieder den ursprünglichen Plan. Schließlich stellte er innerhalb eines Jahres ›nur‹ drei StrQu.e fertig, und auch aus der beabsichtigten Drucklegung bei Koželuch wurde nichts. Die drängende Geldknappheit zwang M., die Druckrechte dem Verlagshaus Artaria zu erteilen, was ihn zu der bitteren Feststellung veranlaßte: »Nun bin ich gezwungen meine Quartetten (diese mühsame Arbeit) um ein Spottgeld herzugeben, nur um in meinen Umständen Geld in die Hände zu bekommen« (12. Juni 1790). Warum Arta-

ria zögerte, die neuen Quartette (übrigens ohne jede Widmung) sofort auf den Markt zu bringen, kann nicht zweifelsfrei beantwortet werden; vielleicht gab es Absprachen, denn M. hatte die – nicht verwirklichte – Absicht, im Advent 1790 »kleine quartett-suscriptions-Musiken zu geben« (Brief vom 8. Oktober 1790) und dazu wären unbekannte Kompositionen sehr brauchbar gewesen.

Papieruntersuchungen haben ergeben, daß nicht nur das komplette D-Dur-Quartett KV 575, sondern auch der 1. und fast der gesamte 2. Satz des B-Dur-Quartetts KV 589 auf demselben Papiertyp niedergeschrieben sind – ein Papier, das M. nur während seiner Reise nach Potsdam erstanden haben kann. Es liegt deshalb die Vermutung nahe, M. habe schon vor seiner Rückkehr nach Wien am 4. Juni 1789 große Teile des D-Dur- wie auch des B-Dur-Quartetts komponiert; die schöpferische Unterbrechung trat demnach erst in Wien ein. Die Verwendung der beiden anderen Papiersorten, auf denen Mozart das übrige von KV 589 und das vollständige Quartett KV 590 notierte, legt zudem nahe, daß er an beiden Werken gleichzeitig komponierte, wenn er auch das F-Dur-Quartett etwas später abschloß.

Alle drei ›Preußischen Quartette‹ sind viersätzig und enthalten ein Menuett an dritter Stelle. Die Tonartenfolge, bei zyklischer Anlage musikalischer Werke immer interessant zu verfolgen, lautet D-B-F. Ist es nicht eine bemerkenswerte Parallele, daß auch die ersten Quartette, die M. in Folge komponierte, nämlich jene aus der Jugendzeit stammenden drei Quartett-Divertimenti KV 136–138 (125a–c) von Anfang 1772 in der gleichen Tonartenfolge D-B-F stehen? Ein interessanter Rückbezug zu den frühen Quartetten scheint zudem dadurch gegeben, daß das Thema des ersten und auch des 2. Satzes des ersten ›Preußischen Quartetts‹ KV 575 eindeutig auf die melodische Gestik und die klangsinnliche Anlage frühester Quartette zurückgeht.
Welch ein Unterschied aber in der Bewältigung der Aufgabe, vier gleichberechtigte Stimmen zu einer homogenen Einheit zu verschmelzen! Die ungewöhnliche solistische Behandlung der Vc.-Stimme zeigt darüber hinaus, »wie sehr sich Mozart bemühte, den Geschmack des königlichen Cellisten zu treffen« (Ludwig Finscher).

Wolf-Dieter Seiffert

Quintett Es-Dur KV 452 (1784) für Klavier, Oboe, Klarinette, Fagott und Horn

Largo. Allegro moderato – Larghetto – Rondo (Allegretto)
Dauer: ca. 24'
Ausgabe: NMA VIII/22/Abt. 1

Genauso wie das Ob.-Quartett F-Dur KV 370/368b (1781) ist auch das Quintett für Kl. und Bläser ein Unicum in M.s Kammermusikschaffen. Sogar in noch stärkerem Maße, denn höchstwahrscheinlich ist es die überhaupt erste Komposition für diese Besetzung.

M. hatte, als er das Quintett komponierte, gerade die ersten Kl.-Konzerte geschrieben, die er selber als die ›großen‹ bezeichnete und in denen die Blasinstrumente durchaus ›obligat‹ behandelt sind und einen unentbehrlichen Anteil am musikalischen Verlauf haben. Offensichtlich hat ihn die Erfahrung mit den Konzerten – in denen das Kl. ja oft nur zusammen mit den Blasinstrumenten musizierte –auf den Gedanken gebracht, die Streichinstrumente ganz wegzulassen und ein Werk für Kl. und vier Blasinstrumente zu schreiben. Und dann geschieht das Wunder: Es entsteht das Quintett – M. betrachtete es als das Beste, was er in seinem Leben gemacht hatte und war außerdem besonders begeistert über die Aufführung am 1. 4. 1784; leider hat er uns die Namen der vier Bläser vorenthalten – das für jeden Komponisten, der für eine ähnliche Kombination schreiben wollte (wie etwa Beethoven, Nikolai Rimsky-Korsakow, Albert Roussel), zum unumgänglichen Vorbild wurde.

Trotz der Nähe zu den Kl.-Konzerten ist das Quintett reine Kammermusik. Dem ersten Allegro geht sogar eine sehr gewichtige Largo-Einleitung voraus, was in den Kl.-Konzerten nie vorkommt. In der Besetzung fällt die Klar. auf, die M. damals in den Konzerten noch nicht benutzt hatte. Da M. das hohe Niveau der Aufführung besonders hervorgehoben hat, liegt die Annahme nahe, daß dieser Part von Anton Stadler übernommen worden war.

Das **Allegro moderato** ist in mehrfacher Hinsicht ungewöhnlich. Trotz der C-Notierung ist das Grundmetrum nämlich nicht 4/4, sondern 8/8 – was eher für Joseph Haydn als für M. typisch ist. (M.s V.-Konzert KV 211 und das StrQu. KV 421/417b gehören zu den wenigen Werken, deren jeweils 1. Satz ein ähnliches Metrum aufweist.) Die an sich strikt thematische Durchführung ist diesmal kein ›Tummelplatz‹ von interessanten Motivverknüpfungen, sondern eher ein Ruhepunkt nach dem virtuosen Spiel der Exposition, was dann aber mühelos in der Reprise wieder aufgegriffen wird. Das Hauptthema des ebenfalls in einer Sonatenhauptsatzform geschriebenen **Larghettos** ist eine Variante des Notturno KV 437 *Mi lagnerò tacendo* für drei Singstimmen und drei Blasinstrumente, was möglicherweise ein Indiz für die Kompositionszeit von KV 437 ist, dessen Autograph verschollen ist. Der **Larghetto**-Satz fesselt vor allem durch die überraschenden Modulationen in der Durchführung und der Reprise.

Das **Schlußrondo** beweist, wie nahe dieses Werk den Kl.-Konzerten steht: Nach Takt 158 ist eine Kadenz eingeschoben, an der alle Spieler teilnehmen. Sie umfaßt 47 Takte und ist völlig in das musikalische Gewebe integriert.

Marius Flothuis

Quintett A-Dur KV 581 (1789)
für Klarinette, 2 Violinen, Viola und Violoncello

Allegro – Larghetto – Menuetto – Allegretto con Variazioni
Dauer: ca. 30'
Ausgabe: NMA VIII:19/2

»Das Stadlers Quintett«, wie M. sein Klar.-Quintett nannte, ist für den damals renommierten Klarinettisten in der Wiener Kaiserlichen Hof-Musikkapelle Anton Stadler entstanden. Vollendet am 20. September 1789, wurde das Werk wenig später, am 22. Dezember 1789 im Rahmen eines Weihnachtskonzertes der Wiener ›Tonkünstler-Societät‹ uraufgeführt – eine absolute Seltenheit, denn fast alle M.schen Kammermusikwerke erklangen zum ersten Mal im privaten Kreis. Das Quintett für Klar. und StrQu. ist – soweit bekannt – eine von M. ›erfundene‹ Form. Erst Johannes Brahms sollte 1891 in seinem Klar.-Quintett op. 115 auf die gleiche Besetzung zurückkommen.

Als M. sein op. 581 komponierte, gehörte die Klar. – jüngstes Mitglied im modernen Orchester – noch keineswegs zu den ›etablierten‹ Instrumenten. Zudem war ihre Verbindung mit der Gattung StrQu. ohne jedes Vorbild. Diese Tatsache hat M. offenbar besonders gereizt. Außerdem beschäftigte ihn seit 1787 ohnehin die Struktur des fünfstimmigen Satzes. (Fünf seiner sechs Streichquintette sind von 1787 bis 1791 komponiert worden.) Diesen nun in der Kombination von einem Blasinstrument und vier Streichinstrumenten zu realisieren, warf interessante satztechnische Probleme auf. Zwei Klangwelten: Die sangliche, weiche, hochexpressive und dunkel-warm getönte der Klar. und die homogene, ausdrucksstarke des StrQu.s werden miteinander verbunden. Gegenübergestellt konzertieren sie miteinander, ineinander verflochten entsteht ein dichtes kontrapunktisches oder motivisch-thematisch gearbeitetes Gewebe. Dann wieder werden zwei Stimmen durch Oktavierung verdoppelt, wobei die so bewirkte Betonung keineswegs immer die melodische Linie betrifft. M.s Erfindungsreichtum ist unerschöpflich. Und dies auf der Grundlage einer durchaus traditionellen Satzfolge: Ein eröffnender Sonatensatz, der 2. Satz eine ariose Liedform, ein Menuetto (mit zwei alternativ gekoppelten Trios), das mit dem Tanz-Menuett allerdings nur noch den Namen und den 3/4-Takt gemein hat, und einen abschließenden Variationensatz. In ihm präsentiert M. noch einmmal die ganze Spannweite des Ausdrucksreichtums der Klar., von der fröhlichen Unbekümmertheit bis zur gedankenschweren, tragisch überschatteten Nachdenklichkeit.

Ingeborg Allihn

STREICHQUINTETTE
FÜR 2 VIOLINEN, 2 VIOLEN UND VIOLONCELLO

Joseph Haydn soll auf die Frage, warum er denn keine Streichquintette komponiere, sinngemäß geantwortet haben: »Weil ich alles mit vier Stimmen ausdrücken kann«. Bis auf die frühe ›Cassation‹ in G-Dur (Hob. II:2) ist von Haydn tatsächlich kein Werk dieser Gattung bekannt. M. sah das anders. Er komponierte nicht nur als einer der ersten der Musikgeschichte insgesamt sechs Quintette für Streicher (KV 174, 406/516b, 515, 516, 593, 614), sondern schuf mit diesen auch gleich Marksteine ihrer Gattung, deren überragende Meisterschaft mit Ausnahme des C-Dur-Quintetts von Franz Schubert (D 956) wohl nie mehr erreicht wurde.

Das Haydn-Zitat verdeutlicht einen wichtigen Aspekt: Die Geschichte des Streichquintetts hängt untrennbar mit der des StrQu.s zusammen. Erst nachdem sich nämlich das Quartett in der zweiten Hälfte des 18. Jahrhunderts aus mehreren Strömungen immer deutlicher als Gattung etablierte, konnte die Stimmenanzahl erweitert, konnte experimentiert werden. Insofern bedeutet M.s Quintettschaffen die Weiterentwickung eines Prozesses, den Joseph Haydn durch seine Begründung der neuartigen Gattung ›Streichquartett‹ geschaffen hatte. Wir wissen, wieviel M. dem älteren Freund auf dem Gebiet des Quartetts verdankt; seine Streichquintette könnten daher auch als eine Art Befreiung aus diesem übermächtigen Einflußbereich gedeutet werden. Diese Gattung war, abgesehen von Vorgaben kleinerer Meister (Ignaz Holzbauer, Michael Haydn, Josef Mysliveček, Luigi Boccherini), ein weitgehend unberührtes Betätigungsfeld, das sich neueren Forschungen zufolge allerdings bereits in den 1780er Jahren, vor allem in Wien, deutlich auszubreiten begann.

M. hatte, insbesondere in seinen Wiener Lebensjahren, eine starke Affinität zum fünfstimmigen Streichersatz. Nicht jene Besetzung, die er beispielsweise in Boccherinis (2 V., 1 Va., 2 Vc.) oder in Giovanni Battista Sammartinis (3 V., 1 Va., 1 Vc.) Quintetten hätte studieren können, sondern jene heute als Standard zu bezeichnende Besetzung mit zwei V., zwei Va. und einem Vc. wählte er für seine sechs Streichquintette. Dadurch ist die Mittellage kompositionstechnisch besonders differenzierbar, der Klang des Ensembles dunkelt sich ein und bekommt Wärme. Mannigfache Stimmenkombinationen und damit einhergehend natürlich auch mannigfache Klangmischungen ermöglicht diese Zusammensetzung. So scheint es, als böte gerade diese Besetzung das optimale ›Spielfeld‹ für M.s Idealvorstellung kammermusikalischen Komponierens und Musizierens, saugt sie doch Elemente des Duos, des Trios und häufig auch des Quartetts in sich auf. Im Unterschied zum StrQu. werden die fünf Stimmen beständig wechselnd in bestimmte Gruppen zusammengefaßt (z.B. dreistimmiger Ober- oder Unterstimmenverband), Dialoge entwickeln sich zwischen den ›Stimmführern‹ der 1. V. und Va. oder auch zwischen den Außenstimmen. Immer wieder fallen die reizvollen Parallelen in Oktav plus Terz (oder Sext) auf, die nicht zuletzt für den oft sinfonisch anmutenden Anstrich einiger Quintettsätze M.s verantwortlich sind; auch konzertante Elemente können eingeflochten sein.

Wie beim StrQu. liegen auch zwischen M.s ›Kammermusikjahr 1773‹, in dem der Streichquintett-Erstling KV 174 entstand, und der neuerlichen Zuwendung zur Gattung des Streichquintetts etliche Jahre. Erst 1787 wendet er sich dieser Gattung wieder zu; es entstehen in rascher Folge die Streichquintette in C-Dur KV 515 und in g-Moll KV 516 sowie spätestens 1788 das c-Moll-Quintett KV 406 (516b), welches eine Umarbeitung der c-Moll-Bläserserenade KV 388 (384a) von 1782 darstellt. Die beiden letzten Streichquintette M.s, das höchst kunstvolle D-Dur-Quintett KV 593 und das gelassenere, gleichwohl satztechnisch brillante Es-Dur-Quintett KV 614, entstanden im Dezember 1790 bzw. April 1791 – sie bilden gleichzeitig seine spätesten Kammermusikwerke.

Streichquintette C-Dur KV 515, g-Moll KV 516 (1787)

I. Allegro – Andante – Menuetto. Allegretto/ Trio – Allegro
II. Allegro – Menuetto. Allegretto/ Trio – Adagio ma non troppo – Adagio. Allegro
Dauer: I. ca. 35'; II. ca. 38'
Ausgabe: NMA VIII/19/1

Oft wird von der »Trias der drei letzten Sinfonien« (A. Einstein) M.s gesprochen. In merkwürdiger Beziehung zu ihr steht die Gruppe der drei Streichquintette des Jahres 1787. Insbesondere die Polarität der beiden Streichquintette KV 515 und 516 hat ihre kaum zufälligen Entsprechungen in den M.-Sinfonien KV 550 und 551, die etwa ein Jahr später (1788) komponiert wurden. Nicht nur die identischen Tonarten teilen sie sich; die auffälligen Parallelen reichen bis in das Verhältnis der Einzelsätze hinein, betrachtet man etwa die Tonartenkonstellationen, die Takt- und Tempoangaben, ja sogar den Duktus, so daß M. (möglicherweise unbewußt) Bezüge zwischen seinen bedeutendsten sinfonischen und kammermusikalischen Werken hergestellt hat.

Das ungemein weiträumig disponierte C-Dur-Quintett KV 515 – im eigenhändigen Werkverzeichnis steht es unter dem 19. April 1787 – wird von einem etwa 370 Takte weit ausgreifenden **Allegro**-Satz in Sonatensatzform eröffnet (explizit ohne zu wiederholenden zweiten Teil), um sein immer wieder aufklingendes Kopfthema zu etablieren. Dieses besteht aus einer markant gestalteten, aufsteigenden Dreiklangsbewegung des Basses, die von einem mit Doppelschlag verzierten Dreitonmotiv der 1. V. über pulsierendem Akkordteppich der übrigen Stimmen beantwortet wird.

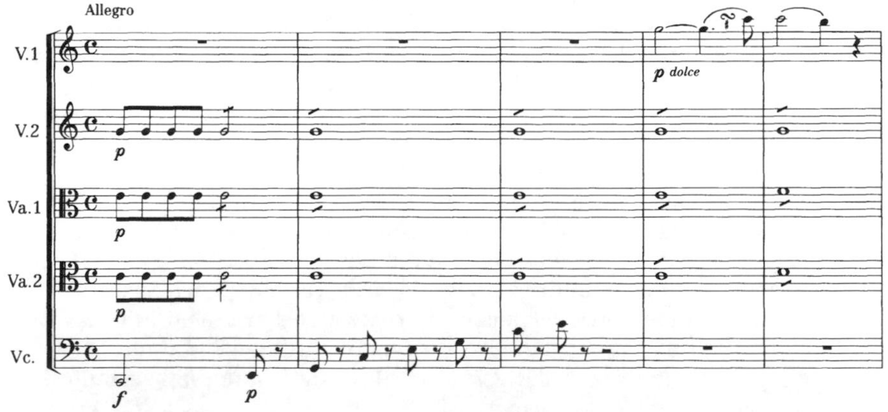

Dieses Frage-Antwort-Spiel der Außenstimmen kehrt sich auch gelegentlich um. Selbst als Hinführung zum Seitensatz (ab T. 69) findet es Verwendung – eine Motivkonzentration, die bei M. nicht allzu häufig anzutreffen ist. Der **2. Satz**, ein durchkomponiert zweiteiliges Andante in F-Dur, das zunächst von M. mit ›Larghetto‹ überschrieben war, überträgt nicht den Außenstimmen, sondern der jeweils 1. V. und Va. die Führung. Zwar erreicht dieses F-Dur-Andante nicht die Ausdruckstiefe des langsamen Satzes des g-Moll-Quintettes, doch besticht allenthalben der sorgfältig auf klangliche Ausgewogenheit hin konzipierte fünfstimmige Satz. Eine Technik, die sich bei M. nicht in den zehn großen StrQu.en findet (taktweise Anklänge wie in den Finali aus KV

458 und 465 oder im Menuett aus KV 464 ausgenommen), sondern ihre Wurzel vielmehr eindeutig in den frühen StrQu.en (und auch im frühen Streichquintett KV 174) hat, verwendet das unsymmetrisch (4+6 Takte) komponierte **Menuett**: Gemeint ist die auffällige Koppelung von Nachbarstimmen, die versatzartig verflochten sind. Auch das Trio greift mit seinem charakteristischen Septsprungmotiv auf früheste StrQu.-Erfahrungen zurück. Das überaus inspirierte **Rondofinale**, das als Ritornell-Thema eine zwar schlichte, aber im Laufe der 539 Takte (!) immer wieder harmonisch verschieden gedeutete Melodie »zweiter Naivität« (Alfred Einstein) nutzt – einen köstlichen Einfall stellt die kurz vor Ende zwischen zwei Generalpausen gesetzte chromatische Verunsicherung dar –, beendet das wohl bekannteste Streichquintett M.s.

Das g-Moll-Streichquintett KV 516 gilt zusammen mit seinem Schwesterwerk als Vorbild und Prüfstein dieser Gattung. Im eigenhändigen Werkverzeichnis trägt es das Datum 16. Mai 1787, ist also in unmittelbarer Nachbarschaft zum *Don Giovanni* entstanden. Von »Melancholie, von Depression und Pessimismus, [...] vom Gebet eines Einsamen, vom Garten Gethsemane, von Schwermut und hoffnungsloser Tragik, und dann – in Bezug auf das Finale – von der Überwindung des Leides durch die Heiterkeit« (Ernst Hess) wird immer wieder in seinem Zusammenhang gesprochen. Doch außermusikalischen Deutungen großer Musik haftet stets der Beigeschmack des Gesuchten an, des Unvermögens, in das Innere eines Werkes zu blicken. Die paraphrasierenden Bilder lassen das Unergründliche bestenfalls intuitiv erahnen, keinesfalls aber konkret fassen. Daß man es hier mit einem »Bekenntniswerk höchstpersönlicher Art« (Rudolf Gerber) zu tun hat, spürt man jedoch zweifellos Takt um Takt.

Jeder einzelne Satz weist seinen eigenen, einzigartigen Charakter auf. Dennoch schließt sich das Streichquintett in g-Moll aufgrund häufig verwandter Motive (vor allem chromatisch abfallende Skalen) zu einem homogenen Gefüge überzeugend zusammen. Der **1. Satz** ist herb und in strenger Sonatensatzform gegossen. Alle Kombinationen der gemeinsamen und gegensätzlichen Stimmführung werden ausgekostet. Das **Menuett** wirkt zerrissen und aggressiv; weit gespannte, vorwärtstreibende Melodiebögen werden brutal von massiven Akkorden immer wieder gestört, die noch dazu an metrisch ungewöhnlicher Stelle (›3‹ des Taktes) stehen, so daß der Fluß ständig ins Stocken gerät.

Nur für einen kurzen Moment kann sich die 1. V. kantabel entfalten. Der **3. Satz**, das Adagio ma non troppo, steht in Es-Dur und wird durchweg sordiniert. Er ist durch häufiges Innehalten, durch ein abgeklärtes ›zur-Ruhe-kommen‹ gekennzeichnet. Nach einer ausgedehnten langsamen Einleitung (g-Moll) bricht sich das bewegte, verhalten fröhliche 6/8tel-Thema des **4. Satzes** Bahn und beschließt beschwingt das Meisterwerk.

Streichquintett c-Moll KV 406 (516b) (1787 oder 1788)

Allegro – Andante – Menuetto in canone/ Trio in canone al roverscio – Allegro
Dauer: ca. 23'
Ausgabe: NMA VIII/19/1

Die Tatsache, daß M. 1787 (spätestens 1788) seine gut fünf Jahre zuvor komponierte Bläserserenade c-Moll (KV 388/384a) ausgerechnet für Streichquintett-Besetzung (KV 406/516b) neu einrichtete, wirft nicht nur ein helles Licht auf die Bedeutung, die M. gerade dieser Besetzung zumaß, sondern auch auf die Bläserserenade selbst. Kaum wird man sie dem Titel gemäß (›Serenade‹) als Gelegenheitsständchen oder Unterhaltungsmusik bezeichnen. Dagegen sprechen offenkundig die düstere Tonart, die satztechnische Strenge vor allem des 1. und 3. Satzes und das Fehlen eines zweiten Menuett/Trio-Paares. So war es nur konsequent, daß M. sein geheimnisvolles Bläserwerk durch Wechsel der Instrumente aus dem Ambiente der Freiluft in die von vornherein intendierte musikalische Kammer der ›Kenner und Liebhaber‹ übertrug.

Gleich zu Beginn des **1. Satzes**, wenn die Instrumentenpaare in feierlichem Ernst unisono die aufsteigenden Töne des Moll-Dreiklanges intonieren, bleibt wenig von der zu erwartenden Heiterkeit der ursprünglichen Gattungsbezeichnung übrig. Seltsam zerklüftet, immer wieder durch grübelnde Pausen unterbrochen und ohne rechten harmonischen Halt wird diese Stimmung über 40 Takte hin bis zum Einsatz des sanglichen Es-Dur-Seitensatzes beibehalten. Wunderbar, wie hier zunächst die 1. V., dann die sich hinzugesellende 1. Va., schließlich Violinen und Violen gemeinsam das lyrische, drängende Thema vorführen. Waren im 1. Satz die Kräfte gleichsam gesammelt und in der Durchführung gespalten und entladen worden, so herrscht im **Andante** überwiegend friedvolle Ruhe in sanftem Siciliano-Rhythmus, die kurz vor der Reprise durch ständig wechselnde Klangkombination vorübergehend in eine harmonische Krise gerät. Was sich in der Durchführung des 1. Satzes bereits andeutet, wird im **Menuett** und Trio nun deutlich ausgespielt. Schon die Satzüberschriften ›Minuetto in Canone‹ sowie ›Trio in Canone al rovescio‹ (Menuett im Kanon – zwischen den Außenstimmen – und Trio im Kanon mit seiner Umkehrung – zwischen beiden V.) verdeutlichen den kompositorischen Anspruch und die damit einhergehende kammermusikalische Qualität. In welcher Serenade hätte es jemals zuvor solche Kontrapunktik gegeben? Die Streichquintett-Fassung scheint jene gewagten Künste nachträglich zu legitimieren. Das **Finale**, formal gesehen ein erweiterter Allegro-Variationensatz, faßt nochmals alle Möglichkeiten des instrumentalen, fünfstimmigen Apparats hinsichtlich des Virtuosen und Verspielten, des eruptiven Kraftausbruchs und der zärtlichsten Reduktion, der tonalen Beziehungen und der formalen Gliederung, kurz: der gesamten Skala des ›Wiener klassischen Stils‹ zusammen. Wie das g-Moll-Quintett endet dies unerhörte Meisterwerk – allerdings erst kurz vor Schluß – im versöhnlichen Dur-Akkord des lieto fine.

Streichquintette D-Dur KV 593, Es-Dur KV 614 (1790 und 1791)

I. Larghetto. Allegro – Adagio –Menuetto. Allegretto/ Trio – Allegro
II. Allegro di molto – Andante – Menuetto. Allegretto/ Trio – Allegro
Dauer: I. ca. 31'; II. ca. 28'
Ausgabe: NMA VIII/19/1

Darf man von ›Altersweisheit‹ bei M. sprechen? Hinsichtlich ihrer fast erdrükkend makellosen Qualität sind die beiden letzten Kammermusikwerke M.s nur noch mit den beiden Kl.-Konzert-›Nachzüglern‹ KV 537 und 595 oder mit dem Klar.-Konzert KV 622 vergleichbar. Und doch zeigen die Streichquintette KV 593 und 614 einen zukunftsorientierten Zug zum Experimentellen, zum Ausprobieren neuer Verknüpfungs- und Verdichtungstechniken (Ludwig Finscher).

Das D-Dur-Quintett KV 593 ist von bewundernswürdiger gestalterischer Kraft und formaler Disposition. Es wird durch eine **Larghetto**-Einleitung eröffnet, die als Epilog nach den mannigfachen Ereignissen des **Allegro**teils unverhofft wieder auftaucht. Dies mag ein wenig an die berühmte Einleitung des ›Dissonanzen‹-Quartetts (KV 465) erinnern, knüpft aber an den viel früher entstandenen Es-Dur-Kopfsatz KV 171 an, wo ebenfalls die Einleitung als Schlußstein Verwendung findet. Auch im **Adagio** werden wir erst allmählich an das musikalische Zentrum herangeführt: Breit wird nämlich zunächst die zugrundeliegende Tonart G-Dur aufgestellt, bis nach 15 Takten das unendlich sehnsuchtsvolle Dreiklangsmotiv über in Triolen pulsierenden Mittelstimmen anhebt.

Ähnlich dem Kopfsatz des C-Dur-Quintetts korrespondieren über weite Strekken das Vc. und die 1. V. miteinander; sie geraten dabei selbstvergessen in harmonisch überraschende Gebiete. Obgleich das folgende **Menuett** im wesentlichen gerade periodisiert ist, fällt es schwer, den satztechnischen Raffinessen hörend auf der Spur zu bleiben. Hauptgrund dafür ist M.s eindeutiges Bestreben, einerseits durch metrisch unerwartete Akzente, andererseits durch verschoben einsetzende Imitationsstimmen den zugrundeliegenden Dreiertakt zu verunklaren. Selbst die ›Begleitstimmen‹ erfaßt dies intrikate Spiel von Anfang an. Das in derselben Tonart stehende **Trio** ist hingegen nahezu regelmäßig gebaut. Serenadenton sowie geruhsamer Frage- und Antwortwechsel zwischen den Außenstimmen verleihen der an sich harmlosen zwei-oktavigen Dreiklangsfigur friedfertige Anmut. Eine Kuriosität der Rezeption bietet das rasche 6/8tel-**Finale**. Sein Kopfmotiv wird in allen vor der NMA liegenden Editionen stets entstellt wiedergegeben (und ist deshalb in vielen Einspielungen falsch zu hören!): Die chromatisch fallende Linie, die den Verlauf des kompositionstechnisch höchst abwechslungsreich und überlegen gestalteten Satzes wesentlich prägt, ›korrigierte‹ eine unbekannte Hand im Autograph zu einer leichter auszuführenden aber doch wohl plumperen Form, die lange Zeit als autorisiert galt. Wie auch im Rondofinale seines letzten Streichquintetts stellt M. demonstrativ dem beschwingt dahineilenden Hauptmotiv fugierte Abschnitte entgegen, die deutlich machen, welche Kluft zwischen den üblicherweise als unbeschwerter ›Rausschmeißer‹ konzipierten Finali und der Kompositionsweisheit des späten M. besteht.

In Anspielung an das ›Jagd‹-Quartett (KV 458) könnte man M.s letztes Streichquintett in Es-Dur KV 614 durchaus als ›Jagd‹-Quintett bezeichnen. Das Hauptmotiv des **1. Satzes** stützt sich ebenso wie im Quartett auf die charakteristischen ›Hornquinten‹ (in den Va.) und bewegt sich munter im auftaktigen 6/8tel-Rhythmus. Nur für einen kurzen Moment (T. 39 ff.) erscheint das ohnehin sehr verwandte zweite Thema dieses Sonatensatzes, dann bricht sich schon wieder das allgegenwärtige Jagdmotiv mit seinen störrischen Trillern auf der ersten und vierten Zählzeit Bahn. Die zunächst sinfonisch auftrumpfende Durchführung spaltet im wesentlichen die markante Trillerfigur ab und beleuchtet sie von allen nur denkbaren Seiten. Erst die demonstrativ (forte, Oktavierungen, Imitationen) antithetisch angelegte Coda entscheidet, daß der Triller auf der Takt-Eins und nirgend sonst zu sitzen habe. Einen nicht als solchen bezeichneten Variationssatz bildet das unnachahmlich M.sche **Andante**. Sein graziös schreitendes Thema läßt in keiner Weise die ideenreichen Abwandlungen erahnen, die es in der Folge durchwandert. Ursprüngliche Begleitfloskeln, wie etwa die bis zum Schluß (Vc.!) sich haltende Schleiferfigur, nehmen plötzlich den Rang eines veritablen Themas ein, Imitationen verunsichern die metrische Stellung, ein breiter Es-Dur-Mittelteil nimmt teilweise orchestrale Klangfarben an. Ein Mozart-Wunder! Wie im D-Dur-Streichquintett stehen im Es-Dur-Werk **Menuett** und Trio ungewöhnlicherweise in derselben Tonart. Besonders das bordunartige Trio mit führender V., ab und an parallel gehender Va. und nahezu ausschließlich auf dem Grundton verweilenden Baß verdient unsere besondere Würdigung, weil sich auf subtile Weise Begleit- und Oberstimmenkomplex kaum spürbar metrisch verschieben und so das scheinbar harmlose Äußere (sehr ähnlich in der Gestik ist das Trio II der *Gran Partita*) in Wahrheit als Komposition hintergründigster Art entpuppt. In unübersehbarer Variabilität tritt uns nahezu ununterbrochen das fallende Fünftonmotiv des **Finales** entgegen. Sogar mit einem gegenläufigen Kontrapunkt wird es fugiert. Dabei handelt es sich gar nicht um einen herkömmlichen Variationssatz, sondern um die glückliche Symbiose von Rondo- und Sonatensatzanlage, die nur aufgrund der Allgegenwart des Themas verschleiert wird. Erst die letzten vier Takte des Satzes lösen die charakteristische harmonische Spannung des achttaktigen Themas, dessen Mittelzäsur hier nicht mehr (wie zuvor immer) auf einem weiterleitenden Sekundakkord endet, sondern in einfachem Kadenzvorgang vollgültig schließt.

Wolf-Dieter Seiffert

Conlon Nancarrow

geb. am 27. 10. 1912 Texarkana (Arkansas/USA); gest. Mitte August 1997 Mexiko-City. Nach musikalischer Ausbildung am Cincinnati-Konservatorium in Ohio (1929–1932) Trompeter bei verschiedenen Jazzbands. Ab 1932 am Malkin-Konservatorium Boston Orchesterleitung-Studium bei Arthur Fiedler, privater Kompositionsunterricht bei Nicolas Slonimsky, Walter Piston und Roger Sessions. Gelegentliche Arbeit als Orchesterdirigent und Trompeter in Orchestern, Komposition von Theatermusik und einigen Instrumentalwerken. 1937–1939 Teilnahme am Spanischen Bürgerkrieg, 1940, nach Entzug der amerikanischen Paßrechte, Ansiedlung in Mexiko, 1956 mexikanische Staatsbürgerschaft. Kompositorische Arbeit in jahrzehntelanger Isolation, erst Anfang der 80er Jahre einem breiteren Publikum bekannt und in den USA wie in Europa als »die größte Entdeckung seit Webern und Ives« (György Ligeti) gefeiert.

Werke f. 2 Instr.: Toccata f. V. und Kl. (1935) – Werke f. 3 Instr.: Sarabande and Scherzo f. Ob., Fg., Kl. (1930); Trio f. Klar., Fg., Kl. (1942); Trio Nr. 2 f. Ob., Fg., Kl. (1991) – Werke f. 4 Instr.: String Quartet No. 1 (1945); String Quartet No. 3 (1987) – Werke f. 7 Instr.: Septet f. Klar., Sax., Fg., Kl., V., Va, Kb. (ca. 1939).

Verlag: Smith Publications (Sonic Art Editions) Baltimore; C. F. Peters Frankfurt/M., New York.

Wie die anderen Einzelgänger unter den amerikanischen Komponisten, Charles Ives, Henry Cowell und Harry Partch, hat auch C. N. der Musik des 20. Jahrunderts wichtige Impulse vermittelt. Diese liegen in der Entwicklung des Zeitfaktors zu einem der Melodie und Harmonie gleichwertigen, wenn nicht gar überlegenen Kompositionselement. Nachdem die Aufführung seiner frühen Stücke teils an deren Schwierigkeit gescheitert, teils durch seine Übersiedlung nach Mexiko unmöglich geworden war, wandte sich N. Mitte der 40er Jahre, einem Hinweis in Henry Cowells *New Musical Resources* (1930) folgend, dem ›Player Piano‹ zu. Dieses von einer gelochten Notenrolle selbsttätig spielende Kl. machte ihn jedoch nicht nur unabhängig vom Interpreten. Wie vor ihm vereinzelt Igor Strawinsky, Paul Hindemith, Ernst Toch, George Antheil u. a. nutzte N. das ursprünglich zur Reproduktion eingesetzte Instrument für Originalkompositionen, die er selbst in die Rollen stanzte. Dabei entwickelte er einen neuen Kompositionsstil, ermöglichte das automatische Kl. doch Folgen und Schichtungen von Tönen, Akkorden und Stimmen, weite Sprünge sowie komplizierte Rhythmen, die auszuführen weit über die Kapazitäten eines menschlichen Spielers hinausgehen, schon gar nicht in der von N. gewünschten Präzision und Geschwindigkeit. Charakteristisch für dessen ›Player Piano-Stücke‹ sind ferner schnelle Taktwechsel und Temposchwankungen, abrupte, graduelle oder kontinuierliche Veränderungen der Geschwindigkeit sowie unterschiedliche simultane Zeitabläufe in den einzelnen, zumeist kanonisch geführten Stimmen, die zu einer erweiterten Polyphonie mit (nun auch) unabhängigen rhythmischen, metrischen und/oder temporalen Prozessen führen. Vorbilder und Einflüsse waren neben Cowells theoretischer Schrift Johann Sebastian Bach und Igor Strawinsky sowie zentralafrikanische Trommelmusik und der Jazz.

N.s übrige Kompositionen – zu denen außer der o.a. Kammermusik auch einige Kl.- und Orchesterwerke gehören – entstanden in zwei Perioden: vor der 1. *Study for Player Piano* (1949) und zu Beginn der 80er Jahre, als Folge des späten Ruhmes, der das Interesse an aufführbaren Partituren weckte. Diesem Umstand sind auch einige Bearbeitungen früher ›Studies‹ für diverse Instrumentalensembles zu verdanken. Der Vorteil dieser Werke (einschließlich der Transkriptionen) liegt in erster Linie in ihrem größeren Klangfarbenspektrum, andererseits ist ihre Faktur vergleichsweise weniger avanciert als die der Studies. Gleichwohl gibt es eine direkte Verbindungslinie: Während die frühen Instrumentalstücke den späteren ›Player Piano-Stil‹ vorbereiten, übertragen die nach 1980 entstandenen jenen auf das traditionelle Instrumentarium.

Toccata (1935) for Violin and Piano

ohne Satzbezeichnung
Dauer: ca. 1'30''
Verlag: New Music«-Edition, hrsg. von Henry Cowell, ED 1938

Ein Beispiel für die Vorbereitung von C. N.s späterem ›Player Piano-Stil‹ ist die 1935 komponierte und 1938 zusammen mit *Prelude + Blues* für Kl. (1935) in Henry Cowells ›New Music‹ Edition gedruckte Toccata for Violin and Piano. Mit ihrer Kanontechnik, ihren gespreizten, weit auseinanderliegenden Intervallen und schnellen ostinaten Bewegungsformen verweist sie schon auf den späteren Kompositionstil; mit den harten, aggressiven Doppeltönen der V. und vor allem den Sechzehntelrepetitionen der rechten Hand des Kl. zugleich auf den motorischen Stil jener Zeit. Das eröffnende ›e'''‹ wird im Kl. 200mal in die Tasten gehämmert, bis es in einem fff-Glissando gleichsam explodiert, am Ende, bis zum abrupten sfffz-Absturz, noch häufiger, wobei es nun in einer für N. charakteristischen Schlußsteigerung von der V. unterstützt und durch Oktaven und andere Zusatztöne verstärkt wird. Eine veritable ›Toccata‹! Daß trotzdem nicht der Eindruck von ›Maschinenmusik‹ entsteht, ist den Synkopen und unregelmäßigen Akzenten der auch das Fünftolen-Laufwerk im mittleren Abschnitt begleitenden Akkordbewegungen zu verdanken, die an N.s Herkunft vom Jazz erinnern.

Da der Kl.-Part mit seinen Tonrepetitionen nicht präzise genug in dem vorgeschriebenen Zeitmaß ›molto presto‹ – ›as fast as possible‹ zu realisieren war, hat N. ihn später für Player Piano bearbeitet. So stellt das Stück eine besondere Herausforderung für den Geiger dar, dessen Virtuosität sich nun mit einem Automaten messen kann.

Streichquartett No. 1 (1945)

Allegro molto – Andante moderato – Prestissimo
Dauer: ca. 11'
Verlag: Smith Publications Baltimore

Obgleich N. in seinem 1. StrQu. (1945) etwas mehr Rücksicht auf die Spielbarkeit nimmt, ist das Werk vom ungarischen Léner-Quartett, dem seinerzeit die UA in Mexiko anvertraut worden war, nie einstudiert worden. Desillusioniert bezüglich der Fähigkeiten damaliger Instrumentalisten, hat N. danach über dreißig Jahre lang nur noch für das automatische Kl. komponiert und auch den 1. und 3. Satz dieses StrQu.s später für Player Piano umgeschrieben. Erst 1982 wurde es in der originalen Version aufgeführt und gehört heute ins Repertoire mehrerer Ensembles.

Dabei enthält das dreisätzige Werk mit seinen Kanons und Anklängen an klassische Formen durchaus Traditionelles. Darüber hinaus lassen sich Bezüge zur europäischen Moderne ausmachen, so im Gebrauch verschiedener Streichertechniken und in der ›pantonalen‹, eher diatonischen als chromatischen Tonsprache zu Béla Bartók, im raschen Taktwechsel, den unregelmäßigen Akzenten und Polyrhythmen zu Igor Strawinsky. Noch recht konventionell ist der **1. Satz,** in dem eine von mehreren Kanons durchsetzte Sonatenform angedeutet ist, dergestalt, daß der 1. Kanon am Schluß reprisenartig auftaucht. Auch der **2. Satz** ist auf der Kanontechnik aufgebaut, verbindet diese jedoch mit einer weitschweifigen, in freier, asymmetrischer Rhythmik gehaltenen Melodie, die nacheinander in allen Stimmen gespielt und am Anfang und am Schluß vom pizzicato des Vc.s auf den schwachen Taktteilen nach Art des Jazz' grundiert wird. Dagegen entfaltet der rondoähnliche **3. Satz** eine rhythmische Energie und Komplexität, die direkt auf das Player Piano zielt. Auch er enthält mehrere Kanons, einschließlich Engführungen und Umkehrungen, ferner Polyrhythmen, in deren Verlauf die Stimmen sich unabhängig machen, bis sie gegen Ende in verschiedenen Tempi laufen (am spürbarsten ab Ziff. 24). Der Schluß, ein achtstimmiger Kanon, bei dem jedes Instrument gleichzeitig zwei Stimmen spielt, bis sich die angestaute Spannung in einem kurzen Zitat des leichtfüßigen Refrains entlädt, offenbart einmal mehr N.s formale Gestaltungskraft.

Streichquartett No. 3 (1987)

Verlag: Smith Publications Baltimore
Dauer: ca. 13'10''
1. Satz (72) – 2. Satz (50) – 3. Satz (92)

Das (nach dem unvollendet gebliebenen 2.) 1987 komponierte StrQu. No. 3, ein Auftragswerk des WDR für das Kölner Festival ›Musik und Maschine‹ (Okt. 1988) und eines der ersten Instrumentalwerke nach N.s langjähriger ausschließlicher Beschäftigung mit dem Player Piano, stellt selbst Spezialisten der zeitgenössischen Musik vor ungewohnte Schwierigkeiten. Denn in diesem dreisätzigen Werk gibt es nicht nur exakt einzuhaltende Tempoangaben. Alle drei Sätze basieren zudem auf Tempo-Kanons in der Relation 3 : 4 : 5 : 6, d. h., daß die vier Stimmen nacheinander das gleiche melodische, wiederum als ›pantonal‹ zu bezeichnende Material spielen, diesmal aber permanent in unterschiedlichen Geschwindigkeiten. So beginnt im **1. Satz** (Measure 72) das Vc., im Oktavabstand gefolgt von der jeweils etwas schnelleren Va. und 2. V., bis die 1. V. das Thema im doppelten Tempo spielt. Der langsamere **2. Satz** (Measure 50) bringt die Einsätze in der umgekehrten Richtung, von oben nach unten, um – ebenso wie im 1. Satz – in der gleichen Weise wie er begonnen hat zu enden. Isolierte Flageolettöne im pizzicato verleihen ihm einen gleichsam ›entrückten‹ Ausdruck. Dagegen knüpft der sehr rasche **3. Satz** (Measure 92) mit seinen Trillern und Glissandi, Arpeggien und Aggregaten wieder sehr stark an den ›Player-Piano-Stil‹ an. Seine Stimmeneinsätze folgen dem 1. Satz, und ebenso wie dort – und in abgeschwächter Form auch im 2. Satz – geht es um Tempokomposition. Daher erfolgt die Schlußsteigerung, die nach einer an den 2. Satz erinnernden Flageolett- und Pizzicato-Passage mit anschließender Generalpause beginnt, hier denn auch nicht mittels Zunahme von Lautstärke oder Stimmenzahl, sondern über ein vierfach abgestuftes Accelerando, das sich in kanonisch geführten Trillern und Glissandi artikuliert, bis alle vier Stimmen auf einem Ton und Schlag enden.

Monika Fürst-Heidtmann

3. Satz (Measure 92)

Carl Nielsen

geb. 9. 6. 1865 Nørre Lyndelse/Fünen; gest. 3.10. 1931 Kopenhagen. 1874 Eintritt in die väterliche Musikkapelle als 2. Geiger; 1879–1883 Altposaunist in der Odenser Militärkapelle; 1884–1886 Studium am Königlichen Konservatorium Kopenhagen (V. bei dem Joachim-Schüler Valdemar Tofte, Musikgeschichte bei Niels W. Gade, Theorie bei J. P. E. Hartmann und Orla Rosenhoff); 1890/91 Bildungsreise nach Deutschland, Frankreich und Italien; 1891 Heirat mit der Bildhauerin Anne Marie Brodersen; 1889–1905 2. Geiger im Orchester des Hoftheaters Kopenhagen; weitere Reisen u.a. nach Berlin und Wien (Treffen mit Johannes Brahms 1894); ab 1902 vermehrtes Auftreten als Dirigent der Hofkapelle mit eigenen Werken, 1908–1914 2. Kapellmeister der Hofkapelle; ab 1912 häufig Dirigent eigener Werke in In- und Ausland; 1915–1927 Dirigent von ›Musikforeningen‹ (Musikverein), Kopenhagen; 1918–1922 ständiger Gastdirigent in Göteborg; ab 1915 Mitglied des Direktoriums, 1916–1919 Dozent für Theorie und Komposition, 1931 Direktor des Königlichen Konservatoriums Kopenhagen.

Werke f. 1 Instr.: Polka f. V. A FS 1(1874); Tre Kompositioner for Langeleg (Drei Kompositionen für Langeleg) FS 77 (1916); *Børnene spiller* (Die Kinder spielen) f. Fl. FS 94 (1920); Præludium og Tema med Variationer (Präludium und Thema mit Variationen) op. 48 f. V. FS 104 (1923); Preludio e Presto f. V. FS 128 (1927/28) – Werke f. 2 Instr.: Fantasistykke (Fantasiestück) f. Klar., Kl. B FS 3 (1883); Romance f. V., Kl. op. 2 FS 8 (1889, Arr. 1892); Fantasistykker (Fantasiestücke) op. 2 (Romance, Humoresque) f. Ob., Kl. FS 8 (1889); Sonate f. V., Kl. Nr. 1 A op. 9 FS 20 (1895); Sonate f. V., Kl. Nr. 2 g FS 64 (1912); *Taagen letter* (Der Nebel steigt) f. Fl., Hf. FS 94 (1920); *Tro og håb spiller* (Glaube und Hoffnung spielen) f. Fl., Va. FS 94 (1920); Vocalise-Etüde f. Stimme, Kl. FS 124 (1927); Canto Serioso f. Hr. (Vc.), Kl. FS 132 (1913); Allegretto for to Blokfløjter (Allegretto f. 2 Blfl.) FS 157 (1931) – Werke f. 3 Instr.: Allegretto giocoso op. 3 f. V., Vc., Kl. FS 10 (1890, Arr. von Kl.-Werk 1922); Magdelones Tanzszene (aus der Oper *Maskarade*) f. V., Vc., Kl. FS 39 (1904-1906, Arr. 1912) sowie f. 3 V. (Arr. 1914) – Werke f. 4 Instr.: 4 StrQu. (g op. 13 FS 4, 1887/88, rev. 1898; f op. 5 FS 11, 1890; Es op. 14 FS 23, 1897/98; F op. 44 FS 36, 1906, rev. 1919); Fantasistykker (Fantasiestücke) op. 2 f. Ob., V., Va., Vc. FS 8 (1889, Arr. Hans Abrahamsen 1988) – Werke f. 5 Instr.: Streichquintett f. 2 V., 2 Va., Vc. G FS 5 (1888); *Ved en ung Kunstners Baare* (An der Bare eines jungen Künstlers) f. 2 V., Va., Vc., Kb. FS 58 (1910); Serenata in vano (Vergebliches Ständchen) f. Klar., Fg., Hr., Vc., Kb. FS 68 (1914); Bläserquintett f. Fl., Ob. (EHr.), Klar., Fg., Hr. FS 100 (1922).

FS = Dan Fog, Torben Schousboe: C. N., WZ, Kopenhagen 1965.
Verlag: Wilhelm Hansen Kopenhagen, C. F. Peters Leipzig.

C. N. ist die zentrale Persönlichkeit in der dänischen Musik nach der Romantik. Er ist in eine Zeit des allgemeinen Aufbruchs hineingewachsen: In den knapp 50 Jahren seines künstlerischen Wirkens als Musiker und Komponist entwickelte sich Dänemark von einem Agrarland zu einem modernen Industriestaat. Dieser Prozeß, der sich bis heute in immer rasanterem Tempo fortgesetzt hat, wird rückblickend kaum als dramatisch wahrgenommen. Doch Künstler erspüren die Veränderungen ihrer Umwelt oft sehr sensibel oder zeichnen sie in Objekten ihres künstlerischen Wirkens vor. In Dänemark kam es daher um die Jahrhundertwende in der Malerei und Bildenden Kunst, in Architektur, Literatur und Musik zum ›Durchbruch der Moderne‹. Vielen Zeitgenossen von N. erschienen die neuesten Errungenschaften der

Musik als Bruch mit den Traditionen – ein Bruch, der in der Privat- und Arbeitswelt oftmals als selbstverständlich und notwendig akzeptiert wurde. N., ein aufmerksamer Beobachter von Literatur, Malerei und Bildender Kunst, der viele persönliche Freunde unter den dänischen Künstlerkollegen hatte – gerade auch aus anderen Sparten als der Musik –, nahm die Veränderungen seiner Zeit feinfühlig auf. In seinen künstlerischen Reaktionen ist jedoch kein Bruch mit der Tradition festzustellen: In seinen Werken kann man eine kontinuierliche künstlerische Entwicklung unter ständigem ›Kontakt‹ mit Formen der Klassik und des Barock beobachten. N. vertraute vor allem auf die ursprünglichen musikalischen Parameter des Rhythmus' und der Intervalle, auf den gesunden handwerklichen Verstand gegenüber dem Gefühlsüberschwang. »Man muß den Übersättigten zeigen, daß ein melodischer Terzsprung als eine Gabe Gottes betrachtet werden kann, eine Quarte als ein Erlebnis und eine Quinte als das höchste Glück.« (N. 1922 über »musikalische Probleme«) Diese Haltung führte ihn von der Nationalromantik des von Niels W. Gade dominierten dänischen Musiklebens der 1880er Jahre zur international wirkenden Neuen Sachlichkeit und Atonalität der 1920er Jahre. Auf diesem – musikalisch gesehen – weiten Weg einer Schaffenszeit von gut 40 Jahren war N. manchen Anfeindungen ausgesetzt. Er hat es jedoch immer verstanden, seinem eigenen Anspruch gerecht zu werden und gleichzeitig Kunstwerke auf der ›Höhe der Zeit‹ zu schaffen.

Kammermusik war für N. das überhaupt erste musikalische Erprobungsfeld, denn bereits im Alter von 9 Jahren mußte er mit der Kapelle seines Vaters über die Dörfer ziehen. Aus dieser Zeit stammt die erste Komposition, eine kleine Polka für V. Der Vater kritisierte, daß sie zu viele Synkopen enthalten würde und man nicht danach tanzen könne. Synkopen sind zwar vorhanden, aus heutiger Sicht würde man sie jedoch kaum als störend empfinden. Die Bemerkung des Vaters ist dennoch interessant, da sie das Ungewohnte in der ersten Komposition des Neunjährigen erfaßt.

Im dritten Jahr seiner Tätigkeit in der Odenser Militärkapelle gründet N. mit einigen Kollegen ein StrQu., Werke von George Onslow, Joseph Haydn und Wolfgang Amadeus Mozart werden gespielt. Und N. schreibt sein erstes StrQu., das in seiner Musiksprache noch sehr an die genannten Komponisten angelehnt ist. Es folgen Kl.-Trios, eine V.-Sonate und Blechbläserquartette für seine Regimentskollegen. Kammermusik ist für N. der bevorzugte Bereich erster kompositorischer Versuche. Später wird sie zum ständigen Begleiter für das Musizieren im privaten Rahmen, sogar noch als er der Hofkapelle vorstand. Aus der Studienzeit ist der Theorieunterricht Orla Rosenhoffs von weitreichender Bedeutung für N.s späteres kompositorisches Wirken, denn hier werden grundlegende satztechnische Fähigkeiten in Kontrapunkt und Harmonielehre gefestigt, deren Beherrschung N. für unabdingbar hielt.

Auf seiner ersten großen Reise 1890/91 besucht er in Deutschland zahlreiche Konzerte und besichtigt die Leipziger und Dresdner Galerien; besonders die Sinfonien von Ludwig van Beethoven und Johannes Brahms sowie Richard Wagners Opern beeindrucken ihn stark. Während die meisten skandinavischen Komponisten des 19. Jh.s ihre Ausbildung in Deutschland an den Konservatorien von Leipzig, der Schule Mendelssohns, und später von Berlin vervollkommnet haben, war N. eher eine Ausnahme. Er kam mit einem abgeschlossenen Studium und sehr selbstbewußt in das Land des ›großen südlichen Nachbarn‹.

N. war sehr empfänglich für die Strömungen seiner Zeit und allen kulturellen wie politischen Richtungen gegenüber außerordentlich offen. So komponiert er z.B. im gleichen Jahr ein *Lied an den Schnaps* und eine Auftragskomposition für die dänische Abstinenzlerbewegung. Es verwundert nicht, daß er in Dänemark der Komponist, ja vielleicht der Künstler überhaupt geworden ist, dem man zu den unterschiedlichsten Anlässen begegnen kann: in der kleinen Dorfkirche beim Gemeindegesang, bei einem Volkshochschulvortrag, der mit gemeinsamem Singen ausklingt; beim festlichen Opernabend im Königlichen Theater von Kopenhagen, wo seine Lustspieloper *Maskarade* über die Bühne geht; beim Lieder-, Klavier- oder Kammermusikabend, beim sommerlichen Chor- oder Orgelkonzert. Mit seinen sechs Sinfonien (u.a. *Die vier Temperamente, Sinfonia Espansiva, Das Unauslöschliche*) hat N. die Konzertpodien der Welt erobert.

Charakteristisch für N.s gesamtes Schaffen ist eine gewisse harmonische ›Unschärfe‹: Dur und Moll werden harmonisch wie melodisch nicht immer klar voneinander getrennt, es treten häufig Tonrepetitionen innerhalb der Themen und Motive auf, die Themen sind oft aus natürlichen Intervallen (Terz, Quarte, Quinte) gebildet und weisen dadurch Signalcharakter auf. N. arbeitet in seinen Kammermusikwerken mit deutlich strukturierten, klar formulierten Themen, die leicht wiederzuerkennen sind. Sein Personalstil beruht auf einer sehr eigenständigen, ›progressiven Harmonik‹, die sich in kein Schema pressen läßt und in keine Ideologie eingeordnet werden kann.

In seinen zahlreichen Vokalkompositionen scheint N. in der musikalischen Erfindungsgabe mehr vom Wort gebremst worden zu sein, als daß ihn ein Gedicht oder ein Text zu musikalischen Experimenten angeregt hätte. Instrumentalmusik bedeutet für ihn Freiheit vom Wort, und damit die Möglichkeit, seine Ideen in einer abstrakten Form festhalten zu können, die über den Klang der Musik unmittelbar, d.h. ohne von außermusikalischen Gedanken beeinflußt zu werden, darstellbar ist. N. ist der genuine Instrumentalkomponist, der in seinen Kammermusikwerken der mittleren und späten Periode (StrQu. F-Dur, 2. V.-Sonate, Bläserquintett, Solo-V.-Werke) international mitreden kann.

Streichquartett F-Dur op. 44 FS 36 (1906, rev. 1919)

Allegro non tanto e comodo – Adagio con sentimento religoso – Allegretto moderato ed innocente – Molto adagio. Allegro non tanto, ma molto scherzoso
Dauer: ca. 26'
Verlag: C. F. Peters Leipzig, EA 1923

Das StrQu. F-Dur hat N. nur vier Monate vor der ersten Aufführung seiner Lustspieloper *Maskarade* (1906) vollendet. Es hatte ursprünglich den Titel *Piacevolezza* (d. h. Anmut, Liebenswürdigkeit, Scherz) und besitzt betont kammermusikalische Qualitäten: Die Stimmen sind sehr fein und durchsichtig gesetzt und erinnern eher an einen Quartettsatz Haydnscher Fasson denn an die dichte Faktur der Spätromantik. Mit seiner komischen Oper *Maskarade* hatte N. an den musikalischen Gestus Mozartscher Opern angeknüpft. Das StrQu. ist ein kammermusikalisches Seitenstück zu N.s musikalischem Bezug auf das 18. Jahrhundert. Sein so menschlich betonter Humor, der in der Oper strahlende Triumphe feiert, hinterläßt hier einnehmend sublime Spuren. In dem StrQu. geht es N. um die ›Entromantisierung‹ des musikalischen ›Stoffs‹.

Dieses Ziel artikuliert er deutlich in einem ausführlichen und im gleichen Jahr wie das F-Dur-Quartett geschriebenen Artikel, in dem es um die Bedeutung Mozarts für einen Komponisten zu Beginn des 20. Jahrhunderts geht. Darin schlägt N. einen Ton an, der sich erst in den 20er Jahren unter den ›Schlagworten‹ Neue Sachlichkeit und Neoklassizismus und unter ganz anderen Voraussetzungen – den Erfahrungen des 1. Weltkriegs – mit den Exponenten Paul Hindemith und Igor Strawinsky international durchsetzte. Allerdings wirkt N. in seinem StrQu. nie akademisch und steht keinesfalls in ironischer Distanz zu seinem Material. Der **1. Satz** ist in einer sehr übersichtlichen Sonatensatzform gearbeitet; mit seinem Durchführungsbeginn wird eine Expositionswiederholung vorgetäuscht und die Reprise setzt dynamisch zurückhaltend im ppp ein. Das Thema des 1. Satzes fällt durch seine harmonischen Eigenheiten auf: Die Haupttonart wird umgehend verlassen, eine bereits in N.s früheren Arbeiten zu beobachtende Neigung, die häufig in direktem Zusammenhang mit der Entfaltung linear-expansiver Kräfte steht. Das Thema bewegt sich jedoch schon in den ersten acht Takten von der Anfangstonart F-Dur in das harmonisch entfernte Ges-Dur, mit dem das Vc. zur Themenwiederholung einsetzt.

Interessant ist an dieser Modulation, daß Ges-Dur auf melodischem Wege erreicht und einfühlsam in den Begleitstimmen vorbereitet wird. Dabei moduliert N. innerhalb des Themas rein diatonisch von F-Dur über c-d-V7(F)-B-as-Ges-b-as-Des7 nach Ges-Dur, in dem kleine und große Terz bestimmend für den melodischen Verlauf sind. Keineswegs traditionell behandelt N. das Verhältnis der Themen–Tonarten zueinander: Das Hauptthema beginnt in F-Dur, das Seitenthema in cis-Moll. Das Seitenthema ist tonal geschlossener und bildet mit seinem rhythmisch kapriziösen Charakter einen passenden Gegenpol zum melodischen Hauptthema.

Im **2. Satz** wird N.s Interesse für die Vokalpolyphonie der Palestriana-Zeit deutlich. Diesen Eindruck vermittelt besonders das choralartige Thema, das im Satzverlauf aus seiner strengen Struktur gelöst, mit neuen Motiven in motettischem Stil imitativ verarbeitet und fugiert wird. Danach wird es als Choralvariation wiederaufgenommen. Der 3. Satz erweckt mit wechselnd anmutigen und burlesken Einfällen Aufmerksamkeit. Im **Finale**, das ›molto scherzoso‹ ausgeführt werden soll, gelingt N. die Verbindung eines polyphonen Satzes mit Themen, die eher dem Idiom der Volks- oder leichteren Unterhaltungsmusik entnommen zu sein scheinen.

Ludvig Holm (1858–1928), N.s langjähriger Freund und Orchesterkollege in der Hofkapelle, hat mit seiner aus königlichen Kapellmusikern bestehenden StrQu.-Vereinigung 1907 in Kopenhagen die UA des ursprünglich *Piacevolezza* genannten StrQu.s gespielt. Später tilgte N. den Titel und fertigte eine überarbeitete Fassung an. Diese Version wurde 1919 von dem Quartett um die Geigerin Gunna Breuning-Storm (1891-1966), dem das F-Dur-Werk auch gewidmet ist, uraufgeführt.

Bläserquintett FS 100 (1922)
für Flöte, Oboe (Englisch Horn), Klarinette, Fagott, Horn

Allegro ben moderato – Menuet – Praeludium. Adagio. Tema con variazioni. Un poco andantino
Dauer: 25'
Verlag: Wilhelm Hansen Kopenhagen, EA 1923

Das Bläserquintett ist N.s letzte große Kammermusik-Komposition und ein vollendetes Beispiel seines reifen Stils. Der **1. Satz** ist zwar ein ›Gespräch unter Gleichberechtigten‹, jedoch geht es nicht immer einvernehmlich zu, da jedes Instrument mit allen seinen technischen Möglichkeiten virtuos hervortreten darf. Die musikalische Konversation wird durch die unterschiedlichen Klangfarben der fünf Blasinstrumente plastischer als das N. im StrQu. möglich war. Auf der einen Seite treffen sich die ›Protagonisten‹ in heftigster Diskussion, auf der anderen tauschen sie zärtliche ›Intimitäten‹ aus. Der **2. Satz** ist ein archaisch wirkendes Menuett, doch kleine ›Ungereimtheiten‹ in Melodieführung und Harmonik erinnern daran, das es von einem Komponisten des 20. Jahrhunderts geschrieben wurde. Der moderne N. der 20er Jahre entwickelt dann im **Praeludium** des 3. Satzes eine frei phantasierende polyphone Tonsprache. Die Ob. wird durch das EHr. ersetzt. Der individuellen Idiomatik und den unterschiedlichen Ausdruckscharakteren der fünf Instrumente wird ein breiter Entfaltungsraum zugebilligt, in dem das je Eigene sich wirkungsvoll exponieren und danach – gleichsam zum Gesamtklang auf einer höheren Ebene – vereinen kann. Evoziert wird ein ganzes Stimmungsspektrum, von zarter Lyrik bis zu barschem Humor.

Das Thema der **Variationen** ist N.s Sammlung von Psalmen und geistlichen Liedern, *Salmer og aandelige Sange* FS 83 (1912–1916), entnommen. Seinem

Variationsthema, der Liedmelodie von *Min Jesus, lad min Hjerte faa* (Mein Jesus, laß mein Herz empfangen) hat N. 8 Takte hinzugefügt. In den folgenden Variationen können die fünf Instrumente in einem nur selten mehr als dreistimmigen durchsichtigen Satz ihre spieltechnischen Möglichkeiten und klangcharakteristischen Eigenheiten frei entfalten. Das Thema wird auf verschiedenen Stil- und Ausdrucksebenen variiert: ernsthaft ›predigend‹ (Var. I), keck (Var. II und III), fanfarenähnlich (Var. IV), im ›Kleid‹ europäischer Moderne (Var. V), im sakralen Moll (Var. VI), als Etüde (Fg. und Hr, Var. VII und IX),

als orientalische Musette-Meditation (Var. VIII), als barocke Invention (Var. X), als Marsch (Var. XI, Tempo di marcia) und abschließend als Andantino festivo. N. selbst beschreibt die Variationen als »bald munter und barock, bald elegisch und ernst, schließlich mit dem Thema in aller Einfachheit und mit ganz bescheidenem Ausdruck endend.«

Hayo Nörenberg

Luigi Nono

geb. 29. 1. 1924 Venedig, gest. 8. 5. 1990 Venedig. Entstammt einer alteingesessenen welt- und kunstoffenen bürgerlichen Familie. 1941 Beginn des Musikstudiums am Konservatorium der Heimatstadt, 1943–1945 Komposition bei Gian Francesco Malipiero, ab 1946 bei Bruno Maderna und Hermann Scherchen. 1945 Lektüre der Schriften von Antonio Gramsci. 1945/46 Strafrechts-Doktorat in Padua. Ab 1950 als freischaffender Komponist tätig, Hauptwohnsitz Venedig. Ab 1950 häufige Teilnahme an den Darmstädter Ferienkursen für Neue Musik, 1954 und 1960 dort auch Lehrtätigkeit. Bekanntschaft mit Edgar Varèse. Kontakte in Paris zu Pierre Schaeffer (Studio de musique concrète). 1954 Beginn der grundle-

genden Zusammenarbeit mit dem Toningenieur Marino Zuccheri, ab 1960 intensive Tätigkeit im elektronischen Studio der RAI in Mailand. Zahlreiche Arbeits- und Informationsreisen, u. a. in verschiedene Regionen der Dritten Welt. 1955 Heirat mit Nuria Schönberg, Tochter Arnold Schönbergs. 1979/80–1986 künstlerischer Direktor des Freiburger Experimentalstudios der Heinrich-Strobel-Stiftung.

WERKE F. 1 INSTR: Post-Prae-Ludium Nr. 3 Baab-arr f. Pikk. solo (1988); *La Lontananza* Nostalgica-Futura f. V. solo u. 8 Tonbänder (1988) – WERKE F. 2 INSTR.: *A Pierre. Dell'azzuro silenzio, inquietum, a più cori* f. BFl. in G, BKlar. in B, Live-Elektronik (1985); *Hay que caminar sonando* f. 2 V. (1989) – WERKE F. 4 INSTR.: *Fragmente – Stille. An Diotima* f. StrQu. (1980); 2. StrQu. (Entwurf; 1990) – WERKE F. 6 INSTR.: Con Luigi Dallapiccola f. 6 Schlzg.-Spieler, elektron. Geräte (1979) – WERKE F. 7 INSTR.: *Polifonica–Monodia–Ritmica* f. Fl., 2 Klar., ASax. in Es, Hr., Kl., Schlzg. (1951) – WERKE F. 13 INSTR.: Canti per 13 f. Fl., Ob., 2 Klar., TSax. in B, Fg., Hr., Trp., Pos., V.,Va.,Vc., Kb. (1955) – WERKE F. 24 INSTR.: *Incontri* f. 2 Fl., 2 Ob., 2 Klar., 2 Fg., 2 Hr., Trp., Pos., Pk., 4 V., 2 Va., 2 Vc., 2 Kb. (1955).

Verlag: Ricordi Mailand; Ars Viva – Reihe Schott Mainz (WZ).

»Wir erkennen hinter dem ästhetischen Imperativ den moralischen«. Dieser Satz Jean–Paul Sartres spiegelt N.s Überzeugung wider: Die Untrennbarkeit von Kunst und sozialem menschlichen Engagement. N. war Musiker, und er war seit 1952 Mitglied der Kommunistischen Partei Italiens, weil ihn »der desolate Zustand der Gesellschaft« (L. N.), der Guernica, Auschwitz, Algerien und Vietnam zugelassen hatte, zutiefst erschütterte. Mit seinen Kompositionen wollte er »Bewußtsein stiften«. Sein »Ausgangspunkt« war »die ideologische Präsenz von Antonio Gramsci« (L. N.), war dessen Geschichtsbewußtsein, wonach sich eine Gesellschaft nur durch die Individualität und Freiheit der Einzelnen weiterentwickeln könne. Diese ethisch-politische Utopie fand in N.s künstlerisch-ästhetischem Denken und kompositorischem Schaffen ihren Niederschlag. Für N. war ein Kunstwerk nur lebendig, wenn sich der Schöpfer zu seinen prägenden Ursprüngen bekannte und gleichzeitig der Versuch unternommen wurde, in die Zukunft zu wirken. Dieses historische Bewußtsein begründet N.s Entscheidung für zeitgenössische Kompositionstechniken und -mittel wie Live-Elektronik. Um einer entwicklungsfähigen Gesellschaft entsprechen zu können, verlangte er von sich selbst eine ständige innovative Haltung. Die musikalische Form seiner Werke wird daher weder von vorgeformten Strukturen bestimmt noch dem Zufälligen (Aleatorik) überliefert. Anzustreben sei vielmehr ein sich frei entwickelnder Diskurs, der aus der Beziehung der musikalischen Elemente und Parameter erwächst, genauso wie «der Mensch sich ausschließlich in seinen Beziehungen zu seinen Mitmenschen realisieren kann« (J.–P. Satre).

Das Œuvre N.s, häufig mit dem Etikett der ›engagierten‹ oder ›politischen Musik‹ versehen und dadurch in seiner Erneuerungskraft, umfassenden Denkqualität und artifiziellen Raffinesse eingeengt, sprengt den Rahmen der üblichen Klassifikation musikalischer Gattungen. Hält man sich an die tradierte Definition von Kammermusik, so erscheint N.s Beitrag zur Gattung relativ gering. Zieht man aber seine Faszination für die gesprochene und gesungene Stimme in Betracht, die er semantisch und phonetisch eingesetzt und häufig instrumentaliter behandelt hat, betrachtet man ferner den Einsatz elektro-akustischer Mittel mit ihren kammermusikalischen Differenzierungsmöglichkeiten, erweitert sich N.s Katalog kammermusikalischer Werke beträchtlich: *La Fabbrica illuminata* (1964); *A floresta é jovem e cheja de vida* (1966); *Musica-manifesto Nr. 1: un volto e del mare* (1969); *Quando stanno morendo, Diaro polacco Nr. 2* (1982) u. a.

So bildet die serielle Kompositionstechnik, die er von den *Variazoni Canoniche sulla seria dell'op. 41 di Arnold Schoenberg* (1950) für Kammerorchester bis zum Bühnenwerk *Intolleranza* (1960) verwendet, für ihn nur das Basismaterial. Denn die prädeterminierte Arbeit mit der Reihe bis ins kleinste Detail lehnt er ab. In *Polifonica–Monodia–Ritmica* (1951) für 6 Instrumente und Schlzg. entstehen mannigfaltige Beziehungen zwischen den sehr individualisierten zwölf Tönen. Sie ordnen sich quasi zu sozialen Verbänden, die zur Bildung von ständig variierten Strukturen führen. N. lehnt den Begriff ›punktuell‹ ab, denn er versteht darunter »ein musikalisches Konzept, in dem jeder Punkt in sich hermetisch geschlossen ist«. In den vokalen Werken der 50er Jahre wie z.B. *Il Canto Sospeso* (1956) oder *Ha venido. Canciones para Silvia* (1960) ist jede Stimme in gleichem Maße verantwortlich für die Artikulation des Ganzen. Auf diese Weise wird der Klangraum von seriellen Einschränkungen befreit.

Nach *Intolleranza* (1960) beginnt eine neue schöpferische Phase,die ihren Höhepunkt mit dem zweiten Bühnenwerk *Al gran sole carico d'amore* (1974) erreicht. In dieser Periode entsteht kein ›traditionelles‹ Kammermusikwerk. N. setzt sich intensiv mit den Möglichkeiten elektroakustischer Mittel auseinander, um den Klangumfang (z. B. durch Mikrointervalle) und das Klangvolumen zu erweitern. Der Tontechniker ist für ihn ein genauso gleichwertiger Mitschöpfer wie das Sänger und Instrumentalisten sind. Außerdem ›entdeckt‹ N. die enormen Ausdrucksmöglichkeiten der menschlichen Stimme, die er experimentell erprobt. Und er verwendet aktuelle politische Dokumente und bevorzugt ungewöhnliche Aufführungsorte, um ein anderes, ein neues Publikum zu erreichen: z.B. mit *Musica-Manifesto*, mit *La Fabbrica illuminata* oder *A floresta*. In N.s Kompositionen aus dieser Periode findet man ein erstaunliches Klangarsenal: Die Töne werden live oder präpariert – sowohl instrumental als vokal – erzeugt, elektronische Klänge und Alltagsgeräusche eingesetzt.

Nach einer künstlerischen und politischen Neubestimmung zwischen 1975 und 1979 erprobt N. auch eine neue Technik, die Live-Elektronik, bei der die Klänge in eben dem Augenblick verändert werden, in dem sie erzeugt sind. Diese Technik bestimmt sein drittes Bühnenwerk *Prometeo* (1985). Immer deutlicher prägt nun auch Venedig, N.s Heimatstadt, seine Kunst: durch die verschiedenartigen Echo– und Spiegelungseffekte in den Kanälen, durch die vielfältige Darstellung von Räumen in der Malerei Tintorettos, durch die Unendlichkeitsidee Giordano Brunos. N.s Musik wird zur zeitlich–akustischen Variation, die – durch zahlreiche Pausen unterbrochen – zur Fragmentierung der Form führt. Der Klangraum, in dem Klangquelle und Klangrichtung ständig variiert werden, avanciert zusammen mit der Zeit zum schöpferischen Hauptparameter. Durch diese neue Werk– und Klangraumkonzeption wird jeder Hörer aufgefordert, das eigene Hörerlebnis aktiv mitzugestalten. Außerdem nehmen die Mitwirkenden durch die Live-Elektronik aktiv am schöpferischen Prozeß der Werkentstehung teil. Daher unterscheidet sich auch das akustische Ergebnis von Aufführung zu Aufführung. Diese radikale Veränderung des Zuhörens und des Aufführens prägen die Werke der 80er Jahre u.a.: *Fragmente-Stille. An Diotima; Con Luigi Dallapiccola; A Pierre. Dell'azzuro silenzio, inquietum, a più cori; La lontana Nostalgica Utopica Futura* oder *Post-Prae-Ludium Nr 1.*

Maria Kardos-Morin

Fragmente-Stille. An Diotima (1979/80) für Steichquartett

einsätzig
Dauer: ca 38'
Verlag: Ricordi Mailand

N.s StrQu. entstand zwischen Juli 1979 und Januar 1980 im Auftrag der Stadt Bonn für das 30. Beethovenfest und wurde am 2. Juni 1980 in Bad Godesberg vom LaSalle Quartett, dem es »mit innigster Empfindung« gewidmet ist, uraufgeführt. Nach der kompositorischen Periode, die vom Gebrauch elektroakustischer Mitteln gekennzeichnet war, hatte N., das Bedürfnis, »neue Möglichkeiten der Erkenntnis und des Schöpferischen zu entdecken«. N. griff auf die klassische Besetzung des StrQu.s zurück und suggerierte damit den Rückzug einer appellativen, eingreifenden Kunstgesinnung in die Region traditionalistischen und rein artifiziellen Musizierens sowie in die Sphäre der privaten Reflexion und persönlichen Meditation. Und er enttäuschte jene musikphilosophischen Vorurteile, denen zufolge gerade in der exklusiven und überalterten Gattung des StrQu.s große Innovationen nicht mehr möglich seien, während N. bewies, daß die Tradition produktiv fortgesetzt werden kann, wenn man ihr selbst dialektisch begegnet.

Was anders ist, deutet der erste Teil des Titels an. Er enthält die Negation des für fast alle klassische wie neue Kammermusik typischen ›agonalen‹ Prinzips. Dies meint die Aufstellung von motivischen und thematischen Gedanken, ihre Verarbeitung und Entwicklung, ihre diskursive, ›kämpferische‹ Durchführung und letztendlich Harmonisierung im Rahmen kontinuierlicher, zielgerichteter, auch zyklisch dramatisierter Abläufe. Demgegenüber steht N.s StrQu. im Zeichen »suspendierter Bewegung« (Walter Lewin), diskontinuierlicher Klanglichkeit und lyrischer Kontemplation, die anstelle eines historisch vorgegebenen, normierten Sprachvokabulars ein neu erfundenes Reservoir von Gesten emanzipiert, das sich wie ›kadenzierte Interjektionen‹ eines bestimmten Affekts immer erst eben zu bilden scheint und stets am Rande des Verstummens, als ein Suchen und Tasten nach Formulierungen, verlautbar wird. Das Werk, ein labyrinthisch geheimnisvoller Gang zwischen unbekanntem Geräusch (z. B. verschiedendste Bogentechniken wie Spiel auf dem Griffbrett und am Steg, geschlagene oder gestrichene Töne mit dem Bogenholz, Flageolett, höchste Register u.a.) und einer von vielen, langen Pausen erzwungenen Stille, »gleicht einem Netz von Klanginseln, die aus dieser Stille auftauchen, um in die Pausen hinein zu verklingen. Fragmente heißt hier: kein stringenter, linearer Ablauf vom ersten Ton bis zum Schlußakkord, sondern vielmehr ein äußerst fragiles Gewebe, das nach allen Seiten hin offen erscheint und selbst innerhalb der Klanginseln immer wieder still steht.« (Jürg Stenzl)

Und doch existiert dieses so außerordentlich subtile Werk weder für sich allein noch bloß aus sich heraus. Wie der zweite Teil des Titels vermuten läßt, wirkt in dem Quartett eine poetische Intention, die mit biographischen Befindlichkeiten und ganz persönlichen Betroffenheiten zu tun haben dürfte. Denn trotz aller geheimer ›Verschlossenheiten‹, die die Gestik des Klanges selber prägen, spricht der Autor etwas aus und wendet es kommunikativ nach außen, gibt Verweise im Inneren der Musik, die ihren Gehalt verbindlich machen. Mehrfach taucht die bereits in der Widmung enthaltene Ausdrucksvorschrift »mit innigster Empfindung« auf. Der späte Beethoven hatte sie für Momente höchster lyrischer Entrücktheit verwendet und namentlich für die solcherart exponierte Stelle im 3. Satz seines StrQu.s a-Moll op. 132 (*Heiliger Dankgesang eines Genesenen an die Gottheit, in der lydischen Tonart*). Sei es nun, daß N. hiermit einen lokalen Bezug zum Auftrag und zum lokalen Ort der Uraufführung seines StrQu.s herstellen, oder daß er seine tiefen, prägenden, schöpferischen Beziehungen zur deutschen Kultur und Kunst symbolisch dokumentieren wollte: vor allem steht fest, daß dieses StrQu. einer Gattungstradition verpflichtet ist, die höchste technische und geistige Ansprüche stellt, die mit der subtilsten Klangerfindung das Suchen nach neuen Ausdrucksmöglichkeiten verbindet und das kompositorische Experiment der radikalen ideellen Selbstbefragung unterstellt. Das ist die große und schwierige Tradition, die Beethoven begründet hat, die über Johannes Brahms zu Arnold Schönberg, Alban Berg und Anton von Webern, aber auch zu Béla Bartók und Leoš Janáček reicht und in jüngerer Zeit etwas von György Ligeti oder Iannis Xenakis, dem späten Dmitri Schostakowitsch oder von John Cage extremisiert wurde.

Freilich enthält das StrQu. Bezugspunkte noch anderer Art und mit konkreteren technischen oder idiomatischen Konsequenzen. Wichtig für die Materialbasis (für eine besondere, nicht ohne weiteres hörbare Reihenstruktur der Tonhöhenbeziehungen und der harmonischen Verhältnisse) wurde eine sozusagen synthetische Tonreihe. Eine Mailänder Musikzeitschrift hatte sie 1888 mit der Aufgabe publiziert, dafür eine möglichst korrekte und originelle Harmonisierung zu finden. Auch Giuseppe Verdi interessierte sich für die harmonische Auflösung dieser aus chromatischen, diatonischen und übermäßigen Schritten kombinierten ›Scala enigmatica‹

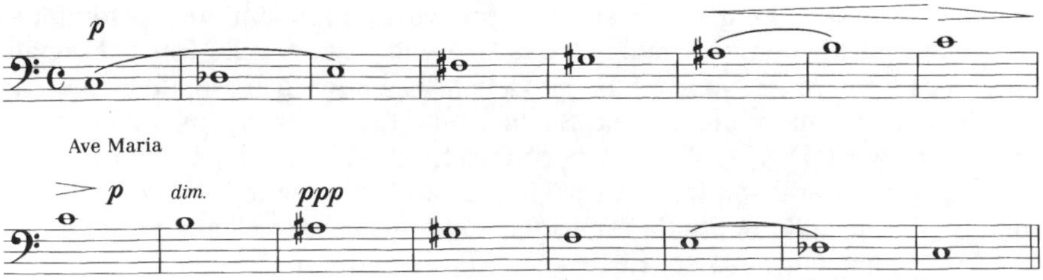

und komponierte sie als *Ave Maria* seiner *Quattro pezzi sacri*. Aus eben dieser irregulären Skala organisiert N. mittels vielschichtiger Deformationen und Permutationen die Textur des klanglichen Gewebes seines StrQu.s. Wie bei Verdi (Palestrinascher Motetten-Stil) und sogar Beethoven (die lydische Tonart) konstruiert N. das emphatisch Neue gleichsam aus archaischen Elementen. Vielleicht ist es kein Zufall, daß allen drei Stücken der Gestus des Gebets eignet, wenn auch N.s Gegenstand keine Gottheit und keine jungfräuliche Gottesmutter, sondern eine höchst irdische Gestalt, eine immer gegenwärtige ›Diotima‹ sein mag. Wie sonst wohl käme es zu einem letzten, gegen Ende des Werks in der Va. verborgenen Zitat – der ›Hauptstimme‹ aus Johannes Ockeghems Chanson *Malor me bat* (Leid schlägt mich). Diese Liebesklage des großen Niederländers findet sich in einem venezianischen Druck von 1501, den N. früh kannte und mit seinen Lehrern Malipiero und Maderna intensiv studiert hatte.

Eine letzte poetische Konkretisierung erfährt das StrQu. durch den verbalen Bezug auf die dichterische und geistige Welt Friedrich Hölderlins. N. hat aus verschiedenen Gedichten insgesamt 47 Gedankensplitter entnommen und sie an 52 Stellen der Partitur den musikalischen Fragmenten zugeordnet. Der verbale und der klangliche ›Sinn‹ stehen zueinander im Verhältnis wechselseitiger ›Erhellungen‹ und ›Ergänzungen‹. »In keinem Fall«, so N., sollen die Texte »während der Aufführung vorgetragen« oder als »naturalistische programmatische Hinweise« mißgedeutet werden. Er verstehe sie als »›schweigende Gesänge‹ aus anderen Räumen, aus anderen Himmeln, um auf andere Weise die Hoffnung nicht fahren zu lassen.« Die Interpreten »mögen sie ›singen‹ nach ihrem Selbstverständnis von Klängen, die auf ›die zartesten Töne des inneren Lebens‹ (Hölderlin) hinstreben.« In der Tat ergibt sich, auch durch die Abfolge, ein solches Panorama des »inneren Lebens«, der Gedanken- und Gefühlsfülle, wie sie kreative und sensitive Menschen entwickeln müssen. Vom Durst nach Leben ist da die Rede und von den schmerzlichen Versagungen, von der Sehnsucht nach Freiheit, nach Schönheit, nach Heimat und immer wieder nach wirklicher, erfüllter Liebe, aber auch von der Unvermeidlichkeit des Alleinseins, der schöpferischen Anstrengung und der kaum einzugestehenden, geheimsten Schwächen und Wunden, und schließlich von den Abgründen, die Menschen voneinander trennen. Hölderlins Gedanken werden N. zum Medium einer rückhaltlosen, gleichwohl verschlüsselten Zwiesprache mit sich selbst, zur Prüfung des eigenen Lebensgefühls und des Standorts in den Kämpfen gegenüber den großen Aufgaben der Zeit. Mit Bezug auf das StrQu. betonte er, zu diesen Notwendigkeiten gehöre heute besonders der unreglementierte Ausdruck individueller Erfahrung, die produktive Negation der standardisierten und gleichgeschalteten Lebenszwänge durch die Mobilisierung des subjektiven Potentials, indem man »das Ohr aufwecken, die Augen, das menschliche Denken, die Intelligenz, die Exteriorisierung eines Maximus von Interiorisierung« (L. N.) auf neue und intensive Weise kultivieren helfen müsse. »Das ist das Entscheidende.« (L. N.)

Frank Schneider

Per Nørgård

geb. 13. 7. 1932 Gentofte bei Kopenhagen. Ab 1949 Privatunterricht, ab 1952 am Königlichen Konservatorium Kopenhagen bei Vagn Holmboe; 1955 Abschluß in Theorie, Komposition und Pädagogik; 1956/57 weiterführendes Kompositionsstudium bei Nadia Boulanger in Paris; 1958–1962 Musikkritiker; 1958–1961 Dozent für Kl., Theorie und Komposition in Odense, 1960–1965 für Komposition und Theorie in Kopenhagen; 1965–1995 Dozent für Komposition am Konservatorium Århus. In den 60er–70er Jahren Mitwirkung in verschiedenen skandinavischen Gremien für Neue Musik.

WERKE F. 1 INSTR.: Sonate f. Vc. (1951–1953); Introduktion und Toccata f. Akk. (1952/1962); Solo intimo f. Vc. op. 8 (1953/54); Sonate in due tempi f. Vc. (Solo intimo, Solo in scèna) (1954/1980); Fragment V f. V., Kl. ad lib. (1961); *Le bal somnambule* f. Akk. (1966); *Anatomisk safari* f. Akk. (Anatomische Safari) (1967); *Waves* f. Schlzg. (Wellen) (1969); *Time is a River without Banks* (Chagall says...) f. V., mit Spiegel u. el.-akust. Gerät (1970, Ms.); Libra f. Git. (1973); *Genkomster*/Returns f. Git. (Wiederkunft) (1976); *Til minde om...* f. Git. (Zur Erinnerung an...) (1978); *Isternia* f. Zymbel od. Mar. (1979, Ms.); Solo in scèna f. Vc. (1980); *Luftkasteller* (Luftschlösser) f. Fl. od. S. (1980, Ms.); *Tre Vignetter* (Drei Vignetten) f. ABlfl. u. Recitation (1981); *Papalagi* f. Git. mit Metr. (1981); *Lille dans* (Kleiner Tanz) f. Hf. (1982); *I ching* f. Schlzg. (1982); *The Chase* f. Mand. (1984); *In the mood of spades* f. Git. (1985); *Nine Friends* f. Akk. od. Kl. (1985); *Energy Fields Forever* f. Schlzg. (1986); *Playtime* f. Git. (1986); Poème f. Mar. u. a. Schlzg.-Instr. (1987); *Maimånemusik* (Musik des Maimonds) f. V., Kl. ad lib. (1988, Ms.); *Clubs among Jokers* f. Git. (1989); *Swan descending* f. Hf. (1989); *Nemo dynamo* f. Schlzg. m. Comp. (1991); *Kolde nætter* (Kalte Nächte) f. Vc.(1991); *Libro per Nobuko* f. Va. (1992); *En tur i det fri* (Eine Tour im Freien) f. Vc. (1994) – WERKE F. 2 INSTR.: Suite f. Vc., Kl. (1950, Ms.); Sonate f. Vc., Kl. (1950/51, Ms.); Sonate f. V., Kl. (1951/52, Ms.); Suite f. Fl., Kl. op. 5 (1953/1962); Diptychon f. V., Kl. op. 11 (1954); Scherzino f. V., Kl. (1955, Ms.); Trompetmusik I-II (Trompetenmusik) f. 2–3 Trompeter, als Schulmusik (1960); Fragment V f. V., Kl. ad lib. (1961); Pastorale f. Fl., Kl. (1975) Cantica f. Vc., Kl. (1977, Ms.); Mating Dance f. Fl., Git. (1977); *Proteus* f. Fl., Schlzg. (1980); *Linier og spil* (Linien und Spiel) f. 2 Schlzg., Tänzer (1980, Ms.); *Medstrøms og modstrøms* (Mit dem Strom und gegen den Strom) f. Kl., Schlzg. ad lib. (1981, Ms.); Sonora f. Fl., Hf. (1981); *Maimånemusik* (Musik des Maimonds) f. V., Kl. ad lib. (1988, Ms.); Hut ab f. 2 Klar. (1988, Ms.); Variations in search of a theme (Var. auf der Suche nach einem Thema) f. Vc., Git. (1991); *Re-Percussion* f. 2 Schlzg (1991); *Tjampuan – Where the rivers meet* f. V., Vc. (1992); *Through the Looking Glass* (Durch einen Spiegel) f. Trp., Kl. (1992); *Cao Chu »Buchstaben aus Gras«* (Kalligraphie) f. Klar., Kl. (1993); *The Well-Tempered Percussion* – Introduktion und 2 Bach-Präludien f. 2 Schlzg. (1994) – WERKE F. 3 INSTR.: Trio f. Klar., Vc., Kl. Nr. 1 op. 15 (1955); Trompetmusik I-II (Trompetenmusik) f. 2–3 Trompeter, als Schulmusik (1960); Improvisa f. Klar., Vc., Kl., für Laien (1961, Ms.); *Le bal somnambule* f. Mundharm., Akk., E.-BGit. (1966); Suite for Martin f. TSax., E.-vox (od. Akk.), präp. Kl. (1967, Ms.); Tango chikane (Tango-Schikane) f. Fl., Vc., Kl. (Arr.) (1967–1969); *Kejsertrio* (Kaisertrio) f. Klar., V., Kl. (1968, Ms.); *Tune in* (Einstimmen) f. Ob., Git., E.-Org. (1968/69, Ms.); *Arcana* f. Akk., E.-Git., Schlzg. (1970, Ms.); *Spell* (»Buchstabieren«) f. Klar., Vc., Kl. (1973); *Heyday's Night* (Nächtlicher Höhepunkt) ABlfl., Vc., Cemb. (1980/81, rev. 1982); *Tigerens, harens og dragens timer* (Stunden des Tigers, Hasen und Drachen) f. Git., 2 Schlzg. (1980, Ms.); Lin f. Klar., Vc., Kl. (1986); *Lerchesang* (Lerchengesang) f. Fl., V., Vc. (1988); Songline f. 3 Git. (1992, Ms.); Strings f. Streichtrio (1992); *It's All His Fancy That* (Es ist alles seine Phantasie) f. Trp., Pos., Kl. (1995) – WERKE F. 4 INSTR.: StrQu. (1951, Ms.); Quartetto breve, StrQu. Nr. 1 (1952); Quartetto brioso op. 21, StrQu. Nr. 2 (1953, rev. 1958); Tre miniaturer (Drei Miniaturen) f. StrQu. op. 26, Nr. 3, f. Laien (1959); *Dreamscape*, Quartet in Three Spheres, StrQu. Nr. 4 (1969); *Inscape*, StrQu. Nr. 5 f. StrQu. (1969); *Såret* (Verwundet) f. Mundharmonika, Akk., Hammondorg., E.-Git. (1969, Ms.); *Paradigma* f. Klar., Pos., Vc., Kl. (1972, Ms.); *Det er så yndigt, den signede dag, at følges ad* (Es ist so angenehm, den gesegneten Tag gemeinsam zu begehen) Quodlibet f. Ob., Trp., Hr., Pos. (1975, Ms.); *Midsommerkilde* (Mittsommerquelle) f. 4 Fl. (1979, Ms.); *Medstrøms og modstrøms* (Mit dem Strom und gegen den Strom) f. 4 Schlzg., Str. ad lib. (1981, Ms.); *Tintinnabulary*, StrQu. Nr. 6 (1986); StrQu. Nr. 7 (1993); *Roads to Ixtlan* f. Sax.-Qu. (1992/93); *Viltir Svanir* (Wilde Schwäne) f. Sax.-Qu. (1994); *Skyggedanser* (Schattentänzer) f. Sax.-Qu. (1994) – WERKE F. 5 INSTR.: Quintett op. 1 f. Fl., V., Va., Vc., Kl. (1952/53); Pastorale f. Es-Klar., A-Klar., Va., Trp., Pos. (1963, Ms.); *Stumspil* (Pantomime) f. Fl., Trp., V., Kb., Kl. (1966, Ms.); *Whirls' World* (Wirbelwelt) f. Bläserquintett (1970); *Syn* (Vision) f. 2 Trp., Hr., 2 Pos. (1988); *Gossamer – Flyvende sommer* (Fliegender Sommer) f. 2 V., 2 Va., Vc. (1992) – WERKE FÜR 6 INSTR.: Rondo for seks (Rondo für Sechs) f. Schlzg. (1964); *Påfuglen* (Der Pfau) f. Schlzg. (1981, Ms.); *Små slag* (Kleine Schläge) f. Schlzg. (1981); Sextet for slagtøj/Zigzag (Schlagzeugsextett) (1981); *Square & Round* f. Schlzg. (1985/86) – WERKE F. 7 INSTR.: *Scintillation* f. Fl., Klar., Hr., V., Va., Vc., Kl. (1993) – WERKE F. 8 INSTR.: *Musaic* f. Es-Cornett, 4 B-Cornett, 3 Pos., E.-Apparatur (1969, Ms.); *Og livets sommer sover dybt* (Und der Sommer des Lebens schläft tief) f. 8 Vc. (1988, Ms.) – WERKE F. ENSEMBLE: *En lys time* (Eine helle Stunde) f. Schlzg. (1986, Ms.); Winds I–III f. Akk. (1992).

Verlag: Edition Wilhelm Hansen, Kopenhagen.

P. N. hat in allen instrumentalen und vokalen Gattungen bedeutende Werke geschrieben und ist der international bekannteste dänische Komponist im 20. Jahrhundert nach Carl Nielsen. N.s Œuvre bis ca. 1960 ist von der skandinavischen Nationalromantik eines Jean Sibelius geprägt, außerdem durch Carl Nielsen und N.s Lehrer Vagn Holmboe. Entscheidend für N.s Hinwendung zur europäischen Moderne waren Besuche der Darmstädter Ferienkurse für Neue Musik 1959/60 (gemeinsam mit Ib Nørholm und Pelle Gudmundsen-Holmgreen). Die Diskussion über dort erhaltene Anregungen rief großes Aufsehen in der zeitgenössischen dänischen Musikszene hervor und wurde zum Nährboden für heftige Debatten über ästhetische Fragen im Widerstreit zur moderat-nationalromantischen oder gemäßigt-klassizistischen Schreibweise der älteren dänischen Komponistengeneration. 1959 machte N. die für die Entwicklung seines Personalstils wichtige Entdeckung der Unendlichkeitsreihe. Diese Reihe ist von keiner bestimmten Skala abhängig, ist an keine bestimmten Töne oder Tonsysteme gebunden, sondern ein auf beliebige Skalen (chromatische, Dur-/Moll-, pentatonische, Obertonskala) übertragbares mathematisches Axiom. Sie hätte ebensogut im 14. Jahrhundert entdeckt werden können, was für die Erschaffung des rein musikalischen Phänomens einer Zwölftonreihe z.B. nicht als ernsthafte Möglichkeit angesehen werden kann. Die Unendlichkeitsreihe hat einige bemerkenswerte Eigenschaften (Selbstgleichheit und Inversion an bestimmten, regelmäßigen Punkten), die später durch Berechnungen von Fraktalen in der Chaostheorie bestätigt wurden. Ähnliche Entdeckungen hat N. in den 70er Jahren auf die Tondauern übertragen. Ein wichtiger Begriff in N.s kompositorischem Denken für diese Phänomene ist die Perzeptionskontrolle. N. kommt es auf die ästhetischen Dimensionen seiner Musik an, die in den hierarchischen Strukturen durch die Verwendung der Reihe deutlich hörbar werden.

Spell (1973)
für Klarinette, Violoncello und Klavier

in einem Satz
Dauer: ca.15'-18'
Verlag: Wilhelm Hansen, Kopenhagen 1979

Spell ist ein interessantes Beispiel zur Verdeutlichung von N.s Werkbegriff. Das Stück basiert auf der Komposition *Turn* (1973), die als Kl.-Stimme unverändert in das Trio übernommen wurde. *Turn* und *Spell* scheinen eher Interpretationen einer tieferliegenden musikalischen Idee zu sein, als in ihrer Notation geschlossene Werke verkörpern zu wollen. Das deutet einen sich auflösenden Werkbegriff an. In *Spell* ›buchstabieren‹ (engl. to spell) die drei Instrumentalisten den musikalischen Verlauf. Auf Töne übertragen mündet diese ›Tätigkeit‹ in ein klangliches Ereignis, in dem kleinste harmonische und melodische Fortschreitungen vom Hörer kaleidoskopisch vielseitig rezipiert werden können. Man hört gleichzeitig verschiedene zeitliche Ebenen und kann harmonische Fortschreitung voraus- und rückblickend ›betrachten‹. Dadurch wird ein dem normalen Zeitfluß entbundener Zustand erreicht. Spannungsbögen sind von N. weiträumig gedacht und ergeben sich durch kleine, allmählich im Laufe zahlreicher Wiederholungen sich verändernde Motive. »Dadurch entsteht ein Zustand nach dem anderen, geheimnisvolle, lyrische, ausgelassene, gewaltige, wehmütige, festliche usw., je nach den einzelnen Stadien des *Buchstabierens*.« (N. im Programmheft der Lerchenborg Musiktage, 1991) Diese Erfahrungen sind allein von der mitschaffenden Phantasie des Zuhörers abhängig. Nach einem Furioso mit Höhepunktwirkung am Schluß mündet das Stück mit den tröpfelnden Motivkonstellationen des Anfangs in klanglich und gefühlsmäßig veränderter Basis wie eine Spirale in ein offenes Ende. *Spell* ist somit ein Ausschnitt des unendlichen Universums der Musik, und gleichzeitig ein eindrucksvolles Beispiel N.scher Klangphilosophie.

Hayo Nörenberg

Vítězslav Novák

geb. 5. 12. 1870 Kamenice nad Lipou (Südböhmen), gest. 18. 7. 1949 Skutěc (Slowakei). Ab 1890 Jura- u. Philosophiestudium in Prag, parallel Musikstudium am Konservatorium bei Josef Jiránek (Kl.), Karel Stecker (Musikgeschichte, Kontrapunkt) und Antonín Dvořák (Komposition, Instrumentation, Formenlehre). 1909–1920 Kompositionslehrer am utraquistischen Konservatorium in Prag. 1918–1939 Professor für Komposition an der Meisterschule des Tschechischen Konservatoriums, 1919–1922 Rektor des Konservatoriums. Bedeutende Schüler: Ladislav Vycpálek, Alois Hába, Eugen Suchoň, Ján Cikker, Erich Kleiber, Fidelio Finke.

WERKE F. 2 INSTR.: Sonate d f. V., Kl. (1891); 3 Stücke f. V., Kl. op. 3 (1899); Sonate g f. Vc., Kl. op. 68 (1941) – WERKE F. 3 INSTR.: Trio g f. V., Vc., Kl. op. 1 (1892); *Trio quasi una ballata* d f. V., Vc., Kl. op. 27 (1902) – WERKE F. 4 INSTR.: Quartett c f. V., Va., Vc., Kl. op. 7 (1894, rev. 1899); StrQu. G op. 22 (1899); StrQu. D op. 35 (1905); StrQu. G op. 66 (1938, Bearb. f. Streichorchester 1940) – WERKE F. 5 INSTR.: Quintett a f. 2 V., Va, Vc., Kl. op. 12 (1896, rev. 1897).

Verlag: Statní nakladatelství Krásné literatury, Prag.

Sowohl auf dem Gebiet der Vokal- und Kl.-Musik als auch im dramatischen und sinfonischen Bereich entfaltete N. – setzt man die Anzahl der Werke als Maßstab – eine weitaus größere Produktivität als auf dem Gebiet der Kammermusik. Dennoch nehmen die geringstimmig besetzten Werke im Gesamtschaffen des Komponisten keinen geringen Stellenwert ein. Sie stehen nicht nur am Beginn seiner kompositorischen Laufbahn, sondern sind ein selbstverständlicher Teil seines Œuvres und spiegeln seinen gesamten Werdegang repräsentativ wider; oft sogar – durch die Eigenart der kammermusikalischen Gattungen bedingt – in verdichteter Form.

Als Abschluß des Studiums bei Antonín Dvořák, das sämtliche kompositorischen Bereiche einschloß, entstand 1891 N.s V.-Sonate in d-Moll. Wie für ein Erstlingswerk kaum anders zu erwarten, fehlt es ihr noch an stilistischer Einheitlichkeit. Neben den ihn damals besonders prägenden Einflüssen von Peter I. Tschaikowsky, Robert Schumann und Franz Liszt ist aber der starke Wille zu eigener musikalischer Aussage schon erkennbar. Zu seinen frühen Arbeiten, die insgesamt als Ausbrüche ungestümer Leidenschaft und jugendlichen Temperaments zu beschreiben sind, zählen weiterhin ein Kl.-Trio op. 1 (1892) und das vor allem an Johannes Brahms erinnernde Kl.-Quartett op. 7 (1894). Ab 1896 stand N. seinem bisherigen Schaffen jedoch mit immer größeren Vorbehalten gegenüber: »Meine Kompositionen waren frisch in der Invention, im Geist der mir nahestehenden Romantiker, gut ausgearbeitet, vor allem dank dem Komponisten Brahms. Und obwohl ich mich streng an das Gebot hielt ›Du sollst nicht stehlen‹, bin ich mir doch einer gewissen Hörigkeit bewußt. ... Immer mehr fühlte ich, daß ich noch einmal beginnen müßte.« Den Umbruch bringt die Begegnung mit der slowakischen und mährischen Volksmusik. Im Unterschied zu seinem Landsmann Leoš Janáček werden die dadurch gewonnenen neuen Rhythmen, Melodien und Klänge aber weniger in unmittelbar realistischer Weise für seine Tonsprache konstitutiv. Sie geben ihr vielmehr ein neues Kolorit, ohne aber die Formprinzipien anzugreifen. Das Kl.-Quintett op. 12 (1896) erhebt diese Wende gleichsam zum Thema: Während der 1. Satz noch deutlich den romantischen Vorbildern verpflichtet ist, vollzieht sich im 2. Satz mit Variationen über ein alttschechisches Lied der Wandel; ganz dem Neuen zugewandt zeigt sich das übermütig-tänzerische Finale. Am nachhaltigsten nahm N. in den Jahren 1900 bis 1910 auf das tschechische Musikleben Einfluß und begründete seinen Ruf als wichtiger Neuerer, der die junge Komponistengeneration des Landes maßgeblich prägte. In dieser Zeit entstanden neben Meisterwerken wie der sinfonischen Dichtung *In der Tatra* (1902) oder der Kantate *Der Sturm* (1908–1910), auch bedeutende kammermusikalische Kompositionen. Noch der ›mährisch-slowakischen‹ Periode zugehörig ist das StrQu. op. 22 (1899), das in seiner Tendenz zu vertieftem Ausdruck und einer differenzierten Satzfaktur bereits auf Kommendes verweist. Höhepunkte – nicht nur im Gesamtwerk N.s, sondern in der tschechischen Kammermusik dieser Zeit überhaupt – bilden das Kl.-Trio *quasi una ballata* op. 27 (1902) und das StrQu. op. 35 (1905). Hier erwächst aus der Spannung zwischen der autobiographisch-programmatischen Richtung Bedřich Smetanas und den mehr von Brahms beeinflußten autonomen Kammermusikwerken Dvořáks der ganz eigene Typus N.s. In ihm verbinden sich – aus einem leidenschaftlich-persönlichen Grundgestus heraus – die Freiheit der Form mit streng-polyphoner Stimmbehandlung. Die späten kammermusikalischen Werke des Komponisten von 1938 (StrQu. op. 66) und 1941 (Sonate für Vc. und Kl. op. 68), in denen er sich vergeblich bemüht, an die Erfolge vor 1910 anzuknüpfen, sind vor allem als Bekenntnisse gegen den Krieg und für sein tschechisches Vaterland zu verstehen.

Trio *quasi una ballata* d-Moll op. 27 (1902) für Violine, Violoncello und Klavier

Andante tragico – Più mosso, quasi doppio movimento, ma non troppo allegro – Allegro burlesco quasi Scherzo – Andante – Allegro
Dauer: ca. 19'
Verlag: N. Simrock Berlin, ED 1903

N.s Suche nach neuen Wegen auf musikalischem Gebiet verlief nicht reibungslos. Nachdem Dvořák die Widmung für das im Jahr 1900 entstandene StrQu. op. 22 abgelehnt und sich auch negativ über die Kl.-Sonate *Eroica* geäußert hatte: Alles wäre zu subjektiv, zu romantisch, war es für N. nicht leicht, sein Selbstbewußtsein als Komponist wiederzufinden. Das Trio d-Moll (UA: 6.4.1902) ist ein Abbild seiner damaligen Befindlichkeit. N. selbst bezeichnete das Werk als Frucht des »schwärzesten Baudelair'schen Pessimismus«: » ... meine alten Wunden wurden wach ..., ich fühlte mich sehr schlecht während der Arbeit an der Komposition ...« Dennoch überwiegt nicht die dunkle Stimmung. Genau wie in den anderen Werken dieser Zeit, der sinfonischen Dichtung op. 33 *O věčné touze* (Von ewiger Sehnsucht; 1903–1905) oder dem Kl.-Zklus op. 30 *Písně zimních nocí* (Winternachtsgesänge; 1902/03), spürt man auch hier die Leidenschaftlichkeit und Erotik. Damals war N. mit Formproblemen, inbesondere mit dem Problem der Einsätzigkeit beschäftigt, welches er zunächst im Sinne der Kl.-Sonate h-Moll Liszts zu lösen gedachte, dann aber doch eigene Wege ging. Die traditionelle Satzfolge bleibt im Trio op. 27 durch die Veränderung der Tempi und Vortragsbezeichnungen noch erkennbar. Obwohl N. sein Werk als »reinsten Subjektivismus« bezeichnete, ist der Titel *quasi una ballata* nicht programmatisch oder gar autobiographisch zu verstehen. Er findet seine Entsprechung vielmehr allgemein im großen erzählerischen Gestus und in starken Gefühlsschwankungen, die durch Vielgliedrigkeit zum Ausdruck kommen.

Schwermut und Melancholie kennzeichnen im **1. Satz** das Hauptthema, das mit seinem charakteristischen Wechsel von Sekundschritt und Quartsprung sowie der Synkope

Takt 1 u. 2

auf mährisch-slowakischen Ursprung verweist. Erstmals in N.s Werk erscheinen die Volksmusikeinflüsse allerdings nicht als zusätzliche Ebene, sondern werden mit seiner Tonsprache verschmolzen. Das Nebenthema wird von N. als Doppelthema charakterisiert, welches zwischen Hoffnung und Verzweiflung schwingt. Kennzeichnend für die Themenbehandlung sind in erster Linie wiederholende Prinzipien wie Sequenzierung und Imitation, aber auch Vergrößerungen, Verkleinerungen und Umkehrungen. Kleinste Themensplitter werden herausgelöst, ausgesponnen und bekommen Motivqualität. Besonders das erste Thema erhält auf diese Weise eine enorme Wandlungsfähigkeit, die vom erregt-düsteren Pathos des Anfangs über skurrile und träumerische Passagen des Mittelteils bis hin zu dramatischen Ausbrüchen reicht.

Streichquartett D-Dur op. 35 (1905)

I. Fuga. Largo misterioso – II. Fantasia. Allegro passionato – Quasi Scherzo – Largo misterioso
Dauer: ca. 23'
Verlag: Breitkopf & Härtel Leipzig, ED 1906

Zu den in der Lösung eines kompositorischen Problems sehr subjektiven Werken von V. N. zählt auch sein 1905 entstandenes 2. StrQu. op. 35 (UA: 25. 4. 1906). Die Gliederung dieses Quartetts in I. Fuga und II. Fantasia, d. h. die Gegenüberstellung von Regel und Freiheit, kann gleichermaßen als außer- und innermusikalisches Programm verstanden werden. Besonders reizvoll dabei ist, daß es zu dieser Kontrastsetzung keines verschiedenartigen thematischen Materials bedarf, sondern daß die Unterschiedlichkeit beider Bereiche in der Einheit eines einzigen Themas ihre höhere Aufhebung erfährt.

Das vom Vc. zu Beginn der **Fuge** aufgestellte Thema läßt in seiner rhythmischen und melodischen Komplexität das folgende Geschehen ahnen:

Takt 1–4

Eine impressionistische Farbigkeit entfaltet sich, allerdings nicht durch homophone Klangflächen, sondern als Ergebnis real gesetzter Stimmen, deren strenge Führung sogar bisweilen ein fast atonales Klangbild beschwört. Im Unterschied zu seinem Trio op. 27 gibt N. zu diesem Werk ein Programm autobiographischen Charakters. So bezeichnete er die Fuge als eine »Flucht vom Leben in ein Reich der Träumerei«. Der Widerspruch, der sich aus der Regelhaftigkeit dieser strengen kontrapunktischen Form und der Freiheit des Traumes ergibt, ist für ihn nur ein scheinbarer, der durch die »unendliche Melodie« – das »Ergebnis guter Fugenarbeit« – außer Kraft gesetzt wird. Die **Fantasia** löst das Thema frei-rezitativisch mit einem Zug ins Pathetische auf. Im folgenden graziös-burlesken **Quasi Scherzo** wird die rhythmische Komponente besonders betont. Erinnerungen an das unruhige, konfliktbeladene, aber auch durch Liebeserlebnisse beflügelte Leben des Komponisten in der Stadt bilden den Hintergrund.

Das in aller Vielfalt Einheitliche des Werkes wird im abschließenden **Largo misterioso**, welches den Bogen zum Anfang spannt, ins Bewußtsein gerufen. Nur wenige Werke N.s gestatten einen so klaren und konzentrierten Blick auf seine Ethik und Ästhetik wie das 2. StrQu. Von der persönlichen Wertschätzung des Komponisten spricht die musiksymbolische Bedeutung, die er in der Folge dem Thema des Werkes zuerkennt; so in der Tondichtung für Kl. *Der Pan* op. 43 (1910) und seiner *Herbstsinfonie* op. 62 (1931–34).

Annegret Rosenmüller

George Onslow

geb. 27. 7. 1784 Clermont-Ferrand, gest. 3. 10. 1853 Clermont-Ferrand. Ausbildung als Pianist in London bei Nikolaus Joseph Hüllmandel, Johann Ladislaus Dussek und Johann Baptiste Cramer. Reise durch Deutschland und nach Wien. 1806 in Paris Veröffentlichung von drei Streichquintetten als op. 1; ab 1808 Kompositionsunterricht bei Anton Reicha (Antonín Rejcha). In der Folge widmete sich O. neben 3 Opern und 4 Sinfonien fast ausschließlich der Kammermusik. Als Nachfolger Luigi Cherubinis 1842 Mitglied der Académie des Beaux-Arts. Zahlreiche weitere Ehrungen.

WERKE F. 2 INSTR.: (6) Duo f. Kl. u. V. (op. 11 Nr. 1–3; op. 15, op. 29, op. 31); 3 Sonaten f. Kl. u. Vc./Va. op. 16 Nr. 1–3 – WERKE F. 3 INSTR.: (10) Trio f. Kl., V., Vc. (op. 3 Nr. 1–3; op. 14 Nr. 1–3; op. 20; op. 26; op. 27; op. 83) – WERKE F. 4 INSTR.: (36) StrQu. (op. 4 Nr. 1–3; op. 8 Nr. 1–3; op. 9 Nr. 1–3; op. 10 Nr. 1–3; op. 21 Nr. 1–3; op. 36 Nr. 1–3; op. 46 Nr. 1–3; op. 47–50; op. 52–56; op. 62–66; op. 69) – WERKE F. 5 INSTR.: (36) Quintett f. 2 V., Va., 2 Vc. (op. 1 Nr. 1–3; op. 17–19; op. 23–25; op. 32–35; op. 37–40; op. 43–45; op. 51; op. 57–59; op. 61; op. 67; op. 68; op. 72–75; op. 78; op. 80; op. 82); (3) Quintett f. Kl., 2 V., Va., Vc. (op. 70; op. 76; op. 79b, nach Septett op. 79); Quintett f. Fl., Ob., Klar., Hr., Fg. op. 81 – WERKE F. 6 INSTR.: 2 Sextette f. Kl. u. 5 Streicher od. 5 Bläser (op. 30; op. 77b [nach Nonett op. 77]) – WERKE F. 7 INSTR.: Septett f. Kl., Fl., Ob., Klar., Fg., Hr., Kb. op. 79 – WERKE F. 9 INSTR.: Nonett f. V., Va., Vc., Kb., Fl., Ob., Klar., Fg., Hr. op. 77.

Verlag: Bärenreiter Kassel; Pleyel Paris.

G. O. wurde in Frankreich als Sohn eines englischen Aristokraten geboren, der dort im Exil lebte. Er erhielt in London eine umfassende musikalische Ausbildung mit dem Ziel einer Virtuosenkarriere. Nach seiner Rückkehr nach Frankreich um die Jahrhundertwende widmete sich der gefeierte Pianist verstärkt der Kammermusik, zunächst als Cellist, dann auch – nach einem Aufenthalt in Deutschland – kompositorisch. Kontakte zu Beethoven in Wien sind umstritten. O. schrieb eine Fülle kammermusikalischer Werke zunächst in unterschiedlichen Besetzungen, bevor er sich ab 1833 ausschließlich auf die Komposition von StrQu.en und Streichquintetten beschränkte. Erst in den letzten Lebensjahren versuchte er mit einem Bläserquintett sowie in größer besetzten Kammermusikwerken neue Klang- und Ausdrucksbereiche zu erschließen.

In einer über Antonín Rejcha auf dessen Lehrer Joseph Haydn zurückführende Tradition gestaltete O. seine kammermusikalischen Kompositionen in einem klassischen Stil, den er Zeit seines Lebens nur geringfügig modifizierte. Im Aufbau meist der viersätzigen Anlage des Sonatenzyklus' folgend, weichen seine Werke auch in den Einzelsätzen nur selten von konventionellen Formkonzepten ab. Das Modell der Sonatenhauptsatzform bleibt in den Ecksätzen stets verbindlich, originellere Lösungen findet O. gelegentlich im zunehmend freier gestalteten Menuett. Doch verzichtet er auch hier zumeist auf eine subtile motivische Arbeit, gestaltet die Durchführungsabschnitte, analog etwa zu ähnlichen Werken von Luigi Cherubini oder Luigi Boccherini, nur mittels Sequenzbildungen und insbesondere durch harmonisch erweiterte Varianten der zuvor exponierten Themen. In solch eher großflächiger Formgestaltung erscheinen Überleitungen und kadenzierende Abschnitte weniger thematisch vermittelt als mit unverbindlichen, nicht selten virtuosen Spielfiguren ausgefüllt. Einer von Giovanni Battista Viotti kultivierten Mode des ›Quatuor brillant‹ entsprechend, rückt in den Werken eines ersten, bis etwa 1820 reichenden Schaffensabschnitt, die Partie der ersten V. in den Vordergrund; ähnlich dominiert in der kl.-begleiteten Kammermusik der Pianist: Das Sextett op. 30 weist den fünf Streichern (alternativ auch fünf Bläsern) nur untergeordnete Rollen zu, wobei insbesondere die Mittelstimmen wenig selbständig geführt sind.

Nach einem Jahrzehnt, in dem er sich freilich mit nur geringem Erfolg auch der Komposition von Opern und Sinfonien zuwandte, nahm O. um 1830 die Produktion von Kammermusik verstärkt wieder auf, ohne allerdings neueren Entwicklungen Rechnung zu tragen. Die in Paris in diesen Jahren intensivierte Diskussion um eine Erweiterung von Formen und Inhalten der Musik beachtete der abseits der Hauptstadt lebende Komponist zunächst kaum: Einflüsse programmatischer Elemente finden sich nur selten, eine Reflexion überkommener Formkonzepte fast nie. Die Idee, das biographische Moment in einem Streichquintett (*Quintette de la ballade*, das *Kugel-Quintett* c-Moll op. 38; s.u.) zu thematisieren, blieb singulär, und einzelne Versuche, langsame Sätze inhaltlich zu determinieren und als *Preghiera* (op. 54) oder *La Melinconia* (op. 39) zu überschreiben, wirken in ihrer unauffälligen, konventionellen Gestaltung und gemessen an den gleichzeitig entstandenen Werken Hector Berlioz' eher naiv. So rückte O., der einen eleganten, grandiosen Stil in seiner Kammermusik pflegte, in eine Außenseiterposition, die er nicht ohne Verbitterung zur Kenntnis nahm. Umgekehrt sah insbesondere die deutsche Musikkritik in seinem Schaffen Traditionslinien einer absoluten Musik gewahrt, und neben Gottfried Wilhelm Fink war es auch Robert Schumann, der sich vorteilhaft über O.s Werke äußerte. Den Wert seiner äußerst professionell gestalteten StrQu.e und Streichquintette verkannte man freilich auch in Frankreich nicht. O. erscheint als Bewahrer einer klassizistischen Kultur von Kammermusik, die Félicien David, César Franck oder Camille Saint-Saëns fortgesetzt haben: »Er, der ... in Deutschland und Frankreich als der eigentliche Nachfolger Haydns, Mozarts und Beethovens galt, wurde von einer konservativen Musikkritik wegen seines Festhaltens an klassischen Formprinzipien als beispielhaft vereinnahmt, und gerade dort gerügt, wo er sich hiervon entfernte.« (Christiana Nobach)

Sonate c-Moll op. 16 Nr. 2 (1820)
für Viola (Violoncello) und Klavier

Allegro espressivo – Menuetto – Adagio cantabile – Finale: Allegretto
Dauer: 30'
Verlag: Haslinger Wien, ED 1821

Die ungemein großräumig angelegte Sonate – die Ecksätze umfassen jeweils annähernd 300 Takte – ist dank des einfachen, auf konventionellen Formschemata beruhenden Aufbaus der Einzelsätze problemlos in ihren Strukturen zu erfassen: Ein rhythmisch pointiertes, die Töne des Tonika-Dreiklangs akzentuierendes Thema eröffnet mit großer Geste den **1. Satz** und prägt noch die an pianistischem Brillo reiche Überleitung, der sich die weitläufige Vorstellung eines melodiösen, alternierend den beiden Instrumenten zugewiesenen Seitenthemas anschließt. Das Kopfmotiv des Hauptthemas bestimmt in seiner markanten Punktierung nicht nur den Schluß der Exposition, sondern auch die Durchführung, in der sequenzierend verwandte Tonstufen einbezogen werden; eine explizite Auseinandersetzung mit dem Seitenthema unterbleibt dagegen. Die nur unwesentlich variierte Reprise mündet in einer Stretta zur finalen Demonstration instrumentaler Virtuosität.

Transparent in der Faktur, ist das **Menuett** in strenger Periodizität stets auf das aus einem Tonleiterausschnitt entwickelte, eingangs unisono vorgetragene Thema bezogen. Durch die Einfügung chromatischer Zwischenstufen ermöglicht es ebenso mühelos die Integration von Wechselharmonien wie das sehr elegant über Dreiklangsbrechungen angelegte Trio. Das melodiöse Thema im **Adagio cantabile** weist mit seiner marginalen, geschärften Punktierung auf die Einleitung der Sonate zurück. Der Satz ist dreiteilig mit variierter Reprise angelegt und bietet zahlreiche, teilweise dicht gefügte Imitationen einzelner musikalischer Gedanken. In den Modulationen werden indes etwas zu stereotyp Umdeutungen des verminderten Septakkords genutzt. Zwei Themen in wiederum ausgedünnter Faktur, ebenfalls eher variativ vorstellend als sonatenhaft durchführend, verzichtet auch das **Finale** auf forcierte Virtuosität zugunsten diskreter Noblesse.

Quintetto c-Moll op. 38 (1829/30)
für 2 Violinen, Viola und 2 Violoncelli

Allegro moderato ed espressivo – Minuetto. Non tanto Presto. ›Dolore‹. Trio. ›Febbre e Delirio‹ – Andante sostenuto. ›Convalescenza‹ – Finale. Allegro. ›Guarigione‹
Dauer: ca. 25'
Verlag: Kistner Leipzig, ED: um 1830

Biographisch motiviert – durch einen Jagdunfall – , musikgeschichtlich jedoch mit einer aufschlußreichen Parallele zum nur wenige Jahre früher entstandenen a-Moll-StrQu. op. 132 von Ludwig van Beethoven, ist O.s Streichquintett op. 38 gleichzeitig ein Dokument individuellen Erlebnisses wie einer Auseinandersetzung mit den Kompositionen seines Zeitgenossen, dessen Spätwerke er ablehnte, da sie seiner Auffassung von Klarheit in Aufbau und Gedankenführung gänzlich zuwiderliefen. Der **1. Satz** allerdings offenbart noch keine programmatischen Elemente, die Exposition und Durchführung zweier prägnanter Themen ist ebenso konventionell wie Reprise und Coda geradezu lehrbuchhaft.

Das **Minuetto** illustriert hingegen sehr sinnfällig Leidenszustände, dargestellt nicht nur mit den bereits aus frühbarocker Musik vertrauten Mitteln chromatischer Durchgänge und zahlloser verminderter Septakkorde, sondern drastischer noch in extremen dynamischen Kontrasten, die ebenso wie langsame Halbtonfortschreitungen in höchster Lage und größtmöglicher Lautstärke mit anschließendem plötzlichem Wechsel der Register Schmerzwallungen und Erschöpfung nachzeichnen sollen. Tremoli und rasche Folgen terzverwandter Harmonien verweisen im Trio wiederum sehr plakativ auf den Zustand des vom Fieber geschüttelten und im Wahn die Orientierung verlierenden Patienten. Der **3. Satz**, dessen choralmäßige Faktur für variative oder durchführende Abschnitte nur geringen Raum läßt, bezeichnet die Genesung und entspricht Beethovens ›Dankgesang an die Gottheit‹. Im **Finale** ist, wie schon eingangs die rasanten Skalen der 1. V. andeuten, die Gesundung abgeschlossen: In einer elegant komponierten Sonatenform werden behende und anmutige Themen vorgestellt und durchgeführt. Selbst das individueller Erfahrung geschuldete Programm duldet keine Abweichung von den als wenig veränderlich empfundenen Vorgaben zur formalen Gestaltung – um den Preis, daß die Idee, Leiden und Rekonvaleszens musikalisch zu thematisieren, in den Satzüberschriften expliziert werden muß. Dies empfand eine konservative Kritik nicht als Nachteil, vielmehr betonte Gottfried Wilhelm Fink in einer Rezension der Erstausgabe, daß »der richtige Tact des Componisten sich nicht verleiten liess, in seinen Schilderungen die Linie zu überschreiten, die das Schöne durch Spielerey carrikiert«. (AMZ 33/1831)

Michael Heinemann

Arvo Pärt

geb. 11. 09. 1935 Paide (Estland). Professionelle Musikausbildung begann relativ spät. 1956 Musikfachschule in Tallin, 1957–1963 am Konservatorium in Tallin, Komposition bei Heino Eller. 1958–1967 als Tonmeister beim Estnischen Rundfunk. Emigrierte 1980 nach Wien, 1981 Stipentiat des Deutschen Akademischen Austauschdienstes, Übersiedlung nach Berlin, wo P. seit 1982 lebt.

WERKE F. 2 INSTR.: *Spiegel im Spiegel* f. V. (od. Vc.), Kl. (1978); *Fratres* f. V., Kl., (1977/1980); *Fratres* f. Vc., Kl. (1977/1989) – WERKE F. 3 INSTR.: Adagio f. V., Vc., Kl. (1992) – WERKE F. 4 INSTR.: *Fratres* f. StrQu. (1977/1985); Ein Wallfahrtslied Psalm 121 f. eine Männerstimme (T. od. Bar.) u. StrQu. (1984); *Psalom* f. StrQu. (1985/1991, rev. 1993); *Summa* f. V., 2 Va., Vc. (1977/1990); *Summa* f. StrQu. (1977/1991); *Pari Intervallo* f. 4 Blfl. (1980); Fratres f. 4, 8, 12...Vc. (1977/1982) – WERKE F. 5 INSTR.: Quintettino f. Fl., Ob., Kl., Fg., Hr. (1964) – WERKE F. 6 AUSF.: *Stabat Mater* f. S., A., T., V., Va., Vc. (1985) – WERKE F. KAMMERENSEMBLE: *Arbos* f. 7 (8) Blfl., 3 Triangel ad lib. /1977); Arbos f. 8 Blechbläser, Schlzg. (1977/1986); *Fratres* f. Kammerensemble (1977); Fratres f. Bläseroktett, Schlzg. (1977/1990) – WERKE F. STREICHORCHESTER (KAMMERBESETZUNG MÖGLICH) MIT EINZELNEN ZUSÄTZLICHEN INSTRUMENTEN: *Tabula rasa.* Doppelkonzert f. 2 V. (od. V. u. Va.), Streichorch., präpariertes Kl. (1977); Cantus in Memory of Benjamin Britten f. Streichorch., 1 Glocke (1980); Collage über B-A-C-H f. Streicher, Ob., Cemb., Kl., (1964); Concerto piccolo über B-A-C-H f. Solo-Trp., Streicher, Cemb., Kl., (1964/1994); *Festina lente* f. Streichorch., Hf. ad lib. (1988/1990); *Fratres* f. Streichorch., Schlzg. (1977/1991); *Fratres* f. V., Streichorch., Schlzg. (1977/1992); Fratres f. Vc., Streichorch., Schlzg. (1977/1994); *Psalom* f. Streichorch. (1985/1995); *Silouans Song* f. Streichorch. (1991); *Summa* f. Streichorch. (1977/1991); Trisagion f. Streichorch. (1992/1995); *Wenn Bach Bienen gezüchtet hätte* f. Kl., Bläserquintett, Streichorch. (1976/1984); *An den Wassern zu Babel saßen wir und weinten* f. Pos., Ensemble (1995).

Verlag: Universal Edition Wien.

Als einer der radikalsten Vertreter der sogenannten sowjetischen Avantgarde, die um 1960 an die Öffentlichkeit trat und auf großen Widerstand der konservativen sowjetischen Musikkritik traf, durchlebte P. wahrscheinlich stärker als andere seiner Zeitgenossen – wie z.B. Alfred Schnittke oder Sofia Gubaidulina – eine tiefe Evolution. Nach einer 15jährigen Schaffensperiode, in der er verschiedene zeitgenössische Verfahrensweisen und Kompositionstechniken erprobte: u.a. serielle Musik (*Nekrologe*, 1960, 1. Sinfonie, 1963,

Credo 1968), Aleatorik, Collage (*Collage über B-A-C-H*, 1964, *Pro et contra*, 1966, 2. Sinfonie, 1966), schweigt P. acht Jahre – außer der 3. Sinfonie, 1971. Diese Sinfonie verweist bereits auf eine neue Schaffensphase, in der sich P. intensiv mit der Musik des Mittelalters beschäftigte. 1976 dann war der neue Stil gefunden, den P. mit dem Begriff ›Tintinnabuli‹ (Glöckchen) umschreibt und den er bis heute beibehalten hat. In diesem Stil mit seiner Formenstrenge, seiner Einfachheit und seinen harmonischen Balancen hat P. bedeutendste Kompositionen geschrieben: *Arbos* (1977), *Summa* (1977/1991), *Fratres* (1977/1992), *Tabula Rasa* (1977) sowie – seit den 80er Jahren – zahlreiche liturgische Werke, u.a. *Passio* (1982), *Stabat Mater* (1985), *Te Deum* (1986), *Magnificat* (1989), *Berliner Messe* (1990/91), *Litany* (1994).

P.s Kammermusik ist – außer bei einigen Werken aus der frühen Periode - im Tintinnabuli-Stil geschrieben, den er logischerweise im Kammergenre erprobt hat. *Für Alina* (1976), ein kleines Stück für Kl., war die erste Komposition, für die P. »...diese Dreiklangslinien gefunden hat...kleine, einfache Regeln« (A. P.). Später erklärte er: »...Ich arbeite mit einer sehr geringen Anzahl von Elementen – mit einer Stimme, mit zwei Stimmen. Ich baue sie aus den einfachsten Materialien auf... Die drei Noten eines Dreiklanges wecken bei mir die Assoziation von Glocken. Darum nenne ich es Tintinnabuli«.

In den 70er Jahren ist eine ganze Serie von vokalen und instrumentalen Werken in diesem Stil entstanden: u.a. *Arbos, Summa, Wenn Bach Bienen gezüchtet hätte, Fratres*. Der intensiven Beschäftigung mit der Musik des Mittelalters folgte eine schöpferische Mitarbeit bei dem estnischen Ensemble für alte Musik ›Hortus musicus‹, das P.s Werke uraufführte. Diese ›Nachbarschaft‹ war sehr natürlich, denn der Tintinnabuli-Stil ist keine Stilisierung im Sinne einer Restauration, sondern die originäre Schreibweise eines zeitgenössischen Komponisten, der seine erworbenen Kenntnisse vom kompositorischen Handwerkszeug (serieller Rationalismus, sonoristische Schreibweise) in einem völlig anderen Kontext angewendet hat. Charakteristische Merkmale der Alten Musik, modale und mensurale Techniken und die hierauf basierende ›Grammatik‹ der musikalischen Sprache oder die im 16. bis 18. Jahrhumdert übliche Ad-libitum-Besetzung, hat P. in seinen Stil integriert. Etliche Werke von P. können sowohl mit modernen als auch mit historischen Instrumenten gespielt werden oder sind mit menschlichen Stimmen besetzt, ohne dabei ihren individuellen instrumentalen Charakter einzubüßen. Z.B. wurde *Summa* zuerst für Chor oder Solisten (S., A., T., B.) a capella konzipiert, später entstanden Bearbeitungen für verschiedene Kammerbesetzungen und Streichorchester. Trotz der großen Besetzung blieben die innere Logik des Stücks und die Anforderungen an die Interpretation, an das »...zu entwikkelnde Gefühl von Wahrhaftigkeit und Verantwortung gegenüber dem einzelnen Ton« (Andreas Peer Kähler, 1995) unverändert. Die Besetzungsvariabilität ist eine unerschöpfliche Quelle für weitere Bearbeitungen, sie ist ein Prozeß, der im Prinzip offen ist. Es ist deshalb entschieden angemessener, statt der üblichen Gattungscharakteristik für P.s Musik den Begriff ›...stimmige Musik‹ zu verwenden: z.B. für die – wie P. sie bezeichnet hat – siebenstimmige Musik *Arbos* oder die dreistimmige Musik *Fratres* (siehe P.s Werkverzeichnis in *Sowjetische Musik im Licht der Perestroika*, hrsg. v. H. Danuser, H. Gerlach u.a., Laaber 1990 S. 386). Eine wichtige Rolle in P.s kompositorischem Denken spielt das ebenfalls von der Alten Musik übernommene ontologische Verhältnis zum Text: »Für mich schreiben die Worte die Musik«. So P. über seine liturgische Musik, die manchmal auch rein instrumental eingerichtet ist, wie z.B. *Psalom* für StrQu., *Silouans Song* oder *Trisagion* für Streichorchester. P. verzichtet hier auf den Gesang und arbeitet nur mit dem imaginären Text.

Fratres (1977)
Dreistimmige Musik für Kammerensemble

einsätzig
Dauer: 12'
Verlag: Universal Edition Wien

Als eines der ersten Werke nach P.s ›stiller Zeit‹ zu Beginn der 70er Jahre ist *Fratres* ein Symbol für das gesamte Schaffen des Komponisten. Allein die Zahl der Bearbeitungen (acht!) der zwei Hauptversionen von *Fratres* (alle anderen Fassungen sind Varianten davon) spricht dafür. Bearbeitungen der I. Version: für vier, acht, zwölf...Vc.; für Streichorchester und Schlzg.; für StrQu.; für Bläseroktett und Schlzg.; der II. Version: für Vc. und Kl.; für V., Streichorchester und Schlzg.; für Vc., Streichorchester und Schlzg. Der Werktitel ›Bruder‹ geht auf den Widmungsträger, das estnische Ensemble für Alte Musik ›Hortus musicus‹ zurück, das *Fratres* 1977 in Tallin uraufgeführt hat. Danach hat *Fratres* mehrere Wandlungen durchgemacht.

Die erste Hauptversion, das sogenannte *Fratres* I, ist ein dreistimmiger Satz, der auf der Wiederholung eines nüchternen, sechstaktigen Hymnenthemas aufgebaut ist. Dem Tintinnabuli-Stil entsprechend, liegen diesem Thema zwei Elemente zugrunde: die Melodie in den Außenstimmen, die sich im Abstand einer Dezime bewegen; eine Dreiklangslinie in der Mittelstimme. Beide Elemente sind nach genau festgelegten Gesetzen miteinander verbunden und haben eine tonale Basis: die harmonische d-Moll-Skala und den a-Moll-Dreiklang, der von der leeren Bordun-Quinte ›a‹-›e‹ unterstützt wird – eine übliche Praxis in der frühen mittelalterlichen Mehrstimmigkeit. Insgesamt wird jedoch ein polytonaler Effekt erreicht, da das a-Moll nach einigen Wiederholungen ›neutralisiert‹ ist und als sonore Klangfarbe zur tonalen Bewegung der Melodie (d-Moll-Skala mit einem am Ende jeden Abschnitts wechselnden Achsenton) wahrgenommen wird. Das Thema selbst besteht aus zwei Dreiertakten mit einer auf dem Additionsprinzip beruhenden Folge von 7/4, 9/4 und 11/4 Rhythmen. Jeder neue Takt entsteht durch eine Erweiterung in der Mitte des vorhergehenden Taktes, bis die vollständige Skala erreicht ist. Danach läuft der gleiche Vorgang in der Umkehrung der ursrünglichen Gestalt.

Während der neun Variationen des Themas werden die Klänge immer tiefer: Die Reihenfolge der Einsätze ergibt die Skala e'''–cis'''–a''–f''–d''–b'–g'–e'–cis'. Das Stück bewegt sich gleichsam spiralförmig nach unten. Es gibt keine Themenverarbeitung, abgesehen davon, daß jede Variation mit verschiedenen Instrumenten gespielt wird. Auch fehlen in der Partitur von *Fratres I* genaue dynamische Abstufungen, die natürlich von den jeweiligen Instrumenten, von Faktur und Register abhängig sind. Um den Interpreten entgegenzukommen, hat P. in den anderen Fassungen dynamische Spielanweisungen nachgetragen. Auf jeden Fall erreicht das Schlzg.-Schema mit jeder Wiederholung eine dynamische Steigerung, die ihren Gipfel in der Werkmitte erreicht. Danach wird die Musik allmählich durch Stille ersetzt.

Die zweite Hauptversion, die sogenannte *Salzburger Fassung*, wurde im Auftrag der Salzburger Festspiele 1980 geschrieben. Sie ist Elena und Gidon Kremer gewidmet, die sie am 17. August 1980 in Salzburg zum ersten Mal spielten. In dieser Version wird das dem Kl. übertragene *Fratres I* mit Variationen für ein Soloinstrument verbunden, und die zweitaktigen Schlzg.-Einwürfe werden durch Kl.-Akkorde ersetzt. Das achtteilige Variationswerk wird mit einem freien Präludium der V. eingeleitet. Das Variationsthema erklingt in der Scheinstimme der virtuosen V.-Arpeggien. Das formal nach dem traditionsreichen Typ der Choralvariation gebaute Werk weicht dennoch in jeder Variation vom ›klassischen‹ Muster ab. Zu Beginn und am Ende der Komposition werden nur einzelne Elemente des Themas variiert: die Melodiestimme in der präludierenden Einleitung und in der durch die Flageolettgriffe angelegten 8. Variation; die Tintinnabuli-Stimme in der 1. Variation, und Bordun – in der 7. Variation. Der Bordun selbst wird durch andere Intervalle ersetzt und insbesondere den leeren V.-Saiten überantwortet. In der Werkmitte der 5. und 6. Variation stellt P. nach den Regeln des ›goldenen Schnittes‹ eine Synthese von allen drei Elementen her: Die Mehrstimmigkeit in der 5. Variation ergibt sich aus dem kanonartigen Einsatz des Themas und dem Bordun; in der 6. Variation werden Melodiestimme und Tintinnabuli-Stimme gleichzeitig nach dem Kanonprinzip behandelt. Die *Salzburger Fassung* ist fast symmetrisch strukturiert. Zusammen mit der zugrundeliegenden spiralförmigen ersten Hauptversion *Fratres I* gelingt es P., ausgehend von der Tradition der instrumentalen Choralbearbeitung eine besondere Polyphonie der Formen zu entwickeln.

Tatjana Frumkis

Francis (Jean Marcel) Poulenc

geb. 7. 1. 1899 Paris; gest. 30. 1. 1963 Paris. Ab 1914 Kl.-Unterricht u.a. bei Ricardo Viñes; durch diesen Bekanntschaft mit Erik Satie und Georges Auric. Kompositionsstudien bei Charles Koechlin; 1917 Aufführung der ersten eigenen Komposition *Rhapsodie nègre*; 1919 Mitglied der ›Groupe des Six‹, gemeinsame Konzerte und Gruppenwerke; 1921 zusammen mit Darius Milhaud Europareise, in Wien Begegnung mit Arnold Schönberg, Anton Webern, Alban Berg; 1924 erfolgreiche UA von *Les Biches* durch Sergej Diaghilews ›Ballets Russes‹. Seit 1927 Wohnsitz in der Touraine; in den 30er Jahren als Kl.-Begleiter des Baritons Pierre Bertin Konzerte u. a. mit eigenen Werken; 1936 Rückkehr zum katholischen Glauben; in der Folge entstehen zahlreiche liturgische Chorwerke. Daneben auch auf der Opernbühne (*Les Dialogues des Carmélites*, 1957) erfolgreich.

Werke f. 2 Instr.: Sonate f. 2 Klar. (1918, rev. 1945); Sonate f. Klar., Fg. (1922); Sonate f. V., Kl. (1942/43, rev. 1949); Sonate f. Vc., Kl. (1940–1948); Sonate f. Fl., Kl. (1956); Sonate f. Ob., Kl. (1962); Sonate f. Klar., Kl. (1962); *Elégie* f. Hr., Kl. (1957) – Werke f. 3 Instr.: Sonate f. Hr., Trp., Pos. (1922); Trio f. Kl., Ob., Fg. (1926) – Werke f. 6 Instr.: Sextett f Kl., Fl., Ob., Klar., Fg., Hr. (1932–1939).

Verlag: Durand; Eschig; Heugel Rouart-Lerolle; Salabert (alle Paris); Ricordi (Mailand); Chester (London).

Kammermusik hat P. Zeit seines Lebens geschrieben. Sie macht einen wichtigen Teil seines Œuvres aus – von ihm selbst übrigens sehr kritisch gesehen. P. besaß, was die eigene Arbeit anging, ein waches selbstkritisches Bewußtsein.

Als 1920 die ›Groupe des Six‹ durch den Journalisten Collet kreiert wurde – er hatte am 16. Januar 1920 in einem Artikel sechs Komponisten mit ›Le Groupe des Six‹ bezeichnet –, fiel in diesem Zusammenhang auch der Name von P. Es sind wohl weniger stilistische Übereinstimmungen zwischen diesen ›Six‹ gewesen, die den Eindruck einer Gruppe zwingend machte, sondern vor allem freundschaftliche Bande: »Wir akzeptierten das Etikett im Grunde deswegen, weil es keine große Sache war. Die Unterschiede unserer Musik, unserer Neigungen und Abneigungen schlossen eine gemeinsame Ästhetik aus« (P. im Gespräch mit Claude Rostand). Und Jean Cocteau, dessen *Le Coq et l'Arlequin* (Hahn und Harlekin, 1918) man leicht als Manifest der ›Six‹ mißverstehen kann, – Cocteau ist jedoch, nach den Worten P.s, für sie eher so etwas wie ein Manager gewesen, ein Manager mit Genie, ein treuer, erlesener Freund, mehr poetischer Chronist als Theoretiker der Gruppe. In diesem Sinne war vielmehr Saties Einfluß auf P. durchaus bedeutend, geistig wie musikalisch.

So ist es nur folgerichtig, daß jeder aus der ›Six‹ eigene künstlerische Wege ging. P. hat sich im Vergleich zu den anderen der ›Groupe des Six‹ bis zu seinem Lebensende 1963 am weitesten von seiner Ausgangsposition entfernt, der ›Huldigung‹ an die Trivialität, der kompromißlosen Sachlichkeit und fast schon wieder aufreizenden Einfachheit. Kürze und Prägnanz, ein ausgedünnter trockener musikalischer Satz, inspiriert durch Erik Satie – das sind stilistische Merkmale seiner Jugendwerke; erinnert sei an die Lieder *Le Bestiaire ou le Cortège d'Orphée* nach aphoristisch kurzen Texten von Guillaume Apollinaire (1919), voller Ironie und auch Melancholie, schnörkellos:

musikalische Holzschnitte. Im gleichen Stil sind seine frühen Bläser-Sonaten komponiert, die P. auch später noch geschätzt hat – Revisionen beweisen das.

Beispielhaft für sein Frühwerk (und vergleichbar mit *Le Bestiaire*) ist ebenfalls die Sonate für zwei Klar.: Bei einem durch die Besetzung bedingten durchsichtigen Satz bietet sich Polyphonie an, doch sie fehlt ganz. Beide Stimmen sind nicht gleichberechtigt, die obere ist die gewichtigere. Ihre Begleitung ist großenteils auf Ostinati zurückgenommen und geht in ihrer Unselbständigkeit bis zum Unisono mit der Oberstimme. Das verdünnt den Satz zusätzlich. Eine ›Polyphonie‹, die sich bewußt gegen überkommene Kunstfertigkeit stellt; eine Satzstruktur, die weniger entwickelt als einfach aufreiht – Baukasten; eine Harmonik, die die Quarte zur Grundlage hat. Nur wenig später bevorzugte P. Terz und Sext. Diese frühe Kammermusik, entstanden in einer kurzen Phase, ist kaum vergleichbar mit späteren Werken.

Mit *Les Biches* (1923/24), dem Ballett für Diaghilews ›Ballets Russes‹, vollzog P. im Grunde einen Stil-Umschwung, auch in Bezug auf die Kammermusik. Der musikalische Satz wird elegant, elastisch, geschmeidig; jetzt hört man ihm deutlich seine Vorbilder an: Emmanuel Chabrier, Maurice Ravel, Igor Strawinsky. Und nicht zu vergessen Maurice Chevalier, der berühmte Chansonnier, den P. seit seiner Jugend verehrte; vieles vom Konversationston dieser Musik ist in P.s eigene ›Sprache‹ übergegangen. So wirkt manches aus dieser Zeit wie zitiert, wie aus ›zweiter Hand‹. P. vertraute, wie er 1946 anläßlich einer Umfrage äußerte, einzig seiner Inspiration – eine mysteriöse Sache, die man besser nicht erklären sollte. Er verfolge, so P., keine bestimmten ästhetischen Grundsätze: Er mochte Anton Webern und Giacomo Puccini gleichermaßen. Ganz recht hat er mit dieser Erklärung dennoch nicht gehabt: In seinen besten Werken widerlegte er sich.

Zum Beispiel im Trio für Ob., Fg. und Kl. von 1926, das P. sehr geschätzt hat. Hier wird eine für ihn charakteristische Arbeitsweise deutlich. P. selbst hat auf sie hingewiesen: Das Arbeiten nach bestimmten Mustern. Immerhin hatte ihm Maurice Ravel, der selbst einige Erfahrung damit besaß, dazu geraten. So folge, laut P., der 1. Satz des Trios dem Vorbild eines Haydnschen Allegros und der letzte Satz dem Scherzo des 2. Kl.-Konzerts von Camille Saint-Saëns. Davon einmal abgesehen, gibt es bei P. natürlich häufig Themen-Abhängigkeiten von Werk zu Werk: Das Einleitungsthema des ersten Trio-Satzes zum Beispiel hängt mit dem Einleitungsthema des *Concert Champêtre* (1929) zusammen. Auch die Besetzung des Trios ist für P. typisch; er hat Bläser stets ganz offenkundig bevorzugt. Seine dem Andenken an den im spanischen Bürgerkrieg ermordeten Dichter Federico García Lorca gewidmete Sonate für V. (1942/43) dagegen hielt er – wie übrigens auch so manche seiner Kl.-Werke – für wenig gelungen. Er überarbeitete die Komposition 1949 und hielt sich auch öffentlich mit einer freimütigen Selbstkritik nicht zurück.

Sonate (1957)
für Flöte und Klavier

Allegro malincolico – Cantilena – Presto giocoso
Dauer: ca. 12'
Verlag: J. & W. Chester, Ltd, London, ED 1958

Aus der Gruppe der späten Sonaten für V. (bzw. für Vc., für Fl., für Ob., für Klar.) und Kl. ist die Fl.-Sonate sicherlich mit Recht am bekanntesten geworden. Sie verkörpert vieles Eigentümliche an P.s Ausdrucksweise: Eine Melodik, die zwischen Moll und Dur schwankt und selbst Akkord-Funktionen manchmal wenig entschieden formuliert; dennoch bleibt sie immer tonal. Dazu – wie während seiner frühen Jahre – die Reihung der ›Bauelemente‹. Der **1. Satz** ist im Grunde dreiteilig, A – B – A' – AB, wobei man den letzten abschließenden Teil auch für eine kurze Durchführung halten könnte. In der **Cantilena** verstärkt sich der gepflegt melancholische, leicht sentimentale Zug, vergleichbar dem ›Intermezzo‹ mit dem Motto »La guitare fait pleurer les songes« (Die Gitarre läßt die Träume weinen) aus der V.-Sonate von 1942/43 und steht damit im völligen Gegensatz zum nachfolgenden **Presto giocoso.** Dieses entspricht genau den Erwartungen, die ein Scherzo in traditioneller Manier zu erfüllen hat.

Neu ist an der Sonate, auch auf P.s Gesamtschaffen bezogen, garnichts. Doch sie stellt eine späte stilistische Zusammenfassung früherer Werke dar, von *Les Biches* über das Trio und das Sextett bis zum Concerto choréographique *Aubade* für Kl. und 18 Instrumente (1929).

Norbert Albrecht

Louis Ferdinand, Prinz von Preußen

geb. 18. 11. 1772 Friedrichsfelde bei Berlin, gefallen 10. 10. 1806 bei Saalfeld. Fünftes Kind von Anna Elisabeth Luise von Brandenburg-Schwedt und August Ferdinand von Preußen, des jüngsten Bruders Friedrich II. Getauft auf Friedrich Ludwig Christian, wurde er allgemein Louis und – um Verwechslungen zu vermeiden – ergänzend Ferdinand genannt. Erste musikalische Anregungen durch den ›Kammermusicus‹ Carl Wilhelm Glösch (nach Joh. N. Forkel), durch seine Tante, Anna Amalia, Prinzessin von Preußen, sowie ab 1784 durch vier vom Hof besoldete StrQu.-Spieler. Bereits im Kindesalter perfekter Kl.-und Org.-Spieler. Trat 1789 in den Militärdienst, 1792–1794 Teilnahme am Feldzug gegen Frankreich. Seither legendärer Ruf als heldenmutiger Offizier. Ab 1795 in Magdeburg, Lemgo und Hoya Leitung eines Infantrieregiments, daneben intensive Studien der Kriegswissenschaft, Geschichte und Philosophie, Freundschaft mit Frhr. Karl v. Stein. Sein musikalischer Berater »im Pianoforte und in der Composition« (Gerber-Lex.) wird Heinrich Gerhard von Lenz. 1796 in Berlin Zusammentreffen mit L. v. Beethoven. Lernt bei Besuchen in der ›Freien Republik Hamburg‹ ab 1796 u. a. den französischen Geiger Pierre Rode, die Komponisten Anton Reicha und Louis Spohr sowie den Pianisten, Komponisten und Verleger Johann Ladislaus Dussek kennen. Lebt ab 1800 sowohl auf seinen Gütern Wettin und Schricke als auch in Berlin. Ab 1803 wird Dussek sein musikalischer Ratgeber, Kl.-Partner und Freund. 1804 Reise nach Wien, erneutes Zusammentreffen mit Beethoven. 1805 Reise nach Italien zwecks militärischer Studien. Fiel am 10. 10. 1806 als Kommandeur der preußischen Vorhut im Kampf gegen Napoleons Truppen.

WERKE F. 3 INSTR.: Trio f. Kl., V., Vc. As, op. 2 (ED: 1806); Trio f. Kl., V., Vc. Es, op. 3 (um 1799); Grand Trio f. Kl., V., Vc. Es, op. 10 (ED: 1806) – WERKE F. 4 INSTR.: Andante avec Variations f. Kl., V., Va., Vc. B, op. 4 (1806); Quatuor f. Kl., V., Va., Vc. Es, op. 5 (ED: 1805); Quatuor f. Kl., V., Va., Vc. f, op. 6 (um 1799/1800) – WERKE F. 5 INSTR.: Quintetto f. Kl., 2 V., Va., Vc. c, op. 1 (ED: 1803); Larghetto varié pour le Pianoforte avec acc. de V., Va., Vc. et Basse obligés G, op. 11 (ED: 1806) – WERKE F. 7 INSTR.: Notturno f. Kl., Fl., V., Va., Vc. obligé, 2 Hr. ad. lib. F, op. 8 (Ed: 1808) – WERKE F. 8 INSTR.: Otteto f. Kl., Klar., 2 Hr., 2 Va., 2 Vc. obligés F, op. posth. (op. 12; ED: 1808).

Verlag: Breitkopf & Härtel Leipzig, Wiesbaden.

Von Robert Schumann als d e r »Romantiker der klassischen Periode« gerühmt, von Ludwig van Beethoven zu einem »tüchtigen Kl.-Spieler« erklärt, der »gar nicht prinzlich spielen« würde (zitiert nach C. Frhr. v. Ledebur, *Tonkünstler-Lexikon Berlin's*), von den preußischen Patrioten als d a s Idealbild eines heldenmütigen Offiziers verehrt – das künstlerische Schaffen des Preußen-Prinzen L. F. wartet dennoch bisher auf eine gründliche musikhistorische Würdigung. Nach dem Tode des Hochbegabten 1806 hatten – motiviert durch die politische Situation: die Befreiungskriege von der napoleonischen Fremdherrschaft – zahlreiche Mythen und Legenden den objektiven Blick auf sein Schaffen verstellt. Obwohl sein schmales Œuvre bereits 1808 gedruckt vorlag und Komponisten wie Dussek, der die Drucklegung der Werke nach 1806 betreute, sowie Louis Spohr, Carl Maria von Weber, Franz Liszt (er komponierte sogar 1843 eine *Elégie sur des motifs du Prince Louis de Prusse*) und Schumann auf L. F.s originäre musikgeschichtliche Leistung aufmerksam machten, dem Beethoven sogar sein 3. Kl.-Konzert c-Moll op. 37 gewidmet hat, geriet L. F.s Œuvre nach 1850 in Vergessenheit. Erst seit Beginn der 1980er Jahre wurde der Komponist L. F. durch eine Schallplatten-Gesamtaufnahme (initiiert u. a. durch den Pianisten Horst Göbel) wiederentdeckt.

Zweifellos hat das ›Profil‹ des Werkkatalogs zu diesem Gang der Rezeptionsgeschichte beigetragen: Keine Opern, keine großen Orchesterwerke, keine Vokalmusik, sondern ausschließlich Instrumentalwerke: Kammermusik, eine Fuge für Kl. op. 7, zwei Rondos für Kl. und Orchester (op. 9, op. 13) – insgesamt dreizehn Opera (die Autorschaft für den Marsch C-Dur op. 14 für 2 Trp., 2 Ob. und Baß ist nicht gesichert), die die Verbundenheit des Komponisten mit ›seinem‹ Instrument, dem Kl., deutlich machen. Es ist in jedem der dreizehn Werke vertreten, virtuos, brillant, führend.

Bereits der Knabe L. F. fiel durch seine erstaunlichen pianistischen Fähigkeiten auf. Wem er seine musikalische Ausbildung anfangs zu verdanken hatte, ist nicht überliefert. Naheliegend, daß Musiker aus der Hofkapelle Friedrich II. und derjenigen seines Onkels, Prinz Heinrich, aber auch Anna Amalia, die komponierende Schwester Friedrich II., erste Grundkenntnisse vermittelten. Doch bereits ab 1786, dem Regierungsantritt des Vc.-spielenden Friedrich Wilhelm II., wurde die zu der Zeit bereits enge musikalische Welt der Berliner Schule aufgebrochen durch eine neue Ästhetik, durch Werke von C. Ditters von Dittersdorf, Ch. W. Gluck, W. A. Mozart und J. Haydn. Der Besuch Mozarts 1789 in Berlin und derjenige Beethovens 1796 motivierte L. F., sich mit jedem ihrer neu veröffentlichten Kompositionen (u. a. mit den Friedrich Wilhelm II. gewidmeten sogenannten *Preußischen Quartetten* KV 575, 589 und 590 von Mozart oder mit Beethovens in Berlin 1796 uraufgeführten zwei Vc.-Sonaten op. 5) auseinanderzusetzen. Diese aktive schöpferische Aneignung hat in L. F.s Œuvre deutlich erkennbare Spuren hinterlassen, z. B. Anklänge an Themen und Motive aus Mozartschen und Beethovenschen Werken.

Dieser Tatbestand ist allerdings nur die ›Folie‹, hinter der sich ein höchst eigenständiger und origineller künstlerischer Geist bewegt. Durch den »Kunstgenossen« Johann Ladislaus Dussek war dem Prinzen »die Seele für das Höhere und Geistigere der Tonkunst ganz aufgegangen....Er«, so berichtet es Adolf Bernhard Marx, »brauchte...einen Mann, der ihm nachhalf, das, was er in dieser Kunst aussagen wollte, auch vollständig und gehörig auszusprechen.« In Dussek hatte er ihn gefunden. Wesentlichen Anteil an dieser Entwicklung haben sowohl der künstlerische Kreis in Hamburg, auf den L. F. dort bei seinen zahlreichen Besuchen traf und durch den er die neue französische Revolutionsmusik (u. a. von Luigi Cherubini, François-Joseph Gossec, Étienne N. Méhul) kennenlernte, als auch das geistige und künstlerische ›Klima‹ in den Berliner Salons (u. a. bei Rahel Levin), wo L. F. häufiger und gerne gesehener Gast war.

Einerseits steht L. F. fest auf dem Boden der musikalischen Klassik, denkt in Kategorien der Sonatenform, arbeitet mit ihren Durchführungstechniken, Themenkombinationen und harmonischen Entwicklungen. Andererseits findet er zu neuartigen Themenbildungen und Motivsynthesen, konstruiert andere formale Abläufe. Hauptereignis ist nicht mehr die Arbeit mit den in der Exposition aufgestellten zumeist drei Themen in der Durchführung. Sie werden hier mitunter nur noch bruchstückhaft ›zitiert‹. Dafür sind die harmonischen Abläufe vielfältig verändert, wird die Struktur melodisch durch rhapsodische Episoden aufgelockert. Die dennoch große formale Geschlossenheit erreicht L. F., indem er – hierin der zyklischen Idee folgend – die einzelnen Sätze motivisch verklammert. Bei den Finalsätzen bevorzugt er eine Kombination zwischen Sonaten- und Rondoform. In op. 1 und op. 6 steht ein Menuett an zweiter Stelle (in op. 5 rückt es an die dritte Position); in op. 2 und 3 nimmt diesen Platz die damals außerordentlich beliebte Variationenfolge ein. Hier entwickelt L. F. phantasievolle Techniken mit vielgestaltigen Ableitungen vom thematischen Ausgangsmaterial (z. B. im 3. Satz ›Andante con Variazione‹ des Kl.-Quintetts op. 1). Sowohl den einzelnen Sätzen wie auch der gesamten Komposition liegt ein klarer harmonischer ›Bau-Plan‹ zugrunde, mit kühnen Modulationen, einer Vorliebe für chromatische Rückungen und der Betonung des Dur-Moll-Kontrastes. Absolut neuartig sind L. F.s melodische Erfindungen: In ihnen »tönt wieder, was in seinem Innern wogte, jene Grossheit und Kühnheit, der Glanz und die Innigkeit, das rastlose Vorwärtsstürmen und das Schwelgen in Wehmuth oder Wollust der Seele.« (A. B. Marx)

Quatuor f-Moll op. 6 (um 1799/1800)
für Pianoforte, Violine, Viola und Violoncello

Allegro moderato – Menuetto. Agitato – Adagio lento e amoroso – Allegro ma moderato ed espressivo
Dauer: ca. 37'
Verlag: Breitkopf & Härtel Leipzig, ED 1808

Das dem französischen Geiger Pierre Rode gewidmete Quartett verdankt seine Entstehung wahrscheinlich L. F.s anregenden Hamburger Reisen. Hier hatte er den Geiger im Herbst 1799 kennengelernt und mit ihm gemeinsam musiziert. Es ist naheliegend, die Komposition in diesen Zeitraum zu datieren. Denn neuartig war alles, was L. F. in Hamburg hörte und neuartig ist auch das ›Quatuor‹: In der Gesamtform und in der Gestaltung der einzelnen Sätze. »Nirgends«, so A. B. Marx, »spricht sich (L. F.s) ganzes Wesen bestimmter aus, als in dem wunderschönen F-Moll-Quatuor, in dem Seligkeit und schmerzliches Sehnen sich berühren, und aus elegischen Accorden dann wieder ein Lächeln unter Thränen bricht.«

Obwohl es zwischen den einzelnen Sätze – wie in L. F.s anderen Werken – keine so offensichtlichen motivischen Entsprechungen gibt, zerfällt die Komposition dennoch nicht in einzelne Teile. Das liegt zum einen an dem konsequenten Tonartenplan (1. und 2. Satz f-Moll, 3. Satz Des-Dur; 4. Satz f-Moll), zum anderen vor allem jedoch an dem ungewöhnlichen thematischen Reichtum, an der phantasievollen Verarbeitung der Themen und ihrer Motive, an den originellen harmonischen Entwicklungen, ausgehend von der Grundtonart f-Moll, und nicht zuletzt an der Gestaltung der einzelnen Sätze, insbesondere durch den außerordentlich anspruchsvollen, brillanten Kl.-Part.

Der **1. Satz** ist nach den Prinzipien der Sonatenform gebaut: Das Hauptthema steht in f-Moll, das Nebenthema in As-Dur.

Doch wie L. F. mit diesem Material umgeht, es anreichert, ergänzt, in Motive zerlegt, diese verarbeitet, durch neue Gedanken miteinander verbindet, ohne einem Thema oder Motiv die Führung zu überantworten, ohne sich harmonisch auf Dur- oder Molltonarten festzulegen, das ist durchaus zukunftsweisend. So gibt es in der Reprise zwischen der Tonikavariante F-Dur (Nebenthema) und der Ausgangstonart f-Moll (Hauptthema) einen mehrfachen Wechsel, ehe der Satz in f-Moll endet.

Auch über den beiden folgenden Sätzen, einem f-Moll-**Menuetto** mit zwei Trios (in F-Dur und As-Dur) sowie dem sehnsuchtsvoll-wehmütigen **Adagio lento e amoroso** (Des-Dur) liegt ein dunkler romantischer Schleier, gewebt aus der Spannung zwischen Dur und Moll, aus dem Wechsel zwischen rhapsodisch-freischweifenden Partien und streng gearbeiteten Abschnitten mit einem dichten Stimmensatz. ›Con duolo‹, mit schmerzlichem Ausdruck, beginnt das Hauptthema (f-Moll) im **Finalsatz**. Obwohl in Des-Dur, ähnelt das Nebenthema in der Gestalt erstaunlich dem Hauptthema:

Trotz eingeschobener hellerer Passagen im weiteren Ablauf und im Unterschied zum »Standardkonzept der klassischen Musik« (Klaus Hinrich Stahmer), dem »Durch Nacht zum Licht«, behält der Satz seinen dunklen Charakter, den hoffnungslos-schmerzlichen Ausdruck.

Ingeborg Allihn

Sergej Sergejewitsch Prokofjew

geb. 11. (23.) 4. 1891 Sonzowka (Ukraine), gest. 4. 3. 1953 Nikolina Gora. 1902/03 erster Kl.-Unterricht bei der Mutter, einer Pianistin, Komposition bei Reinhold Glière. 1904–1914 Musikstudium am St. Petersburger Konservatorium (Kl. bei Annette Jessipowa; Komposition bei Anatolij Ljadow; Instrumentation bei Nikolaj Rimsky-Korsakow; Dirigieren bei Nikolai Tscherepnin). Ab 1908 Auftritt als Pianist, u. a. mit Werken von Arnold Schönberg; ab 1911 Veröffentlichung erster Werke. 1914 gewinnt P. bei der Abschlußprüfung mit dem Vortrag seines 1. Kl.-Konzerts op. 12 den Rubinstein-Preis. 1914 Reise u. a. nach London, lernt Sergej Diaghilew kennen und arbeitet mit ihm bis 1929 zusammen (u.a. *Ala und Lolli* bzw. *Skythische Suite* op. 20). 1918–1932 geht Pr. ins Ausland, zunächst nach Japan. Rege Konzerttätigkeit in den USA und in Europa; erfolgreiche Aufführungen seiner Werke, u. a. der Opern *Ljubov'k trem apel'sinam* (Die Liebe zu den drei Orangen) op. 33, 1921 in Chicago; *Igrok* (Der Spieler) op. 24, 1929 in Brüssel; Sinfonien, Kl.-Konzerte. 1923 Heirat mit einer spanischen Sängerin, Übersiedlung nach Paris. Nach regelmäßigen Besuchen (ab 1927) kehrt Pr. 1932 in die Sowjetunion, nach Moskau, zurück. Ab 1948 gesundheitliche Probleme, Wohnsitz in Nikolina Gora in der Nähe von Moskau. 1948 wird Pr. Opfer der Formalismus-Kritik und sein Schaffen als z. T. volksfeindlich bezeichnet.

Werke f. 1 Instr.: Sonate f. V. (od. V.en in unisono) D op. 115 (1947); Sonate f. Vc. cis op. 134 (nur Skizzen) – Werke f. 2 Instr.: Ballade f. Vc., Kl. c op. 15 (1912); Cinq Mélodies f. V., Kl. op. 35bis (Original f. Singstimme, Kl., 1920; bearb. 1925); Sonate f. 2 V. C op. 56 (1932); Sonate f. V., Kl. Nr. 1, f, op. 80 (1938–1946); Sonate f. Fl. u. Kl. D op. 94 (1943; 1944 zus. mit David Oistrach bearb. u. hrsg. als Sonate f. V. u. Kl. Nr. 2 op. 94a); Adagio aus dem Ballett *Cinderella* f. Vc., Kl. op. 97a; Sonate f. Vc., Kl. C op. 119 (1949) – Werke f. 4 Instr.: Scherzo f. 4 Fg. op. 12a (1916; Bearb. der Fassung

f. Kl. von 1913); StrQu. Nr. 1 h op. 50 (1930); StrQu. Nr. 2 F op. 92 (1941) – Werk f. 5 Instr.: Quintett f. Ob., Klar., V., Va., Kb. g op. 39 (1924) – Werk f. 6 Instr.: Ouvertüre über hebräische Themen f. Klar., 2 V., Va., Vc., Kl. c op. 34 (1919; 1943 als op. 34bis f. Orchester bearb.)

Verlag: Sobranije socinenij (GA), Moskau 1955–1967; Boosey & Hawkes (London).

Im Schaffen von S. Pr. besetzt die Kammermusik einen eher peripheren Platz. Das Hauptgewicht seiner Arbeit liegt auf sinfonischer Musik (Sinfonien, Kl.-Konzerte), auf Kl.-Musik, Opern und Balletten. Dies ist einerseits zu erklären durch das Interesse des Pianisten Pr. an Musik für den eigenen Bedarf; andererseits strebte Pr. bereits als komponierendes Kind die Verbindung seiner Klänge mit szenischen Vorgängen an. Musik für die Bühne ist folglich in seinem Werkkatalog verhältnismäßig zahlreich vertreten. Als Virtuose wie als Komponist von Opern und Balletten, an der Profilierung von Charakteren stärker interessiert als an neuen Methoden der Materialbehandlung, ist Pr. somit denkbar weit von Kammermusik im esoterischen Sinn entfernt; am ehesten entspricht seinem Naturell die Sonate für ein Melodieinstrument und Kl., die sowohl virtuose Entfaltung als auch weiträumige formale Entwicklungen ermöglicht.

Die einzige Gattung, die Pr. – abgesehen von der Duosonate – gepflegt hat, ist das StrQu. Seine beiden Beiträge fallen jedoch vollkommen unterschiedlich aus, wie überhaupt seine Kammermusik kein Werkkomplex ist, der durch eine einheitliche künstlerische Zielsetzung gekennzeichnet wäre oder gar eine Planung aufwiese, und sei es nur die, sich mit jeder Gattung zumindest einmal auseinanderzusetzen. Es fehlen Kl.-Trios, Bläserquintette und andere standardisierte Besetzungen.

Durch den zumindest bis 1938 geringen Eigenantrieb, sich mit Kammermusik zu befassen, sind die vorhandenen Kompositionen zumeist Auftragswerke bzw. zu bestimmten Anlässen entstanden. Und so verschieden die Anlässe, so unterschiedlich sind auch die Interessen, die Pr. verfolgte. Die Ouvertüre über hebräische Themen op. 34 z. B. wurde im Auftrag eines Ensembles aus ehemaligen Petersburger Kommilitonen komponiert, die in Amerika ein Ensemble gegründet und sich ein Stück gewünscht hatten, in dem sie alle mitspielen konnten. Die Ouvertüre hat ihren Schwerpunkt nicht in der peniblen Durchführung des von Pr. einer Sammlung jüdischer Volksmusik entnommenen melodischen Materials, sondern im phantasievollen Umgang mit der originellen Besetzung. Das Ensemble aus Klar., StrQu. und Kl. wird dabei auf weite Strecken wie ein Orchester behandelt, indem die Einzelstimme Bestandteil einer Klangtotale ist, statt Funktionsträger eines motivisch durchkonstruierten und hierarchisch in Haupt- und Nebenstimmen strukturierten Tonsatzes. (Es ist daher nicht erstaunlich, daß der Komponist op. 34 später für Orchester bearbeitet hat.) Das geht soweit, daß z.B. die Überleitung vom Haupt- zum Seitensatz in der Exposition lediglich eine schwach-funktionale Akkordfortschreitung im Gewand einer konstant vibrierenden Klangfläche von immerhin 23 Takten Ausdehnung ohne motivische Substanz ist. Gewiß ist solche Satzstruktur von der Besetzung gedeckt: Das Kl. tritt in keinem Augenblick solistisch hervor, und seine Stimme hat trotz zeitweise originär pianistischer Figuration eher den Charakter eines Kl.-Auszugs. Sie ist aber primär der Niederschlag des Pr. gewissermaßen ›angeborenen‹ Denkens in Melodie und Begleitung. Diese prinzipiell homophone Denkweise mag der strukturelle Grund für seine Zurückhaltung der Kammermusik gegenüber sein.

Offenbar war sich Pr. dieser Schwäche bewußt, denn vor der Niederschrift seines ersten StrQu.s op. 50 studierte er die StrQu.e von Ludwig van Beethoven. Das Resultat dieser Bemühungen ist eine durchfunktionalisierte Satzstruktur, deren Einzelstimmen bei aller Selbständigkeit doch immer an einen harmonischen Rahmen gebunden sind. Der Tonsatz des Quartetts ist somit als Synthese der im Quintett op. 39 kontrastierend verwendeten Satztechniken ›Melodie‹ und ›Begleitung‹ und linearer Kontrapunkt ohne übergeordnete harmonische Verbindlichkeit zu interpretieren.

Ein instruktives Beispiel für die Heterogenität der Kammermusik Pr.s bietet der Vergleich seiner beiden StrQu.e op. 50 (1930) und op. 92 (1941). Zwischen ihrer Entstehung liegt Pr.s Entschluß, in die Sowjetunion zurückzukehren. Die künstlerischen Maximen des Sozialistischen Realismus' trafen sich durchaus mit Pr. Überlegungen über die Entwicklung seines eigenen Stils: Seine Musik sollte das breite Publikum ansprechen und nicht einen Kreis gebildeter Kenner. Dieser Vorsatz zog verschiedene kompositionstechnische Konsequenzen nach sich, als wichtigste die Vereinfachung der Musiksprache. Der Unterschied zwischen dem in Paris entstandenen ersten StrQu. op. 50 und dem durch die kriegsbedingte Evakuierung im Kaukasus komponierten zweiten StrQu. op. 92 fällt entsprechend krass aus. Er ist teilweise durch die Verwendung kabardanischer Volksmusik im zweiten Quartett bedingt, die zu sichten Pr. und andere mit ihm evakuierte Komponisten vom Vorsitzenden des dortigen Kunstkommitees aufgefordert wurden (zudem war durch die Verwendung von Volksmusik möglichen Einwänden sowjetischer Kulturfunktionäre gegen die ›bürgerliche‹ Gattung StrQu. die Grundlage entzogen). Werden in op. 50 alle Stimmen differenziert am motivisch-thematischen Diskurs beteiligt, so herrscht in op. 92 eine geradezu demonstrativ vergröberte Struktur, die auch in durchführenden Passagen prinzipiell homophon ist; hier ein elegant-leichtes, dort ein robustes, beinahe lärmendes Klangbild; hier geistreicher Umgang mit überlieferten Formen, dort ein Sonatensatz, dreiteilige Liedform und Rondo, die geradezu zum Schema verblaßt sind; hier farbige Harmonik, dort eine Diatonik, die seitenweise ohne Akzidenzien auskommt (und vielleicht einen Plan Pr.s aus dem Jahr 1916, nämlich ein ›weißes‹ Quartett ohne Versetzungszeichen zu komponieren, wieder aufnimmt).

Die wohl wichtigste Seite von Pr.s Kammermusik, auch in Hinsicht auf ihre Präsenz im Repertoire, repräsentieren die sämtlich in der Sowjetunion geschriebenen Duosonaten. Sie sind ohne Auftrag entstanden (nur die Transkription der Fl.-Sonate geht auf eine Anregung David Oistrachs zurück) und kommen Pr.s Schreibweise entgegen: Mit dem Kl. kann er die verschiedensten Begleitmuster realisieren, während das Melodieinstrument seinem verstärkten Interesse an weitgeschwungenen melodischen Bögen entgegenkommt. Der Tonsatz ist transparent, die harmonischen Fortschreitungen sind stärker als früher von der Stimmführung bestimmt. Der Gehalt der Sonaten kann aufgrund der ideologisch entstellten sowjetischen Kunstgeschichtsschreibung bislang nur Gegenstand von Spekulationen sein. Es ist jedoch zu berücksichtigen, daß Pr.s Erfahrungen mit dem Regime keineswegs durchweg positiver Natur waren und daß sich durch seine Affinität zur christlichen Wissenschaft ein weltanschaulicher Horizont auftut, der jenseits dessen liegt, was die Massenlieder und Parteikantaten ahnen lassen.

Streichquartett Nr.1 h-Moll op. 50 (1930)

Allegro – Andante molto, Vivace – Andante
Dauer: ca. 23'
Verlag: Boosey & Hawkes London u.a., ED: 1947

Während einer Tournee durch die USA erhielt Pr. von der Library of Congress in Washington den Auftrag, ein StrQu. zu komponieren. Das veranlaßte ihn, sich intensiv mit Beethovens StrQu.en zu beschäftigen. Der Niederschlag dieses Studiums und Pr.s produktives Um- und Weiterdenken kann im 1. StrQu. allenthalben beobachtet werden. So erinnert die signifikante Verbindung von 2. und 3. Satz unmittelbar an Beethovens Umgang mit langsamen Einleitungen. Dem **2. Satz**, einem Scherzo mit zwei Trios, wird eine langsame Einleitung vorgeschaltet. Sie nimmt das Hauptthema und eine gliedernde Steigerungspartie des ebenfalls langsamen Schlußsatzes vorweg, bis dann auf dem Höhepunkt die Hauptmotive des Scherzos intoniert werden. Durch diesen höchst originellen Kunstgriff wird nicht nur der Hiatus beseitigt, den man in der Abfolge zweier schneller Sätze mit teilweise grotesken Zügen sehen kann, sondern zwei im wesentlichen parataktisch gebaute Sätze werden zu einem hypotaktischen Komplex zusammengefügt, der dem 1. Satz gleichgewichtig gegenübersteht.

Im **1. Satz** kommt Pr. dem ›klassischen Ideal‹ eines Sonatensatzes sehr nahe. Die beiden reich gegliederten Themenkomplexe werden in der Exposition durch eine Zäsur voneinander getrennt. Durch Umstellungen des Materials entsteht in der Reprise eine Überleitung zwischen Haupt- und Seitensatz und die Zäsur verschwindet. In der Durchführung ›behandelt‹ Pr. alle Themen – bis auf den Seitensatz, an dessen prägnant rhythmisierten Themenkopf jedoch eine ›Meno mosso‹-Episode kurz vor der Reprise erinnert.

Das **Finale**, das Pr. sehr schätzte und später für Streichorchester bearbeitet hat, ist eine Verbindung von Sonate und Doppelvariation, die ohne Kontraste auskommt und auf einer ostinaten Begleitfigur beruht. In der Reprise wird die Reihenfolge der Themen umgestellt, so daß der Satz eine Art Symmetrie aufweist, in deren Mitte – der ›Durchführung‹ – als Höhepunkt die Sequenzierung eines aus dem zweiten Thema herausgesponnenen Modells steht.

Sonate Nr. 1 f-Moll op. 80 (1938–1946) für Violine und Klavier

Andante assai – Allegro brusco – Andante – Allegrissimo. Andante assai come prima
Dauer: ca. 30'
Verlag: Anglo-Soviet Music Press London, ED: 1947

Ohne Auftrag entstanden, ist Pr.s erste, durch den Widmungsträger David Oistrach und den Komponisten am Kl. uraufgeführte V.-Sonate wohl zusammen mit den ›Kriegssonaten‹, den drei Kl.-Sonaten op. 82–84 (1940–1944), seine bedeutendste Kammermusik-Komposition. Trotz ihres düsteren Charakters wurde sie in der Sowjetunion von den kulturpolitischen Strategen als herausragendes Werk von sinfonischen Dimensionen gewertet. Außermusikalische Deutungen waren schnell zur Hand, der 2. Satz z.B. zur Kriegsdarstellung erklärt (I. V. Nestjew). Pr. dagegen hat sich zu keiner Zeit öffentlich zum Gehalt der Sonate geäußert, dagegen beharrte er auf der Opuszahl 80, die eine Entstehung des Werkes im Jahr 1939 (wie opp. 79 und 81) suggeriert, also vor der Verwicklung der Sowjetunion in den 2. Weltkrieg.

Der **1. Satz** scheint zunächst nur ein frei von jeder formalen Vorgabe sich entfaltendes Präludium zum 2. Satz in Sonatenform zu sein. Tatsächlich aber ist er das Zentrum des ganzen Werkes, von dem der **2. Satz** am weitesten entfernt ist. So ist das Hauptthema des Finales unmittelbar mit dem des 1. Satzes verwandt, da beide – eine für Pr. ungewöhnlich strenge konstruktive Maßnahme – mit den Intervallen Quinte und Sekunde haushalten. Beiden Themen ist darüber hinaus der unregelmäßige Taktwechsel gemeinsam. Die auffällige Tritonuskonstellation der tonalen Hauptzentren f-Moll und h-Moll im 1. Satz spielt im **3. Satz** in der Überleitung zum Mittelteil bzw. zur Coda eine Rolle; in der Durchführung des Finales (F-Dur) greift das perkussive erste Thema des 2. Satzes mit dem Ton h ins Geschehen ein, und der letzte Takt der Sonate verbindet die Tonarten Ces-Dur und F-Dur.

Die Peripetie des **Finale** ist durch jene Stelle aus dem 1. Satz markiert, an der zu sanft dissonierenden, diatonischen Kl.-Akkorden die V. con sordino sehr rasche Skalen (32stel-Sextolen) zu spielen hat. Der Satz bricht hier ab, eine Reprise fehlt: Die den Satzzyklus überformende, aus dem Kontrast zwischen 1. und 2. Satz gewonnene dramatische Spannung, fegt den begonnenen Diskurs förmlich von der Bühne. Der in den letzten Takten zu hörende Seitensatz hat eher den Charakter einer Reminiszenz als einer Reprise.

Die sowjetische Deutung hat im ersten Thema des 2. Satzes stets die zerstörenden Kräfte des Faschismus und im ›eroico‹ vorzutragenden Seitenthema die rettende Kraft gesehen. Wie man jedoch die kuriosen Harmonieverläufe, durch die das Thema bereits im fünften Takt von F- nach Es-Dur mehr ›kippt‹ als moduliert, als heldenhaft verstehen und die durch einen Prozeß entwickelnder Variation herausgearbeitete Ähnlichkeit dieses Themas mit einem Motiv aus dem ›negativen‹ ersten Thema überhören konnte, ist unbegreiflich.

Peter Uehling

Maurice Ravel

geb. 7. 3. 1875 Ciboure (Basses-Pyrénées), gest. 28. 12. 1937 Paris. Sohn einer baskischen Mutter und eines französischen Vaters. 1889–1895 Studium am Pariser Conservatoire, Kl. bei Charles-Wilfrid de Bériot u. J.-B. Anthiômes, ab 1898 ebd. Komposition bei Gabriel Fauré, Kontrapunkt bei André Gédalge. Die Ablehnung der Bewerbung R.s für den Rom-Preis führt zum öffentlichen Debakel, der ›Affaire Ravel‹. 1894 Bekanntschaft mit Erik Satie. 8. 6. 1912 UA von *Daphnis et Chloé* durch die Ballets Russes; in der Folgezeit mehrfach Zusammenarbeit mit Sergej Diaghilew

(*La Valse*). 1913 Zusammenarbeit mit Igor Strawinsky bei der Instrumentation von Modest Mussorgskis unvollendeter Oper *Chowantschina* und *Bilder einer Ausstellung*. 1916/17 Lastkraftwagenfahrer im 1. Weltkrieg. 20. 11. 1928 UA *Boléro* durch Ida Rubinstein und ihre Compagny. 1935 Reise nach Spanien und Marokko. R. lebte vorwiegend zurückgezogen, unterbrochen von Auftritten als Pianist und Dirigent fast ausschließlich eigener Werke u. a. 1923 Amsterdam, Venedig, London, 1927 Konzertreise durch die USA, 1932 durch Mitteleuropa. Zu R.s bedeutendsten Schülern gehören u.a. Ralph Vaughan-Williams, Germaine Tailleferre, Claude Roland-Manuel, Maurice Delage.

Werke f. 2 Instr.: Sonate f. V. u. Kl.. (1897; veröff. 1975, Salabert Paris); Sonate f. V. u. Vc. (1920–1922); *Tzigane* f. V. u. Kl. [od. Orch.] (1922–1924); Berceuse sur le nom de Gabriel Fauré f. V. u. Kl. (1922); Sonate f. V. u. Kl. (1923–1927) – Werke f. 3 Instr.: Trio f. V., Vc., Kl. (1914) – Werke f. 4 Instr.: StrQu. F (1902/03) – Werke f. 7 Instr.: Introduction et Allegro f. Fl., Klar., Hf., StrQu. (1905) – Werke f. Singstimme u. Instrumentalensemble: Trois Poèmes de Stéphane Mallarmé f. Gesang, 2 Fl. (Pikk.), 2 Klar. (BKlar.), 2 V., Va., Vc., Kl. (1913); Chansons madécasses f. Gesang, Fl., Vc., Kl. (1925/26).

Verlag: Ed. Durand Paris.

M. R. war u.a. ein Schüler Gabriel Faurés, der seinerseits bei Camille Saint-Saëns studiert hatte. Saint-Saëns gilt in der französischen Musik als der Hüter einer vor allem von der deutschen Musik geprägten Tradition. Möglicherweise hat sich der Sinn für ›klassische‹ Proportionen über Fauré auf R. vererbt. Ganz anders als bei seinem Zeitgenossen Claude Debussy sind in R.s Werken immer wieder Elemente erkennbar, die in direktem Zusammenhang mit klassischen Modellen stehen. So hat z.B. die aus dem Jahre 1899 stammende *Pavane pour une infante défunte* für Kl. eine Rondoform, die sich in nichts von der Form mancher langsamen Sätze von Wolfgang Amadeus Mozart unterscheidet. Und die Sonatine für Kl. (1903–1905) enthält einen 1. Satz in Form eines Sonatenhauptsatzes, mit Wiederholungszeichen nach der Exposition, wie ihn die Wiener Klassiker ausgeprägt hatten.

Das ist indes nur eine Seite von R.s musikalischer Persönlichkeit. Die zweite besteht in der Tatsache, daß es kaum einen zweiten französischen Komponisten gibt, der – wie R. – eine so frühe Reife zeigt. Lieder wie *Un grand sommeil noir* (1895) und *Sainte* (1896) sind bereits vollendete Meisterstücke. (Zum Vergleich: In diesem Alter – und mehrere Jahre danach – war Debussy noch auf der Suche nach einem eigenen Stil. Erst als fast 30jähriger hatte er ihn gefunden.) Bezeichnend für R. ist in diesem Zusammenhang auch, daß er eine 1895 für zwei Kl. geschriebene *Habanera* zwölf Jahre später ohne weitere Bearbeitungen oder Ergänzungen seiner *Rapsodie espagnole* für Orchester einverleiben konnte.

In seinen frühen Werken ist R. offensichtlich von Debussy beeinflußt – wohl kaum ein schöpferisches Talent in Frankreich konnte diesem großen Vorbild entrinnen. Die freie Aneinanderreihung der Harmonien (die sich nicht um die klassischen, funktionalen Beziehungen kümmert), sowie die freie Behandlung der Dissonanzen finden sich z.B. in Werken wie *Shéhérazade* (1903), *Rapsodie espagnole* (1907/08) und *Daphnis et Chloé* (1909–1912). Während des 1. Weltkrieges begann eine Schaffensperiode, in der sich R. –

hierin Debussy vergleichbar – stärker der großen französischen Tradition, insbesondere verkörpert durch Jean-Philippe Rameau (1683–1764) und François Couperin (1668–1733) bewußt wurde. So entstand die Kl.-Suite *Le Tombeau de Couperin* (1914–1917). Von dem Moment an kann man eigentlich nicht mehr von einem typischen ›style-Ravel‹ sprechen. Von nun an verändert er mit jedem neuen Werk sozusagen seinen Stil und paßt seine Kompositionsweise den jeweiligen Forderungen der kompositorischen Aufgabe an. Nur so ist es zu erklären, daß zwischen fast gleichzeitig komponierten Werken mitunter kaum stilistische Übereinstimmungen festzustellen sind.

Streichquartett F-Dur (1902/03)

Allegro moderato – Assez vif: Très rythmé – Très lent – Vif et agité
Dauer: ca. 28'
Verlag: Ed. Durand Paris

Das »à mon cher maître Gabriel Fauré« gewidmete und am 5. 3. 1904 im Rahmen eines Konzerts der Société Nationale durch das Heymann-Quartett uraufgeführte StrQu. hat R. in den beiden Jahren 1902 und 1903 komponiert. Damals hatte er sich vergeblich um den ›Prix de Rome‹ bemüht. Mag sein, daß die Kompositionen, die er zu diesem Zweck einreichte, den Forderungen der damaligen Akademiker nicht entsprachen – die Werke, die R. als selbständiger Komponist schuf, reichten dagegen weit über deren Ansprüche hinaus. (Das zeigt z.B. auch die Suite *Shéhérazade* für MezzoS. und Orchester, die ebenfalls 1903 vollendet wurde.)

Im StrQu. sind Spuren eines ›klassischen‹ Formbewußtseins durchaus erkennbar, während R. in der Harmonik von den Neuerungen Debussys Gebrauch macht. Doch auch den klassischen Modellen folgt er in keiner Weise sklavisch: Der **1. Satz** (F-Dur) z.B. weist zwar zwei (übrigens nicht etwa ›gegensätzliche‹) Themen auf,

auch ist der Anfang der Reprise eindeutig; doch die Grenzen zwischen ›Exposition‹ und ›Durchführung‹ sind keineswegs streng gezogen. Außerdem ist die Wiederkehr des zweiten Themas in der Reprise zwar melodisch identisch mit dem Erscheinen in der Exposition, der harmonische Zusammenhang jedoch geändert.

Der **2. Satz** (a-Moll) nimmt die Stelle eines Scherzos ein. Der Hauptteil basiert auf einem zweideutigen Metrum: In ihm wechseln 6/8 und 3/4 Takt einander ab,

sie werden aber auch miteinander kombiniert, indem ein Instrument im 6/8 Takt und gleichzeitig ein anderes im 3/4 Takt spielt. Die dadurch entstehende Spannung wird im langsamen ›Trio‹ gemildert. Die Einheit von Hauptteil und Trio erreicht R. durch das genau angegebene Tempoverhältnis: Eine Viertel-Zählzeit des Trios hat die gleiche Zeitdauer wie ein ganzer Takt im Hauptteil.

Der **3. Satz** scheint wie das Scherzo ebenfalls in a-Moll anzufangen. Es handelt sich jedoch um eine Einleitung, die gleichzeitig die harmonische Überleitung zum Ges-Dur des gesamten Satzes bildet. (Auch Debussy verwendet solche Ein- bzw. Überleitungen in seinem StrQu., um vom G-Dur des 2. Satzes zum entfernten Des-Dur des 3. Satzes zu gelangen).

Die Folge von zwei Tonarten im Halbtonabstand ist seit Franz Schubert in der deutschen und österreichischen Musik (z. B. bei Johannes Brahms oder Anton Bruckner) mehrfach nachzuweisen. Es mag dahingestellt bleiben, inwieweit R. von diesen Vorbildern beeinflußt ist. Das thematisch mit dem 1. Satz verbundene ›Très lent‹ folgt dem dreiteiligen Modell, wobei der Mittelteil etwas weniger langsam als der Hauptteil ist.

Der **Schlußsatz** basiert auf einem heftigen 5/8 Metrum. Man könnte hier an den Einfluß des baskischen Tanzes ›Zortzico‹ denken: R., der Sohn einer baskischen Mutter, stammte aus Ciboure im baskischen Grenzgebiet zwischen Frankreich und Spanien. Im ›Zortzico‹ jedoch ist die Einteilung 3 + 2, bei R. dagegen 2 + 3. Im Verlauf des Satzes wechseln die 5/8-Teile mit Abschnitten in anderen Taktarten ab, wobei wiederum thematische Assoziationen mit der Thematik des 1. Satzes auftreten.

Introduction et Allegro (1905)
für Flöte, Klarinette, Harfe und Streichquartett

Dauer: ca. 11'
Verlag: Ed. Durant Paris

Mit diesem Werk ist auf zweierlei Weise der Name Erard verbunden. Sébastian Erard (1752–1831) hatte 1810 die entscheidende technische Verbesserung für die Hf. eingeführt: Er erfand die Doppelpedal-Hf., bei der die sieben Saiten, über die das Instrument bis dahin innerhalb einer Oktave verfügte, zweimal um einen halben Ton höher gestimmt werden konnten. Dadurch wurde es möglich, die Hf. – mehr als vor Erards Erfindung – sowohl in der Kammermusik als auch im Orchester einzusetzen. Im 19. Jahrhundert waren es vor allem französische Komponisten, die sich diese Verbesserung des Instrumentes zunutze gemacht haben. Sowohl S. Erard, der Gründer der berühmten ›Maison Erard‹, als auch spätere Mitglieder der Familie waren ursprünglich Kl.-Bauer. Die Maison Erard hatte 1905 bei R. ein Kammermusikwerk mit Hf. bestellt. R. widmete es Herrn Albert Blondel, dem derzeitigen Direktor des Hauses Erard.

Auch nach der Einführung der Erardschen Verbesserungen an der Hf. war eine Komposition für dieses Instrument keineswegs einfach. R.s Partitur zeigt, daß er sich eingehend mit den Möglichkeiten und Beschränkungen der Hf. befaßt hat. Entstanden ist ein Werk, das einerseits eine reine Kammermusik ist, andererseits eine Hf.-Partie enthält, die durchaus solistischen Charakter hat. Sogar eine Kadenz kommt darin vor!

In der **Introduction** exponiert R. – sozusagen andeutungsweise – zwei thematische Gebilde, die bereits einen wichtigen Teil des Materials vom nachfolgenden Allegro enthalten.

Ein drittes Thema, vom Vc. vorgetragen,

kehrt erst in der Kadenz wieder. Das **Allegro** besteht aus einer Aneinanderreihung verschiedener Episoden. Anzumerken ist, daß in Takt 78 ein ganz neues Thema erscheint und R. außerdem an zwei Stellen von einer ›klassischen‹ Durchführungstechnik Gebrauch macht: Er kombiniert die beiden in der **Introduction** angekündigten Themen (T. 104) und verknüpft an einer anderen Stelle (T. 166) eins dieser Themen mit dem neuen Gedanken. Dieses neue Thema zeichnet sich durch einen hemiolischen Aufbau (eine Verquikkung von 3/4 und 2/4 Takt) aus –

D 

ein Verfahren, daß besonders (aber nicht nur!) in der Musik des mediterranen Gebietes bekannt ist und bereits bei Claudio Monteverdi vorkommt.

Introduction et Allegro verbindet in einzigartiger Weise melodischen Reichtum mit origineller, freier Gestaltung. Wenn man die beiden thematischen Kerne, die zu Anfang des Introduction auftreten, mit A und B bezeichnet, das Vc.-Thema mit C und das ›hemiolische‹ Thema mit D, so sähe der Werk-Aufbau wie folgt aus:
Introduction
A: Takt 1; B: Takt 3; A: Takt 7; B: Takt 9; C: Takt 13.
Allegro
B: Takt 26; D: Takt 78; A: Takt 100; A + B: Takt 104; D: Takt 119; D + B: Takt 166; Kadenz Takt 209–223 (darin C!); B: Takt 224; D: Takt 266.

Bis zur Kadenz sind die Kombinationsmöglichkeiten erschöpft; die Themen B und D behaupten sich bis zum Schluß als die wichtigsten konstituierenden Elemente. C ist ein Nebengedanke, an den sich nur die Hf. in der Kadenz erinnert.

Sonate (1920–1922)
für Violine und Violoncello

Allegro – Très vif – Lent – Vif, avec entrain
Dauer: ca. 19'30''
Verlag: Ed. Durant Paris

Diese Sonate ist dem Andenken Claude Debussys gewidmet. Der 1. Satz erschien in *Le Tombeau de Claude Debussy*, einer Ausgabe der ›Revue Musicale‹, an der sich auch Igor Strawinsky, Manuel de Falla, Erik Satie u.a. beteiligten. R. hat in diesem Werk keineswegs versucht, Debussy zu imitieren, geschweige denn zu zitieren; er wollte lediglich – mit seinen eigenen Mitteln – Zeugnis von seiner Hochachtung für Debussy ablegen.

Ein Duo für Streichinstrumente zu schreiben gehört zu den schwierigsten Aufgaben für einen Komponisten. R.s Sonate ist denn auch eins seiner widerborstigsten Werke, zu dem der Hörer nicht ohne Mühe Zugang findet. Und dies trotz deutlicher motivischer Beziehungen zwischen den Sätzen, die theoretisch es dem Hörer erleichtern sollten, dem ›Faden‹ des musikalischen Vorgangs zu folgen. Zu diesen Beziehungen gehört z.B. die immer wiederkehrende rasche Aufeinanderfolge von großer und kleiner Terz. Neben dieser schnellen Abwechslung verwendet R. auch gleichzeitig klingende tonale Zentren, die Bitonalität, ein Phänomen, das auch bei anderen Komponisten in dieser Periode zu finden ist (z. B. bei Darius Milhaud, Willem Pijper, Igor Strawinsky).

Mit der klassischen Sonate hat das Werk nur die Viersätzigkeit gemein, der 2. Satz entspricht dem ›Scherzo‹, der 3. dem ›langsamen Satz‹. Der **1. Satz** basiert auf drei thematischen Gebilden, denn als ›Themen‹ im klassischen Sinn kann man sie nicht bezeichnen. Sie haben keinen Abschluß und werden auch nicht verarbeitet (›durchgeführt‹), sondern erscheinen durch ›Transformation‹ in neuer Gestalt, wobei der Stimmen-Tausch ein wichtiges Hilfsmittel ist. Diese ›Transformation‹ ist bereits aus Schuberts Spätwerken bekannt und wurde danach von Franz Liszt und insbesondere von Claude Debussy weiterentwickelt.

Der **2. Satz** zeichnet sich durch ein für R. typisches, sehr straffes und sehr schnelles Metrum aus – in R.s beiden Kl.-Konzerten (1930) finden sich vergleichbare Stellen. Dieses unverrückbare Metrum ruft eine ungeheure Spannung hervor, denn auch das Tempo ändert sich nur an einer Stelle (Spielanweisung: ›Moins vif‹). Etwas Ähnliches ereignet sich im **3. Satz.** Hier handelt es sich um ein langsam und regelmäßig schreitendes Metrum, das nur an einem einzigen dramatischen Höhepunkt beschleunigt wird. Der **4. Satz** ist nach ähnlichen Prinzipien aufgebaut wie der 1.; hier jedoch entsteht eine anders geartete Spannung als im 2. Satz: durch die Abwechslung zwischen einem 2/4 und einem 3/4 Takt, die dem Satz sein besonderes Gepräge gibt. Man könnte fast glauben, daß R. hier nicht nur Debussy geehrt hat, sondern auch den Strawinsky der *Histoire du Soldat*.

Marius Flothuis

Max Reger

geb. 19. 3. 1873 Brand (Oberpfalz), gest. 11. 5. 1916 Leipzig. Nach dem Erlebnis der Bayreuther Festspiele (*Parsifal* und *Die Meistersinger von Nürnberg*) 1888 fester Entschluß, Musiker zu werden. Begutachtung erster Kompositionsversuche durch Hugo Riemann, bei ihm ab 1890 Studium an den Konservatorien zu Sondershausen und Wiesbaden. Erste gedruckte Werke und Lehraufträge (Kl., Theorie, Satzlehre). Abbruch des Studiums; Militärdienst (1896/97), bedrohlicher Gesundheitszustand, 1898 Rückführung nach Weiden, Erholung im Elternhaus; enormer Schaffensschub (u. a. Org.-Werke, für die sich Karl Straube einsetzt, Kammermusik, Lieder, Orch.-Werke). 1901 Übersiedlung nach München. Erste Verlagsverträge (Aibl, Lauterbach & Kuhn), 1905 Lehrtätigkeit (Org., Kontrapunkt, Komposition) an der Akademie der Tonkunst, daneben Chorleitung. 1907 Umzug nach Leipzig, tätig als Universitätsmusikdirektor und Kompositionslehrer am Konservatorium. Entstehung von Hauptwerken großer Besetzung (V.-Konzert, *Sinfonischer Prolog*, Kl.-Konzert, *100. Psalm* usw.) sowie großer Kammermusik. 1911–1914 Intendanz und musikalische Leitung der Meininger Hofkapelle, auf Konzertreisen führt R. das Orchester wieder zu dem Ruhm, den es einst unter Hans v. Bülow hatte. Während und nach der Meininger Zeit entstehen R.s beste Orch.-Partituren (Romantische Suite,

Tondichtungen nach Böcklinschen Bildern, Mozart-Variationen u.a.) sowie bedeutende Kammermusikwerke. Ende Februar 1914 gesundheitlicher Zusammenbruch. 1915 Übersiedlung nach Jena, wo die letzten Werke entstehen (V.-Sonate c, Klar.-Quintett).

Werke f. 1. Instr.: 4 Sonaten f. V. allein d, A, h, g op. 42 (1899); Präludium u. Fuge f. V. allein, a WoO (1902); 7 Sonaten f. V. allein a, D, B, h, e, G, a op. 91 (1905); 8 Präludien u. Fugen f. V. allein h, g, e, Chaconne g, Über Themen von J. S. Bach G, d, a, e op. 117 (1909–1912); 6 Präludien u. Fugen f. V. allein a, d, G, g, D, e op. 131a (1914); Präludium f. V. allein e WoO (1915); 3 Suiten f. Vc. allein G, d, a op. 131c (1915); 3 Suiten f. Va. allein g, D, e, op. 131d (1915) – Werke f. 2 Instr.: (9) Sonaten f. V., Kl. (Nr. 1 d op. 1, 1890; Nr. 2 D op. 3, 1891; Nr. 3 A op. 41, 1899; Nr. 4 C op. 72, 1903; Nr. 5 fis op. 84, 1905; Zwei kleine Violinsonaten Nr. 6 A op. 130a, 1909; Nr. 7 d op. 103, 1909; Nr. 8 e op. 122, 1911; Nr. 9 c op. 139, 1915); (4) Sonaten f. Vc., Kl. (Nr. 1 f op. 5, 1892; Nr. 2 g op. 28, 1898; Nr. 3 F op. 78, 1904; Nr. 4 a op. 116, 1910); (3) Sonaten f. Klar., Kl. (Nr. 1 As u. Nr. 2 fis op. 49, 1900; Nr. 3 B op. 107, 1909); Caprice f. Vc., Kl. WoO (1901); Allegretto grazioso A f. Fl., Kl. WoO (1902); *Albumblatt* u. Tarantella f. Klar., Kl. Es, g WoO (1902); Romanze f. V., Kl. G WoO (1902); Petite Caprice f. V., Kl. g WoO (1902?); 3 Stücke (Wiegenlied, Capriccio, Burla) f. V., Kl. op. 79d (1902–1904); 2 Stücke (Caprice, Kleine Romanze) f. Vc., Kl. op. 79e (1904); 2 Stücke (Albumblatt, Romanze) f. V., Kl. op. 87 (1905); Suite im alten Stil f. V., Kl. op. 93 (1906); 6 Stücke f. V., Kl. op. 103A (1908); 12 kleine Stücke nach eigenen Liedern f. V., Kl. op. 103c (1916); 3 Duos (Canons u. Fugen) im alten Stil f. 2 V. op. 131b (1914); Allegro f. 2 V. A WoO (1914) – Werke f. 3 Instr.: Trio f. V., Va., Kl. h op. 2 (1891); Serenade f. Fl., V., Va. D op. 77a u. Streichtrio a op. 77b (1904); Kl.-Trio e op. 102 (1908); Serenade f. Fl., V., Va. G op. 141a u. Streichtrio d op. 141b (1915) – Werke f. 4 Instr.: (5) StrQu. (Nr. 1 g, Nr. 2 A, op. 54 (1900/01); Nr. 3 d op. 7, 1904; Nr. 4 Es op. 109, 1909; Nr. 5 fis op. 121, 1911); Quartett f. Kl., V., Va., Vc. d op. 113 (1910); Quartett f. Kl., V., Va., Vc. a op. 133 (1914) – Werke f. 5 Instr.: Scherzo f. Fl., StrQu. g WoO (1892); Jugendquartett f. StrQu. mit zusätzlichem Kb. im Finale d (1889); Quintett f. Kl., StrQu. c WoO (1898); Quintett f. Kl., StrQu. c op. 64 (1902); Quintett f. Klar., StrQu. A op. 146 (1916) – Werk f. 6 Instr.: Streichsextett F op. 118 (1910).

Verlag: Breitkopf & Härtel Wiesbaden.

Von Anfang bis Ende hat R. Kammermusik komponiert: das erste Jugendwerk ist ein StrQu., das erste veröffentlichte Werk eine V.-Sonate und das letzte ein Klar.-Quintett. R.s Kammermusik hat sich zwar noch am ehesten im Musikleben behauptet, jedoch ist kaum die Individualität und Vielfalt der zahllosen Einzelkompositionen seiner 25 Schaffensjahre beachtet worden. Nur wenig wurde von dem verstanden, worum es R. ging: Nämlich um die Unbedingtheit des kompositorischen Augenblicks - als Moment ›erlebter‹ Werkzeit - und um die stets motivisch-unterschwellige Durchdringung jedes Details im gleichsam ›gewachsenen‹ Werk, so daß schließlich dessen organische Ganzheit jenes von R. gern gebrauchte Bild von der Pflanze rechtfertigt, in der alles »bis ins letzte Zweiglein durchgebildet« ist.

Nicht nur in seiner Kammermusik orientiert sich R. an Vorbildern und komponiert nach Modellen; hierin ist er noch klassizistischer gesinnt als in seinen schematischen Formbehandlungen. Als »glühender Bewunderer von Bach, Beethoven und Brahms« sei er – so der Student – damit beschäftigt, »ihren Stil weiterzuentwickeln«. Bei ihnen findet er jene ›klassischen‹ Gattungen und Formen vor, die er zunächst entschieden aufnimmt. Das zeigen die weitgehend an den Vorbildern orientierten ersten V.-Sonaten op. 1 und 3. Von Beethoven lernt R. die Gestaltung der langen Melodien und ›Versenkungsepisoden‹ der langsamen Sätze, die er seit seiner frühen Studienzeit an Beethovenschen Vorbildern modelliert.

Das andere, wichtigere Vorbild ist Brahms, und er bleibt es von op. 1 bis op. 146. Ebenso wie bei Bach – dem dritten großen Vorbild und Schutzheiligen für R. – bedeutet die Anknüpfung an Brahms einen Bezug auf konkrete Spezifika von Tonsatz und Formbehandlung. Zu den tiefgreifenden stilistischen Gemeinsamkeiten gehören im Satztechnischen die asymmetrische und die Taktstriche gleichsam außer Kraft setzende Phrasenbildung, im Klanglichen die besonders in den ›Außenlagen‹ von Kl.-Akkorden ›weiter Lage‹ terzbestimmten Klänge sowie die Aufnahme typisch Brahmsscher Kl.-Figurationen und ihre Entwicklung auf engstem Raum. Wie Brahms suchte auch R., sein Gesamtwerk durch Querbeziehungen, Entwicklungslinien und ›Reprisen‹ wie ein einheitliches Ganzes zu gliedern, es am Ende gar als ›fertig‹ schließend abzurunden. Diesen konkreten Lebensbezug hat R.s Musik von Anfang an. Schon im StrQu. d-Moll WoO wird im Finale (›Aufschwung‹) der Kb. spielende Vater beteiligt, und ähnlich konkret haben R.s Werke bis zuletzt ihren ›Sitz im Leben‹.

Dem entspricht R.s Schaffensweise ganz und gar. In der improvisatorischen Genese stehen R.s Werke für eine Unmittelbarkeit, die man geradezu expressionistisch nennen könnte. Die lange Reihe der Kammermusikwerke, denen diese eruptive Schaffensweise anzuhören ist, beginnt mit der Vc.-Son. f-Moll op. 5 und setzt sich mit den eher experimentierenden Weidener Werken (op. 49, 54 u. 64) fort. In München entsteht – in einer Zeit der kämpferischen Durchsetzung des eigenen Stils – jene beeindruckende Folge der ihrer ganzen Unabhängigkeit bewußten Hauptwerke, darunter das herausragende StrQu. d-Moll op. 74. Jedoch auch die daneben gesammelten kammermusikalischen Salonpiecen (für V., Klar., Vc. oder Fl. mit Kl.) sowie die Hausmusiksammlungen bzw. die *Stücke nach eigenen Liedern* gehören dazu; sie stehen für die andere Seite von R.s Produktion. Anders als seine Kritiker sah R. in seiner ganz natürlichen Geneigtheit zum ›Einfachen‹ keine Gefährdung seines Künstlertums; das beweisen schon die durchweg als einfach heitere Erholungssätze konzipierten Scherzi, die in R.s Sonatenzyklen den Anstrengungen der Kopfsätze regelmäßig zu folgen pflegen. Sogar noch in den auf entspannte Kontrast-Episoden angelegten Satzzonen der großen Werke hört man R.s Kammermusik, je später desto deutlicher, den etwas ins ›Elegante‹ changierenden Klang einer schon nicht mehr zeitgemäßen ›musique de salon‹ an.

Mit dem Leipziger Neubeginn ist auch eine neue Produktivität festzustellen; hier entstehen Hauptwerke großen Zuschnitts, ohne daß jedoch von einem regelrechten Stilwandel die Rede sein könnte (op. 109, op. 102, op. 113, op. 118). In allen diesen Werken wird mehr als nur die oft zitierte »Umstellung von Menge auf Qualität« (Guido Bagier) erkennbar; in einigen, wie z.B. der letzten Klar.-Sonate B-Dur op. 107, deutet sich auch schon die Wende von einem ins Unsichere entgleitenden Fortschritt in jene eher der Tradition und dem Rückblick verpflichteten Schreibweise an, die das abgeklärte Spätwerk der Jahre in Meiningen und Jena bestimmen wird. R. wird um 1908 unter dem Eindruck der atonalen ›Hypermoderne‹ am eigenen Fortschrittsglauben in der Kunst irre und verfällt mehr und mehr einer gleichsam privaten Reflexion des eigenen Schaffens. Dabei wird seine Bindung an die klassischen Formen und Gattungen bei aller Differenzierung noch enger.

Wenn sich auch R.s stilistische Entwicklung nicht widerspruchslos mit der der Neuen Musik zu Beginn unseres Jahrhunderts zur Deckung bringen läßt, so stellt seine Musik doch eine höchst unabhängige Ausnahmeerscheinung dar, die zugleich als abschließende Vollendung des 19. Jahrhunderts wie als Übergang in eine neue Epoche der Musikgeschichte verstanden werden kann.

Sonate B-Dur op. 107 (1908) für Klarinette und Klavier

Moderato – Vivace – Adagio – Allegretto con grazia (vivace)
Dauer: ca. 25'

R.s letzte Klar.-Sonate markiert eine Stilzäsur, welche wie ein Epocheneinschnitt zu werten ist. Im direkten Vergleich mit dem *Sinfonischen Prolog* op. 108, dem sie unmittelbar folgt, bildet sie als gänzlich auf intime Retrospektive eingestelltes Werk einen der schärfsten Kontraste in R.s Œuvre. Das neue Selbstbewußtsein des Komponisten, der gerade sein größtes sinfonisches Werk beendet hatte, um sich nun einer kammermusikalischen Arbeit zuzuwenden, welche gänzlich »nach innen« orientiert ist, spiegelt ein Brief wider, den er Ende 1908 an seinen Hauptverleger schrieb: »... es ist mir geglückt, *alle* Schlacken u. Beeinflußungen abzustreifen, u. kann wohl mit gutem Gewissen sagen, daß ich seit 2 Jahren mit *voller künstlerischer Klarheit* arbeite ... Die neue Sonate für Klarinette u. Pianoforte Op. 107 B-dur wird ein gar lichtes, freundliches Werk, *gar nicht lang*, damit der Klangcharakter des Blasinstrumentes *nicht* ermüdet!«

Gewiß begründet sich die Sonderstellung des Werkes nicht daraus, daß R. überhaupt für die Klar. komponiert hat; bedeutsam scheint, daß so auffällig vielen ›motivischen‹ Reminiszenzen an eigene und fremde Werke Einlaß in diese Sonate gewährt wird, als ob es primär um ein Überdenken der eigenen Ausgangspunkte ginge. Zwar läßt sich das Stück ›lyrisch u. verträumt‹ nennen; - als Charakterisierung der bloß klanglichen Außenseite griffe diese Beschreibung jedoch zu kurz. Denn zumal für R.s Spätwerk bildet ›Erinnerung‹ – als gesuchte Träumerei wie als unwillkürliche ›Halluzination‹ – ein wichtiges Schaffensprinzip, möglicherweise sogar ein Hauptproblem seines Komponierens überhaupt.

Das **Moderato** des Sechsvierteltaktes stellt zu Beginn die Erinnerung an die Weidener Klar.-Sonaten op. 49 sogleich her. Einem in mehreren Wellen tendenziell fallenden Hauptgedanken chromatisierter ›harmonischer Melodik‹ kontrastiert ein schlicht diatonischer Seitensatz, der - gerade in der versetzenden Wiederholung von Gleichem auf verschiedenen Stufen und harmonischen Ebenen – wie ein Moment der Besinnung auf ein ›gegebenes‹ mögliches Komponiermotiv – eingeführt wird, bevor sich die frei assoziierende Gedankenentwicklung des Anfangs fortsetzt. Auch sie mündet in Erinnerung, indem sie in die ›wütenden‹ Triolen aus R.s Kl.-Intermezzo op. 45 Nr. 5 (›Mit großer Leidenschaft und Energie‹) vom Frühjahr 1900 und unüberhörbar aus dem ersten ›Allegro con brio‹ des *Sinfonischen Prologs* op. 108 ausbricht; nur daß deren Impuls, statt zur Wirkung zu kommen, hier gleichsam bloß dokumentarischen Wert hat:

Welche innere Beziehung den beiden Hauptgedanken als Gemeinsames zugrundeliegt, klärt sich erst am Ende der Durchführung. Dort nämlich bereitet R. in einer ganz leisen Anspielung jener so sehr an den langsamen Satz des Brahmsschen Doppelkonzerts op. 102 gemahnenden D-Dur-Melodie den Repriseneinsatz vor und klärt deren strukturellen Bezug zum Kopfmotiv des Satzbeginns erst im Epilog.

Vermitteln Reprise und Coda so dem ganzen Kopfsatz ›Einsicht‹ in thematisch-motivische Zusammenhänge, so stellen sich die Reminiszenzen an den nämlichen melodischen Hauptgedanken des Kopfsatzes, wie sie in allen drei folgenden Sätzen wiederkehren, viel eher als Momente einer bewußten Retrospektive dar. Ebenso wie den großen Durchführungs-Steigerungen des 1. Satzes, welche immer wieder in jenen für die Klar. (das einzige Blasinstrument mit der Fähigkeit zu wirklichem ›morendo‹) so charakteristischen Ausblendungen verlöschen, ergeht es nun auch den weiten Melodiebögen des für den ganzen viersätzigen Zyklus zentralen Es-Dur-**Adagios**. So läuft auch das behaglich wiegende **Allegretto con grazia** (6/4) am Ende doch auf Rückschau hinaus – diesmal freilich des Werkganzen selbst – und wird so zum Ort abschließenden Bedenkens dessen, was einst als expansiver Kern und zur Entwicklung der Gedanken geeignetes ›Motiv‹ gewesen war. Die hauptsächlich resümierende Funktion dieser letzten Erinnerung an den ›brahmsischen‹ Hauptgedanken wird durch ihr choralhaftes Erscheinungsbild verstärkt: nun mag der Hörer getrost zur Ruhe gehen, denn ›es kommt nichts mehr‹.

Streichquartett d-Moll op. 74 (1905)

Allegro agitato e vivace – Vivace – Andante sostenuto, semplice con variazioni – Allegro con spirito e vivace
Dauer: ca. 53'

Selbst im Vergleich mit den wichtigsten Werken in der Geschichte der Gattung hat R. mit seinem d-Moll-Quartett einen Hauptbeitrag geliefert. Der lange **1. Satz** exponiert in mächtigem Unisono ein bedeutsames Hauptthema sinfonischen Charakters, das in sich gleich mehrfach gegensätzlich angelegt ist. Es setzt mit einem sehr analytischen Vordersatz ein, der die Tonhöhenkonstellation d-cis-b-a in zwei verschiedenen Erscheinungsformen unmittelbar aneinander anschließen läßt (x und x'), um dann – kontrastierend – in einen Nachsatz (y) einzumünden; dieser ist in sich überhaupt nicht motivisch geschlossen, sondern schweift eher ins harmonisch Offene (etwa nach E-Dur) aus:

Der unvermittelt anschließende wiegende Viertakter bestimmt weite Strekken nicht nur dieses Satzes.

Beide Momente prägen die Kontur eines in seiner metrischen Gruppierung (4+2+2+3+4+2 Takte) zwar komplizierten, jedoch ganz einfach klingenden Variationsthemas im **3. Satz**:

Die Viertonfolge zu Beginn des 1. Satzes kann schon für sich selbst als ›sinfonisch‹ genommen werden. Stellt die Intervallfolge dabei einen gewiß nicht nur zufälligen Bezug auf eine ganz ähnliche thematische Tonhöhenkonstellation der letzten StrQu.e Beethovens her, so wirkt sie sich auch bestimmend auf die motivische Substanzgemeinschaft der Hauptgedanken von R.s d-Moll-Quartett aus.

Darüber hinaus fungieren die Hauptgedanken des 1. Satzes insgesamt als Elemente, die alle vier Sätze besonders stark aneinander binden. Das ganz auf den Terzambitus kleiner Drehfiguren und ihrer Sequenzierung im Minimalabstand einer kleinen Sekunde abgestimmte Zwischenspiel des **2. Satzes** scheint die motivische Substanz der gesanglichen Seitensatzmelodie weiterzuentwickeln:

Dagegen findet der kaum einmal seine eigene Lebhaftigkeit unterbrechende Fortgang des rondoartigen **Finalsatzes** gegen Ende in einer Reminiszenz der bestimmenden Hauptmelodie – die nun freilich in die ›gerade‹ Metrik und Phrasierung des Finales eingepaßt ist – zum 1. Satz zurück. Ihr Zentrum erreicht die Komposition im gleichfalls sehr groß dimensionierten langsamen Satz dort, wo aus den thematisch-motivischen Vorgaben und aufgrund der in ›entwickelnder Variation‹ gewonnenen neuen Gestalten ganz andere, gewissermaßen vertiefte musikalische Schichten erschlossen werden. Daß sich diese in jedem neuen Ansatz kontinuierlich in immer übermächtiger werdenden Komplizierungen verstricken, die schließlich die melodische, thematische Substanz bis zur Unkenntlichkeit überlagern, stellt ein personalstilistisches Merkmal des in den Münchner Jahren wohl insgesamt am weitesten im Sinne der modernen ›Avantgarde‹ schaffenden Komponisten dar.

Quartett a-Moll op. 133 (1914)
für Klavier, Violine, Viola und Violoncello

Allegro con passione – Vivace – Largo con gran espressione – Allegro con spirito
Dauer: ca. 29'

In R.s Gesamtwerk gibt es viele Werkpaare, die oft mehrere Jahre überspannen. Als er im November 1909 gemeinsam mit Mitgliedern des Böhmischen Streichquartetts das Brahmssche Kl.-Quartett c-Moll op. 60 einstudiert, wird ihm klar, daß er ebenfalls ein Werk für diese Besetzung zu schreiben hat. Im April 1910 war die Komposition, das Quartett d-Moll op. 113 vollendet, Ende Mai konnte es in Zürich aufgeführt werden – ohne Erfolg. Auch noch Jahre später reagierte die Kritik ablehnend auf die »eigenwillig verbissene Empfindungssprache«, den »Mangel an selbstkritischer Konzentration« und eine »dadurch bedingte skelettlos verschwommene, aufgedunsene Architektur« (Paul Bekker) der Formen. Im Sommer 1914 setzt sich R. erneut mit der Form des Kl.-Quartetts auseinander. Sein erklärtes Ziel war eine durchsichtigere, weniger problematische, ja ›leichtere‹ Schreibweise, die man mit Recht unter den Begriff eines ›abgeklärten Reifestils‹ faßte. Im Sommer 1914 in wenig mehr als einer einzigen Woche komponiert und in Reinschrift zu Papier gebracht, scheint nun alles besser und richtiger. »Das ist, kurz gesagt, ein außerordentlich schönes Werk«, jubelt ein Rezensent der Leipziger UA Anfang Februar 1915: »von einer Klangherrlichkeit, wie sie kein anderes Kammermusikwerk Regers aufweist.«

Der größeren Durchsichtigkeit in Formbau und Tonsatz entspricht eine insgesamt offenere Haltung gegenüber den eigenen Antrieben zur Komposition und ihrer Modelle: Im **Largo con gran espressione** wird der Beginn des langsamen Satzes aus Brahms' c-Moll-Kl.-Quartett fast wie eine Quellenangabe zitiert. Es sind nur vier Töne, die die V. hier ganz allein spielt, und sie verhüllen den direkten, zitathaften Bezug auf Brahms durch eine etwas abweichende ›Orthographie‹.

Brahms, op. 60

Reger, op. 133

Und noch eine weitere, tiefgehende Gemeinsamkeit weist das a-Moll-Quartett mit seinem Vorgänger in d-Moll auf, die Reminiszenzen im Finale an den 1. Satz, und zwar an die dunkelsten Stellen der musikalischen »Motivation« (Richard Wagner).

Wieder geht es vor allem um Gemeinsames zwischen den Hauptgedanken aus dem Kopfsatz und dem langsamen Satz mit denjenigen des letzten Satzes. Übrigens hat R. diese Stellen, an denen die Musik auf sich selbst Bezug nimmt, in der ersten, am Kl. improvisierend aufs Papier geworfenen Skizze gar nicht ausnotiert, sondern mit Verweisziffern zu Seite und Takt der Reinschrift versehen. Nicht um eine kompositorische Konsequenz also handelt es sich an diesen tiefsten Stellen, die den Satzzyklus am stärksten zu einem einheitlichen, integralen Ganzen zusammenschließen, sondern um eine gleichsam begriffene und so auch bewältigte Erinnerung an ein Detail, das im Werkganzen komponierend ausgelotet wurde.

Rainer Cadenbach

Anton Reicha (auch Antonín Rejcha bzw. Antoine-Joseph Reicha)

geb. 26. 2. 1770 Prag, gest. 28. 5. 1836 Paris. Ab 1781 erhielt R., der Sohn eines Prager Stadtpfeifers, in Wallerstein (Mittelfranken) bei seinem Onkel Joseph Reicha (Dirigent u. Cellist der Fürstlich Öttingenschen Kapelle) Unterricht in Fl., V., Kl. Ende der 80er Jahre erste Kompositionen. 1785–1794 in Bonn Geiger in der Hofkapelle des Kurfürsten Maximilian Franz u. Flötist des Nationaltheaters. Freundschaft mit Ludwig van Beethoven (gemeinsamer Kompositionsunterricht bei Christian Gottfried Neefe), Kontakte zu Joseph Haydn. 1794–1799 Hamburg, ab 1799 Opernkomponist in Paris. 1801–1808 Wien, kompositorische Studien bei Johann Georg Albrechtsberger und Antonio Salieri, Erneuerung der Freundschaft mit Beethoven und Haydn. 1808 endgültig nach Paris. Ab 1818 Lehrer für Kontrapunkt am Pariser Conservatoire (École royale de Musique). 1829 französische Staatsbürgerschaft. U.a. Lehrer von Franz Liszt, Hector Berlioz, Charles Gounod, Adolphe Adam, César Franck, George Onslow. Autor musiktheoretischer Schriften: *Traité des mélodie* (1814), *Cours de Composition musicale* (1818), *Traité de haute composition musicale* (1824–1826). Zahlreiche Ehrungen und Auszeichnungen.

Werke f. 2 Instr.: 6 Duos f. V., Vc. op. 1 (1796?); 3 Duos f. V., Vc. op. 3 (1796–98); 3 Duos f. V., Vc. G, D, D op. 4 (1798); Variationen f. 2 Fl. D op. 20 (1796–1798); 3 Romanzen f. 2 Fl. e, G, D op. 21 (1796–1798); (12) kl. Duos f. 2 Fl. op. 22 (1796–1798); 8 Duos f. 2 Fl. op. 25 (1796–1798); Rondeau f. Kl., V. (1800); Sonate f. Kl., V. C op. 44 (nach 1802); 3 Duos f. 2 V. A, D, B op. 45 (nach 1802); Duo f. 2 V. C op. 53 (1802); Sonate f. Kl., Fl. G op. 54 (nach 1802); 2 Sonaten f. Kl., V. B, Es op. 55 (nach 1802); Sonate f. Kl., V. A op. 62 (1802/03); 12 Duos f. V., Vc. op. 84 (1814); Duo f. Kl., Fg. B (1810–1815); Solo f. Hr., Kl. e (1810–1815); Duo concertant f. Fl., Kl. D op. 103 (1818–1820); Grand Duo concertant f. Kl., V. A (1826); Fuge f. Va., Vc. C (o. J.); Adagio aus einem V.-Konzert, arr. f. Vc., Kl. (o. J.) – Werke f. 3 Instr.: Trio f. 3 Fl. op. 26 (1796–1798); Sonate f. Kl., V., Vc. C op. 47 (1800); 18 Var. u. eine Fantasie auf ein

Thema von Mozart f. Fl., V., Vc. G op. 51 (nach 1802); Trio f. V., Va., Vc. F (nach 1802); Trio f. 3 Vc. Es (15. 6. 1807); Grand Trio f. Fl., V., Vc. (vor 1815); 24 Trios f. 3 Hr. (od. 2 Hr., Fg.; 6 davon f. 3 WaldHr.) op. 82 (vor 1815); 12 Trios f. 2 Hr., Vc. op. 93 (auch als Bearbeitung f. 3 Hr.) (ca. 1815); 6 Grands Trios concertants f. Kl., V., Vc. Es, d, C, F, D, A op. 101 (1824); Grand Trio Nr. 6 f. Kl., V., Vc. (1824); Canon à 3 parties f. V., Va., Vc. (22. 6. 1833); Trio f. V., Vc., Kl. (o. J.) – WERKE F. 4 INSTR.: Quartett f. 2 V., Va., Vc. Es (Fragment) (1799); Quartett f. 4 Fl. D op. 12 (1796–1798); Harmonique imitée ou 3 Adagios f. 4 Fl. op. 18 (1796–1798); Sonata f. 4 Fl. F op. 19 (1796–1798); Quartett f. 4 Fl. op. 27 (1796–1798); 3 Quartette f. Fl., V., Va., Vc. g, C, G op. 98 (1813); 3 StrQu. C, G, Es op. 48 (1804); 3 StrQu. Es, D, B op. 49 (nach 1804); 3 StrQu. c, D, B op. 49 (1804/05); StrQu. A op. 58 (1804/05); Quatuor scientifique f. StrQu. (beinhaltet 3 arrangierte Fugen aus: 36 Fugen f. Kl.) (24. 4. 1806); *La Pantomime*/ Fantaisie f. StrQu. (24. 4. 1806); Grand Quatuor f. StrQu. C op. 52 (vor 1808); Fuge auf ein Thema aus *Les deux journées* f. StrQu. (1808); Ouverture générale pour les séances des Quatuors f. StrQu. G (1816); 3 StrQu. A, Es, As op. 94 (vor 1820); 3 StrQu. E, D, C op. 95 (vor 1820); 6 StrQu. Es, G, C, e, F, D op. 90 (vor 1821); Harmonie retrograde à 4 et Marche funèbre f. StrQu. (vor 1824); Grand Quatuor concertant f. Kl., Fl./V., Vc., Fg./Vc. Es op. 104 (1824 ?); 4 Fugen u. 1 Var. f. StrQu. (vor 1826); Fugue a/C, à 2 sujets en contrepoint à la 12ième f. StrQu. (vor 1826); Armonia al revescio, vermutl. f. StrQu. (11. 6. 1834) – WERKE F. 5 INSTR.: Var. auf ein russisches Thema f. Vc. solo, 2 V. , Va., Vc. A (1805); 3 Quintette f. Vc. solo, 2 V., Va., Vc. A, F, E (1805–1807); Quintett f. 2 V., Va., Va./Vc., Glasharmonika (1806); Capriccio (Fragment) f. Vc. solo, 2 V., Va., Vc. (1807); Quintett f. 2 V., 2 Va., Vc. C (28. 3. 1807); 3 Quintette f. 2 V., 2 Va., Vc. F, D, Es op. 92 (25. 6. 1807); Quintett f. 2 V., 2 Va., Vc. e (10.7.1807); Quintett f. 2 V., 2 Va., Vc. A (30. 7. 1807); Quintett f. Klar., 2 V., Va., Vc. B op. 89 (vor 1809); Quintett f. Fl., Ob., Klar., Fg., Hr. f (22. 6. 1811; als mißlungen verworfen); Concertante f. Fl., Ob., Klar., Fg., Hr. (1817); 6 Quintette f. Fl., Ob./Fl., Klar., Fg., Hr. e, Es, G, d, B, F op. 88 (1813/14); 6 Quintette f. Fl., Ob./Fl., Klar., Fg., Hr. C, a, D, g, A, c op. 91 (1817/18); 6 Quintette f. Fl., Ob./Fl., Klar., Fg., Hr. C, f, F, D, h, G op. 99 (1817–1819); (2) Andante, Adagio f. EHr., Fl., Klar., Fg., Hr. Es, F, d (1817–1819); 6 Quintette f. Fl., Ob./Fl., Klar., Fg., Hr. F, d, Es, e, a, B op. 100 (1820); 2 Quintette f. Fl., Klar., Fg., Hr., Va. Es, Es (um 1820 ?); Quintett f. Ob./Klar., 2 V., Va., Vc. F op. 107 (1821–1826); Quintett f. Fl., 2 V., Va., Vc. A op. 105 (1824–1826); Quintett f. Hr., 2 V., Va., Vc., Kb. ad lib. E op. 106 (1824–26); 4 Mouvements f. Fl., Ob., Klar., Fg., Hr. G, f, G, D (vor 1826); Quintett f. Kl., 2 V., Va., Vc. Es (1826); Quintett f. Fg., 2 V., Va., Vc. B (1826); Var. f. Fg., 2 V., Va., Vc. (o. J.) – WERKE F. 8 U. MEHR INSTR.: Oktett f. Ob./Fl., Klar., Fg., Hr., 2 V., Va., Vc. Es op. 96 (1817); Grande Sinfonie de Salon f. Ob., Klar., Fg., Hr., 2 V., Va., Vc., Kb. (1825); (2) Grande Sinfonie de Salon (Nr.1, 2) f. Ob., Klar., Fg., Hr., 2 V., Va., Vc., Kb. (1827); Diecetto f. Fl., Ob., Klar., Fg., Hr., 2 V., Va., Vc., Kb. A (1827/28; evtl . Bearbeitung der Salonsinfonien 1 od. 2).
(Entstehungsdaten nicht in jedem Falle zweifelsfrei feststellbar)

Verlag: Schott Mainz; Breitkopf & Härtel Leipzig.

A. R., dessen 1. Sinfonie 1787 als Geniestreich eines 17jährigen aufgeführt wurde, ist vor allem als Komponist von Instrumentalmusik bekannt und berühmt geworden. Seine zahlreichen Opern hingegen konnten weder in Hamburg und Wien noch in Paris Erfolge erzielen. Stilistische Quellen von R.s Schaffen sind in der Mannheimer Schule, der Wiener Klassik und der französisch-italienischen Oper zu finden, deren Werke er als Mitglied der Bonner Kapelle kennengelernt hatte. Indem er Stilelemente aus diesen Bereichen und gelegentlich das charakteristische Idiom der böhmischen Volksmusik einbezog und miteinander verknüpfte, zudem tradierte Formen durch eigenständiges melodisches, rhythmisches und harmonisches Material erneuerte, nimmt er eine wichtige Position beim Übergang von der Klassik zur Romantik ein, vermittelt gleichsam zwischen Joseph Haydn und Frédéric Chopin.

R.s Neuerungen, besonders auch auf dem Gebiet der Orchesterbehandlung, erreichten ihren Höhepunkt im Werk seiner Schüler. Seine ›individualistische‹ Lehrmethode – er soll so viele Lehrkonzepte wie Schüler gehabt haben – und seine musiktheoretischen Traktate waren allgemein anerkannt und international verbreitet.

Nahezu unüberschaubar sind R.s Beiträge zur Kammermusik, allein in Wien entstanden über 50 Werke. Ist die Bevorzugung der Blasinstrumente auch auffällig – ob in reinen Bläserensembles oder in der Kombination mit Streichinstrumenten, so haben insbesondere auch die Streichquintette wesentlich zu seinem Ruhm beigetragen. Kammermusik und Konzert- sowie Sinfonieform berühren sich bei den Werken für Solo-Vc. und StrQu. – richtigerweise wohl als Konzerte für Vc. und Ensemble zu bezeichnen – und bei den ›Salon-Sinfonien‹, die sowohl in solistischer als auch in chorischer Besetzung aufgeführt werden können. Sowohl in der kompositorischen Praxis wie in seinen theoretischen Schriften experimentierte R. ungemein phantasiereich mit der Instrumentation bezüglich Besetzungsgrößen und -varianten, dem Wechsel von Solo- und Tuttipassagen. Der selbstbewußte ›Avantgardist‹ äußerte sich dazu: »Ich hatte immer einen großen Hang, Außerordentliches in der Komposition zu machen. Eine neue Idee elektrisierte mich auf eine kaum begreifliche Art und ich verwirklichte beinahe immer mit Glück einen neuen Plan und einen neuen Entwurf. Nie gelang es mir besser, als wenn ich Kombinationen machte und Konzeptionen versuchte, die meine Vorgänger nicht gemacht hatten« (notiert von Georg Kestner, Paris 1844).

BLÄSERQUINTETTE

Darbietungen von Bläsermusik verschiedenster Besetzung und Größe, teilweise auch unter Einbeziehung des Kb., hatten sich mit ihrem unterhaltenden Charakter im 18. Jahrhundert als ›Harmoniemusiken‹ zu einem beliebten Bestandteil des gesellschaftlichen Lebens adliger und bürgerlicher Kreise entwickelt: als Freiluft-Serenaden oder Tafelmusiken. Kompositionen von Mozart, Haydn und Beethoven bilden dabei nur die schöpferische Krönung eines Repertoires, das zum Großteil aus Bearbeitungen von ›Erfolgsmelodien‹ aus damals beliebten Opern bestand. Die Kanonisierung der Besetzung mit Fl., Ob., Klar., Hr. und Fg. fiel um 1800 mit grundlegenden Veränderungen des Musiklebens zusammen: Der bürgerliche Konzertbetrieb begann mit der höfischen Musikpflege zu konkurrieren und beförderte die Ausbildung hochbefähigter Berufsmusiker, während die ›Harmoniemusiken‹ zuvor häufig von Stadtpfeifern oder Militärmusikern ausgeführt worden waren. Hinzu kamen instrumentenbauliche Verbesserungen (z. B. Klappentechnik) und Perfektionierung der Spielmöglichkeiten.

R., dessen Vorliebe und professionelle Vertrautheit mit den Blasinstrumenten wohl bereits auf die Bonner Jahre zurückgeht, dürfte sich spätestens in Wien mit der beschriebenen Situation vertraut gemacht haben. In Paris fand er dann fünf hervorragende Instrumentalisten, auch als ›Reichasches Quintett‹ bezeichnet, die wesentlich zum Erfolg seiner zwischen 1811 und 1820 geschriebenen Bläserquintette beitrugen. In diesen hatte R. satztechnische Prinzipien des StrQu.s auf die neue Besetzung übertragen: »Wenn es möglich wäre, Haydn in der Quartetten- und Quintettencomposition zu übertreffen; so wäre dies von Reicha mit den erwähnten Quintetten geschehen«. Dieses Lob konnte man 1818 in der ›Allgemeinen musikalischen Zeitung‹ über die Serie op. 91 lesen. Nach 1821 sorgte besonders auch das Wiener ›Harmonie-Quintett‹ für die Verbreitung der R.schen Werke, die zudem bald von zahlreichen Komponisten nachgeahmt wurden.

Vor allem in den Variationssätzen seiner späten Bläserquintette betont R. mit Verzierungen, Trillerketten, schnellen Läufen und dem solistischen Hervortreten einzelner Instrumente spieltechnisch virtuose Momente. Enorme Anforderungen an die Interpreten werden auch durch die Ausweitung des Tonartenbereiches gestellt. Während R. das Prinzip der Sonatenform weniger streng handhabt – was ihm seine Zeitgenossen (u. a. Louis Spohr) zum Teil sehr verübelt haben –, rücken eine raffinierte Themenreihung bzw. Fortspinnungstechnik und ständig wechselnde Klangkombinationen sowie die Gleichberechtigung aller Stimmen bei der thematischen Arbeit – die Melodielinien wandern durch sämtliche Stimmen – in den Vordergrund.

Quintett Es-Dur op. 88 Nr. 2 (1813)
für Flöte, Oboe, Klarinette in B, Horn in Es und Fagott

Lento. Allegro moderato – Scherzo. Allegro – Andante grazioso – Finale. Allegro molto
Dauer: ca. 25'

Nach einer langsamen akkordischen Einleitung (**Lento**) stellt das Fg. allein das erste, weit ausgreifende Thema auf, dessen markant rhythmisierter Beginn für verschiedene Ableitungen im Satzverlauf bedeutsam ist.

Klar., Fl. und Hr. führen Seitengedanken ein, bevor ein synkopiertes Thema erscheint – zunächst in Fl., Ob. und Fg. Virtuose Hr.-Läufe treten dazwischen. Im figurativen Durchführungsteil bringt R. neue Themen, virtuose Episoden ein, so eine liedhafte Melodie von Klar., Hr. und Fg., die die Punktierungen des Hauptthemas nun mit den Synkopen des zweiten thematischen Gedankens verbindet. Das Fg. zeigt mit dem Wiedereintritt seines Anfangsthemas den Beginn der Reprise an. Im **Scherzo**, einer dreiteiligen Menuettform, spielt R. bei einem reizvollen Frage- und Antwortspiel zwischen Ob.-Motiv und Fg.-Läufen mit den Klangfarben beider Instrumente; im Trio übernehmen Ob. und Fl. eine melodietragende Funktion. In der auskomponierten Wiederholung des A-Teils kommt es zu neuen Instrumentenkombinationen. Liedform und variative Verfahren führt R. im **3. Satz** zusammen. Wiederum ist es die Ob., der das gesangliche Hauptthema anvertraut wird:

während im Mittelteil die Fl. durch scharfe Rhythmen neue Akzente einbringt.
Das Hauptthema wird nun effektvoll variiert, klanglich überraschend durch

die einzelnen Instrumente ›eingefärbt‹, ehe im Schlußteil das Hr. die Originalgestalt noch einmal in Erinnerung bringt. Ähnlich wie der 2. Satz beginnt auch das **Finale** mit einem auf die fünf Instrumente verteilten Thema: Ein abwärts führendes Fl.-Motiv wird durch aufstrebende Läufe von Klar. und Fg. aufgefangen. Refrainartig kehrt es im Verlauf des freudig bewegten und der Rondo-Form nahestehenden Satzes mehrfach wieder, wobei R. auch hier die Stimmen zwischen den Holzbläsern phantasievoll umverteilt.

Barbara Gugisch

Josef Gabriel Rheinberger

geb. 17. 3. 1839 Vaduz (Liechtenstein), gest. 25. 11. 1901 München. Frühe pianistische Auftritte und Kompositionsversuche, Organistendienst in seinem Heimatort. Ab 1851 Ausbildung am Münchener Konservatorium, private Studien bei Franz Lachner. Ab 1853 Organist an verschiedenen Münchener Kirchen, 1864–1877 Leitung des Oratorienvereins, 1877–1894 Hofkapellmeister der Königlichen Vokalkapelle. Ab 1859 Lehrtätigkeit am Münchener Konservatorium (später in Königliche Musikschule bzw. Akademie der Tonkunst umbenannt). U.a. Lehrer von Engelbert Humperdinck, Ermanno Wolf-Ferrari, Ludwig Thuille, George W. Chadwick und Wilhelm Furtwängler. Ehrungen und Auszeichnungen.

WERKE F. 2 INSTR.: Sonate Nr. 1 f. V., Kl. Es op. 77 (1874); Sonate f. Vc., Kl. C op. 92 (1875); Sonate Nr. 2 f. V., Kl. e op. 105 (1877); Sonate f. Klar., Kl. es op. 105b (Umarb. der V.-Sonate op.105; 1893); Sonate f. Hr., Kl. Es op. 178 (1894) – WERKE F. 3 INSTR.: (4) Trio f. Kl., V., Vc. (Nr. 1 d op. 34, 1862/1867; Nr. 2 A op. 112, 1878; Nr. 3 B op. 121, 1880; Nr. 4 F op. 191, 1898) – WERKE F. 4 INSTR.: Quartett f. Kl., V., Va., Vc. Es op. 38 (1870); StrQu. Nr. 1 c op. 89 (1875); Thema mit Veränderungen f. StrQu. op. 93 (1875); StrQu. Nr. 2 F op. 147 (1886) – WERKE F. 5 INSTR.: Quintett f. 2. V., 2 Va., Vc. a op. 82 (1874); Quintett f. Kl., 2 V., Va ., Vc. C op. 114 (1878) – WERKE F. 6 INSTR.: Sextett f. Kl., Fl., Ob., Klar., Fg., Hr. F op. 191 b (Umarb. des Kl.-Trios op. 191; 1899) – WERKE FÜR 9 INSTR.: Nonett f. Fl., Ob., Klar., Fg., Hr., V., Va., Vc., Kb. Es op. 139 (Umarb. eines unveröff. Oktetts von 1861; 1884).

Verlag: Carus Stuttgart; Bärenreiter Kassel; Schott Mainz.

Bis zum heutigen Tag wird J. G. Rh.s musikgeschichtliche Bedeutung vor allem in seinem Wirken als Generationen von europäischen Komponisten prägender Lehrer gesehen. Seinem Werdegang als ausübender Musiker entsprechend, schuf er als Komponist überwiegend geistliche Vokalmusik und Org.-Werke, aber auch Sololieder, Kl.-Musik und Opern. Den Erneuerungen Richard Wagners – einem Thema, dem man zu dieser Zeit in München nicht aus dem Weg gehen konnte – ablehnend gegenüberstehend, ist sein Platz eher im Umfeld von Johannes Brahms zu suchen, dem Rh. übrigens seine Kl.-Stücke op. 45 widmete. Rh. war zu keiner Zeit avantgardistisch. Er orientierte sich an der Musik von Johann Sebastian Bach bis hin zur Frühromantik. Nach der Jahrhundertwende geriet sein Schaffen – mit Ausnahme der 20 Org.-Sonaten – in Vergessenheit. Erst seit wenigen Jahren wird Rh.s Œuvre, und hier wiederum besonders die Kammermusik, für die Konzertsäle und Tonträger wiederentdeckt.

Rh. selbst ließ nach kritischer Überprüfung nur sein Schaffen nach 1859, beginnend mit den Kl.-Stücken op. 1, gelten. Allerdings gingen dem eine Vielzahl von unveröffentlichten Jugendwerken voraus, darunter beispielsweise zahlreiche Beiträge zur Gattung des StrQu.s. Auch von erfolgreichen Münchener Aufführungen eines Streichquintetts in D-Dur und eines f-Moll-Quartetts für Ob., Hr., Vc. und Kl. in den 50er Jahren wußte Rh. zu berichten. Der eigentliche Höhepunkt seines kammermusikalischen Schaffens fällt jedoch in die Zeit 1874 bis 1876. Jetzt entstehen u.a. die beiden V.-Sonaten, die – wie Vc.- und Hr.-Sonate dreisätzig aufgebaut – vor allem in den langsamen Sätzen Rh.s besondere Fähigkeit zu gesanglichen Erfindungen offenbaren, die trotz aller wehmutsvollen Schönheit nie die Grenze zur Sentimentalität überschreitet. Andere Charakteristika Rh.scher Kompositionen sind der bewußte Verzicht auf vordergründige Virtuosität und die Betonung kontrapunktischer Techniken. Letztere schimmern im Fugato des Finalsatzes der zweiten V.-Sonate durch, zeigen sich auch im Finale des Kl.-Quartetts, dem eröffnenden Allegro des ersten und besonders im Schlußsatzs des zweiten StrQu.s.

Rh., der die meisten seiner Werke in ungewöhnlich kurzer Zeit schuf und daher auch von Teilen der musikalischen Mitwelt als ›Vielschreiber‹ abqualifiziert wurde, bekam bereits für ein Jugendwerk von der Kritik »gesunde Empfindung, Sinn für Klarheit und Sinn für Ebenmaß« bescheinigt. Ganz ähnlich lautet Wilhelm Furtwänglers Einschätzung, der von »Natürlichkeit der Stimmführung, der Formgebung, des Ausdrucks« sprach. Ob man hierin eine Tugend oder vor allem die Grenzen des Schaffens Rh.s sieht, muß wohl dem jeweiligen Betrachter und seiner Zeit überlassen werden.

TRIOS FÜR KLAVIER, VIOLINE UND VIOLONCELLO

Rechnet man ein dreisätziges unveröffentlichtes Jugendwerk aus dem Jahre 1855 mit, hat Rh. insgesamt fünf Kl.-Trios komponiert, wobei das erste das Werk eines Sechzehnjährigen ist und das letzte drei Jahre vor dem Tod des Komponisten entstand. Die vier von ihm der Drucklegung als würdig befundenen Trios zeichnen sich alle durch viersätzige Anlage mit langsamem 2. Satz und Scherzo oder Menuett als 3. Satz aus. Dafür jedoch, daß der oft als ›akademisch‹ gescholtene Rh. es verstand, dieses traditionelle Muster auf originelle

Art auszufüllen, lieferte bereits das Kl.-Trio op. 34 den Beweis. Erst sechzehn Jahre später ließ Rh. das A-Dur-Trio folgen, dem englischen Pianisten und Dirigenten Charles Hallé zugeeignet. Das Kl.-Trio Nr. 3 dürfte wohl zu Lebzeiten des Komponisten das erfolgreichste gewesen sein; aus dem Ausland – sogar aus Amerika – sind zahlreiche Aufführungen verbürgt. Von dem vierten Trio, dem man nur im resignativen 2. Satz die durch eigene Krankheit und den Tod seiner Frau überschatteten Lebensumstände der letzten Jahre anzumerken glaubt, hat Rh. selbst eine Bearbeitung für Kl. und Bläserquintett angefertigt.

Trio Nr. 1 d-Moll op. 34 (1862/ 1867)
für Violine, Violoncello und Klavier

Allegro appassionato – Adagio espressivo – Scherzo – Finale all' ongarese. Allegro vivo
Dauer: ca. 38'
Verlag: C.F.W. Siegel Leipzig, ED 1870

Das innerhalb eines Monats entstandene und Franz Lachner gewidmete Werk, 1866 mit dem Komponisten am Kl. uraufgeführt, wurde von Rh. fünf Jahre nach der Komposition einer Umarbeitung unterzogen – wohl nicht zuletzt unter dem Eindruck ungünstiger Kritik. Allerdings kann auch diese Fassung ihre Nähe zur freien Form der Fantasie nicht leugnen. Bereits die erregte Anfangsfloskel läßt die Bezeichnung **Allegro appassionato** zu ihrem Recht kommen. Versöhnlicher gestimmt ist das F-Dur-Thema, von den Streichinstrumenten nach einer ruhigen Kl.-Überleitung vorgetragen. Nicht immer zu überzeugen vermag die musikalische Substanz der Durchführung. Eine nur wenige Takte umfassende Stretta (Grave – Presto) führt den Satz zu Ende. Von tiefer Empfindung ist das Thema des **2. Satzes**, zunächst vom Kl. allein vorgetragen, dann von V. und Vc. fortgesponnen und schließlich zu dramatischen Ausdruckshöhepunkten getrieben. Ein bewegter, tänzerischer Mittelteil (più mosso e feroce) scheint folkloristischen Idiomen verpflichtet. Auch im **Scherzo** bleibt es zunächst dem Kl. vorbehalten, das Walzer-Thema einzuführen, vom Pizzikato und gelegentlichen melodischen Einwürfen seiner Partner gestützt. Die Streichinstrumente ihrerseits tragen das Thema dann im halben Tempo vor: Ein spaßhafter Kunstgriff Rh.s. In der derben Ausgelassenheit des Trios haben wiederum volksmusikalische Praktiken, diesmal ursprünglicherer Art, Spuren hinterlassen. Zigeunermusik-Klänge, wie sie das **Finale all'ongarese** mit seiner Bezeichnung verspricht, erklingen erst nach einer Einleitung, deren Akkordschläge mit nahezu orchestraler Gewalt eigentlich Unheil verkünden und so in eigenartigem Kontrast zum weiteren Verlauf des letzten Satzes stehen, der, abgesehen von einem nochmaligen Auftauchen des ›Schicksalmotivs‹, die dargestellte Lebensfreude nicht hinterfragt.

Barbara Gugisch

Wolfgang Rihm

geb. 13. März 1952 Karlsruhe. Besucht als Gymnasiast ab 1968 die Musiktheorie- und Kompositionsklasse von Eugen Werner Velte an der Musikhochschule Karlsruhe, Zusammentreffen mit Wolfgang Fortner. Seit 1970 Teilnehmer an den Darmstädter Ferienkursen für Neue Musik. Nach dem Abitur Prüfung als Privatmusiklehrer, Kompositionsdiplom. 1972/73 Kompositionsstudium bei Karlheinz Stockhausen in Köln, 1973–1976 bei Klaus Huber in Freiburg i. Br. sowie bei Wolfgang Fortner und Humphrey Searle, zugleich Studium der Musikwissenschaft an der Freiburger Universität bei Hans-Heinrich Eggebrecht. Seit 1978 Dozent bei den Darmstädter Ferienkursen. Seit 1984 künstlerischer Berater der Deutschen Oper Berlin. Seit 1985 Leiter einer Kompositionsklasse an der Musikhochschule Karlsruhe. Mitherausgeber der Zeitschrift ›Melos‹, zahlreiche Auszeichnungen und Ehrungen.

Werke f. 1 Instr: Grat f. Vc. (1970) – Werke f. 2 Instr: Hekton f. V., Kl. (1972); Duomonolog f. V., Vc. (1989); *Antlitz. Zeichnung* f. V., Kl. (1993); *Von Weit. Zeichnung* f. Vc., Kl. (1993) – Werke f. 3 Instr: Streichtrio op. 9 (1971); Trio f. V., Vc., Kl. (1972); *Paraphrase* f. Vc., Schlzg., Kl. (1972); *Déploration* f. Fl., Vc., Schlzg. (Vibr., Tamt.,4 Bck.) (1973); Musik f. 3 Streicher f. V., Va., Vc. (1977); *Fremde Szene* I–III f. V., Vc., Kl. Versuche f. Kl.-Trio (1. Folge 198 ; 2. Folge 1982/83; 3. Folge 1984); *Chiffre* IV f. BKlar., Vc., Kl. (1984); *Verzeichnung*. Studie f. Va., Vc., Kb. (1986); Stück f. Bongo, Bck., Wood-Block (1989); *Am Horizont. Stille Szene* f. V., Vc., Akk. (1991); *In Nuce* f. Va., Vc., Kb. (1994); *Pol* (1. Fass. 1995) f. BKlar. in B, Hf., Schlzg. – Werke f. 4 Instr: I. StrQu. op. 2 (1970); II. StrQu. op. 10 (1970); *Im Innersten*. III. StrQu. (1976); IV. StrQu (1981); Canzona f. 4 Va. (1982); *Ohne Titel*. V. StrQu. (1983); *Blaubuch*. VI. StrQu. (1984); *Veränderungen*. VII. StrQu. (1985); VIII. StrQu. (1988); *Zwischen den Zeilen* f. StrQu. (1991); Quartettsatz I (IX. StrQu.) (1993) – Werke f. 5 Instr.: Sine Nomine (1985); Studie f. 5 Va. (1987); *Kolchis* f. Hf., Kl., Schlzg. (Tamt., Wood-Block) Vc., Kb. (1992); – Werke f. 6 Instr./Ausf.: *Protokoll, ein Traum* f 6 Vc. (1987); *Figur* f. Hf., Pos., Schlzg. (1989) – Werke f. 8 Instr./8 Spieler: Music-Hall-Suite f. 8 Spieler (1979); *Chiffre I* f. Kl. u. 7 Instr. (1982); *Chiffre VI* f. 8 Spieler (1985); *Abschiedsmarsch* f. 4 Trp., 3 Pos., Schlzg. (1985); *Chiffre VIII* f. 8 Spieler (1988); *Kalt*. Oktett f. Ob., EHr., Pos., Va., Vc., Kb., Kl., Schlzg. (1991) – Werke f. Kammerensemble: *Chiffre* III f. 12 Spieler (1983); *Silence to be beaten* (*Chiffre* II–1983) f. 14 Spieler; *Chiffre V* f. 17 Spieler (1984); *Fusées* f. 16 Spieler (1984); *Bild* (eine Chiffre) f. 9 Spieler (1984); Chiffre VII f. 17 Spieler (1985); *Kein Firmament* f. 14 Spieler (1988); *Abgewandt* I f. Kammerorchester – 9 Spieler (1990); Cantus Firmus. Studie f. 14 Instr. Musik in memoriam Luigi Nono (1. Versuch; 1990); Ricercare. Musik in memoriam Luigi Nono (2. Versuch; 1990); *Abgewandt* II. Musik in memoriam Luigi Nono f. 14 Spieler (3. Versuch; 1990); Étude pour Séraphin f. 4 Pos., 4 Tb., 6 Schlzg. (1992); *Augenblick* f. 12 Vc. (1992); *Form/zwei Formen* f. 20 Instr. in 4 Gruppen à 5 Spieler (1. Versuch; 1993/94); *Pol* f. 13 Spieler (2. Fas. 1996); *Nucleus* f. 13 Spieler (1996).

Verlage: Universal Edition Wien; einige frühe Werke bei Breitkopf & Härtel Wiesbaden, Leipzig, Paris.

W. R., der bei den Donaueschinger Musiktagen 1972 mit dem monumentalen Orchesterstück *Morphonie Sektor IV* und 1974 mit *Sub-Kontur* erste Anerkennung fand, wird seither zu den bedeutendsten deutschen Komponisten seiner Generation gezählt. Seine intensiven, ausdruckvollen und anti-konstruktivistischen Werke besitzen eine tönende Unmittelbarkeit, entsprechend seinem Plädoyer »für eine undurchschaubare, klare, verwirrte und leidenschaftliche Musik, eine präzise und erstaunte, wie es menschliche Existenz auch ist«. Sein ausgeprägtes Interesse an der Tradition beruft sich darauf,

»(die) Kunst ... als Freiheit zu verstehen«, da sie »aus Freiheit entstanden und zu Freiheit verpflichtet« (W. R.) ist. Diese schöpferische Grundhaltung beansprucht unbegrenzte musikalische Mittel und eröffnet eine unendliche Perspektive auf Werkkonzeptionen.

In den 70er Jahren ist R.s Tonkunst – genauso wie diejenige anderer junger deutscher Komponisten unterschiedlichster ästhetischer Richtungen – durch die vermeintliche Rückkehr zur Spätromantik mit dem Terminus ›Neue Einfachheit‹ gebrandmarkt worden. Unter diesem Titel hatte der WDR 1977 sieben Konzerte im Rahmen eines Weekends ›Musik der Zeit‹ veranstaltet. R., der jegliche Art von Uniformierung und Klassifizierung in der Kunst ablehnt, reagierte auf diese Etikettierung mit besonderer Betroffenheit und Heftigkeit. Klassifizierungen und Denksysteme sind das Ergebnis von Reflexionen über individuelle und gesellschaftliche Ereignisse. Der französische Schriftsteller und Theatermann Antonin Artaud sieht in dieser Klassifizierung eine Degeneration der Zivilisation und der Kultur. Im Sinne Artauds und seines gegen diese gesellschaftlichen Übereinkünfte gerichteten ›Manifeste du théâtre de la cruauté‹ (1932) komponiert R. eine Musik, »die sich mit ihren Intentionen identifiziert«, die »selbst das Subjekt« (W. R.) ist. Dabei gilt sein Interesse mehr der »Sprachfindung« und dem Ausdruckspotential als einer krampfhaften Materialerneuerung. Dementsprechend legt er sich in seinen Stücken weder auf die Tonalität (tonale Pole) noch auf Atonalität oder serielle Kompositionstechniken (Jugendwerke) fest.

R.s Tonkunst ist durch unterschiedliche Vorbilder geprägt worden: durch Claude Debussys und Edgard Varèses ›räumliche‹, rhythmisch-klangliche Prozesse (z. B. im Ballettzyklus *Tutuguri*, poème dansé nach Artaud 1980-1982), durch Robert Schumanns klavieristischen Stil (z. B. Kl.-Trio *Fremde Szene II*, 1982/83), aber auch durch die Zweite Wiener Schule und durch Vertreter der europäischen Avantgarde der 60er und 70er Jahre, Iannis Xenakis, Luigi Nono, Karlheinz Stockhausen (z. B. im frühen Orchesterstück *Sub-Kontur*, 1974). Besonders in R.s frühen Werken sind adaptierte oder wörtliche Zitate, ›Fragmente‹ zu finden, wie z.B. in der Musik für 3 Streicher (1977), die von Beethovens letzten StrQu.en ausgeht. Solcherart ›Fragmente‹ haben für R.s Werke eine konstitutive Funktion: Nichts Unvollendetes wird vollendet, sondern das ›Fragment‹ wird fortgesetzt und erweitert. Aber auch in den Bildenden Künsten, in literarischen und philosophischen Texten findet R. schöpferische Anregungen, wobei er eine besondere Affinität zu gefährdeten, psychotischen, extremen Figuren, Themen oder anderen Vorlagen und zu jedweder Grenzsituation besitzt. So widmete er Paul Celan zwei Instrumentalwerke *Lichtzwang* (1976) und *Nachtordnung* (1976), wandte er sich Georg Büchner, Jacob Lenz, Arthur Rimbaud, Friedrich Hölderlin, Friedrich Nietzsche oder dem schizophrenen Maler Adolf Wölfi zu, auch Hamlets Wahnsinn in *Hamletmaschine* (1983-1986) nach Heiner Müller.

Charakteristisch für R.s Œuvre ist die Vielfältigkeit seiner Werkkonzeptionen. In den *Vier Gedichten* aus *Atemwende* nach Paul Celan (1973) stiftet das Fragmentarische den musikalischen und konstruktiven Zusammenhang, im Sinne der letzten Textworte: »Es sind noch Lieder jenseits der Menschen«. Im III. StrQu. *Im Innersten* (1976) brechen die großen lyrischen ›Explosionen‹ in das ›Schweigen‹ hinein, während im VIII. StrQu. (1988) das existentiell Disparate mit der ambivalenten Einheit verschmilzt. Und *Fremde Szenen*

I-III, die »Versuche für Klaviertrio, auch: über ›Klaviertrio', jene möbelartige Besetzung, die es nicht mehr gibt, die aber noch herumsteht«, ist »fremd und szenisch«. Und R. betont ergänzend, »Kammermusik ist das nicht erst, seit es keine Kammern mehr gibt.... Fremde Szene ist fast jede Musik, der beigewohnt wird. Deren Vollzug wir beiwohnen. (Wie wunderbar die Exaltation aus der Nähe.)«

Aus einem »Krisenzwang« heraus erlebt R. die Musik als »eine physische Energie«, die mit »atavistischen Triebkräften« (W. R.) zu tun hat. Als »echter Gegenpol zur Normiertheit« wirkt sie fermentartig bei der »Ausbildung der Gefühlsfähigkeit«, dringt in die »verkrümmten Bereiche ein«, erreicht und berührt die mitschöpferischen und empfindsamen Fähigkeiten des Zuhörers. R. sieht im musikalischen Werk ein zu erreichendes ›Ufer‹ und nicht den bereits erreichten ›festen Boden‹, für seine Musik reklamiert er das Werden und Sein, nicht das ein für allemal Festgeschriebene. Eine Haltung, die seine Vorliebe für das Fragmentarische erklärt. Wenn man R.s Musik als ›einfach‹ bezeichnet, dann im Sinne einer ›Ur-Musik‹, einer kommunikativen Musik, die gleichsam eine historische Kontinuität stiftet.

R. komponiert hauptsächlich für traditionelle Instrumente (Streicher, Kl., Blechinstrumente, Schlzg.), deren Spieltechniken er beachtlich bereichert hat; gelegentlich setzt er auch elektroakustische Mittel und Geräusche ein. Die musikalische Form ist für ihn keine Organisation der linearen, diskursiven Entwicklung eines Werkes: »Struktur und Bau« sind »eine Frage des freieren Atems.« (W. R.) Formale Klarheit entsteht, so R., aus der Einfachheit der Beziehungen zwischen den Elementen des jeweiligen Diskurses. Seit der Musik für 3 Streicher (1977) entwickelt er seine eruptiven Formprozesse aus dem dynamischen, nichtlinearen Diskurs, als eine Art existentieller Mutation. Versprengte, fragmentartige Einzelmotive oder Passagen, ihre Steigerung, ihr Abbrechen, Kontraste oder Ostinati ermöglichen das »Ausbrechen«: »Das Ausbrechen... habe (ich) als den Punkt erfahren, den ich suche.« (W. R.) Aus dieser Disparität entsteht eine Vielfalt von Beziehungen, die sich verändern und als eine offene, ambivalent einheitliche Struktur wirken.

In R.s umfangreichem Œuvre, in dem alle Musikgattungen vertreten sind, nimmt die Kammermusik (sie ist nur zu ungefähr 40% veröffentlicht; zahlreiche Manuskripte befinden sich in der Paul Sacher-Stiftung in Basel) einen zentralen Platz ein. R. bevorzugt Werke für kleine Ensembles, häufig für Streicher, aber auch für Kl., Blechinstrumente oder Schlzg.: Duos (*Duomonolog* für V. und Vc., 1989; *Von Weit* für Vc. und Kl., 1993); zahlreiche Trios (*Fremde Szene I, II, III,* 1981-1984; Musik für 3 Streicher, 1977; Stück für Bongo, Bck. und Woodblock, 1989; *Am Horizont* für V., Vc. und Akk., 1991) sowie neun StrQu.e (1970 – 1993). Gelegentlich sind auch 5, 6, 8 oder 14 Instrumente (Etude pour Séraphin, 1992) besetzt. Immer problematischer erscheint in der zeitgenössischen Musik die Abgrenzung zwischen den einzelnen Gattungen. Denn die Überschreitung von Gattungsgrenzen ist häufig der konzeptionelle Ausgangspunkt für die Komposition, der schöpferische Impetus für den Komponisten. So gesehen lassen sich R.s ›orchestrale‹ Werke, wie z. B. *Abschiedsmarsch* f 4 Trp., 3 Pos. und Schlzg. (1985), zahlreiche Werke für Streichorchester *(Chiffre I-VIII* für Kammerorchester, 1982–1988) oder sogar die Oper *Lenz* (UA 1979) durchaus der Kammermusik zurechnen.

Maria Kardos-Morin

Amadeo Roldán

geb. 12. 7. 1900 Paris, gest. 2. 3. 1939 Havanna (Kuba). Roldán wuchs in Madrid auf. Dort ab 1908 Unterricht am Konservatorium, vor allem V.-Studium. Ab 1913 Kompositionsstudium bei Conrado del Campo, später bei Benito García de la Parra. Gewinnt 1915 den Sarasate-Preis. Ab 1916 Orchestergeiger und Solist. 1919 Übersiedlung in die kubanische Hauptstadt Havanna. Arbeitet zunächst als Musiker in Revues und Zarzuelas. Ab 1921 Va.-Spieler in der Gesellschaft für Kammermusik. 1922 Geiger im Sinfonischen Orchester. 1924 Konzertmeister, 1925 2. Kapellmeister des Philharmonischen Orchesters, bei dessen Chefdirigenten Pedro Sanjuán R. nochmals Unterricht nahm. Wird 1932 Sanjuáns Nachfolger (1933 kubanische EA von Beethovens 9. Sinfonie). Mit dem Orchester wie auch mit dem 1927 von ihm gegründeten Havanna-Streichquartett machte R. die Neue Musik zu einem wesentlichen Programmbestandteil und verhalf dieser mit der 1926 (gemeinsam mit Alejo Carpentier) initiierten Konzertreihe ›Música Nueva‹ zu einem dauerhaften Podium. 1931 gründet R. zusammen mit César Pérez Sentenat die Escuela Normal de Música, von da an umfangreiche Lehrtätigkeit. 1935 Professor für Tonsatz und Komposition an der Musikhochschule, der R. 1936–1938 als Direktor vorstand,

WERKE F. 2 INSTR.: Trois Morceaux Caractéristiques f. V., Kl. (1918); *Escenas grotescas* f. V., Kl. (1920); *Impresiones Orientales* f. V., Kl. (1920); Scherzino f. V., Kl. (1920); *Erinnerung* f. V., Kl. (1920); Siècle XVI f. V., Kl. (1920); Serenata andaluza f. V., Kl. (1921); *D'un vieux cahier* f. V., Kl. (1921); Sonata Quasi Fantasia E f. V., Kl. (1921–1923); Dos danzas cubanas f. V., Kl. (1923); Dos canciones populares cubanas f. Vc., Kl. (1928) – WERKE F. 3 INSTR.: Suite G f. V., Vc., Kl. (1916) – WERKE F. 4 INSTR.: StrQu. (1917; fragmentarisch); *Poema* f. StrQu. (1920?); *A Changó* f. Lt.-Quartett (1928); *Poema Negro* f. StrQu. (1930) – WERKE F. 6 INSTR.: *Rítmicas* I–IV f. Fl., Ob., Klar., Fg., Hr., Kl. (1930) – WERKE F. 8 INSTR.: Fanfarria para despertar a Papá Montero f. 8 Blechblasinstr. (1928) – WERKE F. DIVERSE INSTR.: *Rítmicas* V–VI f. kubanische Schlaginstr. (1930).

Verlag: Southern Music Publishing Company N.Y.

»Amadeo Roldán war eine der wichtigsten und bezeichnendsten Gestalten für unsere kulturelle Entwicklung«, so urteilte Alejo Carpentier 1947 im Blick auf die zurückliegenden Jahrzehnte in Kuba. Übertrieben hat der Romancier (der auch Musikwissenschaftler war) damit gewiß nicht. Schon allein als Instrumentalist, Dirigent, Lehrer, Funktionär und Organisator war R. eine unersetzliche Institution für die Neue Musik in seiner Wahlheimat. Prägender war aber noch sein eigener kompositorischer Beitrag. Insgesamt ist R.s Bedeutung für Kuba wohl nur mit der vergleichbar, die Béla Bartók, annähernd zur gleichen Zeit wirkend, für Ungarn hatte.

Wie sein komponierender Weggefährte Alejandro García Caturla (1906–1940) hat R. einen wesentlichen Teil seiner Ausbildung in Europa erhalten (Caturla studierte 1928 bei Nadia Boulanger in Paris). Bei R. führte dies zu einer lebenslangen, wenn auch im späteren Schaffen nur noch untergründig wirksamen Stilprägung durch die damals aktuelle französische Musik, insbesondere durch das Werk von Claude Debussy. In der Zeit vor dem ›Wendejahr‹ 1925 sind Belege dafür zum einen in der umfangreichen Kammermusikproduktion zu finden. Zum anderen ist hier an die unvollendet gebliebene

Oper *Deirdre* zu denken, an der R. um 1920 arbeitete – nur der 1. Akt wurde vollendet – und die im Kontext von Bühnenwerken wie Emanuel Chabriers *Gwendoline* oder César Francks *Hulda* (beide aus den 1880er Jahren) gesehen werden muß. Im Laufe der 20er Jahre wurde R. jedoch bewußt, daß es ihm eigentlich um eine von der europäischen unabhängige, »essentiell amerikanische Kunst« geht, wie er selbst später formulierte. R. (Sohn eines Spaniers und einer schwarzen Kubanerin) sah hierfür eine Chance in der Einbeziehung von afrokubanischen Elementen und befand sich damit im Einklang mit Tendenzen in der Dichtung, etwa in der ›poesía negra‹ von Nicolás Guillén. In ethnomusikologischen Forschungen fand er authentisches Material vor. Das Schlüsselwerk, in dem die neue Orientierung erstmals umfassend zum Tragen kam, war die *Obertura sobre temas cubanos* von 1925. Der Einsatz von traditionellen afrokubanischen Melodien, Rhythmen und Schlaginstrumenten in dieser Ouvertüre über kubanische Themen, fortan ein bestimmendes Merkmal in R.s Œuvre, löste eine heftige ästhetische Diskussion in der kubanischen Musikszene aus. R. aber schrieb mit dem neu gefundenen Ansatz im folgenden Jahrzehnt unbeirrt seine wichtigsten Werke, unter denen vor allem die beiden Ballette von 1928/29, jeweils nach Libretti des jungen Carpentier, hervorzuheben sind: *La Rebambaramba* und *El milagro de Anaquillé* (Das Wunder von Anaquillé), letzteres stofflich auf Motive der afrokubanischen Mythologie zurückgreifend. Es wäre ein Irrtum zu meinen, die Arbeit mit folkloristischem Material hätte eine satztechnische Simplifizierung zur Folge gehabt. In einer Komposition wie den *Dos canciones populares cubanas* für Vc. und Kl. zeigt sich, daß R. häufig zwar übernommenes Melodiegut (hier im Vc.-Part) relativ unangetastet läßt, es zugleich aber mit einem kunstvollen und durchaus avancierten Klanggewand umgibt. R. blieb unter der Prämisse des Afrokubanismus' weiterhin offen für Einflüsse der europäischen Moderne. In den Orchesterstücken *Tres toques* (1931) etwa wären das Raffinement und die spezifische Farbigkeit der Instrumentation, die Gestaltung der Rhythmik und der Liniengeflechte kaum denkbar ohne Igor Strawinskys frühe Ballette, vor allem nicht ohne *Le sacre du printemps*.

Um 1930 wandte sich R. nochmals vermehrt kammermusikalischen Besetzungen zu. Unter den dabei entstandenen Kompositionen verdient besonders eine Reihe von einsätzigen, jeweils ›Rítmica‹ betitelten Stücken Beachtung, zumal sich in diesen »die stilistischen Eigenarten von Roldáns beeindruckendem Schaffen am besten« studieren lassen (Gerard Béhague): vier Sätze für Bläserquintett und Kl. sowie zwei für kubanische Schlaginstrumente, die neben Edgar Varèses *Ionisation*, ungefähr gleichzeitig entstanden, zu den ersten reinen Schlagzeugwerken überhaupt gehören. Diese *Rítmicas V* und VI sind kurze Studien, denen hinsichtlich Tempo, Impulsdichte und Lautstärke jeweils ein lineares Steigerungsschema zugrunde liegt und die von dem Prinzip der Schichtung meist ostinater rhythmischer Formeln geprägt sind.

Rítmica I (1930)
für Flöte, Oboe, Klarinette, Fagott, Horn und Klavier

q = 96 – q = 116 (einsätzig)
Dauer: ca. 4'
Southern Music Publishing Company New York, EA 1959

Das erste Stück der *Rítmica*-Folge trägt mit seiner handwerklich gediegenen und stellenweise vertrackten Faktur hinter einem scheinbar unkomplizierten Vordergrund typische Züge für R.s reifen Kompositionsstil. Der Satz beginnt harmlos: Ein achttaktiges, regulär gebautes Thema, das einfach wie ein Kinderlied und anfangs durch eine Orgelpunktbegleitung pastoral eingefärbt ist, wird exponiert und zweimal wiederholt. Allein die schrittweise komplizierter werdende Begleitstruktur läßt ahnen, welche Verwicklungen sich im weiteren Verlauf ereignen werden. Deutlich artikulierte Abschnittsgliederungen, die Omnipräsenz des Themas oder von Teilen desselben (auch in der Umkehrung) und die Verwendung von Verarbeitungstechniken bestimmen den Fortgang. So wird der Satz in der Schwebe gehalten zwischen Variations- und Durchführungsform. Das besondere Augenmerk des Komponisten galt der Tondauernebene. Synkopierungen und Synkopenketten, die mit Rhythmen aus traditionellen Tanzformen wie dem ›son‹ verwandt sind, Vorschlagfiguren, Diminutionen, Taktwechsel, simultanes Aufeinandertreffen von Duolen und Triolen – alle diese Mittel (und oft mehrere gleichzeitig) setzt R. ein, um ein Höchstmaß an rhythmisch-metrischem Gestalten- und Strukturenreichtum in der Reihe der Durchführungsabschnitte zu erzielen. Auch das Verfahren, das dem Bläsersatz im folgenden Beispiel zugrundeliegt, gehört in diesen Zusammenhang:

R. bedient sich hier der motivischen Engführung – einer häufiger angewandten Technik – in einer gesteigerten Form. Die drei imitierenden Stimmen weichen auf je andere Art von der Betonungsordnung der imitierten Phrase, die in der Ob. erklingt, ab (zusätzlich wird diese Phrase, der Nachsatzbeginn des Hauptthemas, noch kombiniert mit der im Kl. realisierten Kopfmotivimitation desselben Themas in der Umkehrung – eine kontrapunktische Delikatesse). Am Ende von *Rítmica* I greift R. zum Mittel der Temposteigerung und führt so den Strettaschluß einer Komposition herbei, die bei aller Finesse nie den unangestrengten und spielerischen Gestus verliert.

Thomas Gerlich

Hilding Rosenberg

geb. 21. 6. 1892 Bosjökloster, gest. 19. 5. 1985 Stockholm. Kl.-, Org.- und V.-Unterricht, 1909 Organistenprüfung und erste Kompositionen. Nach 1909 Tätigkeit als Kantor, Konzertpianist und Musiklehrer. 1915–1918 Studium an der Königlichen Musikakademie in Stockholm (Komposition und Kontrapunkt bei Ernst Ellberg; Kl. bei Richard Andersson; Dirigieren). Beschäftigung mit klassischer Literatur und Philosophie. Ab 1921 Kontrapunkt- und Kompositionsstudien bei Wilhelm Stenhammar. 1920 Studienreise nach Berlin, Dresden, Paris. 1929 Dirigierstudien bei Hermann Scherchen in Königsberg. 1932–1934 Dirigent des Königlichen Theaters in Stockholm, danach Gastdirigate in Europa und in den USA. Ab 1935 freischaffender Komponist; ab 1940 Kompositionslehrer, zu seinen Schülern zählen Karl-Birger Blomdahl, Sven-Erik Bäck, Ingvar Lidholm, Sven-Eric Johanson, Daniel Börtz. Zahlreiche Ehrungen und Auszeichnungen. Außer Kammermusik komponierte R. Sinfonien, eine Choral-Sinfonie *Die Offenbarung des Johannes* (1940), Opern, ein Opern-Oratorium *Joseph und seine Brüder* (1945–1948), Ballette (*Orpheus in der Stadt,* 1938), Kl.-Werke, Konzerte und Schauspielmusik.

WERKE F. 1 INSTR.: Sonate Nr. 1 f. V. op. 12 (1921; bearb. 1965); *Legende* f. WaldHr. (1929); Sonate Nr. 2 f. V. (1953); Sonate f. Fl. (1959; bearb. 1965); Sonate f. Klar. (1960); Sonate Nr. 3 f. V. (1963; bearb. 1967); Intermezzo f. Vc. (1979; Bearb. des 2. Satzes aus: Konzert f. Vc. Nr. 1, 1939) – WERKE F. 2 INSTR.: Suite f. V., Kl. D op. 13 (1922); Sonatine f. Fl., Kl. op. 19 (1923); Präludium und Arie f. V., Kl. op. 25 (1925); Sonate Nr. 1 f. V., Kl. op. 32 (1926); Sonate Nr. 2 f. V., Kl. op. 85 (1940) – WERKE F. 3 INSTR.: Trio f. Fl., V., Va. op. 11 (1921); Trio f. Ob., Klar., Fg. op. 42 (1927); Divertimento f. V., Va., Vc. op. 67 (1936); Tafelmusik f. V., Vc., Kl. o. O. (1939); Serenade f. Fl., V., Va. op. 82 (1940) – WERKE FÜR 4 INSTR.: (12) StrQu. (Nr. 1 op. 9, 1920, bearb. 1923 u. 1955; Nr. 2 op. 21, 1924, bearb. 1955; Nr. 3 Quartetto pastorale op. 28, 1926, bearb. 1955; Nr. 4, 1939, 1942 durch einen ›Appendix‹ von S.-E. Bäck, D. Börtz u. I. Lidholm ergänzt; Nr. 5, 1949; Nr. 6, 1953; Nr. 7, 1956; Nr. 8, 1957; Nr. 9, 1959, bearb. 1965; Nr. 10, 1957; Nr. 11, 1957; Nr. 12 Quartetto riepilogo, 1957); 6 Moments musicaux f. StrQu. – Carl Nielsen in memoriam (1972) – WERKE F. 5 INSTR.: Quintett f. Kl. u. StrQu. D op. 3 (1917); Quintett f. Fl., Ob., Klar., Fg., Hr. (1959; bearb. 1968) – BEARBEITUNGEN: Sonata a tre g-Moll von Johan Helmich Roman f. 2 Ob./2 V. u. Cemb. (1935); drei Melodien aus *Skåne* f. 3 V. (1970).

Verlag: Edition Suecia Stockholm.

Das Œuvre von H. R., von Schwedens ›Giganten der modernen Musik‹, ist seit den 30er Jahren – verglichen mit dem Stellenwert der Neuen Musik im Musikleben insgesamt – intensiv rezipiert worden. In den 80er Jahren wurde sein Schaffen retrospektiv als ›sachliche Romantik‹ charakterisiert. Das Romantische manifestiert sich in R.s Neigung, gefühlvolle Schönheit in kleinen melodischen Details zu kultivieren, die »Bedeutung der Melodie hervor(zu)heben« – »die Melodie ist für mich das feinste Ausdrucksmittel, das die westliche Musik kennt ... Alles andere in der Musik ist eigentlich nur Flitter und Tand« (H. R.). Obwohl sich diese Erklärung in erster Linie auf ein Fl.-Stück bezieht, gilt sie durchaus auch für R.s Gesamtwerk. Das ›Sachliche‹ wiederum hat bei R. viele ›Gesichter‹: Zum einen etwa durch die Bedeutung, die er den angewandten Künsten (Schauspielmusik, rundfunkgerechte Werke etc.) zuerkennt; zum anderen durch die ›Nüchternheit‹ seines romantischen Ausdrucks, der nie die formale Ausgeglichenheit zu sprengen scheint. R.s Musik ist vornehm zurückhaltend, ohne kühl zu wirken. Sie ist ausdrucksvoll, jedoch nicht in erster Linie emotional.

Nachhaltig wurde die Entwicklung des jungen R. zumindest bis in die 20er Jahre hinein durch die 4. Sinfonie a-Moll op. 63 (1910/11) von Jean Sibelius beeinflußt, die sich nicht nur durch einen gemäßigten Expressionismus, sondern auch durch eine kammermusikalische Struktur des romantischen Orchestersatzes auszeichnet. Es ist daher nicht überraschend, daß die Kammermusik in R.s Gesamtschaffen eine entscheidende Rolle spielt. Trotz monumentaler Orchesterwerke wie der 4. Sinfonie *Die Offenbarung des Johannes* oder der vierteiligen Oper *Joseph und seine Brüder* bilden die zwölf StrQu.e den zentralen Gegenstand jeder analytischen R.-Rezeption.

Die UA des StrQu.s Nr. 1 (1920) im Jahre 1923 war ein Skandal gewesen: R. hatte sich mit Arnold Schönbergs kompositionstechnischen Errungenschaften auseinandergesetzt. Auch er wollte ein »Quartett schreiben, das alle Bande zerreißt und neue Kraft in den Tönen« hat. In R.s Kl.-Musik aus dieser – etwa in der Kl.-Sonate Nr. 1 (1923) – hört man außerdem den Einfluß Alexander Skrjabins. Für die neue Musik in Schweden bedeuteten beide Inspirationsquellen (Schönberg genau so wie Skrjabin) einen großen Fortschritt, und dementsprechend wurde R. in den 20er Jahren zu einem wichtigen Vorkämpfer des Neuen – im übrigen auch als Dirigent der zentraleuropäischen zeitgenössischen Musik. Von dieser Basis ausgehend erreichte er im Bewußtsein seiner komponierenden Zeitgenossen allmählich die Position des wichtigsten schwedischen Komponisten im 20. Jahrhunderts, eines ›Giganten der modernen Musik‹.

In den 30er Jahren veränderte sich R.s Stil: Seine Melodik wurde einfacher und die Harmonik etwas weniger chromatisch. Dadurch avancierte er auch in der Öffentlichkeit zu einem erfolgreichen Komponisten. Der Schwerpunkt seines Schaffens verlagerte sich jetzt auf Gattungen wie Ballett, Oratorium und komische Oper. In den 40er Jahren setzte er diesen Weg fort, sein Stil jedoch wurde ernster, epischer. Den Übergang zurück zur Kammermusik vollzog er mit seinem StrQu. Nr. 5 (1949). So gesehen ist R.s stilistische Entwicklung gleichsam ein Schulbeispiel für die internationalen Tendenzen der Neuen Musik in den 40er Jahren.

In den 50er Jahren wandte sich R. dem ›Neoexpressionismus‹ zu; allerdings interessierte er sich auch weiterhin für die Kompositionstechniken der Zweiten Wiener Schule (also auch für die Dodekaphonie). 1952 entstand das höchst konzentrierte und expressive StrQu. Nr. 7 – einer der Höhepunkte in der schwedischen Kammermusik. Mit diesem Werk beginnt die stilistisch zusammengehörende Gruppe der sogenannten ›letzten StrQu.e‹ (Nr. 7-12). R.s letztes vollendetes Kammermusikwerk ist das Sextett *Einsam in der stillen Nacht* für Tenor und Streichquintett (1976) nach einem Gedicht von Gunnar Ekelöf.

Ein wichtiges Element des R.schen Stiles gerät in seiner Kammermusik etwas in den Schatten: das Virtuose. Immer wieder hat R. in zahlreichen Interviews seine Liebe zur ›Sprache‹ der Instrumente und zur Brillanz des Spieles betont. Die bekanntesten und markantesten Beispiele für diesen Schaffensaspekt sind seine *Sinfonia Concertante* (1935), die vier Orchesterkonzerte (1946, 1949, 1954 und 1966), die Solokonzerte und natürlich die drei Sonaten für Solo-V. (1921, 1953 und 1963).

Streichquartett Nr. 4 (1939)

Allegro assai – Poco lento – Allegretto – Allegro con brio
Dauer: ca. 25'
Verlag: Edition Suecia Stockholm, ED: 1965

Das 1947 durch die ›Föreningen Svenska Tonsättare‹ in Stockholm erstmals veröffentlichte StrQu. Nr. 4 gehört zu R.s beliebtesten und eingängigsten Kammermusik-Kompositionen. Der **1. Satz** beginnt mit einer melodischen Unisono-Linie,

die zum einen eine Anzahl wichtiger Motive enthält, denen im gesamten Werk eine einheitstiftende Rolle zukommt. Zum anderen sorgt die Linie für die formale Abgeschlossenheit des Satzes, da sie zum Schluß wiederholt wird. Schwungvolle Ornamente, die den Sibelius-Einfluß verraten, geben manchen Passagen – etwa dem zentralen V.-Thema (›cantabile grazioso‹) in Takt 14ff. mit der grazilen Schlußfigur – den Charakter einer gehobenen Salonmusik. Von Sibelius geprägt ist auch die sehr deutliche Hierarchie innerhalb der Faktur: Die Gegenüberstellung von rhythmisch unveränderten Begleitstrukturen und einer klar profilierten Melodie.

Der Übersichtlichkeit im 1. Satz setzt R. ein hochdramatisches langsames **Poco lento** mit interessanten (überwiegend tonal fundierten) Harmonien und rhythmisch-melodischen Gesten entgegen. Dieser lange Zentralsatz strahlt eine innere Ruhe aus, die – nicht zuletzt wegen des Hauptmotivs, das wie der Gesang einer Nachtigall variiert wird –

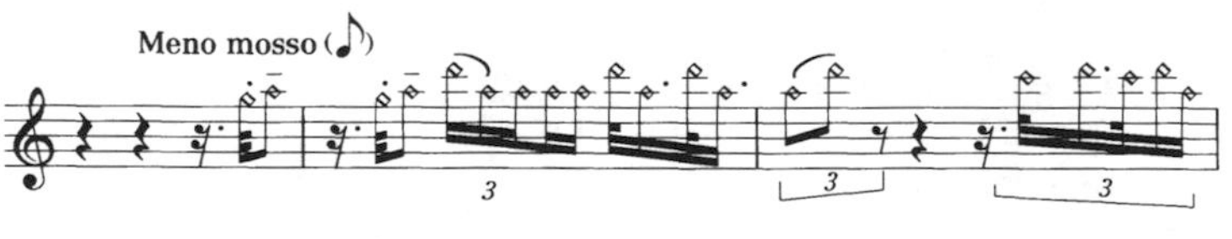

mit der Dämmerung einer Sommernacht verglichen werden kann. Wie ein Zwischenspiel folgt der **3. Satz**, der die nervösen rhythmischen Charaktere des **Finales** vorbereitet. Unruhig ›schicksalhafte‹ Triolen und kurze, überwiegend abwärts gerichtete melodische Gebilde, die zum Schluß zu rhytmischen Gesten reduziert werden, beeenden das Werk – eher angstvoll als energisch.

Tomi Mäkelä

Gioachino (eigentlich: Giovacchino Antonio) Rossini

geb. 29. 2. 1792 Pesaro, gest. 13. 11. 1868 Passy (bei Paris). Erster Unterricht beim Vater, der Trompeter und Hornist war. 1804 erstes Auftreten des Zwölfjährigen als Sänger und Instrumentalist. 1806–1810 Studium am Liceo Musicale in Bologna, Tätigkeit als Maestro al Cembalo. Ab 1810 Opernaufträge zunächst hauptsächlich für Venedig, später für Bologna, Mailand, Rom. 1815–1821 Komponist und Musikdirektor am Teatro San Carlo in Neapel. 1822 Heirat mit Isabella Colbran, triumphales Auftreten in Wien, Besuch bei Beethoven. 1824 Aufenthalt in London, Übersiedlung nach Paris (Leitung der italienischen Oper). 1829 UA des 39. und letzten Bühnenwerks (*Guillaume Tell*). 1830–1843 wechselnde Auffenthalte in Paris und Italien, unterbrochen durch Reisen nach Spanien (1830/31), Belgien und Deutschland (1836). 1832 lernt R. Olympe Pélissier kennen, die seine zweite Frau wird. 1842 UA des *Stabat Mater* in Paris. 1843–1855 in Bologna, wo er 1846 das Amt des Direktors des Liceo Musicale annimmt. 1855 Rückkehr nach Paris; dort entstehen die *Péchés de vieillesse*, die nicht für die Veröffentlichung bestimmten »Sünden des Alters«. Die musikalischen Veranstaltungen im Salon von R.s Villa in Passy werden zum Treffpunkt der Pariser Gesellschaft. 1864 UA der *Petit Messe Solenelle*, des letzten großen Alterswerks.

Werke f. 2 Instr.: 5 Duette f. 2 Hörner (um 1806); Andante con variazioni f. Hf. u. Va. (um 1820); Duetto f. Vc. u. Kb. (1824); Fantasie f. Klar. u. Kl. (1829) – Werke f. 4 Instr.: Sei Sonate a quattro f. 2 Vl., Vc. u. Kb. (G, A, C, B, Es, D) (1804); Andante e tema con variazioni f. Fl., Klar., Hr. u. Fg. (1812) – Werke f. 5 Instr.: Variazioni a più istrumenti obbligati f. Kl. u. StrQu. (1809) – Werke f. 7 Instr.: Serenata f. StrQu., Fl., Ob. u. EHr. (1823).

Verlag: Fondazione Rossini, Pesaro (GA, 1979ff.). Doblinger Wien, München.

Wie alle bedeutenden italienischen Komponisten des 19. Jahrhunderts war R. fast mit Ausschließlichkeit Opernkomponist. Nach dem Niedergang der spätabsolutistischen neapolitanischen ›opera seria‹ und der französischen Fremdherrschaft mit ihrer kulturellen Befruchtung hat R. die italienische Oper reformiert und ihr jenes die Buffa- wie die Seria-Opern übergreifende musikalisch-szenische Layout gegeben, das bis zur Jahrhundertmitte, selbst für ein aufstrebendes Genie wie Verdi, verbindlich bleiben sollte. Seine für italienische Bühnen geschriebenen Farsen (kurze Einakter) und Buffa-Opern, die mit *La Cenerentola* (1817) kulminieren und abbrechen, stellen den letzten Höhepunkt der aus dem Geist der ›commedia dell'arte‹ geborenen Buffa dar, bevor diese mit Donizetti zu verbürgerlichen und später ganz zu verschwinden beginnt. Temperamentvolle Vitalität und untergründige Melancholie gehen in R.s musikalischer Komik eine Verbindung ein, in der sich die Entfremdung des industriellen Zeitalters ankündigt. In den Seria-Opern, die R. nach seiner Berufung nach Neapel schreibt – z.B. *La donna del lago* (1819), *Maometto II.* (1820) –, kündigt sich dagegen bereits das romantische Musikdrama an – eine Entwicklung, die mit dem 1829 für Paris komponierten *Guillaume Tell* ihren Höhe- und Endpunkt findet. Melodiöse Erfindungskraft und rhythmische Energie, aber auch eine am Vorbild der Wiener Klassik sich orientierende Klarheit der Stimmführung und Präzision der Instrumentierung kennzeichnen R.s Stil. Wegen seiner Vorliebe für die Instrumental- und Vokalmusik Haydns und Mozarts gaben schon seine Mitschüler am Bologneser Liceo Musicale R. den Spitznamen ›il tedeschino‹ (der kleine Deutsche). Instrumentale Effekte und Nuancen, ein prononcierter Bläsersatz und eine ›redende‹ Verwendung des Orchesters beweisen R.s instrumentatorische Originalität, gerade auch in den Ouvertüren seiner Opern. In dieser Feinziselierung der Begleitung, die erst der mittlere Verdi wieder erreichen wird, zeigt sich nicht zuletzt die gründliche musikalische Ausbildung, die der junge R. erhielt.

Sei Sonate a quattro (1804) für 2 Violinen, Violoncello und Kontrabaß

Nr. 1 G-dur. Moderato – Andante – Allegro
Nr. 2 A-Dur. Allegro – Andante – Allegro
Nr. 3 C-dur. Allegro – Andante – Moderato
Nr. 4 B-dur. Allegro vivace – Andante – Allegretto
Nr. 5 E-dur. Allegro vivace – Andante – Allegretto
Nr. 6 D-dur. Allegro spirituoso – Andante assai – *Tempesta*: Allegro
Dauer: zwischen ca. 11‘ und ca. 16‘
Verlag: Quaderni Rossiniani, Pesaro ED 1954

Wie bei anderen italienischen Opernkomponisten seiner Zeit – Paisiello, Donizetti, Bellini – stellen auch in R.s Œuvre die zahlreichen Instrumental- und Kammermusikwerke Gelegenheitskompositionen dar. Teils handelt es sich um Schülerarbeiten aus der Studienzeit am Liceo Musicale, teils um Auftragsarbeiten oder Gefälligkeitsdienste für befreundete Musiker und Mäzene, deren Echtheit nicht in jedem Falle verbürgt ist. Dies galt bis zur Wiederentdeckung und Erstveröffentlichung des Autographs auch für R.s fünf Streichquartette, die in den 1820er Jahren in Paris im Druck erschienen sind. Bei den meist in chorischer Version für Streichorchester gespielten Werken handelt es sich um – möglicherweise nicht von R. selbst herrührende – Transkriptionen von fünfen der *Sei Sonate a quattro* (drei weitere Bearbeitungen – eine für Bläserquartett, eine für Flöte und Streichtrio, eine für Klavier solo – stammen mit Sicherheit von fremder Hand). R. hat die sechs Streichersonaten 1804 im jugendlichen Alter von zwölf Jahren komponiert: »auf dem Landsitz meines Freundes und Gönners Agostino Triossi« – wie er später auf dem Manuskript der Stimmen notierte – , »als ich noch ganz jung war und noch keinen Kompositionsunterricht hatte. Es wurde alles innerhalb von drei Tagen komponiert und in Stimmen ausgeschrieben und hundemäßig aufgeführt von Triosi (Kontrabaß), seinen beiden Vettern (1. Violine und Cello) und mir selbst als 2. Geiger, der ich bei Gott nicht der schlimmste Hund war.«

R. hat in diesen »sechs schrecklichen Sonaten«, wie er sie mit übertreibendem Understatement bezeichnete, lange vor seinen ersten gültigen Werken den Ton seiner Musik, jene individuelle Sprache gefunden, die einen Bruch mit dem 18. Jahrhundert darstellt. Die Musik bezaubert durch melodiösen Charme, sprühende Einfälle, buffonesken Witz und schnöde Eleganz. Der ungewöhnlichen Besetzung schließlich entlockt der jugendliche Komponist außergewöhnliche Klangwirkungen. Man tut gut daran, die Werke nicht mit den StrQu.en Haydns oder Mozarts, gar Beethovens zu vergleichen, mit denen sie sich formal nicht messen können. Nach Art eines Divertimentos folgen die dreisätzigen Sonaten – zwei schnelle Ecksätze schließen jeweils einen langsamen Mittelsatz ein – dem Prinzip der lockeren Reihung. Motivische Arbeit und Durchführung finden nicht statt, auch die Harmonik ist schlicht. Jedem der vier Instrumente, auch dem grummelnden Kb. – R. verwendet noch die alte italienische, dreisaitige Form – sind dankbare solistische Aufgaben zugeteilt, wobei stets ein Instrument melodieführend ist und die übrigen diskret begleitend zurücktreten. Das Auseinanderbrechen des Satzgefüges verhindert der 12jährige durch einen einfachen Trick: 2. V. und Vc. werden vielfach im Terzabstand geführt und vermitteln auf diese Weise zwischen dem hohen und tiefen Register, wie es 1. V. und Kb. verkörpern. Witz und Wirkung der sechs Streichersonaten beruhen jedoch in erster Linie auf der spezifischen Klangdramaturgie, die schon den kommenden Opernschöpfer ahnen läßt. Insbesondere die »rostige Stimme« des Kb. – so Alfredo Bonaccorsi, der Herausgeber der Erstausgabe – zitiert in ihrem breitbeinigen Gang den basso buffo der komischen Oper herbei. So nimmt etwa der ungleiche Dialog zwischen 1. V. und Kb. im 1. Satz der 5. Sonate B-Dur

die musikalische Mimik der frühen Farse vorweg, während die solistische Passage des Kb.s im 3. Satz der 3. Sonate bereits dem parodistischen Neoklassizismus Strawinkys die Bahn bereitet! Will man Einzelheiten aus den stilsicher und gewandt komponierten Werken hervorheben, so stellen die Schlußsätze der 5. bzw. der 6. Sonate dem jungen Komponisten zweifellos das beste Zeugnis aus: Jener ein – von der 1. V. ›sul ponticello‹ angeführter – tänzelnder Kehraus voll filigranem Witz, der sogar das charakteristische Kb.-Motiv des 1. Satzes rekapituliert; dieser eine ›Tempesta‹, eine Sturmmusik, die mit vier Stimmen ein ganzes Theater zu imaginieren vermag. R.s Sei Sonate a quattro sind Unterhaltungskunst auf höchstem Niveau, wie er es erst wieder in den maskenhaften Vexierbildern seiner *Péchés de vieillesse*, seiner musikalischen ›Alterssünden‹ erreichen und übertreffen wird.

Uwe Schweikert

Albert Roussel

geb. 5. 4. 1869 Tourcoing (frz. Flandern), gest. 23. 8. 1937 Royan. Elementarer Kl.-Unterricht, der zunächst aber kein überdurchschnittliches musikalisches Interesse wecken konnte. Nach dem Besuch eines Internats in Paris Eintritt in die Marineschule mit anschließender Offizierslaufbahn.

Autodidaktische Kompositionsversuche und Musiktheoriestudien veranlaßten R., 1894 diesen Beruf aufzugeben. Musikstudium bei Julien Koszul (Harmonielehre), Eugène Gigout (Kl., Org., Theorie, Kontrapunkt), 1898–1908 bei Vincent d'Indy an der Schola Cantorum in Paris (Komposition, Instrumentation und Musikgeschichte). Erste vollgültige Kompositionen aus dieser Zeit. 1902–1914 Professor für Kontrapunkt an der Schola Cantorum. R.s Schüler waren u.a. Erik Satie, Edgard Varèse, Bohuslav Martinů. 1908 Heirat mit Blanche Preisach. 1909 mehrmonatige Reise nach Indien und Indochina, die seinem kompositorischen Schaffen wichtige Impulse gab. Nach 1918 Entstehung seiner Hauptwerke in dichter Folge und wachsende Anerkennung im In- und Ausland.

Werke f. 1 Instr.: Impromptu f. Hf. op. 21 (1919); *Segovia* f. Git. op. 29 (1925) – Werke f. 2 Instr.: Sonate Nr. 1 f. V., Kl. d/D op. 11 (1907/08, revidiert 1931); *Joueurs de flûte* (Flötenspieler) f. Fl., Kl., op. 27 (1924); Sonate Nr. 2 f. V., Kl. A op. 28 (1924); Duo f. Fg., Kb. (1925); Andante et Scherzo f. Fl., Kl. op. 51 (1934); Pipe in D Major f. Pipeau, Kl. G (1934) – Werke f. 3 Instr.: Trio f. Kl., V., Vc. Es op. 2 (1902, revidiert 1927); Trio f. Fl., Va., Vc. op. 40 (1929); Trio f. V., Va., Vc. op. 58 (1937); Andante (eigentlich Adagio) eines unvollendeten Trios f. Ob., Klar., Fg. (1937) – Werke f. 4 Instr.: StrQu. D op. 45 (1931/32) – Werke f. 5 Instr.: Sérénade f. Fl., Vl., Va., Vc., Hf. op. 30 (1925) – Werke f. 6 Instr.: Divertissement f. Fl., Ob., Klar., Fg., Hr., Kl. op. 6 (1906).

Verlag: Durand Paris.

A. R. ist vielleicht der bedeutendste Zeitgenosse von Claude Debussy und Maurice Ravel. Obwohl in ihrem Schatten stehend, zeigt sein bis heute außerhalb Frankreichs kaum beachtetes Werk ein Höchstmaß an Originalität. Auch sind seine Kompositionen oft zukunftweisender für die französische Musik als die der meisten anderen Musiker dieser Zeit. Begünstigt durch seinen späten Start als Komponist, unterlag er viel weniger den Zwängen und Konventionen einer konservativen Ausbildung, die damals unausweichlich den Berufsweg eines jeden Musikers bestimmten. Aufgewachsen in einer eher unmusischen Umgebung, die ihn allenfalls mit den gängigen Operettenschlagern konfrontierte, danach als Marineoffizier fernab jeglichen Kulturbetriebs, konnte R. als fast Dreißigjähriger unbelastet bereits auf den Errungenschaften seiner Zeitgenossen aufbauen.

Die Kammermusik nimmt in R.s Schaffen einen gewichtigen Platz ein, wenn auch sein Ruhm als Komponist hauptsächlich auf seine sinfonischen Werke, die Ballettmusik sowie seine Oper *Padmâvatî* op. 18 (1918) gründet. Angefangen mit den ersten, später vernichteten autodidaktischen Kompositionsversuchen, als er noch als Marinekadett die Weltmeere durchkreuzte, stehen Kammermusikwerke an allen wichtigen Stationen seiner kompositorischen Laufbahn, bis hin zu seinem letzten vollständigen Werk, dem Streichtrio op. 58 (1937). Ein wohl als Gegenstück dazu geplantes Bläsertrio konnte er nicht mehr vollenden. Die zentrale Bedeutung der Kammermusik zeigt sich oft an ihrer Vorreiterfunktion für R.s künftige Stilentwicklungen. Nahezu alle wichtigen kammermusikalischen Gattungen sind durch erstrangige Einzelwerke vertreten. Allein der 1. V.-Sonate op. 11 (1907/08), die – ebenso wie das frühe Kl.-Trio op. 2 (1902) – noch deutliche Einflüsse der konservativen Traditionen César Francks und Vincent d'Indys in formaler und satztechnischer Gestaltung einerseits und des Impressionismus in Harmonik und Koloristik andererseits zeigt, folgte 1924 noch eine zweite Sonate für V. und Kl. op. 28. Zusammen mit der Sérénade für Fl., V., Va., Vc. und Hf. op. 30 (1925) steht sie auf dem Höhepunkt von R.s mittlerer Schaffensphase. Sie ist stilistisch gekennzeichnet durch eine herbere, teilweise polymodale Harmonik, die Verwendung exotischer Tonskalen und rhythmischer Ostinati sowie instrumentales Raffinement. Im Gegensatz zu den in der Regel programmatischen oder textgebundenen Kompositionen dieser Periode, weisen beide Werke durch ihre absolutmusikalische Haltung jedoch schon voraus auf R.s dritte und letzte Stilphase, die mit der Suite en fa für Orchester op. 33 (1926) beginnt und zu der auch das Trio für Fl., Va. und Vc. op. 40 (1929) gehört. Beeinflußt durch die neoklassizistischen Strömungen jener Zeit, erstrebte R. zunehmend eine ›musique pure‹ (reine Musik), eine »Musik, die sich selbst genügt« (A. R.), indem er auf traditionelle Formen der absoluten Musik zurückgriff und sich um einen ›style plus clair‹ (klareren Stil) bemühte, ohne jedoch in leeren Eklektizismus zu verfallen. Seine Musik bleibt stets kunstvoll und geistreich und besitzt oft einen überraschend kurzweiligen Esprit. Zweifellos gehört R.s Kammermusik zu den Meilensteinen auf dem Weg zur modernen französischen Musik, der ›Groupe des Six‹ etwa oder Olivier Messiaens.

Divertissement op. 6 (1906)
für Flöte, Oboe, Klarinette, Fagott, Horn und Klavier

einsätzig: Animé. Lent
Dauer: ca. 7'
Verlag: Salabert Paris

Das Anfang 1906 entstandene Divertissement für Bläserquintett und Kl. nimmt unter den ›frühen‹ Werken der ersten Schaffensperiode R.s (immerhin war er bereits 37 Jahre alt!) eine Sonderstellung ein. Schon bei der UA am 10. April 1906 in Paris durch die Société Moderne d'Instruments à Vent, der das Werk auch gewidmet ist, erregte es durch seine Neuartigkeit die Aufmerksamkeit der Zuhörer. Weit entfernt von allen spätromantischen Einflüssem, überrascht das kurze Stück durch seine unbeschwert heitere Spielhaltung, lebhafte Rhythmen, Durchsichtigkeit des Satzes und Farbigkeit der Instrumentation mittels neuer Klangkombinationen und -effekte. Vieles von dem, was 20 Jahre später von Komponisten wie Francis Poulenc oder Darius Milhaud geschrieben wurde, wird hier vorweggenommen. Nichts erinnert mehr an die Harmonik oder die zyklisch-strenge Formgebundenheit César Francks oder Vincent d'Indys. Außermusikalisches ist dem Werk ebenso fremd wie die betont schmucklose Reinheit Fauréscher Kammermusik. Vielmehr wird bereits durch die Bezeichnung ›Divertissement‹ R.s andersartige Intention deutlich: Das Stück soll in erster Linie als humorvolles, unterhaltendes Werk verstanden werden, ganz im Sinne der neuen Ästhetik der kommenden Jahrzehnte.

Zwei kontrastierende Teile wechseln sich nach dem Schema A B A' B' ab und führen in eine Coda, die noch einmal Motive aus beiden Teilen vereint und das Werk ruhig ausklingen läßt. Teil A, in lebhaftem Tempo (animé), wird geprägt durch ein rhythmisches Ostinato-Motiv im Kl. und mehrere kurze melodische Motive in den Blasinstrumenten mit betont heiterem Charakter, sei es durch Vorschlagnoten im ersten, Synkopen im zweiten oder schlichte achttaktige Periodik im dritten Hauptgedanken. Demgegenüber verbreitet der ruhigere B-Teil (lent) eine impressionistische Stimmung durch eine fast statische Harmonik der Kl.-Begleitung, über der ein gedehntes, modal gefärbtes Fl.-Thema schwebt, kontrapunktiert durch gedämpfte, rufartige Triolenfiguren der tiefen Bläser.

Streichquartett D-Dur op. 45 (1931/32)

Allegro – Adagio – Allegro vivo – Allegro moderato. Allegro con brio. Presto
Dauer: ca. 22'
Verlag: Durand Paris

»Ich habe die Kammermusik immer als reinste und erhabenste Form der Musik betrachtet. Ist nicht insbesondere das Streichquartett der höchste Test, der offen und ehrlich den Wert des Musikers, die Qualität seiner Musik zeigt?« Diese Worte R.s (in: ›Le Courrier Musical et Théâtral‹ 31, 1929, S. 167) machen deutlich, welch hohen Anspruch er an die Komposition seines einzigen StrQu.s stellte. Von Dezember 1931 bis Juni 1932 arbeitete er mit solcher Ernsthaftigkeit und Konzentration daran, daß er sich davon, nach eigener Aussage, bei der Komposition einer gleichzeitig angefangenen Operette (*Le testament de la tante Caroline*) erholen mußte. Das leider viel zu selten gespielte Quartett bildet nicht nur den Mittelpunkt von R.s Kammermusik, sondern steht auch im Zentrum seiner Hauptschaffensperiode, zwischen der 3. und 4. Sinfonie (1930 bzw. 1934). Uraufgeführt wurde es am 9. 12. 1932 in Brüssel durch das Pro-Arte-Quartett.

Der Titel des Werkes weist zwar D-Dur als Grundtonart aus, doch ist es richtiger, von einer Zentraltönigkeit D zu sprechen, zumal die Vorzeichnung der Sätze mehrfach von d-Moll nach D-Dur wechselt und das Quartett in einem offenen Quintklang D-A endet.

Der **1. Satz** macht die Idee des Zentraltones D zur kompositorischen Grundlage eines übergeordneten Formprinzips: Aus einem Unisono-Beginn auf D und einem rhythmischen Auftakt-Impuls wird der gesamte Satz entwikkelt, der sich in motorischer Bewegung bis zum Schluß steigert. Durch chromatische Umspielung von Grundtonm und Quinte entsteht die zugrundeliegende Tonskala D, Es Fis, Gis, A, B, Cis, D. Mit ihren übermäßigen Schritten erinnert sie an die Modi der indischen Musik, die R. in früheren Werken häufig verwendet hatte. Die Harmonik bleibt bewußt mehrdeutig, indem z.B. herkömmliche Kadenzwendungen vermieden werden. Erst mit dem D-Dur-Schlußakkord erfolgt eine endgültige Klärung der Tonalität. Das Fehlen der klassischen Tonartendisposition macht es problematisch, von einer Sonatensatzform zu sprechen, wenn auch andere Aspekte daran anknüpfen. Dem rhythmisch prägnanten Hauptmotiv steht ein melodisch expressiveres 2. Thema gegenüber:

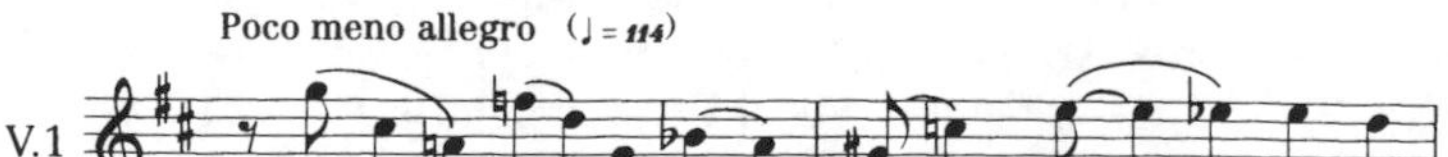

Beide Gedanken werden in einem weniger durchführungsartigen als variierenden Mittelteil wiederholt, bevor eine durch neuerliches Unisono deutlich markierte Reprise beginnt und der Satz schließlich in einer Stretta seinen Höhe- und Schlußpunkt erreicht.

Der **2. Satz** zeigt formal eine strenge ABA-Bogenform und eine ausgesprochen polyphone Satzstruktur. Für R.s langsame Sätze typisch sind die weitgespannten Melodiebögen in den A-Teilen. Ostinati und eine auffällige Polytonalität beherrschen dagegen den Mittelteil. Wie stets bei R., erfolgt die Wiederholung des A-Teils nicht wörtlich, sondern variiert. Ähnlich dem 1. Satz ist auch das Adagio ein einziges harmonisches Labyrinth, das erst ganz am Schluß seine Auflösung nach B-Dur findet.

Der **3. Satz** hat den Charakter eines kapriziösen Scherzos mit Trio-Mittelteil und variierten Hauptteil-Wiederholungen. Die Tonalität (d-Moll) ist hier eindeutiger definiert als in den beiden vorangegangenen Sätzen, wird aber auf vielfache Weise gebrochen und durch absichtsvoll dissonierende Gegenstimmen verfremdet. Hinzu kommen wirkungsvoll eingesetzte Effekte wie Pizzicato, extreme Lagen oder Flageolett-Griffe.

Mit dem **Finalsatz** gelingt R. nochmals eine Steigerung. Der Satz beginnt als regelrechte Fuge mit allen kontrapunktischen und klanglichen Raffinessen in d-Moll. Ein neues Thema bildet die Grundlage eines zweiten Hauptteils in D-Dur – mit verkürztem Metrum und beschleunigtem Tempo. Der Satz gipfelt in einen nochmals metrisch verkürzten und beschleunigten dritten Formabschnitt, in dem beide Themen in rhythmisch neuer Gestalt erscheinen.

Heinz Rittig

Camille Saint-Saëns

geb. 9. 10. 1835 Paris, gest. 16. 12. 1921 Algier. Ab 1838 Kl.-Unterricht bei seiner Großtante Charlotte Masson, früheste Komposition 1839, erster öffentlicher Auftritt als ›Wunderkind‹ 1840. 1843 Beginn des Unterrichts bei Camille Stamaty (Kl.) und Pierre Maleden (Theorie). 1846 offizielles Debüt in der Salle Pleyel mit überwältigendem Erfolg. 1848 Eintritt in das Conservatoire. 1852 vergebliche Bewerbung um den Prix de Rome. 1858–1877 Organist an St. Madeleine. 1861–1865 Leiter der Kl.-Klasse an der Ecole Niedermeyer, Freundschaft mit Gabriel Fauré. 1864 wird ihm erneut der Rompreis versagt. 25. 2. 1871 Mitbegründer der Société Nationale de Musique (SNM) zur Förderung der zeitgenössischen französischen Instrumentalmusik. 1875 Heirat, 1878 Tod der beiden Söhne. 1886 auf einer Deutschland-Tournee heftige Angriffe gegen ihn wegen angeblich Wagnerfeindlicher Äußerungen; Intrigen führen zu seinem Austritt aus der SNM. 1889 verläßt er Paris mit unbekanntem Ziel (Rückkehr 1890), lebt bis 1904 nur in Hotels und Pensionen im In- und Ausland. 1901 Präsident der Académie des Beaux-Arts. Seine Artikelreihe *Germanophilie* macht ihm 1914 viele Feinde in Deutschland und Frankreich. 6. 8. 1921 letztes Konzert. S.-S. komponierte Werke aller Gattungen (auch Filmmusik), trat als Herausgeber (Jean-Philippe Rameau, Christoph Willibald Gluck) hervor und war auch als Schriftsteller tätig.

WERKE F. 1 INSTR.: Fantaisie f. Hf. solo op. 95 (1893) – WERKE F. 2 INSTR.: Sonate f. V., Kl. (unvoll.) o. Op. (ca. 1850); Caprice brillant f. Kl., V. o. Op. (1859); Suite f. Vc., Kl. op. 16 (1862); Romance f. Fl. (od. V.), Kl. Des op. 37 (1871); Berceuse f. V., Kl. B op. 38 (1871); 1. Sonate f. Vc., Kl. c op. 32 (1872); Romance f. Hr. (od. Vc.), Kl. F op. 36 (1874); Romance f. V., Kl. C op. 48 (1874); Allegro appassionato f. Vc., Kl. h op. 43 (1875); Romance f. Vc., Kl. D op. 51 (1877); Romance f. Hr., Kl. E (nach der Suite op. 16) op. 67 (1885); 1. Sonate f. V., Kl. d op. 75 (1885); *Chant saphique* f. Vc., Kl. op. 91 (1892); 2. Sonate f. V., Kl. Es op. 102 (1896); 2. Sonate f. Vc., Kl. F op. 123 (1905); Fantaisie f. V., Hf. op. 124 (1907); *Triptyque* f. V., Kl. op. 136 (1912); Elégie (Nr. 1) f. V., Kl. op. 143 (1915); Cavatine f. Pos., Kl. op. 144 (1915); *L'air de la pendule* f. Kl., V. o. Op. (ca. 1918); *Prière* f. Vc./V., Org. op. 158 (1919); Elégie (Nr. 2) f. V., Kl. op. 160 (1920); Sonate f. Ob., Kl. D op. 166 (1921); Sonate f. Klar., Kl. Es op. 167 (1921); Sonate f. Fg., Kl. G op. 168 (1921); Gavotte f. Vc., Kl. g op. posth. (?); Adagio f. Kl., Hr. Es o. Op. (?) – WERKE F. 3 INSTR.: 1. Trio f. Kl., V., Vc. F op. 18 (1863); Romance f. Kl., Org., V. B op. 27 (1868); *Le cygne* (aus: *Le Carnaval des animaux*) f. Vc., 2 Kl. o. Op. (1886); 2. Trio f. Kl., V., Vc. e op. 92 (1892); *La Muse et le poète* f. Kl., V., Vc. op. 132 (1910) – WERKE F. 4 INSTR.: Quartett f. Kl., V., Va., Vc. Es, o. Op. (1853); Sérénade f. Kl., Org., V., Va./Vc. Es op. 15 (1866); Quartett f. Kl., V., Va., Vc. B op. 41 (1875); Caprice sur des airs danois et russes f. Fl., Ob., Klar., Kl. op. 79 (1887); Barcarolle f. V., Vc., Harm., Kl. F op. 108 (1897); 1. Quartett f. 2 V., Va., Vc. e op. 112 (1899); 2. Quartett f. 2 V., Va., Vc. G op. 153 (1918 od. 1919) – WERKE F. 5 INSTR.: Quintett f. 2 V., Va., Vc., Kl. (dazu Kb. ad lib. im 3. Satz) a op. 14 (1855) – WERKE F. 7 INSTR.: Septett f. Trp., Kl., 2 V., Va., Vc., Kb. Es op. 65 (1881) – WERKE F. KAMMERENSEMBLE: *Les Odeurs de Paris* f. 2 Trp., Hf., Kl., Streicher o. Op. (ca. 1870); *Le Carnaval des animaux* (Grande Fantaisie zoologique) f. 2 Kl., 2 V., Va., Vc., Kb., Fl., Klar., Glsp. (Harmonika), Xyl. o. Op. (1886).

Verlag: Durand Paris.

»Sie loben die Schönheit, Klarheit und Aufrichtigkeit meiner Gedanken – was will ich mehr? Die Zukunft zu sein, und nicht die Vergangenheit? Ich bin die Zukunft gewesen; in meinen Anfängen wurde ich als Revolutionär apostrophiert, und in meinem Alter kann man nur noch Vorfahre sein.« So umriß S. im Januar 1910 in einem Brief an Romain Rolland sein Selbstbild und das Urteil seiner Mitwelt. Revolutionär war zum einen sein Einsatz für französische Sinfonien und Kammermusik gewesen – Gattungen, die im öffentlichen Musikleben Frankreichs bis in die 70er Jahre hinein keine Rolle spielten. Zwar gab es eine Reihe von Kammermusik-Gesellschaften, doch hörte dort ein kleines Publikum vorzugsweise Werke der Wiener Klassik sowie Franz Schuberts und Robert Schumanns.

Revolutionär war aber auch S.' Bekenntnis zum Geist der Wiener Klassik, zur ›musique savante‹, zu Klarheit und Strenge des musikalischen Denkens, zu Komplexität von Harmonik, Rhythmus und Instrumentation. In einer Artikelserie (*Harmonie et Mélodie*) vertrat er 1873 den Standpunkt, der Zweck der Musik sei, die Seele zu erheben, die Vorstellungskraft zu wecken, den »Ausblick in unbekannte, höhere Gefilde« zu eröffnen. Dabei wandte er sich gegen die Ansicht, Musik solle bei absolutem Vorrang der am Belcanto orientierten Melodie lediglich ›physisches Wohlbehagen‹ bereiten. Im gleichen Text bekundete er auch seinen Glauben an den unaufhaltsamen Fortschritt der Musik. Mit der Société Nationale de Musique schufen S. und einige Gleichgesinnte ein Forum, in dem neue französische Orchester- und Kammermusik aufgeführt und diskutiert werden konnte. Damit war eine wesentliche Voraussetzung für die Umwälzungen der kommenden Jahrzehnte gegeben.

Um die Jahrhundertwende jedoch hatten die Neuerungen, die S. so maßgeblich mit vorbereitet hatte, eine Entwicklung genommen, die er zutiefst ablehnte. Er sah sie im Widerspruch zum Ideal der ›clarté‹, der »Reinheit des Stils«: »Das Fehlen melodischer Einfälle, zusammenhanglose oder gar mißklingende Harmonien, Formlosigkeit – alles geht, alles ist [heute] erlaubt in der Musik, wenn man nur dunkel und unverständlich bleibt...«, kritisierte er 1906, nicht zuletzt im Hinblick auf Claude Debussy. S. erschien jetzt konservativ, ja reaktionär in seinen Äußerungen und im Festhalten an seinen formalen und harmonischen Mitteln, die allerdings mancherlei Freiheiten aufweisen.

S.' Bedeutung für die französische Kammermusik liegt weniger in seinen Werken selbst, die ja von vielen abgelehnt wurden, als in seinem vehementen Eintreten für diese Gattung und für Komponisten wie etwa Gabriel Fauré. Man hat vielen seiner Stücke ›Angst vor der Tiefe‹, Mangel an Gemüt, an Gefühl, an Ausdruckswillen und – in Konsequenz daraus – an Eigenständigkeit vorgeworfen. Michael Stegemann betont in seiner Biographie die Regelmäßigkeit, mit der S. arbeitete, anscheinend unbeeinflußt von allen Ereignissen seines äußeren Lebens. S. selbst charakterisierte die Art und Weise seines Schaffens 1901 in einem Brief mit den Worten, er folge im Hervorbringen seiner Werke einem Gesetz seiner Natur, »so wie ein Apfelbaum Äpfel hervorbringt«.

Dieses Understatement, diese betonte Kühle und die Reduktion des Werkes auf die Balance der Proportionen (»[Musik] ist eine Architektur der Töne, es ist bildende Kunst, die statt Lehm und Ton die Luftschwingungen modelliert«, hatte S. in *Harmonie et Mélodie* geschrieben) steht im Widerspruch zu der oft rauschhaften Genie- und Gefühlsästhetik des 19. Jahrhunderts, aber auch zu jenen, die das ›Geistreiche‹ oder das Eingängig-Gefällige verabsolutierten. Letztlich kündigt sich in dieser Haltung ein Zug der Moderne an: die Sachlichkeit. So verwundert es nicht, daß die Fg.-Sonate op. 168 von 1921, S.' letztes Werk, in ihrer Anlehnung an barocke Modelle auf der Höhe der Zeit ist und zugleich den Zusammenhang mit früheren Stücken des Komponisten wahrt, trotz ihres konzentrierten, lakonischen Tonfalls. Überhaupt weist S.' Kammermusikschaffen in seinen wesentlichen Zügen keine Brüche auf, wobei James Harding einen Stilwandel beobachtet, der mit der 2. V.-Sonate 1896 einsetzt und gekennzeichnet ist durch eine »im allgemeinen mehr lineare und weniger wuchtige« Schreibart für das Kl.

S. nahm die Kammermusik sehr ernst, was sich etwa in der Tatsache spiegelt, daß er sich erst mit 64 Jahren an ein StrQu. wagte (das zweite schrieb er 1919) und damit den traditionellen Respekt dieser Gattung gegenüber wahrte. Neben den Fantasien und dem spirituellen *Prière* (mit Org.) sind die StrQu.e S.' einzige Kammermusikstücke ohne Kl. Zugeständnisse an den Publikumsgeschmack machte S. in diesem Schaffenszweig kaum. Ausnahmen bilden etwa die Spanienklischees der Fantaisie für V. und Hf. von 1907, ebenso die impressionistischen Züge mancher Passagen dieses Werkes. Auch die Romances sind eher Unterhaltungsstücke für den Salon. Eine Ironie der Musikgeschichte jedoch ist, daß heute ausgerechnet *Le Carnaval des animaux* S.' Bild bei vielen prägt. In diesem musikalischen Scherz parodiert er mit verfremdeten Zitaten Kollegen wie Héctor Berlioz, Felix Mendelssohn Bartholdy, Carl Czerny, Jacques Offenbach, Gioacchino Rossini, volkstümliche Melodien und sich selbst. Da er fürchtete, damit seinem Ruf als seriöser Komponist zu schaden, erlaubte er die Veröffentlichung erst nach seinem Tod

– mit Ausnahme von *Le Cygne* (Der Schwan), im Original für 2 Kl. und Vc. geschrieben. Auf dieses Stück tanzte die Ballerina Anna Pawlowa ihr berühmtes Solo *Der sterbende Schwan*.

Bei aller betonten Nüchternheit seiner Haltung kann man S.' Werken keineswegs pauschal ›Akademismus‹ und Blutleere vorwerfen. Das 1. Kl.-Trio etwa ist sehr effektreich, und Kompositionen wie den V.- und Vc.-Sonaten, dem 2. Kl.-Trio op. 92 oder dem Kl.-Quartett op. 41 mag man Emotionalität wirklich nicht absprechen, während z. B. beim Allegro appassionato op. 43 kein Funke überspringt.

Daß Balance und Proportion der Form für S. durchaus auch heißen konnte: Balance von Ausdruck und formaler Bändigung, zeigt sich exemplarisch im fünfsätzigen 2. Kl.-Trio von 1892. Man höre sich das Werk einmal daraufhin an, wie – symmetrisch um den Mittelsatz Andante con moto gruppiert – die ersten beiden Sätze Affektbereiche wie ›leidenschaftlich bewegt‹, ›sehnsuchtsvoll‹ usw. durchstreifen, während im 4. Satz Grazioso keine innere Regung mehr die tänzerisch-spielerische Haltung durchbricht, und Gefühle nur noch aufblitzen wie Schmuckstücke auf einem Ball. Der letzte Satz Allegro schließlich wird beherrscht von imitatorischen Techniken bis hin zur Fuge, die jegliches Aufbäumen sogleich niederringen und zu bezwingen suchen.

1. Sonate d-Moll op. 75 (1885) für Violine und Klavier

Allegro agitato. Adagio – Allegretto moderato. Allegro molto
Dauer: ca. 21'
Verlag: Durand Paris, ED 1885

In den beiden Hauptteilen dieser viersätzigen Sonate gehen jeweils zwei Sätze attacca ineinander über, wobei die Ecksätze thematisch aufeinander bezogen sind. Im **Allegro agitato** in Form eines Sonatensatzes wird der metrische Bezug ständig in Frage gestellt. So wechselt bereits im ersten Thema die Taktart zwischen 6/8- und 9/8-Takt, was den Hörer verwirrt und dem Beginn des Satzes etwas Drängendes gibt. Das zweite Thema (das gegen Ende des Allegro molto wiedererscheint) dagegen kommt außerordentlich schlicht und geradlinig daher, verwischt den vorgezeichneten 6/8-Takt aber weiter, weil es in einem Vierer-Takt zu stehen scheint. Tatsächlich ist seine Fortspinnung im Kl. im 2/4-Takt notiert, ehe mit Wiedereintritt des Hauptthemas in der V. erneut der 6/8-Takt vorgeschrieben wird. Im dreiteiligen **Adagio** (3/4) setzt sich dieses Changieren fort: So hört man im Mittelteil eher einen Vierer- als einen Dreier-Rhythmus.

Der zweite Hauptteil ist im Gegensatz zum ersten frei von solchen Komplikationen. Im **Allegretto**, einem lebhaften Scherzo, wird der 3/8-Takt deutlich herausgestellt. Die Melodie des B-Teils erinnert an das Seitenthema des Allegro agitato. Der letzte Formteil der Sonate schließlich, **Allegro molto** (4/4), ist im Stil eines ›Perpetuum-mobile‹ gehalten, das wiederholt unterbrochen wird: Zunächst von einem neuen Thema, später dann vom Seitenthema des Allegro agitato, nunmehr im ›richtigen‹ Takt. Das Werk inspirierte übrigens Marcel Proust zu der fiktiven Sonate Vinteuils in *Auf der Suche nach der verlorenen Zeit*.

Bernhard Lenort

Giacinto Maria Scelsi (Conte d'Ayala Valva)

geb. 8. 1. 1905 La Spezia, gest. 9. 8. 1988 Rom. Sproß eines Marineoffiziers aus begüterter Adelsfamilie. Charakteristisch für Sc., der sich nach der Beschäftigung mit fernöstlichen Religionen in den 40er Jahren nicht als ›Komponist‹ (›jemand, der Dinge zusammenstellt‹), sondern als Medium von Musik betrachtete, war die Zurückgezogenheit der letzten Jahrzehnte in seinem römischen Haus, die Verschleierung der eigenen Biographie und das ›Bildverbot‹. Erster Kompositionsunterricht bei Giacinto Sallustio in Rom, weitere Anregungen durch Ottorino Respighi und Alfredo Casella. Lebte bis 1950 wechselnd in Paris, London und der Schweiz, unternahm Reisen nach Afrika und Fernost. In den 30er Jahren Einführung in das Werk Alexander Skrjabins durch Egon Köhler in Genf und Unterweisung in der Zwölftontechnik durch Walter Klein in Wien (1935/36); in Rom Veranstaltung von Konzerten mit neuer Musik (zusammen mit Goffredo Petrassi). In den 40er Jahren persönliche Krise mit Klinikaufenthalt, aus der er sich durch das Studium fernöstlicher Religionen und Improvisationen am Kl. befreite. 1951 endgültige Niederlassung in Rom. 1952 Beginn seines reifen Œuvres, Mitglied der von Franco Evangelisti geführten Gruppe ›Nuova Consonanza‹. Bis zu seinem Tod ›Einsiedlerleben‹. In den 80er Jahren Renaissance seines Werks vor allem in Deutschland.

Werke f. 1 Instr.: Divertimento Nr. 2–4 f. V. (1954, 1955); *Pwyll* f. Fl. (1954); Tre studi f. Klar. (1954); *Preghiera per un'ombra* f. Klar. (1954); *Coelocanth* f. Va. (1955); Tre pezzi f. Sax. (1956); Quattro pezzi f. Trp.(1956); Ixor f. Sax. (1956); Quattro pezzi f. Hr. (1956); Tre pezzi f. Pos. (1956); Three studies f. Va. (1956); *Ixor* f. Klar. (1956); Tre pezzi f. BTrp.(1956); *Manto* f. Va. (1957); Trilogy f. Vc. (1957–1965); *Xnoybis* f. V. (1964); *Ko-Tha* f. Git. (1967); *Ko-Tha* f. Schlzg. (1967); *CKCKC* f. Mand. (1967); *Okanagon* f. Kb. (1968); *C'est bien la nuit/Le Réveil profond* f. Kb. (1972); *L'Ame ailée/L'Ame ouverte* f. V. (1973); *Voyages* f. Vc. (1974); *Maknongan* f. präp. Baßinstr. (Tb./KFg., 1976) – Werke f. 2 Instr.: *Chemin du cœur* f. V., Kl. (1929); Dialogo f. Vc., Kl. (1932); Sonate f. V., Kl. (1934); Ballata f. Vc., Kl. (1943); Piccola suite f. Fl., Klar. (1953); *Hyxos* f. Fl., Schlzg. (1955); *Rucke di Guck* f. Pikk., Ob. (1957); Elegia per Ty f. Va., Vc. (1958); Duo f. V., Vc. (1965); *Ko-Lho* f. Fl., Klar. (1966); *Riti: I funerali di Carlo Magno* f. Vc., Schlzg. (1967); *Ogloudoglou* f. Stimme u. Schlzg. (1968); *Arc-en-ciel* f. 2 V. (1973); *To the master* (2 Improv.) f. Vc., Kl. (1974); *Et maintenant, c'est à vous de jouer* f. Vc., Kb. (1974); *Dharana* f. Kb., Vc. (1975); *Kshara* f. 2 Kb. (1975); *Krishna e Rada* (Improv.) f. Fl., Kl. (1986) – Werke f. 3 Instr.: Rotative f. 2 Kl., Schlzg. (1929); Trio f. V., Vc., Kl. (1939); Trio f. V., Va., Vc. (1958); *Okanagon* f. Hf., Tamt., Kb. (1968) – Werke f. 4 Instr.: (5) StrQu. (1944; 1961; 1963; 1964; 1984/85); *Riti: I funerali d'Achille* f. 4 Schlzg. (1962); *Manto* per quattro f. Stimme, Fl., Pos., Vc. (1974) – Werk f. 5 Instr.: *Riti: I funerali d'Alessandro Magno* f. 5 Instr. (1962) – Werk f. 6 Ausf./Instr.: *Yamaon* f. B. u. 5 Instr. (1954–1958) – Werk f. 7 Ausf./Instr.: *Khoom* f. S. u. 6 Instr. (1962) – Werk f. 8 Ausf./Instr.: *Kya* f. Klar. u. 7 Instr. (1959) – Werk f. 9 Instr.: *Pranam* II f. 9 Instr. (1973) – Werk f. 10 Instr.: *I presagi* f. 10 Instr. (1958).

Verlag: Salabert Paris.

»Exzentrisch, romantisch, esoterisch, aristokratisch, ein Dandy, ein Frauenheld und mystisch war Scelsi.« Dieses Kurzporträt Sc.s durch seinen Mitarbeiter und Freund Alvin Curran umreißt die ›Außenhaut‹ der vielleicht exzentrischsten und widersprüchlichsten Musikerpersönlichkeit des 20. Jahrhunderts. Jahrzehntelang wußten nur einige Freunde und Verschworene von Sc.s Wirken in seinem römischen Haus in der Via San Teodoro 8. Dann erlebte sein in Italien nie sonderlich ernstgenommenes Œuvre kurz vor seinem Tod eine von Deutschland ausgehende Renaissance, die freilich bald durch ›Enthüllungen‹ des römischen Komponisten Vieri Tosatti getrübt wurde, nach denen Sc. lediglich das Grundgerüst seiner Kompositionen erfunden habe, während die Aufzeichnung und Instrumentation von einer Reihe bezahlter ›Transkriptoren‹ stamme. Bei einer Musik, deren Eigenheit nicht der tönende Diskurs motivischer Gestalten, sondern die Eigendynamik der Klangmaterie war (vgl. Martin Zenck in ›Musik-Konzepte‹ 1983), wirkte diese Delegierung klanglicher Ausarbeitung in der Tat problematisch. Mittlerweile aber scheint festzustehen, daß Sc. seine Stücke zwar am Kl. oder an der aus den Ondes Martenot entwickelten ›Ondioline‹ – einem einstimmigen elektronischen Instrument mit Tastatur und Zusatzeinrichtungen zur Produktion von Vierteltönen, Klangfarben, Glissandi usw. – improvisierte und die Bandaufzeichnungen an seine Mitarbeiter weitergab; daß er aber den weiteren Produktionsprozeß genau überwachte, diskutierte und korrigierte.

Die Voraussetzungen dieser ausgefallenen Arbeitsweise, die in den 50er Jahren dem Materialfetischismus der Serialisten so kraß widersprach, sind vielfältig. Zum einen dokumentieren sie Sc.s aristokratische Haltung gegenüber dem (transkribierenden) ›Kunsthandwerker‹, während er sich selbst als ein durch fernöstliche Konzentrationspraktiken inspiriertes Medium kosmischer Energien verstand. Wobei ihm seine Methode – wie Hans Zender erkannte – die Möglichkeit gab, seine Werke als radikale Form ›intuitiver Musik‹ gleichsam in ›Echtzeit‹ zu erdenken und den zeitraubenden Notationsprozeß vorerst auszuschalten. Andererseits befand sich Sc. damit, bewußt oder unbewußt, im Kontext improvisatorischer Konzepte der Neuen Musik und des avancierten Jazz, die seit dem Krieg vor allem in den USA eine Rolle spielen.

Die Konsequenz der Improvisation an den einstimmigen Ondiolinen seit den 50er Jahren war eine Konzentration auf kleinere Besetzungen. Neben Vokal-, Kl.- und Orchesterwerken, die einen erheblich komplizierteren Transkriptionsprozeß erforderten, machen denn auch instrumentale Kammermusik-Besetzungen für ein bis vier Instrumente etwa die Hälfte seines Werks aus. Die Stücke, die Sc. vor seiner endgültigen Rückkehr nach Rom (1951/52) komponierte und zum Großteil zurückzog, spiegeln von bruitistischen bis zu neoklassizistischen und zwölftönigen Techniken den zeitgenössischen Stilpluralismus, aber auch Sc.s Suche nach persönlicher Identität. Nach Überwindung seiner Krise und parallel zum Abschluß des Kl.-Werkes im Jahr 1954 setzte eine reiche Produktion von Soli und Duos für Streicher und Bläser ein, zu der (wohl mit wachsender Transkriptionserfahrung) allmählich StrQu.e und Ensemblestücke hinzukamen. Erkennbar wurde die Abkehr vom logisch-diskursiven Material- und Formgedanken und die Auseinandersetzung mit Struktur und Dynamik des Klanges. Oft bilden Zentraltöne Ausgang und Gravitationspunkt expansiver Klangbewegungen, die sich durch Mikrointervallik in kleinsten Übergängen und unmerklichen Entwicklungen vollziehen. Statt harmonischer Spannungsfelder oder polyphoner Konzepte erscheint ein kompliziertes Neben- und Ineinander von Stimmbewegungen, die in ihrer organischen Eigendynamik durch herkömmliche Analyse kaum zu fassen sind. Dieser »vegetativ-narrative« Prozeß (M. Zenck) wird von Sc. in den Werken der 60er und 70er Jahre verfeinert, aber nicht mehr grundlegend verändert.

KYA (1959)
für Klarinette und 7 Instrumente (Viola, Violoncello, Englischhorn, Baß-Klarinette, Horn, Trompete und Posaune)

3 Sätze ohne Bezeichnung (MM. Viertel = 72, 80, 80)
Dauer: ca. 15'
Verlag: Salabert Paris

Dem Ensemblestück *KYA* ist die Entstehung aus der einstimmigen Improvisation deutlich eingeschrieben: Eine ›konzertierende‹ Klar. entfaltet virtuos und in spielerischer, zuweilen orientalisch anmutender Ornamentik die melodische Substanz, während zwei weitere Holzbläser (EHr., BKlar.), drei Blechbläser (Hr., Trp., Pos.) und zwei Streicher (Va., Vc.) die Projektion des Klanges durch Akkordflächen und eine Vielfalt von Artikulationen und dynamischen Entwicklungen übernehmen. Wie in den ebenfalls 1959 entstandenen Quattro pezzi per orchestra (su una nota sola), den Vier Orchesterstükken (über eine Note), deren Pariser UA im gleichen Jahr den Namen Sc. erstmals öffentlich machte, nimmt jeder Satz von *KYA* seinen Ausgang bei einem zentralen Ton,

der sich durch die folgende Entwicklung freilich nicht als statische Tonhöhe, sondern als stark energetischer Klang mit reichem Eigenleben aus Ober- und Nebentönen, chromatischen Färbungen und wechselndem Ambitus erweist. Nicht zufällig erinnert dabei das Verfahren der langsamen und minimalen Übergänge an ebenfalls ostasiatisch orientierte Techniken bei Isang Yun.

Streichquartett Nr. 4 (1964)

einsätzig
Dauer: ca. 10'
Verlag: Salabert Paris

Von Heinz-Klaus Metzger als »wohl revolutionärstes und komplexestes Werk« Sc.s bezeichnet, gilt das 4. StrQu. trotz seiner bescheidenen Spieldauer als zentrales Werk des Italieners. Martin Zenck hat in einer so knappen wie exzellenten Annäherung an das Werk die Analyse-Probleme mit einem Stück Musik aufgezeigt, in dem »der Ton ... nicht als Material mit bestimmten geschichtlichen Sedimentierungen« verstanden wird, »die zu entfalten Aufgabe des Komponisten in einer bestimmten geschichtlich-gesellschaftlichen Situation ist, sondern als Materie, deren Eigendynamik der Komponist zur Geltung bringt«. Ohne Abschnittsgliederung oder formale Dialektik im tradierten europäischen Sinn findet eine von großem Atem getragene, sogartige Klangentfaltung vom ruhigen Beginn mit dem Zentralton c' bis zur vollständigen Auffüllung der Septime c-h in verschiedenen Oktavtranspositionen statt. Wiederum erreicht Sc. diese sonare Innenschau durch subtile Nuancen der Artikulation und des Rhythmus; neu ist freilich die Vorschrift zur Veränderung der üblichen Saitenstimmung (Skordatur), um jedem Ton durch Erzeugen auf verschiedenen Saiten neue Farbnuancen zu eröffnen (entsprechend bekommt jede Saite ihr eigenes Notensystem). Die Radikalität des Verzichts auf klassische Formdramaturgien lassen Sc.s 4. StrQu. als weiteste Entfernung von »historisch Vorfindlichem oder rudimentär Vorgebildetem« (M. Zenck) erscheinen.

Michael Struck-Schloen

Christfried Schmidt

geb. 26. 11. 1932 Markersdorf (Oberlausitz). 1951–1954 Studium an der Kirchenmusikschule Görlitz (B-Prüfung), Fortsetzung 1955–1959 an der Staatlichen Hochschule für Musik Leipzig (Org. bei Werner Buschnakowski, Tonsatz bei Johannes Weyrauch; A-Prüfung). 1960–1962 Kirchenmusiker in Forst/Lausitz. 1963/64 Schauspielkapellmeister in Quedlinburg. 1965–1980 freischaffend als Kl.-Lehrer und Chorleiter in umliegenden Dörfern Quedlinburgs. Seit 1980 freischaffender Komponist in Berlin. Als Komponist Autodidakt. Nationale und internationale Auszeichnungen.

WERKE F. 1 INSTR.: *Aulodie – Episoden* f. Ob. (1975); Partita per contrabbasso solo (1975); Partita per violoncello solo (1975); Partita per violino solo (1976); Solo f. Fg. (1982); Partita per viola sola in modo di ciacona (1983); S. f. S. (Solo f. Susanna) f. Klar.-Solo (1996) – WERKE F. 2 INSTR.: Petite Suite pour flûte et piano (1970); Sonate f. V., Kl. (1971); Musica per i Due Boemi f. BKlar., Kl. (1972) – WERKE F. 3 INSTR.: Kammermusik X f. Pos., Schlzg., Kl. (1986) – WERKE F. 4 INSTR.: StrQu. (1965); 2. StrQu. (Hommage à Béla Bartók) (1970); Kammermusik VI f. Schlzg.-Quartett (1973); Quartett f. Fl.-Instr., V., Va., Vc. (1974) – WERKE F. 5 INSTR./AUSF.: Kammermusik II. *Ed e subito sera* f. A., Ob., V., Va., Vc. nach Salvatore Quasimodo (1971); Kammermusik III f. Fl./AFl., Ob./EHr., Klar./BKlar., Schlzg., Kl. (1971); Bläserquintett (1971); Kammermusik V. Configurationes pro Arte Camerali f. MezzoS., Fl., Klar., Va., Kl. (unter Benutzung von Phonemen) (1972); Klar.-Quintett f. Klar. u. StrQu. (1996) – WERKE F. 6 INSTR./AUSF.: Kammermusik VII. Epitaph auf einen Bohemien f. Bläserquintett u. Kl. (1974); *Die Zeit und die Zeit danach* f. Bar., 4 Holzbläser (Fl., Ob., Klar., Fg.), Kl.; Text: G. Ungaretti, C. Pavese, S. Quasimodo, I. Bachmann (1982) – WERKE F. 7 INSTR.: Kammermusik IV f. Ob., EHr., Pos., Schlzg., Va., Vc., Kb. (1972) – WERKE F. 8 INSTR.: Kammermusik VIII f. Fl./AFl., Ob./EHr., Klar., Schlzg., Kl., V., Va., Vc. (1981) – WERKE F. KAMMERENSEMBLE: Kammermusik I. *Von Menschen und Vögeln* f. Fl., Ob., Trp., Streicher u. Cemb. (1969); *Des Himmels dunklerer Bruder* f. Bar. u. Kammerensemble, Text: J. Gerlach (1976); Kammermusik IX f. 16 Instr. (1981); »... *Glied der menschlichen Gesellschaft«*. Memorial nach Briefzitaten des Heinrich von Kleist f. Sprecher, Kammerensemble und Tonband (1983); Kammermusik XI f. 18 Instr. (1995).

Verlag: Peters Leipzig, Frankfurt/M.; Breitkopf & Härtel Wiesbaden, Leipzig.

Ch. Sch. vereint in sich den Typ des Nichtexperimentellen mit dem Kreator origineller, gediegener Partituren. Eine Position, deren Redlichkeit durch den Zug objektiver Trends angefochten wird. Ist Sch. Außenseiter geblieben, der er immer war? Wie wenig sich der einstige Geheimtip, zu DDR-Zeiten, um die Moden der ›Post-Moderne‹ schert und wie unverdrossen er weiter seinen

Weg geht, nötigt Respekt ab. Die Raster der Gattungen, denen er bisher zuarbeitete, sind klar überschaubar: Kammermusik in kontinuierlicher Folge, formal zum Teil weit ausgreifende Orchestermusiken und Solokonzerte, solide Arbeiten für Chor, sinnbetonte vokal-instrumentale Werke, noch Unveröffentlichtes für die Opernbühne. Überschreitung von Grenzen findet nicht statt. Sch. sucht intern Ausdrucksfelder, erschließt sich aus prononcierten Entwicklungssträngen der Musik im 20. Jahrhundert subjektiv unmittelbar bedeutsame kompositorische Möglichkeiten und befindet sich – auf Kontinuität bedacht – in der Tradition der 2. Wiener Schule (und deren Fortführer). Ein ganzes Bündel ausgesuchter Material-und Formqualitäten von neuer Musik machte er sich bei der Vermittlung persönlicher Erfahrungen und Stimmungen dienstbar. Der Fundus autobiographischer Schattierungen, entdeckbar in nicht wenigen seiner Stücke, geht darauf zurück.

Die Kammermusik – wie seine übrige Musik – steht im Zeichen der Treue zum seriell variantenreich organisierbaren Material. Auf Mannigfaltigkeit in Harmonik und Rhythmik, auf expressiver Gestik und Gebärde, auf gewichtigen Termini der Polyphonie basiert der Gehalt dieser Musik. Sch. – er blieb zwischen 1965 und 1973 ohne Aufführung und Auftrag in der DDR – verschaffte sich hierorts zunächst mit Kammermusik öffentlich Gehör. 1974 ermöglichte das Bläserquintett der Staatskapelle Berlin mit der UA des Bläserquintetts (1971) den Einstieg. Wenig später ersuchte die innovationsfreudige Bläservereinigung Berlin den Outsider um ein Werk, die Kammermusik VII (1974). Im Laufe der 80er Jahre wußte Sch. zudem mit exzellenten Orchesterarbeiten zu überzeugen (u. a. *Munch-Musik*, 1983; Ob.-Konzert, 1983).

Die elf Kammerstücke markieren die bislang zentrale Säule der Sch.schen Kompositionsästhetik und -strategie. Angetreten, über die ›Schiene‹ Neuer Musik von sich und der Welt aufs Persönlichste Kunde zu geben, verbindet Sch. in diesem Werkkomplex Strenge der Formulierung und Anspruch im Technischen mit spontanem Musizierwillen. Verlockend, weil selten geworden, die Sprache, die uns mit seiner Musik als romantische, ausdrucksbetonte Lesart gegenübertritt.

Stefan Amzoll

Dieter Schnebel

geb. 14. 3. 1930 Lahr (Schwarzwald). 1949–1952 Studium an der Musikhochschule Freiburg (Theorie und Musikgeschichte bei Erich Doflein). Freundschaft mit Heinz-Klaus Metzger. Besuch der Darmstädter Ferienkurse, Begegnungen mit Edgar Varèse, Hermann Scherchen, Theodor W. Adorno, Luigi Nono, Pierre Boulez, Karlheinz Stockhausen. 1952 erste musiktheoretische Arbeit über Anton Webern. 1952–1956 Tübingen, Studium der Theologie, Philosophie, Musikwissenschaft (Walter Gerstenberg). 1955 Promotion über Arnold Schönbergs Dynamik; theologisches Examen. 1956 Pfarrdienst, 1957 in Kaiserslautern. 1968–1970 Schulpfarrer in Frankfurt/M, 1970–1976 Religionslehrer in München. 1972 Gründung der Arbeitsgemeinschaft ›Neue Musik München‹ am Oskar-von-

Miller-Gymnasium. 1976–1995 Professor für Experimentelle Musik und Musikwissenschaft an der Berliner Hochschule der Künste. Beginn der Zusammenarbeit mit Achim Freyer. 1979/80 Reisen in die USA, nach Brasilien, Israel, 1986 Uruguay.

WERKE F. 1 INSTR./AUSF.: réactions f. 1 auf einem belieb. Instr. spielenden Instrumentalisten od. Vokalisten u. Publikumsreaktionen (1960/61); *nostalgie*, visible music II Solo f. einen Dirigenten (1960/1962); concert sans orchestre f. einen Pianisten u. Publikumsreaktionen (1964); *MO-NO Musik zum Lesen in Form eines Buches* (1969); *Pan* f. einen Flötisten u. Begleitung ad lib. (1978); Version f. Flöte(n) u. Begleitung (1988); *Montiano-Song* f. eine od. mehrere Stimmen u. Instr. (1983); *Laut-Gesten-Laute* f. 1 – 4 Darsteller: I Fantasien, II Redeübungen, III Ansätze, IV Weisen, V Gedankengänge (Reihenfolge ad lib.) (1984–1988); Stück für I, Stück für II f. Schlgz. (1986/1993); *Marsyas* f. Schalmei(en) u. Begl.instr. ad lib. (1987); Fünf Inventionen f. Vc. (1987); *Circe* f. Hf. (1988); *Medusa* f. Akk. (1989/1993); Numbers f. einen Performer (1992); *Languido* f. BFl. u. Live-Elektr. (1993) – WERKE F. 2 INSTR./AUSF.: visible music I f. einen Dirigenten u. einen belieb. Instr. spielenden Instrumentalisten (1960/1962); *Sisyphos* f. ein hohes u. ein tiefes Blasinstr. (1990); Vier Stücke f. V. u. Kl. (1991); *Mit diesen Händen* (nach H. Böll) f. Stimme u. Vc. (1992) – WERKE F. 3 INSTR./AUSF.: stoj f. drei Instrumentalisten (skizziert); *Maulwerke* f. Artikulationsorgane u. Reproduktionsgeräte f. mindestens drei Ausführende: I Atemzüge, II Kehlkopfspannungen & Gurgelrollen, III Zungenschläge & Lippenspiel, IV Mundstücke (1968/1974); *Handwerke – Blaswerke* f. 3 od. mehr archaische u. exotische Instr. (1977); *Körper-Sprache*, Organkompos. f. 3–9 Ausf. (1979/80); Zwei kleine Stücke f. 3 Spieler (1990); Baumzucht (nach J. P. Hebel) f. 1 Sprecher, 1 Melodie- u. 1 Akkordinstr., Version f. Sprecher u. Kammerensemble (1995); Lamah? f. V., Va., Vc. (1997) – WERKE F. 4 INSTR./AUSF.: Stücke f. einfach od. doppelt besetztes StrQu. (1954/55); *glossolalie* f. je 2–4 Sprecher u. Instrumentalisten (1959/60), ausgearb. Version: *glossolalie '61* f. je 3–4 Sprecher u. Instrumentalisten (1961); *Zeichen-Sprache.* Musik f. Gesten u. Stimme f. 4–10 Ausf.: Fünf Poeme – für vier Köpfe – für zwei Rümpfe – für acht Füße -für einen Springer – für sieben Arme – für einen bis drei Finger (1987–1989) – WERKE F. 5 INSTR.: B-Dur-Quintett, 2 Stücke f. Kl.-Quintett (StrQu. u. Kl. od. je ein hohes u. ein tiefes Blas- u. Streichinstr. u. Kl.) (1976/77) – WERKE F. 6 INSTR.: Webern-Variationen f. mindestens 6 beliebige Instr. bis großes Orch. (1972); Schulmusik: Übungen mit Klängen f. 6 u. mehr Spieler an Langtoninstr. u. Stimmen ad. lib. (1973–1979) – WERKE F. 7 INSTR.: *Motu proprio* f. 7 beliebige aber gleichartige Instr. (1975) – WERKE F. 8 INSTR./AUSF./KLANGQUELLEN: *raumzeit y* f. eine unbestimmte Anzahl drehbarer Klangquellen (1958/1960), Version f. 8 Instr. (1992); Museumsstücke I f. 8 Darsteller: Veduta, Tempesta, Landschaft, Nachtstimmung, Nature morte, Skulpturen & Porträt, Selbstporträt (II), Blumen und Arabesken, Bauernszene, Seebild, Waldstück, Battaglia, Triptychon (1992); Zeitstücke f. Schlgz. (aus: Sinfonie X, 1992) – WERKE F. ENSEMBLE: *Analysis* f. 6 Saiteninstr., Hf., Kl., Schlgz. (2 Spieler) (1953/54); *Fragment* f. Kammerensemble (u. Stimme) (1955); Wagner-Idyll f. Singstimme u. Kammerensemble (1980); Beethoven-Sinfonie (1985); *Klangfluß-Übersetzung* (1989); *MoMA*, Museumsstücke II f. 14 bis 18 bewegliche Stimmen u. Instr.: Vorspiel – Kienholz, Niki de Saint Phalle, Frida Kahlo, Rauschenberg, I – Duchamp, Albers-Gerstner, Klee, Gabriele Münter-Kandinsky, Marianne v. Werefkin-Jawlenski, Picasso, Mondrian, Marie Laurencin, Malewitsch, II – Pollock I, Indiana, Beuys, Newman-Gecelli, Richter, Lichtenstein, Rothko, Klein, Pollock II, Warhol, Freyer, III – Boltanski, Weseler, Kiefer-Schäuffelen, Uecker, Nauman-Chris Newman, Rebecca Horn, Kosugi-nanne Mayer, Segal, Bacon, IV – Schwitters I, Baumeister I, Wols, Baumeister II, Magritte, Beckmann, Grosz-Hanna Höch, Ernst, Baumeister III, Vasarély, Schwitters II, Dalí (1994); Zwischenstücke (1994).

Verlag: Schott Mainz.

In D. Sch.s kompositorischem Schaffen bündeln sich in seltener Universalität musikalische Gegenwart, Vergangenheit und Zukunft. Seine Musik hat Impulse der westeuropäischen und amerikanischen Avantgarde aufgenommen und wirkte selbst innovativ, hat infolge der avantgardistischen Kompositionserfahrungen Werke der Vergangenheit neu ausgeleuchtet sowie Avantgarde und Tradition letztlich versöhnt. Und sie entwarf verschiedene Interpretations- und Aufführungsmodelle, deren kreative Herausforderungen und Möglichkeiten zur Ausarbeitung längst noch nicht ausgeschöpft sind. Das gilt besonders für Werke kleinerer Besetzungen, die Kammermusik zu nennen man sich jedoch oft scheut. Denn in mehrfacher Hinsicht haben sie die Enge der Kammer oder den konventionellen Rezeptionsrahmen des Kammermusiksaales verlassen und die jener Gattung geschichtlich zugewachsene Fähigkeit zum Experiment bis an die Grenzen ausgeschritten. Raumkonzeptionen erweitern die rezeptionell eindeutige Bühnendarbietung zum musikalisch-topographischen Hörerfahrungsgebiet. Durch die radikale Ausdehnung musikalischen Materials auf die existentiellen Klänge des Daseins und des Alltags, auf den Prozeß ihrer Hervorbringung und auf den ›Klang‹ von Gesten gerät Musik an die Grenze zum Theater. Szenische Konzepte erweitern Kammermusik zum sozialen Lehrstück, Stille und Assoziationen zur imaginären Musik (*MO-NO*, Musik zum Lesen). Und aus der Synthese von musikalischen und szenischen Elementen sowie Ideen aus der Malerei entstand mit den Museumsstücken I und II ein neues Genre erfüllt von prallem Leben, konstruktiv, assoziationsträchtig, offen zum hörenden Erforschen.

Keime dieser grenzüberschreitenden Tendenz enthalten bereits die ersten, für den Werkkatalog akzeptierten Kompositionen: die im seriell-avantgardistischen Aufbruch wurzelnden und im Wesentlichen zwischen 1953-1956 entstandenen ›Versuche‹, vier teils mehrsätzige Werke von lediglich 5 bis 12 Minuten Dauer. (Als ›Versuche‹ wurden diese vier Stücke allerdings erst 1972 bei der Erstellung einer ›wERk-tafEL‹ durch Hans Rudolf Zeller und den Komponisten zusammengefaßt.) Diese Stücke nutzen zwar in äußerster Verdichtung das serielle Prinzip, brechen aus diesem zugleich aber auch sofort wieder aus: »Ins technische Experiment und in brennende Inhalte theologischen und sozialen Wesens.« (H.-K. Metzger) Bewahrt bleibt im seriellen Konzept der emotionale Ausdruck und dessen vokal-expressive Verdichtung in *Fragment*, erweitert wird es durch eine räumliche Bühnennutzung in *Stükke* und damit durch die lebendige Individualisierung des einzelnen Klanges. Solch topographische Klangkonzeptionen lassen Einzelstimmen und -ereignisse in dialogische, trialogische usw. Situationen treten, provozieren kommunikative Klang-Prozesse als Bestandteil der Komposition.

Dieses aus dem seriell-punktuellen Ansatz gewonnene Potential wird unter Ausweitung des Bühnenraumes in den folgenden Kompositionen mit kleineren und dabei oft variablen Besetzungen konsequent ausgearbeitet. Gleichzeitig erfolgte – nicht zuletzt bestärkt durch das Kennenlernen der Musik von John Cage seit 1958 – ein entscheidender Schritt hin zur Prozeßkomposition und zum Konzeptstück (z.B. *raum-zeit y*, *glossolalie* oder *Maulwerke*). Verbunden war das mit einer entschiedenen Ausweitung von Klang ins Sprachmaterial hinein, zum Geräuschhaften hin und zu den Klängen des Alltags mit dem 1956 begonnen Zyklus *Für Stimmen ... (missa est)* als entscheidendem Wendepunkt. Kompositionsgeschichtlich betrachtet ist gerade jene konsequente und systematische Ausdifferenzierung des Singens und Sprechens, also des ursächlich menschlichen musikalischen Ausdrucks bis in die

Zonen emotional-kreatürlicher Entäußerung eine Pionierarbeit von Sch. Sprache wird instrumental behandelt *(glossolalie)* und instrumentale Klänge um den Prozeß ihrer physischen, auch ›vokalen‹ Hervorbringung erweitert. Eine weitere Facette solch klanglicher Ausdifferenzierung erfolgte auf Grund der Synthese von ton- und klangerzeugender Gestik.

Ein Hauptwerk sind in diesem Zusammenhang die zwischen 1968 und 1974 entstandenen *Maulwerke*. Ausführende sind die Artikulationsorgane (Lunge, Zwerchfell; Kehlkopfregion; Mund- und Mundräume; Zunge, Lippen). Musik sind die Vorgänge des Artikulierens mit all ihren urmenschlichen Entäußerungen, wodurch die *Maulwerke* auch für Laien ausführbar sind. Als Vorlage dienen Modelle für die Gestaltung von Zeit und Dynamik, Klangfarbe und Töne, Ausführungshinweise, Formungsschemata, kommunikative Verhaltensmuster sowie Vorschläge zur Aufstellung und zur Gestaltung des Ablaufs. Dabei sind die *Maulwerke* kein Werk, sondern Produktionsprozeß, der die verschiedenen Etappen der Erarbeitung bis zur aufführungsreifen Werkproduktion als Einheit umfaßt.

Aus der Perspektive des Klangmaterials ist damit der Unterschied zwischen Vokal- und Instrumentalmusik wie auch zwischen Musik und Theater aufgehoben. Zu dieser universellen Ausschöpfung des musikalischen, kompositorischen und interpretatorischen Reservoires gehört als nicht zu unterschätzender Nebenzweig auch die Schulmusik, die Sch. zum Teil für seine 1972 am Oskar-Miller-Gymnasium gegründete Arbeitsgruppe Neue Musik geschrieben und immer wieder ergänzt hat. Als »Konzeption von musikalischen Lernprozessen und Lehrstücken« (D. Sch.) thematisieren diese Übungen den Entstehungsprozeß und die Anwendung von Musik: mit Klängen, Rhythmen, Geräuschen, Harmonien und Zahlen, durch Improvisation, experimentelle Klangerzeugung und bewußtes Hören.

In vielen dieser Stücke schreibt Sch. keine endgültig notierten Werke, sondern seine Kompositionen gleichen eher Materialsammlungen mit genauen Hinweisen und Vorschlägen zur Erarbeitung, Gestaltbildung und Form. Musik ist nicht Werk, sondern Prozeß, offen für immer wieder neue Versionen und entscheidend geprägt von den Erfahrungen und Ideen der Interpreten.

Ebenso wichtig wie der innovative Aufbruch war für Sch. die Auseinandersetzung mit der Tradition. Beide ›Linien‹ durchkreuzen und durchdringen einander mit unterschiedlichen Dominanzen. Bereits im ersten Werkkomplex, den seriellen *Versuchen*, bleibt, wenn auch versteckt, Tradition bewahrt. Die experimentelle Seite ist in der ›Kammermusik‹ zwar weitaus deutlicher und beständiger als in den Orchesterwerken ausgeprägt und bestimmt Sch.s kompositorisches Schaffen bis in die Gegenwart. Jedoch gerät in den 70er Jahren auch hier Tradition stärker an die Oberfläche und dominiert den Klangeindruck. Das schlägt sich besonders in zwei Werkkomplexen nieder: in den sogenannten *Re-Visionen I* (1970–1983) und *II* (1985–1989) und in einem unumwunden *Tradition* (ab 1975) überschriebenen Werkkomplex. Während die *Re-Visionen* mit den avantgardistischen Raum-, Zeit-, Konstruktions-und Klangerfahrungen Werke der Vergangenheit kompositorisch neu interpretieren, geht es in den Traditionsstücken darum, »das Drängende und Lebendige in den ehrwürdigen Formen und Inhalten aufzuspüren und dynamisch zu neuer Gegenwart und Zukunft zu führen.« (D. Sch.) Im B-Dur-Quintett oder in *Pan* und *Sisyphos* aus dem *Psycho-Logia* (ab 1977) genannten Werkzyklus führte das zu einer deutlichen Harmonisierung, Musik wird wieder ausdrucksvoll und schön in traditionellem Sinne. Dabei entstanden mit den Canones oder dem B-Dur-Quintett auch wieder eindeutigere, traditionelle Formen, deren Partituren jedoch zeigen, daß avantgardistische Kompositionsverfahren modifiziert darin aufgehoben sind: als serielle Konstruktion im Sinne der Herstellung eines klanglichen Kontinuums zwischen Tradition und Avantgarde oder als Herausforderung der Kreativität von Interpreten. Entscheidende Anregungen für solch kompositorische Orientierung am Menschen seit Anfang der 70er Jahre gingen wesentlich von der 68er Studentenbewegung aus – die auch nach dem Sinn der künstlerischen Avantgarde fragte –, wie von einer Psychoanalyse, die Sch. etwa zur selben Zeit begonnen hatte. Sein Anliegen war es, »aus einer etwas verkrusteten Häßlichkeit, die man der Avantgarde-Musik fast ideologisch zugelegt hat, wieder rauszukommen, weil sie mir eine Art Panzer darstellte, der die Lebendigkeit dieser Musik behinderte...«.

Gisela Nauck

Alfred Schnittke

geb. 24. 11. 1934 Engels (ehemals Wolgadeutsche Autonome Republik). 1946–1948 in Wien, 1948 Übersiedlung nach Moskau. 1949–1953 Unterricht in der Moskauer Musikfachschule (Chordirigieren, Kl. bei Wassilij Schaternikow) sowie Privatunterricht in Tonsatz und Analyse bei Josif Ryshkin. 1953–1958 Studium am Moskauer Konservatorium (Komposition und Kontrapunkt bei Jewgenij Golubew, Instrumentation bei Nikolaj Rakow, Analyse und Formenlehre bei Jurij Fortunatow). Wichtige Anregungen durch den Anton-Webern-Schüler Philipp Herschkowitz und durch Kontakte zu Luigi Nono. 1961 heiratet Sch. die Pianistin Irina Katajeva. Während der 60er Jahre intensive Beschäftigung mit Filmmusik. Nach der Aspirantur 1962–1972 Lehrer für Instrumentation, Komposition, Kontrapunkt und Partiturspiel am Moskauer Konservatorium; zeitweilig Mitarbeit am Elektronischen Studio in Moskau. Ende 1977 erstmals Ausreise aus der UdSSR. 1980 Gastdozent an der Hochschule für Musik in Wien; 1989 Übernahme einer Kompositionsklasse an der Hochschule für Musik Hamburg. 1990 deutsche Staatsangehörigkeit. Sch. lebt in der Nähe von Hamburg und in Moskau.

Werke f. 1 Instr.: *A Paganini* f. V. (1982); *Klingende Buchstaben* f. Vc. (1988); Madrigal in memoriam Oleg Kagan f. V. od. Vc. (1990) – Werke f. 2 Instr.: Sonate Nr. 1 f. V., Kl. (1963); Sonate Nr. 2 *Quasi una Sonata* f. V., Kl. (1968); Suite im alten Stil f. V. , Kl./Cemb. (1972); Hymnus II f. Vc., Kb. (1974); Präludium in memoriam Dmitri Schostakowitsch f. 2 V. od. 1 V. u. Tonband (1975); Cantus Perpetuus f. Tasteninstr. (Kl., Cemb., Org. od. Cel.) u. 1–4 Schlagzeuger ad lib. (1975); *Moz-Art* f. 2 V. (1976); *Stille Nacht*. Bearb. des deutschen Weihnachtsliedes f. V., Kl. (1978); Sonate f. Vc., Kl. (1978); *Stille Musik* f. V., Vc. (1979); *Schall und Hall* f. Pos., Org. (1983); Sonate Nr. 2 f. Vc., Kl. (1994); Sonate Nr. 3 f. V., Kl. (1994) – Werke f. 3 Instr.: Hymnus I f. Vc., Hf., Pk. (1974); Streichtrio f. V., Va., Vc. (1985); Trio f. Kl., V., Vc. (Umarb. des Streichtrios, 1992) – Werke f. 4 Instr.: (4) StrQu. (Nr. 1, 1966; Nr. 2,

1980; Nr. 3, 1983; Nr. 4, 1989); Kanon in memoriam Igor Strawinsky f. StrQu. (1971); Hymnus III f. Vc., Fg., Cemb., Pk./ Gl. (1975); *Lebenslauf* f. 4 Metronome, 3 Schlagzeuger, Kl. (1982); Quartett f. Kl., V., Va., Vc. (1988); Quartett f. 4 Schlagzeuger (1994) – Werke f. 5 Instr.: Serenade f. V., Klar., Kb., Kl., Schlzg. (1968); Quintett f. Kl., 2 V., Va., Vc. (1972–1976) – Werk f. 6 Instr.: *Moz-Art* f. Ob., Hf., Kl., V., Vc., Kb. (1980) – Werk f. 7 Ausführende: Hymnus IV f. Vc., Kb., Hf., Cemb., Fg., Pk., Gl. (1979); Septett f. Fl., 2 Klar., V., Va., Vc., Cemb./ Org. (1981/82); Musik für ein imaginäres Spiel f. 4 Fl. (1 Spieler), Trp., Pos., Schlzg., Kl., V., Kb. (1985); 3 x 7 f. Klar., Hr., Pos., Cemb., V., Vc., Kb. (1989) – Werk f. 8 Instr.: Dialoge f. Vc. u. 7 Instrumentalisten (Fl., Ob., Klar., Hr., Trp., Kl., Schlzg.) (1963) – Werk f. 9 Instr.: *Moz-Art à la Mozart* f. 8 Fl., Hf. (1990).

Verlag: Sikorski, Hamburg; Universal Edition, Wien; Chant du Monde, Paris; Sowjetskij kompozitor, Moskau; Musyka, Moskau.

A. Sch.s Œuvre stand zunächst im Zeichen der Traditionen klassisch-romantischer Musik. Anfang der 60er Jahre folgte eine Phase der intensiven Beschäftigung mit der Dodekaphonie, dem Serialismus und der Aleatorik; eine Beschäftigung, die sich zum einen im kompositorischen Werk, zum anderen in zahlreichen Veröffentlichungen zu Fragen der Musikästhetik und –theorie niederschlug. Bereits Mitte der 60er Jahre führte die theoretische Reflexion zu einer vehementen Abkehr von den Strömungen der Avantgarde, zumal von der seriellen Musik, der Sch. eine Flucht vor den Problemen des Komponierens anlastete.

Sch. suchte nach anderen Wegen und fand zu dem für seine Musik bis heute tragenden Prinzip der Polystilistik. Stile und satztechnische Verfahren der Vergangenheit, formale und melodische Zitate bzw. Allusionen, tradierte Gesten und Tonfälle finden sich seither in seiner Musik wieder: Als Spiegelbild der musikalischen Wirklichkeit unserer Zeit entsteht ein tönendes stilistisches Kaleidoskop. Im Unterschied zu den Verfechtern einer Postmoderne widersetzt sich Sch. indes dem ungebrochenen Anschluß an die Historie, denn obwohl sich die Polystilistik auf die Verfügbarkeit von Modellen bezieht, zielt sie nicht auf eine Harmonisierung oder Synthese heterogener Traditionen. Stile und Formen erfahren eine wechselseitige Konfrontation, Spiegelung und Brechung und finden insofern nur im Rahmen eines Verlustes ihrer ursprünglichen Identität Eingang ins zeitgenössische Komponieren. Sch. zeigt Vergangenheit nie als intaktes Medium kompositorischer Reflexion, sondern stets als einen erschütterten, kaum mehr greifbaren Bezugspunkt.

Aus der Polystilistik bezieht er die Bedingungen für die Strukturierung des Werkes. In der Kammermusik, die neben den Beiträgen zum Musiktheater, zum Konzert und zur Sinfonie zu den zentralen Schaffensschwerpunkten Sch.s zählt, hat dieser Primat der Polystilistik tiefgreifende Konsequenzen: Normen und tradierte Relationen zwischen Besetzung, Form und Gattung treten gegenüber einer dramaturgischen Konzeption der Satzverläufe zurück; einer Dramaturgie, die die Idee der Polystilistik im Zeichen »wiederkehrender Gestaltenkreise« realisiert (A. Sch. im Gespräch mit Gennadij Zypin).

Ein bedeutender Teil der Kammermusik – darunter das Streichtrio, die Sonate Nr. 2 für V. und Kl., die StrQu.e und das Kl.-Quintett – thematisiert ein strukturelles Problem: Die Frage nach den Möglichkeiten eines Mit- und Gegeneinanders kontrastierender musikalischer Gedanken und deren Bewegung hin zu einem gemeinsamen Ziel. Die musikalische Hommage umschreibt den zweiten Gestaltenkreis. Sch. komponiert immer wieder für befreundete Instrumentalisten, setzt sich auf struktureller oder ästhetischer Ebene mit dem Schaffen anderer Komponisten auseinander (z.B. entstand das Streichtrio als Hommage an Alban Berg, das Kl.-Quartett als Reflexion über Gustav Mahler) und komponiert zudem meditativ-religiöse Werke, die auf die Erfahrung des Todes reagieren und als posthume Würdigung verstanden werden können (etwa der Kanon in memoriam Igor Strawinsky, das Kl.-Quintett als Erinnerung an Sch.s Mutter Maria Vogel oder das im Gedenken an die Regisseurin Larissa Schepitko entstandene StrQu. Nr. 2). Das Denken in Reihen bildet den dritten Gestaltenkreis. Einerseits tendiert Sch. zum Komponieren von Serien (Hymnen und *Moz-Art*); andererseits avancieren die Umarbeitung und das Selbstzitat zum zentralen Prinzip. Prägnante Themen werden in andere Kontexte transportiert (das ›Pesante‹-Thema des Streichtrios erscheint als ein Hauptthema im *Peer-Gynt*-Ballett), und selbst ganze Werke lösen sich von ihrem klanglichen Ursprung (das Streichtrio liegt als Kl.-Trio und in einer Fassung für Kammerorchester vor). Das eigene Œuvre wird im Zeichen der Polystilistik für A. Sch. ebenso verfügbar wie die Musikhistorie.

Sonate Nr. 2 *Quasi una Sonata* (1968)
für Violine und Klavier

einsätzig
Dauer: ca. 20'
Verlag: Sikorski Hamburg, ED 1972

In der Sonate Nr. 2 für V. und Kl. hat Sch. erstmals – mit Blick auf Harmonik und Form – die Idee der Polystilistik verwirklicht. Das einsätzige Werk markiert nach einer Zeit der Suche den Ort der Selbstfindung und zugleich den Augenblick der schroffen Distanzierung vom früheren Schaffen. Als Eröffnung setzt Sch. einen g-Moll-Akkord im Kl.: Radikaler konnte die Negation der Prinzipien seriellen Komponierens kaum ausfallen. Der musikalischen Geste der Vergangenheit wird als Klangbild der Gegenwart ein dissonanter, viertöniger V.-Akkord gegenübergestellt. Aus dieser Kontrastierung von Konsonanz und Dissonanz kann in Anlehnung an den Themendualismus der klassischen Sonate der weitere Verlauf abgeleitet werden. Insofern erlaubt die polystilistische Eröffnung eine Formgestaltung, die mit dem strikten Verzicht der seriellen Musik auf tonale Bildungen verlorengegangen war. Allerdings ist die Anverwandlung der Sonaten-Tradition brüchig. Es entsteht weder ein Dialog der Instrumente, wie er in einer Duo-Sonate zu erwarten wäre, noch kann das bloße Alternieren, die in sich kreisende Geste überwunden werden. Eine Lösung, wie sie die Reprise der klassischen Sonate als Resultat der Durchführung vollzieht, scheint unmöglich. Selbst durch das abschließende Zitat des B-A-C-H–Motivs, eines Motivs, das die Prinzipien von Konsonanz und Dissonanz vereint, gelingt der Versuch einer Vermittlung nicht. Der Kontrast bleibt unauflösbar bestehen.

Der Untertitel ›Quasi una Sonata‹ kündigt an, daß die Rekonstruktion der Gattung mit einer Distanzierung von ihrer Geschichte in eins fällt. Zwar leuchten traditionelle Formbestandteile – Exposition, Durchführung und Reprisen- bzw. Refrainstrukturen – und Satzcharaktere auf, zugleich aber kommt die Sonatenform nicht zustande: »... es ist ein Bericht über die Unmöglichkeit der Sonate in Form einer Sonate ...« (A. Sch.).

Streichquartett Nr. 3 (1983)

Dauer: ca. 22'
Verlag: Universal Edition Wien, ED 1984

Das StrQu. Nr. 3 entfaltet auf der Grundlage des musikalischen Zitats die Auseinandersetzung mit vier Jahrhunderten abendländischer Musikgeschichte. Sch. arbeitet mit einer Kadenzfloskel aus dem *Stabat mater* von Orlando di Lasso (1582), mit dem Hauptthema aus Ludwig van Beethovens Großer Fuge op. 133 (1826) und mit dem Monogramm Dmitri Schostakowitschs, der Tonfolge D-Es-C-H, die transponiert den ersten vier Tönen des Fugensubjekts aus Beethovens op. 133 entspricht. Hinzu tritt als viertes Thema – quasi als Sch.-Thema – eine durch Quart, Sekundfolge und doppelten Tritonus gekennzeichnete aufsteigend-herausfahrende Bewegung.

Die drei Sätze fungieren als divergierende Stadien der Auseinandersetzung mit der Tradition. Der **1. Satz** akzentuiert die musikhistorischen Differenzen, indem er die Zitate sukzessive exponiert und durchführt. Chromatische Variantenbildung, polyphon organisierter Satz und klangfarbliche Variationen nähern das Material nur partiell der musikalischen Sprache Sch.s an. Der **2. Satz** – ein rondoförmiges Scherzo – wird zunächst einzig von einem Thema beherrscht, das eine Abspaltung und Weiterführung des Sch.-Motivs darstellt. Die Wiederaufnahme des zitierten Materials bleibt von dieser Dominanz nicht unberührt: Die historische Determiniertheit der Zitate verblaßt. Der **3. Satz** schließlich läßt das Ausgangsmaterial endgültig in der musikalischen Welt Sch.s aufgehen. Exemplarisch beschreibt das StrQu. einen Prozeß der produktiven Anverwandlung von Tradition, deren Befragung nach den Möglichkeiten für einen Komponisten von heute. Die Zitate und Sch.s Motivik verharren nicht als separierte Phänomene nebeneinander, sondern gehen in einem planvollen Beziehungsgeflecht auf.

Hans-Joachim Wagner

Othmar Schoeck

geb. 1. 8. 1886 Brunnen (Schwyz), gest. 8. 3. 1957 Zürich. Zunächst Studien der Malerei bei seinem Vater, Alfred Schoeck. Erste Kompositionsversuche während der Schulzeit. 1905–1907 Besuch des Konservatoriums Zürich. 1907/08 Kompositionsstudien bei Max Reger in Leipzig. 1908 Rückkehr in die Schweiz, erste erfolgreiche Aufführung eigener Werke (Serenade op. 1). 1908–1917 Leitung des Männerchores Aussershil-Zürich, 1911–1917 Leitung des Lehrer-Gesangvereins Zürich. 1917–1944 Leitung der Sinfoniekonzerte in St. Gallen, daneben Kl.-Begleiter, u.a. der Geigerin Stefi Geyer und des Bassisten Felix Loeffel sowie Gastdirigent. August 1923 Besuch des Salzburger Musikfestes der Internationalen Gesellschaft für neue Musik. Nach schwerem Herzanfall bei einem St. Gallner Sinfoniekonzert Aufgabe der Dirigententätigkeit und Einschränkung der Konzerttätigkeit als Kl.-Begleiter. Zahlreiche in- und ausländische Auszeichnungen und Ehrungen.

WERKE F. 2 INSTR.: Suite (1. Satz) f. Vc., Kl. o. op. Nr. 55 (ca. 1902); Allegro f. Vc., Kl. o. op. Nr. 84 (Fragment, ca. 1902); Allegro f. V., Kl. o. op. Nr. 86 (Fragment, ca. 1902); [Stück in G] f. Kl., Melodieinstr. o. op. Nr. 89 (Fragment, ca. 1903); *Abend-Gebet* f. Vc., Kl. o. op. Nr. 63 (1903); Sonate f. V., Kl. D o. op. Nr. 22 (1905, Neufassung 1952); *Albumblatt* f. V., Kl. o. op. Nr. 70 (1908); Sonate f. V., Kl. D op. 16 (1908/09); [Sonatensatz] f. V., Kl. o. op. Nr. 102 (Fragment, 1914); Andante (aus der unvollendeten Sonate G) f. Klar., Kl. o. op. Nr. 35 (1916); Sonate f. BKlar., Kl. op. 41 (1927/28); Sonate f. V., Kl. E op. 46 (1931); Sonate f. Vc., Kl. o. op. Nr 47 (1957) – WERKE F. 3 INSTR.: *Sommer* f. Kl., V., Vc. o. op. Nr. 64 (1903); [Trio D] f. V., Va., Vc. o. op. Nr. 100 (Fragment, ca. 1908); Fuge für drei Stimmen f. 2 V., Vc. o. op. Nr. 76 (1915); Scherzo f. V., Va., Vc. o. op. Nr. 77 (1917); *Drängend bewegt* f. Kl., V., Vc. o. op. Nr. 116 (Fragment, Ende 1940er Jahre) – WERKE F. 4 INSTR.: Menuett und Trio f. StrQu. o. op. Nr. 26 (1906/07); Walzer f. StrQu. o. op. Nr. 71 (ca. 1908); *Fuga a 4 voci*, 2 soggetti (J. S. Bach) f. StrQu. bearbeitet o. op. Nr. 72 (ca. 1908); [Satz C] f. StrQu. o. op. Nr. 73 (ca. 1908); StrQu.-Satz B o. op. Nr. 75 (Fragment, 1908/09; ergänzt v. Werner Vogel); StrQu. D op. 23 (1911–1913); [Fuge] f. 3 V., Vc. o. op. Nr. 103 (Fragment, 1915); [Fuge] f. StrQu. o. op. Nr. 104 (Fragment, 1915); StrQu. C op. 37 (1923); [StrQu.-Satz As] o. op. Nr. 113 (Fragment, 1940er Jahre); [StrQu.-Satz c] o. op. Nr. 107 (Fragment, Ende 1940er Jahre).

Verlag: Hug & Co. Zürich, Leipzig; Breitkopf & Härtel Leipzig, Wiesbaden.

»Aber es fehlen doch die Worte dazu«, sagte O. Sch., als Werner Vogel ihm gegenüber sein V.-Konzert als »schönes und herrliches Stück Musik« lobte. Diese Äußerung vom August 1949, zu einem Zeitpunkt, als Sch. längst ein anerkannter Komponist auch von Instrumentalmusik geworden war, ist für seinen kompositorischen Werdegang symptomatisch. Denn in der Tat ist es die Gattung Lied, in er erste Kompositionsversuche unternimmt, in der er sehr früh seinen persönlichen Stil ausprägt und in der sich seine kompositorische Entwicklung am deutlichsten aufzeigen ließe. Gleichzeitig hat sich der oft einseitige Blick auf Sch.s Liedschaffen ausgesprochen hemmend auf die Rezeption seiner Instrumentalmusik ausgewirkt.

Welche großartigen Leistungen Sch. auf dem Gebiet der Kammermusik vollbrachte, machen neben den Sonaten gerade die beiden StrQu.e op. 13 und op. 37 deutlich. Bezeichnenderweise setzt Sch.s intensivere Beschäftigung mit dieser zentralen Gattung der Kammermusik zur Zeit seiner Studien bei Max Reger in Leipzig ein. Man muß hierin wohl den Versuch sehen, eine für Sch. völlig neue kompositorische Herausforderung – die Komposition für vier gleichberechtigte Stimmen – satztechnisch und strukturell zu bewältigen. Dem von Reger zu diesem Zeitpunkt bereits voll ausgeprägten, kontrapunktischen Stil konnte Sch. aber offensichtlich noch nicht folgen: Der kurz darauf entstandene Quartettsatz B-Dur (o. op. Nr. 75), eine monothematische Komposition, zeigt sein Talent auf dem Gebiet der melodischen Erfindung - ein Talent, daß er im Rahmen seiner Liedkompositionen entwickelt hatte und daß ihn auch in seinen späteren, wesentlich moderner anmutenden Werken nie verlassen hat. Eine weit ausladende Melodie in der 1. V. wird in dem harmonisch eher konventionellen Satz getragen von einer schlichten Begleitung der drei Unterstimmen, wechselt zeitweise in andere Stimmen, wird ansatzweise durchgeführt, bricht sich aber schnell wieder in leicht modifizierten Fassungen die Bahn und behält immer die führende Oberhand. Selbst die durchführungsartigen Passagen scheinen immer von der Melodie aus gedacht zu sein, was dazu führt, daß instrumentales Spielwerk in dieser frühen Komposition noch nicht in ein als Ganzes gedachtes kompositorisches Gewebe eingebunden wird, sondern eigenständige melodische Qualität gewinnt.

Das 1. StrQu. D-Dur op. 23 von 1913 dagegen zeigt, daß Sch. in der Beherrschung der Satzkunst den frühen Versuchen inzwischen weit entwachsen ist. Zwar beginnt auch hier der 1. Satz mit einem prägnanten melodischen Zug, doch gewinnen in seinem weiteren Verlauf sowie im gesamten Quartett zusätzlich andere kompositorische Mittel an Bedeutung. Bereits im 3. Takt des eröffnenden ›Allegro‹ wird die Erwartungshaltung des Hörers durch eine trugschlüssige Wendung, die die melodische Entfaltung abrupt anhält, enttäuscht – gleichsam als Signal, der Kraft der Melodie nicht allzu sehr zu vertrauen. Im Vergleich zum frühen Quartettsatz besitzt das ›Allegro‹ ein viel engeres Geflecht der vier Stimmen: Die melodische Entwicklung wird auf engstem Raum auf die einzelnen Stimmen aufgeteilt, einzelne Motive, vor allem das dreitönige Auftaktmotiv, gewinnen konstituierende Bedeutung, der Bereich der Harmonik ist eigenständiger und progressiver behandelt. Letzteres geschieht in allen drei Sätzen des 1. StrQu.s vor allem durch zahlreiche chromatische Linien der Unterstimmen, die auf diese Weise ausgefallene harmonische Wendungen gleichsam melodisch, linear einführen. Diese zunehmende Bedeutung der ausgeweiteten Harmonik ist für Sch.s Œuvre in dieser Phase kennzeichnend, nicht nur auf dem Gebiet des Liedschaffens, sondern gerade auch für seine Kammermusik.

Ein zunächst eher peripher erscheinendes Detail im Schlußsatz ist die häufige Verwendung von Phrasierungs- und Bindebögen. Sie ermöglichen Sch. die Komposition eines ständig fließenden Quartettsatzes (in dem 2., späteren StrQu. op. 37 wird dieses Mittel noch bewußter eingesetzt), ohne auf eine besonders melodiös ausgestaltete Stimme zurückgreifen zu müssen: Nicht mehr die Melodie allein, sondern das gesamte Stimmengefüge ist nun verantwortlich für die Klangentfaltung und den Fortgang der Komposition. Ohne Zweifel kann man hierin eine ›Spätfolge‹ der kompositorischen Studien bei Reger sehen.

Streichquartett C-Dur op. 37 (1923)

Grave, non troppo lento. Allegro grazioso – Allegretto tranquillo – Scherzo – Lento – Presto
Dauer: ca. 30'
Verlag: Breitkopf & Härtel Leipzig, ED 1924

Das dem ›Züricher Streichquartett‹, den Herren de Boer, Schroer, Essek und Reitz gewidmete und am 29. 11. 1923 in Zürich durch das ›Züricher Tonhallenquartett‹ uraufgeführte StrQu. C-Dur op. 37 wird in der Literatur als beispielhafte Komposition herausgestellt, um »der alten Mär, Schoeck sei nur im vokalen Bereich wirklich ›bedeutend‹« (Urs Frauchinger) gewesen, überzeugend zu widersprechen.

Während der Entstehung der fünfsätzigen Komposition hatte Sch. im August 1923 das Salzburger Musikfest der Internationalen Gesellschaft für neue Musik besucht. Hier kam er mit den neusten kompositionstechnischen und ästhetischen Entwicklungen in Berührung. Sie wirkten befremdlich auf ihn. Die Verneinung »der Sensibilisierung und Differenzierung der Harmonik, worin er speziell den Sinn der musikalischen Entwicklung seit Beethoven erkannte« (Hans Corrodi), stieß Sch. ab. Daß er unmittelbar nach dem Musikfest die Arbeit an dem StrQu. mit der Komposition der beiden letzten Sätze fortsetzte, zeigt nicht nur seine Selbstsicherheit, einen eigenen Stil gefunden zu haben, sondern verdeutlicht darüber hinaus, daß Sch. – immer bereit, neuere Tendenzen aufzugreifen – seine Komposition als durchaus zeitgemäß einschätzte.

Das StrQu. op. 37 zeichnet sich besonders durch fünf deutlich kontrastierende Satzcharaktere aus – gegenüber dem frühen Quartett von 1913 in dieser Hinsicht eine ganz entscheidende Fortentwicklung. Der **1. Satz** entfaltet unter Vermeidung konventioneller Formgebung eine weit ausladende Melodie, getragen von ausgesprochen freien, »herb-klangsatten Harmonien« (H. Corrodi). Das sich anschließende **Allegretto tranquillo** mutet, so der Sch.-Biograph Hans Corrodi, wie »ein Gesang eines Trauernden« an. Über ständigen, unruhigen Begleitwellen der drei Unterstimmen schwebt eine Melodie, die durch ihre Überbindungen und Synkopen gänzlich frei von irgendeinem metrischen Korsett zu sein scheint. Ganz anders dagegen der **3. Satz**: Mit seinen wilden Pizzicatofolgen klar rhythmisch geprägt, erinnert er unmittelbar an den 2. Satz des StrQu.s von Maurice Ravel, der möglicherweise als Vorbild gedient hat.

Maurice Ravel: Streichquartett 2. Satz, T 1–5

O. Sch.: Streichquartett op. 37, 3. Satz, T 1–3

Die Mixturklänge des anschließenden **Lento** führen durch die Parallelführung mehrerer Stimmen im Quintabstand in eine klanglich völlig andere Welt, bevor das Quartett mit einem virtuosen **Presto** zum Abschluß kommt. Dieser motorische, polyrhythmische Satz, in dem permanent ein zweiteiliger 6/8-Takt gegen einen 3/4-Takt in anderen Stimmen gesetzt wird, soll Sch. an eine »rasende Tarantella« erinnert haben. Corrodi gemahnt er eher an »eine Nacht des Nordens mit eisigem Geflimmer des Mondes«, während andere darin ein »Maschinenstück« (Urs Frauchinger) sehen, das unter dem Eindruck der modernen Kompositionen des Salzburger Musikfestes entstanden sei. Aber auch der bereits erwähnte Quartettsatz Maurice Ravels könnte bei der Komposition Pate gestanden haben.

Woran man sich beim Finale des zweiten StrQu.s von Sch. erinnert fühlt, wird letztlich von dem jeweiligen eigenen Vorverständnis abhängen: Daß dieser Satz derartige Assoziationen hervorruft, spricht sicher für die Suggestivkraft der Musik von O. Sch.

Benedikt Jäker

Arnold Schönberg

geb. 13. 9. 1874 Wien, gest. 13. 7. 1951 Los Angeles. Autodidaktische Musikstudien (V.-Spiel, Komposition). 1891–1895 Bankangestellter. Kompositorische Unterweisung durch Alexander von Zemlinsky. 1895–1898 Leitung von Arbeiterchören. 1899 Leiter des Männergesangsvereins ›Beethoven‹ in Heiligenstadt. Vorstandsmitglied des Wiener Tonkünstlervereins. ›Brotarbeiten‹ für Verlage (Kl.-Auszüge, Operetten-Instrumentationen). 1901 Übersiedlung nach Berlin. Kapellmeister in Ernst von Wolzogens Buntem Theater (›Überbrettl‹), danach Theorielehrer am Sternschen Konservatorium. Förderung durch Richard Strauss. 1903 Rückkehr nach Wien. Lehrer an der Schwarzwald-Schule, privater Kompositionsunterricht. 1904 mit Zemlinsky Gründung der Vereinigung schaffender Tonkünstler (Ehrenpräsident: Gustav Mahler). Anton von Webern und Alban Berg werden Schüler Sch.s. 1908/09 erste atonale Kompositionen. Verstärkte Hinwendung zur Malerei. 1910 Privatdozent an der Wiener Akademie für Musik und darstellende Kunst. 1911 erneute Übersiedlung nach

Berlin. Vortragsreihe am Sternschen Konservatorium. Ab 1912 wachsende internationale Anerkennung durch Aufführungen und eigene Konzerte (Paris, London, Amsterdam, Petersburg u.a.). 1915 Rückkehr nach Wien. 1915/16 und 1917 Einberufungen zum Kriegsdienst. 1917 Gründung eines Seminars für Komposition an der Schwarzwald-Schule. 1918 Übersiedlung nach Mödling. Gründung des ›Vereins für musikalische Privataufführungen‹ in Wien. Ab ca. 1920 erste Zwölfton-Kompositionen. 1920/21 Aufenthalt in Holland; Teilnahme am Mahler-Fest in Amsterdam, Ernennung zum Präsidenten des ›Mahlerbundes‹. 1925 Berufung an die Preußische Akademie der Künste zu Berlin als Leiter einer Meisterklasse für Komposition. 1931/32 Arbeitsurlaub in Spanien (*Moses und Aron*). 1933 Emigration über Paris in die USA. Unterricht am Malkin-Konservatorium in Boston und in New York. 1934 Übersiedlung nach Los Angeles. Unterricht an der University of Southern California (USC), ab 1936 an der University of California, Los Angeles (UCLA). Nach Emeritierung (1944) Wiederaufnahme des privaten Unterrichts. 1949 Ehrenbürgerschaft Wiens.

Werke f. 2 Instr.: Phantasie f. V. mit Kl.-Begleitung op.47 (1949) – Werke f. 3 Instr.: Streichtrio op.45 (1945) – Werke f. 4 Instr.: 5 StrQu. (D, 1897; 1. d op.7, 1905; 2. fis op.10, 1907/08; 3. op.30, 1927; 4. op.37, 1936) – Werke f. 5 Instr.: Quintett f. Fl., Ob., Kl., Fg., Hr. op.26 (1923/24); *Ein Stelldichein* f. Ob., Kl., V., Vc., Kl., Harm. (1921) – Werke f. 6 Instr.: Streichsextett *Verklärte Nacht* d op.4 (1899) – Werke f. 7 Instr.: Suite f. Kl., kleine Klar., Klar., BKlar., V., Va., Vc. op.29 (1924–1926) – Werke f. Kammerensemble: 1. Kammersinfonie f. 15 Solo-Instr. E op.9 (1906); *Herzgewächse* f. hohen S., Cel., Harm., Hf. op.20 (1911); *Pierrot lunaire* f. Sprechstimme, Kl., Fl. (auch Pikk.), Klar. (auch BKlar.), V. (auch Va.), Vc. op.21 (1912); Serenade f. Klar., BKlar., Mand., Git., V., Va., Vc., Bar. op.23 (1920–1923); *Ode an Napoleon Buonaparte* f. Sprecher, StrQu., Kl. op.41 (1942) – Bearbeitungen: Johann Strauß d.J.: *Lagunenwalzer* op.411 f. Harm. Kl.-Quintett (1921); Johann Strauß d.J.: *Rosen aus dem Süden* op.388 f. Harm. Kl.-Quintett (1921); *Ständchen* v. Franz Schubert f. Klar., Mand., Git., StrQu. (1921); *Santa Lucia* f. V., Va., Vc., Mand., Git., Kl. (1921); L. Denza: *Funiculi, funicula* f. Klar., Git., Mand., Streichtrio (1921); F. Schubert: *Ständchen* D 889 f. Singst., Klar., Fg., Mand., Git., StrQu. (1921); Johann Strauß d.J.: *Kaiserwalzer* op.431 f. Fl., Klar., StrQu., Kl. (1925).

Verzeichnis: J. Rufer, Das Werk A. Sch., Kassel ²/1975.
Verlag: Sämtliche Werke, Schott Mainz 1968ff.

Die Tatsache, daß Sch.s kammermusikalische Kompositionen die Zahl seiner Orchester-, Bühnen- und Chorwerke deutlich übertreffen, ist bekannt, doch keineswegs selbstverständlich. Denn zumal seit der 2. Hälfte des 19. Jahrhunderts kamen die progressiven Impulse für die kompositorische Entwicklung in Deutschland und Österreich aus der Oper (Richard Wagner) und der Orchestermusik (Franz Liszts und Richard Strauss' Sinfonische Dichtungen; die Sinfonien von Anton Bruckner und Gustav Mahler). Kammermusik hingegen galt – dies bekundeten Wagner und Mahler unmißverständlich – als ein bedeutendes, jedoch durch Beethoven, Schubert und Schumann abgeschlossenes Kapitel der Musikgeschichte. Wer sich danach in überzeugender, der Zeit gemäßer Weise musikalisch äußern wolle, hätte dies mit dem großen Orchester zu tun – im Konzertsaal wie im Opernhaus. Denn von Hector Berlioz und Wagner bis Mahler und Strauss wäre hiermit ein ›vollendetes‹ Instrument entstanden, welches allein die Fähigkeit besäße, die beträchtlichen Erweiterungen klanglicher und struktureller Differenzierung in musikalisch erlebbare Realität zu verwandeln.

Wer sich dieser Forderung verschloß, geriet unweigerlich in Verdacht, am Veralteten festzuhalten, ein ›Akademiker‹ zu sein. Johannes Brahms ereilte frühzeitig dieser Ruf, und er sollte ihm bis an sein Lebensende anhaften. Sch. war offensichtlich einer der ersten, dem dieser Konflikt (Orchester kontra Kammermusik als Teil der Entgegensetzung von programmatischer und absoluter Musik) in historische Distanz rückte und der zur Einsicht gelangte, daß bei Brahms nicht minder als bei Wagner und Strauss die Quellen zukünftigen Komponierens zu finden seien. Das Streichsextett *Verklärte Nacht* (1899) wurde gewissermaßen zum klingenden Dokument dieser Einsicht: Hier gehen restlos kompositionstechnische und musiksprachliche Einflüsse auf, deren Urheber sich wenige Jahre zuvor noch unversöhnlich gegenüberzustehen schienen. Doch dies war zugleich nur ein Anfang. Gab es da zur Kammermusik immer noch die orchestralen Gegenstücke und umgekehrt (mit und nach dem Sextett entstanden die *Gurre-Lieder*; der Sinfonischen Dichtung *Pelleas und Melisande* von 1903 folgte das 1. StrQu.), so neigte sich Sch.s kompositorische Erfindung mit den ersten nachdrücklichen Zeichen von Atonalität immer stärker der Kammermusik zu. Opus 9 (1906) ist gleichermaßen Zwitter wie Kompromiß, die dem Werk auch den Titel gaben: Kammersinfonie – für 15 Solo-Instrumente. Thematik und Stimmengestaltung verweisen noch immer und nahezu ununterscheidbar auf Wagner wie auf Brahms, im energiegeladenen, ›gleißenden‹ Klangcharakter bleibt der Einfluß von Strauss hörbar. Sch.s Eigenart zeigt sich hier vor allem in einem rapiden Zug zur Verdichtung der klingenden Ereignisse, von der Formanlage (die durchaus noch wahrzunehmenden Satzcharaktere einer klassischen Sinfonie werden zu einem einzigen ›Großsatz‹ verschweißt) bis zu Thematik und Motivik, die mittels entwickelnder Variation ein dichtes Beziehungsgeflecht über das gesamte Werk ausbreiten.

Mit dem entschiedenen, bewußt vollzogenen Übergang zur Atonalität – den Weg zu ihr verstand Sch. als gleichermaßen ›logische‹ und ›unbewußte‹ Konsequenz der Entwicklung der Tonalität, wofür ihm die eigenen tonalen Stücke wie das Sextett und auch noch die Kammersinfonie (E-Dur) den tönenden Beweis lieferten – machten sich neue Akzente bemerkbar. Nun gewinnt Kammermusik die Oberhand, einerseits hinsichtlich der Zahl der Stükke, von den solistischen Kompositionen (Kl.-Stücke op.11 u. 19), Liedern (*Das Buch der hängenden Gärten*, op.15) bis zu den Ensemblestücken *Pierrot lunaire* und *Herzgewächse*; andererseits in einem relativierenden Sinne: Die Orchesterstücke op.16 wie die Bühnenwerke *Erwartung* und *Die glückliche Hand* leiten sich wohl weniger aus der Perspektive traditioneller Sinfonik bzw. Oper her, sondern treiben vielmehr einen in ihrem Innern wirkenden kammermusikalischen Impuls ins Großformatige. Dieses Großformatige betrifft allerdings ausschließlich den Klangcharakter, nicht die Formbildung. Ob Orchester- oder Bühnenwerk – in jedem Falle handelt es sich um ›Stücke‹ relativ geringen Ausmaßes, die von einem kammermusikalischen Denken geleitet sind. Dieses Denken drängte sich Sch. vor allem angesichts der Tatsache auf, daß durch die Abwesenheit der Tonalität deren ebenso gewohnte wie verläßliche Mittel zur Form- und Strukturbildung nicht mehr zur Verfügung standen, ein ausgleichender ›Ersatz‹ jedoch noch nicht gefunden war.

Die Frage, auf die in der Tonalität weitgehend a-priori reagiert werden konnte: Woher kommt der nächstfolgende Ton?, verlangt in der Atonalität und in jedem Moment eine ›Ad-hoc‹-Antwort. So schrumpften die formalen Dispositionen, reihten sich auf knappsten Verbindungswegen die Motive aneinander, um einer aphoristisch wirkenden Gestaltung Platz zu machen. Und diese Verknappung mußte geradezu zwangsläufig immer auch kammermusikalisch wirken – am konsequentesten bei Sch.s Schüler Anton Webern, der nach seinen Orchesterstücken op. 6 (1909) selbst dann nurmehr Kammermusik schrieb, wenn er eine Komposition als Kantate oder Orchestervariationen bezeichnete. Sch.s künstlerisches Naturell verlangte nach einer anderen Lösung. Sein Kompositionsbegriff, allezeit verwurzelt im klassisch-romantischen Ausdrucksprinzip, war geleitet von zwei grundlegenden, einander ergänzenden Bestimmungen: Zusammenhang und Faßlichkeit – nur eine Musik, die über Zusammenhang verfüge, könne Faßlichkeit beanspruchen, also ›verstanden‹ werden. Atonalität hatte ein vorhandenes, jedoch gewissermaßen ›ausgeschöpftes‹ System für Zusammenhangsbildung außer Kraft gesetzt – nun mußte es Sch. darum gehen, ein den neuen Darstellungsbedingungen angemessenes Regulierungssystem aufzuspüren. Seine Lösung fand er in der *Methode der Komposition mit zwölf nur aufeinander bezogen Tönen*, in einer Reihentechnik, die er nach 1920 nahezu allen wesentlichen Werken zugrundelegte. Und da hier erneut, vergleichbar der atonalen Wende um 1909, eine terra incognita zu betreten war, überrascht es nicht, daß in den ersten Jahren der Entfaltung und Erprobung der Methode solistische und kammermusikalische Werke hervortreten: neben den Kl.-Zyklen op. 23 und 25 die Serenade op. 24, das Bläserquintett op. 26, die Suite op. 29 und das 3. StrQu. op. 30, ehe gegen Ende der 20er Jahre mit den Orchestervariationen op. 31 und den Opern *Von heute auf morgen* sowie *Moses und Aron* die ersten orchestralen Kompositionen entstehen. Doch diesmal ergibt sich eine andere ›Fortsetzung‹ als zwei Jahrzehnte zuvor. Sch. arbeitet nunmehr in der sicheren Überzeugung, durch die Zwölfton-Technik zu wissen, »woher der nachfolgende Ton kommt« – aus der Reihe nämlich, die er unumwunden als »Tonalitätsersatz« definiert: »man benutze die Reihe und komponiere ansonsten wie zuvor«. Für die Kammermusik hatte dies zur Folge, daß sie nach der Erprobungsphase ihre leitende Rolle verlor, um wiederum einer genuinen Orchesterschreibweise Platz zu machen. In den 30er und 40er Jahren überwiegen zum ersten und auch einzigen Male die ›großen‹ Formen des Konzerts und der Kantate, innerhalb derer die Kammermusik (4. StrQu., Streichtrio, V.-Phantasie) einen zwar nicht untergeordneten, aber doch weniger bestimmenden Rang einnimmt.

1. Streichquartett d op. 7 (1905)

einsätzig: Nicht zu rasch – kräftig (nicht zu rasch) – mäßig; langsame Viertel – mäßig=heiter
Dauer: ca. 43'
Verlag: Dreililien (Richard Birnbach) Berlin, ED 1907

Das 1. StrQu. nimmt, ähnlich der 1. Kammersinfonie (1906), eine Schlüsselstellung in Sch.s Werk ein. Es macht den vielschichtig-verzweigten Übergang von der Tonalität zur Atonalität als einen grundlegenden Wandel des musika-

lischen Sprachcharakters vernehmbar. Obgleich noch tonal organisiert, nimmt das Quartett Elemente und Verfahrensweisen auf, die wenig später für die Gestaltung atonaler Strukturen (2. StrQu., 1908/09, *Erwartung* op. 17, 1909) entscheidende Bedeutung erlangen werden. Dabei fließen die verschiedenen kompositorischen Darstellungsebenen – Harmonik, Motivik, Rhythmik, Dynamik, Klang, Formbildung – in einer Weise zusammen, die dem musikalischen Ausdruck ein Höchstmaß an Expressivität und Intensität verleiht. Am auffälligsten kommt dies in der polyphonen Satzanlage zur Geltung, in einer »Kontrapunkttechnik, die die Probleme löste, welche sich durch übereinandergeschichtete eigenständige Stimmen ergaben, die sich frei in entfernteren Regionen einer Tonalität bewegten und häufig in vagierenden Harmonien zusammentrafen.« (Schriften 1, S. 410)
Sch. verwirklicht also bereits im noch-tonalen Satz die Auflösung der akkordischen Einbindung und Fortschreitung der Stimmen. Er ersetzt sie durch ein gleichermaßen frei bewegliches wie aufeinander bezogenes Spiel von Tonlinien, das die – in tonaler Harmonik verankerte – Entgegensetzung von Konsonanz und Dissonanz aufzuheben beginnt. Dies aber verlangt nach gewissermaßen ›ausgleichenden‹ Elementen für den Zusammenhalt von Form- und Strukturbildung. Sch. findet sie vor allem im Prinzip der ›entwickelnden Variation‹, welches sich nicht nur auf Motivik/Thematik, sondern auch auf die Entfaltung der Form erstreckt. Ausgangspunkt des Werkes ist ein motivisch-thematischer Komplex, der nahezu 100 Takte umfaßt und – durchaus im Sinne einer klassischen Exposition – das Material für alle folgenden, ineinander übergehenden Teile bereitstellt. Es sind insgesamt vier, die wiederum das klassische Vorbild erkennen lassen: (Hauptsatz (T. 1 – 398), Scherzo mit Trio (T. 399 – 941) – langsamer Satz (T. 942 – 1111) – Schlußsatz (Rondo, T. 1112 – 1310). Jeder dieser Teile greift ein Motiv aus der ›Exposition‹ auf, um es wie eine Art Modell der jeweiligen Ausdruckslage zu verwandeln und auszuführen. Der hieraus resultierende Zusammenhalt wird einerseits noch dadurch gestärkt, daß solche Bezüge im weiteren Verlauf nicht auf das anfangs gewählte Modell begrenzt bleiben, sondern nach und nach weitere erfassen, die wie ein Bindemittel in die Struktur einfließen. Andererseits erscheint das eröffnende Hauptthema zwischen den Satzabschnitten immer wieder als Überleitung, in der das jeweils Vorausgegangene zusammengefaßt und zum Folgenden hin verwandelt wird. Dergestalt ergibt sich eine gegliederte Einsätzigkeit, deren wechselnde Formcharaktere jedoch stets durch die überleitenden Zusammenfassungen mit dem beherrschenden Eröffnungsthema verbunden sind.

1. Kammersinfonie E op. 9 (1906) für 15 Solo-Instrumente (2 Violinen, Viola, Violoncello, Kontrabaß, kl. Flöte, Oboe, Englisch Horn, 2 Klarinetten [in D, in B], Baß-Klarinette, Fagott, Kontra-Fagott, 2 Hörner)

Satzbezeichnungen (einsätzig): Langsam, Sehr rasch, Viel langsamer, Etwas bewegter
Dauer: ca. 20'
Verlag: Universal Edition, Wien, EA 1913

Sch. bezeichnete die 1. Kammersinfonie als den »Höhepunkt meiner ersten Stilperiode [...] Hier vollzieht sich eine vollkommene Amalgamierung der Melodie mit der Harmonie, indem eine wie die andere entferntere tonale Beziehung einheitlich verschmelzen, logische Konsequenzen aus den Problemen ziehen, in die sie sich eingelassen haben, wobei gleichzeitig ein großer Fortschritt in der Richtung auf die ›Emanzipation der Dissonanz‹ erfolgt«. Neben und ineins mit Verdichtungen im Motivisch-Thematischen wie im harmonischen, in Formbildung und Klangcharakter rückt selbst die Gattungstradition ›Sinfonie‹ ins Licht, angefangen mit der eigenartigen und auch etwas umständlichen Benennung des Werkes als ›Kammersinfonie für 15 Soloinstrumente‹.

Handelt es sich hier um Kammer- oder Orchestermusik? Das Werk wird gewissermaßen zum Kreuzpunkt kammermusikalischer und sinfonischer Entwicklungszüge mit dem Ziel, eine gattungsunabhängige musikalische Idealsprache zu erreichen. Sch. steuert einen ornamentfreien, nur von ›Wesentlichem‹ getragenen Ausdruck an, da allein auf diesem Wege ein schrankenloser, durch keine traditionellen Normen abgelenkter ›Selbstausdruck‹ möglich sei. Historisch entstandene Gattungsabgrenzungen sind solchem Ausdruck nicht minder hinderlich als funktionell geregelte Harmonik mit deren entsprechenden strukturellen ›Verpflichtungen‹. Die Bezeichnung ›Kammersinfonie‹ ist also gleichsam ein Sigel für – nach Sch.s Auffassung – entwicklungsgeschichtlich notwendige Bestrebungen, eine solche ›Idealsprache des Selbstausdrucks‹ zu entfalten. Und nach Lage der für Sch. bestimmenden Tradition geht diese Sprache vorrangig aus der Instrumentalmusik hervor, innerhalb derer wiederum StrQu.e und Sinfonie die leitend sind. Deshalb schließlich stellt die Kammersinfonie nicht nur eine reduzierte, »gepreßte« Sinfonie dar (R. Brinkmann), sondern ebenso auch eine erweiterte, gewissermaßen ›eskalierte‹ Kammermusik.

Daß dem Werk ein solch grundsätzliches Anliegen aufgebürdet wird, geht sogleich aus dessen berühmtem, als »Fanal der neuen Musik« (E. Klemm) erscheinendem Quartenmotiv hervor, das zusammen mit den eröffnenden und den nachfolgenden, an die Ganztonleiter gebundenen Motiven eine Art ›Materialdisposition‹ bildet, welche allen weiteren musikalischen Ereignissen die Bahn vorzeichnet.

Diese ›Materialdisposition‹ aus Quartenschichtung, Ganztonreihe sowie einer chromatisch-leittönigen Stimmenfortschreitung, die zwischen den Intervallen Quart und Ganzton gewissermaßen vermittelt, gerät zur tonalen Harmonik in Widerspruch, da es das System grundtonbezogener funktionaler Dreiklänge sprengt und an dessen Stelle – zumindest der Tendenz nach – frei schweifende symmetrische Klänge setzt. In Sch.s Worten: »Erfunden an einem stürmisch-aufwärtsstrebenden Hornthema, breiten [die Quartakkorde] sich architektonisch über das ganze Werk aus und geben allem, was vorkommt, ihr Gepräge. So kommt es, daß sie dann hier auch nicht bloß als Melodie oder als rein impressionistische Akkordwirkung auftreten, sondern ihre Eigentümlichkeit durchdringt die gesamte harmonische Konstruktion, sie sind Akkorde wie alle anderen«. Und diese Akkorde bzw. die Quartenfolge(n) vermitteln »in ihrer melodischen und harmonischen Relation zur Ganztonskala die harmonische Idee des Stücks«.

Im selben Maße, wie in der Kammersinfonie jedes klingende Ereignis auf das in und an ihm Wesentliche reduziert, komprimiert erscheint, ist es Teil eines übergreifenden, Einheit in der Mannigfaltigkeit schaffenden Zusammenhangs. Die verbindenden Wege zwischen den einzelnen musikalischen Ereignissen werden extrem verkürzt und deren Varianten werden nicht mehr ausführlich vorbereitet, vorgestellt und weitergeleitet, sondern stoßen hart aneinander.

Um solch rigoros avantgardistischer Detailgestaltung einen faßlichen Rahmen zu geben, gliedert Sch. das Werk – ähnlich dem 1. StrQu. – in vier ineinander übergehende Abschnitte, die unverkennbar an die Satzfolge einer klassischen Sinfonie erinnern. Einer Sonatenexposition (›Kopfsatz‹) folgt ein ›Scherzo‹, das zugleich die Rolle einer ›Durchführung‹ übernimmt. Daran schließen ein langsamer Teil sowie ein ›Finale‹ an.

Quintett op. 26 (1923/24)
für Flöte, Oboe, Klarinette, Horn und Fagott

Schwungvoll – Anmutig und heiter; scherzando – Etwas langsam (Poco Adagio) – Rondo
Dauer: ca. 40'
Verlag: Universal-Edition, Wien, ED 1925

Mit dem Bläserquintett hatte Sch. wieder errungen, was ihm durch atonale kompositorische Darstellung verloren gegangen war und was er auch – im Gegensatz zu seinem Schüler Anton Webern – als Verlust, als Mangel, den es zu beheben galt, empfunden hatte: Ausdehnung der Form, um Raum zu schaffen für Reichtum an klingenden Gestalten. Technische Grundlage dieser Ausweitung ist die Zwölfton-Methode, die Sch. hier erstmals mit dem viersätzigen Sonatenzyklus verbindet. Dabei läßt sich ein experimentierendes Moment kaum überhören, eine Feststellung, die jedoch keineswegs in die Kritik jener Avantgarde-Hüter einstimmen will, welche im Zusammenschluß von ›traditionalistischer‹ Sonatenform und ›moderner‹ Reihentechnik einen Anachronismus oder eine »Spielart des Neoklassizismus« (P. Boulez) zu erkennen glauben.

Das experimentelle Moment macht sich vor allem in einer lückenlosen, vielleicht sogar pedantisch zu nennenden Genauigkeit bemerkbar, mit der Sch. sowohl die formbildenden Elemente des Sonatenzyklus wie die Gesetze der Zwölftontechnik behandelt. Mehr noch: Er sucht nach kompositorischen Lösungen, in denen beide Gestaltungsweisen, die ihrer geschichtlichen Herkunft nach dem akademischen wie dem avantgardistischen common sense als unvereinbar erschienen, einander ergänzen oder gar verschmelzen. Denn für Sch. schloß die historische Differenz keineswegs eine ästhetische Distanz ein. Dergestalt dienen Sonatenform bzw. -zyklus und Reihentechnik gemeinsam der Sicherung von Zusammenhang als Bedingung für die Faßlichkeit des Erklingenden. Die reihentechnische Verknüpfung der strukturellen Elemente bildet dabei einen Hintergrund, der dem Hörer keineswegs als gewissermaßen eigenständige Dimension musikalischer Darstellung bewußt werden soll. Sie hat einzig und allein einen Zusammenhalt zu suggerieren, dessen vernehmbare Seite in durchaus traditionellem Sinne die Entfaltung von Motiven und Themen bilden möge.

Streichtrio op. 45 (1946)

Einsätzig: Part 1; 1st Episode; Part 2; 2nd Episode; Part 3
Dauer: ca 20'
Verlag: Bomart Music Publications New York, ED 1950

Mit dem Streichtrio kehrte Sch. noch einmal zu jener Form gegliederter Einsätzigkeit zurück, die er am Anfang des Jahrhunderts – »in Anpassung an den Glauben der Zeit« (Schriften 1, S. 410) – aufgegriffen (1. Kammersinfonie, 1. StrQu.), danach jedoch (2.–4. StrQu., Bläserquintett) zugunsten des klassischen viersätzigen Sonatenzyklus verlassen hatte. Diese Rückkehr ist aber keineswegs mit einer Zurücknahme von musiksprachlichen Eigenheiten verbunden, die Sch. in den Kompositionen der 20er und 30er Jahren entfaltet hatte. Im Gegenteil: Sein Altersstil zeichnet sich bei ungeminderter Konsequenz reihentechnischer Durchbildung der Struktur durch weitere Steigerung und Verdichtung des musikalischen Ausdrucks aus. Das Trio erscheint, ähnlich der V.-Phantasie, dem *A Survivor from Warsaw* op. 46 oder dem *Modernen Psalm* op. 50c (bzw. op. 50b), als nicht mehr zu übertreffende Verwirklichung jener Idee einer ornamentfreien, auf das Wesentliche eines ›zu sagenden‹ musikalischen Gedankens gerichteten Darstellung, die Sch. seit dem Übergang zur Atonalität als künstlerisches Ideal empfunden und zu gestalten gesucht hatte.

Unabhängig von programmusikalischen Vorstellungen, die dem Stück zugrunde liegen sollen (Sch. schrieb es nach eigenen Angaben unter dem Eindruck einer schweren Erkrankung), gewinnt es einen ungemein ›sprechenden‹ Charakter, der von gestisch verkürzter Thematik, konziser Formbildung und – dies vielleicht das am nachhaltigsten wirkende Element – von Klangbildern herrührt, die sich auf engsten Distanzen im Detail oder insgesamt ändern. Dem entspringt eine permanente Gespanntheit des Ausdrucks, die allerdings in keinem Moment verspannt erscheint. Die Vielgestaltigkeit der Klänge, die nicht zuletzt durch virtuos auszuführende Wechsel von natürlichen und Flageolett-Tönen erzeugt wird, findet allerdings auch wiederum durch reprisenhaften Zusammenschluß der Formteile (Part 3) eine festere Bindung.

Mathias Hansen

Dmitri Schostakowitsch

geb. 12. (nach alter Zeitrechnung 25.) 9. 1906 St. Petersburg, gest. 9. 8. 1975 Moskau. 1915 erster Kl.-Unterricht durch die Mutter, erste Kompositionen. Förderung durch Alexander Glasunow. 1919–1923 Studium am Petrograder Konservatorium bei Alexandra Rosanowa und Leonid Nikolajew (Kl.), Maximilian Steinberg (Komposition). 1923 Kl.-Examen, Gelderwerb als Stummfilmpianist. 1926 Aspirant am Leningrader Konservatorium, UA der 1. Sinfonie. 1928 Musikdramaturg und Pianist an Wsewolod Meyerholds Theater in Moskau. 1930 UA der Oper *Die Nase*. 1934 UA der Oper *Lady Macbeth von Mzensk*. 1936 durch ›Prawda‹-Artikel *Chaos statt Musik* und *Ballettverfälschung* offizielle Kritik an Sch. 1937–1948 Prof. für Komposition am Leningrader Konservatorium. 1941 Evakuierung aus Leningrad; 1942 UA der international erfolgreichen 7. Sinfonie. 1943–1948 Lehrer am Konservatorium in Moskau (ab 1945 ständiger Wohnsitz). 1948 nach ›Formalismus‹-Beschluß des ZK der KPdSU aus allen Ämtern entlassen. 1960 1. Sekretär des sowjetischen Komponistenverbandes, Aufnahme in die KPdSU; Diagnose einer unheilbaren Rückenmarksentzündung. 1949–1975 zahlreiche Reisen durch die Sowjetunion und ins Ausland zu Konzerten und Kongressen. Seit 1966 rapide Verschlechterung der Gesundheit. Komponierte neben linientreuen Gelegenheitswerken hauptsächlich Filmmusik, Solokonzerte, Lieder und die bedeutenden Werkzyklen der 15 Sinfonien sowie 15 StrQu.

Werk f. 1 Instr.: Drei Stücke f. V. solo o. Op.(1940, verloren?) – Werke f. 2 Instr.: Drei Stücke f. Vc., Kl. fis, a, C op. 9 (1923/24, verloren); Sonate f. Vc., Kl. d op. 40 (1934); Moderato f. Vc., Kl. (1934?); Sonate f. V., Kl. G op. 134 (1968); Sonate f. Va., Kl. C op. 147 (1975) – Werke f. 3 Instr.: Trio f. Kl., V., Vc. Nr. 1 C op. 8 (1923); Trio f. Kl., V., Vc. Nr. 2 e op. 67 (1944) – Werke f. 4 Instr.: Zwei Stücke f. StrQu. (1931, Bearb. von Stücken aus der Oper *Lady Macbeth von Mzensk* und dem Ballett *Das goldene Zeitalter*); 15 StrQu. (Nr. 1 C op. 49, 1938; Nr. 2 A op. 68, 1944; Nr. 3 F op. 73, 1946; Nr. 4 D op. 83, 1949; Nr. 5 B op. 92, 1952; Nr. 6 G op. 101, 1956; Nr. 7 fis op. 108, 1960; Nr. 8 c op. 110, 1960; Nr. 9 Es op. 117, 1964; Nr. 10 As op. 118, 1964; Nr. 11 f op. 122, 1966; Nr. 12 Des op. 133, 1968; Nr. 13 b op. 138, 1970; Nr. 14 Fis op. 142, 1973; Nr. 15 es op. 144, 1974) – Werk f. 5 Instr.: Quintett f. Kl., StrQu. g op. 57 (1940) – Werk f. 8 Instr.: Zwei Stücke f. Streichoktett d, g op. 11 (1924/25).

Verlag: Sikorki Hamburg; Musyka Moskau.

Kurz nach dem Ende des Großen Vaterländischen Krieges – wie der 2. Weltkrieg in offizieller sowjetischer Terminologie hieß – hielten es Stalin und sein ästhetischer Sachwalter Andrej Schdanow für ratsam, die sowjetische Kulturszene erneut zu disziplinieren. Im August 1946 wurden Michael Soschtschenko und Anna Achmatowa vom Zentralkomitee der KPdSU der »ideologischen Zersetzung« gescholten. Es folgten Rüffel für die Theater- und Filmschaffenden, im Februar 1948 schließlich auch für unbequeme Komponisten wie Sch., Sergej Prokofjew oder Aram Chatschaturjan, denen mit parteiüblichen Worthülsen »formalistische Verzerrungen und antidemokratische Tendenzen« im Fahrwasser der »übermodernen bürgerlichen Musik Europas und Amerikas« vorgeworfen wurde. Das Fazit des ZK-Beschlusses richtete sich direkt gegen den Sinfoniker Sch., der vor allem mit seinen ›Kriegssinfonien‹ Nr. 7 und 8 zum internationalen Symbol des antifaschistischen

Widerstands geworden war: »Die formalistische Richtung in der Sowjetmusik erzeugte bei einem Teil der Komponisten eine einseitige Begeisterung für schwierige Formen der instrumentalen, sinfonischen textlosen Musik und eine geringschätzige Einstellung zu Musikgattungen wie Oper, Chormusik, volkstümliche Musik für kleine Orchester, für Volksinstrumente, Gesangsensembles usw. ...«. (Detlef Gojowy)

Fast scheint es, als hätten die stalinistischen Kulturbürokraten geahnt, daß Sch. gerade mit seiner ›schwierigen‹ Instrumentalmusik eine Sprache entwickelt hatte, die sich dem Hörer keineswegs durch Kompliziertheit entzog, sondern ihm im Gegenteil mehr von seinen Lebensumständen verriet als alle redseligen Oratorien über Folkloremelodien oder Opern aus dem sowjetischen Heldenleben. Zwar hat Sch. auch nach 1948 noch großformatige Vokalmusik geschrieben, doch zog er seine Konsequenzen aus der zweimaligen Parteischelte, die ihn 1936 fast das Leben und 1948 immerhin seine Lehrämter kostete. Vor allem verweigerte er sich künftig dem öffentlichen Medium par excellence – der Bühne. Ballette komponierte er nach 1935 überhaupt nicht mehr, und seine Opernarbeit beschränkte sich neben dem abgebrochenen Projekt über Gogols *Spieler* (1941/42, ergänzt von Krzysztof Meyer) und Neuinstrumentierungen von Opern Mussorgskis auf die harmlose Operette *Moskau-Tscherjomuschki* (op. 105, 1957/58) und die Entschärfung der von Stalin inkriminierten *Lady Macbeth von Mzensk* zur *Katerina Ismailowa* (1956–1963). Nach dem Ausbrennen der revolutionären Kunstutopien und Stalins brutaler ›Säuberung‹ der politischen und kulturellen Elite gegen Ende der 30er Jahre begann Sch. seine Inhalte mehr und mehr zu verschlüsseln durch eine rhetorisch aufgeladene Tonsprache, die es ihm in ihrer Mischung aus expressionistischer Gestik, ›surrealistischen‹ Verfremdungseffekten und der Auseinandersetzung mit der Tradition ermöglichte, sich auch als hochdekorierter sowjetischer ›Vorzeigekomponist‹ den inneren Nonkonformismus zu bewahren und nach außen zu tragen.

In dieser Entwicklung nimmt die Kammermusik, die Sch. vor 1936 mit Werken wie dem einsätzigen Kl.-Trio op. 8, den beiden Stücken für Streichoktett oder der Sonate op. 40 für den befreundeten Cellisten Viktor Kubatzki eher sporadisch und ohne akademisches Prestigedenken pflegte, einen zentralen Stellenwert ein. 1938, mit fast 32 Jahren, schrieb er sein erstes StrQu. noch als lichte, neoklassizistische Fingerübung im neuen Medium, während das zwei Jahre später entstandene Kl.-Quintett op. 57 die staatspreisverdächtige Synthese aus kunstvoller barocker Satztechnik und einem optimistischen, fast volkstümlichen Ton versucht. Doch schon gegen Ende des Krieges, der Sch. aus der belagerten Geburtsstadt Leningrad nach Kuibyschew und Moskau verschlug, stellte er mit dem gleichzeitig komponierten zweiten Kl.-Trio op. 67 und dem zweiten StrQu. op. 68 (1944) gleichsam das Programm seiner künftigen Kammermusik auf. Mit der slawischen Tönung und Themenstruktur in den Kopfsätzen der beiden Werke und dem russisch-orthodox anmutenden Variationenthema im Finale des Quartetts bekennt sich Sch. zu einer nationalen Musiktradition, die ihm abseits aller ideologischen Empfehlungen als persönliche Identität und verständliche musikalische Sprache diente. Erstmals experimentierte er im viersätzigen StrQu. mit der suitenartigen Formvielfalt von Sonatensatz (hier Ouvertüre genannt), Rezitativ und Romanze, Walzer und Variationsreihe. Das Ausdrucksspektrum ist weit gespannt: Bitter-groteske Nachklänge der ›Kriegssinfonien‹, wie sie in den ostinaten Marschrhythmen des Kl.-Trios oder im Walzer des StrQu.s auftauchen, stehen neben der katastrophischen Klage im passacagliaartigen Largo des Trios und den schwer atmenden V.-Rezitativen des Quartetts. Und mit der Widmung des op. 67 an einen verstorbenen Freund, den Musikforscher Iwan Sollertinski, knüpfte Sch. an jene spezifisch russische Tradition der Gedenkkomposition, des klingenden Tombeaus an, die sich in Widmung und Grundcharakter zahlreicher späterer Werke niederschlug.

So wurde das zweite StrQu. zum Ausgangspunkt für 13 weitere Quartette, die Sch. in seinen verbleibenden drei Lebensjahrzehnten in der Sowjetunion komponierte – ein imposanter Werkkorpus, der bei durchaus unterschiedlicher kompositorischer Dichte der Einzelwerke an enzyklopädischem Zugriff im 20. Jahrhundert nicht seinesgleichen hat. Heinrich Lindlar hat auf Vorbilder in der heterogenen Petersburger Schule um Peter I. Tschaikowsky, Nikolai G. Rubinstein, Anatoli K. Ljadow, Alexander Borodin, Nikolai A. Rimsky-Korsakow, Sergej Prokofjew oder Nikolai J. Mjaskowskij hingewiesen. Kronzeugen dieser reichen Quartettproduktion waren Joseph Haydn und Franz Schubert, vor allem aber Ludwig van Beethoven, dessen StrQu.e am nachdrücklichsten den expressiven Anspruch und das kompositorische Prestige der Gattung formulierten. Parallelen zwischen Sch. und Beethoven sind denn auch oft gezogen worden: im systematischen Ausloten kammermusikalischer Form- und Ausdrucksvielfalt, im spieltechnischen Niveau, in der Arbeit mit kleinsten Motivpartikeln, in der zyklischen Satzverknüpfung oder in der Ausbildung eines spezifischen Spätstils, der zu suitenhafter Reihung, zur solistischen Ausdünnung der Texturen und Betonung des Adagio-Charakters neigt. Und gleichsam auf dem Totenbett hat Sch. selbst im Schlußsatz seines allerletzten Werks, der Bratschensonate op. 147, mit dem Zitat aus dem Kopfsatz der *Mondscheinsonate* op. 27,2 noch einmal die Bedeutung Beethovens für sich selbst und die Musikgeschichte beschworen.

Nach Auskunft von Krzysztof Meyer soll Sch. 24 StrQu.e in allen Tonarten geplant haben, so daß die vollendeten 15 Quartette tatsächlich in unterschiedlichen Zentraltonarten erscheinen. In mehrfacher Hinsicht fungiert dabei das mit eigenen und fremden Zitaten gespickte 8. StrQu. op. 110 (1960), das der Komponist insgeheim sich selbst widmete, als Zäsur und Angelpunkt des Zyklus. Auf die traditionelle Drei- und Viersätzigkeit der vorangegangenen Werke folgen ab dem fünfsätzigen 8. StrQu., das mit einem Largo beginnt und endet, verschiedene Formkonzepte vom einsätzigen 13. StrQu. bis zur siebenteiligen Suite des 11. StrQu.s, wobei die Sätze nicht selten durch Attacca-Übergänge oder einheitliches Themenmaterial miteinander verzahnt sind. Zwölftönige Strukturen prägen ohne Rigidität das 12. und 13. StrQu., wobei der »Tumult an Schmerzensaufbegehren« (Lindlar) im letzteren Werk den spieltechnisch ansonsten konservativ gesonnenen Komponisten zu neuartigen Klangeffekten wie Bogenstockschläge auf den Instrumentenkorpus inspirierte. Am auffälligsten indes erschien schon den Zeitgenossen der anschwellende Trauer- und Klagegestus der späten Quartette, deren expressive Grundhaltung immer mehr vom rapide sich verschlechternden Gesundheitszustand des Komponisten und seiner ständigen Beschäftigung mit dem Tod bestimmt wurde. Schließen ohnehin zehn der fünfzehn StrQu.e leise und

›morendo‹ (ersterbend), so erhielten die langsamen Abschnitte zunehmendes Gewicht bis hin zum 15. StrQu., das in souveräner Altersradikalität nurmehr aus sechs Adagio-Sätzen besteht.

Nur zweimal hat sich Sch. in der Kammermusik nach 1944 vom Quartett-œuvre, das mit Ausnahme des ersten und letzten Werkes vom herzlich verbundenen Beethoven-Quartett uraufgeführt wurde, abgewandt: Zum 60. Geburtstag von David Oistrach entstand die spröde, zwölftönig fundierte V.-Sonate op. 134 (1968), und für Fjodor Druschinin, den Bratscher des Beethoven-Quartetts, komponierte er kurz vor seinem Tod die Va.-Sonate op. 147, eines seiner intimsten, vergeistigtsten Werke. So gewinnt die persönliche Sprache und »emotionale Programmatik« (K. Meyer), die Sch. in seiner Kammermusik abseits der offiziösen Werke entwickelte, vor allem im resignativ gestimmten Spätwerk eine überzeitliche, von ästhetischen Fortschrittsdebatten gänzlich unabhängige Ausdrucksdichte.

Quintett g-Moll op. 57 (1940)
für Klavier, 2 Violinen, Viola und Violoncello

Präludium. Lento – Fuge. Adagio – Scherzo. Allegretto – Intermezzo. Lento – Finale. Allegretto
Dauer: ca. 29'
Verlag: Edition der Orchestrothek Moskau, EA 1941

Im Angesicht von Hitlers Eroberungszügen im Westen und ein Jahr vor dem deutschen Einmarsch in die Sowjetunion antwortete Sch. auf die serene Leichtigkeit seines ersten StrQu.s von 1938 mit dem gepanzerten Präludium und der ernsten Fugenarbeit des Quintetts, das er im September 1940 in Leningrad beendete und am 23. November desselben Jahres zusammen mit dem Beethoven-Quartett in Moskau uraufführte. Offenbar hatte der Komponist den Nerv der Zeit getroffen, denn das Werk wurde von Publikum und Presse enthusiastisch aufgenommen und mit dem Stalin-Preis erster Klasse für das beste Kammermusikwerk des Jahres bedacht. Einzig Prokofjew kreidete seinem 34jährigen Kollegen »die Neigung, jede Note abzuwägen« als unangemessen abgeklärt an – ein reichlich selbstgerechtes Urteil, zumal das Kl.-Quintett von jeder akademischen Verbandsmusik weit entfernt ist. Die fünfsätzige Anlage entpuppt sich als dreiteilige Bogenform, bei dem je zwei attacca verbundene Ecksätze (Präludium und Fuge bzw. Intermezzo und Finale) in rückläufiger Tempoanordnung um ein vitales, rhythmisch pointiertes Scherzo – den bei Aufführungen regelmäßig wiederholten ›Hit‹ des Quintetts – gruppiert sind. Im Gegensatz freilich zum markigen **Präludium**, das im eröffenenden Kl.-Solo motivische Grundsubstanz ebenso exponiert wie das kristallklare, antiromantische Klangideal des Werks, ist die 11minütige **Adagio-Fuge** geprägt von herben Stimmführungen und sperrig-düsterem Ausdruck. Im **Intermezzo**, das den Trauergestus wieder aufnimmt, wurde, wie Prokofjew anmerkte, »ein Händelscher Trick angewandt – eine endlos lange Melodie vor dem Hintergrund eines Pizzicatos in den Bässen«. Von einem ›Trick‹ in der Gesamtdramaturgie mag man indes viel eher beim **Schlußsatz** sprechen, der alle barockisierende Polyphonie und Ariengrübelei hinwegfegt durch diatonische Heiterkeit mit slawischen Einschlägen.

Trio Nr. 2 e-Moll op. 67 (1944) für Klavier, Violine und Violoncello

Andante – Allegro non troppo – Largo – Allegretto
Dauer: ca. 30'
Verlag: Musgis Moskau, EA 1945

Daß Sch. zwei Jahrzehnte nach seinem Kl.-Trio op. 8 noch einmal auf die Gattung zurückkam, mag auf den traurigen Entstehungsanlaß zurückzuführen sein. Am 11. Februar 1944 war im fernen Nowosibirsk nach einer Herzattacke sein enger Freund Iwan Sollertinski gestorben, der als Musikforscher, Verfasser der ersten russischen Mahler-Monografie und Dramaturg der Leningrader Philharmonie größten Einfluß auf Sch.s musikalische Entwicklung hatte. Und da sich seit Tschaikowskys Opus 50 ›in memoriam Nikolai Rubinstein‹ das Kl.-Trio bei russischen Komponisten als eine Art Tombeau-Gattung eingebürgert hatte, komponierte Sch. im Andenken an Sollertinski das e-Moll-Trio, das er selbst am 14. November 1944 zusammen mit zwei Mitgliedern des Beethoven-Quartetts im befreiten Leningrad aus der Taufe hob. Der Lamento-Charakter äußert sich vor allem in der fahlen Intonation des slawisch angehauchten Eingangsthemas (mit flageolettierendem Vc. und sordinierter V.) und in den massigen Choralakkorden des Kl. im Largo, die eine düstere Passacaglia grundieren. Beide Motive erscheinen noch einmal abrundend am Schluß des Finales, das im Gegensatz zum ungetrübt musikantischen Scherzo (Allegro non troppo) zu den hintergründigsten Schlußsätzen bei Sch. zählt: ein ruhig, doch bestimmt pochender Totentanz mit zwei Themen von auffallend ›jüdischem‹ Zuschnitt.

3. Streichquartett F-Dur op. 73 (1946)

Allegretto – Moderato con moto – Allegro non troppo – Adagio – Moderato
Dauer: ca. 33'
Verlag: Musfond Moskau, EA 1947

Hatte Sch. im 2. StrQu. op. 68 aus dem Kriegsjahr 1944 bewußt slawische, ja patriotische Töne angeschlagen und sich gleichzeitig auf die Formenvielfalt und pathetische Deklamatorik der späten Beethoven-Quartette bezogen, so erscheint das 1946 komponierte und uraufgeführte 3. StrQu. formal geschlossener und konzentrierter im Ausdruck. Als (vorerst) letztes in einer Reihe von Werken, »die in irgendeiner Form thematisch mit dem Krieg, dem Bösen und der Gewalt in Verbindung standen« (K. Meyer), vereint das StrQu. die zu Parodie und Banalität neigende Herbheit der ›vaterländischen‹ 7. und 8. Sinfonie mit ihrer Zurücknahme in der 9. Sinfonie (1945), deren überraschend untriumphale Haltung den Zorn des Kriegsgewinners Stalin erregte. Genau hier aber knüpft das **Allegretto** an, ein Sonatensatz mit eulenspiegelhaft tänzelndem Hauptthema, das in der Durchführung Material für eine Doppelfuge liefert. Doch verharrt das Werk nicht in dieser Leichtigkeit, sondern gerät unversehens in einen Steigerungsstrudel, der vom besinnlichen Intermezzo des **Moderato con moto** über die grimmige Trivialität der Marschparodie im 3. Satz auf das gewichtige **Adagio** zuläuft: eine Art »Quasi-Passacaglia« (Hugh Ottaway) im Stil der 8. Sinfonie mit siebenmal wiederholtem Thema.

Ein weiteres Mal bestimmt somit ein langsamer Satz das emotionale Programm, das Sch. einmal anhand der 7. Sinfonie angedeutet hat: »Die meisten meiner Sinfonien sind Grabdenkmäler. Zu viele unserer Landsleute kamen an unbekannten Orten um. [...] Ich denke ständig an diese Opfer. Und in fast allen meinen großen Arbeiten geht es mir darum, auch andere an sie zu erinnern.« (zitiert nach S. Wolkow) Trotz seiner Länge bleibt denn auch das unmittelbar anschließende Sonatenrondo auf diese Klage bezogen: Auf dem Höhepunkt erscheint das Adagio-Thema im dreifachen Fortissimo. Mit der Zueignung des bedeutenden Werks an das Beethoven-Quartett honorierte der Komponist zum ersten Mal ausdrücklich sein Lieblingsensemble, deren Mitglieder einzeln oder gemeinsam noch mehrfach als Widmungsträger von Sch.s Kammermusik auftraten.

8. Streichquartett c-Moll op. 110 (1960)

Largo – Allegro molto – Allegretto – Largo – Largo
Dauer: ca. 19'
Verlag: Sowjetski Kompositor Moskau, EA 1961

Das 8. StrQu. verdankt seine Popularität nicht nur der als Kammersinfonie bekannten Streicherfassung von Rudolf Barshai, sondern auch seiner engagierten Gedenkwidmung »an die Opfer des Faschismus und des Krieges«, die gleichwohl Anlaß zu Mißverständnissen gibt. Im Juli 1960 arbeitete Sch. in Gohrisch bei Dresden an der Filmmusik zur deutsch-sowjetischen Koproduktion *Fünf Tage – fünf Nächte*. Unter dem Eindruck der Berichte über die Zerstörung Dresdens im Februar 1945 komponierte er in drei Tagen das c-Moll-Quartett, das nach seiner Uraufführung am 2. Oktober 1960 schnell zu einem der meistgespielten StrQu.e des 20. Jahrhunderts aufrückte. Tatsächlich jedoch war das Werk nicht nur »vom Gedenken an die Menschen getragen [...], die unter faschistischer Herrschaft und dem Schrecken des Krieges« litten (Vorwort zur Taschenpartitur, Sikorski, Hamburg 1961, S. 115), sondern vielmehr als persönliches Requiem gedacht. »Ich dachte daran, daß nach meinem Tod wohl niemand ein Werk zu meinem Gedächtnis komponieren wird«, schrieb Sch. an den befreundeten Regisseur Isaak Glikman. »Daher beschloß ich, ein solches Werk selbst zu komponieren.« (K. Meyer) Als klingende Devise prägt Sch.s Tonmonogramm DEsCH (= D. Sch.),

das schon in der 10. Sinfonie auftaucht, den Beginn und Schluß des fünfsätzigen Werks, das erstmals mehr langsame als schnelle Sätze enthält. Hinzu kommen zahlreiche Zitate und Anklänge aus früheren Werken, darunter der Beginn der 1. Sinfonie im Kopfsatz, das ›jüdische Thema‹ aus dem 2. Kl.-Trio op. 67 im **Allegro molto** oder der Beginn des 1. Vc.-Konzerts im Allegretto. Doch erst der 4. Satz (**Largo**) bringt konzentriert Autobiographisches: Nach den hämmernden Eingangsschlägen aus der Trauermusik von Richard Wagners *Götterdämmerung* erscheint fortissimo und espressivo das Revolutionslied *Im Kerker zu Tode gemartert*, später die Arie *Serjoscha, mein Liebster* aus dem letzten Akt der *Lady Macbeth*. Nie hat Sch. seine eigene Person semantisch eindeutiger ins Spiel gebracht.

12. Streichquartett Des-Dur op. 133 (1968)

Moderato – Allegretto
Dauer: ca. 27'
Verlag: Musyka Moskau, EA 1969

Bis auf sein op. 144 hat Sch. alle späten StrQu.e Mitgliedern des Beethoven-Quartetts gewidmet. Nach dem 11. Quartett (1966) im Gedenken an den verstorbenen Sekundgeiger Wassili Schirinski, das als Suite mit sieben motivisch verbundenen Sätzen (Introduktion, Scherzo, Rezitativ, Etüde, Humoreske, Elegie, Finale) ein Unikum in seinem Quartett-Œuvre bildet, betrat Sch. mit dem 12. StrQu. von 1968 für den ersten Geiger Dmitri Zyganow wiederum Neuland. Zu einer Zeit, als er vor dem Komponistenverband die junge sowjetische Avantgarde nach vorgefertigtem Manuskript als ›destruktives Prinzip‹ verdammen mußte, komponierte Sch. mit dem op. 133 sein formal, satz- und spieltechnisch radikalstes Werk, in dem erstmals Arnold Schönbergs Zwölftontechnik die Konturen der Themen und den auffällig dissonanten, expressionistischen Grundcharakter des Werks bestimmen. Doch ähnlich wie Frank Martin nutzt Sch. dodekaphone Konstruktionsmomente nicht als universelles Bauprinzip, sondern eher als punktuelle Arbeitsdisziplin, etwa beim Aufbau des Hauptthemas im 1. Satz.

Als mehrteilige, refrainartige Introduktion bildet dieses ruhige **Moderato** eine Art Gegenbild – Sch. sprach von der »Welt hoher Ideale« – zum folgenden, ausgedehnten Hauptsatz. Mit seinem von einem bissigen Sechzehntelmotiv fast monothematisch durchzogenen Sonatensatzabschnitt (Allegretto), einem Adagio mit irrwitziger Binnensteigerung und der Doppelreprise von 1. Satzes und **Allegretto** schafft Sch. eine kompliziert verschachtelte Struktur, die an die beiden ersten Sätze von Gustav Mahlers 5. Sinfonie erinnert.

Sonate C-Dur op. 147 (1975)
für Viola und Klavier

Moderato – Allegretto – Adagio
Dauer: ca. 30'
Verlag: Sikorski Hamburg, EA 1975

Kaum ein Komponistenschaffen lädt wohl so sehr zur Diskussion über die spezifischen musikalisch-ästhetischen Qualitäten eines ›Spätwerkes‹ ein wie Sch.s letzte Werke, die unter den zunehmenden Restriktionen des Breschnew-Regimes und dem Eindruck des nahenden Todes fast systematisch eine Sprache der Klage und autobiographischen Zusammenfassung entwickeln. Vokalzyklen wie die elfsätzige 14. Sinfonie oder die *Michelangelo-Suite* op. 145 üben sich in Rückblick und Reduktion, während die sechs (!) Adagio-Sätze des 15. StrQu.s von 1974 das Vokabular der bisherigen Quartette zum Kosmos der Trauer und Vergeistigung verdichten, wie er selten eindrücklicher oder vielfältiger gestaltet wurde. Zum Protagonisten seines Opus ultimum, das der Schwerkranke mit eiserner Disziplin noch einen Monat vor seinem Tode beendete, wählte Sch. die Bratsche, die nicht nur die Streichersonaten für Vc. und V. zum Zyklus rundet, sondern als orphisches Klageinstrument par excellence gelten kann. In weltabgeschiedener Einfachheit beginnt das Werk mit einer gezupften Quintreihe und einem völlig ausgedünnten Kl.-Satz, der im Laufe der Sonate trotz einiger impulsiver Ausbrüche selten über die Zwei- und Dreistimmigkeit hinausgeht. Charakteristisch ist die Auflösung des Materials an den Satzenden, aber auch das beziehungsreiche Spiel mit Zitaten. Im Scherzo (**Allegretto**) beschwören Reminiszenzen an die unvollendete Oper *Der Spieler* noch einmal den grotesken Parodieton der 30er und 40er Jahre, bevor das **Adagio** mit einer ausgedehnten Fantasie über den Kopfsatz von Beethovens *Mondscheinsonate* op. 27,2 schließt: Wie einst Beethoven selbst entkleidet Sch. das allzu Abgenutzte im Widerschein des völligen Verstummens von jeglicher Trivialität. Der Widmungsträger Fjodor Druschkinin hat das Werk an Sch.s 69. Geburtstag (25. 9. 1975) posthum uraufgeführt.

Michael Struck-Schloen

Franz Schubert

geb. 31. 1. 1797 Wien, gest. 19. 11. 1828 ebd. 1808 Hofsängerknabe und Schüler am k.k. Stadtkonvikt. Kompositionsunterricht bei Antonio Salieri (bis Ende 1816 oder Anfang 1817); erste erhaltene Kompositionen seit 1810. Aufführungen seiner Werke seit 1814 in Wien in der Öffentlichkeit und (als ›Schubertiaden‹) im Freundeskreis, zu dem u.a. die Dichter Franz Grillparzer, Johann Mayrhofer und Eduard v. Bauernfeld und der Maler Moritz v. Schwind gehörten.

Werke f. 2 Instr.: 3 Sonaten f. V., Kl. (D op. post. 137/1; D 384, a op. post. 137/2, D 385; g op. post. 137/3 D 408, 1816); Sonate f. V., Kl. A, op. post. 162, D 574 (1817); Introduktion, Thema u. 7 Variationen über *Trockne Blumen* f. Fl., Kl. e op. post. 160, D 802 (1824); Sonate f. Arpeggione, Kl. a o.O., D 821 (1824); Rondo f. V., Kl. h op. 70, D 895 (1826); Fantasie f. V., Kl. C op. post. 159, D 934 (1827) – Werke f. 3 Instr.: Streichtrio B o.O., D 581, (1817); Trio f. Kl., V., Vc. Es op. post. 148 (Notturno), D 897 (um 1828); Trio f. Kl., V., Vc. B op. post. 99, D 898 (um 1828); Trio Es op. 100, D 929 (1827) – Werke f. 4 Instr.: 13 StrQu. (g/B o.O., D 18, 1810 od. 1811; C o.O., D 32, 1812; B o.O., D 36, 1813; C o.O., D 46, 1813; D o.O., D 74, 1813; Es op. post. 125/1, D 87, 1813; D o.O., D 94, 1811 od. 1812; B op. post. 168, D 112, 1814; g o.O., D 173, 1815; E op. post. 125/2, D 353, 1816; a op. 29, D 804, 1824; d o.O. *Der Tod und das Mädchen*, D 810, 1824; G op. post. 161, D 887, 1826); 2 Sätze eines StrQu.s B o.O., D 68 (1813); Adagio e Rondo concertante f. Kl., V., Va., Vc. F o.O., D 487 (1816); StrQu.-Satz c o.O., D 703 (1820) – Werke f. 5 Instr.: Quintett f. Kl., V., Va., Vc., Kb. od. Violone A op. post. 114 *Forellenquintett*, D 667 (vermutlich 1819); Quintett f. 2 V., Va., 2 Vc. C op. post. 163, D 956 (um 1828) – Werke f. 8 Instr.: Oktett f. Klar., Fg., Hr., 2 V., Va., Vc. u. Kb. F op. post. 166, D 803 (1824) – Werke f. 9 Instr.: Nonett f. 2 Klar., 2 Fag., KFg., 2 Hr., 2 Pos. es o.O., D 79 (*Franz Schuberts Begräbnis-Feyer*, 1813) – Werke f. verschiedene Besetzungen: Tänze f. 2 V. (od. V., Kl.?), f. StrQu., Bläser; Ouvertüren f. StrQu. u. Streichquintett; zahlreiche Fragmente; Bearb. des Notturnos f. Fl., Va., Git. op. 21 von Wenzeslaus Matiegka als Quartett f. Fl., Va., Git.,Vc. G o.O., D 96 (1814). Jahresangaben beziehen sich auf das Entstehungsjahr.
D = Sch.-WZ nach: F. Sch. Verzeichnis seiner Werke in chronologischer Folge v. Otto Erich Deutsch. Kleine Ausgabe aufgrund der Neuausgabe in deutscher Sprache bearb. von Werner Aderhold, Walther Dürr und Arnold Feil. München, Kassel, Basel, London (dtv / Bärenreiter) 1983.

Verlag: Bärenreiter Kassel.

Im März 1824, zur Zeit des Oktetts und der beiden StrQu.e in a-Moll und d-Moll, schrieb Sch. an seinen Freund, den Maler Leopold Kupelwieser, einen erschütternden Brief, in dem er sich als »den unglücklichsten, elendsten Menschen auf der Welt« bezeichnete, ihm seine Verzweiflung über seine (seit einer Syphilis-Infektion) ruinierten Gesundheit anvertraute, über den Schmerz, der ihm als einziges von Liebe und Freundschaft geblieben sei, und seine Furcht, die Begeisterung für das Schöne zu verlieren. Und zugleich berichtete er über seine neueste Kammermusik, mit der er sich »den Weg zur großen Sinfonie bahnen« wollte. Depressionen und Todesahnungen haben Schubert in seiner Schaffenskraft nicht behindert. Im Gegenteil: Die Fülle der Musik seiner letzten fünf Lebensjahre (neben der Kammermusik die großen Lied-Zyklen *Die schöne Müllerin* und die *Winterreise*, mindestens eine Sinfonie, zwei Messen, zwei Opern, ein Singspiel, eine Vielzahl von Kl.-Werken u.a.) könnte seinem Bewußtsein zu verdanken sein, nicht mehr viel Zeit zu haben. Wahrscheinlich erklären sich so auch die Radikalisierung seiner Sprache, seine Gelassenheit, selbst wenn die Freunde seine Werke befremdet aufnahmen, und die Weigerung, sich dem Zeitgeschmack anzupassen, »im kaiserlichen Stile« zu schreiben. Denn im selben Jahr 1824 notierte er, offenbar ohne jede Bereitschaft, aus dieser Erkenntnis Konsequenzen zu ziehen: »Meine Erzeugnisse sind durch den Verstand für Musik und durch meinen Schmerz vorhanden; jene, welche der Schmerz allein erzeugt hat, scheinen am wenigsten die Welt zu erfreuen«.

Sch.s Lebensgefühl, seine Klage über allgemeine Apathie, über Oberflächlichkeit und Zynismus, war eine unausbleibliche Folge der Metternichschen Restauration. Sie hatte nach dem Wiener Kongreß das Wiederaufleben revolutionärer und freiheitlicher Bestrebungen zu verhindern und das Gottesgnadentum der Fürsten zu sichern gesucht, indem sie ihren Untertanen jegliche politische Selbstbestimmung verwehrte. Spätestens seit den Karlsbader Beschlüssen von 1819 war Österreich ein Polizeistaat, der die Unterordnung unter Gott, Obrigkeit und Kirche propagierte, und alle Arten von Druckerzeugnissen, Liedertexte und Opernlibretti eingeschlossen, mit Zensur belegte. Die lähmende Wirkung auf das politische und geistige Leben wurde billigend in Kauf genommen. Viel Erfolg konnte Sch. unter diesen Umständen nicht beschieden sein – hatte er sich doch um 1817, als er seinen Unterricht bei Antonio Salieri aufgab, entschlossen, seiner Beethoven-Begeisterung freien Lauf zu lassen. Für einen jungen und noch kaum bekannten Komponisten wie Sch., der weder, wie er es sich wünschte, »vom Staat erhalten«, noch vom Adel protegiert wurde, und der zudem von seinen Verlegern abhängig war, mußte es ein erhebliches Risiko bedeuten, sich Beethovens hohem Anspruch an seine Hörer anzuschließen. Dennoch ist er ihm gerade in seiner Kammermusik gefolgt. In der Tradition von Joseph Haydn, Wolfgang Amadeus Mozart, der zeitgenössischen Orchestermusik und der ›klassischen Popularität‹ stehen nur seine früheren Werke (bis etwa 1817), die er verhältnismäßig mühelos geschaffen zu haben scheint. Von den Schwierigkeiten, neben Beethovens Vorbild zu bestehen, zeugen dagegen in den folgenden Jahren nicht nur seine Frage »Wer vermag nach Beethoven noch etwas zu machen?«, sondern vor allem ein Rückgang der Produktivität (das einzige vollendete Kammermusikwerk dieser Zeit ist das *Forellenquintett*, D 667) und zahlreiche aufgegebene Kompositionsversuche (z.B. der Quartettsatz c-Moll, D 703, von 1820 und die sogenannte *Unvollendete Sinfonie* h-Moll, D 759, 1822). In seinen letzten Lebensjahren entstanden seine persönlichsten Kompositionen, die, wie Beethovens spätere Werke, den Rahmen geselliger Hausmusik weit hinter sich lassen, deren Stimmung aber auch »jenes fatale Erkennen einer miserablen Wirklichkeit« spiegelt, von dem er im Sommer 1824 seinem Bruder Ferdinand schrieb.

In Sch.s später Kammermusik gibt es einige Charakteristika, die ihre unverwechselbare und oft bedrückende Wirkung ausmachen: Der Dur-Moll-Wechsel z. B., durch den die Stimmung sehr plötzlich ganz verändert werden kann, verläuft häufiger von Dur nach Moll; plötzliche Eintrübungen eines Durakkordes wie am Anfang des G-Dur-Quartetts D 887, langsame Einleitungen mit Verdunkelungen des ersten Akkordes wie im Kl.-Quartett, das d-Moll-Quartett D 810, in dem alle vier Sätze in Moll stehen; Bevorzugung subdominantischer Harmonik mit ihrer Molltendenz – diese Kriterien zeigen, daß Sch.s Frage, ob es eigentlich lustige Musik gebe, er wisse von keiner, so pointiert sie vielleicht gemeint war, für sein eigenes Werk nicht ohne Bedeutung ist.

Sch.s Vorliebe für das Tremolo – einer bis dahin eher im Opernorchester üblichen (und Gefahr signalisierenden) Geste – verleiht seiner Musik oft geradezu unheimliche Züge. Diese Wirkung erhöht sich noch, wenn der Sinn der Spannungssteigerung nicht unmittelbar zu erkennen ist. Im Hauptsatz des G-Dur-Quartetts D 887 z.B. besteht zwischen der bedeutungsvollen Artikulation einer Sequenz (T. 15–24) und der (scheinbaren) Banalität ihrer Aussage ein Widerspruch, der den Hörer über die ›richtige‹ Interpretation im unklaren läßt und ein hohes Maß an Unsicherheit auslöst (wie etwa ein freundliches Wort in der falschen Tonlage).

Sch.s Rhythmik ist oft von österreichischer oder ungarischer Volksmusik beeinflußt. Im Spätwerk allerdings geht das Tänzerische – vermutlich unter dem Einfluß Beethovenscher Scherzi – zurück; und vor allem die Trios können ihren ursprünglichen Tanzcharakter gänzlich verlieren (z.B. im Streichquintett D 956). Die Finalsätze muten oft wie zu Karikaturen verzerrte Tänze an. In ihnen erscheinen (z.B. im Trio B-Dur D 898) völlig neuartige Rhythmen, deren Bewegung durch die rhythmische Monotonie und die Überlappung der Zäsuren in den kontrapunktisch geführten Einzelstimmen derartig ruhelos ist, daß sie gehetzt wirken wie ein »überdrehtes perpetuum mobile« (Peter Gülke).

Die besondere melodische Qualität seiner Themen hat Sch. in den Liedern entwickelt und auf die Instrumentalmusik übertragen: Häufig liegt ein Thema wie eine Liedmelodie durchgehend in einem Instrument und wird – scheinbar – von den anderen Stimmen begleitet. Sie erweisen sich allerdings im weiteren Verlauf als ebenso thematisch wie die Hauptstimme selbst. Den Themen im 1.Satz des a-Moll-Quartetts und im Andante des B-Dur-Trios D 898 z.B. gehen, als wären sie Liedmelodien, sogar Einleitungstakte voran, die an kurze Kl.-Vorspiele erinnern. Auch Sch.s Melodien tragen aber ihr Teil zu der häufig so bedrückenden Wirkung seines Spätwerks bei. Sie sind oft nicht zielgerichtet, streben keinem Ende zu, sondern kreisen unaufhörlich in sich selbst. Die typische Überlagerung rhythmischer Ostinati (Arnold Feil) kann der Musik – selbst an Stellen, die von einer ruhigen Melodie dominiert zu werden scheinen – eine untergründige Unruhe verleihen, wie z.B. in der Durchführung des 1. Satzes im Streichquintett D 956:

Obwohl Sch.s Kammermusik natürlich nicht ausschließlich »vom Schmerz allein erzeugt« wurde, haben ihre Besonderheiten ihre Rezeption nachhaltig erschwert. Denn einen ungetrübten Hörgenuß bieten nur wenige seiner Werke. Zu seinen Lebzeiten wurde von den Quartetten nur das lyrische in a-Moll D 804, das kaum etwas von der radikal persönlichen Sprache dieser Zeit verrät, vollständig gespielt und veröffentlicht. Auch heute noch ist das fröhliche *Forellenquintett* bei weitem populärer als das gesamte Spätwerk.

Das verfälschte Sch.-Bild vom unbefangenen und unbewußten Schöpfer weinseliger Biedermeiermusik hängt mit der Beethoven-Rezeption des 19. Jahrhunderts zusammen: Der Heroenkult, die Konzentration auf eine Persönlichkeit, verstellte den Blick auf andere. So sind zunächst viele von Sch.s Neuerungen nicht zur Kenntnis genommen worden, z.B. seine veränderte Auffassung vom Sonatensatz. Sch. veränderte den Wechsel von Spannung und Entspannung, der den Verlauf eines klassischen Sonatensatzes charakterisierte und seinen einzelnen Formteilen bestimmte Funktionen zuordnete. Die Harmonik steht mit der neuartigen Form in engem Zusammenhang. So kann der Tonartenkontrast eine neue Wirkung erhalten, wenn Überleitungen von der angestrebten Kontrasttonart eher ablenken oder wenn statt der üblichen zwei Tonarten gar drei in der Exposition erscheinen. Diese Neuerungen sind bereits 1816 in den frühen Sonaten für V. und Kl. in a-Moll (D 385) und g-Moll (D 408) vorhanden. Neue Probleme stellt in diesem Zusammenhang die Durchführung. Sch. verwendet ihre charakteristischen harmonischen Mittel nämlich häufig schon in der Exposition. Die oben erwähnte Sequenz im G-Dur-Quartett (T.15-24) z.B. hat gerade wegen ihrer Ziellosigkeit einen durchführungsartigen Gestus. Ihre Wiederholung in der eigentlichen Durchführung macht ihren formalen Stellenwert erst deutlich (und bringt eine der unheimlichsten Dur-Stellen der Musikgeschichte hervor): Die Sequenz steht nämlich nun im ständigen Wechsel mit ebenfalls ziellos wirkenden Modulationen, die wegen ihrer radikalen Neuartigkeit damals gänzlich ›unerhört‹ waren.

Sch.s Neuerungen in der Instrumentalmusik haben seine unmittelbaren Nachfolger nur zu einem geringen Teil beeinflußt. Denn zu seinen Lebzeiten und noch Jahrzehnte danach war er eigentlich nur als Schöpfer des großen Kl.-Lieds bekannt und anerkannt. Auf diesem Gebiet stand er konkurrenzlos da. In der Instrumentalmusik dagegen wurde er an seinen Vorgängern gemessen. Den von ihnen gesteckten Rahmen durfte nach Meinung damaliger Kritiker allenfalls Beethoven überschreiten, wenn man auch noch nicht einmal dessen ›Bizarrerien‹ akzeptieren wollte. Daß Sch. als junger und unbekannter Komponist es wagte, Beethoven gerade darin zu folgen, verzieh man ihm nicht. Viele seiner Instrumentalkompositionen wurden – wie Beethovens Spätwerk – für fast unspielbar erklärt. Einige seiner bedeutendsten Werke sind schließlich erst in den 50er Jahren des 19. Jahrhunderts publiziert worden (z.B. das Streichquintett erst 1853). Erst in den 60er Jahren wurden, vor allem dank des bedeutenden Hellmesberger-Quartetts, Aufführungen der Kammermusik häufiger. Daß einzelne Züge der großen C-Dur-Sinfonie D 944, wie das von Schumann so bewunderte unmerkliche Herauswachsen des Allegros aus der langsamen Einleitung oder ihre ›himmlischen Längen‹, in der Kammermusik entwickelt wurden, war lange Zeit niemandem bewußt. Von den Stücken, die eher im Druck zugänglich waren (das *Forellenquintett* erschien 1829, das Kl.-Trio Es-Dur-Trio D 929 bereits 1828, das d-Moll-Quartett D 810 1831), wurden die weniger radikalen Werke, das Quintett und das Es-Dur-Trio, als erste gespielt; ihre Instrumentation, in der Kl. und Streicher völlig gleichberechtigt sind und das Kl. sowohl Melodieträger als auch effektvolle Begleitung sein kann, übte großen Einfluß vor allem auf Robert Schumann und Felix Mendelssohn Bartholdy aus. Thematische Reminiszenzen wie im Es-Dur-Trio spielten bis hin zu Gustav Mahler eine bedeutende Rolle. Erst später wurde Sch. nicht mehr nur als geringerer Zeitgenosse Beethovens betrachtet, der Großes geleistet hätte, wenn er älter als 31 Jahre geworden wäre: Sch.s Harmonik und die spezifische Art seiner motivischen Arbeit – etwa die Variantenbildung, durch die einzelne Sätze zyklisch verbunden werden, oder die ›unendlichen‹ Fortspinnungsmelodien – prägten in bedeutendem Maße das Werk von Franz Liszt, Johannes Brahms und Richard Wagner.

Variationen e-Moll über das Lied *Trockne Blumen* op. post.160, D 802 (1824)
für Flöte und Klavier

Introduktion (Andante) – Thema mit Variationen (Andantino)
Dauer: ca. 23'

Sch. komponierte die – wegen ihrer Spielfreudigkeit besonders beliebten – Variationen wahrscheinlich für einen Freund, den Flötisten Ferdinand Bogner. Ihr Thema stammt aus dem gleichnamigen Lied der *Schönen Müllerin*. In ihm wünscht der enttäuschte Liebende die Blumen, die seine untreue Freundin ihm einst gab, und sich selbst ins Grab, aus dem die Blumen erblühen sollen, wenn sie sich später einmal an ihn erinnert. Der Trauer des Unglücklichen über die tote Liebe und seinen Todesphantasien entspricht im Lied ein Wechsel von Moll in ein ziemlich verhaltenes Dur, das im Nachspiel wieder zum Moll wird. Dieser letzte Schritt, der nur als Interpretation des Textes sinnvoll ist, fehlt in den Variationen. Sie sind zweiteilig; der erste Teil steht in e-Moll, der zweite in einem durch Ausweichungen nach cis-Moll etwas eingetrübten E-Dur. Die Einleitung nimmt Motive aus den Variationen vorweg und verbindet sie mit dem feierlichen Rhythmus eines Totentanzes. Aus ihm entwickelt sich im Verlauf der immer virtuoseren Variationen ein Marsch, der sie in schnellem Tempo triumphierend abschließt.

Sonate a-Moll o.O. D 821 (1824)
für Arpeggione und Klavier

Allegro moderato – Adagio – Allegretto
Dauer: ca. 23'

Die Arpeggione war ein 1823 in Wien konstruiertes Instrument, das einer Git. ähnelte, aber wie ein Vc. gestrichen wurde. Sch.s Sonate, die heute oft mit einer Br. oder einem Vc. gespielt wird, entstand vermutlich im Auftrag von Vincenz Schuster, eines Arpeggione-Lehrers und -Virtuosen, der sie Ende 1824 uraufführte. – Wie in vielen Werken Sch.s ist auch hier bei aller Spielfreudigkeit die Harmonik besonders auffallend. So erhält das Hauptthema des **1. Satzes** durch die – von Sch. überhaupt bevorzugte – Subdominante eine besondere Klangfarbe. Das **Adagio** in E-Dur beginnt lyrisch und melodiebetont; die Arpeggione scheint sich dem Kl. begleitend unterzuordnen. Jedoch gewinnt sie später – als Harmonieträger – an Bedeutung: Es folgen dissonante (und übrigens wieder subdominantische) Harmonien und überraschende Modulationen. Dadurch bleibt die Haupttonart instabil. Doch schließt die Sonate in heiterer Stimmung: Das **Finale** in A-Dur ist ein Rondo mit zwei Couplets, deren erstes (T. 77) trotz seiner Tonart (es steht in d-Moll und wird in a-Moll wiederholt) keine Eintrübung bewirkt. Im Gegenteil – mit seinem ungarischen Anklang und seiner Spielfreudigkeit, die an das Seitensatzthema des 1. Satzes erinnert, ist es ebenso fröhlich wie das 2. Couplet in E-Dur (T. 213), das seine scharf akzentuierten Betonungen und virtuosen Passagen übernimmt.

Trio B-Dur op. post. 99 D 898 (1828 ?)
für Klavier, Violine und Violoncello

Allegro moderato – Andante un poco mosso – Scherzo (Allegro)
mit Trio – Rondo: Allegro vivace
Dauer: ca. 37'

Das B-Dur-Trio scheint zu Sch.s Lebzeiten nicht aufgeführt worden zu sein, und verlegt wurde es erst 1836. Sch.s Neuerungen auf dem Gebiet der Instrumentalmusik zeigt es wie kaum ein anderes Werk: Harmonik, Form, Rhythmik, Satztechnik und Melodiebildung weichen von den damals geltenden Vorbildern ab und setzen sich zu einem unverwechselbaren Klangbild zusammen. Sch.s neue Satztechnik, die Abkehr vom klassischen ›durchbrochenen Satz‹, wird in den Kl.-Trios wegen der verschiedenen Klangfarben besonders deutlich: Die Melodien verteilen sich nicht mehr auf die einzelnen Instrumente, sondern liegen oft durchgehend in einer Stimme und wirken so besonders kantabel. Thematisch sind jedoch auch die anderen Stimmen, die im Laufe des Stückes ebenso wichtig wie die Melodien selbst werden. Der punktierte Rhythmus, der das Hauptthema des B-Dur-Trios nur zu begleiten scheint, ist nicht nur rhythmischer Impuls und harmonisches Fundament, sondern trägt durch seine spätere Bedeutung wesentlich zur Lebendigkeit und motivischen Dichte des gesamten **1. Satzes** bei. Auch die Harmonik erhöht die melodische Schönheit: So moduliert die Überleitung zum Seitensatz nach A-Dur, obwohl er – ganz der Tradition folgend – in F-Dur beginnt. Das 2. Thema setzt mit dem Ton a ein, der überraschend nicht Grundton, sondern Terz eines in B-Dur eigentlich ›normalen‹, jetzt aber unerwarteten Klanges ist.

Verbunden mit rhythmischen Ostinati in Triolen- und gerader Achtelbewegung prägt das Hauptmotiv des Seitensatzes, ständig wiederholt, den 2. Teil der Durchführung. Er wirkt dadurch fast ereignislos, wegen der reichen Harmonik aber zugleich sehr bewegt – dieser Widerspruch erzeugt eine, in der Musik nur schwer erreichbare Illusion des Stillstandes, ja der Zeitlosigkeit, die gegen Ende der Durchführung, wenn sogar die harmonische Bewegung aufhört, noch intensiver wird und ungemein reizvoll ist. Nach dieser Ruhe ist die Reprise um so ereignisreicher, denn die Grundtonart wird erst nach längeren Modulationen wiedererlangt.

Von besonderer melodischer Schönheit ist der **2. Satz**. Sein erster Teil geht aus einer in sich selbst kreisenden, unendlich fortgesponnenen Melodie hervor, mit der andere Stimmen in einem immer dichter werdenden Satz zusammenklingen. Der Mittelteil, ein synkopisches Gegeneinander rhythmischer Ostinati, zeigt die bei Sch. häufige Geste heftiger, aber kurzer Aufschwünge mit darauffolgendem, wie resignierendem Absinken.

Die Fröhlichkeit des temperamentvollen **Scherzos** beruht auf rhythmischen Finessen: Das im 3/4-Takt notierte Thema scheint im 6/8-Takt zu beginnen, erst im 4. T. wird die vorgezeichnete Taktart deutlich. Derartige Taktwechsel und plötzliche Pausen unterbrechen den rhythmischen Fluß im Verlauf des Satzes immer wieder. Das Trio ist demgegenüber rhythmisch betont einfach; dafür sind unerwartete Harmoniewechsel um so wirksamer. Der **4. Satz** ist zwar mit ›Rondo‹ überschrieben, aber für eine derartige Form durchaus ungewöhnlich. Das Hauptthema erscheint im ganzen Satz nämlich nur zweimal in vollständiger Form und noch dazu nur ein einziges Mal in der Haupttonart. Sehr reizvoll sind Engführungen (zuerst in T. 76) und Phrasenverschränkungen einer immer wichtiger werdenden Überleitungsfigur. Sie führen schließlich einen Taktwechsel herbei (T. 250) – übrigens in einem bis dahin in der Theorie unbekannten Rhythmus: Dieser 3/2-Takt wird mit zwei schweren und nur einer leichten Taktzeit akzentuiert. Die Kombination dieser Figur mit den geradtaktigen Motiven des 1. Themas führt nach einem weiteren Taktwechsel sogar zur Polyrhythmik (in T. 255 hat das Kl. einen 3/2-Takt, das Vc. zwei 3/4-Takte, die V. drei 2/4-Takte).

Ebenso kühn ist die Harmonik, deren völlig unerwartete Rückungen (z.B. T. 203) für das damalige Publikum buchstäblich unerhört waren und ihre Wirkung selbst heute noch nicht verloren haben.

Trio Es-Dur op. 100 D 929 (1827) für Klavier, Violine und Violoncello

Allegro – Andante con moto – Scherzando (Allegro moderato) mit Trio – Allegro moderato
Dauer: ca. 45'

Das Es-Dur-Trio gehört zu den wenigen Kammermusikwerken, die zu Sch.s Lebzeiten nicht nur aufgeführt, sondern auch verlegt wurden. Zum ersten Mal spielten es der berühmte Geiger Ignaz Schuppanzigh (der auch Kompositionen von Beethoven uraufgeführt hatte), der Cellist Josef Linke und der mit Sch. befreundete Kl.-Virtuose Karl Maria v. Bocklet im Dezember 1827. Drei Monate später an Beethovens Todestag, wurde es bei einem ›Privatkonzert‹ wiederholt, das nur Werke von Sch. enthielt, und bekam, wie er selbst vermerkte, »außerordentlichen Beyfall«.

Die Bedeutung der thematischen Arbeit, die nicht nur die einzelnen Sätze prägt, sondern sie auch alle durch gemeinsame Motive zu einem Zyklus verbindet, stellt das Es-Dur-Trio in die klassische Tradition, von der es sich jedoch in anderer Hinsicht zugleich entfernt. Im **1. Satz** z. B. ist die übliche Gliederung in harmonisch und melodisch geschlossene Themen, zwischen denen modulierende Überleitungen vermitteln, aufgehoben. Der Seitensatz etwa ähnelt harmonisch zunächst einer Überleitung; er bewegt sich von h-Moll (in T. 50) zur ›eigentlichen‹ Seitensatztonart B-Dur (T. 81 ff.). Der weitere Verlauf der Exposition ist eine ausgedehnte, bereits durchführungsartig wirkende Verarbeitung des Wechselnotenmotivs aus dem Hauptthema. Gegenüber der motivisch und harmonisch äußerst komplexen Exposition ist die Durchführung ganz anders konzipiert: Mit ihrer großräumigen Anlage wirkt sie vor allem durch die Harmonik und Dynamik.

Im **2. Satz** wird eine betörend schöne Melodie im Vc., die auf ein schwedisches Volkslied zurückgehen soll,

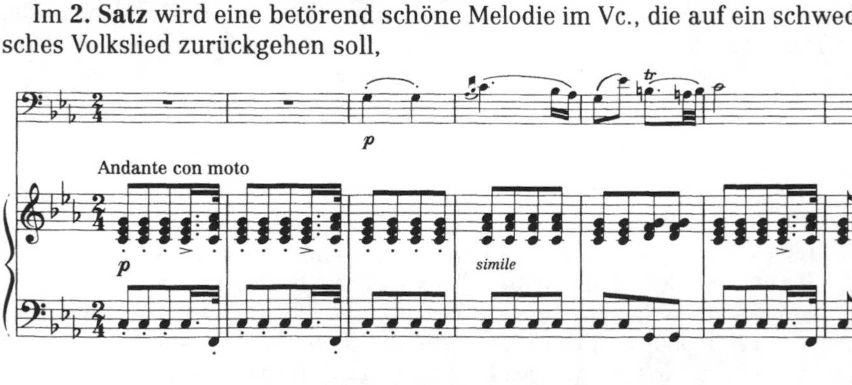

von Akkordrepetitionen begleitet. Gerade hier zeigt sich Sch.s neue Art der thematischen Arbeit: Scheinbar nebensächliche Details erhalten später große Bedeutung. So werden die Akzente, die in den Akkorden auf dem unbetonten Achtel liegen, in allen folgenden Themen übernommen und verleihen dem Satz große Einheitlichkeit – trotz überraschender Kontraste wie plötzlichem Lautstärkewechsel, harmonischen Rückungen und unruhigem Tremolo. Tonrepetitionen prägen im **Scherzo** das kanonisch geführte Thema des 1.Teils. Das **Trio** steht in As-Dur und ist rondoartig angelegt; eines seiner Themen nimmt nicht nur die Tonwiederholungen, sondern auch den Rhythmus des

Seitenthemas aus dem 1. Satz wieder auf. Das **Finale** ist ein ausgedehntes Sonatenrondo. Nur auf den ersten Blick scheint es aus ganz heterogenen Teilen zu bestehen, ist aber doch von hoher Einheitlichkeit. Das Hauptthema, typisch für ein munteres Rondo,

wird durch Tonwiederholungen mit dem 2. Abschnitt im Alla-Breve-Takt verbunden. Sein Mittelteil steht wieder im 6/8-Takt, stammt aber motivisch aus dem Hauptthema und ist rhythmisch intrikat: Synkopierungen heben für einige Zeit jedes Taktgefühl auf (ab T.143). Das Zitat des Themas aus dem langsamen Satz gegen Ende ist eine bemerkenswerte formale Neuerung, die die Einheit des gesamten Trios erhöht und von jüngeren Komponisten (vor allem von Robert Schumann) übernommen wurde.

STREICHQUARTETTE

Die technische Perfektion und der hohe geistige Anspruch von Sch.s späten StrQu.en wurde im 19. Jahrhundert vor Brahms kaum wieder erreicht. Von Anfang an hat Sch. sich mit der Gattung auseinandergesetzt – stand ihm doch im Stadtkonvikt und in der Familie mit dem StrQu. ein Experimentierfeld offen: Sein Vater, ein Schullehrer, der ihm die Grundlagen des V.-Spiels beigebracht hatte, spielte im häuslichen Kreis das Vc., die älteren Brüder Ignaz und Ferdinand die Geigen und Schubert selbst die Va. Einige Charakteristika des Spätwerks – wie der orchestrale Satz und die motivische Dichte – kündigen sich bereits in Sch.s frühen Quartettversuchen an. Eine motivische Verknüpfung aller Sätze, die etwa im Quartett d-Moll (*Der Tod und das Mädchen*, D 810) vollendet ausgeprägt ist, wird z.B. schon im 1.StrQu. angestrebt, das noch keine einheitliche Tonart hat (D 18, entstanden vermutlich 1810 oder 1811). Und bereits im 1. Satz aus dem 3. StrQu. (B-Dur D 36, 1813) finden sich mit dem Tremolo und dem Unisono dieselben orchestralen Techniken, die zum unverwechselbaren Eindruck der späten Quartette beitragen (vgl. dazu das G-Dur-Quartett D 887). Diese Art der Instrumentation läßt die Vermutung zu, daß Sch. sich schon sehr früh mit Quartetten »den Weg zur großen Sinfonie bahnen« (F. Sch.) wollte. Darauf lassen auch die Anklänge an Joseph Haydn, Wolfgang Amadeus Mozart, Beethoven und Luigi Cherubini schließen, die sich in diesem Stadium finden, denn sie stammen weniger aus deren StrQu.en als vielmehr aus Orchesterwerken. Und schließlich folgen auch die Integration der Motive in die Form des Satzes, die Variantenbildungen, die kontrapunktischen Ableitungen und die unkonventionelle Harmonik weniger der Quartett-Tradition als den älteren, in Orchesterwerken des späten 18. Jahrhunderts noch üblichen freieren (suitensatzartigen) Formen.

Erst als er in der motivischen Arbeit weiter fortgeschritten war, näherte sich Sch. – in den StrQu.en B-Dur (D 68) und Es-Dur (D 87) – der Quartett-Tradition; im B-Dur-Quartett versuchte er, ein zweites Thema aus dem ersten zu entwickeln, und im StrQu. Es-Dur kontrastiert der Seitensatz zum ersten Mal mit dem Hauptthema. In diesem Werk stehen allerdings die Themen noch recht beziehungslos neben der motivischen Entwicklung in den Überleitungen – ein Mangel, auf den die nächsten Versuche reagieren: Von den folgenden drei Quartetten an (B-Dur D 112; g-Moll D 173; E-Dur D 353) sind die Überleitungen eng mit den Themen verknüpft. Die Satztechnik des Frühwerks zeigt, daß Sch., anders als Beethoven, nicht von sich hätte behaupten können, »schon mit einem obligaten Accompagnement auf die Welt gekommen« zu sein. Meist ist der Satz homophon (mit der Melodie in der dominierenden 1. V.); wenn sich die anderen Stimmen an der Verarbeitung des thematischen Materials beteiligen, geschieht dies in kontrapunktischen Passagen. Auch hier bedeuten die drei ›mittleren‹ Quartette (D 112, 173, 353), in denen der homophone Satz, die orchestralen Unisoni und die Polyphonie zugunsten einer kammermusikalischen Durcharbeitung zurückgehen, einen Wendepunkt. Trotz ihrer unverkennbaren Schwächen sind Sch.s frühe Quartettversuche, zu denen er selbst – ebenso wie zu den mittleren und sogar dem großartigen Quartettsatz c-Moll (D 703) – bemerkte, es sei »nichts daran«, von besonderem historischen Interesse: Viel von dem, was die Spätwerke so bedeutend macht, ist in ihnen schon ansatzweise zu erkennen. Die unverwechselbare und ganz neuartige Art kontrapunktischen Denkens in der Überlagerung zweier oder mehrerer Melodien oder Rhythmusverläufe ist die Frucht seines (bekanntlich zeit seines Lebens andauernden) Interesses an der Polyphonie. Und ohne die unermüdliche Arbeit an motivischen Verknüpfungen, so eintönig sie in den frühen Quartetten auch wirken mögen, hätten Sch.s spätere Kompositionen vermutlich nicht ihre einzigartige motivische Dichte. Sie bezieht nicht nur einzelne Themen, sondern sogar alle Sätze aufeinander, stellt ganze Werke unter ein Motto (z.B. den Todesgedanken im d-Moll-Quartett oder den Dur-Moll-Wechsel im Quartett G-Dur) und verleiht den letzten StrQu.en ihre unnachahmliche technische wie inhaltliche Komplexität.

Streichquartett B-Dur op. post. 168, D 112 (1814)

Allegro ma non troppo – Andante sostenuto – Menuetto (Allegro) mit Trio – Presto
Dauer: ca. 27'

Streichquartett g-Moll o.O., D 173 (1815)

Allegro con brio – Andantino – Menuetto (Allegro vivace) mit Trio – Allegro
Dauer: ca. 23'

Streichquartett E-Dur op. post. 125/2, D 353 (1816)

Allegro con fuoco – Andante – Menuetto (Allegro vivace) mit Trio – Allegro vivace
Dauer: ca. 23'

Diese Quartette zeigen trotz mancher Anlehnungen an die großen klassischen Vorbilder schon einige Charakteristika von Sch.s eigenem später unverwechselbarem Stil. Typisch schubertisch ist z. B. der Beginn des B-Dur-Quartetts in langen Notenwerten, die das eigentliche Tempo erst in scheinbarer Beschleunigung entstehen lassen. Auch die Tremoli, abrupten Lautstärkewechsel und Molleintrübungen im selben Satz sind Techniken, für die Sch. zeitlebens eine besondere Vorliebe hegte. Das Finale dieses Quartetts ist wegen seiner fast ununterbrochen fortlaufenden Achtelbewegung sehr motorisch und vielleicht etwas monoton – eine Gestaltung, die hier nur Kehraus-Charakter hat, in Sch.s späteren Werken aber ausgesprochen unheimlich wirken wird. Höhepunkte des Satzes sind (nicht notierte) Taktwechsel am Ende der Kontrastteile (z. B. ab T. 129), deren Überraschungseffekt gerade der sonst durchwegs einfachen Rhythmik zu verdanken ist.

Das g-Moll-Quartett ist in vieler Hinsicht am Vorbild der Klassiker orientiert. So beginnt sein Hauptthema mit der sehr beliebten sogenannten ›Mannheimer Rakete‹, einer aufsteigenden Dreiklangsbrechung – wie z. B. auch das Finale von Wolfgang Amadeus Mozarts Sinfonie in derselben Tonart (KV 550). Ungewöhnlicher ist aber die Form des 1. Satzes: Die Wiedergewinnung der Haupttonart – bei den Klassikern eine Aufgabe der Durchführung – fällt hier der Reprise zu. Daß die harmonische Beruhigung also später als üblich eintritt, trägt zu einer erhöhten Spannung bei. Sch. hat diese Neuerung deshalb auch in späteren Werken beibehalten. Für die eigentliche Durchführung, die damit an Bedeutung verliert und in diesem Stück noch verhältnismäßig kurz ist, ergeben sich aber Probleme, die erst in späteren Jahren durch die Vervollkommnung der motivischen Arbeit und eine neue Harmonik wirklich gelöst werden.

Im Vergleich mit klassischen Sonatensätzen und Sch.s früheren Werken fällt das E-Dur-Quartett durch die Vorliebe für neue Harmonien auf. Der 1. Satz hat eine für einen Sonatensatz ungewöhnliche Tonartendisposition; zum ersten Mal werden hier Halbtonschritte und Terzbeziehungen – wichtige Charakteristika der Sch.schen Harmonik – zur Formbildung benutzt. Tonarten im Terzabstand spielen auch in den anderen Sätzen eine größere Rolle als zuvor. Trotz (oder gerade wegen) der harmonischen Neuerungen wirkt jedoch das E-Dur-Quartett weniger überzeugend als die Quartette in B-Dur und g-Moll – was es allerdings wiederum historisch besonders interessant macht, erlaubt es doch gleichsam einen Blick in die Werkstatt des Komponisten: Die Themen und die formale Konstruktion sind nämlich im Verhältnis zur Harmonik noch zu konventionell, und auch die Beziehung der Sätze zueinander ist nicht ganz ausgewogen: Das muntere Tanzsätzchen und der harmlose Kehraus-Charakter des Rondos passen nicht so recht zum neuen Anspruch, den die Harmonik an die ersten beiden Sätze stellt. – Nach diesem Versuch ließ Sch. die Quartettkomposition für lange Zeit beiseite. Die nötige Perfektionierung seiner technischen Mittel konnte er sich, wie die folgenden Quartette zeigen, auf anderen Gebieten – vor allem in Liedern und Kl.-Sonaten – ebensogut aneignen.

Streichquartettsatz c-Moll o.O., D 703 (1820)

Allegro assai – Andante
Dauer: ca. 10'

Die Komposition des StrQu.-Satzes, der erst 1870 veröffentlicht wurde, fällt in eine Zeit, in der Sch. sich mit Beethovens Neuerungen auseinandersetzte. Den bis dahin üblichen Vorbildern konnte er nicht mehr ohne Probleme folgen und geriet in eine (überaus schöpferische) Krise, von der zahlreiche Fragmente aus den Jahren 1817 bis 1823 zeugen. Sein kompositorisches Dilemma bestand darin, daß er einerseits bestrebt war, nach Beethovens Vorbild Stimmungskontraste innerhalb eines Satzes zu erzeugen (die zuvor meist nur zwischen den einzelnen Sätzen eines Werkes bestanden hatten). Andererseits wollte er aber sein persönliches Anliegen nicht aufgeben und weiterhin, wie in den frühen StrQu.-Versuchen, die Einheit eines Satzes durch Ableitung aller Elemente aus einem zugrundeliegenden Hauptmotiv wahren. Im StrQu. von 1820 führte dieser Widerspruch, den Sch. später mit Bravour meisterte, vor allem im Andante zu unüberwindlichen Schwierigkeiten.

Der vollendete **1. Satz** – ein freier Sonatensatz – ist charakterisiert durch seine Motorik: Fast dem gesamten Satz liegt das Anfangsmotiv zugrunde, absteigende Wechselnoten im 6/8-Takt, mit denen die Instrumente nacheinander im Tremolo einsetzen. Die Exposition besteht aus drei Großteilen; auf den Hauptsatz in c-Moll folgen zwei Seitensatzthemen in As-Dur und G-Dur. In G-Dur steht auch die Schlußgruppe (T. 125). Obwohl die tänzerische Melodieführung der Seitensatzthemen sie deutlich vom primär rhythmisch bestimmten Hauptsatzmotiv abhebt, bewirkt die Wendung nach Dur keinen dauerhaften Stimmungswechsel: Das Anfangsmotiv bleibt in der Begleitung erhalten und bestimmt auch die Überleitung zwischen beiden Themen (T. 61–93), deren Beginn in Moll und unruhiges Tremolo den Charakter des Hauptsatzes wieder anklingen lassen. Molltrübungen und Tremoli prägen auch die Durchführung. Die Reprise ist verkürzt: Sie beginnt nicht mit dem Hauptsatz – dessen Motivik ja ohnehin während des ganzen Satzes präsent ist –, sondern mit dem 1. Seitensatzthema (in B-Dur, T. 196). Es wird in Es-Dur wiederholt; das 2. Seitensatzthema und die Schlußgruppe stehen in C-Dur.

Erst die Coda (T. 305) greift den Hauptsatzbeginn in c-Moll wieder auf. Anstelle der üblichen harmonischen Beruhigung in der Reprise durch Aufhebung des Tonartenkontrastes kommt es hier zu einer Umkehrung des Harmonieverlaufs, in der die Wendung von Moll nach Dur aus der Exposition wieder zurückgenommen wird. Die Wiedergewinnung der Haupttonart ist also nicht mehr auf den letzten Teil der Durchführung beschränkt, sondern dehnt sich auf den gesamten Satz aus und macht ihn zu einem einzigen durchführungsartigen Prozeß, dessen Dynamik seiner motorischen Unruhe entspricht.

Im anschließenden **Andante** in As-Dur, das nach 41 Takten abbricht, wollte Sch. den bis dahin üblichen Typus eines melodiebetonten Satzes verlassen. Das Fragment beginnt mit sich formelhaft wiederholenden Figuren ohne eigentliche melodische Entwicklung und erinnert an die ebenfalls recht statischen Mittelsätze späterer Werke (z.B. im Streichquintett C-Dur, D 956). Vielleicht fühlte Sch. sich den Problemen, die sich aus dieser Konzeption für den Spannungsverlauf ergeben, damals noch nicht gewachsen. Angesichts der Kürze des Bruchstücks lassen sich darüber allerdings nur Vermutungen anstellen, denn weder von Sch. noch von seinen Freunden sind Äußerungen zu diesem StrQu. überliefert.

Streichquartett a-Moll op. 29, D 804 (1824)

Allegro ma non troppo – Andante – Menuetto (Allegretto) mit Trio – Allegro moderato
Dauer: ca. 38'

Das a-Moll-Quartett entstand zur selben Zeit wie das StrQu. d-Moll (D 810), ist aber deutlich weniger aggressiv und bedrückend als dieses und die meisten anderen Werke aus Sch.s letzten Jahren. Von der verzweifelten persönlichen und finanziellen Lage, in der Sch. sich damals befand und die er nur wenigen seiner Freunde offenbarte, verrät dieses Quartett fast nichts (und zeigt damit, daß sich das Schaffen eines Komponisten nicht immer aus seinen Lebensumständen ›erklären‹ läßt). Seiner weniger radikalen Sprache verdankt es, daß es als einziges der späten StrQu.e schon zu Sch.s Lebzeiten durch das renommierte Schuppanzigh-Quartett vollständig aufgeführt und veröffentlicht wurde.

Nach der UA (am 14.März 1824) schrieb ein Rezensent, der Sch.s frühere Quartettversuche nicht kennen konnte, es sei »für eine Erstgeburt nicht zu verachten«, und eine andere Kritik bescheinigte ihm »tiefes Gefühl, Kraft und Anmut, Bedeutung und Leben und poetisches Feuer«.

In diesem Stück liegt der Akzent vornehmlich auf der – meist sehr kantablen – Melodik. Das Hauptthema des **1. Satzes** hat jedoch keine eindeutige Gestalt, sondern wird in drei Varianten dargestellt, von denen die ersten beiden in a-Moll stehen; die dritte steht in A-Dur. Die Überleitung zum Seitensatz entwickelt sich aus einer Fortspinnung dieser Themengruppe, in der das Hauptmotiv synkopisch einsetzt und durch einen ff-Einbruch einen neuen aggressiven Charakter erhält (ab T. 32). Auch der Seitensatz (in C-Dur) ist mit einem Duett der beiden V., ebenfalls über einem rhythmischen Ostinato, zunächst melodiebetont und wird im weiteren Verlauf durch plötzliche Veränderungen der Lautstärke unruhiger. Anders als die Tradition es erwarten ließe, wird der Wechsel von Moll und Dur in der Reprise nicht aufgegeben: Der Hauptsatz ist im Vergleich zur Exposition verkürzt, sein 2. Abschnitt fehlt, so daß sich Moll- und Duranteile jetzt gleichgewichtig gegenüberstehen, und auch der Seitensatz bleibt in A-Dur. Erst in der Coda (T. 264) wird die Haupttonart a-Moll wieder erreicht.

Das **Andante** in C-Dur beginnt mit einer Entlehnung aus einer Zwischenaktmusik zum Schauspiel *Rosamunde, Fürstin von Zypern* (D 797), die Sch. ein halbes Jahr vor dem Quartett vollendet hatte. Auch im **3. Satz** greift Sch. auf ein früheres Werk zurück; das thematische Material ist der Vertonung einer Strophe aus Schillers Gedicht *Die Götter Griechenlands* (D 677, 1819) entnommen: einer Klage um die verlorende Idealwelt der klassischen Antike, in der die Menschen in Harmonie mit einer von wohlwollenden Göttern gestalteten Natur lebten und von der nur noch die Kunst eine Ahnung vermitteln könne. Den Anfangsmotiven von Menuett und Trio sind im Lied die Worte »Schöne Welt, wo bist du?« unterlegt. Auch der Tongeschlechtswechsel zwischen Moll und Dur geht auf das Lied zurück. Das **Finale** ist ein Rondo mit Anlehnungen an einen Sonatenhauptsatz. Sein Hauptthema hat mit der betonten 2. Taktzeit, die an einen Csárdás erinnert, einen ungarischen Anklang.

Streichquartett d-Moll o.O. D 810 (1824)
Der Tod und das Mädchen

Allegro – Andante con moto – Scherzo (Allegro molto) mit Trio – Presto
Dauer: ca. 40'

Das StrQu. d-Moll, eines der Werke, mit denen Sch. sich »den Weg zur großen Sinfonie bahnen« wollte, spiegelt seine Verzweiflung über berufliche und private Fehlschläge wider, »jenes fatale Erkennen einer miserablen Wirklichkeit«, über das er zur Zeit der Komposition schrieb. In seiner bedrückenden

Wirkung fand das Werk durchaus nicht ungeteilten Beifall: Nach der UA, die 1826 privat im Freundeskreis stattfand, soll der 1. Geiger (Ignaz Schuppanzigh, dessen Quartett auch Beethoven-StrQu.e uraufführte), zu Sch. gesagt haben: »Brüderl, das ist nichts, das laß gut sein; bleib du bei deinen Liedern!«, worauf dieser die Noten »still zusammenpackte und sie für immer in seinem Pulte verschloß«. Zu Sch.s Lebzeiten wurde das Werk nicht wieder gespielt; auch einen Verleger fand es erst 1831.

Seine einzigartige Expressivität und motivische Dichte gewinnt das Quartett durch seinen engen Zusammenhang mit dem Matthias-Claudius-Lied *Der Tod und das Mädchen* op. 7/ 3 D 531, aus dem nicht nur das Thema der Variationen, sondern auch alle anderen Sätze abgeleitet sind. Das im Jahre 1817 entstandene Lied hat zwei Strophen, deren wichtigste Motive die Tonwiederholung – ein altes Todessymbol – und erst die aufsteigende, dann sinkende Melodik als Ausdruck von Entsetzen und Resignation in der Strophe des Mädchens sind. Der **Hauptsatz** des Quartetts beginnt mit Tonwiederholungen und den sinkenden Intervallen. Mit immer rascher aufeinander folgenden und nun ansteigenden melodischen Spitzentönen bildet er eine einzige Steigerung, die einen Höhepunkt (T. 41), aber keinen (als Beruhigung wirkenden) Schluß erreicht. Auch dem Seitensatz (ab T. 61) fehlt die melodische oder harmonische Geschlossenheit, die ein Thema üblicherweise erwarten ließe. Im Gegenteil – mit seinen Abschnitten in verschiedenen Tonarten (in T. 102 beginnt eine längere Episode in A-Dur; der Schlußteil ab T. 134 steht in a-Moll), den modulierenden Sequenzen, harmonischen Rückungen und abrupten Stimmungswechseln trägt er durchführungsartige Züge. Die Gefahr eines Spannungsabfalls in der Durchführung selbst wegen dieser (nach den üblichen Kriterien äußerst unökonomischen) Vorwegnahme meistert Sch. mit Bravour: Eine sehr komplexe Satztechnik mit Überlagerungen verschiedener Rhythmen in den einzelnen Stimmen bei gleichzeitiger höchster motivischer Dichte entsteht durch Kombination von Hauptsatz- und Seitensatzmotiven.

Kühne Harmoniefortschreitungen führen in einer großangelegten Steigerung auf die Reprise hin (T. 198). Dem bisherigen kompositorischen Verfahren, die Spannung immer weiter zu erhöhen, wird auch der Beginn der Reprise gerecht: Sie setzt gleich mit dem als Höhepunkt der Hauptsatzgruppe konzipierten Abschnitt ein (T.198 entspricht T.41). Die dabei ausgesparte Hauptsatz-Eröffnung greift Sch. in der Coda (ab T.299) wieder auf: Sie täuscht zunächst – wie der Satzanfang – ein langsames Tempo vor, das jetzt aber tatsächlich beschleunigt wird und noch einmal eine Spannungssteigerung bewirkt. Der Ausklang des hochdramatischen Satzes ist – bei äußerst expressiver Harmonik – nach der Wiedergewinnung des gemäßigten Tempos überraschend still.

Das Thema des **2. Satzes** hat den feierlichen Rhythmus eines Totentanzes. Es geht auf das Kl.-Vorspiel des Liedes und die Strophe des Todes zurück, der das verängstigte, sterbende Mädchen tröstet (»Gib Deine Hand, du schön und zart Gebild' / Bin Freund und komme nicht zu strafen / Sei gutes Muts! Ich bin nicht wild / Sollst sanft in meinen Armen schlafen«). Still und verhalten wie das choralsatzartige Thema sind auch die meisten Variationen; nur die 3. und 5. lassen vorübergehend Unruhe, vielleicht sogar Auflehnung, anklingen, die jedoch in beiden Fällen einem versöhnlichen Dur weicht.

Das wegen seiner Synkopen schon rhythmisch äußerst unruhige **Scherzo** vereinigt auf knappstem Raum alle drei Hauptmotive des Liedes: die auf- und absteigende Linienführung, hier zu einem Lamentobaß verdichtet (dessen fallende Chromatik ein altes Klagesymbol ist), aus der Strophe des Mädchens, und die Tonwiederholungen aus dem Totentanz. Alle Motive kommen auch im Trio vor, dessen D-Dur das permanente Moll der anderen Quartettsätze unterbricht und in seiner sanfteren Struktur wie das Lied selbst den tröstlichen Aspekt des Todesgedankens anklingen läßt. Das Thema des **Finales** knüpft motivisch an die letzten Töne des 3. Satzes an (die punktierten Rhythmen des Scherzos und des Trios werden in den triolischen 6/8-Takt übernommen) und erinnert in der motorischen Unruhe seiner permanenten Achtelbewegung, den Tonwiederholungen und der aufsteigenden Melodik zugleich an den 1. Satz. Die rasche, geradezu gehetzte Bewegung dieses Sonatenrondos wird in der Coda (T.707) noch beschleunigt; auch die Harmonik steigert sich zu Rückungen (T.727 ff.: D-Dur/C-Dur/H-Dur), die die Schlußkadenz in damals buchstäblich unerhört kühner Weise verfremden.

Streichquartett G-Dur op. post. 161, D 887 (1826)

Allegro molto moderato – Andante un poco mosso – Scherzo (Allegro vivace) mit Trio (Allegretto) – Allegro assai
Dauer: ca. 46'

Sch.s letztes StrQu. entstand im Juni 1826. Vermutlich war es der **1. Satz** dieses Quartetts, der in dem ›Privatkonzert‹ vom März des folgenden Jahres uraufgeführt wurde.

Obwohl ein Kritiker diesem Satz »Geist und Originalität« zugestand, wurde das StrQu. erst 1851 veröffentlicht. 1826 war Sch.s finanzielle Situation desolat. Im Juli schrieb er einem Freund, er habe gar kein Geld, und es gehe ihm überhaupt sehr schlecht, fuhr aber fort: »Ich mache mir nicht [sic] daraus, und bin lustig«. Diese Ambivalenz scheint sich auch in seinem Quartett zu spiegeln.

Die vorgezeichnete Tonart ist G-Dur – tatsächlich jedoch tendiert das gesamte Stück stark zum Mollbereich. Der Tongeschlechtswechsel prägt schon die ersten Takte:

Er beeinflußt auch die harmonische Disposition des Seitensatzes, dessen tänzerisches Thema nicht nur in D-Dur (T. 65, 78, 142) erscheint, wie es in Sonatensätzen in G-Dur üblich ist, sondern auch in B-Dur (T. 110), also der Tonart, in der ein Seitensatz innerhalb von g-Moll stände. Schroffe rhythmische Punktierungen im Staccato, die plötzlichen Fortissimo-Ausbrüche und das häufig verwendete Tremolo (eine bis dahin vor allem im Orchester eingesetzte Spieltechnik, die seit jeher Finsternis und Gefahr symbolisiert) trüben das Dur darüber hinaus stark ein und verleihen ihm einen Charakter, der vorher dem Moll vorbehalten war. Daß die Reihenfolge von Dur und Moll in der Reprise (T.278) vertauscht ist und das Tongeschlecht bis zum Schlußakkord ungewiß bleibt, ist eine ebenso neuartige wie logische Konsequenz dieser Entwicklung.

Wie das Seitensatzthema im 1. Satz wird auch der liedhafte Duktus des **2. Satzes** von dramatischen Ausbrüchen gestört. Das Thema – in sich eine zweiteilige Liedform – erscheint im weiteren Verlauf dreimal (zunächst in e-Moll, in T. 82 in h-Moll und in T. 167 in e-Moll/E-Dur). Auch die Zwischengruppen, die den punktierten Rhythmus, die dynamischen Kontraste und das Tremolo des 1. Satzes wiederaufnehmen, stehen in Moll. Erst am Ende des Satzes scheint sich mit dem Wechsel nach E-Dur (T. 175, T. 196) die Stimmung zu heben. Zweimal jedoch macht ein Tongeschlechtswechsel dies wieder zunichte, bis sich – unmittelbar vor Schluß – E-Dur schließlich durchsetzen kann.

Das **Scherzo** und das **Finale** sind weniger kontrastreich als die vorigen Sätze; sie verzichten auf dramatische Gegensätze, ohne jedoch deshalb aufhellend zu wirken. Nur das Trio steht in G-Dur und hat durchaus freundlichen Charakter. Gegenüber dem schnellen Scherzo ist es zu einem Ländler verlangsamt – diese Veränderung des Zeitmaßes ist eine Neuerung Sch.s. Sonst lassen auch die beiden Finalsätze die Stimmung vermissen, die man mit einem Stück in Dur üblicherweise assoziiert. Unruhe ist ihr Charakteristikum. Das Scherzo ist ganz aus einem zweitaktigen Motiv mit Achtelrepetitionen und Dreiklangsbrechungen entwickelt.

Dieses Motiv wird im Verlauf des Satzes in den einzelnen Stimmen versetzt und erzeugt so eine unablässige Bewegung und permanente Harmoniewechsel. Sie lassen weder ein rechtes Gefühl für die vorgezeichnete Tonart h-Moll noch für eine stabile Metrik aufkommen: Zahlreiche Takte sind Anfänge in einer und Schlüsse in einer anderen Stimme. Das **Finale**, ein Sonatenrondo, schwankt wie der 1. Satz zwischen g-moll und G-Dur. Der harmonischen Instabilität entspricht die rhythmische. Der vorgezeichnete 6/8-Takt ist wegen der ungleichmäßigen Akzentuierung in den V. und der wiederum gegenläufigen Betonung in den tiefen Instrumenten kaum wahrzunehmen:

Auch sonst vermißt man eine Orientierung. Fortspinnungen und Wiederholungen, synkopische Überbindungen (T. 10), ›sinnlose‹ Harmoniefortschreitungen (z.B. T. 13 ff: zwei aufeinanderfolgende Septakkorde, D-Dur und F-Dur, lösen sich nach D-Dur auf) und schnelle enharmonische Modulationen entziehen dem Hörer gleichsam den Boden unter den Füßen. Das einzig Stabile ist die fortlaufende Achtelbewegung. Sie wird über mehr als 700 Takte fast pausenlos aufrechterhalten und übersteigert die für ein Rondo charakteristische Motorik zur Karikatur einer Tarantella. Ihre Gehetztheit entspricht der bedrückenden Wirkung des gesamten Stückes.

Quintett A-Dur op. post. 114, D 667 (1819?)
Forellenquintett
für Klavier, Violine, Viola, Violoncello und Kontrabaß oder Violone

Allegro vivace – Andante – Scherzo (Presto) mit Trio –
Andantino mit 6 Variationen – Allegro giusto
Dauer: ca. 30'

Die Komposition des Quintetts geht auf einen Auftrag von Silvester Paumgartner zurück, eines Musikenthusiasten, den Sch. bei mehreren Reisen nach Steyr (1819, 1823 und 1825) besuchte. Paumgartner, dem das Quartett auch gewidmet ist, spielte Cello und liebte Sch.s 1817 entstandenes Lied *Die Forelle* (D 550) ganz besonders. Er soll nicht nur seine Verwendung als Thema der Variationen im Quintett, sondern auch dessen Besetzung angeregt haben. Der **1. Satz** beginnt mit einem vom Kl. und den Streichern im Wechsel gespielten Thema in A-Dur, das wegen seines scheinbar langsamen Tempos und seiner noch ungesicherten Tonart (T. 1–10 in A-Dur, T. 11–19 in F-Dur) einleitungsartig wirkt. Erst die Beschleunigung der Begleitung (Achtel in T. 25, Achteltriolen in T. 38) macht das herrschende Tempo deutlich. Die einheitliche Bewegung verbindet die gesamte Exposition und die Reprise, in der der einleitungsartige Teil entfällt. Daß dieser aber doch thematisch ist, zeigt seine Wiederaufnahme in der Durchführung. Sie täuscht wie der Hauptsatz eine Steigerung des Tempos vor. Ihr Höhepunkt ist eine Kombination der verschiedenen Rhythmen, die den gesamten Satz so munter wirken lassen: Die Triolen aus dem Hauptsatz, die Punktierungen, die im 2. Teil des Seitensatzes aufgetreten waren, und die Sechzehntel aus der Schlußgruppe bilden rhythmische Ostinati, die in verschiedenartiger Weise übereinandergelagert werden.

Sch.s Vorliebe für Terzbeziehungen und Chromatik zeigt sich im **2. Satz**: Er ist zweiteilig, und der zweite Teil (in As-Dur) ist eine genaue Terztransposition des ersten (in F-Dur). Die Satztechnik wechselt zwischen linear konzipierten, melodiebetonten Teilen wie am Anfang und einer flächigen Wirkung, die durch die Überlagerung rhythmischer Ostinati entsteht (z.B. in der Modulation nach fis-Moll ab T. 19).

Die heitere Stimmung des Allegro giusto wird im 3. Satz wiederaufgenommen. Ausgesprochen komisch wirken z.B. hier Vc. und Kb., die sich bis kurz vor Schluß beim imitatorischen Wechsel zwischen dem Kl. und den hohen Streichern auf eine reine Begleitung beschränken, ehe sie ganz am Ende (T. 70, 79) in die Pausen platzen; und die Terzrückung von G-Dur nach B-Dur im Trio (T. 136) dürfte manchen – von der eingängigen Melodie beseligten – Hörer unvermittelt aufschrecken. Auch die Variationen über Paumgartners Lieblingslied stören diese Heiterkeit nicht, denn ihr Thema beschränkt sich auf die 1. Strophe des Liedes, in der vom traurigen Ende des Fisches noch nicht die Rede ist; selbst die 4. Variation in d-moll trübt die vorherrschende Stimmung nur vorübergehend. Die berühmte Kl.-Begleitung, die im Lied die Bewegungen der Forelle wiedergibt, macht die letzte Variation zum krönenden Schluß des Satzes.

Das tänzerische **Finale** hat wie der langsame Satz zwei Teile; der zweite ist eine Quinttransposition des ersten. Das Thema besteht aus zweitaktigen Gruppen, die zunächst zu größeren, periodischen Einheiten von 8 Takten zusammengesetzt sind, aber auch motivisch verändert (auftaktig) werden und in unterschiedlichen Tonarten sequenziert und vereinzelt erscheinen. Der weitere Verlauf des Satzes ist aus diesem Anfang entwickelt und erinnert zugleich an Vorangegangenes, etwa an die Punktierungen und Triolen des 1. Satzes und an die Liedvariationen. Mit diesen Reminiszenzen an frühere Sätze schließt das Finale alle Sätze zyklisch zusammen.

Quintett C-Dur op. post. 163, D 956 (1828) für 2 Violinen, Viola und 2 Violoncelli

Allegro ma non troppo – Adagio – Scherzo (Presto) mit Trio (Andante sostenuto) – Allegretto
Dauer: ca. 47'

Das Streichquintett, eines der ernstesten und bedeutendsten Werke in der Geschichte der Kammermusik, entstand vermutlich im September 1828. Eine Aufführung vor Sch.s Tod ist nicht nachweisbar. Wie viele seiner Kompositionen wurde auch das Quintett erst spät, nämlich 1853, veröffentlicht, obwohl Sch. es schon bald nach der Fertigstellung dem Leipziger Verleger Probst angeboten hatte. Das mangelnde Interesse an diesem u.a. Werken erklärt sich, wie Probst einmal an Sch. geschrieben hatte, dadurch, »daß der eigne, sowohl oft geniale, als wohl auch mitunter etwas seltsame Gang Ihrer Geistesschöpfungen« noch nicht verstanden wurde.

Das Quintett steht den beiden letzten Quartetten sehr nahe. Wie sie beginnt es in scheinbar langsamem Tempo – eine Illusion, die in diesem Falle durch die Harmonik noch verstärkt wird: Die Verdüsterung des Grundakkordes in einen verminderten Akkord ist ein typischer Einleitungsgestus (vgl. dazu z.B. die Fantasie C-Dur für V. und Kl. op. post. 159, D 934). Er läßt eine längere Entwicklung erwarten, führt hier aber überraschend in den Grundakkord zurück. C-Dur wirkt danach ganz neu, aber als Grundtonart zugleich nicht mehr selbstverständlich.

Die Wiederholung des Hauptthemas in d-Moll lenkt noch mehr von der herrschenden Tonart ab. Auch der Seitensatz (T. 60) ist harmonisch sehr komplex. Sein erster Melodieton g, durch die Überleitung als Grundton eingeführt, wird durch das Absinken des 2. Vc. überraschend zur Terz von Es-Dur: Erst nach reichen Modulationen, in denen lang fortgesponnene Melodien den Ton g in immer neuen Färbungen erklingen lassen, erscheint das erwartete G-Dur. Die synkopischen Sekundschritte der Schlußgruppe (T. 139) werden zum Fundament der Durchführung. Durchsetzt von Reminiszenzen an das 2. Thema und von den aufsteigenden Dreiklangsbrechungen des Hauptsatzes, bilden diese Sekundschritte ein kontrapunktisches Geflecht von ungewöhnlicher Vielschichtigkeit: Eine neue, aus ihnen entwickelte Melodie und die auftaktigen Akzente aus dem Haupt- und dem Seitensatz werden in unterschiedlicher Artikulation und Dynamik, teilweise in verschiedenen Stimmen, gegeneinander verschoben.

Sehr ruhig und fast ausschließlich von Harmonik bestimmt beginnt der **2. Satz**. Ohne eigentliche Melodik verlaufen die Mittelstimmen bewegungsarm und in einer Gleichförmigkeit, die durch die rhythmischen Ostinati der Außenstimmen noch betont wird: Die wesentlichen Gestaltungselemente sind hier – in einer völlig neuartigen Weise – nicht Melodik und Rhythmik, sondern die Dynamik und vor allem die Harmonik. Innerhalb der 28 Takte dieses 1. Satzteils wechselt die Tonika 17 Mal, so daß die rhythmischen Ostinati in immer neuen Klängen erscheinen und das ewig Gleiche ständig verändert wird. Zu dieser Ruhe steht das Folgende in denkbar größtem Kontrast: Unvermittelt beginnt mit einer Rückung von E-Dur nach f-Moll und plötzlichem ff ein dramatischer Ausbruch. Seiner emphatischen Melodik verleiht eine synkopische Begleitung ungeheure Spannung. Sie wird aber nur für recht kurze Zeit aufrechterhalten. Jedem der insgesamt drei Aufschwünge folgt ein gleichsam resignierendes Absinken, bis sich die Energie in einer variierten Wiederholung des stillen Anfangs verliert.

Ebenso kontrastreich ist der **3. Satz**. Auf ein ungewöhnlich schnelles und temperamentvolles Scherzo in C-Dur mit scharfen rhythmischen Akzenten, Synkopen und chromatischen Rückungen (z.B. T. 37 ff.) folgt – und das war damals ganz ungewöhnlich – das Trio in wesentlich langsamerem Zeitmaß und sogar in einer anderen Taktart. Wie der Mittelteil des vorangegangen Satzes steht das Trio im Halbtonabstand zur Haupttonart (Des-Dur). Es wird im Unisono mit einer absinkenden Melodie eingeleitet, deren punktierte Rhythmen an die verhaltene Feierlichkeit eines Trauermarsches erinnern. Der weitere Satzverlauf ist mit Molltrübungen, kleinen Aufwärtsbewegungen, die aber sofort in den Ausgangston zurücksinken, und schließlich stufenweise absteigenden Melodien ein fortwährendes Fallen. Dem entspricht auch der dynamische Energieverlust. Ob die Wiederholung des Scherzos danach noch so unbefangen wirkt wie zuvor oder eher etwas krampfhaft bemüht, und ob nach diesen außergewöhnlich gewichtigen Sätzen der letzte, ein **Rondo** mit ungarischen Anklängen, als fröhlicher Kehraus empfunden werden kann, ist Auffassungssache. Stellenweise, z.B. im 1. Couplet in G-Dur (T. 46), ist das Rondo durchaus tänzerisch und munter. Die Molltrübungen des Anfangs, die Reminiszenz an das Hauptthema des 1. Satzes (T. 113 ff.), die ausgedehnte Mollsubdominante gegen Ende und – unmittelbar vor Schluß – die Einbeziehung der phrygischen Sekunde (des) in die Dominante, ja sogar in den Schlußklang selbst, weisen jedoch auf den Ernst der anderen Sätze zurück.

Oktett F-Dur op. post. 166, D 803 (1824) für Klavier, Fagott, Horn, 2 Violinen, Viola, Violoncello und Kontrabaß

Adagio.Allegro – Adagio – Scherzo (Allegro vivace) mit Trio – Thema mit Variationen (Andante) – Menuetto (Allegretto) mit Trio – Andante molto. Allegro
Dauer: ca. 50'

Das Oktett, komponiert vielleicht im Auftrag des Obersthofmeisters von Erzherzog Rudolf, Ferdinand Graf Troyer, gehört zu jenen Werken, mit denen Sch. sich nach seinen eigenen Worten »den Weg zur großen Sinfonie bahnen« wollte. Im Gegensatz zum gleichzeitig entstandenen StrQu. d-Moll läßt es von Sch.s Verzweiflung über private und berufliche Enttäuschungen nichts ahnen – vielleicht auch, weil das Oktett als Auftragswerk konzipiert war. Nach dem Wunsch des Bestellers nimmt es Bezug auf Beethovens außerordentlich beliebtes Septett op. 20 (dessen Besetzung es durch eine zusätzliche V. erweitert).

Beide Werke stehen in der Tradition des unterhaltenden Divertimentos, dessen üblicherweise schlichte Satztechnik Beethoven mit dem obligaten Accompagnement aus dem StrQu. verbunden hatte. Hierin ist Sch. ihm gefolgt. Zwar ist im **1. Satz** das Hauptthema überwiegend im Unisono gesetzt (T. 19; im 2. Hauptsatzthema in T. 50 überwiegt die Klar.), und erst das Seitensatzthema (T.89) verteilt sich auf Vc. und Klar. Trotzdem ist die Satztechnik keine schlichte Homophonie mit Melodie und Begleitung. Schon in der zwischen Dur und Moll schwankenden Einleitung erscheint das wichtigste Motiv des 1. Satzes, eine einfache Punktierung. Sie liegt nicht nur allen Themen zugrunde, sondern taucht auch in den Nebenstimmen immer wieder auf, so daß die Themen aus dem Geflecht der Stimmen herauswachsen. An Beethoven orientiert ist auch die Reminiszenz an die Einleitung gegen Ende der Durchführung. – Der **2. Satz** ist ganz melodiebetont; aus einer ›unendlichen Melodie‹, deren Schlüsse immer zugleich Neuanfänge sind, entwickeln sich im weiteren Verlauf drei Varianten, die bald allein, bald von einer oder mehreren anderen Melodien umspielt werden. Die Harmonik des zweiteiligen Satzes zeigt außer den üblichen Quintverwandtschaften Sch.s Vorliebe für Terzbeziehungen und Verschiebungen um einen Halbton.

Die drei folgenden Sätze nehmen die unbefangene Heiterkeit des 1. Satzes wieder auf. Zwei Tanzsätze, ein **Scherzo** und ein melodisches **Menuett**, umrahmen **Variationen** über ein eigenes Thema (aus dem Singspiel *Die Freunde von Salamanca*, D 326, von 1815). Das Scherzo ist wegen seiner neuartigen »Taktgruppenrhythmik« (Arnold Feil) berühmt – die Takte mit dem rhythmischen Hauptmotiv sind nämlich immer akzentuiert und wichtiger als die anderen:

Erst im **letzten Satz** wird die fröhliche Stimmung getrübt, wenn auch nur vorübergehend. Seine langsame Einleitung zeigt – mit Tremoli, abrupten Lautstärkekontrasten und einer Harmonik voller Molleintrübungen und subdominantischer Wendungen – den Ernst und die Dramatik, die in Sch.s späteren Werken so häufig sind. Gegen Ende dieser Einleitung, deren punktierter Rhythmus auf den Anfang zurückweist, hellt sich hier die Stimmung jedoch wieder auf. Es folgt ein Sonatensatz. Aus seinem 1. Thema ist auch der Seitensatz abgeleitet (T. 94). Beide Themen werden in der Durchführung verarbeitet. Die Engführungen des Hauptsatzthemas, dessen prägnanter Triller in allen Instrumenten erscheint, sind so fröhlich, daß sie Sch.s eigene Frage, ob es eigentlich lustige Musik gebe, zu bejahen scheinen. – Noch einmal schlägt die Stimmung allerdings um: Der Anfang der Coda greift den ernsten Gestus der Einleitung wieder auf. Ob der temperamentvolle Schluß danach besonders heiter oder vielleicht eher als etwas gehetzt aufzufassen ist, wird man nicht eindeutig entscheiden können.

Marie-Agnes Dittrich

Erwin (Ervín) Schulhoff

geb. 8. Juni 1894 Prag, gest. 18. August 1942 Konzentrationslager Wülzburg (Bayern). 1901 auf Empfehlung A. Dvořáks privates Kl.-Studium bei Jindrich Kaan von Albest. 1904–1906 Musikstudium am Prager Konservatorium (Kl. J. Kaan, Josef Jiránek), von Herbst 1906–1907 in Horáks Musikinstitut Wien (Kl. Willi Thern), 1907–1910 Fortsetzung der Ausbildung am Konservatorium Leipzig (Kl. Robert Teichmüller, Komposition Max Reger). 1910 erste Konzerttournee als Pianist. 1911–1913 Musikstudien am Konservatorium Köln (Kl. Lazzaro Uzielli, Carl Friedberg, Komposition Fritz Steinbach, Instrumentation Ewald Strasser). Erste Kompositionen (Sonate f. V. u. Kl. op. 7). 1913 Paris, besucht Claude Debussy. 1914–1918 Soldat. 1919 Dresden, gehört zum Kreis um die Maler Otto Dix, George Grosz, Lasar Segall, den Schriftsteller Theodor Däubler u.a., Mitbegründer der Gruppe ›Werkstatt der Zeit‹, die ›Fortschrittskonzerte‹ organisiert; bekennt sich zum Dadaismus. Beginn des Briefwechsels mit Alban Berg. 1920–1922 Kl.-Lehrer am Konservatorium Saarbrücken. 1922 Übersiedlung nach Berlin; nimmt im Mai 1922 am Kongreß der Dadaisten in Weimar teil. 1923 Rückkehr nach Prag. 1924–1926 als Nachfolger von Max Brod Musikreferent beim ›Prager Abendblatt‹. Zunehmend Erfolg als Komponist, u.a. beim IGNM-Fest 1924 in Prag, 1931 in Oxford, beim Kammermusikfest in Donaueschingen. Ab 1927 Konzertreisen u.a. nach Paris, London, Berlin, Amsterdam, Kopenhagen. Zunehmend internationaler Erfolg als Komponist und Pianist. 1928 Vertrag mit den Polyphonwerken AG Berlin, um eigene Werke einzuspielen. Tritt ab 1928 in der Berli-

ner ›Funkstunde‹ auf. 1929–1931 Lehrer für Partiturspiel und Generalbaß am Prager Konservatorium. 1933 nach Hitlers Machtübernahme verliert Sch. alle Kontakte mit Deutschland; Teilnahme an der I. Internationalen Olympiade des Arbeitertheaters in Moskau; versucht, Prinzipien des Sozialistischen Realismus auf die Musik zu übertragen. 1933–1935 Pianist im Jazzorchester von Jaroslav Jezek. 1935–1938 Rundfunkpianist in Mährisch Ostrau. Verliert 1939 als Jude im Protektorat Böhmen und Mähren seine Anstellung, arbeitet unter dem Pseudonym Franta Michálek. 1941 erwirbt Sch. die sowjetische Staatsbürgerschaft, wird kurz danach interniert und in das Konzentrationslager Wülzburg (Bayern) überführt. Stirbt 1942 an Tuberkulose.

WERKE F. 1 INSTR.: *Bassnachtigall*. Drei Vortragsstücke f. KFg. solo WV 59 (1922, EE); Sonate pour Violon seul WV 83 (1927, UE) – WERKE F. 2 INSTR.: Suite f. V., Kl. op. 1, WV 18 (1911, Ms.); Sonate f. V., Kl. op. 7, WV 24 (1913, PP); Sonate f. Vc., Kl. op. 17, WV 35 (1914, Ms.); Duo f. V., Vc. WV 74 (1925, UE); Sonate for Flute and Pianoforte WV 86 (1927, Ch.); Sonate f. V., Kl. WV 91 (1927, SCH); *Hot*–Sonate f. ASax., Kl. WV 95 (1930, SCH); Valse brillante f. ASax., Kl. WV 108 (1933, Ms.); Danse excentrique f. ASax., Kl. WV 109 (1933, Ms.); *Susi*. Fox-Song f. unbez. Soloinstr., Kl. WV 124 (1937, Ms.) – WERKE F. 3 INSTR.: Variationentrio f. Kl., V., Vc. op. 7, WV 7 (1910, Ms.); Concertino per Flauto (Pikk.), Viola e Contrabasso WV 75 (1925, UE); Divertissement f. Ob., Klar., Fg. WV 87 (1927, SCH) – WERKE F. 4 INSTR.: Divertimento f. 2 V., Va., Vc. op. 14, WV 32 (1914, Ms.); StrQu. G op. 25, WV 43 (1918, Ms.); Fünf Stücke f. StrQu. à Darius Milhaud WV 68 (1923, SCH); 1. StrQu. WV 72 (1924, UE); 2. StrQu. WV 77 (1925, UE); Quatuor III WV 84 (unvollst., 1927, Ms.) – WERKE F. 6 INSTR./AUSF.: *Die Wolkenpumpe* f. Bar., Klar., Fg., KFg., Trp., Schlzg. auf Worte »des heiligen Geistes Franz« (gemeint ist Hans Arp) WV 61 (1922, Ms.); Sextett f. 2 V., 2 Va., 2 Vc. à Francis Poulenc WV 70 (1919/1924, STh.); Sextett f. Fl. Ob., Klar., Fg., Hr., Kl. WV 85 (unvollst., 1927, Ms.) – WERKE F. KAMMERENSEMBLE: Concerto pour quatuor à cordes et accompagnement d'un orchestre d'instruments à vent f. StrQu. u. Bläser WV 97 (1930, PP) – UNVOLLST. OD. UNDATIERTE WERKE: Suite f. V., Kl. WV 46 (1919); Sonate f. V., Kl. WV 149; Allegro f. Vc. WV 150.

Verlag: Panton Prag (=PP); Universal Edition Wien (=UE); Emerson Edition Ampleforth/ Yorkshire (=EE); B. Schott's Söhne Mainz (=SCH); Statní hudební vydavatelství Praha (=Sth); J. und W. Chester London (=CH). WV = Josef Bek, E. Sch. – Leben und Werk. Hamburg 1994.

E. Sch. gehört zu jener Gruppe von deutsch-tschechischen Interpreten und Komponisten, deren Leben und Schaffen gewaltsam durch die deutschen Nationalsozialisten beendet und nach 1945, dem Ende des 2. Weltkriegs, so gut wie vergessen wurde. Erst in den letzten Jahren sind die Werke von Sch. und seinen Leidensgefährten Rudolf Karel (1880-1945), Pavel Haas (1899–1944), Hans Krása (1899–1944), Viktor Ullmann (1898–1944) und Gideon Klein (1919–1945) wiederentdeckt worden.

Wie bei seinen Zeitgenossen Karel, Haas oder Ullmann ist auch Sch.s künstlerischer Weg wesentlich von den Schrecken des 1. Weltkriegs geprägt worden. »Es sind entsetzliche Spannungen in dem momentanen Dasein, fürchterliches Chaos überall!!« notiert er am 2. 12. 1918 in sein Tagebuch und fährt fort, »Und mein Inneres? (...) Ich wurde Groteske, Burleske, ich wurde Humoreske (...). Und jetzt stehe ich am Eingange des Zukunftslandes, elend und trotzig!« Dieses »Zukunftsland« sieht Sch. während seiner Dresdner und Berliner Zeit (bis 1923) vorallem in der ›Antikunst‹ des Dadaismus. Gleichzeitig setzt er sich jedoch auch mit den kompositionstheoretischen

Überlegungen der Zweiten Wiener Schule auseinander, ohne allerdings je streng zwölftönig zu komponieren. Wohl aber fühlt er sich von dem Konstruktivismus, der Expressivität und der harmonischen Freiheit der Schönberg-Schule angezogen (hörbar z. B. im 1919 entstandenen 1. Satz des Streichsextetts). In seinen ›Fortschrittskonzerten‹ in Dresden 1919 und 1920 stehen Werke von Arnold Schönberg und Alban Berg auf dem Programm. Nach 1923, bereits wieder in Prag, gibt es in Sch.s Tonsprache dann auch neoklassizistische Tendenzen (z. B. in der ironischen Fuga, dem 3. Satz der *Baßnachtigall* von 1922 oder in der 1924 komponierten Burlesca, dem 3. Satz aus dem Streichsextett) und Rückgriffe auf böhmisch-tschechische Volksmusik (Nr. 3 Alla Czeca aus Fünf Stücke für StrQu. von 1923).

Sch., der sich 1919 selber als »Überdada, Componist und Expressionist, - Ist jeder Richtung, jedes Ismusses!« bezeichnet hat, war durch seine *Fünf Pittoresken* für Kl. op. 31 (1919) mit einem Schlage an die Spitze der Avantgardebewegung gerückt. Denn in diesem »Dem Maler und Dadaisten George Groß (sic!)...« zugeeignetem fünfsätzigen Werk formuliert Sch. klar und deutlich sein Verständnis von Musik und liefert überdies mit dem 3. Satz ›In futurum. Zeitmaß-zeitlos‹ ein überzeugendes Beispiel für dadaistische Musik: Es gibt keine einzige Note, sondern nur Pausen und Interpunktionszeichen. Hörbar gemacht wird das Unhörbare. Erst John Cage sollte 1952 mit *4'33"* für Kl. an dieses Experiment anknüpfen. Doch auch die anderen weniger provokativen vier Sätze der *Fünf Pittoresken* atmen den Geist der Zeit, der in jenen Jahren seinen ›Sauerstoff‹ aus dem im weitesten Sinne aufgefaßten amerikanischen Jazz bezog, aus Tänzen wie Boston, One-Step, Maxixe, Tango, Foxtrott und – bevorzugt – Charleston, aus Ragtime und Blues. Sch., der »eine unerhörte Leidenschaft zum mondänen Tanz« hatte und »rein aus rhythmischer Begeisterung und sinnlichem Unterbewußtsein« Nächte durchtanzte, erhielt für sein Schaffen aus dieser Klangwelt »phänomenale Anregungen« (E. Sch. in einem Brief an Alban Berg, 1921). Sie finden ihren Niederschlag im synkopierten Rhythmus, in prägnanten motorischen Ostinati, in unerwarteten Wendungen und knapp formulierten thematischen Gedanken mit abrupten Ansätzen und kurzen Entwicklungsphasen (z. B. Fünf Stücke für StrQu. WV 68, 1923; *Hot-Sonate* für ASax. und Kl. WV 95, 1930).

Die Mehrzahl der Kammermusikwerke von E. Sch. entstand während einer ungemein produktiven Periode von 1923 bis 1930. Im Unterschied zu seinen Zeitgenossen sah Sch. durchaus noch Möglichkeiten, sich in den traditionellen Formen von Sonate und StrQu. zu artikulieren und bei der thematischen Arbeit die Sonatenform, allerdings in einem modifizierten, eigenständig weiterentwickelten Typus zu verwenden. Seine Sonaten für V. bzw. Vc. und Kl. bilden »jeweils ein monolithisches Ganzes, das einzelne Sätze miteinander verbindet und fest zusammenschließt.« (Josef Bek) Als Bindemittel dient ihm ein jeweils prägnantes Motive, das als konstitutives, Einheit stiftendes Moment, als Keimzelle für alle weiteren horizontalen und vertikalen Entwicklungen fungiert. So beginnt z. B. der 1. Satz des Streichsextetts mit der gleichen Intervallfolge C-G-des, womit auch das Finale ausklingt. Und innerhalb der vier Sätze greift Sch. immer wieder auf diese Intervallfolge zurück.

1930 komponiert Sch. das Concerto pour quatuor à strings et accompagnement d'un orchestreinstrument à vent, das Konzert für StrQu. mit Begleitung des Blasorchesters (WV 97), in dem er einen neuen Ton anschlägt. Nach

Vlastimir Musil ist das Werk speziell für Rundfunkmikrophon-Aufnahmen enstanden. Wie Paul Hindemith oder Kurt Weill fühlte sich auch Sch. von dem neuen Medium schöpferisch herausgefordert und reagierte dementsprechend: Mit einer strengen, in sich geschlossenen Form à la concerto grosso, mit linearen Strukturen, harten Kontrasten zwischen dem weichen Klang des StrQu.s und den kompakten, mitunter schrill akzentuierten Klängen der Holz- und Blechbläser, mit schroffen Dissonanzen und chromatisch sich entfaltenden musikalischen Gedanken. Nichts, was hier dem Zufall überlassen wäre. Doch der so angedeutete Weg wird abgebrochen. Der Kommunist Sch. wendet sich vom Jazz ab und identifiziert sich zunehmend mit der Ästhetik der sowjetischen proletarischen Musik und ab 1933 mit dem Sozialistischen Realismus, seinem Monumentalstil, seiner Neigung zur vordergründigen Einfachheit. Unter diesen Prämissen war Kammermusik nicht mehr gefragt.

Erstes Streichquartett WV 72 (1925)

Presto con fuoco – Allegretto con moto e con malinconia grotesca – Allegro giocoso alla Slovacca – Andante molto sostenuto
Dauer: ca. 16'
Verlag: Universal Edition Wien, ED 1925

Nachdem sich Sch. unmittelbar nach der Rückkehr in seine Geburtsstadt Prag im Dezember 1923 mit den Fünf Stücken für StrQu. völlig unproblematisch, mit Witz und tänzerischem Schwung die traditionsreiche Kammermusikgattung erobert hatte und das Werk zudem beim Festival der IGNM in Salzburg am 8. August 1924 sehr erfolgreich aufgeführt worden war, entstand unmittelbar danach das Erste StrQu. In einer Skizze lag es bereits am 10. September 1924 vor. Ein Jahr später, am 3. September 1925, fand im Rahmen des IGNM-Festivals in Venedig die mit Begeisterung aufgenommene Uraufführung durch die Widmungsträger, das tschechische Zika-Quartett statt.

Zwar greift Sch. auf die traditionelle viersätzige Form zurück, doch setzt er den langsamen Satz ans Werkende. Ihm gehen drei temperamentvolle, tänzerisch betonte, rhythmisch explosive Sätze voraus, die – wie im Streichsextett – durch ein motivisches Element zusammengebunden werden. Dieser motorisch akzentuierte thematische Kerngedanke in der lydischen Tonart, gleich zu Beginn des **1. Satzes** exponiert, ist der slawischen Folklore entlehnt. Josef Bek verweist darauf, daß sich Sch. wohl kaum mit dem Studium der Volkslieder befaßt und daher das Material vielleicht bei Antonín Dvořák oder Béla Bartók gefunden habe. Tänzerisch betont ist jedoch auch das weitere Themenmaterial, wobei Sch.s melodische Erfindungen etwas Spontanes an sich haben, wie improvisiert wirken und er sehr brillant und mit Raffinesse die spieltechnischen Möglichkeiten, insbesondere der 1. V. nutzt. Während im **2. Satz** bereits durch oszillierende Klanginseln und einer darüberschwebenden Vc.-Linie Effekte aus dem ›Notturno‹ vorweggenommen werden, lebt der temperamentvolle **3. Satz** von der elementaren slawischen Melodie und ihrem mitreißenden Bewegungsimpuls. Der **Final-Satz**, ein poesievolles, melancholisches ›Notturno‹ im Fünfvierteltakt, wirkt wie der versonnene Ausklang einer turbulenten Begebenheit. Über einem ostinaten Pizzicato-›Untergrund‹ schweben irrisierende Klänge die ›dazwischengeschalteten‹ Kadenzen im

Mittelteil wirken wie der Nachhall der tänzerischen Eskapaden in den ersten drei Sätzen. Zum Schluß, wie ein Glockenschlag aus weiter Ferne, ein abwärtsgerichtetes Terzintervall, im Pizzicato gezupft, sich langsam in weite Fernen verflüchtigend.

Ingeborg Allihn

Robert Schumann

geb. 8.6.1810 Zwickau, gest. 29.7.1856 Bonn–Endenich. Vielseitige musische Anregungen durch das Elternhaus (Vater August Sch. war Verlagsbuchhändler). 1822 erste kompositorische und literarische Versuche. Die Absicht des Vaters, Sch. bei Carl Maria v.Weber studieren zu lassen, zerschlagen sich durch dessen unerwarteten Tod. 1826 Tod des Vaters, wodurch Sch. gezwungen ist, einen ›Brotberuf‹ zu wählen. Ab 1828 Jurastudium in Leipzig und Heidelberg, das jedoch bald den künstlerischen Interessen Sch.'s weicht: Neben vielfältigen literarischen Studien (Jean Paul) Kl.-Unterricht bei Friedrich Wieck, ab 1831 Kompositionsunterricht bei Heinrich Dorn in Leipzig. Das Erlebnis Niccolò Paganinis löst den Wunsch aus, Kl.-Virtuose zu werden, scheitert durch eine Fingerlähmung aufgrund einseitig-mechanischer Übungspraktiken. 1834 Gründung der ›Neuen Zeitschrift für Musik‹, 1835–1844 Chefredakteur. Ab 1837 Freundschaft mit Felix Mendelssohn Bartholdy. 1838/39 vergeblicher Versuch, in Wien neuen Wirkungskreis zu finden. Entdeckung der ›großen‹ C–Dur–Sinfonie Franz Schuberts bei dessen Bruder Ferdinand. 1840 Heirat mit der Pianistin und Komponistin Clara Wieck, nach erbittertem Widerstand des Vaters. Sch. begleitet Clara auf zahlreichen Konzertreisen. 1844 Reise nach Rußland, anschließend Kompositions– und Musiktheorieunterricht am 1843 gegründeten Leipziger Konservatorium. Weder als Lehrer noch als Dirigent erfolgreich, Übersiedlung nach Dresden. Leiter von Gesangsvereinen, freischaffender Komponist. Der Versuch, sich neben dem Hofkapellmeister Richard Wagner als Opernkomponist zu etablieren, scheitert. Ab 1850 Städtischer Musikdirektor in Düsseldorf. 1853 Bekanntschaft und Freundschaft mit Johannes Brahms, dessen überragende Begabung Sch. sofort erkannte und förderte (Artikel *Neue Bahnen,* NZfM Oktober 1853). Wachsende Depressionen, 1854 psychischer Zusammenbruch. Sch. stirbt in der Nervenheilanstalt Endenich bei Bonn.

Werke f. 2 Instr.: Sonate Nr. 1 f. Kl., V. a op. 105 (1851); Große Sonate Nr. 2 f. Kl.,V. d op. 121 (1851); Sonate f. Kl., V. (F.A.E., 2. u. 4. Satz), (1853); *Märchenbilder*. 4 Stücke f. Kl., Va. (od. V.) op. 113 (1851); 5 Stücke im Volkston f. Kl., Vc. (od. V.) op. 102 (1849); 3 Romanzen f. Kl., Ob. (od. V. bzw. Klar.) op. 94 (1849); Phantasiestücke f. Kl., Klar. (od. V. bzw. Vc.) op. 73 (1849); Adagio und Allegro f. Kl., Hr. (od. Vc. bzw. V.) As op. 70 (1849) – Werke f. 3 Instr.: 1. Trio f. Kl., V, Vc. d op. 63 (1847); 2. Trio f. Kl., V., Vc. F op. 80 (1847); 3. Trio f. Kl., V., Vc. g op. 110 (1851); Phantasiestücke f. Kl., V., Vc. op. 88 (1842); *Märchenerzählungen*. 4 Stücke f. Kl., Klar. (od. V.), Va. op. 132 (1853) – Werke f. 4 Instr.: 3 StrQu. (a op. 41, Nr. 1, 1842; F op. 41, Nr. 2, 1842; A op. 41, Nr. 3, 1842); Quartett f. Kl., V., Va., Vc. Es op. 47 (1842) – Werke f. 5 Instr.:

Quintett f. Kl., 2 V., Va., Vc. Es op. 44 (1842); Andante und Variationen f. 2 Kl., 2 Vc., Hr. o. Op. (1843; ursprüngliche Fassung f. 2 Kl. B op. 46).

Verzeichnis: Alfred Dörffel, Thematisches Verzeichnis sämtlicher in Druck erschienenen Werke R. Sch.s, Leipzig ³/1966.
GA: R. Sch.s Werke, hrsg. von Clara Schumann u. Johannes Brahms (Bd. Kammermusik), Leipzig 1879–1893.

In den wohl nicht anders als diffus zu nennenden kompositorischen Anfängen Sch.s ab den 20er Jahren treten neben Kl.-, Chor- und konzertanter Orchestermusik sowie Liedern auch Kammermusikwerke hervor (StrQu., Kl.-Quartette). Um 1830 jedoch verlieren sich deren Spuren oder gehen auf in Sch.s ausschließlicher Hinwendung zur Kl.-Musik, auf die er ein rundes Jahrzehnt fixiert bleibt (op. 1–23). Am Kl. – und bezeichnender Weise nicht mit dem Lied – glaubt Sch., das ihm immer deutlicher sich enthüllende Ideal einer ›poetischen Musik‹ zu verwirklichen. In ihr fließen Musik und Literatur, Ton und Wort, Klang und Laut ineinander, um über die ›Poetisierung‹ des Künstlerischen eine nicht minder ›poetisch‹ gestimmte und geleitete Verwandlung auch aller anderen Bereiche des menschlichen Zusammenlebens zu erreichen. Diese revolutionäre Utopie hält im selben Maße, wie sie auf Künftiges, Kommendes gerichtet ist, an Zurückliegendem, doch eben keineswegs Vergangenem fest – an Johann Sebastian Bach wie an Franz Schubert, vor allem aber an Ludwig van Beethoven, dem Sch. im Literarischen Jean Paul an die Seite stellt.

Die frühen 40er Jahre bringen eine entscheidende Wende im Schaffen Sch.s Schöpferisch beflügelt durch die Heirat mit Clara Wieck und das freundschaftliche Verhältnis zu Mendelssohn, versucht er, sich nach dem ›Liederjahr‹ 1840 die zentralen Gattungen der klassischen Musik anzueignen. 1841 entstehen die 1. Sinfonie op. 38, Ouvertüre, Scherzo und Finale op. 52 (›Symphonette‹) und der 1. Satz des Kl.-Konzerts op. 54. 1842, im ›Kammermusikjahr‹, werden die StrQu.e op. 41 sowie Kl.-Quartett u. -Quintett abgeschlossen. 1843/44 wendet sich Sch. mit gleicher Intensität der Chorsinfonik zu: *Das Paradies und die Peri* op. 50, Beginn der Arbeit an *Szenen* aus *Goethes Faust*. Bemerkenswert an der Kammermusik ist, daß es sich fast ausnahmslos um relativ vielstimmige Werke handelt, denen Jahre später erst die Trios (1847–1851) und Duos (1849–1851) folgen (Die Phantasiestücke f. Kl.-Trio von 1842 wirken gegenüber den etwa gleichzeitig entstandenen StrQu.en und dem Kl.-Quintett geradezu marginal). Die Gründe hierfür dürften unterschiedlich gelagert sein. Mit dem StrQu. zu beginnen, legten die Klassiker nahe, welche der Gattung eine Aura vollendet–idealen Musizierens gegeben hatten. Die Komposition von StrQu.en verschaffte einem Musiker künstlerische Legitimation, die etwa Mozart mit den sechs Haydn-Quartetten (KV 387, 421, 428, 458, 464, 465) oder Beethoven mit seinem op. 18 nachdrücklich anstrebt hatten. Das unmittelbare Vorbild für Sch. waren zweifellos – neben Schubert und Mendelssohn – die Rasumowsky-Quartette op. 59 von Beethoven. Kl.-Quartett u. -quintett hingegen haben weniger mit Tradition zu tun, da sie als Gattungen (die Kl.-Quartette Mozarts ausgenommen) bislang deutlich hinter StrQu. und Kl.Trio zurückstanden. Für Sch. scheint der latent orchestrale Charakter starkbesetzter Kl.-Kammermusik wichtiger gewesen zu sein, welcher denn auch in beiden Stücken das klangliche Moment in den Vordergrund rückt.

Überströmende Klangschönheit, unausschöpflicher Reichtum an thematischen, rhythmischen und harmonischen Erfindungen und nicht zuletzt eine lückenlose Ausgewogenheit zwischen Solo- und Gruppenspiel haben diese Stücke bald zum Inbegriff romantischer Kammermusik gemacht, deren Beliebtheit bei professionellen wie Laienmusikern bis heute ungemindert anhält. Das Kl.-Quintett etwa gehört nach wie vor zu den meistgespielten Werken Sch.s. Und doch läßt sich ein Unterschied, vielleicht sogar ein Bruch zur vorausgegangenen Kl.-Musik nicht überhören. Sch.s musikalisches Denken blieb stets an klavieristische Umsetzung und Darstellung gebunden. Allerdings soll damit keinesfalls der ebenso gängige wie triviale Vorwurf bemüht werden, daß Sch.s künstlerisches Vermögen von Einseitigkeit und mithin von Begrenztheit belastet gewesen sei, die Werke anderer Gattungen entweder nachteilig eingefärbt (z.B. durch einen vermeintlichen ›Klavierauszug-Stil‹ zahlreicher Passagen in den Sinfonien) oder gar zu deren Mißlingen geführt hätten (z.B. durch den geradezu anti–dramatischen Charakter der Oper *Genoveva*). Sch. verwirklichte in der Kl.-Musik nichts Geringeres als jene ›Poetisierung‹, von der bereits die Rede war. Mit ihr erreichte er gewissermaßen einen eigenen ›Musikstil der Freiheit‹, den zuvor einzig Beethoven geboten hatte, und zwar auf höchstem Niveau in allen für ihn belangvollen Gattungen. Die Wagnisse und Kühnheiten, die Sch. am Kl. riskierte, als er seinem erklärten Vorbild nacheiferte, waren indes so extrem, daß ihm deren unmittelbare Übertragung auf andere Gattungen nicht gelingen wollte – sie überforderten seine schöpferischen Kräfte.

Deshalb – und immer gemessen an solch unübertrefflichen, eine Art ›Musique informelle‹ anvisierenden Stücken wie dem *Carnaval* op. 9, den *Kreisleriana* op. 16 oder der *Phantasie* op. 17 – erscheint die Kammermusik geradliniger, traditioneller und mithin weniger experimentell. Sch. bewunderte die späten StrQu.e Beethovens als Nonplusultra, worin ihm mehr als ein Jahrzehnt nach dessen Tod selbst Fachleute nicht uneingeschränkt zugestimmt haben dürften. Doch die eigenen StrQu.e und die klavierbegleitete Kammermusik orientierten sich am mittleren Beethoven, der – im Gegensatz zum späten – dynamisches Expandieren der Form mit konziser motivisch-thematischer Vereinheitlichung der Struktur verband. Insbesondere letzteres nahm Sch. verwandelnd auf, da es seiner eigenen konzisen Darstellungsweise am nächsten kam. Die Verwandlung betrifft die Tatsache, daß Sch. – im Unterschied zu Beethovens ableitend-kontrastierender Entwicklung – aus einer Art Kernmotiv immer neue, zugleich aber im Charakter gleichbleibende Gestalten erzeugt. Sch.s Fortspinnung eines Motivs darf wörtlich verstanden werden: Es bilden sich unablässig abgewandelte, in ihrem Kern jedoch identische Gestalten, die ein Geflecht von Stimmen, Ereignissen, Kombinationen usw. entfalten, das nicht selten einen labyrinthisch–verschlungenen Eindruck erweckt. Indes ist solche Vielfalt auch mit einer gewissen Einseitigkeit geschlagen: Sie bewegt sich als Fortspinnung gleichsam nur in eine Richtung, eben vorwärts – erkennbar z.B. daran, daß in einem Satz wie dem 1. des Kl.-Quintetts op. 44 zwar ein klanglich wie dynamisch kontrastierendes Themenpaar entfaltet, jedoch niemals stringent, also im Beethovenschen Sinne durchgeführt, verarbeitet wird. Stattdessen erscheinen die Themen in wechselnder (harmonischer) ›Beleuchtung‹, kombiniert mit ständiger Fortspinnung von motivischen Details. Andererseits erlangt die Musik durch diese

›Einseitigkeit‹ etwas ungemein Zwingendes, Suggestives, eine geradezu manisch wirkende Ausdrucksintensität, welche die Forderung der klassischen Ästhetik nach Erhabenheit und Ausgewogenheit ebenso außer Kraft setzt wie sie die biedermeierlich gestimmten Neigungen zu unverbindlicher Virtuosität und flach-gemütvoller Beschaulichkeit hinwegfegt. Darin erlangt Sch.s Musik einen nicht selten mit Befremden wahrgenommenen anarchischen Zug.

Als ob Sch. dies später selbst bewußt wurde und er Abhilfe zu schaffen suchte, scheinen die Akzente in der späteren Kammermusik, in den Trios und Duos, zwar nicht grundlegend, so doch etwas anders gesetzt. Die drei Kl.-Trios öffnen sich einerseits noch entschiedener einer orchestral wirkenden Großräumigkeit, um nicht zu sagen Großflächigkeit; andererseits – und dazu betont konträr – neigen sie zu einer miniaturhaften Anlage in den Mittelsätzen, welche erneut die Erinnerung an die vielgestaltige Bilderwelt der frühen Kl.-Musik weckt. Noch deutlicher wird letzteres in den Duos, unter denen sich bezeichnenderweise nur zwei – allerdings großdimensionierte – Sonaten finden (op. 105 und 121). Die übrigen sind Stückfolgen, die nicht nur durch ihre Titel (Phantasiestücke, Romanzen, *Märchenbilder*) den Bogen zurück zu den vom Kl. beherrschten Schaffensjahren schlagen und deren Echo vernehmen lassen. Freilich: Es ist nurmehr ein Echo, das da erklingt, mit wundervollen und auch manch seltsamen Einfällen. Doch der ›experimentelle‹ Schwung ist gewichen und hat verhaltenerer, wenn auch noch immer souverän wirkender kompositorischer Darstellung Platz gemacht.

Märchenbilder op.113 (1851)
für Klavier und Viola (auch Violine)

Nicht schnell – Lebhaft – Rasch – Langsam, mit melancholischem Ausdruck
Dauer: ca. 16'
Verlag: Luckhardt Kassel, EA 1852

Die *Märchenbilder* gehören neben den *Märchenerzählungen* für Klar.-Trio op. 132, den 5 Stücken im Volkston für Kl. und Vc. op. 102 oder den *Bunten Blättern* für Kl. op. 99 zu jenen späten Sammlungen von in sich abgeschlossenen, meist kurzen Charakterstücken, mit denen Sch. offensichtlich an die bedeutenden Kl.-Musik-Zyklen der 30er Jahre anzuknüpfen suchte. Doch alle Schönheiten im Detail und z.T. auch kühne, in die Zukunft weisende kompositorische Lösungen können nicht darüber hinwegtäuschen, daß sich der ›Ton‹ der Musik geändert hat; daß die selbstbewußt hochfahrende wie die geheimnisvoll verschleierte Geste nur noch selten anklingt. Stattdessen herrscht eine elegische, merkwürdig resignativ wirkende Stimmung vor, die selbst dann nicht verfliegen will, wenn in sie harschere Klänge einbrechen – sie vermitteln ein trotziges Aufbegehren, das kaum von Selbstbewußtsein, sondern eher von abwehrender Furcht und Ohnmacht kündet. Wohl nicht zufällig neigen die meisten dieser Stücke zur ›Märchenerzählung‹, zum träumerischen Blick auf Vergangenes, zu einer Beschaulichkeit, der nicht allein die hemmungslose Aggressivität des *Marsches gegen die Philister* aus op. 6, sondern auch die lärmende Ironie des *Faschingschwanks aus Wien* op. 26 verloren gegangen ist.

Die Folge der *Märchenbilder* macht dies beispielhaft anschaulich. Das 1., **nicht schnell** zu spielende Stück ist eine klangvolle Miniatur mit zwei aneinandergereihten thematischen Abschnitten. Der eröffnende Teil wirkt dabei wie eine – gewichtige – Introduktion, in der die Va. die melodische Führung hat und das Kl. einen volltönenden harmonischen Untergrund beisteuert. Im nahtlos anschließenden, gewichtigeren zweiten Abschnitt wechseln die beiden Instrumente in der Entfaltung der nunmehr kleingliedrigen thematischen Bögen einander ab. Zum Schluß hin überlagern sich beide Abschnitte, ohne daß allerdings dadurch der Vorrang des zweiten beeinträchtigt würde. Vielleicht haftet dem ganzen Stück etwas Introduzierendes an, da es auf eine durchaus geheimnisvolle Weise unbestimmt oder auch ›unwirklich‹ anmutet. Dem antwortet gleichsam das folgende Stück **Lebhaft** mit polternden Akkorden und schroffen Rhythmen, denen tänzerisch betonte, in sich kreisende Mittelteile kaum ernsthaft beruhigend entgegentreten. Seltsam ist die Schlußwendung, die den Lärm des Vorausgehenden zielstrebig zurücknimmt und im Pianissimo verhallen läßt. Mit nur kurzem Crescendo bricht daraus das 3.Stück **Rasch** hervor: Zu rasenden Triolenfiguren hämmert das Kl. ein mürrisch-auftrumpfendes Thema:

Es ist dies aber eben nicht mehr die stolze, glanzvolle Geste, wie sie etwa von den Sinfonischen Etüden op. 13 oder vom Kl.-Quintett op. 44 ausgeht – es klingt nun ein geradezu verzweifelter, hilflos–unbeherrscht wirkender Zorn an, den ein träumerischer, in zarten Dur-Harmonien schwelgender Mittelteil kaum zu besänftigen vermag. Das Schlußstück **Langsam,** mit melancholischem Ausdruck mit seinen wiederum volltönenden, auf beide Instrumente verteilten Sextparallelen erscheint denn auch wie ein nicht enden wollendes Abschiednehmen. Die stets sanfte musikalische Bewegung kreist um das berückende Hauptthema, das mit einer anrührend-wehmutsvollen Wendung bis ins Lautlose versinkt.

1. Trio d op. 63 (1847)
für Klavier, Violine und Violoncello

Mit Energie und Leidenschaft – Lebhaft, doch nicht zu rasch – Langsam, mit inniger Empfindung – Mit Feuer
Dauer: ca. 33'
Verlag: Breitkopf & Härtel Leipzig, EA 1848

Das 1. Kl.-Trio gehört, vielleicht sogar mehr noch als das vorausgegangene Kl.-Quintett op. 44 und das -Quartett op. 47, zu den Glanzstücken Sch.scher Kammermusik. Allein die Satzbezeichnungen treffen mit unnachahmlicher

Sicherheit und Exaktheit die ›Tonlage‹ der jeweiligen Sätze – Sch. muß sich, nach Jahren des Selbstzweifels, wiederum im Vollbesitz seiner schöpferischen Kraft befunden haben. Wie aus den einsetzenden Stimmen-›Fäden‹ thematische Kontur entsteht; wie organisch–flexibel dann in der Entfaltung des Hauptthemas ein einschneidender Rhythmuswechsel erfolgt; wie aus diesem wiederum das gebundenere, aber nicht minder vorwärtsstürmende zweite Thema aufsteigt – das alles eröffnet die Flugbahnen eines Satzes, der Sch.s Musik von ihrer erfülltesten Seite zeigt. Welche Souveränität der Darstellung ihr eignet, wird nicht zuletzt in der Durchführung vernehmbar, in dem Teil also, der Sch.s musikalischer Denkweise im Grunde fremd ist (s.o.). Nachdem die rollende Bewegung aus der Exposition heraus in tiefen Klangregionen der beginnenden Durchführung verronnen ist, hebt mit kühnem, weitem Registerwechsel ein gänzlich neuer Abschnitt an. Doch nicht sein unvermittelt ins Lyrische umschlagendes Thema zieht die größte Aufmerksamkeit auf sich, sondern der Klang selbst – ein schwebendes Klangband von zarten Akkordfolgen, welche das Thematische umhüllen und in reines ›Tönen‹ verwandeln:

1. Satz (T. 83–87)

Nicht weniger kühn ist der Rückweg zur Reprise, da er keinen Umweg scheut: Voran jenen, auf denen Motive der Hauptthemen mit den hinzugewonnenen Klangkomponenten verflochten und mithin in extrem verschiedenartige Beleuchtungen gestellt werden. Weniger vielschichtig erscheint das als **2. Satz** folgende Scherzo, dessen Bewegung vom Rhythmischen geleitet wird – von stampfenden Punktierungen wie später von Synkopenketten, die den Verlauf durch momentane, spannungssteigernde Stauungen vorantreiben. Das Trio wirkt mit seinen planen Melodie- und Harmoniezügen, die allerdings mit einiger polyphoner Strenge aufeinander abgestimmt sind, stark kontrastierend. Das dreigeteilte **Langsam, mit inniger Empfindung** entfaltet, trotz seiner bescheidenen, an ein Intermezzo erinnernden Ausmaße, einen klangvoll–stimmenreichen Gesang, der zumal in den beiden Streicherparts einer musikalischen Prosa nahekommt: Wie ungebunden, schwerelos reihen sich Motive und auch weiterreichende melodische Gebilde aneinander, verflechten sie sich, ohne jemals auf kompakter Akkordik zu verharren. Dergestalt fließt die Musik unablässig, einschließend einem klanglich leicht aufgehellten Mittelteil. Das **Finale** wird von einem wahrlich feurigen Thema beherrscht, dessen Strahlkraft alle übrigen erfaßt und kaum jemals lyrisch gestimmtes Verweilen zuläßt:

T. 1–4

Streichquartett A–Dur op. 41 Nr.3 (1842)

Andante espressivo. Allegro molto moderato – Assai agitato – Adagio molto – Finale. Allegro molto vivace
Dauer: ca. 22'
Verlag: Breitkopf & Härtel Leipzig, EA 1843

Obwohl Sch. sich bereits in den 20er Jahren der Komposition von StrQu.en zugewandt hatte und auch frühzeitig mit Quartetten Haydns, Mozarts und vor allem Beethovens vertraut war, blieben die drei Stücke des op. 41 die einzigen seines gesamten Œuvres. Dies ist aus vielerlei Gründen erstaunlich, vor allem wohl deshalb, weil der Quartettsatz mit seiner instrumentalen ›Anempfindung‹ des über Jahrhunderte hin vervollkommneten vierstimmig-vokalen Ideal-Satzes der polyphonen Denkweise Sch.s gleichermaßen ideal entsprochen haben müßte. Dennoch scheint gerade das polyphone Element in den StrQu.en einigermaßen problematisch: Sch. behandelt es hier keineswegs so souverän wie etwa in der Kl.-Musik oder auch in klavierbegleiteter Kammermusik. Es tritt entweder hinter einen miniaturhaften Satzaufbau oder anderen Komponenten wie Harmonik und/oder Rhythmik zurück, oder drängt sich geradezu übertreibend – etwa als lärmendes Fugato – in den Vordergrund. Beides begegnet im A-Dur-StrQu.. Der **1. Satz** erinnert an eine musikdramatische Szene, eröffnet durch eine Introduktion, in der die motivischen und harmonischen ›Grundgestalten‹ eingeführt werden. Es handelt sich um das fallende Quintintervall (das in mehreren Werken Sch.s eine auffällige Rolle spielt, z.B. in der Kl.-Sonate op. 11 oder im Kl.-Quintett op. 44) und eine Harmoniefolge, die immer wieder einer kadenziellen Befestigung der Tonika auszuweichen trachtet. Diese ›Bausteine‹ werden im schnelleren Hauptteil gleichsam ausgespielt, wobei der Eindruck des Szenischen aus einem Mit- und Gegeneinander von solistischer und chorischer Phrasenbildung entsteht:

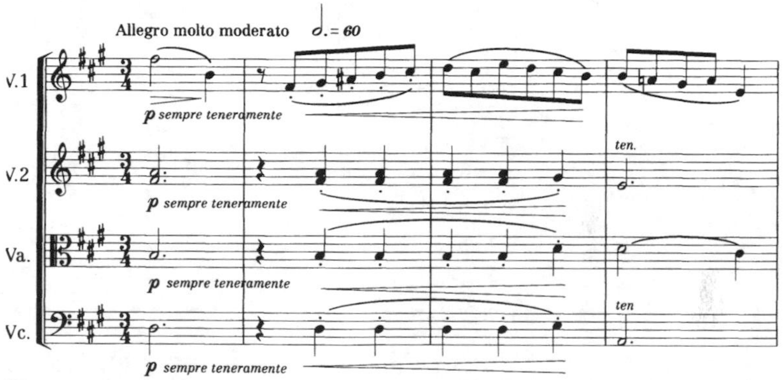

T. 8–11

T. 16–19

Auch dem 2.Thema haftet etwas Arioses an, das nun die von schwebend-synkopierten Akkorden begleitete Baßstimme übernimmt. Wie schwierig es wird, solches Material einer Durchführung zu unterziehen, bezeugt der Mittelteil des Satzes. Ohnehin nur wenige Takte umfassend, kommt er sogleich durch Häufung von Quinten ins Stocken. Fluchtartig rettet sich daraus die musikalische Bewegung durch einen nahezu übergangslosen Sprung in die Reprise. Der wohl interessanteste Satz ist das **Scherzo: Assai agitato**. Dem kurzgliedrigen, einigermaßen atemlos wirkenden Hauptteil folgt ein Trio, das im besagten Sinn Polyphonie als ironisch-polterndes Fugato ausstellt. Verblüffend dann gibt sich die Wiederaufnahme des Hauptteils, und zwar durch einen Tempowechsel, der gleichzeitig einen Charakterwechsel erzielt: Aus den ursprünglich jagenden Figuren formt sich ein wiegendes Siziliano. Nicht genug damit, schließt sich dem noch ein weiterer Abschnitt an, der Elemente aus Hauptteil und Trio mit energischem Zugriff zusammenführt und dergestalt dem Satz einen gewichtigen Ausklang gibt. Kaum weniger originell ist das **Adagio**, in dem wiederum zwei substanzreiche, vielfältig gegliederte Themenkomplexe einander abwechseln:

T. 1–3

T. 19–21

Dem romanzenhaften, klanglich dicht gearbeiteten ersten folgt ein eher rezitativisch bzw. dialogisch angelegter zweiter Teil. Die Spannung des Satzes erhöht sich zudem dadurch, daß die Teile nicht nur als kompakte Abschnitte einander ablösen, sondern mit einzelnen Motivzügen auf engerem Raum verwoben werden. Das **Finale** mit seinen turbulent auftrumpfenden, bunt gereihten Themen hat etwas von einem ›zweiten Scherzo‹, das durch die Einfügung eines ruhigeren, wiegenden ›Quasi Trio‹-Abschnitts noch bekräftigt wird.

Quintett Es-Dur op.44 (1842)
für Klavier, 2 Violinen, Viola und Violoncello

Allegro brillante – In modo d'una Marcia. Un poco largamente – Scherzo. Molto vivace – Allegro ma non troppo
Dauer: ca. 35'
Verlag: Breitkopf & Härtel Leipzig, EA 1843

Suchte Sch. mit den StrQu.en op. 41 die Nähe des mittleren Beethoven (Rasumowsky-Quartette op. 59), so geriet er mit dem Kl.-Quintett unüberhörbar in den Bann Franz Schuberts. Dies lag für Sch. insofern nahe, da er nicht nur in Beethoven, sondern eben auch in Schubert einen überragenden Streiter für die ersehnte Poetisierung der Tonkunst (s.o.) erkannt hatte. Und Schubert scheint Sch. in gewisser Hinsicht noch stärker beeindruckt zu haben als das ›Nonplusultra‹ Beethoven, dessen fraglose Ausnahmestellung doch auch immer Distanz erzwang. Sch. könnte durchaus der Gedanke gekommen sein, in Schubert einen Gesinnungsgenossen, vielleicht sogar einen Leidensgefährten gefunden zu haben, der das Eigene angesichts des übermächtigen Vorbilds finden und verwirklichen mußte. Bei Schubert liegt dies Eigene vor allem in jenem epischen Zug seiner Musik, durch den er sich aus den Rigorositäten eines Entwicklungsprinzips löste, welches für Beethoven schöpferischer Impuls, für Schubert hingegen eher lähmende Fessel bedeutete. Wie nicht minder für Sch., der denn auch sofort diesen epischen Zug, das ›Romanhafte‹ bei Schubert heraushörte und es in das eigene Werk einfließen ließ.

Das Kl.-Quintett ist geradezu ein Dokument für diese Aufnahme. Zeichen dessen ist, daß es in Sch.s Gesamtwerk sicher komplizierter gearbeitete, auch gehaltvollere Stücke gibt – kaum aber eines, in dem gelöster, unbelasteter, schwungvoller musiziert würde wie hier. Mit welcher Sicherheit fügen sich die Themenkomplexe des **1.Satzes** – hymnisch und aufbegehrend der erste, zart, schwebend, noch in verhaltenem Ton leidenschaftlich der zweite. Die Durchführung erweist sich dann als ganz und gar ›Schubertisch‹: Eine thematische gebundene Figurations–Melodie, gegliedert durch Einschub der satzeinleitenden Akkordfolgen, durchwandert eine Vielzahl harmonischer Ebenen, die immer neues Licht auf die musikalische Bewegung werfen. Der **2.Satz** könnte ›Hommage à Schubert‹ genannt werden: Der Marsch erscheint wie eine Paraphrase des langsamen Satzes aus dessen Es-Dur-Kl.-Trio op. 900 D 929:

Der Aufbau des Satzes ist außerordentlich komplex. Nach einem lyrischen, von weichen melodischen Linien geleiteten Mittelteil und einer ersten

Marsch-Reprise bricht ein Agitato los, das zugleich variative und durchführungshafte Züge trägt. Es geht nahtlos in den nochmals erklingenden lyrischen Mittelteil über, worauf eine abschließende Marsch-Variante den Satz mit leisen Tönen abrundet. Auch das **Scherzo** mit seinen jagenden Skalengängen und rhythmischen Stauungen erinnert an den entsprechenden Satz aus dem Schubert-Trio. Auffällig ist vor allem das 2. Trio, das durch seine relativ breite Anlage und ausgreifende Harmonik wie ein eigenständiger ›Satz im Satz‹ wirkt. Als ob Sch. die Grundtonart Es-Dur mit dem Scherzo ausgeschöpft habe, beginnt das wiederum marschartige **Finale** in c-Moll, um erst in der Fortspinnung ans harmonische Ziel zu gelangen. Auch das Folgende hält einige Überraschungen bereit. So wendet sich die Durchführung mit lockerem Motivspiel ins ferne E-Dur, worin sich ein neuer thematischer Gedanke einfindet. Die Turbulenz gipfelt schließlich in einem keinesfalls all zu ernst gemeinten Doppelfugato mit den Kopfthemen des 1. und des letzten Satzes, wonach dem Ganzen eine lärmend-zügige Coda ein Ende macht.

Mathias Hansen

Jean (Johan Julius Christian) Sibelius

geb. 8. 12. 1865 Hämeenlinna, gest. 20. 9. 1957 Järvenpää bei Helsinki. Ab 1874 Kl.-, ab 1880 V.- Unterricht. 1885/86 in Helsinki Jura-Studium; 1885–1889 Musik-Studium am dortigen Konservatorium (Theorie, Komposition bei Martin Wegelius, V. bei Mitrofan Wasiljeff und Hermann Csillag). Fortsetzung der Ausbildung 1889/90 in Berlin (Komposition und Kontrapunkt bei Albert Becker) und 1890/91 in Wien (Robert Fuchs, Karl Goldmark). 1892 erstes Konzert mit eigenen Kompositionen (u. a. mit der Sinfonischen Dichtung *Kullervo* op. 7); ab 1892 Theorielehrer am Konservatorium in Helsinki und an der Orchesterschule der Philharmonischen Gesellschaft. 1894 Besuch der Bayreuther Festspiele. Ab 1898 staatliches Stipendium. Zahlreiche Reisen als Dirigent und Komponist durch Europa und in die USA.

S. engagierte sich in einigen Werken (etwa *Finlandia* op. 26) vorübergehend auch politisch für ein unabhängiges Finnland, ohne allerdings jemals das Nationale zum Hauptthema seines Schaffens werden zu lassen. Sein Gesamtwerk wird durch 7 Sinfonien, einige sinfonische Dichtungen und ein V.-Konzert geprägt (bekannt in zwei Fassungen). Es enthält aber auch andere, weniger populäre Gattungen – nicht zuletzt Kl.-Miniaturen und Lieder.

Werke f. 2 Instr.: *Vattendroppar* (Wassertropfen) f. V., Vc. (1875); Sonate f. V., Kl. a (1884); 2 Stücke (Romance und Epilogue od. Perpetuum mobile) f. V., Kl. op. 2 (1888; rev. 1911); Suite f. V., Kl. d (ca. 1887/88); Suite f. V., Kl. E (ca. 1888); Sonate f. V., Kl. F (1889); Kanon f. V., Vc. (1889); Rondo f. Va., Kl. (1893); Malinconia f. Vc., Kl. op. 20 (1900); Sonatine f. V., Kl. E (1915); 4 Stücke (Impromptu, Romanze, Religioso, Rigaudon) f. V./Vc., Kl. op. 78 (1915–1917); 6 Stücke (Souvenir, Tempo di menuetto, Dance caractéristique, Sérénade, Tanz-Idylle, Berceuse) f. V., Kl. op. 79 (1915–1917); 5 Stücke (Mazurka, Rondino, Walzer, Aubade, Menuetto) f. V., Kl. op. 81 (1915–1918); Novellette f. V., Kl. op. 102 (1922); 5 Danses champêtres f. V., Kl. op. 106 (1925);

4 Stücke (*Auf der Heide*, Ballade, Humoresque, *Die Glocken*, Capriccietto) f. V., Kl. op. 115 (1929); 3 Stücke (Scène de danse, Danse caractéristique, Rondeau romantique) f. V., Kl. op. 116 (1929); Duo f. V., Va. (o. J.) – Werke f. 3 Instr.: Trio f. Kl., V., Vc. (ca. 1881); Trio f. Kl., V., Vc. a (ca. 1881–1883); Trio (Korppootrio) f. Kl., V., Vc. a (1886); Trio f. Kl., V., Vc. D (1887); Trio (Loviisa-Trio) f. Kl., V., Vc. C (1888); Suite f. V., Va., Vc. A (1889) – Werke f. 4 Instr.: Quartett f. Kl., V., Va., Vc. d (1884); StrQu. Es (1885); Quartett f. V., Vc., Harmonium, Kl. g (ca. 1887); StrQu. a (1889); Fuge f. StrQu. a (1889); StrQu. B op. 4 (1890); Adagio d f. StrQu. (1890?); Quartett f. Kl., V., Va., Vc. c (1891); *Voces Intimae* (Intime Stimmen) d f. StrQu. (1909); Andante festivo f. StrQu. od. Streichorch. (1922) – Werke f. 5 Instr.: Quintett f. Kl., 2 V., Va., Vc. g (1890).

Verlag: Edition Fazer, Espoo; Wilhelm Hansen, Kopenhagen; Robert Lienau, Berlin; Breitkopf & Härtel, Leipzig.

Eine ernsthafte Auseinandersetzung mit S.' Kammermusik muß mit der allgemeinen Frage nach den Haupt- und Nebenwerken eines Komponisten beginnen. Der außerordentliche Ruhm von J. S. basiert auf der Dominanz seiner großen Orchesterkompositionen, die er seiner Zeit zum größten Teil auch selbst dirigiert hatte. Die Mehrzahl seines kammermusikalischen Schaffens dagegen gehört zum Frühwerk, für das erst seit einigen Jahren – im Rahmen einer weltweit stattfindenden Neuinterpretation seines Gesamtwerks – Interesse besteht. Es ist noch gar nicht so lange her, da wollten viele S.-Kenner nur das ›Moderne‹ an ihm wahrnehmen. Dafür bot sich das Frühwerk als Fundus natürlich nicht an. Inzwischen hat sich jedoch die Überzeugung durchgesetzt, daß sein Œuvre einen hohen ästhetischen Wert besitzt und daß die Polemik gegen S. von Theodor W. Adorno u. a. zumeist unsachlich gewesen ist. Sobald der ästhetische Wert eines Komponisten nicht mehr verteidigt werden muß, kann man sich auch von seinen ›Kuriositäten‹ faszinieren lassen. Dieses Stadium hat die S.-Rezeption jetzt erreicht; und es ist am Interesse festzumachen, das für die verschiedenen Versionen seiner Werke (man denke nur an das V.-Konzert op. 47 und die 5. Sinfonie Es-Dur op. 82) seit einiger Zeit gezeigt wird. Gleichzeitig hat man begonnen, sich für ›periphere‹ Teile seines Schaffens zu interessieren, z. B. für die Kl.-Werke, die Theatermusiken (*Der Sturm* op. 109 zu Shakespeares gleichnamigem Drama) und für die gesamte Kammermusik.

Das zu einem großen Teil kammermusikalische Frühwerk läßt sich periodisch jeweils nach S.' Wohnort in drei Gruppen teilen. 1885 zieht er aus seiner Heimatstadt in die Hauptstadt Helsinki; hier beginnt die zweite Periode des Frühwerks. Die dritte (1889-1891) steht unter dem Einfluß seiner Studien in Berlin und Wien. Mit der *Kullervo*-Sinfonie op. 7 (1891/92) beginnt dann das ›reife Werk‹.

Am 1. StrQu. (Es-Dur; 1885) kann man den Charakter des Musiklebens in S.' Heimatstadt und in seiner Familie (die Schwester spielte Kl., der Bruder Vc.) ablesen: In Hämeenlinna war man mit der Tradition der Wiener Klassik gut vertraut. Der zu der Zeit noch Autodidakt S. war aber bereits in der Lage, diese Tradition durch eine persönliche Note in Frage zu stellen. Stimmführung und melodisch-rhythmische Erfindungen verweisen auf die Handschrift eines jungen Meisters, und doch kann man bereits klar erkennen, daß sich der immerhin bereits 20jährige Künstler sehr schnell entwickeln würde, um in ein paar Jahren den »aktuellen Stand der mitteleuropäischen Kompositionsgeschichte« (vgl. Th. W. Adornos Polemik) zu erreichen. Das 2. StrQu. a-Moll (1889) ist ein Dokument aus S.' vierjähriger Studienzeit in Helsinki – das letzte Jahr unter dem Einfluß von Ferruccio Busoni, dem dortigen Kl.-Professor und Freund. Auch das 3. StrQu. B-Dur op. 4 (1889/90) ist ausschließlich in Finnland komponiert, aber zwischen dem Beginn und dem Abschluß der Arbeit liegt das erste Studienjahr in Berlin. In diesen beiden Quartetten kann man zwar hier und dort immer noch, wie der S.-Biograph Erik Tawaststjerna feststellt, die Vorbilder Beethoven, Schumann, Grieg und Tschaikowsky nachweisen, unabhängig davon hat S. jedoch hier bereits seinen unverwechselbaren Personalstil gefunden.

Das einzige zum internationalen Repertoire gehörende Kammermusikwerk von S. ist sein 4. StrQu. d-Moll op. 56, *Voces intimae* (1909). Das Werk entstand während einer Konzertreise, in der S. als Dirigent in London, Paris und Berlin brillierte, und bildet die stilistische Brücke zwischen der 3. (1907) und der expressionistischen 4. Sinfonie a-Moll op. 63 (1911). Der Titel ist wohl ein Hinweis auf den nach innen gekehrten, sehr subjektiv wirkenden Ausdruck – nicht auf irgendein konkretes Programm. Obwohl das 4. StrQu. zwischen zwei großen Sinfonien entstanden ist, wirkt es in seinem kammermusikalischen Duktus idiomatisch. Viel eher könnte man über die Bedeutung des Kammermusikalischen in der 4. Sinfonie reden. Die Kammermusik bildete für S. – aber nicht nur für ihn! – um 1910 den Nährboden für die notwendigen stilistischen Schritte. In der 4. Sinfonie und im 4. StrQu. war S.' Stil zeitgemäß geworden.

S. plante, weitere StrQu.e zu komponieren. Dazu ist es nicht mehr gekommen. Von der expressionistischen Kl.-Musik abgesehen darf man die meisten kleinen Stücke von S., etwa für V. und Kl., sowie die Trios, Divertimenti etc., ohne Verachtung als im besten Sinne gehobene Salon- und Hausmusik bezeichnen. Viele dieser Kompositionen sind frühmoderne Kammerminiaturen, die zwar in einer Gesamtdarstellung des Œuvres im Schatten der Orchesterwerke bleiben, aber im Rahmen der eigenen Gattung durchaus beachtenswert sind.

Streichquartett d-Moll op. 56 (1909)
Voces intimae

Andante. Allegro molto moderato (attacca) Vivace – Adagio di molto – Allegro (ma pesante) – Allegro
Dauer: ca. 28'
Verlag: Lienau Berlin

19 Jahre nach dem 3. StrQu. (1889/90) schrieb S. sein 4. und letztes StrQu. Der melancholische Ton des einleitenden Dialogs (V. und Vc.)

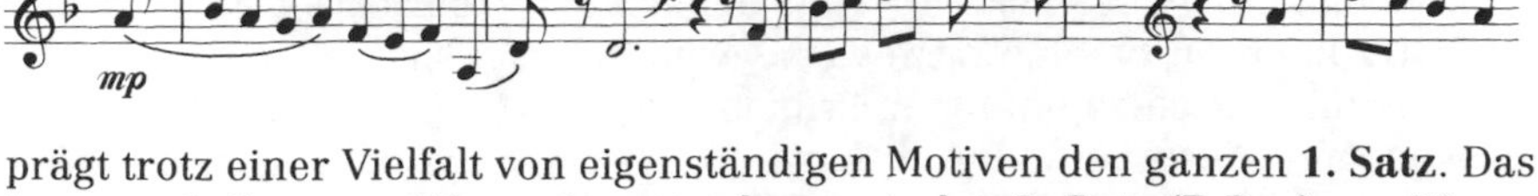

prägt trotz einer Vielfalt von eigenständigen Motiven den ganzen **1. Satz**. Das kurze, subtil erregte Vivace bereitet den zentralen **2. Satz** (F-Dur) vor. Dieser beginnt mit einem ausgeglichen-glückseligen Ton, der über Modulationen nach f-Moll und Es-Dur durch drei e-Moll-Akkorde völlig unerwartet unterbrochen wird.

In einer Taschenpartitur hat S. über diese Akkorde handschriftlich geschrieben: »Voces intimae!« Unabhängig davon, ob man diese Stelle nun als eine Art Kern des Werkes verstehen darf, ist die modulatorische Geste im Kontext des Adagio-Satzes bemerkenswert. Auch in der Wiederholung gegen Ende kommt sie unvorbereitet vor und beeinflußt den Ausdruckscharakter der folgenden Takte – nicht jedoch des ganzen Schlusses.

Im **3. Satz** begegnet man der ursprünglichen ›Dialog-Position‹ zwischen V. und Vc.

Wegen dieser Dialoge könnte man dem Titel *Voces intimae* eine ähnliche Bedeutung geben wie Bedrich Smetanas StrQu. *Aus meinem Leben* (1883).

Das **Finale** besteht überwiegend aus kraftvollen Motiven, die S. ursprünglich für andere, teils viel frühere Werke konzipiert hatte. Trotz der vorherrschenden, aber ständig in Frage gestellten Moll-Tonart ist dieser Satz voll frischer Kraft, die man etwas voreilig als »dämonisch« (E. Tawaststjerna) bezeichnet hat. Das zweite Seitenthema ist ein gutes Beispiel für den forschen Ausdruckscharakter des Finale, dem alles Melancholische und Düstere fremd ist. Nach den expressionistisch nach innen gekehrten Stimmungen erscheint es als eine Öffnung nach außen, tatkräftig und dabei gewiß weniger ›modern‹.

Tomi Mäkelä

Bedřich Smetana

geb. 2. 3. 1824 Litomyšl (Ostböhmen), gest. 12. 5. 1884 Prag. Früher Kl.-Unterricht, später nur noch autodidaktische Studien, bis 1844 auch auf kompositorischem Gebiet. 1839–1843 Gymnasialstudent in Prag und Plzěn. 1844–1847 Musiktheoriestudium bei Josef Proksch in Prag. Kl.-Lehrer bei der Familie des Grafen Leopold Thun. Bekanntschaft mit Hector Berlioz sowie Robert und Clara Schumann. 1848 Eröffnung von S.s erster Musikschule in Prag. Beginn des Briefwechsels mit Franz Liszt. 1856–1861 Musikdirektor der Philharmonischen Gesellschaft ›Harmoniska Sällskapet‹ in Göteborg. 1861 Rückkehr nach Prag. Umfangreiche Tätigkeit als Kon-

zertpianist, Organisator, Dirigent und Kritiker. 1863 Eröffnung einer zweiten Musikschule mit Ferdinand Heller. 1866 Ernennung zum Kapellmeister des Interimstheaters in Prag. 1872–1874 Leiter der Tschechischen Oper. 1874 Verlust des Gehörs. 1876 Übersiedlung zu seiner Tochter nach Jabkenice. 1882 Beginn einer fortschreitenden Geistesstörung.

WERKE F. 2 INSTR.: Fantaisie sur un air Bohémien (Fantasie über ein tschechisches Volkslied) f. V., Kl. (1842/43); 2 Duos *Z domoviny* (Aus der Heimat) f. V., Kl. A u. g (1880) – WERKE F. 3 INSTR.: Trio f. V., Vc., Kl. g op. 15 (1855) – WERKE F. 4 INSTR.: StrQu. *Z mého života* (Aus meinem Leben) e (1876); StrQu. Nr. 2 d (1882/83).

GA, hrsg. v. Zd. Nejedlý, Prag 1924ff.
Ausgaben: Karel Janeček, B. Sm. Komorní skladby (Kammermusikwerke), Praha: Editio Supraphon 1977; Trio op. 15, hrsg. von Fritz Weitzmann, Hans Mlynarczyk, Fritz Scherte (Part., St.), Frankfurt/M.: C. F. Peters 1994.

Inmitten des reichen sinfonischen und dramatischen Schaffens B. Sm.s werden seine wenigen Kammermusikwerke leicht mit dem Stempel der unbedeutenden Einzelkompositionen versehen. Seine Vorliebe für die großen Gattungen erwuchs vor allem aus dem Bestreben, zur Entwicklung einer eigenständigen tschechischen Musik beizutragen. Programmsinfonische Werke sowie die Vertonung von Opernsujets nationaler Prägung schienen diesem Bemühen weit mehr zu entsprechen als die für einen traditionell kleineren und elitären Rahmen gedachten Werke geringerer Besetzung. Sind erstere immer auch als nach außen wirksame Bekenntnisse zu seinem Vaterland zu verstehen, kehrt Sm. mit der Kammermusik gewissermaßen wieder zu sich selbst zurück. Ihre Themen sind in seinen intimsten Gedanken und Gefühlen zu suchen.

Sm.s Verhältnis zur Kammermusik war von frühester Jugend an bis kurz vor seinem Lebensende vor allem durch den unmittelbaren Zugang als Pianist bestimmt. In seinem ersten Werkverzeichnis von 1841 findet man bezeichnenderweise fast ausschließlich kammermusikalische Werke, die heute jedoch nur noch bruchstückhaft überliefert sind. Es handelt sich dabei zum größten Teil um Quartettkompositionen und -arrangements, die aus dem Bereich der Gebrauchsmusik stammen. Neben Tänzen wie Polka und Walzer ist unter anderem auch eine Phantasie über Opernmotive verzeichnet. Ein erstes StrQu. wird von ihm als »sehr schlecht bearbeitet« charakterisiert. In den folgenden Jahren entstehen vor allem Kl.-Kompositionen. Eine Ausnahme bildet die 1843 für den V.-Virtuosen Arnošt Nesvadba (1817–1887) geschriebene *Phantasie über ein tschechisches Volkslied* mit Kl.-Begleitung, die Sm. jedoch in späteren Jahren als »sehr schwach und unselbständig« nicht mehr anerkannte und die nur durch Zufall erhalten blieb. Während der Zeit seiner Kompositionsstudien (1843–1847) bei dem anerkannten Prager Pädagogen Josef Proksch (1794–1864) spielte die Kammermusik lediglich eine untergeordnete Rolle. Nur ein Fragment f. Ob. und Kl. und eine kurze Skizze zu einem Kl.-Quartett in A-Dur sind überliefert. Erst zwischen 1855 und 1883 entstehen Sm.s bedeutendste kammermusikalische Kompositionen, das Trio g-Moll sowie die beiden StrQu.e, deren Entstehung fast ausschließlich von schmerzlichen Ereignissen und Gefühlen ausgelöst wurde. Ihre Bedeutung erlangen sie vor allem aus der Art und Weise, wie hier die bisherige Grenze des rein-innermusikalischen Gehalts dieser Gattungen überschritten und der nur scheinbare Widerspruch zwischen einer von außen inspirierten Programmusik und konzentrierter motivisch-thematischer Durchformung aufgehoben wird.

Trio g-Moll op. 15 (1855) für Violine, Violoncello und Klavier

Moderato assai – Allegro, ma non agitato – Finale: Presto
Dauer: ca. 28'
Verlag: Hugo Pohle Hamburg, ED 1881

Das Jahr 1855 brachte Sm. nicht nur sein erstes selbständiges Konzert, bei der unter anderem die *Triumphsinfonie* uraufgeführt wurde, sondern ebenso den Verlust seiner vierjährigen – musikalisch ungewöhnlich begabten – Tochter Bedřiška. Das Trio g-Moll, in knapp drei Monaten bis zum November 1855 notiert (UA 3. 12. 1855), ist als unmittelbare Reaktion auf dieses tragische Ereignis zu verstehen. Die Erinnerung an das geliebte Kind läßt nicht nur das erste bedeutende kammermusikalische Werk des Komponisten entstehen, sondern stellt in seiner gedanklichen Dichte auch einen Höhepunkt in Sm.s Gesamtschaffen dar.

Voll tiefer Trauer, aber dennoch kraftvoll eröffnet das Hauptthema – solistisch von der V. vorgetragen – den **1. Satz**. In originaler Gestalt oder modifiziert beherrscht es weite Teile des frei-rhapsodisch angelegten Stückes, das nur noch entfernt Anlehnung an das Sonatenschema sucht. Die Palette der Verwandlungskunst reicht von hochdramatischen Momenten bis hin zu zärtlichen, versöhnenden Tönen. Ihm zur Seite ist ein Marschthema gestellt, in dessen Vorwärtsschreiten etwas Unerbittliches liegt. Der virtuos angelegte, vollgriffige Kl.-Part, der das Lisztsche Vorbild nicht verleugnen kann, verhilft besonders dem Satzbeginn zu einem orchestralen Gestus.

Recht ungewöhnlich wird der **2. Satz** eröffnet: Das im Unisono erklingende vorwärtsdrängende Motiv entpuppt sich nach wenigen Takten als eine vorweggenommene Variation des eigentlichen Hauptthemas, das gleichermaßen volksliedhafte und tänzerische Elemente enthält. Rondohaft wiederkehrend hat es eine gliedernde Funktion im Satz. Die mit Alternativo I und II überschriebenen trioartigen Zwischenteile sind motivisch völlig in sich abgeschlossen. Wie schon im 1. Satz ist auch hier ein Kontrast zwischen gesanglichen Passagen und marschartiger Motivik häufig präsent.

Wie wohl keiner der vorangegangenen Sätze transportiert der **3. Satz** die Botschaft von der Überwindung des Schmerzes und der Trauer. Das frische, lebhafte Hauptthema stammt aus einem Jugendwerk des Komponisten, der Kl.-Sonate aus dem Jahre 1846. Zu der innigen Kantilene, dem zweiten Thema, welches kurzzeitig trauermarschartige Züge erhält, besteht bis kurz vor Ende kaum eine Verbindung. Erst dann – dafür umso enger – greift eins ins andere. Die Coda erteilt nochmals dem Hauptthema das Wort, welches den Satz im hellen, dem Leben zugewandten Dur beschließt.

1. Streichquartett e-Moll (1876) *Z mého života*

Allegro vivo appassionato – Allegro moderato a la Polka – Largo sostenuto – Vivace
Dauer: ca. 28'
Verlag: F. A. Urbánek Prag, ED 1880

Nur kurze Zeit nach der Entstehung der ersten vier sinfonischen Dichtungen des späteren Zyklus *Má vlast* (1874/75) wendet sich Sm. – zunächst auf dem Gebiet der Kl.-Musik mit *Rêves*, six morceaux caractéristiques, den sechs Charakterstücken *Träume* (1875), dann auch im kammermusikalischen Bereich mit seinem ersten, am 29. 3. 1879 uraufgeführten StrQu. *Z mého života* (Aus meinem Leben) – sehr persönlichen Inhalten zu. Sm. wollte in dem Quartett seinen »Lebenslauf in Tönen schildern«. Es verbot sich von selbst, bei diesem Ziel ein Werk »nach dem Rezept und Usus der gewohnten Formen zu schreiben.« Vielmehr mußte »die Form der Komposition aus ihrem Gegenstand« entstehen. Diese »private Natur« des Werkes, dessen ausführliches Programm sich in einem Brief findet, ließ Sm. ganz bewußt nach der StrQu.-Besetzung greifen. Seine Wahl begründet er damit, daß die »vier Instrumente« gleichsam wie »im engen Freundeskreis miteinander davon sprechen sollen, was [ihn] so sehr bedrückt.«

Gewissermaßen protagonistisch hebt sich im **1. Satz** bereits nach wenigen Takten – über dem Orgelpunkt des Vc. und begleitet von permanenten Terzen in Achtelbewegung in den V. – die Va. mit dem prägnanten Hauptmotiv heraus. Es wird von fallenden Intervallen, vorrangig Quinten und Sexten bestimmt, die Sm. als »Warnung vor kommendem Unglück« beschreibt. Auch rhythmisch fügt es den bestehenden zwei Ebenen eine weitere hinzu.

T. 4–9

Ein zweites, mehr von weitgespannter Melodik gekennzeichnetes Thema bringt Beruhigung, trägt aber auch das Potential zu leidenschaftlicher Entfaltung in sich; Sm. spricht von der »unaussprechlichen Sehnsucht nach etwas, was ich weder aussprechen noch mir vorstellen konnte.« Fast ständig präsent bleibt jedoch das unruhige Anfangsmotiv, das intensiv motivisch-kontrapunktisch verarbeitet wird.

Der **2. Satz** stellt eine Folge von zum Teil rondohaft wiederkehrenden tänzerischen Episoden dar. Sm. erinnert sich damit an seine Jugendzeit, wo er »als Komponist von Tanzstücken die junge Welt überschüttete« und »selbst als leidenschaftlicher Tänzer überall bekannt« war. Ähnlich wie im Kopfsatz hebt der **3. Satz** mit einem Solo an, diesmal jedoch im Vc. und völlig ohne Begleitung. Verbindung zum Beginn des Werkes schaffen auch die fallende Quinte und Sexte. Mehr als die vorangehenden Teile besitzt dieser Satz eine besondere Gefühlstiefe, die sich im Reichtum melodischer Erfindung zeigt und kaum der Erklärung bedarf, daß hier die »Seligkeit der Liebe« zum Thema erhoben wurde. Im **Finale** verwendet Sm. noch einmal den Sonatensatz, weniger jedoch in der traditionellen Form. Vielmehr wird einem mehr durch ungestüme Rhythmik charakterisierten Thema die melodische Komponente sozusagen nachträglich – durch ein zweites, deutlich national geprägtes Motiv – hinzugefügt. Sm. bezeichnet die beiden Satzthemen als die »Freude am eingeschlagenen Weg« sowie das »Erkennen des Elements der Nationalmusik«. Die Durchführung, welche ihren Höhepunkt in der kanonartigen Verarbeitung des zweiten Themas in den beiden V. findet und ein Abbild des Lebensgenusses darstellt, wird allerdings jäh durch eine Generalpause unterbrochen. Danach breitet sich über dem bedrohlichen Tremolo der tieferen Streicher ein extrem hoher Ton (e⁴) der 1. V. im Raum aus.

T. 221–225

Es ist die »ominöse Katastrophe« – der »Beginn der Taubheit«, die für Sm. mit eben jenem »schicksalsvollen Pfeifen der höchsten Töne« in seinem Ohr begann. Die nun folgenden musikalischen Gedanken sind nur noch wehmütige Reminiszenzen an Vergangenes.

2. Streichquartett d-Moll (1882/83)

Allegro – Allegro moderato. Andante cantabile – Allegro non più moderato, ma agitato e con fuoco – Finale: Presto
Dauer: ca. 19'
Verlag: Bursík & Kohout Prag, ED 1889

Von September 1882 bis zum März 1883 schrieb Sm. an einem seiner letzten Werke, dem 2. StrQu. (UA 3. 1. 1884). Seine Krankheit hatte zu der Zeit bereits ein Stadium erreicht, welches ihm das Arbeiten fast unmöglich machte: »Ich habe das Empfinden, daß alles, was ich jetzt im Gehirn musikalisch verarbeite, gleichsam von einem Nebel der Beklommenheit und des Schmerzes verdeckt ist.« Dieses Lebensgefühl sucht und findet in dem Werk seinen Ausdruck. Sich in der rhapsodischen Form und der Themenkonstellation niederschlagende Zerrissenheit sowie eine spröde, kaum eingängige Melodik sind denn auch die Kennzeichen dieser Komposition. Sie weist im Ansatz bereits in das 20. Jahrhundert und beeindruckte selbst Arnold Schönberg.

Von Chromatik durchsetzt und in Triolen im Unisono vorwärtsstürmend erobert sich das Hauptthema des **1. Satzes** innerhalb weniger Takte einen Tonraum von zwei Oktaven. Das leidenschaftliche zweite Thema bildet dagegen geradezu einen Inbegriff an Kantabilität. Überraschend ist jedoch, mit welch einer Selbstverständlichkeit ein Thema in das andere hinübergleitet – ein kontrapunktisches Meisterstück: Für das Ohr kaum wahrnehmbar, unterwandert das Vc. das erste Thema bereits mit Motiven des zweiten; und auch im zweiten lebt das vorangegangene Thema in der Stimme der Va. weiter.

T. 38–41

Die Durchführung ist vor allem gekennzeichnet von der Entwicklung neuer Motive aus dem Kernmaterial der Hauptthemen sowie von ihrer Kombination miteinander. Doch eine einheitliche Stimmung kann durch häufige Tempowechsel sowie die Parallelität unterschiedlichster rhythmischer Ebenen nicht aufkommen.

Im **2. Satz** umgeht Sm. die traditionelle StrQu.-Form auf ungewöhnliche, originelle Weise. Statt eines langsamen, gesanglichen sowie tänzerischen Satzes finden sich hier beide Charakter zusammen und werden kontrastreich gegeneinander ausgespielt. Dabei verarbeitet Sm. unter anderem ein Polkafragment aus den Jahren 1848/49. Die dergestalt vollzogene Zusammenfassung schafft im **3. Satz** Freiraum für eine im StrQu. eher selten verwendete Form – den Marsch. Völlig ungewohnt beginnt er zudem mit einem Fugato, das in der Folge mit einer Sonatendurchführung verschmolzen wird. Die erregte Unisonoeröffnung der Streicher in der Introduktion schlägt gestisch eine Brücke zum 1. Satz. Häufige Tempowechsel und Vielfalt im rhythmischen Bereich lassen auch diesen Werkteil ungleichartig und ruhelos erscheinen. Im **4. Satz** greift Sm. traditionell noch einmal die Form des Sonatensatzes auf – hier aber nur skizzenhaft. Auf eine Durchführung wird verzichtet; der Exposition folgt übergangslos die Reprise. Fast etwas gehetzt treibt das Hauptthema den ungewöhnlich kurzen Satz voran. Genauer betrachtet besteht es aus einem eintaktigen Kern, welcher durch Sequenzierung, Umkehrung und geringfügige Veränderungen zu einem gestaltungsfähigen Motiv erweitert wird. Auch das Nebenthema ist hieraus gewonnen. Eine bemüht kraftvolle Coda läßt Sm.s ›Finalproblem‹ nur ahnen.

Annegret Rosenmüller

Mathias Spahlinger

geb. 15. 10. 1944 Frankfurt am Main. In der Jugend Kl.- u. Sax.-Unterricht, Beschäftigung mit Jazz. 1962–1965 Schriftsetzerlehre. 1965 Studium an der Städtischen Akademie für Tonkunst in Darmstadt (Kl. bei Werner Hoppstock, Komposition bei Konrad Lechner). 1968 Dozent für Kl., Blfl., Musikerziehung an der Hochschule für Musik Stuttgart. 1973–1977 Studium und Abschluß der Kompositionslehre bei Erhard Karkoschka. 1978–1981 Gastdozent für Musiktheorie an der Hochschule der Künste Berlin. 1983 Professor für Komposition und Musiktheorie an der Musikhochschule Karlsruhe; seit 1990 an der Musikhochschule in Freiburg.

Werke f. 1 Instr.: *entlöschend* f. Tamtam (1974); *nah, getrennt* f. Blfl. (1987) – Werke f. 2 Instr.: *extension* f. V., Kl. (1979/80); *adieu m'amour* – hommage à guillaume dufay f. V., Vc. (1982/83) – Werke f. 3 Instr./Ausf.: *128 erfüllte augenblicke* – systematisch geordnet, variabel zu spielen f. Stimme, Klar., Vc. (1976); musica impura f. S., Git., Schlzg. (1983); *presentimientos.* variationen f. V., Va., Vc. (1993) – Werke f. 4 Instr.: *éphémère* für schlagzeug, veritable instrumente und klavier f. Kl., 3 Schlzg. (1977); *apo do (von hier)* f. StrQu. (1982); *gegen unendlich* f. BKlar., Pos., Vc., Kl. (1994) – Werke f. 5 Instr./Ausf.: *phonophobie* f. Fl., Ob., Klar., Fg., Hr. (1972); vier stücke f. Stimme, Klar., V., Vc., Kl. (1975) – Ensemble-Werke: *off* f. 6 Schlzg. (1993); *aussageverweigerung/gegendarstellung* – zwei kontra-kontexte für doppelquartett f. Klar., BKlar., Bar.-Sax., TSax., Vc., Kb., 2 Kl. (1981); *furioso* f. 14 Instrumentalisten (1991); *Über den frühen Tod Fräulein Anna Augusta Markgräfin zu Baden* f. S., MezzoS., A., 5 Männerstimmen, Klar., Ob., Trp., 5 Pos. (1995).

Verlag: Breitkopf & Härtel Wiesbaden; Peer Musikverlag Hamburg; UE Wien.

M. Sp. gehört zu jenen Komponisten, deren Stücke eine Befragung des Metiers sind. Hergebrachtes wird in Frage gestellt, Vertrautes wieder fremd gemacht, um es noch einmal neu verstehen zu können. Indem Sp. für jedes Stück das musikalische Material neu konfiguriert, unterläuft er sowohl die Affirmation durch Gebrauch von Vorgefertigtem, als auch die eigene Verfügungsgewalt, den selbstverständlichen Zugriff des kompositorischen Handwerk. Solches (selbst-)kritisches Komponieren, eine «mischung von setzen und negieren« (M. Sp.), das im Zweifelsfall ein fortwährendes Verwerfen ist, gepaart mit dem Anspruch, Gattungen, ›Werke‹ zu schaffen, impliziert ein langsames Schreiben. Sp.s Werkliste ist daher vergleichsweise kurz.

Die Auflösung vorgefertigter Formpläne mündet in die Konzeption von Übergängen, von Prozessen, in denen sich das Gegenwärtige auf das unmittelbar Vergangene bezieht. Sie ist zugleich eine Auflösung kompositorischer Hierachien, die statt der Dominanz, z.B. von Motiven, die Vermittlung des Details mit dem Ganzen sucht. Der Entwicklungsverlauf der Stücke ist nicht zielgerichtet, sucht nicht das Finale. Sie haben tendenziell nicht einmal Anfang oder Ende. Stattdessen wechseln Materialzustände, die durch bestimmte Vorgänge in Gang gesetzt werden. Dieses Komponieren eines ›mutatis mutantis‹, einer Veränderung des zu Verändernden, ist dem Geist des Serialismus und dessen Forderung, die klanglichen und abstrakten musikalischen Eigenschaften in stets neue Kombinationen zu bringen und von Fixierung auf beständige Größen abzusehen, verpflichtet. Allerdings wird durch den Gebrauch von Regeln, die selbst der Veränderung unterliegen, der punktuelle zugunsten eines prozeßhaften Charakters vermieden.

In der dialektischen Arbeit, die dem musikalischen Material zuteil wird – nämlich dem Zufall oder der Eigendynamik der Dinge zugleich Lauf zu lassen und ihnen dennoch eine Richtung zu geben – steckt eine politische Semantik. »das verhältnis der einzelheiten zum ganzen und ob es darin fixe oder unteilbare einheiten überhaupt gibt, hierarchische, syntaktische, parataktische ordnungen oder strikte regelhaftigkeit, das verhältnis zur zeit, zu teleologie und konsequenzlogik als konstruktive aspekte, sind indikatoren des politischen in der musik, aber sind unabhängig von einem bestimmten stil. musik ist nicht unmittelbar universell. allgemeinverbindliches sagt sie nur in einem besonderen soziolekt.« (M. Sp.)

Als politsch denkender Mensch ist für Sp. die Auseinandersetzung mit Ordnungen zentral. Sie schlägt sich als Ringen mit den bestehenden Verhältnissen in der Musik nieder und führt zu Stücken, die quer zu den Forderungen des Musikbetriebs nach schnellen, reibungslosen Lösungen stehen.

128 erfüllte augenblicke – systematisch geordnet, variabel zu spielen (1976)
für Stimme, Klarinette und Violoncello

einsätzig
Dauer: variabel

›Systematisch geordnet‹ sind bei diesem Stück die drei Dimensionen Tonhöhe, Dauer und Klangfarbe: In je vier Graden wird 1. von wenigen zu mehr verschiedenen Tonhöhen, 2. von längeren zu kürzeren Dauern und 3. von bestimmten Tonhöhen zu Geräuschen übergegangen. Bei vollständiger Kombination der Faktoren ergibt das 128 Konstellationen. Jede Konstellation ist in einer Fassung mit zunehmender und einer mit abnehmender Tendenz ausgeführt, so daß die Komposition aus 256 Blättern besteht, die einen zwischen zwei Sekunden und einer halben Minute währenden ›Augenblick‹ festlegen. »variabel zu spielen« sind die Blätter, da die Wahl ihrer Anzahl, Reihenfolge und Wiederholungen freigestellt ist. So gleicht die Komposition einem Baukasten, dessen Elemente zwar festgelegt sind, der aber die Ausführung von verschiedensten Gebäuden ermöglicht. Neben der Ermutigung des Interpreten zu formalen Experimenten mit Übergängen oder Kontrasten, zeigt das Konzept geradezu exemplarisch, wie Komponieren funktioniert, wie eine selbstgesetzte Regel ihre Ausprägung in klingender Materie erfährt. So ist die ›Partitur‹ zugleich eine Einführung, eine Propädeutik in kompositorische Anordnung und Materialbehandlung.

Erstaunlich ist bei dieser offenen Form – bei der das Detail determiniert, die Großform aber unbestimmt ist – die Homogenität der möglichen Fassungen. Sie zeigt das für Sp. charakteristische Denken von Momenten statt von Gebilden, bei gleichzeitiger Gleichrangigkeit der musikalischen Ebenen. Die Übertragung von Verantwortung auf die Interpreten, die selbständige Entscheidungen zu treffen haben, zeigt einen emphatischen Kammermusikbegriff. Doch ist das Zutrauen von der Einsicht in die kompositorische Absicht vom Autor abgesichert: Auch blinder Zufall würde eine Lösung im Sinne des Stückes hervorbringen.

extension (1979/80)
für Violine und Klavier

einsätzig
Dauer: ca. 55'

Dieses Duo für V. und Kl. macht seinem Titel *Ausdehnung* alle Ehre. In einer ›Ars inveniendi‹ setzt Sp. die Bedeutung von 67 Substantiven und Adjektiven, denen die Vorsilbe ›ex‹ (= aus, heraus, von...her) gemeinsam ist, in Musik um. Manches ist wörtlich genommen (Extinktion = Tilgung = ein Takt, der ausgelassen wird), manches hat Nähe zum Fluxus (Exiguität = Geringfügigkeit = die schwache Resonanz des Flügels, wenn ein Blatt Papier auf diesem beschrieben wird), vieles ist in der musikalischen Terminologie seit je verankert (Exposition).

Das Stück beginnt mit einem V.-Solo und endet – nachdem der Geiger den Raum verlassen (Extern) und vor der Tür weitergespielt hat – mit einem ›Überhang‹ des Kl. (ex post = hinterher). Dazwischen spannt sich ein großer Bogen von verschiedenen Graden des Ausarbeitung, der vom minutiös aufeinander bezogenen Notentext bis hin zur völligen Freistellung, zum »tu was du willst« (Exemtion = dienstfrei) reicht. Auch das Zusammenspiel der Instrumentalisten ist zwischen vollständiger Koordination, freiem Aufeinanderreagieren bis hin zur völligen Unabhängigkeit voneinander abgestuft – insbesondere haben zwei größere Abschnitte eine variable Form und bestehen aus einer Sammlung von Schnipseln, die in freier Reihenfolge und ›asynchron‹ zum Partner zu spielen sind (Extempore = aus dem Stegreif). In diesen Passagen finden sich musikalische Anspielungen und Hommagen, z.B. an Helmut Lachenmann (ex-pression = aus Lachenmanns Stück *Pression* (s.l.).

Mag der Einfall, Wortspiele zum Ausgangspunkt der Komposition zu nehmen, oberflächlich scheinen, so folgt das Werk doch strikt den selbstgesetzten Gesetzen des Komponisten, der auf jeder Ebene musikalischer Gestaltung seine formende Hand zu erkennen gibt. Durch die Genauigkeit des Kontextes kann sich die Willkür der Interpreten als Ungewissheit entfalten, ohne die Absicht des Komponisten zu stürzen.

apo do (1982)
für Streichquartett

I. = 60MM – II. quasi da capo senza fine – III. da capo senza fine
Dauer: ca. 12'

Der Titel dieses StrQu.s entstammt einer Gedichtzeile (»von hier zur Sonne«) des griechischen Dichters Jannis Ritsos. Wie die Verse eines Gedichts, die sich kreuzweise reimen, korrespondieren Felder von Spieltechniken je kontrastierenden Charakters miteinander. Auf liegende Klänge folgen kurze Impulse, auf tonhöhenhaltige geräuschhafte Klänge, auf simultane Einsätze rhythmisch verteilte Passagen etc. Der eine Pol ist bestimmt durch ein lang ausgehaltenes Unisono ›as‹ aller vier Instrumente als zugleich höchste und einfachste Ordnung, dem die vollständige rhythmisch-metrische Dispersion von Pizzicati der Saitenabschnitte im Wirbelkasten gegenübersteht. Mit einem Quasi-Choral aus durch lange Generalpausen getrennten Flageolettakkorden schließt der Satz. Die zwei folgenden Sätze – oder, wenn man so will:

Strophen – beziehen sich variierend auf den 1. Satz, wobei zunehmend weniger Spieltechniken aufgegriffen werden, diese aber weiter ausgearbeitet sind. Der 3. Satz endet »wie abgebrochen« (Spielanweisung) nach der zweiten ›Zeile‹, andeutend, daß die Ausbreitung des Materials ›senza fine‹ weitergetrieben werden könnte, ohne doch je erschöpfend behandelt zu sein. In der äußerst farbenreichen Klanggestaltung, die aus einer Vielzahl von Spieltechniken resultiert – nicht weniger als 75 spielanweisende Zeichen werden in den Vorbemerkungen erklärt –, tritt der ordinario gespielte ›schöne‹ Ton als artifizielles Extrem zu Tage. Zwischen den geräuschhaften Klängen erscheint er merkwürdig fremd, ja geradezu dissonant und zugleich arm an Vielfalt.

Frank Hilberg

Louis Spohr

geb. 5. 4. 1784 Braunschweig, gest. 22. 10. 1859 Kassel. Aufgewachsen in Seesen, dort auch erster V.-Unterricht. Ab 1797 Schüler der Braunschweiger Katharinenschule, parallel musikalische Ausbildung bei Mitgliedern der Braunschweiger Hofkapelle (V. bei Gottfried Kunisch, C. L. Maucourt). 1799 Aufnahme als Geiger in die Braunschweiger Hofkapelle. 1802/03 Reise nach St. Petersburg als Schüler des V.-Virtuosen Franz Eck; während dieser Reise Abschluß der geigerischen Ausbildung; erste eigene Kompositionen (u.a. Duos op. 3). 1804/05 erste eigene Konzertreise durch Mitteldeutschland und nach Berlin; sensationelles Debüt im Leipziger Gewandhaus. 1805–1812 Konzertmeister der Gothaer Hofkapelle; kompositorisches Schaffen in den Bereichen Kammermusik, Sinfonik und Oper; ausgelöst durch die Begegnung mit Dorette Scheidler entstehen zahlreiche Werke für V. und Hf., durch die Bekanntschaft mit Johann Simon Hermstedt viele Werke für Klar. 1806 Heirat mit der Harfenistin Dorette Scheidler (1787–1836); 1807/08, 1809/10 und später gemeinsame ausgedehnte Konzertreisen. 1813/14 Orchesterdirigent am Theater an der Wien; erster Höhepunkt seines Schaffens (u.a. Oper *Faust*, 7. V.-Konzert, Nonett op. 31, Oktett op. 32); Bekanntschaft mit Ludwig van Beethoven. 1815–1817 große Europareise (Deutschland, Schweiz, Italien), Begründung seines internationalen Ruhms. 1817–1819 Leitung der Oper am Theater Frankfurt/Main. 1821 Übersiedlung nach Dresden; Bekanntschaft mit Carl Maria von Weber. Ab 1822 Hofkapellmeister in Kassel; Erfolg als Dirigent auf deutschen Musikfesten und in England; Gründung von Abonnementskonzerten und eines Cäcilienvereins; rege Aufführungstätigkeit: J. S. Bach, Matthäuspassion (1832–1851); R. Wagner, *Der fliegende Holländer* (1843), *Tannhäuser* (1853). 1832 Veröffentlichung der V.-Schule. 1847 Generalmusikdirektor in Kassel; trotz internationaler Erfolge als Dirigent und Komponist wird in den späteren Jahren Sp.s Wirken in Kassel zunehmend durch politische und wirtschaftliche Schwierigkeiten behindert (vor allem auch durch das gespannte Verhältnis zu Kurfürst Friedrich Wilhelm I.). 1857 Versetzung in den Ruhestand.

Werke f. 1 Instr.: 2 Fantasien f. Hf. op. 35 (1805, 1807); Variationen über Méhuls *Je suis encore dans mon printemps* f. Hf. op. 36 (1807); Variationen f. Hf. Es (1808) – Werke f. 2 Instr.: 18 Duos f. 2 V. (F, C, Es WoO, 1796; Es WoO, 1797; Es, F, G op. 3, 1802/03; A op. 9, 1808; d, Es, E op. 39, 1816; a, D, g op. 67, 1824; F op. 148, 1854; D op. 150, 1854; C op. 153, 1855); Duo f. V., Va. e op. 13. (1808); 3 Duos concertants f. V., Kl. (g op. 95, 1836; F op. 96, 1836; E op. 112, 1837); 6 Duettinen f. V., Kl. op. 127 (1843); 6 Salonstücke f. V., Kl. op. 135 (1845–1847); 6 Salonstücke f. V., Kl. op. 145 (1851); Salonstück f. V., Kl. D (o. Jh.); 7 Sonaten f. V., Hf. (c WoO, 1805; B op. 16, 1806; Es op. 113, 1806; e WoO, 1806; As op. 114, 1809; Es op. 115, 1811; As WoO, 1819); Introduzione f. V., Hf. G (1805); Romanze f. V., Hf. B (1805); Fantasie f. V. u. Kl./Hf. c op. 118 über Themen von Händel und Vogler (1815); Fantasie f. V., Kl. D op. 117 über Themen aus *Der Alchymist* (1841); Rondo f. V., Hf. Es (1813); Rondo E f. V., Kl. op. 46 (1821); Rondo alla spagnuola f. V., Kl. C op. 111 (1839) – Werke f. 3 Instr.: 5 Trios f. Kl., V., Vc. (e op. 119, 1841; F op. 123, 1842; a op. 124, 1843; H op. 133, 1849; g op. 142, 1855); Trio f. Hf., V., Vc. e (1806); Trio f. Hf., V., Va. f (1807) – Werke f. 4 Instr.: 36 StrQu.e (C, g op. 4, 1807; Quatuor brilliant d op. 11, 1808; Es, D op. 15, 1808; g op. 27, 1812); Es, C, f op. 29, 1813–1815; A op. 30, 1814; Quatuor brillant E op. 43, 1817; C, e, f op. 45, 1818; Es, a, G op. 58, 1821/22); Quatuor brillant h op. 61, 1819; Quatuor brillant A op. 68, 1823; a, B, D op. 74, 1826; E, G, a op. 82, 1828/29; Quatuor brillant Es op. 83, 1829; d, As, h op. 84, 1831/32; Quatuor brillant A op. 93, 1835; A op. 132, 1846; C op. 141, 1849; Es op. 142, 1855; G op. 146, 1851; Es op. 155, 1856; g op. 157, 1856); Potpourri über Themen aus P. Gaveauxs *Le petit matelot* f. V., Streichtrio G op. 5 (ca. 1806); Potpourri f. V., Streichtrio H op. 24 über Themen von W. A. Mozart (1812); Variationen f. V., Streichtrio d op. 6 (ca. 1807); Variationen f. V., Streichtrio A op. 8 (ca. 1807); – Werke f. 5 Instr.: 7 Quintette f. 2 V., 2 Va., Vc. (Es, G op. 33, 1813/14; h op. 69, 1826; a op. 91, 1833/34; g op. 106, 1838; e op. 129, 1845; g op. 144, 1850); Quintett f. Kl., 2 V., Va., Vc. D op. 130 (1845); Quintett f. Fl., Klar., Hr., Fg., Kl. c op. 52 (1820; bearb. als Kl.-Quintett, op. 53, 1820); Fantasie und Variationen f. Klar. mit StrQu.-Begleitung B op. 81 über ein Thema von F. Danzi (1814); Potpourri f. V., Streichquintett über Themen von W. A. Mozart B op. 22 (1812); – Werke f. 6 Instr.: Sextett f. 2 V., 2 Va., 2 Vc. C op. 140 (1848) – Werke f. 7 Instr.: Septett f. Fl., Klar., Hr., Fg., V., Vc., Kl. a op. 147 (1853) – Werke f. 8 Instr.: 4 Doppelquartette f. 4 V., 2 Va., 2 Vc. (d op. 65, 1823; Es op. 77, 1827; e op. 87, 1832/33; g op. 136, 1847); Oktett f. Klar., 2 Hr., V., 2 Va., Vc., Kb. E op. 32 (1814) – Werke f. 9 Instr.: Nonett f. Fl., Ob., Klar., Hr., Fg., V., Va., Vc., Kb. F op. 31 (1813).

Folker Göthel: Thematisch-bibliographisches Verzeichnis der Werke von L. Sp., Tutzing 1981.
Verlag: Bärenreiter Kassel.

Sp.s Kammermusikschaffen umspannt einen Zeitraum von mehr als einem halben Jahrhundert. Läßt man die wenigen noch in Seesen und Braunschweig entstandenen Jugendwerke außer Acht, so begann er mit der Komposition von Kammermusikwerken auf seiner ersten Konzertreise nach St. Petersburg (V.-Duos op. 3) und endete mit den späten StrQu.en, denen er bereits die Opusnummern 155 und 157 zugedacht hatte, von deren Veröffentlichung er dann aber absah. Sp.s Kompositionsstil durchlief in dieser Zeitspanne eine erstaunliche Entwicklung. Nach anfänglich starker Beeinflussung durch die Musik W. A. Mozarts, die er bereits in Braunschweig kennengelernt hatte, wurde sein V.-Spiel und seine Kompositionsweise für dieses Instrument bald durch die Musik des Geigenvirtuosen Pierre Rode geprägt. Der in den Gothaer Jahren entwickelte leichte, romantisch-klassizistische Stil erfuhr in den Wiener Jahren vor allem durch die Bekanntschaft mit L. v. Beethoven eine spürbare Vertiefung. In der Kasseler Zeit schließlich entwickelte Sp. sich zum Spätromantiker; die chromatische Harmonik seiner reifen Werke (z. B. im Doppelquartett op. 136) und die in seinen Opern zu findende Leitmotivtechnik weisen bereits auf Richard Wagner.

Sp. hat in bis fast zu seinem Tod andauernder Schaffenskraft nahezu sämtliche musikalischen Gattungen gepflegt und dabei besonders auch die Kammermusik bedacht. Seine Experimentierfreudigkeit, Vielseitigkeit, handwerkliche Gründlichkeit und melodische Begabung kompensieren gewisse epigonale Züge seines Schaffens. Während seine formal anspruchslosen Virtuosenstücke (Potpourris über bekannte Melodien, Salonstücke und der Sondertypus des ›Quatuor brillant‹ mit konzertant hervorgehobener 1. V. und begleitendem Streichtrio) den Moden der Zeit verhaftet sind, haben seine sorgfältig ausgearbeiteten ernsthaften Kammermusikwerke bleibenden Bestand. Unter diesen ragen besonders die während der produktiven Wiener Periode geschriebenen Kompositionen (StrQu.e op. 29, Quintette op. 33, Oktett op. 32, Nonett op. 31) und die späte Kammermusik mit Kl. heraus. Sp.s StrQu.e hatten für die Geschichte der Gattung im mittleren 19. Jahrhundert eine besondere Bedeutung, da zu der Zeit Beethovens späte Werke als unverständlich und zu schwer galten und Schuberts Werke noch unbekannt waren.

Streichquartett Es-Dur op. 29, Nr. 1 (1813)

Allegro – Andante con variazioni – Scherzo. Moderato – Finale. Vivace
Dauer: ca. 27'
Verlag: Bärenreiter Kassel

Nach Sp.s eigenem Zeugnis errang sein in Wien komponiertes StrQu. in Es-Dur op. 29/1 wegen des eigenwilligen Hauptthemas seines Kopfsatzes gewissen Ruhm. Das Thema beginnt mit der verminderten Quarte es – h und symbolisiert die musikalische Umsetzung seines eigenen Namens: Der Ton ›e‹ steht für den ersten Buchstaben, dessen dynamische Bezeichnung ›piano‹ in der damals üblichen Abkürzung ›po‹ für den zweiten und dritten Buchstaben, der Ton ›h‹ für den vierten Buchstaben und die anschließende Viertelpause, deren Form an ein kleines ›r‹ erinnert, für den fünften Buchstaben. Das so entstandene eigenwillige Thema verlangt eine chromatische Harmonik und erlaubt eine offene, fortwährend modulierende, durchführungsartige Behandlung mit vielen harmonischen Überraschungen (z. B. ein unerwarteter A-Dur-Dreiklang in T. 26ff.). Die erste Themengruppe wird ergänzt durch ein fast völlig chromatisches 2. Thema, das nur vorübergehende Beruhigung bringt. Der fast permanente Durchführungscharakter erinnert vielleicht nicht zufällig an die mittleren Quartette Beethovens. Die Töne ›es‹ und ›h‹ haben im Verlauf des Werkes noch weitere formale Konsequenzen; so erscheinen in der Reprise die beiden Themen auf den Tonstufen Es und Ces (= H), und das kontrapunktisch gearbeitete **Scherzo** in Es-Dur hat ein Trio in H-Dur.

Oktett (Doppelquartett) d-Moll op. 65 (1814) für 4 Violinen, 2 Violen und 2 Violoncelli

Allegro – Scherzo. Vivace-Trio – Larghetto – Finale. Allegretto molto
Dauer: ca. 23'
Verlag: Bärenreiter Kassel

Das Oktett in E-Dur op. 32 enstand im Juli 1814 im Auftrag des Wiener Fabrikanten Johann Tost. Auf eine Anregung Tosts, der das Werk anläßlich einer Reise in England aufführen lassen wollte, geht die Idee des **3. Satzes** zurück, eine Variationsreihe über das Thema der *Grobschmied-Variationen* von

Georg Friedrich Händel. Sp.s Komposition ist durch eine souveräne Handhabung der instrumentalen Farben gekennzeichnet, die er in echt romantischer Manier einsetzt. Besondere Erwähnung verdient die Nutzung der tiefen Klar.-Lage im **Schlußsatz** und die vielleicht hier erstmals dokumentierte Verwendung des von den Instrumentenbauern Blühml und Stölzl entwickelten Ventilhorns mit seiner stark erweiterten Tonskala.

Der **1. Satz** weist klare Sonatenform auf: Zwei prägnante Themen werden in der durch eine kurze langsame Einleitung vorbereiteten Exposition vorgestellt; nach einer knappen, harmonisch intensiven Durchführung erscheinen die beiden Themenkomplexe in umgekehrter Abfolge. Der Zusammenhang der beiden kontrastierenden Themengruppen ist durch ein gemeinsames punktiertes Begleitmotiv gewährleistet. Dieses Motiv kehrt in variierter Gestalt als Thema des **2. Satzes** (Menuetto) wieder, der im Beethovenschen Scherzostil gearbeitet ist. Das Trio dieses Satzes erinnert mit seinem aufsteigenden Dreiklang in den Hr.n an das 1. Thema des Kopfsatzes, scheint zugleich aber auch auf das Menuett-Trio aus Mozarts g-Moll Sinfonie KV 550 anzuspielen. Der **3. Satz** mit seinem Händel-Thema beschwört die Welt des Barock, während das **Finale** in die Frühromantik zurückkehrt, jedoch nicht ohne melodische Bruchstücke der Händelschen Musik beizubehalten. Die aparte Mischung aus Zitat und Anspielung, aus formaler Klarheit und stilistischer Vieldeutigkeit, aus Originalität und Epigonentum – all dies sind typische Merkmale von Sp.s Kammermusik.

Peter Wollny

Karlheinz Stockhausen

geb. 22. 8. 1928 Mödrath/ Köln. 1947–1951 Studium (Kl. und Schulmusik) an der Staatlichen Hochschule für Musik Köln, an der Kölner Universität Germanistik, Philosophie u. Musikwissenschaft. 1952 Paris, Teilnahme an Kursen für Rhythmik und Ästhetik bei Olivier Messiaen, Experimente in der Gruppe ›musique concrète‹ des Französischen Rundfunks. Im gleichen Jahr mit *Etude,* einem Werk konkreter Musik, erste Tonbandkomposition. Seit 1953 ständiger Mitarbeiter des Studios für Elektronische Musik des WDR Köln. 1953 erster Vortrag bei den Internationalen Ferienkursen für Neue Musik Darmstadt, 1957–1974 regelmäßig dort Dozent. 1953/54 mit Elektronischen Studien I. und II. erste Komposition rein elektronischer Musik. 1954–1956 Phonetikstudium und Kommunikationsforschung bei Werner Meyer-Eppler an der Universität Bonn. 1954–1959 Mitherausgeber der Schriften f. Neue Musik *die Reihe*, UE Wien. 1963 Gründung und künstlerische Leitung der ›Kölner Kurse für Neue Musik‹. Seit 1964 Leiter einer Interpretationsgruppe für live-elektronische Musik. 1965 Gastprofessor für Komposition an der University of Pennsylvania (Philadelphia), 1966/67 an der University of California in Davis. 1971–1977 Professor für Komposition an der Staatlichen Hochschule für Musik Köln. Seit 1977 Schwerpunkt seines Wirkens auf der Fertigstellung des Opernzyklus *Licht*: *Donnerstag* aus *Licht*, UA 1981, Mailänder Scala; *Samstag* aus *Licht,* UA 1984, Mailänder Sportpalast; *Montag* aus *Licht,* UA 1988, Mailänder Scala; *Dienstag* aus *Licht,* UA 1993, Opernhaus Leipzig.

WERKE F. 1 SPIELER: *Zyklus* f. einen Schlzg., Nr. 9 (1959); Solo f. Melodie-Instr. m. Rückkopplung, Nr. 19 (1965/66); Spiral f. 1 Solisten m. Kurzwellen-Empfänger, Nr. 27 (1968); *Harlekin* f. Klar., Nr. 42 (1975); *Der kleine Harlekin* f. Klar., Nr. 42 1/2 (1975); Aries f. Trp. u. Elektr. Musik, Nr. 43 1/2 (1977/1980); *Libra* f. BKlar. u. Elektr. Musik, Nr. 43 2/3 (1977); *Amour* 5 Stücke f. Klar., Nr. 44 (1976); *Amour* f. Fl., Nr. 44 1/2 (1976/1981); *In Freundschaft,* Fassungen f. verschiedene Soloinstr.: Klar., Fl., Blfl., Ob., Fg., Bassetthr. od. BKlar., V., Vc., Sax., Hr., Pos.; Piccolo (aus Jahreslauf) Solo f. Pikk., 1. ex 47 (1977); Saxophon (aus *Jahreslauf*) Solo f. SSax., 2. ex 47 (1977); Eingang u. Formel (aus *Michaels Reise*) f. Trp., 1. ex 48 (1978); *Tanze Luzefa!* (aus *Michaels Jugend*) f. Bassetthr. oder BKlar., 1. ex 49 1/2 (1979); *Traum-Formel* f. Bassetthr., Nr. 51 2/3 (1981); *Kathinkas Gesang* als *Luzifers Requiem* als Fl.-Solo, Nr. 52 (1982/83), Vers. f. Fl. u. Elektr. Musik, Nr. 52 1/2 (1983), Vers. f. Fl. u. multiples Kl. (Tonband), Nr. 52 2/3 (1983); *Nasenflügeltanz* als Solo f. 1 Schlzg., 7. ex 53 (1983/1990); *Oberlippentanz (Protest)* als Solo f. Pikk.-Trp., 8. ex 53 (1983); *Zungenspitzentanz* als Solo f. Pikk.-Fl., 9. ex 53 (1983); *Xi* f. ein Melodie-Instr. m. Mikro-Tönen, 1. ex 55 (1986), Vers. f. Bassetthr., 2. ex 55 (1986), Vers. f. AFl. od. Fl., 3. ex 55 (1986); Flautina Solo f. einen Spieler m. Fl., Pikk. u. AFl., ex 56 1/2 (1989); *Evas Spiegel* (aus *Evas Zauber*) f. Bassetthr., 1. ex 58 1/2 (1984); *Susani* (aus *Evas Zauber*) f. Bassetthr., 2. ex 58 1/2 (1984); *Susanis Echo* (aus *Evas Zauber*) f. AFl., 3. ex 58 1/2 (1985); *Der Kinderfänger* als Solo f. AFl. (auch Pikk.) u. Tonband, Nr. 58 3/4 (1986); *Entführung* (aus *Evas Zauber*) als Solo f. Pikk., ex 58 2/3 (1986); *Ypsilon* f. ein Melodie-Instr. (m. Mikro-Tönen), 2. ex 59 (1989), Vers. f. Bassetthr., 3. ex 59 (1989), Vers. f. Fl., 4. ex 59 (1989); Signale zur Invasion f. Pos. u. Elektronische Musik, 2. ex 61 (1992); *Freia* f. Fl., 9 1/2 ex 64 (1991/92), Vers. f. Bassetthr., 9 2/3 ex 64 (1991/92) – WERKE F. 2 SPIELER: Sonatine f. V. u. Kl., Nr. 1/8 (1951); *Pole* f. zwei Spieler/Sänger m. 2 Kurzwellen-Empfängern, Nr. 30 (1969/70); *Mantra* f. 2 Pianisten (m. wood-blocks, cymbales antiques u. Ringmodulation), Nr. 32 (1970); *Laub und Regen.* Schlußduett aus *Herbstmusik* f. Klar. u. Br., Nr. 40 1/2 (1974); *Tierkreis.* 12 Melodien der Sternzeichen f. 1 Melodie- u./od. Akkordinstr., Nr. 41 1/2 (1975/76), Versionen f. Singstimme u. Akkordinstr.: Einzelausgaben f. hohen S od. hohen T, S od. T, MezzoS./A/tieferen T, Bar., B, Nr. 41 2/3 – 6/7 (1975/76), Vers. f. Klar. u. Kl., Nr. 41 8/9 (1975/81); HALT (aus *Michaels Reise*) f. Trp. u. Kb. 2. ex 48 (1978); *Mission und Himmelfahrt* (aus *Michaels Reise*) f. Trp. u. Bassetthr., 4. ex 48 (1978); *Bijou* (aus *Michaels Jugend*) f. AFl.., BKlar. u. Tonband, 2. ex 49 1/2 (1979); *Mondeva* (Szene aus *Michaels Jugend*) f. T u. Bassetthr., Nr. 49 1/2 (1978/79); Knabenduett (aus *Michaels Heimkehr*) f. 2 SSax. od. andere Instr. (1980); *Nasenflügeltanz* f. 1 Schlzg. u. 1 Synth.-Spieler, 7. ex 53 (1983/90); *Wochenkreis* (Die sieben Lieder der Tage) Duett f. Bassetthr. u. elektr. Tasteninstr. (1 Spieler), ex 57 3/4 (1986/1988); *Ave* (als ossia Vers. von Botschaft aus *Evas Zauber*) f. Bassetthr. u. AFl., Nr. 58 1/2 (1984/85); *Sukat* f. Bassetthr. u. AFl., 2. ex 60 (1989); *PIETà* f. Flügelhr., S. u. Elektr. Musik, Nr. 61 1/2 (1990); *Elufa* f. Bassetthr. u. Fl., Elektr. Musik ad lib., 9. ex 64 (1991) – WERKE F. 3 SPIELER: Schlagtrio f. Kl. u. 2 x 3 Pk., Nr. 1/3 (1952); Refrain f. 3 Spieler (Kl., Vibr., Cel.), Nr. 11 (1959); *Expro* f. 3 Spieler/Sänger m. 3 Kurzwellen-Empfängern, Nr. 31 (1969/70); *Tierkreis* Trio-Vers. f. Klar., Fl. m. Pikk., Trp. m. Kl. (Trp.- u. Kl.-Part f. denselben Spieler.), Nr. 41 9/10 (1975/1983); *Kinntanz* Vers. f. Euphonium, 1 Schlzg., 1 Synth.-Spieler, 10. ex 53 (1983/1989); *Luzifers Zorn* f. B., Akteur, 1 Synth.-Spieler, Tonband, ex 56 5/6 (1987); *Quitt* f. 3 Spieler m. Mikro-Tönen, 1. ex 59 (1989); *Reue* f. S, Fl., BassettHr., Elektr. Musik ad lib., 8. ex 64 (1994) – WERKE F. 4 BIS 6 SPIELER: *Kreuzspiel* f. Ob., BKlar., Kl., 3 Schlzg. (Dir.), Nr. 1/7 (1951); *Zeitmasze* f. 5 Holzbläser (Fl., Ob., EHr., Klar., Fg.), (Dir.), Nr. 5 (1955); Mikrophonie I f. Tamt., 2 Mikrophone, 2 Filter u. Regler (6 Spieler), Nr. 15 (1964); *Adieu* f. Bläserquintett (Dir.), Nr. 21 (1966); *Prozession* f. Tamt., Br., Elektronium, Kl., Mikrophonist, Filterer u. Regler (6 Spieler), Nr. 23 (1967); *Stimmung* f. 6 Vokalisten, Nr. 24, auch ›Pariser Vers.‹, gleiche Besetzung, Nr. 24 1/2 (1968); *Kurzwellen* f. 6 Spieler (4 KW-Empfänger, 5 Mikrophone, 4 x 2 Lautsprecher, Mischpult, Klangregie), Nr. 25; Dr. K-Sextett f. Fl., Vc., Röhrengl. u. Vibr., BKlar., Br., Kl., Nr. 28 (1968); *Herbstmusik* f. 4 Spieler, Nr. 40 (1974); Musik im Bauch f. 6 Schlzg. u. Spieluhren, Nr. 41 (1975); *Argument* (aus *Michaels Heimkehr*) f. T, B, elektr. Org. (oder Synth.), ad lib.: Trp., Pos., 1 Schlzg., 3. ex 50 (1980); *Drachenkampf* (aus *Michaels Heimkehr*) f. Trp., Pos., elektr. Org. (oder Synth.), 2 Tänzer (ad lib.), 1 Schlzg. (ad lib.), 1. ex 50 1/2 (1980); *Donnerstag-*

Abschied (*Michaels Abschied*) f. 5 Trp. (od. 1 Trp. in 5-Spur Aufnahme), Nr. 50 3/4 (1980); *Zungenspitzentanz* f. Pikk., 1 Tänzer (ad lib.), 2 Euphoniums oder Synth., 9. ex 53 (1983); *Antrag* f. Fl., Bassetthr., S., B., Elektr. Musik (ad lib.), 1. ex 64 (1994); *Zustimmung* f. S, B, Fl., Bassetthr., Elektr. Musik (ad. lib.), 5. ex 64 (1994); *Fall* f. S, Bar., Fl., Bassetthr., 1 Synth.-Spieler, Elektr. Musik (ad. lib.), 6. ex 64 (1994); Helikopter-Streichquartett (vom *Mittwoch aus Licht*) f. StrQu., 4 Helikopter (u. Technik), (1993) – Werke f. mehr als 6 Spieler od. variable Besetzungen: Kontra-Punkte f. 10 Instr. (Fl., Klar., BKlar., Fg., Trp., Pos., Kl., Hf., V., Vc.), (Dir.), Nr. 1 (1952/53); *Aus den sieben Tagen.* 15 Textkompositionen (einzeln aufführbar) f. variable Besetzungen m. kleinen Ensembles ohne Dirigenten, Nr. 26 (1968); *Für kommende Zeiten.* 17 Textkompositionen (einzeln aufführbar) f. variable Besetzungen m. kleinen Ensembles ohne Dirigenten, Nr. 33 (1968–1970); *Kreuzigung* f. Trp., 2 Bassetthörner, Klar., 2 Hr., 2 Pos., Tb., elektr. Org. (oder Synth.), 3. ex 48 (1978); *Kindheit* (Szene aus *Michaels Jugend*) f. T, S, B, Trp., Bassetthr., Pos., Tänzerin, Tonbänder, Nr. 49 1/2 (1979); *Kathinkas Gesang als Luzifers Requiem* f. Fl. u. 6 Schlzg., Nr. 52 (1982/83); *Linker Augenbrauentanz* f. Fl.n u. Bassetthrn., 1 Schlzg., 1 Synth.-Spieler, 1. ex 53 (1983); *Rechter Augenbrauentanz* f. Klar.n, BKlar.n, 1 Schlzg., 1 Synth.-Spieler, 2. ex 53 (1983); *Linker Augenbrauentanz* f. Sax.e, 1 Schlzg., 1 Synth.-Spieler, 3. ex 53 (1983/90); *Rechter Augenbrauentanz* f. Ob.n, EHrn., Fg.e, 1 Schlzg., 1 Synth.-Spieler, 4. ex 53 (1983); *Linker Backentanz* f. Trp.n., Pos.n., 1 Schlzg., 1 Synth.-Spieler, 5. ex 53 (1983); *Rechter Backentanz* f. Trp.n., Pos.n., 1 Schlzg.,1 Synth.-Spieler, 7. ex 53 (1983); *Oberlippentanz* (Protest) f. Pikk.-Trp., Pos. od. Euphonium, 4 od. 8 Hr., 2 Schlzg., 8. ex 53 (1983).

Verlag: Alle Partituren bis Werk Nr. 29 erschienen bei der UE Wien, die Werke ab Nr. 30, sowie die NA von *Etude, Studien* I u. II, *Gesang der Jünglinge, Kontakte, Momente* und *Hymnen* beim Stockhausen-Verlag, 51515 Kürten.

(Die Numerierung der Werke stammt vom Komponisten. Das von ihm selbst erstellte Werkverzeichnis weist zur Zeit 141 Werke als Kammermusik aus u. orientiert sich dabei an den Richtlinien der GEMA. In folgender Auflistung wurden Werke m. Chor, m. großem Ensemble u. solche, in denen die Elektronische Musik dominiert, nicht berücksichtigt.)

St. gehört zu jenen Komponisten, die Anfang der 50er Jahre an der Entstehung der seriellen Musik bedeutenden Anteil hatten. Seitdem hat er durch zahlreiche Neuerungen die Entwicklung der Neuen Musik mitgeprägt. Daß die serielle Technik ihm geeignet schien, seine musikalischen Vorstellungen zu realisieren, entdeckte er 1951 bei den Darmstädter Ferienkursen, als er Olivier Messiaens Kl.-Stück *Mode de valeur et d'intensités* aus den Études rythmiques und Karel Goeyvaerts Sonate für zwei Kl. hörte. Das serielle Denken blieb bis heute Grundlage seiner weiteren musikalischen Entwicklungsstufen, zu denen zunächst die ›Punktuelle Musik‹ gehörte, in der jeder Ton sich in möglichst vielen Parametern, wie Tonhöhe, Tondauer, Anschlagsart etc., vom vorangegangenen sowie dem folgenden Ton unterscheidet. Dadurch wird der Einzelton zum selbständigen musikalischen Ereignis eines Werks (*Kontra-Punkte,* 1952/53). In der Gruppenkomposition werden Töne mit einer oder mehreren gemeinsamen Eigenschaften zu Tongruppen zusammengefaßt (*Gruppen,* 1955–1957); gleichzeitig wird in diesem Werk durch die räumliche Verteilung von drei Orchestergruppen, der Raum als serieller Parameter Bestandteil der Komposition. Nach Versuchen mit der Musique concrète und angeregt durch Klangexperimente Herbert Eimerts und Werner Meyer-Epplers schuf St. mit seiner elektronischen Studie I (1953) die erste Komposition, deren Klänge aus Sinustönen zusammengesetzt wurden. Die Einbeziehung der Aleatorik führte zur Form von Klavierstück XI (1956), in dem der Interpret die Reihenfolge von 19 aus einem Materialkern entwickelter Notengruppen zufällig bestimmen soll. Aus weiteren Erfahrungen mit einem nicht mehr zielgerichteten Formverlauf in Werken wie *Kontakte* (1959/60) oder *Carré* (1959/60) entwickelte St. seine Konzeption des musikalischen ›Moments‹. Jeder Moment ist ein Abschnitt eines Werks, der weder aus dem vorangegangenen hervorgegangen ist, noch zum folgenden hinführt. Stattdessen soll er als eigenständige Erlebniseinheit gleichberechtigt neben allen übrigen Momenten stehen. Die nicht teleologische Abfolge der Momente bildet die Momentform (*Momente,* 1962–1964/1969). In der Prozeßkomposition enthielt die Partitur nicht mehr den konkreten Notentext: *Plus-Minus* (1963) besteht aus einem Realisationsschema für mögliche Ausarbeitungen; für andere Werke legte St. durch ein System von graphischen Zeichen fest, in welcher Weise der Interpret das jeweils vorangegangene Klangereignis variieren soll (*Prozession,* 1967). Schließlich ging er so weit, für seine sogenannte ›intuitive Musik‹ lediglich einen kurzen Text in Gedichtform vorzulegen, dessen Anweisungen die Musiker umsetzen sollen (*Aus den sieben Tagen,* 1968). Gleichwohl besteht St. darauf, daß auch seine Werke intuitiver Musik auf der Grundlage seriellen Denkens entstanden, da die Anweisungen für die Interpreten der Idee von vermittelnden Skalen zwischen Extremen (beispielsweise in Zwischenstufen zwischen dem ruhigsten und dem bewegtesten Klangereignis) entsprechen. Mit *Mantra* (1970) wurde der Notentext wieder bis ins Detail festgelegt. Der Komponist entwickelte in diesem Werk seine Methode der ›Formel-Komposition‹, die bis heute seine bestimmende Kompositionstechnik blieb. Bei dieser Technik vereinen sich die Serien für Tonhöhen, Tondauern, Dynamik etc. in einer sanglichen Melodie zur ›Formel‹, aus der dann jedes musikalische Geschehen eines Werks abgeleitet wird.

Es ist zweifelhaft, ob die Frage nach musikalischen Gattungen für St.s Schaffen sinnvoll ist; an die Stelle der Gattungen tritt die individuelle Materialordnung und Formgestaltung jedes Werkes. Traditionelle Kombinationen von Instrumenten weichen flexiblen Zusammenstellungen kleinerer und größerer Ensembles, deren Übergang zum Orchester fließend ist. So fällt auch die Entscheidung nicht leicht, welche Werke St.s dem Bereich der Kammermusik zuzurechnen sind. Das ursprüngliche Kriterium des kleineren intimeren Rahmens, den die Kammermusik verlangt, fällt weg, wenn beispielsweise ein Solo-Fl.-Stück mit elektrischer Verstärkung und unter Einbeziehung szenischer Elemente in einem großen Saal wiedergegeben wird oder wenn St. für sein StrQu. von 1993 neben vier Streichern und diverser Technik (elektrische Verstärkung etc.) auch noch vier Helikopter verlangt. Ebenso ist es ungewöhnlich, wenn seine Bläserquintette *Zeitmasze* u. *Adieu* von einem Dirigenten geleitet werden. Die Tendenz zur Aufweichung des Kammermusik-Begriffs zeigte sich indes bereits im 19. Jahrhundert: Die Musik war der Möglichkeit einer Aufführung durch gebildete Laien bereits weitgehend entzogen. Stattdessen wirkten Virtuosen in immer größeren Sälen. Später durchmischte sich die Gattung einerseits mit derjenigen der Orchestermusik (z. B. Richard Wagners *Siegfried-Idyll,* Arnold Schönbergs 1. und 2. Kammersinfonie, Alban Bergs Kammerkonzert) und griff andererseits ein älteres, bis ins 18. Jahrhundert gültiges Verständnis von Kammermusik wieder auf (wofür auch Paul Hindemiths Kammermusiken Nr.1-7 (1921–1927) ein Beispiel bieten). Sperren sich auf der einen Seite St.s Werke gegen eine eindeutige Einordnung, so hat andererseits gerade er eine Vielzahl von Stücken geschaffen, die das Repertoire für kleine kammermusikalische Besetzungen entschieden bereichern. Die Bestimmung eines Werkes als Kammermusik muß sich daher im Falle St.s in erster Linie an der Besetzung orientieren.

Seit den 1970er Jahren ist St.s Kammermusik Teil des Theaters: Seine Opern enthalten zahlreiche Soli, Duos etc. bis hin zu Ensemblestücken, die in ihrer musikalischen Dichte und der Art des aufeinander Reagierens (etwa im Duo *Ave* aus der Oper *Montag*) kammermusikalische Qualitäten erkennen lassen und fast alle auch unabhängig von den Opern aufführbar sind; häufig existieren gesonderte Fassungen für konzertante Aufführungen. Ein für die Kammermusik irritierendes Moment bleibt hier wiederum, daß den Stücken auch in den konzertanten Fassungen szenische Elemente eignen, wie dies für eine Reihe von St.s Instrumentalwerken und nach *Mantra* durchgängig der Fall ist.

Nachdem es in der Frühzeit der elektronischen Musik so schien, als sei diese der womöglich einzig gangbare Weg, um in Zukunft den Erfordernissen der seriellen Schreibweise Genüge zu tun, zeigte St. schon bald, daß er den Instrumentalisten weiterhin große Bedeutung beimaß. Zum einen schuf er eine Synthese instrumentaler und elektronischer Klänge, etwa in *Kontakte* oder in zahlreichen Werken der Live-Elektronik, von denen beispielsweise *Mixtur* oder *Mantra* zu nennen wären. Zum anderen wies er den Instrumentalisten auch in Stücken reiner Instrumentalmusik wie *Zeitmasze* und später in der szenischen Musik neue Aufgaben zu, denen elektronische Mittel nicht gerecht werden konnten.

Schlagtrio (1952)
für Klavier und 2 x 3 Pauken

einsätzig
Dauer: ca. 15'15"
Verlag: UE Wien, EA 1977

Das 1952 uraufgeführt Schlagtrio folgt in seinem Formverlauf einer übergeordneten Idee: Zwei Zwölfton-Melodien, von St. als zwei Wesen interpretiert, die aus einem Zustand jenseits des physikalisch Darstellbaren in den Bereich von räumlicher und zeitlicher Begrenzung eindringen, nähern sich einander an, indem sie aus einer extrem hohen und extrem tiefen Oktave des Kl. kommend, in der Mittellage aufeinandertreffen. Im Moment der größten Annäherung resultiert aus beiden eine dritte musikalische Gestalt. Die beiden ursprünglichen Zwölfton-Melodien bewegen sich dann auf die gleiche Weise in die extremen Lagen zurück. Parallel zu sechs Kl.-Oktaven verwendet St. sechs in Ganztonabständen und zum Kl. um einen Viertelton verschoben gestimmte Pk.n, die in der Werkkonzeption sechs ›Konträr-Klangräume‹ zu den Kl.-Oktaven darstellen sollen. Die Schwierigkeit des Komponisten, diese Idee musikalisch zu verdeutlichen, sowie diejenige des Hörers, den Gehalt hörend zu erfassen, schwingt mit, wenn St. seine Konzeption von 1952 im nachhinein als »außerordentlich idealistisch« bezeichnet.

Solo (1965/66)
für ein Melodie-Instrument mit Rückkopplung

Dauer: je nach Version ca. 10', 12', 15' oder 20'
Verlag: Stockhausen-Verlag

In Solo (UA 25.4.1966) tritt der Spieler mit Hilfe von Playbackverfahren mit sich selbst in Dialog. Vier Assistenten und ein Klangregisseur steuern Tonbandmaschinen, um bestimmte Abschnitte des Spiels aufzuzeichnen und an vorgegebenen Stellen wiederzugeben, um auf diese Weise im Laufe des Stücks mehrschichtige Überlagerungen und eine Kommunikation des Spielers mit sich selbst entstehen zu lassen. Dem Instrumentalisten steht einer von sechs vorgegebenen Formverläufen zur Auswahl, der dann die Abschnitte seines Solospiels und der Rückkopplungen festlegt.

Xi (1986)
für ein Melodie-Instrument mit Mikro-Tönen

Dauer: Version für Bassetthorn ca. 9', Version für Flöte ca. 6'
Verlag: Stockhausen-Verlag

Das Werk für ein beliebiges Klappen- oder Ventil-Blasinstrument oder Synthesizer mit variablen Mikroskalen wurde am 3. 8. 1987 in der Version für Fl. uraufgeführt. Der griechische Buchstabe ›Xi‹ steht für ›unbekannte Größe‹, entsprechend den nicht vorherbestimmten Mikrotonstufen, die aus den Möglichkeiten des Instruments resultieren. Die sogenannte ›Superformel‹ des *Licht*-Zyklus besteht aus drei synchronen Formeln und liefert das Ausgangsmaterial für alle musikalischen Parameter in den *Licht*-Opern. Aus dem ›*Montags*-Glied‹ dieser Superformel, also demjenigen Abschnitt, welcher der Oper *Montag* zugeordnet ist, wurde *Xi* abgeleitet, indem das dreitaktige *Montags*-Glied durch ein extrem langsames Tempo (eine Achtelnote entspricht in der Version für Fl. etwa 8 Sekunden!) auf ca. 6 Minuten gedehnt wurde und die Fl.-Stimme zwischen den ursprünglichen drei Stimmen hin und her springt. Das langsame Tempo läßt genügend Spielraum, um zwischen den ursprünglichen Tonhöhen Mikrotonskalen als verbindende Übergänge einzufügen. Die Ausarbeitung dieser Zwischentöne ist Aufgabe des Instrumentalisten, der die Anweisungen der Partitur nach den Gegebenheiten seines Instruments ausführen soll. Bisher sind eine von der Klarinettistin Suzanne Stephens ausgearbeitete Version für BassettHr. und eine von der Flötistin Kathinka Pasveer ausgearbeitete Version für AFl. oder Fl. im Druck erschienen.

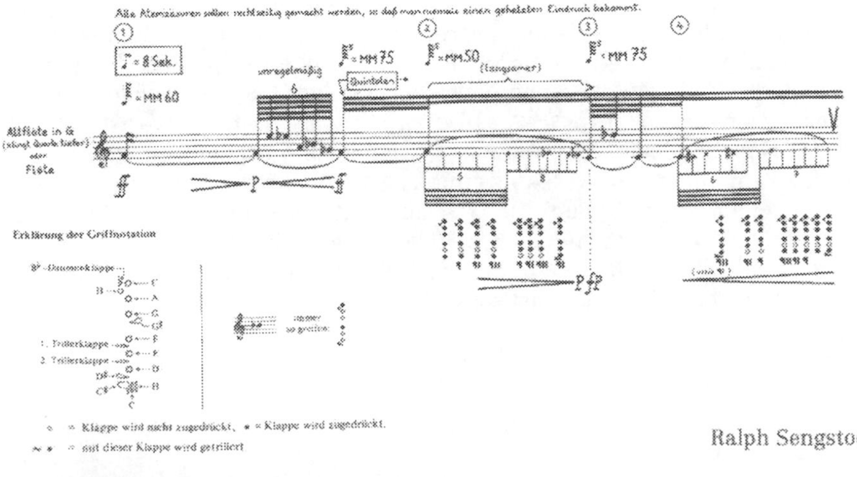

Ralph Sengstock

Richard Strauss

geb. 11. 6. 1864 München, gest. 8. 9. 1949 Garmisch. Musikunterricht bei Benno Walter (V.) u. Friedrich Wilhelm Meyer (Theorie), begann frühzeitig zu komponieren. 1884 Begegnung mit Hans v. Bülow, der Str. 1885 als Hofmusikdirektor nach Meiningen verpflichtet (bis 1. 4. 1886); 1886 Kapellmeister in München, 1889 Weimar, 1894 wieder München, Heirat mit der Sängerin Pauline de Ahna; 1898 erster Hofkapellmeister in Berlin (1908 GMD); 1919–1924 Direktor der Wiener Staatsoper. Ab 1924 in Garmisch als freischaffender Komponist, nach 1945 zeitweilig auch in der Schweiz. 1933–1935 Präsident der Reichsmusikkammer. In jungen Jahren vor allem bekannt geworden durch Tondichtungen (*Don Juan*, 1888; *Tod und Verklärung*, 1889; *Till Eulenspiegels lustige Streiche*, 1894/95; *Also sprach Zarathustra*, 1895/96 u.a.), später einer der erfolgreichsten und produktivsten Opernkomponisten (*Salome*, 1904/05; *Elektra*, 1906/08; *Der Rosenkavalier*, 1909/10; *Ariadne auf Naxos*, 1911/12; *Die Frau ohne Schatten*, 1914/1917; *Arabella*, 1930/1932; *Die schweigsame Frau*, 1934/35; *Capriccio*, 1940/41 u.a.), zahlreiche Lieder.

WERKE F. 1 INSTR.: 2 Etüden f. Hr. in Es u. Hr. in E (verm. 1873); Etude G nach einem Motiv aus *Daphne* f. V.(1945) – WERKE F. 2 INSTR.: Introduktion, Thema u. Variationen f. Fl., Kl. (1879); Sonate f. Vc., Kl. F op. 6 (1882/83); Sonate f. V., Kl. Es op. 18 (1887); Allegretto f. V., Kl. E (1948) – WERKE F. 3 INSTR./AUSF.: *Alphorn* f. Singst., Kl., Hr. (1876); (2) Trio f. Kl., V., Vc. A, D (1877,1878); Passepied - Gigue - Gavotte f. V., Vc., Cemb. aus *Capriccio* (1941) – WERKE F. 4 INSTR.: StrQu. A op. 2 (1880); Quartett f. Kl., V., Va., Vc. c op. 13 (1883/84); Festmarsch f. V., Va., Vc., Kl. D (1884) – WERKE F. 6 INSTR.: Sextett f. 2 V., 2 Va., 2 Vc. aus *Capriccio* (1941) – WERKE F. KAMMERENS.: Serenade f. 2 Fl., 2 Ob., 2 Kl., 4 Hr., 2 Fg., KFg. (auch BTb. od. Kb.) op. 7 (1882); Suite f. 13 Blasinstr. B op. 4 (1884); Erste Sonatine f. 16 Blasinstr. *Aus der Werkstatt eines Invaliden* F (1943); Sinfonie f. Bläser = Zweite Sonatine. *Fröhliche Werkstatt* Es (1944/45); Metamorphosen f. 23 Solostreicher (1945).

Verlag: Schott Mainz.

Mit dem Namen R. Str. verbindet man vor allem den Komponisten klangintensiver sinfonischer Tondichtungen und großer dramatischer Opern. Dagegen nimmt die Kammermusik in seinem Œuvre nur einen äußerst bescheidenen Platz ein. Lediglich in seiner Jugend hat sich Str. mit der Gattung und ihrer Tradition beschäftigt und die einzelnen Formen (Trio, Quartett) gleichsam kompositionsgeschichtlich ›abgearbeitet‹. Da gibt es u. a. einen Festmarsch op. 1 (1876), ein StrQu. op. 2 (1880), Kl.-Stücke, die Sonaten für Vc. und Kl. op. 6 (1883) und für V. und Kl. op. 18 (1887), die Suite und die Serenade für Bläser (1881-1884), ein Kl.-Quartett op. 13 (1884) oder auch die kleinen Stücke für Hr. als Dank an den Vater, den Ersten Hornisten der Königlich Bayerischen Hofkapelle in München. In all' diesen Werken bewegte sich Str. durchaus noch in den Bahnen der Tradition, was Richard Specht 1921 zu der Feststellung brachte: »Die eigentlichen Jugendwerke von Str. wirken, als hätte er sie nach fremdem Diktat geschrieben«. Und er zählt minuziös auf, welche Themen oder Abschnitte auch von Robert Schumann, Felix Mendelssohn und anderen Vorgängern sein könnten. In einigen Details jedoch spürt Specht zu Recht, daß Str. ›zu neuen Ufern‹ aufbricht: Noch paßt das formale Kleid zum Inhalt, doch hier und da ist es bereits beengt.

Vor allem in drei Kammermusikwerken wird dies deutlich, in der *Sonate* für Vc. und Kl. op. 6, im Kl.-Quartett op. 13 und in der V.-Sonate op. 18. Die mit 19 Jahren komponierte, von Anfang an erfolgreiche Cellosonate kündet in vielen klanglichen Details bereits den Meister der instrumentalen Farbgebung an. Str. selber hat die Sonate häufig als Partner am Kl. aufgeführt. Doch bereits nach einem Konzert am 31. März 1890 schrieb er: »... was mir furchtbar komisch vorkam, so mit allem Ernst den Leuten ein Stück vorspielen, an das man selbst nicht mehr glaubt.«

An dem Kl.-Quartett op.13 hebt Richard Specht hervor, daß es ein »eroberndes, jugendlich brausendes Stück« sei, »das stärkste Bekenntnis zu Brahms, das Strauss jemals abgelegt« habe. Gegenüber den anderen Jugendwerken, in denen Str. seine Vorbilder eklektizistisch imitiert, ist hier jedoch bereits eine Auseinandersetzung mit dem Brahms'schen Stil zu beobachten, die – geradezu zwingend bei einem schöpferischen Prozeß dieser Art – immer wieder Eigenes hervorbrechen läßt.

Erst im Alter beschäftigte sich Str. erneut mit der Kammermusik, d.h. mit der kammermusikalischen Besetzung. Dorthin führte ein langer, kontinuierlicher Weg – über die Opernbühne. Nach der Expressivität seiner *Elektra* op. 58 (1908) hatte er mit dem *Rosenkavalier* op. 59 (1910) – natürlich im weitesten Sinne – zu Wolfgang Amadeus Mozart zurückgefunden. Zunehmend strebte er nun, bei Beibehaltung des orchestralen Zaubers, eine ›Ausdünnung‹ des Klangs, eine stärkere Durchsichtigkeit und – damit verbunden – eine deutliche Linienführung der einzelnen Stimmen innerhalb des Klanggewebes an. Das geschah mit unterschiedlicher Intensität, abhängig natürlich auch von den jeweiligen Opernstoffen. So ist die Nähe zur Kammermusik in der *Ariadne auf Naxos* op. 60 (1912) weit größer als in der danach entstandenen *Frau ohne Schatten* op. 65 (1918) oder in *Arabella* op. 79 (1932). Wahrhaft zur Kammermusik fand Str. dann in einigen Stücken, die als Musik auf der Szene in das ›Konversationsstück für Musik‹ *Capriccio* op. 85 (1941) integriert sind: drei Tänze und ein Streichsextett. Das Sextett erklingt als Vorspiel. Doch sobald sich der Vorhang öffnet, stellt sich heraus, daß einige Opern-›Figuren‹ diese Musik im Rahmen eines häuslichen Konzerts hörten. Thematischer Keim des ca. zehnminütigen Stückes ist ein einfaches Fünfton-Motiv. Es erklingt gleich zu Beginn in der 1. V., erlebt dann mannigfaltige Veränderungen, Entwicklungen und Weiterführungen, bleibt in seiner Urform aber ebenfalls ständig präsent. Noch einmal hat sich der fast 80jährige R. Str. in diesem Sextett Johannes Brahms und dessen Variationstechnik genähert – und ist doch so ganz er selber geblieben.

In dieser späten Schaffensperiode schrieb Str. auch die sog. *Daphne*-Etüde für V. allein und das Allegretto E-Dur für V. und Kl. Die Etüde ist seinem Enkel Christian, dem Str. selber Geigenunterricht gab, zum 13. Geburtstag gewidmet. Sie ist eine freie Paraphrase über die vier Anfangstakte der Einleitung und später der Verwandlungsmusik aus seiner ›Bukolischen Tragödie‹ *Daphne* op. 82 (1937). Auch das Allegretto mit einem sicilianoartigen Rhythmus scheint für den Enkel bestimmt gewesen zu sein. Eine besondere Stellung nehmen die *Metamorphosen,* die Studie für 23 Solostreicher (1945), ein, die ihrem Inhalt, intimen Gestus und der motivisch-thematischen Dichte nach durchaus der Kammermusik zuzurechnen sind.

Sonate Es-Dur op. 18 (1887) für Violine und Klavier

Allegro ma non troppo – Improvisation: Andante cantabile – Andante.Allegro
Dauer: ca. 30'
Verlag: Schott Mainz

»Neue Gedanken müssen sich neue Formen suchen – dieses Lisztsche Grundprinzip seiner sinfonischen Werke, in denen tatsächlich die poetische Idee auch zugleich das formbildende Element war, wurde mir von da ab der Leitfaden für meine eigenen sinfonischen Arbeiten.« Der über 60jährige Str. erinnerte sich, diese Erkenntnis dem Orchestergeiger Alexander Ritter zu verdanken, der ihn mit Richard Wagners Schriften »in erklärender Ausdauer bekannt und vertraut« gemacht hatte. »Durch die Erziehung hafteten mir noch immer manche Vorurteile gegen das Wagnersche und besonders das Lisztsche Kunstwerk an...« – doch die neue Erkenntnis beschäftigte Str. nachhaltig, und er versuchte sie erstmals praktisch umzusetzen in der 1886 begonnenen Suite *Aus Italien*. In diesen Zusammenhang gehört auch die im Sommer 1887 entstandene Sonate für V. und Kl., die für rund 50 Jahre das letzte zu Ende geführte Kammermusikwerk von Str. bleiben sollte. Treffend charakterisiert Willi Schuh ihre besondere stilistische Stellung: »... auch in der Freiheit der chromatischen Modulationen und in der zuweilen orchestralen Attitüde distanziert sich die Violinsonate von den vorangegangenen Kammermusikwerken. Sie weist eher auf Kommendes voraus – das Hauptthema des Finale sogar direkt auf den stürmischen Beginn des *Don Juan*.«

Das eröffnende **Allegro ma non troppo** ist ein Sonatenhauptsatz. Nachdem – jedesmal vom Kl. angeschlagen und kurz darauf von der V. sekundiert – das heroische Hauptthema und eine ›schmachtende Weise‹ als Nebenthema kurz vorgestellt und in einem kurzen Abschnitt bereits miteinander verwoben werden, stellt die V. ein zweites Seitenthema vor, einen auf typisch Str.sche Art in flirrende Höhen emporsteigenden Gesang. Eine rhythmisch markante Akkordfolge im Kl. stemmt sich dagegen und ruft das ihr wesensverwandte Hauptthema wieder zurück. Genaugenommen stellt Str. zwei Haupt- und zwei Nebenthemen vor. Wie er dann im Durchführungsteil zwischen ihnen Beziehungen herstellt oder Kontraste setzt, sie verwandelt oder sich signalartig verfestigen läßt, das erinnert schon mehr an eine sinfonische Dichtung denn an die traditionelle Sonatenarbeit. Folgerichtig geht dann zum Schluß auch das heroische Eröffnungsthema aus allem Geschehen erfolgreich hervor.

Das **Andante** mutet zunächst wie ein ›Lied ohne Worte‹ an. Zwei breite V.-Kantilenen – die erste vom Kl. fließend, die zweite durch Synkopen belebt begleitet – erklingen zu Beginn und in variierter Form am Satzende. Dazwischen liegt ein schwungvoller, dramatischer Abschnitt. Str. betitelte diesen Satz treffend ›Improvisation‹, denn tatsächlich erweckt er mit den sich entwickelnden Kantilenen und ihren Umbildungen, den Kl.-Figurationen und dem pianissimo verlöschenden Schluß den Eindruck, als sei er gerade erst im Moment des Erklingens erdacht.

Nach düster brütenden Einleitungstakten des Kl.s wartet das **Finale** mit einem festlich-energischen Hauptthema auf, das mitunter an das fanfarenartige Motiv Octavians im *Rosenkavalier* erinnert. Die V. stellt dann zwei melodiöse Nebenthemen vor, von denen besonders das zweite ein typisch Str.sches ›Drängen‹ aufweist. Auch diesmal ist die traditionelle Sonatenform stark erweitert – man könnte durchaus von zwei Durchführungen sprechen –, und die thematische Arbeit erinnert wiederum an die motivische Arbeit in Str.' Tondichtungen. Stärker noch als im 1. fällt im letzten Satz die orchestrale Attitüde ins Gewicht, mit der Str. die Sonate in grenzenlosem Jubel beendet. Zugespitzt könnte man von einer für V. und Kl. arrangierten sinfonischen Dichtung sprechen.

Karsten Bartels

Igor Strawinsky

geb. 5. (= 17.) 6. 1882 Oranienbaum (heute: Lomonosov), Rußland; gest. 6. 4. 1971 New York. 1897 erste kompositorische Versuche; 1903 Privatschüler bei Nikolaj Rimskij-Korsakow. 1909 Begegnung mit Sergej Djagilev; Anfang einer langjährigen Zusammenarbeit mit Aufträgen für die ›Ballets Russes‹ (*L'Oiseau de Feu*, *Petruschka* und *Le Sacre du Printemps*, dessen UA am 29. 5. 1913 in Paris einen Skandal hervorruft). 1910 erster Besuch in Paris, Bekanntschaft mit den führenden Künstlern der Avantgarde; 1910–1914 abwechselnd in Rußland und in der Schweiz ansässig. In der Schweiz Freundschaft mit Ernest Ansermet und dem Dichter Charles-Ferdinand Ramuz, seinem Mitarbeiter bei *Renard*, *Les Noces* und *L'histoire du soldat*. 1918 erste kompositorische Auseinandersetzung mit dem Jazz (*L'histoire du soldat*, *Ragtime*). Mit *Pulcinella* (1920) Beginn seiner beinahe drei Jahrzehnte langen ›neoklassizistischen Periode‹ mit Werken wie Bläsersinfonien, Oktett, Concerto für Kl. und Bläser, *Oedipus Rex*, *Apollon Musagète*, Capriccio für Kl. und Orchester, Psalmensinfonie, *Perséphone*, Symphony in C, Sinfonie in drei Sätzen usw. 1920–1939 Frankreich; 1924 Beginn der Karriere als Interpret eigener Werke; 1925 Besuch in Amerika. 1926 Beginn der Zusammenarbeit mit Jean Cocteau; 1934 französischer Staatsbürger. 1939 Beginn einer Vortragsserie an der Harvard University Cambridge (Mass.); 1945 amerikanischer Staatsbürger. 1947 Beginn der Arbeit an der Oper *The Rake's Progress*. 1948 Begegnung mit Robert Craft, der von nun an als Assistent, Gesprächspartner und Sachwalter des Œuvres die letzten Jahre St.s begleitet. 1951 Rückkehr nach Europa anläßlich der UA des *Rake's Progress*; 1962 Besuch in der Sowjetunion. In den 1950er und 1960er Jahren Beschäftigung mit der Reihentechnik (Cantata, Septett, *Threni*, *The Flood*, *Abraham and Isaac*, *A Sermon, a Narrative and a Prayer*, *Requiem canticles* usw.).

WERKE F. 1 INSTR.: 3 Stücke f. Klar. (1919); *Elegy* f. Va. (1944) – WERKE F. 2 INSTR.: Kanons f. 2 Hr. (1917); Lied ohne Namen f. 2 Fg. (1918); Duo concertant f. V., Kl. (1931/32); Fanfare for a New Theatre f. 2 Trp. (1964) – WERKE F. 3 INSTR.: Suite aus der *Geschichte vom Soldaten* f. Klar., V., Kl. (1918/19); *Epitaphium* f. Fl., Klar., Hf. (1959) – WERKE F. STRQU.: 3 Stücke (1914); Concertino (1920); Double Canon (1959) – WERKE F. MEHRERE INSTR.: Oktett f. Fl., Klar., 2 Fg., 2 Trp., Pos., BPos. (1922/23); Septett f. Klar., Fg., Hr., Kl., V., Va., Vc. (1952/53).

Verlag: Boosey & Hawkes London.
WZ bei Clifford Caesar, I. ST. A Complete Catalogue. San Francisco Press 1982.

Der Begriff ›Kammermusik‹ ist in I. St.s Œuvre nicht im herkömmlichen Sinne zu verwenden, zumindest nicht im Sinne der Bevorzugung von traditionellen Besetzungen und Formtypen, und schon gar nicht von beiden gleichzeitig. Im Gegensatz zu seinen Zeitgenossen Arnold Schönberg und Béla Bartók (oder später Dmitri Schostakowitsch) verstand sich St. nicht als bewußter Fortsetzer der großen Kammermusiktradition der abendländischen Klassik und Romantik. Dies hat nur bedingt etwas mit seiner russischen Abstammung, seiner musikalischen Prägung oder mit seiner jeweiligen gesellschaftlichen und künstlerischen Umgebung zu tun, vielmehr mit seinem ganzen künstlerischen Habitus, mit seiner musikalischen wie auch ästhetischen Bereitschaft, sich stets ändern, sich immer wieder in neuen Stilen, Techniken und Ausdrucksweisen behaupten zu können. Er spielte mit der Tradition, mit den althergebrachten formalen und texturellen Lösungen – oder er warf sie fast demonstrativ ab, wie einen störenden Ballast. So finden sich in seiner Kammermusik übliche Gattungsbezeichnungen wie Sonate oder Trio ebensowenig wie einige kammermusikalische Standard-Besetzungen wie z.B. Werke für Vc. und Kl., Streich- oder Kl.-Trio, Quintett usw.; selbst für V. und Kl. schrieb er nur ein Originalwerk: Duo concertant, alle anderen Werke von ihm für diese Besetzung sind Arrangements. Wenn er z.B. für StrQu. komponierte, so mied er mit Absicht die klassisch-romantisch ausgeprägte, viersätzige Großstruktur und dachte stattdessen an kurze Charaktersätze (wie in den Drei Stücken) oder an eine formal äußerst streng zusammenfaßte Miniatur (Double Canon); im Concertino weicht die komplexe, die Gleichrangigkeit der Instrumente anstrebende Textur der ›klassischen‹ StrQu.-Gattung der deutlichen Dominanz der 1. V., und das Werk zeigt in seiner Einsätzigkeit Züge eines dreiteiligen barocken Solokonzertes.

Wie St. eine traditionelle, von ihm jedoch nicht besonders geliebte Klangkombination als musikalische Herausforderung betrachten kann, zeigt das Duo concertant für V. und Kl., in dem er sich mit Absicht auf diese beiden Instrumente beschränkt, um die Besetzung von Streichern und Kl. auf ein Minimum zu reduzieren (»nur so sah ich die Möglichkeit, das instrumentale und akustische Problem von Klavier- und Violinsaiten zu lösen«) – die zwei Instrumente ermöglichen in ›kleinster Dimension‹ jene konzertierende Schreibweise, die auch bei den Solokonzerten St.s auf der Vertauschbarkeit des musikalischen Materials zwischen den einzelnen Instrumenten basiert. Keineswegs folgt er dabei der üblichen Großstruktur einer V.-Sonate mit Kl.-Begleitung: Die einzelnen Sätze (Cantilène – Eclogue I – Eclogue II – Gigue – Dithyrambe) weisen auf das Vorbild der antiken Dichtkunst hin – St. charakterisierte sein Stück als »eine lyrische Komposition, ein Werk von musikalischem Versbau«, dessen Geist und Form »durch die antike Pastoralpoesie, deren Kunst und Technik« bestimmt werden.

Traditionelle Techniken und Satzstrukturen wie kontrapunktische Schreibweise, Sonatenform oder barocke Tanztypen erscheinen bei St. wiederum in oft ungewöhnlichen Besetzungen, mit deutlicher Vorliebe für Bläserkombinationen. Die jeweilige Klangfarbenzusammenstellung kann dabei auch Struktur und Textur beeinflussen, ja bestimmen. Auch wenn er bei der Entstehung des Oktetts betonte, er habe das Werk »zunächst ohne an das Klangmaterial zu denken« geschrieben, darf seine spätere Äußerung über einen Traum, in dem ihm die acht Bläser erschienen und »eine sehr angenehme Musik spielten«, nicht als bloße Anekdote unterbewertet werden, denn die Besetzung, d.h. die konkrete Klangvorstellung, entschied sehr wohl die kompositorische Schreibweise: »Mir scheint eine Bläsergruppe besser geeignet zu sein, eine gewisse Starre der Form darzustellen, als die weniger kalten und diffuseren Streichinstrumente. Die Schmiegsamkeit der Streichinstrumente ermöglicht dem Aufführenden mit einem großen Spektrum an Nuancen seine Sensibilität darzustellen. Mein Oktett ist kein gefühlsbetontes Werk, sondern eine musikalische Komposition, deren Komponenten in sich geschlossene objektive Elemente sind.« (I. St.: *Some Ideas about my Octuor,* in: The Arts, Januar 1924; dt. Übers. in W. Burde: St. – Leben, Werke, Dokumente. Schott Mainz – Piper München ²1992, S. 390) Aus einem musikalischen Gedanken für zwei Fl. entstand zunächst die Miniatur-Grabinschrift *Epitaphium*; während des Komponierens entdeckte St. die seriellen Möglichkeiten des Materials, die er dann konsequent weiterentwickelte. Erst später änderte er die Besetzung in Fl., Klar. und (als gedämpftes Baßinstrument für dieses »Trauer-Responsorium«) Hf., stellte aber die drei ›Strophen‹ der Hf. quasi antiphonal den vier Bläserabschnitten gegenüber.

Die Abkehr von konventionellen Besetzungen in Richtung neuer, individueller Kombinationen – eine Tendenz, die schon in der Kammermusik eines Claude Debussy oder Maurice Ravel erscheint – prägt nicht nur das rein instrumentale kammermusikalische Schaffen von St., sondern, noch entscheidender, auch seine Vokalmusik und macht diese dadurch zu einer wesentlichen Ergänzung seiner instrumentalen Werke. Die Drei japanischen Lieder (für hohe Singstimme, 2 Fl., 2 Klar., Kl., StrQu., 1913), die *Pribautki* (für mittlere Singstimme und 8 Instr., 1914) oder die *Berceuses du chat* (für mittlere Singstimme und 3 Klar., 1915/16) zeugen von St.s frühem Interesse für die Besetzung Singstimme und verschiedene Instrumente. Nicht zufällig erfahren seine klavierbegleiteten Lieder auf Texte von Paul Verlaine (1910) bzw. von Konstantin Balmont (1911) in den 1950er Jahren eine Bearbeitung für Singstimme und mehrere Instrumente: St. probiert hier, den Vokalwerken eines Anton Webern nicht unähnlich, verschiedene Kombinationen in der Begleitung aus und fügt seine späten Vokalkompositionen wie die Cantata (für S., T., Frauenchor, 2 Fl., 2 Ob., Vc., 1952) oder *Elegy for J. F. K.* (für MezzoS. oder Bar., 3 Klar., 1964) auch in dieses ›Versuchsfeld‹ ein, in einen Bereich also, der durch seine Möglichkeiten der klanglichen Differenzierung sehr wohl den Kriterien der Kammermusik entspricht.

Wie sein ganzes Schaffen beinhaltet auch St.s Kammermusik die unterschiedlichsten Stilrichtungen, die er mit scheinbarer Leichtigkeit, virtuos und elegant beherrscht, von folkloristischen Elementen, Jazz, Gesellschaftstanz oder barocken Kompositionsweisen bis zur Verwendung der Zwölftontechnik. Seine kammermusikalischen Werke sind klare Abdrucke seiner einzelnen stilistischen Perioden, d.h. seiner ›russischen‹, ›neoklassizistischen‹ und späten, ›seriellen‹ Phase, nicht nur in der Verwendung bestimmter, in der jeweiligen Zeit besonders bevorzugter Charaktere, Anklänge und Techniken, sondern auch in den konkreten Assoziationen zu seinen anderen Werken. So sind die Drei Stücke für StrQu. mit der russischen Folklore, der Puppentheaterwelt des Petruschka und mit dem rituellen Klangcharakter der Bläsersinfonien eng verwandt. Von St.s Interesse für Jazz zeugen die Trio-Fassung der *Geschichte vom Soldaten* wie auch der letzte Satz der Drei Stücke für Klar.;

letzteres Werk bringt auch Assoziationen an russische Musik (das Thema des 1. Satzes erinnert an das *Lied der Wolgaschlepper*) bzw. an jene arabeskenhafte, improvisierend wirkende Technik, die auch den 2. Satz der Drei japanischen Lieder kennzeichnet. Selbst das Concertino (ein neoklassizistisches bzw. neobarockes Werk per se) macht von Folkore- und Jazz-Klängen Gebrauch, und das Duo concertant ist in seinen einzelnen Sätzen mit der *Geschichte vom Soldaten*, dem V.-Konzert oder (im Schlußsatz) mit dem *Laudate Dominum* der Psalmensinfonie motivisch oder texturell verbunden.

Solche Parallelen erscheinen deshalb signifikant in St.s Œuvre, weil sie seine stilistisch angeblich unterschiedlichen kompositorischen Phasen miteinander verbinden. So kommt auch die Zuwendung des späten St. zur seriellen Technik keineswegs so unerwartet, wie seine Zeitgenossen es wahrzunehmen glaubten, sondern vielmehr als absolut logische Fortsetzung seiner früheren Werke. Wie die motivische Strukturalisierung des 2. Satzes des *Oktetts* die ›Reihen‹-Behandlung (in einer gewiß rudimentären Gestalt) antizipiert, so sind die späten Stücke durch einige musikalische Reminiszenzen mit St.s früheren Werken sowohl in der Motivik als auch in Textur oder Satzstruktur verbunden. Die (noch nicht serielle) *Elegie* für Va. schöpft sowohl aus der barocken Dreiteiligkeit des Concertino als auch aus jenem charakterlichen Kontrast der Dreiteiligkeit, der mit den Drei Stücken für StrQu. oder den Drei Stücken für Klar. vergleichbar ist; die Reihe des *Double Canon* basiert auf jenen Terzketten, die früher u.a. in den zwei *Balmont-Liedern* oder der Psalmensinfonie verwendet wurde. Diese Entsprechungen sind keineswegs vordergründig. Das kammermusikalische Schaffen St.s zeigt, wie ungerecht das oft mit pejorativem Beigeschmack verwendete Adjektiv ›chamäleonhaft‹ für seine Umwandlungsfähigkeit ist – die vielschichtige Beziehung, die die Kammermusikwerke mit den in derselben Periode komponierten anderen Werken verbindet, zugleich aber auch auf den engen Zusammenhang der verschiedenen stilistischen Phasen hinweist, zeichnet St.s Musik als ein Œuvre aus, das gerade in seiner Vielseitigkeit seine wahre dialektische Kontinuität aufzeigt.

Drei Stücke (1914)
für Streichquartett

I. ♩ = 126 – II. ♩ = 76 – III. 𝅗𝅥 = 40
Dauer: ca. 7'–8'
ED: Edition Russe 1922
Verlag: Boosey & Hawkes

Von den drei Kompositionen St.s für StrQu. ist dieses Werk das längste – schon in den Zeitdimensionen zeigt es sich, wie wenig St. an der Tradition der elaborierten Quartettgattung interessiert war, denn selbst die Drei Stücke sind insgesamt kürzer als die meisten Einzelsätze (!) der klassisch-romantischen Quartett-Literatur. 1914 in der Schweiz komponiert und dem Freund Ernest Ansermet gewidmet, schienen zunächst diese Miniatur-Stücke keinen ›Stimmungsgehalt‹ zu besitzen, denn selbst auf Tempobezeichnungen (die immerhin einen gewissen musikalischen Charakter in sich tragen) verzichtete St.. Als ›abstrakte Musik‹ können diese Stücke trotzdem nicht gelten – nicht zufällig schrieb die amerikanische Schriftstellerin Amy Lowell (1874–1925) unter dem Eindruck der UA (30. November 1915, New York) drei Gedichte, die die Klang- und Stimmungswelt der einzelnen Sätze wiedergeben sollten. Aufregend ist dabei zu bemerken, daß die Charakterisierungen von Amy Lowell im Grunde schon jene Titelbezeichnungen vorwegnahmen, die St. seinen Quartettsätzen anläßlich von deren Einfügung in die Vier Etüden f. Orch. (1928) gab. ›Tanz‹ nannte er den **1. Satz**, der mit seinen ganz kurzen, stets variierten Motiven und seinen brummenden, dudelsackähnlichen Begleiteffekten deutlich an die russische Volksmusik erinnert und mit der rhythmisch-metrischen Asynchronität der einzelnen Stimmen eine widerborstige, unruhig drängende Atmosphäre vermittelt – mit Amy Lowells Worten, die in diesem Satz auch eine rohe Erotik wahrzunehmen glaubte: »Colours and flesh weaving together, In and out with the dance« (»Farben und Fleisch sich ineinander verflechtend, rein und raus mit dem Tanz«).

Dem ›Eccentric‹ genannten **2. Satz** soll laut St. der berühmte Varieté-Künstler ›Little Tich‹ Pate gestanden haben: »die Kunst des großen Clowns hat mir die Zuckungen, das Auf und Ab, den Rhythmus – selbst die Stimmung und den Witz der Musik, die ich später ›Eccentric‹ nannte – eingegeben«. (Amy Lowell assoziierte zu diesem Satz die Gestalt des »weißen Pierrot«.) Inmitten des kapriziös-sprunghaften Satzes, der von einem getragenen, seufzerartigen Motiv in tiefer Lage plötzlich in das hohe Register der Flageolett-Klänge hüpft, erscheint ein Thema, das den 2. Satz (*Expectans expectavi Dominum*) der Psalmensinfonie antizipiert:

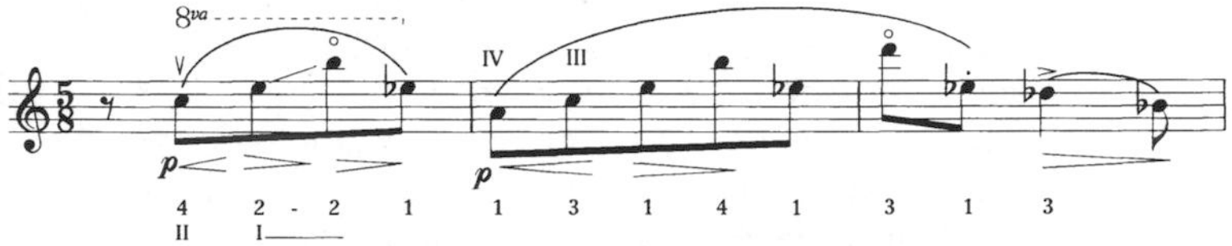

›Church‹, ›chanting priests‹ und ›Requiem aeternam‹ erscheinen bei Amy Lowells Gedicht über den **3. Satz**, den St. später *Canticum* betitelte. Dieser ikonenhaft-rituelle Charakter ist eines der wichtigsten Merkmale seiner Musik, denn er durchdringt nicht nur die ›religiösen‹ Werke St.s, sondern auch solche ›abstrakten‹ Stücke wie die Bläsersinfonien, deren Coda im Refrain des 3. Quartettstückes wurzelt. Innerhalb von seinen äußerst knapp gehaltenen Quartettsätzen zeigt also St. nicht nur seine eigenwillige Auffassung, was er unter dem Begriff ›Streichquartett‹ versteht (gewiß nicht die hehre, traditionelle Gestalt), sondern auch essentielle Ausformulierungen jener Grundcharaktere und -elemente, die seine Musik unabhängig von der jeweiligen stilistischen Phase immer wieder bestimmen – in dieser Hinsicht sind also die Drei Quartettstücke in ihrer konzentrierten Gestalt paradoxerweise genauso bezeichnend für St.s Œuvre wie das StrQu.-Gattung schlechthin für andere, traditionsbewußtere Komponisten.

Oktett (1922/23, rev. 1952)
für Flöte, Klarinette A/B, 2 Fagotte, Trompete C, Trompete A, Posaune, Baßposaune

Sinfonia – Tema con variazioni – Finale
Dauer: 16'
ED: Edition Russe 1924
Verlag: Boosey & Hawkes

Das Oktett für acht Bläser erscheint in St.s Œuvre als wichtiges Manifest des scheinbar radikal neuen, neoklassizistischen Stils. Doch ganz neuartig war dieser Stil in St.s Schaffen nicht, denn er hatte seine Vorgänger sehr wohl auch in der ›russischen‹ Periode des Komponisten, in jenen Stücken, die eine streng konzipierte, knapp gehaltene Ausdrucksweise aufweisen (*Zvezdolikij*, Drei japanische Lieder, Drei Stücke für StrQu.). Was macht das Oktett ›neoklassizistisch‹? Entscheidend ist dabei keineswegs die Verwendung von barocken oder klassischen Formen und Techniken, sondern vielmehr die allgemeine Tendenz einer kontrapunktischen Schreibweise (bezeichnend, daß ein Béla Bartók bei sich im Jahr 1926 auch einen stilistischen Wandel durch verstärkten kontrapunktischen Charakter betonte).

Scheinbar symmetrisch ist die Besetzung für vier Holz- und vier Blechbläser; die Verteilung der Register ist jedoch keineswegs ›klassisch‹ ausgeglichen (das hohe Register wie auch die Klangstärke der Fl. und Klar. stehen nicht im proportionellen Verhältnis zu der Klangmasse der anderen Instrumente). Doch gerade diese Besetzung schien für St. ideal zu sein: »Die Gründe, warum ich so eine Musik für ein Oktett von Flöte, Klarinette, Fagotten, Trompeten und Posaunen schrieb, sind folgende: erstens ergibt sich aus einem solchen Ensemble ein volles Klangspektrum, das mir ein genügend reiches Farbenregister bietet, zweitens macht die Unterschiedlichkeit der Klangmassen dieser Instrumente die Architektur der Musik noch evidenter.« Dieser zweite Grund hat eine Schlüsselbedeutung für das Oktett. St. verwendet nämlich in diesem Werk zwar ›klassische‹ Formtypen, doch die ›Architektur‹ (d.h. der Aufbau und die Gliederung der Form) entsteht durch die Gegenüberstellung der markant unterschiedlichen Klangfarben und -massen.

Der **1. Satz** beginnt mit einer langsamen Einleitung, die mit ihrem scheinbar regelmäßigen, doch metrisch immer wieder aufgelockerten klassisch-periodischen Aufbau quasi die Tonart des Stückes sucht und dabei alle drei Tonarten der einzelnen Sätze (Es, C und A) berührt. Die Sonatenform des Allegro moderato-Teiles bringt zunächst ein markant schmetterndes, ›richtiges‹ Hauptthema, dann ein kantables zweites Thema. Der wirkliche Unterschied besteht jedoch nicht so sehr in Tonart oder Charakter der Melodien, sondern im Kontrast der Klangfarben: Das zweite Motiv wird von der Trp. in tiefer Lage gespielt, mit einem Klangeffekt, der in St.s Œuvre mit dem Gefühl von Traurigkeit, Einsamkeit, ja Demütigung oder Klage verbunden ist.

Das ›Kernstück‹ des Oktetts ist der **mittlere Satz**, das erste Mal, daß St. einen Variationssatz komponiert. »Wenn ich eine Variation schreibe, bleibe ich der Melodie des Themas stets treu« – sagte er später, und in der Tat erinnert das Variationsthema in seiner dramatischen Spannung an die Suggestivität der Belcanto-Melodien. Für die einzelnen Variationen verwendet St. – in einer beinahe ›reihenmäßigen‹ Behandlungsweise – immer wieder ›Ausschnitte‹ aus dem langen Thema, in verschiedenen Transpositionen; in formaler Hinsicht verbindet der Satz die Variationstechnik mit einer rondoähnlichen Struktur, indem die Variation A im Verlauf des Satzes dreimal erklingt und damit die anderen Variationen als Episoden voneinander trennt. Die Variation A antizipiert mit ihrem tragisch-aufgewühlten Tonfall und mit ihren rasenden Zweiunddreißigstel-Ketten die Stelle »Divum Iocastae caput mortuum« aus dem *Oedipus Rex*; in den anderen Variationen ›spielt‹ St. mit verschiedenen charakterlichen Gestalten und Gattungen (Marsch, Walzer, Brillante). Doch die letzte Variation (E) ist kein Spiel mehr: In diesem ›Fugato‹ schreibt St. eine seiner dichtesten und elaboriertesten Musiken, eine kontrapunktische Textur, die in der Bläsermusikliteratur als absolut einzigartig erscheint. Danach kann kein Spiel mehr kommen: Die Fl. sucht – der langsamen Einleitung des 1. Satzes ähnlich – quasi einen Ausweg und landet schließlich im spritzigen **Finale**. Dieser brillante, in Rondoform konzipierte Satz ist voller Überraschungen von Jazz-Allusionen bis zu solchen frivolen Momenten wie der Coda, die das Werk – für St.s künstlerische Attitüde ganz typisch – in einer keineswegs romantisch-verklärten, sondern eher entzükkend ›nüchternen‹ Stimmung abschließt, eben mit jenem Klangeffekt, den er bei seinem Oktett (wie auch bei den Bläsersinfonien, dem Kl.-Konzert und der Kl.-Sonate) als »trocken, kühl, klar und spritzig wie Sekt« beschrieb.

Septett (1952/53)
für Klarinette A, Fagott, Horn, Violine, Viola, Violoncello und Klavier

I. ♩ = 88 – II. Passacaglia – [III.] Gigue
Dauer: 12"
Verlag: Boosey & Hawkes, ED 1953

St.s ›Überlaufen‹ ins Lager der Serialisten verblüffte und verunsicherte viele seiner Zeitgenossen, verkörperte er doch vor allem für die Schule um einen Theodor W. Adorno den Antipoden zu Schönberg, d.h. zur elaborierten Kunst der Zwölftontechnik. Hinter dem ›Fahnenwechsel‹ des 70jährigen St. vermutete man oft nur modische Anpassung oder eben die stilistische ›Chamäleonhaftigkeit‹ des Komponisten. Doch gerade das Septett zeigt exemplarisch, wie organisch diese stilistische ›Umwandlung‹ in den früheren Phasen St.s wurzelt. Der **1. Satz** bewahrt noch die Züge der neoklassizistischen Sprache, sowohl in der klaren Sonatenform als auch in dem Hauptthema, das mit dem Anfang von *Dumbarton Oaks* verwandt ist – kein Zufall, wurde doch das Septett auch der amerikanischen ›Dumbarton Oaks Research Library and Collection‹ gewidmet.

Auch das Ende dieses Satzes mit der augmentierten, choralartig ausgedehnten Gestalt des Hauptthemas scheint sich noch in den früheren Stil St.s einzufügen – und doch ist dieser Schluß ein äußerst raffinierter, denn latenter Übergang in die andere musikalisch-stilistische Sphäre des **2. Satzes**. Die ›auseinandergeschüttelte‹ Melodie der Passacaglia wurzelt nämlich im Hauptthema des Eröffnungssatzes, die Ähnlichkeit ist jedoch dadurch quasi verschleiert, daß das Anfangsmotiv des 2. Satzes in verschiedenen Instrumenten und in winzige Segmente ›zerfasert‹ erscheint. Es besteht aus 16 Tönen, die nicht nur das Grundthema der barocken Passacaglia-Form (mit neun Variationen) ergeben, sondern auch die oberen Stimmen weitgehend determinieren – es ist also eine Reihe, auch wenn sie nicht aus 12, sondern aus 16 Tönen besteht und noch von gewissen tonalen Zentren Gebrauch macht.

Der meisterhaft kontrapunktische **3. Satz** ›schält‹ aus der Reihe der Passacaglia acht Töne heraus:

Diese Tonfolge – die nach der etwas ›melodischeren‹ Motivgestalt der Passacaglia eine chromatische Linie aufweist – wird im seriellen Sinne noch konsequenter verwendet. Unschwer ist dabei der Einfluß der Gigue aus Arnold Schönbergs Suite op. 29 zu erkennen, wie auch die Besetzung des Septetts – obgleich mit anderen Bläsern – eine gewisse Verwandtschaft mit Schönbergs Opus hält. Doch die komplexe kontrapunktische Schreibweise, die Transparenz des Klangspektrums, überhaupt die Vorliebe für klar, ja streng umrissene Strukturen und Farben – das ist typisch St.. Er brauchte für die Anwendung der seriellen Technik wahrhaft keinen großen Sprung zu machen – ein kleiner Schritt genügte, seine eigenen kompositorischen Prämissen in ein vielleicht neuartig wirkendes, jedoch aus seiner ganzen kompositorischen Attitüde logisch folgendes musikalisches Terrain weiterzuentwickeln.

Éva Pintér

Aurel Stroe

geb. 5. 5. 1932 Bukarest. 1951–1956 Studium am Bukarester Konservatorium (Komposition bei Mihail Andricu, Kl. bei Silvia Căpățîna u. Ovidiu Drimba, Musikwissenschaft George Breazul). 1962–1975 Lehrer für Instrumentation am Konservatorium Bukarest, 1974–1985 Leiter einer Kompositionsklasse. 1966–1969 Besuch der Internationalen Ferienkurse für Neue Musik Darmstadt, Bekanntschaft mit Mauricio Kagel, György Ligeti, Karlheinz Stockhausen. 1968 Reise in die USA, unterrichtet in verschiedenen Zentren, im Bereich der elektronischen Musik und der Kirchenmusik. 1972/73 DAAD-Stipendiat in Berlin (West). 1985/86 Gastprofessor an der Universität Illinois/ USA. Seit 1986 lebt St. in Mannheim.

Werke f. 3 Instr./3 Ausf.: *Rêver, c'est desangrener les temps superposées* (Im Traum zerlegen wir die übereinandergelegten Zeiten) f. Klar., Vc., Cemb. (1970); Musica nocturna f. S., Hf., Schlzg. (1985); Vier Morgenstern-Lieder f. Sax., Stimme, Schlzg. (1987); W. A. Mozart-Sound Introspections f. V., Va., Vc. (1994) – Werke f. 4 Instr.: StrQu. (1972) – Werke f. 5 Instr.: Quintandre f. Fl., Ob., Klar., Fg., Hr. (1984); Anamorphoses canoniques f. Fl., Klar., Pos., Vc., Schlzg. (1984); Ludus funebris f. Stimme, Fl., Klar., Cemb., Vc. (1991) – Werke f. 8 Instr.: *L'enfant et le Diable* f. Stimme, Klar., 2 Kl., Synthesizer Dx7, Glsp., Vc., Schlzg. (1989) – Werke f. Kammerensemble: Bach-Sound Introspections f. grosses Kammerensemble (1986).

Verlag: Salabert Paris; Editura Muzicală, Bukarest.

Der Name A. St. ist mit einer Reihe von Konzepten, einer besonderen Ästhetik und mit ungewöhnlichen Experimenten eng verbunden. St.s kreativer Ansatzpunkt besteht in der ontologischen Erforschung des musikalischen Werkes als einer Form des Daseins, der Existenz. Hiervon ausgehend kommt er über deren Transzendenz zur Erforschung von Bedeutungen, die sich auf der Ebene der Metasprache, eines Symbolsystems zur wissenschaftlichen Beschreibung der Komposition interpretieren lassen. So ist beispielsweise dem von St. konzipierten System der ›Kompositionsklassen‹, das aus der Kategorie der musikalischen Form entwickelt ist, eine logische, mathematisch fixierte Formenkonstruktion zugrundegelegt. Sie folgt einem minutiösen Regelwerk, so daß das klingende Ergebnis mit größtmöglicher Genauigkeit hergestellt werden kann. Die Kompositionen sind also potentiell unbegrenzte Varianten ein und desselben Rechenschemas zur Lösung bestimmter ›Aufgaben‹.

Die Eindeutigkeit dieser Methode verhindert ›Risse‹ und ›Brüche‹ in diesem in sich einheitlichen System, da der vom Komponisten gesetzte Stückanfang als Singularitätsmoment, d. h. als eine mehr oder weniger regelmäßig auftretende Erscheinung konzipiert ist. Sie dient auf ästhetischer Ebene einer unabhängigen Ontologie, der Auseinandersetzung mit den Fragen nach der erkenntnistheoretischen und metaphysischen Struktur der klingenden Wirklichkeit. Von diesem Gedanken ausgehend, hat sich St. der Erforschung der Grundsätze im antithetischen Bereich zugewandt, einem Bereich der Morphogenese von Musik, von ihren Gestaltveränderungen und ihren Organisationsprinzipien. Auf diese Weise gelangt St. in die sensiblen Tiefenschichten der musikalischen Formen, die er als ›Singularitätszustände‹, als mehr oder weniger regelmäßig auftretende Erscheinungen identifiziert.

In seinem umfassenden theoretischen (bis jetzt unveröffentlichten) Werk *Die morphogenetische Musik. Eine katastrophisch-thermodynamische Annäherung an die musikalische Komposition* entwickelt St., ausgehend vom Poststrukturalismus und den Ideen von René Thom (*Die Theorie der Katastrophen*) und Ilya Prigogine (*Die Thermodynamik und die Theorie der Dissipativstrukturen*), sein musikalisches Analyse- und Kompositionssystems. Die Morphogenese, die auf die verschiedensten Gebiete aus Natur- und Geisteswissenschaften angewendet werden kann, ist für St. der Anhalt- und Bezugspunkt für die Erforschung von Prozessen, in deren Verlauf musikalische Formen geschaffen oder zerstört werden. Den Beweis für diesen Denkansatz sieht St. in der Tatsache, daß die Mathematik durchaus der Ausgangspunkt für die Entstehung einer Ästhetik sein kann, indem sie einen Zusammenhang herstellt zwischen den ›Störfaktoren‹ eines Entwicklungsprozesses und den ›Vorwarnungs‹- und Analyseformen von Katastrophen. Auf der Grundlage dieser Ästhetik können Entstehung, Entwicklung und Zerstörung von tonalen ›Organismen‹ erklärt werden: Entstehung als die Herausbildung, die Zusammen-Fassung einer Struktur; Entwicklung als Prozeß der Vervollkommnung; Zerstörung als Zerfall der Struktur.

Von diesem Standpunkt aus ist in der ›morphogenetischen Musik‹ die Geschichte, das gesamte ›Leben‹ eines auf Genetik bezogenen und als Biosystem behandelten musikalischen Werkes enthalten, seine Evolutions- und Involutionsgesetze. Zudem existiert eine eindeutige Verbindung zwischen der Morphogenese des Universums und der Morphogenese individueller ›Gegenstände‹. Im Bereich der musikalischen Komposition spiegeln sich die morphogenetischen Konzepte (strukturelle Instabilität, Atraktor, Vergabelung, Konflikt, Katastrophe usw.) vor allem als Bruch, als ›gebrochene‹ Denkweise wieder, eine Denkweise, die sich auf die Semantik auswirkt. Mit anderen

Worten ausgedrückt, es handelt sich um den bedeutenden Bruch des tonalen, methodisch aufgebauten Ganzen, wobei die strukturellen ›Mißbildungen‹, die die beweisbringende Botschaft erklären, eine mentale Verunsicherung vortäuschen, jedoch auf eine so poetische Weise, wie sie beispielsweise bei Gesualdo, in den letzten StrQu.en von Beethoven oder in Gustav Mahlers Sinfonik anzutreffen sind. St. versucht in seinen Kompositionen, diese Morphogenese nachzuvollziehen, sie dem Hörer bewußt zu machen. Es ist der Versuch, ihr auf diese Weise eine ›Self-Identity‹ zu geben. A. St. hat eine Typentabelle von möglichen Katastrophen aufgestellt, ähnlich der Morphologie-Archetypen-Tabelle und ihren entsprechenden Untertypen von René Thom: z. B. die Fangkatastrophe, die Bruch-, Synthese-, Einfluß-, Isolierungs-, Aggressions- und Störkatastrophe.

Jenseits dieser Bestimmungen und durch Überlegungen zum Begriff ›Paradigma‹, wie ihn der amerikanische Wissenschaftshistoriker und -theoretiker Thomas Kuhn in seiner Revolutionstheorie verwendet hat, und zur Idee des von dem österreichisch-amerikanischen Wissenschaftstheoretiker Paul Karl Feyerabend propagierten Methodenpluralismus, ist St. in seinen Kompositionen bemüht, Brücken zu bauen zwischen den unmeßbaren Entitäten, zwischen denen es – von weitem betrachtet – doch einen Zusammenhang gibt. St. hat eine Metasprache entwickelt, die zu einer Universalität hinstrebt, über alle stilistischen Grenzen hinweg.

Diese verschiedenen Entitäten, die in St.s Œuvre zu finden sind, stimmen überwiegend mit historisch wie auch geographisch exakt identifizierbaren-Tonleitern zusammen, z. B. mit der Pentatonik, der temperierten Skala, der Skala der Proportionen oder der Naturtonreihe. St. baut zwischen diesen unterschiedlichen Tonordnungssystemen Kontrapunkte auf, führt Metamorphosen und Vereinigungen herbei. Die Veränderungen, denen die Strukturen unterworfen werden, wirken in der Regel morphogenetisch, durch die Verformung ihres Anfangsstadiums, durch eine Destrukturierung, die lediglich zur Realisierung neuer syntaktischer und morphologischer Einheiten führt. Der morphogenetische ›Bruch‹ ist folglich entweder auf einer waagerechten Achse des Zeitmaßes, der temporären und harmonischen Bewegung wahrnehmbar, die mehrere scheinbar unvereinbare Tonwelten durchläuft, oder auf einer senkrechten Achse, indem verschiedene Tonschichten übereinandergelegt werden. Dieser musikalische ›Palimsest‹ ist in vielen Fällen das Ergebnis eines so gearteten schöpferischen ›Einstiegs‹, überraschend durch seine geistig weit voneinander entfernten Zeit- und Raum›flächen‹.

Irinel Anghel

Karol Szymanowski

geb. 6. 10. 1882 auf dem Gut Tymoszówka bei Elizavetgrad (Ukraine), gest. 29. 3. 1937 Lausanne. Kl.-Unterricht zunächst beim Vater, dann beim Onkel Gustav Neuhaus; 1901–1905 Kompositionsstudien in Warschau bei Zygmunt Noskowski, Beginn der lebenslangen Freundschaften mit dem Geiger Pawel Kochanski, dem Pianisten Artur Rubinstein und dem Dirigenten Grzegorz Fitelberg. 1905 Mitbegründer der Verlagsgesellschaft junger polnischer Komponisten. Zwischen 1908 und 1914 vier Reisen nach Italien und Nordafrika; mediterrane und antike Kunst und Mythologie üben auf ihn starken Einfluß aus. Konzertreisen nach Paris, London, Moskau und St. Petersburg. Während des 1. Weltkrieges lebt er in Kiew und auf dem väterlichen Gut Tymoszówka; 1919 Übersiedlung nach Warschau. 1920/21 Konzertreise mit Kochanski durch die USA. 1922 kommt er in Zakopane in Kontakt mit Musikologen und Volkskundlern, die die Volkskunst und -musik der Góralen (Bergbewohner der Tatra) erforschen. Sz.s bisher durch Max Reger, Alexsandr Skrjabin und den Impressionismus beeinflußtes Schaffen erfährt eine merkliche Bereicherung. 1927–1929 Rektor des Konservatoriums in Warschau, 1930–1932 der Musikhochschule. Konzertreisen als Pianist und Komponist durch Europa.

Werke f. 2 Instr.: Sonate f. V., Kl. d op. 9 (1904); Romanze f. V., Kl. D op. 23 (1910); Notturno e Tarantella f. V., Kl. op. 28 (1915); *Mythen*. Drei Dichtungen f. V., Kl. op. 30 (1915); Drei Capricen von Paganini f. V., Kl. op. 40 (1918); La Berceuse d'Aïtacho Enia f. V., Kl. op. 52 (1925) – Werke f. 3 Instr.: Trio f. Kl., V., Vc. op. 16 (1907) – Werke f. 4 Instr.: StrQu. Nr. 1 C op. 37 (1917); StrQu. Nr. 2 op. 56 (1927).

Verlag: UE Wien; Polskie Wydawnictwo Muzyczne Kraków.

Sz.s Tonsprache wurde zunächst durch Einflüsse Max Regers, Richard Strauss' und Alexsandr Skrjabins geprägt, und diesen Stand zeigt, neben den frühen Kl.-Werken, die aparte, aber vergleichsweise konventionelle V.-Sonate op. 9. Die Bekanntschaft mit dem französischen Impressionismus und noch mehr die Begegnung mit der kulturellen Welt des Mittelmeerraums samt ihren musikalischen Traditionen bis hin zur arabischen Folklore bringen jedoch eine entscheidende, den persönlichen Stil vorantreibende Veränderung. Dieser sensualistisch-expressive, fast manieristisch verfeinerte Stil ist im 1. V.-Konzert, der 3. Sinfonie *Das Lied der Nacht* und im Bereich der Kammermusik in Notturno e Tarantella, den *Mythen* und im 1. StrQu. erreicht. Die spätere, von der südpolnischen Folklore der Góralen inspirierte Phase findet ihren Niederschlag wesentlich in der Ballett-Pantomime *Harnasie* (*Die Bergräuber*) op. 55, den 20 Mazurken op. 50 und im 2. StrQu. op. 56, worin sich der Personalstil des späten Sz. am nachdrücklichsten ausprägt.

Mythen. Drei Dichtungen op. 30 (1915) für Violine und Klavier

Die Quelle der Arethusa – Narcissus – Dryaden und Pan
Dauer: ca. 21'
Verlag: Polskie Wydawnictwo Muzyczne Kraków

Die *Mythen* dürfen als eines der bedeutendsten Werke überhaupt von Sz. angesehen werden. Sie verschmelzen die Eindrücke der Antike, die der Komponist auf seinen Italienreisen empfing, als literarisch-bildkräftige Vorlage mit der höchsten Sublimierung einer impressionistischen Harmonik und schließlich mit einer sehr originellen instrumentalen Technik des V.-Spiels, die bekannte virtuose Effekte wie Flageolett- oder Sul-Ponticello-Spiel als expressive Farbwerte entdeckt und mit ausgeklügelter Raffinesse zur Schaffung musikalisch-poetischer Bilder einsetzt. Sz., der in formalen Dingen durchaus gewissen Traditionen verhaftet blieb, hat sich hier am weitesten von diesen entfernt, um aus kurzen klanglichen Gesten, häufigen Tempowechseln und einer verblüffenden Verschmelzung der Klangebenen zwischen Geige und Kl. jene mythologischen Szenen hervorzurufen, die ihn inspirierten: eine Quelle auf einer Insel vor Syrakus, der wunderbare Wirkungen nachgesagt wurden, den in sein Spiegelbild verliebten Narziß und den Naturgott Pan, der mit herumflirrenden Nymphen sein Haschespiel treibt. Die Vierteltonschwankungen im V.-Part zu Beginn dieses letzten Satzes nehmen ähnliche Effekte Béla Bartóks vorweg.

Streichquartett Nr. 1 C-Dur op. 37 (1917)

Lento assai. Allegro moderato – Andantino semplice. In modo d'una canzone. Adagio dolcissimo. Lento assai, molto espressivo – Scherzando alla burlesca. Vivace ma non troppo
Dauer: ca. 18'
Verlag: Polskie Wydawnictwo Muzyczne Kraków

Im Umkreis der von mediterraner und antiker Kultur und Mythologie, von literarischen und bildhaften Vorstellungen inspirierten Werke bezeichnet das 1. StrQu. den Punkt, wo Sz. von dem impressionistisch-koloristischen Kompositionsstand aus eine neue Annäherung an ererbte Gattungstraditionen unternimmt. Das Werk war ursprünglich viersätzig geplant; eine Fuge sollte am Ende stehen, das jetzt als Finale fungierende Scherzo war an zweiter Stelle. Aber Sz. entschloß sich dann zu einer symmetrischen Anlage mit zwei auf dem Sonatensatzschema basierenden Ecksätzen und einem mehrfach untergliederten Mittelsatz, der eine Kombination aus dreiteiliger Liedform und Variationenfolge darstellt. Dennoch ist das Quartett keine Rückkehr zur Konvention, sondern hält den erreichten Stand der Materialbehandlung vor allem im Bereich einer ultrachromatischen Harmonik, der Verselbständigung der einzelnen Stimmen, die ihre eigenen Klangräume entfalten, und der Bildhaftigkeit und Poesie des musikalischen Diskurses.

Streichquartett Nr. 2 op. 56 (1927)

Moderato. Dolce e tranquillo – Vivace, scherzando – Lento. Doppio movimento
Dauer: ca. 18'
Verlag: Polskie Wydawnictwo Muzyczne Kraków

Der zweite Gattungsbeitrag verfeinert noch die subtile Harmonik, die für den reifen Sz. kennzeichnend ist, und bereichert sie durch die kompositorischen Erkenntnisse der ›nationalen‹ Phase der Beschäftigung mit der Folklore der Góralen. Hält sich der **1. Satz** noch an eine fast nebelhafte, sensualistisch eingefärbte Beschwörung des Sonatensatzkonzeptes, so greift das an zweiter Stelle stehende **Scherzo** die kantigen Rhythmen und Melodien der Tatra-Folklore auf, ohne sie aber direkt zu zitieren – das Verfahren ist dem Béla Bartóks durchaus vergleichbar. Bilden schon diese beiden Sätze ein synthetisches Stilideal aus Spätromantik, Impressionismus, Folklore und der aktuellen Neuen Musik ab, so steigert der **Finalsatz** diese Vorstellung noch durch die Verbindung der barocken Form einer vierstimmigen Doppelfuge mit einer Thematik, die markant an die Folklore anschließt:

Das Hauptthema des Satzes entspricht fast wörtlich demjenigen der Ballettmusik *Harnasie*, dem Hauptwerk der folkloristischen Schaffensphase des Komponisten.

Hartmut Lück

Toru Takemitsu

geb. 8. 10. 1930 Tokio, gest. 20. 2. 1996 Paris. 1948–1951 Kompositionsunterricht bei Yasuji Kiyose. 1951 Gründung der Gruppe ›Jikken Kôbô‹ (Experimental-Studio) zusammen mit dem Komponisten Jôji Yuasa u. a. 1955 Beschäftigung mit der Musique concrète. Ab 1956 Mitarbeiter am Nijisseiki Ongaku Kenkyû-Sho (Institut für Musik des 20. Jahrhunderts). Neben japanischen Einflüssen (Yoritsune Matsudaira war T.s zentrales Vorbild) europäische Inspirationsquellen, z. B. Claude Debussys *Jeux*, Arnold Schönbergs Œuvre sowie Film- und Unterhaltungsmusik, später Werke von Olivier Messiaen und Anton Webern. Ab 1951 öffentliche Auftritte, u. a. bei einem interdisziplinären ›Experimental Workshop‹ in Tokio; 1957 international beachtete Aufführung des *Requiems for strings*. 1964 gemeinsamer Auftritt mit John Cage beim ›Festival of Art in This Century‹ in Hawaii. 1967 ›entdeckt‹ und gefördert von Igor Strawinsky. 1975 Gastprofessur an der Yale Universität New Haven (USA). Seit 1978 künstlerischer Berater des Festival d'Automne à Paris. 1981 als Gast des DAAD in Berlin (West). Ta. ist er einer der weltweit am meisten gespielten Avantgardisten. Zahlreiche nationale und internationale Auszeichnungen und Ehrungen.

WERKE F. 1 INSTR.: *Munari by Munari* f. Schlzg. (solo) (1967–1972); *Voice* f. Fl. (1971); *Distance* f. Ob./mit Sho ad lib. (1972); *Folios I–III* f. Git. (1974); 12 Songs f. Git. (1977); *All in Twilight* f. Git. (1987); *Initerant* f. Fl. (1989); *Paths* (In memoriam Witold Lutosławski) f. Trp. (1994) – WERKE F. 2 INSTR.: *Distance* de Fée f. V., Kl. (1951; bearb. 1989); *Masque* f. 2 Fl. (1959/60); *Eclipse* f. Biwa und Shakuhachi (1966); *Hika* f. V., Kl. (1966); *Seasons* f. Schlzg. u. Tonband (1970); *Stanza II* f. Hf. u. Tonband (1971); *Toward the Sea* f. AFl., Git. (1981; bearb. als Toward the Sea III f. AFl., Hf. 1989); *Rocking Mirror Daybreak* f. 2 V. (1983); *From far beyond Chrysanthemums and November Fog* f. V., Kl. (1983); *Orion* f. Vc., Kl. (1984); *Le Fils des Étoiles* f. Fl., Hf. (1992, Erik Satie-Bearb.); *Bad Boy* f. 2 Git. (1961; rev. 1993) – WERKE F. 3 INSTR.: *Sacrifice* f. AFl., Lt., Vibr. (1962); Cross Talk f. 2 Bandoneons u. Tonband (1968); *Voyage* f. 3 Biwas (1973); *Eucalypts* II f. Fl. Ob., Hf. (1971; rev. 1979); Rain Tree f. 3 Schlzg./3 Tasteninstr. (1981); *And then I knew 'twas Wind* f. Fl., Va., Hf. (1992); *Between Tides* f. V., Vc., Kl. (1993) – WERKE F. 4 INSTR.: *Landscape* f. StrQu. 1960; *Ring* f. Fl., Terzgit., Lt. (1961); *Corona* II f. ad lib.-Streicher (1962); *Arc* f. ad lib.-Streicher (1963); *Quatrain* II f. Klar., V., Vc., Kl. (1977); *A Way a Lone* f. StrQu. (1981) – WERKE F. 5 INSTR.: *Stanza* I f. Git., Kl. (Cel.), Hf., Vibr. u. Frauenstimme

(1969); *Bryce* f. Fl., 2 Hf., 2 Schlzg. (1976); *Waves* f. Klar., Hr., 2 Pos., BTr. (1976); Rain Spell f. Fl., Klar., Hf., Kl., Vibr. (1982); *Entre-temps* f. Ob. u. StrQu. (1986) – WERKE F. 6 INSTR.: *Valeria* f. V., Vc., Git. u. elektr. Org. mit 2 oblig. Pikk. (1963) – WERKE F. 8 INSTR.: *Le son-calligraphie* I & III f. 4 V., 2 Va., 2 Vc. (1958–1960); *Water-Ways* f. Klar., V., Vc., Kl., 2 Hf., 2 Vibr. (1978).

Verlag: Salabert Paris; Schott, Japan.

Seit den 70er Jahren hat T. Ta. zur höchsten Prominenz der internationalen Avantgarde gehört, wobei die USA lange Zeit Ausgangs- und Schwerpunkt für seinen Ruhm gewesen ist. Dies ist umso natürlicher, als Ta. – ein ›post war‹-Japaner – von der amerikanischen Kultur seit seiner Kindheit fasziniert war und bis zuletzt eine vielleicht als ›amerikanisch‹ charakterisierbare Mischung aus pragmatischem Tiefsinn und Unterhaltungsfreude pflegte. John Cage – ein anderer Vermittler zwischen den Kulturen der Welt – brachte Ta. auf die an sich sehr einfache Idee, in sich selbst das Wesentliche, den Impuls zum Schöpferischen zu suchen und das Ergebnis in einer universalen Form auszudrükken. Ta. ist berühmt einerseits für seine besondere Fähigkeit, mit ungewöhnlichen (nicht zuletzt auch japanischen) instrumentalen und orchestralen Klängen umzugehen; andererseits für seine stilistische Vielfalt. Er strebt Kultur-Synthesen (›cultural cluster‹) an und lehnt jede Art von Chauvinismus ab.

Eines der bekanntesten Orchesterwerke von Ta., *November Steps* für Biwa (japanische Kurzhalslaute), Shakuhachi (Bambus-Blfl.) und Orchester (1967) verbindet nicht nur das Kammermusikalisch-Konzertante mit dem Orchestralen, sondern auch – bahnbrechend – das Westliche mit dem Östlichen.

Man kann Ta.s Gesamtwerk daher nicht einseitig nur mit einem Blick auf das Japanische erfassen. Allerdings sollte man – insbesondere in bezug auf kammermusikalische Gattungen – an die Faktur jeglicher traditionell-japanischen Musik denken: an die Durchsichtigkeit der Instrumentation, an die Charakteristik der einzelnen Klänge und Instrumente, an die solistische Stimmführung. In diesem Bereich ist wohl auch die Quelle der außergewöhnlichen Fähigkeiten von Ta. für die Orchestration zu suchen: Er gilt international als einer der talentiertesten Instrumentatoren am Ende des 20. Jahrhunderts.

Das Wasser – ein altes japanisches Thema – spielt in Ta.s Œuvre eine zentrale Rolle. 1974 begann er mit der Werkgruppe *Waterscape*. Einige Stücke aus dieser Serie haben eine kammermusikalische Struktur: *Rain Tree* (1981) für drei Schlagzeuger oder drei Tasteninstrumentalisten, *Rain Spell* (1982) mit seiner außergewöhnlichen Farbenfreude für Fl., Klar., Hf., Kl. und Vibr. oder *Water-ways* (1978). Ta.s Solowerke sind überwiegend für europäische Instrumente geschrieben, etwa *Folios I-III* für Git., die Ta. auch als Orchesterinstrument und als Soloinstrument mit Orchester (etwa in *To the Edge of Dream*, 1983) sehr gerne eingesetzt hat. Für die Git. hat Ta. auch eine Reihe populärer Transkriptionen verfaßt.

Kompositionstechnisch läßt sich Ta. nur schwer einordnen. Es gibt Werke mit deutlich spürbaren seriellen Momenten (etwa das Doppel-StrQu. *Le Son Calligraphie Nr. 1*, 1958), doch überwiegend entwickelt sich seine jeweilige Technik quasi organisch aus der spezifischen kompositorischen Aufgabe, die er sich jeweils gestellt hat. Ta.s Kammermusik hat oft den Anschein ritueller Zeitlosigkeit und erinnert an die Musik des Nō-Theaters seiner Heimat.

Le son-calligraphie Nr. 1 (1958)
für 4 Violinen, 2 Violen und 2 Violoncelli

einsätzig
Verlag: Salabert Paris, ED 1958

Ein verhältnismäßig frühes Beispiel für Ta.s Kammermusikschaffen ist *Le son-calligraphie Nr. 1* für acht Streicher (d.h. doppeltes StrQu.). Der Name des Werkes *Der kalligraphische Klang* ist prägend: Einerseits wird die Struktur durch lineare Kurven mit herkömmlich melodischem Charakter bestimmt, andererseits durch Skalen, die aus achtstimmigen Akkorden gebildet sind. Diese Akkorde sind chromatisch erweiterte Ganztongebilde, und Ta. vermeidet, in einem Akkord einen Ton mehrfach erklingen zu lassen. Der erste Akkord (T. 4) besteht z. B. aus der reinen Ganztonskala cis – es – f – g – a – h , der Schlußakkord (T. 30) dagegen setzt sich aus einer erweiterten Ganztonskala b – c – (cis) – d – e – (f) – fis – gis zusammen. Die Akkorde lassen sich im Sinne des Werktitels als vertikalisierte Linien bezeichnen.

Der hohe Stellenwert des Linearen wird durch das Anfangssolo der Va. markiert. Die Motive dieser linearen Geste werden während des Stückes mehrfach variiert und wiederholt: Am deutlichsten in der Va. in Takt 21 und zum Schluß in der 2. V. (T. 28). Die ›Urzelle‹ dieser Melodie besteht aus einer kleinen Sekunde und einer kleinen Terz. Sie legt durch ihre ›Gestalt‹ einen Stilvergleich mit Arnold Schönberg nahe, zumal die Va.-Melodie auf einer 11-Tonreihe basiert, die durch den melodischen Einsatz der V. in Takt 4 vervollständigt wird:

Das aus acht Streichern bestehende Ensemble eignet sich bestens für diese Art kompositionstechnischer Konstruktionen – sowohl für die agogisch hervorgehobene Linienführung (wobei es zwischen Solo- und Nebenstimme deutliche Unterschiede gibt) als auch für die Vertikalisierung der Linien in Akkorden, die auf Skalen basieren. Die Faktur ähnelt einem StrQu.-Satz (allerdings keinem Streicher-Kammerorchester!), ist jedoch erweitert.

Le son-calligraphie Nr. 3 (1960)
für 4 Violinen, 2 Violen, 2 Violoncelli

einsätzig
Verlag: Salabert Paris, ED 1962

In *Le son-calligraphie Nr. 3* für die gleiche Besetzung hat Ta. im Unterschied zu *Le son-calligraphie Nr. 1* eine etwas chromatischere, zugleich aber durch Tonverdopplungen vereinfachte Akkordik gewählt und außerdem eine durchsichtigere Faktur konzipiert, wie z. B. deutlich erkennbar beim siebenstimmigen Anfang:

Die 12-Tonreihe wird hier zwar bereits – quasi à la Anton Webern – pointillistisch ausgeführt, aber die ›kalligraphische Linie‹ bleibt trotzdem kontinuierlich erhalten – zum Teil durch den einheitlichen Streicher-›Schmelzklang‹.

Zudem ist die äußere Anlage der Komposition übersichtlicher: Das Stück läßt sich eindeutig als ABA'-Form interpretieren. Während die A-Teile von fragmentarischen Gesten geprägt werden, ist der B-Teil – von einer einleitenden V.-Melodie abgesehen – eine Klangspielerei mit vielen Tremoli, die bereits auf den späteren, durch das Thema Wasser geprägten Stil des Komponisten verweist. Vier Takte lang wird eine achtstimmige Klanggeste wiederholt. Sie ›gehorcht‹ zwar noch klar einem Metrum, erinnert aber ansonsten an manche freipulsative Passage der 70er und 80er Jahre:

Von dieser Stelle abgesehen bedient sich Ta. jedoch auch hier der erprobten Technik: Das Vertikale entsteht, indem im Grunde lineare Gesten aufeinandergelegt werden – gleichsam als umgekehrtes Phänomen der gängigen Akkordbrechungen, jener ›horizontalisierten‹ Klänge in der tonalen Musik.

Water-Ways (1978) für Violine, Violoncello, B-Klarinette, Klavier, 2 Harfen und 2 Vibraphone

einsätzig
Verlag: Salabert Paris, ED 1990

An *Water-Ways*, an einem relativ neuen Beispiel aus der Gruppe der ›Wasserwerke‹ (zu den bekanntesten Stücken aus dieser Serie mit einer kammermusikalischen Besetzung gehört *Toward the Sea* in diversen Bearbeitungen) läßt sich Ta.s stilistische Entwicklung seit den späten 50er Jahren demonstrieren. Geblieben ist die Idee der Relativität des Horizontalen und Vertikalen, wenngleich Skalen oder gar diszipliniert-organisierte Zwölftongebilde keine strukturierende Rolle mehr spielen. Die dichten chromatischen Klänge werden in Figurationen aufgelöst und durch sie belebt. Melodische Gebilde sind rar, aber daher um so charakteristischer. Einige mehrstimmige Passagen zeigen, daß Ta. die Annäherung an die Tonalität nicht mehr scheut.

Die in ihrer Traditionalität geradezu traditionslose Besetzung von zwei StrQu.en ist durch ein Spezialensemble, gruppiert um das Kl., ersetzt worden. Statt einer festen Metrik gibt es zwar passagenweise eine freie Pulsation, aber nicht auf Kosten der Genauigkeit der kammermusikalischen Interaktion. Notationstechnisch wird dies durch Linien verdeutlicht, die die einzelnen Stimmen bzw. Akzente verbinden und das Wechselspiel steuern.

Tomi Mäkelä

(Sir) Michael Tippett

geb. 2. 1. 1905 London. 1923–1928 Studium am Londoner Royal College of Music (Komposition bei Charles Wood u. Reginald Owen Morris, Dirigieren bei Adrian Boult u. Malcom Sargent). Ab 1928 Arbeit als Französischlehrer und Chorleiter. 1930 privater Kompositionsunterricht bei R. O. Morris. 1932 Kündigung der bisherigen Stellung als Lehrer, Dirigent des South London Orchestra für arbeitslose Musiker am Morley Colleges. 1940–1951 Direktor des Morley Colleges. T. verbüßt als Kriegsdienstverweigerer 1943 eine Gefängnisstrafe. 1970–1974 Künstlerischer Leiter des Bath-Festivals. Lebt ausschließlich als Komponist in der Nähe von Bath. Zahlreiche hochdotierte staatliche und wissenschaftliche Ehrungen.

Werke f. 3 Instr.: Prelude Recitative and Arie f. Fl., Ob., Cemb. od. Kl. (1964) – Werke f. 4 Instr.: Sonata f. 4 Hr. (1955); StrQu. Nr. 1 (1934/35, rev. 1943); StrQu. Nr. 2 (1941/42); StrQu. Nr. 3 (1945/46); StrQu. Nr. 4 (1977/78); StrQu. Nr. 5 (1990/91).

Verlag: Schott Mainz.

Die Studienjahre am Royal College of Music waren für T. eine Zeit des Lernens und Aufholens. Er begann, Werke der englischen Madrigalisten und Komponisten wie Giovanni Palestrina, Johann Sebastian Bach, Georg Friedrich Händel oder Wolfgang Amadeus Mozart, vor allem aber von Ludwig van Beethoven zu studieren. Beethoven wurde T.s großes Vorbild: »Als Student verschrieb ich mich vollständig der Musik Beethovens. Ich studierte sie bis zur Erschöpfung, so daß ich später für lange Zeit jede beliebige Musik genießen konnte, außer der seinen.« Dieser Überdruß war jedoch nur eine vorübergehende Erscheinung. Das Übergewicht der fünf StrQu.e gegenüber der Sonata for Four Horns und dem Prelude Rezitative and Aria macht Beethovens nachhaltigen Einfluß augenfällig.

Insgesamt ist T.s musikalische Sprache der Frühwerke konservativ. Den Komponisten des beginnenden 20. Jahrhunderts, vor allem der Kompositionslehre von Arnold Schönberg, stand er kritisch gegenüber. Seiner Ansicht nach bot die vorherrschende zeitgenössische Musik nichts wirklich Neues. Deswegen wandte sich T. zunächst ganz der Tradition zu und versuchte – indem er zu den Wiener Klassikern und ihrer Kompositionstechnik zurückkehrte – einen eigenen kompositorischen Zugang zur neuen Musik zu finden.

Die Lösung des Problems der Form und des Sonatenprinzips fand T. in der Antwort auf drei ganz einfache Fragen: An welche Stelle soll das Sonaten-Allegro (Sonatenhauptsatz) als fundamentaler Bestandteil des Werkes gesetzt werden? – In welcher Relation stehen die übrigen Sätze zum Sonaten-Allegro? – Welchen Charakter soll das Finale haben? Nachdem er hierauf eine Antwort gefunden hatte, folgte die Auseinandersetzung mit der Tonalität. T. hatte sich lange Zeit außerstande gesehen, die Lehre der ›klassischen‹ Harmonik und Tonalität anzunehmen. Erst als er 1938 Vincent d'Indys *Cours de Composition Musicale* studiert hatte, insbesondere das Kapitel über Beethoven, begann er die Gesetzmäßigkeiten und Funktionen der Tonalität zu verstehen. D'Indys Ausführungen zeigten T. nicht nur, wie er logisch tonale Schemata konstruieren konnte, sondern lehrten ihn auch, emotionale Stimmungen musikalisch umzusetzen und darzustellen. Die Harmonik seiner Werke aus dieser Zeit entstand nicht aus funktional verstandenen Akkorden, sondern aus einer kontrapunktisch gedachten Stimmführung der Melodien.

Das wohl Auffälligste und im Laufe seiner kompositorischen Entwicklung Beständigste ist T.s Umgang mit der Rhythmik. Neben dem sogenannten »antizipatorischen Rhythmus« findet sich der »additive Rhythmus«. Charakteristisch für letzteren sind die häufigen Taktwechsel und eine Phrasenbildung, die über die Taktstriche hinweggeht, so daß der Takt seine rhythmusbestimmende Funktion verliert. Stattdessen wird die Musik durch unregelmäßige und überraschende Akzente vorangetrieben. Der Begriff »antizipatorischer Rhythmus« beschreibt eine rhythmische Nuance, die sich oft in der Zweideutigkeit übergebundener Noten zeigt: Die Stimmen verlieren zwar ihre betonten und unbetonten Taktteile, nicht jedoch das Metrum.

In der Zeit von 1934 bis 1952 komponierte T. seine ersten drei StrQu.e. Während er im ersten und zweiten StrQu. noch die traditionellen Formen und das Sonatenprinzip erforschte und ausarbeitete, gehört das StrQu. Nr. 3 bereits zum Übergangsstadium seines kompositorischen Entwicklungsprozesses. Nach dieser Übergangsphase von etwa sechs Jahren, in der die Sonata for Four Horns entstand, begann T. – parallel zum intensiven Studium von

Béla Bartóks Musik – seinen Kompositionsstil erneut zu verändern. Markiert wird dieser Einschnitt durch T.s zweite Oper *King Priam* (1962). Eines der wichtigen Merkmale seiner modifizierten musikalischen Sprache ist nun der Verzicht auf eine musikalische Entwicklung zugunsten einer mosaikartigen Aneinanderreihung verschiedener Motive, wie sie bereits durch Igor Strawinskys neoklassizistischen Kompositionsstil bekannt war. Dem bisherigen Verfahren der Kontrapunktik zog T. nun eine in Akkorden gedachte, reich verzierte modale Harmonik vor. Je nach kompositorischen Ansprüchen griff er jetzt auch auf Cluster und andere nicht-tonale expressionistische Harmonien zurück. Zusätzlich arbeitet er mit den charakteristischen Klangfarben von Instrumenten.

Streichquartett Nr. 3 (1945/46)

Grave e sostenuto –Andante con moto; tranquillo –Allegro molto e con brio –Lento – Allegro comodo
Dauer: ca. 30'
Verlag: Schott Mainz, ED 1948

Zwischen 1942 und 1948 hatte T. alle StrQu.e Béla Bartóks studiert. Dies beeinflußte seinen eigenen Kompositionsstil so nachhaltig, daß er sich vom Vorbild Beethovens zu emanzipieren begann. T. setzte sich erneut intensiv mit Fragen des formalen Aufbaus und des Klanges auseinander. Als Konsequenz dieser Auseinandersetzung verzichtete er in seinem StrQu. Nr. 3 (To Mrs. Mary Behrend) völlig auf den zuvor zentralen Sonatensatz und das besonders charakterisierte Finale. Damit erübrigte sich auch die Frage, in welcher Beziehung die Sätze untereinander stehen sollen. Die fünf Sätze – drei schnelle Fugensätze und zwei langsame strophische Sätze – werden gleichberechtigt nebeneinandergestellt. Eine weitere Konsequenz ergab sich in der musikalischen Gestaltung der einzelnen Sätze. Im Mittelpunkt der Satzstruktur stehen jetzt nicht mehr die Themen und ihre Verarbeitung und Entwicklung, sondern rein klangliche Ereignisse. Jeder Satz verfügt über einen individuellen, ihn charakterisierenden Klang, auf den Beschreibungen wie ›durchscheinend‹ für den 1. Satz, ›singend‹ für den 2., ›energisch‹ für den 3., ›rhetorisch‹ für den 4. und schließlich ›fließend‹ oder ›sanft‹ für den 5. Satz zutreffen mögen. Dort, wo thematische Gestalten durch die Spieler hervorgehoben werden sollen, kennzeichnet T. die Stimmen mit ›Solo‹. Häufig gehen diese Abschnitte in der Vielfalt der Klänge aber unter. Auch im Umgang mit rhythmischen Strukturen entwickelte T. seine Technik weiter, obwohl er sich bei allen Neuerungen in diesem Punkt am wenigsten verändert hat. Durch die Schichtung zweier Metren mit gleichzeitiger Verschiebung der Taktschwerpunkte entsteht eine Mischung von »additivem« und »antizipatorischem« Rhythmus: die Melodien verharren in einem seltsam schwebenden Zustand.

Sabina Prüser

Peter Iljitsch Tschaikowsky (Petr Il'ic Čajkovskij)

geb. 25. 4. / 7. 5. 1840 Votkinsk (nahe des Ural-Gebirges), gest. 25. 10. / 6. 11. 1893 St. Petersburg. 1845 erster Kl.-Unterricht. 1850–1859 Jura-Studium an der Petersburger Rechtsschule. 1854 Tod der Mutter. 1855 Kl.- und Musiktheorieunterricht. 1859–1863 Tätigkeit im Justizministerium. 1862 Eintritt in das neugegründete Petersburger Konservatorium. Erste Kompositionen. 1866–1878 Lehrtätigkeit am Moskauer Konservatorium. Seit 1868 auch als Dirigent und Musikkritiker tätig. Ab 1878 freischaffender Komponist, dirigiert Konzerte in Rußland, Europa und den USA.

Werke f. 2 Instr.: *Souvenir d'un lieu cher* f. V., Kl. op. 42 (1878) – Werke f. 3 Instr.: Allegretto moderato f. V., Va., Vc. (1863/64); *A la mémoire d'un grand artiste* f. V., Vc., Kl. a op. 50 (1881/82) – Werke f. 4 Instr.: 4 einzelne StrQu.-Sätze G, B, E, C (1863/64); StrQu. in einem Satz B (1865); (3) StrQu. (Nr. 1 D op. 11, 1871; Nr. 2 F op. 22, 1874; Nr. 3 es op. 30, 1876) – Werke f. 5 Instr.: Adagio molto f. Hf. u. StrQu. Es (1863/64); Andante ma non troppo f. 2 V., Va., Vc., Kb. e (1863/64) – Werke f. 6 Instr.: Allegro f. Kl., 2 V., Va., Vc., Kb. c (1863/64); *Souvenir de Florence* f. 2 V., 2 Va., 2 Vc. d op. 70 (1.Fassung 1890; 2. Fassung 1891/92) – Werke f. 8 Instr.: Adagio f. 2 Fl., 2 Ob., EHr., 2 Klar., BKlar. F (1863/64).

(Alte) GA P. I. Tsch. Polnoe Sobranie socinenij (Sämtliche Werke), Moskau 1945–1990.

Tsch.s Auseinandersetzung mit kammermusikalischen Formen findet in einem Rahmen statt, der mit seinem Lehrer Anton Rubinstein im wesentlichen klassizistisch gesetzt ist. Joseph Haydn, Wolfgang Amadeus Mozart, Ludwig van Beethoven und dann Franz Schubert, Felix Mendelssohn Bartholdy und Robert Schumann sind die Vorbilder im Petersburger Konservatorium. Nur wenig bekommt Tsch. von den eigenen Landsleuten zu hören, erfährt kaum etwas von den Solo-V.-Sonaten (um 1800) des Ivan Handoskin oder den StrQu.en (1815–1825) des heute wieder entdeckten Alexander Aljabjew (1787–1851). Allenfalls wird er das ein oder andere von Michail Glinka gehört haben, der sich aber in seinen StrQu.en (1824/1832), ähnlich wie Aljabjew, ganz im Fahrwasser Joseph Haydns befindet. Einzig Glinkas Br.-Sonate, das Sextett oder das *Trio pathetique* lassen Individuelles und damit Russisches hören, ohne aber ähnlich Urständiges zu begründen wie in den Opern. Auch Milij Balakirews Oktett (1856) hat keine richtungsgebende Bedeutung.

Somit begründet einzig P. Tsch. die russische Kammermusik, in Ansätzen schon in seinen Studienarbeiten (1863/64), dann aber vor allem mit dem StrQu.-Satz B-Dur aus dem Jahre 1865. Mit dem 1. StrQu. schafft er die Verbindung von klassischer Formgestaltung in der Viersätzigkeit mit russisch–nationalen Elementen. Parallel zum 2. StrQu. (1874) entstehen Werke dieser Gattung von Nikolai Rimsky-Korsakow und Alexander Borodin. Dem letztgenannten gelingt es als einzigem, den Werken Tsch.s Gleichrangiges an die Seite zu stellen. Rimsky-Korsakow und Borodin folgen dann mit bedeutenden Quartettkompositionen Sergej Tanejew, Aleksander Glasunow, Nikolai Mjaskovski, Dmitri Schostakowitsch u.a.

Tsch.s Kammermusik nimmt innerhalb seines Gesamtwerks eine einzigartige Stellung ein. Denn auf diesem Gebiet entwickelt er überzeugend und schlüssig seinen Personalstil, bevor Kompositionen wie die 4. Symphonie (1877) oder *Eugen Onegin* (1877) geschaffen werden. Die Jahre 1871–1876 sind für ihn »eine Periode stürmischen Wachsens und Reifens des Talents« (Juri Keldysch) hin zur Meisterschaft. Die in dieser Zeit komponierte StrQu.-Trias läßt vieles von dem hören, was später in symphonischen Werken, Opern und Balletten als typisch erkannt wird. Die Verbindung symphonischer Entwicklungs- und Fortspinnungstechniken mit den Strukturen der Volksmusik erweist sich hier als charakteristische Seite des von Tsch. geschaffenen Typs des StrQu.s. Erkennen läßt sich an den StrQu.en auch, wie der symphonische Wille die Besetzung quasi sprengt und in die Möglichkeiten des Orchesters drängt. Dem Kl.-Trio und dem Streichsextett merkt man diese ›Überlastung‹, die sich so sehr ins Symphonische ausbreitet, ebenso an. Im Grunde sind die musikalischen ›Inhalte‹ bei Tsch. gattungsunabhängig, übertragbar, austauschbar. Der Lyriker singt in allen Gattungen ähnliche Melodien; der Dramatiker gestaltet in den unterschiedlichsten Formen sein persönliches ›Drama‹. So ist »eine besondere Eigenart seines Schaffens die künstlerische Wahrnehmung des Lebens als eine sich entwickelnde Handlung. Das findet seinen Niederschlag in allen Genres, die bei Tsch. immer eng miteinander verbunden sind und sich gegenseitig befruchten« (Elena Orlova). So sehr Tsch. sich auch um Formgestaltung bemüht, sein Hauptinteresse gilt doch dem ›Inhalt‹, der in äußerster Unmittelbarkeit den Zuhörer erreichen soll.

Streichquartett Nr. 1 D-Dur op. 11 (1871)

Moderato e semplice – Andante cantabile – Scherzo. Allegro non tanto e con fuoco – Finale. Allegro giusto
Dauer: ca. 32'
Verlag: Jurgenson Moskau, ED 1872
GA Bd. 31

1871 in Moskau uraufgeführt, wurde dieses erste vollständige Quartett schnell und anhaltend populär. Besonders der **2. Satz** mit seiner ukrainischen Melodik in typischer Asymmetrie (4+5 und 4+4) beeindruckte bereits Leo Tolstoi zu Tränen und blieb bis heute ein Favorit.

Der **1. Satz** schließt an die Seitensatzthematik des B-Dur-Quartettsatzes von 1865 an, ist aber insgesamt einheitlicher und weniger kontrastreich. Dafür sorgt das **Scherzo** mit seiner im 3/8-Takt eingegliederten wechselnden Akzentuierung bis hin zu Zweierschemata für den nötigen Kontrast. Mit großem Gestus im Volkston ist das **Finale** angelegt, das dann auch die ersten Tendenzen zum Symphonischen aufweist.

Streichquartett Nr. 2 F-Dur op. 22 (1874)

Adagio. Moderato assai – Scherzo. Allegro giusto – Andante ma non troppo – Finale. Allegro con moto
Dauer: ca. 37'
Verlag: Jurgenson Moskau, ED 1876
GA Bd. 31

»Möglicherweise ist dieses StrQu. das eigenartigste und originellste von allen bisher bekannten Werken des Komponisten...«. Es herrscht »eine allgemeingegenwärtige nervöse Gespanntheit«. Hermann Laroche, der Kritiker und

Freund von P. I. Tsch., hielt jedoch die ersten beiden Sätze für zu »kompliziert und gesucht«, »ohne Wärme und wirklichem Reiz«. Tsch. reagierte auf diesen Einwand: »Wenn ich im Leben etwas wirklich Durchfühltes und unmittelbar aus dem innersten Ich Geflossenes geschrieben habe, dann ist es gerade der **1. Satz.**« Faktisch stellt sich zu Beginn die ›Tristan-Frage‹ mit ihrer chromatischen Linearität und tonalen Unklarheit:

Dem fast improvisatorisch von der 1. V. gesteuerten **Adagio** folgt dann mit dem **Moderato** das eigentliche Thema: ›nervös‹ und mit fallender, aber stokkender Bewegung:

Und immer wieder kommt es zu durch Synkopierung nach vorne getriebenen symphonischen Steigerungen.

Weniger spektakulär wirkt dagegen das **Scherzo** mit seinem Siebenerschema (Punktierte Viertel als Zählzeiten in zwei 6/8- und einem 9/8-Takt.). Von konzentriertem Tiefgang ist dann wieder das **Andante ma non tanto**. Intoniert wird in Wagner-Harmonik, allerdings in klarer Metrik. Der Mittelteil greift die Nervosität des 1. Satzes auf und spannt sich zu fast orchestraler Klangweite. Die Lebhaftigkeit und lichte Freude des Streichsextetts nimmt das **Finale** bereits vorweg.

Die UA des StrQu.s Nr. 2 fand im März 1874 im Moskauer Konservatorium statt.

Streichquartett Nr. 3 es-Moll op. 30 (1876)

Andante sostenuto. Allegro moderato. Andante sostenuto – Allegretto vivo e scherzando – Andante funebre e doloroso, ma con moto – Finale. Allegro non troppo e risoluto
Dauer: 38'
Verlag: Jurgenson Moskau, ED 1876
GA Bd. 31

Ohne Zweifel setzten seelische Erschütterungen in Tsch.s Leben Energien frei, die dann in einzelnen Werken bestimmte Strukturen hervorgetrieben haben. Der Tod des Kollegen und Geigers Ferdinand Laub wird zum Anlaß und Inhalt des 3. StrQu.s, das im Entstehungsjahr 1876 im Hause von Nikolai

Rubinstein in Moskau uraufgeführt wurde. Dabei zeigt sich, daß vor allem die dramatische Entwicklung im **1. Satz** eine Parallele im Kopfsatz der 4. Symphonie findet. Das zunächst recht schlichte Thema:

entfesselt dann im weiteren einen Durchführungssturm, wie wir ihn später in der Durchführung der genannten Symphonie wiedererleben. Als Einrahmung dient ein Klagegesang der 1. V, in bewußter Erinnerung an den Verstorbenen.

Das folgende **Scherzando**, in bekannter A–B–A+Coda–Abfolge, ›funktioniert‹ als behendes Bindeglied zwischen den zwei tragischen Sätzen. Denn der **3. Satz** ist der eigentliche ›Trauermarsch‹, ausdrucksstark in Harmonik und Melodik:

Dem Beethovenschen Prinzip ›Von der Dunkelheit ins Licht‹ folgend, ist der ganz auf Tempo und Verve angelegte **Finalsatz** im jubelnden Dur gestaltet.

Souvenir d'un lieu cher op. 42 (1878) für Violine und Klavier

I. Méditation – II. Scherzo – III. Mélodie
Dauer: I. ca. 10' – II ca. 6' – III ca. 4'
Verlag: Jurgenson Moskau, ED 1879
GA Bd. 55a

Die einzelnen Stücke sind von unterschiedlicher Qualität. Die **Méditation** (d-Moll) könnte der langsame Satz eines V.-Konzerts sein. Nach einem Vorspiel setzt die V. mit einer ergreifenden Melodie ein, die im weiteren Verlauf in Dialog mit einem zweiten Gedanken tritt. Zahlreiche virtuose Akkordbrechungen durchlaufen den gesamten Ambitus der V. mit fast dreieinhalb Oktaven.

Das **Scherzo** (c-Moll) huscht im Presto motorisch dahin, lediglich unterbrochen von einem lyrischen Mittelteil.

Das 3. Stück **Mélodie** (Es-dur) möchte nichts anderes sein als der Titel angibt: eine Melodie mit dem Melos eines ›Chant sans paroles‹. Die *Souvenirs* entstanden als Erinnerung an einen Aufenthalt in Brailov, wo sich ein Gut von Tsch.s Mäzenin und Seelenfreundin Nadeshda von Meck befand.

Trio *A la mémoire d'un grand artiste* a-Moll op. 50 (1881/82) für Violine, Violoncello und Klavier

Pezzo elegiaco. Moderato assai/Allegro giusto – Tema con variazioni. Andante von moto. Variazione finale e Coda. Allegro risoluto e con fuoco. Andante con moto
Dauer: ca. 51'
Verlag: Jurgenson Moskau, ED 1882
GA Bd. 32a

Während Modest Mussorgski zum Tode seines Freundes Viktor Hartmann die *Bilder einer Ausstellung* als Würdigung des Künstlers versteht, will Tsch. mit seinem am 8. März 1882 in Moskau uraufgeführten Kl.-Trio op. 50 mehr; nämlich neben der Ehrung des 1881 verstorbenen »grand artiste« Nikolai Rubinstein seine Trauer in Tönen ausdrücken. Was Mussorgski immer fern lag, war Tsch.s eigentlichstes Element: eigene Gefühle der Musik anzuvertrauen.

So sind es, neben der Virtuosität des Kl.s (Rubinsteins große Kunst!), wieder die melodischen Themen und deren Entwicklungen, die die Komposition tragen. Das ›pathetische‹ Hauptthema im **1. Satz** mit seinen subdominantischen Wendungen und Parallelen und der für Tsch. typischen Modulationssequenz in die Subdominanttonart erscheint als Reminiszenz und Primärmotiv auch am Schluß des Werkes. Dem stehen dann Kantilenen leichterer Natur gegenüber:

Insgesamt verliert der Satz nie seine Massivität, die in weiten Linien auf dem Kl. beruht.

Abwechslungsreich geben sich die **Variationen** mit ihren konzertanten, polyphon angelegten, scherzohaften bis spielmusikantischen Elementen.

Sextett *Souvenir de Florence* d-Moll op. 70 (1890–1892) für 2 Violinen, 2 Violen, 2 Violoncelli

Allegro con spirito – Adagio cantabile e con moto – Allegretto moderato – Allegro vivace
Dauer: ca. 35'
Verlag: Jurgenson Moskau, ED 1892
GA Bd. 32b

Das im Juni 1890 in Florenz komponierte Streichsextett geht auf Gedanken zu einem solchen Werk aus dem Jahre 1887 zurück. Ähnlich wie beim Kl.-Trio op. 50 braucht Tsch. auch hier mehrere Anläufe und Anregungen, um das Kammermusikwerk zu verwirklichen. »...ich schreibe mit unwahrscheinlicher Mühe; mich hindert nicht der Mangel an Ideen, sondern die Neuheit der Form. Es sind sechs selbständige und dabei gleichwertige Stimmen nötig. Das ist unglaublich schwierig«, erfahren wir aus einem Brief vom 15. Juni 1890.

Das Ergebnis läßt nichts von dem ahnen. Wie Blumen unter der Sonne Italiens erblühen die einzelnen Sätze, unbelastet von der Konfliktschwere der im gleichen Monat vollendeten Oper *Pique Dame*.

Üppig, ja fast triumphierend präsentiert sich bereits der **1. Satz** mit dem Thema:

Keine dramatischen Synkopen stören den in seiner Natürlichkeit belassenen Dreivierteltakt.

Der **2. Satz** übernimmt diese Taktart, wird aber in die Atmosphäre der Serenade getaucht. Typisch wieder hier die ›Tsch.sche Sexte‹ im Thema:

Das folgende **Allegretto moderato** lebt ganz aus dem rhythmischen Detail:

das sich dann umformt in 

und in 

Mal nicht im Melos, sondern im Rhythmischen findet sich der ›Motor‹ der Entwicklung. Der **Final-Satz** greift diesen Impuls auf und entfaltet mit Tarantella-Rhythmen, Marsch- und Tanzformen sowie einer Doppelfuge ein weites Panorama.

Das Sextett ist der ›Gesellschaft für Kammermusik‹ in St. Petersburg gewidmet, die das Werk 1892 uraufführen ließ.

Paul Mertens

Joaquín Turina

geb. 9. 12. 1882 Sevilla, gest. 14. 7. 1949 Madrid. Erste Studien in Harmonielehre (bei E. García Torres) und Kl. (bei E. Rodriguez) in Sevilla. Vielbeachtete erste Kompositionen, Debut als Pianist. 1902 Studium am Konservatorium von Madrid (Kl. bei José Tragó), Beginn der Freundschaft mit Manuel de Falla. 1905 Übersiedlung nach Paris. Kompositionsunterricht bei Vincent d'Indy an der Schola Cantorum, Kl. bei Moritz Moszkowski. Nach der UA seines Kl.-Quintetts 1907 begegnet T. Isaac Albeníz, unter dessen Einfluß Annäherung an den nationalspanischen Musikstil. Nach der

UA des Orchesterstücks *La procesión del Rocío* 1913 rückt T. in die erste Reihe der spanischen Komponisten. 1914 Rückkehr nach Madrid, rege Tätigkeit als Interpret nicht nur eigener Werke; zeitweise Dirigent der ›Ballets Russes‹ und bis 1925 Chordirektor des Teatro Real. Als Pianist wird T. Mitbegründer und Mitglied des für die Verbreitung klassischer und zeitgenössischer Kammermusik wichtigen ›Quinteto de Madrid‹. Die 1920 erfolgte UA seines ambitioniertesten Orchesterwerks, der *Sinfonía Sevillana*, festigte seinen Ruf als Komponist. Seit den 20er Jahren musikpublizistische Tätigkeit, vor allem für die Madrider Tageszeitung ›El Debate‹. Daneben engagierter Organisator des spanischen Musiklebens und Förderer des musikalischen Nachwuchses. 1931 Ernennung zum Professor für Komposition am Kgl. Konservatorium von Madrid. T., der nach dem Sieg General Francos im Bürgerkrieg in Spanien geblieben war, wurde 1941 im Erziehungsministerium Leiter einer Kommission zur Reorganisation des Musiklebens. In den 40er Jahren, bereits schwer erkrankt, schrieb T. die Kompositionslehre *Tratado de composición musical* (Madrid 1947 u. 1950) und beschäftigte sich mit der Neubearbeitung der *Enciclopedia abreviada de música* (Madrid 1917, ²1947).

WERKE F. 1 INSTR.: *Sevillaña* f. Git. op. 29 (1923); Fandanguillo f. Git. op. 36 (1926); Ráfaga f. Git. op.53 (1930); Sonata f. Git. op. 61 (1931); *Homenaja a Tárrega* f. Git. op. 69 (1932) – WERKE F. 2 INSTR.: *El poema de una sanluqueña* f. V., Kl. op. 28 (1924); Sonata en ré f. V., Kl. op.51 (1929); Variaciones clásicas f. V., Kl. op. 72 (1932); Sonata española f. V., Kl. op. 82 (1936); *Euterpe* f. V., Kl. (Nr. 1 aus: *Las musas de Andalucía* op. 93, 1942); Polimnia-Nocturne f. Vc., Kl. (Nr. 3 aus: *Las musas de Andalucía* op. 93, 1942); Tema y variaciones f. Hf., Kl. op. 100 (1945; auch f. Hf. u. Streichorch. bearb.); *Homenaje a Navarra – sobre diseñas de Sarasate* f. V., Kl. op. 102 (1945) – WERKE F. 3 INSTR.: Trio f. V.,Vc., Kl. g op. 35 (1926); 2éme Trio f. V., Vc., Kl. h op.76 (1933); Fantasia Círcolo f. V.,Vc., Kl. op. 91 (1942) – WERKE F. 4 INSTR.: StrQu. de la guitarra d op. 4 (1911); *La oración del torero* f. Lt.-Quartett op. 34 (1925, auch bearb. f. StrQu. bzw. Streichorchester); *Recuerdos de la antigua España* f. Lt.-Quartett op. 48 (1929); Quartett f. V., Va., Vc., Kl. g op. 67 (1931); Serenata f. 2 V., Va., Vc. op. 87 (1935) – WERKE F. 5 INSTR.: Quintett f 2 V., Va., Vc., Kl. f op. 1 (1907); *Talia* f. 2 V., Va., Vc. (Nr. 2 aus: *Las musas de Andalucía* op. 93, 1942) – WERKE F. 6 INSTR.: *Escena andaluza* f. Va., Kl., 2 V.,Va., Vc op. 7 (1912); Calíope f. 2 V., Va., Vc., Kl. (Nr. 9 aus: *Las musas de Andalucía* op. 93, 1942).

Verlag: Rollet, Mathot Paris; Union musical española Madrid; Schott Mainz.

Im Gegensatz zu denWerken seines andalusischen Landsmannes Manuel de Falla ist das Œuvre von J. T. außerhalb Spaniens, in Mitteleuropa, nur am Rande zur Kenntnis genommen worden. Zwar zählen die einschlägigen Publikationen zur Musikgeschichte den Komponisten zu den ›Großen Vier‹ der spanischen Musik in der ersten Hälfte des 20. Jahrhunderts – dies aber im Rang zumeist nur hinter de Falla und neben den beiden Katalanen Isaac Albeníz und Enrique Granados.

Dabei sollte die Bedeutung T.s für die kontinuierliche Entwicklung einer eigenständigen spanischen Musikkultur keineswegs unterschätzt werden. Über die politischen und sozialen Umbrüche seiner Zeit hinweg, war er fast vierzig Jahre lang als Interpret, Komponist, Publizist, Lehrer und musikpolitisch Engagierter im Kulturleben seines Landes präsent. Angesichts dieser vielfältigen Aktivitäten verwundert es nicht, daß T.s Stellung in der spanischen Musik eine kontroverse Beurteilung erfahren hat. Unmittelbar nach seinem Tode noch als legitimer Nachfolger und Erbe de Fallas gewürdigt, wuchs mit zunehmender Liberalisierung des kulturpolitischen Klimas die Kritik an jenen konservativ-restaurativen Tendenzen, für die T. repräsentativ erschien: eine Musikpolitik, die für lange Jahre eine Abgrenzung der spanischen Musik gegenüber avancierteren Ausdrucksmöglichkeiten zugunsten eines traditionalistisch verengten Folklorismus befürwortet hatte.

Während in Spanien T.s Werke inzwischen ihren Rang behaupten konnten, ist im übrigen europäischen Konzertleben der größte Teil seines Œuvres im Repertoire nicht heimisch geworden. Dies betrifft nicht nur T.s Opern und Orchesterwerke. Auch die effektvollen Kl.-Lieder sind bisher eine Domäne spanischer Sänger geblieben, genauso wie Aufführungen seiner Kammermusik, die einen respektablen Teil seines Gesamtwerks ausmacht, zu den raren Ereignissen zählen. Allenfalls ein Teil seines Kl.-Werks ist in das allgemeine musikalische Bewußtsein gedrungen, kleinformatige Genrestücke, die das Bild des Komponisten T. bis heute prägen: als Schöpfer einprägsamer, oft mit pittoresken Titeln versehener Kl.-Stücke, die sich durch ihren stimmungsvollen Charakter und ihren tänzerisch-improvisatorischen Gestus dem Hörer problemlos erschließen.

Mit de Falla verbindet T. der Bezug auf das musiktheoretische Programm von Felipe Pedrell (1841-1922), der seit dem Ende des 19. Jahrhunderts als Komponist, Historiker und einflußreicher Mentor die Entwicklung eines nationalspanischen Stils propagierte – eines Stils, der unter Einschluß der heimatlichen Folklore über die Musik hinaus einen Beitrag zur Neubestimmung der spanischen Kultur leisten sollte. Verglichen mit de Falla ist T. in der kompositorischen Praxis jedoch in zweierlei Hinsicht konservativer geblieben. Zum einen hatte er die Entwicklung seiner persönlichen Musiksprache schon relativ früh zum Abschluß gebracht. So scheint er in den Kl.-Werken und in der Kammermusik der späten Pariser Jahre (bis 1914) bereits den musikalischen Rahmen gefunden zu haben, den er bis zu seinem Tod nicht wesentlich überschreiten sollte. In diesem Stil verschmelzen die nur selten über den späten Claude Debussy und über Maurice Ravel hinausgreifende Harmonik und die eingängige Melodik mit einer Rhythmik, die ihre Herkunft aus dem mannigfachen Formenkreis iberischer Folklore nicht verleugnet. Das hierdurch entstandene musikalische Spanienbild ist über T. hinaus durchaus populär geworden. Nur zu oft fand es im Umkreis gehobener Unterhaltungsmusik zur Illustrierung des ›iberischen Kolorits‹ Nachahmer – so daß heute manch' originaler T. verbraucht erscheint.

Zum anderen hält T. an den traditionellen Gattungen der europäischen Musik fest, ein Sachverhalt, der besonders in der Kammermusik zum Tragen kommt. Das 1926 mit dem spanischen Nationalpreis ausgezeichnete Kl.-Trio op. 35, das Kl.-Quartett op. 67 und das Kl.-Quintett op. 1 zählen im 20. Jahrhundert zu den zunehmend seltener gepflegten kammermusikalischen Formen. Einerseits stellte sich T. mit diesen Werken bewußt in die Tradition der Pariser Schola Cantorum, andererseits kann nicht übersehen werden, daß hier ein Pianist für seine eigene Interpretationskunst eine adäquate Darstellungsform gesucht und gefunden hat. Dementsprechend dominieren in T.s Kammermusik Kompositionen mit Kl. sowohl quantitativ wie qualitativ.

Escena andaluza op. 7 (1912) für Solo-Viola, Klavier und Streichquartett

Crépuscule du soir. Serenata – A la fenêtre – Allegro moderato
Dauer: ca. 11'
Verlag: Rollet, Mathot et Cie. Paris

Das kurze Werk besticht durch die originelle Besetzung. Einer Solo-Va. werden ein weitgehend konzertant behandeltes Kl. und ein StrQu. gegenübergestellt – eine Besetzung, die ihr Vorbild in Ernest Chaussons *Konzert* für V., Kl. und StrQu. hat. Ohne daß der Komponist ein Programm beigibt, vermag sich der Hörer anhand der Satzüberschriften eine mediterrane abendliche Straßenszene vorzustellen. Der **1. Satz** ›Crépuscule du soir‹ (Abenddämmerung) beginnt mit einem Vorspiel des Kl.s, das in ein zart-elegisches Thema der Va. übergeht. Vom StrQu. begleitet, leitet dieses in eine dreiteilige Serenata (f-Moll 3/4) über, die vom Dialog zwischen Va. und Kl. beherrscht wird und im Mittelteil (F-Dur 2/4) durch den Rhythmus einer Habanera zusätzliches Profil erhält.

Nach verkürzter Wiederholung des Moll-Teils klingt das Ständchen verhalten aus, um im **2. Satz** ›A la fenêtre‹ (Am Fenster) mit markanten Akkordfolgen von Kl. und StrQu. neu anzusetzen. Im knappen **Allegro moderato** dominiert das Wechselspiel von Va. und Kl., dessen gitarristischer Spielgestus von dem diskret behandelten StrQu. gestützt wird. Motive der Habanera werden aufgegriffen und nach einem vollgriffigen Kl.-Solo greift die Va. auf die anfängliche Melodie zurück und führt den Satz einem ruhigen Abschluß entgegen.

Quartett a-Moll op. 67 (1931) für Violine, Viola, Violoncello und Klavier

Lento – Vivo – Andante
Dauer: ca. 16'
Verlag: Union musical española Madrid

Das dreisätzige Werk gilt trotz der relativen Kürze als das Gewichtigste des T.schen Kammermusikschaffens. Im Gegensatz zum Kl.-Quintett und den beiden Kl.-Trios wird auf eine gewisse Weitschweifigkeit zugunsten einer verknappten, konzentrierten Form verzichtet. Die oftmals opulente Dominanz des Kl.s tritt im Kl.-Quartett zugunsten einer ausgewogenen Verteilung der Stimmen zurück.

Der **1. Satz** (a-Moll, 4/4) läßt die Sonatenform noch in Ansätzen erkennen. Aus der elegischen Streichermelodie des Anfangs wird das Motivmaterial gewonnen, das die weitere Entwicklung bestimmt. Ein zweites Motiv führt nur kurz in Dur-Regionen, insgesamt herrscht jedoch eine getragene Stimmung vor.

Der **Vivo**-Satz (C-Dur, 3/4) basiert auf einer kurzen, rhythmisch scharf pointierten Phrase, die imitierend durch die Instrumente geführt wird, jedoch bald wieder von einem ruhigen Motiv des 1. Satzes unterbrochen wird. Nur verkürzt wird der bewegte Satzanfang rekapituliert.

Im **Andante**-Schlußsatz (a-Moll, 4/4) exponiert die V. eine kadenzähnliche Figur, aus der eine elegante Streicherkantilene entwickelt wird. Daneben tritt ein stärker tänzerisch bestimmter Gedanke, der dem Satz einen rhapsodischen Gestus verleiht. Mit der elegischen Melodie des 1. Satzes schließt das

Werk. Mit ihm ist T. eine überzeugende Synthese aus andalusischem Kolorit und klassisch-zyklischer Form gelungen.

Stephan Franke

Galina Iwanowna Ustwolskaja

geb. 17. 6. 1919 Petrograd (St. Petersburg; 1924–1991 Leningrad). 1937–1939 Studium an der Rimski-Korsakow-Musikfachschule, bis 1947 am Leningrader Konservatorium (Komposition bei Dmitri Schostakowitsch); bis 1951 Aspirantur; 1948–1977 Dozentin für Komposition an der Leningrader Musikfachschule (zu ihren Schülern gehörte u.a. Boris Tischtschenko); lebt zurückgezogen als freischaffende Komponistin in St. Petersburg.

Werke f. 2 Instr.: Sonate f. V., Kl. (1952); Großes Duett f. Vc., Kl. (1959); Duett f. V., Kl. (1964) – Werke f. 3 Instr.: Trio f. Klar., V., Kl. (1949); Komposition I *Dona nobis pacem* f. Pikk., Tb., Kl. (1970/71) – Werke f. 4 Ausf.: 4. Sinfonie *Gebet* f. A., Tr., Tamt., Kl. (1985–1987) – Werke f. 6 Ausf.: 5. Sinfonie *Amen* f. Sprecher, V., Ob., Tr., Tb., Schlzg. (1989/90) – Werke f. 8 Instr.: Oktett f. 2 Ob., 4 V., Pk. u. Kl. (1949/50) – Werke f. 9 Instr.: Komposition III *Benedictus qui venit* f. 4 Fl., 4 Fg., Kl. (1974/75) – Werke f. Kammerensemble: Komposition II *Dies irae* f. 8 Kb., Schlzg., Kl. (1972/73).

Verlag: Sikorski Hamburg.

Den Werken G. U.s, ob ihrer ›Strenge‹ und ›Starre‹ mehrfach gescholten, prophezeite Dmitri Schostakowitsch »weltweite Anerkennung bei allen, denen es ums Wahrhafte in der Musik geht«. Und in einem persönlichen Brief an seine Schülerin heißt es: »Nicht Du stehst unter meinem Einfluß, sondern ich unter Deinem.« Eine Formulierung, die zu vielfältigen Spekulationen Anlaß bot. Immerhin verwandte Schostakowitsch musikalisches Material aus U.s Trio (1949) im seinem 5. StrQu. und in der *Michelangelo-Suite*. Auch soll er ihr, auf ihr Urteil großen Wert legend, wiederholt eigene Werke in der Entstehungsphase zugesandt sowie sich mehrfach für die ob ihrer ›Modernismen‹ kritisierten Komponistin eingesetzt haben.

Nach anfänglicher Nähe zu Schostakowitsch hat sich U. dem Einfluß des Lehrers schon bald entzogen und gelangte Ende der 40er Jahre zu einer ganz eigenen Stilistik (Trio, Oktett), deren wesentliche Charakteristika sie über Jahrzehnte, sich selbst stets treu bleibend, beibehalten hat. Hierzu gehören: knappe und konzentrierte Behandlung des musikalischen Materials, extreme Kontraste in Klang, Struktur und Dynamik, strikte Ablehnung konventioneller Formen und Inhalte. U. schreibt eine Musik asketischer Strenge, erstaunlicher Intensität und Eindringlichkeit, höchster Originalität und Individualität. »Alle meine Werke sind geistig selbstständig, mein Schaffen ist mit keinem anderen Autor in irgendeiner Weise verbunden. (...) Jedes Talent, auch das winzigste, ist nur dort interessant, wo es sein Eigenes findet. Es beginnt sofort uninteressant zu werden, wo es nichts Eigenes vorweisen kann.« (Brief an Sikorski v. 17. 5. 1988)

U.s Musik, vorherrschend dunkel, düster, auch aggressiv, ist voll trostloser Verzweiflung, besessener Gewalttätigkeit und Heftigkeit, voll schmerzlicher und qualvoller Appelle, voll beängstigender Direktheit; vielleicht die beunruhigendste und kompromißloseste Musik unserer Zeit.

Offene Verurteilung hatte die Außenseiterin des sowjetischen Musiklebens indes kaum zu fürchten. Zu wenig Gemeinsamkeiten mit der angefeindeten westlichen Avantgarde ließen sich ausmachen. Vielfach auf Unverständnis stoßend, wurde U. eher ignoriert als zensiert. Unbeirrt, kompromißlos und konsequent ging sie ihren eigenen Weg, zahlte für persönliche Unabhängigkeit mit künstlerischer Isolation – in den 60er Jahren nur sporadisch aufgeführt, erklangen viele ihrer Werke erst in den 70ern, teilweise 20 Jahre nach ihrer Entstehung.

Rein quantitativ gesehen mag G. U.s Œuvre klein erscheinen, doch ist jedes Werk Ergebnis eines langen, intensiven und kritischen Kompositionsprozesses. »Ich schreibe dann, wenn ich in einen Gnadenzustand gerate. Danach ruht das Werk eine Zeitlang, und wenn seine Zeit gekommen ist, gebe ich es frei. Wenn seine Zeit nicht kommt, vernichte ich es. Aufträge nehme ich nicht an. Der gesamte Arbeitsprozeß vollzieht sich bei mir in Kopf und Seele. Nur ich selbst bestimme den Weg meiner Werke.« (Brief an Sikorski v. 4. 2. 1990)

Nach eigener Aussage sind ihre Kompositionen von religiösem Geist erfüllt. Sie nutzt liturgische Untertitel (Kompositionen I bis III) oder greift auf religiöse Texte (2. – 5. Sinfonie) zurück. Dennoch will U. ihre Werke nicht als religiös im liturgischen Sinn verstanden wissen, besitzen sie doch keinerlei liturgische Funktion.

Im Zentrum ihres Schaffens stehen Werke kleiner, durchsichtiger Besetzung, da diese die Möglichkeit höchster Materialkonzentration bieten. U. bevorzugt zudem eine ungewöhnliche, unkonventionelle Instrumentation. Den Begriff ›Kammermusik‹ lehnt sie jedoch strikt ab: »Der Inhalt meiner Werke schließt den Terminus ›Kammer‹ ganz aus. Es gibt bei mir keine ›Kammermusik‹, statt dessen sollte die Kategorie ›Instrumentalmusik‹ heißen ..., dies ist eine prinzipielle, schöpferische Frage.« (Brief an Sikorski v. 22. 10. 1989) Und so sind die Übergänge zwischen instrumentaler Kammermusik und sinfonischer Musik fließend. Sinfonische Werke weisen z. T. kammermusikalische Besetzungen auf; kleinere Besetzungen charakterisiert ein differenzierter und weiträumiger Ansatz, wobei die vielfach intendierten Ideen und Ansprüche jenen sinfonischer Werke entsprechen. Grenzfälle bilden sicherlich die 2. und 3. Sinfonie. Sie sind zwar für Orchester und Solisten ausgewiesen, das ›Orchester‹ selbst weicht jedoch – im Gegensatz zur 1. Sinfonie (1955), dem Sinfonischen Poem (1958) oder der Suite für Orchester (1959) – deutlich von der traditionellen Besetzung ab. Unabhängig von Spieldauer und Besetzung ist U.s Musik weiträumig und in großen Dimensionen konzipiert, von starker suggestiver Wirkung, voller Energie, Spannungsintensität und Eindringlichkeit. Die reinen und klaren Satzstrukturen sind frei von unnötiger Rhetorik, Ornamenten und jedweder Äußerlichkeit. Ihre nach größtmöglicher Spannung und Dichte strebende Musik verweigert sich dem Tradierten, dem Konventionellen, wobei U. nicht gegen, sondern unabhängig von Traditionen komponiert. Unkonventionell geht sie auch mit der Zeit um, was zu asymmetrisch-polyphonen, äußerst dichten Konstruktionen von großer rhythmischer Kraft führt. Im Notenbild fehlen vielfach Taktstriche. Mit minimalem Einsatz musikalischer Mittel erreicht U. maximale Expressivität.

»Es ist schwer, über die eigene Musik zu reden. (...) Meine Fähigkeit zu komponieren stimmt mit der Fähigkeit, über mein Komponieren auch zu schreiben, leider nicht überein. Übrigens existiert eine Meinung, daß das eine das andere sogar ausschließt.« (Brief an Sikorski v. 17. 5. 1988)

Komposition Nr. I *Dona nobis pacem* (1970/71) für Pikkoloflöte, Tuba und Klavier

Dauer: 17'
UA: 19. Februar 1975, Leningrad
Verlag: Sikorski Hamburg

Komposition Nr. II *Dies irae* (1972/73) für 8 Kontrabässe, Schlagzeug und Klavier

Dauer: 18'
UA: 14. Dezember 1977, Leningrad
Verlag: Sikorski Hamburg

Komposition Nr. III *Benedictus qui venit* (1974/75) für 4 Flöten, 4 Fagotte und Klavier

Dauer: 8'
UA: 14. Dezember 1977, Leningrad
Verlag: Sikorski Hamburg

Die Kompositionen I bis III, relativ kurz nacheinander entstanden, bilden trotz unterschiedlicher instrumentaler Besetzungen einen Zyklus. Zwar sind separate Aufführungen der einzelnen Teile möglich, doch wünscht die Komponistin die Gesamtaufführung aller drei Stücke. Von der *Bitte um Frieden* spannt U. den Bogen über den *Tag des Zorns* bis zur *Lobpreisung des Erlösers*. Die gebräuchlichen liturischen Bezeichnungen meidend, greift sie auf drei verschiedene Teile der Messe zurück: das *Agnus Dei*, die Sequenz aus dem Requiem und die Lobpreisung nach dem *Sanctus*. Die Instrumentation – auch hier ist die Zahl ›drei‹ sicher nicht zufällig gewählt – ist höchst unkonventionell, auf dem Gebiet traditioneller Kammermusik sogar einzigartig. Die Verwendung typischer Orchesterinstrumente unterstreicht die Absage an traditionelles kammermusikalisches Denken. U. bevorzugt Extreme. Extreme klangliche Gegensätze werden von ungewöhnlich starken dynamischen wie rhytmisch-metrischen ergänzt. Im Kl.-Part, verstärkt als Schlaginstrument genutzt, häufen sich Klangballungen in der Tiefe bzw. Höhe, die Mitte bewußt aussparend. Alle drei Stücke basieren auf einigen wenigen, zumeist einfachen ›Grundbausteinen‹. Die Melodik, sofern dieser Begriff überhaupt anwendbar ist, reduziert sich auf kleinste, stetig wiederkehrende, mitunter in sich kreisende Tonschritte, wodurch der Eindruck von Statik, obsessiver Gewalt und Archaik entsteht. Subtile motivisch-kontrapunktische Arbeit verbindet sich mit raffinierter Rhythmik und äußerster thematischer Konzentration. Spaltklänge, klar umrissene, registerartig getrennte Klangflächen dominieren. Der Tonraum wird deutlich erweitert, jeder Ton soll espressivo, gar espressivissimo gespielt werden. U. sucht maximalen Ausdruck, erzeugt Beklemmung und Enge. Eine Enge, die beängstigt, von allen Seiten attackiert. Expressivität, der man sich nicht entziehen kann.

Constanze Barth

Edgard Varèse

geb. 22. 12. 1883 Paris, gest. 6. 11. 1965 New York. Paris, ein burgundisches Dorf und Turin prägen seine Kindheit und Jugend; 1894 erste kompositorische Versuche; 1904–1907 Musikstudium an der Pariser Schola Cantorum bei Vincent d'Indy (Komposition, Dirigieren), Albert Roussel (Kontrapunkt, Fuge) und Charles Bordes (Musikgeschichte) sowie am Conservatoire bei Charles Widor (Komposition); 1907–1913 überwiegend in Berlin, mit Ferruccio Busoni befreundet; 1910 UA der Sinfonischen Dichtung *Bourgogne*; 1913 Paris; 1915 nach Entlassung aus dem französischen Militärdienst Übersiedlung nach New York; 1921 Gründung der ›International Composers' Guild‹; vielseitige organisatorische und dirigentische Aktivitäten zur Förderung Neuer Musik; 1927 amerikanische Staatsbürgerschaft; 1928–1933 Paris; 1929 Beginn der Experimente mit elektronischen Klängen; 1950 Besuch der Internationalen Ferienkurse für Neue Musik in Darmstadt.

Werk f. 1 Instr.: *Density 21,5* f. Fl. solo (1936) – Werk f. 8 Instr.: *Octandre* f. Fl., Klar., Ob., Fg., Hr., Trp., Pos., Kb. (1923) – Werke f. Kammerensemble bzw. Kammerorchester: *Offrandes* (nach Texten v. Vincente Huidobro u. José Juan Tablada) f. S. u. Kammerorch. (1921); *Hyperprism* f. kl. Orch., Schlzg. (1922); *Intégrales* f Bläser, Schlzg. (1924); *Ionisation* f. 13 Schlzg. (1930/31); *Ecuatorial* f. B. (bzw. B.-Chor), 4 Trp., 4 Pos., Kl., Org., 2 Theremins (bzw. Ondes Martenots), 6 Schlzg. (auf spanische Übersetzungen von Texten aus dem heiligen Buch der Maya Quiché Popol Vuh, 1933/34); Dance for Burgess f. Kammerorch., Schlzg. (1949, unveröff.); *Déserts* f. 14 Blasinstrumente, Kl., 5 Schlzg. mit Tonband-Interpolationen (1949/1954).

Verlag: Curwen London; Colfrane Music Publishing Corporation New York.

Noch immer begegnet man Kennern Neuer Musik, denen die eigenartige, ja einzigartige Klangwelt des franko-amerikanischen Komponisten E. V. als ein schöpferisches Arcanum – ein rätselhaftes Geheimnis – erscheint. Seine wenigen Kompositionen (das gesamte Frühwerk ging verloren, nur ein reichliches Dutzend seiner Werke ist veröffentlicht) werden nur relativ selten gespielt; stets wieder schockiert ihre so kompromißlose wie normensprengende Radikalität des Klangs; aber gleichwohl vermögen sie kraft ihrer expressiven Magie doch zu fesseln, ohne daß man sich an vertraute Muster des Hörens halten könnte. Gerade der posthume Ruhm, jenseits von ›Schulen‹ oder ›Moden‹ der Neuen Musik einer ihrer herausfordernsten Akteure gewesen zu sein, hemmt die widerstandslose Einbürgerung in die Konzertsäle – was auch sein Gutes hat: V.s Œuvre begegnet uns unverbraucht und dürfte so auch in Zukunft gegen Verschleiß resistent bleiben. Ähnelt aber die Arbeit dieses Komponisten – wie schon Pierre Boulez verneinend fragte – deswegen einer Geheimwissenschaft? Wir finden im Gegenteil »keine Neigung zu künstlich betriebener Esoterik«, sondern die »wilde Aura« einer Lebenskraft, die durch den anarchischen Impuls und eine geradezu maßlose Energie bestürzt. Wir erleben akustische Katarakte, die die Zeit gebar und die von einem Menschen zeugen, der Katastrophen erfuhr, der ›futuristisch‹ dachte und Revolutionen träumte – politische, wissenschaftliche, ästhetische, kompositorische. Paris, ein burgundisches Dorf und Turin prägten V.s Jugend. Er sollte Ingenieur werden, studierte aber Musik in Paris und lebte anschließend mehrere Jahre in Berlin. Zu Beginn des 1. Weltkrieges diente er in der französischen Armee, übersiedelte aber 1915 nach New York, wo er bis zu seinem Tode arbeitete: komponierend, lehrend, Konzerte mit avancierter Musik organisierend und dirigierend, vor allem aber – als ›einsamer‹ Wegbereiter – mit elektronischen Möglichkeiten der Klangerzeugung experimentierend. Claude Debussy, Maurice Ravel, Eric Satie, Arnold Schönberg, Ferruccio Busoni, Igor Strawinsky, Gustav Mahler und Richard Strauss kreuzten oder förderten seinen Weg; er war bekannt oder befreundet mit Pablo Picasso, Fernand Léger, Marcel Duchamp, mit Hugo von Hofmannsthal, Jean Cocteau oder Henry Miller; er begegnete Lenin und Wladimir Majakowski, und er förderte die musikalische Avantgarde nach dem 1. und 2. Weltkrieg.

Schon früh entwickelte V. eine kritische Reizbarkeit gegenüber den elementaren Konventionen des Komponierens. Er konstatierte ein anachronistisches Zurückbleiben der Musik, ihre mechanische ›Befangenheit‹ zu einer Zeit, da die stürmischen Fortschritte in Wissenschaft und Technik, die Urbanisierung der Lebensweise, gesellschaftliche Umwälzungen aller Art mit Händen zu greifen waren. Und es ist deshalb kein Zufall, daß er sich 1908 in Berlin vor allem mit Busoni eng befreundete, dessen *Entwurf einer neuen Ästhetik der Tonkunst* wie ein Fanal sein Denken elektrisierte. Dieses »Manifest der Befreiung des Klangs aus seiner Nivellierung durch Tonsystem, Temperatur und die Begrenztheit des traditionellen Instrumentariums« (Hans Rudolf Zeller) suchte V., weit konsequenter als sein Urheber, praktisch einzulösen. Was Busoni forderte: die Einheit von Material- und Formkonzept, neu für jedes Werk, hin »zum abstrakten Klang, zur hindernislosen Technik, zur tonlichen Unabgegrenztheit« – V. gab ihm klang- und raum-körperlichen Ausdruck. Daher stammt seine Emanzipation von Rhythmen und Geräuschen, sein Interesse an chromatischen Glissandi und Sirenen, an elektronischem Klang für seine Idee einer auskomponierten »organischen Athematik« (A. Whittal) und an einem Formkonzept, das sich – nicht als vorgeordnete Schematik, sondern als Resultat von konkreten Klangbildungsprozessen – auf die Natur der Kristallbildung beruft. V. kämpfte um eine Erneuerung der musikalischen Sprache nicht als Futurist, sondern als Zeuge seiner Gegenwart. Denn »die Bedeutung einer sozialen Veränderung ist für jedes Individuum Teil des Inhalts von Kunst. Ein Künstler ist niemals Vorläufer: er reflektiert nur seine Zeit« (E. V.). In diesem Sinne hielt er offensichtlich die konventionellen Genres der Kammermusik für höchst unzeitgemäß, denn mit Ausnahme eines kleinen Stücks für Solo-Fl. und eines Oktetts mied er das etablierte Terrain. Seine wenigen Stücke (vorwiegend aus den 20er und 30er Jahren), die der Besetzung nach die Kriterien gerade noch erfüllen, bedienen sich größerer Kammerensembles bzw. eines zum Teil variabel besetzten Kammerorchesters und erfordern Formen der räumlich entgrenzten Wahrnehmung, weil sich in allen Fällen V.s Musik ohne substantiellen Bezug auf spezifisch kammermusikalisch Kategorien der Tradition entfaltet.

Hyperprism (1922)
für kleines Orchester (Flöte bzw. Piccolo, Klarinette, 3 Hörner, 2 Trompeten, 2 Posaunen, 16 Schlaginstrumente für 7 Spieler)

Dauer: ca. 5'
Verlag: Colfranc New York, ED 1966

Dieses mit 90 Takten kürzeste, aber klanglich vielleicht radikalste Stück unter V.s Ensemble-Kompositionen ist für 9 Bläser und 16 Schlaginstrumenten für 7 Spieler geschrieben. Das bemerkenswerteste Instrument ist eine Sirene, die V. wegen ihrer »schönen parabolischen und hyperbolischen Klangkurven« eingesetzt hat. Die UA – am 4. März 1923 in einem New Yorker Konzert der ›International Composers' Guild‹ – wurde, nicht zuletzt aufgrund dieses provokativen Klangs, zu einem großen Skandal. V. behauptete später, daß er sich an die Bedeutung des Titelworts nicht erinnern könne. Aber mit *Hyperprism* gelang es ihm zum ersten Mal, seine revolutionären Klangvisionen rückhaltlos zu verwirklichen. »Diese Auffasung«, schrieb Chou Wen-chung, »läßt sich am besten verstehen, wenn man die bei der Brechung von Licht durch ein Prisma entstehenden Farbformationen in das Reich der Töne übersetzt. Indem V. Timbre und Dynamik als Attribute des Klangs anerkannte, war er in der Lage, die Synthese dieser Komponenten im ›organisierten Klang‹ als Kompositionsprozeß zu verstehen.«

Ionisation (1930/31)
für 13 Schlagzeuger

einsätzig
Dauer: ca. 5'
Verlag: Colfranc New York, ED 1967

V.s berühmtestes Stück, reduziert auf reinen Schlzg.-Klang, wurde am 6. März 1933 in New York von einem Ensemble unter Leitung von Nikolas Slonimsky uraufgeführt. Als es zum ersten Mal in Deutschland während der Internationalen Ferienkurse für Neue Musik in Darmstadt im August 1950 unter Hermann Scherchens Leitung erklang, schrieb Antoine Goléa in ›Melos‹, es habe dort »wie eine Zusammenfassung allerjüngsten Erlebnisses« gewirkt. »Die rhythmische Welt V.s ist hier auf eine experimentelle Spitze getrieben, die wie ein einmaliges, großangelegtes Exempel wirkt, läßt sich von der klanglichen nicht trennen, denn jedes Schlaginstrument bleibt, in V.s Behandlung, ein Mikrokosmos des Klangs von unverkennbarer Eigentümlichkeit, dessen Fügen in das Ganze einen unendlich variierten, zu einer größeren Einheit zusammengefaßten Makrokosmos ergibt. Die Welt des Rhythmus aber löst sich immer wieder auf dem Grunde der geheimnisvoll modulierten Sirenenklänge ab, und es gelang auch dem Zauberkünstler Scherchen, dieser Gegenübersetzung den Wert und die Bezeichnung eines menschlichen Symbols zu verleihen.«

Density 21,5 (1936)
für Soloflöte

einsätzig
Dauer: ca. 5'
Verlag: Colfranc New York, ED 1966

Diese Komposition für Solo-Fl. entstand im Januar 1936 – zu einer Zeit, als sich V. seit über einem Jahr in einer schwierigen psychischen Situation befand. Er hatte – von Krankheiten und Depressionen geplagt – das Gefühl, die Grenzen seiner musikalischen Sprache erreicht zu haben und verpflichtet zu sein, als Komponist zu schweigen. Erst elf Jahre nach der UA von *Density 21,5* am 16. Februar 1936 in New York, trat V. mit einem neuen Werk – der *Étude pour Espace* – vor die Öffentlichkeit. Der Solist der UA war Georges Barrère, der erste Flötist des New York Symphony Orchestra. Er hatte den Komponisten um ein Stück gebeten, um eine eigens für ihn hergestellte, neue Platinflöte vorzustellen. Darauf bezieht sich der Begriff des Stücktitels: Er gibt die physikalische Dichte des Platins (genau 21.43) an. V. kam es darauf an, im Sinne einer expressiven Etüde, die klanglichen Möglichkeiten eines solchen Instruments vielseitig auszuloten. Ausgehend von einer motivischen Keimzelle (Kleine und Große Sekunde), die in verschiedenen Lagen variantenreich wiederkehrt, wird der Klangraum schrittweise oder in großen Intervallsprüngen bis zum Ambitus von fast drei Oktaven ausgeweitet. Ähnlich differenziert behandelt V. den klangfarblichen Bereich bis hin zu percussiven Geräuschen – stets mit der Intention, die gegebenen Grenzen der Spieltechnik zu überschreiten und ›unerhörte‹ Klangwirkungen zu testen.

Frank Schneider

Ralph Vaughan Williams

geb. 2. 10. 1872 Down Abney, gest. 26. 8. 1958 London. 1890–1892 Studium am Royal College of Music in London (Komposition bei Sir Charles Hubert Parry). 1892–1895 Geschichts- und Musikstudium (Komposition bei Charles Wood, Org. bei Alan Gray) am Trinity College in Cambridge, Abschluß mit Mus. B. und dem B. A. in Geschichte. 1895 Fortsetzung der Studien am Royal College of Music (Komposition bei Charles Stanford). 1897 mehrmonatiger Studienaufenthalt bei Max Bruch in Berlin. 1901 Promotion zum Doctor of Music. 1903–1913 Sammlung und Herausgabe von englischen Volksliedern. 1904 Eintritt in die ›Folk Song Society‹. 1908 Studienaufenthalt bei Maurice Ravel in Paris. 1920 Berufung zum Lehrer am Royal College of Music. 1921–1928 Dirigent des Bach-Chores. 1922, 1932 und 1954 Reisen in die USA. Zahlreiche in- und ausländische Ehrungen.

Werke f. 2 Instr.: 6 Studies in English Folksongs f. Vc., Kl. (1926); Sonata a f. V., Kl. (1954) – Werke f. 4 Instr.: StrQu. g (1909, rev. 1921); StrQu. a (1942–1944); Household Music, 3 Preludes on Welsh Hymn Tunes, f. 2 V., Va., Vc. od. andere Instr. u. Hr. ad. lib. (1940/41) – Werke f. 5 Instr.: Phantasy Quintet f. 2 V., 2 Va., Vc. (1912).

Verlag: Oxford University Press, Stainer & Bell, Boosey & Hawkes (alle London).

In seinen musikalischen Ansichten ist V. W. mit Komponisten wie Béla Bartók, Zoltán Kodály oder Manuel de Falla zu vergleichen. Alle waren sich des Fehlens einer eigenen, nationalen Musik bewußt und suchten den Weg zu einer Identität von Musik und Land in den Quellen der Volksmusik. Der Einfluß des Volksliedes, das nur selten wörtlich zitiert wird, ist in der Melodik genauso wie in der Harmonik und in der Rhythmik zu finden. V. W. entdeckte die für die englische Volkmusik charakteristischen Intervalle, Rhythmen und

Konturen und integrierte sie in seine musikalische Sprache. Bei den Melodien sind es bestimmte ›Floskeln‹ (*London Symphony*, 2. Satz), modale Tonarten (dorisch oder äolisch) und – besonders in den Werken vor 1925 – freie bzw. Ganztonskalen, die sich immer wieder finden. Im Bereich der Harmonik blieb V. W. im Vergleich zu Arnold Schönberg und seinen Schülern immer konservativ. Ihm kam es darauf an, das Spannungsverhältnis von Tonika und Dominante zu vermeiden, mit dissonanzfreien Akkorden zu arbeiten und die Akkordverbindungen von der Oberstimme aus zu betrachten. Geradezu konventionell erscheint die Rhythmik in seinen Werken. Im Gegensatz zu Igor Strawinsky oder Bartók verfolgte V. W. die Tendenz zur Auflösung des Rhythmischen und zur Verunklarung des Metrischen. »Wichtiger als die Definition des ›Typischen‹ ist aber, daß V. W. mit seinen Kompositionen viel mehr noch als mit seiner Lehrtätigkeit zum Promotor eines neuen künstlerischen Selbstbewußtseins geworden ist. Als Komponist ...hat er neuen Entwicklungen den Weg geebnet, selbst aber bereits den grundlegenden Anfang zu diesen Entwicklungen gemacht, so daß durch die Selbständigkeit seiner musikalischen Persönlichkeit seine heutige Stellung als eine ›Durchgangsstation‹ nicht nur ungerechtfertigt sondern auch widersinnig ist.« (Lutz-Werner Hesse)

Im Gegensatz zu der großen Anzahl an Opern –, Chor- und symphonischen Kompositionen führen die kammermusikalischen Werke V. W.' ein wahres Schattendasein. Dies ist um so verwunderlicher als die Va. sein favorisiertes Instrument war und er selbst V. spielte. Ein eindeutiger Schwerpunkt in der Komposition von Kammermusik liegt in der Zeit vor dem 1. Weltkrieg – viele dieser Werke sind später nicht veröffentlicht worden. Bis 1914 hatte V. W. von seinen bedeutenden kammermusikalischen Werken das StrQu. in g-Moll (1909) und das Phantasy Quintet (1912) komponiert. Erst in den Jahren 1942 bis 1944 folgte das zweite StrQu. in a-moll. Es ist zu vermuten, daß V. W. in den Frühwerken versucht hat, seinen Stil auszuprägen und sich dann erst an die Komposition größerer Werke heranwagte. »Was für uns heute von V. W.' Kompositionen Bestand hat und wichtig ist, sind die Werke, in denen er in seiner ganz eigenen musikalischen Sprache Dinge auszudrücken vermochte, die auch Nichtengländern etwas sagen und bedeuten können. [Seine] Kompositionen haben eine visionäre Kraft, die auch heute ungebrochen ist.... Die visionäre Kraft ist das Ergebnis nicht nur eines hohen Ethos, dem V. W. sich selbst und seiner Musik verpflichtet fühlte, sondern auch seines Hangs zu einer eigenwilligen Art von Mystizismus.« (L.-W. Hesse)

Streichquartett g-Moll (1909, rev. 1921)

Allegro moderato – Minuet and Trio. Temo di Minuetto – Romance. Andante sostenuto – Finale: Rondo capriccioso. Allegro molto
Dauer: ca. 30'
Verlag: J. Curwen London, ED 1921.

Das erste StrQu. entstand gleich nach V. W.' Rückkehr aus Paris ganz unter dem Eindruck der Studien bei Ravel. Es zählt gemeinsam mit Claude Debussys und Ravels Quartetten zu den wenigen der impressionistischen StrQu.-Literatur. Neben den für die impressionistische Färbung typischen instrumentalen Effekten, die besonders im letzten Satz (Finale: Rondo capriccioso) zu hören sind, und der Verwendung von Ganztonskalen oder verschiedenen

Modi zeichnet sich das erste StrQu. durch die Einbindung von Elementen der traditionellen englischen Musik aus. Schon das Hauptthema des **1. Satzes** – einem Sonatenhauptsatz – verweist mit seinem dorischen Klang nicht nur auf den Impressionismus, sondern lehnt sich in seinem melodischen Gestus an die Volksmusik an. Das Mixolydische des **Menuetts** mit seiner Pizzicato-Begleitung dagegen richtet sich ganz deutlich nach Ravels und Debussys Quartetten. Gegen die Spritzigkeit des Menuetts sticht die dreiteilige **Romance** mit ihren expressiven, im wechselnden 5/4- und 6/8-Takt notierten Melodien, hervor. Hier entwirft V. W. eine Welt des Klangzaubers, in der sich ganz deutlich sein Personalstil abzuzeichnen beginnt. Wie vertraut der Komponist mit den klanglichen und technischen Möglichkeiten von Streichinstrumenten war, beweist das **Finale** in Form eines Rondos. Pizzicato-Passagen wechseln mit Passagen ›sur la touche‹, ›on the heel‹ und ›sul ponticello‹.

Sabina Prüser

Giuseppe Verdi

geb. 10. 10. 1813 Le Roncole bei Busseto (Parma), gest. 27. 1. 1901 Mailand. Ab 1831 Unterricht in Mailand bei Vincenzo Lavigna, 1836 Leiter des Stadtorchesters und der Musikschule von Busseto. 1839 an der ›Mailänder Scala‹ Debut mit der Oper *Oberto*, 1842 sensationeller Erfolg mit *Nabucco*. Als freier Komponist in Busseto – später zeitweilig auch in Paris – lebend, schuf V., meist nach weltliterarischen Vorlagen (William Shakespeare, Friedrich von Schiller, Victor Hugo) rund 30 Bühnenwerke, in denen sich, besonders ab 1851 (*Rigoletto, Il Trovatore, La Traviata*), eine realistische, auf intensive Situations- und Menschenschilderung ausgerichtete künstlerische Haltung ausprägte (›psychologischer Realismus‹), die ihren Höhepunkt in den beiden Spätwerken *Otello* (1887) und *Falstaff* (1893) fand.

Werk f. 4 Instr.: StrQu.e (1873).

Verlag: Ricordi Mailand.

Im italienischen Musikleben des 19. Jahrhunderts hatte die Oper eine so absolute Dominanz, daß ihr gegenüber die Instrumentalmusik, zumal die Kammermusik, zu völliger Bedeutungslosigkeit herabsank. Sie galt allgemein als bestimmend für die Tradition der deutschen bzw. österreichischen Musik, während man für die italienische das Primat des Vokalen als unabdingbar ansah. Gegen 1870 jedoch wandelte sich in der italienischen Öffentlichkeit diese Anschauung. Vor allem die jüngeren Musiker befürchteten eine Stagnation der italienischen Opernkultur, der sie – nach dem Vorbild von Richard Wagner – durch die Einbeziehung sinfonischer Elemente begegnen wollten. In diesem Zusammenhang erwachte ein stärkeres Interesse auch an der Kammermusik. V. sah diese Entwicklung kritisch; er sei der Meinung – heißt es in einem Brief – ‚»daß das Streichquartett eine Pflanze ist, der das italienische Klima nicht bekommt.« Dennoch hat er ein StrQu. komponiert, wohl um sich und der Welt zu beweisen, daß er durchaus über die kompositorischen Mittel verfügte, die diese zentrale kammermusikalische Gattung erforderte.

Um diesen einmaligen Ausflug auf das Gebiet der Instrumentalmusik jedoch nicht der Mißdeutung auszusetzen, er sei seiner Überzeugung von der grundsätzlichen vokalen Ausrichtung der italienischen Musik untreu geworden, hat er das StrQu. nach der privaten UA am 1. April 1873 in Neapel zunächst nicht veröffentlicht.

Streichquartett e-Moll (1873)

Allegro – Andantino – Prestissimo – Scherzo. Fuga
Dauer: ca. 22'

Anfang 1873 hielt sich V. in Neapel auf, um dort die Erstaufführung der *Aida* vorzubereiten. Durch die Erkrankung von zwei Sängerinnen verzögerte sich die Theaterarbeit und V. nutzte die Zeit der erzwungenen Untätigkeit zur Komposition seines StrQu.s. Bereits am 1. April 1873 konnte er das Werk im Empfangssaal seines Hotels einigen Freunden vorführen lassen.

Der **1. Satz** zeigt alle Merkmale des klassischen StrQu.-Stils. Mit zwingender Logik wird das gesamte musikalische Geschehen aus dem Hauptthema

und einem kanonisch eingeführten Überleitungsgedankenabgeleitet; ein ge-

sangliches Seitenthema ist zwar vorhanden, spielt aber nur eine ganz periphere Rolle. Die Durchführung verknüpft aus dem thematischen Material gewonnene melodische Gestalten zu einem Satz von bemerkenswerter kontrapunktischer Dichte:

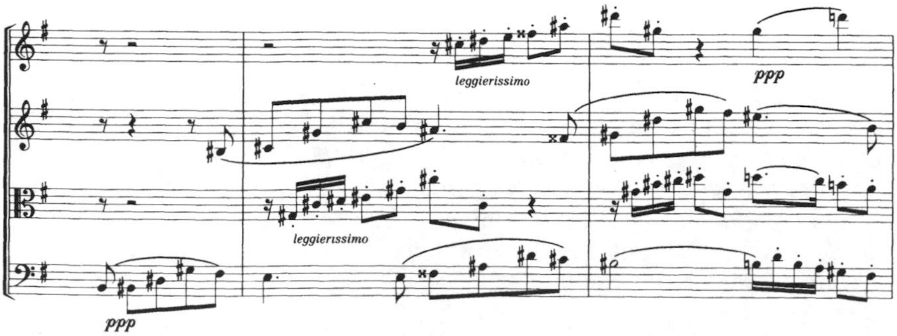

Das **Andantino** ist kein eigentlich langsamer Satz, sondern eher ein Intermezzo mit einem graziös und elegant wirkenden Thema; der **3. Satz** ist ein energisch zupackendes, kontrastreiches Scherzo, dessen Mittelteil von einer intensiven Kantilene des Vc. beherrscht wird, die den Opernkomponisten nicht verleugnet.

Auch das **Finale** hat, wie schon aus seiner Bezeichnung hervorgeht, Scherzocharakter. Es ist eine Fuge über ein durchweg staccato und leggiero vorgetragenes, gleichsam ›hingetupftes‹ Thema,

die wie eine Vorahnung jener ›Fuga buffa‹ wirkt, mit der V. zwanzig Jahre später seine Oper *Falstaff* und damit sein musikdramatisches Schaffen insgesamt beschließen sollte. Überzeugend beweist dieser Satz, daß der Meister der sonst so kontrapunktfernen italienischen Oper die Besonderheiten der Fugentechnik souverän beherrscht: Er verzichtet weder auf Engführung noch auf Umkehrung des Themas, wenn auch im Verlauf des Satzes die kompositorische Struktur freier und lockerer wird.

Wolfgang Marggraf

Anatol Vieru

geb. 8. 6. 1926 Jassy (Rumänien). 1946–1951 Studium am Konservatorium in Bukarest (Komposition bei Leon Klepper, Harmonielehre bei Paul Constantinescu, Dirigieren bei Constantin Silvestri), daneben 1947–1951 Dirigent am Bukarester Nationaltheater, 1950/51 Chefredakteur der Zeitschrift ›Muzica‹. 1951–1954 Fortsetzung des Musikstudiums am Tschaikowsky-Konservatorium in Moskau (Komposition bei Aram Chatschaturjan), 1955–1958 dort Aspirantur. Ab 1955 Lehrtätigkeit am Bukarester Konservatorium (ab 1962 Prof. für Komposition u. Instrumentation). 1967 u. 1984 Besuch der Darmstädter Ferienkurse für Neue Musik. Längere Auslandsaufenthalte, verbunden mit Lehrtätigkeit, Dirigaten u. Kompositionsaufträgen: u. a. 1968 USA, 1973/74 DAAD-Stipendiat in Berlin (West), 1983/84 Israel, 1992/93 composer-in-residence New York. In den 70er Jahren Gründung der Konzertreihe ›Musiques parallèles‹ in Bukarest. 1978 Promotion in Bukarest (phil. Diss. *De modes vers un modèle de la pensée musicale intervallique*, 1993 in engl. Sprache unter dem Titel *The Book of Modi* erschienen). Weitere wissenschaftliche Arbeiten: u. a. *Modalism – a Third World*; *Une théorie musicale pour la période postmoderne*; *From Modes Towards Musical Time*. Zahlreiche nationale und internationale Auszeichnungen.

Werke f. 1 Instr.: *Rezonanţe Bacovia* (Bacovias Resonanzen) f. Fl. mit Tonband ad lib. (1963); Sonate f. Vc. Fragment aus *Lupta cu Inerţia* (Der Kampf gegen die Inertie) (1962; als Uhrwerk Bearb. mit Schlzg. ad lib., 1974); *Metaksax u. Doux polysson*, 2 Stücke f. ASax. (1984); Pulsions en souffle continu f. ASax. (1992); *Dar* (Geschenk) – Nr. I f. Fl. (1988), Nr. II f. Vc. (1989), Nr. III f. Klar. u. interaktiver Computer (1992); *Poveste* (Märchen) f. Schlzg. (Text: Ion Creangă; 1993); *Design-Dasein* f. Fl./AFl. (1993) – Werke f. 2 Instr.: Zwei Stücke f. Trp., Kl. (1953); *Mini Master Mind* f. Ob.,

Cemb. (1975); Sonate f. V., Vc. (1984/85); *Trânta* (Ringkampf) f. Sax., Schlzg. (1987); Diaphonie f. Vc., Kb. (1987); Epistolar f. AFl., Kl. (1988); *Versete* (Verse) f. V., Kl. (1989); Sonate f. Vc., Kl. (1992) – Werke f. 3 Instr.: *Mozaicuri* (Mosaike) f. 3 Schlzg.-Instr. (1972); *Quatre angles pour regarder Florence* (Vier Aussichtspunkte, von denen ich Florenz sah) f. S., Cemb./Kl., Schlzg. (1973); Double duos f. Klar./Sax., Vibr./Mar., Kl. (1983); Psalmul 91 (Psalm 91) f. Bar., Org., Vc., Kb. (1983); Trio f. Fg., Git., Kb. (1992); *Life Sentence* (12 Gedichte v. Nina Cassian) f. S., Klar., Schlzg. (1992) – Werke f. 4 Instr./Ausf.: (8) StrQu. (Nr. 1 c, 1955; Nr. 2 G, 1956; Nr. 3 1973; Nr. 4 1980; Nr. 5 1980/81; Nr. 6 1986; Nr. 7 1987; Nr. 8 1991); Quartett f. Tänzerin, Klar., Hr., Schlzg. (1967); *Millefolium* f. 4 (12) Fl. (1986); 4 Sax f. Sax.-Quartett (1991) – Werke f. 5 Instr.: Quintett f. Klar. u. StrQu. (1957); *Steps of Silence* f. StrQu. u. Schlagzeug (1966/67); *Le crible d'Eratosthène* (Das Sieb des Eratosthenes) f. V., Va., Vc., Klar., Kl. (1969); *Inscriptio* f. Fl., 2 Pos., elektr. Git., BGit. (1978); *Soroc* (Frist) f. Fl., Ob., Klar., Fg., Schlzg. (1984); *Multigen* f. AFl., Ob., ASax., Schlzg., Kl. (1988); *Giusto* f. Sax., Schlzg., Git., BGit., Synthesizer (1988); *Eclisse* f. V., Va., Vc., Kb., Kl. (1991); *Penthouse* f. StrQu. u. Kl. (1992) – Werke f. 6 Instr.: Muzic pentru *Bacovia şi Labiş* (Musik f. Bacovia u. Labiş) (1959–1963) – Nr. I. *Lupta cu inerţia* (Der Kampf gegen die Inertie): Trio I f. V., Klar., Kl. u. *Nopţile lui Bacovia* (Bacovias Nächte) f. T., Kl.; Trio II f. V.., Klar., Kl. u. *Odă soarelui* (Ode an die Sonne) f. MezzoS., Kl.; Trio III f. V., Klar., Kl.; Nr. II. Nocturne şi *Rezonanţe Bacovia* (Nocturne u. Bacovias Resonanzen) f. S., Kl., Fl.; Nr. III. *Destinderi* (Entspannungen) f. MezzoS. u. Kl. – Werke f. 7 Instr.: Ma-jo-r music f. StrQu., Hf., Fl., Klar. (1984); *Tabor* f. V., Vc., Ob., Fg., Kl., Schlzg., Git. (1992) – Werke f. mehrere Instr./Ausf.: Din cântece arhaice de dragoste (Aus alten Liebesliedern; aus: Hohelied Salomos) – Nr. II: *Sage mir an* f. MezzoS., Fl., Ob., Klar., Hr., Fg. (1985), Nr. III. *Siehe, meine Freundin, du bist schön!* f. MezzoS. u. ASax. (1985), Nr. IV. *Fă-mă precum o pecete* (Lege mich wie ein Siegel auf deinen Arm) f. Vokal-Quartett, Fl., Ob., Klar., Hr., Fg. (1987).

Verlag: Editura Muzicală Bukarest; Muzghiz Moskau; Salabert Paris; Breitkopf & Härtel Wiesbaden; Schott Mainz; Gerig Köln.

Frei von Dogmen, ist A. V. zu keiner Zeit ein Anhänger der seriellen Musik gewesen. Sein Interesse galt von Anbeginn der stilistischen Richtung einer modalen Melodik und Harmonik, wie sie von Béla Bartók und George Enescu, von Anton Webern und Olivier Messiaen vertreten wurde. Bereits in den 50er Jahren hat V. gleichsam spielerisch die Modi als eine Mengen-Kategorie erprobt und dargestellt – durch Kreuzungen, Vereinigungen, Ergänzungen, Differenzen. Während der 60er Jahre wuchs in ihm die Erkenntnis, daß das menschliche Gehör die Tonleiter als Menge wahrnimmt, als Quantität im mathematischen Sinne. Obwohl V. ›von Haus aus‹ kein Mathematiker ist, hat er dennoch nach dem Beispiel der Physiker ein entsprechendes mathematisches Modell entwickelt. In dem Buch *De modes vers un modèle de la pensée musicale intervallique* (1978) stellt er seine Theorie vor, die erstaunliche Parallelen zur musikalischen Denkweise der Amerikaner z. B. George Perle oder Milton Babbitt aufweist.

V. verteilt die Modi in große Tonblöcke, mit deren Hilfe er den Ablauf der musikalischen Zeit testet, z. B. in *Odă tăcerii* (Ode au Silence, 1966/67), *Trepte ale tăcerii* (Steps of Silence, 1966) oder *Clepsidra I – Sonnenuhr* (1968). Typisch für seine Musik sind charakteristische Formen aus dem Alltagsleben wie die Sonnenuhr, das Sieb, der Bildschirm, aber auch ein Psalm-Vers, ohne daß seine Werke dadurch in einen Manierismus abdriften würden. V.s Schaffen ist nicht exklusiv, sondern integrativ und läßt eine ›postmoderne‹ Denkungsart erkennen. Der Komponist selbst versteht unter der ›Postmoderne‹ allerdings weder eine Stilrichtung noch eine stilistische Bewegung, sondern eher eine historische Situation, in der die modale, die tonale und die serielle Musik gleichberechtigt ›zusammenleben‹ können. In diesem Sinne ist V. durchaus ein Vertreter der ›Postmoderne‹. Folgerichtig bedient er sich einer dementsprechenden musikalischen Technik, indem er substantielle Grundgesetze der modalen, der tonalen und der seriellen Musik berücksichtigt.

V.s musikalisches Denken ist ausgesprochen kammermusikalisch geprägt, das betrifft auch sein symphonisches Schaffen und seine konzertanten Werke. Zahlreiche seiner Kammermusikkompositionen, die zuerst für wenige Instrumente konzipiert waren, dienten ihm später als Modelle für Orchesterkonzerte (z. B. die Sonate für Vc. solo; *Nautilos* für Kl. und Tonband (1968), *Doux polysson* und *Metaksax* für ASax.).

V. gehört – das sei mit Nachdruck betont – keiner besonderen stilistischen und ästhetischen Strömung der Moderne an. Seine Musik entsteht aus der Reflexion über die Auseinandersetzung des Menschen im ausgehenden 20. Jahrhundert mit sich selbst und seiner Zeit; diese Auseinandersetzung ist komplex und drückt sich in verschiedenen Zuständen und Erlebnissen aus. Diese wirken häufig kontrastierend, pendeln zwischen Leidenschaftlichkeit und musikalischer Abstraktion. Obwohl jedem einzelnen Opus Individualität wie auch Unvorsehbarkeit eigen sind, fügt sich V.s Schaffen insgesamt zu einem stabilen Bild, zu einem in sich stimmigen Ganzen.

Laura Manolache

Heitor Villa-Lobos

geb. 5. 3. 1887 Rio de Janeiro; gest. 17. 11. 1959 Rio de Janeiro. Vc.-Studium bei Benno Niederberger, Prof. am Nationalen Musikinstitut Rio de Janeiro. Autodidaktisches Erlernen des Git.-Spiels, seit 1901 Mitglied in den ›choros‹ (Straßenmusikensembles). Ab 1905 Reisen durch Brasilien, Auseinandersetzung mit der Volksmusik. Erste Begegnung mit dem musikalischen Impressionismus Claude Debussys. Erste Kompositionen (Lieder, Stücke für Git. und kleines Orchester, Kl.-Trio Nr.1). 1907 Beginn eines regulären Musikstudiums in Rio de Janeiro, das unsystematisch bleibt und abgebrochen wird. 1915 erstes öffentliches Konzert mit eigenen Werken. 1918 Bekanntschaft mit Artur Rubinstein, der sich maßgeblich für V.-L.' Werke einsetzt. 1922 Regierungsauftrag für Kompositionen über den 1. Weltkrieg (Sinfonien Nr.3 *A Guerra*, Nr.4 *A Vitori*, Nr.5 *A Paz*). 1923/24 und 1927–1930 Paris, unterbrochen von Reisen nach Brasilien, Dakar und in andere europäische Hauptstädte. 1930 Rio de Janeiro, Beauftragter für nationale Musikerziehung, 1932 Aufsicht über den schulischen Musikunterricht, 1942 Gründung des staatlichen Konservatoriums für Musikerzieherausbildung. Ab 1930 Konzertreisen nach Argentinien, Uruguay, Chile, 1944/45 in den USA. 1945 Gründung und Präsident der Academia Brasiliera de Música. Ab 1947 Europareisen. Zahlreiche Ehrungen und Auszeichnungen.

Werke f. Git. solo: *Panqueca* (1900); Mazurka (1902); Valsa brilhante (1904); Suite populaire brésilienne (1908–1912); Fantasia (1909); *Dobrados* (1909–1912); Canção brasileira (1910); *Dobrado pitoresco* (1910); Quadrilha (1910); Tarantela (1910); Simples (1911); Chôros Nr.1 (1921); 12 Etüden (1929); Valsa sentimental (1936); Prelúdios (1939); *Terezinha de Jesus* (1958) – Werke f. 2 Instr.: Prelúdio f. Vc., Kl. (1910); Sonate [Fantasia] Nr.1 f. V., Kl. (1913); Pequena suite f. Vc., Kl. (1913); Sonate [Fantasia] Nr.2 f. V., Kl. (1914); Sonhar f. V./Vc., Kl. (1914); Berceuse f. V./Vc., Kl. (1915); Capriccio f. V./Vc., Kl. (1915); Improviso Nr. 7 f. V., Kl. (1915); Sonate Nr. 1 f. Vc., Kl. (1915); Sonate Nr. 2 f. Vc., Kl. (1915); Elégie f. V./Vc., Kl. (1916); *O canto do cisne negro* f. V./Vc., Kl. (1917); Canto oriental f. V., Kl. (1917); Sonate Nr. 3 f. V., Kl. (1920); Sonata Nr. 4 f. V., Kl. (1923); Chôros Nr. 2 f. Fl., Klar. (1924); *Martirio dos insetos* f. V., Kl. (1925); Zwei Chôros f. V., Vc. (1928); *A gaita de fole* f. EHr., Harmonium (1937); *Distribução de flores* f. Fl., Git. (1937); *Bachianas Brasileiras* Nr. 6 f. Fl., Fg. (1938); Duo f. V., Va. (1946); *Assobio a jato* f. Fl., Vc. (1950); Concerto f. Git., Kl. (1951); Duo f. Ob., Fg. (1957) – Werke f. 3 Instr: Trio Nr. 1 f. V., Vc., Kl. (1911); Trio f. Fl., Vc., Kl. (1913); Trio Nr. 2 f. V., Vc., Kl. (1915); Trio Nr. 3 f. V., Vc., Kl. (1918); Trio f. Ob., Klar., Fg. (1921); Trio f. V., Va., Vc. (1945); *Divagação* f. Vc., Kl., Pk. (1946); Fantasia concertante f. Klar., Fg., Kl. (1953) – Werke f. 4 Instr./Ausf.: (17) StrQu. (1915 – 1957); *Poème de l'enfant et de sa mère* f. Stimme, Fl., Klar., Vc. (1923); Chôros Nr. 4 f. 3 WaldHr., Pos. (1926); Quartett f. Fl., Ob., Klar., Fg. (1928) – Werke f. 5 Instr.: Quintett f. 2 V., Va., Vc., Kl. (1916); Quinteto em forma de choros f. Fl., Ob., Klar., EHr./WaldHr., Fg. (1928); *A roseira.* Sax.-Qintett (1932); *A roseira.* Quintett f. Pikk., Fl., Klar., 2 Sax. (1935); Quinteto instrumental f. Fl., V., Va., Vc., Hf. (1957) – Werke f. 6 Instr: Canticos sertanejos f. 2 V., 2 Va., Vc., Kl. (1907); Sexteto místico f. Fl., Ob., Sax., Hf., Cel., Git. (1917); *Corrupio* f. Fg., 2 V., 2 Va., Vc. (1933) – Werke f. mehr als 6 Instr./Ausf.: Quatour f. Fl., Sax., Hf., Cel., Frauenstimmen (1921); Nonett f. Fl., Ob., Klar., Fg., Sax., Cel., Hf., Kl., Schlagwerk, gem. Chor (1923); Chôros Nr. 7. *Setemino* f. Fl., Ob., Klar., Sax., Fg., Gong, V., Vc. (1924); Chôros Nr. 3 f. Klar., Sax., Fg., 8 Hr., Pos., Männerchor (1925); *Bachianas Brasileiras* Nr. 1 f. mind. 8 Vc. (1930).

WV inkl. aller Bearbeitungen in H. V.-L.: Sua obra. Rio de Janeiro 1989.
Verlag: Associated Music Publishers New York; Eschig Paris.

Kein anderer Komponist des 20. Jahrhunderts hat einen solchen Mythos um die eigene Vita gewoben wie H. V.-L. Daher verwundert es nicht, daß sich auch in den Beschreibungen seines Lebens immer wieder Dichtung und Wahrheit mischen und das Urteil der Musikkritik bis heute schwankt. Während die einen V.-L. als Schöpfer einer originären und modernen Tonsprache Brasiliens betrachten, halten ihn andere für einen durchschnittlichen Komponisten, der seinen internationalen Ruhm geschicktem Taktieren und das immense Œuvre vor allem der unendlichen Wiederverwertung eigener Ideen verdankt.

Der Komponist, der nie eine akademische Ausbildung erhielt, verbrachte seine Jugend mehr in den Straßen von Rio de Janeiro als in der Schule und im Elternhaus. Die folkloristische Musik der Straßenensembles faszinierte den Knaben, er erlernte autodidaktisch das Git.-Spiel und verdiente sein Geld als Unterhaltungsmusiker; hier liegen die musikantischen Wurzeln seines späteren Erfolges. Darüber hinaus unternahm V.-L. ausgedehnte Reisen durch Brasilien, während derer er die traditionelle Musik der Ureinwohner auf sich wirken ließ. Während seines ersten Parisaufenthaltes 1923/24 erkannte er rasch, daß seine Chance darin bestand, eine brasilianische Nationalmusik zu etablieren und sie dann als selbsternannter musikalischer ›Sonderbotschafter‹ seines Landes zu repräsentieren. Zwar hatte er nie selbst, wie etwa Béla Bartók, folkloristische Melodien gesammelt. Aber der äußerst pragmatisch veranlagte V.-L. begann ein sorgfältiges Studium der Quellen in den Bibliotheken und Museen Rio de Janeiros, bei dem er sich ein genaues Bild der brasilianischen Kulturtradition verschaffte. Konsequent entwickelte er das nationale Kolorit in seiner Musik, wobei die Verwendung tatsächlicher Volksmusik eine gleichberechtigte Rolle neben pseudo-folkloristischen Melodien spielte. Der phantasiebegabte V.-L. zögerte auch nicht, ein selbsterfundenes Thema nachträglich als originale Volksmelodie auszugeben, und mit den Erzählungen von seinen angeblichen Urwaldexpeditionen umgab er seine Musik mit einer unangreifbaren Aura der Authentizität.

Der Beitrag von H. V.-L. zur Kammermusik des 20. Jahrhunderts ist aus verschiedenen Gründen bedeutsam. Zum einen hat der Komponist seinem Instrument, der Git., den Weg in die Konzertsäle geöffnet. Seine Kompositionen für dieses Instrument, das traditionell eher dem häuslich-geselligen Musizieren zugeordnet wird, sind fester Bestandteil des klassischen Git.-Repertoires. Zum anderen dokumentiert sich gerade in der Kammermusik V.-L.' Anspruch auf einen originellen Nationalstil: Seine Technik der Einbeziehung volktümlicher Melodien läßt sich nicht mit der eines Béla Bartók oder Zoltán Kodály vergleichen. Sie realisiert sich weniger im Zitat als vielmehr in einem beherzten Zugriff auf Harmonik, Rhythmik und Instrumentarium der afrikanischen, afro-brasilianischen und schließlich populär-städtischen Musiktradition, die sich mit der modernen Harmonik seiner Kompositionsweise zum eigenwilligen Personalstil des Brasilianers verbinden.

Anhand seines Kammermusikwerkes lassen sich zeitliche Phasen und wiederkehrende Kompositionsverfahren beschreiben, die auch für das Gesamtschaffen von V.- L. Gültigkeit besitzen. So sind die größtenteils vor 1923 entstandenen Werke in klassischen Gattungen von jenen zu untercheiden, mit denen er neue Wege unter Einbeziehung der volkstümlichen Musik beschreitet. Während die traditionellen Werke oft angestrengt akademisch wirken, repräsentieren die brasilianisch inspirierten Kompositionen das originelle und musikhistorisch weitaus bedeutendere Schaffen des Komponisten. Zur ersten Gruppe zählen viersätzige StrQu.e, Kl.-Trios und Sonaten, in denen er sich mehr oder weniger genau an die klassischen Formvorgaben hält. V.-L. hat auch in späteren Jahren noch Beiträge zu diesen Gattungen komponiert, sie sind jedoch meist einsätzig und werden oft durch programmatische Erläuterungen in irgendeiner Form mit Brasilien verknüpft. Ab 1923/24 führt sein Ringen um eine Nationalmusik zur Entwicklung neuer musikalischer Genres. Zu diesen zählen u.a. die ›Chôros‹, eine Werkgruppe, deren Zusammenhang (sieht man von der grundsätzlichen Einsätzigkeit ab) weniger in der stilistischen Einheitlichkeit als in der gemeinsamen Anlehnung an die von den Straßenmusikern Rio de Janeiros gebildeten Ensembles besteht. Formal betrachtet hätte V.-L. die höchst unterschiedlichen ›Chôros‹ auch mit herkömmlichen Bezeichnungen überschreiben können, aber auf diese Weise unterstrich er den innovativen wie den nationalen Gehalt der Stücke.

In vielen Werken überwiegt der improvisatorische Charakter der Spielmusik, den V.-L. folkloristischer Unerhaltungsmusik entlehnte. Auch die berühmten *Bachianas Brasileiras* gehören in diesen Kontext: V.-L. faßt unter diesem Begriff Stücke ganz unterschiedlicher Gattung, Besetzung und Stilhaltung zusammen. Mit ihnen beabsichtigte er nicht weniger als die Harmonisierung der europäischen Musiktradition – vertreten durch Johann Sebastian

Bach – mit der brasilianischen Folklore. Die Musik Bachs deutete V.-L. nicht nur als Gipfel der Musikgeschichte, sondern auch als Zusammenfassung aller musikalischen Ausdrucksmöglichkeiten. Seine Begeisterung für den Barockkomponisten mag durch den europäischen Neoklassizismus angeregt worden sein, ging aber bedeutend weiter, wenn er eine innere Verwandtschaft des Bachschen Idioms mit der Unmittelbarkeit folkloristischer Musik behauptete. Die Formsynthese, die er selbst mit seinen *Bachianas Brasileiras* anstrebte, erschöpft sich allerdings nicht selten darin, den Sätzen eines Werkes sowohl die Bezeichnungen barocker als auch traditionell brasilianischer Tanzformen zuzuweisen und ist nicht zuletzt als ein Zeugnis seiner aufwendigen Bemühung um Originalität zu verstehen.

In V.-L.' kammermusikalischem Schaffen lassen sich bestimmte Muster wiedererkennen, nach denen er zeitlebens verfuhr: So pflegte er ein einmal entdecktes Motiv oder eine eingängige Melodie in späteren Werken formelhaft wiederzuverwenden, sei es als originales Zitat oder in leichter Abwandlung. Dabei vertraut er es nahezu ausnahmslos jenem Instrument an, von dem es zum erstenmal vorgestellt wurde. Eine typische Verfahrensweise ist auch die Produktion ›in Serie‹: War ein neuer Formtypus entwickelt, komponierte V.-L. gleich eine ganze Reihe Werke dieser Art, etwa die 14 Chôros oder die neun *Bachianas Brasileiras*. Das Verfahren der Wiederverwertung eigener (und fremder) melodischer Einfälle prägt auch die Kammermusik: Immer wieder hat V.-L. frühere Werke anders instrumentiert, Teile herausgenommen und neu zusammengestellt oder geringfügig verändert und mit einem neuen Titel oder einem fiktiven Enstehungsdatum versehen. So erklärt sich nicht zuletzt der immense Umfang seines Werkkataloges, der über tausend Titel verzeichnet.

Bachianas Brasileiras Nr. 6 (1938)
für Flöte und Fagott

Aria (Chôro) – Fantasia
Dauer: ca. 9'
Verlag: Associated Music Publishers New York, ED 1946

Anhand der 6. *Bachianas Brasileiras* läßt sich exemplarisch beschreiben, inwieweit V.-L. tatsächlich seine Absicht realisieren konnte, brasilianische Folklore mit dem Kompositionsstil Johann Sebastian Bachs zu verknüpfen. Die Nr. 6 gehört zu den Werken dieser Gruppe, in denen die Orientierung an Bach nicht nur behauptet wird, sondern sich im kompositorischen Detail nachvollziehen läßt. Dominant ist zunächst der Eindruck eines Spielmusikstückes, bei dem der Komponist besondere Rücksicht auf die jeweilige Idiomatik seiner Instrumente genommen hat. Der **1. Satz** ist formal sehr einfach gestaltet: Klar sind die Funktionen von Führungs- und Begleitstimme abwechselnd der Fl. und dem Fg. zugeteilt. Anhand der Satzstruktur lassen sich Bezugspunkte zu den zweistimmigen Inventionen Bachs benennen; Anleihen erfolgen vor allem bei der Melodie- und Sequenzbildung, z.B. in Gestalt von Quintfallsequenzen:

T. 15–19

Der von Bach häufig verwendete Fortspinnungstypus ist ebenso erkennbar wie die einstimmige Darstellung zweistimmiger Verläufe durch Registersprünge:

T. 6–29

Im Gegensatz zu Bach wählt V.-L. für die jeweilige Begleitung eine ornamentale Gestaltung, und die kontrapunktische Verknüpfung beider Stimmen ist weniger dicht als bei seinem großen Vorbild.

Im **2. Satz** werden beiden Instrumenten virtuose Aufgaben übertragen. Wie im 7. StrQu. fügt V.-L. zahlreiche thematische Einfälle in lockerer Folge zu einer episodenhaften Fantasia zusammen. Punktuell greift er wie im vorangegangenen Satz auf Bachsche Techniken zurück, ohne daß eine reine Stilkopie entsteht. Um als Formsynthese dem Namen *Bachianas Brasileiras* gerecht zu werden, ist allerdings das folkloristische Kolorit in diesem Werk zu schwach ausgeprägt, so daß es eher als Beispiel produktiver Aneignung einzelner Aspekte der Bachschen Formkunst beurteilt werden sollte.

Christiane Krautscheid

Carl Maria von Weber

getauft 20. 11. 1786 Eutin, gest. 5. 6. 1826 London. Erste musikalische. Erfahrungen in der Schauspielgesellschaft seines Vaters; 1797 Kl.-Unterricht bei Johann Peter Heuschkel in Hildburghausen; 1797/98 (und ev. auch 1801/2) Kompositions-Unterricht bei Michael Haydn in Salzburg, 1798–1800 bei Johann Nepomuk Kalcher in München; zugleich erste Kompositionen von Kl.-, Kammermusikwerken und Singspielen. 1803/04 Unterricht bei Abbé Vogler in Wien, von ihm als Kapellmeister nach Breslau empfohlen; nach Ablauf des zweijährigen Kontrakts Aufenthalt in Schloß Carlsruhe/Schlesien. Zwischen 1807 und 1810 Privatsekretär des Herzogs Ludwig von Württemberg; nach der Ausweisung aus Stuttgart Anfang 1810 erneute Studien bei Vogler in Darmstadt; seit Februar 1812 Reisetätigkeit, wobei W. als Pianist und Komponist Fuß zu fassen sucht. 1813 Kapellmeister an den Ständischen Bühnen Prag, Anfang 1817 bis zu seinem Tod 1826 in gleicher Position am Hoftheater in Dresden. In dieser Zeit entstanden *Der Freischütz* (UA Berlin 1821), *Euryanthe* (UA Wien 1823) und *Oberon* (UA London 1826). Starb in London an chronischer Lungentuberkulose.

Werke f. 2 Instr.: 9 Variationen über ein norwegisches Lied f. Kl., V. op. 22, JV 61 (1808?); 6 Sonates progressives f. Kl., V. (Fl.) op. 10, JV 99–104 (1810); 7 Variationen über ein Thema aus *Silvana* f. Klar., Kl. B op. 33, JV 128 (1811); Grand Duo concertant f. Klar., Kl. Es op. 48, JV 204 (1815/16); Divertimento f. Git., Kl. JV 207 (1816?) – Werke f. 3 Instr.: 6 Variationen über ein Thema aus Voglers *Samori* f. Kl., V., Vc. (ad lib.) op. 6, JV 43 (1804); Trio f. Fl., Vc., Kl. g op. 63, JV 259 (1817–1819) – Werke für 4 Instr.: Quartett f. Kl., V., Va, Vc. B op. 8, JV 76 (1806–1809) – Werke für 5 Instr.: Quintett f. Klar., 2 V., Va, Vc. B op. 34, JV 182 (1811–1815).

Verlag: GA, Serie VI, Bd. 2 (in Vorb.); Breitkopf & Härtel Wiesbaden.
JV = Friedrich Wilhelm Jähns, C. M. v. W. in seinen Werken. Chronologisch-thematisches Verzeichniss seiner sämtlichen Compositionen, Berlin 1871 (ND Berlin 1967).

Die Musikgeschichte scheint Hans Pfitzners berühmt gewordene Formulierung, W. sei auf die Welt gekommen, »um den *Freischütz* zu schreiben« in fataler Weise zu bestätigen: Nicht nur die übrigen Opern W.s, insbesondere seine Instrumental- und speziell seine Kammermusikwerke scheinen (von denen mit Klar. abgesehen) nahezu vergessen. Wo diese Werke ins Blickfeld geraten, wird meist auf ihre unorganische Form und vor allem ihren durch und durch dramatischen Charakter hingewiesen – so als sei W.s Instrumentalmusik letztlich Oper ohne Worte und in diesem Sinne defizitär.

Dabei wird meist übersehen, daß W.s Instrumentalschaffen weitgehend abgeschlossen war, als er an die Komposition seines *Freischütz* ging. Die größer besetzten Werke waren schon 1806/7 für Orchestermusiker in Schloß Carlsruhe/Schlesien bzw. 1811 in München oder – wie auch einige der Kammermusikwerke – für die eigene Konzerttätigkeit geschrieben. Kammermusik aber war gerade für den jungen W. eine Art von Lebenselixier – so klagt er im Juli 1811 aus München, es gebe dort »wenig häuslichen MusikSinn« und freut sich, als er endlich »einmal ordentlich Musik« machen und sein Kl.-Quartett spielen kann (Brief an Gottfried Weber vom 3. Juli). Ein vergnügter Aufenthalt mit Freunden (darunter der Klarinettist Heinrich Bärmann) am Starnberger See brachte Ideen zu neuen Kompositionen. Diese Geselligkeit und die Diskussion mit Gleichgesinnten wirkten auf W.s Schaffen zeitlebens befruchtend. Solche Voraussetzungen boten sich ihm später allein in Berlin – in Prag und Dresden klagte er dagegen über die Isolation des Künstlers. Hinzu kam die enorme Arbeitsbelastung durch die Kapellmeisterstelle in Dresden, die, abgesehen von fehlenden Anregungen, ein Entstehen weiterer Kammermusiken verhinderte.

Die frühesten, leider verschollenen Kammermusiken verdanken ihr Entstehen wohl eher pekuniären Absichten: In Briefen an Verleger bot W. (bzw. sein Vater) in den Jahren 1800 bzw. 1801 3 leichte Trios für V., Va. und Vc. und 3 Trios für nicht ganz ungeübte Liebhaber für die gleiche Besetzung an, ferner als Arrangement ein Sextett aus dem Mozartschen Requiem für 2 V., 2 Va., Fg. und Vc. 1805 folgte in Breslau ein Arrangement von Friedrich Heinrich Himmels Singspiel *Fanchon, das Leiermädchen* für StrQu. In Wien komponierte er 1804 für seinen Lehrer Abbé Vogler Variationen über ein Thema aus dessen Oper *Samori*, die – wie auch Voglers eigene Serie von *Samori*-Variationen – mit einer ad-lib.-Begleitung von V. und Vc. versehen sind.

Die Fertigstellung des Kl.-Quartetts fällt dann schon in die Stuttgarter Zeit, ebenso wie vermutlich die der 9 Variations sur un Air Norvégien für Kl. und V., in denen W. das ihm durch Variationen seines Lehrers bekannte Lied *Dole vise* als Thema aufgreift. Als Auftragswerk für den Offenbacher Verleger Johann André entstanden 1810 die Six Sonates progressives pour le Pianoforte avec Violon obligé, eine »Hundsföttsche Arbeit«, die ihn »mehr Schweiß als so viel Simphonien« kostete (Brief an Gottfried Weber vom 23. Sept. 1810), die André dann aber als »zu gut« ablehnte (Brief an G. Weber vom 1. Nov.), so daß W. sie Nikolaus Simrock zum Druck anbot. Diese im Schwierigkeitsgrad und musikalischen Gehalt stufenweise fortschreitenden zwei- bis dreisätzigen Miniaturen sind heute fast unbekannt, obwohl sie sich trefflich als abwechslungsreiche Unterrichtsliteratur eignen.

Die vorletzte dieser Sonaten diente W. während einer gemeinsamen Konzertreise mit Bärmann im Dezember 1811 als Ausgangspunkt seiner 7 Variationen über ein Thema aus Silvana für Klar. und Kl. op. 33 (drei der Variationen sind mit geringen Veränderungen übernommen). Auch die übrigen Werke mit Klar. schrieb er für Bärmann, das Trio hingegen verdankt seinen Ursprung wohl gemeinsamem Musizieren mit dem Prager Arzt und Flötisten Dr. Philipp Jungh. Die Hintergründe der Entstehung des *Divertimento* für Git. und Kl. liegen bislang im Dunkeln.

Erst im vergangenen Jahrzehnt geriet das Individuelle und z. T. Vorausweisende des W.schen Instrumentalstils ins Blickfeld. Nur wenn man diese Musik »nicht vor dem Hintergrund der klassischen Instrumentalmusik«, sondern vor dem Hintergrund der »mannheimerisch-pariserischen Tradition« hört, »wird man Webers Instrumentalmusik gerecht werden können«, schrieb Ludwig Finscher im Gedenkjahr 1986. Die Entdeckung der Klangfarbe einzelner oder in charakteristischen Kombinationen verwendeter Instrumente als Gestaltungsmittel, die große Bedeutung gestischer Momente in einem immer wieder auf Überraschung und Kontrast zielenden Verlauf, ja überhaupt die offensichtliche Freude an gelungenen Klangwirkungen prägen W.s Musiksprache, die auch im Thematischen unter der scheinbar disparaten Oberfläche Zusammenhänge zeigt, die allerdings eher von assoziativ-ableitenden Verfahren bestimmt sind als von motivisch-thematischer Arbeit. Gerade in der hohen Ausdrucksqualität von W.s langsamen Sätzen zeigt sich aber, daß in diesen Verfahren Möglichkeiten stecken, die erst sehr viel später ausgeschöpft wurden. Mit seinen wenigen, in der Qualität durchaus unterschiedlichen Kammermusikwerken hat W. einen bedeutenden Beitrag zur Entwicklung dieses Genres geleistet.

Grand Duo concertant Es-Dur, op. 48, JV 204/WeV P. 12 (1815/16) für Klarinette und Klavier

Allegro con fuoco – Andante con moto – Rondo. Allegro
Dauer: ca. 20'
Verlag: Adolph Martin Schlesinger Berlin, ED 1817

Das Duo concertant verlangt von den Solisten ein hohes Maß an Virtuosität, die vor allem in den zahlreichen Terz- und Sextketten zwischen Kl.-Oberstimme und Klar. mit absoluter Präzison einhergehen muß. W. hat hier ein wahres ›Vorführstück‹ für beide Partner geschrieben, wobei er wohl zunächst an sich selbst und Bärmann dachte. Das Duo ist im Juli 1815 in München mit der Komposition des Rondo- und des Andante-Satzes begonnen und im November 1816 in Berlin (vermutlich nach Drängen Schlesingers) durch die Ergänzung des Kopfsatzes vollendet worden. Die Behauptung, W. habe das Werk teilweise für den Klarinettisten Johann Simon Hermstedt konzipiert, entbehrt jeglicher Grundlage.

Den Reiz dieser Komposition macht neben der feurigen Virtuosität der melodische Gedankenreichtum der Ecksätze aus, wobei sich die einzelnen Themen oft direkt aufeinander beziehen. So scheint etwa das G-Dur-Thema der Durchführung des **Kopfsatzes** nur anfangs neu und gibt sich schon bald als ›Substrat‹ des Eröffnungsgedankens zu erkennen. Darüber hinaus spielt W. hier mit den melodischen Bausteinen, indem er sie in der Reprise neu zusammenfügt. Im **Rondo** ist es die kleine Terzumspielungsfigur des Anfangs, die in allen thematischen Gedanken – auch im Des-Dur-Mittelteil mit dem durchgehenden Tremolo der rechten Hand des Kl. – eine Rolle spielt. Besondere Klangeffekte entstehen dabei durch das Aufgreifen des Rondothemas in tiefer Lage und durch das Wetteifern in den Umspielungs- und Skalenfiguren des Schlußabschnitts, wobei nahezu das vollständige Register beider Instrumente ausgeschöpft wird.

Dem steht mit dem **Andante con moto** ein Mittelsatz gegenüber, der sich in freier, eher assoziativer Form zwischen Extremen des Ausdrucks bewegt. Die Wirkung des geheimnisvoll düsteren, offen endenden Anfangs der Klar. mit der leise pochenden Begleitung des Kl. wird durch subtile Änderungen bei seiner Wiederkehr noch erhöht, bis die Bewegung mit diesem Kl.-Begleitmotiv und einer absteigenden Linie der Klar. im tiefen Register beider Instrumente zur Ruhe kommt, ohne eigentlich zu schließen.

Trio g-Moll op. 63, JV 259/WeV P. 14 (1813? bzw. 1817–1819) für Flöte, Violoncello und Klavier

Allegro moderato – Scherzo. Allegro vivace – Schäfers Klage. Andante espressivo – Finale. Allegro
Dauer: ca. 22'
Verlag: Adolph Martin Schlesinger Berlin, ED Dezember 1820

Obwohl W. schon im Januar 1817 seinem Hauptverleger Schlesinger u. a. das Trio verkauft hatte, mußte dieser noch mehrfach mahnen, bis das Werk am 25. Juli 1819 fertiggestellt war. Es wurde im November des Jahres in einem Hauskonzert mit Louis Spohr erstmals aufgeführt, ging aber erst im Sommer 1820 in die Herstellung. Friedrich Wilhelm Jähns vermutete, daß W. wegen seiner vielfältigen Dienstverpflichtungen beim Andante auf einen 1813 für den Prager Freund Dr. Philipp Jungh (der Widmungsträger auch des Trios) geschriebenen Variationssatz zurückgriff, der 1815 zu Junghs Geburtstag zum Trio umgearbeitet worden war. Auch wenn die Widmung des Trios an den Flötisten und Mediziner Jungh und das Fehlen des langsamen Satzes in den Tagebucheintragungen diese Annahme nahelegen, läßt sie sich bisher durch Quellen nicht beweisen.

Matthias S. Viertel hat nachgewiesen, daß es sich bei dem Thema des **Andante** um ein Git.-Lied mit dem Titel *Schäfers Klage* aus einer Sammlung von Wilhelm Ehlers (Tübingen 1804) handelt – die gitarreartige Begleitung bei der ersten Vorstellung des Themas ist also kein Zufall. Erstaunlich bleibt aber, welchen Stimmungszauber W.s verschiedene Einkleidungen dieses Themas bewirken, so z. B. durch den warmen Ton der tief geführten Fl. in Verbindung mit der Vc.-Kantilene von T. 42ff. Überhaupt enthält das Werk eine Fülle von neuen, ungewöhnlichen Kombinationen der Instrumente, die Wirkungen von »hoher euphonistischer Schönheit« (W. Jähns) erzeugen. Das gilt z. B. auch für die Klangwogen der sich durchkreuzenden Akkordbrechungen im 1. Satz oder für die Terzketten in hoher Lage zwischen Fl. und Kl.-Oberstimme im Walzer des ausgelassenen **Scherzo**-Satzes, dessen Trillerfiguren an das Scherzo von W.s 1. Sinfonie erinnern, während das markante Triller-Motiv im Finale den ›Teufelstriller‹ aus Kaspars ›Trinklied‹ im *Freischütz* vorausnimmt.

Die Vielzahl musikalischer Gedanken besonders in den Ecksätzen hat Kritiker dazu verführt, hier eine »potpourrihafte Reihung einzelner Episoden« zu sehen, der jeglicher Entwicklungsgedanke eines Sonatensatzes fehle. Der gängigen Erwartung widerspricht im **1. Satz** auch der Beginn der Reprise mit dem zweiten Thema (zudem in Dur), während der Anfangsgedanke nur am Schluß, quasi epiloghaft, wieder aufgegriffen wird. Ein solcher Blick übersieht, daß hier andere Konstruktionsprinzipien walten, die mit dem ›klassischen‹ Sonatenhauptsatzmodell wenig zu tun haben. Verknüpfung geschieht hier durch motivische oder klangliche Verwandtschaft der Einzelteile, die oft – auch wenn sie Gegensätzliches ausdrücken – in charakteristischen Details voneinander ableitbar bzw. aufeinander beziehbar sind, so daß in dem aus Kontrasten lebenden Satz durchaus eine Einheit gewahrt bleibt.

Das **Finale** beginnt, ähnlich wie das des zehn Jahre früher entstandenen Kl.-Quartetts mit einem typischen Fugenthema, das aber nicht weitergeführt wird, sondern erst in der Durchführung seine kontrapunktische Potenz offenbart. Nach diesem ›seriösen‹ solistischen Beginn des Kl. bestimmt mit dem Einsatz der Fl. und der Wendung nach G-Dur zunächst reine Spielfreude das Geschehen, die schließlich alle drei Solisten im Unisono vereint und einem ausgelassenen G-Dur-Thema Raum gibt. Nach einer kurzen Rückbesinnung auf das Ausgangsmotiv entwickelt sich dann aus einer früheren Schlußfigur der Baßstimme (T. 5 bzw. 13) ein Scherzando-Motiv (T. 87ff.), das in seiner Fortsetzung wiederum auf den zweiten Teil des ersten Fl.-Solos (T. 24ff.) Bezug nimmt. In dieser Weise werden die einzelnen Elemente des Satzes miteinander verzahnt und so ist es kaum erstaunlich, wenn man in den ganz auf Klangwirkung berechneten Fugato-Partien plötzlich alle möglichen Motive in Kombination zu hören vermeint, so daß W. sich offensichtlich, wie er selbst einmal schreibt, in der Wirkung des Stückes nicht »verrechnet« hat.

Quartett B-Dur JV 76/WeV P. 5 (1806–1809) für Klavier, Violine, Viola und Violoncello

Allegro – Adagio ma non troppo – Minuetto. Allegro – Finale. Presto
Dauer: ca. 30'
Verlag: Nikolaus Simrock Bonn, ED Ende 1810

Über die Hintergründe der Entstehung des Werkes läßt sich bislang wenig sagen. In W.s eigenhändiger Abschrift, die dem Verleger Nikolaus Simrock als Stichvorlage diente, ist am Ende des 2. Satzes als Datum der Vollendung der 15. Oktober 1806 in Carlsruhe/Schlesien angegeben, zum Finale ist der 25. September 1809 in Ludwigsburg genannt. W.s Vater bot bereits am 7. Februar 1807 Ambrosius Kühnel in Leipzig das Kl.-Quartett seines Sohnes an – ob zu diesem Zeitpunkt zumindest auch das ›Minuetto‹ schon fertig war, bleibt unklar. Von Stuttgart aus sandte W. das fertige Werk dann an Hans Georg Nägeli nach Zürich, der jedoch eine Publikation ablehnte, weil ihn offensichtlich die Nachahmung Beethovenscher ›Bizarrerien‹ darin abschreckte. In seinem oft zitierten Antwortbrief verteidigte sich W. mit den Worten: »zweitens bin ich zu sehr in meinen Ansichten von *Beethov.* verschieden, als daß ich je mit ihm zu sammen zu treffen glauben könnte« und kritisiert vor allem die »Verwirrung in Anordnung seiner Ideen«, während sein oberstes Ziel sei, »aus einem einzelnen Gedanken das Ganze zu spinnen, daß in der grösten Mannigfaltigkeit immer die Einheit, durch das erste Prinzip oder Thema erzeugt – hervorleuchte« (Brief vom 21. Mai 1810). Im Mai 1810 nahm Simrock das Werk zum Druck an und veröffentlichte es noch im gleichen Jahr.

Das »Ausspinnen« des Ganzen aus einem einzelnen Gedanken zeigt sich vor allem im **1. Satz**. Das beherrschende, markante Eröffnungsmotiv

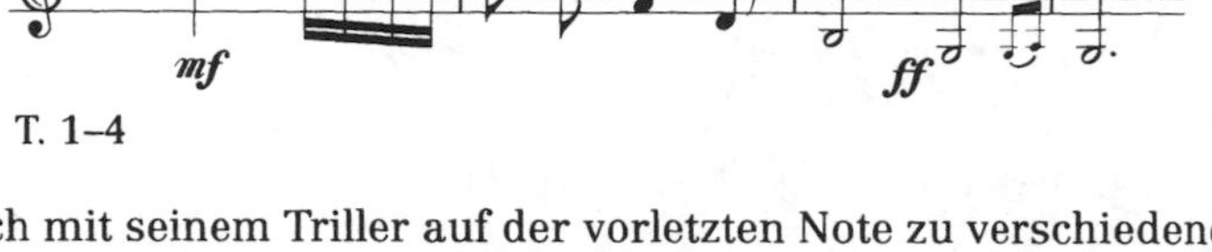

T. 1–4

wendet sich mit seinem Triller auf der vorletzten Note zu verschiedenen Zieltönen und öffnet sich zu immer wieder anderen, im Charakter gegensätzlichen zwei- oder viertaktigen ›Nachsätzen‹. Da, wo es im Kl. erstmals harmonisch ›schließt‹, wird es mit eigenständigen Nebenstimmen der Streicher kombiniert, und aus solchen Konstrast- bzw. Spannungsverhältnissen der Einzelteile entfaltet sich der Sonatensatz, in dessen Durchführung neben Umkehrungen und imitatorischer Verarbeitung des Anfangsgedankens besonders ein neuer, aber wiederum ableitbarer Gedanke der Va. die Aufmerksamkeit auf sich zieht. Der im Hauptmotiv im Keim enthaltenen harmonischen Doppeldeutigkeit entsprechen die zahlreichen überraschenden Wendungen, die sich bis in die Schlußbildung fortsetzen.

Überraschungen, vielleicht auch Bizarrerien birgt das eigenartige **Adagio**, dessen ungewöhnlicher Beginn mit einer Schlußfloskel durch die Generalpause im 5. Takt besonders hervorgehoben wird. Tastend hebt der Satz erneut an und der Hörer erlebt ein Wechselbad ausdrucksmäßiger Gegensätze, gesteigert noch durch den ›Più-moto-e-con-fuoco‹-Mittelteil, auf dessen Höhepunkt sich die von einer ›murmelnden‹ Va. begleitete V. in Riesensprüngen bewegt und dann in den ursprünglichen Anfang mündet, dessen schließende Funktion nun am richtigen Platz ist, der aber dennoch eine Wiederholung der abgerissenen, keineswegs logisch verknüpften ersten Phrasen nicht verhindern kann. Diese Unerbittlichkeit der Wiederholung bzw. die strenge Architektur des Satzes trägt wesentlich zu seiner befremdenden Wirkung bei und gibt ihm zugleich erhebliches Gewicht innerhalb des Werkganzen.

Die Anspannung dieses Satzes löst sich bereits im **Minuetto**, in dessen Trioteil W. auf höchst amüsante Weise Hörerwartungen enttäuscht, während im **Finale** wiederum – allerdings jetzt ebenfalls auf heitere Weise – Stimmungsgegensätze aufeinandertreffen. Das in der V. anhebende prägnante Thema wirkt wie ein Fugenbeginn, der dann aber in ein Kadenzschema gepreßt

T. 1–8

und vom Kl. mit einem Gedanken beantwortet wird, der jegliche Assoziation an Fugentechnik wegwischt. In der Tutti-Wiederholung wird das ›Fugenthema‹ vollends zum Final-Achttakter umgeformt. Die Imitatorik erobert aber nach und nach Terrain zurück, bis es schließlich zu einem veritablen Fugato (einschließlich Engführung) kommt, mit dem die Verknüpfung der Gedanken in brillanter Weise (wenn auch nicht im strengen Stil) vor Ohren geführt wird.

Quintett B-Dur op. 34, JV 182/WeV P. 11 (1811–1815) für Klarinette, 2 Violinen, Viola und Violoncello

Allegro – Fantasia. Adagio ma non troppo – Menuetto. Capriccio. Presto – Rondo. Allegro gioioso
Dauer: ca. 30'
Verlag: Adolph Martin Schlesinger Berlin, ED 1816

Nach der Komposition seiner Klar.-Konzerte für den Münchener Klarinettisten Heinrich Bärmann begann W. im September 1811 die Arbeit an diesem Quintett, von dem zunächst Satz 1 und 3 skizziert wurden. Während einer Konzertreise mit Bärmann entstand dann in Berlin im März 1812 der 2. Satz. Am 13. April 1813 überreichte W. Bärmann das Quintett in dieser Form als Geburtstagsgeschenk. Das Final-Rondo entstand erst nach Vertragsabschluß mit Schlesinger; das ganze Werk wurde so am 25. August 1815 vollendet und verließ im Sommer 1816 die Druckerpresse.

Das Quintett ist neben dem Trio das bekannteste Kammermusikwerk W.s und unterscheidet sich zugleich von diesem und dem Kl.-Quartett durch die Dominanz des Soloparts. Obwohl das Werk damit in die Nähe des Quatuor concertant rückt, sind doch Klar. und Streicher im Satz so eng verwoben, daß das musikalische Geschehen nur in diesem Ineinander faßbar wird. Ein gleiches gilt für die Geläufigkeitspartien der Klar., die z. B. im **1. Satz** harmonisch und ausdrucksmäßig ein deutliches Gegengewicht zu den ›gearbeiteten‹ Partien bilden, dabei jedoch nie bloß äußerlich-virtuoses Rankenwerk bleiben, sondern als Charaktere ins Satzganze eingebunden sind. Weil ihre Aufgabe ›Abwechslung‹ ist, können sie in unterschiedlicher Position und Reihenfolge auftreten und werden so in der Reprise des Allegro vertauscht. Auch scheinbar ›ausfallende‹ Teile werden im späteren Verlauf wieder aufgegriffen: Die zu Beginn der Reprise fehlende, mit dem ersten Einsatz der Klar. verbundene Kadenzwendung wird in der Coda nachgeholt und führt zurück zu dem eigenartigen Beginn. Kontrastierend mit solchen eher in sich ruhenden Abschnitten gibt das in T. 25 unvermittelt einsetzende, sich aufbäumende Streicher-Motiv dem Satz immer wieder neue Impulse und führt am Ende der Reprise in pseudo-kontrapunktischer Verarbeitung zu einer letzten Entladung solistischer Virtuosität (ein ähnlicher Abschnitt findet sich im Rondo-Satz).

Der sehr frei, fantasieartig variierende **2. Satz** wird in seinem Stimmungsgehalt wesentlich geprägt durch zwei solistische, sich über zweieinhalb Oktaven erstreckende chromatische Läufe der Klar., die zunächst trugschlüssig zu thematischen Gestalten zurückfindet, dann aber am Satzende mit verklingenden Bruchstücken der fragenden Schlußwendung verstummt.

Aus diesem Nichts schwingt sich im **Menuett** eine zweitaktige Klar.-Figur auf, die ein ausgelassen launiges Wechsel-Spiel mit den Streichern in Gang setzt, das mit seinem unablässigen Changieren zwischen Zweier- und Dreiermetrum, den gegen die Schwerpunkte gesetzten Akzenten und harmonischen Überraschungen dem Hörer, der nur im Trioteil Entspannung findet, keinen Augenblick Ruhe läßt. Ob der mit beredten Pausen endende Satz (der darin dem Finale der 2. Sinfonie gleicht) ursprünglich das Werk schließen sollte?

Zwar beginnt auch das später komponierte **Rondo-Finale** mit einer aufsteigenden Klar.-Figur, die an den Wendepunkten des Satzes die notwendige Unruhe vor dem Eintritt des Neuen verbreitet – die in sich ruhenden großen thematischen Blöcke halten den Satz jedoch im Gleichgewicht. Dies gilt besonders für den ausgedehnten Mittelteil in der Mediante Des-Dur (das als Tonart oder unerwartete Färbung auch in den übrigen Sätzen eine große Rolle spielt). Eine unerwartete Steigerung der Sechzehntel-Figuration zu -Triolen (zugleich eine Art freie Umkehr das Rondo-Themas), die schließlich in kaskadenartigen ›Abstürzen‹ des Solisten dem aufsteigenden Streichermotiv gegenübergestellt wird, führt zu dem virtuosen, ganz auf Effekt berechneten Schluß des Satzes.

Joachim Veit

Anton Webern

geb. 3. 12. 1883 Wien, gest. 15. 9. 1945 Mittersill. Privater Musikunterricht ab 1888. 1902–1906 Studium der Musikwissenschaft an der Wiener Universität (bei Guido Adler; Promotion mit der Herausgabe von Heinrich Isaacs *Choralis Constantinus* II. Teil). 1904–1908 Kompositionsstudium bei Arnold Schönberg, mit dem W. lebenslang freundschaftlich verbunden blieb. 1908 UA der *Passacaglia* für Orchester op. 1. Beginn der Kapellmeistertätigkeit (in Bad Ischl, Teplitz, Danzig, Stettin). Nach dem Militärdienst (1915–1917) Dirigent am Deutschen Theater in Prag. 1918 Übersiedlung nach Mödling, Mitarbeit in Schönbergs Wiener ›Verein für musikalische Privataufführungen‹. Ab 1921 Leiter verschiedener Chorvereinigungen, von 1922–1934 Dirigent der Wiener Arbeiter-Sinfonie-Konzerte und von 1927–1939 beim Österreichischen Rundfunk. 1925–1931 Lehrer am Wiener Israelistischen Blindeninstitut. Gelegentliche Aufführungen von W.s Kompositionen, vor allem bei den Festivals neuer Musik (in Salzburg, Donaueschingen). 1924 Verleihung des Musikpreises der Stadt, 1931 der Gemeinde Wien. 1932 Übersiedlung nach Maria-Enzersdorf. 1934 nach Machtübernahme durch das austro-faschistische Regimes Verlust aller öffentlichen Ämter. Privater Kompositionsunterricht und Arbeiten (Lektorat und Herstellung von Kl.-Auszügen) für den Verlag Universal Edition Wien.

WERKE F. 2 INSTR.: 2 Stücke f. Vc., Kl. (1899); Satz f. V., Kl. e (1906); Vier Stücke f. Geige,. Kl. op.7 (1910); Drei Kleine Stücke f. Vc., Kl. op.11 (1914); Sonate f. Vc., Kl. (1914) – WERKE F. 3 INSTR. (BZW. GESANG U. 2 INSTR.): Satz f. Klar., Trp., V. (1920); Satz f. Streichtrio (*Ruhig fließend*) (1925); Satz f. Streichtrio (*Ruhig*) (1925); Satz f. Streichtrio (*Sehr lebhaft*) (1927); Trio f. Geige, Br., Vc. op. 20 (1927); 5 Canons nach lateinischen Texten f. Gesang, Klar., BKlar. op. 15 (1924/25); 3 Lieder f. Gesang (S.), Klar. (Es), Git. op. 18 (1925) – WERKE F. 4 INSTR. (BZW. GESANG U. 3 INSTR.): Variationen f. StrQu. F/f; Sätze f. StrQu. e, G, c (1903); Sätze f. StrQu. C, B (1903); Satz f. Klar., V., Va., Kl. e (1903); Scherzo u. Trio f. StrQu. a (1904); Satz f. StrQu. D/d (1904); Langsamer Satz f. StrQu. (1904); StrQu. (1905); Sätze f. StrQu. D/A, D, C, e, d, A/E, d (1905); Rondo f. StrQu. (1906); Variationen f. StrQu. cis (1906); StrQu. a, C, (1907); Fünf Sätze f. StrQu. op.5 (1909); Sechs Bagatellen f. StrQu. op.9 (1911–1913); Satz (*Lebhaft*) f. StrQu. (1914); Quartett f. Klar., TSax., Kl., V. op.22 (1930); StrQu. op.28 (1937/38); 6 Lieder nach Gedichten von Georg Trakl f. Gesang (S.), Klar. in Es/ BKlar., V., Vc. op.14 (1917–1921); 3 Volkstexte f. Gesang (S.), Klar., BKlar., V. (Va.) op.17 (1924/25) – WERKE F. 5 INSTR.: Variationen f. Kl., StrQu. a (1903); Quintett f. Kl., StrQu. g (1905); Satz f. Kl., StrQu. c (1906); Satz (*Mäßig*) f. Kl., StrQu. (1907) – WERKE F. 7 INSTR. (MIT GESANG): 5 geistliche Lieder f. Gesang, Fl., Klar. (BKlar.), Trp., Hf., V., Va. op.15 (1917–1921) – WERKE F. 9 INSTR.: Konzert f. Fl., Ob., Klar., Hr., Trp., Pos., Kl., V., Va. op.24 (1931–1934) – Bearbeitungen: J. Strauß d. J., *Schatzwalzer* f. Kl.-Qintett, Harm. (1921); A. Schönberg, Kammersinfonie op. 9 f. Fl./V., Klar./Va., Kl., V., Vc. (1922/23).

WV in: H. u. R. Moldenhauer, A. v. W. Chronik seines Lebens und Werkes, Zürich/ Freiburg i. Br. 1980.
Verlag: Universal Edition Wien.

Es ist bemerkenswert und ein wohl einzigartiges Zeichen für W.s musikalische Denkweise, daß sämtliche seiner Instrumentalkompositionen nach den Orchesterstücken op. 6 (1909) einen kammermusikalischen Charakter aufweisen. Dies hängt mit W.s Bestreben nach extremer Verdichtung der Darstellung zusammen, die sich auf alle kompositorischen Ebenen auswirkt. So schrumpft die Formbildung zu jener aphoristischen Kürze und Gedrängtheit, die sich nicht minder in der Motivik/Thematik, Rhythmik, Dynamik und letztlich eben auch in der Zahl der verwendeten Instrumente geltend machen. Arnold Schönberg rühmte diese extreme Konzentration musikalischer Gestaltung als Fähigkeit, »einen Roman durch eine einzige Geste« ausdrücken zu können. Begonnen hatte dies in den Werken der atonalen Phase seit 1909 (Fünf Sätze f. StrQu. op. 5, V.-Stücke op. 7 u.a.), woran die zwölftönigen Kompositionen ab Mitte der 20er Jahre nahtlos anschlossen (3 Volkstexte op. 17, Streichtrio op. 20 u.a.). In ihnen macht sich das Moment äußerster materialer Konzentration sogleich in der Reihenformulierung bemerkbar, die durch unterschiedliche Permutationsverfahren bereits innerhalb der jeweiligen Zwölftonfolge eine Reduktion des zu entfaltenden Materials auf eine ›Grundgestalt‹ von nur wenigen Tönen erreicht. Erklärtermaßen bezog sich W. hierbei auf die ›Urpflanzen‹-Theorie Goethes, derzufolge alles Lebendige auf einen gemeinsamen entwicklungsgeschichlichen Ursprung zurückzuführen sei. Indem W. diese ›keimhafte‹ Reduktion des Tonmaterials zumindest in Ansätzen mit Zuordnungen weiterer kompositorischer Parameter (Rhythmus, Dynamik, Artikulation, Instrumentation) verbindet, wurde er für die Avantgarde nach 1950 (Karlheinz Stockhausen, Pierre Boulez) zu einer Art Stammvater der Serialität.

Fünf Sätze op.5 (1909)
für Streichquartett

Heftig bewegt – Sehr langsam – Sehr bewegt – Sehr langsam – In zarter Bewegung
Dauer: ca. 8'
Verlag: Universal-Edition Wien, EA 1922

Die *Fünf Sätze* stellen eine Folge von Miniaturen oder eben ›Aphorismen‹ dar, in denen W.s kompromißlos verdichtete, keinen ›überflüssigen‹ Ton mehr duldende Kompositionsweise exemplarisch vernehmbar wird. **Nr. I** ist dabei mit seinen schroffen Wechseln zwischen einem ›heftig bewegten‹, lautstarken, in höchste Tonlagen aufschießenden Teil und einer etwas ruhigeren, verhalten bis geradezu undeutlich artikulierenden Passage noch ein relativ ausführliches Stück. Die **drei mittleren Sätze** beschränken sich hingegen weitgehend auf jeweils eine einzige strukturelle Idee oder auch auf ein musikalisches ›Bild‹, das ebenso unvorbereitet auftritt wie es folgenlos wieder verschwindet. Das **letzte Stück** könnte als ›Epilog‹ gelten, da es durch ausgewogeneren, in Tempo und Dynamik mäßig sich wandelnden Ausdruck zwischen den extremen Tonlagen der vorangegangenen Miniaturen abrundend vermittelt.

Konzert op.24 (1934)
für Flöte, Oboe, Klarinette, Horn, Trompete, Posaune, Geige, Bratsche und Klavier

Etwas lebhaft – Sehr langsam – Sehr rasch
Dauer: ca. 9'
Verlag: Universal Edition Wien, EA 1948

Das Konzert, Arnold Schönberg zum 60.Geburtstag gewidmet, ist ursprünglich als ›normales‹ Kl.-Konzert entworfen worden. Doch sehr bald muß W. erkannt haben, daß ihm das traditionelle Verständnis der Gattung als »öffentliche Darbietung virtuoser Individualität« fremd geworden war. So schrieb er ein Stück, in dem das Kl. zwar noch einige konzertante Wirkungen erzielt, im Ganzen jedoch sich in das ständig wechselnde Gruppen-Konzertieren aller beteiligten Instrumente einordnet. Obwohl die drei Sätze des Werkes vorrangig von reihentechnischen Verwandlungen geprägt sind, die, um eine Dreiton-Folge konzentriert, den musikalischen Ablauf stets gewissermaßen ›gleichnah‹ auf diesen materialen wie ideellen Kern beziehen, schälen sich doch auch verschiedene und sogar recht traditionell angelegte Satzcharaktere heraus. Der **1. Satz** ist ein rudimentärer Sonatenhauptsatz mit zwei thematischen Gestalten, gefolgt von einem Mittelteil, in dem einzelne Instrumente bzw. Instrumentenkombinationen hervortreten und dadurch einen Hauch von ›Durchführung‹ erzeugen. Verkürzte Reprise und Coda sorgen für eine ebenso umweg- wie schnörkellose Abrundung. Der **langsame Satz** bewegt sich fast ausschließlich in ruhigen Vierteln, wobei die musikalischen Konturen der Form wie der themenähnlichen Charaktere vornehmlich von klanglichen Schattierungen erzielt werden. Der **Schlußsatz** hingegen gewinnt sein Profil vor allem aus dem Mit- und Gegeneinander rhythmischer Komponenten, unter denen aneinanderstoßende Folgen von gleichmäßigen und punktierten Dauern besonders auffällig erscheinen.

Streichquartett op. 28 (1937/38)

Mäßig, 2/2 – Gemächlich, 2/4 – Sehr fließend, 2/8
Dauer: ca. 8'30"
Verlag: Boosey & Hawkes London, EA 1939

Mit dem StrQu. setzte W. konsequent jenen Weg der Verdichtung des musikalischen Materials und des Ineinanderfallens von horizontal und vertikal gerichteten kompositorischen Ereignissen fort, den er bereits im Konzert op. 24 oder in der Kl.-Variation op. 27 entschieden beschritten hatte. Die Grundreihe des Werkes verwendet ausschließlich kleine Sekunde sowie kleine und große Terz, wobei die Gliederung in drei Viertongruppen bzw. in zwei Sechstongruppen erfolgt. Der **1. Satz** ist eine Verbindung von Variationenfolge und ›Adagio-Form‹, d.h. die polyphon (kanonisch) angelegten Variationen beziehen Expositions- und Reprisencharaktere ein. W. strebte dadurch eine Verschmelzung von ›Fuge‹ und ›Sonate‹ an, von der er sich nichts Geringeres erhoffte als die Lösung der Probleme »unserer« Musik. Den **2. Satz** bezeichnete W. als »Scherzo-Miniatur«, in der (sonaten-) satzartige und kanonische Strukturen ineinanderlaufen. Das ebenfalls kanonisch gearbeitete Trio übernimmt zugleich die Funktion einer Durchführung. Der **Schlußsatz** treibt dieses Spiel der Verschmelzungen zweifellos auf die Spitze: Das Tonmaterial entfaltet ein Beziehungsgeflecht, das über die Tonhöhen hinaus weitere Parameter erfaßt und mithin einen Vorschein serieller Verfahren vermittelt.

Mathias Hansen

Kurt Weill

geb. 2. 3. 1900 Dessau, gest. 3. 4. 1950 New York. Sohn eines Synagogalkantors. 1915 erste musikalische Studien (Kl., Komposition, Theorie, Dirigieren) bei Albert Bing, dem ersten Kapellmeister des Herzoglichen Hoftheaters in Dessau. 1918/19 Studium an der Hochschule für Musik in Berlin (Komposition bei E. Humperdinck, Kontrapunkt bei Friedrich E. Koch, Dirigieren bei Rudolf Krasselt). Ab August 1919 Korrepetitor am Dessauer Friedrich-Theater, ab Dezember 1919 Kapellmeister am Stadttheater Lüdenscheid (Westfalen). 1920 Rückkehr nach Berlin, bis 1923 Meisterschüler von Ferruccio Busoni an der Preußischen Akademie der Künste. 1922 Mitglied der Musikabteilung der Berliner ›Novembergruppe‹. W. findet seine genuine stilistische Basis als Opernreformer und Protagonist einer ›angewandten‹, aktuelle gesellschaftliche Entwicklungen aufgreifenden Musik. Mitte der 20er Jahre gehört W. zusammen mit Paul Hindemith und Ernst Krenek zu den führenden Komponisten der jungen nachexpressionistischen Musik. 1924 Beginn der Zusammenarbeit mit Georg Kaiser. 1925–1929 Kritiker an der Wochenzeitschrift ›Der deutsche Rundfunk‹. Ab 1927 Zusammenarbeit mit Bertolt Brecht, W. komponiert Songs (eine von ihm neugeschaffene Form) u. a. für das Songspiel *Mahagonny* (1927), die *Dreigroschenoper* (UA 1928), *Happy End* (1929), die Lehrstücke *Der Lindberghflug* (1929) und *Der Jasager* (1930) und die Oper *Aufstieg und Fall der Stadt Mahagonny* (1929). Engagement für die Laienmusik und für die neuen Medien Radio und Film. 1933 nach der nationalsozialistischen Machtergreifung emigriert W. mit seiner Frau Lotte Lenya zunächst nach Paris, 1935 in die USA. Dort mit zwischen 1936 und 1950 entstandenen neun Musicals bzw. Operetten (u. a. *Lady in the Dark*; *Street Scene*) erfolgreichster europäischer Musical-Komponist am Brodway. W.s Ehefrau, die Sängerin und Schauspielerin Lotte Lenya (1898–1981), verhalf seiner Musik – u.a. als Interpretin der *Dreigroschenoper* – zu weltweiter Popularität.

Werke f. 2 Instr.: Sonate f. Vc., Kl. (1920) – Werke f. 4 Instr.: StrQu. h (1918); 2 Sätze f. StrQu. (1922/23); StrQu. op. 8 (1923); *Ich sitz da un' ess Klops* f. hohe Stimme, 2 Pikk., Fg. (1925) – Werke f. 5 Instr.: *Frauentanz.* Sieben Gedichte des Mittelalters f. S., Fl., Va., Klar., Hr., Fg. op. 10 (1923).

Verlag: Universal Edition Wien.

W. ist kein genuiner Kammermusiker gewesen; die Kammermusik bildete – als satztechnisch anspruchvollstes Teilgebiet der autonomen Instrumentalmusik – für den Melodiker und Musikdramatiker W. lediglich ein Übergang zu seinen Bühnenwerken, was in gewisser Weise auch für sein konzertantes und sinfonisches Schaffen gilt. Mit den gleichzeitig entstandenen StrQu.en Kreneks und vor allem Hindemiths läßt sich beispielsweise W.s Quartett op. 8 von 1923 – das sein letztes rein instrumentales Kammermusikwerk überhaupt ist – sicherlich nicht messen. Nicht zufällig ist W.s originellste Kammermusik-Komposition der vokale *Frauentanz* op. 10 f. Singstimme und 7 Instrumente (1924). (Die nur 45 Sekunden dauernde Miniatur *Ich sitz da un' esse Klops* von 1925 kann hier unberücksichtigt bleiben.) Die nur sechs Jahre umfassende Spanne, in der W. Kammermusik schrieb, bildet jedoch eine wichtige Phase in seiner kompositorischen Entwicklung, da sich in der Erprobung der instrumentalen Gattungen W.s melodische Begabung herauskristallisierte. Das StrQu. in h-Moll, eine Art Gesellenstück für Humperdinck, trägt durch die Bindung an Vorbilder wie Mozart, Mendelssohn, Reger und Mahler noch stark epigonale Züge. Von den vier Sätzen des Quartetts überzeugt am ehesten das Scherzo durch seinen ironisch-verspielten Gestus am stärksten; die Schlußfuge in H-Dur gelangt trotz des großen satztechnischen Aufwands nicht über eine akademische Stilübung hinaus.

Ungleich individueller ist die nachfolgende Sonate für Vc. und Kl. von 1920. Während der großangelegte 1. Satz in modifizierter, formal aber nicht bewältigter Sonatenhauptsatzform durch Harmonik und Ausdruckshaltung noch direkt an die spätromantische Sprache des Quartetts anknüpft, emanzipiert sich W. in den beiden nachfolgenden Sätzen zunehmend von harmonischer und satztechnischer Konvention. Die Tonartenbezeichnung, wie sie für den 1. Satz (in B-Dur) noch gilt, wird aufgegeben. Der langsame Satz (Andante espressivo) basiert harmonisch vor allem auf Quart- bzw. Quintschichtungen und einer funktional nicht mehr herleitbaren freien Tonalität im Übergang zur Atonalität. Die massiven Akkordprogressionen des Kl.s im Mittelteil des Satzes, die von den Pizzicati des Vc.s seltsam kontrastiert werden, bilden in dieser Hinsicht die kühnste Formulierung des Harmonikers W. Im Schlußsatz dominieren dann vollends motorische und lineare Merkmale und geben der musikalischen Sprache einen agressiv-fordernden, ja nach-revolutionären und ›wild bewegten, grotesk vorzutragenden‹ Charakter, wie die Spielanweisung lautet.

Das StrQu. op. 8 aus dem Winter 1922/23 ist bereits unter Busonis Einfluß entstanden; es ist in zwei verschiedenen Fassungen überliefert, die auf die durch Busonis Kritik bedingte Umarbeitung anläßlich der für 1923 geplanten Uraufführung auf den Donaueschinger Tagen zurückzuführen sind. (Aufgeführt wurde das Werk dann in der endgültigen dreisätzigen Fassung auf der Frankfurter Kammermusikwoche für Neue Musik durch das Amar-Quartett mit Paul Hindemith). Anlage und Faktur des Quartetts weisen wesentliche Aspekte der Busonischen Ästhetik – Linearität, barockisierende Techniken (Ostinate Bässe, fugierte Arbeit, Passcaglia etc.) und die Rücknahme expressiver Farb- und Ausdruckswerte – auf. Bezeichnend ist jedoch auch W.s Rückgriff auf vokale Kompositionen, auf eine a-capella-Psalmvertonung und die Kinderpantomime *Zaubernacht* op. 7 von 1922, durch die sich die Ablösung von den autonomen, abstrakten Formelementen der Instrumentalmusik schon andeutet. Sie wird im *Frauentanz* op. 10 (1923), der sich unmittelbar an das StrQu. op. 8 anschließt dann explizit vollzogen.

Als W.s originellste kammermusikalische Konzeption ist der *Frauentanz* in seiner stark vereinfachten, neobarock verspielten, aber auch unmittelbar zugänglichen Sprache zugleich ein wichtiges Dokument des musikalischen Zeitgeists der frühen 20er Jahre. Die literarische Vorlage des Stücks verrät bereits Distanz zum expressionistischen Pathos in der Wahl von sieben mittelhochdeutschen Gedichten, die um das Thema der ›Minne‹ kreisen. Die Besetzung folgt nicht gewohnten kammermusikalischen Kriterien, sondern wirkt wie ein extrem reduziertes Orchester, da aus jeder Hauptgruppe – Streicher, Holz- und Blechbläser – Instrumente vertreten sind. So gewinnt W. eine individuelle, gestisch differenzierte Klanglichkeit, die in jedem Satz andere Kombinationen entfaltet und deren leichter ›Exotismus‹ dem Klangreduktionismus des späten Mahler verpflichtet ist. Als Höhepunkt des Werkes kann die tänzerisch stilisierte Nr. 5 gelten, in der die Gesangsstimme nur von der Va. als dem instrumentalen Pendant der feinen seelischen Stimmungen begleitet wird. (Hindemith hat in seinem Gesangszyklus *Serenaden* op. 35 von 1924, der ebenfalls für Frauenstimme konzipiert ist, diese Kombination übrigens aufgegriffen.) Die Eigenart der freitonalen, ein gemeinsames tonales Zentrum aller Stücke aufgegebene Klangsprache des *Frauentanzes* verdankt sich der konsequenten linearen Anlage des Tonsatzes, die den einzelnen Stimmen hohe Selbständigkeit und Plastizität ermöglicht. Im *Frauentanz* ist W. den Idealen der ›jungen Klassizität‹ und einer mit der Vergangenheit versöhnten Moderne seines Lehrers Busoni, der den Kl.-Auszug der Nr. 3 selbst erstellte, wohl am nächsten gekommen.

Wolfgang Rathert

Hugo Wolf

geb. 13. 3. 1860 Windischgraz (Österreich), gest. 22. 2. 1903 Wien. Kl.- und V.-Unterricht beim Vater; 1875–1877 Studium am Wiener Konservatorium (Kl., Komposition, Harmonielehre); in diesen Jahren entscheidende Impulse durch die Musik von Richard Wagner. 1881 Chordirektor, dann Zweiter Kapellmeister in Salzburg; 1884–1887 Musikkritiker beim Wiener ›Salonblatt‹; als fanatischer Anhänger von Wagner und Gegner von Johannes Brahms für seine kritischen Attacken berüchtigt. Im knappen Jahrzehnt zwischen 1888 und 1897 steter Wechsel von intensiven schöpferischen Phasen und depressiven Stimmungen; zwischen September 1897 und Januar 1898, dann vom Oktober 1898 bis zu seinem Tode Aufenthalte in psychiatrischen Heilanstalten, bedingt durch die Auswirkungen seiner Syphilis-Krankheit.

Werke f. 4 Instr.: StrQu. d (1878–1884); Intermezzo Es (skizziert Juni 1882; komponiert April–Oktober 1886); Serenade G (*Italienische Serenade*, 2.–4. 5. 1887) – fragmentarisch gebliebene Werke: Sonate f. V., Kl. g (1877); StrQu. D (1876); Serenaden-Satz (1889); Kl.-Quintett (1876).

Gesamtausgabe: H. W., Sämtliche Werke, hrsg. v. der Internationalen H. W.-Gesellschaft, Wien 1960. StrQu. Bd. 15/1; Intermezzo Bd. 15/2; Serenade Bd. 15/3.

Nahezu das ganze kammermusikalische Schaffen von H. W. war in seinem ›ersten‹ schöpferischen Abschnitt entstanden, d.h. vor 1888, bevor er sich grundsätzlich dem Liedkomponieren widmete. Diese frühe Orientierung ist vor allem durch jenes Suchen nach dem eigenen Stil, der eigenen musikalischen Sprache zu erklären, das im letzten Quartal des 19. Jahrhunderts das Sich-Behaupten auf instrumentalem Gebiet (vor allem in der Symphonik, aber nicht minder wichtig in der Kammermusik, insbesondere im StrQu.) bedeutete. W.s eigene künstlerische Physiognomie fand ihre adäquate Ausdrucksweise jedoch erst danach. Als »spezifischer Liedschöpfer« (Edmund Nick) entfaltete er sich in einer »empfindsamen Miniaturenkunst, in der

Kunst der minuziösen und zarten motivischen Textur... seine großen literarischen Erlebnisse formte er in nervösen Rezitationen und bebend-komplexen harmonischen Kontexten aus« (Bence Szabolcsi). Wenn überhaupt andere Gattungen W. beschäftigten, so waren diese eher großformatige Opern- und Symphoniepläne. Umso bewundernswerter, welche kompositorische Erfindungsgabe er in seinen wenigen kammermusikalischen Werken aufzeigt. Vollständig im Sinne eines mehrsätzigen, zyklisch abgeschlossenen Werkes ist nur das StrQu. d-Moll, denn das Intermezzo wurde als Teil eines StrQu.s in Es-Dur geplant, und für die Ergänzung der Italienischen Serenade gibt es zwar mehrere Skizzen, jedoch keine endgültigen Ausarbeitungen. Das Intermezzo und die Serenade stehen einander stilistisch nahe. Das erstere (W. nannte es einmal »Humoristisches Intermezzo«) entwickelt sich aus einem 16taktigen Motiv, das im Verlauf des Stückes mehrmals rondoähnlich wiederkehrt, jedoch immer wieder eine andere klangfarbliche Entfaltung erhält; das geistvolle Spiel mit ›arco‹ und ›pizzicato‹ und die unerwarteten, ja oft heftigen Akzente zeugen von W.s souveräner Beherrschung der Quartett-Technik. Die Italienische Serenade, ein instrumentales Beispiel für W.s ewige, sehnsuchtsvolle Liebe für südliche Landschaften (die er u.a. in seinen Liederzyklen *Italienisches* bzw. *Spanisches Liederbuch* zum Ausdruck brachte), ist auch in einer rondoartigen Struktur angelegt und zeigt eine Fülle von heiter-leichtbeschwingten und zugleich zart-ironischen Stimmungen. Hier verwendet W. bezeichnenderweise jenen Effekt, der auch für seine Lieder von entscheidender Bedeutung werden sollte: das thematische Material ›verflüssigt‹ sich im Verlauf des Satzes immer mehr, die Musik offenbart sich in immer kleineren Segmenten und Gesten.

Streichquartett d-Moll (1878–1884)

Grave. Allegro (Leidenschaftlich bewegt) – Scherzo (Resolut) – Adagio – Finale (Sehr lebhaft)
Dauer: ca. 40'

Dieses opulente Werk (eine der wenigen großformatigen Kompositionen W.s) entstand – typisch für W.s Kompositionsweise – in mehreren schöpferischen Phasen. Zunächst schrieb er das ursprünglich als 3. Satz geplante **Scherzo** nieder (beendet am 16. Januar 1879); vier Tage später begann er mit dem **1. Satz**. Im April 1879 berichtete er jedoch seinem Vater: »Quartett aufgegeben, weil es mir nicht gut genug schien, es zu vollenden« – in der Tat beschäftigte er sich erst im Sommer 1880 wieder mit dem Quartett und komponierte den langsamen Satz. Das **Finale** entstand weitere vier Jahre später, 1884. Zwar erklang das Werk am 26. Juni 1881 bei einer privaten Aufführung im Hause von Natalie Bauer-Lechner (fraglich ist nur, mit welchem Finale, da der Schlußsatz noch nicht ausformuliert worden war); doch auf eine öffentliche Aufführung mußte W. lange warten, denn das Rosé-Quartett lehnte eine Aufführung mit hämisch-demütigenden Worten ab. Die UA fand erst am 3. Februar 1903 (also nur drei Wochen vor W.s Tod) durch das Prill-Quartett statt.

Es ist nicht verwunderlich, daß im Werk eines kaum 20jährigen deutliche Einflüsse der verehrten Vorgänger wahrzunehmen sind – Beethovens Quartettstil erscheint dabei genauso prägend wie etwa die Musik von Wagner. Und doch ist es erstaunlich, mit welcher Souveränität W. seine eigenen musikalischen Prinzipien schon in diesem frühen Werk verwirklicht. Die Großstruktur des StrQu.s wird – ganz in spätromantischem Sinne – durch verschiedene motivisch-rhythmische Komponenten zyklisch zusammengehalten: Dazu gehören z.B. die punktierte Rhythmik oder die stets aufwärts drängende Melodik, die dem Werk eine außerordentliche Spannung verleihen. So gleich die langsame **Einleitung**, die den Untertitel des Werkes »Entbehren sollst du, sollst entbehren« aus Goethes *Faust* durch leidenschaftliches Pathos symbolisiert; die Spannung wird im schnellen Sonatenteil durch drängend-ruckartige Marschrhythmen, hohe, ja oft beinahe schrill wirkende Register und durch stockend-zögernde Momente (Seitenthema) weiter gesteigert.

Das **Scherzo** ›lebt‹ durch das rhythmische Spiel zwischen betonten und unbetonten Taktteilen, das schon den 2. Satz des Quartetto serioso f-Moll, op. 95 von Beethoven kennzeichnete; die punktierte Rhythmik, sowohl mit einem ›zerklüfteten‹ wie auch einem ›stockenden‹ Charakter, prägt nicht nur die Eckteile, sondern latent auch den Trio-Abschnitt aus.

Der ätherisch-hohe Anfang des **3. Satzes** verweist deutlich auf das Vorspiel von Wagners *Lohengrin*; doch zwischen diesen zart schwebenden Akkorden bringt W. eine aufwühlend-leidenschaftliche Stimmung, in der die punktierte Rhythmik und die sich ›aufbäumenden‹ Motive, also die Grundelemente des Gesamtwerkes, dominieren.

Das **Finale** steht zwar der Atmosphäre des *Intermezzo* und der *Italienischen Serenade* nahe; doch zeigt dieser Satz tiefere Züge. Das anscheinend fröhlich-unbekümmerte Hauptthema (6/8-Takt) wird nämlich nicht nur einem 2/4-Metrum entgegengestellt, sondern auch einer Motivik, die sich durch ihre punktierte Rhythmik wie auch durch ihre kontrapunktische Schreibweise auf die vorherigen Sätze bezieht. Es ist also eine nur vordergründig leichtbeschwingte Atmosphäre – das Finale des StrQu.s antizipiert schon jene äußerst differenzierte Welt der Gefühle, die die Lieder W.s so unnachahmlich auszeichnen wird.

Éva Pintér

Stefan Wolpe

geb. 25. 8. 1902 Berlin, gest. 4. 4. 1972 New York. 1920 Studium an der Staatlichen Hochschule für Musik in Berlin bei Paul Juon; Kontakt zu Ferruccio Busoni und Hermann Scherchen. 1921 Teilnahme an Bauhaus-Kursen in Weimar und Zusammenarbeit mit dadaistischen Künstlern. 1923 als Komponist und Pianist Mitglied der ›Novembergruppe‹. 1925 Beginn des politischen Engagements im Umfeld der KPD. 1933 Flucht aus Berlin, Studium in Wien bei Anton Webern. 1934–1938 Lehrer am Konservatorium

in Jerusalem. 1938 Übersiedlung nach New York. 1945 private Lehrtätigkeit, zu seinen Schülern gehören Ralph Shapey, Morton Feldman, David Tudor. 1952–1956 Music Director am Black Mountain College, North Carolina. 1956 und 1960–1962 Dozent bei den Darmstädter Ferienkursen. 1957–1968 Professor am C. W. Post College der Long Island University. 1963 Diagnose der Parkinsonschen Krankheit, die es ihm nur noch ausnahmsweise und unter größter Anstrengung zu arbeiten erlaubt. 1969 Dozent am Mannes College of Music. Ein Wohnungsbrand zerstört 1970 zahlreiche Manuskripte und Partituren.

WERKE F. 1 INSTR.: Piece in Two Parts f. V. allein (1964); Second Piece f. V. allein (1966); Solo Piece f. Trp. (1966) – WERKE F. 2 INSTR.: Duo für zwei Geigen (1924); Drei kleinere Canons f. Va., Vc. (1936); Suite im Hexachord f. Ob., Klar. (1936); Sonata f. Ob., Kl. (1938–1941); Sonata f. V., Kl. (1949); Piece in Two Parts f. Fl., Kl. (1960) – WERKE F. 3 INSTR.: Musik zu *Hamlet* f. Fl., Klar., Vc. (1929); Music for Any Instruments f. beliebige Instr. (1944–1949); Trio in Two Parts f. Fl., Vc., Kl. (1964) – WERKE F. 4 INSTR.: Quartet f. Trp., TSax., Schlzg., Kl. (1950, rev. 1954); Twelve Pieces f. StrQu. (1950); Piece f. Ob., Vc., Schlzg., Kl. (1955); String Quartet (1969); *From Here on Farther* f. V., Klar., BKlar., Kl. (1969) – WERK F. 6 INSTR.: In Two Parts for Six Players f. Klar., Trp., V., Vc., Hf., Kl. (1962) – WERK F. 7 INSTR.: Piece for Two Instrumental Units f. Fl., Ob., Schlzg., Kl., V., Vc., Kb. (1963) – WERK F. 8 INSTR.: Piece for Trumpet and Seven Instruments f. Trp., Klar., Fg., Hr., V., Va., Vc., Kb. (1971) – WERKE F. 9 UND MEHR INSTR.: Konzert für neun Instrumente (1934); Piece for Piano and Sixteen Instruments f. Kl. u. 16 Instr (1961); Chamber Piece No.1 f. 14 Instr. (1964); Chamber Piece No.2 f. 14 Instr. (1967).

Verlag: Peer Musikverlag Hamburg; Josef Marx Music Compagny New York.

Selten hat sich ein wechselvolles Leben mit einem ähnlichen Grad an Intensität in der Musik niedergeschlagen wie im Falle St. W.s. Und ebenso selten hat die unglückliche Verkettung von historischen Situationen und persönlichem Schicksal zu einem solchen Mißverhältnis von Qualität und Verbreitung geführt. Sein vornehmlich durch Kammermusik geprägtes Werk zeichnet sich durch hohe Eigenständigkeit aus, die sich in einer unikaten Klangsprache und der Entwicklung originärer Formen niederschlägt.

Bereits in frühen Jahren orientiert sich W. an den bildenden und schreibenden Künsten, lernt am Bauhaus von Paul Klee »alles mit allem in Beziehung zu setzen« und macht sich den Anspruch der ›Novembergruppe‹ zu eigen, »radikal im Verwerfen bisheriger Ausdrucksformen« zu sein. Selbst ein hervorragender Pianist, schreibt er in den Berliner Jahren überwiegend Kl.-Musik sowie Lieder- und Theaterwerke. Durch seine Tätigkeit als Cabaretpianist fließen Elemente der Gebrauchsmusik in sein Komponieren ein, die sich aufgrund seines politischen Engagements in einer Agitprop-Theatergruppe als zupackende Kampfmusik niederschlagen. Diese Einflüsse verbinden sich mit wesentlichen Charakterzügen seines Komponierens: explosive Expressivität, rhythmischer Impetus und Plastizität der Figuren.

Auf dem Weg ins Exil nach Palästina studiert W. 1933 vier Monate bei Anton Webern in Wien, um eine Konzentration seines Stiles zu erreichen. In einer kompositorischen Neuorientierung entwickelt er spezielle Verfahren der Zwölftontechnik, die die abstrakten Bestimmungen des Materials mit dem musikalischen Raum in ein neues, expressives Verhältnis setzen. »Die bewegende Kraft seiner Musik ist die Rekonstruktion des espressivo. Wolpes

Musik hat nichts mit dem herkömmlichen romantischen Ausdrucksideal zu tun und nicht einmal etwas mit dem musikalischen Expressionismus. Hier will nicht ein Ton oder ein Akkord einen Abgrund der Seele aufdecken. Aber die musikalische Sprache als ganze wird so leidenschaftlich gesprochen, daß sie den Eindruck des Extremen hervorbringt: etwa so wie orientalische, zumal arabische Musik, die gar nichts mit unserer Ausdruckstradition zu tun hat, durch ihre ganze Diktion von der glühendsten Leidenschaft zeugt.« (Th. W. Adorno)

In den 50er Jahre verschwimmen in W.s Werken die vormals melodisch linear bestimmten Konturen. Die Linien werden zu kleineren Motiven aufgebrochen, die, unablässig variiert, sich einander überlagernd auf der Fläche ausbreiten. Die Freundschaft mit den Malern des Abstrakten Expressionismus, mit Willem de Kooning, Franz Kline, Mark Rothko war möglicherweise für dieses neue Kompositionskonzept, das in einem Bild wie Jackson Pollocks *Autumn Rhythm* sein visuelles Gegenstück findet, ausschlaggebend.

Ab 1959 findet abermals eine ästhetische Entwicklung statt. Anstelle von allmählichen Transformationen erfolgt nun ein jähes Umschlagen der musikalischen Ereignisse. W. verfolgt ein dialektisches Prinzip, das in der Gegenübersetzung von Extremen stets die Totalität alles Möglichen mitdenkt. In der Auseinandersetzung mit dem seriellen Denken der europäischen Avantgarde bemüht er sich dabei aber um eine »Variation des Tempos der Veränderung«, um einheitlichen und statistischen Resultaten vorzubeugen. Durch die Zuordnung der 12 Töne der chromatischen Skala zu kleineren Tongruppen, die als Quelle der melodischen und harmonischen Ereignisse dienen, erreicht er eine verlangsamte Rotation des chromatischen Totals. Diese ›pitch sets‹ werden nach und nach aufgebrochen und erweitert. Pluralität von syntaktischen Zusammenhängen und Entwicklung von motivartigen Figuren existieren simultan mit völlig eigenständigen, autarken Elementen. Diese ästhetische Freiheit verleiht seinen Werken ein improvisatorisches Moment.

Suite im Hexachord (1936)
für Oboe und Klarinette.

Sostenuto – Pastorale. Molto Lento – Fuge. Allegro moderato – Adagio.
Dauer: ca. 14'

»Die Wahl des grellen und ekstatischen Oboenklang hängt mit diesem Ausdruckswillen zusammen« schreibt Th. W. Adorno über W.s Instrumentation. Mit ihr treibe er »die musikalische Sprache zum deklamatorischen Extrem, weil nur das Extrem noch eine Chance hat, überhaupt gefühlt zu werden.« Die Instrumentenbehandlung zeichnet sich durch Wechsel von Spaltklang und Verschmelzung, sowie durch die bis zum ersten dreigestrichenen ›a‹ reichende Registererweiterung aus.

In den ersten drei Sätzen spielen beide Stimmen nur die sechs Töne eines chromatischen Hexachords. Im 4. Satz, der als Kanon in der Umkehrung beginnt, ist der Tonvorrat nicht mehr reduziert, aber noch streng geordnet: Die verwendeten Hexachorde ergänzen sich zur chromatischen Skala. Besonders in den Sätzen, in denen nur sechs Töne verwendet werden, vermitteln die in sprunghaften Bewegungen geführten Linien Unnachgiebigkeit und Beschwörung als spezifische Ausdrucksqualität. Andererseits offenbaren melismatische Wendungen, die in kleinen Intervallen ein Tonzentrum umkreisen, ebenso wie die langen Trillerketten und Schleifer der Klar. den Einfluß der Musik Palästinas – aber weder zitieren sie authentisch jüdische Folklore, noch ahmen sie diese nach: Sie sind dem Weltbürgertum W.s entsprungen, einer »Folklore, die tief in mir verborgen steckte«.

Music for Any Instruments (1944–1949)

Dauer: ca. 62'

Wie der Titel angibt, ist bei der Music for Any Instruments nicht an eine bestimmte Besetzung gedacht, zumal der teilweise extrem große Ambitus der Stimmen die Möglichkeiten der meisten Instrumente überfordern würde. Die knapp vierzig Stücke behandeln das Problem, wie sich zwei oder drei Stimmen nach strikten Regeln – viele der Stücke sind Kanons – führen lassen und wie dabei die linear gerichtete Bewegungsenergie mit gestischem Ausdruck verbunden werden kann. Zugleich sind strukturelle und expressive Möglichkeiten von festgesetzten Intervallverhältnissen ausgelotet und Variationstechniken bei eng umgrenzten Material erprobt. Mit dieser Sammlung hat W. geradezu eine Gattung begründet, denn in der Folge entstanden eine Vielzahl von Stücken, die als Besetzungsangaben ›Any Instruments‹ oder ›Any Number of Players‹ etc. setzen.

Frank Hilberg / Kirsten Reese

Iannis Xenakis

geb. 29. 5. 1922 Brăila (Rumänien). Griechischer Abstammung. 1932 Rückkehr nach Griechenland. Ingenieurstudium am Polytechnischen Institut Athen (Diplom 1947). Im 2. Weltkrieg griechischer Widerstandskämpfer, zum Tode verurteilt; 1947 Flucht vor der griechischen Junta nach Frankreich, seit 1965 französische Staatsangehörigkeit. 1948–1960 Mitarbeiter von Le Corbusier als Bauingenieur und Architekt. 1950–1953 Kompositionsstudium am Pariser Conservatoire bei Olivier Messiaen, daneben bei Hermann Scherchen in Gravesano (Italien). Wissenschaftlich-mathematischer Ansatz seines kompositorischen Denkens, führt den Mengenbegriff in die Musik ein. Arbeitet seine Theorie in zahlreichen Schriften aus, u.a. *La crise de la musique sérielle* (1955), *Musiques formelles* und *Musique. Architecture* (in: ›Revue musicale‹ 1963), *Formalized Music* (1971). 1965 Begründer und Leiter des Centre de Mathématique et Automatique musicales (CEMAMU) in Paris sowie des Center for Mathematical and Automated Music (CMAM) an der Universität von Bloomington, Indiana. Mitglied des nationalen französischen Forschungsinstitut (CNRS). Umfangreiche Lehrtätigkeit: an der Universität in Bloomington/Indiana, USA (1967–1972), an der City University London (1975), an der Sorbonne in Paris (1972-1989). Zahlreiche internationale Auszeichnungen.

Werke f. 1 Instr: *Nomos Alpha* f.Vc. (1966; B+H); *Mikka* f. V. (1971, EAS); *Psappha* f. Schlzg. (1975, EAS); *Mikka »S«* f. V. (1976, EAS); *Theraps* f. Kb. (1976, EAS); *Kottos* f. Schlzg. (1977, EAS); *Embellie* f. Va. (1981, EAS); *Keren* f. Pos. (1986, EAS); *Rebonds* f. Schlzg. (1988, EAS) – Werke f. 2 Instr.: *Charisma* f. Klar., Vc. (1971, MC); *Dmaathen* f. Ob., Schlzg. (1976, EAS); *Dikhthas* f. V., Kl. (1979, EAS); *Kombai* f. Cemb., Schlzg. (1981, EAS); *Oophaa* f. Cemb., Schlzg. (1989, EAS); *Paille in the wind* f. Vc., Kl. (1992, EAS); *Hunem Iduhey* f. V., Vc. (1996, EAS) – Werke f. 3 Instr.: *Linaia Agon* f. Trp. in F, TPos., Tb. (1972, EAS); *Ikhoor* f. V.,Va., Vc. (1978, EAS); *Okho* f. 3 Djembés (gr. afrikanische Trommeln) (1989, EAS); *Roscobeck* f. Vc., Kb. (1996, EAS) – Werke f. 4 Instr.: *ST/4* f. StrQu. (1956–1962, B+H); *Tetras* f. StrQu. (1983, EAS); *Tetora* f. StrQu. (1990, EAS); *Ergma* f. StrQu. (1994, EAS); *Morsima-Amorsima* f. Kl., V., Vc., Kb. (1962, B+H); *Nyuyo* (Soleil couchant) f. Shakuhachi, Sangen, 2 Kotos (1985, EAS); *Xas* f. 4 Sax.(S., A., T., Bar.) (1987, EAS); *Mnamas Xapin Witoldowi Lutoslavskiemu* f. 2 Hr., 2 Trp. (1994, EAS) – Werke f. 5 Instr.: *Akea* f. StrQu. mit Kl. (1986, EAS) – Werke f. 6 Instr.: *Eonta* f. Kl., 2 Trp., 2 TPos. (1963, B+H); *Persephassa* f. 6 Schlzg.(1969, MC); *Pléiades* f. 6 Schlzg. (1978, EAS); *Idmen* B f. 6 Schlzg. od. gem. Chor (1985, EAS); *Epei* f. EHr., Klar., Trp.,2 Pos., Kb. (1976, EAS); *Plekto* (Flechte) f.Fl., Ob., Kl., Schlzg., V., Vc. (1993, EAS); *Illidra* f. 2 V., 2 Va., 2 Vc. (1996, EAS) – Werke f. 7 Instr.: *Khal Perr* f. Hr., 2 Pikk.-Trp. in B, Pos., Tb., 2 Schlzg. (1983, EAS); *Zythos* f. Pos., 6 Schlzg. (1996, EAS) – Werke f. 8 Instr.: *Anaktoria* f. Klar., Fg. (KFg. ad lib.), Hr., 2 V., Va., Vc., Kb. (1969, EAS) – Werke f. 9 Instr.: *Analogique* A f. 3 V., 3 Vc., 3 Kb. (1958, EAS; muß zusammen gespielt werden mit *Analogique* B f. 4 spuriger Tonband, 1959, EAS); *Kai* f. Fl., Klar., Fg., Trp., Pos., V., Va., Vc., Kb. (1995, EAS); *Kuilenn* f. Fl., 2 Ob., 2 Klar., 2 Fg., 2 Hr. (1995, EAS) – Werke f. 10 Instr.: ST/10 f. Klar., BKlar., 2 Hr, Hf., Schlzg.,V., Va., Vc., Kb. (1962, B+H) – Werke f. 11 Instr.: *Atrées* f. Fl., 2 BKlar., Hr., Trp., Pos., 3 Schlzg., V., Vc. (1960, EFM); *Phlegra* f. Pikk., Ob., BKlar., Fg., Hr., Trp., Pos., V., Va., Vc., Kb. (1975, EAS); *Palimpsest* f. EHr, BKlar., Fg., Hr., Schlzg., Kl., 2V., Va., Vc., Kb. (1979, EAS) – Werke f. 12 Instr.: *Aroura* f. vier 1. V., drei 2. V., 2 Va., 2 Vc., 1 Kb. bzw. großes Orch. (1971, EAS); *Retours Windungen* f. 12 Vc. (1976, EAS) – Werke f. 13 Instr.: *Waarg* f. Pikk., Ob., Klar., Fg., Hr., Trp., Pos., Tb., 2V., Va., Vc., Kb. (1988, EAS) – Werke f. 14 Instr.: *Thallein* f. Pikk., Ob., Klar., Fg., Hr., Pikk.-Trp. in B., Pos., Schlzg., Kl., 2 V., Va., Vc., Kb. (1984, EAS) – Werk f. 15 Instr.: *Jalons* f. Pikk., Ob., BKlar., KbKlar., KFg., Hr., Trp., Pos., Tb., Hf., 2 V., Va., Vc., Kb. (1986, EAS) – Werk f. 16 Instr.: *Akrata* f. Pikk., Ob., Pikk.-Klar., BKlar., KbKlar., 1 Fg.,2 KFg.,2 Hr., 3 Trp., 2 Pos., 1 Tb. (1965, B+H) – Werk f. 20 Instr.: *Voile* f. sechs 1. V., fünf 2. V., 4 Va., 3 Vc., 2 Kb. (1995, EAS) – Werk f. 21 Instr.: *Archorripsis* f. Pikk., Ob., Pikk.-Klar., BKlar., 2 KFg., 2 Trp., 1 Pos., 3 Schlzg., 3 V., 3 Vc., 3 Kb. (1957, B&B).

Verlage: Boosey & Hawkes, London (Abk. B+H); Bote & Bock, Berlin (bis 1965; Abk. B&B); seither fast ausschließlich Salabert Paris (Abk. EAS, EFM, MC).

I. X., Komponist, Mathematiker, Architekt und Philosoph, ist eine einzigartige kreative Persönlichkeit. Sein Œuvre, das Edgar Varèses Konzeption von der Erweiterung der Klangbereiche in der Musik fortsetzt und auf mathematischen Gesetzen, auf »operativen Prototypen« (I. X.) beruht, besitzt einen universellen schöpferischen Anspruch: »Meine Überzeugung ist, daß wir zum Universalismus nicht durch Religion, Emotion, Tradition gelangen, sondern durch die Naturwissenschaften...Das wissenschaftliche Denken gibt mir ein Instrument an die Hand, mit dem ich meine Vorstellungen nicht-wissenschaftlichen Ursprungs verwirkliche. Und diese Vorstellungen sind Produkte gewisser Intuitionen und Visionen.« X.' übergreifendes Denken ist u. a. auch von dem musikphilosophischen Ansatz der griechischen Antike geprägt worden. In seinem Schaffen, für X. ein immer wieder neues geistiges und technisches Abenteuer, strebt er eine »Meta-Kunst« (I. X.) an, die – über die Musik hinaus – die ›Ebene der Unendlichkeit‹ erreicht.

Seit Anbeginn, bereits mit seiner ersten veröffentlichten Komposition *Metastaseis* für Orchester (1953/54), richtet X. – im Unterschied zur seriellen Kompositionsweise z. B. eines Pierre Boulez – sein Interesse auf die klanglichen Parameter der Komposition, auf Klangwirkungen, die Beziehung der Klänge zueinander, ihre Bewegung im Klangraum. Seit *Metastaseis* ist für X.' kompositorisches Denken der Gegensatz zwischen Kontinuität und Diskontinuität charakteristisch, in diesem Werk klanglich umgesetzt als Kontrast zwischen den Streicher-Glissandi und den Pizzicati, den sogenannten »Tonwolken« (I. X.). Bereits in dieser Komposition bindet X. die Musik in die aktuelle Erfahrungswelt ein, vor allem in diejenige der Architektur: Auf der Berechnungsgrundlage von *Metastaseis* ließ er die Raumflächen des Philips-Pavillons für die Brüsseler Weltausstellung 1958 in Beton gießen. In *Metastaseis* ›rutschen‹ die im Raum verteilten Streicher mit einem langsamen Glissando aus der Höhe in die Tiefe oder umgekehrt, wobei sie sich gruppenweise in einem Ton durchkreuzen; sie setzen ihren Weg fort und durchkreuzen sich erneut. Dadurch enstehen Töne unterschiedlicher Dichte sowie bewegliche Strukturen. Im Philips-Pavillon wurden die Zuschauer mit unablässig sich verändernden Perspektiven konfrontiert:

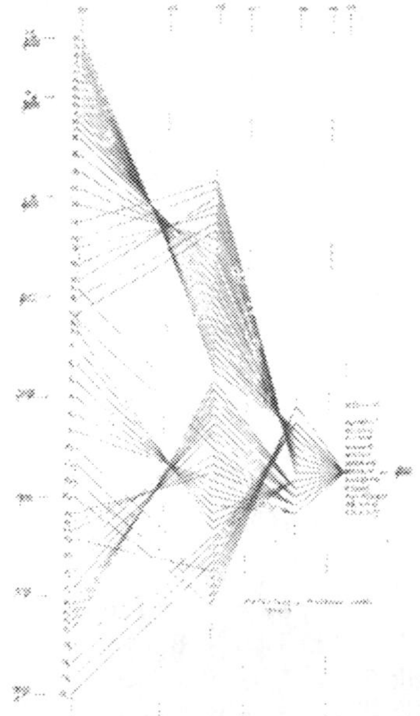

Metastaseis. 1. Version - Streicher

Der Philips Pavillon in Brüssel

In späteren Kompositionen hat X. diese Konzeption weiterentwickelt: die Verbindung von Klängen, architektonischen Formen und Lichtaktionen, z. B. in *Polytope de Montréal* (1967), *Polytope de Cluny* (1972), *Mycènes Alpha* (1978) sowie in der Tonbandkomposition *La Légende d'Eer* (Diatope) (1978). Dadurch wird die Musik aus der Exklusivität des Konzertssaals herausgeholt.

Bereits in *Pithoprakta* für Orchester (1956) beruht die Verteilung der Klangereignisse auf der Wahrscheinlichkeitstheorie und dem Gesetz der großen Zahl (nach den mathematischen Gesetzen von Denis Poisson und Carl

Friedrich Gauß). Als Resultat dieser Überlegungen entsteht die ›Musique stochastique‹: Je zahlreicher die Ereignisse, desto mehr streben sie ein bestimmtes Ziel, ein ›stochos‹ an. Die Verwendung eines Computers, der Informationen in eine traditionelle Notenschrift umsetzen kann, ist für X. die logische Konsequenz. Die Daten werden in das Programm eingegeben, doch zwischen den möglichen Lösungen muß der Komponist auswählen und kann so – wie bei traditionellen Kompositionsverfahren – seine Persönlichkeit und seine Sensibilität einbringen. Hierin sieht X. eine schöpferische Pflicht. Die nächste, aus der symbolistischen Logik abgeleitete Gestaltungsstufe – die ›Musique symbolique‹ – erreicht X. dann in *Achorripsis* für 21 Instrumente (1957). In ihr realisiert er den Übergang von der Architektur »hors-temps«, dem abstrakten Kompositionsschema, das – unabhängig von der Zeit – eine universale Stufe erreichen kann, zur Architektur »en-temps«, einer Transkription der Ergebnisse in eine an die musikalische Zeit gebundene Notenschrift. Zahlreichen Kammermusikwerken von I. X. liegt diese Überlegung zugrunde, z.B. den Kl.-Kompositionen *ST/4* (1956-1962), *ST/10* (1962), *Akrata* (1967), *Eonta* (1963) sowie *Herma* (1961).

Die Übertragung mathematischer Methoden auf Kompositionstechnik und Musikästhetik hat X.' gesamte Entwicklung begleitet, so findet z.B die ›Théorie des groupes‹ ihren Niederschlag in *Nomos Alpha* (1966), die ›Théorie des cribles‹ (Skalen) u. a. in *Persephassa*. In den 70er Jahren entwickelt X. mit dem Team des CEMAMU ein Computersystem, das UPIC (Unité Polyagogique Informatique du CEMAMU), das graphische Eingaben (Punkt, Bogen, Striche unterschiedlicher Dichte sowie architektonische Pläne) in Klänge umsetzt. Die Idee, von Varèse schon 1936 erörtert, erprobte X. bereits in der graphischen Notation von *Metastaseis*. Und mit Hilfe des UPIC komponierte er u. a. die elektronischen Werke *Mycènes Alpha* (1978)

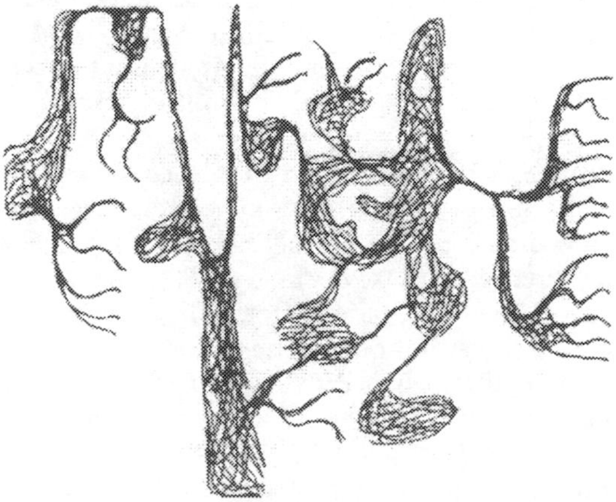

Graphische Darstellung durch das UPIC *Mycènes Alpha* - Version 1980 (Partiturseite 4 – Dauer der Seite: 43 Sek.)

und *Voyage absolu des Unari vers Andromède* (1989). Darüber hinaus wollte er dem Publikum mit dem UPIC ein ›Werkzeug‹ zur Verfügung zu stellen, das den Zugang zur zeitgenössischen Musik erleichtern und die Freisetzung der Imagination fördern soll.

X.' erste kammermusikalische Kompositionen entstanden in den 50er Jahren. In dieser Zeit, in der viele Komponisten eine neue Klangwelt durch die Elektronik erforschten, interessierte er sich vor allem für die klanglichen Möglichkeiten des traditionellen Instrumentariums, die er enorm erweitert, bereichert und extrem differenziert hat. In enger Zusammenarbeit mit den Interpreten, von denen er höchste Virtuosität und Ausdauer verlangte, ›erfand‹ X. durch neue Spieltechniken ungewöhnliche Klänge: ›Spaltklänge‹ wie z.B in *Anaktoria* (1969) für Streichinstrumente, Klar., Fg. und Hr., wo durch Manipulation am Klar.-Mundstück Tonschwankungen entstehen; den ›bridge effekt‹, einen knirschenden Klang, der durch Bogendruck auf Saite und Steg zugleich hervorgerufen wird, z. B. in *Nomos Alpha* für Vc. (1966) oder *Kottos* für Vc. (1977); ›Schwankungseffekte‹ als Resultat eines Unisono wie z.B zwischen Hr. und Fg. in *Anaktoria* oder von Doppelgriffen in *Nomos alpha*. Außerdem bewegen sich die Instrumente, vor allem die Blechbläser, mitunter in ungewöhnlichen Registern, z. B. bei den Glissandi in *Nomos Alpha* und *Mikka* (1971) oder in *Mikka S* (1976) für V. solo. Zudem sucht X. nach komplementären Klängen, auch zwischen unterschiedlichen Instrumentenfamilien, sowie nach Veränderungen des instrumentalen Klangcharakters, z. B. des Vc. in *Kottos,* und verwendet Viertel- und Drittel-Töne, sogenannte ›cribles‹, nicht oktavierende Skalen, die dennoch eine interne Symmetrie besitzen, wie z.B. in *Pléiades* (1978) für 6 Schlzg. Immer wieder aber auch greift X. zu elektroakustischen Mitteln wie z.B. Ende der 50er Jahre in *Orient-Occident, Dicemorphe* oder später, als er *Polytopes* komponierte bzw. Werke mittels der UPIC realisierte.

Neben Streich- und Blechblasinstrumenten bevorzugt X. Schlzg.-Instrumente. Sie spannt er in der Kammermusik mit anderen Instrumenten häufig zu einem Duo zusammen: z.B. mit der Ob. in *Dmaathen* (1976) oder mit dem Cemb. in *Komboi* (1981) und in *Oophaa* (1989). Daneben verwendet X. nicht klassifizierte oder in Europa weniger bekannte Schlzg.-Instrumente wie in *Nyuyo* (1985) und *Okho* (1989) oder erfindet Instrumente wie den metallischen ›Sixxen‹ aus 19 Tonhöhen, ungleich verteilt in Viertel- und Dritteltonhöhen (z. B. in *Pléiades).*

Auch von rhythmischen Prozessen erhält die ungewöhnlich reiche Klangwelt des I. X. ihr charakteristisches Idiom. In *Psappha,* der griechischen Dichterin Sappho gewidmet, auf die der elfsilbige Vers zurückgeht, wird der Klang dem ›reinen‹ Rhythmus unterworfen. In *Pléiades* entsteht eine Polyrhythmik, die auf der »Idee von Periodizität, Wiederholung, Verdoppelung, Rücklauf, getreuer, pseudogetreuer, nicht-getreuer Kopie« (I. X.) beruht. In *Persephassa* sind die rhythmischen Prozesse an räumliche Klangbewegungen gebunden. Überhaupt besteht für X. zwischen Klangraum, Rhythmus und Klang eine Gleichwertigkeit. Die Vielzahl der Klangquellen, die Bewegung des Klanges und der Klangmassen tragen zur Differenzierung der Klänge und Rhythmen bei und fördern die Entstehung beweglicher Strukturen: *Eonta* z. B. entsteht aus der dramatischen klanglichen und klangräumlichen Konfrontation zwischen dem Kl. und den Blechblasinstrumenten, die sich nach und nach von der Tiefe der Bühne bis in das Kl. hinein bewegen (sie aktivieren die Obertöne der niedergedrückten Tasten) und schließlich den ganzen musikalischen Diskurs beherrschen.

X. bevorzugt unkonventionelle Instrumentenkombinationen: z. B. Kl. und

5 Blechblasinstrumente in *Eonta,* Klar. und Vc. in *Charisma,* Cemb. und Schlzg. in *Kombai.* Kehrt er zu traditionellen Gruppierungen zurück, so werden sie unkonventionell behandelt, wie z.B. *in Dikthas,* einem Duo für V. und Kl., im Streichtrio *Ikhoor,* im StrQu. *Tetras* oder im StrQu. mit Kl. *Akea.* In den zahlreichen Werken für Solo-Instrumente erweitert er deren Klang- und Ausdrucksmöglichkeiten beachtlich: z. B. in *Keren* für Pos., in *Embellie* für Va., in *Theraps* für Kb. sowie f. Schlzg., Kl., V. und Vc.

Das gesamte Schaffen von X. beruht bis zur gegenwärtigen Periode, in der er eine größere Einfachheit anstrebt, auf einer mathematischen Basis. Dennoch wirkt seine Musik spontan und ausdrucksvoll. Sie fasziniert durch ihre Wildheit, ihren ursprünglichen Charakter, ihren rhythmischen und klanglichen Reichtum, ihre Monumentalität und formale Strenge. »Die Musik von X. ist die eines Tragikers, im griechischen Sinne des Wortes, die eines Aeschylos...«. (Antoine Goléa)

Maria Kardos-Morin

Isang Yun

geb. 17 September 1917 San Chung Gun (Südkorea), gest. 3. 11. 1995 Berlin. Die Mutter war bäuerlicher Herkunft, der Vater der Dichter Yun Ki-Hyon. 1933–1943 Musikstudium in Südkorea und Japan (Vc., Komposition). 1936–1938 Volksschullehrer. Während des 2. Weltkriegs Widerstandskämpfer gegen die japanische Fremdherrschaft in Korea; politische Haft, Folterung. Nach Kriegsende Leiter einer Waisenschule, Musiklehrer an koreanischen Oberschulen, Lektor an der Universität Seoul. 1956–1959 Fortsetzung des Musikstudiums in Paris (u.a. bei Tony Aubin), West–Berlin (u.a. bei Boris Blacher und Josef Rufer) sowie bei den Darmstädter Ferienkursen. Ab 1964 fester Wohnsitz in West–Berlin, seit 1971 deutscher Staatsbürger. 1967 Entführung aus West–Berlin durch den südkoreanischen Geheimdienst: der Agententätigkeit angeklagt. Haft und Folter unter der Park-Diktatur in Südkorea; nach internationalen Protesten wird Y. 1969 freigelassen. 1969/70 Dozent an der Musikhochschule Hannover. 1970–1985 Professor für Komposition an der Hochschule der Künste Berlin (West). Mitglied der Akademie der Künste in Hamburg und Berlin. Zahlreiche nationale und internationale Auszeichnungen und Ehrungen.

Werke f. 1 Instr: *Shao Yang Yin* f. Cemb. (1966) (auch f. Klar. aufführbar); Glissées f. Vc. solo (1970); Piri f. Ob. solo (1971) (auch f. Klar. aufführbar); Etüden f. Fl. solo (1974) (f. gr. Fl., Pikk., AFl., BFl. ad lib.); *Königliches Thema* f. V. solo nach J. S. Bachs *Musikalischem Opfer* BWV 1079 (1976); *Salomo* f. AFl. oder Fl. (nach *Der weise Mann Lao-Tse*) (1979); Monolog f. BKlar. (1983); Monolog f. Fg. (1984); *Li-Na im Garten,* 5 Stücke f. V. solo (1984); *In Balance* f. Hf. solo (1987); *Kontraste,* 2 Stücke f. V. solo (1987); *Sori* f. Fl.solo (1988); *Chinesische Bilder* f. Blfl. (1993); Sieben Etüden f. Vc (1993) – Werke f. 2 Instr: *Gasa* f. V., Kl. (1963); *Garak* f. Fl., Kl. (1963); *Nore* f. Vc., Kl. (1964); *Riul* f. Klar., Kl. (1968); Duo f. Va., Kl. (1976); Novelette f. Fl. (AFl.), Hf., ad libitum mit V., Vc. (od. Va.), Streicher können auch verstärkt werden (1980); Sonatina f. 2 V. (1983); Inventionen f. 2 Ob. (1983); Inventionen f. 2 Fl. (1983/84) = Parallelfassung der Inventionen f. 2 Ob.; Duo f. Vc., Hf. (1984), auch f. Vc., Kl. aufführbar; Intermezzo f. Vc., Akk. (1988), statt Akk. auch Kl. oder Org. möglich; *Contemplation* f. 2 Va. (1988); Pezzo fantasio per due strumenti con basso ad libitum, z.B. f. 2 Fl. od. Ob., Klar. od. 2 V., dazu 1 Baß-Instrument wie BFl., Fg., Kb. usw. (1988); *Together* f. V., Kb. (1989); Rufe f. Ob., Hf. (1989); Sonate f. V., Kl. (1991); *Espace I* f. Vc., Kl. (1992); Espace II f. Vc., Hf., Ob. ad. lib (1993); *Ost-West Miniaturen* f. Ob., Vc (1994) – WERKE F. 3 INSTR: *Gagok* f. Git, Schlzg., Stimme (1972), auch ohne Schlzg. (Bearbeitung Siegfried Behrend), auch f. Stimme und Hf. (Fassung v. I. Yun); Trio f. Fl. (AFl.), Ob., V. (1972/73); Trio f. V., Vc., Kl. od. Va., Vc., Kl. (1972/75); *Rondell* f. Ob., Klar., Fg. (1975); Sonata f. Ob. (Ob. d' amore ad lib.), Hf.,Va. od. Vc. (1979); *Rencontre* f. Klar., Hf. (od. Kl.), Vc. (1986); Trio f. Klar., Fg., Hr.(1992) – WERKE F. 4 INSTR: 6 StrQu. (I/II unveröff.; III 1959–1961; IV 1988; V 1990; VI 1992); *Images* f. Fl., Ob., V., Vc. (1986); Quartett f. 4 Fl. (1986); Quartett f. Fl., V., Vc., Kl. (1988); Quartett f. Hr., Trp., Pos., Kl. (1992); Quartett f. Ob., Streichtrio (1994) – WERKE F. 5 INSTR: Concertino f. Akk., StrQu. (1983); Quintett f. Klar., StrQu. (1984), Alternativ-Fassung f. Fl., StrQu. (1986); Quintett f. Fl., StrQu. (1986); Tapis f. Streichquintett solistisch oder chorisch (1987); Festlicher Tanz f. Bläserquintett (1988); Bläserquintett (1991); Quintett f. Klar., StrQu. II (1994) – WERKE F. 7 INSTR.: Musik f. sieben Instr. (1959); Kammerkonzert II f. Ob. (EHr.), Pos., Kl., Schlzg., Va., Vc., Kb. (1959) – WERKE F. 8 INSTR.: Pièce concertante f. Fl. (AFl.), Klar. (BKlar.), Kl., Schlzg., V., Va., Vc., Kb. (1976); Oktett (1978); Bläseroktett mit Kb. ad lib. (1993) – WERKE F. 10 INSTR.: *Distanzen* f. Fl., Ob., Klar., Fg., Hr., Streichquintett (1988) – WERKE F. 11 INSTR.: *Loyang* f. Fl., Ob., Klar., Fg., Hf., 4 Schlzg., V., Vc. (solistisch oder verdoppelt) (1962) – WERKE F. 12 INSTR.: Kammerkonzert I f. Pikk., Ob., Klar., Fg., Hr., Trp., Pos., Schlzg., Streicher (solistisch oder chorisch) (1990).

Verlag: Bote & Bock, Berlin 1995 (WZ).

I. Y.s Tonkunst basiert auf einer Verschmelzung unterschiedlicher musikalischer Erfahrungen, die der Komponist aus der Musiktradition seines Heimatlandes Südkorea sowie aus der abendländischen Musik des 20. Jahrhunderts gewonnen hat.

Y. kam 1956, zu einem für ihn günstigen musikalischen Zeitpunkt nach Europa: »Die Entscheidung, die ein Komponist treffen konnte, war offener als zuvor.« (I. Y.) Das Musikleben wurde einerseits von der totalen Determination der seriellen Kompositionsweise geprägt, andererseits von der Indetermination durch die Einführung des Zufallprinzips in den Kompositionsprozess (Aleatorik). Die ersten Klangkompositionen von György Ligeti und Krysztof Penderecki, die Entstehung der ›Musique concrète‹ und der Elektroakustischen Musik rückten den Klang ins Blickfeld. Er wurde in der Folge zum musikalischen Hauptparameter. Außerdem nahm das Interesse z.B. von Olivier Messiaen oder John Cage für außereuropäische, vor allem für fernöstliche Musik zu.

Im ostasiatischen Denken existiert die Musik nicht an sich, sondern ist Teil einer Lebenseinheit, »indem Gesellschaftliches, Religiöses und Politisches, die Kunst, die Literatur und die Philosophie als Einheit erfahren werden« (W.-W. Sparrer). Y.s Musikdenken ist untrennbar mit dem Taoismus, einer der wichtigsten religiös-philosophischen Lehren Ostasiens verbunden. Das Tao ist der Ausgangspunkt allen Seins. »Aus ihm als ungeschiedener Einheit entfalten sich die beiden Urprinzipien Yang und Yin, aus deren vielfältiger Verbindung alles hervorgeht« (Ch. M. Schmidt). Sie sind Symbol unbegrenzter Deutungsmöglichkeiten: »Yang ist männlich, zeugend, bewegend, licht, warm, Yin hingegen weiblich, empfangend, ruhig, dunkel, kalt« (H. v. Glasenapp).

Während »in der Musik Europas erst die Ton-Folge Leben gewinnt, lebt bei uns schon der Ton für sich...Vom Ansatz bis zum Verklingen ist jeder Ton

Wandlungen unterworfen, er wird mit Verzierungen, Vorschlägen, Schwebungen, Glissandi und dynamischen Veränderungen ausgestattet, vor allem wird die natürliche Vibration jedes Tones bewußt als Gestaltungsmittel eingesetzt. Auch die Veränderungen eines Tones in der Tonhöhe werden weniger als melodiebildende Intervalle angesehen als ... Teile des Ausdrucksregisters eines und desselben Tones begriffen« (I. Y.) – eine Konzeption, die übrigens Arnold Schönberg in seiner Harmonielehre teilte. Das folgende Schema von Christian Martin Schmidt

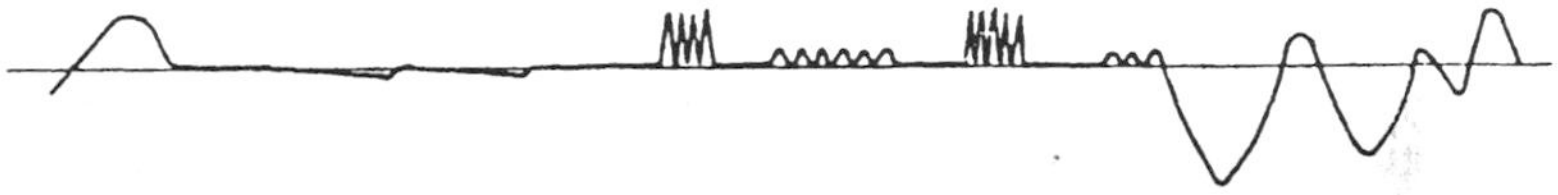

sowie ein Beispiel aus der 5. Etüde für Fl. solo

verdeutlichen diese Gedanken. In Werken mit kleinen Besetzungen werden derartige Tonkomplexe den einzelnen Instrumenten zugeteilt. Sie bilden athematische, aber binnen-individualisierte Klangflächen, die miteinander durch klangliche und zeitliche Beziehungen verbunden sind, moduliert werden können oder durch Figurationen und dynamische und rhythmische Veränderungen belebt werden. Es entsteht eine Art Polyphonie, »nicht im thematisch-imitatorischen Sinn der abendländischen Tradition, wohl aber als bewußt gestaltete und kontrollierte Vielstimmigkeit polyrhythmischer Faktur« (I. Y.).

Durch die relativ langsame Entfaltung jedes Klangkomplexes vermittelt Y.s Musik den Eindruck eines fließenden Geschehens, das sich in einer fluktuierenden musikalischen Zeit bewegt, ohne Takt noch Metrum. Taktarten und Taktstriche dienen lediglich der Übersichtlichkeit: »Die Musik in den Zwang akzentuierter Taktmaße einzuspannen wäre mir wesensmäßig fremd. Eine festgelegte Rhythmik widerspräche meiner Auffassung vom lebendigen Strömen und stetigen Gestaltwandel der Musik« (I. Y.). Dieser entfaltet sich auf zwei Ebenen: Übergeordnet ist die mehr oder minder langsame Bewegung im Großen, bestimmt von den Zeitspannen der Ton- und Klangkomplexe und von ihrem Wechsel; untergeordnet ist die lebhafte Bewegung im Detail, z. B. durch Figurationen.

Y. verwendet keine exotischen Instrumente, lediglich den Bak, eine dreiteilige Peitsche aus Holz mit besonders scharfem Klang. Spezifische Klangtechniken (z. B. unterschiedliche Varianten der Tonerzeugung) und Spielweisen ostasiatischer Instrumente, z. B. verschiedene Arten von Glissando, Vibrato (von ihm gibt es ca. 20 unterschiedliche Möglichkeiten in der ostasiatischen Musik) überträgt er auf das traditionelle europäische Instrumentarium, um die Klangfarbe zu verändern, z. B in *Glissées* f. Vc. (1970), *Piri* f. Ob. (1971) oder *Rondell* f. Ob., Klar., Fg. (1975). Außerdem arbeitet Y. mit symbolischen Gesten. Eine Aufwärtsbewegung steht z. B. für die Befreiung, extrem hohe Register für den taoistischen Himmel. Aber auch den Instrumenten werden taoistische Symbolvorstellungen zugeordnet: V. und Hf. z. B verkörpern die Reinheit und den Himmel, Holzbläser die ambivalente Vielfalt und Unbestimmheit des Menschen, Blechbläser, Schlzg. und Pos. das Irdisch–Verstörende, das Hr. positive menschliche Eigenschaften.

Y.s Instrumentalmusik ist durch ihre allgemeine außermusikalische Vorlage typisch koreanisch: »Absolute Musik, welche auf jede außermusikalische Beziehung verzichtet, ist dem Koreaner gänzlich unbekannt. Das melodische Geschehen (gleichviel ob vokal oder instrumental) ist vowiegend durch das Streben nach Charakterisierung bedingt.« (Chung Sik Keh). *Loyang* (1963) ist z. B. nach der Hauptstadt des chinesischen Reiches im 8 Jh. n. Chr. benannt worden. In *Images* (1968) sind die Partien von Fl., Ob., V., Vc. so miteinander verschlungen wie die Gestalten der nordkoreanischen Fresken, die dem Stück als Inspiration dienten. Charakteristisch für Y. Stil ist das Kontrastprinzip der Klangschichten, der rivalisierenden Klangwelten, die simultan oder durch rotierende Sukzession einsetzt werden.

Musikalisch-architektonische Gesetze dagegen haben untergeordnete Bedeutung. Y.s Formauffassung beruht hauptsächlich auf der Vielfalt der Einzelheiten, die er als »Bewegtheit in der Unbeweghteit« definiert. Er arbeitet mit Modellen und Modellvarianten, ist ein Meister der entwickelnden Variation und der Verschleierung. Formale Geschlossenheit ist ihm prinzipiell fremd. Seine Kompositionen sind für ihn »im zeitlich-gedanklichen Verlauf offene Teile eines großen, ununterbrochenen musikalischen Zuges«, jedoch nicht im Sinn der ›offenen Form‹. Alle Einzelheiten sind mit Akribie determiniert.

Innerhalb seines umfangreichen Œuvres, in dem alle europäischen Gattungen vertreten sind, zeigt Y. eine Vorliebe für solistische Stücke und kleine Ensembles von 2, 3 oder 4 Instrumenten. Charakteristisch ist die alternative Besetzung z.B. in Novelette (1980) oder in Intermezzo (1988), die ebenfalls auf der taoistischen Philosophie beruht.

Zu Y.s ersten ›europäischen Werken‹ gehört die Musik für sieben Instrumente (1959), die von der Zwölftontechnik geprägt ist. Allerdings fühlt sich Y. an keinen Dogmatismus gebunden und erlaubt sich Abweichungen von der Regel: Schwerpunkte werden durch Wiederholung der Tongruppen gesetzt.

Zu Beginn der 60er Jahre gelingt der Anschluß an die damalige Avantgarde mit Klangfarbenkompositionen wie z. B. *Loyang* f. Kammerensemble (1964), *Glissées* f. Vc. (1970) oder *Piri* f.Ob. (1971). In den 70er Jahren strebt Y. eine größere Simplizität an, verwendet einfache Rhythmen und eine konsonantere Harmonik. Die Simultaneität von Klangflächen wird durch eine rotierende Sukzession ersetzt. In dieser Zeit entstehen zahlreiche Kammermusikwerke: z.B *Gagok* (1972), das *Königliche Thema* (1976) oder das Oktett (1978). In den 80er Jahren beginnt mit den fünf aufeinander bezogenen Symphonien eine dritte Schaffensperiode, in der Y. zunehmend europäische Musikgattungen übernimmt und eine Tendenz zu Wohllaut und lyrischer Kantabilität zeigt, z. B. in Duo (1984), im Quintett (1984) oder im Festlichen Tanz *(1988)*. Zu Beginn der 90er Jahre ist auch in den Kammermusikwerken eine zunehmende Neigung zu symphonischer Dichte zu bemerken, z. B. in den StrQu.en V (1990) und VI (1992).

Maria Kardos-Morin

Juliusz Zarębski

geb. 19. 2. (3. 3.) 1854 Žitomir (Ukraine), gest. 1. (13.) 9. 1885 ebd. Sohn eines musikliebenden polnischen städtischen Beamten, mit sechs Jahren erster Kl.-Unterricht; 1870–1972 Studium in Wien, Kl. bei Josef Dachs, Komposition bei Franz Krenn, Abschluß des an sich sechsjährigen Studiums nach bereits zwei Jahren mit zwei Goldmedaillen. 1873 Studium in St. Petersburg, Abschluß nach drei Monaten mit Diplom. Im Frühjahr 1874 erste Konzerte in Kiev und Odessa, im Herbst Abreise nach Rom, Z. wird Privatschüler von Franz Liszt, später auch in Weimar. In den folgenden Jahren Konzertreisen als Pianist durch ganz Europa. 1878 tritt er bei der Pariser Weltausstellung als Virtuose des von Mangeot entwickelten zweimanualigen Kl. auf. 1880 Berufung als Professor für Kl. an das Königliche Konservatorium in Brüssel; Kl.-Kompositionen werden in rascher Folge gedruckt. Am 30. April 1885 UA des Kl.-Quintetts in Brüssel, in Anwesenheit Liszts; größter Erfolg für den schon todkranken Komponisten, der wenige Monate danach an Lungentuberkulose stirbt.

WERKE F. 3 INSTR.: Trio f. Kl., V., Vc. (1872), ungedruckt – WERKE F. 5 INSTR.: Quintett f. 2 V., Va., Vc., Kl. g op. 34 (1885).

Verlag: Polskie Wydawnietwo Muzyczne Kraków.

Mit dem frühen Tode des Komponisten J. Z. (deutsche Aussprache etwa: Juljusch Sarempski) verlor die polnische Musik ihre wohl größte Begabung zwischen Fryderyk Chopin und Karol Szymanowski. Z. hatte bis dahin außer einigen Liedern und den beiden kammermusikalischen Werken praktisch nur Kl.-Musik geschrieben; im Gegensatz zu Zeitgenossen wie Henryk Wieniawski oder Zygmunt Noskowski vermied er jeden salonhaften Romantizismus, sondern amalgamierte auf sehr originelle Weise die Traditionen Chopins wie auch Einflüsse der polnischen Volksmusik, deren Melodik und Rhythmik er subtil und mit feinem Gespür für Farbwerte, aber ohne direktes Zitieren verarbeitete. Besonders interessant in seinen reifen Werken ist die Harmonik, die er frei handhabt, teilweise in Reihungen ohne funktionale Anbindung, worin er als Vorläufer des Impressionismus anzusehen ist (Kl.-Zyklus *Les Roses et les Épines* op. 13; Kl.-Quintett op. 34). Innerhalb der klassischen Formen, die er als Einheiten respektiert, entwickelt er das thematische Material rhapsodisch frei und in gelegentlich schwärmerischer, aber kontrollierter Expressivität.

Quintett g-Moll op. 34 (1885)
für 2 Violinen, Viola, Violoncello und Klavier

Allegro – Adagio – Scherzo. Presto – Finale. Presto. Allegretto. Adagio. Allegro molto
Dauer: ca. 37'
Verlag: Polskie Wydawnictwo Muzyczne, Kraków

Das Kl.-Quintett ist Z.s letzte vollendete Komposition und bedeutet in seiner reifen Faktur, seiner persönlichen Expressivität und seiner originellen Koloristik einen entscheidenden Schritt nach vorn. Ganz im Stile Liszts wird das Kl. fast sinfonisch eingesetzt, doch schafft Z. eine ausgeglichene Klangbalance nicht nur durch subtile dynamische Schattierungen, sondern auch durch häufiges Unisono-Spiel einiger oder aller Streichinstrumente in einem fast blockartigen Gegeneinander der Klangcharaktere. Ähnlich wie Johannes Brahms oder Antonín Dvořák respektiert Z. die tradierten Satztypen, doch erfüllt er sie inwendig mit rhapsodischer Fantasie und einem balladesken Erzählton. Außerdem – und das verbindet ihn wiederum mit Bestrebungen der ›Neudeutschen‹ um Franz Liszt – sind sämtliche Themen miteinander verwandt: durch das harmonische Feld und durch bestimmte Intervallkombinationen; zusätzliche Verklammerungen leistet die konkrete Übernahme einzelner Themen und Motive.

So ähneln sich das 2. Thema des **Kopfsatzes** und das Hauptthema des **Adagios**, das Kopfthema des 1. Satzes kehrt im **Finale** mehrfach, zuletzt in krönender Dur-Gestalt wieder, und verblüffend ist auch der Beginn des Finales nicht mit einer langsamen, sondern einer schnellen Einleitung, die das bizarre Scherzo-Thema noch einmal aufgreift. Im Kopfsatz bildet die extrem verkürzte Reprise fast nur eine Episode in der bis zur Coda reichenden Durchführung; das Scherzo mit zwei Trio-Teilen und das Rondo-Finale mit unregelmäßiger Reihung der Couplets und Zitaten aus den vorhergehenden Sätzen bezeichnen besonders deutlich den balladesk-freien Ton des Werkes. Raffinierte Flageolett- und perkussive Effekte geben dem **Scherzo** eine aparte, düster-gespenstische Stimmung. Die individuelle Leistung des Werkes wird abgerundet durch eine oft gewagte, Reihungen von Akkorden bildende Harmonik, die auf den Impressionismus vorausweist. Mit seiner individuellen Handschrift und der Ausgewogenheit der Mittel steht das Werk, obwohl es außerhalb Polens vergleichsweise wenig und eher nur durch Tonträger bekannt ist, ebenbürtig neben den Gattungsbeiträgen von Gabriel Fauré, Antonín Dvořák und Johannes Brahms.

Hartmut Lück

Alexander (von) Zemlinsky

geb. 14. 10. 1871 Wien, gest. 15. 3. 1942 Larchmont/New York. Nach privatem Kl.-Unterricht und autodidaktischen Kompositionsversuchen studierte Z. 1892 am Konservatorium der ›Gesellschaft der Musikfreunde‹, Wien (u.a. Kontrapunkt bei Robert Fuchs, Komposition bei Johann Nepomuk Fuchs). Ausgezeichnet mit mehreren Preisen, gefördert von Johannes Brahms und später von Gustav Mahler, errang er seit den 90er Jahren beachtliche Erfolge als Komponist vornehmlich von Kammermusik. Obwohl seine ersten Bühnen-und Orchesterwerke (*Sarema*, 1896; 1. Sinfonie, 1897) kein geringeres Interesse fanden, entschied sich Z. für eine Dirigentenlaufbahn (1904–1911 Wiener Volksoper, 1911–1927 Deutsches Landestheater, Prag, 1927–1930 Kroll-Oper, Berlin). Hochgerühmte Interpretationen des klassisch-romantischen Repertoires verband Z. mit leidenschaftlichem Einsatz für zeitgenössische Musik (Werke von Gustav Mahler, Richard Strauss, Arnold Schönberg, Anton Webern). Daneben entstanden die eigenen kompositorischen Hauptwerke wie die Oper *Kleider machen Leute* (1910), das 2. StrQu. (1913–1915) oder die Lyrische Sinfonie (1923). 1933 mit *Der Kreidekreis* (Klabund) weiterer bedeutender Kompositionserfolg; im gleichen Jahr Emigration über Wien (1933), Prag (1938) in die USA (1939), wo Z. nach schwerer Krankheit vereinsamt und mittellos starb.

Werk f. 2 Instr.: Suite f. V., Kl. A (1895) – Werk f. 3 Instr.: Trio f. Klar., Vc., Kl. d (1896) – Werke f. 4 Instr.: StrQu. e (1895 ?); 4 StrQu. (A op.4, 1896; op.15, 1913–1915; op.19, 1924; op.25 (›Suite‹), 1936) – Werke f. 5 Instr.: Quintett f. 2 V., Va., 2 Vc. (Fragment) d (1894–1896); Quintett f. 2 V., Va., 2 Vc. (Fragment) d (1908) – Werke f. 6 Instr.: Sextett f. 2 V., 2 Va., 2 Vc. (Fragment) es (1899 ?); Sextett f. Gesang, 2 V., Va., 2 Vc. Ges (Text: Richard Dehmel *Die Magd*, Fragment, 1899?).

Verlag: UE Wien.

Z.s Werke bis um die Jahrhundertwende bewegen sich unüberhörbar in den Bahnen einer Musiksprache, die von Johannes Brahms und Antonín Dvořák geprägt worden ist. Farbige, zuweilen üppig aufblühende Harmonik, ein Geflecht melodischer Linien und in sie eingelagerter motivisch-thematischer Gebilde sowie eine höchst aktive, vielgestaltige Rhythmik verbinden sich zu einem klangintensiven Tonsatz, in dem in wachsendem Maße die noch immer grundlegende Dreiklangsstruktur durch Chromatik und Alteration aufgelockert wird. Doch sah Z. in einem Weiterschreiten zur Auflösung der Tonalität, wie sie sein Schüler und Freund Arnold Schönberg vormusizierte, keine annehmbare Perspektive. Deshalb trennten sich an diesem Punkt beider Wege – das 2. StrQu. Z.s ist dafür ein überzeugendes Dokument. Während Schönberg über die Atonalität zur Zwölfton-Technik gelangte und ungeachtet aller Angriffe und Schmähungen zu einer die Musik des ganzen Jahrhunderts beeinflussenden Autorität aufstieg, ereilte Z. der Ruf eines Traditionalisten, gar der eines Eklektikers, der die Zeichen der Zeit nicht mehr verstünde. Er geriet zwischen die Fronten: Den ›Modernen‹ erschien seine tonale Verbindlichkeit als schwächlicher Kompromiß; die Konservativen rügten die unüberhörbaren Erweiterungen des Tonalen als ›unrein‹. Am Ende – dies kündigte sich bereits in den 20er Jahren an – geriet Z. in Vergessenheit. Denn was man auch in ihm sah: den zögerlichen ›Modernen‹ oder den eigensinnigen und deshalb niemals ganz vertrauenswürdigen ›Traditionalisten‹ – in jedem Falle galt er als ein Romantiker aus dem vergangenen Jahrhunderts, der sich in dem neu angebrochenen nicht mehr zurechtzufinden schien.

Trio d–Moll d op.3 (1896)
für Klarinette, Violoncello und Klavier

Allegro ma non troppo – ohne Bezeichnung – Allegro
Dauer: ca. 29'
Verlag: Simrock Bonn, EA 1897

Das Trio, in dem die Hausmusiker in der Regel die Klar. durch die V. zu ersetzen pflegen, entstand zu einer Zeit, als der 25jährige Z., wenige Jahre nach seinem glänzenden Abgang vom Wiener Konservatorium, erste Erfolge als Komponist und Interpret zu erringen vermochte. Johannes Brahms – obwohl bereits todkrank – empfahl das Werk seinem Verleger Fritz Simrock, der es auch herausbrachte. Die gemischte Besetzung – Blas-, Streich- und Tasteninstrument – erscheint wie eine ›Hommage à Brahms‹, der nur wenig früher, angeregt durch den Meininger Klarinettisten Richard Mühlfeld, eine kleine, aber hochbedeutsame Werkgruppe in ähnlichen Besetzungen geschrieben hatte (Klar.-Trio op. 114, Klar.-Quintett op. 115, zwei Sonaten für Klar. und Kl. op. 120). Der weiche, doch ungemein tragfähige Klang des Blasinstruments, verbunden mit der Baßfülle von Vc. und Kl., dürfte dem klanglichen Empfinden von Brahms wie Z., ihrem Sinn für sonore Vollstimmigkeit entgegengekommen sein. In dieser Vollstimmigkeit verschmelzen die Farbnuancen von stufenreichen Akkordfortschreitungen als eine Art ›Fresko-Effekt‹ mit den Tiefenwirkungen polyphoner Stimmführung: Die Töne, aus denen sich die Akkorde zusammensetzen, sind zugleich gewissermaßen Ton-›Punkte‹, welche sich zu melodischen Linien ausformen – und zwar nicht allein in den

Ober- und Unterstimmen, sondern, zumindest der Tendenz nach, in der gesamten Struktur: als Stimmen-, als Ton-Satz.

Solche Struktur, in der sich Dichte, Intensität und Durchsichtigkeit die Waage halten und die auf eine merkwürdig suggestive Weise das homophone und das polyphone Element, verschmolzen mit konfliktreicher Rhythmik, ineinanderbringt, muß Z. als Idealtypus von musikalischer Darstellung erschienen sein. Zugleich freilich macht sich ein Bemühen bemerkbar, solche Verdichtung des Tonsatzes, zu der nicht zuletzt auch eine intensive motivische Vermaschung innerhalb eines Satzes wie über die insgesamt drei Sätze hinweg gehört, immer wieder durch entspannende Momente zu mildern. Etwa durch eine biegsame, gesangliche Melodik, in der sich Z. hörbar auf den längst kaum weniger berühmten Brahms-Freund Antonín Dvořák bezieht. Solcher Entspannung aber dürfte auch die recht einfache, gleichsam überschaubare Formbildung aller Sätze dienen, die im 1. Satz einen klar gegliederten Sonatenhauptsatz, im 2. die dreiteilig variierte Liedform und im Finale eine lockere Rondogestaltung zeigt.

2. Streichquartett op. 15 (1913–1915)

einsätzig: Sehr mäßig (quasi Andante). Heftig bewegt (Allegro furioso). Adagio. Schnell. Andante. Allegro molto
Dauer: ca.36'
Verlag: UE Wien, EA 1916

Das 2.StrQu. op. 15 entstand fast zwei Jahrzehnte nach dem Trio op. 3. Das umfangreiche Werk besteht aus einem einzigen ›Groß-Satz‹, der freilich noch immer die Gliederung des klassischen viersätzigen Sonatenzyklus erkennen läßt – mit Sonatenhauptsatz, Adagio, Scherzo und Finale, die nahtlos ineinander übergehen. Eröffnet wird das Werk mit einem Motiv, von dem sich nahezu sämtliche weitere Motive und Themen ableiten.

Das Motiv bildet eine Art Motto für das ganze Stück, aus dem es mittels ›entwickelnder Variation‹ erwächst. Dieses ausgesprochen melodische, auf die Tonhöhen bezogene Verfahren fördert nachdrücklich den polyphonen Charakter der Komposition und macht den Zusammenklang, die Harmonik zumindest stellenweise zu einem sekundären Gestaltungselement. Ähnliches hatte sich wenige Jahre zuvor auch bei Arnold Schönberg ereignet, zumal in dessen 1. StrQu. (1905) und der 1. Kammersinfonie op. 9 (1906). Doch Schönberg trieb bereits hier die strukturelle Verdichtung in Bereiche, in denen die Harmonik zu zerbrechen drohte. Z. hat diesen Weg nicht einschlagen wollen oder auch nicht einschlagen können (s. Essay). So sehr er Schönbergs urwüchsige Kraft und Unbeirrbarkeit bewunderte, so sehr und wohl noch mehr fürchtete er, daß durch die Preisgabe der Tonalität auch der Sprachcharakter von Musik und damit eben ihr Kunstcharakter verloren gingen. Ob nun solche Furcht von einem geschichtlich gestimmten Verantwortungsgefühl genährt wurde oder ob sie lediglich mit Grenzen eines individuellen Ausdrucks- und Darstellungsvermögens zu tun hat, bleibe dahingestellt. So bändigt Z. die nicht selten wuchernde polyphone Stimmengestaltung immer wieder durch Dreiklangsstrukturen, die noch inmitten einer Vielzahl tonartfremder Zusätze erkennbar bleiben. Es handelt sich bei Z. tatsächlich und stets um eine ›erweiterte‹ Tonalität, auf die er – eben wegen der Bewahrung des an sie gebundenen Sprachcharakters von Musik – keinesfalls verzichten zu können glaubte.

Mathias Hansen

Bernd Alois Zimmermann

geb. 20.3.1918 Bliesheim (bei Köln), gest. 5.8.1970 Großkönigsdorf (bei Köln). 1937–1947 Studium der Schulmusik, Musikwissenschaft (Paul Mies), Germanistik, Philosophie und Psychologie an den Universitäten Bonn und Köln. Zwischen 1939 und 1945 Soldat im 2. Weltkrieg, Kriegsverletzung. 1945–1947 Kompositionsstudium an den Musikhochschulen Köln und Berlin (u.a. bei Heinrich Lemacher und Philipp Jarnach). 1948–1950 Besuch der Internationalen Ferienkurse für Neue Musik Darmstadt. Dort Zusammenarbeit mit Wolfgang Fortner, René Leibowitz und Winfried Zillig. Ab 1948 werden Z.s Werke zunehmend bei internationalen Festivals für neue Musik und im Rundfunk aufgeführt. 1950–1952 Lektor für Musiktheorie am Musikwissenschaftlichen Institut der Universität Köln. Ab 1952 Arbeit als freier Komponist (Hörspielmusiken, Bearbeitungen). Ab 1958 Lehrstuhl für Komposition an der Musikhochschule Köln (ab 1962 Professur), hier Gründung eines Seminars für Bühnen-, Film- und Rundfunkmusik. Zu Z.s Schülern gehören u.a. York Höller, Johannes G. Fritsch, Georg Kröll, Manfred Niehaus, Luca Lombardi, Messias Maiguashca, Dmitri Terzakis. 1958/59 und 1963 Stipendiat der Villa Massimo in Rom. 1958–1964 Arbeit an der Oper *Die Soldaten*, 1965 UA in Köln. 1967–1969 Arbeit an *Lingual. Requiem für einen jungen Dichter.* Das Opernprojekt *Medea* blieb unvollendet. Z. schied 1970 freiwillig aus dem Leben.

WERKE F. 1 INSTR./AUSF.: Sonate f. V. solo (1951); Sonate f. Va. solo (1955); Sonate *»...et suis spatiis transeunt universa sub caelo«* f. Vc. solo (1960); *Tempus loquendi....* Pezzi elittici per Fl. grande Fl. in sol BFl. solo (1963); Vier kurze Studien f. Vc. solo (1970) – WERKE F. 2 INSTR.: Sonate f. V., Kl. (1949/50); *Intercomunicazione* f. Vc., Kl. (1967) – WERKE F. 3 INSTR.: Trio f. V., Va., Vc. (1942/43); *Présence.* Ballet blanc en cinq scènes f. V., Vc., Kl. (1961).

Verlag: Schott Mainz, Edition Modern München, Gerig Köln.

Z.s Werk umfaßt drei Jahrzehnte: Die ersten Stücke entstanden während der letzten Kriegsjahre, das letzte Werk im Sommer 1970. So spiegelt Z.s Werk die ›heroische Zeit‹ der Neuen Musik: das Herauswachsen aus der Unterdrückung des Faschismus, die Adaption der Werke Strawinskys, Bartóks und Hindemiths, die Hinwendung zu Schönberg und Webern, die Orthodoxie von Zwölftontechnik und Serialismus und seine Ablösung durch Aleatorik und Klangfarbenkomposition; sein Aufbrechen durch Cage einerseits, Penderecki andererseits. Doch dieser Spiegel hat seine eigene Lichtbrechung: So sehr alle Zeitströmungen ihre Spuren in Z.s Werk hinterlassen, so wenig erschöpft es sich darin. Dafür war Z. zu sehr Individualist, ja Einzelgänger.

Kompositorisch aufgewachsen ist Z. im Umkreis von Strawinsky, Milhaud und Hindemith; zudem war er eng vertraut mit der kontrapunktischen Musik der niederländischen Renaissance – ein Einfluß, der sich in der präzisen Kalkulation von Zeitproportionen niederschlägt. Über Hindemith und die Wiener Schule gelangte Z. um die Mitte der 50er Jahre zu der ihm ganz eigenen ›pluralistischen‹ Kompositionsmethode, die er 1957 in seinem Aufsatz *Intervall und Zeit* zu formulieren sucht. Er spricht dort davon, daß »der Gedanke der Einheit der Zeit als Einheit von Gegenwart, Vergangenheit und Zukunft – so wie sie Augustinus im Wesen der menschlichen Seele begründet hat [...] eine neue Perspektive in der Musik als ›Zeitkunst‹, als Kunst der zeitlichen Ordnung innerhalb der ständigen Gegenwart der allumfassenden musikalischen Grundstruktur« gewonnen hat. Z.s Pluralismusbegriff, oft vorschnell mit seiner Zitat- und Collagentechnik gleichgesetzt, zielt auf den ›pluralistischen Klang‹, auf eine Simultaneität unterschiedlichsten Klangmaterials, organisiert in unterschiedlich verlaufenden Zeitschichten und miteinander verbunden durch Mittel der Montage. Technisches Mittel des inneren Ordnungszusammenhangs war eine seriell organisierte Keimzelle, die nicht nur – wie bei den ›Orthodoxen‹ – Parameter wie Tonhöhe, Tondauer, Dynamik und Satzdichte formte, sondern die zur geistigen ›ordo‹ eines Kunstwerks wurde, zum Zentrum und Ausgangspunkt einer Klangwelt, die sich als umfassende Pluralität einzelner Wirklichkeitselemente verstand. Der kompositorische Pluralismus erfährt in Z.s späten Stücken insofern eine Erweiterung, als dort das neue Element der Zeitdehnung auftritt – der Strukturverlauf schlägt um in eine Art Scheinbewegung, in einen ›Stillstand‹ mit dem Ziel einer gewissermaßen ›ständigen Gegenwart‹.

Sonate »...et suis spatiis transeunt universa sub caelo« (1960) für Violoncello solo

Rappresentazione – Fase – Tropi – Spazi – Versetto
Dauer: ca. 15'
Verlag: Edition Modern München

Z.s Sonate für Vc. solo ist ein künstlerischer Reflex auf die gute Zusammenarbeit des Komponisten mit dem Cellisten Siegfried Palm anläßlich der verspäteten UA von Z.s Vc.-Konzert *Canto di speranza* im September 1958 bei den Darmstädter Ferienkursen. (Auch die Vier kurzen Studien von 1970 für die Sammlung ›Studien zum Spielen Neuer Musik‹ für Vc., eine der letzten Kompositionen von B.A.Z., sind auf Veranlassung von Siegfried Palm entstanden.) Ein Jahr später, im Herbst 1959 schrieb Z. an Palm: »Liebster Meister Palm! Der SDR (Süddeutscher Rundfunk, W.K.) möchte kommenden April eine Sonate von mir machen. Ich möchte seit langem eine Cello-Solosonate schreiben. Hand aufs Herz: haben Sie nicht die Lust verloren? Wenn nicht, so schreiben Sie mir umgehend, damit ich alles in die Wege leiten kann« (B.A.Z. am 3.11.1959). Palm stimmte zu, und am 24. April 1960 fand die UA in Stuttgart statt. Der Sonate, die Z. seiner Frau widmete, ist als Motto ein Vers (3.1) aus dem ›Prediger Salomo‹ vorangestellt, der in der bildkräftigen Sprache Luthers lautet: »...und alles Vornehmen unter dem Himmel hat seine Stunde.« Damit setzt Z. die Anfangszeile der 1958 in Rom entstandenen Solokantate *Omnia tempus habent* (Alles hat seine Zeit...) fort; und wirklich ist die

Vc.-Sonate die ›Fortsetzung‹ der Kantate, auch wenn sie in stilistischer Hinsicht weit über sie hinaus geht: Nicht nur, daß der Komponist auf eine serielle Durchordnung im strengen Sinne verzichtet – durch die Einbeziehung von Vierteltonkomplexen wird der Tonhöhenbereich zusätzlich differenziert.

Für die Satztitel – Rappresentazione (Darstellung), Fase (Abschnitt), Tropi (bildlicher Ausdruck), Spazi (Raum) und Versetto (Vers) – verwendet Z. Begriffe aus dem Bereich der visuellen Anschauung: Das Hörbar-Machen von Räumlichkeit ist ein Ziel der Komposition. Die der Sonate zugrundegelegte, durch zahlreiche Sekundintervalle geprägte Zwölftonreihe wird nie strikt verwendet. Sie ist in Dreitongruppen gegliedert, die zueinander in komplexen Intervallbeziehungen stehen. Die Reihenpermutationen verwendet Z. teils sukzessiv, teils simultan. Doch die Simultaneität erreicht er nicht nur durch Doppelgriffspiel, sondern – weit komplexer – durch übereinandergelegte Zeitschichten, die sich durch unterschiedliche Klangfarben und/oder Artikulationsarten unterscheiden. Die vier ersten Sätze sind zu verstehen als in sich vielfach gegliederte ›Varianten‹ eines virtuellen ›Themas‹, während sich der letzte Satz deutlich davon abhebt. Versetto ist eine der liturgischen Funktion verhaftete Liedzeile. Sie prägt den Sonaten-Epilog durch die Ausdrucksintensität einer lyrischen Kantabilität, die – dem Scheitern abgerungen – fast zur Transzendenz entmaterialisiert erscheint.

Intercomunicazione per violoncello e pianoforte (1967) für Violoncello und Klavier

einsätzig
Dauer: zwischen 13' und ca. 27'
Verlag: Schott Mainz

Als Z. 1965 in die West-Berliner Akademie der Künste aufgenommen wurde, entstand der Plan zu einem ›Albumblatt‹ für Vc. und Kl. Zwar beschäftigte sich Z. dann doch erst mit dem ›Ballet noir‹ *Musique pour le souper de Roi Ubu* für Orchester (1966), nahm aber im Frühjahr 1967 die Idee wieder auf und vollendete *Intercomunicazione*. In einem Brief an Siegfried Palm, der gemeinsam mit Aloys Kontarsky das Werk am 28.4.1967 im WDR aus der Taufe hob, erläutert Z. die Konzeption: »Wenn mit dem Cellokonzert (Pas de Trois) eine musikalische Epoche in meinen Arbeiten abgeschlossen wurde, so wird mit der *Intercomunicazione* eine neue eröffnet, vor allem in musikalischer Hinsicht. Die Schwierigkeit des Stückes wird nicht so sehr im Technischen liegen – obwohl auch das nicht leicht sein dürfte – als vielmehr eben im Musikalischen; eine neue Auffassung völlig entgegengesetzt etwa dem Zeitablauf bei Webern: extreme Kürzung, extreme Dehnung. Durch die extreme Dehnung soll, so paradox es klingen mag, der fatale molekulare Abgrund, den Webern durch seine Kürze im Musikalischen aufgerissen hat, wieder überbrückt werden, und das kann nur dadurch entstehen, indem die konstitutiven Ereignisse von den äußersten Punkten wieder in den Mittelpunkt gezogen werden. Der Hörer wird dadurch gezwungen, das vorzunehmen, was Webern ihm abgenommen hat, die musikalischen Ereignisse unerbittlich streng miteinander zu verbinden. Deshalb: Intercomunicazione! Webern spaltet gewissermaßen den Atomkern. Ich versuche, das Gespaltene in einen großen übergreifenden gewissermaßen interplanetarischen Zusammenhang zu stellen.« (Brief vom 22.3.1967)

Wie bereits in dem ›Ballet blanc‹ *Présence* für Kl.-Trio (1960/61) geht Z. auch hier von der Selbständigkeit und klanglichen Unvereinbarkeit von Streich- und Tasteninstrument aus; darüberhinaus markiert *Intercomunicazione* das für Z. neue, bereits in dem elektronischen Stück *Tratto I* (1966) exemplifizierte Prinzip der ›Zeitdehnung‹; bereits die Zeitstrukturierung, die 791 gleich lange Abschnitte aufweist, die »nicht weniger als eine und nicht mehr als zwei Sekunden« dauern sollen, deutet dies an. Das Stück beginnt mit lang ausgehaltenen Doppelgriffen des Vc., bei denen Tritonus-Intervalle und Vierteltonschwebungen dominieren. Zwei laut angeschlagene Kl.-Akkorde markieren das Ende der Einleitung: Die Doppelklänge des Vc. werden nun grundiert von leisen Akkord-Repetitionen des Kl. mit eigener Zeitstruktur. Im zweiten Hauptteil wechselt das Vc. zum Pizzicato, das Kl. beschränkt sich auf zwei sukzessiv oder simultan angeschlagene Sechstonakkorde in der Baßlage. Der Schluß findet – nun im Flageolett – zu den Doppelklängen des Anfangs zurück. Sie werden durch Glissandi in Bewegung gesetzt, ehe eine klanglich massive Kl.-Kadenz und liegende Flageolettklänge das Werk beenden. In seiner klanglichen Sprödigkeit ist es sicher schwer zugänglich, gleichwohl aber ausgesprochen zukunftsweisend.

Présence. Ballet blanc en cinq scènes (1960/61) für Violine, Violoncello und Klavier

1. Szene: Introduction et pas d'action (Don Quichotte) - 2. Szene: Pas de deux (Don Quichotte et Ubu) - 3. Szene: Solo (Pas d'Ubu) - 4. Szene: Pas de deux (Molly Bloom et Don Quichotte) - 5. Szene: Pas d'action et Finale (Molly Bloom)
Dauer: ca. 20'
Verlag: Schott Mainz

Das einzige größere Kammermusikwerk Z.s (sieht man einmal ab vom frühen Streichtrio), das szenisch-literarische Instrumentalstück *Présence* in der »atavistischen Besetzung eines Klaviertrios« (B.A.Z.), entstand als Auftragswerk des Hessischen Rundfunks. In der Komposition überträgt Z. die pluralistische Konzeption der *Dialoge* für zwei Kl. und Orchester (1960, rev. 1965) auf die Kammermusik. Den einzelnen Instrumenten sind literarische Figuren von Miguel Cervantes (Don Quichotte = V.), James Joyce (Molly Bloom = Vc.) und Alfred Jarry (Roi Ubu = Kl.) zugeordnet. Außerdem gibt es den von einem Tänzer darzustellenden ›speaker‹, der die von Paul Pörtner stammenden Wortembleme, die als ›Bühnenbild‹ fungieren, aufzuhängen hat. Die strukturelle Verwandtschaft von *Présence* mit den *Dialogen* erschließt sich nur der Detail-Analyse; spürbar wird jedoch, wie Z. grundsätzlich von der klanglichen Unvereinbarkeit von Tastenintrument und Streichinstrumenten ausgeht und den Klangkontrast in den Vordergrund stellt.

In der 2., 3. und 5. Szene baut Z. Zitatcollagen, die über jene in den *Dialogen* hinausgehen: Zuerst koppelt Z. Passagen von *Don Quichotte* von Richard Strauss mit der 7. Kl.-Sonate von Serej Prokofjew, dann noch einmal den Strausschen *Don Quichotte* mit *Zeitmaßen* von Karlheinz Stockhausen; die 5. Szene dagegen orientiert sich strikt am 6. *Dialog* und kombiniert Klänge von W. A. Mozart und Claude Debussy mit dem gregorianischen Choral *Veni creator spiritu* sowie mit Jazzfloskeln. Die Notationsweise geht in zweifacher Hinsicht über den traditionellen Rahmen hinaus: neben taktgebundenen Abschnitten gibt es solche, die ›ritmo libero‹ auszuführen sind und bei denen die Koordnination im Sinne einer eher vagen ›space notation‹ gelöst ist. Und schließlich hat Z. in experimentierender Weise eine neue Notenschrift ausprobiert, die auf Vorzeichen verzichtet und Halbtonunterschiede durch weiße oder schwarze Notenköpfe markiert. Da damit das Zeichen für Halbtöne anders besetzt ist, behilft sich Z. mit Bindebögen. Diese Schreibweise, die Z. nicht weiter verfolgte, hat sich nicht durchgesetzt. Daß man *Présence* so selten aufführt, mag neben der ungewohnten Notation aber auch an den exorbitanten spieltechnischen Anforderungen liegen.

Wulf Konold

Personenverzeichnis